PROCESSO DO TRABALHO

PARA OS CONCURSOS DE TÉCNICO E ANALISTA DE TRIBUNAIS E MPU

JusClass

O presente livro possui Material de Apoio para acesso gratuito na plataforma JusClass.

Para acessar o material, siga as instruções a seguir:

1. Entre no site da Editora Juspodivm https://www.editorajuspodivm.com.br/, com seu login e senha;
2. Dentro de "Minha Conta", selecione a opção "Materiais Exclusivos" e clique no ícone de identificação do JusClass;
3. Em caso de dúvidas, esclarecimentos ou sugestões, acesse nossa Central de Atendimento https://www.editorajuspodivm.com.br/central-de-relacionamento

Caso tenha adquirido o seu exemplar em uma de nossas livrarias parceiras:

1. Acesse o QRCode abaixo;
2. Preencha o formulário com os dados solicitados;
3. Localize seu Código de Verificação - PIN, logo abaixo do QR Code;
4. Aguarde o e-mail com as informações de acesso;
5. Aproveite seu material!

PIN: JUS4592

ÉLISSON MIESSA

Coleção
TRIBUNAIS E MPU

Coordenador
HENRIQUE CORREIA

PROCESSO DO TRABALHO

PARA OS CONCURSOS DE TÉCNICO E ANALISTA DE TRIBUNAIS E MPU

12ª EDIÇÃO

revista, atualizada e ampliada

2025

EDITORA JusPODIVM
www.editorajuspodivm.com.br

EDITORA *Jus*PODIVM
www.editorajuspodivm.com.br

Rua Canuto Saraiva, 131 – Mooca – CEP: 03113-010 – São Paulo – São Paulo
Tel: (11) 3582.5757
• Contato: https://www.editorajuspodivm.com.br/central-de-relacionamento

Copyright: Edições *Jus*PODIVM
Diagramação: PC Editorial Ltda. *(pceditorial@gmail.com)*
Capa: Ana Caquetti

M632t Miessa, Élisson
Tribunais e MPU – Processo do Trabalho – Para Analista / Élisson Miessa – 12. ed., rev., atual. e ampl. – São Paulo: Editora JusPodivm, 2025.

928 p.

ISBN: 978-85-442-6278-8

1. Direito Processual do Trabalho. I. Miessa, Élisson. II. Título.

CDD 342.68

Bibliotecária responsável:
Ana Carolina Ribeiro Mois – CRB7 – RJ 007348/0

A você, Luiza, por tudo
que representa na minha vida.
(Élisson)

APRESENTAÇÃO DA COLEÇÃO

Olá, concurseiro(a)!

Meu nome é **Henrique Correia** e sou o Coordenador desta coleção.

Atuo como Procurador do Trabalho em Ribeirão Preto (SP). Leciono há mais de 20 anos. Comecei bem jovem, na cidade e Ibiraci (MG), onde dava aulas de inglês. Já estive em cursos de graduação e pós-graduação, bem como em vários cursos preparatórios para concursos públicos, sendo que meus preferidos são os voltados à preparação para Técnico e Analista do TRT. Além disso, sou autor de diversos livros jurídicos pela Editora Juspodivm e coordenador de algumas coleções, como Revisaço e Revisão Final.

Tenho muito orgulho de ter sido concurseiro e sei muito bem que não é fácil organizar os estudos e manter uma rotina de preparação. As dificuldades são muitas: falta de tempo, baixa autoestima, quantidade de matérias, tarefas domésticas, família, trabalho, pouca grana etc.

Materiais que não passavam segurança foram um dos meus maiores problemas durante minha preparação. As apostilas específicas para concursos de Analista e Técnico mostram-se, na maioria das vezes, insuficientes diante do alto grau de exigência das provas, o que ocorria também com as obras clássicas do Direito, por abordarem inúmeras matérias diferentes no concurso.

Foi então que surgiu, **há mais de 10 anos**, a ideia desta coleção, que contempla as principais matérias exigidas em concursos de Técnico e Analista do TRT, TRE, TRF e Tribunais Superiores, como português, raciocínio lógico ou matemática, informática, direito constitucional, direito administrativo, direito do trabalho e processo do trabalho.

Nosso objetivo é proporcionar uma **preparação direcionada** e **completa** para seu concurso. Em todos os livros, você encontrará **teoria específica prevista nos editais**, **questões recentes comentadas** e **questões de concurso com gabarito fundamentado**.

Além da **linguagem clara** utilizada, os **quadrinhos de resumo**, **esquemas** e **gráficos** estão presentes em todos os livros da coleção, possibilitando a memorização mais rápida da matéria.

Portanto, com os livros da coleção, você conseguirá uma preparação **direcionada** e **completa** para os concursos de Técnico e Analista do TRT, TRE, TRF e Tribunais Superiores.

Temos certeza de que esta coleção irá ajudá-lo a alcançar o tão sonhado cargo público.

HENRIQUE CORREIA

Site: www.henriquecorreia.com.br
Twitter: @profcorreia
Instagram: Prof_correia
Periscope: @henrique_correia

NOTA À 12ª EDIÇÃO

Gostaríamos, novamente, de agradecer aos leitores pela grande receptividade com a obra, fazendo surgir esta nova edição, que está atualizada com as mais recentes alterações legislativas no âmbito do direito processual do trabalho e civil, principalmente com as novas teses vinculantes do TST, firmadas em sede de Incidente de Recursos de Revista Repetitivos.

Nessa edição, empenhamos-nos em atualizar totalmente a obra, estruturando-a conforme as mais recentes discussões, em especial os precedentes firmados pelo TST em sede de incidente de recursos de revista repetitivos em matéria processual trabalhista. Como forma de sistematizar e organizar nosso trabalho, preparamos uma tabela com as principais atualizações:

▶ CAPÍTULO II ORGANIZAÇÃO DA JUSTIÇA DO TRABALHO	
Tribunal Superior do Trabalho	Alterações no Regimento Interno do TST promovidas pela Emenda Regimental nº 7 de 25 de novembro de 2024.
▶ CAPÍTULO IV FORMAS DE SOLUÇÃO DE CONFLITOS E JURISDIÇÃO	
Reclamação pré-processual	Alterações promovidas pela Resolução nº 377 do CSJT
Homologação de acordos extrajudiciais e quitação geral	Alterações promovidas pela Resolução nº 586/2024 do CNJ
Comissão de Conciliação Prévia (CCP)	ADI 2237 do STF
▶ CAPÍTULO V COMPETÊNCIA DA JUSTIÇA DO TRABALHO	
Servidores da Administração Pública	ADI 2135 que reconhece a constitucionalidade da EC nº 19/98
Cláusula abusiva de foro de eleição	Lei nº 14.879/2024 que altera dispositivos do CPC/2015 que versam sobre eleição de foro
▶ CAPÍTULO VI PARTES E PROCURADORES	
Pedido de gratuidade da Justiça	IRR 21 do TST sobre a validade da declaração de pobreza

► CAPÍTULO VI PARTES E PROCURADORES	
Justiça gratuita	Justiça gratuita e litigância de má-fé (Tese 175)
Honorários advocatícios	Honorários sucumbenciais na produção antecipada de provas (Tese 182)
► CAPÍTULO VII ATOS PROCESSUAIS	
Comunicação dos atos processuais	Resolução do CNJ nº 569, de 13 de agosto de 2024
► CAPÍTULO IX AUDIÊNCIA	
Multa do art. 467 da CLT	Reconhecimento do vínculo empregatício em juízo (Tese nº 120 do TST)
► CAPÍTULO XII PROVAS	
Ônus da prova	Ônus da prova para comprovar a ausência de fiscalização da Administração Pública na terceirização (Tema nº 1.118 do STF).
	Ônus da prova na promoção por antiguidade (Tese nº 67 do TST)
	Ônus da Prova no trabalho externo (Tese nº 73 do TST)
	Ausência de assinatura no cartão de ponto (Tese nº 136 do TST)
	Registro de empregado doméstico (Tese nº 122 do TST)
Prova emprestada	Requisitos (Tese nº 140 do TST)
Prova testemunhal	Confissão ficta e indeferimento da prova testemunhal (Tese nº 135 do TST)
	Rol de testemunhas (Tese nº Tese nº 64 do TST)
	Suspeição (Tese nº 72 do TST)
	Prova pericial – Honorários periciais (Tese 188)
	Terceirização – Terceirização no Sistema "S" (Tese 189)
► CAPÍTULO XVI RECURSOS	
Pressupostos Recursais	Alteração do art. 1.003, § 6º, CPC, pela Lei nº 14.939/2024 em relação à comprovação da ocorrência de feriado local no ato de interposição do recurso.
	Novos valores vigentes a partir de 1º de agosto de 2024
	Depósito recursal na responsabilidade subsidiária (Tese nº 146 do TST)
	Comprovante bancário preparo (Tese 157)

▶ CAPÍTULO XVI RECURSOS	
Pressupostos Recursais	Comprovante agendamento preparo (Tese 158)
	Divergência código de barras preparo (Tese 162)
	Valor seguro garantia (Tese 173)
	Emissão carta fiança (Tese 187)
Recursos em espécie	Alterações promovidas no Regimento Interno do TST pela Emenda Regimental nº 7 de 25 de novembro de 2024
	Resolução nº 224/2024 do TST, que alterou a Instrução Normativa nº 40/2016, sobre o cabimento de agravo interno ou agravo de instrumento em caso de inadmissibilidade de recurso de revista no Tribunal Regional do Trabalho.
	Resolução nº 223/2024 do TST, que edita a Instrução Normativa Transitória nº 41-A, que dispõe sobre os recursos em incidente de resolução de demandas repetitivas ou incidente de assunção de competência julgados nos Tribunais Regionais do Trabalho.
▶ CAPÍTULO XVI RECURSOS	
Recursos em espécie	Direcionamento da execução em face do responsável subsidiário (Tese nº 131 do TST)
	Recomendação CNJ 134/22 que dispõe sobre o tratamento dos precedentes no Direito brasileiro.
▶ CAPÍTULO XVII LIQUIDAÇÃO DE SENTENÇA	
Juros e correção monetária	Alterações promovidas pela Lei nº 14.905/2024 ao CC/2002 e seus impactos ao âmbito trabalhista, conforme entendimento do TST.
Homologação dos cálculos	Impugnação da decisão de liquidação (Tese 174)
▶ CAPÍTULO XVIII EXECUÇÃO TRABALHISTA	
Responsabilidade na terceirização	Responsabilidade subsidiária quando há vários tomadores (Tese nº 81 do TST)
	Direcionamento da execução em face do responsável subsidiário (Tese nº 133 do TST)
Exceção de Pré-executividade	Irrecorribilidade (Tese nº 144 do TST)
Valores pagos a maior na Execução	Cobrança em autos próprios (Tese nº 74 do TST)

▸ CAPÍTULO XVIII EXECUÇÃO TRABALHISTA	
Trocar por Embargos à execução	Inconstitucionalidade do art. 525, § 14, do CPC
	Ofícios sobre rendimentos do executado (Tese 156)
	Garantia do juízo pela empresa em recuperação judicial (Tese 159)
	Protesto judicial e interrupção da execução (Tese 170)
	Bem de família locado (Tese 185)
Penhora de salário	Penhora até o limite de 50% dos rendimentos líquidos (Tese nº 75 do TST)
CNDT	ADIs 4716 e 4742 do STF
	Ato CGJT nº 1/2022
▸ CAPÍTULO XX PROCEDIMENTOS ESPECIAIS	
Ação Civil Pública	Tema 499 STF e os limites territoriais da sentença.
	Tutela inibitória (Tese nº 124 do TST)

Assim como ressaltado nas edições anteriores, considerando as grandes alterações que o direito processual do trabalho sofreu nos últimos anos, as críticas são de extrema importância para o crescimento da obra, de modo que ficamos abertos a recebê-las. Esperamos que, nesta nova edição, possamos continuar orientando-os e alcançar nosso objetivo, que é ajudá-los a obter o tão sonhado cargo público.

Élisson Miessa

SUMÁRIO

Questões

Capítulo VI

Capítulo VIII

Capítulo IX

Questões

Capítulo X

Questões

Capítulo XII

EDITAIS SISTEMATIZADOS

(Para facilitar a pesquisa e otimizar seu estudo)

REFORMA TRABALHISTA

Caro candidato, elaboramos um edital sistematizado da Reforma Trabalhista com a indicação dos tópicos e capítulos do livro que trataram especificamente das modificações trazidas pela nova lei, a fim de facilitar sua identificação na obra.

▸ TEMA	▸ TÓPICOS
Audiência: ausência do reclamante	Capítulo X, Item 4.2
Correção monetária decorrente de condenação	Capítulo XVII, Item 4
Custas	Capítulo VII, Item 4.1
Danos Processuais: litigância de má-fé	Capítulo VI, Item 12
Defesa: prazo para apresentação	Capítulo XI, Item 1
Depósito recursal	Capítulo XVI, Item 1.6.8.2
Desistência da ação	Capítulo IX, Item 6
Direito intertemporal	Capítulo I, Item 2.1.1
Embargos à execução	Capítulo XVIII, Item 8.6.1
Exceção de incompetência	Capítulo XI, Item 3.2
Execução de contribuições sociais	Capítulo V, Item 3.9; Capítulo XVIII, Item 10
Execução de ofício	Capítulo XVIII, Item 5.1.1
Execução: garantia do juízo	Capítulo XVIII, Item 8.6.1.2
Homologação de acordo extrajudicial	Capítulo IV, Itens 2.3 e 4.3
Honorários advocatícios	Capítulo VI, Item 6
Honorários periciais	Capítulo XII, Item 7.4 e Capítulo VII, item 4.3
Impugnação aos cálculos de liquidação	Capítulo XVII, Item 5
Incidente de desconsideração da personalidade jurídica	Capítulo XVIII, Item 6.3.1
Justiça gratuita	Capítulo VI, Item 7
Ônus da prova	Capítulo XII, Item 4

▸ TEMA	▸ TÓPICOS
Pedido	Capítulo IX, Item 2.3
Prazos processuais	Capítulo VII, Item 3
Preposto	Capítulo X, Item 4.1
Protesto de decisão judicial	Capítulo XVIII, Item 8.3.2
Recurso de revista	Capítulo XVI, Item 2.4
Recurso de revista: transcendência	Capítulo XVI, Item 2.4.4.2
Súmulas e enunciados de jurisprudência: alteração	Capítulo II, Item 2
Súmulas e enunciados de jurisprudência: edição	Capítulo II, Item 2

ÚLTIMOS EDITAIS - CONCURSO ANALISTA JUDICIÁRIO

Com a finalidade de facilitar a pesquisa e otimizar o estudo do candidato ao cargo de Analista Judiciário, verificamos os últimos editais desse concurso e fizemos uma comparação dos editais com os tópicos estudados nesta obra, criando assim este edital esquematizado.

▸ ITENS DOS EDITAIS	▸ TÓPICO DO LIVRO	▸ PÁGINAS
1. Formas de solução de conflitos trabalhistas.	Capítulo IV	109-126
2. Fontes do Direito Processual do Trabalho.	Capítulo I, Itens 1 e 2	39-48
3. Justiça do Trabalho: organização e competência (EC 45/2004).	Capítulo II e V	71-92 127-190
4. Varas do Trabalho, Tribunais Regionais do Trabalho e Tribunal Superior do Trabalho: jurisdição e competência. Composição do Tribunal Superior do Trabalho.	Capítulo II, Itens 2 a 4	72-79
5. Do juiz do Trabalho: poderes do Juiz do Trabalho; impedimento e suspeição.	Capítulo II, Itens 4 a 8	79-82
	Capítulo XI, Item 3.1	361-366
6. Serviços auxiliares da justiça do trabalho: secretarias das Varas do Trabalho; distribuidores; oficiais de justiça e oficiais de justiça avaliadores.	Capítulo II, Item 10	84-89
7. Ministério Público do Trabalho: organização.	Capítulo III, Itens 2 e 3	99-102
8. Processo judiciário do trabalho: princípios específicos do processo do trabalho; princípios gerais do processo aplicáveis ao processo do trabalho (aplicação subsidiária e supletiva do CPC ao processo do trabalho).	Capítulo I, Item 3	48-68

▸ ITENS DOS EDITAIS	▸ TÓPICO DO LIVRO	▸ PÁGINAS
9. Atos, termos e prazos processuais.	Capítulo VII, Itens 1 a 3	243-262
10. Distribuição.	Capítulo II, Item 10.3	86-88
11. Custas e emolumentos.	Capítulo VII, Itens 4.1 e 4.2	263-268
12. Partes e procuradores; *jus postulandi*; substituição e representação processuais; capacidade postulatória no processo do trabalho; assistência judiciária; honorários de advogado.	Capítulo VI, Itens 1 a 7	191-219
13. Nulidades no processo do trabalho: princípio informador; momento de arguição, preclusão.	Capítulo VIII	293-300
14. Exceções.	Capítulo XI Item 3	360-371
15. Audiências: de conciliação, de instrução e de julgamento; notificação das partes; arquivamento do processo; revelia e confissão.	Capítulo X	321-346
	Capítulo VII, Item 2	244-251
	Capítulo XI, Item 2.4	356-360
	Capítulo XII, Item 7.1.1	413-415
16. Da prova testemunhal: quantidade de testemunhas e causas de impedimento e suspeição.	Capítulo XII, Item 7.2	415-423
17. Prova documental: falsidade documental.	Capítulo XII, Item 7.3	423-426
18. Prova pericial. Honorários periciais: responsabilidade pelo pagamento.	Capítulo VII Item 4.3 Capítulo XII, Item 7.4	268-270 426-430
19. Dissídios individuais: forma de reclamação e notificação; reclamação escrita e verbal; requisitos da petição inicial no processo do trabalho; legitimidade para ajuizar.	Capítulo IX	301-316
	Capítulo VI Item 3 Capítulo XI, Item 2.1.2	192-198 350-351
20. Procedimento ordinário e sumaríssimo.	Capítulo XV	475-482
21. Procedimentos especiais: inquérito para apuração de falta grave, homologação de Acordo Extrajudicial, consignação em pagamento, ação monitória, ação rescisória e mandado de segurança.	Capítulo XX, Itens 1, 3, 4, 5 e 6	801-803 823-885
	Capítulo IV, Item 4.3	118-122

▸ ITENS DOS EDITAIS	▸ TÓPICO DO LIVRO	▸ PÁGINAS
22. Sentença e coisa julgada.	Capítulo XIII	439-460
23. Liquidação da sentença: por cálculo, por artigos e por arbitramento.	Capítulo XVII	661-676
24. Dissídios coletivos: competência para julgamento, legitimidade para propositura, extensão, cumprimento e revisão da sentença normativa; efeito suspensivo.	Capítulo XIX	777-798
25. Da ação civil pública: legitimidade e cabimento no processo do trabalho.	Capítulo XX, Item 2	804-823
26. Execução: iniciativa da execução; do incidente de desconsideração da personalidade jurídica; execução provisória; execução por prestações sucessivas; execução contra a fazenda pública; execução contra a massa falida.	Capítulo XVIII, Itens 3, 5, 6.3.1, 8.11, 11 e 12	679-681 682-683 689-692 745 753-761
27. Execução: citação; depósito da condenação e da nomeação de bens; mandado e penhora; bens penhoráveis e impenhoráveis.	Capítulo VII, Item 2	244-251
	Capítulo XVIII, Item 8	699-742
28. Embargos à execução; impugnação à sentença; embargos de terceiro.	Capítulo XVIII, Item 8.6	723-731
29. Praça e leilão; arrematação; remição; custas na execução.	Capítulo XVIII, Item 8.8	732-742
	Capítulo VII, Item 4.1.1	263-265
30. Recursos no processo do trabalho: princípios gerais, prazos, pressupostos, requisitos e efeitos; recursos em espécie: recurso ordinário, agravo de petição, agravo de instrumento, recurso de revista, embargos no TST, embargos de declaração, embargos infringentes e agravo regimental.	Capítulo XVI	491-660
31. Reclamação Correcional.	Capítulo XVI, Item 6	628-629
32. Do incidente de uniformização de jurisprudência.	Capítulo XVI, Item 2.4.5.1.1.	576-578
33. Do Incidente de Recursos de Revista e Embargos Repetitivos (IN 38/TST).	Capítulo XVI, Item 2.4.9	581-589
34. Do Processo Judicial Eletrônico.	Capítulo XXI	895-922
35. Súmulas do TST.	No final de cada capítulo	-

CAPÍTULO I

FONTES E INTEGRAÇÃO. PRINCÍPIOS DO PROCESSO DO TRABALHO

1. FONTES E INTEGRAÇÃO

O direito processual do trabalho tem como objetivo regular os processos individuais e coletivos submetidos à Justiça do Trabalho.

Sua regulamentação vem estabelecida na Consolidação das Leis do Trabalho, bem como em leis esparsas.

Pode ocorrer, no entanto, de a CLT e leis esparsas não versarem sobre determinado tema. Nessa hipótese, aplica-se o processo comum (CPC), desde que compatível com o processo do trabalho. Noutras palavras, o processo comum é fonte subsidiária no processo do trabalho, exigindo, para sua aplicação, dois requisitos cumulativos:

omissão + compatibilidade

É o que declina o art. 769 da CLT:

> **Art. 769** – Nos casos omissos, o direito processual comum será fonte subsidiária do direito processual do trabalho, exceto naquilo em que for incompatível com as normas deste Título.

Atente-se, porém, para o fato de que, na fase de execução, antes de se aplicar o processo comum, primeiramente, deve-se invocar a Lei de Execuções Fiscais (Lei nº 6.830/80), como dispõe o art. 889 da CLT:

> **Art. 889** – Aos trâmites e incidentes do processo da execução são aplicáveis, naquilo em que não contravierem ao presente Título, os preceitos que regem o processo dos executivos fiscais para a cobrança judicial da dívida ativa da Fazenda Pública Federal.

Essa ordem, porém, não será observada quando a própria norma celetista impuser qual a norma a ser aplicada como ocorre, por exemplo, na ordem preferencial de bens à penhora, na qual deve incidir diretamente o art. 835 do CPC/2015, segundo previsão expressa no art. 882 da CLT.

Com efeito, podemos esquematizar as regras aplicáveis ao processo do trabalho da seguinte forma:

▸ ORDEM	▸ FASE DE CONHECIMENTO	▸ FASE DE EXECUÇÃO
1º (fonte principal)	CLT e legislação esparsa	CLT e legislação esparsa
2º (fonte subsidiária)	CPC (processo comum)	Lei de Execuções Fiscais
3º (fonte subsidiária)		CPC (processo comum)

O CPC/2015 passa a tratar do tema no art. 15, que assim vaticina:

> **Art. 15.** Na ausência de normas que regulem processos eleitorais, trabalhistas ou administrativos, as disposições deste Código lhes serão aplicadas supletiva e subsidiariamente.

Embora referido dispositivo seja semelhante aos artigos celetista, especialmente ao art. 769 da CLT, observa-se que ele possui duas diferenças essenciais em relação à CLT.

- primeira: permite a aplicação do CPC/2015, quando houver omissão na CLT, nada versando sobre a necessidade de compatibilidade.
- segunda: permite a aplicação do CPC/2015 em caráter supletivo e subsidiário à legislação trabalhista, enquanto a CLT trata apenas da subsidiariedade.

A subsidiariedade corresponde à aplicação do direito comum quando a legislação trabalhista não disciplina determinado instituto ou situação. Exemplos: as tutelas provisórias, o rol de bens impenhoráveis, a inspeção judicial, dentre outros.

Por sua vez, a supletividade corresponde à aplicação do CPC/2015 quando, apesar de a legislação trabalhista disciplinar determinado instituto, não o faz de modo completo. Exemplo: nas hipóteses de suspeição e impedimento, a CLT, em seu artigo 801, disciplina apenas a suspeição, pois foi baseada no CPC de 1939, que não previa o instituto do impedimento de forma separada, sendo necessária, portanto, a aplicação supletiva da disciplina processual civil. Outros exemplos consistem nas matérias que podem ser alegadas nos embargos à execução (art. 917 do CPC/2015 c/c art. 884, § 1º, da CLT), nas regras do ônus da prova (art. 373 do CPC/2015 c/c art. 818 da CLT), dentre outros.

Conquanto haja algumas diferenças, os arts. 15 do CPC/2015 e 769 e 889 da CLT devem conviver harmoniosamente e serem aplicados de forma coordenada e simultânea. Nesse sentido, declina o art. 1º da Instrução Normativa nº 39 do TST:

> **Art. 1º** Aplica-se o Código de Processo Civil, subsidiária e supletivamente, ao Processo do Trabalho, em caso de omissão e desde que haja compatibilidade com as normas e princípios do Direito Processual do Trabalho, na forma dos arts. 769 e 889 da CLT e do art. 15 da Lei nº 13.105, de 17.03.2015.

Desse modo, o que muda com a chegada do CPC/2015 é simplesmente o fato de que, a partir de agora, de forma expressa, passa a ser admitida a aplicação supletiva (complementar) do CPC, mantendo-se intactos os requisitos dos arts. 769 e 889 da CLT. Noutras palavras, o CPC/2015 será aplicado ao processo do trabalho de forma subsidiária e supletiva, desde que presentes dois requisitos: omissão e compatibilidade.

Por fim, cabe fazer uma observação quanto à omissão.

A doutrina clássica entende que haverá omissão quando existir lacuna normativa, ou seja, ausência de lei.

Já a doutrina moderna descreve que temos três espécies de lacunas: a) normativa; b) ontológica e c) axiológica. A **lacuna normativa** ocorre quando não se tem norma para determinado caso. Haverá **lacuna ontológica** quando existe a norma, mas ela não corresponde à realidade social, como, por exemplo, uma norma que se torna obsoleta diante da evolução tecnológica. Por outro lado, terá **lacuna axiológica** quando existir uma norma, mas, se for aplicada, a solução do caso será injusta.

Na realidade, a doutrina moderna aproxima-se do conceito de supletividade indicado no CPC/2015.

2. EFICÁCIA DA NORMA PROCESSUAL NO TEMPO E NO ESPAÇO

2.1. Eficácia no tempo

Com a chegada da nova lei, questiona-se a partir de qual momento ela deve ser aplicada, ganhando relevância o estudo relacionado à sua eficácia temporal, a fim de definir quais casos serão solucionados pela lei velha e em quais incidirão a lei nova.

A eficácia temporal das leis é solucionada pela Lei de Introdução às Normas do Direito Brasileiro (LINDB), que é aplicada a todas as leis, inclusive no campo processual.

Referida lei, em seu art. 1º, declina que as regras começam a vigorar em todo o país 45 dias depois de publicadas, salvo disposição em contrário.

A Lei de Introdução estabelece ainda que "a Lei em vigor terá efeito imediato e geral, respeitados o ato jurídico perfeito, o direito adquirido e a coisa julgada" (art. 6º). Impõe, portanto, a aplicação imediata da nova legislação, vedando-se, porém, a sua retroatividade.

Desse modo, na sistemática processual, os processos já finalizados sobre a vigência da lei velha não serão atingidos, enquanto que os processos ajuizados após a entrada em vigor da nova lei, a esta se submeterão.

O problema surge em relação aos processos pendentes na data da entrada em vigor da nova lei. Nesse caso e considerando que o processo, em seu aspecto exterior, é um complexo coordenado de atos processuais, discute-se como se dá a aplicação imediata da norma processual, idealizando a doutrina três sistemas para a solução do problema:

a) **sistema da unidade processual**: indica que o processo, embora possua diversos atos, é um corpo uno e indivisível, de modo que somente pode ser regulado por uma única lei. Assim, para que não haja retroatividade, aplica-se a lei antiga para todo o processo.

b) **sistema das fases processuais**: informa que o processo, embora uno, é dividido em fases processuais autônomas (postulatória, instrutória, decisória e recursal), devendo a lei nova disciplinar as fases ainda não iniciadas.

c) **sistema do isolamento dos atos processuais:** reconhece a unidade processual, mas admite que o complexo de atos do processo possa ser visto de forma isolada para efeito de aplicação da nova lei. Dessa forma, a lei nova tem aplicação perante o ato a ser iniciado. Essa teoria é a incidente em nosso ordenamento, estando disciplinada no art. 14 do CPC/2015[1], aplicável ao processo trabalhista.

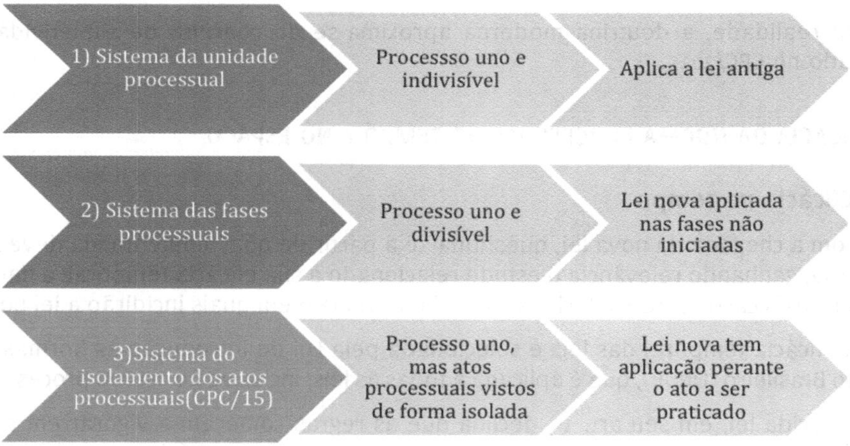

1. Art. 14. A norma processual não retroagirá e será aplicável imediatamente aos processos em curso, respeitados os atos processuais praticados e as situações jurídicas consolidadas sob a vigência da norma revogada.

> ▶ **ATENÇÃO:**
>
> No que se refere às ações de indenização por danos morais e patrimoniais decorrentes do acidente de trabalho, por questão de política judiciária, o STF aplicou parâmetro diferente, de modo que a alteração da competência somente incidiria nos processos que ainda não possuíam sentença de mérito em 1º grau quando da promulgação da EC nº 45/04 (Súmula Vinculante nº 22 do STF*).
>
> Súmula vinculante nº 22 do STF: "A Justiça do Trabalho é competente para processar e julgar as ações de indenização por danos morais e patrimoniais decorrentes de acidente de trabalho propostas por empregado contra empregador, inclusive aquelas que ainda não possuíam sentença de mérito em primeiro grau quando da promulgação da Emenda Constitucional nº 45/04".

2.1.1. Eficácia temporal da Lei nº 13.467/17 (Reforma Trabalhista)

O art. 6º da Lei nº 13.467/17 (Reforma Trabalhista) dispôs norma específica no tocante à sua aplicação, pois estabelece que a lei entrará em vigor após decorridos 120 dias de sua publicação oficial, sendo vigente, portanto, a partir do dia 11 de novembro de 2017 (TST-IN nº 41, art. 1º).

Considerando que nosso ordenamento adotou a teoria do isolamento dos atos processuais (CPC, art. 14), a Lei nº 13.467/17 será aplicada, em regra, aos **atos processuais a serem realizados a partir da data de sua vigência**.

No entanto, como já anunciamos no tópico anterior, em alguns casos é possível a incidência das teorias da unidade processual e das fases processuais.

Nesse contexto, o C. TST, com o objetivo de minimizar discussões futuras e afastar vícios processuais, expediu a Instrução Normativa nº 41/2018, regulamentando a aplicação das normas processuais da CLT alteradas pela Lei nº 13.467/17, estabelecendo que:

- algumas normas já serão aplicadas para o ato processual a ser realizado após a entrada em vigor da lei (teoria do isolamento dos atos processuais);
- outras, somente incidirão se a ação foi ajuizada depois da entrada em vigor da lei, de modo que dentro do processo se observará apenas uma lei: a antiga, para os processos ajuizados antes de 11.11.17 e, a nova para os ajuizados a partir desta data, inclusive (teoria da unidade processual);
- há ainda as normas que serão aplicadas apenas se não iniciada determinada fase, ou seja, se já iniciada a fase processual com base na lei anterior ela prossegue até o final sob o manto da lei antiga, incidindo a lei nova apenas para a fase processual inaugurada a partir da entrada em vigor da Reforma Trabalhista (teoria das fases processuais).

Sinteticamente, o Tribunal Superior do Trabalho aplicou as três teorias da seguinte forma:

Teoria do isolamento dos atos processuais	Teoria da unidade processual	Teoria das fases processuais
Art. 11-A, § 1º, da CLT: prescrição intercorrente (observando que a determinação judicial deve ocorrer após a entrada em vigor da lei)	**Art. 791-A e parágrafos da CLT:** honorários advocatícios	**Art. 879, § 2º, da CLT:** dever de o juiz conceder prazo para impugnação fundamentada da conta de liquidação (incide apenas para as liquidações iniciadas após a entrada em vigor da lei)
Art. 611-A, § 5º, da CLT: litisconsórcio necessário		**Art. 883-A da CLT:** prazo para protesto, inscrição do nome do executado em órgãos de proteção ao crédito e BNDT (incidente apenas para as execuções iniciadas a partir da entrada em vigor da lei)
Art. 789, *caput*, da CLT: limite máximo para as custas processuais		**Art. 884, § 6º, da CLT:** não exigência de garantia do juízo para as entidades filantrópicas e seus diretores (incidente apenas para as execuções iniciadas a partir da entrada em vigor da lei)
Art. 793-A, 793-B e 793, § 1º, da CLT: atos considerados como litigância de má-fé	**Art. 793-C, *caput*, §§ 2º e 3º, da CLT:** multa por litigância de má-fé	
Art. 800 da CLT: exceção de incompetência (observada a lei em vigor na data da notificação)	**Art. 793-D da CLT:** multa pelo falso testemunho	
Art. 840 da CLT: requisitos da petição inicial (a indicação do valor do pedido é exigida apenas para as ações ajuizadas após a entrada em vigor da lei)	**Art. 844, §§ 2º e 3º, da CLT:** pagamento das custas processuais na hipótese de arquivamento da reclamação pelo não comparecimento motivado do reclamante	
Art. 843, § 3º, da CLT: preposto não empregado (aplicável para as audiências realizadas após a entrada em vigor da lei)	**Art. 844, § 5º, da CLT:** ausência do reclamado, mas presente o advogado na audiência	
Art. 878 da CLT: restrição da execução de ofício		

Teoria do isolamento dos atos processuais	Teoria da unidade processual	Teoria das fases processuais
Art. 855-A da CLT: incidente de desconsideração da personalidade jurídica		
Art. 896, § 3º a § 6º da CLT (dispositivos revogados): incidente de uniformização de jurisprudência trabalhista (não se aplica o incidente se o recurso de revista ou agravo de instrumento estiver com o relator no TST e não foi julgado antes da entrada em vigor da lei).	**Art. 896, § 3º a § 6º da CLT (dispositivos revogados):** incidente de uniformização de jurisprudência trabalhista (continua aplicando o incidente se foi suscitado ou iniciado, no âmbito do TRT ou por decisão do TST, antes da entrada em vigor da lei).	
Art. 896-A, § 1º, da CLT: indicadores da transcendência (aplicáveis para os recursos que visam impugnar acórdãos proferidos após a entrada em vigor da lei)		
Art. 899, § 4º, 9º, 10 e 11, da CLT: depósito recursal (observada a lei em vigor na data em que foi proferida a decisão impugnada).		

Ademais, em três hipóteses é necessário destacar a análise no tocante ao direito intertemporal: honorários periciais (CLT, art. 790-B), honorários advocatícios (CLT, art. 791-A) e recursos, comentados a seguir.

2.1.1.1. *Honorários Periciais*

O TST adotou a teoria da unidade processual no caso dos honorários periciais, estabelecendo no art. 5º da Instrução Normativa nº 41 que:

> Art. 5º. O art. 790-B, *caput* e §§ 1º a 4º, da CLT, não se aplica aos processos iniciados antes de 11 de novembro de 2017 (Lei nº 13.467/2017).

Desse modo, impôs a aplicação de uma única regra durante o trâmite do processo: a lei antiga, se o processo foi iniciado antes de 11.11.17 e; a Lei nº 13.467/17 para os processos iniciados a partir da aludida data.

Assim agiu porque entendeu que os riscos do processo, inclusive quanto aos honorários periciais, devem ser definidos no momento do ajuizamento da ação.

No entanto, com a declaração da inconstitucionalidade do art. 790-B, *caput* e 4º, da CLT, pela ADI 5766[2], e não havendo modulação de efeitos, a decisão do STF tem efeito *ex tunc*, deixando de ser aplicadas as alterações promovidas pela Lei 13.467/17 no art. 790-B da CLT, desde sua entrada em vigor.

2.1.1.2. *Honorários Advocatícios*

A Lei nº 13.467/17 promove verdadeira revolução sobre os honorários advocatícios no direito processual do trabalho.

Diante disso, o C. TST estabelece no art. 6º da Instrução Normativa nº 41, que:

> **Art. 6º** Na Justiça do Trabalho, a condenação em honorários advocatícios sucumbenciais, prevista no art. 791-A, e parágrafos, da CLT, será aplicável apenas às ações propostas após 11 de novembro de 2017 (Lei nº 13.467/2017). Nas ações propostas anteriormente, subsistem as diretrizes do art. 14 da Lei nº 5.584/1970 e das Súmulas nos 219 e 329 do TST.

Verifica-se pelo aludido dispositivo que o C. TST adotou a teoria da unidade processual para os honorários advocatícios, vez que impôs a aplicação de uma única regra durante o trâmite do processo: a lei antiga, se o processo foi iniciado antes de 11.11.17 e; a Lei nº 13.467/17 para os processos iniciados a partir da aludida data.

2.1.1.3. *Recursos*

No que tange aos recursos, a lei a ser aplicada é aquela que **estava em vigor na data em que foi publicada a decisão recorrida**[3].

O processamento e o julgamento do recurso, o que inclui a competência, ocorrerão, no entanto, com base na lei nova.

Queremos dizer, todos os pressupostos do recurso, inclusive o cabimento, serão analisados à luz da lei velha (vigente na data da publicação da decisão), mas os trâmites processuais posteriores de processamento e julgamento seguirão a lei nova, em decorrência da aplicação imediata da norma.

É importante fazer uma observação quanto ao direito intertemporal na hipótese de interposição de embargos de declaração. Nesse caso, o C. TST entende que deverá ser observada a data da publicação da sentença ou do acórdão embargados e não da decisão proferida nos embargos, quando estes **não tiverem efeito modificativo**. Por outro lado, sendo acolhidos os embargos de declaração com **efeito modificativo,**

---

2. STF-ADI nº 5766, Relator: Ministro Roberto Barroso, Redator para o acórdão: Ministro Alexandre de Moraes, Órgão Julgador: Tribunal Pleno, Julgamento em 20/10/2021, Publicação em 03/05/2022.
3. MOREIRA, José Carlos Barbosa. *Comentários ao código de processo civil*. 15. ed. Rio de Janeiro: Forense, 2010. v. 5, p. 269.

entende o Tribunal Superior do Trabalho que deve incidir a norma vigente na data da publicação da decisão dos embargos[4].

Dessa forma, no tocante aos pressupostos recursais alterados pela Lei nº 13.467/17 (transcendência e depósito recursal), ela será aplicada para os recursos interpostos das decisões publicadas a partir de 11 de novembro de 2017. Contudo, em relação ao processamento e o julgamento do recurso (p.ex., art. 896, § 14, da CLT), serão aplicadas as normas da Lei nº 13.467/17 de forma imediata a partir de sua vigência.

Por fim, cumpre destacar que a Lei nº 13.467/17 revogou os §§ 3º a 6º do art. 896 da CLT que versavam sobre o incidente de uniformização trabalhista. Tais regras estavam ligadas, portanto, aos recursos. No entanto, o C. TST adotou duas sistemáticas diferentes acerca da aplicação da Lei nº 13.467/17 no presente caso:

1) se o incidente de uniformização foi suscitado ou iniciado antes da vigência da Lei nº 13.467/17, no âmbito dos Tribunais Regionais do Trabalho ou por iniciativa de decisão do Tribunal Superior do Trabalho, continuam a ser observados os dispositivos que eram vigentes na data da interposição do recurso, ou seja, os §§ 3º a 6º do art. 896 serão aplicados, tendo eficácia obrigatória a tese jurídica prevalente ou a súmula criadas em decorrência do incidente (TST-INº 41, art. 18, §§ 1º e 3º);

   A sistemática idealizada pelo C. TST é que, já tendo sido iniciado ou suscitado o incidente, ele não perde seu objeto com a chegada da Lei nº 13.467/17 devendo ser julgado.

2) caso o recurso de revista ou o agravo de instrumento no âmbito do TST estivesse concluso com o relator e ainda não tinha sido julgado até a entrada em vigor da Lei nº 13.467/17, não se aplicam as disposições dos §§ 3º a 6º do art. 896 da CLT.

2.2. Eficácia no espaço

Quanto à eficácia no espaço da norma processual, ela o tem em todo o território nacional (princípio da territorialidade), independentemente de ser aplicada aos brasileiros ou aos estrangeiros residentes no País, conforme declina o art. 763 da CLT:

> Art. 763 - O processo da Justiça do Trabalho, no que concerne aos dissídios individuais e coletivos e à aplicação de penalidades, reger-se-á, em todo o território nacional, pelas normas estabelecidas neste Título.

A propósito, o art. 651, § 2º, da CLT permite o julgamento pela Justiça do Trabalho brasileira de fatos ocorridos no exterior. Nesse caso, mesmo que seja aplicado o direito material estrangeiro, por ser mais favorável, no campo processual incidirá

4. TST-E-ED-Ag-RR-36200-18.2014.5.13.0005, SBDI-I, rel. Min. Aloysio Corrêa da Veiga, 28.4.2016 (Informativo 134 do TST); TST- AIRR -21177-85.2013.5.04.0791, Relator Ministro: Cláudio Mascarenhas Brandão, Data de Julgamento: 13/04/2016, 7ª Turma, Data de Publicação: DEJT 22.4.2016.

a regulamentação brasileira. No entanto, nos termos do art. 13 da LINDB, "a prova dos fatos ocorridos em país estrangeiro rege-se pela lei que nele vigorar, quanto ao ônus e aos meios de produzir-se, não admitindo os tribunais brasileiros provas que a lei brasileira desconheça".

3. PRINCÍPIOS

3.1. Introdução

Os princípios representam a base do ordenamento jurídico. Prevalece, na doutrina, 3 funções para os princípios:

1) **função interpretativa**: auxiliam os operadores do direito na compreensão e aplicação do sistema jurídico.

2) **função informadora**: inspiraram o legislador na elaboração das leis.

3) **função integrativa**: na concepção positivista (legalista), os princípios possuíam função meramente subsidiária e supletiva da ordem jurídica, tendo a finalidade de completar as lacunas deixadas pelo legislador. É o que se verifica inclusive nos arts. 8º da CLT e 4º da Lei de introdução às normas do direito brasileiro.

Atualmente, o pós-positivismo concedeu aos princípios o *status* de norma jurídica, conferindo-lhe **força normativa**, como se dá com as regras jurídicas (por exemplo, a lei). Noutras palavras, os princípios deixam de ter atuação apenas supletiva nessa nova concepção, para agir de forma autônoma, podendo inclusive contrariar uma regra jurídica. Tem-se, pois, que, na atualidade, as normas jurídicas (gênero) englobam as regras jurídicas e os princípios.

3.2. Princípios constitucionais do processo

3.2.1. Devido processo legal

O princípio do devido processo legal é previsto no artigo 5º, LIV, da Constituição Federal que estabelece: "ninguém será privado da liberdade ou de seus bens sem o devido processo legal".

Trata-se, pois, do direito de que os cidadãos serão processados pelas regras já existentes no ordenamento jurídico.

Referido princípio consiste no "postulado fundamental do direito (gênero)" do qual derivam todos os demais princípios constitucionais do processo[5], podendo ser compreendido em duas dimensões:

5. NERY JUNIOR, Nelson *apud* SCHIAVI, Mauro. *Manual de Direito processual do trabalho: de acordo com o novo CPC*. 9. ed. São Paulo: LTr, 2015. p. 88.

- **dimensão formal (devido processo legal formal ou procedimental):** confere a todo sujeito o direito a um processo que observe as demais garantias estabelecidas na Constituição ou em leis infraconstitucionais, ou seja, garante "o direito fundamental a um processo devido", que respeite o contraditório e a ampla defesa, o tratamento paritário entre as partes do processo, a publicidade, dentre outros princípios processuais. Tem como foco, portanto, o aspecto formal do processo.
- **dimensão substancial ou material (devido processo legal substancial ou substantivo):** a noção de devido processo legal deve levar em conta não somente a observância de exigências formais, mas também o compromisso de que as decisões jurídicas estarão em conformidade com o acesso à justiça, com a efetividade e com a duração razoável do processo. Em outras palavras, "devido é o processo que gera decisões jurídicas substancialmente devidas"[6]. A concretização do devido processo legal substancial na jurisprudência do STF é relacionada aos postulados da proporcionalidade e da razoabilidade[7].

Destacamos que as duas dimensões do devido processo legal (formal e substancial) devem ser avaliadas de forma conjunta, mesmo porque são os próprios deveres de proporcionalidade e de razoabilidade que definem o que é um processo justo/adequado aos demais princípios processuais. Assim, o devido processo legal substancial deve ser utilizado como parâmetro na definição do devido processo legal formal[8].

É importante destacar que o devido processo legal deve ser observado no processo judicial, administrativo e legislativo.

Nesse último caso (legislativo), a dimensão substancial é de extrema relevância, de modo que o Estado, no processo de elaboração das leis, deve pautar-se pelos princípios da razoabilidade e proporcionalidade, vendando-se excessos normativos e preceitos não razoáveis.

Portanto, o devido processo legal é uma garantia contra o abuso de poder (judicial, administrativo e legislativo).

3.2.2. Princípio do juiz natural

O princípio do juiz natural deve ser analisado sob três dimensões, significando que:

1) não haverá juízo ou tribunal de exceção (*ad hoc*), nos termos do art. 5º, XXXVII, da CF/88;

---

6. DIDIER JR., Fredie. *Curso de Direito processual civil*. 15. ed. Salvador: Editora Juspodivm, 2013. p. 50.
7. DIDIER JR., Fredie. *Curso de Direto processual civil*. 17. ed. Salvador: Editora Juspodivm, 2015. p. 71.
8. ÁVILA, Humberto apud DIDIER JR., Fredie. *Curso de Direto processual civil*. 17. ed. Salvador: Editora Juspodivm, 2015. p. 71.

2) todos têm direito de se submeter a um juízo competente previamente constituído na forma da lei;

3) o juiz competente deve ser imparcial.

É interessante destacar que juiz imparcial não é sinônimo de neutralidade. O caráter publicista do processo impõe atuação ativa do juiz para assegurar igualdades reais de oportunidades para as partes.

3.2.3. *Princípio da igualdade processual*

O princípio da igualdade processual decorre do artigo 5º, *caput*, da CF/88 e se relaciona à ideia de paridade de armas ao longo do processo.

Nesse sentido, o art. 7º do CPC/2015 estabelece:

> Art. 7º. É assegurada às partes paridade de tratamento em relação ao exercício de direitos e faculdades processuais, aos meios de defesa, aos ônus, aos deveres e à aplicação de sanções processuais, competindo ao juiz zelar pelo efetivo contraditório.

A igualdade processual também é prevista no art. 139, I, do CPC/2015:

> Art. 139. O juiz dirigirá o processo conforme as disposições deste Código, incumbindo-lhe:
>
> I – assegurar às partes igualdade de tratamento.

De acordo com a doutrina[9], o princípio da igualdade deve ser observado desde o acesso à justiça que deve ocorrer sem discriminações até à forma de condução do processo pelo juiz, que deverá ser imparcial. A igualdade processual deve ser observada na garantia aos direitos do contraditório e da ampla defesa, permitindo que a parte tenha acesso às informações necessárias para sua defesa.

O princípio da igualdade encontra-se, pois, intrinsecamente relacionado ao princípio do contraditório, uma vez que as partes devem ter garantidas as mesmas oportunidades ao longo do processo, valorando-se não somente o direito de ação, como também o direito à defesa.

Cabe destacar que a igualdade prevista na Constituição Federal e no CPC/2015 é relacionada à ideia de isonomia, de igualdade substancial (real ou material). Assim, "o juiz deve tratar igualmente os iguais e desigualmente os desiguais, na exata medida de suas desigualdades".[10] É por isso que não fere referido princípio a prerrogativa de prazos processuais diferenciados concedidos à Fazenda Pública, ao Ministério Público e à Defensoria Pública (CPC/2015, arts. 180, 183 e 186). Do mesmo modo, decorre da

9. DIDIER JR., Fredie. *Curso de Direto processual civil*. 17. ed. Salvador: Editora Juspodivm, 2015. p. 97.
10. NERY JUNIOR., Nelson; NERY, Rosa Maria de Andrade. *Comentários ao Código de Processo Civil*. São Paulo: Editora Revista dos Tribunais, 2015. p. 583.

igualdade substancial a distribuição dinâmica do ônus da prova (CLT, art. 818, § 1º e CPC, art. 373, § 1º).

3.2.4. Princípio da inafastabilidade da jurisdição

A inafastabilidade da jurisdição está consagrada no art. 5º, XXXV, da CF/88 que declina que "a lei não excluirá da apreciação do Poder Judiciário lesão ou ameaça a direito". Referido princípio também é denominado pela doutrina de princípio do acesso à justiça[11]. O CPC/2015 reproduziu o princípio da inafastabilidade da jurisdição em seu art. 3º[12].

Esse princípio representa a garantia de que qualquer cidadão poderá buscar a efetivação de seus direitos pelo acesso ao Poder Judiciário. Essa garantia, contudo, não abrange apenas o direito de movimentação da máquina judiciária por meio do processo, mas também a possibilidade que a parte terá na obtenção de uma efetiva tutela jurisdicional. Em outras palavras, "o acesso à justiça não se resume ao direito de ser ouvido em juízo e de obter uma resposta qualquer do órgão jurisdicional. Por acesso à Justiça hoje se compreende o direito a uma *tutela efetiva e justa* para todos os interesses dos particulares agasalhados pelo ordenamento jurídico"[13].

Aliás, uma vez provocado, o Poder Judiciário tem o dever de se manifestar acerca da tutela jurisdicional pleiteada, sob pena de proferir decisão *citra petita*.

De qualquer modo, a inafastabilidade da jurisdição não implica, necessariamente, que os pedidos formulados pelo autor na petição inicial deverão receber uma decisão de mérito. Ao analisar o pedido, caso o juiz entenda que faltam ao processo as condições e os requisitos mínimos de admissibilidade, poderá extingui-lo sem julgamento de mérito, sem que isso signifique obstáculo ao acesso à justiça.

3.2.5. Princípio do contraditório e da ampla defesa

A Constituição Federal de 1988 estabelece no art. 5º, LV, o direito à observância do princípio do contraditório e da ampla defesa nos processos judiciais e administrativos.

O princípio do contraditório pode ser analisado sob dois enfoques:

a) **contraditório formal:** consiste no binômio informação + possibilidade de reação. Preocupa-se em dar ciência às partes do ocorrido nos autos, permitindo sua manifestação.

b) **contraditório substancial (dinâmico):** amplia o conceito do contraditório, tornando-se um trinômio: informação + possibilidade de reação + poder de

11. SCHIAVI, Mauro. *Manual de Direito processual do trabalho*. 9. ed. São Paulo: LTr, 2015, p. 92.
12. CPC/2015, art. 3º. Não se excluirá da apreciação jurisdicional ameaça ou lesão a direito.
13. THEODORO JÚNIOR. Humberto. *Curso de Direito Processual Civil, vol. 1*. 56. ed. Rio de Janeiro: Forense, 2015, p. 74.

influenciar o julgador. Com efeito, não basta a mera permissão de que as partes se manifestem, sendo necessária que essa permissão ocorra antes da decisão judicial, a fim de que possam influenciar o convencimento do julgador, impedindo ainda o proferimento de decisões-surpresa. Trata-se do denominado contraditório efetivo.

A ideia de contraditório substancial veio contemplada no CPC/2015, aplicável subsidiariamente ao processo do trabalho, como se pode observar em seu artigo 7º:

> Art. 7º É assegurada às partes paridade de tratamento em relação ao exercício de direitos e faculdades processuais, aos meios de defesa, aos ônus, aos deveres e à aplicação de sanções processuais, competindo ao juiz zelar pelo efetivo contraditório (Grifo Nosso).

Ademais, o CPC/2015 impede que o juiz profira suas decisões sem que antes possibilite a participação das partes, vedando, pois, a prolação de decisões-surpresa, como se verifica pelos artigos 9º e 10º, aplicáveis subsidiariamente ao processo do trabalho (TST-IN nº 39/2016, art. 4º), *in verbis*:

> Art. 9º. Não se proferirá decisão contra uma das partes sem que ela seja previamente ouvida.
>
> Parágrafo único. O disposto no caput não se aplica:
>
> I - à tutela provisória de urgência;
>
> II - às hipóteses de tutela da evidência previstas no art. 311, incisos II e III;
>
> III - à decisão prevista no art. 701.
>
> Art. 10. O juiz não pode decidir, em grau algum de jurisdição, com base em fundamento a respeito do qual não se tenha dado às partes oportunidade de se manifestar, ainda que se trate de matéria sobre a qual deva decidir de ofício.

Observa-se pelos supracitados dispositivos que, apesar de mantida a possibilidade de o juiz reconhecer de ofício determinadas matérias, antes de reconhecê-las deverá dar à parte a oportunidade de se manifestar, com o objetivo de influenciar o julgador sobre o tema. Percebe-se, assim, que o princípio do contraditório não representa apenas uma garantia às partes, mas serve também como limitador dos poderes do juiz.

De acordo com entendimento de Humberto Theodoro Junior, "o contraditório moderno constitui uma verdadeira garantia de não surpresa que impõe ao juiz o dever de provocar o debate acerca de todas as questões, inclusive as de conhecimento oficioso, impedindo que, em 'solitária onipotência', aplique normas ou embase a decisão sobre fatos completamente estranhos à dialética defensiva de uma ou de ambas as partes"[14].

---

14. THEODORO JR, Humberto. *Processo justo e contraditório dinâmico*. Revista de Estudos Constitucionais, Hermenêutica e Teoria do Direito jan.-jun 2010, p. 69.

Contudo, é importante destacar que, para o C. TST, decisão surpresa corresponde à decisão que, "no julgamento final do mérito da causa, em qualquer grau de jurisdição, aplicar fundamento jurídico ou embasar-se em fato não submetido à audiência prévia de uma ou de ambas as partes" (TST-IN nº 39/2016, art. 4º, § 1º).

Por outro lado, o C. TST não considera como surpresa a decisão que "à luz do ordenamento jurídico nacional e dos princípios que informam o Direito Processual do Trabalho, as partes tinham obrigação de prever, concernente às condições da ação, aos pressupostos de admissibilidade de recurso e aos pressupostos processuais, salvo disposição legal expressa em contrário" (TST-IN nº39/2016, art. 4º, § 2º).

Portanto, o C. TST restringe a ideia de decisões surpresas, aplicando-a apenas quando se tratar de decisão de mérito, afastando sua incidência quando a decisão estiver ligada às condições da ação, aos pressupostos de admissibilidade de recurso e aos pressupostos processuais, salvo disposição legal expressa em contrário.

Cabe registrar ainda que há situações nas quais o CPC/2015 permite que o juiz profira decisão sem que antes seja ouvida a parte contrária (art. 9º), como, por exemplo, as decisões que concedem tutela provisória de urgência; as decisões que concedem tutela provisória de evidência e a expedição de mandado de pagamento nos casos de ação monitória, quando se mostrar evidente o direito do autor (art. 701).

Por fim, antigamente, a doutrina distinguia os conceitos do contraditório e da ampla defesa, entendendo aquele como o contraditório formal e a ampla defesa como a possibilidade de a parte se valer de todos os meios legais e moralmente legítimos para demonstrar suas alegações. Todavia, a ampliação do conceito e da aplicação do princípio do contraditório substancial fez com que a doutrina passasse a integrar a ampla defesa no conceito de contraditório.

3.2.6. Princípio da motivação das decisões judiciais

O princípio da motivação das decisões judiciais é previsto no art. 93, IX, da CF/88, que estabelece que todas as decisões do Poder Judiciário deverão ser fundamentadas, sob pena de nulidade. O CPC/2015 praticamente reproduz referida previsão constitucional em seu art. 11[15] e disciplina o seu alcance no art. 489, § 1º[16].

15. Art. 11. Todos os julgamentos dos órgãos do Poder Judiciário serão públicos, e fundamentadas todas as decisões, sob pena de nulidade. Parágrafo único. Nos casos de segredo de justiça, pode ser autorizada a presença somente das partes, de seus advogados, de defensores públicos ou do Ministério Público.

16. § 1º Não se considera fundamentada qualquer decisão judicial, seja ela interlocutória, sentença ou acórdão, que: I – se limitar à indicação, à reprodução ou à paráfrase de ato normativo, sem explicar sua relação com a causa ou a questão decidida; II – empregar conceitos jurídicos indeterminados, sem explicar o motivo concreto de sua incidência no caso; III – invocar motivos que se prestariam a justificar qualquer outra decisão; IV – não enfrentar todos os argumentos deduzidos no processo capazes de, em tese, infirmar a conclusão adotada pelo julgador; V – se limitar a invocar precedente ou enunciado de súmula, sem identificar seus fundamentos determinantes nem demonstrar que o caso sob julgamento se ajusta àqueles fundamentos; VI – deixar de seguir enunciado de súmula,

A doutrina destaca dois principais aspectos da fundamentação das decisões judiciais:

1) possibilidade de que as partes saibam as razões utilizadas na decisão judicial;

2) facilidade que o litigante terá ao acessar as instâncias superiores, uma vez que saberá exatamente quais argumentos deverá contrapor[17]. Nesse ponto, a motivação mostra-se essencial também para que os tribunais analisem se a decisão impugnada foi ou não correta.

Como efeito externo da necessidade de fundamentação das decisões judiciais, a motivação também serve como forma de controle público da legitimidade das decisões judiciais[18] e da imparcialidade do julgador.

3.2.7. Princípio da publicidade

A Constituição Federal a prevê a necessidade de publicidade dos atos judiciais em seu art. 93, inciso IX:

> IX- todos os julgamentos dos órgãos do Poder Judiciário serão públicos, e fundamentadas todas as decisões, sob pena de nulidade, podendo a lei limitar a presença, em determinados atos, às próprias partes e a seus advogados, ou somente a estes, em casos nos quais a preservação do direito à intimidade do interessado no sigilo não prejudique o interesse público à informação.

A publicidade está intimamente ligada à fundamentação das decisões, pois garante que as razões utilizadas pelo juiz na resolução do caso sejam conhecidas pelas partes e pela sociedade[19]. Ademais, o princípio mostra-se essencial ao contraditório, pois permite que as partes tenham ciência da fundamentação dos atos processuais e possam, a partir disso, apresentar suas respostas.

Observa-se que o princípio da publicidade possui duas dimensões:

1) **interna**: determina que os atos processuais devem ser públicos para as partes e seus procuradores a fim de proteger as partes de decisões secretas, resguardando especialmente o contraditório.

2) **externa**: tem como objetivo o controle da atividade jurisdicional pela sociedade (dimensão externa), evitando, por exemplo, a arbitrariedade do juiz[20].

---

jurisprudência ou precedente invocado pela parte, sem demonstrar a existência de distinção no caso em julgamento ou a superação do entendimento.

17. SCHIAVI, Mauro. *Manual de Direito processual do trabalho*. 9. ed. São Paulo: LTr, 2015, p. 99.
18. ASSIS, Araken de. *Processo Civil Brasileiro, volume I: parte geral: fundamentação e distribuição de conflitos*. São Paulo: Editora Revista dos Tribunais, 2015. p. 443.
19. De acordo com Fredie Didier Jr., "a publicidade é instrumento de eficácia da garantia da motivação". (DIDIER JR., Fredie. *Curso de Direto processual civil*. 17. ed. Salvador: Editora Juspodivm, 2015. p. 88)
20. DIDIER JR, Fredie. *Curso de Direito Processual Civil: vol. 1. Introdução ao Direito Processual Civil e Processo de Conhecimento*. 15. ed. Salvador: Editora Juspodivm, 2013, p. 61.

Os arts. 8º e 11º do CPC/2015 reforçam a exigência da observância do princípio da publicidade nos julgamentos.

Destaca-se que referido princípio não é absoluto e pode ser afastado quando a defesa da intimidade ou o interesse social o exigirem, conforme previsto pelo próprio texto constitucional (art. 5º, LX):

> LX – a lei só poderá restringir a publicidade dos atos processuais quando a defesa da intimidade ou o interesse social o exigirem.

Nesse mesmo sentido, estabelece o art. 770 da CLT: "os atos processuais serão públicos salvo quando o contrário determinar o interesse social, e realizar-se-ão nos dias úteis das 6 (seis) às 20 (vinte) horas".

3.2.7.1. *Lei Geral de Proteção de Dados*

Com o advento da Lei nº 13.709/18 (Lei Geral de Proteção de Dados - LGPD) que dispõe sobre o tratamento de dados pessoais e busca proteger os direitos fundamentais de liberdade e de privacidade e o livre desenvolvimento da personalidade da pessoa natural, e, sobretudo com a inclusão da proteção de dados no rol de direitos fundamentais através da Emenda Constitucional 115/22[21], pode-se discutir se o princípio da publicidade no campo processual será atingido.

Em regra, no âmbito da publicidade interna do processo, a legislação não trará maiores efeitos, tendo em vista a possibilidade de utilização dos dados (sensíveis ou não), para o exercício regular de direitos em processo judicial, administrativo ou arbitral.

Já no tocante à publicidade externa, é importante que haja disciplina acerca da possibilidade de utilização dos dados captados em processos tanto por terceiros, muitas vezes com finalidade econômica (p. ex., jurimetria), quanto pela própria Administração, sobretudo em relação aos elementos identificadores das partes; elementos identificadores do magistrado e aos documentos das partes juntados aos processos.[22]

Cabe ressaltar que na Justiça do Trabalho, o controle em relação à divulgação de elementos identificadores das partes, já é feito pelo CSJT e é importante, por exemplo, para evitar a elaboração de "lista suja" com a divulgação dos nomes de empregados que figurem como reclamantes (Resolução nº 139/2014 do CSJT).

Ademais, a LGPD prevê que o tratamento dos dados pessoais cujo acesso é público deve considerar a finalidade, a boa-fé e o interesse público que justificaram

21. Dentre suas alterações, a EC 115/22 incluiu o inciso LXXIX no art. 5º da Constituição Federal, dispondo que "é assegurado, nos termos da lei, o direito à proteção dos dados pessoais, inclusive nos meios digitais."
22. CNJ. *Acesso a Dados de Processos Judiciais no Brasil.* Disponível em: https://lawgorithm.com.br/acesso-a-dados-de-processos-judiciais-no-brasil/. Acesso em: 22 set. 2020.

sua disponibilização, não sendo necessário o consentimento do titular para que os dados sejam tornados manifestamente públicos (Lei nº 13.709/18, art. 7º, §§ 3º e 4º).

3.2.8. *Princípio da duração razoável do processo*

O princípio da duração razoável do processo foi acrescentado pela Emenda Constitucional nº 45/04 ao artigo 5º da Constituição Federal de 1988, que passou a prever em seu inciso LXXVIII, *in verbis*:

> LXXVIII – a todos, no âmbito judicial e administrativo, são assegurados a razoável duração do processo e os meios que garantam a celeridade de sua tramitação.

Além da expressa previsão no artigo 5º, inciso LXXVIII, a Constituição Federal ainda conta com outros mecanismos que garantem a celeridade processual, tais como a previsão de ininterrupção da atividade jurisdicional (art. 93, XII), a delegação de atos de administração aos servidores (art. 93, XIV) e a distribuição imediata dos processos (art. 93, XV).

O princípio da duração razoável do processo também passou a ser disciplinado pelo CPC/2015 e aplicado, de forma expressa, à fase executiva, conforme se observa em seu art. 4º: "as partes têm o direito de obter em prazo razoável a solução integral do mérito, incluída a atividade satisfativa". O princípio também foi incluído no rol dos deveres do juiz, conforme se depreende do artigo 139, II: que "o juiz dirigirá o processo conforme as disposições deste Código, incumbindo-lhe: (...) II – velar pela duração razoável do processo."

De modo especial, no processo do trabalho há a necessidade do rápido andamento dos processos, considerando a natureza alimentar da maior parte das verbas postuladas na Justiça do Trabalho e a hipossuficiência do trabalhador. Nesse sentido, o art. 765 da CLT dispõe:

> Art. 765 – Os Juízos e Tribunais do Trabalho terão ampla liberdade na direção do processo e velarão pelo **andamento rápido das causas**, podendo determinar qualquer diligência necessária ao esclarecimento delas (Grifo Nosso).

Assim, devem ser utilizados todos os meios necessários à maior efetividade e celeridade dos processos inclusive com a utilização da legislação processual civil quando esta for compatível com a concretização dos valores norteadores do direito processual do trabalho (acesso à justiça e efetividade).

O princípio da duração razoável do processo corresponde, pois, a um "princípio fundamental que deve nortear toda a atividade jurisdicional, seja na interpretação da legislação, seja para o próprio legislador ao editar normas"[23].

---

23. SCHIAVI, Mauro. *Manual de Direito Processual do Trabalho*. 8. ed. São Paulo: LTr, 2015, p. 103.

Ressaltamos que o conceito de "duração razoável do processo" é indeterminado e, por isso, deve levar em conta características próprias de cada caso concreto, tais como a complexidade dos casos, o comportamento das partes, a atuação do órgão jurisdicional e a estrutura do órgão judiciário[24]. O princípio da duração razoável deve ainda ser aplicado de forma conjunta com outros princípios constitucionais do processo, como o acesso à justiça e o contraditório e ampla defesa.

3.3. Princípios do Código de Processo Civil

O CPC/2015 inovou ao disciplinar nos arts. 1º ao 12, as chamadas "normas fundamentais do processo civil". Apesar da denominação, acreditamos que referidos princípios deverão ser aplicados também ao processo do trabalho, considerando sua compatibilidade com os preceitos da seara trabalhista.

A maior parte dos princípios disciplinados pelo CPC/2015 nada mais são do que a reprodução de garantias previstas na Constituição Federal de 1988, o que demonstra de forma expressa a "constitucionalização do direito processual". Por essa razão, o art. 1º do CPC/2015 declina:

> Art. 1º. O processo civil será ordenado, disciplinado e interpretado conforme os valores e as normas fundamentais estabelecidos na Constituição da República Federativa do Brasil, observando-se as disposições deste Código.

Apesar da obviedade de referida norma, acreditamos que esse reforço possui importante caráter simbólico e representa "uma tomada de posição do legislador no sentido de reconhecimento da força normativa da Constituição"[25].

Conforme mencionamos, grande parte dos princípios abordados pelo CPC/2015 já eram disciplinados pela Constituição Federal e, consequentemente já foram abordados no tópico anterior (contraditório e ampla defesa, inafastabilidade da jurisdição, duração razoável do processo, igualdade e publicidade). Desse modo, iremos neste momento analisar apenas os princípios considerados como inovações do CPC/2015.

3.3.1. Princípio da primazia da decisão de mérito

O princípio da primazia da decisão de mérito é consagrado em diversos dispositivos do CPC/2015, dentre os quais destaca-se o art. 4º:

> Art. 4º As partes têm o direito de obter em prazo razoável a solução integral do mérito, incluída a atividade satisfativa (Grifo nosso).

24. DIDIER JR., Fredie. *Curso de Direito Processual Civil: vol. 1 - Introdução ao Direito Processual Civil e Processo de Conhecimento*. 15. ed. Salvador: Editora Juspodivm, 2013, p. 95.
25. DIDIER JR., Fredie. *Curso de Direito Processual Civil: vol. 1 - Introdução ao Direito Processual Civil e Processo de Conhecimento*. 15. ed. Salvador: Editora Juspodivm, 2013, p. 47.

Referido princípio determina que o órgão julgador deverá sempre ter como objetivo a decisão de mérito, não se contentando com decisões meramente processuais que extinguem o processo sem resolução do mérito.

Com a finalidade de concretizar aludido princípio, o CPC/2015 em diversas ocasiões o exalta, impondo que o julgador deverá promover o saneamento dos vícios processuais (art. 139, IX), permitir que a parte corrija o vício, antes da extinção do processo sem resolução de mérito (art. 317), resolver do mérito quando a decisão for favorável à parte a quem aproveitaria eventual pronunciamento sem resolução de mérito (art. 488), possibilitar o saneamento do vício ou de complementação da documentação exigida antes de considerar o recurso inadmissível (art. 932, parágrafo único), dentre outros momentos nos quais se valoriza a decisão de mérito em detrimento de vícios processuais.

Tal princípio tem campo fértil de aplicação no âmbito recursal, afastando a chamada jurisprudência defensiva dos tribunais. Noutras palavras, é sabido que, na fase recursal, o juízo de mérito só é alcançado se ultrapassado o juízo de admissibilidade, quando se verifica a presença dos pressupostos recursais. Contudo, embora não se possa admitir recursos sem a presença dos pressupostos processuais, sob pena de gerar insegurança jurídica (p. ex: recurso fora do prazo; recurso por qualquer sujeito, mesmo sem estar presente a legitimidade recursal etc.), o fim natural e pretendido pela sociedade é o julgamento do recurso.

Nesse contexto, sendo sanável o vício, o referido princípio impõe que se permita o saneamento ou complementação (CPC/2015, arts. 932, parágrafo único[26], 938, § 1º[27] e 1.007, § 2º[28], dentre outros) ou até mesmo a sua desconsideração passando imediatamente ao julgamento do mérito do recurso (CLT, art. 896, § 11[29]).

Essa nova ideologia, inserida na teoria geral do processo, impõe uma releitura dos vícios processuais, mormente quando ligados aos pressupostos recursais.

O princípio da primazia da decisão de mérito previsto no CPC/2015 deverá ser aplicado no processo do trabalho ante compatibilidade com outros princípios essenciais à seara trabalhista, dentre os quais se destaca a duração razoável do processo, simplicidade e efetividade, uma vez que "não há decisão mais frustrante para o jurisdicionado que buscar a tutela de sua pretensão, e também, para a parte que resiste à pretensão do autor, receber como resposta jurisdicional uma decisão sem apreciação do mérito quando for possível ao juiz apreciá-lo"[30].

---

26. CPC/2015, art. 932. Parágrafo único. Antes de considerar inadmissível o recurso, o relator concederá o prazo de 5 (cinco) dias ao recorrente para que seja sanado vício ou complementada a documentação exigível.
27. CPC/2015, art. 938. § 1º Constatada a ocorrência de vício sanável, inclusive aquele que possa ser conhecido de ofício, o relator determinará a realização ou a renovação do ato processual, no próprio tribunal ou em primeiro grau de jurisdição, intimadas as partes.
28. CPC/2015, art. 1.007. § 2º A insuficiência no valor do preparo, inclusive porte de remessa e de retorno, implicará deserção se o recorrente, intimado na pessoa de seu advogado, não vier a supri-lo no prazo de 5 (cinco) dias.
29. CLT, art. 896. § 11. Quando o recurso tempestivo contiver defeito formal que não se repute grave, o Tribunal Superior do Trabalho poderá desconsiderar o vício ou mandar saná-lo, julgando o mérito.
30. SCHIAVI, Mauro. Os pressupostos processuais e as condições da ação no Novo CPC e suas repercussões no Processo do Trabalho. In: LEITE, Carlos Henrique Bezerra (Org.). *Novo CPC: repercussões no Processo do Trabalho*. São Paulo: Saraiva, 2015. p. 90.

3.3.2. *Princípio da cooperação*

O direito processual possuía dois principais modelos de organização:

1) **o modelo adversarial:** baseado na ideia de que o processo é um espaço de conflito entre duas partes antagônicas, no qual o juiz representa um papel passivo, devendo apenas decidir o caso.

2) **inquisitorial:** concede o papel de destaque ao juiz, concentrando as atividades processuais no julgador.

Como alternativa a esses dois modelos de organização processual, o CPC/2015 traz uma nova forma de organização do processo: **o modelo cooperativo.**

Assim, de acordo com o art. 6º do CPC/2015, "todos os sujeitos do processo devem cooperar entre si para que se obtenha, em tempo razoável, decisão de mérito justa e efetiva".

Observa-se que o princípio da cooperação tem como destinatários todas as partes envolvidas no processo: os integrantes do polo ativo, do polo passivo, seus respectivos advogados/procuradores e o órgão jurisdicional.

Referido princípio encontra substrato no objetivo fundamental da solidariedade, previsto no artigo 3º, I da Constituição Federal de 1988, servindo como meio na consecução do Estado Democrático de Direito, uma vez que este possui como principal característica a prévia participação de todos.

O dever de cooperação não se constitui apenas como faculdade das partes, mas, conforme se observa pela própria redação do art. 6º do CPC/2015, configura-se como ônus e dever, fazendo com que todos os sujeitos processuais ocupem posições simétricas durante o processo. Destacamos, contudo, que apenas no momento da decisão, o juiz ocupará uma posição assimétrica, pois o julgamento corresponde a uma função exclusiva do magistrado[31]. Todavia, essa decisão será baseada nas informações obtidas durante a condução do processo, daí a importância de o juiz, como instrumento da aplicação do direito, cooperar com as partes para que seja alcançada a melhor solução ao litígio.

Nas outras fases do processo, porém, deverá haver a cooperação das partes entre si, das partes com o juiz e vice-versa, com o objetivo de maior democratização na construção do processo, sem que qualquer um dos sujeitos seja considerado como protagonista.

3.3.3. *Princípio da boa-fé*

O princípio da boa-fé processual é previsto no artigo 5º do CPC/2015, *in verbis:*

> Art. 5º Aquele que de qualquer forma participa do processo deve comportar-se de acordo com a boa-fé.

---

31. Nesse sentido: DIDIER JR., Fredie. *Curso de Direito Processual Civil: vol. 1 – Introdução ao Direito Processual Civil e Processo de Conhecimento.* 15. ed. Salvador: Editora Juspodivm, 2013, p. 125.

O princípio, que já era previsto no artigo 14, II do CPC/73, consiste na boa-fé objetiva, não se relacionando, portanto, às intenções dos participantes do processo, mas assumindo o caráter de uma norma de conduta (*standard* de comportamento). Dessa forma, é mais amplo do que a previsão do art. 77 do CPC/2015 que estabelece os deveres processuais das partes, dos procuradores e de todos que de alguma forma participam do processo.

O princípio da boa-fé processual possui como destinatários todos que de alguma forma participam do processo, incluindo-se não só as partes, mas também o próprio órgão jurisdicional e os auxiliares da Justiça.

Referido princípio tem como origem a boa-fé objetiva consagrada no direito material civil e possui como objetivo coibir os abusos do direito processual, preservando, desse modo, a lealdade entre os participantes do processo. Observa-se que o legislador optou pela técnica da cláusula geral processual ao invés de enumerar todas as condutas desleais, o que possibilita maior abrangência e mobilidade no alcance da boa-fé objetiva no processo.

Conforme salienta Carreira Alvim, a utilização do princípio da boa-fé na seara processual seguiu o entendimento já consolidado pelo STJ: "o princípio da boa-fé objetiva proíbe que a parte *assuma comportamentos contraditórios* no desenvolvimento da relação processual, o que resulta na vedação do *venire contra factum proprium*, aplicável também ao direito processual (AgRg no REsp. 1280482/SC)"[32].

O fundamento constitucional do princípio da boa-fé processual é considerado, por muitos autores, como o art. 3º, I da CF/88, uma vez que, ao estabelecer a solidariedade como objetivo da República Federativa Brasileira, decorreu o dever de confiança e lealdade. Há ainda autores que sustentam como base constitucional da boa-fé processual, o princípio da igualdade, da dignidade da pessoa humana ou o contraditório. A doutrina majoritária, contudo, na mesma linha do Supremo Tribunal Federal, acredita que a boa-fé processual decorre do devido processo legal, como forma de proteção às garantias processuais de eticidade e lealdade.[33]

Para a concretização do princípio da boa-fé processual, o CPC/2015 inovou ao estabelecer que a interpretação do pedido deve considerar o conjunto da postulação e deve observar o princípio da boa-fé (art. 322, § 2º).

Do mesmo modo, o CPC/2015 indica que "a decisão judicial deve ser interpretada a partir da conjugação de todos os seus elementos e em conformidade com o princípio da boa-fé" (art. 489, § 3º).

---

32. ALVIM, J.E. Carreira. *Comentários ao Novo Código de Processo Civil: Lei n 13.105/15*: v. 1. Curitiba: Juruá, 2015, p. 47.
33. DIDIER JR, Fredie. *Curso de Direito Processual Civil: Introdução ao Direito Processual Civil, Parte Geral e Processo de Conhecimento*, v. 1. 17. ed. Salvador: Editora Juspodivm, 2015, p. 107.

3.4. Outros princípios processuais

3.4.1. *Princípio dispositivo*

O princípio dispositivo, também denominado princípio da demanda ou inércia da jurisdição, consiste na liberdade concedida às partes de provocar o judiciário, seja para praticar um ato que lhe seja facultado (ex. interpor recurso), seja para apresentar sua pretensão em juízo. Nesse contexto, o art. 2º do CPC/2015 estabelece que o processo começa por iniciativa da parte.

Esse princípio aplica-se ao processo do trabalho, embora nessa seara a inquisitoriedade seja exaltada no art. 765 da CLT.

Aliás, na fase de execução trabalhista, o princípio da demanda não era adotado, vez que se possibilitava a execução, de ofício, pelo juiz (princípio inquisitivo), sendo esta uma das maiores particularidades desse ramo processual. Contudo, com o advento da Lei nº 13.467/17 (Reforma Trabalhista), o art. 878 da CLT, se interpretado gramaticalmente[34], adota o princípio da demanda (dispositivo) na execução, possibilitando que a execução de ofício seja realizada apenas nos casos em que as partes não estiverem representadas por advogado, ou seja, quando for o caso de *jus postulandi.*

3.4.2. *Princípio inquisitivo*

O princípio inquisitivo centra-se na figura do órgão julgador, concedendo-lhe poderes para dar continuidade ao processo, a fim de se chegar ao seu resultado final.

Desse modo, iniciado o processo (princípio dispositivo), ele se desenvolve por impulso oficial (princípio inquisitivo), nos termos do art. 2º do CPC/2015.

No processo do trabalho, esse princípio ganha relevância, ante as diretrizes do art. 765 que assim vaticina:

> **Art. 765.** Os Juízos e Tribunais do Trabalho terão ampla liberdade na direção do processo e velarão pelo andamento rápido das causas, podendo determinar qualquer diligência necessária ao esclarecimento delas.

É importante destacar que a nova ideologia processual não se contenta apenas com os modelos dispositivos (adversais) e inquisitivos, passando a consagrar o modelo cooperativo, como estudado anteriormente.

Com efeito, atualmente, iniciado o processo (princípio dispositivo), ele será impulsionado oficialmente (inquisitivo), devendo todos os sujeitos cooperarem entre si para que se obtenham, em tempo razoável, decisão de mérito justa e efetiva (princípio cooperativo).

---

34. Vide mais comentários no capítulo de Execução trabalhista.

3.4.3. *Princípio do duplo grau de jurisdição*

O princípio do duplo grau de jurisdição consiste na possibilidade de reexame da decisão, buscando outra opinião sobre a decisão da causa.

Há divergência na doutrina acerca de tal princípio ser garantia constitucional ou infraconstitucional.

Essa divergência existe porque a Constituição Federal de 1988 estabeleceu como direito fundamental dos litigantes "o contraditório e ampla defesa, com os meios e recursos a ela inerentes" (art. 5º, LV).

Da análise desse dispositivo, alguns julgados e doutrinadores passaram a entender que a Constituição Federal previa o direito ao duplo grau de jurisdição, de modo que a norma infraconstitucional não poderia restringi-lo, como é o caso do rito Sumário (art. 2º, § 4º, da Lei 5.584/70). Além do art. 5º, LV, tais autores sustentam que o princípio do duplo grau de jurisdição decorre da redação dos arts. 102 e 105 da CF/88 que regulam os recursos extraordinário e especial, respectivamente.

Por outro lado, a tese majoritária, à qual nos filiamos, defende que a Constituição Federal **não** reconheceu o duplo grau de jurisdição como garantia ou princípio constitucional, colocando-o como regra de organização judiciária.

Isso ocorre porque o dispositivo constitucional supramencionado utilizou-se da expressão "recursos" não em sentido técnico, mas como garantia dos princípios do contraditório e da ampla defesa, que podem ser exercidos em uma única instância. Não se confunde, portanto, com o princípio do duplo grau de jurisdição, que é disciplinado pela legislação ordinária, podendo inclusive ser afastado ou mitigado em casos específicos como, por exemplo, no art. 1.013, § 3º, do CPC/2015.

Não podemos, entretanto, ignorar a importância do duplo grau de jurisdição, pois ele possibilita que os órgãos superiores controlem e aperfeiçoem as decisões proferidas pelos órgãos inferiores. Todavia, por não ser um princípio absoluto, o duplo grau poderá ser afastado pelo legislador em determinados casos concretos.

3.4.4. *Princípio da instrumentalidade das formas*

Em regra, os atos e termos processuais não dependem de forma determinada (CPC/2015, art. 188). Em certos casos, porém, a legislação exige determinadas formalidades para a realização do ato. No entanto, mesmo que haja determinação legal, pode o ato ser reputado válido, se, realizado de outro modo, preencher sua finalidade essencial.

Trata-se do chamado princípio da instrumentalidade das formas, o qual impõe que a forma não pode ser vista como um fim em si mesmo, mas como meio para se alcançar o objetivo do ato processual. Desse modo, mesmo o ato que não tenha observado a forma prescrita em lei, mas, atingiu sua finalidade, será considerado válido.

3.4.5. *Princípio da preclusão*

A preclusão consiste na perda da faculdade de praticar um ato processual. Trata-se de instituto que busca impor que o processo sempre caminhe para frente, impedindo retornos indesejados. Tem como foco, portanto, o princípio da efetividade e celeridade processual.

A preclusão pode ser:

a) **temporal:** quando a perda decorre da não realização do ato em determinado prazo;
b) **consumativa:** realizado o ato (consumado), não se admite que seja novamente realizado;
c) **lógica:** não se permite que a parte pratique um ato posterior incompatível com um ato anterior;
d) ***pro iudicato***: quando a preclusão é para o juiz;
e) **ordinatória**: quando a validade de um ato pressupõe a existência de um anterior. Exemplo: os embargos à execução somente podem ser recebidos depois de garantido o juízo pela penhora;
f) **máxima**: quando ocorre a coisa julgada.

A preclusão temporal vem estampada no art. 795 da CLT, *caput*, que declina:

> **Art. 795** – As nulidades não serão declaradas senão mediante provocação das partes, as quais deverão argui-las à primeira vez em que tiverem de falar em audiência ou nos autos.

Desse modo, a nulidade deve ser alegada na primeira oportunidade em que a parte tiver que se manifestar nos autos, sob pena de preclusão. Ultrapassado esse momento, o ato será convalidado, ou seja, a parte perde a oportunidade de alegar a nulidade, sendo o ato considerado válido.

Consigna-se que tal princípio aplica-se tão somente às nulidades relativas, já que as nulidades absolutas devem ser declaradas de ofício pelo magistrado (CPC/2015, art. 278, parágrafo único).

3.5. Princípios do processo do trabalho

A doutrina não é pacífica acerca de quais princípios são específicos do processo do trabalho, de modo que estudaremos nos próximos subtópicos aqueles que são reconhecidos pela tese majoritária.

3.5.1. Princípio da proteção

O direito do trabalho tem como base o princípio da proteção, ante a desigualdade existente entre as partes envolvidas. Já na seara processual, as partes são tratadas igualmente, o que provoca discussão acerca da incidência do princípio da proteção ao direito processual do trabalho.

Considerando que o processo do trabalho é instrumento de realização do direito material, ou seja, não tem um fim em si mesmo, aplica-se no campo processual, o princípio da proteção.

Contudo, tal princípio deve ser bem analisado nessa seara, para que não se criem desigualdades entre as partes.

Parte da doutrina, denomina-o de "protecionismo temperado ao trabalhador", descrevendo que, embora o princípio da proteção deva ser aplicado de modo compatível com o princípio constitucional da igualdade, autoriza-se que existam algumas prerrogativas processuais para compensar eventuais entraves que os trabalhadores encontram ao procurar a Justiça do Trabalho, em razão da sua hipossuficiência econômica, e na dificuldade de fazer suas provas[35].

De nossa parte, pensamos que o princípio da proteção, no processo do trabalho, deveria ser aplicado na função informadora, ou seja, para inspirar o legislador na criação da norma[36]. Exemplo: a ausência do reclamante na audiência inaugural provoca o arquivamento da reclamação, enquanto a ausência do reclamado implica a revelia e a consequente confissão ficta (CLT, art. 844).

Além disso, a própria lei pode autorizar desigualdades pontuais durante o processo, a fim de se garantir a paridade de armas entre os litigantes (CPC, art. 7º), incidindo, na realidade, o princípio da igualdade material no campo processual. É o que acontece, por exemplo, quando se utiliza a teoria dinâmica do ônus da prova, atribuindo-se o ônus aquele que tem melhor aptidão para fazê-la (CLT, art. 818, § 1º a 3º).

De qualquer modo, o princípio da proteção não pode servir para suprir deficiência probatória ou quando existir prova dividida. No primeiro caso o magistrado deverá observar as regras pertinentes ao ônus da prova e, no segundo, analisar o conjunto probatório verificando quais são as provas que melhor demonstram os fatos discutidos em juízo, valorando, portanto, as provas existentes no processo.

3.5.2. *Princípio da conciliação*

O processo do trabalho dá ênfase à solução do conflito por meio da conciliação. É nesse contexto que o *caput* do art. 764 da CLT impõe que os "dissídios individuais ou coletivos submetidos à apreciação da Justiça do Trabalho serão sempre sujeitos à conciliação". A propósito, o § 1º do referido artigo prevê que "os juízes e Tribunais do Trabalho empregarão sempre os seus bons ofícios e persuasão no sentido de uma solução conciliatória dos conflitos".

Ademais, no **rito sumaríssimo**, o art. 852-E da CLT descreve que "aberta a sessão, o juiz esclarecerá as partes presentes sobre as vantagens da conciliação e usará os meios adequados de persuasão para a solução conciliatória do litígio, em qualquer fase da audiência".

Já no **rito ordinário**, a CLT prevê dois momentos obrigatórios de tentativa de conciliação a ser conduzida pelo juiz:

- **1º momento**: na abertura da audiência inicial e antes da apresentação da defesa (CLT, art. 846);

---

35. SCHIAVI, Mauro. Manual de Direito Processual do Trabalho. 9. ed. São Paulo: LTr, 2015. p. 125.
36. Temos que reconhecer que na Lei 13.467/17 o legislador afastou-se do princípio da proteção, criando, em sua maiora, regras prejudiciais aos empregados-reclamantes.

- **2º momento:** depois das razões finais e antes da sentença, como declina o art. 850 da CLT.

É importante observar que a obrigatoriedade está na tentativa da conciliação e não, necessariamente, na sua celebração. Ademais, o juiz não está obrigado a homologar o acordo judicial apresentado pelas partes (Súmula nº 418 do TST).

▶ **ATENÇÃO:**

Por haver regra própria na CLT no tocante à conciliação, o art. 165 do CPC/2015[26] não se aplica ao processo do trabalho, exceto nos conflitos coletivos de natureza econômica (TST-IN nº 39/2016, art. 14).

3.5.3. Princípio do jus postulandi

No processo do trabalho, admite-se que o empregado e o empregador postulem em juízo pessoalmente, ou seja, **sem** a necessidade de advogado. É o que se denomina de *jus postulandi* das partes (CLT, art. 791 da CLT).[37]

Consigna-se que o Tribunal Superior do Trabalho **não permite** o *jus postulandi* em alguns casos, exigindo, nessas hipóteses, que a parte seja representada por advogado, como se verifica pela Súmula nº 425 do TST, a seguir:

> **Súmula nº 425 do TST.** *Jus postulandi* na Justiça do Trabalho. Alcance
>
> O *jus postulandi* das partes, estabelecido no art. 791 da CLT, limita-se às Varas do Trabalho e aos Tribunais Regionais do Trabalho, não alcançando a ação rescisória, a ação cautelar, o mandado de segurança e os recursos de competência do Tribunal Superior do Trabalho.

3.5.4. Princípio da oralidade

Embora o princípio da oralidade não seja próprio do processo do trabalho, ele tem maior incidência nessa seara processual. Isso porque, em regra, os atos praticados no processo trabalhistas são orais (verbais).

✦ *Exemplo: reclamação verbal (CLT, art. 840), defesa oral (CLT, art. 847), razões finais orais (CLT, art. 850) etc.*

---

37. Art. 165. Os tribunais criarão centros judiciários de solução consensual de conflitos, responsáveis pela realização de sessões e audiências de conciliação e mediação e pelo desenvolvimento de programas destinados a auxiliar, orientar e estimular a autocomposição.
§ 1º A composição e a organização dos centros serão definidas pelo respectivo tribunal, observadas as normas do Conselho Nacional de Justiça.
§ 2º O conciliador, que atuará preferencialmente nos casos em que não houver vínculo anterior entre as partes, poderá sugerir soluções para o litígio, sendo vedada a utilização de qualquer tipo de constrangimento ou intimidação para que as partes conciliem.
§ 3º O mediador, que atuará preferencialmente nos casos em que houver vínculo anterior entre as partes, auxiliará aos interessados a compreender as questões e os interesses em conflito, de modo que eles possam, pelo restabelecimento da comunicação, identificar, por si próprios, soluções consensuais que gerem benefícios mútuos.

É interessante observar que o princípio da oralidade se subdivide em três princípios:

- ***identidade física do juiz,*** que consiste na vinculação do órgão julgador àquele que concluiu a audiência de instrução (art. 132 do CPC/73). Antigamente, o TST não aplicava esse princípio na seara trabalhista, criando a Súmula nº 136, em razão da existência, na época, dos juízes classistas. Posteriormente, o C. TST cancelou referida súmula, ante as diretrizes do art. 132 do CPC/73. Com o CPC/2015, o posicionamento do TST deverá ser novamente alterado, uma vez que o novel código não reproduziu o teor do art. 132 do CPC/73, o qual disciplinava o princípio da identidade física do juiz. Com essa alteração, acreditamos que nas provas de analista deverá ser adotada a tese de que referido princípio não é mais aplicado na seara processual, tanto civil, como trabalhista;
- **concentração dos atos processuais,** isto é, em uma ou em poucas audiências próximas devem ser realizados os atos processuais;
- **irrecorribilidade imediata das decisões interlocutórias,** que analisaremos a seguir.

3.5.5. *Princípio da irrecorribilidade imediata das decisões interlocutórias*

Com o intuito de alcançar, de forma mais célere e efetiva, a resolução da pretensão colocada em juízo, a CLT, em seu art. 893, § 1º, estabeleceu que as decisões interlocutórias são irrecorríveis de imediato.

Isso significa que, no processo do trabalho, tais decisões não serão recorríveis imediatamente, mas tão somente no momento da impugnação da decisão final (que resolve ou não o mérito).

Há de se consignar que o C. TST criou algumas exceções quanto ao referido princípio, como se verifica pela Súmula nº 214 do TST:

> **Súmula nº 214 do TST.** Decisão interlocutória. Irrecorribilidade
>
> Na Justiça do Trabalho, nos termos do art. 893, § 1º, da CLT, as decisões interlocutórias não ensejam recurso imediato, salvo nas hipóteses de decisão:
>
> a) de Tribunal Regional do Trabalho contrária à Súmula ou Orientação Jurisprudencial do Tribunal Superior do Trabalho;
>
> b) suscetível de impugnação mediante recurso para o mesmo Tribunal;
>
> c) que acolhe exceção de incompetência territorial, com a remessa dos autos para Tribunal Regional distinto daquele a que se vincula o juízo excepcionado, consoante o disposto no art. 799, § 2º, da CLT.

Portanto, nas hipóteses das alíneas "a" a "c" da referida súmula, cabe recurso, imediatamente, da decisão interlocutória. Destaca-se que o C. TST reafirmou a aplicação da irrecorribilidade imediata das decisões interlocutórias no processo trabalhista no art. 1º, § 1º, da IN nº 39/2016, ao declinar que referido princípio deverá ser observado na aplicação supletiva e/ou subsidiária do CPC/2015 à seara trabalhista.

É interessante observar, ainda, que na hipótese de declaração de incompetência em razão da matéria, com o encaminhamento dos autos a outra Justiça (Federal ou Estadual), é cabível o recurso de imediato. Isso ocorre porque, embora se trate de decisão interlocutória, no caso o processo termina na Justiça do Trabalho, motivo pelo qual o art. 799, § 2º da CLT admite a interposição de recurso.

3.5.6. Princípio da extrapetição

A jurisdição tem como característica essencial a inércia, de modo que o Judiciário somente atuará quando provocado. É o que se denomina de princípio dispositivo ou princípio da demanda. Excepcionalmente, admite-se a atuação sem provocação.

É o que ocorre com o princípio da extrapetição, o qual "permite que o juiz, nos casos expressamente previstos em lei, condene o réu em pedidos não contidos na petição inicial, ou seja, autoriza o julgador a conceder mais do que o pleiteado, ou mesmo vantagem diversa da que foi requerida"[38].

Na realidade, o princípio da extrapetição, inicialmente, foi criado como princípio ideal do processo do trabalho, pois revelaria tendências sedimentadas ou propostas pela doutrina para, no futuro, serem capazes de aprimorar a seara trabalhista[39].

Nos dias atuais, a nosso juízo, ele foi sedimentado na figura do pedido implícito, que autoriza a atuação jurisdicional sem que haja pedido. Noutras palavras, o princípio da extrapetição é sinônimo de pedidos implícitos, permitindo a atuação sem pedido expresso, **desde que autorizado por lei.**

Assim, o juiz somente poderá agir de ofício nos casos expressos em lei. Cita-se como exemplo:

- *os juros de mora e a correção monetária que se incluem na liquidação, ainda que omisso o pedido inicial ou a condenação (Súmula nº 211 do TST);*
- *concessão do adicional de horas extras de, no mínimo, 50% quando houver pedido de pagamento das horas extraordinárias, mas não houver pedido expresso do pagamento do adicional;*
- *deferimento do adicional de 1/3 de férias, quando houver apenas pedido do pagamento das férias, sem previsão expressa ao adicional constitucional;*
- *anotação da CTPS – Carteira de Trabalho e Previdência Social – quando houver pedido de reconhecimento de vínculo, sem que haja pedido expresso da anotação da carteira do empregado;*
- *decisão que deferir salário quando o pedido for de reintegração, dados os termos do art. 496 da CLT (Súmula nº 396, II, do TST).*

3.5.7. Princípio da simplicidade

O princípio da simplicidade permite que o processo do trabalho tenha maior flexibilidade, buscando a facilidade no acesso à justiça, bem como na prestação jurisdicional. Desse modo, esse ramo processual preza pelo não formalismo. É o que se verifica, por exemplo, na petição inicial trabalhista quando exige a breve exposição dos fatos (CLT, art. 840).

O princípio da simplicidade difere do princípio da instrumentalidade de formas. Aquele impõe um processo mais informal. No entanto, algumas formalidades podem

38. SARAIVA, Renato. *Curso de direito processual do trabalho*. 3. ed. São Paulo: Método, 2006. p. 50-51.
39. GIGLIO, Wagner D; CORRÊA, Cláudia Gilio Veltri. *Direito Processual do trabalho*. 16. ed. São Paulo: Saraiva, 2007. p. 86.

ser exigidas para a adequada procedimentalização dos atos processuais. Desse modo, caso haja uma formalidade e ela não seja observada, mas o conteúdo pretendido pelo ato seja alcançado, surge o princípio da instrumentalidade de formas, o qual indica que nesse caso o ato será válido, mesmo se praticado de forma contrária à prescrita em lei, porque atingiu sua finalidade.

4. QUESTÕES DISSERTATIVAS

Questão 1

Disserte sobre o princípio da primazia da decisão de mérito e sua aplicação no processo do trabalho. A Lei 13.467/17 observou esse princípio na petição inicial?

Resposta sugerida pelo autor

O princípio da primazia da decisão de mérito é consagrado no art. 4º do CPC/2015, refletindo em diversos outros dispositivos.

Ele determina que o órgão julgador deverá sempre ter como objetivo a decisão de mérito, não se contentando com decisões meramente processuais que extinguem o processo sem resolução do mérito.

Com a finalidade de concretizar aludido princípio, o CPC/2015 em diversas ocasiões o exalta, impondo que o julgador deverá promover o saneamento dos vícios processuais (art. 139, IX), permitir que a parte corrija o vício, antes da extinção do processo sem resolução de mérito (art. 317), resolver do mérito quando a decisão for favorável à parte a quem aproveitaria eventual pronunciamento sem resolução de mérito (art. 488), possibilitar o saneamento do vício ou de complementação da documentação exigida antes de considerar o recurso inadmissível (art. 932, parágrafo único), dentre outros momentos nos quais se valoriza a decisão de mérito em detrimento de vícios processuais.

Aludido princípio deverá ser aplicado no processo do trabalho ante a compatibilidade com outros princípios essenciais à seara trabalhista, dentre os quais se destacam a duração razoável do processo, a simplicidade e a efetividade.

Contudo, o art. 840 da CLT e, mais especificamente o seu parágrafo 3º, alterados pela Lei nº 13.467/17 (Reforma Trabalhista) declina que se os pedidos realizados na petição inicial trabalhista não atenderem às exigências do parágrafo 1º, quais sejam, certeza, determinação e indicação de seu valor, eles serão julgados extintos sem resolução do mérito. Pela análise literal do dispositivo, haverá extinção imediata.

Acreditamos, contudo, que o dispositivo deve ser interpretado em consonância com o princípio da primazia da decisão de mérito e com a possibilidade de emenda da petição inicial no caso de ausência dos requisitos essenciais da petição, prevista no artigo 321 do CPC/2015. Desse modo, por força do art. 321 do CPC/2015, o juiz deverá conceder prazo para que o autor emende a inicial, e não indeferi-la liminarmente como impõe aparentemente o art. 840, § 3º, da CLT.

Questão 2

Disserte sobre o princípio do contraditório substancial e as decisões-surpresa no processo do trabalho.

Resposta sugerida pelo autor

A Constituição Federal de 1988 estabelece no artigo 5º, LV, o direito à observância do princípio do contraditório e da ampla defesa nos processos judiciais e administrativos. Referido princípio pode ser analisado sob dois enfoques: o contraditório formal, que consiste no binômio informação e possibilidade de reação e o contraditório substancial, o qual amplia o conceito do contraditório, tornando-o no trinômio: informação, possibilidade de reação e poder de influenciar o julgador. Trata-se do denominado contraditório efetivo, previsto no artigo 7º do CPC/2015, aplicável subsidiariamente ao processo do trabalho.

Dessa forma, não basta a mera permissão de que as partes se manifestem, sendo necessária que essa permissão ocorra antes da decisão judicial, a fim de que possam influenciar o convencimento do julgador, impedindo o proferimento de decisões-surpresas, conforme dispõem os artigos 9º e 10, CPC/2015, aplicáveis subsidiariamente ao processo do trabalho (IN nº 39/2016, artigo 4º).

De acordo com o C. TST, a decisão surpresa é a que, no julgamento final do mérito da causa, em qualquer grau de jurisdição, aplicar fundamento jurídico ou embasar-se em fato não submetido à audiência prévia de uma ou de ambas as partes (TST-IN nº 39/2016, artigo 4º, § 1º).

Por outro lado, o C. TST não considera decisão-surpresa "a que, à luz do ordenamento jurídico nacional e dos princípios que informam o Direito Processual do Trabalho, as partes tinham obrigação de prever, concernente às condições da ação, aos pressupostos de admissibilidade de recurso e aos pressupostos processuais, salvo disposição legal expressa em contrário" (TST-IN nº 39/2016, artigo 4º, § 2º).

É importante registrar que há situações nas quais o CPC/2015 permite que o juiz profira decisão sem que antes seja ouvida a parte contrária (artigo 9º), como é o caso das decisões que concedem tutela provisória de urgência; das decisões que concedem tutela provisória de evidência e da expedição de mandado de pagamento nos casos de ação monitória, quando se mostrar evidente o direito do autor (artigo 701).

Questão 3

Disserte sobre o princípio da irrecorribilidade imediata das decisões interlocutórias.

Resposta sugerida pelo autor

Com o intuito de alcançar, de forma mais célere e efetiva, a resolução da pretensão colocada em juízo, a CLT, em seu artigo 893, § 1º, estabeleceu que as decisões interlocutórias são irrecorríveis de imediato.

Isso significa que, no processo do trabalho, tais decisões não serão recorríveis imediatamente, mas tão somente no momento da impugnação da decisão final (que resolve ou não o mérito).

O C. TST criou algumas exceções quanto ao referido princípio, como se verifica na Súmula nº 214, a qual declina que as decisões interlocutórias na Justiça do Trabalho apenas ensejarão recurso imediato nas hipóteses de decisão a) de Tribunal Regional do Trabalho contrária à Súmula ou Orientação Jurisprudencial do TST; b) suscetível de impugnação mediante recurso para o mesmo Tribunal e c) que acolhe exceção de incompetência territorial, com a remessa dos autos para Tribunal Regional distinto daquele a que se vincula o juízo excepcionado, consoante o disposto no artigo 799, § 2º, da CLT.

O C. TST reafirmou a aplicação da irrecorribilidade imediata das decisões interlocutórias no processo trabalhista no artigo 1º, § 1º, da IN nº 39/2016, ao declinar que referido princípio deverá ser observado na aplicação supletiva e/ou subsidiária do CPC/2015 à seara trabalhista.

É interessante observar, ainda, que na hipótese de declaração de incompetência em razão da matéria, com o encaminhamento dos autos a outra Justiça (Federal ou Estadual), é cabível o recurso de imediato. Isso ocorre porque, embora se trate de decisão interlocutória, no caso o processo termina na Justiça do Trabalho, motivo pelo qual o artigo 799, § 2º da CLT admite a interposição de recurso.

CAPÍTULO II

Organização da Justiça do Trabalho

1. INTRODUÇÃO

A Justiça nacional é dividida em: Justiça comum e especial.

A Justiça comum, por sua vez, subdivide-se em Justiça Federal e Justiça Estatual. Já a Justiça especializada possui três divisões: Justiça do Trabalho, Justiça Militar e Justiça Eleitoral.

Nesse capítulo, analisaremos a Justiça do Trabalho, que, nos termos do art. 111 da CF/88, possui os seguintes órgãos:

> I – o Tribunal Superior do Trabalho;
>
> II – os Tribunais Regionais do Trabalho;
>
> III – Juízes do Trabalho.

Percebe-se, portanto, que a Justiça do Trabalho é hierarquizada em três escalas:

1) Corte superior – representada pelo Tribunal Superior do Trabalho e composta por Ministros.

2) segundo grau de jurisdição – representado pelos Tribunais Regionais do Trabalho e compostos por juízes dos TRTs.

▸ IMPORTANTE:

Alguns regimentos internos de tribunais utilizam a nomenclatura desembargadores, para representar os juízes dos tribunais. No entanto, a Constituição Federal de 1988, em seu art. 115, declina a expressão juízes. Consigna-se que está em trâmite, no Congresso Nacional, projeto de lei que altera a nomenclatura de juízes dos TRTs para desembargadores dos TRTs.

3) primeiro grau de jurisdição – representado pelos juízes do trabalho, que atuam nas Varas do Trabalho.

▸ ATENÇÃO:

A Constituição Federal indica que os próprios juízes do trabalho são órgãos da Justiça do Trabalho, embora esteja correto dizer que a Vara do Trabalho representa o primeiro grau de jurisdição.

Tribunal Superior do Trabalho

↑

Tribunal Regional do Trabalho

↑

Juízes do Trabalho

Os órgãos da Justiça do Trabalho funcionarão perfeitamente coordenados, em regime de mútua colaboração, sob a orientação do presidente do Tribunal Superior do Trabalho (CLT, art. 646).

2. TRIBUNAL SUPERIOR DO TRABALHO

O Tribunal Superior do Trabalho é o órgão de cúpula do Poder Judiciário Trabalhista, com jurisdição em todo o território nacional, sediado na capital do País, Brasília. Ele confere a palavra final em matéria trabalhista **infraconstitucional,** tendo a função de uniformizar a interpretação da legislação trabalhista no âmbito de sua competência. Dispõe o art. 111-A da Constituição Federal:

> Art. 111-A. O Tribunal Superior do Trabalho compõe-se de vinte e sete Ministros, escolhidos dentre brasileiros com mais de trinta e cinco e menos de setenta anos de idade, de notável saber jurídico e reputação ilibada, nomeados pelo Presidente da República após aprovação pela maioria absoluta do Senado Federal, sendo: (...)
>
> I - um quinto dentre advogados com mais de dez anos de efetiva atividade profissional e membros do Ministério Público do Trabalho com mais de dez anos de efetivo exercício, observado o disposto no art. 94;
>
> II - os demais dentre juízes dos Tribunais Regionais do Trabalho, oriundos da magistratura da carreira, indicados pelo próprio Tribunal Superior.
>
> § 1º A lei disporá sobre a competência do Tribunal Superior do Trabalho.
>
> § 2º Funcionarão junto ao Tribunal Superior do Trabalho:
>
> I - a Escola Nacional de Formação e Aperfeiçoamento de Magistrados do Trabalho, cabendo-lhe, dentre outras funções, regulamentar os cursos oficiais para o ingresso e promoção na carreira;
>
> II - o Conselho Superior da Justiça do Trabalho, cabendo-lhe exercer, na forma da lei, a supervisão administrativa, orçamentária, financeira e patrimonial da Justiça do Trabalho de primeiro e segundo graus, como órgão central do sistema, cujas decisões terão efeito vinculante.
>
> § 3º Compete ao Tribunal Superior do Trabalho processar e julgar, originariamente, a reclamação para a preservação de sua competência e garantia da autoridade de suas decisões.

Pelo aludido dispositivo, verifica-se que o TST possui a seguinte composição:

- 27 Ministros;
- escolhidos dentre brasileiros com mais de 35 anos e menos de 70 anos;
- nomeados pelo Presidente da República;
- de notável saber jurídico e reputação ilibada;
- após aprovação pela maioria absoluta do Senado Federal (sabatina).

O preenchimento das vagas de Ministros do TST ocorre de duas formas:

1) **1/5** dos lugares é reservado aos **advogados**, com mais de dez anos de efetiva atividade profissional, e **membros do Ministério Público do Trabalho**, com mais de dez anos de efetivo exercício.

É interessante anotar que a Constituição Federal utilizou para o TST a mesma regra que é aplicada aos Tribunais Regionais, ou seja, impôs a participação de pelo menos 1/5 dos lugares aos membros do MP e aos advogados. Já no STJ foi reservado aos integrantes do Ministério Público e da advocacia 1/3 dos lugares (CF/88, art. 104, II).

Para a escolha do membro do MP e do advogado é formada uma lista sêxtupla pelos órgãos de representação das respectivas classes. Em seguida, "o tribunal formará lista tríplice, enviando-a ao Poder Executivo, que, nos vinte dias subsequentes, escolherá um de seus integrantes para nomeação" (CF/88, art. 94, parágrafo único).

2) **os demais, dentre juízes dos Tribunais Regionais do Trabalho, oriundos da magistratura da carreira**, indicados pelo próprio Tribunal Superior.

Atenta-se para o fato de que apenas os juízes dos TRTs, **oriundos da magistratura da carreira,** podem ser indicados pelo TST. Isso significa que, se o integrante do MPT ingressa no TRT por meio do quinto constitucional, não poderá, posteriormente, integrar o TST pela lista dos juízes dos tribunais, uma vez que não é oriundo da magistratura de carreira.

A Constituição Federal, em seu art. 96, I, a, declina que compete, privativamente, aos tribunais elaborar seus regimentos internos, buscando disciplinar sua competência e funcionamento de seus órgãos.

Nesse contexto, o Tribunal Superior do Trabalho, por meio de seu regimento interno (art. 65), estabeleceu que esse tribunal possui os seguintes órgãos:

- Tribunal Pleno;
- Órgão Especial;
- Seção Especializada em Dissídios Coletivos;
- Seção Especializada em Dissídios Individuais (SDI), dividida em duas subseções: Subseção de Dissídios Individuais I (SBDI-I) e Subseção de Dissídios Individuais II (SBDI-II); e
- Turmas (atualmente, 8 Turmas).

Os atos praticados pelos Ministros do TST decorrem de um colegiado, especialmente, as decisões que, em regra, são proferidas em conjunto. Desse modo, as Turmas são a composição mínima do colegiado, participando em cada uma delas 3 Ministros.

Compete ao Vice-Presidente do Tribunal Superior do Trabalho substituir o Presidente em suas faltas e impedimentos (CLT, art. 708).

Por fim, consigna-se que, depois da Emenda Constitucional nº 45/04, também passaram a **funcionar junto ao TST**:

- a **Escola Nacional de Formação e Aperfeiçoamento de Magistrados do Trabalho** (ENAMAT), cabendo-lhe, dentre outras funções, regulamentar os cursos oficiais para o ingresso e promoção na carreira e;
- o **Conselho Superior da Justiça do Trabalho** – CSJT –, cabendo-lhe exercer, na forma da lei, a supervisão administrativa, orçamentária, financeira e patrimonial da Justiça do Trabalho de primeiro e segundo graus, como órgão central do sistema, cujas decisões terão efeito vinculante.

> ► **IMPORTANTE:**
>
> O Conselho Superior da Justiça do Trabalho atua apenas no âmbito administrativo, orçamentário, financeiro e patrimonial da Justiça do Trabalho, **não exercendo atividade jurisdicional**. Atenta-se, ainda, que, nesses casos, a decisão do conselho terá efeito vinculante, ou seja, sua observância é obrigatória.

O Conselho Superior da Justiça do Trabalho compõe-se de 12 (doze) membros, sendo:

> I – o Presidente e o Vice-Presidente do Tribunal Superior do Trabalho, como membros natos;
>
> II – o Corregedor-Geral da Justiça do Trabalho;
>
> III – 3 (três) Ministros do Tribunal Superior do Trabalho, eleitos pelo Tribunal Pleno;
>
> IV – 5 (cinco) Presidentes de Tribunais Regionais do Trabalho, dos quais 1 (um) de cada região geográfica do País, observado o rodízio entre os Tribunais;
>
> V – 1 (um) Juiz do Trabalho, vitalício e titular de Vara do Trabalho, eleito pelo Tribunal Pleno do Tribunal Superior do Trabalho. (Lei nº 14.824/24, art. 3º)

2.1. Corregedoria-Geral da Justiça do Trabalho

A **Corregedoria-Geral da Justiça do Trabalho** é órgão do TST, tendo a função de fiscalizar, disciplinar e orientar **administrativamente** os tribunais regionais do trabalho, seus juízes e serviços judiciários.

O Corregedor-Geral da Justiça do Trabalho será eleito pelo Pleno do Tribunal Superior do Trabalho, observadas as disposições do seu Regimento Interno (Lei nº 14.824/2024, art. 10). Nesse contexto, o Regimento interno do TST estabelece que o Corregedor-Geral da Justiça do Trabalho será eleito para mandato de 2 (dois) anos, entre a primeira quinta parte dos Ministros mais antigos, excluído aquele que tenha exercido o cargo de Presidente, mediante escrutínio secreto e pelo voto da maioria absoluta dos seus integrantes, na mesma sessão extraordinária em que forem eleitos o Presidente e o Vice-Presidente e tomará posse em sessão solene, na mesma data de ambos (art. 44). A Lei nº 14.824/2024 revogou o artigo 709 da CLT retirando, assim, as atribuições do Corregedor do texto celetista e centralizando na referida lei. Neste sentido, nos termos do art. 11 da Lei nº 14.824/2024 compete ao Corregedor-Geral da Justiça do Trabalho:

> I – exercer funções de inspeção permanente ou periódica, ordinária ou extraordinária, geral ou parcial sobre os serviços judiciários de segundo grau da Justiça do Trabalho;
>
> II – decidir correições parciais contra atos atentatórios à boa ordem processual praticados pelos Tribunais Regionais do Trabalho ou pelos seus membros, quando inexistir recurso processual específico;
>
> III – processar e decidir pedidos de providência em matéria de atribuição da Corregedoria-Geral da Justiça do Trabalho;
>
> IV – dirimir dúvidas apresentadas em consultas formuladas pelos Tribunais Regionais do Trabalho, seus órgãos ou seus integrantes, relativamente a atos de sua competência;
>
> V – expedir, no âmbito de sua competência, provimentos para disciplinar os procedimentos a serem adotados pelos órgãos da Justiça do Trabalho e consolidar as respectivas normas;
>
> VI – requisitar magistrados, delegando-lhes quaisquer de suas atribuições, observados os limites legais;
>
> VII – organizar os serviços internos da Secretaria da Corregedoria-Geral;
>
> VIII – exercer vigilância sobre o funcionamento dos serviços judiciários;
>
> IX – apresentar ao Plenário, na última sessão do mês seguinte ao do término de cada ano de sua gestão, relatório circunstanciado das atividades da Corregedoria-Geral durante o ano findo;
>
> X – expedir recomendações aos Tribunais Regionais do Trabalho referentes à regularidade dos serviços judiciários, inclusive sobre o serviço de plantão nos foros e a designação de juízes para o seu atendimento nos feriados forenses;
>
> XI – elaborar o Regimento Interno da Corregedoria-Geral e modificá-lo, se for o caso, submetendo-o à aprovação do Plenário do Conselho Superior da Justiça do Trabalho;
>
> XII – realizar o controle do movimento processual e da atuação jurisdicional dos Tribunais Regionais do Trabalho;
>
> XIII – supervisionar a aplicação do Sistema de Atendimento do Poder Judiciário (Bacen Jud) no âmbito da Justiça do Trabalho, inclusive deferir

> o cadastramento ou o descadastramento de conta única indicada para bloqueio;
>
> XIV - exercer outras atribuições que lhe forem atribuídas em lei.

As atribuições do Corregedor também estão dispostas no Regimento Interno da Corregedoria-Geral na Justiça do Trabalho.

Nas correições ordinárias realizadas pelo Corregedoria, são examinados autos, registros e documentos das secretarias e seções judiciárias e, ainda, se os magistrados apresentam bom comportamento público e são assíduos e diligentes na administração da justiça, se excedem os prazos legais e regimentais sem razoável justificativa ou cometem erros de ofício que denotem incapacidade ou desídia, além de outros atos considerados necessários ou convenientes pelo Corregedor-Geral (art. 12, Regimento Interno da Corregedoria Geral da Justiça do Trabalho).

Estão submetidos à ação fiscalizadora do Corregedor-Geral os Tribunais Regionais do Trabalho, abrangendo todos os seus órgãos, presidentes, juízes titulares e convocados, além das seções e serviços judiciários respectivos (art. 7º, Regimento Interno da Corregedoria-Geral da Justiça do Trabalho).

3. TRIBUNAIS REGIONAIS DO TRABALHO

Os Tribunais Regionais do Trabalho estão situados no segundo grau de jurisdição. Assim como o TST, seus atos, em regra, decorrem de órgão colegiado. Nos termos do art. 115 da Constituição Federal:

> Art. 115. Os Tribunais Regionais do Trabalho compõem-se de, no mínimo, sete juízes, recrutados, quando possível, na respectiva região e nomeados pelo Presidente da República dentre brasileiros com mais de trinta e menos de setenta anos de idade, sendo:
>
> (...)
>
> I - um quinto dentre advogados com mais de dez anos de efetiva atividade profissional e membros do Ministério Público do Trabalho com mais de dez anos de efetivo exercício, observado o disposto no art. 94;
>
> II - os demais, mediante promoção de juízes do trabalho por antigüidade e merecimento, alternadamente.
>
> § 1º Os Tribunais Regionais do Trabalho instalarão a justiça itinerante, com a realização de audiências e demais funções de atividade jurisdicional, nos limites territoriais da respectiva jurisdição, servindo-se de equipamentos públicos e comunitários.
>
> § 2º Os Tribunais Regionais do Trabalho poderão funcionar descentralizadamente, constituindo Câmaras regionais, a fim de assegurar o pleno acesso do jurisdicionado à justiça em todas as fases do processo.

Pelo dispositivo mencionado anteriormente, percebe-se que os TRTs possuem a seguinte composição:

- no mínimo, 7 juízes;
- recrutados, quando possível, na respectiva região;
- nomeados pelo Presidente da República;
- dentre brasileiros com mais de **30 anos** e menos de 70 anos.

Consigna-se que, para a composição do TRT, impõem-se, no mínimo, 7 juízes. No entanto, os tribunais maiores são compostos por mais juízes. Assim, é importante que o candidato analise o regimento interno do tribunal para saber, com exatidão, a quantidade de juízes que compõe o tribunal.

É interessante observar, ainda, que os juízes do TRTs devem ter 30 anos e não 35 anos, como no TST. Além disso, a nomeação para os TRTs não se submete à aprovação pelo Senado Federal (sabatina).

No preenchimento das vagas dos juízes dos TRTs também se observa o quinto constitucional. Assim, tais vagas são preenchidas da seguinte forma:

1) **1/5** dos lugares é reservado aos **advogados**, com mais de dez anos de efetiva atividade profissional, e **membros do Ministério Público do Trabalho**, com mais de dez anos de efetivo exercício.

Para a escolha do membro do MP e do advogado é formada uma lista sêxtupla pelos órgãos de representação das respectivas classes. Em seguida, "o tribunal formará lista tríplice, enviando-a ao Poder Executivo, que, nos vinte dias subsequentes, escolherá um de seus integrantes para nomeação" (CF/88, art. 94, parágrafo único).

2) os demais, mediante promoção de juízes do trabalho por antiguidade e merecimento, alternadamente.

É interessante notar que a promoção por merecimento e antiguidade somente tem incidência no TRT, ou seja, no TST há mera indicação pelo próprio Tribunal, não havendo necessidade da referida alternância (CF/88, art. 111-A, II).

Em síntese, é possível observar as seguintes diferenças entre a composição do TST e dos TRTs:

▶ TST	▶ TRTS
27 ministros	No mínimo, 7 juízes
Escolhidos dentre brasileiros com mais de **35** anos e menos de 70 anos	Escolhidos dentre brasileiros com mais de **30** anos e menos de 70 anos
Necessidade de notável saber jurídico e reputação ilibada	Não há previsão de notável saber jurídico e reputação ilibada

▶ TST	▶ TRTS
Necessidade de aprovação pela maioria absoluta do Senado Federal (sabatina)	A nomeação não se submete à aprovação pelo Senado Federal (sabatina)
• 1/5 reservado aos advogados, com mais de 10 anos de efetiva atividade profissional, e membros do Ministério Público do Trabalho, com mais de dez anos de efetivo exercício; • demais escolhidos dentre juízes dos Tribunais Regionais do Trabalho, oriundos da magistratura da carreira, indicados pelo próprio Tribunal Superior	• 1/5 reservado aos advogados, com mais de 10 anos de efetiva atividade profissional, e membros do Ministério Público do Trabalho, com mais de dez anos de efetivo exercício; • demais decorrentes de promoção de juízes do trabalho por antiguidade e merecimento, alternadamente

Existem, atualmente, 24 Tribunais Regionais no território nacional. Apenas os estados do Acre, Tocantins, Roraima e Amapá não possuem Tribunal Regional isolado, sendo agregados a outros tribunais. Além disso, o estado de São Paulo é o único estado que possui 2 Tribunais Regionais, um sediado na capital, São Paulo, e outro no interior, Campinas.

A Emenda Constitucional nº 45/04 trouxe duas importantes novidades:

1) determinou que os Tribunais Regionais instalem **justiça itinerante**, com a realização de audiências e demais funções de atividade jurisdicional, **nos limites territoriais da respectiva jurisdição**, servindo-se de equipamentos públicos e comunitários. Trata-se da possibilidade de levar a Justiça do Trabalho a locais que não possuem Vara do Trabalho, ou seja, admite-se a existência de "justiça móvel";

2) permitiu que os Tribunais Regionais do Trabalho possam funcionar descentralizadamente, constituindo Câmaras regionais, a fim de assegurar o pleno acesso do jurisdicionado à justiça em todas as fases do processo. Noutras palavras, permitiu que os Tribunais criem Câmaras que serão instaladas fora da sede do Tribunal.

Por fim, consigna-se que compete **privativamente aos Tribunais**, nos termos do art. 96 da CF/88:

a) eleger seus órgãos diretivos e elaborar seus regimentos internos, com observância das normas de processo e das garantias processuais das partes, dispondo sobre a competência e o funcionamento dos respectivos órgãos jurisdicionais e administrativos;

b) organizar suas secretarias e serviços auxiliares e os dos juízos que lhes forem vinculados, velando pelo exercício da atividade correicional respectiva;

c) prover, na forma prevista nesta Constituição, os cargos de juiz de carreira da respectiva jurisdição;

d) propor a criação de novas varas judiciárias;

e) prover, por concurso público de provas, ou de provas e títulos, obedecido o disposto no art. 169, parágrafo único, os cargos necessários à administração da Justiça, exceto os de confiança assim definidos em lei;

f) conceder licença, férias e outros afastamentos a seus membros e aos juízes e servidores que lhes forem imediatamente vinculados.

4. JUÍZES DO TRABALHO

Os juízes do trabalho integram o primeiro grau de jurisdição, exercendo suas funções nas denominadas Varas do Trabalho.

É interessante registrar, que, antes da EC nº 24/99, a Justiça do Trabalho possuía juízes classistas. Na ocasião, tínhamos um juiz togado e dois juízes classistas, um representando os empregadores e outro, os trabalhadores. Denominava-se, assim, Junta de Conciliação e Julgamento. Com o advento da aludida Emenda Constitucional, foram excluídos os juízes classistas. Dessa forma, nos dias atuais, não se diz Junta de Conciliação e Julgamento, mas Vara do Trabalho, **sendo a jurisdição exercida por um juiz singular** (CF/88, art. 116).

Em regra, a competência trabalhista é conferida aos juízes do trabalho. No entanto, nas localidades não compreendidas na jurisdição das Varas do Trabalho, o **juiz de direito** poderá exercer a competência trabalhista. Nesse caso, atente-se para o fato de que havendo recurso (ordinário), ele será encaminhado ao TRT e não ao Tribunal de Justiça. É o que disciplina o art. 112 da CF:

> Art. 112. A lei criará varas da Justiça do Trabalho, podendo, nas comarcas não abrangidas por sua jurisdição, atribuí-la aos juízes de direito, com recurso para o respectivo Tribunal Regional do Trabalho.

Consigna-se que, uma vez criada a Vara do Trabalho, cessa a competência do juiz de direito quanto à matéria trabalhista. Nesse sentido, a Súmula nº 10 do STJ:

> Instalada a Junta de Conciliação e Julgamento, cessa a competência do Juiz de Direito em matéria trabalhista, inclusive para a execução das sentenças por ele proferidas.

Assim, a competência do juiz de direito, quanto à matéria trabalhista, existe enquanto não houver juiz do trabalho para aquela localidade.

5. INGRESSO NA CARREIRA

Estabelece o art. 93, I, da Constituição Federal:

> I – ingresso na carreira, cujo cargo inicial será o de juiz substituto, mediante concurso público de provas e títulos, com a participação da Ordem dos Advogados do Brasil em todas as fases, exigindo-se do bacharel em direito, no mínimo, três anos de atividade jurídica e obedecendo-se, nas nomeações, à ordem de classificação.

Percebe-se, pelo referido artigo, que o ingresso na Magistratura, **no primeiro grau de jurisdição** (juiz substituto do trabalho), depende do preenchimento, cumulativo, dos seguintes requisitos:

- concurso público de provas e títulos, com a participação da Ordem dos Advogados do Brasil em **todas** as fases;
- bacharel em direito;
- no mínimo, três anos de atividade jurídica.

6. GARANTIAS DOS JUÍZES

Para que os juízes possam exercer suas funções institucionais com independência e imparcialidade, a Constituição Federal, em seu art. 95, confere-lhes as seguintes garantias:

> I - **vitaliciedade**, que, no primeiro grau, só será adquirida após dois anos de exercício, dependendo a perda do cargo, nesse período, de deliberação do tribunal a que o juiz estiver vinculado, e, nos demais casos, de sentença judicial transitada em julgado;
>
> II - **inamovibilidade**, salvo por motivo de interesse público, na forma do art. 93, VIII;
>
> III - **irredutibilidade de subsídio**, ressalvado o disposto nos arts. 37, X e XI, 39, § 4º, 150, II, 153, III, e 153, § 2º, I. (grifo nosso)

A **vitaliciedade** é adquirida depois de 2 anos de exercício, de modo que, após esse período, o juiz somente poderá perder o cargo mediante **sentença judicial transitada em julgado**. No entanto, antes de se tornar vitalício, o juiz poderá perder o cargo por deliberação do tribunal a que o juiz estiver vinculado.

> ▶ **OBSERVAÇÃO 1:**
>
> *O vitaliciamento ocorre depois 2 anos de exercício e não 3 anos, como é o caso da estabilidade dos servidores públicos.*

> ▶ **OBSERVAÇÃO 2:**
>
> *O vitaliciamento depois dos 2 anos somente tem aplicação para os juízes que ingressam na carreira por meio do concurso público. Isso quer dizer que aqueles que entram na magistratura por meio do quinto constitucional adquirem a vitaliciedade no ato da posse.*

A **inamovibilidade** confere ao juiz o direito de não ser removido da comarca em que é titular, salvo:

- a requerimento, ou seja, por vontade do próprio juiz;

- por interesse público, mediante decisão fundada no voto da maioria absoluta do respectivo tribunal ou do Conselho Nacional de Justiça, assegurada ampla defesa (CF/88, art. 93, VIII).

Por fim, os juízes têm garantia à **irredutibilidade do subsídio**, que é o salário do magistrado. Tal garantia, porém, não afasta a possibilidade de descontos fiscais e previdenciários.

7. VEDAÇÕES DOS JUÍZES

Embora os juízes possuam garantias, a Constituição impôs vedações aos membros da magistratura. De acordo com o artigo 95, parágrafo único, da CF/88:

Aos juízes é vedado:

> I - exercer, ainda que em disponibilidade, outro cargo ou função, salvo uma de magistério;
>
> II - receber, a qualquer título ou pretexto, custas ou participação em processo;
>
> III - dedicar-se à atividade político-partidária.
>
> IV - receber, a qualquer título ou pretexto, auxílios ou contribuições de pessoas físicas, entidades públicas ou privadas, ressalvadas as exceções previstas em lei;
>
> V - exercer a advocacia no juízo ou tribunal do qual se afastou, antes de decorridos três anos do afastamento do cargo por aposentadoria ou exoneração.

Além de tais vedações, o juiz titular deverá **residir na respectiva comarca**, salvo autorização do tribunal (CF/88, art. 93, VII).

8. DEVERES E PODERES DOS JUÍZES

Os deveres e poderes do juiz estão elencados no art. 139 do CPC/2015, aplicável subsidiariamente ao processo do trabalho, exceto quanto à parte final do inciso V (TST-IN nº 39/2016, art. 3º, III). Dessa forma, incumbe ao juiz:

> I - assegurar às partes igualdade de tratamento;
>
> II - velar pela duração razoável do processo;
>
> III - prevenir ou reprimir qualquer ato contrário à dignidade da justiça e indeferir postulações meramente protelatórias;
>
> IV - determinar todas as medidas indutivas, coercitivas, mandamentais ou sub-rogatórias necessárias para assegurar o cumprimento de ordem judicial, inclusive nas ações que tenham por objeto prestação pecuniária;

V - promover, a qualquer tempo, a autocomposição, preferencialmente com auxílio de conciliadores e mediadores judiciais[1];

VI - dilatar os prazos processuais e alterar a ordem de produção dos meios de prova, adequando-os às necessidades do conflito de modo a conferir maior efetividade à tutela do direito;

VII - exercer o poder de polícia, requisitando, quando necessário, força policial, além da segurança interna dos fóruns e tribunais;

VIII - determinar, a qualquer tempo, o comparecimento pessoal das partes, para inquiri-las sobre os fatos da causa, hipótese em que não incidirá a pena de confesso;

IX - determinar o suprimento de pressupostos processuais e o saneamento de outros vícios processuais;

X - quando se deparar com diversas demandas individuais repetitivas, oficiar o Ministério Público, a Defensoria Pública e, na medida do possível, outros legitimados a que se referem o art. 5o da Lei nº 7.347, de 24 de julho de 1985, e o art. 82 da Lei nº 8.078, de 11 de setembro de 1990, para, se for o caso, promover a propositura da ação coletiva respectiva.

Parágrafo único. A dilação de prazos prevista no inciso VI somente pode ser determinada antes de encerrado o prazo regular.

9. JUÍZO 100% DIGITAL

O "Juízo 100% Digital" é a possibilidade de que todos os atos processuais sejam **exclusivamente** praticados por meio eletrônico e remoto por intermédio da rede mundial de computadores, conforme prevê na Resolução nº 345, de outubro de 2020, do CNJ.

A criação do "Juízo 100% Digital" não provoca alterações da competência das unidades jurisdicionais (art. 2º).

A escolha por esse juízo será facultativa e exercida pela parte demandante no momento de distribuição da ação (art. 3º). Nesses casos, no ajuizamento da ação, a parte e seu advogado deverão fornecer endereço eletrônico e número da linha telefônica móvel celular, admitindo-se a citação, notificação e intimação por quaisquer meios eletrônicos (art. 2º, parágrafo único).

A parte demandada poderá opor-se a essa opção no prazo de 5 dias úteis contados do recebimento da primeira notificação (art. 3º, § 1º).

No processo do trabalho, ultrapassado esse prazo haverá **aceitação tácita**.

---

1. De acordo com o art. 3º, III, da IN-TST nº 39/2016, a parte final do inciso V, não se aplica ao processo trabalhista, uma vez que na Justiça do Trabalho não há conciliadores ou mediadores, sendo a conciliação realizada pelo próprio Juiz do Trabalho.

Após esse prazo e até a prolação da sentença, as partes poderão retratar-se, por uma única vez, da escolha pelo "Juízo 100% Digital", preservados todos os atos processuais já praticados. Essa retratação, contudo, não ensejará a mudança do juízo natural do feito (art. 3º, §§ 2º e 6º).

Aliás, a oposição à adoção do "Juízo 100% Digital" consignada na primeira manifestação escrita apresentada não inviabilizará a retratação realizada até a prolação da sentença (art. 3º, § 3º).

Mesmo nos processos anteriores à Resolução nº 345/2020 do CNJ, as partes poderão ser instadas, a qualquer momento, a manifestarem o interesse na adoção do "Juízo 100% Digital". Nesse caso, o silêncio, após duas intimações, significará aceitação tácita (art. 3º, § 4º).

Havendo recusa pelas partes, o magistrado poderá propor a realização de atos processuais isolados de forma digital, ainda que em relação a processos anteriores à entrada em vigor da Resolução nº 345/2020 (art. 3º, § 5º).

As partes poderão, a qualquer tempo, celebrar negócio jurídico processual, nos termos do art. 190 do CPC, para a escolha do "Juízo 100% Digital" ou para, ausente esta opção, a realização de atos processuais isolados de forma digital (art. 3º-A).

As audiências e sessões no "Juízo 100% Digital" ocorrerão **exclusivamente** por videoconferência. As partes poderão requerer ao juízo a participação na audiência por videoconferência em sala disponibilizada pelo Poder Judiciário (art. 5º).

Destaca-se que, inviabilizada a produção de meios de prova ou de outros atos processuais de forma virtual, a sua realização de modo presencial não impedirá a tramitação do processo no âmbito do "Juízo 100% Digital". Além disso, poderá se valer também de serviços prestados presencialmente por outros órgãos do Tribunal, como os de solução adequada de conflitos, de cumprimento de mandados, centrais de cálculos, tutoria dentre outros, desde que os atos processuais possam ser convertidos em eletrônicos.

A adoção do "Juízo 100% Digital" não impede o atendimento de advogados pelos magistrados e servidores. Esse atendimento exclusivo ocorrerá durante o horário fixado para o atendimento ao público de forma eletrônica, observando-se a ordem de solicitação, os casos urgentes e as preferências legais. A demonstração de interesse do advogado de ser atendido pelo magistrado será devidamente registrada, com dia e hora, por meio eletrônico indicado pelo tribunal. A resposta sobre o atendimento deverá ocorrer no prazo de até 48 horas, ressalvadas as situações de urgência (art. 6º).

Conforme artigo 4ª da Resolução do CNJ, o "Juízo 100% Digital" terá a infraestrutura de informática e telecomunicação fornecidas pelos tribunais, devendo prestar atendimento remoto durante o horário de atendimento ao público por telefone, por e-mail, por vídeo chamadas, por aplicativos digitais ou por outros meios de comunicação que venham a ser definidos pelo tribunal, inclusive por intermédio do "Balcão Virtual", consistente em plataforma de videoconferência que permite imediato contato com setor de atendimento de cada unidade judiciária, durante o horário de atendimento ao público (Resolução CNJ nº 372/2021, art. 4º).

Cabe destacar que a existência de processos físicos em uma unidade jurisdicional não impedirá a implementação do Juízo 100% Digital em relação aos processos que tramitem eletronicamente (art. 8º).

10. SERVIÇOS AUXILIARES DA JUSTIÇA DO TRABALHO

Para que exista eficiência na prestação jurisdicional, os magistrados necessitam de órgãos auxiliares, encarregados de dar cumprimento às decisões judiciais, realizando atos processuais e serviços burocráticos da Justiça do Trabalho.

Nesse contexto, temos as secretarias das varas do trabalho, as secretarias dos tribunais e o serviço de distribuição de feitos.

10.1. Secretarias das varas do trabalho

A secretaria das varas do trabalho é órgão auxiliar e permanente da primeira instância, destinado a manter e conservar os autos judiciais e realizar todos os serviços burocráticos, por meio de servidores nela lotados.

Cada vara do trabalho possui **uma secretaria**, que é **chefiada pelo diretor da secretaria**, antigamente denominado de chefe de secretaria ou secretário. Nos termos do art. 710 da CLT:

> Art. 710 - Cada Vara terá 1 (uma) secretaria, sob a direção de funcionário que o Presidente designar, para exercer a função de chefe de secretaria, e que receberá, além dos vencimentos correspondentes ao seu padrão, a gratificação de função fixada em lei.

O diretor de secretaria é indicado, de forma discricionária, pelo juiz titular, preferencialmente entre bacharéis em direito, salvo impossibilidade de atender ao requisito. Após a indicação pelo juiz titular, cabe ao presidente do Tribunal Regional do Trabalho realizar a nomeação, o qual somente poderá deixar de realizar a nomeação diante da falta de elementos objetivos ou desatendimento dos requisitos legais (arts. 1º, 2º e 3º, Resolução nº 147 do CNJ).

O diretor tem a função principal de dirigir os demais servidores, sob a supervisão do juiz. Além disso, o art. 712 da CLT declina que compete especialmente aos diretores da secretaria (secretário):

> a) superintender os trabalhos da secretaria, velando pela boa ordem do serviço;
>
> b) cumprir e fazer cumprir as ordens emanadas do Presidente e das autoridades superiores;

> c) submeter a despacho e assinatura do Presidente o expediente e os papéis que devam ser por ele despachados e assinados;
>
> d) abrir a correspondência oficial dirigida à Junta e ao seu Presidente, a cuja deliberação será submetida;
>
> e) tomar por termo as reclamações verbais nos casos de dissídios individuais;
>
> f) promover o rápido andamento dos processos, especialmente na fase de execução, e a pronta realização dos atos e diligências deprecadas pelas autoridades superiores;
>
> g) secretariar as audiências da Junta, lavrando as respectivas atas;
>
> h) subscrever as certidões e os termos processuais;
>
> i) dar aos litigantes ciência das reclamações e demais atos processuais de que devam ter conhecimento, assinando as respectivas notificações;
>
> j) executar os demais trabalhos que lhe forem atribuídos pelo Presidente da Junta.
>
> Parágrafo único – **Os serventuários que, sem motivo justificado, não realizarem os atos, dentro dos prazos fixados, serão descontados em seus vencimentos, em tantos dias quantos os do excesso.** (grifo nosso)

Por sua vez, o art. 711 da CLT proclama as **atribuições das secretarias**:

> Art. 711 – Compete à secretaria das Juntas:
>
> a) o recebimento, a autuação, o andamento, a guarda e a conservação dos processos e outros papéis que lhe forem encaminhados;
>
> b) a manutenção do protocolo de entrada e saída dos processos e demais papéis;
>
> c) o registro das decisões;
>
> d) a informação, às partes interessadas e seus procuradores, do andamento dos respectivos processos, cuja consulta lhes facilitará;
>
> e) a abertura de vista dos processos às partes, na própria secretaria;
>
> f) a contagem das custas devidas pelas partes, nos respectivos processos;
>
> g) o fornecimento de certidões sobre o que constar dos livros ou do arquivamento da secretaria;
>
> h) a realização das penhoras e demais diligências processuais;
>
> i) o desempenho dos demais trabalhos que lhe forem cometidos pelo Presidente da Junta, para melhor execução dos serviços que lhe estão afetos.

> ▸ **IMPORTANTE:**
>
> Além das atribuições, anteriormente, elencadas, os servidores podem praticar atos de administração e de mero expediente sem conteúdo decisório, desde que autorizados pelo juiz a que estão vinculados, nos termos do art. 93, XIV, da CF* e art. 203, § 4º, do CPC/2015**.
>
> * "XIV – os servidores receberão delegação para a prática de atos de administração e atos de mero expediente sem caráter decisório."
>
> ** "§ 4º Os atos meramente ordinatórios, como a juntada e a vista obrigatória, independem de despacho, devendo ser praticados de ofício pelo servidor e revistos pelo juiz quando necessário."

Por fim, consigna-se que, quando a jurisdição trabalhista é exercida por juiz de direito, os cartórios ficam incumbidos das mesmas obrigações e atribuições estabelecidas para as varas do trabalho (CLT, arts. 716 e 717).

10.2. Secretarias dos tribunais

As secretarias dos tribunais são órgãos auxiliares e permanentes dos Tribunais Regionais do Trabalho e do Tribunal Superior do Trabalho. Nos termos do art. 719 da CLT:

> Art. 719 – Competem à Secretaria dos Tribunais, além das atribuições estabelecidas no art. 711, para a secretaria das Juntas, mais as seguintes:
>
> a) a conclusão dos processos ao Presidente e sua remessa, depois de despachados, aos respectivos relatores;
>
> b) a organização e a manutenção de um fichário de jurisprudência do Conselho, para consulta dos interessados.
>
> Parágrafo único – **No regimento interno dos Tribunais Regionais serão estabelecidas as demais atribuições, o funcionamento e a ordem dos trabalhos de suas secretarias.** (grifo nosso)

É interessante anotar, ainda, que o art. 718 da CLT declina existir apenas uma secretaria nos tribunais. No entanto, a depender do tamanho do TRT, podem existir diversas secretarias, tais como: secretaria do Tribunal Pleno, secretaria do Órgão Especial, secretaria das Turmas etc.

As secretarias dos tribunais são chefiadas por diretores, com as mesmas atribuições dos diretores das varas do trabalho, previstas no art. 712 da CLT, além de outros que lhe forem fixadas nos regimentos internos dos tribunais (CLT, art. 720).

10.3. Serviços de distribuição de feitos

Nas localidades onde há **mais de uma** vara do trabalho é necessário o setor de distribuição de feitos, que tem a incumbência, como o próprio nome já indica, de distribuir os processos, de forma igual, entre as varas do trabalho local, conforme declina o art. 713 da CLT:

> Art. 713 – Nas localidades em que existir mais de uma Junta de Conciliação e Julgamento haverá um distribuidor.

✦ *Exemplo: na cidade de Ribeirão Preto, existem 6 varas do trabalho. Desse modo, a petição inicial será protocolada no setor de distribuição, oportunidade em que os processos serão separados entre as varas do trabalho de Ribeirão Preto.*

▸ **ATENÇÃO:**

Se houver apenas uma vara do trabalho, não há necessidade do setor de distribuição, vez que os processos serão distribuídos para a própria vara.

A distribuição será feita pela ordem rigorosa de sua apresentação ao distribuidor (CLT, art. 783). As reclamações serão registradas em livro próprio, rubricado em todas as folhas pela autoridade a que estiver subordinado o distribuidor (CLT, art. 784). Além disso, o distribuidor fornecerá ao interessado um recibo do qual constarão, essencialmente, o nome do reclamante e do reclamado, a data da distribuição, o objeto da reclamação e o Juízo a que coube a distribuição (CLT, art. 785). Há de se observar também que, na hipótese de reclamação verbal, esta será distribuída antes de sua redução a termo (CLT, art. 786).

Após a realização da distribuição, a reclamação será remetida pelo distribuidor ao Juízo competente, acompanhada do bilhete de distribuição (CLT, art. 788).

A CLT estabelece, ainda, as atribuições do setor de distribuições de feitos, como se verifica pelo art. 714, *in verbis*:

> Art. 714 – Compete ao distribuidor:
>
> a) a distribuição, pela ordem rigorosa de entrada, e sucessivamente a cada Junta, dos feitos que, para esse fim, lhe forem apresentados pelos interessados;
>
> b) o fornecimento, aos interessados, do recibo correspondente a cada feito distribuído;
>
> c) a manutenção de 2 (dois) fichários dos feitos distribuídos, sendo um organizado pelos nomes dos reclamantes e o outro dos reclamados, ambos por ordem alfabética;
>
> d) o fornecimento a qualquer pessoa que o solicite, verbalmente ou por certidão, de informações sobre os feitos distribuídos;
>
> e) a baixa na distribuição dos feitos, quando isto lhe for determinado pelos Presidentes das Juntas, formando, com as fichas correspondentes, fichários à parte, cujos dados poderão ser consultados pelos interessados, mas não serão mencionados em certidões.

Consigna-se que, nos termos do art. 715 da CLT, a designação dos distribuidores é feita pela presidente do tribunal dentre os funcionários das varas e do tribunal regional, existentes na mesma localidade, e diretamente subordinados ao mesmo presidente. Atualmente, tem-se admitido que o regimento interno do tribunal estabeleça a referida designação.

Observe-se, ainda, que a **distribuição** dos processos deverá ser **imediata**, em todos os graus de jurisdição, conforme impõe o art. 93, XV, da CF.

10.4. Oficiais de justiça avaliadores

Os oficiais de justiça têm a incumbência de realizar os atos fora da sede da vara do trabalho ou dos tribunais. Em regra, na Justiça do Trabalho, suas atribuições estão ligadas à fase de execução como, por exemplo, realizar a penhora de bens. Estabelece o art. 721 da CLT:

> Art. 721 – Incumbe aos Oficiais de Justiça e Oficiais de Justiça Avaliadores da Justiça do Trabalho a realização dos atos decorrentes da execução dos julgados das Juntas de Conciliação e Julgamento e dos Tribunais Regionais do Trabalho, que lhes forem cometidos pelos respectivos Presidentes.
>
> § 1º Para efeito de distribuição dos referidos atos, cada Oficial de Justiça ou Oficial de Justiça Avaliador funcionará perante uma Junta de Conciliação e Julgamento, salvo quando da existência, nos Tribunais Regionais do Trabalho, de órgão específico, destinado à distribuição de mandados judiciais.
>
> § 2º Nas localidades onde houver mais de uma Junta, respeitado o disposto no parágrafo anterior, a atribuição para o cumprimento do ato deprecado ao Oficial de Justiça ou Oficial de Justiça Avaliador será transferida a outro Oficial, sempre que, após o decurso de 9 (nove) dias, sem razões que o justifiquem, não tiver sido cumprido o ato, sujeitando-se o serventuário às penalidades da lei.
>
> § 3º No caso de avaliação, terá o Oficial de Justiça Avaliador, para cumprimento do ato, o prazo previsto no art. 888.
>
> § 4º É facultado aos Presidentes dos Tribunais Regionais do Trabalho cometer a qualquer Oficial de Justiça ou Oficial de Justiça Avaliador a realização dos atos de execução das decisões desses Tribunais.
>
> § 5º Na falta ou impedimento do Oficial de Justiça ou Oficial de Justiça Avaliador, o Presidente da Junta poderá atribuir a realização do ato a qualquer serventuário.

Na Justiça do Trabalho, o oficial, além das funções inerentes ao seu cargo, acumula a função de avaliador, sendo denominado, por isso, de oficial de justiça avaliador. Portanto, na hipótese de penhora de bens, o oficial também terá a incumbência de delimitar o valor do bem penhorado, não sendo mais aplicado o art. 887 da CLT.

Verifica-se, pelo referido dispositivo, que o oficial possui dois prazos para cumprir suas atribuições:

1) regra: 9 dias;
2) para a avaliação do bem penhorado: 10 dias.

Por fim, consigna-se que, não havendo oficial na localidade, o juiz do trabalho poderá designar qualquer outro serventuário para realizar suas atribuições.

11. QUESTÕES DISSERTATIVAS

Questão 1

Disserte sobre os órgãos da Justiça do Trabalho.

Resposta sugerida pelo autor

A Justiça do Trabalho, conforme estabelece o art. 111 da CF, tem como órgãos: o Tribunal Superior do Trabalho, os Tribunais Regionais do Trabalho e os Juízes do Trabalho.

O TST é o órgão de cúpula do Poder Judiciário Trabalhista, com jurisdição em todo o território nacional, sediado na capital do país (Brasília). Ele confere a palavra final em matéria trabalhista infraconstitucional, tendo a função de uniformizar a interpretação da legislação trabalhista no âmbito de sua competência. Segundo o art. 111-A da CF: "O Tribunal Superior do Trabalho compõe-se de vinte e sete Ministros, escolhidos dentre brasileiros com mais de trinta e cinco e menos de setenta anos de idade, de notável saber jurídico e reputação ilibada, nomeados pelo Presidente da República após aprovação pela maioria absoluta do Senado Federal, sendo: (...)".

Após a Emenda Constitucional nº 45/04, passaram a funcionar junto ao TST, a Escola de Formação e Aperfeiçoamento de Magistratura do Trabalho (ENAMAT) e o Conselho Superior da Justiça do Trabalho (CSJT).

O TRT´s estão situados no segundo grau de jurisdição, e, assim como o TST, seus atos, em regra, dependem de órgão colegiado, conforme art. 115 da CF: "Os Tribunais Regionais do Trabalho compõem-se de, no mínimo, sete juízes, recrutados, quando possível, na respectiva região e nomeados pelo Presidente da República dentre brasileiros com mais de trinta e menos de setenta anos de idade, sendo: (...)".

A Emenda Constitucional nº 45/04 trouxe duas importantes novidades: a instalação da justiça itinerante, com realização de audiências e demais funções de atividade jurisdicional, nos limites territoriais da respectiva jurisdição; e, permitiu que os Tribunais Regionais do Trabalho possam funcionar descentralizadamente, constituindo as Câmaras Regionais.

Os juízes do trabalho integram o primeiro grau de jurisdição, exercendo suas funções nas Varas do Trabalho. Em regra, a competência trabalhista é conferida aos juízes do trabalho, no entanto, nas localidades não compreendidas na jurisdição das Varas do Trabalho, o juiz de direito poderá exercer a competência trabalhista. Nesse caso, cabe ressaltar que, havendo interposição de recurso (ordinário), ele será encaminhado ao TRT e não ao Tribunal de Justiça (art. 112 da CF).

Questão 2

Como ocorre o preenchimento de vagas de Ministros do TST?

Resposta sugerida pelo autor

Conforme o artigo 111-A da Constituição Federal, o Tribunal Superior do Trabalho é composto de 27 ministros. O preenchimento das vagas de Ministros do TST ocorre de duas formas: 1) 1/5 dos lugares é reservado aos advogados, com mais de dez anos de efetiva atividade profissional, e membros do Ministério

Público do Trabalho, com mais de dez anos de efetivo exercício e 2) os demais, dentre juízes dos Tribunais Regionais do Trabalho, oriundos da magistratura da carreira, indicados pelo próprio Tribunal Superior.

No primeiro caso, é interessante anotar que a Constituição Federal utilizou para o TST a mesma regra que é aplicada aos Tribunais Regionais, ou seja, impôs a participação de pelo menos 1/5 dos lugares aos membros do MP e aos advogados. Já no STJ foi reservado aos integrantes do Ministério Público e da advocacia 1/3 dos lugares (CF/88, artigo 104, II).

Para a escolha do membro do MP e do advogado é formada uma lista sêxtupla pelos órgãos de representação das respectivas classes. Em seguida, "o tribunal formará lista tríplice, enviando-a ao Poder Executivo, que, nos vinte dias subsequentes, escolherá um de seus integrantes para nomeação" (CF/88, artigo 94, parágrafo único).

Já no segundo caso, apenas os juízes dos TRTs, oriundos da magistratura da carreira, podem ser indicados pelo TST. Isso significa que, se o integrante do MPT ingressa no TRT por meio do quinto constitucional, não poderá, posteriormente, integrar o TST pela lista dos juízes dos tribunais, uma vez que não é oriundo da magistratura de carreira.

Questão 3

Nas localidades em que não for compreendida por jurisdição das Varas do Trabalho como são resolvidos os conflitos trabalhistas?

Resposta sugerida pelo autor

Os juízes do trabalho integram o primeiro grau de jurisdição, exercendo suas funções nas denominadas Varas do Trabalho.

Em regra, a competência trabalhista é conferida aos juízes do trabalho. No entanto, nas localidades não compreendidas na jurisdição das Varas do Trabalho, o juiz de direito poderá exercer a competência trabalhista. Nesse caso, havendo recurso (ordinário), ele será encaminhado ao TRT e não ao Tribunal de Justiça, nos termos do artigo 112 da Constituição Federal.

Todavia, uma vez criada Vara do Trabalho, cessa a competência do juiz de direito quanto à matéria trabalhista, inclusive para a execução das sentenças por ele proferidas (Súmula nº 10 do STJ). Assim, a competência do juiz de direito, quanto à matéria trabalhista, existe enquanto não houver juiz do trabalho com competência para a localidade.

Questão 4

Discorra sobre a distribuição de feitos na Justiça do Trabalho.

Resposta sugerida pelo autor

Nas localidades onde há mais de uma vara do trabalho é necessário o setor de distribuição de feitos, que tem a incumbência, como o próprio nome já indica, de distribuir os processos, de forma igual, entre as varas do trabalho local, conforme declina o artigo 713 da CLT.

Se houver apenas uma vara do trabalho, não há necessidade do setor de distribuição, pois os processos serão distribuídos para a própria vara.

A distribuição será feita pela ordem rigorosa de sua apresentação ao distribuidor (CLT, artigo 783). As reclamações serão registradas em livro próprio, rubricado em todas as folhas pela autoridade a que estiver subordinado o distribuidor (CLT, artigo 784).

Além disso, o distribuidor fornecerá ao interessado um recibo do qual constarão, essencialmente, o nome do reclamante e do reclamado, a data da distribuição, o objeto da reclamação e o Juízo a que coube a distribuição (CLT, artigo 785). Há de se observar também que, na hipótese de reclamação verbal, esta será distribuída antes de sua redução a termo (CLT, artigo 786).

Após a realização da distribuição, a reclamação será remetida pelo distribuidor ao Juízo competente, acompanhada do bilhete de distribuição (CLT, artigo 788).

Observe-se, ainda, que a distribuição dos processos deverá ser imediata, em todos os graus de jurisdição, conforme impõe o artigo 93, XV, da CF.

Por fim, ressalta-se que a distribuição torna o juízo prevento, nos termos do artigo 59 do CPC/2015.

QUESTÕES

CAPÍTULOS I E II

1. QUESTÕES COM GABARITO COMENTADO

01. (FUMARC -TRT 3/2022 - Técnico Judiciário - Administrativo) Sobre a Justiça do Trabalho, NÃO é correto afirmar:

a) Na primeira instância, não existem órgãos ou Varas especializadas, como ocorre na Justiça Comum.

b) No primeiro grau, existe juiz substituto e não juiz auxiliar.

c) Os juízes de primeiro grau são aprovados independente de concurso público de provas e títulos.

d) Os tribunais são divididos em turmas.

e) Os tribunais têm sido criados por regiões e não por Estados.

COMENTÁRIOS

Alternativa "c" ("incorreta"): O ingresso na carreira da magistratura demanda a realização de concurso público de provas e títulos: Art. 93, I (CF): ingresso na carreira, cujo cargo inicial será o de juiz substituto, **mediante** concurso **público de provas e títulos,** com a participação da Ordem dos Advogados do Brasil em todas as fases, exigindo-se do bacharel em direito, no mínimo, três anos de atividade jurídica e obedecendo-se, nas nomeações, à ordem de classificação.

02. (FCC - TRT24/2017 - Oficial de Justiça Avaliador - Área Judiciária) O advogado da empresa Vênus de Millus Produções Artísticas apresentou uma reconvenção na audiência UNA em que a reclamada foi notificada para apresentação de sua contestação em reclamação trabalhista. Provocado a se manifestar sobre a peça processual apresentada pela empresa ré, o advogado do reclamante Hércules impugnou a juntada da reconvenção sem justificar o motivo. Conforme teoria dos princípios gerais do Processo do Trabalho,

a) não se admite em ação trabalhista nenhuma medida processual que não tenha previsão expressa contida na Consolidação das Leis do Trabalho e que seja contrária ao trabalhador.

b) caberia a medida desde que houvesse concordância da parte contrária e que a mesma fosse apresentada antes da data da audiência para possibilitar o contraditório.

c) embora haja omissão da norma processual trabalhista em relação à reconvenção, há súmula do Tribunal Superior do Trabalho interpretando pela sua absoluta incompatibilidade com o direito processual do trabalho.

d) nos casos omissos, o direito processual comum será fonte subsidiária do direito processual do trabalho, exceto naquilo em que for incompatível com as normas contidas na Consolidação das Leis do Trabalho.

e) não caberia tal medida nesta fase processual porque somente é possível aplicar supletivamente norma do Código Processual Civil que não esteja prevista na lei trabalhista na fase de execução.

COMENTÁRIOS

Alternativa "d" – Correta: O direito processual do trabalho tem como objetivo regular os processos individuais e coletivos submetidos à Justiça do Trabalho. Sua regulamentação vem estabelecida na Consolidação das Leis do Trabalho, bem como em leis esparsas. Pode ocorrer, no entanto, de a CLT e leis esparsas não versarem sobre determinado tema. Nessa hipótese, aplica-se o processo comum (CPC), desde que compatível com o processo do trabalho. Nesse sentido, o art. 769 da CLT: "Nos casos omissos, o direito processual comum será fonte subsidiária do direito processual do trabalho, exceto naquilo em que for incompatível com as normas deste Título". Aliás, o art. 15 do CPC/2015 estabelece que "na ausência de normas que regulem processos eleitorais, trabalhistas ou administrativos, as disposições deste Código lhes serão aplicadas supletiva e subsidiariamente".

03. (FCC – TRT24/2017 – Oficial de Justiça Avaliador – Área Judiciária) Dentre os serviços auxiliares da Justiça do Trabalho descritos na Consolidação das Leis do Trabalho há o órgão denominado distribuidor nas localidades em que exista mais de uma Vara do Trabalho. A designação dos distribuidores se dará pelo

a) Presidente do Tribunal Superior do Trabalho, dentre os funcionários do Tribunal Regional do Trabalho, existentes na mesma localidade, e diretamente subordinados ao mesmo Presidente.
b) Presidente do Tribunal Regional do Trabalho, dentre os funcionários das Varas do Trabalho, existentes na mesma localidade, e diretamente subordinados ao Juiz mais antigo de cada comarca.
c) Presidente do Tribunal Regional do Trabalho, dentre os funcionários das Varas do Trabalho e do Tribunal Regional do Trabalho, existentes na mesma localidade, e diretamente subordinados ao mesmo Presidente.
d) Juiz Titular mais antigo do Fórum, dentre os funcionários das Varas do Trabalho existentes na mesma localidade, e diretamente subordinados a este Juiz.
e) Juiz Diretor do Fórum dentre os funcionários das Varas do Trabalho existentes na mesma localidade, e diretamente subordinados ao Presidente do Tribunal Regional do Trabalho.

COMENTÁRIOS

Alternativa "c" – Correta: Para que exista eficiência na prestação jurisdicional, os magistrados necessitam de órgãos auxiliares, encarregados de dar cumprimento às decisões judicias, realizando atos processuais e serviços burocráticos da Justiça do Trabalho. Nesse contexto, temos as secretarias das varas do trabalho, as secretarias dos tribunais e o serviço de distribuição de feitos. Segundo o art. 715 da CLT, "os distribuidores são designados pelo Presidente do Tribunal Regional dentre os funcionários das Juntas e do Tribunal Regional, existentes na mesma localidade, e ao mesmo Presidente diretamente subordinados".

04. (TRT20/2016 - FCC - Analista Judiciário - Área Judiciária) A Constituição Federal expressamente prevê regras que organizam a estrutura da Justiça do Trabalho, e tratam da sua competência. Conforme tal regramento,

a) os juízes dos Tribunais Regionais do Trabalho, oriundos da magistratura da carreira, que comporão o Tribunal Superior do Trabalho serão indicados pelos próprios Regionais, alternativamente, e escolhidos pelo Congresso Nacional.
b) os Tribunais Regionais do Trabalho instalarão a justiça itinerante, com a realização de audiência e demais funções de atividade jurisdicional, nos limites territoriais da respectiva jurisdição, servindo-se de equipamentos públicos e comunitários.
c) haverá pelo menos um Tribunal Regional do Trabalho em cada Estado e no Distrito Federal, e a lei instituirá as Varas do Trabalho, podendo, nas comarcas onde não forem instituídas, atribuir sua

jurisdição a Vara do Trabalho mais próxima.

d) os mandados de segurança, habeas corpus e habeas data, quando o ato questionado envolver matéria sujeita à jurisdição da Justiça do Trabalho serão julgados e processados na Justiça Federal, por se tratar de remédios jurídicos de natureza constitucional.

e) os Tribunais Regionais do Trabalho compõem-se de, no mínimo, nove juízes, que serão recrutados na respectiva região, e nomeados pelo Presidente do Tribunal Superior do Trabalho dentre brasileiros com mais de trinta e menos de sessenta e cinco anos.

COMENTÁRIOS

Alternativa "b" – Correta: Os Tribunais Regionais do Trabalho estão situados no segundo grau de jurisdição e seus atos, em regra, decorrem de órgão colegiado. Segundo a art. 115, § 1º da CF/88, "os Tribunais Regionais do Trabalho instalarão a justiça itinerante, com a realização de audiências e demais funções de atividade jurisdicional, nos limites territoriais da respectiva jurisdição, servindo-se de equipamentos públicos e comunitários".

05. (FCC - Analista Judiciário – Oficial de Justiça Avaliador - TRT 23/2016) O advogado da reclamada Fênix Produtora, por ocasião da audiência UNA, apresentou a contestação da ré, bem como reconvenção, por meio da qual pretendeu a devolução de ferramentas de trabalho da empresa que ficaram em posse do empregado após a rescisão contratual. Nessa situação,

a) não deve ser aceita a reconvenção, por falta de previsão desse ato processual na legislação trabalhista, não podendo ser aplicada outra legislação processual para o caso.

b) a Consolidação das Leis do Trabalho expressamente prevê que nos casos omissos, o direito processual comum será fonte subsidiária do direito processual do trabalho, exceto naquilo em que for incompatível com as normas no texto consolidado.

c) somente será aceita a reconvenção caso haja a expressa concordância da parte contrária, que terá prazo para exercer o contraditório.

d) deve ser aceita a reconvenção em razão de estar expressamente prevista na Consolidação das Leis do Trabalho, como modalidade de defesa da reclamada.

e) não deve ser aceita a reconvenção, visto que somente poderia ser proposta ação possessória no foro cível, competente para a matéria.

COMENTÁRIOS

Alternativa correta: Letra B.

O direito processual do trabalho tem como objetivo regular os processos individuais e coletivos submetidos à Justiça do Trabalho. Sua regulamentação vem estabelecia na CLT, bem como em leis esparsas. Pode ocorrer, no entanto, de a CLT não versar sobre determinado, como ocorre com a reconvenção. Neste caso, aplica-se o art. 769 da CLT, que declina: "nos casos omissos, o direito processual comum será fonte subsidiária do direito processual do trabalho, exceto naquilo em que for incompatível com as normas deste Título" (TST-IN nº 39/2016, art. 1º; CPC/2015, art. 15).

06. (TRT 14º Região/2016 – Analista Judiciário – OJA) Em relação aos princípios gerais do processo trabalhista, não havendo norma trabalhista para a prática de determinado ato processual

a) aplica-se subsidiariamente a Lei de Execuções Fiscais seja qual for a fase processual.

b) a Consolidação das Leis do Trabalho não prevê nenhuma norma específica sobre o tema, cabendo ao magistrado escolher a norma processual que melhor se aplica ao caso.

c) será aplicado o Código de Processo Civil para solucionar o caso, exceto nas fases recursal e de execução, pois nessas fases se aplica a Lei de Execuções Fiscais.

d) nos casos omissos, o direito processual comum será fonte subsidiária do direito processual do trabalho, exceto quando houver incompatibilidade com as normas do processo judiciário do trabalho.

e) poderá ser aplicado de forma supletiva o direito processual comum, seja qual for a fase processual, bastando apenas que haja omissão da norma trabalhista.

COMENTÁRIOS

Alternativa correta: Letra D.

Nos termos do art. 769 da CLT "nos casos omissos, o direito processual comum será fonte subsidiária do direito processual do trabalho, exceto naquilo em que for incompatível com as normas deste Título". Noutras palavras, o processo comum é fonte subsidiária e supletiva no processo do trabalho, exigindo para sua aplicação, dois requisitos cumulativos: omissão e compatibilidade (TST-IN nº 39/2016, art. 1º; CPC/2015, art. 15).

07. (FCC - Analista Judiciário – Oficial de Justiça Avaliador - TRT 23/2016) Conforme previsão constitucional, a Justiça do Trabalho é um órgão do Poder Judiciário. A respeito da sua organização, da jurisdição e da competência,

a) a maior corte é o Tribunal Superior do Trabalho, com sede em Brasília e jurisdição nacional, composto por trinta e três ministros, sendo 2/3 dentre desembargadores dos Tribunais Regionais e 1/3 dentre advogados e Ministério Público do Trabalho.

b) cada estado membro deverá ter, pelo menos, um Tribunal Regional do Trabalho, composto de, no mínimo, 08 desembargadores da própria região que formarão 3/5 da corte, além de 1/5 da advocacia e 1/5 do Ministério Público do Trabalho.

c) os Tribunais Regionais do Trabalho poderão funcionar de forma descentralizada, constituindo Câmaras regionais, a fim de assegurar pleno acesso do jurisdicionado à justiça em todas as fases do processo.

d) nas Varas do Trabalho a jurisdição será exercida por um juiz singular togado, auxiliado por dois representantes dos sindicatos das categorias profissional e econômica, coma participação de um membro do Ministério Público do Trabalho.

e) o Conselho Superior da Justiça do Trabalho é o órgão máximo do sistema, mas não funciona junto ao Tribunal Superior do Trabalho, cabendo-lhe exercer apenas a supervisão administrativa da Justiça do Trabalho, com decisões de caráter consultivo e não vinculante.

COMENTÁRIOS

Alternativa correta: C.

Nos termos do art. 115, § 2º, da CF "os Tribunais Regionais do Trabalho poderão funcionar descentralizadamente, constituindo Câmaras regionais, a fim de assegurar o pleno acesso do jurisdicionado à justiça em todas as fases do processo.

08. (FCC – Analista Judiciário – Oficial de Justiça Avaliador - TRT 23/2016) Conforme normas contidas na Consolidação das Leis do Trabalho sobre os serviços auxiliares da Justiça do Trabalho, incluindo os distribuidores e os oficiais de justiça, é INCORRETO afirmar que

a) não compete à Secretaria das Varas a contagem das custas devidas pelas partes, nos respectivos processos, mas sim ao órgão distribuidor.

b) compete especialmente aos chefes de secretaria das Varas promover o rápido andamento dos processos, especialmente na fase de execução, e a pronta realização dos atos e diligências deprecadas pelas autoridades superiores.

c) compete ao distribuidor a distribuição, pela ordem rigorosa de entrada, e sucessivamente a cada Vara, dos feitos que, para esse fim, lhe forem apresentados pelos interessados.

d) os distribuidores são designados pelo Presidente do Tribunal Regional, dentre os funcionários das Varas e do Tribunal Regional, existentes na mesma localidade, e ao mesmo Presidente diretamente subordinados.

e) é facultado aos Presidentes dos Tribunais Regionais do Trabalho cometer a qualquer Oficial de Justiça ou Oficial de Justiça Avaliador a realização dos atos de execução das decisões desses Tribunais.

COMENTÁRIOS

Alternativa correta: A.

O candidato deveria estar atento que o examinador questionou a alternativa INCORRETA. O erro da alternativa está na negação da competência, segundo o art. 711, "f", compete as secretarias da Varas: "a contagem das custas devidas pelas partes, nos respectivos processos".

CAPÍTULO III

MINISTÉRIO PÚBLICO DO TRABALHO

1. MINISTÉRIO PÚBLICO: CONCEITO

A Constituição Federal de 1988, em seu art. 127, *caput*, declina expressamente o conceito do Ministério Público, como se verifica a seguir:

> Art. 127. O Ministério Público é instituição permanente, essencial à função jurisdicional do Estado, incumbindo-lhe a defesa da ordem jurídica, do regime democrático e dos interesses sociais e individuais indisponíveis.

O Ministério Público é órgão independente, não estando vinculado a nenhum dos demais poderes (Executivo, Legislativo ou Judiciário). Tem autonomia funcional, administrativa e financeira (CF, art. 127, § 2º).

2. ORGANIZAÇÃO

Com a finalidade de agilizar e dar efetividade às funções do Ministério Público, a Constituição ramificou a instituição em Ministérios Públicos dos Estados e Ministério Público da União, compreendendo neste o Ministério Público do Trabalho, o Ministério Público Federal, o Ministério Público Militar e o Ministério Público do Distrito Federal e Territórios (CF/88, art. 128).

I – Ministério Público da União	- Ministério Público do Trabalho (MPT) - Ministério Público Federal (MPF) - Ministério Público Militar (MPM) - Ministério Público do Distrito Federal e Territórios (MPDFT)
II – Ministérios Públicos dos Estados	

- **MPT:** A carreira do Ministério Público do Trabalho será constituída pelos cargos de Subprocurador-Geral do Trabalho, Procurador Regional do Trabalho e Procurador do Trabalho. O cargo inicial da carreira **é** o de Procurador do Trabalho e o do **último** nível o de Subprocurador-Geral do Trabalho (LC nº 75/93, art. 86).

- **MPF:** A carreira do MPF **é** constituída pelos cargos de Subprocurador-Geral da República, Procurador Regional da República e Procurador da República. O cargo inicial da carreira **é** o de Procurador da República e o do **último** nível o de Subprocurador-Geral da República (LC nº 75/93, art. 44).
- **MPM:** A carreira do Ministério Público Militar **é** constituída pelos cargos de Subprocurador-Geral da Justiça Militar, Procurador da Justiça Militar e Promotor da Justiça Militar. O cargo inicial da carreira **é** o de Promotor da Justiça Militar e o do **último** nível **é** o de Subprocurador-Geral da Justiça Militar (LC nº 75/93, art. 119).
- **MPDFT:** A carreira do Ministério Público do Distrito Federal e Territórios **é** constituída pelos cargos de Procurador de Justiça, Promotor de Justiça e Promotor de Justiça Adjunto. O cargo inicial da carreira **é** o de Promotor de Justiça Adjunto e o **último** o de Procurador de Justiça (LC nº 75/93, art. 154).

O Ministério Público da União tem por chefe o Procurador-Geral da República, nomeado pelo Presidente da República dentre integrantes da carreira, maiores de 35 anos, após a aprovação de seu nome pela maioria absoluta dos membros do Senado Federal, para mandato de dois anos, permitida a recondução (CF/88, art. 128, § 1º).

3. MINISTÉRIO PÚBLICO DO TRABALHO

O Ministério Público do Trabalho (MPT), objeto do presente estudo, é ramo do Ministério Público da União, incumbido de tutelar os direitos difusos, coletivos, individuais homogêneos e individuais indisponíveis, quando pautados na relação de trabalho. Em regra, as atribuições do Ministério Público do Trabalho estão ligadas às matérias de competência da Justiça do Trabalho.

Esse ramo do Ministério Público tem como chefe o Procurador-Geral do Trabalho, nomeado pelo Procurador-Geral da República, dentre integrantes da instituição, com mais de 35 anos de idade e de 5 anos na carreira, integrante de lista tríplice escolhida mediante voto plurinominal, facultativo e secreto, pelo colégio de procuradores para um mandato de dois anos, permitida uma recondução, observado o mesmo processo (art. 88 da LC 75/93).

Aliás, o art. 85 da LC 75/93 estabelece que são órgãos do Ministério Público do Trabalho:

- o Procurador-Geral do Trabalho;
- o Colégio de Procuradores do Trabalho;
- o Conselho Superior do Ministério Público do Trabalho;
- a Câmara de Coordenação e Revisão do Ministério Público do Trabalho;
- a Corregedoria do Ministério Público do Trabalho;

- os Subprocuradores-Gerais do Trabalho;
- os Procuradores Regionais do Trabalho; e
- os Procuradores do Trabalho.

O MPT tem como foco principal a **tutela coletiva**, ou seja, age para defender diversos trabalhadores a um só tempo. Além disso, a atuação desse ramo ministerial busca despersonalizar o empregado, já que não age em nome do empregado X ou Y, mas para garantir o direito de diversos trabalhadores.

> ✦ *Exemplo: MPT entra com ação civil pública para que a empresa utilize equipamentos de proteção coletiva alcançando todos seus empregados.*

Excepcionalmente, o MPT poderá tutelar interesses individuais, quando busca a defesa dos direitos e interesses dos menores, incapazes e índios, decorrentes das relações de trabalho.

O Ministério Público do Trabalho possui as seguintes metas institucionais:

a) combater as fraudes na relação de trabalho;

b) preservar o meio ambiente do trabalho adequado;

c) erradicar o trabalho infantil;

d) combater as práticas discriminatórias;

e) erradicar o trabalho escravo e degradante;

f) eliminar as irregularidades trabalhistas na administração pública;

g) garantir a liberdade sindical e buscar a pacificação dos conflitos coletivos de trabalho.

Sua atuação pode ser **extrajudicial** (fora do Judiciário) e **judicial**.

No **campo extrajudicial**, utiliza-se, basicamente, do Inquérito Civil (IC) e do Termo de Ajustamento de Conduta (TAC), além de outros mecanismos eficazes a assegurar a observância dos direitos sociais.

Por meio do **Inquérito Civil**, o MPT investiga determinados fatos, com o objetivo de colher elementos de convicção para verificar se existem lesões ou ameaças de lesões aos direitos dos trabalhadores. Verificando a existência de lesões ou ameaças de lesões, o MPT poderá firmar **Termo de Ajustamento de Conduta**, que é um mecanismo extrajudicial em que o infrator da lei se compromete a se ajustar aos comandos legais.

> ✦ *Exemplo: fica constatado no IC que o empregador não realiza o programa de prevenção de riscos ambientais (PPRA). Nessa hipótese, o MPT poderá firmar um TAC com a empresa para que ela se comprometa a realizar referido programa.*

Caso a empresa não tenha interesse em firmar o TAC, o Ministério Público do Trabalho pode se utilizar do **âmbito judicial**. Nesse caso, vale-se, em regra, da ação civil pública, ação civil coletiva, ação rescisória, dissídio coletivo de greve etc.

✦ *Exemplo: o Ministério Público do Trabalho ajuíza ação civil pública para que a empresa cesse discriminações de gênero na contratação de seus empregados.*

Além disso, em alguns casos, o MPT atua na reclamação trabalhista como **fiscal da ordem jurídica.**

✦ *Exemplo: quando existem crianças ou adolescentes no processo, o MPT deverá participar.*

Atenta-se para o fato de que o IC e o TAC são facultativos, de modo que o Ministério Público, tomando ciência de lesão ou ameaça de lesão a direitos trabalhistas, poderá, imediatamente, ajuizar a ação civil pública.

Por fim, consigna-se que a carreira do MPT é constituída pelos cargos de:

a) subprocurador-geral do trabalho, que oficia junto ao Tribunal Superior do Trabalho e nos ofícios na Câmara de Coordenação e Revisão.

✦ *Exemplo: sessões no TST;*

b) procurador regional do trabalho, que atua nos processos junto aos Tribunais Regionais do Trabalho.

✦ *Exemplo: sessões no TRTs, ajuizamento de ação rescisória etc.;*

c) procurador do trabalho, que atua, em regra, nas causas de competência das Varas do Trabalho, utilizando o Inquérito Civil, TAC, ação civil pública etc.

Assim, o cargo inicial da carreira é o de procurador do trabalho e último nível o de subprocurador-geral do trabalho (art. 86, parágrafo único, LC nº 75/93).

4. PRINCÍPIOS INSTITUCIONAIS

Estabelece o art. 127, § 1º, da CF/88:

> 1º - São princípios institucionais do Ministério Público a unidade, a indivisibilidade e a independência funcional.

Com base nesse dispositivo, passamos a analisar os princípios institucionais do Ministério Público.

4.1. Unidade

O **princípio da unidade** significa que todo o Ministério Público possui a mesma finalidade, qual seja defender os interesses da coletividade. Noutras palavras, o Ministério Público é um único órgão que tem como objetivo a tutela do interesse público primário. Tem, portanto, unidade de finalidade.

A unidade, no entanto, não impede a divisão administrativa, como verificamos no item anterior, vez que essa divisão tem como alvo distribuir as atividades do Ministério Público, para dar efetividade na sua atuação.

4.2. Indivisibilidade

O **princípio da indivisibilidade** permite que os membros de um mesmo ramo do Ministério Público possam ser substituídos na sua atuação, sem que haja alteração subjetiva na relação jurídica processual, seja no âmbito judicial seja no extrajudicial.

> ✦ *Exemplo: o procurador do trabalho X ajuíza ação civil pública em face da empresa Z. No curso do processo, ele poderá ser substituído pelo procurador Y, sem que haja necessidade de se juntar substabelecimento.*

4.3. Independência funcional

O **princípio da independência funcional** significa que o membro do Ministério Público é independente no exercício de suas funções, isto é, não existe hierarquia funcional no Ministério Público. Desse modo, os pronunciamentos dos membros não dependem de anuência da chefia da instituição. Além disso, o chefe não pode determinar que o procurador do trabalho, por exemplo, investigue determinada empresa. Nesse caso, o procurador tem independência funcional para verificar se os fatos devem ou não ser investigados.

Isso não impede, porém, que exista a hierarquia **administrativa,** como é o caso, por exemplo, da aplicação de medidas disciplinares pela extrapolação de prazos legais.

4.4. Promotor natural

Embora o art. 127, § 1º, da CF/88 não estabeleça o princípio do promotor natural, a doutrina admite sua existência como **princípio implícito**, diante da interpretação sistemática (conjunta) dos arts. 5º, XXXVI e LIII, 127 e 129, I, todos da CF.

O princípio do promotor natural determina que o jurisdicionado (ex.: empresa) tenha a garantia de ser processado e investigado por autoridades previamente designadas pela legislação. Isso significa que não se pode designar, para determinados casos, esse ou aquele membro do Ministério Público.

5. ATRIBUIÇÕES DO MINISTÉRIO PÚBLICO DO TRABALHO

O artigo 83 da Lei Complementar nº 75/1993 dispõe sobre as atribuições do Ministério Público do Trabalho (MPT), a seguir listadas e esquematizadas:

I – Ações Constitucionais e Trabalhistas

- Promover ações que sejam atribuídas ao MPT pela Constituição Federal e pelas leis trabalhistas.

II – Manifestação em Processos Trabalhistas

- Manifestar-se, em qualquer fase do processo trabalhista, quando:

   - Houver solicitação do juiz;
   - Por iniciativa própria do MPT, caso entenda que há interesse público que justifique a intervenção.

III - Ação Civil Pública

- Promover ação civil pública no âmbito da Justiça do Trabalho para defesa de interesses coletivos, quando houver violação de direitos sociais constitucionalmente garantidos.

IV - Nulidade de Cláusulas Contratuais

- Propor ações para a declaração de nulidade de cláusulas Contratos, Acordos coletivos, Convenções coletivas, que violem:
   - Liberdades individuais ou coletivas;
   - Direitos individuais indisponíveis dos trabalhadores.

V - Defesa de Direitos de Menores, Incapazes e Índios

- Propor ações necessárias à defesa dos direitos e interesses de menores, incapazes e índios nas relações de trabalho.

VI - Recursos e Revisão de Jurisprudência

- Recorrer, **quando entender necessário,** de decisões da Justiça do Trabalho nos processos em que o MPT:
   - For parte;
   - Oficiar como fiscal da ordem jurídica.
- Pedir a revisão de Enunciados da Súmula de Jurisprudência do Tribunal Superior do Trabalho (TST), quando necessário.

VII - Atuação nas Sessões dos Tribunais Trabalhistas

- Participar das sessões dos Tribunais Trabalhistas, manifestando-se verbalmente sobre a matéria em debate sempre que entender necessário.
   - O MPT tem direito de vista dos processos em julgamento e pode solicitar requisições e diligências conforme entender conveniente.

VIII - Intervenção em Caso de Greve

- Instaurar instância em caso de greve para defender a ordem jurídica ou o interesse público.

▶ **ATENÇÃO:**

O art. 114, § 3º, da CF/1988, estabelece que o Ministério Público do Trabalho poderá ajuizar dissídio coletivo em caso de greve em atividade essencial, com possibilidade de lesão do interesse público, competindo à Justiça do Trabalho decidir o conflito.

IX – Instrução e Conciliação em Dissídios Coletivos

- Promover ou participar da instrução e conciliação em dissídios decorrentes da paralisação de serviços, de qualquer natureza.
  - O MPT deve manifestar sua concordância ou discordância nos acordos firmados antes da homologação e tem o direito de recorrer em caso de violação à lei ou à Constituição.

X – Mandado de Injunção

- Promover mandado de injunção em questões da competência da Justiça do Trabalho.

XI – Atuação como Árbitro

- Atuar como árbitro, se solicitado pelas partes, nos dissídios de competência da Justiça do Trabalho.

XII – Requisição de Diligências

- Requerer as diligências que julgar convenientes para o correto andamento dos processos e para a melhor solução das lides trabalhistas.

XIII – Intervenção Obrigatória nos Tribunais

- Intervir obrigatoriamente em todos os processos nos segundo e "terceiro" graus de jurisdição da Justiça do Trabalho, quando a parte envolvida for:
  - Pessoa jurídica de Direito Público;
  - Estado estrangeiro;
  - Organismo internacional.

6. INTERESSES E DIREITOS METAINDIVIDUAIS TUTELADOS PELO MINISTÉRIO PÚBLICO

Conforme anunciado anteriormente, o Ministério Público do Trabalho (MPT) tem como foco principal a **tutela coletiva**, sendo incumbido, portanto, de tutelar os direitos difusos, coletivos e individuais homogêneos, quando pautados na relação de trabalho.

O art. 81, parágrafo único, do CDC, define tais direitos da seguinte forma:

> I - interesses ou direitos difusos, assim entendidos, para efeitos deste código, os transindividuais, de natureza indivisível, de que sejam titulares pessoas indeterminadas e ligadas por circunstâncias de fato;
>
> II - interesses ou direitos coletivos, assim entendidos, para efeitos deste código, os transindividuais, de natureza indivisível de que seja titular grupo, categoria ou classe de pessoas ligadas entre si ou com a parte contrária por uma relação jurídica base;
>
> III - interesses ou direitos individuais homogêneos, assim entendidos os decorrentes de origem comum.

Para melhor compreensão do tema, explicamos em forma de exemplo:

> **Interesses difusos:** *MPT ajuíza ação civil pública para que determinada empresa pública contrate os trabalhadores somente por meio de concurso público.*

Nesse caso, o MPT tutela o interesse de todas as pessoas que poderão prestar o concurso público. Noutras palavras, o direito é transindividual, por ultrapassar a esfera particular de uma pessoa, sendo um direito de toda a coletividade: o direito de ingressar na administração pública por meio de concurso público.

Indeterminado, porque não se pode delimitar quantos candidatos farão o concurso ou estão sendo prejudicados pela contratação sem concurso público.

É indivisível, porque a decisão judicial vai atingir, de forma uniforme (igual), a todos os futuros candidatos.

Além disso, a relação entre os candidatos é meramente fática, ou seja, decorre do simples fato de eles irem prestar o mesmo concurso público.

> **Interesses coletivos:** *MPT ajuíza ação civil pública para impor obrigação de fazer à determinada empresa para que instale equipamento de proteção coletivo na empresa (por exemplo, exaustor, proteção de maquinário etc.).*

Nesse caso, a instalação do exaustor é um único ato que extrapola a esfera privada de um empregado, atingindo a todos os empregados da empresa ou pelo menos de um determinado setor. Atinge, portanto, um grupo. É indivisível, porque beneficia, igualmente, diversos trabalhadores. No entanto, nesse caso, existe uma relação jurídica-base entre os empregados e a empresa: o contrato de trabalho. A doutrina diz que, nessa hipótese, quando ocorre a lesão, a relação jurídica já existia, ou seja, o contrato de trabalho já estava em vigor. Já nos interesses difusos, a relação nasce no momento da lesão ou ameaça de lesão, porque ela decorre exatamente do fato de ter existido a lesão ou ameaça de lesão.

> **Individuais homogêneos:** *MPT ajuíza ação civil coletiva requerendo a condenação da empresa ao pagamento do adicional de insalubridade a todos os trabalhadores do setor X.*

Essa hipótese é muito diferente das anteriores. Isso porque aqui o próprio trabalhador poderia entrar com sua reclamação trabalhista postulando o pagamento do adicional de insalubridade. Contudo, como a empresa não paga o adicional para todos os trabalhadores do setor X (origem comum), o ordenamento permite que ele possa ser tutelado em um único processo, dando maior celeridade e efetividade na prestação jurisdicional. Percebam, porém, que aqui o direito é individual e divisível (cada trabalhador vai receber um valor), mas o processo é coletivo. Nos interesses difusos e coletivos, o próprio direito é coletivo, assim como o processo.

Assim, podemos esquematizar do seguinte modo a definição desses direitos:

▸ DIFUSOS	▸ COLETIVOS	▸ INDIVIDUAIS HOMOGÊNEOS
transindividuais	transindividuais	individuais
indivisíveis	indivisíveis	divisíveis
pessoas indeterminadas	classe, categoria ou grupo	origem comum
ligadas por circunstância de fato	1) ligadas entre si ou 2) com a parte contrária por uma relação jurídica-base	desnecessária ligação

7. QUESTÕES DISSERTATIVAS

Questão 1

Discorra sobre os princípios institucionais do Ministério Público do Trabalho.

Resposta sugerida pelo autor

De acordo com o artigo 127, § 1º, da Constituição Federal de 1988, são princípios institucionais do Ministério Público a unidade, indivisibilidade e independência funcional.

O princípio da unidade significa que todo o Ministério Público possui a mesma finalidade, qual seja defender os interesses da coletividade. Noutras palavras, o Ministério Público é um único órgão que tem como objetivo a tutela do interesse público primário. Tem, portanto, unidade de finalidade.

O princípio da indivisibilidade permite que os membros de um mesmo ramo do Ministério Público possam ser substituídos na sua atuação, sem que haja alteração subjetiva na relação jurídica processual, seja no âmbito judicial como no extrajudicial.

Por sua vez, o princípio da independência funcional significa que o membro do Ministério Público é independente no exercício de suas funções, isto é, não existe hierarquia funcional no Ministério Público. Desse modo, os pronunciamentos dos membros não dependem de anuência da chefia da instituição. Além disso, o chefe não pode determinar que o procurador do trabalho, por exemplo, investigue determinada empresa. Nesse caso, o procurador tem independência funcional para verificar se os fatos devem ou não ser investigados.

Isso não impede, porém, que exista a hierarquia administrativa, como é o caso, por exemplo, da aplicação de medidas disciplinares pela extrapolação de prazos legais.

Enfim, os princípios institucionais do Ministério Público têm como finalidade conceder aos seus membros autonomia e independência no exercício de suas atribuições.

Questão 2

Na tutela coletiva, quais os interesses que podem ser tutelados pelo Ministério Público do Trabalho?

Resposta sugerida pelo autor

O Ministério Público do Trabalho (MPT) tem como foco principal a **tutela coletiva**, sendo incumbido de tutelar os direitos difusos, coletivos e individuais homogêneos, quando pautados na relação de trabalho.

Esses direitos são definidos pelo art. 81, parágrafo único, do CDC. Assim, os interesses ou direitos difusos são aqueles transindividuais, de natureza indivisível, de que sejam titulares pessoas indeterminadas e ligadas por circunstâncias de fato.

Os interesses ou direitos coletivos são os transindividuais, de natureza indivisível de que seja titular grupo, categoria ou classe de pessoas ligadas entre si ou com a parte contrária por uma relação jurídica base.

Por fim, os interesses ou direitos individuais homogêneos são aqueles decorrentes de origem comum.

CAPÍTULO IV

FORMAS DE SOLUÇÃO DE CONFLITOS E JURISDIÇÃO

1. FORMAS DE SOLUÇÃO DE CONFLITOS

Os conflitos existentes na sociedade podem ser solucionados de três formas distintas:

- pela autotutela;
- pela autocomposição; e
- pela heterocomposição.

A **autotutela** é a mais antiga forma de solucionar conflitos. Antigamente, admitia-se que o ofendido, com suas próprias forças, impusesse sua vontade sobre a pessoa que estivesse em conflito, ou seja, por meio da autotutela. Nos dias atuais, em regra, não se permite, a autotutela, sendo considerado, inclusive, crime de exercício arbitrário das próprias razões (CP, art. 345). Excepcionalmente, o ordenamento admite a autotutela, como é o caso, no direito do trabalho, do exercício do direito de greve.

A **autocomposição**, por sua vez, é a forma mais civilizada de solucionar conflitos. Nesse caso, as próprias partes em conflito resolvem solucioná-lo sem que haja decisão de um terceiro. No direito do trabalho, pode-se citar, como exemplo, a Comissão de Conciliação Prévia.

A **heterocomposição** é a forma de solução do conflito por meio de terceira pessoa, que decide de modo obrigatório para as partes. A terceira pessoa pode ser investida:

- pelas partes (Lei nº 9.307/96); ou
- pela lei (CPC/2015, art. 16 – juiz).

Quando investida pelas partes, tem-se a **arbitragem**, em que as partes escolhem um terceiro imparcial para solucionar o conflito. Trata-se de meio alternativo e facultativo de solução do conflito.

Por outro lado, se aquele que vai decidir o conflito é investido pela lei (juiz), tem-se a denominada **jurisdição**[1], a qual confere ao juiz o poder-dever de solucionar

1. Alguns doutrinadores entendem que a jurisdição não é monopólio do Estado, podendo ser exercida pelo particular na hipótese da arbitragem.

os conflitos de interesses com definitividade. Com efeito, foi conferido ao Poder Judiciário, como função típica, o exercício da jurisdição.

De qualquer maneira, é possível que a heterocomposição seja finalizada por meio de autocomposição como ocorre, p.e., com o acordo judicial. Aliás, a jurisdição pode ser utilizada tão somente para homologar autocomposição, como é o caso da jurisdição voluntária para homologação de acordo extrajudicial.

2. FORMAS CONSENSUAIS DE SOLUÇÃO DE CONFLITOS (AUTOCOMPOSIÇÃO)

2.1. Mediação e Conciliação

O CPC/2015 determina que a conciliação, a mediação e outros métodos de solução consensual sejam estimulados por juízes, advogados, defensores públicos e membros do Ministério Público, inclusive no curso do processo judicial, enfatizando assim a autocomposição.

Nesse contexto, no seu art. 165, aplicável ao processo do trabalho, estabelece que:

- o conciliador atuará preferencialmente nos casos em que **não houver vínculo anterior** entre as partes, **podendo sugerir soluções para o litígio**, sendo vedada a utilização de qualquer tipo de constrangimento ou intimidação para que as partes conciliem (CPC, art. 165, § 2º).
- o mediador atuará preferencialmente nos casos em que **houver vínculo anterior entre as partes**, auxiliando aos interessados a compreender as questões e os interesses em conflito, de modo que eles possam, pelo restabelecimento da comunicação, identificar, por si próprios, soluções consensuais que gerem benefícios mútuos (CPC, art. 165, § 3º).

Pelo referido dispositivo é possível fazer a seguinte comparação entre o conciliador e o mediador:

	► CONCILIADOR	► MEDIADOR
Base legal	Art. 165, § 1º, do CPC	Art. 165, § 2º, do CPC
Atividade exercida	Conciliação	Mediação
Indicação de soluções	Pode sugerir soluções para o litígio	Não sugere soluções; atua para que as partes encontrem por si mesmas a solução
Poder decisório	Não tem poder decisório	Não tem poder decisório
Vínculo entre as partes	Preferencialmente quando **não** há vínculo anterior entre as partes	Preferencialmente quando **há vínculo anterior** entre as partes
Objetivo principal	Estimular acordo por meio de proposta direta	Restabelecer a comunicação e auxiliar as partes a identificar interesses e soluções consensuais
Intervenção do terceiro	Mais direta	Mais indireta

A conciliação e a mediação são informadas pelos princípios da:

- independência;
- imparcialidade;
- autonomia da vontade;
- confidencialidade;
- oralidade;
- informalidade; e
- decisão informada (CPC, art. 166, *caput*).

Na Justiça do Trabalho, a Resolução nº 415/2025 do CSJT regula, em primeiro e segundo grau, a Política Judiciária Nacional de Tratamento Adequado dos Conflitos de Interesses, determinando que os Tribunais Regionais do Trabalho manterão Centro(s) Judiciário(s) de Métodos Consensuais de Solução de Disputas (Cejusc-JT), unidade(s) vinculada(s) ao Núcleos Permanentes de Métodos Consensuais de Solução de Disputas (Nupemec-JT), responsável(is) pela realização das sessões e das audiências de conciliação e mediação de processos em qualquer fase ou instância, inclusive naqueles pendentes de julgamento no Tribunal Superior do Trabalho (art. 12).

No âmbito da Justiça do Trabalho, fica vedada a realização de conciliação ou mediação judicial por pessoas que não pertençam aos quadros do respectivo Tribunal Regional do Trabalho (art. 13, § 5º).

As sessões de mediação e as audiências de conciliação realizadas no âmbito dos Cejusc-JT contarão com a presença de magistrados(as), mediadores(as) e conciliadores(as), competindo ao(à) magistrado(a) coordenador(a) e/ou supervisor(a) orientar e monitorar permanentemente as atividades dos conciliadores(as) e mediadores(as), mostrando-se obrigatória a participação síncrona do(a) magistrado(a) na fase de conferência dos termos de acordos celebrados, bem como por ocasião do pronunciamento de decisão homologatória (art. 16).

As audiências ou sessões dos Cejuscs poderão ser realizadas de forma presencial ou por meios telemáticos (art. 18).

Os procedimentos de jurisdição voluntária estabelecidos no art. 855-B da Consolidação das Leis do Trabalho (Decreto-Lei n.º 5.452, de 1º de maio de 1943) demandam a verificação dos requisitos de validade formal e material do ato jurídico, por meio de decisão judicial fundamentada, e, por prescindirem de mediação, **não podem** ser submetidos ao âmbito dos Cejuscs (art. 21).

É interessante observar que de forma facultativa, **antes** do ajuizamento da Reclamação Trabalhista ou do Dissídio Coletivo, os próprios interessados podem buscar espontaneamente a mediação por meio do Poder Judiciário, **chamada de medição pré-processual**, o que poderá ocorrer nos conflitos trabalhistas individuais e coletivos (art. 22).

2.2. Comissão de Conciliação Prévia

2.2.1. *Introdução*

A Comissão de Conciliação Prévia tem como principal objetivo tentar a solução dos conflitos de forma extrajudicial (fora do Poder Judiciário). Como não há presença do Estado nessa pacificação, pois o conflito é resolvido na própria empresa ou no sindicato, tem-se um mecanismo de **autocomposição.**

Essa comissão poderá conciliar apenas **conflitos individuais de trabalho**, havendo a possibilidade, segundo a CLT, de o empregado transacionar direitos trabalhistas.

Por outro lado, a comissão não tem atribuição para resolver conflitos coletivos, que serão solucionados por mediação, arbitragem, acordo ou convenção coletiva, ou ainda por dissídio coletivo.

Em resumo, as Comissões de Conciliação Prévia foram criadas como forma de tentar solucionar os conflitos existentes entre empregados e empregadores. Poderão[2] ser criadas pelas empresas ou pelos sindicatos e, caso existam, na mesma localidade e para a mesma categoria, Comissão de Empresas e Comissão Sindical, o interessado deve optar por uma delas. De acordo com o art. 625-A da CLT:

> As empresas e os sindicatos podem instituir Comissões de Conciliação Prévia, de composição paritária, com representantes dos empregados e dos empregadores, com a atribuição de tentar conciliar os conflitos individuais do trabalho.

2.2.2. *Composição da Comissão de Conciliação Prévia Criada em Âmbito da Empresa*

A composição dos membros da Comissão de Conciliação Prévia no âmbito da **empresa** será paritária, ou seja, o mesmo número de representantes dos trabalhadores e de representantes do empregador. O número de membros será de, no mínimo, 2 e, no máximo, 10 membros. O mandato, tanto de titulares como suplentes, é de 1 ano, permitida uma recondução (mandato com prazo máximo de 2 anos).

Importante destacar que os representantes dos trabalhadores serão eleitos em votação secreta[3]. Em razão disso, para que não haja perseguição, titulares e suplentes possuirão garantia provisória de emprego (estabilidade), até 1 ano após

2. Importante destacar que o empregador não está obrigado a criar essas comissões. Trata-se de uma opção/faculdade.
3. O art. 625-B da CLT prevê escrutínio secreto, ou seja, forma de votação secreta.

o fim do mandato, salvo se cometerem falta grave[4]. A propósito, o art. 625-B, § 1º, da CLT não prevê o termo inicial dessa garantia provisória, declinando o doutrinador Sérgio Pinto Martins o que segue:

> A garantia de emprego não se inicia com a candidatura, mas desde a posse, pois a lei nada menciona nesse sentido, como ocorre, por exemplo, com o parágrafo 3º do artigo 543 da CLT, no que diz respeito aos dirigentes sindicais[5].

Cabe destacar que os membros da comissão que forem representantes dos empregadores não gozam de estabilidade. Eles serão diretamente indicados pelo empregador.

Outro ponto relevante diz respeito ao período que o membro for convocado para atuar como conciliador. Nesse caso, durante a atuação na comissão, será computado como tempo de trabalho efetivo, configurando, portanto, hipótese de **interrupção** do contrato de trabalho.

A composição da comissão em **âmbito sindical** terá sua constituição e normas definidas em acordo ou convenção coletiva. Logo, as regras anteriores, como número de membros, eleição secreta etc., serão decididas em negociação coletiva.

2.2.3. Necessidade de Submeter a Demanda à Comissão de Conciliação Prévia

Nas localidades onde houver Comissão de Conciliação Prévia, a demanda será submetida à tentativa de conciliação antes de se ingressar com a reclamação trabalhista na Justiça do Trabalho.

Havia discussão sobre a obrigatoriedade de submeter a demanda à Comissão de Conciliação Prévia, antes de ingressar na Justiça do Trabalho.

Para uns, caso o empregado ingressasse diretamente na Justiça sem a prévia tentativa de conciliação, se existisse a Comissão de Conciliação Prévia na empresa, o juiz extinguiria o processo sem resolução de mérito, com base no art. 485, VI, do CPC/2015. Nesse caso, o empregado não teria atendido a uma das condições da ação expressamente previstas em lei (art. 625-D da CLT).

No entanto, atualmente esse entendimento está superado, uma vez que o Supremo Tribunal Federal – STF[6] – decidiu no sentido de que é **faculdade** do trabalhador a tentativa de conciliação perante a CCP, ou seja, ele poderá ingressar diretamente na Justiça do Trabalho.

---

4. Para as provas objetivas, deve-se adotar o posicionamento no sentido de que não há necessidade de prévio Inquérito para apuração de falta grave (art. 853 a 855 da CLT) para os membros da CCP.
5. MARTINS, Sérgio Pinto. Comentários à CLT. 13. ed. São Paulo: Atlas, 2009. p. 686.
6. ADIN 2139-DF, Relator Ministro Marco Aurélio.

Diante dessa faculdade, reduziu-se consideravelmente a utilização das Comissões de Conciliação Prévia. Ademais, com o advento da Lei nº 13.467/17, que criou o processo de jurisdição voluntária para homologação de acordo extrajudicial, diminuir-se-á ainda mais a utilização das Comissões de Conciliação Prévia, correndo o risco de cair totalmente no desuso.

De qualquer modo, caso as partes pretendam se submeter à CCP, elas não precisam de representação de advogado. Aliás, nos termos do art. 625-D da CLT, não há obrigatoriedade de selar o acordo, mas apenas a tentativa:

> Qualquer demanda de natureza trabalhista **será submetida** à Comissão de Conciliação Prévia se, na localidade da prestação de serviços, houver sido instituída a Comissão no âmbito da empresa ou do sindicato da categoria. (Grifos acrescidos)

2.2.4. *Consequências da Conciliação Firmada Perante a CCP*

Ao submeter a demanda à comissão, há um prazo de 10 dias para realizar a sessão de tentativa de conciliação. Durante esse prazo, a prescrição ficará suspensa. Se **não houver conciliação**, será fornecida às partes declaração da tentativa conciliatória frustrada, que deverá ser juntada à futura reclamação trabalhista.

Se as partes **aceitarem a conciliação**, será lavrado termo de conciliação. Esse termo apresenta duas características de extrema importância para o Direito do Trabalho:

a) **Terá eficácia liberatória geral.** Interpretando essa expressão, o STF entendeu que a liberalidade diz respeito os valores discutidos no procedimento submetida à comissão e não de todas as verbas do contrato de trabalho[7]. Noutras palavras, a eficácia liberatória geral alcança apenas as parcelas ou títulos trabalhistas submetidos à comissão e não a quitação ampla de qualquer obrigação decorrente do contrato de trabalho.

b) **Será título executivo extrajudicial**[8], podendo ser executado diretamente na Justiça do Trabalho (CLT, art. 876). Desse modo, o empregado já ajuizará a ação de execução extrajudicial, não havendo necessidade de um processo de conhecimento, pois a dívida já está reconhecida no termo da CCP.

7. STF-ADI 2237. Tribunal Pleno. Rel. Min. Cármen Lúcia. DJE 20/02/2019.
8. O procedimento para impugnar o termo de conciliação na CCP é **ação anulatória** e não ação rescisória.

Comissão de Conciliação Prévia

- Objetivo de solucionar conflitos entre empregados e empregadores
- Podem ser criadas em âmbito empresarial ou sindical

→ **Composição da CCP[8]:**

- composição paritária
  - → Representantes dos empregados
  - → Representante dos empregadores
- mínimo 2 e máximo 10
- eleição: representantes dos empregados
- estabilidade titulares e suplentes (representantes dos empregados)
- mandato de 1 ano permitida uma recondução

→ **Submeter a demanda à CCP:**

- Art. 625-D: demanda "será submetida"
- Posicionamento do STF: opção do trabalhador
- Prazo de 10 dias: tentativa de conciliação
- Termo de conciliação:
  a) Eficácia liberatória geral
  b) Título executivo extrajudicial

2.3. Processo de jurisdição voluntária de homologação de acordo extrajudicial

Como forma de implementar a solução de conflitos extrajudiciais, a Lei nº 13.467/2017 incluiu os arts. 855-B a 855-E da CLT, disciplinando o processo de jurisdição voluntária para homologação de acordo extrajudicial, como se verifica a seguir:

> **Art. 855-B.** O processo de homologação de acordo extrajudicial terá início por petição conjunta, sendo obrigatória a representação das partes por advogado.
>
> § 1º As partes não poderão ser representadas por advogado comum.
>
> § 2º Faculta-se ao trabalhador ser assistido pelo advogado do sindicato de sua categoria.
>
> **Art. 855-C.** O disposto neste Capítulo não prejudica o prazo estabelecido no § 6º do art. 477 desta Consolidação e não afasta a aplicação da multa prevista no § 8º art. 477 desta Consolidação.
>
> **Art. 855-D.** No prazo de quinze dias a contar da distribuição da petição, o juiz analisará o acordo, designará audiência se entender necessário e proferirá sentença.
>
> **Art. 855-E.** A petição de homologação de acordo extrajudicial suspende o prazo prescricional da ação quanto aos direitos nela especificados.
>
> Parágrafo único. O prazo prescricional voltará a fluir no dia útil seguinte ao do trânsito em julgado da decisão que negar a homologação do acordo

Embora seja forma de autocomposição, é uma modalidade de jurisdição voluntária criada pelo legislador, razão pela qual trataremos do tema no tópico de jurisdição voluntária para onde remetemos o leitor.

3. ARBITRAGEM

Como já anunciado, a **heterocomposição** é a forma de solução do conflito por meio de terceira pessoa, que decide de modo obrigatório para as partes.

Quando a terceira pessoa é indicada pelas partes, temos a arbitragem. Caso seja investida pela lei, fala-se em jurisdição.

No processo do trabalho, a arbitragem era prevista tão somente para os conflitos coletivos, conforme prevê o art. 114, § 1º, da CF/88:

Frustrada a negociação coletiva, as partes poderão eleger árbitros.

Já nos conflitos individuais, a doutrina e a jurisprudência[9], majoritariamente, não permitiam a utilização da arbitragem, sob os seguintes fundamentos:

- os direitos dos trabalhadores são irrenunciáveis;
- a hipossuficiência do trabalhador;
- o estado de subordinação do trabalhador faz presumir viciada sua vontade em aderir a cláusula compromissória.

No entanto, o art. 507-A da CLT, introduzido pela Lei nº 13.467/2017 (Reforma Trabalhista), passa a admitir a arbitragem para os empregados que possuem **remuneração superior** a duas vezes o limite máximo estabelecido para os benefícios do Regime Geral de Previdência Social.

Cria-se, nesse caso, a presunção de que tais trabalhadores, embora subordinados, têm capacidade de manifestar sua vontade de forma livre, ante seu padrão remuneratório. São, pois, hipersuficientes.

> ▸ **ATENÇÃO:**
>
> O art. 444, parágrafo único, da CLT também prevê a figura do empregado hipersuficiente, permitindo a livre negociação entre empregado e empregador. Nesse caso, além de receber **salário mensal igual ou superior** a duas vezes o limite máximo dos benefícios do Regime Geral de Previdência Social, deve ter diploma de nível superior.

A conclusão que se extrai a *contrario sensu*, é que a arbitragem para os dissídios individuais só será admitida nos casos do art. 507-A da CLT, vedando-se sua utilização para os demais contratos de trabalho.

Nos casos em que é permitida, a arbitragem observará as diretrizes da Lei 9.307/1996, de modo que pressupõe a existência de pessoa capaz de contratar e somente servirá para **dirimir litígios relativos a direitos patrimoniais disponíveis** (art. 1º, *caput*). Considerando que o contrato de trabalho tem diversos objetos e

9. TST-E-ED-RR-25900-67.2008.5.03.0075, SBDI-I, rel. Min. João Oreste Dalazen, 16.4.2015 (Informativo nº 104).

especialmente efeitos anexos, algumas matérias estarão excluídas da arbitragem, como é o caso, por exemplo, de direitos da personalidade.

Além disso, a arbitragem decorre de **ato voluntário da parte**, isto é, não pode ser compulsória, já que decorre de ato contratual. Como descreve o art. 507-A da CLT, o compromisso arbitral pressupõe "iniciativa do empregado ou mediante a sua concordância expressa, nos termos previstos na Lei nº 9.307, de 23 de setembro de 1996".

4. JURISDIÇÃO

A **jurisdição** confere ao juiz o poder-dever de solucionar os conflitos de interesses com definitividade. Ela pode ser entendida "como a atuação estatal visando à aplicação do direito objetivo ao caso concreto, resolvendo-se com definitividade uma situação de crise jurídica e gerando com tal solução a pacificação social"[10].

4.1. Jurisdição voluntária

Tradicionalmente, a jurisdição é dividida em duas espécies:

- jurisdição contenciosa; e
- jurisdição voluntária.

A jurisdição contenciosa corresponde à "jurisdição propriamente dita",[11] ou seja, à função jurisdicional desempenhada pelo Estado na pacificação ou composição dos litígios que envolvem, necessariamente, um conflito de interesses.

A jurisdição voluntária, por sua vez, é excepcional provocando discussões na doutrina acerca de sua natureza: se consistente em atividade jurisdicional ou em atividade meramente administrativa praticada pelo Poder Judiciário.

4.2. Jurisdição voluntária no processo do trabalho

A Lei nº 13.467/17 (Reforma trabalhista) passa a prever a jurisdição voluntária no processo do trabalho nos arts. 855-B a 855-E da CLT, que versam sobre o processo de homologação de acordo extrajudicial.

Essa homologação tem como fonte os arts. 515, III, c/c o art. 725, VIII, do CPC, tendo os seguintes objetivos:

---

10. NEVES, Daniel Amorim Assumpção. *Manual de direito processual civil – volume único*. 8. ed. Salvador: Ed. Juspodivm, 2016. p. 1.
11. THEODORO JÚNIOR. Humberto. *Curso de Direito Processual Civil, vol. 1*. 56. ed. Rio de Janeiro: Forense, 2015, p. 117.

- **conceder efeitos jurídicos ao acordo extrajudicial, transformando-o em título judicial.** É interessante que, nessa seara, o acordo extrajudicial não homologado em juízo não é considerado nem mesmo como título extrajudicial;
- **formação de coisa julgada** para tornar indiscutível as verbas contempladas no acordo homologado.

4.3. Procedimento da homologação de acordo extrajudicial

Os arts. 855-B e 855-D estabelecem o procedimento para a homologação do acordo extrajudicial, com as seguintes diretrizes:

4.3.1. Petição conjunta

De acordo com o art. 855-B da CLT, incluído pela Lei nº 13.467/2017, o processo de homologação de acordo extrajudicial terá início por petição conjunta.

Esse pressuposto é exigido para que se demonstre que o acordo é pré-processual. Noutras palavras, empregado e empregador já negociaram e fizeram as concessões recíprocas antes do ajuizamento da ação.

Cria-se, pois, um pressuposto negativo para o ajuizamento desse processo, de modo que, não havendo petição conjunta, o processo poderá ser extinto sem resolução do mérito.

A exigência de que a petição seja conjunta afasta, consequentemente, a possibilidade de apresentação de petição verbal para a homologação de acordo extrajudicial.

4.3.2. Representação por advogado

O art. 855-B da CLT declina que é obrigatória a representação das partes por advogado, nos casos de processo de homologação de acordo extrajudicial.

Impede, assim, a utilização do *jus postulandi*.

O art. 855-B da CLT ainda faz duas observações:

1) **as partes não poderão ser representadas por advogado comum** (§ 1º). A utilização de advogado comum presume a lide simulada, obstando a homologação do acordo. Aliás, pelo objetivo da norma também não se admite que os advogados, ainda que distintos, sejam integrantes do mesmo escritório de advocacia.
2) o trabalhador poderá ser assistido pelo advogado do **sindicato de sua categoria**.

4.3.3. Prazo para analisar o acordo extrajudicial

O art. 855-D da CLT estabelece que o juiz analisará o acordo no prazo de 15 dias contados a partir da distribuição da petição em conjunto, designando audiência se entender necessário, e proferirá sentença.

Trata-se de prazo impróprio, de modo que, se descumprido, não provocará efeitos processuais.

4.3.4. Realização de audiência

Na análise do acordo, o juiz, se entender necessário, poderá ouvir as partes para obter maiores esclarecimentos. Não é momento, pois, de ouvir testemunhas.

O juiz buscará analisar se a ação homologatória ajuizada possui ou não os requisitos legais e se o acordo proposto não tem nenhum vício (prejuízo iminente para o empregado, lide simulada, coação, etc.).

4.3.5. Sentença

Analisado o acordo, o juiz poderá:

- **homologá-lo**: extinguindo o processo com resolução do mérito (CPC/2015, art. 487, III, *b*);
- **não homologar o acordo**: extinguindo o processo sem resolução do mérito (CPC/2015, art. 485, VI).

Em ambos os casos, a decisão do juiz terá natureza de sentença.

É importante destacar que o magistrado não poderá homologar **parcialmente** o acordo extrajudicial, vez que modificará o acordo sem manifestação conjunta das partes, alterando, assim, a própria natureza da transação. Desse modo, o juiz somente poderá homologar ou não homologar integralmente o acordo[12]. Nesse mesmo sentido, estabelece a Resolução nº 586/2024 do CNJ, em seu art. 3º, § 3º[13].

Na hipótese de homologação, a decisão somente poderá ser atacada para o C. TST, por meio de ação rescisória (Súmula nº 259 do TST).

Já no caso de não homologação, a decisão poderá ser impugnada pelo recurso ordinário.

Nesse ponto, é importante destacar que existe uma diferença essencial na natureza da decisão que não homologa o acordo em processo contencioso da proferida no processo de jurisdição voluntária.

No processo contencioso, o juiz profere decisão interlocutória, tendo em vista que o processo prosseguirá normalmente, impedindo assim a interposição de recurso imediatamente (CLT, art. 893, § 1º), bem como o mandado de segurança, por força da Súmula nº 418 do TST.

Por sua vez, no processo de jurisdição voluntária de homologação de acordo extrajudicial, como o objetivo do processo é efetivamente homologar o acordo, caso não seja homologado, será proferida sentença extinguindo o processo sem resolução do mérito, sendo, portanto, cabível a interposição do recurso ordinário (CLT, art. 895).

4.3.6. *Requisitos do acordo extrajudicial*

São requisitos do acordo extrajudicial:

- Existência de transação;
- Observância do prazo para pagamento das verbas rescisórias;
- Direitos limitados aos que estiverem especificados na petição do acordo.

4.3.6.1. *Transação*

Ao tratar da transação, o art. 840 do CC/02 estabelece que "é lícito aos interessados prevenirem ou terminarem o litígio mediante concessões mútuas".

Impõe, pois, dúvida sobre o direito controvertido, havendo concessões recíprocas entre as partes. Portanto, o acordo a ser homologado não pode servir como mera renúncia de direitos por uma das partes.

Ademais, para a formalização do acordo extrajudicial é necessário:

- agente capaz (CC, art. 104, I);
- objeto lícito, possível, determinado ou determinável (CC, art. 104, II). No que tange ao objeto do acordo extrajudicial, o legislador criou duas restrições específicas:

---

12. TST-RR-1000015-96.2018.5.02.0435, 4ª Turma, rel. Min. Ives Gandra da Silva Martins Filho, julgado em 11.9.2019 – Informativo nº 205.
13. Resolução nº 586/2024. Art. 3º, § 3º É vedada a homologação apenas parcial de acordos celebrados.

1) prazo para pagamento das verbas rescisórias (CLT, art. 855-C);

2) o acordo só atingirá os direitos elencados na petição (CLT, art. 855-E).

- forma prescrita ou não defesa em lei (CC, art. 104, III);
- não haja dolo, coação, ou erro essencial quanto à pessoa ou coisa controversa (CC/02, art. 849).

Cumpre destacar ainda que a transação só atinge direitos patrimoniais de caráter privado (CC, art. 841) e deve ser interpretada restritivamente (art. 843).

4.3.6.2. Observância de prazo para pagamento das verbas rescisórias

O art. 855-C da CLT descreve o que segue:

> **Art. 855-C.** O disposto neste Capítulo não prejudica o prazo estabelecido no § 6º do art. 477 desta Consolidação e não afasta a aplicação da multa prevista no § 8º art. 477 desta Consolidação.

O art. 477, § 6º, da CLT, alterado pela Lei nº 13.467/17, declina que, em até 10 dias contados a partir do término do contrato, o empregador deverá:

- entregar ao empregado os documentos que comprovem a comunicação da extinção contratual aos órgãos competentes;
- realizar o pagamento dos valores constantes do instrumento de rescisão ou recibo de quitação.

Havendo o descumprimento de tais obrigações, haverá a fixação de multa no valor equivalente ao salário do empregado, salvo quando, comprovadamente, o trabalhador tiver dado causa ao atraso do pagamento, nos termos do art. 477, § 8º, da CLT. Essa multa também se mantém na homologação do acordo extrajudicial.

4.3.6.3. Parcelas alcançadas pelo acordo extrajudicial (quitação geral do contrato de trabalho)

O que se pretende analisar nesse tópico é a seguinte indagação: o acordo extrajudicial pode prever a cláusula de quitação geral e irrestrita do contrato de trabalho, impedindo o ajuizamento de ações posteriores sobre o mesmo contrato, ou alcança apenas os objetos expressamente descritos no acordo?

O art. 855-E da CLT, introduzido pela Lei nº 13.467/17, descreve que o ajuizamento do processo de homologação extrajudicial "suspende o prazo prescricional da ação **quanto aos direitos nela especificados**" (grifo nosso).

Interpretando esse dispositivo, a **tese predominante**, admite a inserção da cláusula de quitação geral e irrestrita como forma de dar segurança jurídica ao empregador e minimizar o número de ações trabalhistas ajuizadas[14].

---

14. Art. 1º da Resolução 586/2024 do CNJ.

Nesse contexto, a Resolução nº 586/2024 do CNJ trouxe inovações quanto à homologação de acordos extrajudiciais no âmbito da Justiça do Trabalho, especialmente no que tange à possibilidade de quitação ampla, geral e irrevogável, **impondo para sua validade as seguintes condições:**

> I – previsão expressa do efeito de quitação ampla, geral e irrevogável no acordo homologado;
>
> II – assistência das partes por advogado(s) devidamente constituído(s) ou sindicato, vedada a constituição de advogado comum;
>
> III – assistência pelos pais, curadores ou tutores legais, em se tratando de trabalhador(a) menor de 16 anos ou incapaz; e
>
> IV – a inocorrência de quaisquer dos vícios de vontade ou defeitos dos negócios jurídicos de que cuidam os arts. 138 a 184 do Código Civil, que não poderão ser presumidos ante a mera hipossuficiência do trabalhador.

Não observados tais requisitos, o art. 2º da Resolução impõe que a eficácia liberatória será restrita aos direitos expressamente consignados no acordo.

No mais, o CNJ na referida Resolução, **impediu a possibilidade de quitação geral** para abranger:

> I – pretensões relacionadas a sequelas acidentárias ou doenças ocupacionais que sejam ignoradas ou que não estejam referidas especificamente no ajuste entre as partes ao tempo da celebração do negócio jurídico;
>
> II – pretensões relacionadas a fatos e/ou direitos em relação aos quais os titulares não tinham condições de conhecimento ao tempo da celebração do negócio jurídico;
>
> III – pretensões de partes não representadas ou substituídas no acordo; e
>
> IV – títulos e valores expressos e especificadamente ressalvados.

4.3.7. *Suspensão e retorno da contagem do prazo prescricional*

O art. 855-E da CLT estabelece que "a petição de homologação de acordo extrajudicial suspende o prazo prescricional da ação quanto aos direitos nela especificados" e "voltará a fluir no dia útil seguinte ao do trânsito em julgado da decisão que negar a homologação do acordo".

Desse modo, ajuizado o processo de homologação do acordo extrajudicial, suspende-se a prescrição tão somente dos direitos especificados na petição conjunta.

É importante destacar que a **suspensão atinge a contagem do prazo da prescrição bienal, bem como da quinquenal.**

5. QUESTÕES DISSERTATIVAS E ESTUDOS DE CASO

Questão 1

É possível a realização da arbitragem como forma de solução de conflitos na Justiça do Trabalho?

Resposta sugerida pelo autor

A **heterocomposição** é a forma de solução do conflito por meio de terceira pessoa, que decide de modo obrigatório para as partes. Quando a terceira pessoa é indicada pelas partes, temos a arbitragem. Caso seja investida pela lei, fala-se em jurisdição.

No processo do trabalho, a arbitragem era prevista tão somente para os conflitos coletivos, conforme prevê o art. 114, § 1º, da CF/88.

No entanto, o art. 507-A da CLT, introduzido pela Lei nº 13.467/2017 (Reforma Trabalhista), passou a admitir a arbitragem para os empregados que possuem remuneração superior a duas vezes o limite máximo estabelecido para os benefícios do Regime Geral de Previdência Social. Criou-se, nesse caso, a presunção de que tais trabalhadores, embora subordinados, têm capacidade de manifestar sua vontade de forma livre, ante seu padrão remuneratório. São, pois, hiperssuficientes.

De qualquer maneira, a arbitragem decorre de ato voluntário da parte, isto é, não pode ser compulsória, já que decorre de ato contratual, como impõe o art. 507-A da CLT.

Questão 2

Quais as consequências da conciliação firmada perante a Comissão de Conciliação Prévia?

Resposta sugerida pelo autor

Caso as partes obtenham a conciliação perante a Comissão de Conciliação Prévia, será lavrado termo de conciliação. Esse termo apresenta duas características de extrema importância para o Direito do Trabalho.

A primeira corresponde ao fato de ter eficácia liberatória geral, ou seja, havendo acordo na CCP o empregado não poderá rediscutir perante a Justiça do Trabalho nenhuma matéria relacionada ao contrato de trabalho extinto, salvo se expressamente fizer ressalva no momento do acordo.

A segunda consiste na formação de título executivo extrajudicial, isto é, poderá ser executado diretamente na Justiça do Trabalho (CLT, artigo 876). Desse modo, o empregado já ajuizará a ação de execução extrajudicial, não havendo necessidade de um processo de conhecimento, já que a dívida já está reconhecida no termo da Comissão de Conciliação Prévia.

Questão 3

Qual é a composição da Comissão de Conciliação Prévia?

Resposta sugerida pelo autor

A composição dos membros da Comissão de Conciliação Prévia no âmbito da empresa será paritária, ou seja, o mesmo número de representantes dos trabalhadores e de representantes do empregador. O número de membros será de no mínimo, 2, e, no máximo, 10 membros. O mandato, tanto para titulares como para suplentes é de 1 ano, permitida uma recondução.

Em âmbito sindical, a composição da comissão terá sua constituição e normas definidas em acordo ou convenção coletiva.

Estudo de caso 1

Após ser demitido sem justa causa, o empregado José foi chamado pela empresa "W" para a realização de um acordo extrajudicial, devido ao conflito em relação às verbas que eram devidas. No acordo, ficou especificado o pagamento de horas extras realizadas nos dois últimos meses do contrato de trabalho e o pagamento do adicional de insalubridade durante todo o período e seus reflexos. Acordou-se ainda que os valores constantes no instrumento de rescisão do contrato apenas seriam pagos após a homologação em juízo do acordo extrajudicial.

Diante do caso, responda:

A) Quais os requisitos para a homologação judicial do acordo realizado?

B) A previsão relacionada ao pagamento das verbas rescisórias afasta a aplicação da multa constante no art. 477, § 8º, da CLT?

C) Os direitos não especificados no acordo extrajudicial terão o prazo prescricional suspenso?

Resposta sugerida pelo autor

A) De acordo com o art. 855-B, da CLT, incluído pela Lei nº 13.467/2017, o processo de homologação de acordo extrajudicial terá início por petição conjunta. Além disso, o dispositivo exige que as partes estejam representadas por advogado, não podendo ser comum às duas partes (CLT, art. 855-B, § 1º). Permite-se que o trabalhador seja assistido pelo sindicato de sua categoria (CLT, art. 855-B, § 2º). Aliás, o acordo extrajudicial deve observar os seguintes requisitos: existência de transação; observância do prazo para pagamento das verbas rescisórias e limitação às verbas contempladas no acordo.

B) O processo de jurisdição voluntária para homologação de acordo extrajudicial não prejudica o prazo estabelecido no § 6º do art. 477 da CLT e não afasta a aplicação da multa prevista no § 8º art. 477 da CLT. Isso quer dizer que em até 10 dias contados a partir do término do contrato, o empregador deverá entregar ao empregado os documentos que comprovem a comunicação da extinção contratual aos órgãos competentes e realizar o pagamento dos valores constantes do instrumento de rescisão ou recibo de quitação.

Havendo o descumprimento de tais obrigações, haverá a fixação de multa no valor equivalente ao salário do empregado, salvo quando, comprovadamente, o trabalhador tiver dado causa ao atraso do pagamento, nos termos do art. 477, § 8º, da CLT. Essa multa também se mantém na homologação do acordo extrajudicial.

Desse modo, o prazo do pagamento das verbas constantes na rescisão não pode ser negociado por meio de acordo extrajudicial.

C) O art. 855-E da CLT estabelece que "a petição de homologação de acordo extrajudicial suspende o prazo prescricional da ação quanto aos direitos nela especificados", e "voltará a fluir no dia útil seguinte ao do trânsito em julgado da decisão que negar a homologação do acordo".

Desse modo, ajuizado o processo de homologação do acordo extrajudicial, suspende-se a prescrição tão somente dos direitos especificados na petição conjunta.

Estudo de caso 2

Em determinada localidade, há uma Comissão de Conciliação Prévia criada pela empresa "ZZ". Há ainda a Comissão de Conciliação Prévia criada pelo Sindicato da categoria dos empregados "x". João, ex-empregado da empresa e pertencente à categoria "x", deseja ajuizar ação postulando o recebimento das férias e de seu 13º salário, os quais não foram pagos no último ano em que trabalhou na empresa. Nesse caso, João poderá ingressar com ação diretamente na Justiça do Trabalho?

Resposta sugerida pelo autor

As Comissões de Conciliação Prévia foram criadas como forma de tentar solucionar os conflitos existentes entre empregados e empregadores, podendo ser criadas pelas empresas ou pelos sindicatos.

No caso em análise, como há Comissão de Empresa e Comissão Sindical, João poderia optar por uma delas para a solução de seu conflito, nos termos do artigo 625-A da CLT.

Além disso, João poderá optar pelo ajuizamento direto de reclamação trabalhista na Justiça do Trabalho. Isso porque, apesar de o artigo 625-D da CLT estabelecer que a demanda "será submetida" à Comissão de Conciliação Prévia, o Supremo Tribunal Federal proferiu decisão no sentido de que é facultativo ao trabalhador a tentativa de conciliação perante a CCP, ou seja, João poderá ingressar diretamente na Justiça do Trabalho.

CAPÍTULO V

COMPETÊNCIA DA JUSTIÇA DO TRABALHO

1. COMPETÊNCIA

1.1. Introdução

A jurisdição é una (indivisível). No entanto, para que ela possa ser exercida efetivamente, é necessário racionalizar os trabalhos e organizar as tarefas, o que dá origem à **competência, que é a delimitação do exercício legítimo da jurisdição**[1].

Isso quer dizer que todos os juízes possuem jurisdição dentro do território nacional, mas somente atuarão de forma legítima se tiverem competência. A competência, portanto, é uma divisão artificial do Poder Judiciário, a fim de facilitar a estrutura material e organizacional de seus órgãos.

Desse modo, se, por exemplo, o caso versar sobre reconhecimento de vínculo empregatício, qualquer juiz terá jurisdição para a causa, mas somente o juiz do trabalho poderá julgá-la, pois apenas ele tem competência para esse caso.

A definição de qual juízo é competente ocorre por meio de cinco critérios:

1) em razão da matéria;
2) em razão da pessoa;
3) em razão da função (funcional);
4) em razão do lugar (territorial);
5) em razão do valor da causa.

► **IMPORTANTE:**

No processo do trabalho, o valor da causa não é critério para delimitação da competência, mas serve tão somente para definir o rito processual (Sumário, sumaríssimo ou ordinário).

---

1. NEVES, Daniel Amorim Assumpção. *Manual de direito processual civil*. 2. ed. Rio de Janeiro: Forense; São Paulo: Método, 2010. p. 110.

Consigna-se que os critérios de competência declinados anteriormente devem conviver em um determinado caso, não sendo, portanto, excludentes. Desse modo, em um processo deverá, por exemplo, ser analisada a competência material, funcional e territorial. Exemplificamos para melhor compreensão:

> ✦ *Pedro ajuíza reclamação trabalhista, na Vara do Trabalho do Rio de Janeiro, em face da empresa Z, alegando que trabalhou durante 2 anos para a empresa, sem que tenha havido anotação de sua CTPS e pagamento do 13º salário. Diante do caso colocado, a competência deverá ser analisada da seguinte forma:*

1) Inicialmente, cabe analisar os fatos discutidos em juízo. No caso, eles dizem respeito à relação de emprego, o que atrai a competência da Justiça do Trabalho, em razão da matéria;

2) Definida a "justiça" competente, passamos a analisar se a matéria é de competência originária do TRT (competência funcional). Não sendo, como é o caso, a competência é, portanto, de uma Vara do Trabalho;

3) Cabe analisar agora qual a Vara do Trabalho competente (competência territorial). Na hipótese, a competência será de uma das Varas do Trabalho do Rio do Janeiro, vez que a prestação dos serviços ocorreu naquela cidade.

No exemplo posto, vislumbra-se que foram utilizados os critérios de competência material, funcional e territorial.

1.2. Classificação

1.2.1. Competência originária e derivada

A competência originária corresponde à competência atribuída ao órgão que irá analisar a causa em primeiro lugar.

Em regra, a competência originária pertence aos juízos de primeiro grau (vara do trabalho). Todavia, em alguns casos como, por exemplo, na ação rescisória e no dissídio coletivo, a competência originária será de um tribunal (TRT ou TST). A competência originária do tribunal é excepcional, dependendo de legislação para sua definição. Isso significa que a competência da vara do trabalho é residual, ou seja, não havendo norma indicando que o processo é de competência originária do tribunal, a competência será da vara do trabalho.

A competência derivada (recursal ou hierárquica) é atribuída ao órgão jurisdicional com a função de reanalisar a decisão proferida pelo órgão de competência originária. Em regra, a competência derivada é dos Tribunais.

1.2.1.1. Ação acessória

A ação acessória corresponde à "demanda secundária destinada a complementar ação mais importante do ponto de vista do interesse do autor, denominada de principal"[2].

Nesses casos, a competência para o julgamento da ação acessória será definida pela competência para a ação principal, nos termos do art. 61 do CPC/2015:

> Art. 61. A ação acessória será proposta no juízo competente para a ação principal.

> ✦ *Como exemplo de ação acessória no direito processual do trabalho, podemos citar a ação anulatória que possui como competência originária o mesmo juízo em que praticado o ato eivado de vício, ou seja, o mesmo juízo competente para a ação principal (OJ nº 129 da SDI-II do TST).*

1.2.2. Competência exclusiva e competência concorrente

Competência exclusiva é aquela que não dá alternativa para o reclamante, indicando um único órgão jurisdicional para seu ajuizamento.

Já a competência concorrente é aquela que a própria lei confere ao reclamante a opção de escolher dentre dois ou mais juízos. É o que acontece, por exemplo, nos § 1º e 3º, do art. 651 da CLT, bem como na ação civil pública. Nessa hipótese, é importante destacar que, escolhido o juízo em que será ajuizada a ação, sendo distribuída fixa-se competência, não podendo posteriormente ser alterada, salvo se houver supressão do órgão jurisdicional ou alteração da competência absoluta (CPC/2015, art. 43).

1.2.3. Competência absoluta e relativa

1.2.3.1. Competência absoluta

A **competência absoluta** é aquela criada em razão do interesse público. Diante disso, as partes não têm liberdade entre aplicá-la ou não (CPC/2015, art. 62). Noutras palavras, a competência absoluta tem natureza cogente (obrigatória).

Em razão dessa natureza obrigatória, a incompetência absoluta pode ser alegada por todos os sujeitos do processo, podendo inclusive ser conhecida *ex officio*[3] pelo juiz.

Além disso, ela pode ser alegada **a qualquer tempo e grau de jurisdição** (CPC/2015, art. 64, § 1º). No entanto, para o C. TST não se admite a alegação da

---

2. NERY JUNIOR, Nelson; NERY, Rosa Maria de Andrade. *Comentários ao Código de Processo Civil*. São Paulo: Editora Revista dos Tribunais, 2015. p. 347.
3. Independe de provocação das partes.

incompetência absoluta nas instâncias superiores, em que é exigido o prequestionamento, conforme prevê a OJ nº 62 da SDI-I do TST:

> É necessário o prequestionamento como pressuposto de admissibilidade em recurso de natureza extraordinária, ainda que se trate de incompetência absoluta.

Ademais, a incompetência absoluta gera nulidade absoluta do processo, podendo até mesmo ser alegada como vício de rescindibilidade para a ação rescisória (CPC/2015, art. 966, II).

Reconhecida a incompetência absoluta, os autos serão encaminhados ao juízo competente, que prossegue no processo. Esse prosseguimento é chamado de *translatio judicii*.

Recebidos os autos pelo juízo competente, salvo decisão judicial em sentido contrário, os efeitos de decisão proferida pelo juízo incompetente serão conservados até que outra seja proferida, se for o caso, pelo juízo competente (CPC/2015, art. 64, § 4º).

São espécies de competência absoluta:

- **competência em razão da matéria;**
- **competência em razão da pessoa;**
- **competência em razão da função (funcional).**

Portanto, se a causa é, por exemplo, da competência da Justiça do Trabalho em razão da matéria (ex., vínculo de emprego), não poderá ser julgada por um juiz da Justiça Comum. Nesse caso, o juiz da Justiça Comum deve conhecer *ex officio* sua incompetência ou qualquer sujeito do processo poderá alegá-la, devendo os autos serem encaminhados à Justiça do Trabalho para julgamento.

1.2.3.2. *Competência relativa*

A **competência relativa** é aquela que privilegia a vontade das partes. Assim, as próprias partes podem aplicá-la ou não no caso concreto, sem que haja qualquer vício processual.

Isso não quer dizer que a lei não vai definir a competência relativa. O que ocorre nesse caso é que a lei define um juízo competente, mas, se as partes quiserem, poderão modificá-lo.

Por se tratar de opção concedida às partes, a incompetência relativa **não** pode ser conhecida *ex officio*, dependendo, obrigatoriamente, de provocação do réu (OJ nº 149 da SDI-II do TST)[4]. A propósito, incompetência relativa pode

4. Orientação Jurisprudencial nº 149 da SDI-II do TST. Conflito de competência. Incompetência territorial. Hipótese do art. 651, § 3º, da CLT. Impossibilidade de declaração de ofício de incompetência relativa. Não cabe declaração de ofício de incompetência territorial no caso do uso, pelo trabalhador, da

ser alegada pelo Ministério Público nas causas em que atuar (CPC/2015, art. 65, parágrafo único).

A exceção de incompetência relativa deverá ser apresentada em peça que sinalize a existência da exceção, ou seja, em peça autônoma, como impõe o art. 800 da CLT, modificado pela Lei nº 13.467/17 (Reforma Trabalhista)[5].

Não sendo alegada a incompetência, o juiz que era inicialmente incompetente passa a ser competente para a causa, ocorrendo o fenômeno denominado **prorrogação de competência**.

Exemplificamos:

João ajuíza, na Vara do Trabalho de São Paulo, reclamação trabalhista em face da empresa X, alegando ter trabalhado, em Ribeirão Preto, durante 1 ano sem receber horas extras. A empresa, no prazo de 5 dias a contar de sua notificação, apresenta exceção de incompetência alegando que o juízo competente é o da Vara do Trabalho de Ribeirão Preto. Sendo reconhecida a incompetência, os autos deverão ser encaminhados para a Vara do Trabalho de Ribeirão Preto. No entanto, caso a empresa não apresente a exceção de incompetência, o juiz do trabalho da Vara do Trabalho de São Paulo, inicialmente incompetente, passa a ser competente para a causa, ocorrendo a prorrogação de competência.

Desse modo, sendo alegada a incompetência relativa, o juiz incompetente encaminhará os autos ao juízo competente e, salvo decisão judicial em sentido contrário, os efeitos da decisão serão conservados até que outra seja proferida, se for o caso, pelo juízo competente, assim como ocorre nos casos de incompetência absoluta.

É espécie de competência relativa, no processo do trabalho, a competência em razão do lugar (territorial), que é definida levando-se em conta aspectos geográficos.

ATENÇÃO:

Como já anunciado anteriormente, no processo do trabalho, o valor da causa não é critério para delimitação da competência, mas serve tão somente para definir o rito processual (Sumário, sumaríssimo ou ordinário).

1.2.3.3. *Diferenças entre a competência absoluta e relativa*

Podemos esquematizar da seguinte forma as diferenças entre a competência absoluta e a competência relativa.

---

faculdade prevista no art. 651, § 3º, da CLT. Nessa hipótese, resolve-se o conflito pelo reconhecimento da competência do juízo do local onde a ação foi proposta.

5. No mesmo sentido, SCHIAVI, Mauro. *A reforma trabalhista e o processo do trabalho*. São Paulo: LTr, 2017. p. 93.

	▸ COMPETÊNCIA ABSOLUTA	▸ COMPETÊNCIA RELATIVA
Espécies	Competência material; competência em razão da pessoa; competência funcional	Competência territorial; competência em razão do valor da causa
Momento de alegação	Qualquer tempo e grau de jurisdição, exceto instância superior que depende do prequestionamento	5 dias a contar da notificação e antes da audiência
Conhecimento *ex officio*	Pode ser conhecida *ex officio*	Não pode ser conhecida *ex officio*
Forma de alegação	Preliminar de contestação, qualquer petição e até mesmo oralmente na audiência	Exceção de incompetência (CLT, art. 800)
Modificação	Não pode ser modificada	Pode ser modificada pela: a) prorrogação; b) conexão; ou c) continência.
Nulidade	Gera nulidade absoluta	Gera nulidade relativa
Ação rescisória	Poderá ser objeto de ação rescisória	Não pode ser objeto de ação rescisória

2. CRITÉRIOS DE MODIFICAÇÃO DA COMPETÊNCIA

A modificação da competência ocorre quando há ampliação da esfera de competência de determinado órgão jurisdicional, apesar de este não ser, ordinariamente, competente para conhecer referida demanda. **Somente haverá modificação na competência relativa.**

A modificação da competência poderá ocorrer em três situações:

- **Prorrogação da competência**: conforme mencionado em tópico anterior, a prorrogação da competência ocorre quando a incompetência relativa não é alegada pelo réu na exceção de incompetência (CLT, art. 800). Nesse caso, inicialmente, o juízo era incompetente para o caso, mas não havendo alegação, ele passa a ser competente.
- **Foro de eleição**: conforme será analisado em tópico posterior, o foro de eleição consiste na possibilidade de as próprias partes, de comum acordo, elegerem um local para dirimir futuras questões judiciais.
- **Conexão e Continência: a seguir analisada.**

2.1. Conexão e continência

A **competência relativa** poderá modificar-se pela conexão ou continência (CPC/2015, art. 54).

Haverá **conexão** quando duas ou mais ações tiverem em comum o pedido ou a causa de pedir (CPC/2015, art. 55). Além disso, são consideradas como conexas a execução de título extrajudicial e a ação de conhecimento relativa ao mesmo ato jurídico, bem como as execuções fundadas no mesmo título executivo (CPC/2015, art. 55, § 2º).

Verificada a conexão, os processos serão reunidos, a fim de que sejam decididos simultaneamente, exceto nos casos em que um deles já houver sido sentenciado (CPC/2015, art. 55, § 1º). Essa reunião dos processos tem como objetivo a efetivação do princípio da economia processual e a harmonização dos julgados.

Apesar de o dispositivo do CPC/15 determinar que os processos sejam reunidos, há discussões na doutrina quanto a essa obrigatoriedade.[6] Para parcela da doutrina, o art. 55, § 1º, tem natureza cogente, o que significa que havendo identidade de causa de pedir ou do pedido, os processos devem, obrigatoriamente, ser reunidos.

Há, contudo, o entendimento que nos parece mais adequado, no sentido de que o juiz possui a liberdade de analisar, em cada caso concreto, os reais benefícios da reunião dos processos, isto é, avaliar se a reunião possibilitará a verificação do princípio da economia processual e a harmonização dos julgados[7].

De todo modo, é importante ressaltar que a conexão somente é aplicada no caso de competência relativa, não sendo possível **a reunião dos processos quando ambas as ações conexas não tiverem a mesma competência absoluta.** Nesse caso, havendo risco de decisões conflitantes, permite-se que uma delas seja suspensa em razão da prejudicialidade externa[8] (CPC/15, art. 313, V, "a"). Noutras palavras, autoriza-se a suspensão e não a reunião dos processos.

Ademais, atente-se para o fato de que, mesmo não havendo conexão, o CPC/2015 também autoriza a reunião dos processos que possam gerar risco de prolação de decisões conflitantes ou contraditórias caso decididos separadamente (CPC/2015, art. 55, § 3º).

Por outro lado, há **continência** quando duas ou mais ações forem idênticas quanto às partes e à causa de pedir, mas o **pedido de uma**, por ser **mais amplo**, abrange o das outras (CPC/2015, art. 56).

---

6. Levantando essa discussão: NEVES, Daniel Amorim Assumpção. *Manual de direito processual civil. – volume único*. 8. ed. Salvador: Juspodivm, 2016. p. 207-209.
7. Nesse sentido: NEVES, Daniel Amorim Assumpção. *Manual de direito processual civil. – volume único*. 8. ed. Salvador: Juspodivm, 2016. p. 208.
8. NEVES, Daniel Amorim Assumpção. *Manual de direito processual civil. – volume único*. 8. ed. Salvador: Juspodivm, 2016. p. 208.

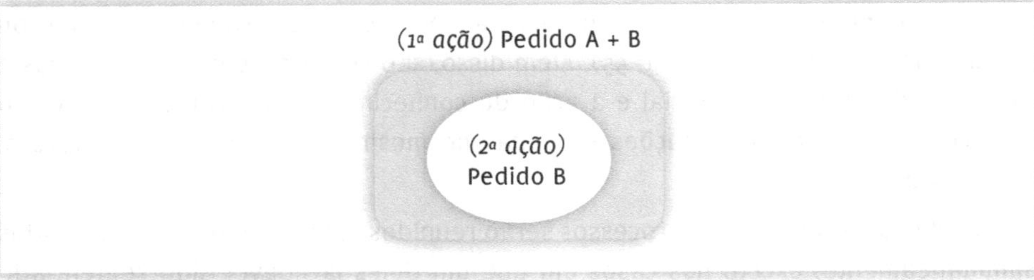

Denomina-se ação continente aquela que tem o pedido mais abrangente (no exemplo, a 1ª ação) e ação contida a que tem o pedido menos abrangente (no exemplo, a 2ª ação).

Quando houver continência, se a ação continente (pedido mais abrangente) tiver sido proposta em momento anterior à ação contida (pedido menos abrangente), o processo relacionado à ação contida deverá ser extinto sem resolução do mérito. Caso se verifique o inverso, ou seja, a ação continente for proposta posteriormente à ação contida, as demandas deverão ser reunidas (CPC/2015, art. 57).

Havendo necessidade de reunião das ações, tem-se a modificação da competência, tornando-se competente apenas um juízo para todos os processos, o qual denominamos de juízo prevento.

Prevenção significa chegar antes. Com efeito, aquele que chegar antes na ação passa a ter competência para a causa, tornando-se os demais incompetentes. No processo do trabalho (e agora também no processo civil – CPC/2015, art. 59), considera-se prevento o juízo em que foi distribuída a primeira ação. Desse modo, todos os demais autos serão enviados para o juízo em que foi distribuída a primeira reclamação trabalhista.

3. COMPETÊNCIA EM RAZÃO DA MATÉRIA E DA PESSOA

A Justiça do Trabalho teve considerável alteração na sua competência após o advento da EC nº 45/04. Nesse contexto, o art. 114 CF/88, principal dispositivo que declina a competência dessa Justiça Especializada, estabelece:

> **Art. 114.** Compete à Justiça do Trabalho processar e julgar:
>
> I – as ações oriundas da relação de trabalho, abrangidos os entes de direito público externo e da administração pública direta e indireta da União, dos Estados, do Distrito Federal e dos Municípios;
>
> II – as ações que envolvam exercício do direito de greve;
>
> III – as ações sobre representação sindical, entre sindicatos, entre sindicatos e trabalhadores, e entre sindicatos e empregadores;

> IV - os mandados de segurança, habeas corpus e habeas data, quando o ato questionado envolver matéria sujeita à sua jurisdição;
>
> V - os conflitos de competência entre órgãos com jurisdição trabalhista, ressalvado o disposto no art. 102, I, o;
>
> VI - as ações de indenização por dano moral ou patrimonial, decorrentes da relação de trabalho;
>
> VII - as ações relativas às penalidades administrativas impostas aos empregadores pelos órgãos de fiscalização das relações de trabalho;
>
> VIII - a execução, de ofício, das contribuições sociais previstas no art. 195, I, a, e II, e seus acréscimos legais, decorrentes das sentenças que proferir;
>
> IX - outras controvérsias decorrentes da relação de trabalho, na forma da lei.
>
> § 1º - Frustrada a negociação coletiva, as partes poderão eleger árbitros.
>
> § 2º Recusando-se qualquer das partes à negociação coletiva ou à arbitragem, é facultado às mesmas, de comum acordo, ajuizar dissídio coletivo de natureza econômica, podendo a Justiça do Trabalho decidir o conflito, respeitadas as disposições mínimas legais de proteção ao trabalho, bem como as convencionadas anteriormente.
>
> § 3º Em caso de greve em atividade essencial, com possibilidade de lesão do interesse público, o Ministério Público do Trabalho poderá ajuizar dissídio coletivo, competindo à Justiça do Trabalho decidir o conflito.

Considerando que referido artigo versa sobre a competência material e também em razão da pessoa, analisaremos em conjunto tais critérios para fins didáticos.

Desse modo, **a competência em razão da matéria é identificada pela causa de pedir (fatos e fundamentos jurídicos) e** pelo **pedido deduzidos em juízo.** Nessa hipótese, o processo poderá ser de competência da Justiça Especializada (Justiça do Trabalho, Eleitoral ou Militar) ou da Justiça Comum (Justiça Federal ou Estadual).

> *Assim, se, por exemplo, um trabalhador ajuíza reclamação trabalhista alegando ter trabalhado no período noturno e não ter recebido adicional noturno, postulando seu pagamento, verifica-se que os fatos, os fundamentos jurídicos e os pedidos dizem respeito à relação de emprego, o que atrai a competência da Justiça do Trabalho.*

Já a **competência em razão da pessoa é definida levando-se em conta a qualidade das partes envolvidas na relação jurídico-processual.**

Com efeito, para melhor compreensão do tema, passamos a analisar detidamente cada um dos itens do artigo supramencionado.

3.1. Ações oriundas da relação de trabalho

Antes do advento da EC nº 45/04, a Justiça do Trabalho era competente, em regra, para julgar as ações oriundas das relações entre empregados e empregadores. Nesse contexto, priorizava-se a competência em razão da pessoa (empregado e empregador).

Depois da entrada em vigor da aludida Emenda Constitucional, a competência da Justiça do Trabalho teve significativa ampliação, pois passou a ter competência para julgar as ações referentes à relação de trabalho.

Relação de trabalho pode ser conceituada como "qualquer vínculo jurídico por meio do qual uma pessoa natural executa obra ou serviços para outrem, mediante o pagamento de uma contraprestação"[9]. Trata-se, pois, de gênero, nele incluindo: relação de emprego; trabalho autônomo; trabalho eventual; trabalho avulso; trabalho voluntário; estágio etc. Aliás, o art. 643, § 3º, da CLT declina que a Justiça do Trabalho é competente para processar e julgar as ações entre trabalhadores portuários e os operadores portuários ou o Órgão Gestor de Mão de Obra – OGMO decorrentes da relação de trabalho.

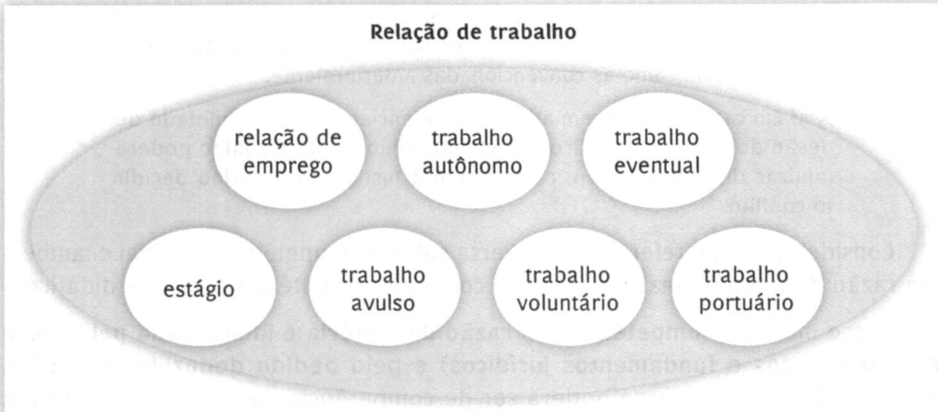

A **relação de emprego** é, portanto, **espécie de relação de trabalho**, existindo quando estiverem presentes os requisitos descritos no art. 3º da CLT, quais sejam pessoalidade, pessoa física, não eventualidade, onerosidade e subordinação.

Com efeito, atualmente, são integradas, na competência da Justiça do Trabalho, as relações de trabalho e não somente as relações de emprego, cabendo destacar cinco observações quanto à competência da Justiça do Trabalho referente às seguintes lides:

9. SARAIVA, Renato. *Processo do Trabalho*. 5. ed. Rio do Janeiro: Forense; São Paulo: Método, 2009. p. 29.

- relações de consumo;
- honorários advocatícios;
- ações penais;
- representantes comerciais; e
- motoristas de aplicativo.

3.1.1. Relações de consumo

Quando há **relação de consumo** o tomador do serviço é o destinatário final.

✦ *Exemplo: encanador que presta serviços em uma residência. O destinatário final é o consumidor (tomador do serviço) e o trabalhador o prestador do serviço.*

- Nesse caso, a tese majoritária estabelece que a relação de consumo **não** é de competência da Justiça do Trabalho.

► IMPORTANTE:

Esse é o entendimento majoritário, sendo acompanhado pela Súmula nº 363 do STJ que assim vaticina: "Compete à Justiça Estadual processar e julgar a ação de cobrança ajuizada por profissional liberal contra cliente".

3.1.2. Honorários advocatícios

Os honorários advocatícios podem ser divididos especialmente em:

- **Honorários contratuais (convencionais)**: são aqueles que decorrem da relação de prestação de serviços firmada entre o advogado e seu cliente. É, portanto, puramente contratual, de modo que as partes os definem por comunhão de vontades. Tendo contrato escrito é considerado título executivo extrajudicial (Lei nº 8.906/94, art. 24 c/c o CPC/2015, art. 784, XII).

A competência nesse caso será da Justiça Estadual, tendo em vista que a demanda possui natureza civil, se referindo a contrato de prestação de serviços celebrado entre profissional liberal e seu cliente (Súmula 363 do STJ).[10] É importante salientar que o entendimento do STJ é o de que, nas relações contratuais entre advogado e cliente devem ser aplicadas as regras constantes no Estatuto da OAB (Lei nº 8.906/94), não se aplicando o CDC.[11]

---

10. Nesse sentido: STJ, CC 52719 SP, Rel. Ministra DENISE ARRUDA, PRIMEIRA SEÇÃO, julgado em 11/10/2006, DJ 30/10/2006, p. 214; CC 93055 MG, Rel. Ministro TEORI ALBINO ZAVASCKI, PRIMEIRA SEÇÃO, julgado em 26/03/2008, DJe 07/04/2008.
11. REsp 1134889/PE, Rel. Ministro HONILDO AMARAL DE MELLO CASTRO (DESEMBARGADOR CONVOCADO DO TJ/AP), QUARTA TURMA, julgado em 23/03/2010, DJe 08/04/2010.

- **Honorários sucumbenciais**: são os fixados pelo juiz na decisão e devem ser pagos pelo vencido. Deriva, pois, do fato objetivo da derrota.[12] Com o advento da Lei nº 13.467/17, eles passam a ser previstos no art. 791-A, caput, da CLT, sendo cumulados com os honorários contratuais.

Nessa hipótese a competência será da Justiça do Trabalho, pois a demanda é diretamente relacionada à ação trabalhista ajuizada, podendo ser discutidos em ação própria (CPC, art. 85, § 18) ou nos mesmos autos da ação em que tenha atuado o advogado.

3.1.3. Ações Penais

Com o advento da Emenda Constitucional nº 45/04, incluindo os incisos I, IV e IX no art. 114 da CF/88[13], passou-se a questionar a competência penal da Justiça do Trabalho, ensejando o ajuizamento da ADI 3.684 que analisou tal tema.

Na referida ADI, o E. STF afastou da competência da Justiça do Trabalho o julgamento das ações de natureza penal, ou seja, no âmbito dessa Justiça Especializada, não está incluída a competência para processar e julgar ações penais, inclusive os crimes contra a organização do trabalho.

Cabe ressaltar que o art. 109, VI, da CF/88 prevê a competência da Justiça Federal para processar e julgar os crimes contra a organização do trabalho e, nos casos determinados por lei, contra o sistema financeiro e a ordem econômico-financeira, excluindo-se a competência do âmbito da Justiça do Trabalho.

De qualquer maneira, se existentes efeitos não penais decorrentes do ato ilícito penal como, por exemplo, a indenização por danos morais nos casos de trabalho escravo, eles serão julgados pela Justiça do Trabalho, mantendo-se a competência da Justiça Comum para o julgamento dos aspectos penais.[14]

Além disso, diante da ciência de ilícitos penais no contexto dos fatos analisados nessa seara, o Juiz do Trabalho deverá comunicar o Ministério Público Estadual ou Federal (e não o Ministério Público do Trabalho, que não tem atribuição penal) para a apuração e eventual instauração de ação penal.

---

12. ASSIS, Araken. Processo civil brasileiro, v. II: parte geral: institutos fundamentais: tomo 1. São Paulo: Editora Revista dos Tribunais, 2015. p. 403.
13. Art. 114. Compete à Justiça do Trabalho processar e julgar: I as ações oriundas da relação de trabalho, abrangidos os entes de direito público externo e da administração pública direta e indireta da União, dos Estados, do Distrito Federal e dos Municípios; (...) IV os mandados de segurança, *habeas corpus* e *habeas data* , quando o ato questionado envolver matéria sujeita à sua jurisdição; (...) IX outras controvérsias decorrentes da relação de trabalho, na forma da lei.
14. BERNARDES, Felipe. *Manual de Processo do Trabalho*. Salvador: Juspodivm, 2018. p. 173,

3.1.4. Representantes Comerciais

O representante comercial autônomo é regulamentado pela Lei nº 4.886/65, permitindo-se que o representante possa ser pessoa jurídica ou pessoa física.

A referida lei, em seu art. 39, descreve que é da Justiça Comum a competência para julgar as controvérsias que surgirem entre representantes e representados.

No entanto, com o advento da Emenda Constitucional nº 45/04, que ampliou a competência da Justiça laboral para o julgamento das ações oriundas da relação de trabalho, o C. TST sedimentou o entendimento de que é de competência da Justiça do Trabalho o julgamento da demanda oriunda do contrato de representação comercial, quando o representante é pessoa física, vez que se trata de modalidade de relação de trabalho. Apenas quando a lide for entre pessoas jurídicas que a competência será da Justiça Comum, incidindo o art. 39 da Lei 4.886/65.[15]

O E. STF, porém, no Recurso extraordinário nº 606.003, em que foi reconhecida a repercussão geral, entendeu que a competência para o julgamento das questões envolvendo a relação entre o representante comercial e a empresa por ele representada é da Justiça Comum.

De acordo com o STF, não se trata de relação de trabalho ou de emprego, mas de relação comercial típica (natureza empresarial e mercantil), que pode ser realizada por pessoa física ou jurídica, firmando-se a seguinte tese:

> Preenchidos os requisitos dispostos na Lei 4.886/65, compete à Justiça Comum o julgamento de processos envolvendo relação jurídica entre representante e representada comerciais, uma vez que não há relação de trabalho entre as partes (Tema 550).[16]

Dessa forma, após o julgamento pelo STF, tratando-se de representante comercial pessoa física ou pessoa jurídica, a competência para o julgamento das ações será da Justiça Comum.

3.1.5. Motoristas de aplicativo

Com a expansão dos serviços e aplicativos relativos ao fornecimento transporte, duas discussões têm sido frequentes na seara trabalhista.

A primeira delas, mais relacionada às questões de direito material do trabalho, ainda não pacificada, consiste na existência ou não de vínculo de emprego entre o motorista e a empresa de aplicativo.

A segunda compreende a competência para o julgamento dos casos relacionados aos motoristas e às empresas de aplicativo.

---

15. TST-AIRR 0210311-20.2014.5.21.0017, Quinta Turma, Rel. Min. Guilherme Augusto Caputo Bastos, DEJT 11/03/2016, pág. 1560; TST-RR 0001102-23.2010.5.12.0010, Oitava Turma, Rel. Min. Marcio Eurico Vitral Amaro, DEJT 24/06/2016, pág. 2283; TST-RR 0124700-38.2006.5.02.0008, Sétima Turma, Rel. Min. Vieira de Mello Filho, DEJT 06/12/2013, Pág. 1590.
16. STF – RE 606.003 (Tema 550). Julgamento virtual finalizado em 26 set. 2020.

É que, mesmo que não se admita a relação de emprego entre as partes, o art. 114, I, da CF/88 contempla que a Justiça do Trabalho tem competência para julgar o gênero relação de trabalho.

Nesse contexto, em ação proposta por motorista de aplicativo solicitando a reativação da sua conta no aplicativo UBER e o ressarcimento de danos materiais e morais, a **Segunda Turma do STJ** entendeu que não se trata de relação de emprego e nem mesmo relação de trabalho, mas sim de uma nova modalidade de interação econômica, fazendo surgir a "economia compartilhada (sharing economy), em que a prestação de serviços por detentores de veículos particulares é intermediada por aplicativos geridos por empresas de tecnologia. Nesse processo, os motoristas, executores da atividade, atuam como empreendedores individuais, sem vínculo de emprego com a empresa proprietária da plataforma". Diante desses argumentos, a Segunda Seção entendeu que se trata de relação jurídica eminentemente civil, de modo que a competência para o caso é da Justiça Estadual.[17]

No âmbito do TST vem se admitindo a competência da Justiça Trabalhista, ainda que não se busque o reconhecimento do vínculo, mas sim para dirimir direitos relacionados ao contrato firmado entre o motorista e a empresa como, por exemplo, suspender restrições territoriais impostas pelo aplicativo[18] ou para a reativação da conta.

Sobre a temática, o STF reconheceu a repercussão geral do RE 1446336[19] para julgar de forma obrigatória se existe vínculo de emprego com o motorista de aplicativo (Tema 1291). Ainda que não seja o tema central deste processo, é possível que o tema reflita diretamente na competência material da Justiça do Trabalho para julgar processos que buscam a configuração de vínculo empregatício com o motorista de aplicativo.

De todo modo, como já defendíamos nas edições anteriores, acreditamos que as ações entre motorista e empresa de aplicativo devem ser julgadas pela Justiça do Trabalho, uma vez que, sendo ou não considerada como relação de emprego, indubitavelmente trata-se de modalidade de relação de trabalho, já que se trata de uma pessoa natural que executa serviços para outrem, mediante o pagamento de uma contraprestação, atraindo, portanto, a competência desta justiça especializada, por força do art. 114, I, da CF/88.[20]

3.1.6. Transportadores autônomos

A Lei nº 11.442/2017, que dispõe sobre o transporte rodoviário de cargas por conta de terceiros e mediante remuneração, disciplina a relação comercial, de

17. STJ-CC 164.544/MG, Rel. Ministro MOURA RIBEIRO, SEGUNDA SEÇÃO, julgado em 28/08/2019, DJe 04/09/2019.
18. TST-RR-10141-93.2021.5.03.0144, 8ª Turma, Relator Ministro Aloysio Correa da Veiga, DEJT 26/08/2022.
19. STF. RE 1446336 (Tema 1291). Relator: MIN. EDSON FACHIN. Publicado em 02.03.24.
20. Há decisão da 5º Turma do TST que não reconheceu o vínculo de emprego ante a ausência de subordinação, mas, ao julgar o próprio mérito do processo, consequentemente reconheceu a competência da Justiça do Tabalho para o caso. (RR-1000123-89.2017.5.02.0038, 5ª Turma, Relator Ministro Breno Medeiros, DEJT 07/02/2020).

natureza civil, entre os agentes do setor, permitindo a contratação de autônomos para a realização do Transporte Rodoviário de Cargas sem a configuração de vínculo de emprego.

A legislação disciplina duas modalidades de Transportador Autônomo de Cargas (TAC):

a) TAC-agregado: é "aquele que coloca veículo de sua propriedade ou de sua posse, a ser dirigido por ele próprio ou por preposto seu, a serviço do contratante, com exclusividade, mediante remuneração certa" (art. 4º, § 1º).

b) TAC-independente: é o que presta os serviços de transporte de carga em caráter eventual e sem exclusividade, mediante frete ajustado a cada viagem (art. 4º, § 2º).

Diante dessa lei, o STF fixou, na ADC 48 e na ADI 3961, a seguinte tese: "1 – A Lei nº 11.442/2007 é constitucional, uma vez que a Constituição não veda a terceirização, de atividade-meio ou fim. 2 – O prazo prescricional estabelecido no art. 18 da Lei nº 11.442/2007 é válido porque não se trata de créditos resultantes de relação de trabalho, mas de relação comercial, não incidindo na hipótese o art. 7º, XXIX, CF. 3 – Uma vez preenchidos os requisitos dispostos na Lei nº 11.442/2007, estará configurada a relação comercial de natureza civil e afastada a configuração de vínculo trabalhista".

Ademais, o STF entendeu que, como as relações envolvendo a incidência da Lei nº 11.442/07 possuem natureza comercial, as ações deverão ser analisadas pela **Justiça Comum** e não pela Justiça do Trabalho, ainda que se discuta fraude na relação trabalhista e a configuração do vínculo de emprego, conforme arts. 2º e 3º, da CLT. Somente quando a Justiça Comum constatar que não foram preenchidos os requisitos da Lei nº 11.442/07, a competência passaria à Justiça do Trabalho. Fixou, portanto, o entendimento de que, mesmo nos casos em que a causa de pedir estiver relacionada à relação de emprego, a ação deverá ser julgada pela Justiça Comum.[21]

3.2. Entes de direito público externo

O art. 114, I, da CF/88 indica que a Justiça do Trabalho é competente para processar e julgar "as ações oriundas da relação de trabalho, abrangidos os entes de direito público externo".

Entes de direito público externo são os sujeitos de Direito Internacional Público, ou seja:

- os Estados estrangeiros, abrangendo as embaixadas e as repartições consulares; e
- os organismos internacionais (ONU, OIT etc.).

21. Rcl 43544 AgR, Relator(a): ROSA WEBER, Relator(a) p/ Acórdão: Alexandre de Moraes, Primeira Turma, julgado em 17/02/2021, processo eletrônico DJe-039 divulg 02-03-2021 public 03-03-2021.

3.2.1. *Estados estrangeiros*

Quanto aos **Estados estrangeiros**, alguns doutrinadores entendiam que eles não poderiam se submeter à jurisdição brasileira, ou seja, havia **imunidade de jurisdição**.

No entanto, o Supremo Tribunal Federal analisou os atos dos Estados estrangeiros em dois aspectos:

1) **atos de império**[22], entendidos como aqueles praticados no exercício de suas prerrogativas soberanas. Ex.: concessão de visto, atos legislativos do estado estrangeiro. Nesse caso, há imunidade absoluta de jurisdição[23].

2) **atos de gestão** sendo aqueles em que o Estado estrangeiro atua em matéria de ordem estritamente privada, equiparando-se ao particular, como é o caso da aquisição de bens, contratação de empregados etc. Nessa hipótese, não há imunidade de jurisdição.

Com efeito, declinou o C. STF que, nas causas de natureza trabalhista, o Estado estrangeiro se submete à jurisdição brasileira e, consequentemente, à competência da Justiça do Trabalho, uma vez que se trata de atos de gestão.

Contudo, a Corte Suprema reconheceu a **imunidade de execução** dos entes de direito público externo, sob pena de indevida invasão no Estado estrangeiro. Noutras palavras, a Justiça do Trabalho poderá, na fase de conhecimento, reconhecer que o trabalhador laborou para o ente estrangeiro e condená-lo, por exemplo, ao pagamento das verbas rescisórias e das horas extras. No entanto, não poderá penhorar bens ou dinheiro de tais entes, devendo se valer da denominada carta rogatória.

Existem, porém, duas **exceções** em que **não incidirá** a imunidade de execução:

1ª) quando o Estado estrangeiro renunciar à intangibilidade de seus próprios bens;

2ª) quando houver no território brasileiro bens que, embora pertencentes ao ente externo, não tenham nenhuma vinculação com as finalidades essenciais inerentes às relações diplomáticas ou representações consultes mantidas em nosso País (STF – RE nº 222.368-4).

3.2.2. *Organismos ou organizações internacionais*

Quando se tratar, porém, de organização ou **organismos internacionais, há imunidade absoluta de jurisdição**, nos termos da OJ nº 416 da SDI-I do TST:

---

22. O STF entendeu que "os atos ilícitos praticados por Estados estrangeiros em violação a direitos humanos não gozam de imunidade de jurisdição." (Tese 944 de Repercussão Geral – ARE 954858).
23. Nessa hipótese, o STJ entende que, caso seja ajuizada a ação no Estado brasileiro, o processo não será de plano extinto sem resolução do mérito, devendo ser determinada a citação do Estado estrangeiro para que se manifestasse em relação ao tema e, eventualmente, renuncie a sua imunidade de jurisdição, caso tenha interesse (RO 64/SP, Rel. Ministra Nancy Andrighi, Terceira Turma, julgado em 13.05.2008, DJe 23.06.2008). Não renunciando, o processo será extinto sem resolução do mérito.

> **Orientação Jurisprudencial nº 416 da SDI-I do TST.** Imunidade de jurisdição. Organização ou organismo internacional
>
> As organizações ou organismos internacionais gozam de imunidade absoluta de jurisdição quando amparados por norma internacional incorporada ao ordenamento jurídico brasileiro, não se lhes aplicando a regra do Direito Consuetudinário relativa à natureza dos atos praticados. Excepcionalmente, prevalecerá a jurisdição brasileira na hipótese de renúncia expressa à cláusula de imunidade jurisdicional.

Nessa hipótese, tendo imunidade de jurisdição, consequentemente, também terá imunidade de execução, vez que não existirá nem mesmo condenação.

A Corte Trabalhista justifica seu posicionamento nos seguintes fundamentos.

O tema das imunidades das organizações internacionais, em regra, decorre do direito convencional, ao contrário da imunidade dos Estados estrangeiros que se embasa no direito consuetudinário[24]. Em outros termos, as imunidades dessas organizações vêm estabelecidas em tratados internacionais, os quais, depois de ratificados, integram o ordenamento interno brasileiro.

Em decorrência disso, o Estado brasileiro tem obrigação de cumprir os tratados firmados, vez que são pactuados livremente pelo Brasil, sendo compromissos internacionais de caráter vinculante. Ademais, o descumprimento dos tratados firmados pelo Brasil sujeita o Estado brasileiro à responsabilização internacional.

Com efeito, estando a imunidade de jurisdição prevista em tratado internacional, para o TST o organismo internacional não se submete à jurisdição brasileira. Excepciona-se, porém, o caso do organismo internacional, expressamente, renunciar a imunidade a ele conferida.

3.2.3. Esquema

Em suma, para o C. TST, tratando-se de Estado estrangeiro, não há imunidade de jurisdição nas lides trabalhistas. Por outro lado, sendo organizações (organismos) internacionais, tais entidades têm o privilégio da imunidade de jurisdição.

► ESTADOS ESTRANGEIROS, ABRANGENDO AS EMBAIXADAS E AS REPARTIÇÕES CONSULARES	► ORGANIZAÇÕES OU ORGANISMOS INTERNACIONAIS
Não têm imunidade de jurisdição	Têm imunidade absoluta de jurisdição
Regra: Têm imunidade de execução	

24. PORTELA, Paulo Henrique Gonçalves. *Direito Internacional público e privado*. 3. ed. Salvador: Juspodivm, 2011.p. 189.

3.3. Servidores da administração pública

O art. 114, I, da CF/88 indica que a Justiça do Trabalho é competente para processar e julgar "as ações oriundas da relação de trabalho, abrangidos os entes de direito público externo e da administração pública direta e indireta da União, dos Estados, do Distrito Federal e dos Municípios".

Esse dispositivo poderia levar à conclusão de que todas as discussões entre entes públicos e seus servidores seriam da Justiça do Trabalho, o que não é admitido pela jurisprudência.

A análise inicial acerca da competência da Justiça Trabalhista nesse caso é feita de acordo com a natureza jurídica do ente público se de:

- direito privado; ou de
- direito público.

No que se refere às pessoas jurídicas de direito privado, ou seja, as **empresas públicas e as sociedades de economia mista**, o art. 173, II, da CF/88 submete-as ao regime próprio das empresas privadas, inclusive quanto aos direitos e obrigações trabalhistas, ou seja, deve contratar pelo regime celetista. Nesse contexto, não há dúvida de que a **Justiça do Trabalho é competente** para julgar as ações oriundas de seus empregados.

Quanto às pessoas jurídicas de direito público, isto é, a União, os Estados, os Municípios, as autarquias e as fundações públicas, a questão não é tão tranquila. É que a EC nº 19/1998 permitiu que o ente público possa adotar para seus servidores o regime estatutário ou o celetista[25]. Assim, a relação entre o trabalhador e o ente público, conforme entendimento do Supremo Tribunal Federal, pode ser:

1ª) relação empregatícia (regime celetista): quando o ente público contrata aplicando a CLT

2ª) relação de caráter jurídico-administrativa (temporária).
- **a)** vínculo estatutário
- **b)** vínculo temporário

3.3.1. Relação empregatícia

De acordo com o entendimento do STF e do TST, a **competência da Justiça do Trabalho** está limitada às ações oriundas da relação de emprego, ou seja, quando

25. Embora a eficácia da EC nº 19/98 tenha sido, inicialmente, suspensa pelo STF por meio da medida cautelar na ADI 2135, em 6.11.2024, a Corte Suprema reconheceu a constitucionalidade da referida Emenda Constitucional com efeitos *ex nunc*.

o ente público adotar o **regime celetista** para seus servidores (empregados públicos).

Desse modo, se o ente público contrata pelo regime celetista aplicando as regras da CLT, todas as discussões oriundas do contrato de trabalho, por exemplo, integrações, horas extras etc., serão de competência da Justiça Especializada.

Embora a natureza do vínculo tenha sido inicialmente adotada pelo STF para interpretar o art. 114, I, da CF/88 (ADI 3395), a Suprema Corte tem ampliado seu entendimento no sentido de que, quando a causa de pedir ou o pedido estiverem fundamentados em direito de natureza administrativa e não na legislação trabalhista, a competência será da Justiça Comum, **mesmo que o ente público tenha adotado o regime celetista**.

Nesse contexto, o E. STF entendeu que é **competência da Justiça Comum** julgar:

1) **a exoneração de empregado em estágio probatório,** por se tratar de validade de ato administrativo, sendo considerado de natureza constitucional-administrativa;[26]
2) ato de demissão de empregado público, por exemplo, se deve ser motivado ou não (Tema 606);[27]
3) controvérsias relacionadas à **fase pré-contratual de seleção e de admissão de pessoal e eventual nulidade do certame em face da Administração Pública**, direta e indireta, nas hipóteses em que adotado o regime celetista de contratação de pessoas, salvo quando a sentença de mérito tiver sido proferida antes de 6 de junho de 2018, situação em que, até o trânsito em julgado e a sua execução, a competência continuará a ser da Justiça do Trabalho";[28]
4) ação ajuizada por servidor celetista contra o Poder Público, em que se pleiteia parcela de natureza administrativa.[29]

---

26. STF-ARE 809482 AgR, Relator(a): Min. Roberto Barroso, Primeira Turma, julgado em 17.3.2017, Acórdão eletrônico DJe-062 Divulg. 28.3.2017 Public. 29.3.2017.
27. STF-RE 655283 (Tema 606), Relator(a): MARCO AURÉLIO, Tribunal Pleno, julgado em 15/03/2021, PROCESSO ELETRÔNICO REPERCUSSÃO GERAL – MÉRITO DJe-078 DIVULG 26-04-2021 PUBLIC 27-04-2021 REPUBLICAÇÃO: DJe-238 DIVULG 01-12-2021 PUBLIC 02-12-2021.
28. RE 960429, Relator(a): GILMAR MENDES, Tribunal Pleno, julgado em 05/03/2020, PROCESSO ELETRÔNICO REPERCUSSÃO GERAL – MÉRITO DJe-157 DIVULG 23-06-2020 PUBLIC 24-06-2020.
29. ADI 3395, Relator(a): ALEXANDRE DE MORAES, Tribunal Pleno, julgado em 15/04/2020, PROCESSO ELETRÔNICO DJe-165 DIVULG 30-06-2020 PUBLIC 01-07-2020.

3.3.2. Vínculo estatutário

Com o advento da EC nº 45/2004, o art. 114, I, da CF, passou a contemplar na competência da Justiça laboral todas as ações oriundas da relação do trabalho, inclusive as decorrentes da administração pública direta e indireta da União, dos Estados, do Distrito Federal e dos Municípios.

Esse dispositivo gerou discussões quanto aos servidores estatutários, vez que sempre foram de competência da Justiça Comum, como entendimento pacificado na Súmula nº 137 do STJ:

> **Súmula nº 137 do STJ.** Competência - Processo e Julgamento - Servidor Público Municipal - Direitos Relativos ao Vínculo Estatutário
>
> Compete à Justiça Comum Estadual processar e julgar ação de servidor público municipal, pleiteando direitos relativos ao vínculo estatutário.

Nesse contexto, o STF, no julgamento da ADI 3395, reafirmou esse entendimento e definiu que a referida emenda constitucional não alterou esse cenário, atribuindo à Justiça Comum a competência para julgar as causas derivadas da relação entre o Poder Público e seus servidores, com vínculo estatutário ou jurídico administrativo.[30]

Assim, cabe à Justiça Federal julgar os servidores públicos estatutários federais e à Justiça Estadual, os servidores públicos estatutários estaduais ou municipais.

3.3.3. Vínculo temporário

Os **servidores temporários** são os contratados para "atender a necessidade temporária de excepcional interesse público", nos termos do art. 37, IX, da CF/88.

Nesse caso, entende-se que há uma relação de caráter jurídico-administrativa, de modo que a competência é da **Justiça Comum**[31]**, ainda que se discuta o desvirtuamento do contrato temporário ou o contrato faça remissão a direitos da CLT**[32]**.**

Em resumo, é possível esquematizar a competência para julgar as ações envolvendo os servidores públicos da seguinte forma:

---

30. ADI 3395, Relator(a): ALEXANDRE DE MORAES, Tribunal Pleno, julgado em 15/04/2020, PROCESSO ELETRÔNICO DJe-165 DIVULG 30-06-2020 PUBLIC 01-07-2020.
31. STF-RE-573.202-9: Reconheceu repercussão geral para afastar a competência da Justiça do Trabalho para processar e julgar ações entre o ente público e o servidor admitido mediante contratação temporária. DJE 11.4.2008. Também nesse sentido, TST-RO-456-38.2013.5.12.0000, SBDI-II, rel. Min. Douglas Alencar Rodrigues, 7.4.2015 (Informativo execução nº 13).
32. STJ- AgRg CC 138.099/RS, REl. Min. Sérgio Kukina, Primeira Seção, julg. 25.3.2015, Dje 31.3.2015.

<table>
<tr><th>► COMPETÊNCIA DA JUSTIÇA DO TRABALHO</th><th>► COMPETÊNCIA DA JUSTIÇA COMUM</th></tr>
<tr><td rowspan="3">Empregado público (celetista), exceto quando se discute matéria de natureza administrativa.</td><td>Empregado público (celetista), quando se discute matéria de natureza administrativa.</td></tr>
<tr><td>Vínculo estatutário</td></tr>
<tr><td>Vínculo temporário</td></tr>
</table>

3.3.4. *Cessão de servidor*

É possível que um órgão da Administração ceda seus servidores para ter exercício em outro órgão ou entidade dos Poderes da União, dos Estados, ou do Distrito Federal e dos Municípios, seja para o exercício de cargo em comissão ou função de confiança, seja para os casos previstos em leis específicas (Lei nº 8.112/90, art. 93).

No âmbito federal, nos casos de cessão para cargo em comissão ou função de confiança, o ônus da remuneração será do órgão ou entidade cessionária, mantido o ônus para o cedente nas demais hipóteses.

Já na hipótese de cessão de servidor para empresa pública ou sociedade de economia mista, ele poderá, nos termos das respectivas normas, optar pela remuneração do cargo efetivo ou pela remuneração do cargo efetivo acrescida de percentual da retribuição do cargo em comissão, de modo que a entidade cessionária efetuará o reembolso das despesas realizadas pelo órgão ou entidade de origem.

Havendo cessão de servidores, podem existir controvérsias a provocar o judiciário, havendo divergência acerca de qual o juízo competente.

Para uns, a definição da competência está relacionada ao vínculo do servidor firmado com a entidade cedente, razão pela qual a cessão de servidor público estatutário para entes regidos pela CLT, especialmente empresas públicas e sociedade de economia mista, não descaracteriza, por si só, o vínculo estatutário, afastando, assim, a competência da Justiça do Trabalho.[33]

Para a tese majoritária, a competência será definida pelos pedidos e a causa de pedir formulados, de modo que sendo inseridos na relação de emprego a competência é da Justiça do Trabalho[34], enquanto os pedidos relacionados ao regime estatutário são de competência da Justiça Comum.

---

33. AgR-RR nº 388-88.2012.5.09.0006, 1ª Turma do TST, Rel. Hugo Carlos Scheuermann. j. 15.03.2017, Publ. 17.03.2017.
34. CC-STJ 23561. 3ª Seção, Rel. Min. Edosn Vidigal, DJ 11.12.2000; TST - AIRR nº 1395-88.2010.5.06.0000, 8ª Turma do TST, Rel. Dora Maria da Costa. unânime, DEJT 10.11.2011.

Desse modo, é de competência da Justiça do Trabalho, por exemplo, quando se tratar de pedido de equiparação salarial (súmula nº 6, V, do TST) ou discussões acerca do reconhecimento de vínculo empregatício com a empresa estatal[35], embora neste último caso, no mérito, o pedido seja julgado improcedente para ausência de concurso público.

3.3.5. *Cargo em comissão*

No que tange aos trabalhadores submetidos ao cargo em comissão, a competência depende do regime adotado pela administração pública. Sendo o regime celetista a competência é da Justiça do trabalho[36], enquanto na hipótese de adotar o regime estatutário a competência será da Justiça comum[37].

3.3.6. *Alteração do regime de contratação*

É possível que o ente público altere seu regime de contratação, modificando seu regime de celetista para estatutário, especialmente em decorrência do regime único dos servidores públicos. É o que se denomina de **transmudação (ou transposição) do regime jurídico.**

Nesse caso, a competência da Justiça Laboral fica limitada ao período celetista, como descreve a OJ 138 da SDI-I do TST:

> Competência residual. Regime jurídico único. Limitação da execução. Compete à Justiça do Trabalho julgar pedidos de direitos e vantagens previstos na legislação trabalhista referente ao período anterior à Lei nº 8.112/90, mesmo que a ação tenha sido ajuizada após a edição da referida lei. A superveniência de regime estatutário em substituição ao celetista, mesmo após a sentença, limita a execução ao período celetista[38].

---

35. RR nº 16105/2002-900-09-00, 1ª Turma do TST, Rel. João Oreste Dalazen. j. 23.08.2006, unânime, Publ. 06.10.2006.
    O STF também entende que, havendo alteração do regime jurídico, a competência da Justiça do Trabalho fica restrita para processar e julgar ações relativas às verbas trabalhistas referentes ao período em que o servidor mantinha vínculo celetista com a Administração, antes da transposição para regime estatutário (ARE 1001075 RG, Relator(a): Min. GILMAR MENDES, julgado em 08/12/2016, PROCESSO ELETRÔNICO REPERCUSSÃO GERAL - MÉRITO DJe-017 DIVULG 31-01-2017 PUBLIC 01-02-2017).
36. TST; RR 0000227-35.2013.5.15.0149; Terceira Turma; Rel. Min. Alberto Bresciani; DEJT 13/03/2015; TST; ARR 0000415-58.2013.5.15.0042; Terceira Turma; Rel. Min. Mauricio Godinho Delgado; DEJT 12/02/2016; Pág. 1081; TST; RR 0000099-92.2013.5.03.0102; Sétima Turma; Rel. Min. Vieira de Mello Filho; DEJT 17/04/2015; Pág. 2411.
37. **Súmula nº 218 do STJ.** Competência - Ação de Servidor Estadual - Processo e Julgamento - Direitos e Vantagens Estatutárias - Cargo em Comissão. Compete à Justiça dos Estados processar e julgar ação de servidor estadual decorrente de direitos e vantagens estatutárias no exercício de cargo em comissão.
38. O STF também entende que, havendo alteração do regime jurídico, a competência da Justiça do Trabalho fica restrita para processar e julgar ações relativas às verbas trabalhistas referentes ao

Ademais, o TST entende que "a transferência do regime jurídico de celetista para estatutário implica extinção do contrato de trabalho, fluindo o prazo da prescrição bienal a partir da mudança de regime" (Súmula nº 382 do TST).

3.4. Competência trabalhista perante a greve

A greve pode ser conceituada como "a suspensão coletiva, temporária e pacífica, total ou parcial, de prestação pessoal de serviços a empregador" (Lei nº 7.783/89). Trata-se de um direito fundamental utilizado pelos trabalhadores, para pressionar o empregador a atender a suas reivindicações.

Nos termos do art. 114, II, da CF/88, todas "as ações que envolvam exercício do direito de greve" são de competência da Justiça do Trabalho. Nesse contexto, passou a ser de **competência dessa Justiça Trabalhista**:

- **as ações possessórias** (reintegração de posse, manutenção de posse e interdito proibitório).

  ✦ *Exemplo: Banco Z ajuíza interdito proibitório para evitar protestos dentro ou na porta do banco;*

Para as ações possessórias, o Supremo Tribunal Federal editou a Súmula vinculante nº 23, a qual declina:

> **Súmula Vinculante nº 23.**
>
> A Justiça do Trabalho é competente para processar e julgar ação possessória ajuizada em decorrência do exercício do direito de greve pelos trabalhadores da iniciativa privada.

▶ ATENÇÃO:

A súmula vinculante restringiu a competência da Justiça do Trabalho apenas à iniciativa privada, o que significa que as ações decorrentes do exercício de greve dos servidores públicos estatutários são de competência da Justiça Comum (ADI 3395).

- **as ações indenizatórias** decorrentes do exercício do direito de greve.

  ✦ *Exemplo: trabalhadores quebram maquinários da empresa durante o movimento grevista;*

Nas ações indenizatórias, a doutrina e a jurisprudência não são pacíficas acerca das ações ajuizadas em face de terceiros em decorrência do exercício do direito de greve, por exemplo, quando na greve provoca-se um dano ao vizinho da empresa em greve ou quando a greve prejudica aqueles que se utilizam do transporte coletivo.

---

período em que o servidor mantinha vínculo celetista com a Administração, antes da transposição para regime estatutário (ARE 1001075 RG, Relator(a): Min. GILMAR MENDES, julgado em 08/12/2016, PROCESSO ELETRÔNICO REPERCUSSÃO GERAL – MÉRITO DJe-017 DIVULG 31-01-2017 PUBLIC 01-02-2017.

Nesse caso, para a tese majoritária, a competência é da Justiça do trabalho, vez que, sendo competência material, finca-se apenas na causa de pedir e no pedido, ou seja, estando os fatos e fundamentos jurídicos ou os pedidos relacionadas ao exercício do direito de greve, a competência é da Justiça do Trabalho[39]. Para outros, o art. 114, II, da CF/88 une a competência material com a competência em razão da pessoa, o que significa que apenas quando existirem trabalhadores, empregadores e sindicatos discutindo o exercício do direito de greve a competência será da Justiça do Trabalho.[40]

- **as ações de obrigação de fazer**, a fim de garantir, durante a greve, a prestação dos serviços indispensáveis ao atendimento das necessidades inadiáveis da comunidade etc.

  ✦ *Exemplo: MPT ajuíza ação civil pública para que 50% dos ônibus coletivos mantenham-se em funcionamento durante o movimento grevista.*

> ▶ **OBSERVAÇÃO 2:**
>
> Não é de competência da Justiça do Trabalho o julgamento das ações penais decorrentes do exercício do direito de greve (ADI 3684).

Há de se consignar, ainda, que as ações envolvendo o direito de greve podem gerar dissídios individuais ou dissídio de greve.

As **ações individuais** são as especificadas anteriormente, devendo ser ajuizadas na **Vara do Trabalho.**

Já o **dissídio de greve** vem estabelecido no § 3º do art. 114 da CF/88, tendo a finalidade de declarar a abusividade ou não do movimento grevista. Essa ação é de **competência originária dos Tribunais (TRT ou TST)**, considerando a sua extensão territorial.

Assim, atingindo a greve apenas um Tribunal Regional, é dele a competência para solucioná-la, como se depreende do art. 677 da CLT. Por outro lado, atingindo mais de um Tribunal Regional, a competência será do TST, nos termos do art. 2º, I, "a", da Lei nº 7.701/88.

> ▶ **ATENÇÃO:**
>
> Existe uma exceção quando a extensão do dissídio de greve atinge mais de um tribunal. É no caso de a greve atingir as circunscrições dos TRTs da 2ª e 15ª Região (todo o Estado de São Paulo). Nessa hipótese, a competência será do TRT da 2ª Região, conforme estabelece o art. 12 da Lei nº 7.520/86, alterado pela Lei 9.254/96.

---

39. (...)A Justiça do Trabalho é competente para julgar pedido de indenização contra o Sindicato, em face dos atos que se desenrolaram durante o exercício do direito de greve, pela prática de ato ilícito contra terceiros que sofreram constrangimento ilegal e cárcere privado, impedidos de se retirar do prédio onde realizada a manifestação por seis horas. A competência da Justiça do Trabalho decorre da expressa dicção do inciso II do art. 114 da CF, que ao remeter às "ações que envolvem o direito de greve", não limita àquelas relacionadas à relação do trabalho (...) (RR nº 333000-76.2008.5.12.0001, 6ª Turma do TST, Rel. Aloysio Corrêa da Veiga. unânime, DEJT 13.05.2010). No mesmo sentido, STJ-Resp. 207.555-MG, Rel. Ricardo Villas Bôas Cueva. Julgado 06.12.12.
40. RO nº 05867-2006-001-12-00-6 (033/2007), 1ª Turma do TRT da 12ª Região/SC, Rel. Marcus Pina Mugnaini. j. 06.06.2007.

3.4.1. *Dissídio coletivo de greve de servidor público*

Inicialmente, entendia-se que a competência da justiça do trabalho para o julgamento do dissídio coletivo de greve dos servidores públicos seguia a mesma interpretação do art. 114, I, da CF/88, ou seja, os celetistas de competência da justiça do trabalho e os estatutários de competência da justiça comum.

No entanto, o STF fixou tese no sentido de que "a justiça comum, federal ou estadual, é competente para julgar a abusividade de greve de **servidores públicos celetistas da Administração pública direta, autarquias e fundações públicas**"[41].

Portanto, sendo pessoa jurídica de direito público, para o E. STF a competência para julgar o dissídio coletivo de greve é da justiça comum, sendo de competência da justiça do trabalho apenas as pessoas jurídicas de direito privado, inclusive as empresas públicas e as sociedades de economia mista.

No caso de dissídio de greve ajuizado na justiça comum, o STF decidiu que "até a devida disciplina legislativa, devem-se definir as situações provisórias de competência constitucional para a apreciação desses dissídios no contexto nacional, regional, estadual e municipal"[42], aplicando-se analogicamente a Lei nº 7.701/88.

Desse modo, o STJ tem competência nos seguintes casos:

1) movimento de âmbito nacional;
2) movimento que atinja mais de uma região da justiça federal;
3) movimento que compreenda mais de uma unidade da federação (art. 2º, I, "a", da Lei nº 7.701/1988).

Por outro lado, o Tribunal Regional Federal será competente se a controvérsia estiver ligada a servidor público federal e adstrita:

a) a uma única região da justiça federal (aplicação analógica do art. 6º da Lei nº 7.701/1988);
b) ao âmbito local.

Já o Tribunal de Justiça será competente para os servidores públicos estaduais e municipais quando a controvérsia estiver restrita:

a) a uma unidade da federação (aplicação analógica do art. 6º da Lei nº 7.701/1988);
b) ao âmbito local.

3.5. Ações envolvendo sindicatos

Pela análise do art. 114, III, da CF/88 é possível extrair que a Justiça do Trabalho tem competência para processar e julgar todas as ações que envolvam os sindicatos

41. STF- RE 846854. Tese fixada pelo plenário do STF em 01.8.2017.
42. STF – MI 708/DF, Rel. Min. GILMAR MENDES, DJe 25.10.07.

e ou discutam questões sindicais[43]. Nesse contexto, a Justiça do Trabalho é competente para as ações:

1) **as ações sobre representação sindical.**

✦ *Exemplo: quando dois ou mais sindicatos disputarem a representação da categoria;*

2) **as ações entre sindicatos.**

✦ *Exemplos: cobrança de multa do sindicato patronal pelo sindicato dos empregados, em decorrência do não cumprimento de obrigações assumidas na convenção coletiva; repartição das contribuições sindicais etc.;*

3) **as ações entre sindicatos e empregados.**

✦ *Exemplos: descontos indevidos de contribuições assistenciais e confederativas; vícios nas eleições sindicais; direito de filiação ou desfiliação;*

4) **as ações entre sindicatos e empregadores.**

✦ *Exemplos: ações visando acabar com atos antissindicais praticados pelo empregador; consignação de pagamento de contribuição sindical ajuizada pelo empregador.*

Ressalta-se que, como já dito, o art. 114, III, da CF/88 atrai para a Justiça do Trabalho todas as questões relacionadas aos sindicatos, sejam as **intersindicais** (entre sindicatos, como é o caso, p. e, da disputa de representação sindical), sejam as **intrasindicais.**

No último caso, "envolvem todas as questões do Sindicato considerado em si mesmo e não em conflito com outro sindicato"[44]. Assim, são abrangidas, por exemplo, as questões relacionadas à legalidade de criação dos sindicatos (inclusive no tocante ao registro sindical e aos atos constitutivos em cartório), a convocação de Assembleias, as eleições sindicais[45] e também sobre os cargos de direção, registro de candidatura e a ação do dirigente sindical para pagamento de seus créditos e honorários junto à entidade sindical[46].

Por fim, cumpre destacar que o STF decidiu que "compete à Justiça comum processar e julgar demandas em que se discute o recolhimento e o repasse de contribuição sindical de servidores públicos regidos pelo regime estatutário" (tema 994 de Repercussão Geral – RE 1089282, Informativo nº 1001 do STF).

43. SCHIAVI, Mauro. *Manual de Direito Processual do Trabalho.* 9. ed. São Paulo: LTr, 2015. p. 258.
44. SCHIAVI, Mauro. *Manual de direito processual do trabalho.* 11. ed. São Paulo: LTr, 2016. p. 266 e 267.
45. Nesse sindicato, a doutrina majoritária defende o cancelamento da Súmula nº 4 do STJ: "Compete a Justiça Estadual julgar causa decorrente do processo eleitoral sindical". (LEITE, Carlos Henrique Bezerra. *Curso de direito processual do trabalho.* 14. ed. São Paulo: Saraiva, 2016. p. 308).
46. SCHIAVI, Mauro. *Manual de direito processual do trabalho.* 11. ed. São Paulo: LTr, 2016. p. 266 e 267.

▶ **OBSERVAÇÃO 1:**

Embora o art. 114, III, da CF/88 utilize apenas sindicatos, ele deve ser interpretado extensivamente, incluindo, assim, as federações, as confederações e até mesmo as centrais sindicais.

▶ **OBSERVAÇÃO 2:**

Com o advento da EC nº 45/04, a Súmula nº 222 do STJ[25] é considerada como superada pela doutrina e jurisprudência, sendo, atualmente, competência da Justiça do Trabalho julgar as ações relacionadas à contribuição sindical. Registra-se que referida súmula permanece aplicável aos processos já sentenciados na data das alterações realizadas pela emenda (Súmula nº 367 do STJ[40]).

3.6. Mandado de segurança, *habeas corpus* e *habeas data*

3.6.1. Mandado de segurança

O art. 114, IV, da CF/88 declina que é da competência da Justiça do Trabalho processar e julgar "os mandados de segurança, *habeas corpus* e *habeas data*, **quando o ato questionado envolver matéria sujeita à sua jurisdição**". (grifo nosso)

O **mandado de segurança** é um remédio constitucional concedido "para proteger direito líquido e certo, não amparado por 'habeas-corpus' ou 'habeas-data', quando o responsável pela ilegalidade ou abuso de poder for autoridade pública ou agente de pessoa jurídica no exercício de atribuições do Poder Público" (CF/88, art. 5º, LXIX).

Atualmente, sua regulamentação faz-se por meio da Lei nº 12.016/09, que revogou a Lei nº 1.533/51.

Antes do advento da EC nº 45/04, o mandado de segurança na Justiça do Trabalho tinha cabimento reservado a atos jurisdicionais (ex., atos do juiz do trabalho). Desse modo, somente os tribunais tinham competência para julgá-lo. No entanto, após a introdução dessa Emenda Constitucional, os juízes de primeiro grau também passaram a ter competência para julgar mandado de segurança como ocorre, por exemplo, contra ato do auditor fiscal do trabalho ou do superintendente regional do trabalho na interdição de estabelecimento (CLT, art. 161).

Portanto, nos dias atuais, tanto os tribunais como as varas do trabalho têm competência para o julgamento do mandado de segurança, sendo definida funcionalmente pela autoridade coatora envolvida, como se verifica no quadro a seguir:

---

47. Súmula nº 222 do STJ: Compete à Justiça Comum processar e julgar as ações relativas à contribuição sindical prevista no art. 578 da CLT.
48. Súmula nº 367 do STJ: A competência estabelecida pela EC n. 45/2004 não alcança os processos já sentenciados. No mesmo sentido, Resp 712984/PR. Rel.: Min. Luiz Fux. 1ª Turma. DJ 4.10.2007.
49. Ou juiz de direito investido de jurisdição trabalhista.

▸ COMPETÊNCIA	▸ AUTORIDADE COATORA
TST	Atos dos Ministros do TST
TRT	Atos dos juízes da Vara do Trabalho[27] ou do TRT (desembargadores) e seus servidores
Vara do Trabalho	Atos de autoridades que não façam parte do Judiciário trabalhista (ex., superintendente regional do trabalho)

Já a **competência territorial** é da sede funcional da autoridade apontada como coatora. É interessante observar que, embora seja territorial, essa competência tem natureza absoluta.

3.6.2. Habeas corpus

O ***habeas corpus*** é um remédio constitucional previsto no art. 5º, LXVIII, da CF/88, sendo cabível "sempre que alguém sofrer ou se achar ameaçado de sofrer violência ou coação em sua liberdade de locomoção, por ilegalidade ou abuso de poder".

Na seara trabalhista, o *habeas corpus* era utilizado, frequentemente, na hipótese do depositário infiel, ou seja, quando o depositário não guardava os bens submetidos à sua custódia.

Ocorre, no entanto, que o STF entende que, nos dias atuais, a prisão civil somente será permitida no caso de inadimplemento voluntário e inescusável de obrigação alimentícia, isto é, veda a possibilidade de prisão do depositário infiel, dando origem inclusive à **Súmula vinculante nº 25 do STF**, a qual vaticina:

> É ilícita a prisão civil de depositário infiel, qualquer que seja a modalidade do depósito.

Portanto, atualmente é vedada a prisão civil do depositário infiel, o que significa que dificultou a utilização do *habeas corpus* na seara trabalhista.

De qualquer maneira, parte da doutrina entende que ele será cabível no caso de determinação de prisão, pelo juiz do trabalho, em outras hipóteses que não seja a do depositário infiel, assim como nos atos de restrição de liberdade praticados por particulares (empregador ou tomador dos serviços)[50], como é o caso, por exemplo, do empregador que mantém empregado no ambiente de trabalho durante o movimento grevista ou, também, no caso de trabalho escravo.

No âmbito do C. TST ainda não há pacificação acerca da amplitude do cabimento do *habeas corpus*.

50. SCHIAVI, Mauro. *Manual de direito processual do trabalho*. 2. ed. São Paulo: LTr, 2009. p. 200.

Algumas decisões ampliam consideravelmente seu cabimento, autorizando o habeas corpus para proteção da autonomia da vontade contra ilegalidade ou abuso de poder praticado nas relações de trabalho, objetivando assegurar o livre exercício do trabalho[51].

Em outras decisões, o C. TST, acompanhando o posicionamento do STF e do STJ, tem restringido o cabimento do *habeas corpus* à defesa da liberdade de locomoção primária (direito de ir, de vir ou de permanecer), estando ligando, pois, à liberdade física. Não autorizam, portanto, a utilização desse remédio constitucional para tutelar de forma primária o exercício da profissão ou do trabalho e reflexamente a liberdade física.[52]

Cumpre destacar que o C. TST também admite o *habeas corpus* contra ato de suspensão do passaporte, realizada como medida executiva atípica, ou seja, para pressionar o cumprimento da determinação judicial. De acordo com o C. TST, nesse caso há restrição ao direito de locomoção do indivíduo para outros territórios. O *habeas corpus*, no entanto, não é cabível do ato que determina a suspensão da CNH, uma vez que o ato não afeta de forma objetiva e concreta, a liberdade de locomoção primária do indivíduo.[53]

A **competência funcional** para o julgamento do habeas corpus dependerá da autoridade coatora. Caso a autoridade coatora seja juiz da Vara do Trabalho, a competência para o julgamento do habeas corpus será do TRT. Se a autoridade coatora for juiz do TRT ou mesmo órgão colegiado fracionário de TRT, a competência será do TST[54]. Por outro lado, sendo ato praticado por quem não faça parte do Judiciário trabalhista, a competência será da Vara do trabalho.

3.6.3. Habeas data

O ***habeas data*** é um remédio constitucional previsto no art. 5º, LXVII, da CF/88, e regulamentado pela Lei nº 9.507/97, podendo ser utilizado para três finalidades:

1ª) assegurar o conhecimento de informações relativas à pessoa do impetrante, constantes de registro ou banco de dados de entidades governamentais ou de caráter público;

2ª) retificação de dados, quando não se prefira fazê-lo por processo sigiloso, judicial ou administrativo;

51. TST- HC-3981-95.2012.5.00.0000, rel. Min. Guilherme Caputo Bastos. DEJT 27.4.2012. No mesmo sentido, TST-AgR-HC-5451-88.2017.5.00.0000, SBDI-II, rel. Min. Delaíde Miranda Arantes, 8.8.2017 (Informativo nº 162).
52. TST-HC-1000678-46.2018.5.00.0000, SBDI-II, rel. Min. Alexandre Luiz Ramos, 13.11.2018 (Informativo nº 187).
53. RO-1247-26.2018.5.05.0000, Subseção II Especializada em Dissídios Individuais, Relator Ministro Luiz Jose Dezena da Silva, DEJT 17/12/2021.
54. JORGE NETO, Francisco Ferreira; CAVALCANTE, Jouberto de Quadros Pessoa. *Direito processual do trabalho*. 7. ed. São Paulo: Atlas, 2015. p. 1234.

3ª) anotação nos assentamentos do interessado, de contestação ou explicação sobre dado verdadeiro mas justificável e que esteja sob pendência judicial ou amigável.

No processo do trabalho, o *habeas data* é de difícil utilização, podendo citar, como exemplo, o ajuizado pelo empregador em face do órgão de fiscalização do trabalho que nega informações sobre processo administrativo em que o empregador está sofrendo penalidade administrativa.

A competência funcional para o julgamento do habeas data na Justiça do Trabalho é, em regra, das Varas do Trabalho, exceto quando o ato da autoridade implicar a competência funcional dos TRTs ou do TST[55].

3.7. Ações de indenização por dano moral ou patrimonial

Com a inclusão do art. 114, VI, da CF/88, por meio da Emenda Constitucional nº 45/04, terminou a divergência acerca da competência da Justiça Trabalhista para processar e julgar "as ações de indenização por dano moral ou patrimonial, decorrentes da relação de trabalho". Definiu-se, pois, que tais ações são de competência dessa Justiça Especializada.

Assim, se determinado empregado alega que sofreu dano moral por ato praticado pelo empregador, durante a relação de emprego, o pedido de indenização deverá ser postulado na Justiça do Trabalho.[56]

Cabe consignar que as ações de indenização por danos morais e patrimoniais **decorrentes do acidente de trabalho** também são de competência da Justiça do Trabalho, conforme dispõe a Súmula vinculante nº 22 do STF:

> A Justiça do Trabalho é competente para processar e julgar as ações de indenização por danos morais e patrimoniais decorrentes de acidente de trabalho propostas por empregado contra empregador, inclusive aquelas que ainda não possuíam sentença de mérito em primeiro grau quando da promulgação da Emenda Constitucional nº 45/04.

▶ **ATENÇÃO:**

A competência estabelecida pela EC n. 45/2004 não alcança os processos já sentenciados na Justiça Comum (Súmula nº 367 do STJ). Ressaltamos que, diferentemente do STJ que exige apenas sentença (de mérito ou não), o STF exige que a sentença deverá ser de mérito, conforme se depreende da Súmula vinculante nº 22.

---

55. LEITE, Carlos Henrique Bezerra. *Curso de direito processual do trabalho*. 14. ed. São Paulo: Saraiva, 2016. p. 1701.
56. O C. TST já decidiu que nos casos em que não for reconhecido o vínculo de emprego, mas sim relação de natureza civil, o julgamento da indenização por danos morais será de competência da justiça comum. AR – 11702-25.2017.5.00.0000, Relator Ministro: Alexandre de Souza Agra Belmonte, Data de Julgamento: 16/10/2018, Subseção II Especializada em Dissídios Individuais, Data de Publicação: DEJT 19/10/2018.

É importante observar que as ações acidentárias, que derivam do acidente de trabalho, podem dar origem a, pelo menos, duas ações diferentes:

1) promovida pelo trabalhador **em face do INSS**, para recebimento de benefício previdenciário. Nesse caso, embora a entidade autárquica seja integrante do polo da ação, a **competência é da Justiça Comum Estadual**, uma vez que o art. 109, I, da CF expressamente exclui essa ação da competência da Justiça Federal[57];

2) ajuizada pelo trabalhador **em face do empregador**, postulando indenização por danos morais ou patrimoniais. Aqui, a **competência é da Justiça do Trabalho**.

   ✦ *Exemplo: empregado sofre acidente do trabalho, tendo que amputar uma perna. Nesse caso, ele poderá ajuizar reclamação trabalhista postulando indenização pelo dano moral e materiais em face do empregador na Justiça do Trabalho. Além disso, poderá ajuizar ação previdenciária em face do INSS postulando benefício previdenciário, a qual será de competência da Justiça Comum Estadual.*

Ademais, inserem-se na competência da Justiça do Trabalho as doenças equiparadas ao acidente do trabalho (Súmula nº 392 do TST), ou seja, as doenças ocupacionais. Doença ocupacional é gênero que tem como espécies a doença profissional e a doença de trabalho. Doença profissional é a doença típica de determinada profissão, por exemplo, empregado de mineradora que contrai silicose, pois trabalha exposto ao pó de sílica. Já a doença de trabalho, embora tenha origem no trabalho do obreiro, não está vinculada a determinada profissão, como é o caso da LER/DORT.

Por fim, salienta-se que os **sucessores ou herdeiros** podem ajuizar ação indenizatória por danos morais em face do empregador, com base no acidente de trabalho, depois da morte do trabalhador (dano em ricochete, reflexo ou indireto). Nesse caso, a **competência também será da Justiça do Trabalho** (Súmula nº 392 do TST)[58].

3.7.1. Ação de indenização por danos ocorridos nas fases pré e pós contratual

A competência da Justiça Especializada subsiste para as lesões pré[59] e pós-contratuais, desde que a causa de pedir esteja embasada na relação de trabalho, ou seja, ainda que o contrato de trabalho não tenha se firmado ou já tenha sido

57. Art. 109. Aos juízes federais compete processar e julgar: I - as causas em que a União, entidade autárquica ou empresa pública federal forem interessadas na condição de autoras, rés, assistentes ou oponentes, exceto as de falência, as **de acidentes de trabalho** e as sujeitas à Justiça Eleitoral e à Justiça do Trabalho; (...) - grifo nosso. O CPC/2015 reproduz essa diretriz no art. 45, inciso I.
58. No mesmo sentido, STF - CC nº 7.545-7.
59. Em sentido contrário: Sérgio Pinto Martins. *Comentários às súmulas do TST*. 8.ed. São Paulo: Atlas, 2010. p. 296.

extinto. Noutras palavras, tratando o art. 114, VI, da CF/88 de competência material, o que lhe dá suporte é a ação decorrente da relação de trabalho, independentemente de estar firmado ou não o contrato de trabalho. Assim, ocorrendo um dano (moral ou patrimonial) nas fases pré e pós contratual a competência será da Justiça do Trabalho.

3.8. Ações relativas às penalidades administrativas impostas aos empregadores pelos órgãos de fiscalização do trabalho

A fiscalização administrativa, na seara trabalhista, é exercida pelo Ministério do Trabalho e Emprego. Desse modo, se tal órgão aplica multa a determinada empresa, caso esta tenha interesse de anular o auto de infração, deverá ajuizar ação na Justiça do Trabalho, nos termos do art. 114, VII, da CF. Da mesma forma, a execução da multa também será de competência da Justiça especializada. Em resumo, após o advento da Emenda Constitucional nº 45/04, todas as discussões relacionadas às penalidades administrativas impostas aos empregadores pelos órgãos de fiscalização do trabalho são de competência da Justiça do Trabalho.

É interessante observar que a multa imposta pelo órgão de fiscalização também pode ser discutida no âmbito administrativo. Nessa hipótese, havendo recurso administrativo, o art. 636, § 1º, da CLT exigia o depósito integral da multa para sua interposição. Contudo, o STF declinou que o referido artigo não foi recepcionado pela atual Constituição, editando a **Súmula vinculante nº 21** que assim vaticina:

> É inconstitucional a exigência de depósito ou arrolamento prévios de dinheiro ou bens para admissibilidade de recurso administrativo.

No mesmo sentido, estabeleceu o TST na Súmula nº 424:

> **Súmula nº 424 do TST.** Recurso administrativo. Pressuposto de admissibilidade. Depósito prévio da multa administrativa. Não recepção pela Constituição Federal do § 1º do art. 636 da CLT
>
> O § 1º do art. 636 da CLT, que estabelece a exigência de prova do depósito prévio do valor da multa cominada em razão de autuação administrativa como pressuposto de admissibilidade de recurso administrativo, não foi recepcionado pela Constituição Federal de 1988, ante a sua incompatibilidade com o inciso LV do art. 5º.

Portanto, atualmente, não há necessidade de depósito prévio para a interposição do recurso administrativo.

Por fim, registra-se que as penalidades administrativas lavradas por órgão de fiscalização de profissões regulamentadas (ex., CREA, OAB etc.) **não** são de competência da Justiça do Trabalho, estando afastadas do art. 114, inciso VII, da Constituição Federal[60]. Do mesmo modo, não são de competência da Justiça do Trabalho lides

60. SCHIAVI, Mauro. *Manual de direito processual do trabalho*. 6. ed. São Paulo: LTr, 2013. p. 272.

em que se discute sanção aplicada por infração à legislação trabalhista a município que mantém vínculo de natureza estatutária com servidores admitidos em caráter temporário[61].

3.9. Execução, de ofício, das contribuições sociais das sentenças que proferir

A sentença trabalhista pode versar sobre verbas indenizatórias e salariais.

As verbas de natureza indenizatória (ex., indenização por danos morais, multa do art. 477 da CLT etc.) não se sujeitam à incidência de contribuições sociais. Já as verbas de natureza salarial (ex., salário, horas extras etc.) estão submetidas à incidência das contribuições sociais, que servem, entre outros objetivos, para o custeio da previdência social.

No caso de ajuizamento de reclamação trabalhista, tais verbas também sofrerão incidência das contribuições sociais, as quais poderão ser executadas de ofício (independente de provocação). É o que estabelece o artigo o art. 114, VIII, CF:

> **Art. 114.** Compete à Justiça do Trabalho processar e julgar:
>
> (...)
>
> VIII- a execução, de ofício, das contribuições sociais previstas no art. 195, I, a, e II, e seus acréscimos legais, decorrentes das sentenças que proferir; (...)

Assim, havendo condenação, por exemplo, ao pagamento do 13º salário e das horas extras, o juiz deverá executar de ofício as contribuições sociais incidentes sobre tais verbas.

Dúvida existia acerca da competência da Justiça do Trabalho para a execução das contribuições sociais, quando a reclamação trabalhista tivesse cunho meramente declaratório.

> **Exemplo**: empregado ajuíza reclamação trabalhista postulando tão somente o reconhecimento do vínculo empregatício, do período de 1.2.07 a 1.3.10. Nessa hipótese, indaga-se: o juiz do trabalho, reconhecendo o vínculo empregatício, poderá executar de ofício as contribuições sociais do período? Do mesmo modo, postulado o pagamento de reflexos nas horas extras sobre os pagamentos realizados "por fora", tem a Justiça do Trabalho competência para executar as contribuições incidentes sobre os salários realizados "por fora"?

O Supremo Tribunal Federal **decidiu que a Justiça do Trabalho somente é competente para executar as contribuições sociais decorrentes de sentença condenatória**

61. TST-RO-456-38.2013.5.12.0000, SBDI-II, rel. Min. Douglas Alencar Rodrigues, 7.4.2015 (Informativo execução nº 13).

em pecúnia que proferir ou objeto de acordo judicial homologado, ou seja, não tem competência na hipótese de sentença meramente declaratória, dando origem à Súmula vinculante nº 53 do STF:

> A competência da Justiça do Trabalho prevista no art. 114, VIII, da Constituição Federal alcança a execução de ofício das contribuições previdenciárias relativas ao objeto da condenação constante das sentenças que proferir e acordos por ela homologados.

Nesse sentido, a Súmula 368, item I, do TST:

> **Súmula nº 368 do TST**. Descontos previdenciários. Imposto de renda. Competência. Responsabilidade pelo recolhimento. Forma de cálculo. Fato gerador.
>
> I – A Justiça do Trabalho é competente para determinar o recolhimento das contribuições fiscais. A competência da Justiça do Trabalho, quanto à execução das contribuições previdenciárias, limita-se às sentenças condenatórias em pecúnia que proferir e aos valores, objeto de acordo homologado, que integrem o salário de contribuição. (...)

Aliás, a Lei nº 13.467/2017 (Reforma Trabalhista) alterou o parágrafo único do art. 876 da CLT, reproduzindo o art. 114, VIII, da CF/88 e ratificando o entendimento sedimentado na Súmula Vinculante nº 53 do STF e na Súmula nº 368, I, do TST, como se verifica a seguir:

> Parágrafo único. A Justiça do Trabalho executará, de ofício, as contribuições sociais previstas na alínea a do inciso I e no inciso II do **caput** do art. 195 da Constituição Federal, e seus acréscimos legais, relativas ao objeto da condenação constante das sentenças que proferir e dos acordos que homologar.

Portanto, a Justiça do Trabalho tem competência para executar apenas as contribuições sociais decorrentes de sentença **condenatória em pecúnia que proferir ou objeto de acordo judicial homologado, o que não inclui o caso de decisões meramente declaratórias.**

Consigna-se que a Justiça do Trabalho também é competente para executar as contribuições sociais referentes ao seguro de acidente de trabalho (Súmula nº 454 do TST[62]).

---

62. Súmula nº 454 do TST. Competência da Justiça do Trabalho. Execução de ofício. Contribuição social referente ao seguro de acidente de trabalho (SAT). Arts. 114, VIII, e 195, I, "A", da Constituição da República. Compete à Justiça do Trabalho a execução, de ofício, da contribuição referente ao Seguro de Acidente de Trabalho (SAT), que tem natureza de contribuição para a seguridade social (arts. 114, VIII, e 195, I, "a", da CF), pois se destina ao financiamento de benefícios relativos à incapacidade do empregado decorrente de infortúnio no trabalho (arts. 11 e 22 da Lei nº 8.212/1991).

▶ **ATENÇÃO:**

De acordo com o STF, "a Justiça do Trabalho é competente para executar, de ofício, as contribuições previstas no artigo 195, incisos I, alínea a, e II, da Carta da República, relativamente a títulos executivos judiciais por si formalizados em data anterior à promulgação da Emenda Constitucional nº 20/1998" (Tese de repercussão gera – tema 505 – RE 595326, j. em 21.08.2020).

3.9.1. *Contribuições previdenciárias decorrentes dos acordos firmados perante a Comissão de Conciliação Prévia*

A Justiça do Trabalho é competente para a execução de contribuições sociais decorrentes de **acordo firmado na comissão de conciliação prévia**, não com base no art. 114, VIII, da CF que trata de título judicial, mas em razão da interpretação sistemática do art. 114, IX, da CF c/c o art. 43, § 6º, da Lei n.º 8.212/91[63].

3.9.2. *Contribuições de terceiros*

A competência para executar as contribuições previdenciárias **não inclui as contribuições de terceiros** (sistema S).

Isso decorre da interpretação do art. 240 da CF/88, que exclui as contribuições de terceiros do disposto no art. 195 da CF/88. Ora, se a Justiça do Trabalho, nos termos do art. 114, VIII, CF/88, tem competência para executar as contribuições declinadas no art. 195, I, a, e II, da CF/88, é evidente que não terá para a execução das contribuições de terceiros, pois estas não estão inseridas nesse artigo, por força do art. 240 da CF/88.

3.10. Outras competências da Justiça do Trabalho

Nesse tópico, traremos alguns temas de competência da Justiça do Trabalho, já pacificados na jurisprudência, conforme Súmulas do TST a seguir transcritas:

> **Súmula nº 19 do TST:** A Justiça do Trabalho é competente para apreciar reclamação de empregado que tenha por objeto **direito fundado em quadro de carreira**. (grifo nosso)
>
> **Súmula nº 300 do TST:** Compete à Justiça do Trabalho processar e julgar ações ajuizadas por empregados em face de empregadores relativas ao **cadastramento no Programa de Integração Social** (PIS). (grifo nosso)
>
> **Súmula nº 389 do TST:** I – Inscreve-se na competência material da Justiça do Trabalho a lide entre empregado e empregador tendo por objeto

63. TST-E-RR-41300-56.2009.5.09.0096, SBDI-I, rel. Min. Luiz Philippe Vieira de Mello Filho, 8.5.2014 (Informativo execução nº 1); TST-E-RR-22200-18.2009.5.09.0096, SBDI-I, rel. Min. José Roberto Freire Pimenta, 16.10.2014 (Informativo execução nº 7).

indenização pelo não-fornecimento das guias do seguro-desemprego. (...) (grifo nosso)

3.11. Ações envolvendo o meio ambiente do trabalho

Meio ambiente do trabalho é "o local onde as pessoas desempenham suas atividades laborais, sejam remuneradas ou não, cujo equilíbrio está baseado na salubridade do meio e na ausência de agentes que comprometam a incolumidade físico-psíquica dos trabalhadores, independentemente da condição que ostentem (homens ou mulheres, maiores ou menores de idade, celetistas, servidores públicos, autônomos, etc.)"[64].

O meio ambiente do trabalho ecologicamente equilibrado é um direito fundamental de todos os trabalhadores, visando à sua saúde, segurança e bem-estar.

Desse modo, podem existir ações destinadas à preservação deste ambiente como, por exemplo, o ajuizamento de ação civil pública pelo MPT impondo que determinada empresa substitua uma máquina que espalha gás prejudicial aos trabalhadores.

Nesse caso, o Supremo Tribunal Federal estabelece que a competência para processamento e julgamento da causa é da Justiça do Trabalho, conforme se depreende da Súmula nº 736:

> **Súmula nº 736 do STF**: Compete à justiça do trabalho julgar as ações que tenham como causa de pedir o descumprimento de normas trabalhistas relativas à segurança, higiene e saúde dos trabalhadores.

Portanto, as ações relacionadas ao meio ambiente do trabalho são de competência da Justiça do Trabalho.

> ▸ **ATENÇÃO:**
> No caso da Administração Pública, a competência será da Justiça do Trabalho, independentemente do regime jurídico adotada para seus servidores: celetista ou estatutário.[65]

---

64. FIORILLO, Celso Antonio Pacheco. In: Melo, Raimundo Simão de. *Direito ambiental do trabalho e a saúde do trabalhador: responsabilidades legais, dano material, dano moral, dano estético, perda de uma chance.* 2. ed. São Paulo: LTr, 2006. p. 24-25.

65. STF – AgR Rcl: 20744 SC – SANTA CATARINA 0002294-14.2015.1.00.0000, Relator: Min. ROBERTO BARROSO, Data de Julgamento: 02/02/2016, Primeira Turma, Data de Publicação: DJe-034 24-02-2016; STF – Rcl: 3303 PI, Relator: Min. CARLOS BRITTO, Data de Julgamento: 19/11/2007, Tribunal Pleno, Data de Publicação: DJe-088 DIVULG 15-05-2008 PUBLIC 16-05-2008 EMENT VOL-02319-02 PP-00312; TST – RR: 8239020115230076, Data de Julgamento: 19/09/2018, Data de Publicação: DEJT 21/09/2018; TST-Ag-AIRR-1673-57.2015.5.22.0004, Rel. Min. Walmir Oliveira da Costa, 1ª Turma, DEJT 06/04/2018; TST-RR-591-23.2015.5.04.0802, Relatora: Ministra Maria Cristina Irigoyen Peduzzi, 8.ª Turma, DEJT 30/6/2017; TST-E-ED-RR-60000-40.2009.5.09.0659, SBDI-I, rel. Min. Walmir Oliveira da Costa, 22.11.2018 (Informativo nº 188).

3.12. Competência normativa

No direito do trabalho, admite-se a criação de normas jurídicas pelas próprias partes envolvidas no conflito. É o caso, por exemplo, de o sindicato dos empregados e a empresa, após negociação, firmarem um acordo coletivo.

Pode ocorrer, no entanto, de as partes não chegarem a um consenso, submetendo ao Judiciário a criação da norma jurídica (ex., obrigar o empregador a fornecer cestas básicas). Nesse ponto, cabe esclarecer que a Justiça do Trabalho é o **único** ramo do Judiciário que tem competência para criar normas gerais e abstratas. Trata-se, pois, de função legislativa (função atípica) conferida ao Judiciário trabalhista, denominada de Poder Normativo.

Percebe-se que não se trata de aplicação do direito já existente, mas de própria criação da norma jurídica (ex., fornecer cestas básicas).

A criação de tais normas ocorre por meio do dissídio coletivo. Nos termos do art. 114, § 2º, da CF:

> § 2º Recusando-se qualquer das partes à negociação coletiva ou à arbitragem, é facultado às mesmas, **de comum acordo**, ajuizar dissídio coletivo de natureza econômica, podendo a Justiça do Trabalho decidir o conflito, respeitadas as disposições mínimas legais de proteção ao trabalho, bem como as convencionadas anteriormente. (grifo nosso)

Consigna-se que o **dissídio coletivo sempre será de competência originária dos tribunais (TST ou TRT)**, a depender da abrangência do conflito e da representação das categorias envolvidas. Desse modo, se a abrangência estiver limitada a um TRT, é dele a competência (CLT, art. 677). Por outro lado, se ultrapassar a base territorial de mais de um TRT, a competência será do TST (art. 2º, I, a, da Lei nº 7.701/88).

> ▶ **ATENÇÃO:**
>
> Existe uma exceção quando a extensão do dissídio coletivo abranger mais de um tribunal. É o caso de atingir as circunscrições dos TRTs da 2ª e 15ª Região (todo o estado de São Paulo). Nessa hipótese, a competência será do TRT da 2ª Região, conforme estabelece o art. 12[66] da Lei nº 7.520/86, alterado pela Lei nº 9.254/96.

4. COMPETÊNCIA FUNCIONAL

A competência funcional é aquela fixada em decorrência da distribuição interna de atribuições (funções) dos órgãos judiciais, no caso, da Justiça do Trabalho.

---

66. Art. 12: "Compete exclusivamente ao Tribunal Regional do Trabalho da 2ª Região processar, conciliar e julgar os dissídios coletivos nos quais a decisão a ser proferida deva produzir efeitos em área territorial alcançada, em parte, pela jurisdição desse mesmo Tribunal e, em outra parte, pela jurisdição do Tribunal Regional do Trabalho da 15ª Região".

A competência funcional pode ser hierárquica (vertical) ou horizontal.

No caso da competência funcional hierárquica, ela poderá ser da Vara do Trabalho, do TRT ou do TST.

A competência dos Tribunais (TRT e TST) pode ser subdividida em:

a) competência recursal; e

b) competência originária.

A **competência recursal** é a relacionada aos recursos, ou seja, a Constituição Federal, a lei ou os regimentos internos dos tribunais definem o órgão que será competente para o julgamento de determinado recurso.

> ✦ *Exemplo: o TRT, em regra, terá competência para julgar o recurso ordinário; o TST será competente para o julgamento dos recursos de revista.*

Já a **competência originária** ocorre quando a legislação suprime do primeiro grau de jurisdição o julgamento da causa, delimitando como competente um tribunal. Repete-se, quando se fala em competência originária, estamos nos referindo à competência iniciada diretamente em um tribunal.

> ✦ *Exemplo: a ação rescisória e o dissídio coletivo são de competência originária dos tribunais. Isso significa que a Vara do Trabalho jamais vai julgar essas ações.*

A competência funcional, sob o aspecto horizontal, é a existente dentro de um mesmo grau de jurisdição como ocorre, por exemplo, nas fases do processo: fase de conhecimento e fase de execução. É o que se verifica, também, na distribuição da competência dos órgãos internos dos tribunais (turmas, órgão especial e pleno).

5. COMPETÊNCIA EM RAZÃO DO LUGAR (TERRITORIAL)

A competência em razão do lugar é aquela delimitada com base nos limites geográficos (territorial) de cada órgão do Poder Judiciário. Portanto, divide-se a competência considerando cada parte do território nacional.

Conforme já estudado anteriormente, essa modalidade de competência é relativa, o que significa que depende de provocação da parte interessada, a ser alegada em exceção de incompetência (CLT, art. 800), sob pena de prorrogação da competência, ou seja, o juiz, inicialmente incompetente, passa a ser competente.

A competência territorial, no processo do trabalho, vem descrita no art. 651 da CLT que estabelece:

> Art. 651 - A competência das Juntas de Conciliação e Julgamento[67] é determinada pela localidade onde o empregado, reclamante ou

67. Leia-se Vara do Trabalho.

> reclamado, prestar serviços ao empregador, ainda que tenha sido contratado noutro local ou no estrangeiro.
>
> § 1º – Quando for parte de dissídio agente ou viajante comercial, a competência será da Junta da localidade em que a empresa tenha agência ou filial e a esta o empregado esteja subordinado e, na falta, será competente a Junta da localização em que o empregado tenha domicílio ou a localidade mais próxima.
>
> § 2º – A competência das Juntas de Conciliação e Julgamento, estabelecida neste artigo, estende-se aos dissídios ocorridos em agência ou filial no estrangeiro, desde que o empregado seja brasileiro e não haja convenção internacional dispondo em contrário.
>
> § 3º – Em se tratando de empregador que promova realização de atividades fora do lugar do contrato de trabalho, é assegurado ao empregado apresentar reclamação no foro da celebração do contrato ou no da prestação dos respectivos serviços.

Pela análise desse dispositivo, é possível estabelecer a seguinte estrutura para a competência territorial da Justiça do Trabalho:

Regra: local da prestação dos serviços (*caput*);

- 1ª exceção: agente ou viajante comercial;
- 2ª exceção: empregado brasileiro que trabalha no exterior;
- 3ª exceção: empregador que promove a prestação dos serviços fora do lugar da celebração do contrato.

5.1. Local da prestação dos serviços

O legislador delimitou que a competência territorial no âmbito trabalhista será como regra o local da prestação dos serviços (CLT, art. 651, *caput*).

Consigna-se que, nos termos do *caput* do aludido artigo, mesmo que a contratação tenha ocorrido em outro local ou no estrangeiro, a competência será do juízo do local da prestação dos serviços. Esta regra se aplica na hipótese de o empregado ser reclamante ou reclamado.

Ademais, a competência do local da prestação dos serviços também será utilizada nas causas de relação de trabalho, pois o art. 1º da Instrução Normativa nº 27/2005 do TST determina que estas ações seguirão o rito previsto na CLT.

5.1.1. Prestação de serviços em diversas localidades

O trabalhador pode ter sucessivas prestações de serviços em localidades diversas, gerando dúvida em qual juízo deverá ajuizar a reclamação.

✦ *Exemplo: empregado trabalhou 5 anos em São Paulo e depois foi transferido para Fortaleza, onde foi dispensado após 2 anos.*

Nesse caso, tem prevalecido no C. TST o entendimento de que se trata de competência concorrente entre as Varas do Trabalho em que o trabalhador laborou, ou seja, o empregado poderá escolher qual o lugar da prestação dos serviços em que pretende ajuizar a reclamação trabalhista, a fim de privilegiar o acesso à justiça[68]. No exemplo, poderia optar entre a cidade de São Paulo e de Fortaleza.

5.2. Agente ou viajante comercial

A primeira exceção da competência territorial trabalhista é a reclamação do agente ou viajante comercial, disposta no § 1º do art. 651 da CLT.

Nessa hipótese, definiram-se duas regras **sucessivas**:

- **Regra principal:** competência da Vara do Trabalho em que a empresa tenha agência ou filial e a esta o empregado esteja subordinado.
- **Regra secundária (subsidiária): na falta** de agência ou filial ou se o empregado não estiver subordinado a nenhuma delas, ele poderá **optar** entre ajuizar a ação no seu domicílio ou na localidade mais próxima.

> ▸ **ATENÇÃO:**
>
> A regra principal exige a **cumulação** de dois requisitos:
>
> empresa tenha agência ou filial **+** empregado subordinado a essa agência ou filial

5.3. Empregado brasileiro que trabalha no exterior

A segunda exceção é do empregado brasileiro que trabalha no exterior, de modo que, embora a prestação do serviço tenha ocorrido em outro país, a reclamação poderá ser ajuizada na Justiça brasileira.

Desse modo, o § 2º do art. 651 da CLT prevê a competência internacional, estabelecendo que a Vara do Trabalho é competente, na hipótese de prestação dos serviços em agência ou filial no exterior, desde que o empregado **seja brasileiro** (nato ou naturalizado) **e** não haja convenção internacional dispondo em contrário.

---

68. TST- CCCiv-501-60.2022.5.00.0000, Subseção II Especializada em Dissídios Individuais, Relator Ministro Amaury Rodrigues Pinto Junior, DEJT 08/04/2022 ; TST-CC-1371-07.2015.5.12.0004, Subseção II Especializada em Dissídios Individuais, Relator Ministro Evandro Pereira Valadao Lopes, DEJT 12/02/2021; TST-CC-100964-50.2017.5.01.0002, Subseção II Especializada em Dissídios Individuais, Relatora Ministra Delaide Miranda Arantes, DEJT 14/09/2018

É o caso, por exemplo, de um brasileiro ser contratado para prestar serviços na Alemanha. Nesse caso, admite-se que a reclamação seja ajuizada na Justiça do Trabalho brasileira.

Quanto à Vara do Trabalho competente, a doutrina e jurisprudência divergem entre o local da sede ou filial da empresa, o local da contratação ou do domicílio do empregado, prevalecendo, de certo modo, que a competência será do local em que empresa tenha sede ou filial no Brasil.

Atente-se para o fato de que, havendo convenção internacional estabelecendo o foro competente, não se aplicará a regra do § 2º, do art. 651 da CLT.

Destaca-se ainda que, enquanto o *caput* do art. 651 é aplicado aos brasileiros e estrangeiros, a exceção descrita no § 2º tem incidência apenas ao empregado brasileiro, nato ou naturalizado.

Por fim, é importante observar que o referido parágrafo trata de regra de competência e, portanto, de direito processual, nada versando sobre direito material. Isso significa que, embora a Justiça do Trabalho possa ser competente, o direito material aplicável será aquele que é mais favorável ao trabalhador no conjunto de normas em relação a cada matéria, incidindo, assim, a teoria do conglobamento mitigado ou por institutos (Lei nº 7.064/82, art. 3º).

5.4. Empregador que promove a prestação dos serviços fora do lugar da celebração do contrato

O § 3º do art. 651 da CLT estabelece a competência no caso de o empregador promover atividades fora do local da contratação.

A doutrina não é pacífica acerca da interpretação deste dispositivo.

A **tese clássica** declina que tratando o § 3º de exceção, deve ser interpretado restritivamente. Nesse contexto, esse parágrafo somente terá aplicação quando o empregador exercer atividades em locais incertos, transitórios ou eventuais[69]. É o que acontece, por exemplo, com as atividades circenses, artísticas, feiras etc., que acabam desenvolvendo suas atividades em diversos locais.

Nessa hipótese, a legislação confere a **opção** de o empregado escolher entre:

- a Vara do Trabalho da celebração do contrato ou;
- a Vara do Trabalho do local de prestação dos serviços.

Já a **tese moderna**, que vem sendo observada pela jurisprudência, impõe que o § 3º deve ser interpretado, não sob o aspecto da transitoriedade das atividades da empresa, mas sim com o objetivo de alargar o acesso ao judiciário. Desse modo, ampliam a interpretação dessa exceção, permitindo sua incidência quando a empresa realiza suas atividades em local diverso da contratação.

69. MARTINS, Sérgio Pinto. *Comentários à CLT*. 17. ed. São Paulo: Atlas, 2013. p. 744.

Embora a tese moderna acabe criando um confronto com o *caput* do art. 651, vez que este não se preocupa com o local da contratação impondo, simplesmente, a regra da prestação dos serviços, ela tem a virtude de facilitar o acesso ao judiciário, especialmente nos casos em que o trabalhador é contratado para prestar serviços em localidades muito distantes do local da contratação (ou domicílio), de modo que sendo observado o *caput* do artigo em análise acabaria por inviabilizar o acesso ao judiciário.

É o que se verifica com frequência na arregimentação de trabalhadores, contratados em uma região do país para prestarem serviços em outra região muito distante. Com a extinção do contrato, retornam para seus lares, o que poderia inviabilizar o ajuizamento da reclamação trabalhista caso tivessem que propor a ação e acompanhar as audiências no local da prestação dos serviços. Ademais, na hipótese, o princípio da inafastabilidade da jurisdição previsto no art. 5º, XXXV, da CF/88 deve se sobrepor à restrição imposta pelo *caput* do art. 651 da CLT[70], permitindo o ajuizamento da reclamação trabalhista no local da prestação dos serviços, local da contratação ou até mesmo no domicílio do trabalhador. Nesse sentido, a 1ª Jornada de Direito Material e Processual do Trabalho, no Enunciado nº 7, estabeleceu:

> Enunciado nº 7. ACESSO À JUSTIÇA. CLT, ART. 651, § 3º. INTERPRETAÇÃO CONFORME A CONSTITUIÇÃO. ART. 5º, INC. XXXV, DA CONSTITUIÇÃO DA REPÚBLICA. Em se tratando de empregador que arregimente empregado domiciliado em outro município ou outro Estado da federação, poderá o trabalhador optar por ingressar com a reclamatória na Vara do Trabalho de seu domicílio, na do local da contratação ou na do local da prestação dos serviços[71].

5.5. Competência Territorial na Ação Civil Pública

Tratando-se de ação civil pública, a competência territorial é definida de modo diverso. Nesse caso, deve-se observar a extensão do dano, que pode ser de 4 tipos:

1) **dano local**: ocorrido dentro da circunscrição da Vara do Trabalho;
2) **dano regional**: atinge localidades com Varas do Trabalho diversas dentro de um estado ou TRT e Varas do Trabalho limítrofes, ainda que em estados ou TRTs diferentes;

   ✦ *Exemplo: Imagine uma lesão que tenha ocorrido nas cidades de Juazeiro (BA) e Petrolina (PE), ligadas por uma ponte (aproximadamente 800 metros) que atravessa o rio São Francisco. Nesse caso, embora elas sejam vinculadas a TRTs diferentes (5ª e 6ª Região, respectivamente), não se justifica definir como competente as Varas do Trabalho de Salvador ou Recife, que não possuem*

70. SARAIVA, Renato. *Curso de direito processual do trabalho*. 8. ed. São Paulo: Método, 2011. p. 115.
71. Em regra, esse entendimento não é exigido nas provas objetivas de analista, de modo que, estando na dúvida, aplique a regra do *caput* do art. 651 da CLT. Contudo, havendo questionamento, especialmente nas provas subjetivas, deve o candidato ter conhecimento da existência dessa tese.

nenhuma relação com a lesão, sendo mais adequada a competência de um dos juízos das Varas do Trabalho envolvidas[72]*, ou seja, Juazeiro ou Petrolina.*

3) **dano suprarregional**: ocorrido dentro de uma mesma região do País;

✦ *Exemplo: região Sul, Sudeste etc.;*

4) **dano nacional**: atinge mais de uma região do País ou a maioria dos estados.

Definida a extensão do dano, passa-se a estabelecer o juízo competente, conforme dispõe a OJ nº 130 da SDI-II do TST:

> I – A competência para a Ação Civil Pública fixa-se pela extensão do dano.
>
> II – Em caso de dano abrangência regional, que atinge cidades sujeitas à jurisdição de mais de uma Vara do Trabalho, a competência será de qualquer das varas das localidades atingidas, ainda que vinculadas a Tribunais Regionais do Trabalho distintos.
>
> III – Em caso de dano de abrangência suprarregional ou nacional, há competência concorrente para a ação civil pública das varas do trabalho das sedes dos Tribunais Regionais do Trabalho.
>
> IV – Estará prevento o juízo a que a primeira ação houver sido distribuída.

Em resumo, podemos esquematizar a competência da ação civil pública da seguinte forma:

▶ EXTENSÃO DO DANO	▶ COMPETÊNCIA
Dano local	Vara do Trabalho do local do dano
Dano regional	Qualquer das Varas das localidades atingidas, ainda que vinculadas a Tribunais Regionais do Trabalho distintos
Dano suprarregional ou nacional	Competência concorrente para a ação civil pública das Varas do Trabalho das sedes dos TRTs

Atente-se para o fato de que a competência é sempre de uma Vara do Trabalho, ou seja, jamais será de competência originária de um Tribunal.

Por fim, é necessário esclarecer que referida competência tem natureza absoluta, pois não se trata de mera competência territorial, mas, sim, de competência funcional-territorial, porquanto o escopo da lei é de tutelar interesse público e não meramente particular, como ocorre na competência relativa. Modernamente, a doutrina[73] busca designá-la apenas de competência territorial absoluta, como já prevê o art. 209 do ECA e o art. 80 do Estatuto da Pessoa Idosa.

---

72. DIDIER JR. Fredie; ZANETI JR., Hermes. *Curso de direito processual civil: Processo coletivo*. 5. ed. Bahia: Juspodivm, 2010. v. 4, p. 142.
73. DIDIER JR. Fredie; ZANETI JR., Hermes. *Curso de direito processual civil: Processo coletivo*. 5. ed. Bahia: Juspodivm, 2010. v. 4, p. 137.

5.6. Foros distritais ou regionais

É possível que numa mesma localidade haja a divisão da competência em foros distritais ou regionais, com o objetivo de descentralizar a atividade judiciária e ampliar sua efetividade. Cada um desses foros pode contar ainda com mais de uma vara trabalhista. É o que acontece, por exemplo, no município de São Paulo, em que há três fóruns trabalhistas: Central, Zona Leste e Zona Sul, definindo-se o fórum competente pelo CEP do local da prestação dos serviços[74].

Como essa distribuição de competência leva em conta aspectos geográficos, poderia surgir dúvida se ela é de natureza relativa, pois ligada à competência territorial.

O entendimento amplamente majoritário é no sentido de que essa competência é de natureza absoluta, vez que relacionada ao interesse público, não podendo, desse modo, haver modificação e/ou prorrogação.

Para uns é modalidade de competência funcional[75], pois ligada à organização interna das Varas do Trabalho de um município. Para outros, com os quais pensamos estar a razão, trata-se de espécie de competência territorial absoluta[76], vez que definida pelas regras do art. 651 da CLT, aplicando-se, em regra, o CEP do local da prestação de serviços.

De qualquer maneira é preciso ficar claro: a competência dos foros distritais e regionais é de natureza absoluta, podendo ser conhecida de ofício pelo juízo.

5.7. Foro de eleição

O foro de eleição é a possibilidade de as próprias partes, de comum acordo, elegerem um local para dirimir futuras questões judiciais. É o que acontece, por exemplo, no contrato de locação, em que as partes estipulam determinado foro (ex., São Paulo) que será o competente para discutir aquele contrato.

A previsão do foro de eleição vem declinada no art. 63 do CPC/2015, tendo aplicação tão somente nos casos de competência relativa (territorial ou em razão do valor).

No processo do trabalho, é majoritário o entendimento de que o **foro de eleição é inaplicável**, por ser incompatível com a ideologia desse ramo processual, sendo este, inclusive, o posicionamento do C. TST, conforme dispõe o art. 2º, I, da Instrução Normativa nº 39/2016:

> Art. 2º Sem prejuízo de outros, não se aplicam ao Processo do Trabalho, em razão de inexistência de omissão ou por incompatibilidade, os seguintes preceitos do Código de Processo Civil:

74. Na realidade, a Resolução Administrativa nº 01/2013 do TRT da 2ª Região divide a jurisdição das Varas do Trabalho de São Paulo em 5 (cinco) regiões: Centro Expandido, Zona Leste, Zona Norte, Zona Oeste e Zona Sul.
75. Nesse sentido: TRT 2ª Região; CC nº 1001979-42.2016.5.02.0000; Relator: Des. José Ruffolo. J. em 26.09.2016. Publ. em 26.09.2016.
76. DIDIER JR., Fredie. *Curso de Direito Processual Civil: introdução ao direito processual civil, parte geral e processo de conhecimento*. 18. ed. Salvador: Juspodivm, 2016. p. 225.

> I – art. 63 (modificação da competência territorial e eleição de foro);
> (...).

Contudo, considerando que a competência territorial, no processo do trabalho, é definida de modo a facilitar o acesso do trabalhador ao judiciário, parte da doutrina passa a admitir o foro de eleição na relação de emprego, desde que facilite, para o trabalhador, o acesso à justiça[77].

Ademais, na relação de trabalho *lato sensu* (excluída a relação de emprego), permite-se o foro de eleição.

De qualquer modo, admitindo-se o foro de eleição, admitindo-se o foro de eleição, deve-se observar os termos do art. 63, § 1º, do CPC/2015, com redação dada pela Lei nº 14.879, de 4 de junho de 2024:

> § 1º A eleição de foro somente produz efeito quando constar de instrumento escrito, aludir expressamente a determinado negócio jurídico e guardar pertinência com o domicílio ou a residência de uma das partes ou com o local da obrigação, ressalvada a pactuação consumerista, quando favorável ao consumidor.

Ainda, é necessário esclarecer que é permitida a declaração ex offício da nulidade da cláusula de eleição de foro, nos termos do art. 63, § 3º, do CPC/2015[78].

Por fim, importante destacar que a Lei nº 14.879, de 4 de junho de 2024, incluiu o § 5º ao art. 63 do CPC/2015, estabelecendo que:

> § 5º O ajuizamento de ação em juízo aleatório, entendido como aquele sem vinculação com o domicílio ou a residência das partes ou com o negócio jurídico discutido na demanda, constitui prática abusiva que justifica a declinação de competência de ofício.

Assim, nos casos de cláusulas de foro de eleição abusivas, em que há a escolha de um juízo aleatório sem qualquer conexão com as partes ou com o objeto do litígio, o juiz estará autorizado a, de ofício, reconhecer a abusividade da cláusula e declinar da competência para o foro competente.

6. CONFLITOS DE COMPETÊNCIA

Conforme anunciado anteriormente, a jurisdição é una e, portanto, indivisível. No entanto, para que ela possa ser exercida efetivamente, é necessário racionalizar o trabalho e organizar as tarefas, surgindo assim a competência. Nessa distribuição de tarefas, pode acontecer de dois ou mais juízes se darem por competentes ou por incompetentes para processar e julgar determinado processo. Surge, aqui, o conflito de competência.

---

77. ALMEIDA, Cleber Lúcio de Almeida. *Direito processual do trabalho*. 4. ed., rev., atual. e ampl. Belo Horizonte: Del Rey, 2012. p. 210.
78. CPC/2015, art. 63. § 3º Antes da citação, a cláusula de eleição de foro, se abusiva, pode ser reputada ineficaz de ofício pelo juiz, que determinará a remessa dos autos ao juízo do foro de domicílio do réu.

Portanto, nos termos do art. 804 da CLT c/c o art. 66 do CPC/2015, ocorrerá o conflito de competência quando:

1) 2 ou mais juízes se considerarem competentes (conflito positivo);
2) 2 ou mais juízes se considerem incompetentes (conflito negativo);
3) entre 2 ou mais juízes surgir controvérsia acerca da reunião ou separação de processos.

Tal conflito, no âmbito trabalhista, poderá ser suscitado pelos juízes e tribunais do trabalho, pelo Ministério Público do Trabalho e pela parte interessada ou seu representante (CLT, art. 805).

Consigna-se que, se a parte interessada alegar a incompetência, estará proibida de suscitar o conflito (CLT, art. 806).

> ✦ *Exemplo: empregado ajuíza reclamação trabalhista em São Paulo. A empresa exceção de incompetência alegando que a prestação dos serviços ocorreu em Vitória, devendo o processo ser encaminhado para aquele local. Sendo acolhido o pedido e enviados os autos para Vitória, não poderá a empresa suscitar, por exemplo, conflito negativo, ou seja, que a Vara do Trabalho de Vitória também não é competente para o caso.*

Contudo, o conflito não impede que a parte que não o arguiu suscite a incompetência (CPC/2015, art. 952, parágrafo único). No exemplo anterior, seria admitido que, ao chegar os autos à Vara do Trabalho de Vitória, o empregado arguisse incompetência daquela Vara para o caso.

Suscitado o conflito de competência, o art. 114, V, da CF/88 estabelece que a Justiça do Trabalho terá competência para processar e julgar os "conflitos de competência entre órgãos com jurisdição trabalhista". Excepciona, porém, o disposto no art. 102, I, "o", da CF, que disciplina a competência do Supremo Tribunal Federal.

Além disso, cabe observar ainda o disposto no art. 105, I, "d", da CF, que dispõe sobre a competência do Superior Tribunal de Justiça.

Desse modo, a competência para julgamento do conflito de competência nas causas trabalhistas pode ser esquematizado da seguinte forma:

TRT
(art. 808, *a*, CLT)

↑

Vara do Trabalho x Vara do Trabalho ou juiz de direito investido de jurisdição trabalhista (vinculados ao **mesmo** Tribunal)

TST
(art. 808, *b*, CLT)

TRT x TRT

TRT x Vara do Trabalho vinculada a outro TRT

Vara do Trabalho x Vara do Trabalho ou juiz de direito com jurisdição trabalhista (vinculados a Tribunais diferentes)

STJ
(art. 105, I, *d*, CF/88)

TRT ou Vara do Trabalho x juiz de direito, TJ, juiz federal ou TRF

STF
(art. 102, I, *o*, CR/88)

TST x TJ, TRF, juiz de direito ou juiz federal

► **ATENÇÃO:**

Não existe conflito de competência entre TRT e Vara do Trabalho a ele vinculada. Isso porque, nesse caso, há hierarquia entre os órgãos, devendo a Vara acatar a decisão do TRT (Súmula nº 420 do TST)*.

*. **Súmula nº 420 do TST. Competência funcional. Conflito negativo. TRT e Vara do Trabalho de idêntica região. Não configuração. Não se configura conflito de competência entre Tribunal Regional do Trabalho e Vara do Trabalho a ele vinculada.**

7. QUESTÕES DISSERTATIVAS E ESTUDOS DE CASO

Questão 1

A Justiça do Trabalho tem competência para o julgamento das ações que envolvam os Estados estrangeiros?

Resposta sugerida pelo autor

O art. 114, I, da CF/88 indica que a Justiça do Trabalho é competente para processar e julgar "as ações oriundas da relação de trabalho, abrangidos os entes de direito público externo (...)", os quais compreendem os Estados estrangeiros e os organismos internacionais.

Quanto aos Estados estrangeiros, o Supremo Tribunal Federal analisa seus atos dos em dois aspectos: os atos de império e os atos de gestão.

Os primeiros são aqueles praticados no exercício das prerrogativas soberanas do Estado. Nesses casos, há imunidade absoluta de jurisdição.

Os atos de gestão, por sua vez, são aqueles em que o Estado estrangeiro atua em matéria de ordem estritamente privada, equiparando-se ao particular, como é o caso da aquisição de bens, contratação de empregados etc. Nessa hipótese, não há imunidade de jurisdição.

De acordo com o STF, nas causas de natureza trabalhista, o Estado estrangeiro se submete à jurisdição brasileira e, consequentemente, à competência da Justiça do Trabalho, uma vez que se trata de atos de gestão.

Contudo, a Corte Suprema reconheceu a imunidade de execução dos entes de direito público externo, sob pena de indevida invasão no Estado estrangeiro. Noutras palavras, a Justiça do Trabalho poderá, na fase de conhecimento, reconhecer que o trabalhador laborou para o ente estrangeiro e condená-lo, por exemplo, ao pagamento das verbas rescisórias e das horas extras. No entanto, não poderá penhorar bens ou dinheiro de tais entes, devendo se valer da denominada carta rogatória.

Existem, porém, duas exceções em que não incidirá a imunidade de execução: 1ª) quando o Estado estrangeiro renunciar à intangibilidade de seus próprios bens e 2ª) quando houver no território brasileiro bens que, embora pertencentes ao ente externo, não tenham nenhuma vinculação com as finalidades essenciais inerentes às relações diplomáticas ou representações consultes mantidas em nosso País.

Questão 2

É possível haver conflito de competência entre TRT e Vara do Trabalho a ele vinculada? Em caso positivo, qual órgão terá a competência para dirimir o referido conflito de competência?

Resposta sugerida pelo autor

Nos termos do artigo 804 da CLT c/c o artigo 66 do CPC/2015, ocorrerá o conflito de competência quando: 1) 2 ou mais juízes se considerarem competentes (conflito positivo); 2) 2 ou mais juízes se considerem incompetentes (conflito negativo) ou 3) entre 2 ou mais juízes surgir controvérsia acerca da reunião ou separação de processos.

Tal conflito, no âmbito trabalhista, poderá ser suscitado pelos juízes e tribunais do trabalho, pelo Ministério Público do Trabalho e pela parte interessada ou seu representante (CLT, artigo 805).

Contudo, para que ocorra conflito de competência não pode existir hierarquia entre os órgãos envolvidos.

Desse modo, havendo hierarquia entre o TRT e a Vara do Trabalho a ele vinculada, não há conflito de competência (Súmula nº 420 do TST), devendo a Vara acatar a decisão do TRT.

Questão 3

No que consiste o foro de eleição? Seu estabelecimento é válido na Justiça do Trabalho?

Resposta sugerida pelo autor

O foro de eleição é a possibilidade de as próprias partes, de comum acordo, elegerem um local para dirimir futuras questões judiciais. É o que acontece, por exemplo, no contrato de locação, em que as partes estipulam determinado foro (ex., São Paulo) que será o competente para discutir aquele contrato.

A previsão do foro de eleição vem declinada no art. 63 do CPC/2015, tendo aplicação tão somente nos casos de competência relativa (territorial ou em razão do valor).

No processo do trabalho, é majoritário o entendimento de que o **foro de eleição é inaplicável**, por ser incompatível com a ideologia desse ramo processual, sendo este, inclusive, o posicionamento do C. TST, conforme dispõe o art. 2º, I, da Instrução Normativa nº 39/2016.

Contudo, considerando que a competência territorial, no processo do trabalho, é definida de modo a facilitar o acesso do trabalhador ao judiciário, parte da doutrina passa a admitir o foro de eleição na relação de emprego, desde que facilite, para o trabalhador, o acesso à justiça[79].

Ademais, na relação de trabalho *lato sensu* (excluída a relação de emprego), permite-se o foro de eleição.

De qualquer modo, admitindo-se o foro de eleição, é necessário esclarecer que é permitida a declaração *ex officio* da nulidade da cláusula de eleição de foro, nos termos do art. 63, § 3º, do CPC/2015.

Questão 4

A Justiça do Trabalho é competente para o julgamento de ações penais?

Resposta sugerida pelo autor

Com o advento da Emenda Constitucional nº 45/04, incluindo os incisos I, IV e IX no art. 114 da CF/88, passou-se a questionar a competência penal da Justiça do Trabalho, ensejando o ajuizamento da ADI 3.684 que analisou tal tema.

Na referida ADI, o E. STF afastou da competência da Justiça do Trabalho o julgamento das ações de natureza penal, ou seja, no âmbito dessa Justiça Especializada, não está incluída a competência para processar e julgar ações penais, inclusive os crimes contra a organização do trabalho.

Cabe ressaltar que o art. 109, VI, da CF/88 prevê a competência da Justiça Federal para processar e julgar os crimes contra a organização do trabalho e, nos casos determinados por lei, contra o sistema financeiro e a ordem econômico-financeira, excluindo-se a competência do âmbito da Justiça do Trabalho.

Assim, diante da ciência de ilícitos penais no contexto dos fatos analisados nessa seara, o Juiz do Trabalho deverá comunicar o Ministério Público Estadual ou Federal (e não o Ministério Público do Trabalho, que não tem atribuição penal) para a apuração e eventual instauração de ação penal.

Estudo de caso

Plínio foi empregado da sociedade empresária Marca Alimentos S/A. Ele prestou serviços no Rio de Janeiro, São Paulo e Belo Horizonte, residindo hoje neste último. Ao ser dispensado, ajuizou reclamação trabalhista em face da sociedade empresária, a qual foi distribuída a 99ª Vara do Trabalho de Belo Horizonte/MG. A sociedade empresária apresentou exceção de incompetência territorial aduzindo que a ação deveria ter sido ajuizada em São Paulo, local da contratação, prestação dos serviços e sede da ré. Diante disso, responda aos itens a seguir.

A) Observadas as regras de competência territorial, onde Plínio deveria ajuizar a ação?

B) No caso de acolhimento da alegação de incompetência pelo juiz, encaminhando os autos da Vara do Trabalho de Belo Horizonte (TRT 3ª Região) para São Paulo (TRT da 2ª Região), qual a medida cabível?

Resposta sugerida pelo autor

A) A competência territorial da Justiça do Trabalho vem descrita no artigo 651 da CLT e tem como regra o local da prestação de serviços.

Na hipótese em que o trabalhador presta serviços em mais de uma localidade, como o caso descrito (Rio de Janeiro, São Paulo e Belo Horizonte), a tese majoritária é no sentido de que a ação deve ser ajuizada em qualquer um dos locais em que ocorreu a prestação do serviço, a fim de privilegiar o acesso à justiça.

Desse modo, é competente a 99ª Vara do Trabalho de Belo Horizonte, pois se trata do último local da prestação dos serviços, contudo, também seriam competentes as varas do trabalho do Rio de Janeiro e São Paulo.

79. ALMEIDA, Cleber Lúcio de Almeida. *Direito processual do trabalho*. 4. ed., rev., atual. e ampl. Belo Horizonte: Del Rey, 2012. p. 210.

B) A decisão que reconhece a incompetência relativa terá sempre a natureza de decisão interlocutória. Desse modo, como regra, será irrecorrível imediatamente, nos termos do disposto no artigo 893, §1º, da CLT (princípio da irrecorribilidade imediata das decisões interlocutórias).
O C. TST, contudo, traz uma exceção à regra, permitindo que, da decisão que acolher a incompetência territorial, com a remessa dos autos a Tribunal Regional distinto daquele a que se vincula o juízo excepcionado (Súmula nº 214, "c", do TST), caberá recurso. Dessa forma, será cabível o recurso ordinário da decisão que acolher a incompetência, pois remeterá os autos do Tribunal Regional do Trabalho da 3ª Região (99ª Vara do Trabalho de Belo Horizonte) para o Tribunal Regional do Trabalho da 2ª Região.

8. SÚMULAS E ORIENTAÇÕES JURISPRUDENCIAIS DO TST

▸ COMPETÊNCIA
Imunidade de Jurisdição. Organização ou organismo internacional
Orientação Jurisprudencial nº 416 da SDI - I do TST. Imunidade de jurisdição. Organização ou organismo internacional As organizações ou organismos internacionais gozam de imunidade absoluta de jurisdição quando amparados por norma internacional incorporada ao ordenamento jurídico brasileiro, não se lhes aplicando a regra do Direito Consuetudinário relativa à natureza dos atos praticados. Excepcionalmente, prevalecerá a jurisdição brasileira na hipótese de renúncia expressa à cláusula de imunidade jurisdicional.
Competência em razão da matéria
Súmula nº 392 do TST: Dano moral e material. Relação de trabalho. Competência da justiça do trabalho.
Nos termos do art. 114, inc. VI, da Constituição da República, a Justiça do Trabalho é competente para processar e julgar ações de indenização por dano moral e material decorrentes da relação de trabalho, inclusive as oriundas de acidente de trabalho e doenças a ele equiparadas, ainda que propostas pelos dependentes ou sucessores do trabalhador falecido.
Súmula nº 189 do TST. Greve. Competência da Justiça do Trabalho. Abusividade A Justiça do Trabalho é competente para declarar a abusividade, ou não, da greve.
Súmula nº 300 do TST. Competência da Justiça do Trabalho. Cadastramento no PIS Compete à Justiça do Trabalho processar e julgar ações ajuizadas por empregados em face de empregadores relativas ao cadastramento no Programa de Integração Social (PIS).
Súmula nº 389 do TST. Seguro-desemprego. Competência da Justiça do Trabalho. Direito à indenização por não liberação de guias I - Inscreve-se na competência material da Justiça do Trabalho a lide entre empregado e empregador tendo por objeto indenização pelo não fornecimento das guias do seguro-desemprego. II - O não fornecimento pelo empregador da guia necessária para o recebimento do seguro-desemprego dá origem ao direito à indenização.

▸ COMPETÊNCIA

Súmula nº 368 do TST. Descontos previdenciários. Imposto de renda. Competência. Responsabilidade pelo recolhimento. Forma de cálculo. Fato gerador.

I – A Justiça do Trabalho é competente para determinar o recolhimento das contribuições fiscais. A competência da Justiça do Trabalho, quanto à execução das contribuições previdenciárias, limita-se às sentenças condenatórias em pecúnia que proferir e aos valores, objeto de acordo homologado, que integrem o salário de contribuição.

II – É do empregador a responsabilidade pelo recolhimento das contribuições previdenciárias e fiscais, resultantes de crédito do empregado oriundo de condenação judicial. A culpa do empregador pelo inadimplemento das verbas remuneratórias, contudo, não exime a responsabilidade do empregado pelos pagamentos do imposto de renda devido e da contribuição previdenciária que recaia sobre sua quota-parte.

III – Os descontos previdenciários relativos à contribuição do empregado, no caso de ações trabalhistas, devem ser calculados mês a mês, de conformidade com o art. 276, § 4º, do Decreto nº 3.048/1999 que regulamentou a Lei nº 8.212/1991, aplicando-se as alíquotas previstas no art. 198, observado o limite máximo do salário de contribuição.

IV – Considera-se fato gerador das contribuições previdenciárias decorrentes de créditos trabalhistas reconhecidos ou homologados em juízo, para os serviços prestados até 4.3.2009, inclusive, o efetivo pagamento das verbas, configurando-se a mora a partir do dia dois do mês seguinte ao da liquidação (art. 276, "caput", do Decreto nº 3.048/1999). Eficácia não retroativa da alteração legislativa promovida pela Medida Provisória nº 449/2008, posteriormente convertida na Lei nº 11.941/2009, que deu nova redação ao art. 43 da Lei nº 8.212/91.

V – Para o labor realizado a partir de 5.3.2009, considera-se fato gerador das contribuições previdenciárias decorrentes de créditos trabalhistas reconhecidos ou homologados em juízo a data da efetiva prestação dos serviços. Sobre as contribuições previdenciárias não recolhidas a partir da prestação dos serviços incidem juros de mora e, uma vez apurados os créditos previdenciários, aplica-se multa a partir do exaurimento do prazo de citação para pagamento, se descumprida a obrigação, observado o limite legal de 20% (art. 61, § 2º, da Lei nº 9.460/96).

VI – O imposto de renda decorrente de crédito do empregado recebido acumuladamente deve ser calculado sobre o montante dos rendimentos pagos, mediante a utilização de tabela progressiva resultante da multiplicação da quantidade de meses a que se refiram os rendimentos pelos valores constantes da tabela progressiva mensal correspondente ao mês do recebimento ou crédito, nos termos do art. 12-A da Lei nº 7.713, de 22/12/1988, com a redação conferida pela Lei nº 13.149/2015, observado o procedimento previsto nas Instruções Normativas da Receita Federal do Brasil.

Súmula nº 454 do TST. Competência da justiça do trabalho. Execução de ofício. Contribuição social referente ao seguro de acidente de trabalho (SAT). Arts. 114, VIII, e 195, I, "a", da Constituição da República

Compete à Justiça do Trabalho a execução, de ofício, da contribuição referente ao Seguro de Acidente de Trabalho (SAT), que tem natureza de contribuição para a seguridade social (arts. 114, VIII, e 195, I, "a", da CF), pois se destina ao financiamento de benefícios relativos à incapacidade do empregado decorrente de infortúnio no trabalho (arts. 11 e 22 da Lei nº 8.212/1991).

Orientação Jurisprudencial nº 26 da SDI – I do TST. Competência da Justiça do Trabalho. Complementação de pensão requerida por viúva de ex-empregado

A Justiça do Trabalho é competente para apreciar pedido de complementação de pensão postulada por viúva de ex-empregado, por se tratar de pedido que deriva do contrato de trabalho.

▸ COMPETÊNCIA

Súmula nº 19 do TST. Quadro de carreira
A Justiça do Trabalho é competente para apreciar reclamação de empregado que tenha por objeto direito fundado em quadro de carreira.

Orientação Jurisprudencial nº 138 da SDI - I do TST. Competência residual. Regime jurídico único. Limitação da execução
Compete à Justiça do Trabalho julgar pedidos de direitos e vantagens previstos na legislação trabalhista referente a período anterior à Lei nº 8.112/90, mesmo que a ação tenha sido ajuizada após a edição da referida lei. A superveniência de regime estatutário em substituição ao celetista, mesmo após a sentença, limita a execução ao período celetista.

Competência Funcional

Orientação Jurisprudencial nº 129 da SDI - II do TST. Ação anulatória. Competência originária
Em se tratando de ação anulatória, a competência originária se dá no mesmo juízo em que praticado o ato supostamente eivado de vício.

Orientação Jurisprudencial nº 68 da SDI - II do TST. Antecipação de tutela. Competência
Nos Tribunais, compete ao relator decidir sobre o pedido de antecipação de tutela, submetendo sua decisão ao Colegiado respectivo, independentemente de pauta, na sessão imediatamente subsequente.

Competência territorial-funcional

Orientação Jurisprudencial nº 130 da SDI - II do TST. Ação civil pública. Competência. Local do dano. Lei 7.347/1985, art. 2º. Código de Defesa do Consumidor, artigo 93.
I - A competência para a Ação Civil Pública fixa-se pela extensão do dano.
II - Em caso de dano de abrangência regional, que atinge cidades sujeitas à jurisdição de mais de uma Vara do Trabalho, a competência será de qualquer das varas das localidades atingidas, ainda que vinculadas a Tribunais Regionais do Trabalho distintos.
III - Em caso de dano de abrangência suprarregional ou nacional, há competência concorrente para a ação civil pública das varas do trabalho das sedes dos Tribunais Regionais do Trabalho.
IV - Estará prevento o juízo a que a primeira ação houver sido distribuída.

Conflito de Competência

Súmula nº 420 do TST. Competência funcional. Conflito negativo. TRT e Vara do Trabalho de idêntica região. Não configuração
Não se configura conflito de competência entre Tribunal Regional do Trabalho e Vara do Trabalho a ele vinculada.

Orientação Jurisprudencial nº 149 da SDI - II do TST. Conflito de competência. Incompetência territorial. Hipótese do art. 651, § 3º, da CLT. Impossibilidade de declaração de ofício de incompetência relativa
Não cabe declaração de ofício de incompetência territorial no caso do uso, pelo trabalhador, da faculdade prevista no art. 651, § 3º, da CLT. Nessa hipótese, resolve-se o conflito pelo reconhecimento da competência do juízo do local onde a ação foi proposta.

QUESTÕES

CAPÍTULOS III A V

1. QUESTÕES COM GABARITO COMENTADO

01. **(TRT20/2016 - FCC - Analista Judiciário - Área Judiciária)** O Ministério Público da União, organizado por Lei Complementar, é instituição permanente, essencial à função jurisdicional do Estado, compreendendo em sua estrutura o Ministério Público do Trabalho. Sobre a organização desse último, é correto afirmar que

a) os Procuradores Regionais do Trabalho poderão atuar tanto nos Tribunais Regionais do Trabalho quanto nas Varas do Trabalho, de forma residual.
b) o chefe do Ministério Público do Trabalho é o Procurador-Geral da República indicado em lista tríplice pelos seus pares e nomeado pelo Congresso Nacional.
c) dentre os órgãos do Ministério Público do Trabalho estão o Colégio de Procuradores do Trabalho, a Câmara de Coordenação e Revisão do Ministério Público do Trabalho e a Corregedoria do Ministério Público do Trabalho.
d) os Subprocuradores-Gerais do Trabalho serão designados para oficiar junto ao Tribunal Regional do Trabalho da 10ª Região - Distrito Federal, com sede em Brasília.
e) o Conselho Superior do Ministério Público do Trabalho será composto pelo Procurador-Geral do Trabalho, o Vice-Procurador-Geral do Trabalho, quatro Subprocuradores-Gerais do Trabalho e quatro procuradores regionais do trabalho, todos eleitos pelos seus pares.

COMENTÁRIOS

Alternativa "c" – Correta

O art. 85 da LC 75/93 estabelece que são órgãos do Ministério Público do Trabalho: o Procurador-Geral do Trabalho; o Colégio de Procuradores do Trabalho; o Conselho Superior do Ministério Público do Trabalho; a Câmara de Coordenação e Revisão do Ministério Público do Trabalho; a Corregedoria do Ministério Público do Trabalho; os Subprocuradores-Gerais do Trabalho; os Procuradores Regionais do Trabalho e os Procuradores do Trabalho.

02. **(AOCP - Analista Judiciário - Área Judiciária - TRT 1/2018)** Em relação à organização do Ministério Público do Trabalho, é correto afirmar que

a) incumbe aos procuradores do Trabalho de Segunda Categoria recorrer das decisões dos juízes e Tribunais do Trabalho, nos casos previstos em lei.
b) incumbe aos procuradores de Primeira Categoria exarar parecer nos processos de competências dos Tribunais Regionais.
c) o Procurador-Geral do Trabalho é o chefe do Ministério Público do Trabalho e será nomeado pelo Procurador-Geral da República dentre integrantes da instituição com mais de 35 anos de idade e de 5 anos na carreira.
d) o Procurador-Geral do Trabalho é o chefe do Ministério Público do Trabalho e será nomeado pelo Procurador-Geral da República dentre integrantes da instituição com mais de 35 anos de idade e de 10 anos na carreira.
e) os procuradores de Segunda Categoria poderão substituir os Procuradores de Primeira Categoria em seus impedimentos, licenças e férias, mas não farão jus ao recebimento dos vencimentos correspondentes ao cargo do substituído no período correspondente.

COMENTÁRIOS

Alternativa correta: letra "c".

O Ministério Público do Trabalho tem como chefe o Procurador-Geral do Trabalho, nomeado pelo Procurador-Geral da República, dentre integrantes da instituição, com mais de 35 anos de idade e de 5 anos na carreira, integrante de lista tríplice escolhida mediante voto plurinominal, facultativo e secreto, pelo colégio de procuradores para um mandato de dois anos, permitida uma recondução, observado o mesmo processo (art. 88 da LC 75/93).

03. **(FCC - 2022- TRT 14 Técnico Judiciário - Área Administrativa)** Considere as afirmativas abaixo. - José presta serviços na qualidade de trabalhador avulso. - Carla trabalha como concursada, desde 2010, em um Cartório de Registro Civil. - Monalisa é atleta profissional de futebol. No caso de ajuizamento de reclamações referentes a direitos trabalhistas, são competentes para as hipóteses apresentadas, respectivamente:

a) a Justiça Comum Estadual, a Justiça do Trabalho e a Justiça do Trabalho.
b) a Justiça do Trabalho, a Justiça Federal e a Justiça do Trabalho.
c) a Justiça Comum Estadual, a Justiça Federal e a Justiça do Trabalho.
d) a Justiça do Trabalho, em todos os casos.
e) a Justiça do Trabalho, a Justiça Comum Estadual e a Justiça Comum Estadual.

COMENTÁRIOS

Alternativa "d" – Correta

Nos termos do art. 643 da CLT, é da Justiça do Trabalho a competência para julgar os dissídios oriundos da relação entre trabalhadores avulsos e seus tomadores de serviços. Quanto à Carla, o regime de contratação dos empregados de Cartórios Extrajudiciais é o celetista (art. 20, Lei 8.935/94), atraindo, igualmente à Justiça do Trabalho a competência. Por fim, o atleta profissional possui contrato de trabalho especial, regido pela CLT, com especificidades trazidas pela Lei Pelé (Lei nº 9.615/98).

04. **(FUMARC - 2022 - TRT-3- - Técnico Judiciário - Administrativa)** Sobre competência trabalhista, é CORRETO afirmar que a justiça do trabalho é competente para processar e julgar:

a) as ações de pensão alimentícia que tenham como pedido o desconto salarial em folha.
b) demandas criminais.
c) demandas de danos morais ocorridas na relação de emprego.
d) demandas de possessórias que não se vinculem à relação de emprego e trabalho.
e) demandas entre cooperativas e empresas.

COMENTÁRIOS

Alternativa "c" – Correta

O art. 114, VI prevê a competência da Justiça do Trabalho para as ações de indenização por dano moral ou patrimonial, decorrentes da relação de trabalho; As demais alternativas serão de competência da Justiça Comum.

05. **(FCC - 2022- TRT 23Analista Judiciário - Área Judiciária) Relativamente à competência constitucional da Justiça do Trabalho, a mesma alcança a execução:**

a) de ofício das contribuições previdenciárias relativas ao objeto da condenação constante das sentenças que proferir e acordos por ela homologados.
b) de ofício das contribuições previdenciárias relativas ao objeto da condenação constante das sentenças que proferir, dependendo de provocação às relativas a acordos por ela homologados.
c) mediante provocação, das contribuições previdenciárias relativas ao objeto da condenação constante das sentenças que proferir e acordos por ela homologados.
d) mediante provocação, das contribuições previdenciárias relativas ao objeto da condenação constante das sentenças que proferir e acordos por ela homologados, ultrapassado o limite de 40 salários mínimos.
e) mediante provocação, das contribuições previdenciárias relativas ao objeto da condenação constante das sentenças que proferir e acordos por ela

homologados, ultrapassado o limite de 60 salários mínimos.

COMENTÁRIOS

Alternativa "a" – Correta

A questão aborda o conhecimento ao art. 114 da Constituição Federal, bem como ao entendimento sumulado no TST, a saber: *Art. 114. Compete à Justiça do Trabalho processar e julgar: VIII – a execução, de ofício, das contribuições sociais previstas no art. 195, I, a , e II, e seus acréscimos legais, decorrentes das sentenças que proferir;*

Súmula 368, I, do TST: I – A Justiça do Trabalho é competente para determinar o recolhimento das contribuições fiscais. A competência da Justiça do Trabalho, quanto à execução das contribuições previdenciárias, limita-se às sentenças condenatórias em pecúnia que proferir e aos valores, objeto de acordo homologado, que integrem o salário de contribuição.

06. **(FCC – TST/2017 – Analista Judiciário)** Conforme Lei nº 13.467 de 2017, que introduziu alterações na CLT, com relação ao Processo de Jurisdição Voluntária para Homologação de Acordo Extrajudicial,

a) é necessária a assistência de advogado para o pedido de homologação de acordo extrajudicial, podendo as partes se valerem de advogado comum, desde que seja do sindicato da categoria do empregado.
b) a petição de homologação de acordo suspende o prazo prescricional para a propositura de eventual ação trabalhista.
c) a sua propositura suspende o prazo para a homologação e quitação das verbas rescisórias a que o empregado faz jus.
d) a petição de homologação de acordo interrompe o prazo prescricional para a propositura de eventual ação trabalhista.
e) da decisão judicial que negar a homologação do acordo extrajudicial começa a fluir o prazo prescricional de 2 anos para a propositura da ação trabalhista.

COMENTÁRIOS

Alternativa correta: "b"

O art. 855-E da CLT estabelece que "a petição de homologação de acordo extrajudicial suspende o prazo prescricional da ação quanto aos direitos nela especificados (...)".

07. **(FCC/2018 – TRT 6ª Região – Analista – Área Judiciária)** A Lei nº 13.467/2017 ampliou a competência das Varas do Trabalho, atribuindo a elas a decisão quanto à homologação de acordo extrajudicial, sendo que

a) este terá início por petição conjunta, sendo facultada às partes a representação por advogado, que pode ser comum a ambas.
b) o juiz analisará o acordo, designará audiência se entender necessário e proferirá sentença no prazo de 5 dias a contar da distribuição da petição.
c) a utilização deste pelas partes, de comum acordo, afasta a multa prevista em lei para o caso de atraso no pagamento das verbas rescisórias.
d) a petição de homologação de acordo extrajudicial suspende o prazo prescricional da ação quanto aos direitos nele especificados que, porém, voltará a fluir no dia útil seguinte ao trânsito em julgado da decisão que negar a homologação do acordo.
e) é incabível a assistência do trabalhador pelo advogado do sindicato de sua categoria, por tratar-se de processo de jurisdição voluntária.

COMENTÁRIOS:

Alternativa correta: letra "d". A petição de homologação de acordo extrajudicial suspende o prazo prescricional da ação quanto aos direitos nela especificados que voltará a fluir no dia útil seguinte ao do trânsito em julgado da decisão que negar a homologação do acordo (CLT, art. 855-E).

08. **(FCC/2018 – TRT 6ª Região – Oficial de Justiça Avaliador)** Considere as afirmações abaixo a respeito do Processo de

Jurisdição Voluntária para Homologação de Acordo Extrajudicial.

I. O processo terá início por uma petição conjunta, facultado às partes a representação por advogado.

II. A petição de homologação de acordo extrajudicial suspende o prazo prescricional da ação quanto aos direitos decorrentes do contrato de trabalho em discussão.

III. Se as partes optarem pela representação de advogado, poderão fazê-lo outorgando procuração para advogado comum.

IV. No prazo de 15 dias a contar da distribuição da petição, o juiz analisará o acordo, designará audiência se entender necessário e proferirá sentença.

Está correto o que se afirma APENAS em

a) IV.
b) II e III.
c) I e III.
d) II.
e) I e IV.

COMENTÁRIOS:

Alternativa correta: letra "a". No prazo de quinze dias a contar da distribuição da petição, o juiz analisará o acordo, designará audiência se entender necessário e proferirá sentença (CLT, art. 855-D).

09. (FCC – TRT24/2017 – Oficial de Justiça Avaliador – Área Judiciária) A Constituição Federal do Brasil e a Consolidação das Leis do Trabalho instituíram regras sobre organização e competência da Justiça do Trabalho e dos órgãos que a compõem. Em observância a tais normas,

a) é competência da Justiça do Trabalho a apreciação de ação proposta por empresa para anulação de penalidade imposta em auto de infração lavrado por auditor fiscal do trabalho, por inobservância da cota de contratação de pessoas com deficiência.

b) o Supremo Tribunal Federal, em sede de ação direta de inconstitucionalidade, interpretou ser da competência da Justiça do Trabalho a apreciação de demandas entre o Poder Público e seus servidores, a ele vinculados por típica relação de ordem estatutária ou de caráter jurídico-administrativo.

c) o Tribunal Superior do Trabalho compor-se-á de dezessete Ministros, escolhidos dentre brasileiros com mais de trinta anos e menos de sessenta e cinco anos, de notável saber jurídico e reputação ilibada, nomeados pelo Presidente da República após aprovação pela maioria simples do Senado Federal.

d) os Tribunais Regionais do Trabalho compõem-se de, no mínimo, nove juízes, recrutados exclusivamente na respectiva região, e nomeados pelo Presidente da República dentre brasileiros com mais de trinta e menos de sessenta e cinco anos.

e) a Justiça do Trabalho passou a ser competente para julgar as ações de indenização por dano moral decorrentes da relação de emprego somente a partir da Emenda Constitucional no 45/2004, visto que o texto original da Constituição Federal de 1988 e a jurisprudência do Tribunal Superior do Trabalho não admitiam o processamento de tais ações na Justiça Especializada.

COMENTÁRIOS

Alternativa "a" – Correta: A fiscalização administrativa, na seara trabalhista, é exercida pela Secretaria Especial de Previdência e Trabalho do Ministério do Trabalho e Emprego. Desse modo, se tal órgão aplica multa a determinada empresa, caso esta tenha interesse de anular o auto de infração, deverá ajuizar ação da Justiça do Trabalho, nos termos do art. 114, VII, da CF.

10. (FCC – TST/2017 – Analista Judiciário) Conforme jurisprudência sumulada vinculante do Supremo Tribunal Federal, a Justiça do Trabalho é competente para processar e julgar

a) ação de indenização por danos causados ajuizada em decorrência do exercício do direito de greve pelos trabalhadores da iniciativa privada.

b) as ações de indenização por danos morais e patrimoniais decorrentes de acidente de trabalho propostas por empregado em face do empregador, inclusive aquelas que ainda não possuíam sentença de mérito em primeiro grau quando da promulgação da Emenda Constitucional no 45/04.
c) as ações de indenização por danos morais e patrimoniais decorrentes de acidente de trabalho propostas por empregado em face do empregador, desde que o acidente tenha ocorrido após a promulgação da Emenda Constitucional no 45/04.
d) ação possessória ajuizada em decorrência do exercício do direito de greve pelos trabalhadores da iniciativa privada, desde que seja proposta em face do sindicato dos trabalhadores da categoria em greve.
e) as ações de indenização por danos morais e patrimoniais decorrentes de acidente de trabalho propostas por empregado em face do empregador, com exceção daquelas já ajuizadas perante a Justiça Comum e que ainda não possuíam sentença de mérito em primeiro grau quando da promulgação da Emenda Constitucional nº 45/04.

COMENTÁRIOS

✪ **Nota do autor: Alternativa "b" – Correta:** As ações de indenização por danos morais e patrimoniais decorrentes de acidente de trabalho são de competência da Justiça do Trabalho, conforme dispõe Súmula Vinculante nº 22 do STF:

> "A Justiça do Trabalho é competente para processar e julgar as ações de indenização por danos morais e patrimoniais decorrentes de acidente de trabalho propostas por empregado contra empregador, inclusive aquelas que ainda não possuíam sentença de mérito em primeiro grau quando da promulgação da Emenda Constitucional nº 45/04."

11. **(FCC - TRT24/2017 - Analista Judiciário - Área Judiciária)** Asclépio, residente e domiciliado em Manaus, participou de processo seletivo e foi contratado na cidade de Brasília, onde se localiza a sede da empresa Orfheu Informática S/A, para trabalhar como programador, na filial da empresa no Município de Campo Grande. No contrato de trabalho as partes convencionaram como foro de eleição a comarca de São Paulo. Após dois anos de contrato, Asclépio foi dispensado por justa causa sem receber nenhuma verba rescisória, retornando para Manaus. Não concordando com o motivo da sua rescisão, o trabalhador resolveu ajuizar reclamação trabalhista em face da sua ex-empregadora. Conforme a regra de competência territorial prevista na lei trabalhista a ação deverá ser proposta na Vara do Trabalho de

a) Brasília, por ser a sede da empresa reclamada.
b) Brasília, por ser o local da contratação.
c) Manaus, local de seu domicílio.
d) Campo Grande, local da prestação dos serviços.
e) São Paulo, foro de eleição contratual.

COMENTÁRIOS

Alternativa "d" – Correta: A competência em razão do lugar (territorial) é aquela delimitada com base nos limites geográficos (territorial) de cada órgão do Poder Judiciário. Portanto, divide-se a competência considerando cada parte do território nacional. Essa competência vem descrita no art. 651 da CLT. A regra é o ajuizamento da reclamação trabalhista no local da prestação de serviço, conforme estabelece o art. 651, *caput*, da CLT: "A competência das Juntas de Conciliação e Julgamento é determinada pela localidade onde o empregado, reclamante ou reclamado, prestar serviços ao empregador, ainda que tenha sido contratado noutro local ou no estrangeiro".

12. **(FCC - TRT24/2017 - Oficial de Justiça Avaliador - Área Judiciária)** A empresa Olimpos Construções S/A, com sede em Brasília, contratou empregado brasileiro através de sua sucursal em São Paulo, para

gerenciar as obras existentes na Turquia, lugar onde prestou serviços durante dois anos. Rescindido o contrato o empregado retorna ao Brasil, pretendendo acionar o seu empregador em razão de créditos trabalhistas que entende devidos. Nessa situação, conforme regra prevista na Consolidação das Leis do Trabalho,

a) é incompetente a autoridade judiciária brasileira, para conhecer da reclamação trabalhista, que deveria ser ajuizada na Turquia, local da prestação dos serviços.
b) se houver foro de eleição expressamente previsto no contrato, será este o competente para conhecer da reclamação trabalhista.
c) será competente para conhecer da ação trabalhista o foro de opção contratual do empregado, podendo ser o da contratação, da prestação de serviços ou o da demissão.
d) a autoridade judiciária brasileira é incompetente, devendo a ação ser proposta no País em que o empregado foi contratado.
e) a autoridade judiciária trabalhista brasileira é competente para conhecer da reclamação trabalhista, salvo se houver Convenção Internacional dispondo em contrário.

COMENTÁRIOS

Alternativa "e" – Correta: O §2º do art. 651 da CLT prevê a competência internacional, estabelecendo que a Vara do Trabalho é competente, na hipótese de prestação dos serviços em agência ou filial no exterior, desde que o empregado seja brasileiro (nato ou naturalizado) e não haja convenção internacional em sentido contrário.

13. (TRT20/2016 - FCC - Analista Judiciário - Área Judiciária) Hera participou de processo seletivo e foi contratada como música instrumentista da Orquestra do Banco Ultra S/A, no Município de Itabaiana/SE, onde tem o seu domicílio. No contrato de trabalho foi estipulado como foro de eleição para propositura de demanda trabalhista o Município de Aracaju/SE. O banco possui agências em todos estados do Brasil e a sua sede está localizada em Brasília/DF. Durante os oito meses em que foi empregada do Banco, Hera exerceu suas funções apenas no Município de Aracaju/SE. Caso decida ajuizar reclamação trabalhista em face de seu ex-empregador, deverá propor em

a) Aracaju, porque foi o local da prestação dos serviços.
b) Aracaju, por ser o foro de eleição previsto em contrato de trabalho.
c) Itabaiana, porque é o foro do seu domicílio.
d) Brasília, por estar situada a sede do Banco reclamado.
e) Aracaju, Itabaiana ou Brasília, dependendo da sua própria conveniência como reclamante.

COMENTÁRIOS

Alternativa "a" – Correta: A competência das Varas do Trabalho é determinada pela localidade onde o empregado, reclamante ou reclamado, prestar serviços ao seu empregador, ainda que tenha sido contratado noutro local ou no estrangeiro (art. 651, "caput", CLT).

14. (TRT20/2016 - FCC - Analista Judiciário - OJA) Zeus é estivador inscrito e atuando como trabalhador avulso no Porto do Rio de Janeiro. Há alguns meses ele não tem concordado com os repasses que estão sendo efetuados pelos trabalhos realizados, entendendo ser credor de diferenças. Consultou um Advogado para ajuizar ação em face do Órgão Gestor de Mão de Obra e o operador portuário, demanda esta que deverá ser proposta perante a

a) Justiça Comum Estadual, porque o trabalhador avulso é considerado autônomo sem vínculo de emprego com o órgão de mão de obra.
b) Justiça do Trabalho, ainda que o pedido seja somente de diferenças de repasses.
c) Justiça do Trabalho, desde que formule pedido principal de reconhecimento de

vínculo de emprego e, acessoriamente de diferenças de repasses.

d) Justiça Federal, porque a matéria portuária é de segurança do Estado Federativo e, portanto, de ordem nacional.

e) Justiça Comum Estadual ou Justiça do Trabalho, visto que se tratando de matéria de relação de trabalho em sentido amplo, cabe ao trabalhador a opção.

COMENTÁRIOS

Alternativa "b" – Correta: Relação de trabalho pode ser conceituada como "qualquer vínculo jurídico por meio do qual uma pessoa natural executa obra ou serviços para outrem, mediante o pagamento de uma contraprestação". Trata-se, pois, de gênero, nele incluindo: relação de emprego; trabalho autônomo; trabalho eventual; trabalho avulso; trabalho voluntário; estágio etc. Nesse sentido, o art. 643, § 3º, da CLT declina que a Justiça do Trabalho é competente para processar e julgar as ações entre trabalhadores portuários e os operadores portuários ou o Órgão Gestor de Mão de Obra – OGMO decorrentes da relação de trabalho.

15. (TRT20/2016 - FCC - Analista Judiciário - OJA) O Sindicato dos Trabalhadores em Empresas de Transportes de Brasília e demais cidades-satélite do Distrito Federal resolve interpor dissídio coletivo de greve, sendo que a competência para conhecê-lo será

a) da Vara do Trabalho situada na área do dissídio coletivo.

b) da Seção de Dissídios Coletivos do Tribunal Superior do Trabalho.

c) do Ministério Público do Trabalho, junto à Procuradoria Geral do Trabalho.

d) da Comissão de Conciliação Prévia intersindical da categoria no Distrito Federal.

e) do Tribunal Regional do Trabalho da 10ª Região, Distrito Federal, com sede em Brasília.

COMENTÁRIOS

Alternativa "e" – Correta: O dissídio coletivo sempre será de competência originária dos tribunais (TST ou TRT), a depender da abrangência do conflito e da representação das categorias envolvidas. Desse modo, se a abrangência estiver limitada a um TRT, é dele a competência (CLT, art. 677). Na questão apresentada, as cidades-satélites abrangem o mesmo TRT. Assim, a competência será do TRT da 10ª Região (DF).

16. (FCC - Analista Judiciário - Área Judiciária - TRT 23/2016) Os normativos constitucionais NÃO atribuem competência material à Justiça do Trabalho para processar e julgar

a) as ações relativas às penalidades administrativas impostas aos empregadores pelos órgãos de fiscalização das relações de trabalho.

b) o dissídio coletivo ajuizado pelo Ministério Público do Trabalho no caso de greve em atividade essencial, com possibilidade de lesão do interesse público.

c) as ações que apuram os crimes contra a organização do trabalho e envolvendo retenção dolosa de salários e contribuições previdenciárias.

d) as ações oriundas da relação de trabalho, abrangidos os entes de direito público externo e da administração pública direta e indireta da União, dos Estados, do Distrito Federal e dos Municípios.

e) as ações sobre representação sindical, entre sindicatos, entre sindicatos e trabalhadores, e entre sindicatos e empregadores.

COMENTÁRIOS

Alternativa correta: Letra C.

No que se refere às ações penais, o STF, na ADIN 3.684, afastou da competência da Justiça do Trabalho o julgamento das ações de natureza penal, ou seja, no âmbito dessa Justiça Especializada, não está incluída a competência para processar e julgar ações penais, inclusive os crimes contra a organização do trabalho e envolvendo retenção dolosa de salários e contribuições previdenciárias.

17. (TRT 14º Região/2016 - Analista Judiciário - Área Judiciária) Conforme norma constitucional é competência da Justiça do Trabalho processar e julgar

a) ação de reparação por dano material em face do órgão previdenciário em razão de não concessão de aposentadoria por invalidez.
b) demanda possessória envolvendo um sindicato de categoria profissional que alega ser proprietário do prédio onde está estabelecido o Sindicato da respectiva categoria econômica.
c) ações relativas às penalidades administrativas impostas aos empregadores pelos órgãos de fiscalização das relações de trabalho.
d) execuções, de ofício, de imposto de renda dos diretores não empregados de sociedades anônimas que mantém relação de trabalho com essas empresas.
e) ação ordinária de trabalhador em face da Caixa Econômica Federal em razão de não ter sido autorizada movimentação de sua conta vinculada do FGTS.

COMENTÁRIOS

Alternativa correta: Letra C.

A fiscalização administrativa, na seara trabalhista, é exercida pela Secretaria Especial de Previdência e Trabalho do Ministério do Trabalho e Emprego. Desse modo, qualquer discussão acerca da penalidade imposta será de competência da Justiça do trabalho, como prevê o disposto no art. 114, VII, da CF, *in verbis*: "Compete à Justiça do Trabalho processar e julgar: (...)VII as ações relativas às penalidades administrativas impostas aos empregadores pelos órgãos de fiscalização das relações de trabalho."

18. (TRT 14ª Região/2016 - Analista Judiciário - OJA) Há previsão legal atribuindo aos órgãos judiciais as questões que devem estar afetas ao seu julgamento, assim como os órgãos judiciais trabalhistas têm traçados em lei os seus poderes para conhecer e solucionar as lides. Sobre o tema, conforme ordenamento jurídico é INCORRETO afirmar:

a) Como regra, a competência das Varas do Trabalho é determinada pela localidade onde o empregado, reclamante ou reclamado, prestar serviços ao empregador, ainda que tenha sido contratado noutro local ou no estrangeiro.
b) Compete às Varas Cíveis da Justiça Federal julgar as ações envolvendo trabalhadores portuários e os operadores portuários ou Órgão Gestor de Mão de Obra - OGMO, decorrentes da relação de trabalho, por envolver questão estratégica nacional.
c) A Justiça do Trabalho tem competência para analisar e decidir sobre as ações relativas às penalidades administrativas impostas aos empregadores pelos órgãos de fiscalização das relações de trabalho.
d) Compete à Justiça do Trabalho processar e julgar as ações de indenização por dano moral ou patrimonial, decorrentes da relação de trabalho.
e) É da competência das Varas do Trabalho conhecer e julgar os dissídios resultantes de contratos de empreitada em que o empreiteiro seja operário ou artífice.

COMENTÁRIOS

Alternativa correta B.

O candidato deveria estar atento que a questão solicitava a alternativa INCORRETA. O art. 643, § 3º da CLT declina que a Justiça do Trabalho é competente para processar e julgar as ações entre trabalhadores portuários e os operadores portuários ou o Órgão Gestor de Mão de Obra – OGMO decorrentes da relação de trabalho.

Assim, o erro da questão está ao afirmar que a competência será das Varas Cíveis da Justiça Federal.

19. (FCC - Analista Judiciário - Oficial de Justiça Avaliador - TRT 23/2016) A competência é considerada como medida da jurisdição. Em se tratando de competência territorial das Varas do Trabalho, a regra geral prevista na Consolidação das Leis do Trabalho é fixada

a) pelo local onde foi realizada a contratação.
b) pelo domicílio eleitoral do empregado.
c) pelo domicílio civil do empregador, quando esse for pessoa física.

d) pela matriz da empresa pública, na capital do Estado onde é a sede do Tribunal Regional.

e) pela localidade onde o empregado, reclamante ou reclamado, prestar serviços ao empregador.

COMENTÁRIOS

Alternativa correta E

A regra da competência territorial, no processo do trabalho, vem descrita no art. 651 "caput" da CLT que estabelece: "a competência das Varas do Trabalho é determinada pela localidade onde o empregado, reclamante ou reclamado, prestar serviços ao empregador, ainda que tenha sido contratado noutro local ou no estrangeiro."

20. (TRT 14º Região/2016 - Analista Judiciário - Área Judiciária) Apolo, auditor empregado da empresa de auditoria externa Fenix S/A, foi dispensado por justa causa diante da alegação de desídia no desempenho das suas funções. O trabalhador pretende ajuizar reclamatória trabalhista questionando o motivo da rescisão e postulando o pagamento de verbas rescisórias e horas extraordinárias não remuneradas. No caso, trata-se de empregador que promove realização de atividades fora do lugar do contrato de trabalho. De acordo com as regras de competência territorial Apolo deverá ingressar com a ação:

a) Somente no local da prestação de serviços.

b) No foro de celebração do contrato ou no da prestação dos respectivos serviços.

c) Não havendo regras na Consolidação das Leis do Trabalho sobre a matéria, poderá escolher qualquer comarca do Estado em que tem seu domicílio.

d) No foro de eleição previsto no contrato de trabalho firmado entre as partes.

e) Na sede da empresa ou na capital do Estado em que ocorreu a contratação.

COMENTÁRIOS

Alternativa correta B

A competência territorial, no processo do trabalho, vem descrita no art. 651 da CLT que estabelece: "a competência das Varas do Trabalho é determinada pela localidade onde o empregado, reclamante ou reclamado, prestar serviços ao empregador, ainda que tenha sido contratado noutro local ou no estrangeiro". No entanto, há três exceções estabelecidas em seus parágrafos. No caso em tese, o examinador questionou a literalidade do §3º do art. 651, que declina: "em se tratando de empregador que promova realização de atividades fora do lugar do contrato de trabalho, é assegurado ao empregado apresentar reclamação no foro da celebração do contrato ou no da prestação dos respectivos serviços".

21. (FCC/2018 - TRT 6ª Região - Analista - Área Judiciária) Em relação à competência material da Justiça do Trabalho, esta

a) é competente para processar e julgar ações de indenização por dano moral e material, decorrentes da relação de trabalho, inclusive as oriundas de acidente de trabalho e doenças a ele equiparadas, mas não para as propostas pelos dependentes ou sucessores do trabalhador falecido.

b) não é competente para a execução, de ofício, da contribuição referente ao Seguro de Acidente de Trabalho (SAT), que tem natureza de contribuição para a seguridade social, ainda que se destine ao financiamento de benefícios relativos à incapacidade do empregado decorrente de infortúnio no trabalho.

c) é competente para processar e julgar ação possessória ajuizada em decorrência do exercício do direito de greve pelos trabalhadores da iniciativa privada.

d) não é competente para processar e julgar ações ajuizadas por empregados em face de empregadores relativas ao cadastramento no Programa de Integração Social (PIS).

e) não é competente para determinar o recolhimento das contribuições fiscais.

COMENTÁRIOS

Alternativa correta: letra "c". A Justiça do Trabalho é competente para processar e julgar ação possessória ajuizada em decorrência do exercício do direito de greve pelos trabalhadores da iniciativa privada (Súmula Vinculante nº 23 do STF).

22. (FCC - TST/2017 - Analista Judiciário) A respeito da competência das Varas do Trabalho, segundo a legislação trabalhista em vigor, considere:

I. A ação de consignação em pagamento que o empregador promover em face do empregado deve ser proposta no foro do domicílio deste, desde que esta situação esteja prevista no seu contrato de trabalho, caso contrário, a competência será da Vara onde se deu a contratação do trabalhador.

II. Quando for parte no dissídio agente ou viajante comercial, a competência será da Vara do Trabalho da localidade em que a empresa tenha agência ou filial e a esta o empregado esteja subordinado e, na falta, será competente a Vara da localização em que o empregado tenha domicílio ou a localidade mais próxima.

III. Quando for parte no dissídio agente ou viajante comercial, a competência será da Vara do Trabalho da localidade em que a empresa tenha agência ou filial e a esta o empregado esteja subordinado e, na falta, será competente a Vara da localização em que o empregado tenha sido contratado ou a localidade mais próxima.

IV. Em se tratando de empregador que promova realização de atividades fora do lugar do contrato de trabalho, é assegurado ao empregado apresentar reclamação no foro da celebração do contrato ou no da prestação dos respectivos serviços.

V. Mesmo em se tratando de empregador que promova realização de atividades fora do lugar do contrato de trabalho, a competência continuará sendo exclusiva da Vara da localidade da prestação dos respectivos serviços, eis que se trata de regra mais benéfica ao empregado.

Está correto o que consta APENAS em

a) I, III e V.
b) I e V.
c) I, II e IV.
d) II e IV.
e) II e III.

COMENTÁRIOS

Alternativa correta: "d". Estão corretas as assertivas II e IV.

Assertiva II – Correta: Quando for parte de dissídio agente ou viajante comercial, a competência será da Vara da localidade em que a empresa tenha agência ou filial e a esta o empregado esteja subordinado e, na falta, será competente a Vara da localização em que o empregado tenha domicílio ou a localidade mais próxima (CLT, art. 651, §1º).

Assertiva IV – Correta: A CLT estabelece que, em se tratando de empregador que promova realização de atividades fora do lugar do contrato de trabalho, é assegurado ao empregado apresentar reclamação no foro da celebração do contrato ou no da prestação dos respectivos serviços (CLT, art. 651, §3º).

23. (FCC - Analista Judiciário: Área Judiciária - TRT2/2018) No tocante à competência da Justiça do Trabalho, considere:

I. É competente a Justiça do Trabalho para processar e julgar ações possessórias, incluindo o interdito proibitório, ainda que essas ações sejam decorrentes do exercício de greve dos trabalhadores da iniciativa privada.

II. A Justiça do Trabalho é competente para julgar mandando de segurança e habeas corpus quando o ato questionado envolver matéria de sua jurisdição, o que não ocorre com o habeas data envolvendo a mesma matéria, cuja competência é da Justiça comum.

III. Segundo entendimento sumulado do Tribunal Superior do Trabalho, é competente a Justiça do Trabalho para processar e julgar ações de indenização por dano moral e material, decorrentes da relação de trabalho, inclusive as oriundas de acidente de trabalho e doenças a ele equiparadas, ainda que propostas pelos dependentes ou sucessores do trabalhador falecido.

Está correto o que se afirma APENAS em

a) I e III
b) I e II.
c) II e III.
d) III.
e) I.

COMENTÁRIOS

Alternativa correta: letra "a"

I – Nos termos da Súmula Vinculante nº 23, "a Justiça do Trabalho é competente para processar e julgar ação possessória ajuizada em decorrência do exercício do direito de greve pelos trabalhadores da iniciativa privada."

II – O art. 114, IV, da CF/88 declina que é da competência da Justiça do Trabalho processar e julgar "os mandados de segurança, habeas corpus e habeas data, quando o ato questionado envolver matéria sujeita à sua jurisdição".

III – "Nos termos do art. 114, inc. VI, da Constituição da República, a Justiça do Trabalho é competente para processar e julgar ações de indenização por dano moral e material, decorrentes da relação de trabalho, inclusive as oriundas de acidente de trabalho e doenças a ele equiparadas, ainda que propostas pelos dependentes ou sucessores do trabalhador falecido" (Súmula nº 392 do TST).

2. QUESTÕES DE CONCURSOS

01. (FCC/2018 - TRT 6ª Região - Oficial de Justiça Avaliador) Considere as afirmações abaixo com base na jurisprudência sumulada do Tribunal Superior do Trabalho.

I. Compete à Justiça do Trabalho a execução, de ofício, da contribuição referente ao Seguro de Acidente de Trabalho (SAT), que tem natureza de contribuição para a seguridade social, pois se destina ao financiamento de benefícios relativos à incapacidade do empregado decorrente de infortúnio no trabalho.

II. Havendo a parte executada interposto agravo de petição, é cabível mandado de segurança na hipótese de prosseguimento da execução, ainda que relativo a matéria não delimitada no agravo de petição.

III. Verificada a irregularidade de representação da parte na instância originária, o juiz designará prazo de 10 dias para que seja sanado o vício. Descumprida a determinação, extinguirá o processo, sem resolução de mérito, se a providência couber ao reclamante, ou considerará revel o reclamado, se a providência lhe couber.

IV. Nas causas sujeitas ao procedimento sumaríssimo, a admissibilidade de recurso de revista está limitada à demonstração de violação direta a dispositivo da Constituição Federal, contrariedade a Súmula e Orientação Jurisprudencial do Tribunal Superior do Trabalho.

Está correto o que se afirma APENAS em

a) I e III.
b) II.
c) I.
d) II e IV.
e) III e IV.

02. (FCC - Analista Judiciário: Área Judiciária - TRT2/2018) Angélica e sua ex-empregadora Editora Alfa Ltda. pretendem ingressar com Processo de Jurisdição Voluntária para Homologação de Acordo Extrajudicial perante a Justiça do Trabalho, uma vez que houve rescisão do contrato de trabalho. Neste caso, nos termos da lei a ação:

a) será ajuizada por petição conjunta, sendo facultada às partes a representação por advogado comum, sendo que as verbas rescisórias devem ser quitadas até dez dias contados a partir do término do contrato.
b) será ajuizada por petição conjunta, mas com advogados diferentes para cada parte, sendo que as verbas rescisórias devem ser quitadas até dez dias contados a partir do término do contrato.
c) poderá ser proposta por uma das partes, sendo que as verbas rescisórias

devem ser quitadas até dez dias contados da data do ingresso com a ação.

d) poderá ser proposta por uma das partes, sendo que as verbas rescisórias devem ser quitadas até a data da audiência ou no prazo determinado pelo juiz.

e) será ajuizada por petição conjunta, mas com advogados diferentes para cada parte, sendo obrigatório o depósito judicial das verbas rescisórias no momento de ajuizamento da ação.

3. GABARITO

Questão	Resposta	Fundamentação
01	C	Súmula nº 454 do TST.
02	B	Arts. 855-B a 855-E da CLT.

CAPÍTULO VI

PARTES E PROCURADORES NO PROCESSO DO TRABALHO

1. CONCEITO

Parte da demanda é aquela que pede e face de quem se pede a tutela jurisdicional. O autor é aquele que pede. E o réu, em face de quem se pede.

No processo do trabalho, utiliza-se, em regra, a denominação reclamante para o autor e reclamado para o réu.

Além disso, em alguns procedimentos e fases do procedimento, a denominação pode ser alterada, como se verifica pelo quadro a seguir.

▸ PROCEDIMENTO OU FASE PROCESSUAL	▸ AUTOR	▸ RÉU
Reclamação trabalhista/ fase conhecimento	Reclamante	Reclamado
Recursos	Recorrente, agravante etc.	Recorrido, agravado etc.
Liquidação	Liquidante	Liquidado
Execução	Exequente/credor	Executado/devedor
Embargos à execução	Embargante	Embargado
Dissídio coletivo	Suscitante	Suscitado
Mandado de segurança e *habeas corpus*	Impetrante	Impetrado
Inquérito para apuração de falta grave	Requerente	Requerido

2. CAPACIDADE DE SER PARTE

A **capacidade de ser parte** é a aptidão de ser titular de direitos e deveres. Está ligada à capacidade de direito ou de gozo. Havendo pessoa, há capacidade de ser parte.

A **pessoa física** adquire essa capacidade com o nascimento, embora a lei coloque a salvo, desde a concepção, os direitos do nascituro (CC, art. 2º). A **pessoa jurídica** passa a ter capacidade de ser parte com a inscrição de seus atos constitutivos no respectivo registro (CC, art. 45). Além disso, alguns **entes despersonalizados** também podem atuar como parte, tais como: o condomínio, a massa falida, o espólio etc.

3. CAPACIDADE PROCESSUAL

A **capacidade processual**, também chamada de capacidade de estar em juízo (*legitimatio ad processum*), é a aptidão para a prática de atos processuais **sem** a necessidade de assistência ou de representação. Está relacionada à capacidade de fato (de exercício), ou seja, à faculdade que tem a pessoa de praticar todos os atos da vida civil e de administrar os seus bens. Assim, tendo capacidade civil plena, consequentemente a parte terá capacidade processual.

Desse modo, os incapazes têm capacidade de ser parte, mas não capacidade processual, porque são assistidos ou representados em juízo.

Na seara trabalhista, a **capacidade plena dos empregados ocorre aos 18 anos de idade**, nos termos do art. 402 da CLT. Além disso, o Código Civil, aplicado ao direito do trabalho pela doutrina majoritária, admite a concessão da capacidade civil plena aos menores de 18 anos, na hipótese de emancipação[1], nos termos do art. 5º, parágrafo único, do CC, *in verbis*:

> Parágrafo único. Cessará, para os menores, a incapacidade:
>
> I - pela concessão dos pais, ou de um deles na falta do outro, mediante instrumento público, independentemente de homologação judicial, ou por sentença do juiz, ouvido o tutor, se o menor tiver dezesseis anos completos;
>
> II - pelo casamento;
>
> III - pelo exercício de emprego público efetivo;
>
> IV - pela colação de grau em curso de ensino superior;
>
> V - pelo estabelecimento civil ou comercial, ou pela existência de relação de emprego, desde que, em função deles, o menor com dezesseis anos completos tenha economia própria.

Salienta-se que o **empregador também adquire capacidade processual aos 18 anos**, observando-se, ainda, a possibilidade de emancipação, como anunciado no artigo supracitado.

Em suma, os maiores de 18 anos, no livre exercício de seus bens, e os emancipados têm capacidade plena, ou seja, capacidade de ser parte e capacidade de estar em juízo.

3.1. Representação

Conforme anunciado no item anterior, não tem capacidade processual aquele que deve ser assistido ou representado em juízo.

1. Atente-se, porém que, no âmbito do direito material do trabalho, a emancipação do menor de 18 anos não afasta as normas de proteção como, por exemplo, a relativa à proibição de trabalhar em ambientes insalubres ou perigosos ou mesmo as relacionadas à prescrição. BERNARDES, Felipe. *Manual de processo do trabalho*. Salvador: Juspodivm, 2018. p. 230.

Desse modo, algumas pessoas, em razão de incapacidade ou outro motivo descrito em lei, dependem de outras pessoas para a manifestação de sua vontade, dando origem à **representação legal**. Na representação, o representante age em nome e por conta do representado. É o que ocorre, por exemplo, com os incapazes, as pessoas jurídicas e entes despersonalizados.

3.1.1. *Incapazes*

O art. 71 do CPC/2015, aplicado subsidiariamente ao processo do trabalho, declina que "o incapaz será representado ou assistido por seus pais, por tutor ou por curador, na forma da lei".

Desse modo, os **absolutamente** incapazes, por não terem aptidão de praticar atos da vida civil, são **representados** em juízo. O art. 3º do CC, alterado pela Lei nº 13.146/15, elenca como incapazes os menores de dezesseis anos.

Os **relativamente** incapazes, por terem sua capacidade reduzida para certos atos ou à maneira de exercê-los, são **assistidos** em juízo. O art. 4º do CC, alterado pela Lei nº 13.146/15, dispõe que serão relativamente incapazes:

> I – os maiores de dezesseis e menores de dezoito anos;
>
> II – os ébrios habituais e os viciados em tóxicos;
>
> III – aqueles que, por causa transitória ou permanente, não puderem exprimir sua vontade;
>
> IV – os pródigos.

Difere-se representação de assistência, porque na **representação os atos são exercidos exclusivamente pelo representante** (ex., pais). Já na **assistência, o assistente verificará (assistirá) os atos praticados pelo assistido**, ratificando-os. "Em outras palavras, na assistência faz-se necessária a declaração de vontade de ambos (assistente e assistido), enquanto na representação basta a declaração de vontade do representante em substituição a do representado."[2]

Quantos aos menores, a **CLT não diferenciou representação de assistência**, utilizando de forma indiscriminada a nomenclatura representação. No entanto, a doutrina majoritária declina que são representados os menores de 16 anos, enquanto são assistidos os maiores de 16 anos e menores de 18 anos, desde que não sejam emancipados.

Representado	menores de 16 anos
Assistido	maiores de 16 anos e menores de 18 anos

2. SARAIVA, Renato. *Processo do Trabalho*. 5. ed. Rio do Janeiro: Forense; São Paulo: Método, 2009. p. 134-135.

Nos termos do art. 793 da CLT:

> Art. 793. A reclamação trabalhista do menor de 18 anos será feita por seus representantes legais e, na falta destes, pela Procuradoria da Justiça do Trabalho, pelo sindicato, pelo Ministério Público estadual ou curador nomeado em juízo.

Pelo referido dispositivo, vislumbra-se que a representação do menor de 18 anos é feita de forma **sucessiva**:

1) representantes legais (ex., pais etc.);
2) Ministério Público do Trabalho, antigamente denominado de Procuradoria da Justiça do Trabalho;
3) sindicato da categoria;
4) Ministério Público Estadual;
5) curador nomeado pelo juiz.

3.1.2. *Representação das pessoas jurídicas*

As pessoas jurídicas, por não conseguirem manifestar sua vontade sem a atuação da pessoa física, são "presentadas" em juízo, por meio de seus representantes, ativa e passivamente, nos termos do art. 75 do CPC/2015.

Tratando-se de pessoas jurídicas de direito privado, a "presentação" será por meio do representante designado nos atos constitutivos ou, não havendo essa designação, por seus diretores (CPC/2015, art. 75, VIII).

No que tange às pessoas jurídicas de direito público, a União é representada pela Advocacia-Geral da União, diretamente ou mediante órgão vinculado (CPC/2015, art. 75, I). Os Estados e o Distrito Federal são representados em juízo pelos seus procuradores (CPC/2015, art. 75, II). O Município, por seu prefeito, procurador ou Associação de Representação de Municípios, quando expressamente autorizada (CPC/2015, art. 75, III). Além disso, as autarquias e fundações públicas são representadas por quem a lei do ente federado designar (CPC/2015, art. 75, IV). Assim, podemos esquematizar da seguinte forma:

▸ PESSOA JURÍDICA DE DIREITO PÚBLICO	▸ REPRESENTAÇÃO
União	Advocacia-Geral da União
Estados, Distrito Federal	Procuradores
Municípios	Prefeito, procurador ou Associação de Representação de Municípios
Autarquias e fundações	Por quem a lei do ente federado designar

A representação judicial do Município pela Associação de Representação de Municípios somente poderá ocorrer em questões de interesse comum dos Municípios associados e dependerá de autorização do respectivo chefe do Poder Executivo municipal, com indicação específica do direito ou da obrigação a ser objeto das medidas judiciais (CPC, art. 75, § 5º).

A massa falida é representada pelo administrador judicial (CPC, art. 75, V).

3.1.2.1. Representação das autarquias e fundações

Para o TST, há duas possibilidades de os procuradores dos estados ou municípios representarem em juízo as autarquias e fundações públicas:

1 – se investidos de mandato válido (advogado constituído);

2 – se designados pela lei da respectiva unidade da federação (art. 75, IV, do CPC de 2015).[3]

O C. TST sedimentou este entendimento, sob o argumento de que a Constituição Federal não criou óbice a que o Estado organize a sua representação processual por meio de seus procuradores e que os ocupantes da carreira possam representar os órgãos da administração indireta[4].

No entanto, o E.STF na ADI 145 entendeu que o art. 132 da Constituição Federal determina a aplicação do princípio da unicidade da representação judicial dos Estados e do Distrito Federal[5]. Assim, para o STF, os Procuradores dos Estados ou do Distrito Federal são os únicos responsáveis pela representação judicial da unidade federada, incluindo autarquias e fundações.

No mesmo sentido, na ADI 6397[6], o STF firmou a seguinte tese: "É inconstitucional a criação de Procuradorias Autárquicas no âmbito dos Estados e do Distrito Federal, em razão da violação à unicidade orgânica da advocacia pública estadual".

Portanto, após a CF/88 não é possível a criação de órgãos jurídicos distintos da Procuradoria-Geral do Estado, isto é, a criação de procuradorias de autarquias e fundações. Se já existentes ao tempo da CF/88, seus procuradores não podem mais fazer a representação judicial dos entes, mas apenas consultorias jurídicas.

---

3. Orientação Jurisprudencial nº 318 da SDI-I do TST. Autarquia. Fundação Pública. Legitimidade para recorrer. Representação processual. I – Os Estados e os Municípios não têm legitimidade para recorrer em nome das autarquias e das fundações públicas. II – Os procuradores estaduais e municipais podem representar as respectivas autarquias e fundações públicas em juízo somente se designados pela lei da respectiva unidade da federação (art. 75, IV, do CPC de 2015) ou se investidos de instrumento de mandato válido.
4. TST, RR 196800-74.2008.5.15.0067. Quinta Turma. Rel. Min. Emmanoel Pereira. DEJT 26.3.2013; E-RR-143100-98.2007.5.02.0062. Relatora Ministra Rosa Maria Weber. DEJT 27.8.2010; E-ED-AIRR-236940-08.2005.5.02.0039. Relator Ministro Luiz Philippe Vieira de Mello Filho. DEJT 12.3.2010; E-ED-A-RR-546800-09.2006.5.15.0153. Relatora Ministra Maria de Assis Calsing. DEJT 26.2.2010.
5. STF. Plenário. ADI 145/CE, Rel. Min. Dias Toffoli, julgado em 20/6/2018 (Info 907).
6. STF, ADI 6397, Relator Ministro Roberto Barroso. Órgão Julgador: Tribunal Pleno. Publicação em: 02/03/2023.

3.1.3. Representação em audiência

Nas audiências das reclamações trabalhistas, exige-se, como **regra, a presença obrigatória das próprias partes** (ex., empregado e empregador). A CLT, porém, cria algumas exceções, como se observa pelo art. 843, *in verbis:*

> Art. 843 - Na audiência de julgamento deverão estar presentes o reclamante e o reclamado, independentemente do comparecimento de seus representantes salvo, nos casos de Reclamatórias Plúrimas ou Ações de Cumprimento, quando os empregados poderão fazer-se representar pelo Sindicato de sua categoria.
>
> § 1º - É facultado ao empregador fazer-se substituir pelo gerente, ou qualquer outro preposto que tenha conhecimento do fato, e cujas declarações obrigarão o proponente.
>
> § 2º - Se por doença ou qualquer outro motivo poderoso, devidamente comprovado, não for possível ao empregado comparecer, poderá fazer-se representar por outro empregado que pertença à mesma profissão, ou pelo seu sindicato.
>
> § 3º - O preposto a que se refere o § 1º deste artigo não precisa ser empregado da parte reclamada.

Verifica-se pelo dispositivo supracitado as seguintes exceções:

1. Representação do empregado pelo sindicato nas reclamações plúrimas

Reclamação plúrima é aquela em que existe mais de um reclamante no polo ativo da reclamação, ou seja, há um litisconsórcio ativo. Exemplo: 15 empregados da empresa X ajuízam uma única reclamação trabalhista, postulando o pagamento das horas extras. Nessa hipótese, admite o dispositivo que o trabalhador possa ser "representado" pelo sindicato da categoria.

Na realidade, o que acontece nesse caso é a escolha de alguns trabalhadores para representar os demais na audiência, denominada de "comissão de representantes", comparecendo juntamente com o sindicato da categoria. Essa representação é meramente fática, porque o sindicato não poderá transigir, confessar etc.[7]

2. Representação do empregado pelo sindicato nas ações de cumprimento

A ação de cumprimento serve para fazer cumprir o estabelecido no dissídio coletivo, nas convenções e nos acordos coletivos (Súmula nº 286 do TST)[8].

Nesse caso, o próprio sindicato poderá ajuizar a ação para que o empregador conceda, por exemplo, a cesta básica constante do acordo coletivo de trabalho.

---

7. LEITE, Carlos Henrique Bezerra. *Curso de direito processual do trabalho*. 9. ed. São Paulo: LTr, 2011. p. 418.
8. Súmula nº 286 do TST. Sindicato. Substituição processual. Convenção e acordo coletivos. A legitimidade do sindicato para propor ação de cumprimento estende-se também à observância de acordo ou de convenção coletivos.

Aqui, embora a lei fale em representação, na verdade trata-se de substituição processual, porque o sindicato vai a juízo em nome próprio defender direitos dos trabalhadores.

3. Representação do empregado por outro empregado que pertença à mesma profissão

O art. 843, § 2º, da CLT admite que o empregado possa ser representado por outro empregado que pertença à mesma profissão ou pelo sindicato na audiência, nos casos de doença ou qualquer outro motivo ponderoso.

Há divergência na doutrina relacionada ao alcance dessa representação.

Para parte da doutrina, que pensamos estar a razão, o representante poderá apenas requerer o adiamento da audiência, impedindo, portanto, o seu arquivamento[9]. Noutras palavras, o empregado ou o sindicato que comparecem na audiência têm apenas a função de impedir o arquivamento do processo, não podendo praticar outros atos processuais. Aqui, portanto, o que se permite é que outro empregado ou o sindicato vá a juízo somente para informar que o empregado estava doente ou que não pôde comparecer à audiência; há representação só para esse ato, ou seja, apenas para adiar a audiência, diferentemente da representação sindical para todo o processo.

Para outra parcela da doutrina, o representante poderá praticar os atos processuais no interesse do representado devendo, para isso, ter conhecimento dos fatos discutidos em juízo[10]. Portanto, para essa tese a representação não fica limitada ao adiamento da audiência, sob pena de não ter nenhuma utilidade tal dispositivo, já que o próprio advogado do empregado poderá apresentar o atestado médico e pedir a redesignação da audiência. Desse modo, para essa faceta da doutrina o representante do reclamante tem os mesmos poderes do preposto da empresa, podendo confessar e transigir[11].

Em resumo, nos termos da CLT, percebe-se que o empregado pode ser representado em audiência nas seguintes hipóteses:

<table>
<tr><th>▶ SINDICATO</th><th>▶ EMPREGADO DA MESMA PROFISSÃO</th></tr>
<tr><td>Reclamações plúrimas</td><td rowspan="3">Doença ou outro motivo ponderoso</td></tr>
<tr><td>Ações de Cumprimento</td></tr>
<tr><td>Doença ou outro motivo ponderoso</td></tr>
</table>

9. Nesse sentido: CARRION, Valentin, 2005 *apud* SCHIAVI, Mauro. *Manual de Direito Processual do Trabalho*. 9. ed. São Paulo: LTr, 2015. p. 576; LEITE, Carlos Henrique Bezerra. *Curso de Direito Processual do Trabalho*. 12. ed. São Paulo: LTr, 2014. p. 479.
10. Nesse sentido: SCHIAVI, Mauro. *Manual de Direito Processual do Trabalho*. 9. ed. São Paulo: LTr, 2015. p. 577-578.
11. Por todos SCHIAVI, Mauro. *Manual de direito processual do trabalho*. 6. ed. São Paulo: LTr, 2013. p. 520-521.

4. Representação do empregador pelo preposto

O empregador poderá ser substituído na audiência por gerente ou preposto, conforme dispõe o art. 843, § 1º, da CLT.

Embora o referido dispositivo exija apenas que o preposto tenha conhecimento dos fatos, o C. TST, antes da Lei nº 13.467/17, impunha mais um requisito, qual seja: deveria ser empregado da empresa, nos termos da Súmula nº 377 do TST.

A Lei nº 13.467/17, contudo, acrescentou o § 3º ao art. 843 da CLT, passando a estabelecer, expressamente, que **não há necessidade de que o preposto seja empregado da parte reclamada**, alterando totalmente o entendimento firmado pelo TST, o que provocará o cancelamento da Súmula nº 377 do TST.

De qualquer maneira, o preposto deve ter conhecimento dos fatos, sob pena de confissão ficta (CPC/2015, arts. 386 e 389).

Ele tem a função de substituir o empregador na audiência, exaurindo sua atividade neste ato. Assim, poderá exercer todos os atos necessários na audiência, tais como realizar propostas de acordo, apresentar defesa oral, prestar depoimento pessoal e aduzir razões finais. Por outro lado, acabada a audiência, não poderá praticar outros atos processuais como, por exemplo, interpor recursos.

Caso o empregador não se faça representar adequadamente (p. ex., ausência de carta de preposição), não haverá incidência imediata dos efeitos da revelia, devendo o magistrado possibilitar ao reclamado a oportunidade de sanar sua irregularidade, nos termos do art. 76 do CPC/2015[12], que é embasado no princípio da primazia da decisão de mérito.

Por fim, cabe registrar que o Regulamento Geral do Estatuto de Advocacia e OAB estabelece, em seu art. 3º, que "é defeso ao advogado funcionar no mesmo processo, simultaneamente, como patrono e preposto de empregador ou cliente". Impede, portanto, que o advogado atue como preposto e advogado de modo concomitante.

4. CAPACIDADE POSTULATÓRIA E O *JUS POSTULANDI*

Capacidade postulatória, como o próprio nome já indica, é a possibilidade de postular em juízo (ex.: ajuizar a reclamação trabalhista, fazer defesa, interpor recurso etc.). No processo civil, a capacidade postulatória, em regra, é restrita aos advogados.

No **processo do trabalho**, porém, admite-se que o empregado e o empregador postulem em juízo pessoalmente, ou seja, sem a necessidade de advogado. É o que se denomina de *jus postulandi* das partes. Noutras palavras, **o *jus postulandi* é**

12. No mesmo sentido: OLIVEIRA, Francisco Antônio de. Comentários às súmulas do TST. 9. ed. rev. e atual. São Paulo: Editora Revista dos Tribunais, 2008. p. 667 e PINTO, Raymundo Antonio Carneiro. Súmulas do TST comentadas. 11. ed. São Paulo: LTr, 2010. 296.

a possibilidade de as próprias partes irem a juízo, sem serem representadas por advogados, conforme declina o *caput* do art. 791 da CLT:

> Art. 791 – Os empregados e os empregadores poderão reclamar pessoalmente perante a Justiça do Trabalho e acompanhar as suas reclamações até o final.

Consigna-se que o ***jus postulandi*** **se aplica aos empregados e empregadores, inclusive no dissídio coletivo (CLT, art. 839, a).**

Contudo, o Tribunal Superior do Trabalho **não permite** o *jus postulandi* em alguns casos, exigindo, nessas hipóteses, que a parte seja representada por advogado, como se verifica pela Súmula nº 425 do TST, a seguir:

> **Súmula nº 425 do TST.** *Jus postulandi* na Justiça do Trabalho. Alcance
>
> O *jus postulandi* das partes, estabelecido no art. 791 da CLT, limita-se às Varas do Trabalho e aos Tribunais Regionais do Trabalho, não alcançando a ação rescisória, a ação cautelar, o mandado de segurança e os recursos de competência do Tribunal Superior do Trabalho.

Pela análise da súmula anterior, percebe-se que o *jus postulandi* está **restrito às Varas do Trabalho e aos Tribunais Regionais do Trabalho não tendo aplicação**:

a) nos recursos de competência do TST (seja recurso de natureza extraordinária, seja recurso de natureza ordinária);

b) na ação rescisória;

c) na ação cautelar[13];

d) no mandado de segurança[14].

Repete-se: nessas hipóteses é obrigatória a participação do advogado.

Além disso, a doutrina entende **inaplicável** o *jus postulandi* **nos embargos de terceiros, recursos de peritos e depositários**[15]. Do mesmo modo, o C. TST entende que na reclamação descrita no art. 988 do CPC/15, não se aplica o *jus postulandi*.

Aliás, com a vigência da Lei nº 13.467/17 (Reforma Trabalhista), o *jus postulandi* não **é** aplicado nos processos de jurisdição voluntária para a homologação de acordo extrajudicial, vez que o art. 855-B, *caput*, da CLT, expressamente, exige a presença do advogado.

Quanto à aplicação do *jus postulandi* nas ações **não decorrentes da relação de emprego**, a doutrina diverge:

---

13. Com o CPC/2015, pensamos que deverá ser excluída essa exceção, vez que não existe mais processo cautelar autônomo. De qualquer modo, até a alteração da Súmula 425 do TST, adote nas provas o entendimento descrito na referida súmula.
14. Para a prova de analista do TRT o candidato deve memorizar essas hipóteses.
15. MARTINS, Sérgio Pinto. *Comentários à CLT*. 13. ed. São Paulo: Atlas, 2009. p. 820.

- **1ª tese** (majoritária antes da Lei nº 13.467/17): inaplicável, pois a IN nº 27/2005 do TST determina que, nessa hipótese, o pagamento de honorários advocatícios decorre da mera sucumbência, o que significa que, implicitamente, exigiu a presença do advogado. Com a inserção do art. 791-A à CLT pela Lei nº 13.467/17 (Reforma Trabalhista), concedendo os honorários advocatícios pela mera sucumbência tanto às relações de emprego, como às não decorrentes da relação de emprego, pensamos que essa tese fica prejudicada, devendo prevalecer a 2ª tese;
- **2ª tese** (minoritária): é aplicável, pois nas relações de trabalho *lato sensu* são aplicadas as mesmas regras procedimentais que na relação de emprego[16].

Por fim, salienta-se que, extrapolada a seara trabalhista, não há aplicação do *jus postulandi*. Dessa forma, na interposição do recurso extraordinário, de competência do STF, ou no conflito de competência que o STJ seja competente, a parte depende da presença do advogado.

Desse modo, podemos resumir a aplicação do *jus postulandi* da seguinte forma:

▶ JUS POSTULANDI	
Aplicável	- empregados; e - empregadores.
Não aplicável	- nos recursos de competência do TST; - na ação rescisória; - na ação cautelar; - no mandado de segurança; - nos embargos de terceiros; - recursos de peritos e depositários; - reclamação (art. 988 do CPC/15); - processos de jurisdição voluntária para homologação de acordos extrajudiciais; - nas relações de trabalho; e - quando extrapolada a seara trabalhista.
* Como essa tese é majoritária, por ora, mantivemos como não aplicável. No entanto, a partir da vigência da Lei nº 13.467/17, como visto, é possível que esse entendimento seja alterado.	

▶ **ATENÇÃO:**

Nos dissídios coletivos é **facultada** aos interessados a assistência por advogado (CLT, art. 791, § 2º), ou seja, aplica-se o *jus postulandi* nos dissídios coletivos.

16. Enunciado nº 67 da 1ª Jornada de Direito Material e Processual do Trabalho: JUS POSTULANDI. ART. 791 DA CLT. RELAÇÃO DE TRABALHO. POSSIBILIDADE. A faculdade de as partes reclamarem, pessoalmente, seus direitos perante a Justiça do Trabalho e de acompanharem suas reclamações até o final, contida no artigo 791 da CLT, deve ser aplicada às lides decorrentes da relação de trabalho.

5. REPRESENTAÇÃO POR ADVOGADO

A presença do advogado para representar as partes no processo do trabalho pode ser exigida em alguns casos. Contudo, a regra é o *jus postulandi*, admitindo que as partes possam ir a juízo sem a necessidade de advogado.

Ocorre, no entanto, que o exercício do *jus postulandi* é mera faculdade concedida às partes. Em outros termos, a parte não é obrigada a ir a juízo sem advogado.

Diante disso, permite-se que a parte possa nomear, por sua vontade, um advogado de confiança para representá-la em juízo, ou seja, admite-se a nomeação de representante convencional, que deve ser um advogado.

O representante convencional (advogado) depende de um mandato para exercer seus poderes. Pelo mandato, portanto, outorgam-se poderes do cliente ao advogado. O mandato é instrumentalizado na procuração (CC/02, art. 653). Exemplificamos para facilitar a compreensão:

> *João vai ao escritório do Dr. Pedro (advogado), informando que foi dispensado da empresa X e não recebeu suas verbas rescisórias. O Dr. Pedro faz uma procuração, em que registra a concessão de poderes (mandato) para atuar em juízo representando João.*

Nessa hipótese, deverá o advogado juntar no processo a procuração para demonstrar que pode representar seu cliente.

> **▸ ATENÇÃO:**
>
> **De acordo com o CNJ, na Justiça do Trabalho a procuração de pessoa não alfabetizada não precisa ser realizada no cartório por instrumento público, aplicando-se o disposto no art. 595 do CC/02 que permite a assinatura a rogo da parte não alfabetizada, desde que subscrito por duas testemunhas.**

É importante fazer uma observação quanto às pessoas jurídicas de direito público.

Como já dito, a União é representada pela Advocacia-Geral da União, diretamente ou mediante órgão vinculado. Os Estados e o Distrito Federal são representados em juízo pelos seus procuradores. O Município, por seu prefeito ou procurador. Além disso, as autarquias e fundações públicas são representadas por quem a lei do ente federado designar. Considerando que tal representação decorre da lei, ou seja, do art. 75, I, II, III e IV, do CPC/2015, e que o poder de representação dos procuradores dessas entidades é inerente a sua própria função, não há necessidade de juntada do instrumento de mandato, nos termos do que dispõem o art. 287, III, do CPC/2015 e a Súmula nº 436 do TST, *in verbis*:

> **Súmula nº 436 do TST.** Representação processual. Procurador da União, Estados, Municípios e Distrito Federal, suas autarquias e fundações públicas. Juntada de instrumento de mandato
>
> I – A União, Estados, Municípios e Distrito Federal, suas autarquias e fundações públicas, quando representadas em juízo, ativa e passivamente, por seus procuradores, estão dispensadas da juntada de instrumento de mandato e de comprovação do ato de nomeação.
>
> II – Para os efeitos do item anterior, é essencial que o signatário ao menos declare-se exercente do cargo de procurador, não bastando a indicação do número de inscrição na Ordem dos Advogados do Brasil.

Em resumo, a representação por meio de advogado para as pessoas físicas e pessoas jurídicas de direito privado depende de mandato. Por outro lado, para as pessoas jurídicas de direito público, o procurador está dispensado do instrumento de mandato. Além dos casos em que a representação decorrer de norma prevista na Constituição Federal ou em lei, o art. 287 também dispensa a juntada da procuração nos casos em que a parte estiver representada pela Defensoria Pública e nos casos em que o advogado tiver que atuar para evitar preclusão, decadência ou prescrição, ou para praticar atos urgentes (CPC/2015, art. 104), conforme será analisado posteriormente.

5.1. Substabelecimento

Concedida procuração ao advogado, este pode transferir os poderes a ele conferido a outro advogado, surgindo a figura do **substabelecimento**.

O substabelecimento pode ser:

- **com reserva de poderes:** quando o advogado substabelecente outorga poderes para o substabelecido, mas continua com poderes no processo. Noutras palavras, ambos passam a ter poderes no processo;
- **sem reserva de poderes:** no caso de o advogado substabelecente transferir seus poderes ao substabelecido, deixando de atuar no processo. Nessa hipótese, apenas o substabelecido passa a ter poderes no processo.

Contudo, só pode substabelecer aquele que tem poderes de representação, ou seja, o substabelecimento deve ser posterior ao recebimento do mandato válido (Súmula nº 395, IV, do TST). Trata-se de regra lógica, já que sendo o substabelecimento o acessório ele pressupõe a existência do principal (mandato).

Isso não quer dizer, porém, que o mandato, para ser válido, deve, obrigatoriamente, conter a data da outorga de poderes, pois no mandato judicial, se não houver data, será considerada a data da apresentação no processo, como descreve a OJ nº 371 da SDI-I do TST:

Orientação Jurisprudencial nº 371 da SDI – I do TST. Irregularidade de representação. Substabelecimento não datado. Inaplicabilidade do art. 654, § 1º, do Código Civil.

Não caracteriza a irregularidade de representação a ausência da data da outorga de poderes, pois, no mandato judicial, ao contrário do mandato civil, não é condição de validade do negócio jurídico. Assim, a data a ser considerada é aquela em que o instrumento for juntado aos autos, conforme preceitua o art. 409, IV, do CPC de 2015 (art. 370, IV, do CPC de 1973). Inaplicável o art. 654, § 1º, do Código Civil.

► **ATENÇÃO:**

No **mandato tácito não será permitido o substabelecimento** (OJ nº 200 da SDI-I do TST*).

*. Orientação Jurisprudencial nº 200 da SDI-I do TST. Mandato tácito. Substabelecimento inválido. É inválido o substabelecimento de advogado investido de mandato tácito.

5.2. Condições de validade do mandato e do substabelecimento

Quanto às condições de validade do mandato e do substabelecimento, vejam as diretrizes da Súmula nº 395 do TST:

I – Válido é o instrumento de mandato com prazo determinado que contém cláusula estabelecendo a prevalência dos poderes para atuar até o final da demanda (§ 4º do art. 105 do CPC de 2015).

II – Se há previsão, no instrumento de mandato, de prazo para sua juntada, o mandato só tem validade se anexado ao processo o respectivo instrumento no aludido prazo.

III – São válidos os atos praticados pelo substabelecido, ainda que não haja, no mandato, poderes expressos para substabelecer (art. 667, e parágrafos, do Código Civil de 2002).

IV – Configura-se a irregularidade de representação se o substabelecimento é anterior à outorga passada ao substabelecente.

V – Verificada a irregularidade de representação nas hipóteses dos itens II e IV, deve o juiz suspender o processo e designar prazo razoável para que seja sanado o vício, ainda que em instância recursal (art. 76 do CPC de 2015).

Ademais, na hipótese de mandato firmado em nome de pessoa jurídica para que o instrumento seja válido é necessário que contenha, pelo menos, o nome da entidade outorgante e do signatário da procuração, pois estes dados constituem elementos que os individualizam (Súmula nº 456, I, do TST), vez que somente identificando-os é possível verificar se possuem aptidão para a prática dos atos a eles conferidos. De qualquer modo, verificada a irregularidade de representação da parte, o juiz e/ou relator designarão prazo de 5 dias para que seja sanado o vício, nos termos do art. 76, §§ 1º e 2º do CPC/2015 e da Súmula 456, II e III do TST[17].

17. Súmula 456 do TST. (...) II – Verificada a irregularidade de representação da parte na instância originária, o juiz designará prazo de 5 (cinco) dias para que seja sanado o vício. Descumprida a determinação, extinguirá o processo, sem resolução de mérito, se a providência couber ao reclamante, ou

Cumpre frisar que, sendo juntada nova procuração aos autos, **sem ressalva** de poderes conferidos ao antigo patrono, haverá revogação tácita do mandato anterior (OJ nº 349 da SDI-I do TST).

5.3. Mandato tácito

Conforme mencionado anteriormente, o advogado deve ter uma procuração para atuar em juízo. A procuração registra a concessão de poderes ao advogado (mandato). Nesse caso, temos o que se chama de mandato expresso.

Pode acontecer, no entanto, de o advogado comparecer na audiência com o cliente e não apresentar procuração. Surge aqui o denominado mandato tácito ou *apud acta*.

Embora a jurisprudência não distinga mandato tácito de *apud acta*, parte da doutrina encontra diferença entre eles. Nesse sentido, entende Renato Saraiva:

> O **mandato tácito** é formado em função do comparecimento do causídico à audiência, representando qualquer das partes e praticando atos processuais, constando seu nome na ata de audiência. A **procuração *apud acta*** é conferida pelo juiz em audiência, mediante ato formal, solene, devidamente registrado na ata de audiência.[18] (grifo nosso)

Interessante notar que o § 3º no art. 791 da CLT, introduzido pela Lei nº 12.437/11, admitiu a procuração *apud acta* no processo do trabalho, como se depreende do seu texto transcrito a seguir:

> § 3º A constituição de procurador com poderes para o foro em geral poderá ser efetivada, mediante simples registro em ata de audiência, a requerimento verbal do advogado interessado, com anuência da parte representada.

Como exemplo de mandato tácito ou de mandato *apud acta*, tem-se a seguinte situação:

> Reclamante ajuíza ação utilizando-se do *jus postulandi*, ou seja, sem constituir advogado na petição inicial. Na data da audiência, no entanto, comparece com advogado que pratica os atos processuais necessários. Nesses casos, estará configurado o mandato tácito. Se houver registro na ata de audiência pelo juiz, a representação ocorrerá por mandato *apud acta*.

Assim, diferenciando ou não os institutos, o que importa é que, em um ou em outro caso, o advogado terá mandato válido para atuar nos autos, podendo praticar todos os atos processuais de foro em geral, tais como petições, recursos etc. No

---

considerará revel o reclamado, se a providência lhe couber (art. 76, § 1º, do CPC de 2015). III – Caso a irregularidade de representação da parte seja constatada em fase recursal, o relator designará prazo de 5 (cinco) dias para que seja sanado o vício. Descumprida a determinação, o relator não conhecerá do recurso, se a providência couber ao recorrente, ou determinará o desentranhamento das contrarrazões, se a providência couber ao recorrido (art. 76, § 2º, do CPC de 2015).

18. SARAIVA, Renato. *Curso de direito processual do trabalho*. 3. ed. São Paulo: Método, 2006. p. 204.

entanto, não poderá praticar os atos que dependam de poderes específicos, como é o caso de receber citação, confessar, reconhecer a procedência do pedido, transigir, desistir, renunciar ao direito sobre que se funda a ação, receber, dar quitação, firmar compromisso e assinar declaração de hipossuficiência econômica (CPC/2015, art. 105).

► **ATENÇÃO:**

Para a existência do mandato tácito ou *apud acta* é exigido que a parte compareça em juízo juntamente com o advogado, participando este de, no mínimo, uma audiência, sendo insuficiente, portanto, a simples assinatura da petição inicial, defesa ou outra petição nos autos. É o que também se verifica pelo § 3º do art. 791 da CLT, citado anteriormente.

Destaca-se que, configurada a existência de mandato tácito, fica suprida eventual irregularidade detectada no mandato expresso (OJ nº 286 da SDI-I do TST).

Por fim, atente-se para o fato de que, quando se tratar de mandato tácito, não será permitido o substabelecimento, nos termos da OJ nº 200 da SDI-I do TST.

5.4. Estagiário

De acordo com o art. 3º, § 2º da Lei nº 8.906/94 "o estagiário de advocacia, regularmente inscrito, pode praticar os atos previstos no art. 1º, na forma do regimento geral, em conjunto com advogado e sob responsabilidade deste".

Desse modo, o estagiário pode receber procuração e substabelecimento. No entanto, enquanto for estagiário, somente pode atuar em conjunto com o advogado, pois lhe falta a capacidade de exercício para atuar sozinho no processo. Por outro lado, uma vez habilitado como advogado, adquire a capacidade de exercício, não havendo necessidade de se conferir nova procuração ou substabelecimento, pois já tinha tais poderes, conforme declina a OJ nº 319 da SDI-I do TST:

> **Orientação Jurisprudencial nº 319 da SDI – I do TST.** Representação regular. Estagiário. Habilitação posterior
>
> Válidos são os atos praticados por estagiário se, entre o substabelecimento e a interposição do recurso, sobreveio a habilitação, do então estagiário, para atuar como advogado.

Com efeito, o estagiário pode receber poderes de representação, mas a lei não lhe confere a capacidade de exercício. Assim, habilitando-se como advogado, passa a ter "capacidade plena", podendo, a partir de então, atuar sozinho no processo, inclusive para interpor recurso.

5.5. Atuação momentânea sem o instrumento de mandato

Em alguns casos, admite-se a atuação momentânea do advogado, sem o instrumento de mandato, como estabelece o art. 104 do CPC/2015, aplicável subsidiariamente ao processo do trabalho:

> Art. 104. O advogado não será admitido a postular em juízo sem procuração, salvo para evitar preclusão, decadência ou prescrição, ou para praticar ato considerado urgente.
>
> § 1º Nas hipóteses previstas no caput, o advogado deverá, independentemente de caução, exibir a procuração no prazo de 15 (quinze) dias, prorrogável por igual período por despacho do juiz.
>
> § 2º O ato não ratificado será considerado ineficaz relativamente àquele em cujo nome foi praticado, respondendo o advogado pelas despesas e por perdas e danos.

Pela análise do referido artigo é possível extrair que o ordenamento permite que o patrono possa atuar **sem o instrumento de mandato** para:

1) evitar preclusão;
2) evitar decadência;
3) evitar prescrição;
4) praticar atos urgentes.

O CPC/2015, ao permitir a atuação para evitar preclusão, ampliou consideravelmente a possibilidade de o advogado atuar sem procuração. Isso porque é sabido que a preclusão consiste na perda da faculdade de praticar um ato processual, como regra, por não ter exercido seu direito oportunamente, o que inclui a apresentação de contestação, razões finais, interposição de recurso etc. Ressalte-se, porém, que a preclusão anunciada no aludido dispositivo diz respeito à **preclusão temporal**[19].

De qualquer modo, após a prática de tais atos deverá apresentar, obrigatoriamente, a procuração nos autos. Ao apresentar a procuração, os atos serão ratificados. Por outro lado, a não apresentação torna **ineficazes** os atos praticados. Trata-se assim de **atuação condicional**, ou seja, somente produzirá efeitos se ocorrer a juntada da procuração *a posteriori* nos autos.

Nesse sentido, a Súmula nº 383, I, do TST, *in verbis*:

> **Súmula nº 383 do TST.** Recurso. Mandato. Irregularidade de representação. CPC de 2015, arts. 104 e 76, § 2º
>
> I – É inadmissível recurso firmado por advogado sem procuração juntada aos autos até o momento da sua interposição, salvo mandato tácito. Em caráter excepcional (art. 104 do CPC de 2015), admite-se que o advogado, independentemente de intimação, exiba a procuração no prazo de 5 (cinco) dias após a interposição do recurso, prorrogável por igual período mediante despacho do juiz. Caso não a exiba, considera-se ineficaz o ato praticado e não se conhece do recurso.

19. ALVIM, J. E. Carreira. Comentários ao novo Código de Processo Civil: Lei 13.105/15: vol. 2. Art. 82 ao 148. Curitiba: Juruá, 2015. p. 156.

Portanto, a regra, é que o procurador deve ter mandato (expresso ou tácito) para atuar no processo. Excepcionalmente, admite-se atuar sem o instrumento do mandato, inclusive para interpor recurso. Nesse caso, o art. 104, § 1º, do CPC/2015 permite sua regularização no prazo de 15 dias, prorrogável judicialmente por mais 15 dias. Embora este prazo seja próprio para esta situação, o qual nos parece que deveria ser aplicado, o C. TST interpretou sistematicamente o art. 104 c/c o art. 932, parágrafo único, ambos no CPC/2015, reduzindo o prazo para 5 dias no caso de fase recursal.

Não concordamos com a redução do prazo. Primeiro, porque se trata de prazo próprio para tal caso. Segundo, porque o art. 932, parágrafo único, do CPC/15 pressupõe ato do relator que intima a parte para regularizar o vício, enquanto o art. 104 do CPC/15 tem como foco a parte que praticou o ato (e não o relator), pois se trata de ato condicionado que independe de intimação.

De qualquer maneira, adotando o entendimento do C. TST, será de 5 dias o prazo para a apresentação da procuração na fase recursal e de 15 dias para as demais fases.

Atente-se para o fato de que o recurso interposto sem procuração é um ato condicional, o que significa que não apresentada a procuração no prazo de 5 dias, prorrogável por mais 5 dias, ele será ineficaz, não se exigindo que o juiz ou tribunal conceda novo prazo para regularização da representação, como disposto no art. 76 do CPC/2015.

Apresentada a procuração dentro dos 5 dias, automaticamente, o recurso será ratificado.

Por outro lado, havendo necessidade de prorrogação do prazo é imprescindível a autorização judicial. Queremos dizer, o prazo para juntada é um prazo legal, já a prorrogação produz um prazo judicial[20].

Antes de finalizar esse tópico é necessário esclarecer que, embora em certos pontos o mandato tácito (ou *apud acta*) e atuação momentânea sem procuração sejam parecidos, é importante diferenciá-los.

A atuação sem procuração admite, por exemplo, o ajuizamento de ação trabalhista para afastar prescrição ou decadência. Não sendo esses casos, a reclamação trabalhista deve ser instruída com mandato expresso (procuração). Aplicamos, portanto, o art. 104 do CPC/2015.

No entanto, pode acontecer de existir um advogado com procuração nos autos e no momento da audiência comparecer outro advogado, sem procuração. Nesse caso, o novo procurador passa a representar a parte, não havendo necessidade de procuração (mandato expresso). Trata-se aqui do mandato tácito ou *apud acta*, podendo o advogado, validamente, praticar todos os atos posteriores, inclusive interpor recurso.

20. ALVIM, J. E. Carreira. *Comentários ao novo Código de Processo Civil: Lei 13.105/15*: vol. 2. Art. 82 ao 148. Curitiba: Juruá, 2015. p. 157.

Agora suponhamos que exista nos autos advogado com mandato tácito ou até mesmo mandato expresso, mas, no momento da interposição do recurso, outro advogado interponha o recurso. Nessa hipótese, ganha importância art. 104 do CPC/2015, o que significa que para que o recurso seja eficaz deverá ser apresentada a procuração (mandato expresso) no prazo de 5 dias, vez que somente foi permitido a realização do ato para afastar a preclusão. Nesse caso, não se fala em mandato tácito, mas em aplicação do art. 104 do CPC/2015.

Portanto, como regra, os institutos são diferentes, mas em alguns casos podem se identificar, como é o caso, por exemplo, da apresentação de contestação na audiência. Nesse caso, temos ao mesmo tempo a possibilidade de mandato tácito e um ato para afastar a preclusão (revelia e confissão). Isso ocorre porque é sabido que a contestação é apresentada em audiência, o que significa que poderá o reclamado se valer do mandato tácito. Assim, embora o ato também seja para afastar a preclusão, no processo do trabalho, ele será válido e não depende de ratificação, porque estará consubstanciado o mandato tácito.

5.6. Regularização da representação

Pode acontecer de a representação possuir algum vício sanável, ou seja, o mandato ser irregular como, por exemplo, a juntada de mandato depois do prazo nele estabelecido (Súmula nº 395, II, do TST), procuração sem nome do outorgante etc. Nesse caso, o art. 76 do CPC/2015, aplicável ao processo do trabalho, permite sua regularização, devendo o juiz designar prazo razoável para o saneamento do vício, como se verifica pelo seu teor a seguir transcrito.

> Art. 76. Verificada a incapacidade processual ou a irregularidade da representação da parte, o juiz suspenderá o processo e designará prazo razoável para que seja sanado o vício.
>
> § 1º Descumprida a determinação, caso o processo esteja na instância originária:
>
> I - o processo será extinto, se a providência couber ao autor;
>
> II - o réu será considerado revel, se a providência lhe couber;
>
> III - o terceiro será considerado revel ou excluído do processo, dependendo do polo em que se encontre.
>
> § 2º Descumprida a determinação em fase recursal perante tribunal de justiça, tribunal regional federal ou tribunal superior, o relator:
>
> I - não conhecerá do recurso, se a providência couber ao recorrente;
>
> II - determinará o desentranhamento das contrarrazões, se a providência couber ao recorrido.

Assim agiu o legislador, porque o vício de representação é um vício sanável, de modo que o juiz ou relator deverá mandar saná-lo, admitindo a regularização da representação inclusive em sede recursal, nos termos do art. 76 do CPC/2015. Tal dispositivo tem como base os princípios da cooperação e da primazia da decisão de mérito (CPC/2015, arts. 4º e 6º).

No mesmo sentido, dispõe o item II da Súmula nº 383 do TST, *in verbis*:

> II – Verificada a irregularidade de representação da parte em fase recursal, em procuração ou substabelecimento já constante dos autos, o relator ou o órgão competente para julgamento do recurso designará prazo de 5 (cinco) dias para que seja sanado o vício. Descumprida a determinação, o relator não conhecerá do recurso, se a providência couber ao recorrente, ou determinará o desentranhamento das contrarrazões, se a providência couber ao recorrido (art. 76, § 2º, do CPC de 2015).

Desse modo, determinada a regularização e não havendo saneamento no prazo estabelecido, as consequências do não saneamento dependerão da parte responsável pelo saneamento e da fase em que estiver o processo, podendo ser resumido da seguinte forma:

▸ INSTÂNCIA ORIGINÁRIA

Providência cabe ao	Efeitos
Reclamante	Extinção do processo sem resolução do mérito
Reclamado	Revelia
Terceiro	Revel ou excluído do processo, dependendo do polo em que se encontre

▸ FASE RECURSAL

Providência cabe ao	Efeitos
Recorrente	Não conhecimento do recurso
Recorrido	Desentranhamento das contrarrazões

É importante consignar que a **atuação sem procuração difere daquela que existe procuração nos autos, mas a representação é irregular**.

A primeira é tratada no item I da Súmula nº 383 do TST e o prazo para apresentação da procuração escoa automaticamente, ou seja, sem a necessidade de intimação, como vimos no tópico anterior.

Já na hipótese de procuração ou substabelecimento já constantes dos autos, mas com vício de representação, aplica-se o item II da Súmula nº 383 do TST, impondo a intimação pelo relator para que o vício seja sanado, invocando-se assim o art. 76, § 2º, do CPC/2015.

Em suma, existindo regra própria **para os atos sem procuração não se aplica o art. 76 do CPC/2015**, mas tão somente o disposto no art. 104 (para o C. TST cumulado com o art. 932, parágrafo único, na fase recursal), não havendo necessidade de intimação para a juntada da procuração.

6. HONORÁRIOS ADVOCATÍCIOS

Os honorários advocatícios podem ser divididos em:

- **Honorários contratuais (convencionais)**: são aqueles que decorrem da relação de prestação de serviços firmada entre o advogado e seu cliente. É, portanto, puramente contratual, de modo que as partes os definem por comunhão de vontades. Tendo contrato escrito é considerado título executivo extrajudicial (Lei nº 8.906/94, art. 24 c/c o CPC/2015, art. 784, XII).
- **Honorários sucumbenciais**: são os fixados pelo juiz na decisão e devem ser pagos pelo vencido. Deriva, pois, do fato objetivo da derrota.[21] Com o advento da Lei nº 13.467/17, eles passam a ser previstos no art. 791-A, caput, da CLT, sendo cumulados com os honorários contratuais.
- **Honorários assistenciais**: atualmente são aqueles fixados em ações coletivas propostas por entidades de classe em substituição processual.

6.1. Honorários advocatícios sucumbenciais

Antes da Lei nº 13.467/17 (Reforma trabalhista), o C. TST **entendia** que os honorários advocatícios não eram devidos pela mera sucumbência, exigindo para sua concessão a presença cumulativa de dois requisitos:

1) estar assistido pelo sindicato da categoria;

2) ser beneficiário da justiça gratuita (Súmula nº 219, I, do TST).

Com o advento do art. 791-A da CLT, inserido pela Lei nº 13.467/17, promove-se verdadeira revolução acerca da condenação dos honorários advocatícios, o que provocou o cancelamento das Súmulas nº 219 e 329 do TST. É que agora a regra será a condenação em honorários advocatícios pela mera sucumbência.

Nesse contexto, estabelece o art. 791-A da CLT o que segue:

> Art. 791-A. Ao advogado, ainda que atue em causa própria, serão devidos honorários de sucumbência, fixados entre o mínimo de 5% (cinco por cento) e o máximo de 15% (quinze por cento) sobre o valor que resultar da liquidação da sentença, do proveito econômico obtido ou, não sendo possível mensurá-lo, sobre o valor atualizado da causa.
>
> § 1º Os honorários são devidos também nas ações contra a Fazenda Pública e nas ações em que a parte estiver assistida ou substituída pelo sindicato de sua categoria.
>
> § 2º Ao fixar os honorários, o juízo observará:
>
> I – o grau de zelo do profissional;
>
> II – o lugar de prestação do serviço;

21. ASSIS, Araken. Processo civil brasileiro, v. II: parte geral: institutos fundamentais: tomo 1. São Paulo: Editora Revista dos Tribunais, 2015. p. 403.

> III – a natureza e a importância da causa;
>
> IV – o trabalho realizado pelo advogado e o tempo exigido para o seu serviço.
>
> § 3º Na hipótese de procedência parcial, o juízo arbitrará honorários de sucumbência recíproca, vedada a compensação entre os honorários.
>
> § 4º Vencido o beneficiário da justiça gratuita, desde que não tenha obtido em juízo, ainda que em outro processo, créditos capazes de suportar a despesa, as obrigações decorrentes de sua sucumbência ficarão sob condição suspensiva de exigibilidade e somente poderão ser executadas se, nos dois anos subsequentes ao trânsito em julgado da decisão que as certificou, o credor demonstrar que deixou de existir a situação de insuficiência de recursos que justificou a concessão de gratuidade, extinguindo-se, passado esse prazo, tais obrigações do beneficiário.
>
> § 5º São devidos honorários de sucumbência na reconvenção.

Assim, de acordo com o referido dispositivo, passamos a ter as seguintes regras dos honorários advocatícios no processo do trabalho:

- são devidos:
  1) pela mera sucumbência;
  2) ainda que o advogado atue em causa própria;
  3) nas ações contra a Fazenda Pública;
  4) nas ações que a parte estiver assistida ou substituída pelo sindicato da sua categoria;
  5) na reconvenção;
- fixados entre o mínimo de 5% e o máximo de 15%;
- a fixação da porcentagem dos honorários leva em conta:
  1) o valor que resultar da liquidação da sentença;
  2) o valor que resultar do proveito econômico obtido ou;
  3) o valor atualizado da causa, quando não for possível mensurar o valor da liquidação ou do proveito econômico;
- na hipótese de procedência parcial, há sucumbência recíproca, vedada a compensação entre os honorários.

> ✦ *Exemplo: reclamante postula o pagamento de horas extras no valor de R$ 5.000,00 e indenização por danos morais no importe de R$ 5.000,00. Em sentença, julga-se procedente apenas o pedido das horas extras, condenando-se ao pagamento de honorários advocatícios correspondente a 10%. Nesse caso, o reclamante é vencedor das horas extras e vencido no pedido de indenização, devendo pagar os honorários sucumbenciais do advogado da reclamada, no importe de R$ 500,00. Do mesmo modo, o reclamado é vencedor no pedido de indenização, mas vencido no pedido de horas extras,*

devendo arcar com os honorários sucumbenciais do advogado da reclamante, no montante de R$ 500,00.

- Quanto ao **beneficiário da justiça gratuita** o referido § 4º estabelecia que iria pagar honorários advocatícios:

  1) quando obtivesse em juízo, ainda que em outro processo, créditos capazes de suportar a despesa; ou

  2) caso não tivesse créditos capazes de suportar a despesa, ficaria sob condição suspensiva pelo prazo de 2 anos a contar do trânsito em julgado da sentença.

No entanto, na ADI 5766[22], o **STF declarou inconstitucional** a expressão "desde que não tenha obtido em juízo, ainda que em outro processo, créditos capazes de suportar a despesa", descrita no § 4º do art. 791-A da CLT, impossibilitando a condenação imediata do beneficiário da justiça gratuita ao pagamento dos honorários advocatícios pelo simples fato (critério objetivo) de receber créditos no processo ou em outro para suportar tais despesas.

Por fim, tendo em vista que, para se ter a condenação em honorários sucumbências, faz-se necessária a existência de sucumbência, resta incabível a condenação em tal modalidade de honorários na ação cautelar de produção antecipada de provas (art. 381 do CPC) caso não haja pretensão resistida. A ação de produção antecipada de provas pode ser caracterizada como ação de jurisdição voluntária e de cunho preparatório, não resultando, de sua mera interposição, o reconhecimento de pretensão resistida ou de litígio. Assim, segundo o TST, caso a parte contrária não apresente resistência à produção de provas em âmbito judicial, não haverá a condenação em honorários sucumbenciais, não se configurando pretensão resistida a recusa da parte reclamada em atender à notificação extrajudicial (TST, Tese 182 IRRR).

7. BENEFÍCIO DA JUSTIÇA GRATUITA

7.1. Conceito

O benefício da justiça gratuita consiste na possibilidade de a parte postular em juízo sem ter de arcar com as despesas do processo, ante sua insuficiência de recursos.

Referido benefício tem como objetivo possibilitar o acesso à justiça de pessoas que não possuam recursos financeiros, de modo que o custo do processo não seja obstáculo para se ter acesso à ordem jurídica.

22. STF-ADI nº 5766, Relator: Ministro Roberto Barroso, Redator para o acórdão: Ministro Alexandre de Moraes, Órgão Julgador: Tribunal Pleno, Julgamento em 20/10/2021, Publicação em 03/05/2022.

O benefício da justiça gratuita e assistência judiciária gratuita são direitos fundamentais do jurisdicionado, estando previstos no art. 5º, LXXIV, da Constituição Federal de 1988, *in verbis*:

> (...) o Estado prestará assistência jurídica integral e gratuita aos que comprovarem insuficiência de recursos.

7.2. Benefício da justiça gratuita x assistência judiciária gratuita

O **benefício da justiça gratuita** não se confunde com a **assistência judiciária gratuita**. Este é gênero, enquanto aquele é espécie.

A assistência judiciária gratuita é o direito de postular em juízo sem ter de pagar as despesas do processo e os honorários ao seu advogado, concedido àquele que está em estado de miserabilidade. Noutras palavras, na assistência judiciária gratuita o beneficiário da justiça gratuita (que não paga as despesas do processo) não pagará também os honorários de seu advogado.

Assistência judiciária gratuita

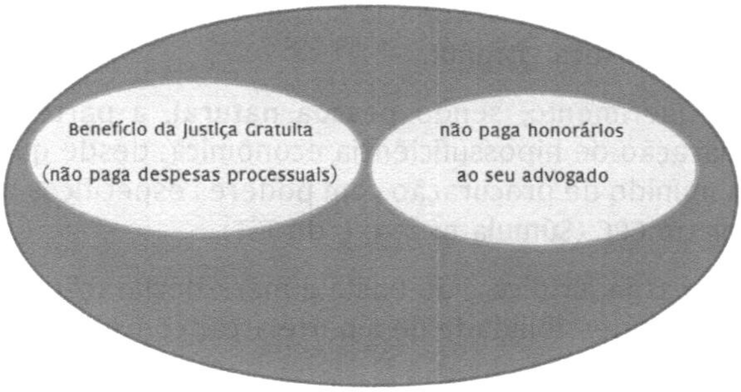

7.3. Características do benefício da justiça gratuita

O art. 790, §§ 3º e 4º, da CLT estabelece que:

> § 3º É facultado aos juízes, órgãos julgadores e presidentes dos tribunais do trabalho de qualquer instância conceder, a requerimento ou de ofício, o benefício da justiça gratuita, inclusive quanto a traslados e instrumentos, àqueles que perceberem salário igual ou inferior a 40% (quarenta por cento) do limite máximo dos benefícios do regime geral de previdência social.
>
> § 4º O benefício da justiça gratuita será concedido à parte que comprovar insuficiência de recursos para o pagamento das custas do processo.

Analisando referidos parágrafos, é possível extrair as seguintes características do benefício da justiça gratuita:

1) Pode ser deferido a requerimento ou de ofício

De plano, é necessário destacar que, enquanto no processo civil a concessão do benefício depende de requerimento da parte interessada (CPC/2015, art. 99, caput), no processo do trabalho, mesmo com as alterações realizadas pela Lei nº 13.467/2017 no artigo 790, §§ 3º e 4º, da CLT, o benefício da justiça gratuita continua podendo ser deferido:

- **de ofício**; ou
- por requerimento da parte.

A concessão de ofício somente é autorizada na hipótese do § 3º do art. 790 da CLT e não no caso do § 4º, ou seja, apenas àqueles que perceberem salário igual ou inferior a 40% do limite máximo dos benefícios do regime geral de previdência social (Tema 21, I, IRRR).

Cumpre destacar que, embora o § 3º do art. 790 da CLT use a expressão é "facultado aos juízes", não se trata de faculdade conferida ao magistrado, mas de direito da parte (Tema 21, I, IRRR).[23] Desse modo, estando presentes os pressupostos para sua concessão (perceber salário igual ou inferior a 40% do limite máximo dos benefícios do Regime Geral de Previdência Social), o julgador tem o poder-dever de deferir o benefício da justiça gratuita.

No caso de requerimento, sendo **pessoa natural**, a parte ou seu advogado podem fazer declaração de hipossuficiência econômica, desde que, na hipótese do advogado, esteja munido de procuração com poderes específicos para esse fim, nos termos do art. 105 do CPC (Súmula nº 463, I, do TST).

Já no caso de pessoa jurídica, não basta a mera declaração: é necessária a demonstração cabal de impossibilidade de a parte arcar com as despesas do processo (Súmula nº 463, II, do TST)[24].

2) pode ser concedido em qualquer instância;

Isso ocorre porque o benefício da justiça gratuita é fruto do estado econômico da parte, podendo, portanto, advir a qualquer tempo.

Não há, pois, preclusão para o pedido de concessão do benefício da justiça gratuita.

Nesse contexto, o item I da OJ nº 269 da SDI-I do TST declina que "o benefício da justiça gratuita pode ser requerido em qualquer tempo ou grau de jurisdição, desde que, na fase recursal, seja o requerimento formulado no prazo alusivo ao recurso".

23. DIAS, Carlos Eduardo Oliveira Dias. In: SILVA, José Antônio Ribeiro de Oliveira (coord.) Comentários ao Novo CPC e sua aplicação ao processo do trabalho, v. 1: parte geral: arts. 1º ao 317: atualizado conforme a Lei nº 13.256/2016. São Paulo: LTr, 2016. p. 148.

24. Nesse mesmo sentido e alcançando inclusive as pessoas jurídicas sem fins lucrativos, a Súmula nº 481 do STJ declina que "faz jus ao benefício da justiça gratuita a pessoa jurídica com ou sem fins lucrativos que demonstrar sua impossibilidade de arcar com os encargos processuais."

Verifica-se que o C. TST fez uma ressalva quanto a seu requerimento na fase recursal, admitindo-o apenas quando formulado dentro do prazo recursal. Isso ocorre porque o pagamento das custas processuais estabelecidas na decisão é um pressuposto recursal. Assim, se a parte não requerer o benefício da justiça gratuita no prazo alusivo ao recurso, este será considerado deserto, prejudicando os demais atos processuais. Exemplo:

> Sentença não reconhece o vínculo de emprego e, consequentemente, as horas extras postuladas, condenando o reclamante ao pagamento das custas processuais. Diante disso, o reclamante interpõe recurso ordinário sem o recolhimento das custas processuais. O juiz de primeiro grau intima-o para efetuar o recolhimento, mantendo-se inerte o recorrente. Desse modo, denega-se seguimento ao recurso, ante a deserção. Assim, o reclamante interpõe agravo de instrumento para destrancar o recurso ordinário, requerendo nesta oportunidade o benefício da justiça gratuita. Nesse caso, como não houve pagamento das custas processuais no momento adequado, ficará mantida a deserção do recurso ordinário prejudicando a análise do agravo de instrumento.

Ademais, o art. 99, § 7º do CPC/2015, estabelece que o requerimento da justiça gratuita na fase recursal dispensa o recorrente da comprovação do preparo. Noutras palavras, caso o pedido de gratuidade da justiça seja postulado no recurso, poderá recorrer sem pagar as custas processuais. Caso seu pedido seja indeferido, deverá ser fixado prazo para o pagamento do preparo.

Já defendíamos a aplicação desse dispositivo ao processo do trabalho[25], o que foi acolhido pelo C. TST, por meio da Resolução nº 219/2017, ao acrescentar na OJ nº 269 da SDI-I o item II, que prevê: "indeferido o requerimento da justiça gratuita formulado na fase recursal, cumpre ao relator fixar prazo para que o recorrente efetue o preparo (art. 99, § 7º, do CPC de 2015[26])".

Do exposto, conclui-se que o benefício da justiça gratuita poderá ser requerido e concedido em qualquer fase processual, desde que, na fase recursal, seja postulado no prazo alusivo ao recurso, sob pena de deserção. Ademais, caso o requerimento seja indeferido na fase recursal, deverá ser fixado prazo pelo relator para que o recorrente realize o recolhimento das custas processuais.

► **ATENÇÃO:**

O art. 789, § 1º, da CLT permite o pagamento das custas e sua comprovação nos autos dentro do prazo do recurso e não, necessariamente, no momento de sua interposição.

25. MIESSA, Élisson; CORREIA, Henrique. *Súmulas e Orientações Jurisprudenciais do TST comentadas e organizadas por assunto*. 8.ed. Salvador: Editora Juspodivm, 2016. p. 1.007.
26. CPC/2015, art. 99, § 7º Requerida a concessão de gratuidade da justiça em recurso, o recorrente estará dispensado de comprovar o recolhimento do preparo, incumbindo ao relator, neste caso, apreciar o requerimento e, se indeferi-lo, fixar prazo para realização do recolhimento.

3) deferimento independe de a parte estar assistida pelo sindicato ou advogado particular

O benefício da justiça gratuita está ligado tão somente à isenção do pagamento das despesas processuais, ante a incapacidade financeira da parte, esteja ela assistida ou não pelo sindicato. É por isso que, mesmo aquele que possui advogado particular, pode ser beneficiário da justiça gratuita (CPC, art. 99, § 4º).

Aliás, estar assistido por advogado particular não significa, necessariamente, que a parte tem recurso financeiro, vez que o "advogado particular pode ter pactuado o pagamento de honorários no êxito ou mesmo pode estar patrocinando a causa gratuitamente".[27]

4) O requerente deve perceber salário igual ou inferior a 40% do limite máximo dos benefícios do Regime Geral de Previdência Social ou comprovar que não tem condições de arcar com as despesas do processo

É permitida a concessão do benefício da justiça gratuita em duas hipóteses:

1) àqueles "que perceberem salário igual ou inferior a 40% (quarenta por cento) do limite máximo dos benefícios do Regime Geral de Previdência Social", nos termos do § 3º do art. 790. É um critério objetivo que deriva da própria lei.
2) aos que comprovarem insuficiência de recursos para arcar com as custas do processo, nos termos do § 4º do art. 790 da CLT. É um critério subjetivo que pode ser comprovado, por meio da declaração de pobreza.

Nesse contexto, o C. TST no tema 21 de IRRR estabeleceu que:

> (i) independentemente de pedido da parte, o magistrado trabalhista tem o poder-dever de conceder o benefício da justiça gratuita aos litigantes que perceberem salário igual ou inferior a 40% (quarenta por cento) do limite máximo dos benefícios do Regime Geral de Previdência Social, conforme evidenciado nos autos;
>
> (II) o pedido de gratuidade de justiça, formulado por aquele que perceber salário **superior** a 40% (quarenta por cento) do limite máximo dos benefícios do Regime Geral de Previdência Social, pode ser instruído por documento particular firmado pelo interessado, nos termos da Lei nº 7.115/83, sob as penas do art. 299 do Código Penal;
>
> (III) havendo impugnação à pretensão pela parte contrária, acompanhada de prova, o juiz abrirá vista ao requerente do pedido de gratuidade de justiça, decidindo, após, o incidente (art. 99, § 2º, do CPC).

27. DIDIER JR., Fredie; OLIVEIRA, Rafael Alexandria de. *Benefício da justiça gratuita*. 6. ed. Salvador: Editora Juspodivm, 2016. p. 71.

7.4. Sujeitos beneficiários

Como visto, o benefício da justiça gratuita tem como finalidade permitir o acesso à justiça àqueles que não tiverem recursos financeiros.

Nesse contexto, o benefício pode contemplar pessoas físicas e jurídicas, como bem descreve o *caput* do art. 98 do CPC/2015, *in verbis*:

> **Art. 98.** A pessoa natural ou jurídica, brasileira ou estrangeira, com insuficiência de recursos para pagar as custas, as despesas processuais e os honorários advocatícios tem direito à gratuidade da justiça, na forma da lei.

Cabe destacar que, embora o art. 790, § 3º, da CLT, dê a impressão de que o benefício será deferido apenas ao empregado, já que, como regra, é ele que recebe salário, a jurisprudência trabalhista, com fundamento no art. 5º, LXXIV, da CF/88, posicionou-se no sentido de deferir o benefício da justiça gratuita ao empregador, seja pessoa física, seja pessoa jurídica[28] (CPC/2015, art. 98; Súmula nº 463, II, do TST). Aliás, o § 4º do art. 790 da CLT ao usar a expressão "insuficiência de recursos", desvinculando-se das expressões sustento próprio ou de sua família, tem o nítido objetivo de alcançar as pessoas jurídicas que não se enquadravam na acepção jurídica do termo pobreza.

Tal benefício confere o acesso à justiça brasileira, sendo, portanto, indiferente se a parte é brasileira ou estrangeira, bastando que estejam atuando em processo judicial (CPC/2015, art. 98).

Por fim, consigna-se que o benefício da justiça gratuita é pessoal, de modo que "não se estende a litisconsorte ou a sucessor do beneficiário, salvo requerimento e deferimento expressos" (CPC, art. 99, § 6º).

7.5. Abrangência da gratuidade

Embora o art. 790, § 4º, da CLT indique que o beneficiário da justiça gratuita ficará isento do pagamento tão somente das custas processuais, pensamos que o termo foi utilizado de forma atécnica, devendo ser interpretado como despesas processuais.

Desse modo, aplicável subsidiariamente ao processo do trabalho o art. 98, § 1º, do CPC/2015, compreendendo a gratuidade da Justiça:

> I – as taxas ou as custas judiciais;
>
> II – os selos postais;

---

28. No mesmo sentido a Súmula nº 481 do STJ: "Faz jus ao benefício da justiça gratuita a pessoa jurídica com ou sem fins lucrativos que demonstrar sua impossibilidade de arcar com os encargos processuais".

> III – as despesas com publicação na imprensa oficial, dispensando-se a publicação em outros meios;
>
> IV – a indenização devida à testemunha que, quando empregada, receberá do empregador salário integral, como se em serviço estivesse;
>
> V – as despesas com a realização de exame de código genético – DNA e de outros exames considerados essenciais;
>
> VI – os honorários do advogado e do perito e a remuneração do intérprete ou do tradutor nomeado para apresentação de versão em português de documento redigido em língua estrangeira;
>
> VII – o custo com a elaboração de memória de cálculo, quando exigida para instauração da execução;
>
> VIII – os depósitos previstos em lei para interposição de recurso, para propositura de ação e para a prática de outros atos processuais inerentes ao exercício da ampla defesa e do contraditório;
>
> IX – os emolumentos devidos a notários ou registradores em decorrência da prática de registro, averbação ou qualquer outro ato notarial necessário à efetivação de decisão judicial ou à continuidade de processo judicial no qual o benefício tenha sido concedido. (CPC/2015, art. 98, § 1º, do CPC/2015)

Trata-se de rol meramente exemplificativo, não obstando a que outras despesas serem contempladas, caso sirvam de obstáculo ao acesso à ordem jurídica.[29]

A concessão do benefício da justiça gratuita, porém, **não isenta o beneficiário do pagamento**, no final, das multas que lhe foram impostas ao longo do processo (CPC/2015, art. 98, § 4º), como é o caso, por exemplo, da multa pela reiteração de embargos de declaração protelatório (CPC, art. 1.026, § 3º). Isso ocorre porque é dever dos sujeitos que atuam no processo, inclusive do beneficiário da justiça gratuita, agir de forma ética, preservando a lealdade entre as partes e conservando o princípio da boa-fé.

Cumpre ressaltar que o STF, na ADI 5766[30], declarou o art. 844, § 2º, da CLT é constitucional. Tal dispositivo estabelece que o beneficiário da justiça gratuita deve pagar as custas processuais na hipótese de não apresentar, no prazo de 15 dias, motivo legalmente justificável para sua ausência na audiência inaugural (CLT, art. 844, § 2º).

7.6. Concessão parcial da gratuidade e parcelamento

O benefício da justiça gratuita sempre foi aplicado no sentido de atingir todas as despesas processuais. O CPC/2015 inova sobre o assunto, permitindo que o magistrado

29. DIDIER JR., Fredie; OLIVEIRA, Rafael Alexandria de. *Benefício da justiça gratuita*. 6. ed. Salvador: Editora Juspodivm, 2016. p. 27.
30. STF, ADI 5766, Data de julgamento: 20.10.2021. Publicação do acórdão DJE: 03.05.2022.

possa modular a concessão do benefício. Desse modo, o art. 98, § 5º, do CPC/2015, permite que o benefício da justiça gratuita seja concedido:

1) em relação a algum ato processual;

2) em relação a todos os atos processuais;

3) para reduzir percentual das despesas processuais que o beneficiário tiver de adiantar no curso do processo (CPC/2015, art. 98, § 5º);

4) para que o beneficiário da justiça gratuita parcele as despesas processuais que tiver de adiantar (CPC/2015, art. 98, § 6º).

Considerando, no entanto, que as despesas processuais no processo do trabalho são pagas depois do trânsito em julgado, ou seja, não há adiantamento, entendemos ser inaplicáveis na seara trabalhista os itens 3 e 4.[31]

7.7. Litigância de má-fé e beneficiário da justiça gratuita

Conforme previsão do art. 793-C da CLT, a parte que litigar de má-fé será condenada ao pagamento de multa, que será arbitrada em valor superior a 1% e inferior a 10% do valor corrigido da causa.

Segundo o TST, tal condenação da parte por litigância de má-fé não impede a concessão dos benefícios da gratuidade de justiça (TST, Tese nº 175 IRRR), uma vez que são institutos autônomos e compatíveis entre si.

8. LITISCONSÓRCIO

Em regra, temos a formação mínima do processo com a presença de um autor, um réu e o juiz. Pode acontecer, no entanto, de estarem nos polos da ação mais do que um autor ou um réu. Tem-se aqui o denominado litisconsórcio, que é o fenômeno processual decorrente da existência de dois ou mais sujeitos figurando no polo ativo, passivo, ou em ambos os polos da demanda. Trata-se, pois, de cumulação subjetiva.

Diz o art. 842 da CLT:

> "Sendo várias as reclamações e havendo identidade de matéria, poderão ser acumuladas num só processo, se se tratar de empregados da mesma empresa ou estabelecimento."

É o caso, por exemplo, de dois empregados ajuizarem uma reclamação trabalhista em face da mesma empresa, para cobrar o pagamento das horas extras devidas.

---

31. Entendendo serem inaplicáveis todas as hipóteses de modulação no processo do trabalho, vez que a gratuidade nessa seara atinge todos os atos processuais. ALMEIDA, Cleber Lúcio de. *Direito processual do trabalho*. 6. ed. São Paulo: LTr, 2016. p. 342.

Embora o dispositivo da CLT supramencionada trate da cumulação subjetiva conjugada com a cumulação objetiva (cumulação de pedidos), restringindo, de certo modo, o cabimento do litisconsórcio, a doutrina é pacífica no sentido de aplicarmos **supletivamente**[32] as diretrizes do CPC ao processo do trabalho.

Desse modo, haverá litisconsórcio no processo do trabalho quando duas ou mais pessoas litigarem, no mesmo processo, em conjunto, ativa ou passivamente, desde que:

> I - entre elas houver comunhão de direitos ou de obrigações relativamente à lide;
>
> II - entre as causas houver conexão pelo pedido ou pela causa de pedir;
>
> III - ocorrer afinidade de questões por ponto comum de fato ou de direito (CPC/2015, art. 113).

Referido instituto é classificado de quatro formas:

1) **Quanto à posição**, o litisconsórcio pode ser:

   a) ativo, quando tiver mais de um autor. No processo do trabalho, utiliza-se a expressão **reclamação plúrima** quando temos mais de um reclamante.

   b) passivo, na hipótese de mais um réu; ou

   c) misto quando existir mais de um autor e mais de um réu, cumulativamente.

2) **Quanto à obrigatoriedade**, o litisconsórcio é facultativo ou necessário.

Diz-se **litisconsórcio facultativo** quando **for opção das partes formá-lo.** Por outro lado, o **litisconsórcio necessário é aquele que deve ser formado obrigatoriamente**, independentemente da vontade das partes, seja por imposição legal ou pela própria natureza da relação jurídica controvertida (CPC/2015, art. 114).

> ▶ **ATENÇÃO:**
>
> Com a Lei nº 13.467/17 (Reforma Trabalhista), os sindicatos subscritores de convenção coletiva ou de acordo coletivo de trabalho **participarão, como litisconsortes necessários**, em ação individual ou coletiva que tenham como objeto a anulação de cláusulas desses instrumentos (CLT, art. 611-A, § 5º).

O juiz poderá limitar o litisconsórcio facultativo quanto ao número de litigantes na fase de conhecimento, na liquidação de sentença ou na execução, quando este comprometer a rápida solução do litígio ou dificultar a defesa ou o cumprimento da sentença (CPC/2015, art. 113, § 1º). O requerimento de limitação interrompe o prazo para manifestação ou resposta, que recomeça da intimação da decisão que o solucionar (CPC/2015, art. 113, § 2º).

---

32. Supletividade corresponde à aplicação do CPC/2015 quando, apesar de a legislação trabalhista disciplinar determinado instituto, não o faz de modo completo.

Discute-se na doutrina se seria possível a existência de **litisconsórcio necessário ativo,** ou seja, impor a existência de duas ou mais partes como autor.

Para parte da doutrina há cabimento desse litisconsórcio, de modo que somente poderá ser iniciada a demanda após a inclusão de todos os litisconsortes no polo ativo da relação processual, sob pena de o processo ser extinto sem resolução do mérito.

Para a outra parte da doutrina e da jurisprudência não se pode exigir que alguém proponha demanda sem sua própria vontade, razão pela qual entende esse segmento que não é admissível o litisconsórcio ativo necessário. Além disso, essa corrente critica a primeira com o fundamento de que, embora o ordenamento resguarde o direito de quem não quer propor uma demanda, acaba por violar o direito de ação, porquanto o que pretende ajuizar a ação estará impossibilitado de fazê-la pela ausência de vontade do outro litisconsorte.

Para solucionar o impasse e resguardar o direito de ambas as partes, a segunda corrente propõe que o sujeito que não quis litigar no polo ativo da relação seja incluído no polo passivo. Isso ocorre porque aquele que resiste a uma pretensão deve ser incluído no polo passivo da relação processual, independentemente do polo que ocupa na relação material.[33] Esse é o entendimento adotado pelo TST na Súmula nº 406 do TST, I, do TST, *in verbis*:

> **Súmula nº 406 do TST**. Ação rescisória. Litisconsórcio. Necessário no pólo passivo e facultativo no ativo. Inexistente quanto aos substituídos pelo sindicato
>
> I – O litisconsórcio, na ação rescisória, é necessário em relação ao pólo passivo da demanda, porque supõe uma comunidade de direitos ou de obrigações que não admite solução díspar para os litisconsortes, em face da indivisibilidade do objeto. Já em relação ao pólo ativo, o litisconsórcio é facultativo, uma vez que a aglutinação de autores se faz por conveniência e não pela necessidade decorrente da natureza do litígio, pois não se pode condicionar o exercício do direito individual de um dos litigantes no processo originário à anuência dos demais para retomar a lide.
>
> II – O Sindicato, substituto processual e autor da reclamação trabalhista, em cujos autos fora proferida a decisão rescindenda, possui legitimidade para figurar como réu na ação rescisória, sendo descabida a exigência de citação de todos os empregados substituídos, porquanto inexistente litisconsórcio passivo necessário.

Exemplificamos a referida súmula para facilitar a compreensão:

> *Item I – João propõe reclamação trabalhista alegando que prestou serviços para a empresa X, postulando pagamento das verbas rescisórias e*

33. NEVES, Daniel Amorim Assumpção. *Manual de direito processual civil*. 2. ed. Rio de Janeiro: Forense; São Paulo: Método, 2010. p. 180.

responsabilidade subsidiária do Estado, sendo julgados totalmente procedentes os pedidos. Após 1 ano do trânsito em julgado, a empresa tem interesse de ajuizar ação rescisória, sob o fundamento de impedimento do juiz, mas o Estado não pretende participar do polo ativo da ação. Assim, a empresa ajuíza ação rescisória incluindo, no polo passivo, o empregado João e o Estado. Nesse caso, a empresa buscará demonstrar o impedimento do juiz, devendo a decisão ser uniforme para todas as partes, vez que o juiz é impedido para todos ou para ninguém. Aqui teremos o litisconsórcio passivo, necessário e unitário.

Item II – Sindicato ajuíza ação civil coletiva em face da empresa Z, a fim de tutelar direitos individuais homogêneos dos trabalhadores do setor Y da empresa. Depois do trânsito em julgado, a empresa Z ajuíza ação rescisória, com fundamento na incompetência absoluta do juízo. Nesse caso, no polo passivo da ação rescisória não há necessidade de incluir os trabalhadores substituídos, devendo constar apenas o Sindicato.

3) **Quanto ao resultado**, o litisconsórcio divide-se em simples e unitário.

O litisconsórcio será **simples** quando o juiz **puder decidir de modo diverso** para cada um dos litisconsortes. Trata-se de mera possibilidade, nada impedindo que o juiz profira decisão idêntica.

Por outro lado, o **litisconsórcio será unitário** quando, pela natureza da relação jurídica, o juiz estiver **obrigado a decidir o mérito de maneira uniforme** para todos os litisconsortes (CPC/2015, art. 116).

Como já aludido, o litisconsórcio necessário deriva da lei ou da natureza da relação jurídica controvertida.

No primeiro caso, o litisconsórcio necessário pode gerar resultado simples ou unitário. Noutras palavras, o litisconsórcio necessário, quando decorrente da lei, poderá ser também um litisconsórcio simples, desde que a decisão possa ser diferente para cada um dos litisconsortes. É o que ocorre na ação de usucapião em que todos os vizinhos serão citados, mas a decisão não é uniforme para todos.

Na segunda hipótese (natureza da relação jurídica), o litisconsórcio será necessário e unitário, porque a relação jurídica é incindível, isto é, a relação jurídica é indivisível, impondo, por isso, uma decisão idêntica para todos os litisconsortes. Cita-se, como exemplo, a ação anulatória de cláusula de convenção coletiva, em que todos os sindicatos que firmaram a convenção devem participar do processo (necessário), sendo a decisão uniforme para todos (unitária), pois a convenção é válida ou inválida para todos, não podendo ser válida para uns e inválida para outros.

Em resumo, quando o litisconsórcio necessário originar-se da lei, ele poderá ser simples ou unitário, mas, quando for necessário em decorrência da natureza da relação jurídica, ele sempre será unitário.

Destaca-se que, nos casos de inobservância do litisconsórcio necessário, a sentença de mérito, quando proferida sem a integração do contraditório será:

- nula, caso seja hipótese de litisconsórcio unitário;
- ineficaz em relação aos que não integram a lide, quando for o caso de litisconsórcio simples (CPC/2015, art. 115).

4) **Quanto ao momento de formação**, tem-se o inicial e o ulterior.

Será inicial quando já existe no começo da demanda, e ulterior, quando surge no decorrer da demanda

Salienta-se que todas as classificações podem ser conjugadas, ou seja, o litisconsórcio poderá ser, por exemplo, ativo, necessário, unitário e inicial.

Ademais, os litisconsortes serão considerados, em suas relações com a parte adversa, como litigantes distintos, exceto no caso do litisconsórcio unitário, caso em que os atos e as omissões de um não prejudicarão os outros, mas os poderão beneficiar (CPC/2015, art. 117).

Por fim, é importante observar que o art. 229 do CPC/2015 concede o prazo em dobro para contestar, recorrer e, de modo geral para falar nos autos, quando os litisconsortes tiverem diferentes procuradores. No entanto, esse dispositivo é incompatível com o processo do trabalho, que é embasado no princípio da celeridade, não sendo, portanto, aplicado nessa seara. Nesse sentido, a OJ nº 310 da SDI I do TST:

> **Orientação Jurisprudencial nº 310 da SDI – I do TST.** Litisconsortes. Procuradores distintos. Prazo em dobro. Art. 229, *caput* e §§ 1º 2º, do CPC de 2015. Art. 191 do CPC de 1973. Inaplicável ao processo do trabalho.
>
> Inaplicável ao processo do trabalho a norma contida no art. 229, *caput* e §§ 1º e 2º, do CPC de 2015 (art. 191 do CPC de 1973), em razão de incompatibilidade com a celeridade que lhe é inerente.

8.1. Esquema das classificações dos litisconsórcios

Quanto à posição	- ativo (mais de um autor) - passivo (mais de um réu) - misto (mais de um autor e de um réu)
Quanto à obrigatoriedade	- facultativo (tem opção de ser formado) - necessário (obrigatoriamente deve ser formado)
Quanto ao resultado	- simples (a decisão pode ser diversa para os litisconsortes) - unitário (a decisão deve ser idêntica para os litisconsortes)
Quanto à formação	- inicial (formado no início da demanda) - ulterior (formado após o início da demanda)

9. SUBSTITUIÇÃO PROCESSUAL

Em regra, o próprio titular do direito material é legitimado para ir a juízo defender seus direitos (legitimação ordinária). Admite-se, porém, que alguém vá a juízo defender, em nome próprio, direito alheio, dando origem à chamada substituição processual (legitimidade extraordinária).

No processo civil, a figura da substituição processual é regulada pelo art. 18 do CPC/2015, o qual vaticina o que segue:

> **Art. 18.** Ninguém poderá pleitear direito alheio em nome próprio, salvo quando autorizado pelo ordenamento jurídico.
>
> Parágrafo único. Havendo substituição processual, o substituído poderá intervir como assistente litisconsorcial.

No processo do trabalho, entretanto, a substituição processual ganha maior relevância ante a desigualdade existente entre os integrantes da relação empregatícia que, consequentemente, atinge a relação processual. A postulação, por intermédio da entidade de classe, desonera (ainda que parcialmente) o trabalhador do ônus de enfrentar seu empregador em juízo, individualmente, devendo a defesa coletiva de direitos ser incentivada nessa seara, como meio de ampliar o acesso à justiça dos cidadãos trabalhadores.

Nesse sentido, a Constituição Republicana de 1988, já em seu art. 8º, III, conferiu ao **sindicato a legitimidade, de forma ilimitada[34], para tutelar os interesses metaindividuais dos integrantes da categoria**, não cabendo ao legislador infraconstitucional restringir a atuação do ente coletivo, sob pena de inconstitucionalidade[35].

O sindicato, portanto, "pode agir na defesa dos direitos dos membros da categoria, sejam ou não sindicalizados, na esfera administrativa e na judicial, trabalhista ou não[36]".

É o que acontece, por exemplo, quando o sindicato da categoria ajuíza ação civil coletiva para que a empresa pague o adicional noturno dos empregados de determinado setor. Percebam que o sindicato, no caso, vai em nome próprio (do sindicato), tutelar direitos de outros (trabalhadores).

Ressalta-se que essa atuação sindical **independe de autorização dos substituídos.**

> ▶ ATENÇÃO!
>
> Não é exigida a apresentação de rol de substituídos (trabalhadores) para o ajuizamento da ação civil coletiva[32].

34. STF – RE 214.668-4. Rel. Min. Joaquim Barbosa. DJ. 24.8.2007.
35. Nesse sentido, o TST cancelou a Súmula nº 310 do TST.
36. MOREIRA, José Carlos Barbosa apud NERY Jr., Nelson; NERY, Rosa Maria de Andrade. Comentários ao Código de Processo Civil. São Paulo: RT, 2015. p. 257.

No caso das associações, **diferentemente dos sindicatos**, o STF entende que é necessária autorização expressa para que demandem em juízo (representação processual específica), mas que esta autorização pode ocorrer por ato individual (procuração) ou mesmo por deliberação em assembleia, não sendo suficiente a mera previsão genérica da defesa dos interesses dos associados no estatuto da associação, nos termos do art. 5º, XXI, da CF/88[38]. Em suma, não basta a permissão no estatuto, dependendo de autorização individual ou coletiva (em assembleia) para ajuizamento da ação. O mesmo ocorre com as cooperativas (Lei nº 5.764/71, art. 88-A).

É interessante ressaltar ainda que o Ministério Público do Trabalho também poderá tutelar os direitos individuais homogêneos dos trabalhadores, atuando, da mesma forma, como substituto processual.

Por fim, consigna-se que a substituição difere da **representação**, porque nesta o representante age em **nome alheio** para defesa de direito alheio, enquanto na **substituição processual** age em **nome próprio** para tutelar direito de outrem.

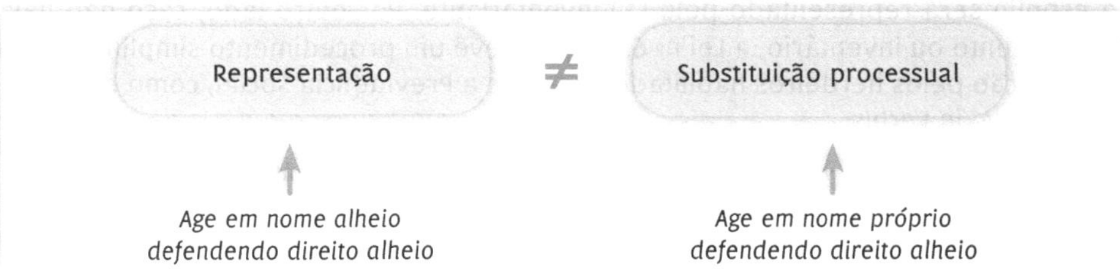

10. SUCESSÃO PROCESSUAL

O instituto da sucessão processual ocorre quando há modificação de algum dos polos da relação jurídica processual **no curso no processo**. Tem-se "a troca de sujeitos no processo, uma mudança subjetiva da relação jurídica processual"[39].

Haverá sucessão processual **obrigatória** no caso de morte de qualquer das partes (CPC/15, art. 110), vez que o falecido deixa de ter capacidade de ser parte, sendo sucedido pelo espólio ou pelos seus sucessores.

Ocorrendo o falecimento do empregado ou do empregador pessoa física no curso do processo, inicialmente, ele deverá ser suspenso, nos termos do art. 313, inciso I e § 1º, do CPC/15 até que seja realizada de forma incidental a habilitação.

---

37. Consequentemente também não se exige procuração dos substituídos (TST-RR-203700-32.2005.5.02.0070).
38. RE 573232, Relator(a): Min. RICARDO LEWANDOWSKI, Relator(a) p/ Acórdão: Min. MARCO AURÉLIO, Tribunal Pleno, julgado em 14/05/2014, REPERCUSSÃO GERAL – MÉRITO DJe-182 DIVULG 18-09-2014 PUBLIC 19-09-2014 EMENT VOL-02743-01 PP-00001.
39. DIDIER JR, Fredie. *Curso de Direito Processual Civil – Introdução ao Direito Processual Civil, Parte Geral e Processo de Conhecimento*, v. 1. 18. ed. Salvador: Editora JusPODIVM, 2016. p. 358.

Havendo controvérsias entre os sucessores, o processo em trâmite na Justiça do Trabalho deverá ser suspenso até que a questão seja decidida pelo Juízo Cível, competente para a análise de questões sucessórias.[40]

Transitada em julgado a sentença da habilitação, promove-se a sucessão processual, retornando o processo seu andamento com o novo sujeito processual. Como regra, o polo será sucedido inicialmente pelo espólio, a ser representado pelo (a) inventariante. Após a partilha definitiva dos bens, os herdeiros tornam-se legitimados, sucedendo o espólio.

Evidentemente, só haverá sucessão se os direitos forem transmissíveis, de modo que sendo intransmissível, a morte provocará a extinção do processo sem resolução no mérito (CPC, art. 485, IX).

No processo do trabalho, no caso de falecimento do **empregador**, a habilitação ocorrerá nos termos dos arts. 687 a 692 do CPC.

Falecido o **empregado**, caso tenha sido aberto o arrolamento ou o inventário, o espólio será representado pelo (a) inventariante. Por outro lado, caso não haja arrolamento ou inventário, a Lei nº 6.858/80 prevê um procedimento simplificado de habilitação pelos herdeiros habilitados perante a Previdência Social, como descreve seu art. 1º, *in verbis*:

> Art. 1º – Os valores devidos pelos empregadores aos empregados e os montantes das contas individuais do Fundo de Garantia do Tempo de Serviço e do Fundo de Participação PIS-PASEP, não recebidos em vida pelos respectivos titulares, serão pagos, em quotas iguais, aos dependentes habilitados perante a Previdência Social ou na forma da legislação específica dos servidores civis e militares, e, na sua falta, aos sucessores previstos na lei civil, indicados em alvará judicial, independentemente de inventário ou arrolamento.

Nesse caso, haverá sucessão pelos dependentes habilitados na Previdência Social.

Se não houver dependentes habilitados na Previdência Social, a regularização do polo ativo da demanda ocorrerá por meio de exibição de alvará judicial obtido no Juízo Cível competente, independentemente de inventário ou arrolamento.

De qualquer modo, é importante destacar que a sucessão processual pressupõe uma relação processual, o que significa que antes do ajuizamento da ação, caso haja o falecimento do empregado ou do empregador, a ação já deverá ser ajuizada pelo (ou em face do) espólio ou sucessores.

Registramos que, havendo a morte do sócio, não haverá sucessão processual, uma vez que no polo da demanda consta a pessoa jurídica.

A sucessão processual poderá ocorrer ainda nos casos em que a pessoa jurídica promover alterações em sua estrutura jurídica, nos termos dos arts. 10, 448 e 448-A da CLT.

---

40. SCHIAVI, Mauro. *Manual de direito processual do trabalho*. 12. ed. São Paulo: LTr, 2017. p. 341.

Nessa hipótese, a responsabilidade pelo pagamento das obrigações trabalhistas é do sucessor, ou seja, daquele que adquiriu o empreendimento, inclusive sobre as obrigações contraídas à época em que os empregados trabalhavam para a empresa sucedida, tornando-se, portanto, parte legítima para o processo e promovendo-se a sucessão processual. No entanto, a empresa sucedida responderá solidariamente com a sucessora quando ficar comprovada fraude na transferência (CLT, art. 448-A, parágrafo único).

O ordenamento autoriza também a **sucessão voluntária**, nos termos previstos em lei, como se dá no caso de alienação da coisa ou do direito litigioso (CPC, arts. 108 e 109).

Na seara trabalhista, aplica-se esse dispositivo nos casos em que não temos relação de emprego. Na hipótese de relação empregatícia, admitindo-se a cessão dos créditos trabalhistas, ele perde sua natureza trabalhista, passando a ser considerado um crédito de natureza cível, tornando-se a Justiça do Trabalho incompetente.

Por fim, haverá sucessão pelo Ministério Público na ação popular (art. 9º da Lei nº 4.717/65) e na ação civil pública (art. 5º, § 3º, da Lei nº 7.347/85) quando a parte desiste da ação.

11. DEVERES DAS PARTES E DAQUELES QUE PARTICIPAM DO PROCESSO

O art. 77 do CPC/2015, aplicável subsidiariamente ao processo do trabalho, estabelece que são deveres das partes, de seus procuradores e de todos aqueles que de qualquer forma participem do processo:

> I – expor os fatos em juízo conforme a verdade;
>
> II – não formular pretensão ou de apresentar defesa quando cientes de que são destituídas de fundamento;
>
> III – não produzir provas e não praticar atos inúteis ou desnecessários à declaração ou à defesa do direito;
>
> IV – cumprir com exatidão as decisões jurisdicionais, de natureza provisória ou final, e não criar embaraços à sua efetivação;
>
> V – declinar, no primeiro momento que lhes couber falar nos autos, o endereço residencial ou profissional onde receberão intimações, atualizando essa informação sempre que ocorrer qualquer modificação temporária ou definitiva;
>
> VI – não praticar inovação ilegal no estado de fato de bem ou direito litigioso.
>
> VII – informar e manter atualizados seus dados cadastrais perante os órgãos do Poder Judiciário e, no caso do § 6º do art. 246 deste Código, da Administração Tributária, para recebimento de citações e intimações.

Trata-se de rol exemplificativo, ou seja, há outros deveres previstos no CPC/2015 e na legislação extravagante.

Tais deveres são dirigidos às partes, procuradores e todos os que participam do processo, o que inclui:

> os servidores eventuais e fixos da Justiça (p. ex., oficial de justiça, depositário, interprete, tradutor, avaliador), o membro do Ministério Público e a Defensoria Pública, os terceiros que participam de atos probatórios (p. ex., testemunha, perito) ou mesmo terceiros com participação indireta no processo que tenham que contribuir - ou pelo menos não criar obstáculos - com a efetivação de uma decisão judicial[41].

Consigna-se, ainda, que é vedado às partes, a seus procuradores, aos juízes, aos membros do Ministério Público e da Defensoria Pública e a qualquer pessoa que participe do processo empregar expressões ofensivas nos escritos apresentados no processo, cabendo ao juiz, de ofício ou a requerimento do ofendido, mandar riscá-las. A requerimento do ofendido, o juiz determinará a expedição de certidão com inteiro teor das expressões ofensivas e a colocará à disposição da parte interessada. Quando as expressões injuriosas forem proferidas oralmente ou presencialmente, o juiz advertirá o ofensor de que não deve usá-las ou repeti-las, sob pena de lhe ser cassada a palavra (CPC/2015, art. 78).

12. LITIGÂNCIA DE MÁ-FÉ

O processo é pautado - ao menos na jurisdição contenciosa - pelo conflito de interesses entre as partes. Conquanto busquem interesses diametralmente opostos, deve ser preservada a lealdade entre as partes, de modo a conservar o princípio da boa-fé.

Nesse contexto, o legislador previu, no art. 793-A da CLT, introduzido pela Lei nº 13.467/17 (Reforma Trabalhista), que "responde por perdas e danos aquele que litigar de má-fé como reclamante, reclamado ou interveniente".

Ademais, no art. 793-B da CLT descreveu que são atos considerados de má-fé quando uma das partes:

> I - deduzir pretensão ou defesa contra texto expresso de lei ou fato incontroverso;
>
> II - alterar a verdade dos fatos;
>
> III - usar do processo para conseguir objetivo ilegal;
>
> IV - opuser resistência injustificada ao andamento do processo;
>
> V - proceder de modo temerário em qualquer incidente ou ato do processo;
>
> VI - provocar incidente manifestamente infundado;
>
> VII - interpuser recurso com intuito manifestamente protelatório.

41. NEVES, Daniel Amorim Assumpção. *Novo Código de Processo Civil comentado artigo por artigo*. Salvador: Editora Juspodivm, 2016. p. 113.

Se constatada a realização de alguma das práticas de litigância de má-fé, estabelecidas no art. 793-B da CLT, poderão ser aplicadas as seguintes penalidades de acordo com o art. 793-C da CLT:

- multa superior a 1% e inferior a 10% do valor corrigido da causa;
- indenização da parte contrária pelos prejuízos causados;
- pagamento dos honorários advocatícios e demais despesas efetuadas.

As sanções pela litigância de má-fé possuem natureza punitiva, sendo impostas às partes e não aos seus advogados[42].

A propósito, quando forem 2 ou mais litigantes de má-fé, o juiz condenará cada um na proporção de seu respectivo interesse na causa ou solidariamente aqueles que se coligaram para lesar a parte contrária (CLT, art. 793-C, § 1º).

De acordo com o art. 793-C, § 2º, da CLT, "quando o valor da causa for irrisório ou inestimável, a multa poderá ser fixada em até duas vezes o limite máximo dos benefícios do Regime Geral de Previdência Social".

A previsão do art. 793-C, § 2º, da CLT tem como objetivo coibir a prática dos atos contrários à boa-fé processual, mesmo nas ações que tenham como objeto valores irrisórios.

De qualquer maneira, é preciso ficar claro: esse parágrafo somente tem aplicação quando o valor da causa for irrisório ou inestimável. Não sendo o caso, aplica-se o *caput* do art. 793-C da CLT.

► **OBSERVAÇÃO 1:**

A multa superior a 1% e inferior a 10% sobre o valor da causa se aplica à testemunha que intencionalmente alterar a verdade dos fatos ou omitir fatos essenciais ao julgamento da causa (CLT, art. 793-D).

► **OBSERVAÇÃO 2:**

O recolhimento das penalidades impostas por litigância de má-fé, nos termos do art. 793-C da CLT e art. 81 do CPC/2015, não é pressuposto objetivo para interposição dos recursos de natureza trabalhista (OJ nº 409 da SDI-I do TST).

12.1. Beneficiário da justiça gratuita

O beneficiário da justiça gratuita possui os mesmos deveres das demais partes, devendo agir com ética e lealdade processual. Desse modo, praticando um dos atos previstos no art. 793-B da CLT, será considerado litigante de má-fé, podendo ser condenado ao pagamento da multa descrita no art. 793-C.

42. GAJARDONI, Fernando da Fonseca. Comentários ao art. 81. In: WAMBIER, Teresa Arruda Alvim (coord.) et al. *Breves comentários ao Novo Código de Processo Civil*. 2. ed. São Paulo: Editora Revista dos Tribunais, 2016. p. 307.

Nesse sentido, declina expressamente o art. 98, § 4º, do CPC:

> § 4º A concessão de gratuidade não afasta o dever de o beneficiário pagar, ao final, as multas processuais que lhe sejam impostas.

No final do processo e nos mesmos autos, portanto, o beneficiário da justiça gratuita será executado a pagar a multa por litigância de má-fé. Como se trata de penalidade, pensamos que a interpretação desse dispositivo deve ser restritiva, não incidindo a indenização pelos danos causados e os honorários advocatícios.[43]

13. CHAMAMENTO À AUTORIA NO FATO DO PRÍNCIPE

O art. 486 da CLT trata de situação de difícil ocorrência denominada *factum principis* (fato do príncipe).[44]

Fato do príncipe é uma modalidade de força maior, tendo como finalidade impor à Fazenda Pública o pagamento de indenização ao trabalhador pela rescisão do contrato, em decorrência da expedição de lei ou ato administrativo que impeça a continuação, temporária ou definitiva, da prestação dos serviços.

Exige-se para sua caracterização a presença cumulativa dos seguintes requisitos:

- impossibilidade de continuação temporária ou definitiva da prestação dos serviços;
- lei ou ato administrativo praticado pela autoridade competente;
- não concorrência do empregador para a prática do ato.

Exemplo: desapropriação de imóvel rural, com trabalhadores rurícolas, para fins de reforma agrária.[45]

---

43. Em sentido contrário autorizando a incidência de tais penalidades, GAJARDONI, Fernando da Fonseca. Comentários ao art. 81. In: WAMBIER, Teresa Arruda Alvim (coord.) et al. *Breves comentários ao Novo Código de Processo Civil*. 2. ed. São Paulo: Editora Revista dos Tribunais, 2016. p. 311.

44. Art. 486 – No caso de paralisação temporária ou definitiva do trabalho, motivada por ato de autoridade municipal, estadual ou federal, ou pela promulgação de lei ou resolução que impossibilite a continuação da atividade, prevalecerá o pagamento da indenização, que ficará a cargo do governo responsável.
§ 1º – Sempre que o empregador invocar em sua defesa o preceito do presente artigo, o tribunal do trabalho competente notificará a pessoa de direito público apontada como responsável pela paralisação do trabalho, para que, no prazo de 30 (trinta) dias, alegue o que entender devido, passando a figurar no processo como chamada à autoria.
§ 2º – Sempre que a parte interessada, firmada em documento hábil, invocar defesa baseada na disposição deste artigo e indicar qual o juiz competente, será ouvida a parte contrária, para, dentro de 3 (três) dias, falar sobre essa alegação.
§ 3º – Verificada qual a autoridade responsável, a Junta de Conciliação ou Juiz dar-se-á por incompetente, remetendo os autos ao Juiz Privativo da Fazenda, perante o qual correrá o feito nos termos previstos no processo comum.

45. AIRR nº 1764-44.2013.5.03.0038, 2ª Turma do TST, Rel. Maria Helena Mallmann. j. 20.09.2017, Publ. 29.09.2017 e RO nº 0001767-96.2013.5.03.0038, Turma Recursal de Juiz de Fora do TRT da 3ª Região/MG, Rel. Convocado Manoel Barbosa da Silva. Publ. 02.10.2014.

Nesses casos, cria-se uma responsabilidade para a Fazenda Pública. Ela ficará responsável pelo pagamento da indenização descrita no art. 479 da CLT, pelo aviso prévio e a multa de 40% sobre os depósitos do FGTS (ou de 20% se for o caso de força maior, nos termos do art. 18, § 2º, da Lei nº 8.036/90). Cabe consignar que, para parte da doutrina e da jurisprudência, a qual nos parece correta, o fato do príncipe gera no contrato por prazo indeterminado a responsabilidade do ente público apenas quanto ao pagamento da multa do FGTS, aplicando-se a mesma ideologia da rescisão por força maior.[46]

A responsabilidade não alcança, porém, as demais verbas discutidas em juízo.

13.1. Procedimento

Ajuizada reclamação trabalhista para o pagamento dos haveres trabalhistas, o empregador, em sua defesa, poderá invocar tal fato, desde que esteja embasada em prova documental hábil.

Ato contínuo, o autor será ouvido em 3 dias para manifestar-se sobre a alegação e, em seguida, a pessoa jurídica apontada como responsável pela paralisação será notificada para que, "no prazo de 30 (trinta) dias, alegue o que entender devido, passando a figurar no processo como chamada à autoria" (CLT, art. 486, § 1º).

Não sendo demonstrada a alegação, o juiz rejeitará a participação do ente público. Tal decisão tem natureza de decisão interlocutória, sendo, portanto, irrecorrível imediatamente (CLT, art. 893, § 1º).

Por outro lado, comprovada a existência do fato príncipe, de acordo com o § 3º do art. 486 da CLT, o juiz do Trabalho deveria se declarar incompetente, encaminhando-se os autos à Justiça Comum (estadual ou federal, conforme a natureza do ente público) para julgamento da indenização, que ficará a cargo da Fazenda Pública. Essa decisão, embora seja interlocutória, por finalizar o processo na Justiça do Trabalho, é recorrível de imediato (CLT, art. 799 § 2º).

Não se pode deixar de dizer que, em regra, o empregado não postula apenas a multa do art. 479 da CLT ou de 40% do FGTS, cumulando-o com outros pedidos. Nesse caso, caso fosse aplicado o referido § 3º, o juiz extinguiria o processo sem resolução do mérito quanto à referida multa, por incompetência, prosseguindo-se no julgamento dos demais pedidos. Nessa hipótese, o empregado poderia ajuizar, na Justiça Comum, ação postulando a indenização em face do ente público.

No entanto, a limitação imposta por este dispositivo é anterior à ampliação da competência da Justiça do Trabalho promovida pela EC nº 45/04, a qual não recepcionou o referido § 3º, razão pela qual o processo será mantido na Justiça do Trabalho,

---

46. AIRR-208-28.2014.5.15.0041, 8ª Turma, Relator Ministro Márcio Eurico Vitral Amaro, DEJT 26/08/2016.

incluindo-se o ente público responsável, pois a demanda decorre de discussão ligada à relação de trabalho.[47]

13.2. Coronavírus e fato do príncipe

Devido à declaração de pandemia do coronavírus (Covid-19) pela Organização Mundial da Saúde (OMS) em 11 de março de 2020 e diante da possibilidade da adoção de medidas de isolamento e quarentena pela Lei nº 13.979/2020 (art. 3º), em alguns Estados e Municípios da Federação foram editados decretos que restringiram determinadas atividades econômicas para evitar a possível contaminação ou propagação do vírus, com exceção de atividades essenciais (como estabelecimentos de saúde, alimentação, abastecimento, segurança, dentre outras).

As restrições no desempenho de diversos setores econômicos geraram indagações se os decretos municipais/estaduais poderiam ser considerados como fato do príncipe e acarretarem, por consequência, a aplicação do art. 486 da CLT. Se afirmativa a resposta, poderia haver a responsabilização do estado e município ao pagamento da indenização do art. 479 da CLT, aviso prévio e da multa de 40% do FGTS, como anunciado nos tópicos anteriores.

O art. 29 da Lei nº 14.020/20 resolveu a celeuma e excluiu, de forma expressa, a aplicação da teoria do fato do príncipe no período de enfretamento da pandemia do coronavírus:

> Art. 29. Não se aplica o disposto no art. 486 da CLT, aprovada pelo Decreto-Lei nº 5.452, de 1º de maio de 1943, na hipótese de paralisação ou suspensão de atividades empresariais determinada por ato de autoridade municipal, estadual ou federal para o enfrentamento do estado de calamidade pública reconhecido pelo Decreto Legislativo nº 6, de 20 de março de 2020, e da emergência de saúde pública de importância internacional decorrente do coronavírus, de que trata a Lei nº 13.979, de 6 de fevereiro de 2020.

Desse modo, a suspensão ou paralisação das atividades empresariais determinadas pela Administração Pública no contexto de enfrentamento da pandemia causada pelo coronavírus não ensejará, por expressa previsão legal, a responsabilização de municípios, estados ou União pela aplicação da teoria do fato do príncipe.

14. ASSÉDIO PROCESSUAL

Tema correlato à litigância de má-fé, mas que com ela não se confunde é o assédio processual.

---

47. RR-594124-81.1999.5.06.5555 Data de julgamento: 05/08/2009, Relator Ministro: Renato de Lacerda Paiva, 2ª Turma, Data de Publicação: DEJT 27/11/2009.

Trata-se de instituto decorrente do assédio moral estudado no direito material.

Define a doutrina que assédio processual é "todo ato processual praticado de forma reiterada, insidiosa, por um dos sujeitos que atuam no processo (juiz, partes, servidores, etc.), que tem por objetivo minar a autoestima de uma das partes litigantes, degradando o processo". [48]

Exige-se, portanto, a presença dos seguintes requisitos:

1) reiteração da conduta;

2) atos praticados por qualquer sujeito do processo;

3) atos que buscam reduzir a autoestima de uma das partes litigantes, atingindo sua dignidade;

4) o ato não precisa ser, necessariamente, ilícito.

> ✦ *Exemplo: reiterados requerimentos impertinentes; recursos reiteradamente protelatórios; tentativas reiteradas e abusivas de conciliação pelo juiz.*

Percebe-se, portanto, que o assédio processual pode decorrer, inclusive, de conduta reiterada praticada pelo juiz.

Caracterizado o assédio processual, a parte lesada deve ser reparada. Nesse caso, a indenização segue os parâmetros da indenização pelo dano moral, sendo definido em cada caso concreto, não se aplicando os critérios do art. 791-C da CLT, bem como os arts. 77, § 2º e 81, ambos do CPC/2015. A propósito, a doutrina majoritária entende que ela poderá ser deferida a requerimento ou *ex officio*, sendo liquidada e executada nos próprios autos.

O assédio processual, embora próximo da litigância de má-fé, com ela não se confunde, levantando a doutrina as seguintes diferenças:

▶ ASSÉDIO PROCESSUAL	▶ LITIGÂNCIA DE MÁ-FÉ
Não tem tipificação legal	São tipificados no art. 793-B da CLT
Conduta reiterada	Não depende da reiteração, podendo ser um único ato
Pode ser praticado pelo juiz	Não pode ser praticada pelo juiz

48. SCHIAVI, Mauro. *Manual de direito processual do trabalho*. 9. ed. São Paulo: LTr, 2015. p. 400.

15. QUESTÕES DISSERTATIVAS E ESTUDOS DE CASO

Questão 1

Quais são as hipóteses em que se permite a representação do empregado nas audiências trabalhistas?

Resposta sugerida pelo autor

Nas audiências das reclamações trabalhistas, exige-se, como regra, a presença obrigatória das próprias partes (ex., empregado e empregador). A CLT, porém, cria algumas exceções, inclusive para o empregado, como se verifica pelo artigo 843.

A primeira delas corresponde à representação do empregado pelo sindicato nas reclamações plúrimas. Reclamação plúrima é aquela em que existe mais de um reclamante no polo ativo da reclamação, ou seja, há um litisconsórcio ativo. Nessa hipótese, admite o dispositivo que o trabalhador possa ser "representado" pelo sindicato da categoria.

A segunda exceção ocorre na representação do empregado pelo sindicato nas ações de cumprimento. A ação de cumprimento serve para fazer cumprir o estabelecido no dissídio coletivo, nas convenções e nos acordos coletivos (Súmula nº 286 do TST). Nesse caso, o próprio sindicato poderá ajuizar a ação para que o empregador conceda, por exemplo, a cesta básica constante do acordo coletivo de trabalho. Ressalta-se que, embora a lei fale em representação, na verdade trata-se de substituição processual, porque o sindicato vai a juízo em nome próprio defender direitos dos trabalhadores.

Por fim, a terceira exceção corresponde à possibilidade de representação do empregado por outro empregado que pertença à mesma profissão ou pelo sindicato nos casos de doença ou outro motivo ponderoso devidamente comprovado.

Questão 2

O preposto deve ser empregado do reclamado? Ele pode interpor recurso na qualidade de representante do empregador?

Resposta sugerida pelo autor

O empregador poderá ser substituído na audiência por gerente ou preposto, conforme dispõe o art. 843, § 1º, da CLT. Embora o referido dispositivo exija apenas que o preposto tenha conhecimento dos fatos, o C. TST, antes da Lei nº 13.467/17, impunha mais um requisito, qual seja: deveria ser empregado da empresa, nos termos da Súmula nº 377 do TST, com exceção dos casos em que se tratasse de empregador doméstico ou de pequena e microempresa.

A Lei nº 13.467/17, contudo, acrescentou o § 3º ao art. 843 da CLT, passando a estabelecer, expressamente, que não há necessidade de que o preposto seja empregado da parte reclamada, alterando totalmente o entendimento firmado pelo TST, o que provocará o cancelamento da Súmula nº 377 do TST.

O preposto poderá exercer todos os atos necessários na audiência, tais como realizar propostas de acordo, apresentar defesa oral, prestar depoimento pessoal e aduzir razões finais. Por outro lado, acabada a audiência, não poderá praticar outros atos processuais como, por exemplo, interpor recursos.

Por fim, cabe registrar que o Regulamento Geral do Estatuto de Advocacia e OAB estabelece, em seu artigo 3º, que "é defeso ao advogado funcionar no mesmo processo, simultaneamente, como patrono e preposto de empregador ou cliente". Impede, portanto, que o advogado atue como preposto e advogado de modo concomitante.

Questão 3

Quais são as hipóteses em que o advogado pode atuar sem o instrumento do mandato?

Resposta sugerida pelo autor

Como regra, a atuação do advogado no processo pressupõe a existência de mandato. Excepcionalmente, admite-se a atuação momentânea do advogado, sem o instrumento de mandato, como estabelece o artigo 104 do CPC/2015, aplicável subsidiariamente ao processo do trabalho (Súmula 383, I, do TST).

Pela análise do dispositivo é possível extrair que o ordenamento permite que o patrono atue sem o mandato para evitar a preclusão, a decadência ou a prescrição e para praticar atos urgentes.

De qualquer modo, após a prática de tais atos deverá apresentar, obrigatoriamente, a procuração nos autos, independentemente de intimação. Ao apresentar a procuração, os atos serão ratificados. Por outro lado, a não apresentação torna ineficazes os atos praticados. Trata-se assim de atuação condicional, ou seja, somente produzirá efeitos se ocorrer a juntada da procuração *a posteriori* nos autos.

Por fim, consigna-se que o C. TST admite, excepcionalmente, a interposição de recurso sem mandato nos autos, devendo o patrono apresentar a procuração no prazo de 5 dias, a contar da interposição do recurso, prorrogável por igual período por despacho do juiz. Caso não a exiba, o ato praticado será considerado e não se conhecerá do recurso (Súmula 383, I, do TST).

Estudo de caso 1

Gustavo é gerente geral de uma agência bancária e Paula é chefe de tesouraria na mesma agência. Gustavo chefia todos os gerentes da agência e Paula comanda uma equipe de oito pessoas que lhe dá apoio nas atividades diárias. Ambos recebem gratificação de função correspondente a 100% do salário auferido, cumprem jornada de 2ª a 6ª feira das 9h00min às 20h00min e, genuinamente, exercem funções de relevância na agência bancária. Ao serem dispensados, ambos ajuízam reclamação plúrima, postulando o pagamento de horas extras. Em defesa, o banco se insurge em preliminar contra o litisconsórcio ativo e, no mérito, nega o direito às horas extras. Na instrução, os autores conduzem três testemunhas que comprovam a jornada dita na inicial, e o banco não conduz testemunhas nem junta controle de ponto. Diante da situação retratada, considerando a CLT e o entendimento consolidado do TST, analise os requisitos para a reclamação plúrima e se ela poderia acontecer no caso apresentado.

Resposta sugerida pelo autor

Em regra, temos a formação mínima do processo com a presença de um autor, um réu e o juiz. Pode acontecer, no entanto, de estarem nos polos da ação mais do que um autor ou um réu. Tem-se aqui o denominado litisconsórcio, que é o fenômeno processual decorrente da existência de dois ou mais sujeitos figurando no polo ativo, passivo, ou em ambos os polos da demanda. Trata-se, pois, de cumulação subjetiva.

No processo do trabalho, quando a cumulação é no polo ativo, denomina-se de reclamação plúrima.

Assim, o artigo 842 da CLT prevê: "sendo várias as reclamações e havendo identidade de matéria, poderão ser acumuladas num só processo, se se tratar de empregados da mesma empresa ou estabelecimento".

Embora o dispositivo da CLT supramencionada trate da cumulação subjetiva conjugada com a cumulação objetiva (cumulação de pedidos), restringindo, de certo modo, o cabimento do litisconsórcio, a doutrina é pacífica no sentido de aplicarmos supletivamente as diretrizes do CPC ao processo do trabalho.

Desse modo, haverá litisconsórcio no processo do trabalho quando duas ou mais pessoas litigarem, no mesmo processo, em conjunto, ativa ou passivamente, desde que I – entre elas houver comunhão de direitos ou de obrigações relativamente à lide; II – entre as causas houver conexão pelo pedido ou pela causa de pedir; III - ocorrer afinidade de questões por ponto comum de fato ou de direito (CPC/2015, artigo 113).

Assim, no caso apresentado, estão presentes os requisitos, uma vez que os Paula e Gustavo trabalharam na mesma agência bancária, auferindo a mesma gratificação de função e com a mesma jornada de trabalho, tendo ambos postulado o recebimento de horas extras na reclamatória trabalhista ajuizada, sendo cabível, portanto, a reclamação plúrima.

Estudo de Caso 2

Em determinado processo trabalhista, o juiz constatou que a parte autora alterou a verdade dos fatos na audiência de instrução para que seus pedidos fossem procedentes. Diante dessa constatação, qual as consequências que poderão incidir sobre a autora?

Resposta sugerida pelo autor

O processo é pautado - ao menos na jurisdição contenciosa - pelo conflito de interesses entre as partes. Conquanto busquem interesses diametralmente opostos, deve ser preservada a lealdade entre as partes, de modo a conservar o princípio da boa-fé.

Nesse contexto, o legislador previu, no art. 793-A da CLT, introduzido pela Lei nº 13.467/17 (Reforma Trabalhista), que "responde por perdas e danos aquele que litigar de má-fé como reclamante, reclamado ou interveniente". Alterar a verdade dos fatos, como descrito no caso, constitui uma das hipóteses de configuração da litigância de má-fé, nos termos do art. 793-B da CLT.

Assim, poderão ser aplicadas as seguintes penalidades de acordo com o art. 793-C da CLT: multa superior a 1% e inferior a 10% do valor corrigido da causa; indenização da parte contrária pelos prejuízos causados e pagamento dos honorários advocatícios e demais despesas efetuadas.

De acordo com o art. 793-C, § 2º, da CLT, "quando o valor da causa for irrisório ou inestimável, a multa poderá ser fixada em até duas vezes o limite máximo dos benefícios do Regime Geral de Previdência Social". A previsão do art. 793-C, § 2º, da CLT tem como objetivo coibir a prática dos atos contrários à boa-fé processual, mesmo nas ações que tenham como objeto valores irrisórios.

16. TESES VINCULANTES DO TST

▸ JUSTIÇA GRATUITA

Tese nº 21 firmada em Incidente de Recursos de Revista Repetitivos

(I) independentemente de pedido da parte, o magistrado trabalhista tem o poder-dever de conceder o benefício da justiça gratuita aos litigantes que perceberem salário igual ou inferior a 40% (quarenta por cento) do limite máximo dos benefícios do Regime Geral de Previdência Social, conforme evidenciado nos autos;

(II) o pedido de gratuidade de justiça, formulado por aquele que perceber salário superior a 40% (quarenta por cento) do limite máximo dos benefícios do Regime Geral de Previdência Social, pode ser instruído por documento particular firmado pelo interessado, nos termos da Lei nº 7.115/83, sob as penas do art. 299 do Código Penal;r(III) havendo impugnação à pretensão pela parte contrária, acompanhada de prova, o juiz abrirá vista ao requerente do pedido de gratuidade de justiça, decidindo, após, o incidente (art. 99, § 2º, do CPC).

Tese nº 175 do TST. A condenação da parte por litigância de má-fé não impede a concessão dos benefícios da gratuidade de justiça.

▶ JUSTIÇA GRATUITA
Tese nº 182 do TST. Incabível a condenação em honorários advocatícios previstos no art. 791-A, "caput", da CLT, na medida cautelar de produção antecipada de provas (art. 381 do CPC), não se configurando pretensão resistida a recusa da parte reclamada em atender à notificação extrajudicial.

17. SÚMULAS E ORIENTAÇÕES JURISPRUDENCIAIS DO TST

▶ CAPACIDADE POSTULATÓRIA – *JUS POSTULANDI*
Súmula nº 425 do TST. *Jus postulandi* na Justiça do Trabalho. Alcance O *jus postulandi* das partes, estabelecido no art. 791 da CLT, limita-se às Varas do Trabalho e aos Tribunais Regionais do Trabalho, não alcançando a ação rescisória, a ação cautelar, o mandado de segurança e os recursos de competência do Tribunal Superior do Trabalho.
Representação
OJ nº 318 da SBDI-I do TST. Autarquia. Fundação Pública. Legitimidade para recorrer. Representação processual. I – Os Estados e os Municípios não têm legitimidade para recorrer em nome das autarquias e das fundações públicas. II – Os procuradores estaduais e municipais podem representar as respectivas autarquias e fundações públicas em juízo somente se designados pela lei da respectiva unidade da federação (art. 75, IV, do CPC de 2015) ou se investidos de instrumento de mandato válido.
Orientação Jurisprudencial nº 200 da SDI – I do TST. Mandato tácito. Substabelecimento inválido É inválido o substabelecimento de advogado investido de mandato tácito.
Orientação Jurisprudencial nº 286 da SDI – I do TST. Agravo de instrumento. Traslado. Mandato tácito. Ata de audiência. Configuração I – A juntada da ata de audiência, em que consignada a presença do advogado, desde que não estivesse atuando com mandato expresso, torna dispensável a procuração deste, porque demonstrada a existência de mandato tácito. II – Configurada a existência de mandato tácito fica suprida a irregularidade detectada no mandato expresso.
OJ nº 151 da SDI-II do TST. Ação rescisória e Mandado de Segurança. Procuração. Poderes específicos para ajuizamento de reclamação trabalhista. Irregularidade de representação processual. Fase recursal. Vício processual sanável. A procuração outorgada com poderes específicos para ajuizamento de reclamação trabalhista não autoriza a propositura de ação rescisória e mandado de segurança. Constatado, todavia, o defeito de representação processual na fase recursal, cumpre ao relator ou ao tribunal conceder prazo de 5 (cinco) dias para a regularização, nos termos da Súmula nº 383, item II, do TST.
Orientação Jurisprudencial nº 374 da SDI – I do TST. Agravo de instrumento. Representação processual. Regularidade. Procuração ou substabelecimento com cláusula limitativa de poderes ao âmbito do tribunal regional do trabalho É regular a representação processual do subscritor do agravo de instrumento ou do recurso de revista que detém mandato com poderes de representação limitados ao âmbito do Tribunal Regional do Trabalho, pois, embora a apreciação desse recurso seja realizada pelo Tribunal Superior do Trabalho, a sua interposição é ato praticado perante o Tribunal Regional do Trabalho, circunstância que legitima a atuação do advogado no feito.

Súmula nº 395 do TST. Mandato e substabelecimento. Condições de validade I – Válido é o instrumento de mandato com prazo determinado que contém cláusula estabelecendo a prevalência dos poderes para atuar até o final da demanda (§ 4º do art. 105 do CPC de 2015). II – Se há previsão, no instrumento de mandato, de prazo para sua juntada, o mandato só tem validade se anexado ao processo o respectivo instrumento no aludido prazo. III – São válidos os atos praticados pelo substabelecido, ainda que não haja, no mandato, poderes expressos para substabelecer (art. 667, e parágrafos, do Código Civil de 2002). IV – Configura-se a irregularidade de representação se o substabelecimento é anterior à outorga passada ao substabelecente. V – Verificada a irregularidade de representação nas hipóteses dos itens II e IV, deve o juiz suspender o processo e designar prazo razoável para que seja sanado o vício, ainda que em instância recursal (art. 76 do CPC de 2015).
Orientação Jurisprudencial nº 371 da SDI – I do TST. Irregularidade de representação. Substabelecimento não datado. Inaplicabilidade do art. 654, § 1º, do Código Civil. Não caracteriza a irregularidade de representação a ausência da data da outorga de poderes, pois, no mandato judicial, ao contrário do mandato civil, não é condição de validade do negócio jurídico. Assim, a data a ser considerada é aquela em que o instrumento for juntado aos autos, conforme preceitua o art. 409, IV, do CPC de 2015 (art. 370, IV, do CPC de 1973). Inaplicável o art. 654, § 1º, do Código Civil.
Orientação Jurisprudencial nº 75 da SDI – I do TST. Substabelecimento sem o reconhecimento de firma do substabelecente. Inválido (anterior à Lei nº 8.952/1994) Não produz efeitos jurídicos recurso subscrito por advogado com poderes conferidos em substabelecimento em que não consta o reconhecimento de firma do outorgante. Entendimento aplicável antes do advento da Lei nº 8.952/1994.
Súmula nº 383 do TST. Recurso. Mandato. Irregularidade de representação. CPC de 2015, arts. 104 e 76, § 2º I – É inadmissível recurso firmado por advogado sem procuração juntada aos autos até o momento da sua interposição, salvo mandato tácito. Em caráter excepcional (art. 104 do CPC de 2015), admite-se que o advogado, independentemente de intimação, exiba a procuração no prazo de 5 (cinco) dias após a interposição do recurso, prorrogável por igual período mediante despacho do juiz. Caso não a exiba, considera-se ineficaz o ato praticado e não se conhece do recurso. II – Verificada a irregularidade de representação da parte em fase recursal, em procuração ou substabelecimento já constante dos autos, o relator ou o órgão competente para julgamento do recurso designará prazo de 5 (cinco) dias para que seja sanado o vício. Descumprida a determinação, o relator não conhecerá do recurso, se a providência couber ao recorrente, ou determinará o desentranhamento das contrarrazões, se a providência couber ao recorrido (art. 76, § 2º, do CPC de 2015).
Súmula nº 436 do TST. Representação processual. Procurador da União, Estados, Municípios e Distrito Federal, suas autarquias e fundações públicas. Juntada de instrumento de mandato I – A União, Estados, Municípios e Distrito Federal, suas autarquias e fundações públicas, quando representadas em juízo, ativa e passivamente, por seus procuradores, estão dispensadas da juntada de instrumento de mandato e de comprovação do ato de nomeação.

II – Para os efeitos do item anterior, é essencial que o signatário ao menos declare-se exercente do cargo de procurador, não bastando a indicação do número de inscrição na Ordem dos Advogados do Brasil.

Orientação Jurisprudencial nº 255 da SDI – I do TST. Mandato. Contrato social. Desnecessária a juntada

O art. 75, inciso VIII, do CPC de 2015 (art. 12, VI, do CPC de 1973) não determina a exibição dos estatutos da empresa em juízo como condição de validade do instrumento de mandato outorgado ao seu procurador, salvo se houver impugnação da parte contrária.

Súmula nº 456 do TST. Representação. Pessoa jurídica. Procuração. Invalidade. Identificação do outorgante e de seu representante.

I – É inválido o instrumento de mandato firmado em nome de pessoa jurídica que não contenha, pelo menos, o nome do outorgante e do signatário da procuração, pois estes dados constituem elementos que os individualizam.

II – Verificada a irregularidade de representação da parte na instância originária, o juiz designará prazo de 5 (cinco) dias para que seja sanado o vício. Descumprida a determinação, extinguirá o processo, sem resolução de mérito, se a providência couber ao reclamante, ou considerará revel o reclamado, se a providência lhe couber (art. 76, § 1º, do CPC de 2015).

III – Caso a irregularidade de representação da parte seja constatada em fase recursal, o relator designará prazo de 5 (cinco) dias para que seja sanado o vício. Descumprida a determinação, o relator não conhecerá do recurso, se a providência couber ao recorrente, ou determinará o desentranhamento das contrarrazões, se a providência couber ao recorrido (art. 76, § 2º, do CPC de 2015).

Orientação Jurisprudencial nº 319 da SDI – I do TST. Representação regular. Estagiário. Habilitação posterior

Válidos são os atos praticados por estagiário se, entre o substabelecimento e a interposição do recurso, sobreveio a habilitação, do então estagiário, para atuar como advogado.

Orientação Jurisprudencial nº 349 da SDI – I do TST. Mandato. Juntada de nova procuração. Ausência de ressalva. Efeitos

A juntada de nova procuração aos autos, sem ressalva de poderes conferidos ao antigo patrono, implica revogação tácita do mandato anterior.

Advogado

Orientação Jurisprudencial nº 7 da SDI – I do TST. Advogado. Atuação fora da seção da OAB onde o advogado está inscrito. Ausência de comunicação. (Lei nº 4.215/1963, § 2º, art. 56). Infração disciplinar. Não importa nulidade

A despeito da norma então prevista no artigo 56, § 2º, da Lei nº 4.215/63, a falta de comunicação do advogado à OAB para o exercício profissional em seção diversa daquela na qual tem inscrição não importa nulidade dos atos praticados, constituindo apenas infração disciplinar, que cabe àquela instituição analisar.

Honorários advocatícios

Orientação Jurisprudencial nº 421 da SDI-I do TST. Honorários advocatícios. Ação de indenização por danos morais e materiais decorrentes de acidente de trabalho ou de doença profissional. Ajuizamento perante a justiça comum antes da promulgação da Emenda Constitucional nº 45/2004. Posterior remessa dos autos à justiça do trabalho. Art. 85 do CPC de 2015. Art. 20 do CPC de 1973. Incidência.

A condenação em honorários advocatícios nos autos de ação de indenização por danos morais e materiais decorrentes de acidente de trabalho ou de doença profissional, remetida à Justiça do Trabalho após ajuizamento na Justiça comum, antes da vigência da Emenda Constitucional nº 45/2004, decorre da mera sucumbência, nos termos do art. 85 do CPC de 2015 (art. 20 do CPC de 1973), não se sujeitando aos requisitos da Lei nº 5.584/1970.
Justiça Gratuita
Orientação Jurisprudencial nº 269 da SDI – I do TST. Justiça gratuita. Requerimento de isenção de despesas processuais. Momento oportuno. I – O benefício da justiça gratuita pode ser requerido em qualquer tempo ou grau de jurisdição, desde que, na fase recursal, seja o requerimento formulado no prazo alusivo ao recurso; II – Indeferido o requerimento de justiça gratuita formulado na fase recursal, cumpre ao relator fixar prazo para que o recorrente efetue o preparo (art. 99, § 7º, do CPC de 2015).
Súmula 463 do TST. Assistência judiciária gratuita. Comprovação. I – A partir de 26.06.2017, para a concessão da assistência judiciária gratuita à pessoa natural, basta a declaração de hipossuficiência econômica firmada pela parte ou por seu advogado, desde que munido de procuração com poderes específicos para esse fim (art. 105 do CPC de 2015); II – No caso de pessoa jurídica, não basta a mera declaração: é necessária a demonstração cabal de impossibilidade de a parte arcar com as despesas do processo.
Litisconsórcio
Orientação Jurisprudencial nº 310 da SDI – I do TST. Litisconsortes. Procuradores distintos. Prazo em dobro. Art. 229, *caput* e §§ 1º e 2º, do CPC de 2015. Art. 191 do CPC de 1973. Inaplicável ao processo do trabalho. Inaplicável ao processo do trabalho a norma contida no art. 229, *caput* e §§ 1º e 2º, do CPC de 2015 (art. 191 do CPC de 1973), em razão de incompatibilidade com a celeridade que lhe é inerente. **Súmula nº 406 do TST.** Ação rescisória. Litisconsórcio. Necessário no polo passivo e facultativo no ativo. Inexistente quanto aos substituídos pelo sindicato I – O litisconsórcio, na ação rescisória, é necessário em relação ao polo passivo da demanda, porque supõe uma comunidade de direitos ou de obrigações que não admite solução díspar para os litisconsortes, em face da indivisibilidade do objeto. Já em relação ao polo ativo, o litisconsórcio é facultativo, uma vez que a aglutinação de autores se faz por conveniência e não pela necessidade decorrente da natureza do litígio, pois não se pode condicionar o exercício do direito individual de um dos litigantes no processo originário à anuência dos demais para retomar a lide.
II – O Sindicato, substituto processual e autor da reclamação trabalhista, em cujos autos fora proferida a decisão rescindenda, possui legitimidade para figurar como réu na ação rescisória, sendo descabida a exigência de citação de todos os empregados substituídos, porquanto inexistente litisconsórcio passivo necessário.
Súmula nº 36 do TST. Custas Nas ações plúrimas, as custas incidem sobre o respectivo valor global.
Intervenção de terceiros

Súmula nº 82 do TST. Assistência
A intervenção assistencial, simples ou adesiva, só é admissível se demonstrado o interesse jurídico e não o meramente econômico.

Substituição processual

Súmula nº 286 do TST. Sindicato. Substituição processual. Convenção e acordo coletivos
A legitimidade do sindicato para propor ação de cumprimento estende-se também à observância de acordo ou de convenção coletivos.

Orientação Jurisprudencial nº 121 da SDI – I do TST. Substituição processual. Diferença do adicional de insalubridade. Legitimidade
O sindicato tem legitimidade para atuar na qualidade de substituto processual para pleitear diferença de adicional de insalubridade.

Orientação Jurisprudencial nº 359 da SDI – I do TST. Substituição processual. Sindicato. Legitimidade. Prescrição. Interrupção
A ação movida por sindicato, na qualidade de substituto processual, interrompe a prescrição, ainda que tenha sido considerado parte ilegítima "ad causam".

Multa por litigância de má-fé

Orientação Jurisprudencial nº 409 da SDI – I do TST. Multa por litigância de má-fé. Recolhimento. Pressuposto recursal. Inexigibilidade
O recolhimento do valor da multa imposta como sanção por litigância de má-fé (art. 81 do CPC de 2015 – art. 18 do CPC de 1973) não é pressuposto objetivo para interposição dos recursos de natureza trabalhista.

CAPÍTULO VII

ATOS PROCESSUAIS

1. INTRODUÇÃO

Os **atos processuais** são acontecimentos voluntários que ocorrem no processo e dependem de provocação do Estado-juiz, partes ou auxiliares da justiça.

Exemplo: petição inicial, citação, contestação, decisão interlocutória, sentença etc.

Em regra, os atos processuais **são públicos**. Excepcionalmente, é admitido o segredo de justiça no processo do trabalho, para preservar o interesse social, por exemplo, a intimidade da parte. Nesse sentido, dispõe o art. 770 da CLT:

> Art. 770 – Os atos processuais serão públicos salvo quando o contrário determinar o interesse social, e realizar-se-ão nos dias úteis das 6 (seis) às 20 (vinte) horas.
>
> Parágrafo único – A penhora poderá realizar-se em domingo ou dia feriado, mediante autorização expressa do juiz ou presidente.

Percebe-se, pelo artigo citado, que, além de público, o ato deverá ser realizado em dias úteis, no período das 6 às 20 horas.

Portanto, a penhora ou qualquer outro ato pode ser realizado no sábado, independentemente de autorização do juiz. Por outro lado, tratando-se de penhora, ela poderá ser realizada ainda em domingos ou dia de feriado, desde que haja **autorização expressa do juiz**[1].

▶ REGRA	▶ EXCEÇÕES
Atos públicos	Segredo de justiça (interesse social)
Das 6h às 20h, em dias úteis (inclusive sábados)	Penhora: pode ser realizada em domingos e feriados, desde que haja autorização do juiz

▶ ATENÇÃO 1:

No processo eletrônico, quando a petição for enviada para atender a prazo processual, serão consideradas tempestivas as transmitidas até as **24 horas** do seu último dia (art. 3º, parágrafo único, Lei nº 11.419/2006; CPC/2015, art. 213, *caput*).

1. O art. 212, § 2º, do CPC/2015 permite a realização de citações, intimações e penhora aos domingos e feriados, independentemente de autorização judicial. Para as provas objetivas é melhor adotar a CLT que exige a autorização judicial.

> ▸ **ATENÇÃO 2:**
>
> Na hipótese de existir diferença de fusos horários entre o local em que o ato foi realizado e onde o ato deve ser praticado, o parágrafo único do art. 213 do CPC/2015 indica que será considerado o horário vigente no **juízo perante o qual o ato deve ser praticado**, evitando-se, desse modo, problemas relacionados às diferenças de fusos horários no Brasil.

Os atos e termos[2] processuais poderão ser escritos à tinta, datilografados ou a carimbo, nos termos do art. 771 da CLT. Nos dias atuais, admitem-se também atos digitalizados.

Os atos e termos processuais, "que devam ser assinados pelas partes interessadas, quando estas, por motivo justificado, não possam fazê-lo, serão firmados a rogo[3], na presença de 2 (duas) testemunhas, sempre que não houver procurador legalmente constituído" (CLT, art. 772).

Por fim, o art. 780 da CLT estabelece que "os documentos juntos aos autos poderão ser desentranhados somente depois de findo o processo, ficando traslado".

> ▸ **OBSERVAÇÃO:**
>
> Terá **preferência**, em todas as fases processuais, o dissídio cuja decisão tiver de ser executada perante o Juízo da falência (CLT, art. 768).

2. COMUNICAÇÃO DOS ATOS PROCESSUAIS

A **comunicação dos atos processuais** consiste no meio de dar conhecimento a alguém dos atos realizados no processo.

Quando a comunicação ocorre **entre juízos**, ela é feita por meio de:

- **carta de ordem:** quando o tribunal se dirige a um órgão jurisdicional a ele subordinado hierarquicamente (ex., o Ministro do TST expede uma ordem ao juiz do TRT);
- **carta precatória:** é a comunicação entre juízes brasileiros quando não há hierarquia entre eles;
- **carta rogatória:** é utilizada quando o juízo brasileiro comunica atos processuais a juízo estrangeiro; **e**
- **carta arbitral:** foi introduzida pelo CPC/2015 e serve para que o órgão do Poder Judiciário pratique ou determine o cumprimento de ato objeto de pedido de cooperação judiciária formulado por juízo arbitral, inclusive os que importem efetivação de tutela provisória (CPC/2015, art. 237).

---

2. Termo é a redução por escrito dos atos praticados no processo. Exemplo: termo de audiência.
3. É a assinatura feita por pessoa em favor de outra, quando essa última não tem possibilidade de fazê-lo. (Exemplo: quando um analfabeto participa de audiência e, por não saber assinar, uma outra pessoa assinará "a rogo" dele)

Por outro lado, quando a **comunicação não for realizada entre juízos,** ela pode ocorrer de duas formas:

- **citação; e**
- **intimação.**

A **citação** é o "ato pelo qual são convocados o réu, o executado ou o interessado para integrar a relação processual" (CPC/2015, art. 238).

A citação do réu ou do executado é indispensável para a validade do processo, com exceção dos casos de indeferimento da petição inicial ou de improcedência liminar do pedido (CPC/2015, art. 239).

Já a **intimação** consiste no "ato pelo qual se dá ciência a alguém dos atos e dos termos do processo" (CPC/2015, art. 269).

No **processo do trabalho**, utiliza-se, em regra, a expressão **notificação** para abranger tanto a citação como a intimação. Excepcionalmente, a CLT utiliza citação, como ocorre no art. 880 e 852-B, II. Noutros termos, a CLT não diferenciou citação de intimação, utilizando indistintamente a denominação notificação. No entanto, para facilitar o aprendizado e sabendo que, embora os institutos sejam relativamente semelhantes seus efeitos são distintos, vamos dividir o estudo em citação e intimação.

2.1. Formas de citação

A citação (notificação) pode ser realizada de quatro modos:

- notificação por via postal;
- notificação por edital;
- notificação por oficial de justiça;
- notificação por meio eletrônico.

Destaca-se que a previsão do art. 841, § 1º, da CLT impossibilita a aplicação da citação por hora certa ao direito processual do trabalho, uma vez que, nos casos em que o reclamado criar embaraços ao recebimento da citação ou não for encontrado, a citação ocorrerá por edital.

2.1.1. *Notificação postal*

A notificação via postal é aquela feita por meio dos correios. Em **regra,** na fase de conhecimento, a notificação será feita desse modo. De acordo com o art. 841 da CLT:

> Art. 841 – Recebida e protocolada a reclamação, o escrivão ou secretário, dentro de 48 (quarenta e oito) horas, remeterá a segunda via da petição, ou do termo, ao reclamado, notificando-o ao mesmo tempo, para comparecer à audiência do julgamento, que será a primeira desimpedida, depois de 5 (cinco) dias.
>
> § 1º – A notificação será feita em registro postal com franquia. Se o reclamado criar embaraços ao seu recebimento ou não for encontrado, far-se-á a notificação por edital, inserto no jornal oficial ou no que

publicar o expediente forense, ou, na falta, afixado na sede da Junta ou Juízo.

§ 2º - O reclamante será notificado no ato da apresentação da reclamação ou na forma do parágrafo anterior.

§ 3º Oferecida a contestação, ainda que eletronicamente, o reclamante não poderá, sem o consentimento do reclamado, desistir da ação.

► **IMPORTANTE:**

A notificação, no processo do trabalho, **não constitui ato pessoal**, podendo ser recebida por pessoa diversa das partes, sendo válida com a simples entrega do registro postal no endereço da parte.[4]

Além disso, o art. 774, parágrafo único, da CLT estabelece que "no caso de não ser encontrado o destinatário ou no de recusa de recebimento, o Correio ficará obrigado, sob pena de responsabilidade do servidor, a devolvê-la, no prazo de 48 (quarenta e oito) horas, ao Tribunal de origem".

Percebe-se que o dispositivo anterior criou a obrigação para os Correios de devolverem a correspondência no prazo de 48 (quarenta e oito) horas. Interpretando esse artigo, o C. TST instituiu a presunção relativa de que a parte será notificada no prazo de 48 (quarenta e oito) horas da postagem da notificação, tendo em vista que a própria lei delimitou o mesmo prazo para entregá-la. Nesse sentido, a Súmula nº 16 do TST:

Súmula nº 16 do TST. Notificação

Presume-se recebida a notificação 48 (quarenta e oito) horas depois de sua postagem. O seu não recebimento ou a entrega após o decurso desse prazo constitui ônus de prova do destinatário.

Atente-se para o fato de que a presunção é relativa, de modo que o destinatário poderá comprovar que não recebeu a notificação no referido prazo, constituindo, portanto, seu o ônus da prova. Essa demonstração tem relevância, por exemplo, para comprovar que não foi observado o prazo mínimo de 5 dias entre a notificação e a audiência inaugural, como impõe o art. 841 da CLT.

2.1.2. *Notificação por edital*

Quando o reclamado **criar embaraços** para o recebimento da notificação postal ou na hipótese de **não ser encontrado**, a CLT permite a notificação por edital. Isso significa que a citação será publicada no Diário de Justiça Eletrônico Nacional (DJEN), criando a fixação de que o réu irá verificar.

Conforme estabelece o art. 841, § 1º:

§ 1º - A notificação será feita em registro postal com franquia. Se o reclamado criar embaraços ao seu recebimento ou não for encontrado,

4. Nesse sentido: TST- E-ED-RR-4-54.2013.5.07.0004, SBDI-I, rel. Min. Breno Medeiros, 18.10.2018 - Informativo nº 185.

> far-se-á a notificação por edital, inserto no jornal oficial ou no que publicar o expediente forense, ou, na falta, afixado na sede da Junta ou Juízo.

Além disso, na **fase de execução** é admitida a citação por edital, quando o executado é procurado por duas vezes no espaço de 48 horas e não é encontrado. Nesse sentido, o art. 880, § 3º, da CLT:

> § 3º – Se o executado, procurado por 2 (duas) vezes no espaço de 48 (quarenta e oito) horas, não for encontrado, far-se-á citação por edital, publicado no jornal oficial ou, na falta deste, afixado na sede da Junta ou Juízo, durante 5 (cinco) dias.

► **ATENÇÃO:**

No **procedimento sumaríssimo não** se fará citação por edital, incumbindo ao autor a correta indicação do nome e endereço do reclamado (CLT, art. 852-B, II).
Atente-se para o fato de que essa restrição atinge apenas a fase de conhecimento, aplicando-se na fase de execução o art. 880, § 3º, da CLT que permite a citação por edital.

2.1.3. *Notificação por oficial de justiça*

A notificação por oficial de justiça está prevista na CLT apenas para a fase de execução[5], como se verifica pelo art. 880 da CLT:

> Art. 880. Requerida a execução, o juiz ou presidente do tribunal mandará expedir mandado de citação do executado, afim de que cumpra a decisão ou o acordo no prazo, pelo modo e sob as cominações estabelecidas ou, quando se tratar de pagamento em dinheiro, inclusive de contribuições sociais de vidas à União, para que o faça em 48 (quarenta e oito) horas ou garanta a execução, sob pena de penhora.
>
> § 1º – O mandado de citação deverá conter a decisão exequenda ou o termo de acordo não cumprido.
>
> § 2º – A citação será feita pelos oficiais de diligência.
>
> § 3º – Se o executado, procurado por 2 (duas) vezes no espaço de 48 (quarenta e oito) horas, não for encontrado, far-se-á citação por edital, publicado no jornal oficial ou, na falta deste, afixado na sede da Junta ou Juízo, durante 5 (cinco) dias.

Percebe-se, por esse artigo, que, nesse caso, o legislador utilizou a nomenclatura citação e não notificação como na fase de conhecimento.

---

5. Na fase de conhecimento, também será admitida a notificação por oficial de justiça, quando o juiz determinar. No entanto, para as provas objetivas, como é o caso da prova de analista, grave que a notificação (citação) por oficial de justiça ocorre apenas na fase de execução.

> **ATENÇÃO:**
>
> Na fase de execução, a citação é feita, primeiramente, pelo oficial de justiça e não por via postal, como na fase de conhecimento. Ressalta-se que, na fase de execução, a citação deve ser pessoal.

Consigna-se que a citação da União (LC nº 73/93, arts. 35 a 37), dos estados e dos municípios deve ser realizada por meio de oficial de justiça, inclusive na fase de conhecimento. Nesses casos, a citação deverá ocorrer ao representante legal dos referidos entes públicos[6]. Da mesma forma, deverá ocorrer com o Ministério Público do Trabalho (LC 75/93, arts. 18, II, h, e 84, IV) e com a Defensoria Pública da União (LC nº 80/94, art. 44, I)[7]. Isso não se aplica quando a citação por realizada por meio eletrônico, como se verá no próximo tópico.

2.1.4. *Notificação por meio eletrônico*

O art. 246 do CPC/15, alterado pela Lei nº 14.195/21, passou a prever que a citação será feita **preferencialmente** por meio eletrônico, o qual é aplicado ao processo do trabalho (CNJ, Resolução 455/2022).

Essa citação é realizada por meio do **domicílio judicial eletrônico**.

De acordo com o § 1º, as empresas públicas e privadas são obrigadas a manter cadastro nos sistemas de processo em autos eletrônicos, para efeito de recebimento de citações e intimações, as quais serão efetuadas preferencialmente por esse meio. A mesma obrigação se aplica à União, aos Estados, ao Distrito Federal, aos Municípios e às entidades da administração indireta, nos termos do § 2º do dispositivo.

As microempresas e as pequenas empresas apenas deverão manter o referido cadastro quando não possuírem endereço eletrônico cadastrado no sistema integrado da Rede Nacional para a Simplificação do Registro e da Legalização de Empresas e Negócios (Redesim). Nessa hipótese, deverá haver compartilhamento de cadastro com o órgão do Poder Judiciário, incluído o endereço eletrônico constante do sistema integrado da Redesim, nos termos da legislação aplicável ao sigilo fiscal e ao tratamento de dados pessoais (art. 246, §§ 5º e 6º).

Embora o cadastrado seja obrigatório para as pessoas jurídicas, as pessoas físicas poderão se cadastrar de forma facultativa (CNJ, Resolução nº 455/2022, art. 16, § 2º).

---

6. Nesse sentido: LEITE, Carlos Henrique Bezerra. *Curso de direito processual do trabalho*. 15. ed. São Paulo: Saraiva, 2017. p. 454.
7. Nos Juizados especiais, tanto o STF, quanto o STJ e mesmo a Turma Nacional de Uniformização têm entendido que, ante os princípios da Celeridade e Especialidade dos juizados, não se aplica a intimação pessoal (STF-HC 86007/RJ. Rel: Min. SEPÚLVEDA PERTENCE. Julgamento: 29.6.2005. Primeira Turma; STJ-HC 241.735/SP, Min. Maria Thereza de Assis Moura, Sexta Turma, julgado em 19.11.2012).

Assim, expedida a citação pelo meio eletrônico e **sendo confirmada**, o prazo para a audiência inaugural ou para a prática de algum ato determinado pelo juízo começa a correr a partir do 5º dia útil seguinte à confirmação (CPC, art. 231, IX).

Por outro lado, **na ausência de confirmação**, em até 3 dias úteis, contados do recebimento da citação eletrônica, a citação deverá ser realizada pelos meios tradicionais – correios, oficial de justiça e edital (CPC/2015, art. 246, § 1º-A). Percebe-se que, nesse caso, não se presume o recebimento da citação como ocorre com a notificação postal, mas sim que a parte não recebeu a citação. Portanto, não se aplica a Súmula 16 do TST no presente caso.

> ▸ **ATENÇÃO:**
> **No caso da Fazenda Pública, não havendo confirmação em até 10 dias corridos a partir da data do envio da comunicação processual ao Domicílio Judicial Eletrônico, esta será considerada automaticamente realizada na data do término desse prazo (CNJ, Resolução nº 455/2022, art. 20, § 4º). Noutras palavras, para a Fazenda Pública haverá presunção de recebimento da citação.**

De qualquer modo, na primeira oportunidade de falar nos autos, o réu citado deverá apresentar justa causa para a ausência de confirmação do recebimento da citação enviada eletronicamente.

Considera-se ato atentatório à dignidade da justiça, passível de multa de até 5% do valor da causa, deixar de confirmar no prazo legal, sem justa causa, o recebimento da citação recebida por meio eletrônico.

Prevê o § 4º do dispositivo que as citações por correio eletrônico serão acompanhadas das orientações para realização da confirmação de recebimento e de código identificador que permitirá a sua identificação na página eletrônica do órgão judicial citante.

2.2. Formas de intimação

2.2.1. Intimação pelo diário oficial

Como estudado anteriormente, as intimações (notificações) têm como intuito dar ciência a alguém dos atos e termos do processo, para que faça ou deixe de fazer alguma coisa. Seria o caso, por exemplo, de a parte ser intimada para se manifestar sobre documentos, recursos etc.

Nesse caso, a intimação ser feita no Diário de Justiça Eletrônico Nacional (DJEN), ou seja, o despacho será publicado nesse local, em nome do próprio advogado das partes.

Nos termos da Súmula nº 427 do TST, no caso de a parte ter mais de um advogado e, "havendo pedido expresso de que as intimações e publicações sejam realizadas exclusivamente em nome de determinado advogado, a comunicação em nome de outro profissional constituído nos autos é nula, salvo se constatada a inexistência de prejuízo". Nesse mesmo sentido, dispõe o art. 272, § 5º, do CPC/2015:

> § 5º Constando dos autos pedido expresso para que as comunicações dos atos processuais sejam feitas em nome dos advogados indicados, o seu desatendimento implicará nulidade.

Destaca-se que para o C. TST, **no caso do Processo Judicial Eletrônico,** a decretação da nulidade prevista no referido dispositivo exige que o advogado indicado esteja cadastrado no Sistema de Processo Judicial Eletrônico. Assim, ainda que conste pedido expresso para que a comunicação dos atos processuais seja feita em nome de outro advogado, se este não possuir cadastro prévio no Sistema de PJE, não haverá nulidade, uma vez que impedirá a serventia judicial de atender ao requerimento de envio da intimação direcionada (TST-IN nº 39/2016, art. 16). O TST fundamenta o seu posicionamento no princípio do interesse, previsto nos arts. 796, "b", da CLT e 276 do CPC/2015, ou seja, a nulidade não pode ser arguida por aquele que lhe deu causa.

▶ **OBSERVAÇÃO:**

A notificação do Ministério Público, seja como parte, seja como *custos legis*, sempre será pessoal e nos autos, de modo que os autos deverão ser encaminhados à procuradoria para ciência do membro. Noutras palavras, sua intimação não pode ser feita por meio do diário oficial. Nesse sentido, dispõem os arts. 18, II, h, e 84, IV, ambos da LC nº 75/93, bem como o art. 19 da Consolidação dos Provimentos da Corregedoria-Geral da Justiça do Trabalho.

2.2.2. *Intimação postal ou por oficial de justiça*

Na hipótese de *jus postulandi*, ou seja, quando a parte postular em juízo sem advogado, a intimação será feita pelos correios ou por meio do oficial de justiça. Além disso, nos casos em que o juiz determinar a intimação, esta poderá ser feita pelo oficial de justiça.

▶ **ATENÇÃO:**

As testemunhas deverão comparecer em audiência, independentemente de intimação. Caso não compareçam, pode o juiz, de *officio* ou a requerimento das partes, intimá-las, ocasião em que deverão se apresentar em juízo na data designada para a audiência, sob pena de condução coercitiva e aplicação da multa estabelecida no art. 730 da CLT (CLT, art. 825).

2.2.3. *Intimação eletrônica*

O art. 270 do CPC/2015, aplicável subsidiariamente ao processo do trabalho, estabelece que as intimações, em regra, devem ser realizadas por meio eletrônico, enfatizando a necessidade de que o Ministério Público, a Defensoria Pública e a

Advocacia Pública mantenham o cadastro nos sistemas de processo em autos eletrônicos, nos termos do art. 246, § 1º, do CPC/2015.

Interpretando esse dispositivo, o CNJ estabeleceu que as intimações eletrônicas serão realizadas quando for o caso de vista pessoal (p. ex., Ministério Público do Trabalho), intimação pessoal ou intimação de terceiros (art. 18). Nesses casos, a intimação será realizada pelo domicílio judicial eletrônico.

Na hipótese de a parte ser representada por advogado, a intimação será realizada pela publicação no órgão oficial, ou seja, no Diário de Justiça Eletrônico Nacional (DJEN) (CPC/2015, art. 272, *caput*; Lei nº 11.419/06, art. 5º).

Quando forem inviáveis as intimações por meio eletrônico e não houver a publicação em órgão oficial na localidade, o escrivão ou chefe de secretaria deverá intimar de todos os atos do processo os advogados das partes: I – pessoalmente, se tiverem domicílio na sede do juízo; II – por carta registrada, com aviso de recebimento, quando forem domiciliados fora do juízo (CPC/2015, art. 273).

2.2.4. *Intimação na audiência*

O art. 834 da CLT estabelece que as partes serão consideradas intimadas das decisões na própria audiência em que elas forem proferidas, o que também vem contemplado no art. 852 da CLT. Desse modo, se o juiz, por exemplo, decide a exceção de incompetência na audiência, a intimação é feita na própria audiência.

> ▸ **ATENÇÃO:**
> **No caso de revelia, haverá notificação pela via postal (CLT, art. 852).**

3. PRAZOS PROCESSUAIS

Para que o processo não seja eterno, a legislação prevê determinado tempo para que os atos sejam praticados pelos sujeitos do processo, definindo-se, assim, os prazos processuais.

Os prazos processuais podem ser classificados como:

- **prazos legais:** quando descrito na própria lei, como é o caso dos prazos recursais;
- **prazos judiciais:** quando fixado pelo juiz;
- **prazos convencionais:** quando definidos pelas partes de comum acordo.

Os prazos são, em regra, descritos na lei.

Não havendo previsão legal, pode o juiz definir os prazos das partes, tendo em conta a complexidade do ato (CPC/2015, art. 218, § 1º). No entanto, caso não haja previsão legal e, ainda assim, o juiz não o tenha estabelecido, o prazo será de 5 dias (CPC/2015, art. 218, § 3º).

Decorrido o prazo, extingue-se, independentemente de declaração judicial, o direito de praticar ou de emendar o ato, ficando salvo, porém, à parte provar que o não realizou por justa causa (CPC/2015, art. 223). Reputa-se justa causa o evento imprevisto, alheio à vontade da parte, e que a impediu de praticar o ato por si ou por mandatário (CPC/2015, art. 223, § 1º). Verificada a justa causa o juiz permitirá à parte a prática do ato no prazo que lhe assinar (CPC/2015, art. 223, § 2º).

Os prazos também podem ser divididos em:

- **peremptórios:** tradicionalmente, conceituam-se tais prazos como aqueles que não podem ser alterados pela vontade das partes.
- **dilatórios:** são aqueles que podem ser modificados por convenção das partes. Com o CPC/2015, surge o chamado calendário processual (art. 191), que possibilitará diversas negociações sobre os prazos processuais.

Destaca-se que o art. 775, § 1º, da CLT, permite a prorrogação dos prazos processuais pelo tempo estritamente necessário nas seguintes hipóteses:

- quando o juiz entender necessário; e
- em virtude de força maior, devidamente comprovada.

Observa-se que o dispositivo apresenta conceitos jurídicos indeterminados para permitir a prorrogação dos prazos processuais, o que deverá ser preenchido em cada caso concreto. Evidentemente que o juiz deverá fundamentar adequadamente a prorrogação do prazo processual, por força do art. 489, § 1º, II, do CPC/15, aplicável ao processo do trabalho (TST-IN nº 39/2016, art. 3º, IX).

Aliás, o art. 775, § 2º, da CLT, acrescentado pela Lei nº 13.467/2017 (Reforma Trabalhista), autoriza o magistrado a dilatar os prazos processuais, a fim de adequá-los à necessidade de conflito de modo a conferir maior efetividade à tutela jurisdicional. Seria o caso, por exemplo, de conceder um prazo maior para as razões finais, em razão do expressivo número de documentos.

A bem da verdade, o § 2º apenas cria um motivo para que o magistrado possa prorrogar o prazo processual. Queremos dizer, prorrogar e dilatar são expressões sinônimas, de modo que bastaria o art. 775, § 1º, I, da CLT para autorizar o juiz a prorrogar os prazos, desde que entendesse necessário. Essa necessidade poderia ser a maior efetividade da tutela jurisdicional, o que significa que o § 2º, nesse aspecto, pouco acrescenta.

Destaca-se que o juiz apenas poderá dilatar os prazos processuais antes de encerrado o prazo regular (CPC/15, art. 139, parágrafo único), obstando que a parte possa se manifestar após a ocorrência da preclusão temporal. Essa observação é importante para que o juiz não se utilize do poder-dever previsto no art. 775, § 2º, da CLT para beneficiar a parte que não tiver se manifestado no prazo previsto em lei, afastando a incidência da preclusão temporal.

Ademais, a prorrogação de prazos pelo juiz não poderá prejudicar o princípio da celeridade do processo trabalhista.

Outro ponto que merece destaque é a possibilidade de redução dos prazos peremptórios, agora admitida pelo CPC de 2015, desde que haja anuência das partes (CPC/15, art. 222, § 1º).

Os **prazos processuais** são classificados, ainda, **em prazos impróprios e próprios.**

Os **prazos impróprios** são aqueles que, se descumpridos, não provocam efeitos processuais como são, os prazos dirigidos aos juízes para despachar, sentenciar etc.

Os prazos próprios, por outro lado, são aqueles que, se descumpridos, levam à perda da possibilidade de praticar o ato processual. Todos os atos das partes estão submetidos a prazos próprios. Tem-se aqui a chamada **preclusão temporal**, ou seja, a parte não poderá mais praticar o ato após o vencimento de seu prazo. Ex.: interpor recurso ordinário depois do prazo de 8 dias.

É interessante saber que, além da preclusão temporal, ainda existem seguintes espécies de preclusão:

- **preclusão consumativa:** impede a reiteração de atos já realizados;
- **preclusão lógica:** veda a prática de atos incompatíveis com os atos anteriormente realizados;
- **preclusão *pro iudicato*:** quando a preclusão é para o juiz;
- **preclusão ordinatória**: quando a validade de um ato pressupõe a existência de um anterior. Exemplo: os embargos à execução somente podem ser recebidos depois de garantido o juízo pela penhora;
- **preclusão máxima:** quando ocorre a coisa julgada.

3.1. Princípios dos prazos processuais

Os prazos processuais são informados pelos seguintes princípios:

1) **princípio da utilidade:** os prazos devem ser úteis e adequados para a prática dos atos aos quais se destinam.
2) **princípio da inalterabilidade:** os prazos peremptórios, como regra, não são alteráveis.
3) **princípio da preclusão temporal:** expirado o prazo para a prática do ato, este não poderá ser realizado.

3.2. Contagem dos prazos processuais

De plano, cumpre consignar que não se confunde a data da ciência da notificação com a data do início da contagem dos prazos processuais.

A **data da ciência**, como o próprio nome já diz, é a data em que a parte toma conhecimento da notificação. É o chamado "dia do susto".[8]

Na contagem dos prazos processuais, o "dia do susto" é excluído, incluindo-se o dia do vencimento. Desse modo, a contagem do prazo somente terá início no dia seguinte ao recebimento da notificação. É o que estabelece o *caput* do art. 775 da CLT:

> **Art. 775** – Os prazos estabelecidos neste Título serão contados em dias úteis, com exclusão do dia do começo e inclusão do dia do vencimento.

É interessante declinar que o "dia do susto" deve ser em dia que tenha expediente forense (dia útil). Caso contrário, a notificação será considerada realizada no próximo dia útil subsequente.

> ✦ *Exemplo: a parte é notificada no domingo. Nesse caso, ela será considerada notificada na segunda-feira (dia do susto) e a contagem terá início no dia seguinte (terça-feira).*

Além disso, há de se consignar que a contagem do prazo somente se inicia nos dias úteis, vez que os atos processuais, em regra, igualmente só podem ser realizados nesses dias, nos termos do art. 770 da CLT. Assim, no exemplo anterior, se a terça-feira é feriado, somente na quarta-feira terá início a contagem do prazo.

Atente-se para o fato de que o **sábado** é dia não útil, isto é, não dá início à contagem, nem mesmo é considerado dia de realização da notificação (CPC/2015, art. 216).

Desse modo, se a parte for notificada na sexta-feira, seu prazo terá início na segunda-feira, uma vez que o sábado e o domingo não são considerados dias úteis.

Nesse sentido, a Súmula nº 1 do TST:

> **Súmula nº 1 do TST.** Prazo judicial
>
> Quando a intimação tiver lugar na sexta-feira, ou a publicação com efeito de intimação for feita nesse dia, o prazo judicial será contado da segunda-feira imediata, inclusive, salvo se não houver expediente, caso em que fluirá no dia útil que se seguir.

Por outro lado, se a parte é notificada no sábado, ela será considerada realizada na segunda-feira, e a contagem inicia-se no próximo dia útil subsequente. Esquematizamos, para melhor compreensão:

▸ NOTIFICAÇÃO	▸ SERÁ CONSIDERADA REALIZADA A NOTIFICAÇÃO (DIA DO SUSTO)	▸ INÍCIO DA CONTAGEM DO PRAZO
Dia 15 (sábado)	Dia 17 (segunda-feira)	Dia 18 (terça-feira)

8. SILVA, Homero Batista Mateus da. *Curso de direito do trabalho aplicado: justiça do trabalho*. Rio de Janeiro: Elsevier, 2010. v. 8, p. 227.

► **IMPORTANTE:**

Existe uma exceção quanto ao início da contagem em dia não útil que, embora seja antiga, é bom ter conhecimento para a prova. É o caso do recurso interposto via fac-símile. Nessa hipótese, enviado o fax, a parte tem o prazo de 5 dias para a juntada dos originais, que começa a correr do dia subsequente ao término do prazo recursal, mesmo que coincida com feriado, sábado ou domingo (Súmula nº 387 do TST).

O **término do prazo** também deve coincidir com dia útil, de modo que, recaindo sobre dia não útil, será prorrogado para o primeiro dia útil subsequente.

✦ *Exemplo: vencido o prazo de 8 dias para interpor o recurso ordinário no dia 20 (sábado), a parte poderá protocolá-lo até no dia 22 (segunda-feira), exceto se neste dia for feriado, o que provocará a prorrogação para o primeiro dia útil posterior.*

Em suma, em regra, a contagem do prazo não pode nem iniciar nem terminar em dia não útil.

O vencimento dos prazos será certificado nos processos pelos escrivães ou chefes de secretaria (CLT, art. 776).

► **IMPORTANTE:**

Será considerado tempestivo o ato praticado antes do termo inicial do prazo (CPC/2015, art. 218, § 4º).

3.2.1. Contagem em dias úteis

Dias úteis são os dias em que há expediente forense. Por outro lado, dias inúteis são os feriados declarados em lei, os sábados, os domingos e os dias em que não haja expediente forense (CPC/2015, art. 216).

O art. 219 do CPC/2015 determina que, na contagem dos prazos em dias, devem ser computados apenas os dias úteis[9]. Esse dispositivo alterou substancialmente a sistemática prevista na contagem dos prazos processuais do CPC/1973, que considerava que os prazos eram contínuos e não se interrompiam em feriados (CPC/73, art. 178).

Com o advento da Lei nº 13.467/2017 (Reforma Trabalhista), o art. 775 da CLT expressamente passou a prever que os prazos processuais no processo do trabalho devem ser contados apenas em dias úteis, assim como ocorre no processo civil.

Desse modo, os dias inúteis entre o termo inicial e o termo final do prazo passam a ser relevantes, pois deixam de ser computados na contagem.

✦ *Exemplo: reclamado é intimado da sentença que julgou procedentes os pedidos na quinta-feira. Nesse caso, não existindo nenhum feriado, a quinta-feira*

9. Art. 219. Na contagem de prazo em dias, estabelecido por lei ou pelo juiz, computar-se-ão somente os dias úteis.

é o dia do susto e a contagem iniciará na sexta-feira, vencendo o prazo recursal (8 dias úteis) na terça-feira, ou seja, computam-se: sexta-feira (1º dia), segunda-feira (2º dia), terça-feira (3º dia), quarta-feira (4º dia), quinta-feira (5º dia), sexta-feira (6º dia), segunda-feira (7º dia) e terça-feira (8º dia).

▶ **ATENÇÃO:**

A contagem em dias úteis atinge todos os prazos do processo do trabalho, porque o art. 775, *caput*, da CLT expressamente declinou que alcança os "prazos estabelecidos neste Título", ou seja, o título X que versa sobre o processo judiciário do trabalho (arts. 763 a 910).

3.2.2. Início da contagem quando marcada audiência de julgamento

Em alguns casos, na audiência de instrução (momento em que se colhem provas), pode o juiz marcar outra audiência, chamada de audiência de julgamento, para proferir a sentença. Nessa hipótese, designada audiência de julgamento, incumbe à parte comparecer para tomar conhecimento da decisão, sob pena de ser considerada intimada da sentença, mesmo diante de sua ausência, conforme declina a Súmula nº 197 do TST:

> **Súmula nº 197 do TST.** Prazo
>
> O prazo para recurso da parte que, intimada, não comparecer à audiência em prosseguimento para a prolação da sentença conta-se de sua publicação.

Pode acontecer de, marcada a audiência de julgamento, o juiz não sentenciar na data da audiência de julgamento. Nesse caso, o juiz tem o prazo de 48 horas para a juntada da sentença nos autos. Não sendo juntada a sentença nesse prazo, deverá intimar a parte, posteriormente, da sentença, iniciando seu prazo recursal somente depois da intimação. É o que estabelece a Súmula nº 30 do TST:

> Súmula nº 30 do TST. Intimação da sentença
>
> Quando não juntada a ata ao processo em 48 horas, contadas da audiência de julgamento (art. 851, § 2º, da CLT), o prazo para recurso será contado da data em que a parte receber a intimação da sentença.

Em resumo, designada audiência de julgamento, as partes serão consideradas intimadas, independentemente de comparecerem na audiência, desde que a decisão seja juntada no processo até o prazo de 48 horas. Nesse caso, o prazo recursal inicia-se na data da publicação da sentença. Contudo, não sendo juntada a decisão ao processo no prazo de 48 horas, contados da data da audiência, as partes deverão ser intimadas, começando a correr o prazo recursal depois da intimação.

3.2.3. Contagem dos prazos no processo eletrônico

A Lei nº 11.419/2006, que disciplinou a informatização do processo, manteve a mesma sistemática anterior, estabelecendo que, nas intimações por meio eletrônico, estas serão consideradas realizadas no dia da consulta. Além disso, ocorrendo a consulta "em dia não útil, a intimação será considerada como realizada no primeiro dia útil seguinte". (art. 5º, § 2º).

É importante observar que, **não** havendo consulta no prazo de 10 dias **corridos**, será **presumida** a intimação, isto é, sendo expedida a intimação via eletrônica e não tomando ciência dentro do prazo de 10 dias corridos, a parte será considerada intimada (art. 5º, § 3º; CPC/2015, art. 231, V), iniciando-se a contagem do prazo no dia seguinte. Para efeito da contagem do prazo de 10 dias corridos será considerado:

> I – o dia inicial da contagem é o dia seguinte ao da disponibilização do ato de comunicação no sistema, independentemente de esse dia ser, ou não, de expediente no órgão comunicante;
>
> II – o dia da consumação da intimação ou comunicação é o décimo dia a partir do dia inicial, caso seja de expediente judiciário, ou o primeiro dia útil seguinte, conforme previsto no art. 5º, § 2º, da Lei n. 11.419, de 19 de dezembro de 2006. (CNJ – Res. nº 185/2013, art. 21).

Havendo, no entanto, consulta dentro do prazo de 10 dias, considera-se realizada a intimação no dia da ciência (consulta).

Em suma, efetivada a consulta dentro dos 10 dias corridos, será considerado intimado na data da consulta. Por outro lado, se não realizar a consulta, também será considerado intimado, mas depois de ultrapassados os 10 dias corridos.

► **ATENÇÃO:**

Esses 10 dias não são considerados como prazo processual propriamente dito, mas como período para que a parte possa tomar ciência do ato processual. Por isso, eles não são contados em dias úteis, mas em dias corridos.

Atente-se, ainda, para o fato de que é diferente também a contagem do prazo na hipótese de publicação no Diário de Justiça Eletrônico Nacional (DJEN), como ocorre, em regra, com a intimação do advogado. Nesse caso, a data da publicação será considerada o primeiro dia útil seguinte ao da disponibilização da informação no *Diário da Justiça* eletrônico, começando a correr o prazo processual "no primeiro dia útil que seguir ao considerado como data da publicação" (art. 4º, § § 3º e 4º). Exemplifica-se:

► DISPONIBILIZADA A DECISÃO NO DIÁRIO ELETRÔNICO	► SERÁ CONSIDERADA DATA DE PUBLICAÇÃO (DIA DO SUSTO)	► INÍCIO DA CONTAGEM DO PRAZO PROCESSUAL
Dia 20 (quarta-feira)	Dia 21 (quinta-feira)	Dia 22 (sexta-feira)

No ensejo, aproveitamos para esclarecer que, no processo eletrônico, os documentos são apresentados com a petição eletrônica, sendo considerados originais. Contudo, na hipótese de ser tecnicamente inviável a digitalização dos documentos, em razão do grande volume ou por motivo de ilegibilidade, eles deverão ser apresentados ao cartório ou secretaria no prazo de **10 dias**, contados do envio da petição eletrônica, comunicando tal fato na petição, sendo os documentos devolvidos à parte após o trânsito em julgado (art. 11, § 5º, da Lei 11.419/06).

3.2.4. Interrupção e suspensão

Iniciada a contagem dos prazos processuais, como regra, ela se dá de forma contínua até o final do prazo, sendo permitida sua prorrogação pelo tempo estritamente necessário nas seguintes hipóteses:

- quando o juiz entender necessário; e
- em virtude de força maior, devidamente comprovada.

Pode ocorrer, ainda, de os prazos serem interrompidos ou suspendidos, nos casos em que a lei determinar.

Na hipótese de **interrupção**, ocorrido o fato, a parte terá restituído integralmente seu prazo, iniciando-se novamente no primeiro dia útil após o término do fato, ou seja, volta-se à estaca zero.

✦ *Exemplo: proferida sentença, a parte poderá interpor embargos de declaração, no prazo de 5 dias úteis, e recurso ordinário, no prazo de 8 dias úteis. Interpostos os embargos de declaração no 5º dia, fica interrompido o prazo para a interposição do recurso ordinário. Após a intimação da decisão dos embargos de declaração, inicia-se novamente o prazo de 8 dias úteis para interpor o recurso ordinário.*

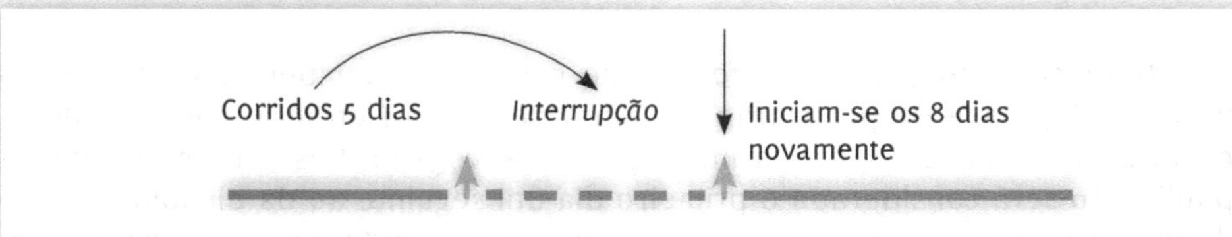

Já no caso de **suspensão,** o curso do prazo é paralisado durante o período da suspensão, voltando a correr no primeiro dia útil após a paralisação, isto é, volta a correr do ponto em que havia parado.

✦ *Exemplo: prazo de 8 dias úteis para interposição dos embargos de divergência no TST, sendo iniciada sua contagem no dia 29 de junho. Entre os dias 02 a 31 de janeiro e de 02 a 31 de julho há férias coletivas no C. TST, que suspende os prazos recursais (TST-RI, art. 192, § 1º; LC nº 35/79, art. 66, § 1º). Nessa hipótese, conta-se o prazo do dia 29 de junho a 1º de julho (3 dias), retornando a correr o restante (5 dias) no dia 1º de agosto.*

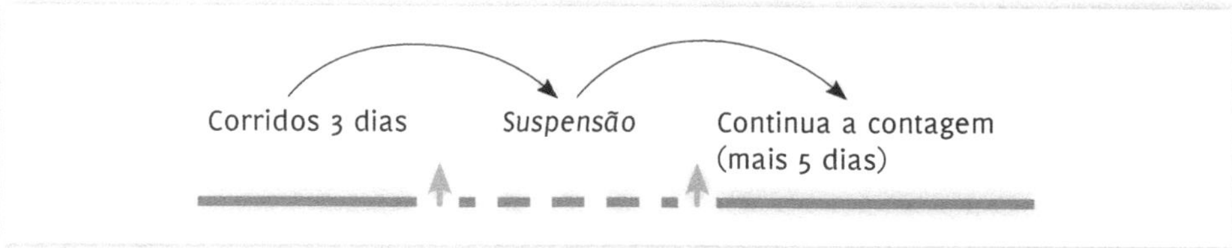

3.2.4.1. Recesso forense e o CPC/2015

Embora o art. 62, I, da Lei nº 5.010/66 seja direcionado à Justiça Federal, ele é aplicado à Justiça do Trabalho, por força da Súmula nº 262, II, do TST. Aludido dispositivo versa o que segue:

> **Art. 62.** Além dos fixados em lei, serão **feriados** na Justiça Federal, inclusive nos Tribunais Superiores:
>
> I – os dias compreendidos entre 20 de dezembro e 6 de janeiro, inclusive; (...) (grifo nosso)

Ademais, o CPC de 2015 cria um dispositivo inédito ao declinar em seu art. 220 que o curso do prazo processual será suspenso entre 20 de dezembro e 20 de janeiro, inclusive. Reproduzindo o dispositivo do CPC/15, o art. 775-A da CLT, incluído pela Lei nº 13.545/2017, passou a estabelecer:

> **Art. 775-A.** Suspende-se o curso do prazo processual nos dias compreendidos entre 20 de dezembro e 20 de janeiro, inclusive.
>
> § 1º Ressalvadas as férias individuais e os feriados instituídos por lei, os juízes, os membros do Ministério Público, da Defensoria Pública e da Advocacia Pública e os auxiliares da Justiça exercerão suas atribuições durante o período previsto no *caput* deste artigo.
>
> § 2º Durante a suspensão do prazo, não se realizarão audiências nem sessões de julgamento.

Vê-se pelo supramencionado dispositivo que, entre os dias 20 de dezembro a 20 de janeiro, os prazos ficarão suspensos, não se realizando audiências e sessões de julgamento.

O Conselho Nacional de Justiça (CNJ), com o objetivo de compatibilizar o teor do art. 62, I, da Lei nº 5.010/66 com o art. 220 do CPC/2015 (e agora com o art. 775-A da CLT), expediu a Resolução nº 244 de 12.9.16, aplicando tais dispositivos da seguinte forma:

- de 20 de dezembro a 06 de janeiro não haverá expediente forense, de modo que a prática de atos processuais ficará suspensa, salvo as medidas de urgência;
- de 07 a 20 de janeiro apenas os prazos, audiências e sessões ficarão suspensos, mantendo-se o expediente forense normal.

3.3. Prazos diferenciados

As pessoas jurídicas de direito público que não explorem atividade econômica, o Ministério Público e a Defensoria Pública possuem a prerrogativa de prazos diferenciados.

Nesse contexto, os arts. 180, 183 e 186 do CPC/2015, aplicáveis subsidiariamente ao processo do trabalho, conferem a tais entes o **prazo em dobro** para manifestar nos autos, ou seja, para a prática de todos os atos processuais, o que inclui, por exemplo, a interposição de recursos, contrarrazões etc.

> ▶ **ATENÇÃO:**
> Não se aplica o benefício da contagem em dobro quando a lei estabelecer, de forma expressa, prazo próprio para o ente público, Ministério Público ou Defensoria Pública (CPC/2015, arts. 180, § 2º, 183, § 2º e 186, § 4º).

É importante fazer, nesse momento, uma observação quanto às pessoas jurídicas de direito público (União, dos Estados, do Distrito Federal, dos Municípios e das autarquias ou fundações de direito público) que não explorem atividade econômica.

O art. 1º do Decreto-Lei nº 779/69 vaticina:

> **Art. 1º** Nos processos perante a Justiça do Trabalho, constituem privilégio da União, dos Estados, do Distrito Federal, dos Municípios e das autarquias ou fundações de direito público federais, estaduais ou municipais que não explorem atividade econômica:
>
> (...)
>
> II – o quádruplo do prazo fixado no artigo 841, "in fine", da Consolidação das Leis do Trabalho;
>
> III – o prazo em dobro para recurso; (...)

Pelo referido inciso II percebe-se que o legislador criou, aparentemente, um prazo para a pessoa jurídica de direito público apresentar sua contestação. Melhor explicando, a CLT descreve no art. 841, *caput*, que entre a notificação e a audiência inicial deve existir um prazo mínimo de 5 dias. A doutrina entende que esse é o prazo concedido à reclamada para confeccionar sua contestação, ou seja, é teoricamente o prazo para contestar. Nesse contexto, o aludido inciso II quadruplica esse prazo, de modo entre a notificação e a audiência para apresentação de contestação deve ser, no mínimo, de 20 dias[10].

---

10. O art. 73 da Consolidação dos Provimentos da Corregedoria-Geral da Justiça do Trabalho reforça esse entendimento, afirmando que "as secretarias das varas do trabalho velarão para que, nas ações ajuizadas em desfavor de entes públicos (Decreto-lei n.º 779/69), inclusive Estado estrangeiro ou organismo internacional, observe-se lapso temporal para preparação da defesa de, no mínimo, 20 (vinte) dias entre o recebimento da notificação citatória e a realização da audiência.".

Com efeito, existindo regra própria no processo do trabalho, no caso específico das pessoas jurídicas de direito público que não exploram atividade econômica mantém-se o prazo quadruplicado para contestar, enquanto todos os demais prazos serão dobrados, por exemplo, 16 dias para recorrer.

É interessante observar que o Decreto-Lei nº 509, de 20 de março de 1969, equiparou a empresa brasileira de correios e telégrafos (EBCT) à Fazenda Pública, especialmente quanto às prerrogativas processuais (art. 12), incluindo, assim, os prazos processuais. O mesmo ocorre com as empresas públicas e sociedades de economia mista que sejam prestadoras de serviço público em ambiente não concorrencial.

De qualquer modo, o Ministério Público e a Defensoria Pública, na atual sistemática, sempre terão prazo em dobro, não se valendo do prazo quadruplicado anteriormente anunciado.

Por fim, consigna-se que, no processo do trabalho, quando existir litisconsórcio e as partes tiverem advogados diferentes, de escritórios de advocacia distintos, **não** há modificação do prazo processual, conforme estabelece a OJ nº 310 da SDI-I do TST:

> **Orientação Jurisprudencial nº 310 da SDI-I do TST.** Litisconsortes. Procuradores distintos. Prazo em dobro. Art. 229, *caput* e §§ 1º e 2º, do CPC de 2015. Art. 191 do CPC de 1973. Inaplicável ao processo do trabalho
>
> **Inaplicável** ao processo do trabalho a norma contida no art. 229, *caput* e §§ 1º e 2º, do CPC de 2015 (art. 191 do CPC de 1973), em razão de incompatibilidade com a celeridade que lhe é inerente. (grifo nosso)

3.4. Principais prazos processuais

▸ ATO PROCESSUAL	▸ PRAZO
Encaminhamento da petição inicial ao reclamado	48 horas
Recebimento da notificação para comparecer na audiência inicial	5 dias antes da audiência
Redução a termo de reclamação verbal	5 dias
Exceção de incompetência	5 dias a contar da notificação e antes da audiência
Contestação verbal	20 minutos
Duração máxima da audiência	5 horas seguidas, salvo quando houver matéria urgente
Audiência	1ª desimpedida, depois de 5 dias
Prazo para reclamante demonstrar que a ausência em audiência ocorreu por motivo legalmente justificável	15 dias

▸ ATO PROCESSUAL	▸ PRAZO
Razões finais	10 minutos
Despachos	5 dias
Decisão interlocutória	10 dias
Sentença	30 dias
Recurso ordinário Recurso de revista Agravo de petição Agravo de instrumento Agravo interno Agravo regimental Embargos de divergência Embargos infringentes Recurso adesivo Agravo interno e regimental	8 dias
Embargos de declaração	5 dias
Recurso extraordinário (STF) Recurso adesivo de RE	15 dias
Depósito recursal	Pagamento e comprovação no prazo do recurso. A interposição antecipada do recurso não prejudica o prazo legal (Súmula nº 245 do TST)
Pagamento ou nomeação de bens à penhora	48 horas
Embargos à execução	5 dias
Embargos à execução para a fazenda pública	30 dias
Ação rescisória	2 anos
Inquérito para apuração de falta grave	30 dias da suspensão do empregado
Mandado de segurança	120 dias
Cumprimento das obrigações do oficial de justiça	9 dias
Juntada dos originais, na hipótese de fac-símile	5 dias
Apresentação de documentos em cartório ou secretaria, no processo eletrônico, na hipótese de ser tecnicamente inviável a digitalização dos documentos, em razão do grande volume ou por motivo de ilegibilidade	10 dias
Levar a protesto, gerar inscrição do nome do executado em órgãos de proteção ao crédito ou no Banco Nacional de Devedores Trabalhistas (BNDT) de decisão judicial transitada em julgado	45 dias a contar da citação do executado, se não houver garantia do juízo

4. DESPESAS PROCESSUAIS

As despesas processuais correspondem a todos os gastos que as partes têm com o processo. Trata-se de gênero que tem como espécies as custas, os emolumentos, os honorários do perito e assistentes, entre outros gastos com o processo. Os honorários advocatícios, por serem destinados à remuneração do advogado, não integram as despesas processuais propriamente dita.[11]

As custas processuais têm natureza de taxa, sendo devidas ao Estado em decorrência da realização de sua atividade (exercício da jurisdição).

Já os emolumentos representam o reembolso dos gastos realizados pelo Estado em atividades **não jurisdicionais** prestadas, por exemplo, autenticações, fotocópias etc.

4.1. Custas processuais

4.1.1. *Valor das custas processuais*

O valor das custas processuais é analisado de forma diferente, a depender da fase do processo, ou seja, será um valor na fase de conhecimento e outro valor na fase de execução.

a) Fase de conhecimento

Na fase de conhecimento, as custas processuais vêm estabelecidas no art. 789 da CLT:

> **Art. 789.** Nos dissídios individuais e nos dissídios coletivos do trabalho, nas ações e procedimentos de competência da Justiça do Trabalho, bem como nas demandas propostas perante a Justiça Estadual, no exercício da jurisdição trabalhista, as custas relativas ao processo de conhecimento incidirão à base de 2% (dois por cento), observado o mínimo de R$ 10,64 (dez reais e sessenta e quatro centavos) e o máximo de quatro vezes o limite máximo dos benefícios do Regime Geral de Previdência Social, e serão calculadas:
>
> I – quando houver acordo ou condenação, sobre o respectivo valor;
>
> II – quando houver extinção do processo, sem julgamento do mérito, ou julgado totalmente improcedente o pedido, sobre o valor da causa;
>
> III – no caso de procedência do pedido formulado em ação declaratória e em ação constitutiva, sobre o valor da causa;
>
> IV – quando o valor for indeterminado, sobre o que o juiz fixar.
>
> § 1º As custas serão pagas pelo vencido, após o trânsito em julgado da decisão. No caso de recurso, as custas serão pagas e comprovado o recolhimento dentro do prazo recursal.

---

11. CAMARGO, Luiz Henrique Volpe. Comentários ao art. 90 do CPC/2015. In: WAMBIER, Teresa Arruda Alvim et al. *Breves comentários ao Novo Código de Processo Civil de acordo com as alterações da lei nº 13.256/2016*. 2. ed. São Paulo: Editora Revista dos Tribunais, 2016. p. 365.

§ 2º Não sendo líquida a condenação, o juízo arbitrar-lhe-á o valor e fixará o montante das custas processuais.

§ 3º Sempre que houver acordo, se de outra forma não for convencionado, o pagamento das custas caberá em partes iguais aos litigantes.

§ 4º Nos dissídios coletivos, as partes vencidas responderão solidariamente pelo pagamento das custas, calculadas sobre o valor arbitrado na decisão, ou pelo Presidente do Tribunal.

Da análise do dispositivo anterior, é possível extrair que as custas são sempre no valor de 2%, calculados sobre o:

1) valor da condenação;
2) valor do acordo;
3) valor da causa
   - extinção do processo sem resolução do mérito
   - improcedência dos pedidos
   - no caso de procedência do pedido formulado em ação declaratória e em ação constitutiva
4) valor que o juiz definir (quando o valor for indeterminado);
5) o valor arbitrado na decisão, ou pelo Presidente do Tribunal, na hipótese de dissídio coletivo.

▶ **IMPORTANTE:**

Nas ações plúrimas (litisconsórcio), as custas incidem sobre o valor total dos pedidos (Súmula nº 36 do TST).

▶ **ATENÇÃO:**

O valor mínimo a ser pago é de R$ 10, 64. Assim, se o acordo for de R$ 300, 00, as custas serão de R$ 10, 64 e não R$ 6, 00, que corresponde a 2% do valor do acordo.
Já o valor máximo a ser pago corresponde a 4 vezes o limite máximo dos benefícios do Regime Geral de Previdência Social.

b) Fase de execução

Na fase de execução, em regra, as custas têm valores fixos e devem ser pagas ao final e de acordo com o ato praticado, conforme estabelece o art. 789-A, da CLT:

Art. 789-A. No processo de execução são devidas custas, sempre de responsabilidade do executado e pagas ao final, de conformidade com a seguinte tabela:

I – autos de arrematação, de adjudicação e de remição: 5% (cinco por cento) sobre o respectivo valor, até o máximo de R$ 1.915, 38 (um mil, novecentos e quinze reais e trinta e oito centavos);

II – atos dos oficiais de justiça, por diligência certificada:

a. em zona urbana: R$ 11, 06 (onze reais e seis centavos);

b. em zona rural: R$ 22, 13 (vinte e dois reais e treze centavos);

III – agravo de instrumento: R$ 44, 26 (quarenta e quatro reais e vinte e seis centavos);

IV – agravo de petição: R$ 44, 26 (quarenta e quatro reais e vinte e seis centavos);

V – embargos à execução, embargos de terceiro e embargos à arrematação: R$ 44, 26 (quarenta e quatro reais e vinte e seis centavos);

VI – recurso de revista: R$ 55, 35 (cinquenta e cinco reais e trinta e cinco centavos);

VII – impugnação à sentença de liquidação: R$ 55, 35 (cinquenta e cinco reais e trinta e cinco centavos);

VIII – despesa de armazenagem em depósito judicial – por dia: 0, 1% (um décimo por cento) do valor da avaliação;

IX – cálculos de liquidação realizados pelo contador do juízo – sobre o valor liquidado: 0, 5% (cinco décimos por cento) até o limite de R$ 638, 46 (seiscentos e trinta e oito reais e quarenta e seis centavos).

4.1.2. Responsabilidade pelo pagamento das custas

Por serem as custas despesas decorrentes da movimentação do Poder Judiciário, a legislação incumbiu seu pagamento àquele que deu causa ao processo, ou seja, o pagamento das custas processuais é de responsabilidade da parte vencida (CLT, art. 789, § 1º).

É interessante notar que, havendo diversos pedidos nas relações de emprego, mesmo se o reclamante não for vencedor em todos, a responsabilidade pelo pagamento é do reclamado (vencido), isto é, nas ações de relação de emprego não se aplica a sucumbência recíproca para o pagamento das custas processuais (divisão do pagamento entre as partes).

Cabe salientar, contudo, que, na hipótese de relação de trabalho, haverá sucumbência recíproca, ou seja, existindo cumulação de pedidos, se a procedência deles é parcial, as custas serão divididas proporcionalmente entre as partes (TST, IN nº 27/2005).

É necessário atentar, ainda, para quatro aspectos importantes:

1) no caso de acordo, o pagamento das custas será dividido em partes iguais entre os litigantes, exceto se convencionarem de forma diferente;

2) na fase de execução, a responsabilidade pelo pagamento é sempre do executado;

3) no dissídio coletivo, as partes vencidas responderão solidariamente pelo pagamento das custas;

4) tratando-se de empregado que não tenha obtido o benefício da justiça gratuita, ou isenção de custas, o sindicato que houver intervindo no processo responderá solidariamente pelo pagamento das custas devidas.

4.1.3. *Momento do recolhimento das custas*

O recolhimento das custas deverá ocorrer da seguinte forma:

► MOMENTO	► HIPÓTESE
Depois do trânsito em julgado	Quando **não** houver recurso
No prazo do recurso	Quando existir recurso*
No fim do processo	Custas na fase de execução

*. O recolhimento das custas é um pressuposto recursal, de modo que não havendo pagamento o recurso não será conhecido. Cumpre consignar que o C. TST entende que, sendo insuficiente o pagamento das custas processuais e do depósito recursal, há necessidade de intimação do recorrente para efetivar o recolhimento da diferença no prazo de 5 dias (OJ 140 da SDI -I do TST).

É importante observar que, na fase de execução, as custas serão de responsabilidade do executado e pagas no fim do processo. Isso significa que, havendo recurso nessa fase (p.e., agravo de petição), não há necessidade de recolhimento das custas processuais, ou seja, na fase de execução as custas processuais não são consideradas pressuposto recursal.[12]

4.1.4. *Isentos do pagamento das custas*

Estão isentos do pagamento das custas processuais:

1) o beneficiário da justiça gratuita (CLT, art. 790, § 3º), exceto na hipótese do art. 844, § 2º, da CLT[13];

2) a União, os Estados, o Distrito Federal, os Municípios e respectivas autarquias e fundações públicas federais, estaduais ou municipais que não explorem atividade econômica (CLT, art. 790-A, I);

3) o Ministério Público do Trabalho (CLT, art. 790-A, II);

12. Informativo de execução do TST nº 7.

13. CLT, art. 844, § 2º Na hipótese de ausência do reclamante, este será condenado ao pagamento das custas calculadas na forma do art. 789 desta Consolidação, ainda que beneficiário da justiça gratuita, salvo se comprovar, no prazo de quinze dias, que a ausência ocorreu por motivo legalmente justificável.

4) Empresas Brasileira de Correios e Telégrafos (Decreto-Lei nº 509/69)[14] e Hospital das Clínicas de Porto Alegre (Lei nº 5.6t04/70);

5) Estados estrangeiros, missões diplomáticas e repartições consulares (Convenções de Viena de 1961 e 1963);

6) Entidades fiscalizadoras do exercício profissional.

Quanto às entidades fiscalizadoras do exercício profissional (exemplo, CREA), o art. 790-A, parágrafo único, da CLT descreve que elas não estariam isentas do pagamento das custas processuais. No entanto, o STF reconheceu que tais conselhos têm natureza de autarquias, sendo dotados de personalidade jurídica de direito público (ADIn nº 1717/DF). Nesse contexto, parte da doutrina passou a defender a inconstitucionalidade do referido parágrafo único, por criar discriminação entre entidades com mesma natureza.

O mesmo caminho trilhou o C.TST entendendo que, sendo as entidades fiscalizadores do exercício profissional autarquias especiais estão isentas do pagamento das custas processuais[15].

▶ **ATENÇÃO:**

Não estão isentas dos pagamentos das custas as empresas públicas e as sociedades de economia mista (Súmula nº 170 do TST).

4.2. Valor dos emolumentos

Quanto aos valores dos emolumentos, eles possuem montantes fixos, como declina o art. 789-B da CLT:

> **Art. 789-B.** Os emolumentos serão suportados pelo Requerente, nos valores fixados na seguinte tabela:
>
> I - autenticação de traslado de peças mediante cópia reprográfica apresentada pelas partes - por folha: R$ 0, 55 (cinquenta e cinco centavos de real);

---

14. As empresas públicas não são isentas do pagamento das custas. No entanto, o STF isentou o pagamento pelos Correios (empresa pública), em razão de sua função pública.

15. *Conselho de fiscalização do exercício profissional. Natureza jurídica. Autarquia. Privilégios do Decreto-Lei nº 779/69. Aplicação.* Os conselhos de fiscalização do exercício profissional constituem autarquias especiais instituídas pelo Estado para a consecução de um fim de interesse público, qual seja, fiscalizar o exercício das profissões correspondentes. Sendo assim, a eles se aplicam os privilégios de que trata o Decreto-Lei nº 779/69, inclusive no que diz respeito à dispensa de recolhimento de custas processuais e de depósito recursal e à concessão de prazo em dobro para recorrer. Com esse entendimento, a SBDI-I, por unanimidade, conheceu dos embargos, por divergência jurisprudencial e, no mérito, por maioria, negou-lhes provimento. Vencidos os Ministros Renato de Lacerda Paiva, José Roberto Freire Pimenta e Alexandre de Souza Agra Belmonte. TST-E-RR-26500-89.2009.5.04.0022, SBDI-I, rel. Min. João Oreste Dalazen, 25.4.2013 (Informativo nº 44 do TST).

II - fotocópia de peças - por folha: R$ 0, 28 (vinte e oito centavos de real);

III - autenticação de peças - por folha: R$ 0, 55 (cinquenta e cinco centavos de real);

IV - cartas de sentença, de adjudicação, de remição e de arrematação - por folha: R$ 0, 55 (cinquenta e cinco centavos de real);

V - certidões - por folha: R$ 5, 53 (cinco reais e cinquenta e três centavos).

▶ **ATENÇÃO:**

Os emolumentos devem ser pagos por quem requereu o ato.

4.3. Honorários periciais

Os honorários periciais são devidos ao perito indicado pelo juiz, pela realização de perícia de qualquer espécie (contábil, médica etc.).

Tais honorários estão regulamentados no art. 790-B da CLT, alterado pela Lei 13.467/17, o qual vaticina que:

> **Art. 790-B.** A responsabilidade pelo pagamento dos honorários periciais é da parte sucumbente na pretensão objeto da perícia, ainda que beneficiária da justiça gratuita.
>
> § 1º Ao fixar o valor dos honorários periciais, o juízo deverá respeitar o limite máximo estabelecido pelo Conselho Superior da Justiça do Trabalho.
>
> § 2º O juízo poderá deferir parcelamento dos honorários periciais.
>
> § 3º O juízo não poderá exigir adiantamento de valores para realização de perícias.
>
> § 4º Somente no caso em que o beneficiário da justiça gratuita não tenha obtido em juízo créditos capazes de suportar a despesa referida no *caput*, ainda que em outro processo, a União responderá pelo encargo **(vide comentários a seguir)**.

Vê-se pelo referido dispositivo as seguintes regras sobre os honorários periciais:

1 - A responsabilidade pelo seu pagamento é da parte sucumbente na pretensão objeto da perícia (CLT, art. 790-B), ou seja, aquele que perdeu o objeto da perícia, ainda que beneficiário da justiça gratuita.

> ✦ *Exemplo: reclamante postula pagamento de adicional de insalubridade, ficando constatado que o local não é insalubre. Nesse caso, o reclamante é responsável pelo pagamento da perícia, mesmo que tenha, por exemplo, outros pedidos no processo em relação aos quais ele seja vencedor.*

Atente-se que a sucumbência é definida pela decisão judicial e não pela conclusão da perícia. Noutras palavras, ainda que a perícia, por exemplo, conclua pela existência da insalubridade, mas na sentença o julgador, convencido por outros elementos dos autos, julgue improcedente o pedido, o reclamante será o sucumbente.

No caso dos honorários do intérprete judicial, eles devem ser pagos pela parte sucumbente, salvo se beneficiária de justiça gratuita (CLT, art. 819, § 2º).

2 – Para fixar os honorários periciais o juiz deve observar o limite máximo estabelecido pelo CSJT.

3 – É possível parcelar o pagamento dos honorários periciais.

4 – O juízo não pode exigir o adiantamento dos honorários periciais.

No mesmo sentido, já dispunha a Orientação Jurisprudencial nº 98 da SDI-II, *in verbis*:

> **OJ nº 98 da SDI –** II do TST. Mandado de segurança. Cabível para atacar exigência de depósito prévio de honorários periciais.
>
> É ilegal a exigência de depósito prévio para custeio dos honorários periciais, dada a incompatibilidade com o processo do trabalho, sendo cabível o mandado de segurança visando à realização da perícia, independentemente do depósito.

Quanto ao **beneficiário da justiça gratuita** E. STF[16] declarou inconstitucional a expressão "ainda que beneficiária da justiça gratuita" inserida no *caput* e § 4º do art. 790-B, de modo que sendo beneficiário da justiça gratuita a responsabilidade será da União, mantendo-se intacto o entendimento consubstanciado na referida Súmula nº 457 do TST. Assim, o art. 790-B da CLT deve ser lido da seguinte forma:

> Art. 790-B. A responsabilidade pelo pagamento dos honorários periciais é da parte sucumbente na pretensão objeto da perícia, ~~ainda que beneficiária da justiça gratuita.~~
>
> § 1º Ao fixar o valor dos honorários periciais, o juízo deverá respeitar o limite máximo estabelecido pelo Conselho Superior da Justiça do Trabalho.
>
> § 2º O juízo poderá deferir parcelamento dos honorários periciais.
>
> § 3º O juízo não poderá exigir adiantamento de valores para realização de perícias.
>
> ~~§ 4º Somente no caso em que o beneficiário da justiça gratuita não tenha obtido em juízo créditos capazes de suportar a despesa referida no **caput**, ainda que em outro processo, a União responderá pelo encargo.~~

16. STF-ADI nº 5766, Relator: Ministro Roberto Barroso, Redator para o acórdão: Ministro Alexandre de Moraes, Órgão Julgador: Tribunal Pleno, Julgamento em 20/10/2021, Publicação em 03/05/2022.

Por fim, é interessante consignar que, na realização da perícia, a parte pode nomear um **assistente de perito** de sua confiança. Os custos desse assistente, por ser mera faculdade, são de responsabilidade da parte que o contratou (Súmula nº 341 do TST).

5. NEGÓCIO JURÍDICO PROCESSUAL

O direito processual possuía dois principais modelos de organização:

a) o modelo adversarial: baseado na ideia de que o processo é um espaço de conflito entre duas partes antagônicas, no qual o juiz representa um papel passivo, devendo apenas decidir o caso.

b) inquisitorial: concede o papel de destaque ao juiz, concentrando as atividades processuais no julgador.

Como alternativa a esses dois modelos de organização processual, o CPC/2015 traz uma nova forma de organização do processo: o modelo cooperativo.

Assim, de acordo com o art. 6º do CPC/2015, "todos os sujeitos do processo devem cooperar entre si para que se obtenha, em tempo razoável, decisão de mérito justa e efetiva".

Observa-se que o princípio da cooperação tem como destinatários todas as partes envolvidas no processo: os integrantes do polo ativo, do polo passivo, seus respectivos advogados/procuradores e o órgão jurisdicional.

Baseado nesse novo modelo, o CPC/2015 contempla os negócios jurídicos processuais (ou convenções processuais), como se verifica pelo art. 190, *in verbis*:

> **Art. 190.** Versando o processo sobre direitos que admitam autocomposição, é lícito às partes plenamente capazes estipular mudanças no procedimento para ajustá-lo às especificidades da causa e convencionar sobre os seus ônus, poderes, faculdades e deveres processuais, antes ou durante o processo.
>
> Parágrafo único. De ofício ou a requerimento, o juiz controlará a validade das convenções previstas neste artigo, recusando-lhes aplicação somente nos casos de nulidade ou de inserção abusiva em contrato de adesão ou em que alguma parte se encontre em manifesta situação de vulnerabilidade.

Pelo referido dispositivo, verifica-se que:

a) o negócio processual apenas alcança os processos sobre direitos que admitem autocomposição;

b) a validade da convenção pressupõe partes plenamente capazes;

c) serve para ajustar o procedimento às especificidades da causa;

d) pode ser utilizado para convencionar sobre os ônus, poderes, faculdades e deveres processuais das partes;

e) pode ser celebrado antes ou durante o processo;

f) está sujeito ao controle judicial, podendo o juiz recusar-lhe apenas nos casos de nulidade, inserção abusiva em contrato de adesão ou se alguma parte se encontrar em manifesta situação de vulnerabilidade.

Portanto, o negócio processual consiste na possibilidade de flexibilização do procedimento, mediante convenção das partes e controle do juiz.

Atente-se para o fato de que a flexibilização ocorrida por meio dos negócios jurídicos processuais diz respeito apenas ao procedimento, não sendo ligada ao direito material objeto do litígio.

Desse modo, será admitido o negócio processual, por exemplo, nas seguintes hipóteses: pacto de impenhorabilidade, acordo de rateio de despesas processuais, dispensa consensual de assistente técnico, acordo para não promover execução provisória, previsão de meios alternativos de comunicação das partes entre si, acordo para ampliação do tempo de sustentação oral, convenção sobre prova, redução de prazos processuais e dispensa de caução no cumprimento provisório de sentença.[17]

No entanto, além dos limites descritos no art. 190 do CPC/2015, o negócio processual não pode violar o devido processo legal, contrariar normas de ordem pública, bem como afastar-se dos deveres inerentes à boa-fé e à cooperação.

Com efeito, o negócio processual não será admitido quando, dentre outros casos: limite os poderes de instrução do juiz ou de sanção à litigância ímproba; subtraia do Estado/juiz o controle da legitimidade das partes ou do ingresso de *amicus curiae*; introduza novas hipóteses de recorribilidade, de rescisória ou de sustentação oral não previstas em lei; acordo para supressão da primeira instância; estipule o julgamento do conflito com base em lei diversa da nacional vigente; autorize o uso de prova ilícita; limite a publicidade do processo para além das hipóteses expressamente previstas em lei; modifique o regime de competência absoluta; dispense o dever de motivação e exclua a intervenção do Ministério Público como fiscal da ordem jurídica[18].

A propósito, os negócios jurídicos processuais devem ser interpretados conforme a boa-fé e os usos do lugar de sua celebração[19].

Diante dessa possibilidade de flexibilização procedimental, cumpre analisar a sua incidência no processo do trabalho.

É sabido que a CLT não versa sobre o negócio processual. Necessário, pois, verificar se esse instituto é compatível com a sistemática laboral.

Parte da doutrina se posicionou de forma contrária à aplicação dos negócios jurídicos processuais no processo do trabalho, considerando a indisponibilidade dos direitos discutidos na seara trabalhista.

---

17. Nesse sentido, os enunciados nº 19, 21 e 262 do Fórum Permanente de Processualistas Civis.
18. Nesse sentido, os enunciados nº 36 e 37 do seminário "O Poder Judiciário e o novo CPC" promovido pela Escola Nacional de Formação e Aperfeiçoamento de Magistrados – ENFAM, e os enunciados nº 20 e 254 do Fórum Permanente de Processualistas Civis.
19. Enunciado nº 405 do Fórum Permanente de Processualistas Civis.

Para outros[20], os negócios jurídicos processuais poderão ser celebrados no processo trabalhista, ante a compatibilidade com o processo do trabalho, já que os direitos envolvidos admitem autocomposição.

O C. TST entendeu que o negócio processual previsto no art. 190, *caput* e parágrafo único, do CPC/2015 não é aplicável ao processo trabalhista, em razão da incompatibilidade com o processo laboral (IN nº 39/2016, art. 2º, II).

Contudo, a nosso ver, o negócio processual deveria ser admitido no processo do trabalho, desde que observando em cada caso concreto a manutenção da principiologia trabalhista.

Assim, não deveria ser possível, como regra, negócio processual antes ou durante o curso do processo, quando se tratasse de relação de emprego, salvo quando implicasse em benefícios processuais ao trabalhador (ex.: quando o reclamado define que não irá interpor determinado recurso).

Por outro lado, deveria ser permitido na hipótese de Termo de Ajustamento de Conduta, vez que não há vulnerabilidade entre as partes envolvidas (Ministério Público do Trabalho e empresas). Do mesmo modo, nos dissídios coletivos deveria ser possível o negócio processual, pois as partes (ex. sindicatos, MPT e empresas) não são vulneráveis, podendo, por exemplo, definir a não concessão de efeito suspensivo ao recurso. Aliás, o mesmo raciocínio poderia ser utilizado na formalização de convenções e acordos coletivos, possibilitando, por exemplo, negociações prévias sobre o procedimento da ação de cumprimento.

Por fim, destaca-se que o CPC/2015, ainda versando sobre o negócio processual, permite a criação de calendário processual, como se verifica pelo art. 191, *in verbis*:

> **Art. 191.** De comum acordo, o juiz e as partes podem fixar calendário para a prática dos atos processuais, quando for o caso.
>
> § 1º O calendário vincula as partes e o juiz, e os prazos nele previstos somente serão modificados em casos excepcionais, devidamente justificados.
>
> § 2º Dispensa-se a intimação das partes para a prática de ato processual ou a realização de audiência cujas datas tiverem sido designadas no calendário.

Nota-se que tal calendário pressupõe acordo entre as partes e o juiz, de modo que pensamos ser aplicável ao processo do trabalho, especialmente porque embasado nos princípios da efetividade e economia processual.[21]

---

20. Enunciado nº 131 do Fórum Permanente de Processualistas Civis:
"Aplica-se ao processo do trabalho o disposto no art. 190 no que se refere à flexibilidade do procedimento por proposta das partes, inclusive quanto aos prazos".

21. É interessante destacar que a Instrução Normativa nº 39/2016 do TST não disciplina a aplicação do calendário processual previsto no art. 191 do CPC/2015, apenas dispondo que não deve ser aplicada à seara trabalhista o art. 190 e parágrafo único do CPC/2015, referente ao negócio processual.

6. QUESTÕES DISSERTATIVAS E ESTUDOS DE CASO

Questão 1

Explique como pode ser realizada a comunicação dos atos processuais entre juízos.

Resposta sugerida pelo autor

A comunicação dos atos processuais consiste no meio de dar conhecimento a alguém dos atos realizados no processo. Quando a comunicação ocorre entre juízos, ela pode ser feita por meio da carta de ordem, carta precatória, carta rogatória ou carta arbitral.

A carta de ordem será expedida quando o tribunal se dirige a um órgão jurisdicional a ele subordinado hierarquicamente (ex., o Ministro do TST expede uma ordem ao juiz do TRT).

Na hipótese de a comunicação ocorrer entre juízes brasileiros, não havendo hierarquia entre eles, será realizada por carta precatória.

No caso de comunicação de atos processuais realizada por juízo brasileiro a juízo estrangeiro, ela pode ser realizada por meio de carta rogatória.

Por fim, para que o órgão do Poder Judiciário pratique ou determine o cumprimento de ato objeto de pedido de cooperação judiciária formulado por juízo arbitral, inclusive os que importem efetivação de tutela provisória (CPC/2015, artigo 237), a comunicação será realizada por meio da carta arbitral.

Questão 2

No processo do trabalho, como ocorre a contagem dos prazos processuais?

Resposta sugerida pelo autor

Antes da alteração provocada pela Lei nº 13.467/17, o art. 775 da CLT declinava que os prazos eram contínuos e irrelevantes. Vigorava, portanto, o princípio da continuidade, de modo que, iniciada a contagem do prazo, ela seguia de forma ininterrupta até seu vencimento.

Contudo, com o advento da referida lei, o artigo 775 da CLT passou a prever que os prazos processuais no processo do trabalho devem ser contados apenas em dias úteis, assim como ocorre no processo civil. Desse modo, os dias não úteis entre o termo inicial e o termo final do prazo passam a ser relevantes, pois deixam de ser computados na contagem.

Questão 3

No tocante às custas no direito processual do trabalho, responda:

A) Nos casos de acordo, de quem é a responsabilidade pelo pagamento das custas?

B) Quais os momentos para o recolhimento das custas processuais?

Resposta sugerida pelo autor

A) Por serem as custas despesas decorrentes da movimentação do Poder Judiciário, a legislação incumbiu seu pagamento àquele que deu causa ao processo, ou seja, o pagamento das custas processuais é de responsabilidade da parte vencida (CLT, artigo 789, § 1º).

No caso de acordo, como não há partes vencidas, o art. 789, § 3º, da CLT, descreve que o pagamento das custas será dividido em partes iguais entre os litigantes, exceto se convencionarem de forma diferente.

B) O momento do recolhimento das custas processuais dependerá da fase processual ou da interposição ou não de recursos. Dessa forma, na fase de conhecimento, quando não houver recurso, o recolhimento deverá ocorrer depois do trânsito em julgado da sentença. Por outro lado, quando existir recurso, o recolhimento das custas processuais é considerado pressuposto recursal, de modo que devem ser pagas e comprovadas no prazo recursal (CLT, art. 789, § 1º).

Por fim, na fase de execução, as custas processuais sempre são de responsabilidade do executado e deverão ser recolhidas no fim do processo, o que significa que, mesmo havendo recurso, nessa fase as custas não são consideradas pressuposto recursal (CLT, art. 789-A, *caput*).

Estudo de caso 1

Carlos, beneficiário da justiça gratuita, ingressou com reclamação trabalhista em face da empresa "Y", postulando o pagamento de adicional de insalubridade, horas extras durante todo o período laborado e férias, assim como indenização por danos morais devido à discriminação sofrida no ambiente de trabalho. A sentença foi procedente quanto ao pagamento das horas extras, férias e indenização pelos danos morais, tendo o autor recebido grande montante de créditos trabalhistas em relação a esses pedidos, mas improcedente com relação ao pagamento do adicional de insalubridade, conforme laudo pericial realizado. Nesse caso, responda:

A) De quem será a responsabilidade pelo pagamento dos honorários periciais?

B) Na hipótese de Carlos e da empresa "Y" terem nomeado assistentes peritos de sua confiança, de quem será a responsabilidade pelo seu pagamento?

Resposta sugerida pelo autor

A) Os honorários periciais são devidos ao perito indicado pelo juiz, pela realização de perícia de qualquer espécie (contábil, médica etc.). A responsabilidade pelo seu pagamento é da parte sucumbente na pretensão objeto da perícia (CLT, artigo 790-B), ou seja, aquele que perdeu o objeto da perícia é o responsável pelo pagamento.
O beneficiário da justiça gratuita passou a ser responsável pelo pagamento dos honorários, após a vigência da Lei nº 13.467/17 (Reforma Trabalhista), que alterou o art. 790-B, incluindo o § 4º, o qual impunha o pagamento quando o reclamante tivesse créditos capazes de suportar a despesas, ainda que em outro processo.
Contudo, o STF declarou inconstitucional a expressão "ainda que beneficiária da justiça gratuita" inserida no caput e § 4º do art. 790-B, **na ADI 5766** por violarem o acesso à justiça, afastando a responsabilidade do pagamento pelo beneficiário da justiça gratuita.
Assim, como Carlos foi sucumbente em relação ao objeto da perícia realizada (adicional insalubridade), mas é beneficiário da justiça gratuita, a responsabilidade é da União para o pagamento dos honorários periciais.

B) Na realização da perícia, as partes podem nomear um assistente de perito de sua confiança. Os custos desse assistente, porém, por ser mera faculdade, é de responsabilidade da parte que o contratou (Súmula nº 341 do TST).
Dessa forma, Carlos será responsável pelo pagamento dos custos do assistente técnico por ele contratado, enquanto a empresa "Y" será responsável pelo pagamento dos custos de seu assistente técnico.

7. SÚMULAS E ORIENTAÇÕES JURISPRUDENCIAIS DO TST

▸ NOTIFICAÇÃO

Súmula nº 16 do TST. Notificação

Presume-se recebida a notificação 48 (quarenta e oito) horas depois de sua postagem. O seu não-recebimento ou a entrega após o decurso desse prazo constitui ônus de prova do destinatário.

Súmula nº 427 do TST. Intimação. Pluralidade de advogados. Publicação em nome de advogado diverso daquele expressamente indicado. Nulidade
Havendo pedido expresso de que as intimações e publicações sejam realizadas exclusivamente em nome de determinado advogado, a comunicação em nome de outro profissional constituído nos autos é nula, salvo se constatada a inexistência de prejuízo.

Prazos processuais

Súmula nº 1 do TST. Prazo judicial
Quando a intimação tiver lugar na sexta-feira, ou a publicação com efeito de intimação for feita nesse dia, o prazo judicial será contado da segunda-feira imediata, inclusive, salvo se não houver expediente, caso em que fluirá no dia útil que se seguir.

Súmula nº 262 do TST. Prazo judicial. Notificação ou intimação em sábado. Recesso forense
I – Intimada ou notificada a parte no sábado, o início do prazo se dará no primeiro dia útil imediato e a contagem, no subsequente.
II – O recesso forense e as férias coletivas dos Ministros do Tribunal Superior do Trabalho suspendem os prazos recursais.

Orientação Jurisprudencial nº 310 da SDI – I do TST. Litisconsortes. Procuradores distintos. Prazo em dobro. Art. 229, *caput* e §§ 1º e 2º, do CPC de 2015. Art. 191 do CPC de 1973. Inaplicável ao processo do trabalho
Inaplicável ao processo do trabalho a norma contida no art. 229, *caput* e §§ 1º e 2º, do CPC de 2015 (art. 191 do CPC de 1973), em razão de incompatibilidade com a celeridade que lhe é inerente.

Súmula nº 385 do TST. Feriado local ou forense. Ausência de expediente. Prazo recursal. Prorrogação. Comprovação. Necessidade.
I – Incumbe à parte o ônus de provar, quando da interposição do recurso, a existência de feriado local que autorize a prorrogação do prazo recursal (art. 1.003, § 6º, do CPC de 2015). No caso de o recorrente alegar a existência de feriado local e não o comprovar no momento da interposição do recurso, cumpre ao relator conceder o prazo de 5 (cinco) dias para que seja sanado o vício (art. 932, parágrafo único, do CPC de 2015), sob pena de não conhecimento se da comprovação depender a tempestividade recursal;
II – Na hipótese de feriado forense, incumbirá à autoridade que proferir a decisão de admissibilidade certificar o expediente nos autos;
III – Admite-se a reconsideração da análise da tempestividade do recurso, mediante prova documental superveniente, em agravo de instrumento, agravo interno, agravo regimental, ou embargos de declaração, desde que, em momento anterior, não tenha havido a concessão de prazo para a comprovação da ausência de expediente forense.

Súmula nº 197 do TST. Prazo
O prazo para recurso da parte que, intimada, não comparecer à audiência em prosseguimento para a prolação da sentença conta-se de sua publicação.

Súmula nº 30 do TST. Intimação da sentença
Quando não juntada a ata ao processo em 48 horas, contadas da audiência de julgamento (art. 851, § 2º, da CLT), o prazo para recurso será contado da data em que a parte receber a intimação da sentença.

Súmula nº 53 do TST. Custas
O prazo para pagamento das custas, no caso de recurso, é contado da intimação do cálculo.

Súmula nº 245 do TST. Depósito recursal. Prazo O depósito recursal deve ser feito e comprovado no prazo alusivo ao recurso. A interposição antecipada deste não prejudica a dilação legal.
Orientação Jurisprudencial nº 192 da SDI - I do TST. Embargos declaratórios. Prazo em dobro. Pessoa jurídica de direito público. Decreto-Lei nº 779/69. É em dobro o prazo para a interposição de embargos declaratórios por pessoa jurídica de direito público.
Súmula nº 387 do TST. Recurso. Fac-símile. Lei nº 9.800/1999 I - A Lei nº 9.800, de 26.05.1999, é aplicável somente a recursos interpostos após o início de sua vigência. II - A contagem do quinquídio para apresentação dos originais de recurso interposto por intermédio de fac-símile começa a fluir do dia subsequente ao término do prazo recursal, nos termos do art. 2º da Lei nº 9.800, de 26.05.1999, e não do dia seguinte à interposição do recurso, se esta se deu antes do termo final do prazo. III - Não se tratando a juntada dos originais de ato que dependa de notificação, pois a parte, ao interpor o recurso, já tem ciência de seu ônus processual, não se aplica a regra do art. 224 do CPC de 2015 (art. 184 do CPC de 1973) quanto ao "dies a quo", podendo coincidir com sábado, domingo ou feriado.
Orientação Jurisprudencial nº 146 da SDI - II do TST. Ação rescisória. Início do prazo para apresentação da contestação. Art. 774 da CLT A contestação apresentada em ação rescisória obedece à regra relativa à contagem de prazo constante do art. 774 da CLT, sendo inaplicável o art. 231 do CPC de 2015 (art. 241 do CPC de 1973).
Súmula nº 25 do TST. Custas processuais. Inversão do ônus da sucumbência. I - A parte vencedora na primeira instância, se vencida na segunda, está obrigada, independentemente de intimação, a pagar as custas fixadas na sentença originária, das quais ficara isenta a parte então vencida; II - No caso de inversão do ônus da sucumbência em segundo grau, sem acréscimo ou atualização do valor das custas e se estas já foram devidamente recolhidas, descabe um novo pagamento pela parte vencida, ao recorrer. Deverá ao final se sucumbente, reembolsar a quantia; III - Não caracteriza deserção a hipótese em que, acrescido o valor da condenação, não houve fixação ou cálculo do valor devido a título de custas e tampouco intimação da parte para o preparo do recurso, devendo ser as custas pagas ao final; IV - O reembolso das custas à parte vencedora faz-se necessário mesmo na hipótese em que a parte vencida for pessoa isenta do seu pagamento, nos termos do artigo 790-A, parágrafo único, da CLT.
OJ nº 140 da SDI-I do TST. Depósito recursal e custas Processuais. Recolhimento insuficiente. Deserção. Em caso de recolhimento insuficiente das custas processuais ou do depósito recursal, somente haverá deserção do recurso se, concedido o prazo de 5 (cinco) dias previsto no § 2º do art. 1.007 do CPC de 2015, o recorrente não complementar e comprovar o valor devido.
Súmula nº 36 do TST. Custas Nas ações plúrimas, as custas incidem sobre o respectivo valor global.

Súmula nº 170 do TST. Sociedade de economia mista. Custas Os privilégios e isenções no foro da Justiça do Trabalho não abrangem as sociedades de economia mista, ainda que gozassem desses benefícios anteriormente ao Decreto-Lei nº 779, de 21.08.1969.
Orientação Jurisprudencial nº 13 da SDI - I do TST. APPA. Decreto-Lei nº 779/69. Depósito recursal e custas. Não isenção A Administração dos Portos de Paranaguá e Antonina - APPA, vinculada à Administração Pública indireta, não é isenta do recolhimento do depósito recursal e do pagamento das custas processuais por não ser beneficiária dos privilégios previstos no Decreto-Lei n.º 779, de 21.08.1969, ante o fato de explorar atividade econômica com fins lucrativos, o que descaracteriza sua natureza jurídica, igualando-a às empresas privadas.
Súmula nº 86 do TST. Deserção. Massa falida. Empresa em liquidação extrajudicial Não ocorre deserção de recurso da massa falida por falta de pagamento de custas ou de depósito do valor da condenação. Esse privilégio, todavia, não se aplica à empresa em liquidação extrajudicial.
Orientação Jurisprudencial nº 158 da SDI - I do TST. Custas. Comprovação de recolhimento. DARF eletrônico. Validade O denominado "DARF ELETRÔNICO" é válido para comprovar o recolhimento de custas por entidades da administração pública federal, emitido conforme a IN-SRF 162, de 04.11.88.
Orientação Jurisprudencial nº 33 da SDI - I do TST. Deserção. Custas. Carimbo do banco. Validade O carimbo do banco recebedor na guia de comprovação do recolhimento das custas supre a ausência de autenticação mecânica.
Orientação Jurisprudencial nº 217 da SDI - I do TST. Agravo de instrumento. Traslado. Lei nº 9.756/1998. Guias de custas e de depósito recursal Para a formação do agravo de instrumento, não é necessária a juntada de comprovantes de recolhimento de custas e de depósito recursal relativamente ao recurso ordinário, desde que não seja objeto de controvérsia no recurso de revista a validade daqueles recolhimentos.
Orientação Jurisprudencial nº 88 da SDI - II do TST. Mandado de segurança. Valor da causa. Custas processuais. Cabimento Incabível a impetração de mandado de segurança contra ato judicial que, de ofício, arbitrou novo valor à causa, acarretando a majoração das custas processuais, uma vez que cabia à parte, após recolher as custas, calculadas com base no valor dado à causa na inicial, interpor recurso ordinário e, posteriormente, agravo de instrumento no caso de o recurso ser considerado deserto.
Orientação Jurisprudencial nº 148 da SDI - II do TST. Custas. Mandado de segurança. Recurso ordinário. Exigência do pagamento É responsabilidade da parte, para interpor recurso ordinário em mandado de segurança, a comprovação do recolhimento das custas processuais no prazo recursal, sob pena de deserção.
Honorários periciais
Súmula nº 341 do TST. Honorários do Assistente Técnico A indicação do perito assistente é faculdade da parte, a qual deve responder pelos respectivos honorários, ainda que vencedora no objeto da perícia.

Orientação Jurisprudencial nº 198 da SDI – I do TST. Honorários periciais. Atualização monetária Diferentemente da correção aplicada aos débitos trabalhistas, que têm caráter alimentar, a atualização monetária dos honorários periciais é fixada pelo art. 1º da Lei nº 6.899/81, aplicável a débitos resultantes de decisões judiciais.
Orientação Jurisprudencial nº 98 da SDI – II. Mandado de segurança. Cabível para atacar exigência de depósito prévio de honorários periciais É ilegal a exigência de depósito prévio para custeio dos honorários periciais, dada a incompatibilidade com o processo do trabalho, sendo cabível o mandado de segurança visando à realização da perícia, independentemente do depósito.
Súmula nº 457 do TST. Honorários periciais. Beneficiário da justiça gratuita. Responsabilidade da união pelo pagamento. Resolução nº 66/2010 do CSJT. Observância A União é responsável pelo pagamento dos honorários de perito quando a parte sucumbente no objeto da perícia for beneficiária da assistência judiciária gratuita, observado o procedimento disposto nos arts. 1º, 2º e 5º da Resolução n.º 66/2010 do Conselho Superior da Justiça do Trabalho – CSJT.

QUESTÕES

CAPÍTULOS VI E VII

1. QUESTÕES COM GABARITO COMENTADO

01. (FCC- TRT 14 - 2022- Analista Judiciário - Área Judiciária) Na audiência inicial designada na reclamação trabalhista movida por Davi em face de Fábrica de Tecidos São João Ltda., o autor deixou de comparecer, estando presente seu advogado. A Juíza do Trabalho determinou o arquivamento da reclamação, condenando o reclamante ao pagamento das custas processuais, calculadas em 2% do valor dado à causa. Nesse ato, seu advogado reiterou o pedido de concessão dos benefícios da justiça gratuita, formulado na petição inicial e instruído com declaração do autor de hipossuficiência, o que restou deferido pela Magistrada. De acordo com a CLT,

a) Davi poderá ingressar com nova reclamação, não sendo condição da ação a comprovação do pagamento das custas processuais, justamente por ser beneficiário da justiça gratuita.
b) a Juíza não poderia ter condenado Davi ao pagamento de custas processuais, uma vez que ele é beneficiário da justiça gratuita.
c) as custas processuais podem ser cominadas a Davi por ter dado causa ao arquivamento da reclamação, mas na proporção de 1% sobre o valor dado à causa, ainda que beneficiário da justiça gratuita, tendo em vista a proporcionalidade a ser observada com a reclamada.
d) Davi terá o prazo de quinze dias para comprovar o motivo legalmente justificável de sua ausência, quando então ficará isento do pagamento das custas processuais por ter dado causa ao arquivamento da reclamação.
e) a Juíza não poderia ter condenado Davi ao pagamento das custas processuais, por se tratar de falta de comparecimento à audiência inicial. Tal cominação é prevista somente para a ausência do reclamante em audiência UNA ou de instrução.

COMENTÁRIOS

Alternativa "d" – Correta: A questão aborda o conteúdo do art. 844, §2º da CLT, que dispõe "Na hipótese de ausência do reclamante, este será condenado ao pagamento das custas calculadas na forma do art. 789 desta Consolidação, ainda que beneficiário da justiça gratuita, **salvo se comprovar, no prazo de quinze dias, que a ausência ocorreu por motivo legalmente justificável**". Ressalta-se que este disposto foi objeto análise de constitucionalidade na ADI 5766, sendo declarado constitucional.

02. (FCC-TRT 14- 2022- Técnico Judiciário - Área Administrativa) Bento possui 17 anos de idade e foi devidamente contratado e registrado em CTPS, podendo assinar os recibos de pagamento de seus salários. Ocorre que injustamente dispensado após um ano de contrato de trabalho, pretende ingressar com reclamação trabalhista contra sua ex-empregadora. De acordo com a CLT, Bento

a) teria que ser representado somente se prestasse seus serviços na condição de aprendiz, o que não é o caso.
b) não precisa de representação para ingressar com reclamação trabalhista, pois tendo sido contratado como empregado, adquiriu capacidade postulatória como se maior de idade fosse.

c) deverá estar representado por seus representantes legais e, na falta destes, pela Procuradoria da Justiça do Trabalho, entre outros.
d) deverá ser arguido pelo Juiz se necessita ou dispensa a sua representação por terceiros.
e) deverá aguardar atingir sua maioridade para ingressar com reclamação trabalhista, uma vez que contra si não ocorre os efeitos da prescrição.

COMENTÁRIOS

Alternativa "c" – Correta: A questão aborda o conteúdo do art. 793 da CLT, o qual dispõe: "A reclamação trabalhista do menor de 18 anos será feita por seus representantes legais e, na falta destes, pela Procuradoria da Justiça do Trabalho, pelo sindicato, pelo Ministério Público estadual ou curador nomeado em juízo."

03. (FCC – TRT24/2017 – Analista Judiciário – Área Judiciária) Analisando o normativo previsto na Consolidação das Leis do Trabalho quanto à nomeação de advogado com poderes para o foro em geral na Justiça do Trabalho,

a) dá-se pela juntada prévia de instrumento de procuração, com firma devidamente reconhecida.
b) a nomeação poderá ser efetivada mediante simples registro em ata de audiência, a requerimento verbal do advogado interessado, com anuência da parte representada.
c) apenas o trabalhador poderá reclamar sem a presença de advogado, uma vez que o princípio do *jus postulandi* somente se aplica à parte hipossuficiente.
d) o advogado pode atuar sem que lhe sejam exigidos poderes outorgados pela parte, em razão da previsão legal do *jus postulandi*.
e) nos dissídios coletivos é obrigatória aos interessados a assistência por advogado constituído necessariamente por instrumento de mandato, com firma devidamente reconhecida.

COMENTÁRIOS

Alternativa "b" – Correta: Nos termos do §3º do art. 791 da CLT "a constituição de procurador com poderes para o foro em geral poderá ser efetivada, mediante simples registro em ata de audiência, a requerimento verbal do advogado interessado, com anuência da parte representada".

04. (FCC – TRT11/2017 – Oficial de Justiça Avaliador) Considere:

I. Recurso Ordinário ao Tribunal Regional do Trabalho da 11ª Região.
II. Ação rescisória.
III. Mandado de segurança.
IV. Agravo de Petição ao Tribunal Regional do Trabalho da 11ª Região.

De acordo com o entendimento Sumulado do TST, o *jus postulandi* das partes estabelecido no artigo 791 da CLT, alcança os indicados APENAS em

a) I, III e IV.
b) I e IV.
c) II e III.
d) I, II e IV.
e) I e III.

COMENTÁRIOS

Alternativa "b" – Correta: O Tribunal Superior do Trabalho **não permite** o *jus postulandi* em alguns casos, exigindo, nessas hipóteses, que a parte seja representada por advogado, como se verifica pela Súmula nº 425 do TST, a seguir:

> O *jus postulandi* das partes, estabelecido no art. 791 da CLT, limita-se às Varas do Trabalho e aos Tribunais Regionais do Trabalho, não alcançando a ação rescisória, a ação cautelar, o mandado de segurança e os recursos de competência do Tribunal Superior do Trabalho.

Pela análise da súmula anterior, percebe-se que o *jus postulandi* está restrito às Varas do Trabalho e aos Tribunais Regionais do Trabalho não tendo aplicação:

a) nos recursos de competência do TST (seja recurso de natureza extraordinária, seja recurso de natureza ordinária);
b) na ação rescisória;
c) na ação cautelar;
d) no mandado de segurança.

No caso da questão, como recurso ordinário e o agravo de petição são de competência do TRT é aplicável o *jus postulandi*.

05. (TRT20/2016 - FCC - Analista Judiciário - Área Judiciária) Vênus atuou durante 6 anos como preposta da Cia de Bebidas Fonte de Amor. Por força da crise econômica foi dispensada sem receber alguns direitos trabalhistas. Em razão de sua experiência, ingressou com reclamação trabalhista de forma verbal, sem constituir advogado. Conforme súmula do Tribunal Superior do Trabalho e dispositivo processual trabalhista, a capacidade postulatória de Vênus em relação a essa reclamatória

a) está restrita a fase de conhecimento na Vara do Trabalho.
b) limita-se às Varas do Trabalho e aos Tribunais Regionais do Trabalho, não alcançando a fase executória.
c) limita-se às Varas do Trabalho e aos Tribunais Regionais do Trabalho, não alcançando os recursos de competência do Tribunal Superior do Trabalho.
d) é ilimitada quanto a fase processual, bem como em relação à instância, alcançando inclusive o Tribunal Superior do Trabalho, porque a lei permite o acompanhamento das reclamações até o final.
e) está restrita à fase de conhecimento, incluindo recursos em todas as instâncias trabalhistas, Varas do Trabalho, Tribunais Regionais do Trabalho e Tribunal Superior do Trabalho, mas não envolve a fase de execução.

COMENTÁRIOS

✪ **Nota do autor:** A questão aborda o *jus postulandi* na Justiça do Trabalho, em especial, a Súmula nº 425 do TST.

Alternativa "c" – Correta: No processo do trabalho, admite-se que o empregado e o empregador postulem em juízo pessoalmente, ou seja, sem a necessidade de um advogado (art. 791, CLT). É o que se denomina *jus postulandi* das partes. Contudo, o TST não permite o *jus postulandi* em alguns casos, exigindo, nessas hipóteses, que a parte seja representada por advogado, como se verifica pela Súmula nº 425 do TST: "O *jus postulandi* das partes, estabelecido no art. 791 da CLT, limita-se às Varas do Trabalho e aos Tribunais Regionais do Trabalho, não alcançando a ação rescisória, a ação cautelar, o mandado de segurança e os recursos de competência do Tribunal Superior do Trabalho".

06. (FCC - Analista Judiciário: Área Judiciária - TRT2/2018) Átila, Vênus e Tábata foram empregados da empresa de Transportes Rápido & Feliz Ltda. e têm intenção de propor uma única reclamação trabalhista, procurando um advogado para isto. Átila e Vênus pleiteiam diferenças de horas extras e plano de participação nos lucros e resultados; já Tábata pretende pleitear diferenças de verbas rescisórias. Diante da situação narrada, e de acordo com a legislação vigente, é correto afirmar que

a) somente através de dissídio coletivo seria possível o ingresso com ação em nome de todos.
b) todos podem ingressar com uma única reclamação, mesmo com pedidos diferentes, tendo em vista que se trata do mesmo empregador.
c) a legislação vigente não trata de litisconsórcio ativo, razão pela qual caberá ao juiz decidir o ingresso da ação plúrima.
d) somente Átila e Vênus podem ingressar com uma única reclamação, pois a ação plúrima só é possível se houver identidade de matéria.
e) todos devem ingressar com reclamações próprias, não havendo possibilidade de reclamação plúrima.

COMENTÁRIOS

Alternativa correta: letra "d".

"Sendo várias as reclamações e havendo identidade de matéria, poderão ser acumuladas num só processo, se se tratar de empregados da mesma empresa ou estabelecimento" (art.

842 da CLT). Trata-se da previsão das reclamações plúrimas.

07. (TRT20/2016 - FCC - Analista Judiciário - OJA - Adaptada) Em audiência realizada em reclamação trabalhista o micro empresário Péricles enviou como preposto o contador autônomo que não presenciou os fatos que foram objeto do litígio. O advogado do reclamante requereu a aplicação de confissão da reclamada. Nessa situação, conforme entendimento da Consolidação das Leis do Trabalho,

a) a confissão deve ser acolhida porque o preposto, apesar de não ter a obrigação de presenciar os fatos, deve ser gerente ou empregado da empresa reclamada.
b) a impugnação deve ser acolhida, porque o preposto necessariamente deve ter testemunhado os fatos que foram objeto do litígio.
c) a confissão não deve ser acolhida porque o preposto não precisa ser empregado da reclamada.
d) a lei processual trabalhista é omissa quanto ao preposto ter ou não testemunhado os fatos, cabendo ao juiz adiar a audiência para que a empresa traga como representante para depoimento outra pessoa que tenha presenciado os fatos.
e) a confissão não deve ser acolhida em razão do contraditório, devendo o juiz adiar a audiência para que o micro empresário Péricles, que tem conhecimento dos fatos, compareça pessoalmente na audiência.

COMENTÁRIOS

Alternativa "c" – Correta: Com o advento da Lei nº 13.467/17 (Lei da Reforma Trabalhista), a CLT passou estabelecer que o preposto deve ter conhecimento do fato, mas não precisa ser empregado da reclamada (art. 843, *caput*, e, §3º, CLT).

08. (TRT 14ª Região/2016 - Analista Judiciário - OJA) Sobre as partes e procuradores, o *jus postulandi* e a representação processual, conforme norma legal e entendimento sumulado do Tribunal Superior do Trabalho,

a) o *jus postulandi* somente pode ser exercido pelo empregador, visto que o trabalhador é parte hipossuficiente e necessita de assistência profissional de advogado particular ou do sindicato.
b) se o trabalhador utilizar o *jus postulandi* para a propositura da ação, sendo sucumbente na decisão de primeiro grau, deverá contratar advogado para interpor recurso ao Tribunal.
c) a Constituição Federal aboliu o instituto do *jus postulandi* revogando expressamente dispositivo previsto na Consolidação das Leis do Trabalho sobre o tema.
d) nos dissídios coletivos é obrigatória aos interessados a assistência por advogado, não podendo ser utilizado o *jus postulandi*, que é restrito aos dissídios individuais até a prolação de sentença.
(e a reclamação trabalhista do menor de 18 anos será feita por seus representantes legais e, na falta destes, pelo Ministério Público do Trabalho, pelo sindicato, pelo Ministério Público Estadual ou curador nomeado pelo Juízo.

COMENTÁRIOS

Alternativa correta: E.

Nos termos do art. 793 da CLT: "a reclamação trabalhista do menor de 18 anos será feita por seus representantes legais e, na falta destes, pela Procuradoria da Justiça do Trabalho, pelo sindicato, pelo Ministério Público estadual ou curador nomeado em juízo".

Pelo referido dispositivo, vislumbra-se que a representação do menor de 18 anos é feita de forma sucessiva:

1) Representantes legais;
2) Ministério Público do Trabalho;
3) Sindicato da categoria;
4) Ministério Público Estadual;
5) Curador nomeado pelo juiz.

09. **(FCC/2018 – TRT 6ª Região – Oficial de Justiça Avaliador)** Ao advogado, ainda que atue em causa própria, serão devidos honorários de sucumbência sobre o valor que resultar da liquidação da sentença, do proveito econômico obtido ou, não sendo possível mensurá-lo, sobre o valor atualizado da causa. Os percentuais mínimo e máximo de honorários advocatícios de sucumbência, nos termos da CLT, serão, respectivamente, de

a) 20% e 30%.
b) 5% e 20%.
c) 15% e 30%.
d) 10% e 30%.
e) 5% e 15%.

COMENTÁRIOS

Alternativa correta: letra "e". A questão abrange os honorários advocatícios no processo do trabalho. Destaca-se que com o advento da Lei nº 13.467/17 (Reforma Trabalhista), promoveu-se verdadeira revolução acerca da condenação dos honorários advocatícios na Justiça do Trabalho.

Para responder a questão, era necessário que o candidato soubesse a literalidade do art. 791-A, *caput*, da CLT: "Ao advogado, ainda que atue em causa própria, serão devidos honorários de sucumbência, fixados entre **o mínimo de 5% (cinco por cento) e o máximo de 15% (quinze por cento)** sobre o valor que resultar da liquidação da sentença, do proveito econômico obtido ou, não sendo possível mensurá-lo, sobre o valor atualizado da causa" (grifo nosso).

10. **(FCC/2018 – TRT 6ª Região – Analista – Área Judiciária)** No tocante aos honorários de sucumbência no processo do trabalho, de acordo com as inovações da Lei nº 13.467/2017, que alteraram a CLT

a) serão devidos ao advogado da parte que tenha sucumbido na menor parte dos pedidos constantes da ação.
b) não são devidos ao beneficiário da justiça gratuita e nem na reconvenção.
c) são devidos também nas ações contra a Fazenda Pública e nas ações em que a parte estiver assistida ou substituída pelo sindicato de sua categoria.
d) serão fixados entre o mínimo de 5% e o máximo de 20% sobre o valor da condenação ou sobre o valor atualizado da causa.
e) serão fixados pelo juízo de acordo com o grau de zelo do profissional, a natureza e a importância da causa, o trabalho realizado pelo advogado e o tempo exigido para o seu serviço, sendo irrelevante o lugar da prestação do serviço.

COMENTÁRIOS

Alternativa correta: letra "c". Os honorários são devidos também nas ações contra a Fazenda Pública e nas ações em que a parte estiver assistida ou substituída pelo sindicato de sua categoria (CLT, art. 791-A, §1º).

11. **(FCC/2018 – TRT 6ª Região – Analista – Área Judiciária)** Sobre os prazos no processo do trabalho,

a) podem ser prorrogados, pelo tempo estritamente necessário, quando o juiz entender necessário e em virtude de força maior, devidamente comprovada.
b) são contínuos e irreleváveis, sendo contados com exclusão do dia do começo e inclusão do dia do vencimento.
c) sendo a parte intimada ou notificada no sábado, a contagem do prazo inicia-se na segunda-feira seguinte.
d) o recesso forense e as férias coletivas dos Ministros do TST interrompem os prazos recursais.
e) quando não juntada a ata ao processo em 24 horas, contadas da audiência de julgamento, o prazo para recurso será contado da data em que a parte receber a intimação da sentença.

COMENTÁRIOS

Alternativa correta: letra "a". O art. 775, §1º da CLT, alterado pela Lei nº 13.467/17 (Reforma Trabalhista), estabelece que: "os prazos podem ser prorrogados, pelo tempo estritamente necessário, nas seguintes hipóteses: quando o juízo entender necessário; em virtude de força maior, devidamente comprovada".

12. **(FCC – Analista Judiciário: Área Judiciária – TRT2/2018)** Mercedes ingressou com reclamação trabalhista contra sua ex-empregadora, a Empresa de Alimentos Tudo de Bom Ltda., pleiteando diferenças de verbas rescisórias e danos morais. O processo tramita de modo eletrônico e foi proferida sentença julgando procedente a ação e deferindo as diferenças pretendidas, mas omitindo-se no tocante ao pedido de danos morais. A disponibilização da informação da sentença para os advogados das partes ocorreu no Diário Oficial no dia 3/5, uma quinta-feira. Pretendendo o advogado de Mercedes ingressar com Embargos de Declaração para suprir a omissão do julgado, o último dia para sua interposição, considerando que não houve feriados naquele mês, será dia

a) 8/5.
b) 16/5.
c) 10/5.
d) 9/5.
e) 11/5.

COMENTÁRIOS

Alternativa correta: letra "e". É diferente a contagem do prazo na hipótese de publicação no Diário da Justiça eletrônico, como ocorre, em regra, com a intimação do advogado. Nesse caso, a data da publicação será considerada o primeiro dia útil seguinte ao da disponibilização da informação no Diário da Justiça eletrônico, começando a correr o prazo processual "no primeiro dia útil que seguir ao considerado como data da publicação" (art. 4º, §§ 3º e 4º).

Assim, se no dia 03.05 (quinta-feira), houve a disponibilização da sentença, a publicação ocorrerá no dia 04.05 (sexta-feira). Nos dias 05.05 (sábado) e 06.05 (domingo) não haverá a contagem do prazo processual, pois não são dias úteis. O início do prazo processual ocorrerá, portanto, no dia 07.05 (segunda-feira). Como os embargos de declaração devem ser apresentados no prazo de 5 dias úteis, o final do prazo ocorrerá 11.05 (sexta-feira).

Disponibilizada a decisão no Diário eletrônico	Será considerada data de publicação	Início da contagem do prazo processual
Dia 03.05 (quinta-feira)	Dia 04.05 (sexta-feira)	Dia 07.05 (segunda-feira)

13. **(FCC – TRT11/2017 – Oficial de Justiça Avaliador)** São isentos do pagamento de custas, além dos beneficiários de justiça gratuita:

a) apenas a União, os Estados, o Distrito Federal, os Municípios e o Ministério Público do Trabalho.
b) apenas o Ministério Público do Trabalho.
c) a União, os Estados, o Distrito Federal, os Municípios e respectivas autarquias e fundações públicas federais, estaduais ou municipais que não explorem atividade econômica e o Ministério Público do Trabalho.
d) a União, os Estados, o Distrito Federal, os Municípios e respectivas autarquias e fundações públicas federais, estaduais ou municipais que não explorem atividade econômica, bem como as entidades fiscalizadoras do exercício profissional e o Ministério Público do Trabalho.
e) apenas a União, os Estados, o Distrito Federal, os Municípios e respectivas autarquias e fundações públicas federais, estaduais ou municipais que não explorem atividade econômica.

COMENTÁRIOS

Alternativa "c" – Correta: Segundo o art. 790-A da CLT:

"São isentos do pagamento de custas, além dos beneficiários de justiça gratuita:

I – a União, os Estados, o Distrito Federal, os Municípios e respectivas autarquias e fundações públicas federais, estaduais ou municipais que não explorem atividade econômica;

II – o Ministério Público do Trabalho.

Parágrafo único. A isenção prevista neste artigo não alcança as entidades fiscalizadoras do exercício profissional, nem exime as pessoas jurídicas referidas no inciso I da obrigação de reembolsar as despesas judiciais realizadas pela parte vencedora".

14. (FCC - TRT11/2017 - Analista Judiciário - Área Judiciária) No tocante às custas, considere:

I. A parte vencedora na primeira instância, se vencida na segunda, está obrigada, independentemente de intimação, a pagar as custas fixadas na sentença originária, das quais ficara isenta a parte então vencida.

II. No caso de inversão do ônus da sucumbência em segundo grau, sem acréscimo ou atualização do valor das custas e se estas já foram devidamente recolhidas, caberá um novo pagamento pela parte vencida, ao recorrer.

III. Não caracteriza deserção a hipótese em que, acrescido o valor da condenação, não houve fixação ou cálculo do valor devido a título de custas e tampouco intimação da parte para o preparo do recurso, devendo ser as custas pagas ao final.

IV. Não há reembolso das custas à parte vencedora mesmo na hipótese em que a parte vencida for pessoa isenta do seu pagamento, nos termos previstos na Consolidação das Leis do Trabalho.

Está correto o que se afirma APENAS em

a) II e III.
b) I e III.
c) I, II e IV.
d) II, III e IV.
e) I e IV.

COMENTÁRIOS

Alternativa "b" – Correta:

Item I – correto: A Súmula nº 25, I do TST estabelece: "A parte vencedora na primeira instância, se vencida na segunda, está obrigada, independentemente de intimação, a pagar as custas fixadas na sentença originária, das quais ficara isenta a parte então vencida".

Item II – incorreto: No caso de inversão do ônus da sucumbência em segundo grau, sem acréscimo ou atualização do valor das custas e se estas já foram devidamente recolhidas, descabe um novo pagamento pela parte vencida, ao recorrer. Deverá ao final, se sucumbente, reembolsar a quantia (Súmula nº 25, II do TST).

Item III – correto: Não caracteriza deserção a hipótese em que, acrescido o valor da condenação, não houve fixação ou cálculo do valor devido a título de custas e tampouco intimação da parte para o preparo do recurso, devendo ser as custas pagas ao final (Súmula nº 25, III do TST).

Item IV – incorreto: O reembolso das custas à parte vencedora faz-se necessário mesmo na hipótese em que a parte vencida for pessoa isenta do seu pagamento, nos termos do art. 790-A, parágrafo único, da CLT (Súmula nº 25, IV do TST).

15. (TRT 14ª Região/2016 - Analista Judiciário - Área Judiciária) Como o Estado não pode assumir todos os encargos para satisfação dos gastos da administração da justiça, no processo trabalhista, como regra, as partes estão sujeitas ao pagamento de custas. Entretanto, por força da lei, estão isentos do pagamento de custas nos processos que tramitam na Justiça do Trabalho:

a) As instituições de beneficência, associações recreativas ou outras instituições sem fins lucrativos.
b) As entidades de caráter religioso declaradas de utilidade pública em nível federal.
c) Os empregadores domésticos em razão da ausência de finalidade lucrativa do trabalho doméstico.
d) As empresas públicas e sociedades de economia mista federais.
e) As autarquias e fundações públicas federais, estaduais ou municipais que não explorem atividade econômica.

COMENTÁRIOS

Alternativa correta: E.

Estão isentos do pagamento das custas processuais, além do beneficiário da justiça gratuita, a União, os Estados, o Distrito Federal, os Municípios e respectivas autarquias e fundações públicas federais, estaduais ou municipais que não explorem atividade econômica e o Ministério Público do Trabalho (art. 790-A, CLT).

16. **(FCC – Analista Judiciário – Oficial de Justiça Avaliador – TRT 23/2016)** A sociedade de economia mista DIEPAX Medicamentos foi condenada ao pagamento de horas extraordinárias em processo movido por seu empregado. Na mesma decisão, foi acolhido o pedido de responsabilidade subsidiária do segundo reclamado, o Município de Cuiabá e condenação em custas processuais. A isenção das custas processuais abrange

a) apenas a sociedade de economia mista.
b) apenas o Município.
c) nenhuma das reclamadas.
d) as duas reclamadas.
e) apenas o réu principal em caso de condenação subsidiária, devendo o Município efetuar o recolhimento.

COMENTÁRIOS

Alternativa correta: B.

Estão isentos do pagamento das custas processuais, além do beneficiário da justiça gratuita, a União, os Estados, o Distrito Federal, os Municípios e respectivas autarquias e fundações públicas federais, estaduais ou municipais que não explorem atividade econômica e o Ministério Público do Trabalho (art. 790-A, CLT). Portanto, apenas o Município de Cuiabá está isento, não alcançando a sociedade de economia mista.

17. **(TRT 14ª Região/2016 – Analista Judiciário – OJA)** Conforme normas aplicáveis ao tema relativo às custas processuais e aos emolumentos no Processo Judiciário do Trabalho,

a) apenas a União, dentre os entes federativos, está isenta do pagamento de custas processuais, ainda que vencida, visto que a Justiça do Trabalho é órgão do Poder Judiciário Federal.
b) as empresas públicas federais estão isentas de custas processuais, mas não dos emolumentos na fase executória.
c) o Ministério Público do Trabalho está isento do recolhimento de custas processuais.
d) no processo ou fase de execução não há incidência de custas ou emolumentos por faltas de previsão legal.
e) as autarquias municipais não estão isentas do recolhimento de custas processuais.

COMENTÁRIOS

Alternativa correta: C.

Nos termos do art. 790-A, II, da CLT o Ministério Público do Trabalho está isento do paramento das custas processuais. Também estão isentos o beneficiário da justiça gratuita, a União, os Estados, o Distrito Federal, os Municípios e respectivas autarquias e fundações públicas federais, estaduais ou municipais que não explorem atividade econômica (art. 790-A, CLT).

18. **(FCC – Analista Judiciário – Oficial de Justiça Avaliador – TRT 23/2016)** Agatha, empregada doméstica, ingressou com reclamação trabalhista em face da sua empregadora Isis, de forma verbal sem a assistência de advogado, postulando o pagamento de férias com 1/3. O pedido foi julgado procedente e a reclamada sucumbente interpôs recurso ordinário. A autora foi intimada para apresentar contrarrazões. No caso, conforme previsão legal e entendimento sumulado do TST,

a) a autora não pode exercer o *jus postulandi* para contrarrazoar perante o Tribunal Regional.
b) nenhuma das partes pode utilizar o *jus postulandi* em fase recursal.
c) ambas podem exercer o *jus postulandi* para recorrer e contrarrazoar o recurso ordinário perante o Tribunal Regional.
d) apenas por se tratar de reclamação de empregado doméstico as partes podem exercer o *jus postulandi* em todas as fases e instâncias do processo.
e) por se tratar de condenação de pessoa física, a reclamada pode exercer o *jus postulandi* para o recurso ordinário, o mesmo não ocorrendo à autora que foi vencedora.

COMENTÁRIOS

Alternativa correta: Letra C.

No processo do trabalho, admite-se que o empregado e o empregador postulem em juízo pessoalmente, ou seja, sem a necessidade de advogado. É o que se denomina de *jus postulandi* das partes, conforme declina o *caput* do art. 791 da CLT: "os empregados e os empregadores poderão reclamar pessoalmente perante a Justiça do Trabalho e acompanhar as suas reclamações até o final".

Contudo, o TST não permite o *jus postulandi* em alguns casos, exigindo, nessas hipóteses, que a parte seja representada por advogado, como se verifica pela Súmula nº 425 do TST: "O *jus postulandi* das partes, estabelecido no art. 791 da CLT, limita-se às Varas do Trabalho e aos Tribunais Regionais do Trabalho, não alcançando a ação rescisória, a ação cautelar, o mandado de segurança e os recursos de competência do Tribunal Superior do Trabalho."

Portanto, sendo o recurso ordinário em análise de competência do TRT, cabível o *jus postulandi*.

19. **(FCC - TRT24/2017 - Analista Judiciário - Área Judiciária)** A empresa Minerva & Atena Cia do Saber foi acionada em reclamatória trabalhista e recebeu a notificação da sentença por oficial de justiça em um sábado. Segundo as regras da Consolidação das Leis do Trabalho e a jurisprudência sumulada do Tribunal Superior de Trabalho, para recurso, considerando não haver feriado naquele mês, o início do prazo e o início da contagem, serão, respectivamente,

a) na segunda-feira.
b) segunda-feira e terça-feira.
c) no sábado.
d) sábado e segunda-feira.
e) sábado e terça-feira.

COMENTÁRIOS

Alternativa "b" – Correta: A data da ciência da notificação deve ser em dia que tenha expediente forense (dia útil). Caso contrário, a notificação será considerada como realizada no próximo dia útil subsequente. Além disso, a contagem do prazo somente se inicia nos dias úteis, vez que os atos processuais, em regra, igualmente só podem ser realizados nesses dias (art. 770, CLT). Na questão, a parte foi notificada no sábado, ela será considerada como realizada na segunda-feira, e a contagem inicia-se no próximo dia útil subsequente, ou seja, na terça-feira.

20. **(TRT 14ª Região/2016 - Analista Judiciário - OJA)** Sobre os atos processuais relativos ao processo do trabalho no rito ordinário é correto afirmar:

a) Serão públicos, salvo quando o contrário determinar o interesse social, e serão realizados, nos dias úteis das 6 às 20 horas, exceto a penhora, que pode ser realizada em domingo ou feriado, mediante autorização judicial expressa.
b) A penhora poderá ser realizada em qualquer dia e horário independente de autorização expressa do juiz por se tratar de ato de execução e para atender ao princípio da eficácia.
c) Serão sempre públicos, realizados somente nos dias úteis, no horário das 6 às 21 horas, exceto a penhora que poderá ocorrer das 5 às 23 horas.
d) Serão públicos, salvo em caso de segredo de justiça assim determinado pelo Ministério Público do Trabalho, apenas em dias úteis, no horário das 8 às 19 horas.
e) Serão sempre públicos, não havendo segredo de justiça em processo trabalhista, nos dias úteis, das 11 às 19 horas, exceto as penhoras que podem ocorrer das 8 às 20 horas.

COMENTÁRIOS

Alternativa correta: A. Conforme declina o art. 770, CLT: "Os atos processuais serão públicos, salvo quando o contrário determinar o interesse social, e realizar-se-ão nos dias úteis das 6 às 20 horas. Parágrafo único: A penhora poderá realizar-se em domingo ou dia feriado, mediante autorização expressa do juiz ou presidente."

21. **(FCC - Analista Judiciário - Oficial de Justiça Avaliador - TRT 23/2016)** Os prazos processuais previstos no Processo Judiciário do Trabalho contam-se

a) a partir do dia imediatamente seguinte à data em que foi feita a notificação.
b) 48 horas após a data em que foi feita a publicação do edital no jornal oficial.
c) 10 dias após a data em que foi feita a publicação do edital na sede da Vara ou Tribunal.
d) 48 horas após a data em que foi recebida a notificação por oficial de justiça.
e) com a exclusão do dia do começo e inclusão do dia do vencimento.

COMENTÁRIOS

Alternativa correta: E.

Cumpre consignar que não se confunde a data da ciência da notificação com a data do início da contagem dos prazos. A data da ciência, como o próprio nome já diz, é a data em que a parte toma conhecimento da notificação. É o chamado "dia do susto". Na contagem dos prazos processuais, o dia do "susto" é excluído, incluindo-se o dia do vencimento. Desse modo, a contagem do prazo somente terá início no dia seguinte ao recebimento da notificação. É o que estabelece o art. 775, *caput*, da CLT: "os prazos estabelecidos neste Título serão contados em dias úteis, com exclusão do dia do começo e inclusão do dia do vencimento".

22. (TRT20/2016 - FCC - Analista Judiciário - Área Judiciária) Considerando que o processo pode ser entendido como uma sequência ordenada de atos que devem seguir procedimentos e prazos previstos em lei, no Processo Judiciário do Trabalho, segundo normas contidas na Consolidação das Leis do Trabalho e entendimentos sumulados do Tribunal Superior do Trabalho,

a) intimada ou notificada a parte no sábado, o início do prazo se dará no primeiro dia útil imediato e, a contagem, no subsequente, e os prazos que se vencerem em sábado, domingo ou feriado, terminarão no primeiro dia útil seguinte.
b) em qualquer situação a penhora poderá realizar-se em domingo ou dia de feriado, não havendo necessidade de urgência ou determinação legal expressa.
c) quando a intimação tiver lugar na sexta-feira, ou a publicação com efeito de intimação for feita nesse dia, o prazo judicial será contado, a partir deste dia porque se trata de dia útil forense.
d) presume-se recebida a notificação vinte e quatro horas depois de sua postagem; o seu não recebimento ou a entrega após o decurso desse prazo constitui ônus de prova do destinatário.
e) o prazo decadencial para ajuizamento de ação rescisória quando expira em feriado, final de semana ou em dia em que não houver expediente forense, não se prorroga até o primeiro dia útil, imediatamente subsequente.

COMENTÁRIOS

Nota do autor: A questão aborda os atos processuais na seara trabalhista.

Alternativa "a" – Correta: Segundo entendimento do TST, intimada ou notificada a parte no sábado, o início do prazo se dará no primeiro dia útil imediato e a contagem, no subsequente (Súmula nº 262, I do TST).

23. (FCC - TRT24/2017 - Analista Judiciário - Área Judiciária) Em audiência realizada no curso da ação trabalhista movida por Perseu em face da empresa Cavalo de Tróia Empreendimentos, após terem sido ouvidas as partes, o Juiz apresentou proposta conciliatória que foi aceita pelas partes. Entretanto, nada foi ajustado sobre custas. Conforme normas contidas na Consolidação das Leis do Trabalho, as custas processuais

a) ficarão a cargo da reclamada, em razão do princípio da hipossuficiência do trabalhador.
b) serão de responsabilidade do reclamante que irá se beneficiar com proveito econômico do acordo.
c) serão dispensadas pela União nos casos de conciliação em processo trabalhista.
d) caberão em partes iguais aos litigantes, sempre que houver acordo, se de outra forma não for convencionado.

e) serão atribuídas sempre à reclamada, uma vez que o acordo implica em confissão de dívida.

COMENTÁRIOS

Alternativa "d" – Correta: Na fase de conhecimento, as custas processuais vêm estabelecidas no art. 789 da CLT, e, seu § 3º estabelece: "Sempre que houver acordo, se de outra forma não for convencionado, o pagamento das custas caberá em partes iguais aos litigantes".

24. (FCC - TST/2017 - Analista Judiciário) Conforme jurisprudência sumulada do Tribunal Superior do Trabalho -TST, será concedida gratuidade no processo do trabalho às pessoas

a) jurídicas, bastando a juntada de declaração pessoal ou por advogado com poderes específicos, de que a parte não possui condições de arcar com as despesas do processo.

b) físicas, desde que declarem pessoalmente não terem condições de demandar sem prejuízo do sustento próprio ou da família, e estiverem assistidas pelo sindicato de classe.

c) jurídicas, não bastando a mera declaração, sendo necessária a demonstração cabal de impossibilidade de a parte arcar com as despesas do processo.

d) físicas apenas, desde que declarem, pessoalmente, ou por advogado, munido de procuração com poderes específicos para este fim, não terem condições de demandar sem prejuízo do sustento próprio ou da família.

(e físicas, desde que declarem pessoalmente não terem condições de demandar sem prejuízo do sustento próprio ou da família, não sendo possível o deferimento para as pessoas jurídicas.

COMENTÁRIOS

Alternativa correta: Letra C.

Embora o art. 790, § 3º, da CLT dê a impressão de que o benefício será deferido apenas ao empregado, já que, como regra, é ele que recebe salário, a jurisprudência trabalhista, com fundamento no art. 5º, LXXIV, da CF/88, posicionou-se no sentido de deferir o benefício da justiça gratuita ao empregador seja pessoa física, seja pessoa jurídica[1] (CPC/15, art. 98; Súmula nº 463, II, do TST). Aliás, o § 4º do art. 790 da CLT ao usar a expressão "insuficiência de recursos", desvinculando-se das expressões sustento próprio ou de sua família, tem o nítido objetivo de alcançar as pessoas jurídicas que não se enquadravam na acepção jurídica do termo pobreza.

No caso de pessoa jurídica, não basta a mera declaração, é necessária a demonstração cabal de impossibilidade de a parte arcar com as despesas do processo. Nos moldes da Súmula nº 463, II, do TST: "No caso de pessoa jurídica, não basta a mera declaração: é necessária a demonstração cabal de impossibilidade de a parte arcar com as despesas do processo". Assim, quanto à pessoa jurídica, o benefício da justiça gratuita não decorre de simples declaração, mas de demonstração inequívoca da fragilidade econômica.

2. QUESTÕES DE CONCURSOS

01. (FCC/2018 - TRT 6ª Região - Oficial de Justiça Avaliador) De acordo com nova disciplina na Consolidação das Leis do Trabalho, responde por perdas e danos aquele que litigar de má-fé como reclamante, reclamado ou interveniente. Verificada a sua ocorrência

a) desde que requerida pela parte lesada, o juízo condenará o litigante de má-fé a pagar multa, que deverá ser superior a 1% e inferior a 10% do valor corrigido da causa, a indenizar a parte contrária pelos prejuízos que esta sofreu e a arcar com os honorários advocatícios e com todas as despesas que efetuou, podendo ainda ser extensiva à testemunha que provocou incidente manifestamente infundado.

1. No mesmo sentido a Súmula nº 481 do STJ: "Faz jus ao benefício da justiça gratuita a pessoa jurídica com ou sem fins lucrativos que demonstrar sua impossibilidade de arcar com os encargos processuais".

b) de ofício ou por requerimento pela parte lesada, o juízo condenará o litigante de má-fé a pagar multa, que deverá ser superior a 1% e inferior a 10% do valor corrigido da causa, a indenizar a parte contrária pelos prejuízos que esta sofreu e a arcar com os honorários advocatícios e com todas as despesas que efetuou, podendo ainda ser extensiva à testemunha que intencionalmente alterar a verdade dos fatos ou omitir fatos essenciais ao julgamento da causa.

c) desde que requerida pela parte lesada, o juízo condenará o litigante de má-fé a pagar multa, que deverá ser superior a 1% e inferior a 15% do valor corrigido da causa, a indenizar a parte contrária pelos prejuízos que esta sofreu e a arcar com os honorários advocatícios e com todas as despesas que efetuou, podendo ainda ser extensiva à testemunha que intencionalmente alterar a verdade dos fatos ou omitir fatos essenciais ao julgamento da causa.

d) de ofício ou por requerimento pela parte lesada, o juízo condenará o litigante de má-fé a pagar multa, que deverá ser superior a 1% e inferior a 10% do valor corrigido da causa, a indenizar a parte contrária pelos prejuízos que esta sofreu e a arcar com os honorários advocatícios e com todas as despesas que efetuou, não podendo ser extensiva à testemunha que provocou incidente manifestamente infundado.

e) de ofício ou por requerimento pela parte lesada, o juízo condenará o litigante de má-fé a pagar multa, que deverá ser superior a 1% e inferior a 15% do valor corrigido da causa, a indenizar a parte contrária pelos prejuízos que esta sofreu e a arcar com os honorários advocatícios e com todas as despesas que efetuou, podendo ainda ser extensiva à testemunha que intencionalmente alterar a verdade dos fatos ou omitir fatos essenciais ao julgamento da causa.

02. (FUMARC – TRT 3 – 2022 Judiciário – Oficial de Justiça Avaliador Federal) Nos termos da legislação vigente, em relação às custas processuais, no processo do trabalho, é CORRETO afirmar:

a) A parte que não for beneficiária da justiça gratuita, ao interpor recurso de agravo de petição, deverá comprovar o pagamento das custas fixadas em sede de embargos à execução, sob pena de não conhecimento do recurso, por deserção.

b) As custas relativas ao processo de conhecimento incidirão à base de 2% (dois por cento), observado o mínimo de R$ 10,64 (dez reais e sessenta e quatro centavos) e o máximo de duas vezes o limite máximo dos benefícios do Regime Geral de Previdência Social.

c) É facultado aos juízes, órgãos julgadores e presidentes dos tribunais do trabalho de qualquer instância conceder, a requerimento ou de ofício, o benefício da justiça gratuita, inclusive quanto a traslados e instrumentos, àqueles que perceberem salário igual ou inferior a 40% (quarenta por cento) do limite máximo dos benefícios do Regime Geral de Previdência Social.

d) Quando houver extinção do processo, sem julgamento do mérito, ou julgado totalmente improcedente o pedido, o percentual das custas processuais incidirá sobre o valor que o juiz arbitrar, a ser custeado pela parte reclamada.

e) Sempre que houver acordo, o pagamento das custas ficará a cargo do reclamante que possuir justiça gratuita, como forma de evitar o pagamento pelas partes em atenção ao princípio da conciliação.

03. (FUMARC – TRT 3 – 2022 – Analista Judiciário – Oficial de Justiça Avaliador Federal) Observados os termos da legislação vigente, analise as assertivas abaixo e assinale a INCORRETA:

a) Ainda que ausente o reclamado, presente o advogado na audiência, serão aceitos a contestação e os documentos eventualmente apresentados.
b) É facultado ao empregador fazer-se substituir pelo gerente, ou qualquer outro preposto que tenha conhecimento do fato, e cujas declarações obrigarão o proponente.
c) O não-comparecimento do reclamante à audiência importa o arquivamento da reclamação, e o não comparecimento do reclamado importa revelia, além de confissão quanto à matéria de fato. Na hipótese de ausência do reclamante, este será condenado ao pagamento das custas, salvo se comprovar, no prazo de quinze dias, que a ausência ocorreu por motivo legalmente justificável. A penalidade imposta neste artigo não se aplica aos beneficiários da justiça gratuita.
d) Ocorrendo motivo relevante, poderá o juiz suspender o julgamento, designando nova audiência.
e) Se, por doença ou qualquer outro motivo poderoso, devidamente comprovado, não for possível ao empregado comparecer pessoalmente, poderá fazer-se representar por outro empregado que pertença à mesma profissão, ou pelo seu sindicato.

04. (FCC – TRT 5 – 2022 – Analista Judiciário – Área Judiciária) Zeus foi testemunha do reclamante em audiência trabalhista, tendo o juiz da causa entendido que o mesmo alterou intencionalmente a verdade dos fatos, omitindo ainda fatos essenciais ao julgamento da causa. Nessa hipótese, com base na Consolidação das Leis do Trabalho, Zeus

a) não poderá ser penalizado, eis que a alteração da verdade dos fatos e omissão de fatos essenciais para o julgamento da causa são direcionadas às partes.
b) poderá ser multado em no mínimo 0,5% e no máximo em 5% sobre o valor corrigido da causa, por ser testemunha, correspondendo à metade da multa por litigância de má-fé da parte.
c) poderá ser multado em no mínimo 1% e no máximo em 10% sobre o valor corrigido da causa, correspondendo à mesma multa por litigância de má-fé da parte.
d) não poderá ser penalizado, eis que a responsabilidade por dano processual é restrita às partes litigantes no processo.
e) poderá ser multado em no mínimo 0,2% e no máximo 20% sobre metade da multa por litigância de má-fé da parte.

05. (FCC – 2022 – TRT 5 – Analista Judiciário – Área Judiciária) Ambrósia está demandando na Justiça do Trabalho em face da Fazenda Pública do Município de Alagoinhas, sendo assistida pelo Sindicato de sua categoria. Nessa hipótese, com base no que prevê a Consolidação das Leis do Trabalho, em sendo a autora vencedora, ainda que em parte, são

a) indevidos honorários sucumbenciais nas causas em que for parte a Fazenda Pública, pela observância do princípio da execução menos gravosa ao ente público, bem como pelo princípio da estrita legalidade que rege a matéria.
b) devidos honorários de sucumbência, fixados entre o mínimo de 5% (cinco por cento) e o máximo de 15% (quinze por cento) sobre o valor que resultar da liquidação da sentença, do proveito econômico obtido ou, não sendo possível mensurá-lo, sobre o valor atualizado da causa.
c) devidos honorários de sucumbência, fixados entre o mínimo de 10% (dez por cento) e o máximo de 15% (quinze por cento) sobre o valor que resultar da liquidação da sentença, do proveito econômico obtido ou, não sendo possível

mensurá-lo, sobre o valor atualizado da causa.

d) indevidos honorários de sucumbência, na medida em que é incabível quando o réu for a Fazenda Pública, bem como na hipótese de assistência do sindicato da categoria, por ser dever do sindicato a prestação de tal serviço sem onerar o processo.

e) devidos honorários de sucumbência, fixados entre o mínimo de 15% (quinze por cento) e o máximo de 30% (trinta por cento) sobre o valor que resultar da liquidação da sentença, do proveito econômico obtido ou, não sendo possível mensurá-lo, sobre o valor atualizado da causa.

3. GABARITO

Questão	Resposta	Fundamentação
01	B	Arts. 793-C e 793-D.
02	C	Art. 790, §3º.
03	C	Art. 844,§2º.
04	C	Art. 793-C.
05	B	Art. 791-A.

CAPÍTULO VIII

NULIDADES PROCESSUAIS

1. VÍCIOS PROCESSUAIS: CLASSIFICAÇÃO

O processo do trabalho é pautado pelo princípio da simplicidade. Isso, no entanto, não afasta a necessidade de se observarem determinadas formas descritas na lei, permitindo às partes a segurança jurídica do processo.

A ausência de tais formalidades dá origem aos chamados vícios dos atos processuais, que são classificados nas seguintes espécies: inexistentes, nulidade absoluta, nulidade relativa e irregularidades.

Atos inexistentes são aqueles que não possuem os elementos mínimos para sua formação. É o vício de maior gravidade. Exemplo: sentença assinada por quem não é juiz.

A **nulidade absoluta** ocorre quando há violação de norma de interesse público. Trata-se de vício insanável, que pode ser reconhecido de ofício pelo juízo ou por meio de requerimento, a qualquer tempo.

> ✦ *Exemplo: ajuizamento de ação perante juízo absolutamente incompetente. Nesse ponto é importante destacar que o CPC/2015 estabelece que, salvo decisão judicial em sentido contrário, os efeitos de decisão proferida pelo juízo incompetente serão conservados até que outra seja proferida, se for o caso, pelo juízo competente (CPC/2015, art. 64, § 4º)*

▶ ATENÇÃO:

Embora a incompetência absoluta gere a nulidade absoluta, podendo ser pronunciada de ofício, o TST entende que, nos recursos de natureza extraordinária (recurso de revista e embargos para a SDI), é necessário o prequestionamento, ainda que se trate de incompetência absoluta (OJ nº 62 da SDI - I do TST). Noutras palavras, a incompetência absoluta não pode ser alegada pela primeira vez nos recursos de natureza extraordinária.

A **nulidade relativa**, por sua vez, decorre da violação de norma de interesse das partes. Nesse caso, exige-se o requerimento da parte para que haja declaração. Ademais, não havendo alegação, na primeira oportunidade em que tiver que se manifestar nos autos, o vício se convalesce, isto é, não poderá mais ser alegado.

✦ *Exemplo: trabalhador sempre laborou para a empresa na cidade de Brasília. No entanto, ajuíza reclamação trabalhista em João Pessoa, ou seja, em juízo relativamente incompetente (em razão do lugar). Nessa hipótese, se a empresa não apresentar a exceção de incompetência, o juízo que, inicialmente, era incompetente passa a ser competente para a causa, não podendo mais ser alegada a incompetência.*

Por fim, tem-se a mera **irregularidade,** que é o vício que não gera nenhum efeito para o processo. Exemplo: folhas numeradas de modo incorreto.

► ATENÇÃO:

As nulidades processuais, obrigatoriamente, devem ser declaradas. Noutros termos, no direito material fala-se em nulidades de pleno direito, ou seja, independentemente de declaração. No processo, por outro lado, é obrigatória a declaração de nulidade.

2. PRINCÍPIOS DAS NULIDADES PROCESSUAIS

A CLT elenca diversos princípios que devem ser observados no processo, os quais passamos a analisar pontualmente.

2.1. Princípio da transcendência (prejuízo)

O art. 794 da CLT estabelece:

> Art. 794 - Nos processos sujeitos à apreciação da Justiça do Trabalho só haverá nulidade quando resultar dos atos inquinados manifesto prejuízo às partes litigantes.

O referido artigo versa sobre o princípio do prejuízo, também denominado de transcendência, inspirado no sistema francês *pas de nullité sans grief*, o que significa que não há nulidade sem prejuízo. A contrário *sensu*, se o ato, mesmo que não tenha observado as prescrições legais, não gerar prejuízo, ele não será declarado nulo.

Ademais, "quando puder decidir o mérito a favor da parte a quem aproveite a decretação da nulidade, o juiz não a pronunciará nem mandará repetir o ato ou suprir-lhe a falta" (CPC/2015, art. 282, § 2º).

Cabe registrar que parte da doutrina entende que o princípio do prejuízo tem aplicação apenas quando se tratar de nulidade relativa, vez que, na nulidade absoluta, o prejuízo é presumido. Nas provas de primeira fase, não se tem feito essa diferenciação, bastando que o candidato saiba do que trata tal princípio.

2.2. Princípio da convalidação ou preclusão

O art. 795 da CLT declina:

> Art. 795 - As nulidades não serão declaradas senão mediante provocação das partes, as quais deverão argui-las à primeira vez em que tiverem de falar em audiência ou nos autos.

> § 1º - Deverá, entretanto, ser declarada *ex officio* a nulidade fundada em incompetência de foro. Nesse caso, serão considerados nulos os atos decisórios.
>
> § 2º - O juiz ou Tribunal que se julgar incompetente determinará, na mesma ocasião, que se faça remessa do processo, com urgência, à autoridade competente, fundamentando sua decisão.

Pela análise do *caput* do aludido artigo, constata-se o princípio da convalidação ou preclusão, no sentido de que a nulidade deve ser alegada na primeira oportunidade em que a parte tiver que se manifestar nos autos, sob pena de preclusão.

A preclusão consiste na perda da faculdade de praticar um ato processual. Trata-se de instituto que busca impor que o processo sempre caminhe para frente, impedindo retornos indesejados. A preclusão pode ser:

a) **temporal**: quando a perda decorre da não realização do ato em determinado prazo;

b) **consumativa**: realizado o ato (consumado), não se admite que seja novamente realizado;

c) **lógica**: não se permite que a parte pratique um ato posterior incompatível com um ato anterior;

d) ***pro iudicato***: quando a preclusão é para o juiz;

e) **ordinatória**: quando a validade de um ato pressupõe a existência de um anterior. Exemplo: os embargos à execução somente podem ser recebidos depois de garantido o juízo pela penhora;

f) **máxima**: quando ocorre a coisa julgada.

No caso do art. 795 da CLT tem-se a preclusão temporal, vez que a parte, obrigatoriamente, deve alegar a nulidade na primeira ocasião em que se manifestar nos autos. Ultrapassado esse momento, o ato será convalidado, ou seja, a parte perde a oportunidade de alegar a nulidade, sendo o ato considerado válido.

Consigna-se que tal princípio aplica-se tão somente às nulidades relativas, já que as nulidades absolutas devem ser declaradas de ofício pelo magistrado (CPC/2015, art. 278, parágrafo único).

Nesse aspecto, é importante destacar que o STJ, TST e TRTs têm entendido que não poderá ser acolhida a nulidade pleiteada apenas em momento que interesse a parte prejudicada, ou seja, quando não alegada no primeiro momento em que a parte se manifestar nos autos. Essa estratégia processual é denominada pelos tribunais "nulidade de algibeira" ou "nulidade de bolso" e viola os princípios da boa-fé e da lealdade processuais.[1] Trata-se, portanto, da vedação da utilização da disciplina das nulidades processuais como forma de estratégia processual, como se observa do seguinte trecho de julgado do TST:

> (...) Nesse contexto fático, a arguição da nulidade em momento posterior ao que deveria ter sido suscitada, configura manobra processual inadequada e repudiada ("nulidade de algibeira"), uma vez que tal comportamento viola os princípios da lealdade e da boa-fé processual (artigo 5º do CPC/2015) (...)[2]

Por fim, cabe registrar que o parágrafo primeiro do art. 795 foi atécnico ao mencionar que será declarada *ex officio* a nulidade fundada em incompetência de foro. Isso porque, de forma técnica, incompetência de foro é a incompetência territorial que, na realidade, é incompetência relativa, que depende de requerimento da parte. Nesse contexto, a palavra foro, descrita no referido parágrafo, deve ser entendida como foro criminal, cível ou trabalhista, ou seja, trata-se de incompetência absoluta que deve ser declarada de ofício pelo juiz.

2.3. Princípio da economia processual

O princípio da economia processual vem estampado no art. 796, a, da CLT, o qual dispõe que a nulidade não será pronunciada quando for possível suprir-se a falta ou repetir-se o ato. Permite-se, portanto, que algumas nulidades sejam saneadas, como forma de dar celeridade ao processo.

2.4. Princípio do interesse

O princípio do interesse consiste na proibição da alegação da própria torpeza, como declina o art. 796, b, da CLT:

> Art. 796. A nulidade não será pronunciada:
>
> b) quando arguida por quem lhe tiver dado causa.

Isso significa que aquele que deu causa à nulidade processual não poderá arguí-la posteriormente.

Tal princípio aplica-se apenas à nulidade relativa, vez que cabe ao juiz decretar de ofício a nulidade absoluta.

---

1. Nesse sentido, é o trecho do seguinte julgado: Essa estratégia de permanecer silente, reservando a nulidade para ser alegada em um momento posterior, já foi rechaçada por esta Turma, tendo recebido a denominação de "nulidade de algibeira" (REsp 1372802/RJ, Rel. Ministro PAULO DE TARSO SANSEVERINO, TERCEIRA TURMA, julgado em 11/03/2014, DJe 17/03/2014). Nesse sentido ainda; EDcl no REsp 1424304/SP, Rel. Ministra NANCY ANDRIGHI, TERCEIRA TURMA, julgado em 12/08/2014, DJe 26/08/2014.
2. AIRR nº 207300-11.2008.5.22.0002, 7ª Turma do TST, Rel. Douglas Alencar Rodrigues. j. 29.06.2016, Publ. 01.07.2016. Nesse sentido ainda: Recurso Ordinário nº 0010132-78.2013.5.01.0044, 5ª Turma do TRT da 1ª Região/RJ, Rel. Enoque Ribeiro dos Santos. DOERJ 05.06.2015.

2.5. Princípio da utilidade

A declaração da nulidade do ato processual deve ser útil para o processo.

Nesse sentido, deve-se buscar aproveitar os atos praticados (princípio do aproveitamento), evitando-se, quando possível, a declaração da nulidade[3]. Desse modo, prescreve o art. 797 da CLT:

> Art. 797. O juiz ou Tribunal que pronunciar a nulidade declarará os atos a que ela se estende.

Ademais, a nulidade de certo ato processual somente atingirá os posteriores que dele for dependente (princípio da causalidade), como declina o art. 798 da CLT:

> Art. 798. A nulidade do ato não prejudicará senão os posteriores que dele dependam ou sejam consequência.

Assim, ao pronunciar a nulidade do ato, deve o juiz declarar quais os atos foram atingidos e ordenar as providências necessárias a fim de que sejam repetidos ou retificados (CPC/2015, art. 282, *caput*).

Em síntese, segundo o princípio da utilidade, serão aproveitados os atos válidos praticados no processo, desde que posteriores ao ato nulo e que dele não sejam consequência.

2.6. Princípio da instrumentalidade das formas

Em regra, os atos e termos processuais não dependem de forma determinada (CPC/2015, art. 188). Em certos casos, porém, a legislação exige determinadas formalidades para a realização do ato. No entanto, mesmo que haja determinação legal, pode o ato ser reputado válido, se, realizado de outro modo, preencher sua finalidade essencial.

Trata-se do chamado princípio da instrumentalidade das formas, o qual impõe que a forma não pode ser vista como um fim em si mesmo, mas como meio para se alcançar o objetivo do ato processual. Desse modo, mesmo o ato que não tenha observado a forma prescrita em lei, mas tenha atingido sua finalidade, será considerado válido.

3. ARGUIÇÃO E EFEITOS DA DECLARAÇÃO DE NULIDADE

No caso da nulidade relativa, exige-se o requerimento da parte para que haja sua declaração. Não havendo alegação, na primeira oportunidade em que tiver que se manifestar nos autos, o vício se convalesce, isto é, não poderá mais ser alegado.

3. GARCIA, Gustavo Filipe Barbosa. *Curso de Direito Processual do Trabalho*. Rio de Janeiro: Forense, 2012. p. 237.

Já a nulidade absoluta pode ser reconhecida de ofício pelo juízo ou por meio de requerimento, a qualquer tempo.

Sendo declarada a nulidade, o ato processual nulo, bem como os atos que dele dependam ou que dele sejam consequência ficarão sem efeito, devendo ser repetidos ou retificados. A definição dos atos atingidos e a determinação das providências necessárias deverão ser realizadas pelo juiz quando declarar a nulidade. Isso ocorre porque, no âmbito processual, não existe nulidade de pleno direito, dependendo de declaração judicial para se verificar quais atos foram atingidos.

4. QUADRO RESUMIDO

VÍCIOS DOS ATOS PROCESSUAIS
- inexistência - nulidade absoluta - nulidade relativa - mera irregularidade

PRINCÍPIOS DAS NULIDADES
- Princípio da transcendência (prejuízo) - Princípio da convalidação ou preclusão - Princípio da economia processual - Princípio do interesse - Princípio da utilidade - Princípio da instrumentalidade das formas

5. QUESTÕES DISSERTATIVAS E ESTUDOS DE CASO

Questão 1

(FCC – TRT 18 – Analista Judiciário – Área Judiciária – 2013) Carlos Henrique Bezerra Leite (In: Curso de Direito Processual do Trabalho, São Paulo: LTr, 5. ed., 2007. p. 356), adverte que o processo do trabalho contempla um capítulo próprio dedicado às nulidades processuais (arts. 794 a 798 da CLT), em função do que as normas do CPC somente ser-lhe-ão aplicadas subsidiariamente e, assim mesmo, desde que não contrarie os seus princípios peculiares.

O mesmo autor, em seguida, arremata: Pode-se dizer que o sistema processual trabalhista de nulidades é regido por normas e princípios que levam em conta, sobretudo, as especificidades e institutos peculiares desse ramo especializado.

Ante o transcrito acima, fundamente os princípios que informam o sistema processual trabalhista de nulidades, à luz da Consolidação das Leis do Trabalho, notadamente: a) princípio da instrumentalidade das formas, b) princípio do prejuízo, c) princípio da convalidação, d) princípio do interesse e e) princípio da utilidade.

Resposta sugerida pelo autor

O ordenamento celetista elenca diversos princípios relacionados à nulidade, tal como anunciado na questão.

Embora os atos processuais tenham uma forma prevista em lei, o princípio da instrumentalidade das formas impõe que a forma não pode ser vista como um fim em si mesmo, mas como meio para se alcançar o objetivo do ato processual. Desse modo, mesmo o ato que não tenha observado a forma prescrita em lei, mas, tenha atingido sua finalidade, será considerado válido.

O princípio do prejuízo é disciplinado no artigo 794 da CLT, sendo também denominado de princípio da transcendência. Referido princípio determina que não há nulidade sem prejuízo. A contrário sensu, se o ato, mesmo que não tenha observado as prescrições legais, não gerar prejuízo, ele não será declarado nulo.

O princípio da convalidação (preclusão) é previsto no artigo 795 da CLT, o qual prevê que a nulidade deve ser alegada na primeira oportunidade em que a parte tiver que se manifestar nos autos, sob pena de preclusão.

Preclusão consiste na perda da faculdade de praticar um ato processual. Trata-se de instituto que busca impor que o processo sempre caminhe para frente, impedindo retornos indesejados. A preclusão pode ser temporal, consumativa, lógica, pro iudicato, ordinatória ou máxima. A preclusão temporal é quando a perda decorre da não realização do ato em determinado prazo. A preclusão consumativa ocorre quando realizado o ato (consumado), não se admite que seja novamente realizado. A preclusão lógica é quando não se permite que a parte pratique um ato posterior incompatível com um ato anterior. A preclusão pro iudicato é quando a preclusão é para o juiz. A preclusão ordinatória ocorre quando a validade de um ato pressupõe a existência de um anterior. E a preclusão máxima acontece quando ocorre a coisa julgada.

Ressalta-se que a tal princípio aplica-se apenas à nulidade relativa, vez que a nulidade absoluta cabe ao juiz decretá-la de ofício.

O princípio do interesse consiste na proibição da alegação da própria torpeza, como declina o artigo 796, b, da CLT. Isso significa que aquele que deu causa à nulidade processual não poderá arguí-la posteriormente.

Por fim, o princípio da utilidade estabelece que a declaração de nulidade deve ser útil ao processo. Assim, deve-se evitar, quando possível, a decretação da nulidade, buscando-se aproveitar os atos praticados (CLT, artigo 797). Ademais, a nulidade de certo ato processual somente atingirá os posteriores que dele for dependente (princípio da causalidade) (CLT, artigo 798).

Questão 2

(FCC – TRT 9 – Analista Judiciário – Área Judiciária – 2015) Disserte sobre o princípio da preclusão no Processo Judiciário Trabalhista.

Resposta sugerida pelo autor

A preclusão consiste na perda da faculdade de praticar um ato processual. Trata-se de instituto que busca impor que o processo sempre caminhe para frente, impedindo retornos indesejados.

A preclusão pode ser temporal, consumativa, lógica, *pro iudicato*, ordinatória ou máxima.

A preclusão temporal ocorre quando a perda decorre da não realização do ato em determinado prazo.

Por sua vez, a preclusão consumativa é verificada quando realizado o ato (consumado), não se admite que seja novamente realizado.

A preclusão lógica ocorre quando a parte pratica um ato posterior incompatível com um ato anterior.

Quando a preclusão ocorre para o juiz, ela é denominada de *pro iudicato*.

A preclusão ordinatória acontece quando a validade de um ato pressupõe a existência de um anterior como, por exemplo, os embargos à execução que somente podem ser recebidos depois de garantido o juízo pela penhora.

Por fim, a preclusão máxima é verificada na ocorrência da coisa julgada, a qual ocorre quando não houver mais recurso a ser interposto da decisão ou, havendo, a parte deixar ultrapassar o prazo alusivo para sua interposição.

Estudo de caso 1

Em determinada reclamação trabalhista, a empresa reclamada contratou 5 advogados para sua representação. Para organizar a representação processual, os advogados estabeleceram que apenas 1 seria responsável pelas intimações realizadas, requerendo ao juiz, de forma expressa, que as comunicações dos atos processuais fossem realizadas apenas em seu nome.

Contudo, no decorrer do processo, os outros advogados perceberam que estavam recebendo as intimações, razão pela qual, requereram a decretação da nulidade dos atos processuais. O juiz, ao analisar o requerimento, notou que as intimações não estavam sendo realizadas no nome do advogado indicado, em razão deste não estar previamente cadastrado no Sistema de PJE. A partir do caso apresentado, há nulidade nas intimações realizadas?

Resposta sugerida pelo autor

Nos termos da Súmula nº 427 do TST, no caso de a parte ter mais de um advogado e, "havendo pedido expresso de que as intimações e publicações sejam realizadas exclusivamente em nome de determinado advogado, a comunicação em nome de outro profissional constituído nos autos é nula, salvo se constatada a inexistência de prejuízo". Nesse mesmo sentido, dispõe o artigo 272, § 5º, do CPC/2015.

Todavia, para o C. TST, no caso do Processo Judicial Eletrônico, a decretação da nulidade prevista no referido dispositivo exige que o advogado indicado esteja cadastrado no Sistema de Processo Judicial Eletrônico. Assim, ainda que conste pedido expresso para que a comunicação dos atos processuais seja feita em nome de outro advogado, se este não possuir cadastro prévio no Sistema de PJE, não haverá nulidade, uma vez que impedirá a serventia judicial de atender ao requerimento de envio da intimação direcionada (TST-IN nº 39/2016, artigo 16).

O TST fundamenta o seu posicionamento no princípio do interesse, previsto nos arts. 796, "b", da CLT e 276 do CPC/2015, vez que a nulidade não pode ser arguida por aquele que lhe deu causa.

Dessa forma, no caso apresentado, não haverá a decretação da nulidade em razão das intimações terem sido realizadas em nome de advogado diverso do indicado, uma vez que este não estava previamente cadastrado no Sistema de Processo Judicial Eletrônico, tendo dado causa à nulidade.

CAPÍTULO IX

PETIÇÃO INICIAL

1. FORMAS DE RECLAMAÇÃO

A jurisdição tem como característica essencial a inércia. Desse modo, o "Estado-juiz só atua se for provocado",[1] o que se faz por meio da demanda, exteriorizada na petição inicial.

Vê-se, portanto, que o judiciário deve ser provocado para atuar, não podendo iniciar o processo *ex officio*. É o que se denomina **princípio dispositivo** (ou inércia). No entanto, depois de iniciado por meio da petição inicial, os juízos e Tribunais terão ampla liberdade na direção do processo e velarão pelo andamento rápido das causas, podendo determinar qualquer diligência necessária ao esclarecimento delas,[2] independentemente de provocação, prosseguindo-se, assim, por meio do impulso oficial. Trata-se aqui do **princípio inquisitivo**. Portanto, para iniciar o processo, depende-se de provocação (princípio dispositivo), mas seu prosseguimento se dá por impulso oficial (princípio inquisitivo).

A petição inicial, chamada pela CLT reclamação, pode ser ajuizada pessoalmente pelas partes, utilizando o *jus postulandi*, ou por seus representantes, e pelos sindicatos de classe (CLT, art. 839).

Ela pode ser verbal (oral) ou escrita.

A **reclamação verbal** será distribuída antes de sua redução a termo.

Distribuída a reclamação verbal, o reclamante deverá, **salvo motivo de força maior**, apresentar-se no prazo de 5 dias, ao cartório ou à secretaria, para reduzi-la a termo, sob a pena de perda, pelo prazo de 6 meses, do direito de reclamar perante a Justiça do Trabalho (art. 786 da CLT)[3]. Esse período em que o reclamante fica impossibilitado de ajuizar a reclamação trabalhista é denominado de perempção temporária (provisória). Atente-se para o fato de que essa penalidade não será aplicada se a extrapolação do prazo ocorreu por motivo de força maior.

Já a **reclamação escrita** deverá ser formulada em duas vias e desde logo estar acompanhada dos documentos em que se fundar (CLT, art. 787). A exigência de duas

---

1. CÂMARA, Alexandre Freitas. *Lições de direito processual civil*. 18. ed. Rio de Janeiro: Lumen Juris, 2008. v. 1, p. 70.
2. CLT, art. 765.
3. Essa penalidade incide inclusive sobre pedidos que não existiam na primeira reclamação.

vias tinha relevância no processo físico, já que uma das vias era enviada com a notificação para ciência do reclamado. Atualmente, no processo eletrônico, não há falar em duas vias, pois o reclamado terá acesso eletronicamente à inicial.

▸ ATENÇÃO:

No inquérito para apuração de falta grave e no dissídio coletivo, obrigatoriamente, a reclamação será escrita (CLT, arts. 853 e 856). Ademais, na homologação de acordo extrajudicial não é possível que a reclamação seja verbal, tendo em vista que o art. 855-B da CLT exige que a petição seja conjunta, sendo as partes representadas por advogados.

2. REQUISITOS DA PETIÇÃO INICIAL

A petição inicial é um ato solene, razão pela qual possui requisitos previamente dispostos no ordenamento.

O processo do trabalho, pautado no princípio da celeridade e simplicidade, teoricamente, exige menos requisitos para a provocação da jurisdição, se comparado aos requisitos exigidos pelo CPC, como se verifica a seguir:

▸ CLT, ART. 840	▸ CPC, ART. 319
I - designação do Juízo;	I - o juízo a que é dirigida;
II - a qualificação das partes;	II - os nomes, os prenomes, o estado civil, a existência de união estável, a profissão, o número de inscrição no Cadastro de Pessoas Físicas ou no Cadastro Nacional da Pessoa Jurídica, o endereço eletrônico, o domicílio e a residência do autor e do réu;
III - a breve exposição dos fatos de que resulte o dissídio;	III - o fato e os fundamentos jurídicos do pedido;
IV - o pedido, que deverá ser certo, determinado e com indicação de seu valor;	IV - o pedido com as suas especificações; V - o valor da causa;
V - a data e	
VI - a assinatura do reclamante ou de seu representante.	
	VI - as provas com que o autor pretende demonstrar a verdade dos fatos alegados;
	VII - a opção do autor pela realização ou não de audiência de conciliação ou de mediação.

Vê-se, por referida comparação, que na reclamação trabalhista não se exige a especificação de provas e a opção do autor pela realização ou não de audiência de conciliação ou de mediação.

Cumpre-nos, agora, analisar de forma detida três requisitos: o valor da causa, a causa de pedir e o pedido.

2.1. Valor da causa

Há divergência na doutrina acerca da obrigatoriedade do valor da causa no processo trabalhista.

Para uma parte, o valor da causa não é requisito essencial da peça inicial, vez que o art. 840 da CLT não o exige, podendo o juiz fixá-lo *ex officio*.

A outra parte reconhece sua obrigatoriedade, tendo em vista que, embora não previsto no art. 840 da CLT, ele é capaz de determinar o rito do procedimento (sumário, sumaríssimo ou ordinário). Além da determinação do rito processual, o valor da causa também serve para o recolhimento de taxas judiciárias, fixação do valor para fins de aplicação de ato atentatório à dignidade da jurisdição, litigância de má-fé, multa pela interposição de embargos de declaração meramente protelatórios, assim como dos honorários advocatícios.

Cabe destacar que o C. TST, no art. 3º, IV, da IN nº 39/2016, entendeu que o art. 292, V, do CPC/2015 é plenamente aplicável ao direito processual do trabalho. Assim, na ação indenizatória, inclusive na fundada em dano moral, o valor da causa deve corresponder ao valor pretendido pelo reclamante. Esse entendimento, indiretamente, leva-nos à conclusão de que o TST passou a exigir o valor da causa na reclamação trabalhista.

Ademais, pensamos que a Lei nº 13.467/2017 reforçou o entendimento de que o valor da causa é requisito da exordial, uma vez que o art. 840 passou a exigir que, além de o pedido ser certo e determinado, deverá haver a indicação de seu **valor**. Dessa forma, em regra, basta que o reclamante some os valores de todos os pedidos formulados para que indique o valor da causa.

Embora não indicado expressamente no art. 840 da CLT, entendemos, portanto, que o valor da causa é requisito da petição inicial[4].

2.2. Causa de pedir (breve exposição dos fatos)

A causa de pedir pode ser dividida em próxima e remota.

A causa de pedir próxima, para a doutrina majoritária, consiste nos fundamentos jurídicos, ou seja, na tese jurídica (enquadramento jurídico) que embasa o pedido. É o porquê do pedido. Por outro lado, a causa de pedir remota corresponde aos fatos, isto é, à própria história descrita na inicial.

4. Para as provas de analista é melhor seguir a interpretação literal do art. 840 da CLT.

Alguns doutrinadores (tese minoritária) têm entendido que, no processo do trabalho, a CLT exige apenas a breve exposição dos fatos, de modo que não é obrigatória a fundamentação jurídica. A nosso ver e acompanhando a tese majoritária, a fundamentação jurídica é necessária, pois identifica a demanda, permitindo o exame da coisa julgada, litispendência, conexão e continência.

Atente-se, porém, para o fato de que fundamentação jurídica não equivale à fundamentação legal (indicação do dispositivo legal), vez que esta fica a cargo do juiz, em decorrência do princípio da *iura novit curia*.

Exemplo: Empregado alega que foi contratado em 1.2.2010, sendo dispensado em 2.5.2011 (fatos). Afirma que a dispensa foi sem justa causa (fundamentação jurídica), o que lhe dá direito ao recebimento do aviso-prévio indenizado (pedido). Nesse caso, incumbe ao juiz invocar o art. 487, § 1º, da CLT (fundamentação legal).

2.3. Pedido

O pedido é o principal requisito da petição inicial, delimitando o objeto da demanda. É a própria razão de ser do ingresso em juízo do autor.[5] Ele pode ser caracterizado como:

a) **imediato**: representa o provimento jurisdicional pretendido (condenação, declaração, constituição, acautelamento etc.);

b) **mediato**: é o bem da vida pretendido (ex.: dinheiro).

Diante da delimitação da atuação jurisdicional, o juiz fica vinculado aos pedidos formulados na inicial, devendo interpretá-los no conjunto da postulação, observando o princípio da boa-fé (CPC/2015, art. 322, § 2º). Trata-se do chamado princípio da congruência ou adstrição.

Desse modo, o juiz somente poderá emitir provimento jurisdicional pleiteado, não podendo ir além ou permanecer aquém do pedido ou conceder o que não foi requerido (CPC/2015, art. 492), sob pena de proferir julgamento, respectivamente, *ultra petita*, *citra petita* ou *extra petita*. Exemplificamos:

- Julgamento *ultra petita* (além do pedido): empregado ingressa com a reclamação trabalhista pleiteando indenização por danos materiais no valor de R$ 5.000,00. Durante a instrução do processo, fica comprovado que o dano foi no montante de R$ 7.000,00. Nesse caso, o juiz fica limitado ao valor de R$ 5.000,00, sob pena de proferir julgamento ultra petita.

- Julgamento *citra petita* (aquém do pedido): empregado ingressa com a reclamação trabalhista pleiteando férias, décimo terceiro e

5. BONDIOLI, Luis Guilherme Aidar. In: Breves comentários ao novo código de processo civil. WAMBIER, Teresa Arruda et al. (coord.). *Breves comentários ao novo código de processo civil*. 2. ed. São Paulo: Editora Revista dos Tribunais, 2016. p. 869.

horas extras. Nessa hipótese, o juiz não pode deixar de julgar um dos pedidos, por exemplo, das horas extras, sob pena de proferir julgamento *citra petita*.

• Julgamento *extra petita* (fora do pedido): empregado ingressa com a reclamação trabalhista pleiteando férias, décimo terceiro e horas extras. Durante a instrução do processo, fica comprovado que o empregador também não pagava adicional noturno. Nesse caso, o juiz não poderá deferir o pagamento desse adicional, pois está restrito aos três pedidos formulados na inicial, sob pena de proferir julgamento extra petita.

2.3.1. Requisitos do pedido

Com o advento da Lei nº 13.467/17, o art. 840 da CLT exige que o pedido seja:

- certo;
- determinado; e
- com indicação de seu valor.

Pedido certo significa que o pedido deve ser expresso, ou seja, não pode ser tácito ou implícito.

Excepcionalmente a lei autoriza o pedido implícito, como é o caso das custas, dos juros, da correção monetária, das contribuições previdenciárias, dos honorários advocatícios etc.

É interessante notar que o art. 322, § 2º, do CPC estabelece que "a interpretação do pedido considerará o conjunto da postulação e observará o princípio da boa--fé". Isso significa que, mesmo não existindo pedido expresso, se do conjunto da postulação for possível identificá-lo ele será observado no momento da prolação da decisão judicial.

A doutrina tem admitido sua incidência quando o autor formula a pretensão no corpo da petição inicial e não, necessariamente, na parte destinada aos pedidos.[6]

Pedido determinado é o que se refere aos limites da pretensão,[7] seja em relação à qualidade, seja em relação à quantidade.

É dirigido, pois, ao *quantum debeatur*.[8] Noutras palavras, diz respeito à liquidez do pedido.[9]

---

6. NEVES, Daniel Amorim Assumpção. *Novo Código de Processo Civil Comentado*. Salvador: Ed. Juspodivm, 2016. p. 82.
7. THEODORO JÚNIOR, Humberto. *Curso de direito processual civil – teoria geral do direito processual civil, processo de conhecimento e procedimento comum*. Vol. I. 56. ed. rev. atual. e ampl. – Rio de Janeiro: Forense, 2015. p. 767.
8. DIDIER JR., Fredie. *Curso de Direito processual civil: introdução ao direito processual civil, parte geral e processo de conhecimento*, vol. 1. 18. ed. Salvador: Editora Juspodivm, 2016. p. 589.
9. NEVES, Daniel Amorim Assumpção. *Novo Código de Processo Civil Comentado*. Salvador: Ed. Juspodivm, 2016. p. 82.

No entanto, em alguns casos é admitido pedido genérico quando a legislação autorizar. Desse modo, o art. 324, § 1º, do CPC/2015, aplicável ao processo do trabalho, declina que:

> § 1º. É lícito, porém, formular pedido genérico:
>
> I - nas ações universais, se o autor não puder individuar os bens demandados;
>
> II - quando não for possível determinar, desde logo, as consequências do ato ou do fato;
>
> III - quando a determinação do objeto ou do valor da condenação depender de ato que deva ser praticado pelo réu.

A Lei nº 13.467/17 (Reforma Trabalhista) passou a exigir que o **pedido indique seu valor** nas ações submetidas ao rito ordinário.

Trata-se de dispositivo inspirado no rito sumaríssimo que já exigia esse requisito (CLT, art. 852-B).

Aproxima, portanto, os procedimentos trabalhistas, descrevendo que em ambos os casos (ritos sumaríssimo e ordinário) o pedido deverá ser certo, determinado e indicar o seu valor.

De qualquer maneira, o TST na Instrução Normativa nº 41 estabelece em seu artigo 12, § 2º que o valor do pedido poderá ser estimado e não limita a condenação ao final.[10]

> ▸ **ATENÇÃO:**
>
> O art. 840, § 2º, da CLT estabelece que a reclamação verbal deve observar, no que couber, os mesmos requisitos da reclamação escrita.

2.3.2. *Cumulação de pedidos*

Com fundamento no princípio da celeridade e buscando evitar o ajuizamento de diversas ações, admite-se a cumulação de pedidos num único processo, ainda que entre eles não haja conexão. Nos termos do art. 327, § 1º, do CPC/2015, aplicado subsidiariamente ao processo do trabalho, são requisitos para a cumulação de pedidos que:

> I - os pedidos sejam compatíveis entre si;
>
> II - seja competente para conhecer deles o mesmo juízo;
>
> III - seja adequado para todos os pedidos o tipo de procedimento.

Quando para cada pedido corresponder tipo diverso de procedimento, será admitida a cumulação se o autor empregar o procedimento comum[11], sem prejuízo

10. Neste sentido: TST-Emb-RR-555-36.2021.5.09.0024, SDI-I, Relator Ministro Alberto Bastos Balazeiro. DEJT 07.12.23.
11. No processo do trabalho, o procedimento ordinário.

do emprego das técnicas processuais diferenciadas previstas nos procedimentos especiais a que se sujeitam um ou mais pedidos cumulados, que não forem incompatíveis com as disposições sobre o procedimento comum (CPC/2015, art. 327, § 2º).

A cumulação de pedidos é classificada em:

- **cumulação própria**: quando são formulados diversos pedidos, pretendendo a cumulação simultânea de todos eles. Essa modalidade de cumulação é subdividida em:

  a) **cumulação simples:** quando há diversos pedidos que não possuem um relação de prejudicialidade entre eles, podendo ser acolhidos de forma simultânea. Eles são totalmente independentes.

  ✦ **Exemplo:** *postula-se o pagamento de horas extras e 13° salário.*

(A + B)

  b) **cumulação sucessiva:** na hipótese de existir prejudicialidade entre os pedidos, de modo que o segundo pedido somente será analisado se o anterior for julgado procedente.

  ✦ **Exemplo:** *João postula o reconhecimento do vínculo e o pagamento do aviso-prévio. A concessão do aviso-prévio passa, inicialmente, pelo reconhecimento do vínculo.*

(procedente A → B)

- **cumulação imprópria:** quando se formulam diversos pedidos ao mesmo tempo, mas apenas um deles será atendido. Noutras palavras, o acolhimento de um pedido impossibilita o acolhimento do outro. Essa modalidade de cumulação se subdivide em:

  c) **cumulação alternativa:** o autor formula mais de um pedido, sem estabelecer uma ordem de preferência, de modo que a concessão de qualquer um deles o deixará satisfeito (CPC/2015, art. 326, parágrafo único).[12]

  ✦ *Exemplo: a convenção coletiva garante ao trabalhador o direito ao convênio médico ou à cesta básica. Não ocorrendo a concessão de nenhum deles, pode*

12. A cumulação alternativa difere do pedido alternativo. Aquele tem mais de um pedido (cumulação de pedidos). Já o pedido alternativo é um único pedido, mas, por força do contrato ou da lei, pode ser cumprido por mais de uma forma (CPC/2015, art. 325). Exemplo: empregador concede prêmio ao trabalhador que for mais assíduo (única prestação). O prêmio poderá ser um curso ou uma viagem, a ser escolhido a critério do empregador (duas formas de satisfação). Não ocorrendo a concessão do prêmio, pode o trabalhador postular a concessão do prêmio (pedido único), que poderá ser satisfeito de qualquer das duas formas.

o trabalhador já escolher na inicial qual benefício pretende receber ou poderá cumular os pedidos (convênio médico ou cesta básica) e deixar a escolha a critério do juiz.

(A ou B)

d) cumulação subsidiária: ocorre quando há prejudicialidade entre os pedidos, de modo que o segundo somente será analisado se o anterior for julgado improcedente. Assim, nos termos do art. 326, aplicável ao processo do trabalho, "é lícito formular mais de um pedido em ordem subsidiária, a fim de que o juiz conheça do posterior, quando não acolher o anterior". Nesses casos, não se exige que haja compatibilidade entre os pedidos (CPC/2015, art. 327, § 3º).

✦ *Exemplo: reclamante informa que foi dispensada durante período que era integrante da CIPA, tendo, portanto, garantia de emprego. Postula, dessa forma, a reintegração do emprego e, subsidiariamente, a indenização do período correspondente.*

(improcedente A → B)

- cumulação sucessiva	- cumulação própria - cumulação simples
- cumulação subsidiária	- cumulação imprópria - cumulação alternativa

3. ADITAMENTO E EMENDA DA PETIÇÃO INICIAL

O **aditamento** da inicial é a possibilidade de se alterar o pedido ou a causa de pedir.

O aditamento da inicial difere da emenda.

O **aditamento** da inicial é a possibilidade de se alterar o pedido ou a causa de pedir.

No processo civil, **até a citação** do réu, a alteração poderá ocorrer **independentemente da** anuência do réu (CPC/2015, art. 329, I). Por outro lado, **depois da citação** do réu e até o saneamento do processo, só será permitida a alteração **com** a concordância do réu, assegurado o contraditório e facultado o requerimento de prova suplementar (CPC/2015, art. 329, II).

Embora a CLT seja omissa acerca do aditamento da inicial, é interessante observar que, sendo a citação, no processo do trabalho, um ato de secretaria, somente com a presença da parte na audiência é confirmada a regularidade da citação[13]. Além disso, o prazo da contestação não corre em cartório, mas na audiência, ou seja, depois da tentativa de conciliação frustrada terá 20 minutos para apresentá-la (CLT, art. 847).

Desse modo, a prática forense tem admitido o aditamento da petição inicial, sem anuência do réu, na audiência inaugural (ou una), desde que antes do momento de apresentação da contestação. Nessa hipótese, é concedida ao réu a oportunidade para alterar sua contestação, redesignando para outra data a audiência. Após iniciado o momento de apresentação da contestação, somente com anuência do réu é admitido o aditamento.

A **emenda à petição inicial**, por sua vez, busca corrigir vícios sanáveis da petição inicial. Dessa forma, o art. 321 do CPC/2015, aplicado subsidiariamente ao processo do trabalho, estabelece:

> Art. 321. O juiz, ao verificar que a petição inicial não preenche os requisitos dos arts. 319 e 320 ou que apresenta defeitos e irregularidades capazes de dificultar o julgamento de mérito, determinará que o autor, no prazo de 15 (quinze) dias, a emende ou a complete, indicando com precisão o que deve ser corrigido ou completado.
>
> Parágrafo único. Se o autor não cumprir a diligência, o juiz indeferirá a petição inicial.

Atente-se para o fato de que o CPC/2015, embasado no princípio da cooperação, impõe que o juiz deve indicar com precisão o que deve ser corrigido ou complementado, o que deve ser aplicado ao processo do trabalho, ante a omissão da CLT e a compatibilidade de tal princípio e dispositivo com este ramo laboral.

> ▶ **OBSERVAÇÃO:**
>
> Na hipótese de mandado de segurança, por se exigir, na petição inicial, a presença de prova documental pré-constituída, é inaplicável o art. 321 do CPC/2015, quando verificada a ausência de documento indispensável ou de sua autenticação (Súmula nº 415 do TST). Já no caso de ação rescisória que não tenha apresentado a comprovação do trânsito em julgado da decisão rescindenda na petição inicial, deverá ser concedido o prazo de 15 dias para que o faça, sob pena de indeferimento (Súmula nº 299, II do TST).

4. INDEFERIMENTO DA PETIÇÃO INICIAL

Como analisado anteriormente, havendo vício sanável na petição inicial, o autor (reclamante) será intimado para emendá-la no prazo de 15 dias. Caso não providencie a emenda, a inicial será liminarmente indeferida.

---

13. MOURA, Marcelo. *Consolidação das leis do trabalho para concursos*. Salvador: Juspodivm, 2011. p. 1118.

Além disso, tratando-se de vícios insanáveis, a inicial será desde logo indeferida.

Nesse contexto, o art. 330 do CPC/2015, aplicado subsidiariamente ao processo do trabalho, declina:

> **Art. 330.** A petição inicial será indeferida quando:
>
> I - for inepta;
>
> II - a parte for manifestamente ilegítima;
>
> III - o autor carecer de interesse processual;
>
> IV - não atendidas as prescrições dos arts. 106 e 321.
>
> § 1º Considera-se inepta a petição inicial quando:
>
> I - lhe faltar pedido ou causa de pedir;
>
> II - o pedido for indeterminado, ressalvadas as hipóteses legais em que se permite o pedido genérico;
>
> III - da narração dos fatos não decorrer logicamente a conclusão;
>
> IV - contiver pedidos incompatíveis entre si (...).

Na seara trabalhista, o C. TST estabeleceu, na Súmula nº 263:

> **Súmula nº 263 do TST.** Petição inicial. Indeferimento. Instrução obrigatória deficiente
>
> Salvo nas hipóteses do art. 330 do CPC de 2015 (art. 295 do CPC de 1973), o indeferimento da petição inicial, por encontrar-se desacompanhada de documento indispensável à propositura da ação ou não preencher outro requisito legal, somente é cabível se, após intimada para suprir a irregularidade em 15 (quinze) dias, mediante indicação precisa do que deve ser corrigido ou completado, a parte não o fizer (art. 321 do CPC de 2015).

Pela referida súmula, percebe-se que, ocorrendo uma das hipóteses do art. 330 do CPC/2015 (CPC/73, art. 295), deverá ser indeferida liminarmente a petição inicial, porque o C. TST entendeu ser vício formal insanável. Por outro lado, admitiu sua emenda apenas quando faltar documento indispensável à propositura da ação ou não preencher outro requisito legal, vez que para o TST é vício formal sanável.

Indeferimento liminar	→	hipóteses do art. 330 do CPC/2015
Emenda da petição inicial	{	documento indispensável
		outro requisito legal

O mesmo caminho, aparentemente, seguiu o § 3º do art. 840 da CLT ao declinar que os pedidos que não forem certos, determinados e indicarem seu valor na petição inicial serão julgados extintos sem resolução de mérito, tratando-os como modalidade de inépcia da petição inicial[14].

Por fim, atente-se para o fato de que, na hipótese de emenda da inicial, em decorrência do princípio da cooperação, o juiz deverá fazer a indicação precisa do que deve ser corrigido ou completado, como impõe expressamente o art. 321 do CPC/2015 e a Súmula 263 do TST.

4.1. Recurso da decisão que indefere liminarmente a petição inicial

O indeferimento da petição inicial pode ser total ou parcial. Sendo parcial o juiz rejeitará parte da demanda.[15]

O indeferimento parcial será utilizado com bastante frequência, quando alguns dos pedidos não observarem os requisitos do art. 840, § 1º, da CLT. Tanto é assim que o § 3º do art. 840 da CLT declina que a extinção atingirá apenas os pedidos que não cumprirem os requisitos exigidos.

O **indeferimento parcial se faz por meio de decisão interlocutória**, é impugnável no processo civil pelo agravo de instrumento (CPC, art. 354, parágrafo único). No entanto, como no processo do trabalho não cabe recurso da decisão interlocutória (CLT, art. 893, § 1º), o reclamante deverá aguardar a decisão final para impugná-la. Evidentemente que, na prática, a irrecorribilidade imediata dessa decisão, provoca a sua não impugnação em outro momento, pois ao reclamante será mais útil, eficaz e célere ajuizar outra demanda para os pedidos considerados ineptos.

Já o **indeferimento total é realizado por meio de sentença**, não havendo incidência de honorários advocatícios porque ainda não houve apresentação de defesa pelo reclamado.

Tratando-se de sentença, o recurso cabível, no âmbito trabalhista, é o recurso ordinário, a ser interposto no prazo de 8 dias.

Atente-se, porém, para o fato de que, nessa hipótese, é facultado o **juízo de retração**, em 5 dias (CPC/2015, art. 331), ou seja, o próprio juízo que prolatou a decisão poderá reformá-la, passando a entender que petição inicial é apta. Não se retratando, o juiz mandará citar o réu para responder ao recurso (CPC/2015, art. 331, § 1º). Não interposto o recurso ordinário, o réu será intimado do trânsito em julgado da sentença (CPC/2015, art. 331, § 2º).

Por fim, é interessante destacar que o CPC/2015 inova acerca do juízo de retratação, permitindo-o em todas as hipóteses de recurso de sentença que extingue o

14. SILVA, Homero Batista Mateus da. *Comentários à reforma trabalhista*. São Paulo: Editora Revista dos Tribunais, 2017. p. 155.
15. DIDIER JR., Fredie. *Curso de Direito processual civil: introdução ao direito processual civil, parte geral e processo de conhecimento*, vol. 1. 18. ed. Salvador: Editora Juspodivm, 2016. p. 568.

processo sem resolução do mérito, mesmo que não seja pelo indeferimento liminar da petição inicial (CPC/2015, art. 485, § 7º). Referido dispositivo do novel código é aplicável ao processo do trabalho, por força do art. 3º, VIII, da Instrução Normativa nº 39/2016 do TST.

5. IMPROCEDÊNCIA LIMINAR DO PEDIDO

Enquanto o indeferimento da petição inicial corresponde à extinção do processo sem resolução de mérito, o art. 332 do CPC/2015 prevê algumas hipóteses em que o processo será extinto com resolução de mérito antes mesmo da citação da parte contrária.

O C. TST, ao disciplinar a aplicação do art. 332 do CPC/2015 ao processo do trabalho (IN nº 39/2016, art. 7º), adaptou as hipóteses previstas no CPC/2015 à seara trabalhista. Assim, o juiz do trabalho, nas causas que dispensem a fase instrutória, independentemente da citação do réu, julgará liminarmente improcedente o pedido que contrariar:

> I – enunciado de súmula do Supremo Tribunal Federal ou do Tribunal Superior do Trabalho (CPC, art. 927, inciso V);
>
> II – acórdão proferido pelo Supremo Tribunal Federal ou pelo Tribunal Superior do Trabalho em julgamento de recursos repetitivos (CLT, art. 896-B; CPC, art. 1046, § 4º);
>
> III – entendimento firmado em incidente de resolução de demandas repetitivas ou de assunção de competência;
>
> IV – enunciado de súmula de Tribunal Regional do Trabalho sobre direito local, convenção coletiva de trabalho, acordo coletivo de trabalho, sentença normativa ou regulamento empresarial de observância obrigatória em área territorial que não exceda à jurisdição do respectivo Tribunal (CLT, art. 896, "b", a contrario sensu)
>
> Parágrafo único. O juiz também poderá julgar liminarmente improcedente o pedido se verificar, desde logo, a ocorrência de decadência (TST-IN nº 39/2016, art. 7º).

O julgamento liminar de improcedência do pedido é possível apenas nos casos que dispensem a fase instrutória.

Interpretando o art. 332 do CPC/2015, Daniel Amorim Assumpção Neves entende que "a dispensa da instrução probatória é consequência da presunção de veracidade dos fatos alegados pelo autor"[16]. De acordo com o autor, a improcedência liminar do pedido é possível quando, mesmo que se considere que o autor apenas

16. NEVES, Daniel Amorim Assumpção. *Manual de direito processual civil – volume único*. 8. ed. Salvador: Editora Juspodivm, 2016. p. 547.

alegou fatos verdadeiros, não tem o direito que alega ter. Assim, não é preciso nem mesmo que haja prova pré-constituída. Nesses casos, o juiz fica limitado, portanto, à análise da questão de direito, não importando se o suporte fático afirmado seja verdadeiro ou não[17].

A ausência de citação do réu não viola o princípio do contraditório, pois, tratando-se de julgamento de improcedência, ele não será de nenhuma forma prejudicado.

Destaca-se que o parágrafo único do art. 7º da IN 39 do TST apenas faz referência à possibilidade de improcedência liminar do pedido quando o juiz verificar a decadência, não mencionando a prescrição.

Esse entendimento do TST é justificado pela impossibilidade de o juiz trabalhista decretar a prescrição de ofício, devido à prevalência do princípio protetivo, diferentemente do que ocorre no processo civil, pois o art. 487, II, do CPC/2015 prevê expressamente essa hipótese. Nesse sentido, não permitindo o reconhecimento da prescrição de ofício pelo juízo, o C. TST apenas dispôs quanto à possibilidade de julgamento improcedente do pedido no caso da decadência (TST-IN nº 39/2016, art. 7º, parágrafo único).

Após a decisão de improcedência liminar do pedido, o autor será intimado do julgamento.

Caso não haja interposição de recurso, o réu será intimado do trânsito em julgado da sentença, extinguindo-se o processo (CPC/2015, art. 332, § 2º).

Contudo, caso haja interposição de recurso ordinário é facultado o juízo de retração, em 5 dias (CPC/2015, art. 332, § 3º), tal como ocorre no indeferimento da petição inicial. Nesse caso, o juiz anulará sua própria sentença e determinará a citação do réu para o prosseguimento do feito (CPC/2015, art. 332, § 4º).

Por outro lado, não havendo retratação, o juízo determinará a citação do réu para apresentar contrarrazões, no prazo de 8 dias (CPC/2015, art. 332, § 4º) e para que seja integrado à relação jurídico-processual, tomando conhecimento da demanda[18]. Caso o recurso seja conhecido pelo primeiro juízo de admissibilidade, será encaminhado ao tribunal competente para o seu julgamento.

6. DESISTÊNCIA DA RECLAMAÇÃO

A desistência da ação poderá ser:

- unilateral: quando não depender da anuência do reclamado; e
- bilateral: quando depender de anuência do reclamado.

17. THEODORO JÚNIOR, Humberto. *Curso de Direito Processual Civil – teoria geral do direito processual civil, processo de conhecimento e procedimento comum – vol. I*. 56. ed. Rio de Janeiro: Forense, 2015. p. 760.
18. NEVES, Daniel Amorim Assumpção. *Manual de direito processual civil – volume único*. 8. ed. Salvador: Editora Juspodivm, 2016. p. 551.

A CLT nada versou sobre até que momento poderá ocorrer a **desistência bilateral**, o que impõe a aplicação subsidiária do CPC nesse particular, ou seja, será admitida até a sentença (CPC, art. 485, § 5º).

Quanto à **desistência unilateral**, o art. 841, § 3º, da CLT, inserido pela Lei 13.467/17, tratou do tema seguindo a mesma sistemática do CPC, ao declinar que, "oferecida a contestação, ainda que eletronicamente, o reclamante não poderá, sem o consentimento do reclamado, desistir da ação".

6.1. Desistência de questão idêntica à resolvida pelo recurso representativo da controvérsia

A Lei nº 13.015/14, ao incluir na CLT os arts. 896-B e 896-C, inseriu no processo do trabalho a figura do recurso de revista de causas repetitivas (seriadas), também denominado julgamento por amostragem, acompanhando o que já existia no recurso extraordinário e no recurso especial (CPC/2015, art. 1.036).

É um julgamento por amostragem, já que o C. TST, diante de diversos recursos de revista repetidos, escolhe alguns para representar a controvérsia discutida no caso e forma uma tese jurídica a ser aplicada, obrigatoriamente, aos demais processos idênticos ou semelhantes, em trâmite ou que serão ajuizados no futuro com o mesmo objeto.

Pode acontecer, porém, que depois de julgado o recurso repetitivo e, portanto, criada a tese, ser ajuizada demanda que contraria a tese firmada.

Nesse caso, a parte poderá desistir da ação em curso no primeiro grau de jurisdição, antes de proferida a sentença, se a questão nela discutida for idêntica à resolvida pelo recurso representativo da controvérsia (TST-IN nº 38, art. 16, *caput*).

Essa desistência independe de consentimento do reclamado, ainda que apresentada contestação, mas se a desistência ocorrer antes de oferecida a defesa, a parte, se for o caso, ficará dispensada do pagamento de custas e de honorários de advogado (TST-IN nº 38, art. 16, §§ 1º e 2º).

Sistematizando, a desistência nesse caso:

a) pode ocorrer antes de proferida a sentença;

b) independe de consentimento do reclamado, mesmo se já apresentada a contestação;

c) dispensará do pagamento das custas e honorários, se for o caso, quando ocorrer antes da contestação.

7. QUESTÕES DISSERTATIVAS E ESTUDOS DE CASO

Questão 1

No processo do trabalho, é possível que o juiz corrija, de ofício, o valor da causa?

Resposta sugerida pelo autor

No processo do trabalho, a impugnação ao valor da causa sempre foi realizada no bojo da própria contestação. O CPC/2015 acompanhou essa sistemática e estabelece que a impugnação deve ser formulada como preliminar de contestação, sob pena de preclusão (artigo 293).

De qualquer modo, mesmo não havendo impugnação do valor da causa pelas partes, o artigo 292, § 3º, do CPC/2015, aplicável ao processo do trabalho (TST-IN nº 39/2016, artigo 3º, V), descreve que "o juiz corrigirá, de ofício e por arbitramento, o valor da causa quando verificar que não corresponde ao conteúdo patrimonial em discussão ou ao proveito econômico perseguido pelo autor (...)".

Dessa forma, permite-se que o juiz corrija o valor da causa, de ofício, ou seja, independentemente de requerimento das partes.

Estudo de caso 1

Maria ingressou com reclamatória trabalhista postulando o pagamento de férias e 13º, alegando que nos primeiros anos (2014/2015) em que trabalhou na empresa "W" não gozou de seu período de férias e não recebeu o valor do 13º salário. Contudo, após a contestação da empresa, Maria lembrou-se que, apesar de não ter gozado de suas férias, recebeu o valor em dobro, tendo ainda recebido o valor do 13º salário. Diante disso, manifestou sua vontade de desistir da reclamação proposta. O juiz poderá permitir a desistência unilateral da reclamação?

Resposta sugerida pelo autor

O art. 841, § 3º, da CLT, inserido pela Lei 13.467/17, passou a versar sobre a desistência da ação, ao declinar que "oferecida a contestação, ainda que eletronicamente, o reclamante não poderá, sem o consentimento do reclamado, desistir da ação".

Desse modo, como já foi apresentada a contestação, Maria não poderá desistir unilateralmente da reclamação.

Estudo de caso 2

Ao distribuir reclamação verbal, José foi informado de que deveria apresentar-se no prazo de 5 dias ao cartório ou à secretaria para reduzir sua reclamação a termo. Caso João não compareça no prazo, sofrerá alguma penalidade?

Resposta sugerida pelo autor

No processo do trabalho, a reclamação trabalhista pode ser verbal ou escrita. A reclamação verbal é distribuída antes de sua redução a termo.

Assim, distribuída a reclamação verbal, o reclamante deverá, salvo motivo de força maior, apresentar-se no prazo de 5 dias, ao cartório ou à secretaria, para reduzi-la a termo, sob a pena de perda, pelo prazo de 6 meses, do direito de reclamar perante a Justiça do Trabalho (artigo 786 da CLT). É o que se denomina de perempção temporária (provisória).

Desse modo, a não ser que ocorra algum motivo de força maior a João, se ele não comparecer no prazo de 5 dias ao cartório ou à secretaria para reduzir sua reclamação a termo, ficará impedido, pelo prazo de 6 meses, de reclamar perante a Justiça do Trabalho.

Estudo de caso 3

Paulo, empresário, compareceu à secretaria da Justiça do Trabalho de Teresina/PI e distribuiu reclamação trabalhista oralmente, sem representante. Diante da situação exposta, responda:

a) **Paulo poderia ter comparecido à secretaria sem representante e ajuizado a reclamação trabalhista?**
b) **Em caso positivo, qual procedimento adotado para dar prosseguimento a reclamação?**

Resposta sugerida pelo autor

A) A petição inicial, chamada pela CLT de reclamação, pode ser ajuizada, pessoalmente, pelas partes, utilizando-se do *jus postulandi*, ou por seus representantes, e pelos sindicatos de classe (CLT, art. 839). Portanto, tanto empregado como empregador poderão ajuizar reclamação pessoalmente, ou seja, sem advogado.

B) Quando se tratar de reclamação verbal, será distribuída antes de sua redução a termo. Distribuída a reclamação verbal, o reclamante deverá, salvo motivo de força maior, apresentar-se no prazo de 5 dias, ao cartório ou à secretaria, para reduzi-la a termo, sob a pena de perda, pelo prazo de 6 meses, do direito de reclamar perante a Justiça do Trabalho (art. 786 da CLT). Esse período em que o reclamante fica impossibilitado de ajuizar a reclamação trabalhista é denominado de perempção temporária (provisória).

Estudo de caso 4

Maria ajuizou reclamação trabalhista, em 16.11.2017, em face de sua ex-empregadora doméstica Fátima pleiteando: a) o pagamento de horas extras superiores a 8ª diária e 44 semanal e b) indenização por dano material decorrente de acidente de trabalho. De acordo com a inicial, os valores dos pedidos seriam delimitados na fase de liquidação.

Diante do caso, responda:

A) A petição inicial está de acordo com os requisitos legais?
B) Considerando-se o previsto na CLT, quais providências podem ser tomadas pelo juiz diante da reclamação trabalhista ajuizada?

Resposta sugerida pelo autor

A) Com o advento da Lei nº 13.467/17 (Reforma Trabalhista), o art. 840, § 1º, da CLT passou a exigir que os pedidos da reclamação trabalhista sejam certos, determinados e com indicação de seu valor. Desse modo, de acordo com o texto legal, falta a indicação dos valores dos pedidos.

B) O art. 840, § 3º, da CLT declina que os pedidos que não contarem com todos os requisitos: certos, determinados e com indicação de valor, deverão ser extintos sem resolução de mérito.

QUESTÕES

CAPÍTULOS VIII E IX

1. QUESTÕES COM GABARITO COMENTADO

01. (FCC-2022- TRT 23- Analista Judiciário – Oficial de Justiça Avaliador Federal) Considere as assertivas abaixo a respeito das nulidades no Processo do Trabalho.

I. O princípio que norteia a declaração de nulidade no Processo do Trabalho é o do não prejuízo ao reclamante, hipossuficiente na relação.

II. As nulidades só serão declaradas mediante provocação das partes em qualquer circunstância, devendo sempre ser alegada por escrito em razões finais.

III. A declaração de nulidade de um ato processual maculará todos os atos praticados posteriormente.

IV. Eventual nulidade só será declarada se não for possível suprir-se a falta ou repetir-se o ato.

De acordo com o que prevê a Consolidação das Leis do Trabalho, está correto o que se afirma APENAS em

a) I e III.
b) II e IV.
c) IV.
d) II e III.
e) I, II e IV.

COMENTÁRIOS

Alternativa correta letra "c":

I – Não há distinção entre as partes quando se analisa o prejuízo capaz de ensejar a nulidade, conforme dispõe o art.. 794 (CLT)- *Nos processos sujeitos à apreciação da Justiça do Trabalho só haverá nulidade quando resultar dos atos inquinados manifesto **prejuízo às partes litigantes.*** Item incorreto.

II. As nulidades devem ser arguidas na primeira oportunidade de manifestação nos autos, e não apenas nas razões finais, conforme art. 795 (CLT)- *As nulidades não serão declaradas senão mediante provocação das partes, as quais deverão argui-las à PRIMEIRA VEZ em que tiverem de falar em audiência ou nos autos.* Item incorreto.

III- Não haverá prejuízo a todos os atos posteriores, mas somente àqueles que dependam ou sejam consequência (art. 798, CLT). Item incorreto.

IV – art. 796, "a" da CLT: Art. 796 – *A nulidade não será pronunciada: a) quando for possível suprir-se a falta ou repetir-se o ato;* Item correto.

02. (FCC- 2022 – TRT-4 – Analista Judiciário – Área Judiciária) De acordo com o que prevê a Consolidação das Leis do Trabalho, e com base na interpretação conferida pelo Tribunal Superior do Trabalho à Lei nº 13.467/2017, a chamada Reforma Trabalhista,

a) é causa de extinção do pedido sem julgamento do mérito em petição inicial trabalhista se o mesmo não estiver com valor certo e determinado, não sendo admitida a sua estimativa, por aplicação subsidiária do Código de Processo Civil na hipótese.

b) os pedidos na petição inicial trabalhista devem ser certos e determinados, com a indicação do valor, não se admitindo a fixação do valor por estimativa, devendo haver a extinção do processo sem julgamento do mérito em caso de descumprimento.

c) não há a necessidade de atribuição de valor certo a cada pedido realizado na petição inicial do Processo do Trabalho, eis que se admite a atribuição de valor estimado para o pedido, não se aplicando o Código de Processo Civil, em nenhuma hipótese, na matéria pertinente.

d) não há a necessidade de atribuição de valor certo a cada pedido realizado na petição inicial do Processo do Trabalho, eis que se admite a atribuição de valor estimado para o pedido, aplicando-se o Código de Processo Civil, no que couber, na matéria pertinente.

e) os pedidos na petição inicial trabalhista não precisam ser certos e determinados, sendo desnecessária a sua liquidação e atribuição de valor, pela informalidade do Processo do Trabalho, sendo inaplicável o Código de Processo Civil na hipótese.

COMENTÁRIOS

Alternativa correta letra "D": De acordo com o disposto no art. 840 da CLT, a petição inicial deve especificar os pedidos com indicação de seu valor. Neste ponto, o candidato deve estar atento à Instrução normativa nº41/18 que dispõe Art. 12 (...) § 2º Para fim do que dispõe o art. 840, §§ 1º e 2º, da CLT, o valor da causa será estimado, observando-se, no que couber, o disposto nos arts. 291 a 293 do Código de Processo Civil.

03. (FCC - TRT24/2017 - Analista Judiciário - Área Judiciária) Urano ingressou com reclamatória trabalhista pretendendo receber adicional de periculosidade e horas extras em face da empresa que trabalha. Na audiência UNA designada foi requerida a prova técnica pericial e a oitiva de testemunhas por carta precatória. O juiz deferiu apenas a realização da prova pericial, encerrando a instrução processual e designando julgamento. Inconformado, o patrono de Urano pode alegar nulidade processual

a) em qualquer fase do processo, por se tratar de nulidade fundada em incompetência de foro.

b) apenas em grau de recurso, por se tratar de nulidade fundada em incompetência de prerrogativa.

c) em qualquer momento do processo, quando arguida por quem lhe tiver dado causa.

d) no prazo de cinco dias após a realização da audiência, por meio de agravo de instrumento.

e) à primeira vez em que tiver de falar em audiência ou nos autos, em razão do princípio da preclusão.

COMENTÁRIOS

Alternativa "e" – Correta: O processo do trabalho é pautado pelo princípio da simplicidade. Isso, no entanto, não afasta a necessidade de se observarem determinadas formas descritas na lei, permitindo às partes a segurança jurídica do processo. A ausência de tais formalidades dá origem aos chamados vícios dos atos processuais, que são classificados nas seguintes espécies: inexistentes, nulidade absoluta, nulidade relativa e irregularidades. Segundo o princípio da convalidação ou preclusão, a nulidade deve ser alegada na primeira oportunidade em que a parte tiver que se manifestar nos autos, sob pena de preclusão. Nesse sentido, o art. 795, *caput* da CLT: "As nulidades não serão declaradas senão mediante provocação das partes, as quais deverão argui-las à primeira vez em que tiverem de falar em audiência ou nos autos".

04. (TRT20/2016 - FCC - Analista Judiciário - Área Judiciária) Na reclamação trabalhista movida pelo empregado Záfiro em face da empresa Olimpo S/A houve procedência parcial em sentença. A reclamada interpôs recurso, mas por equívoco do Juízo não houve intimação do reclamante para apresentar contrarrazões. O recurso teve seu provimento negado. No caso, quanto à teoria das nulidades processuais, conforme previsão contida no texto consolidado,

a) caberia arguição pela reclamada da nulidade processual visto que não foi cumprido ato processual essencial.

b) deveria ser declarada a nulidade de ofício, que alcançaria todos os atos decisórios.
c) não poderia ser declarada nulidade de ofício por não ser absoluta, mas caso fosse arguida por quaisquer das partes seria acolhida com anulação dos atos decisórios.
d) a nulidade não seria declarada porque não houve prejuízo à parte que não foi intimada para apresentar contrarrazões do recurso.
e) deveria ser declarada a nulidade por provocação da reclamada apenas em eventual ação rescisória a ser movida.

COMENTÁRIOS

Alternativa "d" – Correta: O princípio do prejuízo, também denominado de transcendência, significa que não há nulidade sem prejuízo. Nesse sentido, o art. 794 da CLT estabelece: "Nos processos sujeitos à apreciação da Justiça do Trabalho só haverá nulidade quando resultar dos atos inquinados manifesto prejuízo às partes litigantes".

A contrário *sensu,* se o ato, mesmo que não tenho observado as prescrições legais, não gerar prejuízo, ele não será declarado nulo.

05. (TRT 14ª Região/2016 – Analista Judiciário – Área Judiciária) A Teoria Geral do Processo conceitua a nulidade como sendo uma sanção pela qual a lei priva um ato jurídico dos seus efeitos normais, quando em sua execução não são observadas as formas ou requisitos para ele prescritas. Entretanto, diante da informalidade do processo do trabalho, em relação às nulidades é correto que

a) só haverá nulidade quando resultar dos atos inquinados manifesto prejuízo às partes litigantes.
b) as partes litigantes podem arguir as nulidades a qualquer momento processual, cabendo-lhes a escolha do momento processual que entendam oportuno.
c) a nulidade será declarada mesmo que for possível suprir-lhe a falta ou repetir o ato, uma vez que o ato já foi realizado e se consolidou.
d) a nulidade deverá ser pronunciada ainda que tenha sido arguida pela parte litigante que lhe originou ou lhe deu causa.
e) o juiz que pronunciar a nulidade não precisa declarar os atos a que ela se estende porque a nulidade de um ato prejudica os atos anteriores a este.

COMENTÁRIOS

Alternativa correta: A.

O princípio do prejuízo, também denominado de transcendência, significa que não há nulidade sem prejuízo. Assim, se o ato, mesmo que não tenha observado as prescrições legais, não gerar prejuízo, ele não será declarado nulo. Nesse sentido, o art. 794 da CLT estabelece: "nos processos sujeitos à apreciação da Justiça do Trabalho só haverá nulidade quando resultar dos atos inquinados manifesto prejuízo às partes litigantes".

CAPÍTULO X
AUDIÊNCIAS

1. GENERALIDADES

Audiência é o ato pelo qual se ouvem as partes ou os demais integrantes do processo (testemunhas, peritos etc.). No processo do trabalho, a audiência tem grande relevância, uma vez que a maioria dos atos ocorrem nela, como é o caso das conciliações, apresentação de defesa, colheita de depoimentos pessoais, oitiva das testemunhas, apresentação das razões finais e prolação da sentença.

Cabe destacar que para o C. TST, em razão de o processo trabalhista possuir regra própria no tocante às audiências, não se aplica o art. 334 do CPC/2015[1] (TST-IN nº 39/2016, art. 2º, IV).

As audiências serão públicas e, em regra, realizadas na sede do juízo. Nos termos do art. 813 da CLT:

> Art. 813 – As audiências dos órgãos da Justiça do Trabalho serão públicas e realizar-se-ão na sede do Juízo ou Tribunal em dias úteis previamente

1. Art. 334. Se a petição inicial preencher os requisitos essenciais e não for o caso de improcedência liminar do pedido, o juiz designará audiência de conciliação ou de mediação com antecedência mínima de 30 (trinta) dias, devendo ser citado o réu com pelo menos 20 (vinte) dias de antecedência. § 1º O conciliador ou mediador, onde houver, atuará necessariamente na audiência de conciliação ou de mediação, observando o disposto neste Código, bem como as disposições da lei de organização judiciária. § 2º Poderá haver mais de uma sessão destinada à conciliação e à mediação, não podendo exceder a 2 (dois) meses da data de realização da primeira sessão, desde que necessárias à composição das partes. § 3º A intimação do autor para a audiência será feita na pessoa de seu advogado. § 4º A audiência não será realizada: I – se ambas as partes manifestarem, expressamente, desinteresse na composição consensual; II – quando não se admitir a autocomposição. § 5º O autor deverá indicar, na petição inicial, seu desinteresse na autocomposição, e o réu deverá fazê-lo, por petição, apresentada com 10 (dez) dias de antecedência, contados da data da audiência. § 6º Havendo litisconsórcio, o desinteresse na realização da audiência deve ser manifestado por todos os litisconsortes. § 7º A audiência de conciliação ou de mediação pode realizar-se por meio eletrônico, nos termos da lei. § 8º O não comparecimento injustificado do autor ou do réu à audiência de conciliação é considerado ato atentatório à dignidade da justiça e será sancionado com multa de até dois por cento da vantagem econômica pretendida ou do valor da causa, revertida em favor da União ou do Estado. § 9º As partes devem estar acompanhadas por seus advogados ou defensores públicos. § 10. A parte poderá constituir representante, por meio de procuração específica, com poderes para negociar e transigir. § 11. A autocomposição obtida será reduzida a termo e homologada por sentença. § 12. A pauta das audiências de conciliação ou de mediação será organizada de modo a respeitar o intervalo mínimo de 20 (vinte) minutos entre o início de uma e o início da seguinte.

> fixados, entre 8 (oito) e 18 (dezoito) horas, não podendo ultrapassar 5 (cinco) horas seguidas, salvo quando houver matéria urgente.
>
> § 1º - Em casos especiais, poderá ser designado outro local para a realização das audiências, mediante edital afixado na sede do Juízo ou Tribunal, com a antecedência mínima de 24 (vinte e quatro) horas.
>
> § 2º - Sempre que for necessário, poderão ser convocadas audiências extraordinárias, observado o prazo do parágrafo anterior.

Da análise do dispositivo mencionado anteriormente é possível extrair as seguintes regras das audiências:

1) **publicidade**

As audiências, por decorrerem de um processo judicial, são públicas.

No entanto, o art. 93, IX, da CF/88 permite a limitação da "presença, em determinados atos, às próprias partes e a seus advogados, ou somente a estes, em casos nos quais a preservação do direito à intimidade do interessado no sigilo não prejudique o interesse público à informação".

2) **local da audiência**

- Regra: serão realizadas na sede do juízo ou tribunal.
- Exceção: poderá ser designado outro local, em casos excepcionais, desde que notificado por meio de edital, publicado com antecedência mínima de 24 horas.

3) **realizadas em dias úteis.**

Dias úteis são os dias em que há expediente forense. Por outro lado, dias inúteis são os feriados declarados em lei, os sábados, os domingos e os dias em que não haja expediente forense (CPC/2015, art. 216).

4) **horário de realização: das 8h às 18h.**

> ▶ OBSERVAÇÃO:
> As sessões nos tribunais ocorrerão das 14h às 17h, podendo ser prorrogadas pelo presidente em caso de manifesta necessidade (CLT, art. 701).

5) **duração da audiência**

- Regra: não pode ultrapassar 5 horas seguidas.
- Exceção: pode ultrapassar 5 horas seguidas, quando houver matéria urgente.

É interessante observar que a tese predominante é no sentido de que o prazo máximo de 5 horas é para todas as audiências da pauta e não uma única audiência[2].

6) **podem ser convocadas audiências extraordinárias, desde que seja publicada em edital afixado na sede do juízo ou tribunal, com a antecedência mínima de 24 horas.**

Nas audiências deverão estar presentes, comparecendo com a necessária antecedência, os escrivães ou secretários (CLT, art. 814).

É incumbência do juiz zelar para que as audiências ocorram de forma ordenada e tranquila, de modo que pode mandar retirar do recinto os assistentes que a perturbarem (CLT, art. 816). Trata-se do chamado poder de polícia conferido aos juízes dentro da audiência.

Ademais, declina o art. 817 da CLT:

> Art. 817 – O registro das audiências será feito em livro próprio, constando de cada registro os processos apreciados e a respectiva solução, bem como as ocorrências eventuais.
>
> Parágrafo único – Do registro das audiências poderão ser fornecidas certidões às pessoas que o requererem.

Por fim, cumpre destacar que o CPC/2015 cria um prazo mínimo entre as audiências da seguinte forma:

- audiência de conciliação: intervalo mínimo de 20 (vinte) minutos entre o início de uma e o início da seguinte (art. 334, § 12).
- audiência de instrução: intervalo mínimo de uma hora entre as audiências (art. 357, § 9º).

Contudo, tais dispositivos não são aplicados ao processo do trabalho, uma vez que, em decorrência da oralidade imperante neste ramo processual, há expressivo número de audiências e, se observado o disposto no CPC, irá inviabilizar a pauta de audiências, violando os princípios da simplicidade, celeridade e efetividade processual.

Portanto, não há compatibilidade de referidos dispositivos com o processo do trabalho[3] (TST-IN nº 39/2016, art. 2º, IV).

2. SCHIAVI, Mauro. *Manual de Direito Processual do Trabalho*. 9. ed. São Paulo: LTr, 2015. p. 560.
3. No mesmo sentido, SILVA, Homero Batista Mateus da. Curso de direito do trabalho aplicado: processo do trabalho. São Paulo: Editora Revista dos Tribunais, 2015. v. 9. p. 206, a analisar o art. 357, § 9º, do CPC/2015.

2. ATRASO NA AUDIÊNCIA

Nos termos do art. 815 da CLT:

> Art. 815 – À hora marcada, o juiz ou presidente declarará aberta a audiência, sendo feita pelo secretário ou escrivão a chamada das partes, testemunhas e demais pessoas que devam comparecer.
>
> § 1º Se, até 15 (quinze) minutos após a hora marcada, o juiz ou presidente não houver comparecido, os presentes poderão retirar-se, devendo o ocorrido constar do livro de registro das audiências. (Incluído pela Lei nº 14.657, de 2023)
>
> § 2º Se, até 30 (trinta) minutos após a hora marcada, a audiência, injustificadamente, não houver sido iniciada, as partes e os advogados poderão retirar-se, consignando seus nomes, devendo o ocorrido constar do livro de registro das audiências. (Incluído pela Lei nº 14.657, de 2023)
>
> § 3º Na hipótese do § 2º deste artigo, a audiência deverá ser remarcada pelo juiz ou presidente para a data mais próxima possível, vedada a aplicação de qualquer penalidade às partes. (Incluído pela Lei nº 14.657, de 2023)

Interpretando o parágrafo primeiro do referido artigo, o C. TST entendeu que a tolerância de atraso de 15 minutos aplica-se tão somente ao juiz, ou seja, essa permissão não atinge as partes. Nesse sentido, a Orientação Jurisprudencial nº 245 da SDI-I do TST, *in verbis*:

> **Orientação Jurisprudencial nº 245 da SDI – I do TST.** Revelia. Atraso. Audiência
>
> Inexiste previsão legal tolerando atraso no horário de comparecimento da parte na audiência.

Portanto, na dicção da aludida Orientação Jurisprudencial não se permite o atraso para as partes comparecerem em audiência, de modo que na hora marcada elas têm o **dever** de estar presentes, sob pena de sofrerem os efeitos idênticos ao de sua ausência: a) arquivamento da reclamação, caso seja o autor (reclamante); b) revelia, se for o réu (reclamado); c) confissão *ficta* quando se tratar de audiência de instrução e as partes forem devidamente intimadas dessa cominação (Súmula nº 74 do TST).

Além do referido § 1º, com o advento da Lei nº 14.657/2023, foram inseridos os §§ 2º e 3º, ao art. 815 da CLT, permitindo que as partes e os advogados possam se retirar da audiência, se até 30 minutos da hora marcada, de forma injustificada, a audiência iniciar, devendo o ocorrido constar do livro de registro das audiências. Nesse caso, a audiência será redesignada para a data mais próxima possível não sofrendo as partes nenhuma penalidade.

O aludido § 2º tem inspiração no art. 362, III, do CPC, o qual não era aplicável ao processo do trabalho, conforme declinava o art. 2º, VI, da IN nº 39/2016 do TST. Contudo, a partir da alteração da CLT, desnecessária a invocação do CPC, incidindo diretamente o art. 815, § 2º, da CLT, ficando prejudicado o art. 2º, VI, da IN nº 39/2016 do TST.

3. FRACIONAMENTO DA AUDIÊNCIA

A sistemática idealizada pela CLT estabelece que toda audiência seja una (única) e contínua, devendo o juiz do trabalho tomar conhecimento da inicial, fazer proposta de conciliação, receber a contestação, produzir as provas e, em seguida, prolatar a sentença. Trata-se da plena aplicação do princípio da concentração, buscando o agrupamento dos atos processuais em uma única audiência.

Pode ocorrer, não obstante, de o julgador não praticar todos os atos em uma única audiência, adiando-a para data posterior, com fundamento no art. 849 da CLT, o qual permite o adiamento da audiência em caso de força maior.

> Art. 849 – A audiência de julgamento será contínua; mas, se não for possível, por motivo de força maior, concluí-la no mesmo dia, o juiz ou presidente marcará a sua continuação para a primeira desimpedida, independentemente de nova notificação.

Embora a lei permita o fracionamento da audiência apenas no caso de força maior, a audiência una, especialmente nos grandes centros, ficou inviabilizada, passando os juízes a dividi-la em:

- audiência inaugural: quando há a primeira proposta de conciliação e apresentação de defesa;[4]
- audiência de instrução (ou em prosseguimento): oportunidade em que ocorre a colheita de provas orais (interrogatório, oitiva das testemunhas, oitiva do perito e assistentes técnicos);
- audiência de julgamento: publicação da sentença.

4. COMPARECIMENTO DAS PARTES

Diz a doutrina que, no processo do trabalho, o processo é das partes. Isso ocorre porque, nesse ramo processual, o art. 843 da CLT impõe a presença das partes na audiência. De qualquer modo, referido dispositivo admite a representação das partes, como se verifica a seguir:

> **Art. 843** – Na audiência de julgamento deverão estar presentes o reclamante e o reclamado, independentemente do comparecimento de seus

4. A Recomendação nº 1/2019 da CGJT recomenda que nos processos em que forem partes os entes da Administração Pública Direta, Autarquias e Fundações Públicas, não seja designada audiência inicial, exceto quando, a requerimento de quaisquer das partes, haja interesse na celebração de acordo. O Mesmo procedimento deverá ser adotado nas ações civis públicas e ações civis coletivas ajuizadas pelo Ministério Público do Trabalho.

> representantes salvo, nos casos de Reclamatórias Plúrimas ou Ações de Cumprimento, quando os empregados poderão fazer-se representar pelo Sindicato de sua categoria.
>
> § 1º - É facultado ao empregador fazer-se substituir pelo gerente, ou qualquer outro preposto que tenha conhecimento do fato, e cujas declarações obrigarão o proponente.
>
> § 2º - Se por doença ou qualquer outro motivo poderoso, devidamente comprovado, não for possível ao empregado comparecer pessoalmente, poderá fazer-se representar por outro empregado que pertença à mesma profissão, ou pelo seu sindicato.
>
> § 3º - O preposto a que se refere o § 1º deste artigo não precisa ser empregado da parte reclamada.

Verifica-se, pelo dispositivo supracitado, que as partes podem ser representadas nas seguintes hipóteses[5]:

1. Representação do empregado pelo sindicato nas reclamações plúrimas.
2. Representação do empregado pelo sindicato nas ações de cumprimento.
3. Representação do empregado por outro empregado que **pertença à mesma profissão** ou pelo sindicato, em razão de doença ou qualquer outro motivo "poderoso", devidamente comprovado.
4. Representação do empregador pelo gerente ou preposto.

4.1. Representação do empregador pelo gerente ou preposto

O empregador poderá ser substituído na audiência por gerente ou preposto, como autoriza o art. 843, § 1º, da CLT.

Embora referido artigo exija apenas que o preposto tenha conhecimento dos fatos, o C. TST, antes da Lei nº 13.467/17, impunha mais um requisito, qual seja: deveria ser empregado da empresa, nos termos da Súmula nº 377 do TST, *in verbis*:

> **Súmula nº 377 do TST.** Preposto. Exigência da condição de empregado
>
> Exceto quanto à reclamação de empregado doméstico, ou contra micro ou pequeno empresário, o preposto deve ser necessariamente empregado do reclamado. Inteligência do art. 843, § 1º, da CLT e do art. 54 da Lei Complementar nº 123, de 14 de dezembro de 2006.

Portanto, a regra era que o preposto deveria ser empregado da empresa. Excepcionalmente, não havia necessidade de o preposto ser empregado desde que se tratasse de:

5. Veja maiores comentários sobre tais hipóteses no capítulo destinados às partes e procuradores no processo do trabalho, tópico representação em audiência.

a) empregador doméstico;

b) pequena e microempresa.

A Lei nº 13.467/17, contudo, acrescentou o § 3º ao art. 843 da CLT, passando a estabelecer expressamente que não há necessidade de que o preposto seja empregado da parte reclamada, alterando totalmente o entendimento firmado pelo TST, o que provocará o cancelamento da Súmula nº 377 do TST.

De qualquer maneira, o preposto deve ter conhecimento dos fatos. Não há necessidade de ter presenciado os fatos, podendo ter conhecimento por informações de terceiros[6]. Contudo, não tendo o preposto conhecimento dos fatos, haverá incidência da confissão ficta (CPC/2015, arts. 386 e 389), que poderá ser afastada por meio de prova em contrário, nos termos da Súmula 74, II, do TST.

O preposto tem a função de substituir o empregador na audiência, exaurindo sua atividade nesse ato. Assim, poderá exercer todos os atos necessários na audiência, tais como realizar propostas de acordo, apresentar defesa oral, prestar depoimento pessoal e aduzir razões finais. Por outro lado, acabada a audiência, não poderá praticar outros atos processuais, por exemplo, interpor recursos.

Caso o empregador não se faça representar adequadamente (p. ex., ausência de carta de preposição), não haverá incidência imediata dos efeitos da revelia, devendo o magistrado possibilitar ao reclamado a oportunidade de sanar sua irregularidade, nos termos do art. 76 do CPC/2015,[7] que é embasado no princípio da primazia da decisão de mérito.

4.1.1. *Preposto e advogado*

O C. TST no art. 12, § 3º[8], da Instrução Normativa nº 41/2018, interpretou o art. 843, § 3º, da CLT em conjunto com o Regulamento Geral do Estatuto de Advocacia e OAB, o qual estabelece, em seu art. 3º, que "é defeso ao advogado funcionar no mesmo processo, simultaneamente, como patrono e preposto de empregador ou cliente". Impediu-se, portanto, que o advogado atue como preposto e advogado de modo concomitante.

Desse modo, o advogado não poderá exercer atos que deveriam ser realizados pelo preposto (p. ex. prestar depoimento).

---

6. PEREIRA, Leone. *Manual de processo do trabalho.* São Paulo: Saraiva, 2011. p. 443.
7. No mesmo sentido: OLIVEIRA, Francisco Antônio de. *Comentários às súmulas do TST*. 9. ed. rev. e atual. São Paulo: Editora Revista dos Tribunais, 2008. p. 667 e PINTO, Raymundo Antonio Carneiro. *Súmulas do TST comentadas*. 11. ed. São Paulo: LTr, 2010. 296.
8. Art. 12, 3º Nos termos do art. 843, § 3º, e do art. 844, § 5º, da CLT, não se admite a cumulação das condições de advogado e preposto.

4.2. Ausência do reclamante

Conforme já anunciado, o reclamante deve comparecer pessoalmente em audiência. No entanto, o art. 841, caput e § 2º, autoriza sua representação pelo sindicato ou por outro empregado da mesma profissão em algumas hipóteses.

Pode acontecer de o reclamante ou seu representante se ausentar da audiência produzindo efeitos diferentes a depender da audiência a que não tenha comparecido.

A ausência do reclamante na audiência inaugural provocará o arquivamento da reclamação trabalhista,[9] ou seja, a extinção do processo sem resolução do mérito, devendo arcar com o pagamento das custas processuais caso não comprove, no prazo de 15 dias, que a ausência ocorreu por motivo justificável (CLT, art. 844, *caput* e § 2º)[10].

Ademais, o art. 844, § 3º descreve que o referido pagamento é "condição para a propositura da nova demanda". Na realidade, trata-se de pressuposto processual negativo, de modo que a ausência do pagamento provocará a extinção do novo processo sem resolução de mérito.

Enfim, se não houver justificativa legal para o não comparecimento do reclamante provocará:

1) o arquivamento da reclamação;
2) o dever de pagar as custas processuais;
3) um pressuposto processual para o novo processo, qual seja, o pagamento das custas do processo arquivado.

> ▶ **ATENÇÃO:**
>
> Caso o reclamante dê causa a dois arquivamentos seguidos, pelo não comparecimento na audiência, ficará impossibilitado, pelo prazo de 6 meses, de reclamar perante a Justiça do Trabalho, nos termos dos arts. 731 e 732 da CLT*.
>
> * Essa penalidade atinge inclusive pedidos que não estavam nas reclamações trabalhistas anteriores.

Se a audiência for adiada depois da apresentação da contestação, o não comparecimento do reclamante na **audiência de instrução** dá origem à confissão ficta (presunção de veracidade dos fatos alegados), desde que devidamente intimado com essa cominação. É o que declina a jurisprudência do C. TST:

> **Súmula nº 9 do TST.** Ausência do reclamante
>
> A ausência do reclamante, quando adiada a instrução após contestada a ação em audiência, não importa arquivamento do processo.

---

9. Caso o reclamante dê causa a dois arquivamentos seguidos, pelo não comparecimento na audiência, ficará impossibilitado, pelo prazo de 6 meses, de reclamar perante a Justiça do Trabalho, nos termos dos arts. 731 e 732 da CLT.
10. Na ADI 5766, o STF declarou constitucional o art. 844, § 2º, da CLT.

Súmula nº 74 do TST. Confissão

I – Aplica-se a confissão à parte que, expressamente intimada com aquela cominação, não comparecer à audiência em prosseguimento, na qual deveria depor.

II – A prova pré-constituída nos autos pode ser levada em conta para confronto com a confissão ficta (arts. 442 e 443, do CPC de 2015 – art. 400, I, do CPC de 1973), não implicando cerceamento de defesa o indeferimento de provas posteriores.

III – A vedação à produção de prova posterior pela parte confessa somente a ela se aplica, não afetando o exercício, pelo magistrado, do poder/dever de conduzir o processo.

Por fim, consigna-se que a ausência do reclamante ou do reclamado na **audiência de julgamento**, quando é proferida a sentença, apenas tem o condão de iniciar o prazo recursal, ou seja, inicia-se o prazo recursal independentemente da presença das partes. Nesse sentido:

Súmula nº 197 do TST. Prazo

O prazo para recurso da parte que, intimada, não comparecer à audiência em prosseguimento para a prolação da sentença conta-se de sua publicação.

Súmula nº 30 do TST. Intimação da sentença

Quando não juntada a ata ao processo em 48 horas, contadas da audiência de julgamento (art. 851, § 2º, da CLT), o prazo para recurso será contado da data em que a parte receber a intimação da sentença.

4.3. Ausência do reclamado

Da mesma forma que o reclamante, o reclamado também deverá comparecer pessoalmente na audiência ou ser substituído por preposto ou gerente. No entanto, a ausência do reclamado, na audiência inaugural, acarreta a revelia e seus efeitos, especialmente a confissão ficta, como declina o art. 844 da CLT.

É interessante observar que, ao provocar a revelia, os fatos tornam-se incontroversos, de modo que haverá aplicação da multa do art. 467 da CLT. Nesse sentido, a Súmula nº 69 do TST:

Súmula nº 69 do TST. Rescisão do contrato

A partir da Lei nº 10.272, de 05.09.2001, havendo rescisão do contrato de trabalho e sendo revel e confesso quanto à matéria de fato, deve ser o empregador condenado ao pagamento das verbas rescisórias, não quitadas na primeira audiência, com acréscimo de 50% (cinquenta por cento).

Já na hipótese de o reclamado estar presente à audiência inaugural, quando apresentará a contestação, mas ausente na audiência em instrução, não haverá revelia, apenas a confissão ficta, como ocorre com o reclamante.

Por fim, caso o reclamado não compareça à audiência de julgamento, inicia-se o prazo recursal independentemente de sua presença.

AUSÊNCIA NA AUDIÊNCIA INAUGURAL

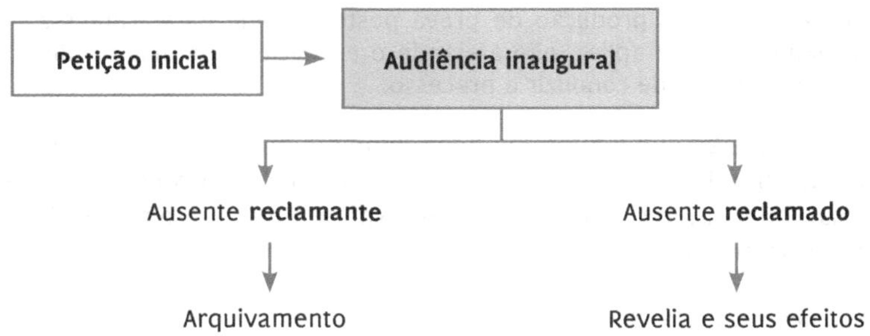

AUSÊNCIA NA AUDIÊNCIA DE INSTRUÇÃO

> ▸ **OBSERVAÇÃO:**
> A ausência de ambas as partes na audiência inaugural produz o arquivamento do processo. Já na ausência conjunta do reclamante e do reclamado na audiência de instrução, a confissão será aplicada aos dois, devendo o juiz julgar o processo com base nas provas dos autos e no ônus da prova de cada um.

Em suma, a ausência das partes na audiência provoca os seguintes efeitos:

11. Salvo se justificar em 15 dias o motivo da ausência.

▶ PARTE AUSENTE	▶ AUDIÊNCIA INAUGURAL OU UNA	▶ AUDIÊNCIA DE INSTRUÇÃO	▶ AUDIÊNCIA DE JULGAMENTO
Reclamante	arquivamento e pagamento das custas[10]	confissão	inicia o prazo recursal
Reclamado	confissão e revelia quanto à matéria de fato	confissão	inicia o prazo recursal
Reclamante e reclamado	arquivamento	confissão das duas partes, julgando-se com as provas já existentes nos autos e, se inexistentes ou insuficientes, de acordo com o ônus da prova	inicia o prazo recursal

4.3.1. *Pessoa jurídica de direito público*

Para o TST, a pessoa jurídica de direito público se sujeita à revelia prevista no art. 844 da CLT (OJ nº 152 da SDI-I do TST).

Porém, é importante destacar que a MP 2.180-35 afastou a incidência da multa do art. 467 da CLT à administração pública, o que vem sendo observado pelo TST, embora tal medida provisória não tenha constado da Lei 10.272/01. Já na hipótese de responsabilidade subsidiária da administração pública, o C. TST não afasta a incidência da multa do art. 467 da CLT.

4.3.2. *Presença do advogado em audiência e ausência da reclamada*

Antes da Lei nº 13.467/2017, o TST, interpretando literalmente o art. 844, *caput*, da CLT, declarou que a presença tão somente do advogado, mesmo que munido de procuração, não afastava a revelia. Assim agiu, porque no seu entender, o ato de contestar é exclusivo da parte e deve ser efetivado na própria audiência. Ademais, no processo do trabalho, a contestação não é apresentada em secretaria, mas sim na audiência, de modo que a revelia ocorrerá pela simples ausência da reclamada na audiência.

Dessa forma, na visão do C. TST, o empregador deveria apresentar-se pessoalmente ou por meio de seu gerente ou preposto na audiência, a fim de não provocar a decretação da revelia.

Aliás, o C. TST admitia que a revelia fosse afastada quando o empregador apresentasse atestado médico, que deveria comprovar a impossibilidade de sua locomoção. Nesse sentido:

> **Súmula nº 122 do TST.** Revelia. Atestado médico
>
> A reclamada, ausente à audiência em que deveria apresentar defesa, é revel, ainda que presente seu advogado munido de procuração,

> podendo ser ilidida a revelia mediante a apresentação de atestado médico, que deverá declarar, expressamente, a impossibilidade de locomoção do empregador ou do seu preposto no dia da audiência.

A Lei nº 13.467/2017, ao introduzir o § 5º no art. 844 da CLT, aparentemente, contraria o entendimento consolidado pelo C. TST, ao declinar que:

> **ainda que ausente o reclamado em audiência, a contestação e os documentos apresentados por seu advogado serão aceitos.**

Digo, aparentemente, porque o legislador perdeu a oportunidade de ser claro sobre a ocorrência da revelia ou não nessa hipótese, o que provocará discussões na doutrina e jurisprudência.

Como relatado nos tópicos anteriores, atualmente existe divergência no tocante ao surgimento da revelia no direito processual do trabalho. Para a primeira corrente, ocorrerá a revelia pela simples ausência da reclamada à audiência inaugural ou una, por força do caput do art. 844 da CLT. Para a segunda, haverá revelia quando não apresentada a contestação, ou seja, impõe o animus de não contestar (CPC/2015, art. 344).

Como o legislador não disse que na hipótese do § 5º estará afastada a revelia, para os defensores da primeira corrente ela continuará existindo, mas agora o ordenamento autoriza o recebimento da contestação e dos documentos, uma vez que o revel pode intervir no processo em qualquer fase, recebendo-o no estado em que se encontrar (CPC, art. 346, parágrafo único). Esse entendimento fará com que o reclamado possa, no máximo, fazer contraprova dos fatos constitutivos, vedando-se a produção de prova de fatos novos, tais como: fatos modificativos, impeditivos ou extintivos do direito do autor, já que as alegações de tais fatos deveriam constar da contestação, que embora aceita não será analisada (CPC, art. 349). Em sentido semelhante, o Enunciado nº 104 da 2ª Jornada de direito material e processual do trabalho:

> **Enunciado nº 104** – O § 5º do art. 844 da CLT não afasta a revelia e a confissão
>
> O § 5º do art. 844 da CLT não afasta a revelia e seus efeitos de confissão, apenas permitindo que o juiz possa conhecer das questões de ordem pública e da matéria não alcançada pela confissão do fato constitutivo alegado pelo autor.

Para outros, com os quais pensamos estar a razão, a presença do advogado munido da contestação demonstra o *animus* de defesa, de modo que estará afastada a revelia. Nesse caso, serão analisados os fatos impeditivos, modificativos e extintivos do direito do reclamante.

O comparecimento tão somente do advogado, no entanto, provocará efeitos diferentes, se a audiência for apenas inaugural ou se for audiência una.

Sendo **audiência inaugural** estará dispensada a presença da reclamada na audiência, podendo comparecer apenas seu advogado, o que, temos de reconhecer, minimiza a possibilidade de acordo.

Já na hipótese de **audiência una**, embora a presença do advogado com a contestação afaste a revelia, haverá confissão *ficta*, devido à ausência da reclamada para depor, o que provocará novas discussões sobre a possibilidade de o juiz encerrar a instrução processual.

É que havendo confissão, a parte fica limitada na comprovação de fatos contrários aos confessados, pois como declinou Chiovenda "a *ficta confessio* produz, por consequência, como a confissão, a preclusão do direito de alegar fatos incompatíveis com os admitidos".[12]

Com efeito, havendo tal preclusão, **o indeferimento de produção de provas posteriores à confissão *ficta* não constitui cerceamento de defesa, por ser mera faculdade do juiz**. Como elucidou o Ministro Vantuil Abdala:

> A confissão ficta importa presunção de veracidade dos fatos alegados pela parte contrária, podendo ser elidida por prova em contrário já existente nos autos. Mas, confessa a parte quanto matéria de fato, não tem ela o direito de, ainda, produzir prova testemunhal. É que o depoimento das testemunhas poderia vir a elidir os efeitos da 'Ficta Confessio', e assim não haveria nenhuma consequência para a parte que deixa de comparecer para depor. E tal importaria verdadeiro cerceamento de defesa para a parte contrária, pois o depoimento pessoal é também meio de provas.[13]

Assim, ocorrendo a confissão *ficta*, a parte não terá o direito de produzir novas provas em sentido contrário, por estar preclusa sua oportunidade.

Mesmo havendo tal confissão, no entanto, o juiz poderá, a seu juízo, prosseguir na instrução processual como descreve a Súmula 74, III do TST.

Além disso, os documentos apresentados na audiência com a contestação serão considerados para afastar a confissão, vez que esta gera mera **presunção relativa** de veracidade dos fatos.

Em suma, na audiência una, o comparecimento do advogado sem a presença da reclamada viabiliza a apresentação da contestação e documentos, mas não afasta a confissão *ficta*, que poderá ser confrontada com os documentos apresentados com a contestação ou já existentes nos autos ou, caso o juiz entenda pertinente a continuação da instrução, pelas provas colhidas no prosseguimento da instrução processual.

4.4. Comparecimento na audiência inaugural e não pagamento das verbas rescisórias incontroversas

O art. 467 da CLT estabelece que, em caso de rescisão de contrato de trabalho, havendo controvérsia sobre o montante das verbas rescisórias, o empregador é

12. In: HADAD, José Eduardo. *Precedentes jurisprudenciais do TST comentados*. 2. ed. São Paulo: LTr, 2002. p. 384.
13. E-RR-79.265/93, 2ª Turma, Rel. Min. Vantuil Abdala. DJ 25.08.95.

obrigado a pagar ao trabalhador, à data do comparecimento à Justiça do Trabalho, a parte incontroversa dessas verbas, sob pena de pagá-las acrescidas de 50%.

Interpretando referido dispositivo, definiu-se que a aplicação do art. 467 da CLT pressupõe quatro requisitos cumulativos que devem existir no caso concreto:

a. A existência de pedidos condenatórios na petição inicial de pagamento de verbas rescisórias;

b. A inexistência de controvérsia judicial estabelecida entre as partes sobre o direito às verbas rescisórias;

c. O não pagamento pelo empregador das verbas rescisórias incontroversas por ocasião do comparecimento à primeira audiência na Justiça do Trabalho;

d. Pedido de incidência da multa do art. 467 da CLT.

Nesse contexto, em sede de Incidente de Recurso de Revista Repetitivo, o C. TST firmou a Tese nº 120 que estabelece que "é indevida a multa do art. 467 da CLT no caso de reconhecimento em juízo de vínculo de emprego, quando impugnada em defesa a natureza da relação jurídica".

Portanto, a multa não será devida se existir contestação impugnando as verbas rescisórias devidas ao reclamante ou impugnação em relação à própria relação de emprego. Isso porque tal impugnação torna os fatos controvertidos.

5. SUSPENSÃO DA AUDIÊNCIA

O art. 844, § 1º, da CLT, permite que o julgamento seja suspenso, com a designação de nova audiência em casos de motivo relevante. Trata-se, na realidade, de suspensão da audiência e não do julgamento propriamente dito.[14]

Motivo relevante é um conceito legal indeterminado, sendo preenchido em cada caso concreto, podendo compreender situações de mal súbito de qualquer das partes envolvidas no processo, situações tumultuárias, oscilações intensas dos meios eletrônicos, conflagrações urbanas,[15] entre outros.

O motivo relevante pode ser levantado pelo magistrado ou pelas partes.

6. AUDIÊNCIAS TELEPRESENCIAIS E POR VIDEOCONFERÊNCIA

6.1. Distinção

O CPC de 2015, em diversos dispositivos aplicáveis ao processo do trabalho, autoriza a realização de audiência por meio eletrônico, ou seja, por meio de videoconferência, conforme se verifica pelos seguintes artigos:

---

14. MARTINS, Sérgio Pinto. *Comentários à CLT*. 17. ed. São Paulo: Atlas, 2013. p. 921.
15. SILVA, Homero Batista Mateus da. *CLT Comentada*. São Paulo: Editora Revista dos Tribunais, 2016. p. 425.

> Art. 236, § 3º Admite-se a prática de atos processuais por meio de videoconferência ou outro recurso tecnológico de transmissão de sons e imagens em tempo real.
>
> Art. 334, § 7º A audiência de conciliação ou de mediação pode realizar-se por meio eletrônico, nos termos da lei.
>
> Art. 385, § 3º O depoimento pessoal da parte que residir em comarca, seção ou subseção judiciária diversa daquela onde tramita o processo poderá ser colhido por meio de videoconferência ou outro recurso tecnológico de transmissão de sons e imagens em tempo real, o que poderá ocorrer, inclusive, durante a realização da audiência de instrução e julgamento.
>
> Art.453, § 1º A oitiva de testemunha que residir em comarca, seção ou subseção judiciária diversa daquela onde tramita o processo poderá ser realizada por meio de videoconferência ou outro recurso tecnológico de transmissão e recepção de sons e imagens em tempo real, o que poderá ocorrer, inclusive, durante a audiência de instrução e julgamento.
>
> § 2º Os juízos deverão manter equipamento para a transmissão e recepção de sons e imagens a que se refere o § 1º.
>
> Art. 461, § 2º A acareação pode ser realizada por videoconferência ou por outro recurso tecnológico de transmissão de sons e imagens em tempo real.

Pela análise de tais dispositivos, verifica-se que eles permitem a realização tanto das audiências de conciliação como de instrução, podendo ser utilizadas para interrogatório ou depoimento pessoal, oitiva de testemunhas e acareação. Eles, porém, foram pensados para audiências em que as partes ou testemunhas se apresentam em outro juízo para prestar depoimentos. Tanto é assim que o § 2º do art. 453 impõe que os juízos deverão manter equipamento para transmissão, ou seja, a própria transmissão é feita em outra comarca, sob a vigilância do Estado, sendo recebida pelo juízo em outro local.

Ocorre que a pandemia da COVID-19 potencializou a utilização desses dispositivos, ante a impossibilidade física da realização de audiências decorrente das medidas de isolamento social, viabilizando sua utilização para as audiências telepresenciais em que as partes, testemunhas, juízes, procuradores e advogados **não estão em local público sob a vigilância estatal**, mas em qualquer local, inclusive na sua residência ou no trabalho.

Seguindo essa tendência, a Lei nº 13.994/20 alterou a Lei nº 9.099/95, passando a permitir a conciliação não presencial no âmbito dos Juizados Especiais.[16]

16. Lei 9.099/95. Art. 22, § 2º. É cabível a conciliação não presencial conduzida pelo Juizado mediante o emprego dos recursos tecnológicos disponíveis de transmissão de sons e imagens em tempo real, devendo o resultado da tentativa de conciliação ser reduzido a escrito com os anexos pertinentes.

É por isso que o CNJ, no art. 2º da Res. nº 354/2020 diferenciou as audiências por videoconferência das telepresenciais:

- **Videoconferência**: comunicação a distância realizada em ambientes de unidades judiciárias. A participação por videoconferência, via rede mundial de computadores, ocorrerá a) em unidade judiciária diversa da sede do juízo que preside a audiência ou sessão; e b) em estabelecimento prisional.; e
- **Telepresenciais**: as audiências e sessões realizadas a partir de ambiente físico externo às unidades judiciárias.

Portanto, a audiência por videoconferência é quando os sujeitos envolvidos na audiência estão dentro de um ambiente estatal (unidade judiciária), enquanto na telepresencial estão fora do ambiente físico do judiciário.

6.2. Audiência por videoconferência

Como visto, na audiência por videoconferência o sujeito a ser ouvido estará em um ambiente judiciário distinto do qual tramita o processo. Desse modo, os tribunais deverão disponibilizar salas em todos os fóruns para a realização desses atos, especialmente depoimentos de partes, testemunhas e outros colaboradores, garantindo a adequação dos meios tecnológicos aptos a dar efetividade ao disposto no art. 7º do Código de Processo Civil (CNJ-Res. 341/2020, art. 1º, caput).

Nesses casos, as partes, as testemunhas e o perito residentes fora da sede do juízo serão inquiridos e prestarão esclarecimentos por videoconferência, na sede do foro de seu domicílio (CNJ-Res. 354/2020, art. 4º). Na Justiça do Trabalho, a Consolidação dos Provimentos da Corregedoria Geral da Justiça do Trabalho (Provimento 4/2023 da GCGJT) deixa claro que essa audiência poderá ser utilizada para:

1) Interrogatório e depoimento pessoal das partes;
2) Oitiva de testemunhas;
3) Acareação;
4) Depoimento dos auxiliares do juízo (art. 4º).

Nos casos de interrogatório ou depoimento pessoal, a oitiva será admitida por videoconferência:

(a) nas situações de dificuldade de comparecimento à audiência de instrução na circunscrição do Juiz da causa, inclusive em razão de residência fora da jurisdição;

(b) nas instruções da exceção de incompetência territorial, na forma do art. 800, §3º, da CLT (GCGJT/Prov. nº 04/2023, art 86, § 1º).

Vê-se que o provimento exige a demonstração da dificuldade de comparecimento das partes, enquanto na hipótese de oitiva de testemunhas e auxiliares do juízo, a residência fora da jurisdição do juízo é motivo bastante ao acolhimento da pretensão para prestar o depoimento por meio de videoconferência (GCGJT/Prov. nº 04/2023, art.86, § 2º).

De qualquer maneira, o comparecimento espontâneo do depoente à sede do Juízo na audiência de instrução, ainda que residente em outra jurisdição, não impede sua oitiva (GCGJT/Prov. nº 04/2023, art. 86, § 3º).

A parte que pretender ser ouvida por videoconferência deverá apresentar petição devidamente fundamentada ao juízo da causa, com antecedência necessária para a preparação do ato, o que significa que não poderá ser formulado na própria audiência (GCGJT/Prov. nº 04/2023, art. 89). O mesmo procedimento deverá ser adotado caso pretenda a oitiva de testemunhas ou auxiliares do juízo residentes fora da sede do Juízo.

Em caso de indeferimento ou de falta de análise do requerimento de participação por videoconferência é ônus do requerente comparecer na sede do juízo (CNJ-Res. 354/2020, art. 5º, § 3º).

Nessas audiências, o juiz que a preside deve estar presente na unidade jurisdicional onde tramita o processo (Res. 481/2022, art. 2º), ou seja, no "juízo deprecante". No "juízo deprecado" a presença de magistrado é facultativa, mas deverá estar presente, a todo momento, um servidor indicado pelo juízo deprecado que acompanhará o ato (GCGJT/Prov. nº 04/2023, art. 87, § 1º), ficando responsável pela verificação de sua regularidade, pela identificação e garantia da incomunicabilidade entre as testemunhas, quando for o caso, dentre outras medidas necessárias para realização válida do ato (CNJ-Res. 341/2020, art. 1º, § 2º).

O juízo deprecante deverá:

> I – formalizar Carta Precatória ao Juízo deprecado para solicitar o uso de sala de audiências e eventual intimação de parte(s), testemunha(s) ou de auxiliar(es) do juízo, devendo fornecer sua completa qualificação;
>
> II – designar dia e hora da audiência de acordo com a pauta disponibilizada pelo juízo deprecado, com estimativa de duração do ato;
>
> III – utilizar o Sistema de Designação de Oitiva de Testemunhas por Videoconferência (SISDOV) para designar dia e hora da audiência de acordo com a pauta disponibilizada pelo juízo deprecado, com estimativa de duração do ato;
>
> VI – conferir os dados de qualificação do depoente, no que será auxiliado por servidor do juízo deprecado, tomar compromisso legal e decidir sobre eventuais incidentes e contraditas, tal como se o depoimento estivesse sendo colhido presencialmente;
>
> V – inquirir diretamente a parte, testemunha ou auxiliar do juízo;
>
> VI – dispensar o depoente;
>
> VII – providenciar o arquivamento de sons e imagens do(s) depoimento(s), facultada sua redução a termo, devendo o arquivo audiovisual ser juntado aos autos ou disponibilizado em repositório oficial de mídias indicado pelo CNJ (PJe Mídia) ou pelo tribunal;

> VIII - registrar nos autos principais que se trata de depoimento tomado por videoconferência, consignando a gravação do ato e eventual redução a termo de depoimento;
>
> IX - informar ao juízo deprecado, pelo meio mais célere, tal como o contato telefônico, os casos de dispensa de testemunha, de redesignação e de cancelamento da audiência. (CCGJT/Prov. nº 04/2023, art 91).

É prerrogativa do juízo deprecante deliberar sobre a necessidade ou não da coleta prévia dos depoimentos pessoais das partes. (CCGJT/Prov. nº 04/2023, art 91, §1º).

Por sua vez, o "juízo deprecado" fica responsável por:

> I - disponibilizar pauta para agendamento e marcação de audiências pelos juízos deprecantes no Sistema de Designação de Oitiva de Testemunhas por Videoconferência (SISDOV);
>
> II - assegurar o adequado funcionamento dos equipamentos necessários à prática do ato;
>
> III - intimar a(s) parte(s), a(s) testemunha(s) e o(s) auxiliar(es) do juízo, bem como proceder à sua condução coercitiva, se houver requerimento;
>
> IV - identificar o servidor que acompanhará a audiência;
>
> V - atender, por intermédio do servidor da unidade deprecada, às solicitações do juízo deprecante, e relatar qualquer anormalidade como, por exemplo, uso de anotações adrede preparadas ou intervenções de terceiros que porventura acompanhem o ato;
>
> VI - entrar em contato, por intermédio do servidor da unidade deprecada, com o juízo deprecante e seguir suas instruções, em caso de interrupção da transmissão;
>
> VII - identificar a parte e/ou testemunha por meio de documento hábil, que deverá ser exibido para a câmera;
>
> VIII - receber e digitalizar eventuais documentos, inclusive os de representação, se assim decidir o juízo deprecante;
>
> IX - zelar para que as testemunhas que ainda não depuseram não ouçam os depoimentos das demais, na forma do art. 456, caput, do CPC, informando ao juízo deprecante, ainda no curso da audiência, qualquer incidente e procedendo ao registro, em certidão, a ser encaminhada ao juízo deprecante;
>
> X - fornecer atestado de presença àqueles que compareceram ao ato para prestar depoimento, quando requerido;
>
> XI - dispensar o depoente após expressamente autorizado pelo juízo deprecante.(CCGJT/Prov. nº 04/2023, art 92).

É permitido o acompanhamento da audiência por advogado fisicamente presente tanto no "juízo deprecante" como no "deprecado", mas, havendo mais de um advogado representando a mesma parte em dois locais distintos, a manifestação caberá tão somente a um deles, de livre indicação, devendo tal circunstância ser registrada antes do início da tomada do depoimento (GCGJT/Prov. nº 04/2023, art. 87, §3º). Na hipótese de o advogado estar presente no juízo deprecado, a câmera e o microfone deverão ser ajustados de modo a captar sua imagem e suas falas (GCGJT/Prov. nº 04/2023, art. 88).

Nessas audiências, recomenda-se a utilização de vestimenta adequada por parte dos participantes, como terno ou beca. O advogado, defensor e membro do Ministério Público poderão, em caráter emergencial e de forma excepcional e fundamentada, requerer ao magistrado que preside a audiência a dispensa de utilização de beca ou terno, o que que poderá ser comunicado pelo juízo, por meio de ofício, à seccional da Ordem dos Advogados do Brasil ou à respectiva instituição (CNJ-Res. 465/2022, art. 3º).

Cabe destacar que, independentemente da plataforma a ser utilizada, deve ser assegurada a publicidade da audiência por videoconferência e das sessões de julgamento, por meio de transmissão em tempo real ou qualquer outro meio hábil a possibilitar o acompanhamento por terceiros estranhos ao feito, vedada sua manifestação, sendo lícita a exigência de cadastro prévio.

Trata-se, portanto, da disponibilidade da presença pública, ainda que as audiências sejam realizadas de forma telepresencial, garantindo a aplicação do princípio da publicidade. Nesse sentido, estabelece o art. 7º, V, da Res. nº 354/2020 do CNJ: "a publicidade será assegurada, ressalvados os casos de segredo de justiça, por transmissão em tempo real ou por meio hábil que possibilite o acompanhamento por terceiros estranhos ao feito, ainda que mediante a exigência de prévio cadastro".

6.3. Audiência telepresencial

As audiências telepresenciais não têm previsão expressa no CPC, mas, diante da impossibilidade de locomoção imposta no período da pandemia da COVID-19, o Judiciário se viu obrigado a encontrar alternativas para manter a prestação jurisdicional, surgindo tais audiências, em que não há supervisão física do Estado no momento da oitiva, isto é, os sujeitos não estão no ambiente físico da unidade judiciária.

Diversas recomendações e atos foram expedidos na época da pandemia para regulamentar os atos eletrônicos e audiências telepresenciais no período, sendo posteriormente revogados pela Resolução nº 481/2022 do CNJ e Ato nº 35/GCGJT de 19 de outubro de 2022, de modo que, atualmente, o CNJ, por meio da Resolução 354/2020, e Corregedoria-Geral da Justiça do Trabalho, pelo Provimento nº 4 de 2023 da GCGJT, autorizam a audiência telepresencial de duas formas:

1) Por vontade de ambas as partes

Nesse caso, a audiência telepresencial se aproxima do juízo 100% digital, vez que nesse procedimento as audiências são telepresenciais e dependem de concordância mútua, permitindo-se a realização de audiências de conciliação, una ou de instrução (CNJ, Res. 345/2020, art. 5º).

Embora o art. 3º, caput, da Res. 354/2020 indique que o pedido depende de requerimento da parte, o que poderia levar à conclusão que basta o requerimento de uma das partes, a interpretação sistemática e teleológica leva-nos a entender que a **concordância deve ser mútua.** Tanto é assim que o § 2º, do art. 3º, autoriza recusa pela outra parte, desde que seja fundamentada, ou seja, não basta apenas a negativa vazia de que não concorda com a audiência telepresencial, devendo argumentar a recusa.

De qualquer maneira, a Resolução não confere um direito à parte de fazer a audiência nesse modelo, já que concede ao juiz o poder de decidir de acordo com sua conveniência e viabilidade de realizar a audiência telepresencial.

2) De ofício

A realização de audiência telepresencial de ofício não é admitida em quaisquer casos, sendo autorizada apenas nas seguintes hipóteses:

> I - urgência;
>
> II - substituição ou designação de magistrado com sede funcional diversa;
>
> III - mutirão ou projeto específico;
>
> IV - conciliação ou mediação;
>
> V - indisponibilidade temporária do foro, calamidade pública ou força maior. (CCGJT/Prov. nº 04/2023, art 95)

Embora na audiência telepresencial os sujeitos participantes não precisem estar em ambiente físico de unidade judiciária, o CNJ impõe a presença do magistrado na unidade judiciária (Res. 354/2020, art. 3º, *caput*).

6.4. Regras comuns

Nas audiências por videoconferência e nas telepresenciais as oitivas serão equiparadas às presenciais para todos os fins legais, asseguradas a publicidade dos atos praticados e as prerrogativas processuais de advogados, membros do Ministério Público, defensores públicos, partes e testemunhas (CNJ, Res. 354/2020, art. 7º, I).

Tais audiências submetem-se, pois, ao princípio da publicidade, independentemente da plataforma a ser utilizada, devendo ser assegurado por meio de transmissão em tempo real ou qualquer outro meio hábil a possibilitar o acompanhamento por terceiros estranhos ao feito, vedada sua manifestação e sendo lícita a exigência de cadastro prévio (CNJ, Res. 354/2020, art. 7º, V).

A publicidade poderá ser restringida, mormente na telepresencial, para resguardar os direitos da personalidade das partes envolvidas na audiência, especialmente quando o sujeito estiver em sua residência, preservando assim a inviolabilidade do domicílio (CF/88, art. 5º, XI).

As testemunhas serão inquiridas cada uma de per si, de modo que umas não saibam nem ouçam os depoimentos umas das outras, mantendo-se a incomunicabilidade exigida nos depoimentos (CLT, art. 824).

Na audiência por videoconferência esse controle é exercido pelo servidor designado para acompanhar a oitiva no "juízo deprecado".

Já na audiência telepresencial o fato de o magistrado, as partes e seus patronos não estarem no mesmo ambiente das testemunhas pode minimizar o controle de incomunicabilidade das partes e testemunhas e da própria espontaneidade e isenção de seu depoimento. Desse modo, o juiz, como presidente da audiência, deve gerir os acontecimentos nela realizados, relatando detidamente o ocorrido para possíveis discussões de nulidade.

A propósito, se constatada má-fé das partes e/ou testemunhas, será possível a aplicação das sanções previstas nos arts. 793-A a 793-D da CLT.

É importante destacar que, nos casos em que as partes e testemunhas passarem por problemas técnicos, como a falha na internet em audiência já iniciada, deverá, necessariamente, haver a comunicação da situação ao juízo, evitando quaisquer prejuízos processuais. Nesse contexto, a critério do juiz e em decisão fundamentada, poderão ser repetidos os atos processuais dos quais as partes, as testemunhas ou os advogados não tenham conseguido participar em virtude de obstáculos de natureza técnica, desde que devidamente justificados (CNJ, Res. nº 354/2020, art. 7º, VII).

As oitivas telepresenciais ou por videoconferência serão gravadas, devendo o arquivo audiovisual ser juntado aos autos ou disponibilizado em repositório oficial de mídias indicado pelo CNJ (PJe Mídia) ou pelo tribunal (CNJ – Res. nº 354/2020, art. 7º, V).

Por fim, a participação em audiência telepresencial ou por videoconferência exige que as partes e demais participantes sigam a mesma liturgia dos atos processuais presenciais, inclusive quanto às vestimentas (art. 7º, VI).

6.5. Sustentação oral

A Resolução nº 354/2020 do CNJ prevê a realização de sessões nos tribunais por videoconferência, viabilizando sustentações orais pelos advogados das partes por tal meio. Aliás, é possível a realização de sessão híbrida, de modo que a sessão é presencial, mas as sustentações ocorram por meio de videoconferência, conforme regulamentação de cada Tribunal.

7. ACORDO JUDICIAL

O processo do trabalho dá ênfase à solução do conflito por meio da conciliação. É nesse contexto que o *caput* do art. 764 da CLT impõe que os "dissídios individuais ou coletivos submetidos à apreciação da Justiça do Trabalho serão sempre sujeitos à conciliação".

Ademais, no **rito sumaríssimo**, o art. 852-E da CLT descreve que "aberta a sessão, o juiz esclarecerá as partes presentes sobre as vantagens da conciliação e usará os meios adequados de persuasão para a solução conciliatória do litígio, em qualquer fase da audiência".

Já no **rito ordinário**, a CLT prevê dois momentos obrigatórios de tentativa de conciliação a ser conduzida pelo juiz:

- **1ª tentativa de conciliação**: na abertura da audiência inicial e antes da apresentação da defesa. É o que estabelece o art. 846 da CLT:

> Art. 846 – Aberta a audiência, o juiz ou presidente proporá a conciliação.
>
> § 1º – Se houver acordo lavrar-se-á termo, assinado pelo presidente e pelos litigantes, consignando-se o prazo e demais condições para seu cumprimento.
>
> § 2º – Entre as condições a que se refere o parágrafo anterior, poderá ser estabelecida a de ficar a parte que não cumprir o acordo obrigada a satisfazer integralmente o pedido ou pagar uma indenização convencionada, sem prejuízo do cumprimento do acordo.

- **2ª tentativa de conciliação:** depois das razões finais e antes da sentença, como declina o art. 850 da CLT:

> Art. 850 – Terminada a instrução, poderão as partes aduzir razões finais, em prazo não excedente de 10 (dez) minutos para cada uma. Em seguida, o juiz ou presidente renovará a proposta de conciliação, e não se realizando esta, será proferida a decisão.
>
> Parágrafo único – O Presidente da Junta, após propor a solução do dissídio, tomará os votos dos vogais e, havendo divergência entre estes, poderá desempatar ou proferir decisão que melhor atenda ao cumprimento da lei e ao justo equilíbrio entre os votos divergentes e ao interesse social.

Há divergências na doutrina e jurisprudência quanto aos efeitos da não realização das referidas tentativas de conciliação.

Para uns, se não houver tentativa de conciliação, deve ser declarada a nulidade absoluta dos atos processuais posteriores, tendo em vista que a conciliação representa matéria de ordem pública na seara trabalhista. Apenas não haveria nulidade em situações específicas que inviabilizassem ou impedissem a proposta de conciliação, como, por exemplo, a ausência de uma ou ambas das partes na audiência ou quando o juiz verificar, antes da proposta de conciliação, a inobservância de pressupostos processuais ou das condições da ação.[17]

Para a outra parcela, a ausência da 1ª proposta de conciliação não gera nulidade absoluta, podendo ser suprida pela 2ª proposta de conciliação. Noutras palavras, apenas a ausência da 2ª proposta provocará nulidade absoluta.[18]

Há ainda os que indicam que dificilmente será verificado o prejuízo se não realizadas as duas tentativas de conciliação, vez que, no processo do trabalho, a conciliação pode ocorrer a qualquer tempo, de modo que ofertada a proposta

---

17. LEITE, Carlos Henrique Bezerra. *Curso de direito processual do trabalho*. 15. ed. São Paulo: Saraiva, 2017. p. 690. Nesse sentido ainda: Recurso Ordinário nº 0000855-82.2013.5.01.0482, 9ª Turma do TRT da 1ª Região/RJ, Rel. José da Fonseca Martins Júnior. j. 10.09.2013, DOERJ 19.09.2013; Remessa Ex Officio nº 00510.2003.013.13.00-3, TRT da 13ª Região/PB, Rel. Ruy Eloy. j. 12.05.2004, maioria, DJPB 30.06.2004.
18. MOURA, Marcelo. Consolidação das Leis do Trabalho para concursos. 6. ed. Salvador: Editora Juspodivm, 2016. p. 816.

conciliatória, ainda que seja no Tribunal, estará suprida a proposta conciliatória não oferecida na audiência.[19]

Firmada a conciliação, o termo lavrado valerá como decisão irrecorrível, salvo para a Previdência Social quanto às contribuições que lhe forem devidas (CLT, art. 831, parágrafo único).

Desse modo, o TST entende que do acordo não é cabível recurso, somente podendo ser impugnado por meio de ação rescisória (Súmula nº 259 do TST).

Ademais, para o TST, o acordo homologado que dá plena e ampla quitação, sem nenhuma ressalva, alcança não só o objeto da petição inicial, como todas as demais parcelas referentes ao extinto contrato de trabalho, impedindo assim o ajuizamento de ação posterior (OJ nº 132 da SDI-II do TST). Exemplificamos:

- João ajuíza reclamação trabalhista postulando horas extras, férias, acrescidas de 1/3, e 13º salário. Na audiência inaugural, faz acordo dando quitação ampla no extinto contrato de trabalho. Desse modo, não poderá ajuizar outra reclamação trabalhista, postulando, por exemplo, equiparação salarial, ou seja, mesmo que os pedidos sejam diversos, o TST entende que serão atingidos pelo acordo amplo. Caso o reclamante não tenha interesse em dar ampla quitação, deverá fazer as devidas ressalvas no momento do acordo judicial[20].

Consigna-se ainda que o acordo judicial deverá discriminar a natureza das parcelas constantes do ajuste, indicando o limite da responsabilidade de cada parte pelo recolhimento da contribuição previdenciária, se for o caso (CLT, art. 832, § 3º). Não havendo discriminação, a contribuição previdenciária incidirá sobre o valor integral do acordo. Nesse sentido, a OJ nº 368 da SDI-I do TST:

> **Orientação Jurisprudencial nº 368 da SDI – I do TST.** Descontos previdenciários. Acordo homologado em juízo. Inexistência de vínculo empregatício. Parcelas indenizatórias. Ausência de discriminação. Incidência sobre o valor total
>
> É devida a incidência das contribuições para a Previdência Social sobre o valor total do acordo homologado em juízo, independentemente do reconhecimento de vínculo de emprego, desde que não haja discriminação das parcelas sujeitas à incidência da contribuição previdenciária, conforme parágrafo único do art. 43 da Lei nº 8.212, de 24.7.1991, e do art. 195, I, "a", da CF/1988.

19. SCHIAVI, Mauro. *Manual de direito processual do trabalho*. 12. ed. São Paulo: LTr, 2017. p. 130. Nesse sentido ainda: AIRR nº 1033-68.2010.5.15.0022, 5ª Turma do TST, Rel. Tarcísio Régis Valente. j. 12.08.2015, Publ. 21.08.2015; RR nº 234800-19.2002.5.02.0067, 2ª Turma do TST, Rel. Renato **de** Lacerda Paiva. unânime, DEJT 15.08.2013; RR nº 53002/2002-900-16-00.8, 2ª Turma do TST, Rel. Vantuil Abdala. unânime, DEJT 24.09.2009.
20. Da mesma forma, o trabalhador deverá agir na CCP, em que o entendimento prevalecente, atualmente, na SBDI-1 do TST é no sentido de se reconhecer a eficácia liberatória geral ao termo de conciliação firmado perante a Comissão de Conciliação Prévia, quando conferida a quitação ampla do extinto contrato de trabalho, sem a existência de ressalvas. Precedentes da SBDI-1: E-ED-RR-1500-11.2004.5.02.0025, Red. Designado Min. Guilherme Augusto Caputo Bastos, DEJT 26.2.2010; E-RR-41400-11.2007.5.03.0108, Rel. Min. Maria de Assis Calsing, DEJT 19.11.2010.

Já na hipótese de acordo judicial **sem** reconhecimento do vínculo "é devido o recolhimento da contribuição previdenciária, mediante a alíquota de 20% a cargo do tomador de serviços e de 11% por parte do prestador de serviços, na qualidade de contribuinte individual, sobre o valor total do acordo, respeitado o teto de contribuição" (OJ nº 398 da SDI-I do TST).

Caso o acordo firmado contenha parcela indenizatória a União deverá ser intimada, podendo interpor recurso ordinário[21] quanto aos tributos que lhe forem devidos (CLT, art. 832, § 4º).

Embora a lei preveja, no rito ordinário, dois momentos obrigatórios de tentativa de conciliação, ela pode ocorrer em qualquer instante. A propósito, o art. 764, § 3º, da CLT expressamente estabelece que "é lícito às partes celebrar acordo que ponha termo ao processo, ainda mesmo depois de encerrado o juízo conciliatório".

Assim, se o acordo judicial for firmado após o trânsito em julgado da sentença ou depois da elaboração dos cálculos de liquidação de sentença, ele não poderá prejudicar os créditos da União (CLT, art. 832, § 6º). Na hipótese de acordo após o trânsito em julgado, estabelece o TST que "é devida a contribuição previdenciária sobre o valor do acordo celebrado e homologado após o trânsito em julgado de decisão judicial, respeitada a proporcionalidade de valores entre as parcelas de natureza salarial e indenizatória deferidas na decisão condenatória e as parcelas objeto do acordo" (OJ nº 376 da SDI-I do TST).

Desse modo, caso a decisão judicial seja, por exemplo, de R$ 10.000,00, sendo R$ 6.000,00 (60%) de verbas de natureza remuneratória e R$ 4.000,00 (40%) de verba indenizatória, havendo acordo judicial após o trânsito em julgado no importe de R$ 5.000,00, as partes deveriam observar a mesma proporção da natureza das parcelas, ou seja, R$ 3.000,00 de verbas remuneratórias (mesmos 60%) e R$ 2.000,00 de verbas indenizatórias (mesmos 40%).

Consigne-se que ocorrendo o acordo em **execução provisória**, depois da elaboração dos cálculos de liquidação, o C. TST já decidiu que, nesse caso, as contribuições incidirão sobre o valor acordado, não se aplicando a proporcionalidade descrita no parágrafo anterior.[22]

---

21. Se o acordo for firmado na fase de execução o recurso cabível será o agravo de petição.
22. Contribuição previdenciária. Execução provisória. Acordo firmado após a elaboração dos cálculos de liquidação e antes do trânsito em julgado da sentença. Inaplicabilidade da Orientação Jurisprudencial nº 376 da SBDI-I. Firmado acordo em sede de execução provisória, após a elaboração dos cálculos em liquidação, mas antes do trânsito em julgado da sentença, as contribuições previdenciárias devem incidir sobre a totalidade do valor acordado, não havendo falar em observância da proporcionalidade entre as parcelas de natureza salarial e aquelas de caráter indenizatório deferidas na decisão condenatória. A aplicabilidade da Orientação Jurisprudencial nº 376 da SBDI-I é restrita às hipóteses de homologação do acordo após o trânsito em julgado da sentença. Com esses fundamentos, a SBDI-I, em sua composição plena, por unanimidade, conheceu do recurso de embargos da União, por divergência jurisprudencial, e, no mérito, por maioria, negou-lhe provimento. Vencido o Ministro João Oreste Dalazen e ressalvado o entendimento do Ministro Brito Pereira. TST-E-RR-264300-36.2002.5.02.0066, SBDI-I, rel. Min. Delaíde Miranda Arantes, 26.9.2013. (Informativo nº 60)

▶ **ATENÇÃO:**

A homologação de acordo constitui faculdade do juiz, inexistindo direito líquido e certo tutelável pela via do mandado de segurança (Súmula nº 418 do TST).

8. QUESTÕES DISSERTATIVAS E ESTUDOS DE CASO

Questão 1

Quais os efeitos do não comparecimento das partes (reclamante e reclamado) em audiência?

Resposta sugerida pelo autor

No processo do trabalho, a presença das partes na audiência é obrigatória. Assim, a ausência do reclamante, na audiência inaugural, provocará o arquivamento da reclamação trabalhista, sendo condenado ao pagamento das custas, ainda que beneficiário da justiça gratuita, salvo se comprovar, no prazo de quinze dias, que a ausência ocorreu por motivo legalmente justificável, conforme descrito no art. 844, § 2º, da CLT, o qual foi declarado constitucional pelo STF na ADI 5766.

Por outro lado, se for adiada a audiência depois da apresentação da contestação, o não comparecimento do reclamante na audiência de instrução dá origem à confissão *ficta* (presunção de veracidade dos fatos alegados), desde que devidamente intimado com essa cominação (Súmulas nº 9 e 74 do TST).

Da mesma forma que o reclamante, o reclamado também deverá comparecer pessoalmente na audiência inaugural ou ser representado por seu preposto. Desse modo, a ausência do reclamado, na audiência inaugural, acarreta a revelia e seus efeitos, especialmente a confissão ficta, como declina o artigo 844 da CLT. Caso compareça o advogado, sem a presença do reclamado, serão aceitos a contestação e os documentos eventualmente apresentados (CLT, art. 844, § 5º).

Estando presente o reclamado na audiência inaugural, quando apresentará a contestação, mas ausente na audiência em instrução, não haverá revelia, mas apenas a confissão ficta, como ocorre com o reclamante.

Por fim, a ausência do reclamante ou do reclamado na audiência de julgamento, quando é proferida a sentença, apenas tem o condão de iniciar o prazo recursal, ou seja, inicia-se o prazo recursal independentemente da presença das partes (Súmulas nº 197 e 30 do TST).

Estudo de caso 1

João, faxineiro do Condomínio do Edifício Estrela Dalva, ajuíza reclamação trabalhista em face de Pedro, síndico e locatário do apartamento 103. Emendada a petição inicial, deduziu a pretensão ao pagamento de horas extras e reiterou a postulação originária de reconhecimento do vínculo de emprego com o Condomínio e a responsabilidade subsidiária do síndico. Ausentes o síndico e seu advogado à audiência em que deveriam apresentar defesa e prestar depoimento, encerrou-se a instrução, não obstante, registro em certidão de que se atrasaram apenas 10 minutos.

Indique, fundamentadamente, a solução a ser dada ao caso concreto.

Resposta sugerida pelo autor

O reclamado deverá comparecer pessoalmente na audiência ou ser representado por seu preposto. O art. 844, § 5º, da CLT, prevê que, ainda que ausente o reclamado, presente o advogado em audiência, são aceitos a contestação e os documentos eventualmente apresentados.

Ademais, ainda que tenham atrasado apenas 10 minutos, tal fato não é capaz de afastar a revelia, pois a OJ nº 245 da SDI-I do TST estabelece que inexiste previsão legal tolerando atraso no horário de comparecimento da parte na audiência.

Portanto, no caso apresentado, deverá ser declarada a revelia do reclamado.

9. SÚMULAS E ORIENTAÇÕES JURISPRUDENCIAIS DO TST

▸ AUDIÊNCIA
Súmula nº 9 do TST. Ausência do reclamante A ausência do reclamante, quando adiada a instrução após contestada a ação em audiência, não importa arquivamento do processo.
Orientação Jurisprudencial nº 245 da SDI – I do TST. Revelia. Atraso. Audiência Inexiste previsão legal tolerando atraso no horário de comparecimento da parte na audiência.
Súmula nº 122 do TST. Revelia. Atestado médico A reclamada, ausente à audiência em que deveria apresentar defesa, é revel, ainda que presente seu advogado munido de procuração, podendo ser ilidida a revelia mediante a apresentação de atestado médico, que deverá declarar, expressamente, a impossibilidade de locomoção do empregador ou do seu preposto no dia da audiência.
Orientação Jurisprudencial nº 152 da SDI – I do TST. Revelia. Pessoa jurídica de direito público. Aplicável. (art. 844 da CLT) Pessoa jurídica de direito público sujeita-se à revelia prevista no artigo 844 da CLT.
Súmula nº 69 do TST. Rescisão do contrato A partir da Lei nº 10.272, de 05.09.2001, havendo rescisão do contrato de trabalho e sendo revel e confesso quanto à matéria de fato, deve ser o empregador condenado ao pagamento das verbas rescisórias, não quitadas na primeira audiência, com acréscimo de 50% (cinquenta por cento).
Conciliação
Súmula nº 259 do TST. Termo de conciliação. Ação rescisória Só por ação rescisória é impugnável o termo de conciliação previsto no parágrafo único do art. 831 da CLT.
Orientação Jurisprudencial nº 132 da SDI – II do TST. Ação rescisória. Acordo homologado. Alcance. Ofensa à coisa julgada Acordo celebrado – homologado judicialmente – em que o empregado dá plena e ampla quitação, sem qualquer ressalva, alcança não só o objeto da inicial, como também todas as demais parcelas referentes ao extinto contrato de trabalho, violando a coisa julgada, a propositura de nova reclamação trabalhista.
Súmula nº 418 do TST. Mandado de Segurança visando à homologação de acordo. A homologação de acordo constitui faculdade do juiz, inexistindo direito líquido e certo tutelável pela via do mandado de segurança.

CAPÍTULO XI
RESPOSTA DO RÉU

1. INTRODUÇÃO

Em decorrência dos princípios do devido processo legal, contraditório e ampla defesa, é conferida ao reclamado (réu) a oportunidade de se defender.

No processo do trabalho, a defesa pode ser oral ou escrita, como descreve o art. 847, da CLT, *in verbis*:

> **Art. 847.** Não havendo acordo, o reclamado terá vinte minutos para aduzir sua defesa, após a leitura da reclamação, quando esta não for dispensada por ambas as partes.
>
> Parágrafo único. A parte poderá apresentar defesa escrita pelo sistema de processo judicial eletrônico até a audiência.

O prazo para a apresentação de defesa oral, portanto, é de 20 minutos.

Já quanto à defesa escrita, tem se entendido que o prazo para confeccioná-la é de 5 dias, vez que o reclamado deve ser intimado com antecedência mínima de 5 dias da audiência (CLT, art. 841[1]).[2]

Pensamos que, com a alteração do art. 775 da CLT, esse prazo deve ser contado em dias úteis. Aliás, ele deve seguir a mesma sistemática de contagem dos demais prazos processuais, ou seja, inicia-se em dia útil, observando-se as diretrizes das Súmulas nº 1 e 262 do TST.

Atente-se, ainda, para o fato de que após o advento do CPC/2015 o Ministério Público e a Defensoria Pública possuem prazo dobrado para manifestar-se nos autos (CPC/2015, arts. 180 e 186), de modo que deverão ser intimados da audiência com antecedência mínima de 10 dias.

Contudo, é importante fazer uma observação quanto às pessoas jurídicas de direito público (União, dos Estados, do Distrito Federal, dos Municípios e das autarquias ou fundações de direito público) que não explorem atividade econômica.

---

1. CLT, art. 841 – Recebida e protocolada a reclamação, o escrivão ou secretário, dentro de 48 horas, remeterá a segunda via da petição, ou do termo, ao reclamado, notificando-o ao mesmo tempo, para comparecer à audiência do julgamento, que será a primeira desimpedida, depois de 5 dias.
2. Destaca-se que por haver regra própria no processo trabalhista, o C. TST não admite a aplicação do art. 335 do CPC/2015, referente ao prazo para a contestação (TST-IN nº 39/2016, art. 2º, V).

O art. 1º do Decreto-Lei nº 779/69 vaticina:

> **Art. 1º** Nos processos perante a Justiça do Trabalho, constituem privilégio da União, dos Estados, do Distrito Federal, dos Municípios e das autarquias ou fundações de direito público federais, estaduais ou municipais que não explorem atividade econômica:
>
> (...)
>
> II – o quádruplo do prazo fixado no artigo 841, "in fine", da Consolidação das Leis do Trabalho; (...)

Pelo referido inciso II percebe-se que o legislador criou, aparentemente, um prazo para a pessoa jurídica de direito público apresentar sua contestação. Melhor explicando, a CLT descreve no art. 841, *caput*, que, entre a notificação e a audiência inicial, deve existir um prazo mínimo de 5 dias. A doutrina entende que esse é o prazo concedido à reclamada para confeccionar sua contestação, ou seja, é teoricamente o prazo para contestar. Nesse contexto, o aludido inciso II quadruplica esse prazo, de modo entre a notificação e a audiência para apresentação de contestação deve ser, no mínimo, de 20 dias.

Com efeito, existindo regra própria no processo do trabalho, no caso específico das pessoas jurídicas de direito público que não exploram atividade econômica mantém-se o prazo quadruplicado para contestar.

De qualquer modo, o Ministério Público e a Defensoria Pública, na atual sistemática, sempre terão prazo em dobro, não se valendo do prazo quadruplicado anteriormente anunciado.

Esses prazos para confecção da defesa escrita estão relacionados ao termo inicial.

No que tange ao termo final, o art. 847, parágrafo único, da CLT, tratando da contestação no processo judicial eletrônico, indica o que:

> Parágrafo único. A parte poderá apresentar defesa escrita pelo sistema de processo judicial eletrônico **até a audiência**. (grifo nosso)

É válido destacar que a Resolução nº 185/2017 do CSJT (alterada pela Res. nº 241/2019), no art. 22, prevê que a **contestação e a reconvenção deverão ser protocoladas no PJe até a realização da proposta de conciliação infrutífera**, com a utilização de equipamento próprio, sendo automaticamente juntados, facultada a apresentação de defesa oral, na forma do art. 847, da CLT.

Ademais, embasada nos princípios da boa-fé, celeridade e cooperação, declina que na notificação inicial ou citação constará recomendação para que a contestação ou a reconvenção e os documentos que as acompanham sejam protocolados no PJe com pelo menos 48h de antecedência da audiência. Contudo, trata-se de mera orientação, pois, tendo em vista o declinado no art. 847, parágrafo único, não pode haver nenhuma determinação de que a defesa seja apresentada antes da audiência, sob pena de nulidade processual.

Além da contestação, a resposta do réu poderá ser feita por meio de exceções (incompetência, suspeição e impedimento) ou da reconvenção. Essas modalidades de respostas são independentes, nada impedindo, entretanto, sua apresentação cumulativa.

2. CONTESTAÇÃO

A contestação é o principal meio de resposta do réu, buscando contrariar a própria pretensão do autor. Ela pode conter:

- defesas processuais; e
- defesas de mérito.

2.1. Defesas processuais

As **defesas processuais** são direcionadas ao processo (pressupostos processuais) e/ou à ação (condições da ação).

Trata-se das chamadas preliminares de mérito, que são alegadas e analisadas antes de se chegar no mérito. Elas vêm descritas no art. 337 do CPC/2015, aplicável subsidiariamente ao processo do trabalho (exceto a incompetência relativa), a saber:

> I - inexistência ou nulidade da citação;
>
> II - incompetência absoluta e relativa;
>
> III - incorreção do valor da causa;
>
> IV - inépcia da petição inicial;
>
> V - perempção;
>
> VI - litispendência;
>
> VII - coisa julgada;
>
> VIII - conexão;
>
> IX - incapacidade da parte, defeito de representação ou falta de autorização;
>
> X - convenção de arbitragem[3];
>
> XI - ausência de legitimidade ou de interesse processual;
>
> XII - falta de caução ou de outra prestação que a lei exige como preliminar;

3. A doutrina majoritária entende que, no processo do trabalho, somente tem cabimento a convenção de arbitragem no dissídio coletivo (CF/88, art. 114, §§ 1º e 2º).

XIII – indevida concessão do benefício de gratuidade de justiça.

Atente-se para o fato de que, mesmo que a parte não alegue referidas matérias como preliminares de contestação, o juiz as conhecerá de ofício, **salvo quando se tratar de convenção de arbitragem ou incompetência relativa** (CPC/2015, art. 337, § 5º).

2.1.1. *Incompetência relativa*

Como mencionado no tópico anterior, no CPC/2015, a incompetência relativa é alegada como preliminar de contestação (arts. 64 e 337, II).

Como a forma de alegação decorre de opção legislativa e sabendo-se que a CLT não a previa expressamente, com o advento do CPC/2015 passamos a entender[4] que a incompetência territorial deveria ser alegada no bojo da contestação, enquanto a suspeição e o impedimento, por serem incidentes julgados pelos tribunais, deveriam ser alegados em peças específicas (apartadas).

Com a chegada da Lei nº 13.467/17, no entanto, o legislador passa a estabelecer que a alegação da incompetência territorial será em "peça que sinalize a existência desta exceção" (CLT, art. 800, *caput*), ou seja, em peça apartada.

Diante dessa previsão, pensamos que a incompetência relativa não poderá ser alegada na própria contestação. Esse entendimento decorre da própria interpretação literal do dispositivo e do fato de que o legislador criou um incidente processual anterior à audiência, buscando discutir, inicialmente, o juízo competente para, em seguida, dar continuidade ao processo.

Portanto, no processo do trabalho, a incompetência relativa deve ser levantada em peça apartada denominada exceção de incompetência.

De qualquer maneira, a incompetência absoluta continua sendo alegada no bojo da contestação (CLT, art. 799, § 1º).

2.1.2. *Perempção*

No processo civil, a perempção ocorre quando o autor der causa, por 3 (três) vezes, à extinção do processo sem resolução do mérito, com fundamento no abandono da causa (CPC/15, art. 486, § 3º). Nessa hipótese, o autor não poderá propor nova ação contra o réu com o mesmo objeto, ficando ressalvada a possibilidade de alegar em defesa o seu direito. Trata-se de modalidade de perempção definitiva.

No direito processual do trabalho, essa modalidade definitiva da perempção não se aplica, sendo possível apenas a perda temporária do direito de ação.[5] A perempção trabalhista é prevista nos art. 731 e 732 da CLT:

---

4. MIESSA, Élisson. *Processo do trabalho para os concursos de analista do TRT e do MPU*. 6. ed. Salvador: Editora Juspodivm, 2017. p. 372.
5. SCHIAVI, Mauro. *Manual de direito processual do trabalho*. 12. ed. São Paulo: LTr, 2017. p. 648.

> Art. 731 - Aquele que, tendo apresentado ao distribuidor reclamação verbal, não se apresentar, no prazo estabelecido no parágrafo único do art. 786, à Junta ou Juízo para fazê-lo tomar por termo, incorrerá na pena de perda, pelo prazo de 6 (seis) meses, do direito de reclamar perante a Justiça do Trabalho.
>
> Art. 732 - Na mesma pena do artigo anterior incorrerá o reclamante que, por 2 (duas) vezes seguidas, der causa ao arquivamento de que trata o art. 844.

Observa-se, portanto, que a perempção no direito processual do trabalho é **temporária**, pois ocorre pelo prazo de **6 meses**, sendo aplicada em duas hipóteses:

- quando o reclamante não se apresentar no prazo de 5 dias para reduzir a termo da reclamação trabalhista verbal;
- quando o reclamante der causa a dois arquivamentos consecutivos pelo não comparecimento na audiência inaugural ou una.

Aliás, o art. 731 da CLT obsta temporariamente o direto de reclamar na Justiça do Trabalho, ou seja, impede o reclamante de ajuizar nova demanda, ainda que tenha pedidos distintos da ação anterior. É, pois, um pressuposto processual negativo.

Para parte da doutrina, o art. 844, § 3º, da CLT, acrescentado pela Lei nº 13.467/17 (Reforma Trabalhista) passou a prever uma nova forma de perempção trabalhista, consistente na necessidade do pagamento das custas fixados na sentença anterior nos casos de arquivamento pela ausência injustificada do reclamante, para que seja possível a propositura de nova ação[6]

Acreditamos, contudo, que o dispositivo apenas acrescentou um novo pressuposto negativo para o ajuizamento de ação, não constituindo, propriamente, uma hipótese de perempção trabalhista, pois não faz referência a um prazo em que o reclamante está impossibilitado para o ajuizamento de nova ação.

2.1.3. Legitimidade

É necessário tratar, nesse tópico, sobre a **legitimidade**.

A legitimidade é uma condição da ação dividindo-se em:

- legitimidade ativa; e
- legitimidade passiva.

Legitimidade ativa é daquele que se diz titular da relação deduzida em juízo. Legitimidade passiva é daquele que o autor (reclamante) indica como integrante da relação.

6. BERNARDES, Felipe. *Manual de Processo do Trabalho*. Salvador: Juspodivm, 2018. p. 387.

A análise das condições da ação (legitimidade e interesse de agir) ocorre *in status assertionis*. Trata-se da denominada **teoria da asserção**, que exige a análise das condições da ação "no estado das afirmações feitas pela parte em sua petição", estabelecendo, "um juízo hipotético de veracidade dessas alegações"[7]. Portanto, a verificação das condições é detectada de forma abstrata. Exemplo:

> ✦ *Empregado ajuíza reclamação trabalhista em face da empresa X, postulando reconhecimento do vínculo e pagamento das verbas rescisórias. A empresa defende-se alegando que o empregado nunca foi seu empregado.*

Pelo exemplo anterior, é possível verificar que o reclamante indicou a empresa X como sua empregadora, de modo que, ficando caracterizado que ele não prestou serviço para tal empresa, o pedido será improcedente, não havendo no caso ilegitimidade de parte, como frequentemente alegado pelas empresas. Isso ocorre porque as condições da ação são analisadas abstratamente pelas alegações do reclamante, não estando ligadas ao direito material (ser ou não ser empregado), sob pena de aderirmos à teoria concreta da ação, que afirmava que o direito de ação só existia se existisse também o direito material.

O CPC/2015 traz disposição interessante acerca da regularização da legitimidade, o que deve ser aplicado ao processo do trabalho, por privilegiar a celeridade e economia processual. Nesse contexto, permite que "alegando o réu, na contestação, ser parte ilegítima ou não ser o responsável pelo prejuízo invocado, o juiz facultará ao autor, em 15 (quinze) dias, a alteração da petição inicial para substituição do réu" (art. 338).

A propósito, quando o réu alegar sua ilegitimidade, incumbe-lhe indicar o sujeito passivo da relação jurídica discutida sempre que tiver conhecimento, sob pena de arcar com as despesas processuais e de indenizar o autor pelos prejuízos decorrentes da falta da indicação (art. 339). Aceita a indicação pelo autor, este, no prazo de quinze dias, procederá à alteração da petição inicial para a substituição do réu (art. 339, § 1º). Além disso, no prazo de quinze dias, o autor, ao invés de substituir o réu, pode optar por alterar a petição inicial incluindo, como litisconsorte passivo, o sujeito indicado pelo réu (art. 339, § 2º).

2.2. Defesas de mérito

As **defesas de mérito** são dirigidas ao próprio direito material reivindicado pelo autor, dividindo-se em defesas de mérito:

- **direta**; e
- **indireta**.

Na **defesa de mérito direta,** o réu impugna os fatos constitutivos, negando os fatos e/ou fundamentos jurídicos da inicial. Exemplo:

---

7. CÂMARA, Alexandre Freitas. O novo processo civil brasileiro. São Paulo: Atlas, 2015. p. 37-38.

✦ *Reclamante alega que prestou serviços para a empresa X, recebendo salário mensal, com pessoalidade, subordinação e de modo não eventual, requerendo o reconhecimento do vínculo. A empresa, na contestação, nega a prestação dos serviços.*

Já na **defesa de mérito indireta**, também chamada de exceção substancial, o réu não nega propriamente os fatos constitutivos, mas alega fato impeditivo, modificativo ou extintivo do direito do autor. No exemplo anterior, seria o caso de a empresa reconhecer a prestação dos serviços, mas alegar que ela se deu de modo eventual ou sem subordinação (fato impeditivo).

No que tange à defesa de mérito indireta cabe registrar que se incluem nessa modalidade a decadência e a prescrição, pois são fatos extintivos do direito do autor. Nesse caso, porém, diz a doutrina que elas são denominadas prejudiciais de mérito, uma vez que, estando presentes, extinguem o processo com resolução do mérito, impedindo a análise das demais matérias de mérito.

É interessante observar, no entanto, que o art. 487, II, do CPC/2015 permite o pronunciamento de ofício da prescrição, ou seja, independentemente de alegação. O parágrafo único do dispositivo, contudo, faz a ressalva de que, com exceção dos casos de improcedência liminar do pedido (art. 332, § 1º), a prescrição e a decadência não serão reconhecidas sem que antes seja dada às partes oportunidade de manifestar-se. Parte da doutrina e o **TST** entendem que a *prescrição ex officio* não é aplicada na seara trabalhista, sob o fundamento de que a *ela* não se harmoniza com os princípios do direito do trabalho, especialmente o da proteção[8]. A outra tese, a qual entendemos correta, admite sua aplicação no processo do trabalho, ante a omissão da CLT e sua compatibilidade, pois preza pela segurança das relações jurídicas, além de observar o princípio da celeridade e efetividade processual.

De qualquer modo, a prescrição somente pode ser invocada na instância ordinária (Súmula nº 153 do TST[9]), pois, para que se chegue à instância extraordinária (ex., recurso de revista), exige-se o prequestionamento, mesmo que seja matéria de ordem pública, o que significa que não pode ser alegada, originariamente, nessa instância.

Cabe consignar, ainda, que o art. 767 da CLT impõe que a compensação e a retenção só podem ser arguidas como matéria de defesa, vez que são fatos modificativos,

---

8. TST-RR – 597-77.2010.5.11.0004, 3a Turma, Rel. Min. Mauricio Godinho Delgado, data de julgamento 12.12.2012, data de publicação: 14.12.2012; TST-RR – 30800-30.2006.5.05.0036, 6a Turma, Rel. Min. Mauricio Godinho Delgado, data de julgamento: 23.3.2011, data de publicação: 1.4.2011; TST-RR-117900-26-2007-5-03-0074, 6a Turma, Rel. Min. Aloysio Correia da Veiga, DEJT de 26.11.2010; TST-E-EDRR-689699-38-2000-5-22-5555, SBDI-1, Rel. Min. Lélio Bentes Corrêa, DEJT de 21.5.2010. Esse entendimento não deve ser aplicado na prescrição intercorrente, vez que o art. 11-A, § 2º, da CLT autoriza seu acolhimento de ofício.
9. **Súmula nº 153 do TST.** Prescrição. Não se conhece de prescrição não arguida na instância ordinária.

enquadram-se, pois, como defesa de mérito indireta. No mesmo sentido, a Súmula nº 48 do TST:

> **Súmula nº 48 do TST.** Compensação
>
> A compensação só poderá ser arguida com a contestação.

► ATENÇÃO:
A compensação, na Justiça do Trabalho, está restrita a dívidas de natureza trabalhista (Súmula nº 18 do TST).

2.2.1. *Compensação x dedução x retenção*

Não se confunde compensação com dedução.

A **compensação** ocorre quando duas pessoas forem ao mesmo tempo credora e devedora uma da outra, sendo matéria de defesa, o que significa que depende da alegação do réu (reclamado), sob pena de operar a preclusão, ou seja, não poder argui-la em outra oportunidade. O exemplo clássico de compensação diz respeito à possibilidade de o empregador compensar o aviso-prévio não concedido pelo empregado, quando este pedir demissão.

A **dedução**, por sua vez, é o abatimento das verbas que já foram pagas durante a relação de trabalho sob o mesmo título. Trata-se de matéria de ordem pública, embasada no princípio do não enriquecimento sem causa, razão pela qual pode ser arguida em qualquer tempo e, principalmente, manifestada *ex officio*. É o que ocorre, por exemplo, na hipótese de a empresa ser condenada ao pagamento de horas extras, e o juiz determinar a dedução das horas extras já pagas. Percebe-se, nesse caso, que o empregador não é credor do empregado, mas simplesmente já pagou parte das horas extras que deverão ser deduzidas.

Podemos esquematizar as diferenças da seguinte forma:

► COMPENSAÇÃO	► DEDUÇÃO
Quando duas pessoas forem ao mesmo tempo credora e devedora uma da outra	Abatimento das verbas que já foram pagas durante a relação de trabalho sob o mesmo título
Não pode ser conhecida de ofício, dependendo, portanto, da alegação do réu	Pode ser conhecida de ofício
Deve ser alegada na contestação	Pode ser alegada e conhecida em qualquer tempo

Por fim, a **retenção** é o direito de o credor conservar, sob sua posse, a coisa de forma legítima, até que seja adimplida a obrigação. Além disso, é necessária uma relação de conexão entre o crédito e a coisa retida, não podendo existir impedimento legal ou contratual para seu exercício[10].

> ✦ *Exemplo: empresa tomadora de serviço retém ferramenta de trabalho do prestador de serviço, alegando que lhe causou um dano no momento da prestação dos serviços. Desse modo, a empresa retém a ferramenta para ter a garantia de que o prestador lhe pagará a indenização devida.*

Antes de finalizar esse tópico, cabe fazer uma observação quanto à compensação.

A CLT previu dois momentos de compensação:

a) na rescisão contratual (art. 477, § 5º); e

b) na contestação (art. 767).

No primeiro caso, estabeleceu os limites da compensação na rescisão contratual, vedando-a para valores que excederem a 1 mês de remuneração do empregado. Assim agiu, porque a homologação contratual é ato extrajudicial.

Na segunda hipótese, regulou a compensação no âmbito processual, permitindo sua alegação como matéria de defesa. Nesse caso, pensamos que não se aplica a limitação descrita para a rescisão contratual (CLT, art. 477, § 5º), vez que há participação do Estado-juiz. Ademais, tratando-se de exceção, sua interpretação deverá ser restritiva.

Assim, no caso de compensação alegada em contestação, os valores poderão ser superiores a 1 mês de remuneração do empregado, não sendo aplicável o disposto no art. 477, § 5º, da CLT. Evidentemente que o limite da compensação no processo será o valor dos créditos do reclamante, de modo que os valores superiores a tais créditos deverão ser buscados pelo reclamado em ação própria ou quando preenchidos os requisitos legais, por meio de reconvenção.

2.3. Princípios

2.3.1. Princípio da impugnação específica

Na contestação vige o princípio da impugnação específica (CPC/2015, art. 341), de modo que o réu (reclamado) deverá impugnar detalhadamente as alegações de fato apresentadas na inicial, sob pena de serem presumidas verdadeiras. Veda-se, assim, a contestação por negativa geral.

Admite-se, excepcionalmente, a contestação por negativa geral quando:

a) não for admissível, a respeito dos fatos, a confissão;

b) a petição inicial não estiver acompanhada do instrumento público que a lei considerar da substância do ato;

c) os fatos estiverem em contradição com a defesa, considerada em seu conjunto.

---

10. MARTINS, Sérgio Pinto. *Comentários à CLT*. 13. ed. São Paulo: Saraiva, 2009. p. 790.

Cumpre consignar que referido princípio não se aplica ao defensor público, ao advogado dativo e ao curador especial (CPC/2015, art. 341, parágrafo único).

O advogado dativo e o curador especial estão dispensados do ônus da impugnação especificada porque, em regra, não terão acesso imediato ao réu, não possuindo, portanto, todas as informações indispensáveis à elaboração da defesa específica.[11] Quanto ao defensor público, apesar das críticas realizadas ao dispositivo por parcela da doutrina, o legislador consagrou a presunção da dificuldade da comunicação com o réu, o que pode ocorrer em algumas situações em que há a atuação da Defensoria Pública, razão pela qual não há a necessidade de impugnação específica.[12]

2.3.2. *Princípio da eventualidade*

A contestação se submete ainda ao princípio da eventualidade (CPC/2015, art. 342), também chamado de princípio da concentração da defesa, segundo o qual o réu (reclamado) deverá apresentar todas as suas matérias de defesa naquele momento, ainda que incompatíveis entre si, sob pena de não poder alegá-las posteriormente, ante a existência de preclusão consumativa.

Esse princípio, entretanto, é excepcionado em três hipóteses:

a) matérias de defesa relativas a direito ou fato superveniente;

b) matérias que compete ao juiz conhecer de ofício;

c) matérias que, por expressa autorização legal, puderem ser formuladas em qualquer tempo e grau de jurisdição.

2.4. Revelia

A apresentação da contestação é ônus processual do reclamado, não tendo, portanto, a obrigação de apresentá-la. Contudo, não a apresentando, ocorrerá a revelia e sofrerá, em regra, os seus efeitos.

No processo do trabalho, não é pacífico o surgimento da revelia.

Parte da doutrina e da jurisprudência entende que, por força do art. 844, *caput*, da CLT[13], a revelia se concretiza com a ausência do réu na audiência inaugural. Noutras palavras, como no processo do trabalho a contestação não é apresentada em

11. DIDIER JR., Fredie. *Curso de direito processual civil: introdução ao direito processual civil, parte geral e processo de conhecimento.* 18. ed. Salvador: Juspodivm, 2016. p. 663.

12. DIDIER JR., Fredie. *Curso de direito processual civil: introdução ao direito processual civil, parte geral e processo de conhecimento.* 18. ed. Salvador: Juspodivm, 2016. p. 663-664.

13. Art. 844, caput, da CLT. O não-comparecimento do reclamante à audiência importa o arquivamento da reclamação, e o não-comparecimento do reclamado importa revelia, além de confissão quanto à matéria de fato.

secretaria, mas na audiência inaugural, é a ausência na audiência que provocará a revelia.

Para a outra parte, a qual pensamos estar com a razão, a revelia é a ausência de contestação (CPC/2015, art. 344), impondo, assim, o animus de não contestar. Com efeito, apresentada a contestação, a parte já demonstra sua vontade de defender, afastando, assim, a revelia.

De qualquer modo, a revelia não se confunde com seus efeitos. Aquela é a ausência do réu na audiência (1ª corrente) ou ausência de contestação (2ª corrente). Uma vez ocorrida a revelia, passa-se a analisar os seus efeitos que podem ser:

- material; e
- processuais.

O efeito material da revelia é a presunção de veracidade das alegações de fato formuladas na inicial (confissão ficta).

Já os efeitos processuais são:

a) o julgamento antecipado do mérito (CPC/2015 art. 355, II);

b) a não necessidade de intimação do réu, sem procurador nos autos, dos demais atos do processo. Esclareça-se, nesse ponto, que o processo do trabalho possui regra própria no sentido de que, mesmo sendo revel, o réu será intimado da sentença (CLT, art. 852). Ademais, o revel poderá ingressar no processo a qualquer tempo, assumindo-o no estado em que se encontrar.

► **ATENÇÃO:**

A pessoa jurídica de direito público se sujeita à revelia prevista no artigo 844 da CLT (OJ nº 152 da SDI-I do TST).

2.4.1. *Não produção dos efeitos da revelia*

Como visto, a revelia não confunde com seus efeitos.

Disso resulta que, mesmo ocorrendo a revelia, em algumas hipóteses não teremos o efeito material da revelia.

É o que estabelece o art. 844, § 4º, da CLT, ao afastar a confissão quanto à matéria de fato ao reclamado quando:

> I – havendo pluralidade de reclamados, algum deles contestar a ação;
>
> II – o litígio versar sobre direitos indisponíveis;
>
> III – a petição inicial não estiver acompanhada de instrumento que a lei considere indispensável à prova do ato;
>
> IV – as alegações de fato formuladas pelo reclamante forem inverossímeis ou estiverem em contradição com prova constante dos autos.

Além das hipóteses acima mencionadas, considera-se que, no processo do trabalho, não há a produção dos efeitos materiais da revelia na hipótese de a própria norma exigir prova pericial acerca do fato, como ocorre, por exemplo, nos pedidos de adicional de insalubridade e periculosidade (CLT, art. 195, § 2º).

Não ocorrendo os efeitos da revelia, o art. 349 do CPC/2015, aplicável ao processo do trabalho, permite que o réu revel produza provas, contrapostas às alegações do autor, desde que se faça representar nos autos a tempo de praticar os atos processuais indispensáveis a essa produção. Desse modo, o réu poderá fazer contraprova dos fatos constitutivos, vedando-se a produção de prova de fatos novos, tais como: fatos modificativos, impeditivos ou extintivos do direito do autor, já que a alegações de tais fatos deveriam constar da contestação que não foi apresentada.

2.4.2. *Presença do advogado em audiência e ausência da reclamada*

Antes da Lei nº 13.467/2017, o TST, interpretando literalmente o art. 844, *caput*, da CLT, declarou que a presença tão somente do advogado, mesmo que munido de procuração, não afastava a revelia. Assim agiu, porque no seu entender, o ato de contestar é exclusivo da parte e deve ser efetivado na própria audiência. Ademais, no processo do trabalho, a contestação não é apresentada em secretaria, mas sim na audiência, de modo que a revelia ocorrerá pela simples ausência da reclamada na audiência.

Dessa forma, na visão do C. TST, o empregador deveria apresentar-se pessoalmente ou por meio de seu gerente ou preposto na audiência, a fim de não provocar a decretação da revelia.

Aliás, o C. TST admitia que a revelia fosse afastada quando o empregador apresentasse atestado médico, o qual deveria comprovar a impossibilidade de sua locomoção. Nesse sentido:

> **Súmula nº 122 do TST.** Revelia. Atestado médico
>
> A reclamada, ausente à audiência em que deveria apresentar defesa, é revel, ainda que presente seu advogado munido de procuração, podendo ser ilidida a revelia mediante a apresentação de atestado médico, que deverá declarar, expressamente, a impossibilidade de locomoção do empregador ou do seu preposto no dia da audiência.

A Lei nº 13.467/2017, ao introduzir o § 5º no art. 844 da CLT, aparentemente, contraria o entendimento consolidado pelo C. TST, ao declinar que "ainda que ausente o reclamado em audiência, a contestação e os documentos apresentados por seu advogado serão aceitos".

Digo, aparentemente, porque o legislador perdeu a oportunidade de ser claro sobre a ocorrência da revelia ou não nessa hipótese, o que provocará discussões na doutrina e jurisprudência sobre o tema.

Como já relatado nos tópicos anteriores, atualmente existe divergência no tocante ao surgimento da revelia no direito processual do trabalho. Para a primeira corrente, ocorrerá a revelia pela simples ausência da reclamada à audiência inaugural ou una, por força do *caput* do art. 844 da CLT. Para a segunda, haverá revelia quando não apresentada a contestação, ou seja, impõe o *animus* de não contestar (CPC/2015, art. 344).

Como o legislador não disse que na hipótese do § 5º estará afastada a revelia, para os defensores da primeira corrente continuará havendo a revelia, mas agora o ordenamento autoriza o recebimento da contestação e dos documentos, uma vez que o revel pode intervir no processo em qualquer fase, recebendo-o no estado em que se encontrar (CPC, art. 346, parágrafo único). Esse entendimento fará com que o reclamado possa, no máximo, levantar matérias de ordem pública e fazer contraprova dos fatos constitutivos, vedando-se a produção de prova de fatos novos, tais como: fatos modificativos, impeditivos ou extintivos do direito do autor, já que as alegações de tais fatos deveriam constar da contestação, que embora aceita não será analisada (CPC, art. 349).[14] Autoriza-se, ainda, a análise dos documentos relacionados a afastar o enriquecimento sem causa, deduzindo-se, assim, os valores já pagos, pois a dedução é matéria de ordem pública.

Para outros, com os quais pensamos estar a razão, a presença do advogado munido da contestação demonstra o *animus* de defesa, de modo que estará afastada a revelia. Nesse caso, serão analisados os fatos impeditivos, modificativos e extintivos do direito do reclamante.

Nessa segunda corrente, o comparecimento tão somente do advogado provocará efeitos diferentes, se a audiência for apenas inaugural ou se for audiência una.

Sendo **audiência inaugural** estará dispensada a presença da reclamada na audiência, podendo comparecer apenas seu advogado, o que, temos que reconhecer, minimiza a possibilidade de acordo.

Já na hipótese de **audiência una**, embora a presença do advogado com a contestação afaste a revelia, haverá confissão *ficta*, devido à ausência da reclamada para depor, o que provocará novas discussões sobre a possibilidade de o juiz encerrar a instrução processual.

É que havendo confissão, a parte fica limitada na comprovação de fatos contrários aos confessados, pois como declinou Chiovenda "a *ficta confessio* produz, por consequência, como a confissão, a preclusão do direito de alegar fatos incompatíveis com os admitidos"[15].

Com efeito, havendo tal preclusão, **o indeferimento de produção de provas posteriores à confissão *ficta* não constitui cerceamento de defesa, por ser mera faculdade do juiz**. Como elucidou o Ministro Vantuil Abdala:

---

14. Esse tem sido o entendimento cobrado nas provas objetivas.
15. In: HADAD, José Eduardo. *Precedentes jurisprudenciais do TST comentados*. 2. ed. São Paulo: LTr, 2002. p. 384.

> A confissão ficta importa presunção de veracidade dos fatos alegados pela parte contrária, podendo ser elidida por prova em contrário já existente nos autos. Mas, confessa a parte quanto matéria de fato, não tem ela o direito de, ainda, produzir prova testemunhal. É que o depoimento das testemunhas poderia vir a elidir os efeitos da 'Ficta Confessio', e assim não haveria nenhuma consequência para a parte que deixa de comparecer para depor. E tal importaria verdadeiro cerceamento de defesa para a parte contrária, pois o depoimento pessoal é também meio de provas.[16]

Assim, ocorrendo a confissão *ficta*, a parte não terá o direito de produzir novas provas em sentido contrário, por estar preclusa sua oportunidade.

No entanto, mesmo havendo tal confissão, o juiz poderá, a seu juízo, prosseguir na instrução processual como descreve a Súmula 74, III do TST.[17]

Além disso, os documentos apresentados na audiência com a contestação serão considerados para afastar a confissão, vez que esta gera mera **presunção relativa** de veracidade dos fatos.

Em suma, na audiência una, o comparecimento do advogado sem a presença da reclamada viabiliza a apresentação da contestação e documentos, mas não afasta a confissão *ficta*, que poderá ser confrontada com os documentos apresentados com a contestação ou já existentes nos autos ou, caso o juiz entenda pertinente a continuação da instrução, pelas provas colhidas no prosseguimento da instrução processual.

3. EXCEÇÕES

As exceções (rituais), espécie de resposta do réu, são incidentes processuais. A CLT as divide em:

- suspeição;
- impedimento;
- incompetência relativa.

Nos dois primeiros casos busca-se impugnar a imparcialidade do juiz, enquanto o último se dirige ao próprio juízo.

De acordo com a CLT, a arguição de exceção provoca a **suspensão do processo**, como estabelece o art. 799, *caput*, da CLT.

Desse modo, enquanto não verificada a exceção, não se passa à análise da contestação.

16. E-RR-79.265/93, 2ª Turma, Rel. Min. Vantuil Abdala. DJ 25.08.95.
17. **Súmula nº 74, III** – A vedação à produção de prova posterior pela parte confessa somente a ela se aplica, não afetando o exercício, pelo magistrado, do poder/dever de conduzir o processo.

A decisão que resolve as exceções tem natureza de decisão interlocutória, razão pela qual não está sujeita a recurso de imediato, salvo quando terminativa do feito (CLT, art. 799, § 2º).

▶ **ATENÇÃO:**

O C. TST criou outra hipótese em que é permitida a interposição de recurso de imediato: da decisão que acolhe exceção de incompetência territorial, com a remessa dos autos para Tribunal Regional distinto daquele a que se vincula o juízo excepcionado (Súmula nº 214, "c", do TST).

Cumpre esclarecer que, havendo alegação de diversas exceções, a ordem de análise é da seguinte forma: primeiro, o impedimento; segundo, a suspeição, e, depois, a incompetência relativa.

Antes de finalizar esse tópico inicial é necessário fazer uma observação relacionada à suspensão do processo.

Como dito, a CLT indica que havendo a exceção provocar-se-á a suspensão do feito. Por outro lado, o CPC/2015 não impõe necessariamente a suspensão do processo, conforme se depreende do art. 146, § 2º, que determina que o relator deverá declarar os efeitos em que recebe o incidente.

Assim, se recebê-lo sem efeito suspensivo, o processo voltará a correr; se recebê-lo com efeito suspensivo, o processo permanecerá suspenso até o julgamento do incidente. Essa previsão evita que as alegações de impedimento e suspeição sejam utilizadas como mecanismo protelatório pelas partes.

Como se trata de tema novo, para a prova objetiva, acreditamos que deverá ser adotada a previsão da CLT, suspendendo-se o feito com a alegação de impedimento e suspeição.

Todavia, a nosso juízo, com fundamento na lacuna ontológica[18] existente no texto celetista, pensamos que o CPC/2015 deve ser aplicado de forma supletiva ao processo do trabalho, especialmente porque a não suspensão do processo está embasada nos princípios da celeridade e efetividade processual. Nesse sentido, dispõe o art. 20 da Consolidação dos Provimentos da Corregedoria-Geral da Justiça do Trabalho ao impor a aplicação do art. 146 do CPC/2015.

3.1. Exceção de impedimento e suspeição

As exceções de impedimento e suspeição buscam garantir aos jurisdicionados que sua demanda será resolvida por um juiz imparcial. Nesse contexto, o art. 801 da CLT declina:

18. Lacuna ontológica é quando existe a norma, mas ela não corresponde à realidade social.

> Art. 801 – O juiz, presidente ou vogal, é obrigado a dar-se por suspeito, e pode ser recusado, por algum dos seguintes motivos, em relação à pessoa dos litigantes:
>
> a) inimizade pessoal;
>
> b) amizade íntima;
>
> c) parentesco por consanguinidade ou afinidade até o terceiro grau civil;
>
> d) interesse particular na causa.

Verifica-se, pelo artigo supracitado, que a CLT descreve apenas a suspeição. Isso ocorre porque a criação dessa norma teve como base o CPC de 1939, que não previa separadamente o impedimento. No entanto, a doutrina e a jurisprudência entendem, majoritariamente, que é cabível no processo do trabalho a diferenciação entre impedimento e suspeição, aplicando-se subsidiariamente os arts. 144 e 145, ambos do CPC/2015.

O **impedimento** está ligado a elementos objetivos, de modo que, uma vez apresentados, não precisam demonstrar a efetiva influência do julgador no caso. Noutras palavras, são causas absolutas de imparcialidade. Nos termos do art. 144 do CPC/2015, são motivos de impedimento a atuação do juiz nos processos:

> I – em que interveio como mandatário da parte, oficiou como perito, funcionou como membro do Ministério Público ou prestou depoimento como testemunha;
>
> II – de que conheceu em outro grau de jurisdição, tendo proferido decisão;
>
> III – quando nele estiver postulando, como defensor público, advogado ou membro do Ministério Público, seu cônjuge ou companheiro, ou qualquer parente, consanguíneo ou afim, em linha reta ou colateral, até o terceiro grau, inclusive;
>
> IV – quando for parte no processo ele próprio, seu cônjuge ou companheiro, ou parente, consanguíneo ou afim, em linha reta ou colateral, até o terceiro grau, inclusive;
>
> V – quando for sócio ou membro de direção ou de administração de pessoa jurídica parte no processo;
>
> VI – quando for herdeiro presuntivo, donatário ou empregador de qualquer das partes;
>
> VII – em que figure como parte instituição de ensino com a qual tenha relação de emprego ou decorrente de contrato de prestação de serviços;
>
> VIII – em que figure como parte cliente do escritório de advocacia de seu cônjuge, companheiro ou parente, consanguíneo ou afim, em linha reta ou colateral, até o terceiro grau, inclusive, mesmo que patrocinado por advogado de outro escritório;[19]

19. O referido inciso foi declarado inconstitucional pelo STF na ADI 5953 (STF- ADI 5953. Relator: Ministro Edson Fachin; Redator para o acórdão: Ministro Gilmar Mendes, Redator para o acórdão. Plenário, Sessão Virtual de 11.8.2023 a 21.8.2023).

> IX – quando promover ação contra a parte ou seu advogado.
>
> § 1º Na hipótese do inciso III, o impedimento só se verifica quando o defensor público, o advogado ou o membro do Ministério Público já integrava o processo antes do início da atividade judicante do juiz.
>
> § 2º É vedada a criação de fato superveniente a fim de caracterizar impedimento do juiz.
>
> § 3º O impedimento previsto no inciso III também se verifica no caso de mandato conferido a membro de escritório de advocacia que tenha em seus quadros advogado que individualmente ostente a condição nele prevista, mesmo que não intervenha diretamente no processo.

A propósito, "quando 2 (dois) ou mais juízes forem parentes, consanguíneos ou afins, em linha reta ou colateral, até o terceiro grau, inclusive, o primeiro que conhecer do processo impede que o outro nele atue, caso em que o segundo se escusará, remetendo os autos ao seu substituto legal." (art. 147).

A **suspeição**, por outro lado, tem como foco elementos subjetivos. Nesse caso, não basta a mera alegação, devendo ser demonstrada a efetiva influência do juiz no caso. Conforme estabelece o art. 145 do CPC/2015:

> Art. 145. Há suspeição do juiz:
>
> I – amigo íntimo ou inimigo de qualquer das partes ou de seus advogados;
>
> II – que receber presentes de pessoas que tiverem interesse na causa antes ou depois de iniciado o processo, que aconselhar alguma das partes acerca do objeto da causa ou que subministrar meios para atender às despesas do litígio;
>
> III – quando qualquer das partes for sua credora ou devedora, de seu cônjuge ou companheiro ou de parentes destes, em linha reta até o terceiro grau, inclusive;
>
> IV – interessado no julgamento do processo em favor de qualquer das partes.
>
> § 1º Poderá o juiz declarar-se suspeito por motivo de foro íntimo, sem necessidade de declarar suas razões.

É interessante observar que o art. 801, parágrafo único, da CLT prevê algumas hipóteses em que a suspeição não poderá ser mais alegada:

> 1) se o recusante houver praticado algum ato pelo qual haja consentido na pessoa do juiz, salvo sobrevindo novo motivo;
>
> 2) se do processo constar que o recusante deixou de alegá-la anteriormente, quando já a conhecia;
>
> 3) depois de conhecida, aceitou o juiz recusado;
>
> 4) se procurou de propósito o motivo de que ela se originou.

▸ **OBSERVAÇÃO:**

Aplicam-se os motivos de impedimento e de suspeição ao membro do Ministério Público, aos auxiliares da Justiça e aos demais sujeitos imparciais do processo (CPC/2015, art. 148). Nesses casos, o incidente não provocará a suspensão do processo (CPC/2015, art. 148, § 2º).

3.1.1. *Momento de alegação*

A suspeição pode ser alegada tanto pelo reclamante como pelo reclamado. Contudo, deve ser levantada na primeira oportunidade em que as partes se manifestarem no processo, nos termos do art. 795 da CLT. Consigna-se que, já tendo o reclamado conhecimento da suspeição, deverá alegá-la no prazo da defesa.

O impedimento também deverá ser alegado na primeira oportunidade que as partes possuem de se manifestarem no processo. Todavia, por ser matéria de ordem pública, a doutrina e a jurisprudência permitem sua invocação, tanto pelo reclamante como reclamado, a qualquer tempo, inclusive depois do trânsito em julgado, por meio da ação rescisória (CPC/2015, art. 966, II).

3.1.2. *Procedimento*

O art. 802 da CLT disciplina o procedimento das exceções de suspeição e impedimento, tendo a seguinte redação:

> Art. 802 – Apresentada a exceção de suspeição, o juiz ou Tribunal designará audiência dentro de 48 (quarenta e oito) horas, para instrução e julgamento da exceção.
>
> § 1º – Nas Juntas de Conciliação e Julgamento e nos Tribunais Regionais, julgada procedente a exceção de suspeição, será logo convocado para a mesma audiência ou sessão, ou para a seguinte, o suplente do membro suspeito, o qual continuará a funcionar no feito até decisão final. Proceder-se-á da mesma maneira quando algum dos membros se declarar suspeito.
>
> § 2º – Se se tratar de suspeição de Juiz de Direito, será este substituído na forma da organização judiciária local.

A sistemática idealizada por esse artigo tinha como base a Junta de Conciliação e Julgamento, em que havia um juiz presidente (do trabalho) e dois juízes classistas. Desse modo, havendo suspeição de um deles, os demais julgavam a suspeição. No entanto, com o advento da EC nº 24/99, foram extintos os juízes classistas, de modo que os conflitos submetidos à Justiça do Trabalho passaram a ser julgados por um juiz singular de carreira.

Assim, passou-se a questionar o procedimento adotado na CLT para julgamento das exceções de suspeição e impedimento. Isso porque, havendo apenas um juiz, caso fosse observado o procedimento da CLT, o próprio suspeito ou impedido é que iria julgar a exceção.

Desse modo, nos artigos 20 e 21 da Consolidação dos Provimentos da Corregedoria-Geral da Justiça do Trabalho, impôs a aplicação do art. 146 do CPC/2015, exceto quanto à condenação às custas ao magistrado. Assim, estabelece referido artigo:

> **Art. 146.** No prazo de 15 (quinze) dias, a contar do conhecimento do fato, a parte alegará o impedimento ou a suspeição, em petição específica dirigida ao juiz do processo, na qual indicará o fundamento da recusa, podendo instruí-la com documentos em que se fundar a alegação e com rol de testemunhas.
>
> § 1º Se reconhecer o impedimento ou a suspeição ao receber a petição, o juiz ordenará imediatamente a remessa dos autos a seu substituto legal, caso contrário, determinará a autuação em apartado da petição e, no prazo de 15 (quinze) dias, apresentará suas razões, acompanhadas de documentos e de rol de testemunhas, se houver, ordenando a remessa do incidente ao tribunal.
>
> § 2º Distribuído o incidente, o relator deverá declarar os seus efeitos, sendo que, se o incidente for recebido:
>
> I – sem efeito suspensivo, o processo voltará a correr;
>
> II – com efeito suspensivo, o processo permanecerá suspenso até o julgamento do incidente.
>
> § 3º Enquanto não for declarado o efeito em que é recebido o incidente ou quando este for recebido com efeito suspensivo, a tutela de urgência será requerida ao substituto legal.
>
> § 4º Verificando que a alegação de impedimento ou de suspeição é improcedente, o tribunal rejeitá-la-á.
>
> § 5º Acolhida a alegação, tratando-se de impedimento ou de manifesta suspeição, o tribunal condenará o juiz nas custas e remeterá os autos ao seu substituto legal, podendo o juiz recorrer da decisão.
>
> § 6º Reconhecido o impedimento ou a suspeição, o tribunal fixará o momento a partir do qual o juiz não poderia ter atuado.
>
> § 7º O tribunal decretará a nulidade dos atos do juiz, se praticados quando já presente o motivo de impedimento ou de suspeição.

Com efeito, reconhecida a suspeição ou o impedimento, os autos serão encaminhados ao substituto legal do juiz, por meio de decisão irrecorrível. Por outro lado, não a reconhecendo, o julgamento será realizado pelo Tribunal Regional do Trabalho a que estiver vinculado o juiz.

Por fim, é necessário verificar a forma de alegação do impedimento e da suspeição.

Parte majoritária da doutrina e da jurisprudência entende que, no processo do trabalho, embora se fale em exceção, ela pode ser alegada no próprio bojo da contestação, com base no princípio da simplicidade. Ademais, alegada tais matérias, por força do art. 799 da CLT, o processo consequentemente será suspenso.

De nossa parte, pensamos que o impedimento e a suspeição devem ser alegados em peças separadas da contestação. Isso se justifica porque se trata de incidente processual que, a nosso ver, pode ou não gerar a suspensão do feito. Como o entendimento predominante é pela aplicação do procedimento do CPC para julgamento do impedimento e da suspeição, fere o princípio da celeridade o encaminhamento total do processo ao tribunal, de modo que sendo alegados em peças separadas, o incidente será instruído separadamente e encaminhado do TRT, mantendo-se na Vara do Trabalho os autos "principais"[20].

3.2. Exceção de incompetência (relativa)

O art. 800, *caput*, da CLT declina expressamente que a alegação da incompetência territorial será em "peça que sinalize a existência desta exceção", ou seja, em peça apartada, denominada exceção de incompetência.

Desse modo, não se aplica ao processo do trabalho o art. 337, II, do CPC/2015 que indica que a alegação de incompetência deve ser na contestação.

Ademais, o art. 340, *caput*, do CPC/2015 prevê que "havendo alegação de incompetência relativa ou absoluta, a contestação poderá ser protocolada no foro de domicílio do réu, fato que será imediatamente comunicado ao juiz da causa, preferencialmente por meio eletrônico".

Vê-se que naquela seara o réu poderá apresentar em seu domicílio a própria contestação, incluindo a alegação da incompetência. Queremos dizer, permite-se o protocolo em juízo diverso de onde está caminhando o processo, mas não em peça apartada.

No processo do trabalho, referido art. 340, *caput*, não é aplicável. Primeiro, porque temos regra própria na CLT. Segundo, porque ele tem como foco os processos físicos,[21] de modo que sendo realidade no processo do trabalho o processo judicial eletrônico, não há falar em protocolo em outro juízo, mas sim, eletronicamente, dentro da própria reclamação trabalhista.[22]

No processo do trabalho, portanto, a incompetência territorial deverá ser alegada, necessariamente, em peça autônoma,[23] que será protocolada no juízo em que tramita a reclamação trabalhista.

---

20. Nesse sentido, SCHIAVI, Mauro. *Manual de Direito processual do trabalho: de acordo com o novo CPC.* 9. ed. São Paulo: LTr, 2015. p. 641.
21. DONIZETTI, Elpídio. *Curso didático de direito processual civil.* 20. ed. rev., atual. e ampl. São Paulo: Atlas, 2017. p. 501.
22. Mesmo que excepcionalmente estejamos diante de um processo físico, a petição deverá ser apresentada nos próprios autos, não incidindo o art. 340 do CPC, já que temos regra própria na CLT.
23. No mesmo sentido, SCHIAVI, Mauro. *A reforma trabalhista e o processo do trabalho.* São Paulo: LTr, 2017. p. 93.

Cabe destacar que, como a incompetência relativa representa interesse das partes, ela **não pode ser declarada ex *officio***, ou seja, depende de provocação da parte interessada. Nesse sentido:

> **Orientação Jurisprudencial nº 149 da SDI – II do TST.** Conflito de competência. Incompetência territorial. Hipótese do art. 651, § 3º, da CLT. Impossibilidade de declaração de ofício de incompetência relativa
>
> Não cabe declaração de ofício de incompetência territorial no caso do uso, pelo trabalhador, da faculdade prevista no art. 651, § 3º, da CLT. Nessa hipótese, resolve-se o conflito pelo reconhecimento da competência do juízo do local onde a ação foi proposta.
>
> **Súmula nº 33 do STJ**: Incompetência Relativa – Declaração de Ofício. A incompetência relativa não pode ser declarada de ofício.

Com efeito, não havendo apresentação da exceção de incompetência no prazo de 5 dias a contar da notificação, antes da audiência, tem-se a prorrogação da competência, ou seja, o juiz, inicialmente, incompetente, passa a ser competente.

Destaca-se, por fim, que o art. 795, § 1º, da CLT declina que será declarada *ex officio* a nulidade fundada em incompetência de foro. Tecnicamente, quando se diz incompetência de foro, representa-se incompetência territorial, o que significa que a CLT estaria admitindo sua alegação de ofício. A doutrina é pacífica, no entanto, ao admitir que a CLT foi atécnica, interpretando tal dispositivo no sentido de que incompetência de foro refere-se à incompetência do foro trabalhista, ou seja, incompetência em razão da matéria que, por ser absoluta, pode ser alegada *ex officio*.

3.2.1. Prazo para apresentação

O art. 800, *caput*, da CLT exige que a exceção seja apresentada no prazo de 5 dias a contar da notificação, antes da audiência.

A contagem do prazo de 5 dias será em dias úteis, observando as diretrizes do art. 775, *caput*, da CLT, tendo como termo inicial sua notificação (citação).

Não observado o referido prazo haverá preclusão temporal, fixando-se a competência no juízo onde foi ajuizada a reclamação trabalhista, isto é, ocorrerá o fenômeno denominado **prorrogação de competência**.

Trata-se, pois, de prazo próprio e peremptório, razão pela qual, não sendo levantado nesse momento, não poderá alegar posteriormente (p. ex., em contestação), a incompetência territorial. No mesmo sentido decidiu a SDI-II do TST em julgamento de conflito negativo de competência, como se verifica a seguir:

> (...) Entende-se, assim, que o prazo do art. 800 da CLT tem, efetivamente, natureza preclusiva, de modo que, não tendo a parte exercido seu direito de defesa de opor exceção de incompetência territorial na forma e no interregno ali prescritos, prorroga-se, nesse momento,

> a competência territorial do juízo em que proposta a ação, tal como compreendido pelo Juízo Suscitante. (...)[24]

Atente-se ainda que o legislador impôs que a exceção deve ser oferecida antes da audiência, objetivando que a audiência não seja realizada.

Como regra, não teremos problemas práticos com esse termo. No entanto, excepcionalmente, poderá ocorrer de a audiência ser designada para 5 dias após a notificação do réu. Essa aliás é a diretriz do art. 841 da CLT, o qual descreve que entre a notificação e a primeira audiência deve existir um prazo mínimo de 5 dias[25].

Nesse caso, pensamos que a exceção deverá ser apresentada em peça autônoma antes da audiência. A nosso ver o legislador impôs a conjugação dos dois termos: 5 dias + antes da audiência. Noutras palavras, o último dia do prazo será o da audiência (5º dia), mas deverá ser observado o horário da audiência apresentando a exceção antes do seu início.

Iniciada, portanto a audiência, não será admitido o levantamento da incompetência no rito ordinário, vez que já ocorreu a preclusão.[26]

3.2.2. Necessidade de indicação do juízo competente

Apresentada a exceção, incumbe ao excipiente indicar o juízo que entende ser competente para a causa, como determina a parte final do § 3º do art. 800 da CLT.

Trata-se, pois, de pressuposto da exceção, de modo que, não sendo apresentado o juízo competente, a exceção não deverá ser admitida.

Ademais, caso o juízo acolha a incompetência e encaminhe os autos para o juízo que o excipiente entende ser competente, o reclamado (excipiente) não poderá suscitar conflito de competência (CLT, art. 806), em decorrência do princípio do interesse (CLT, art. 796, *b*).

3.2.3. Suspensão do processo

O art. 800, *caput*, da CLT reafirma o estabelecido pelo art. 799 da CLT ao declinar que, protocolada a exceção de incompetência territorial, o processo fica suspenso, não se realizando a audiência prevista no art. 843 da CLT.

Trata-se de suspensão imprópria, vez que o processo será suspenso, mas não, evidentemente, o próprio incidente que analisará a competência do juízo.

Ademais, protocolada a exceção "a suspensão é automática, independendo, portanto, de despacho ou de decisão do juízo no qual a petição inicial da exceção

---

24. CC-10467-93.2019.5.15.0013, Subseção II Especializada em Dissídios Individuais, Relator Ministro Luiz Jose Dezena da Silva, DEJT 25/09/2020).
25. Esse prazo deve ser contado em dias úteis, vez que, na realidade, se trata de prazo para a confecção da contestação.
26. Em sentido contrário, entendendo que nesse caso a exceção poderá ser apresentada na audiência. TEIXEIRA FILHO, Manoel Antônio. *O processo do trabalho e a reforma trabalhista – As alterações introduzidas no processo do trabalho pela Lei n. 13.467/17*. São Paulo: Ltr, 2017. p. 110.

for protocolada".[27] No entanto, ocorrendo a preclusão, ou seja, não apresentada no prazo de 5 dias e antes da audiência, não há falar em suspensão do processo.

Com efeito, a apresentação da exceção obsta a realização da audiência inaugural ou una.

3.2.4. *Contraditório*

O art. 800, § 2º, da CLT declina que, apresentada a exceção de incompetência, os autos serão imediatamente conclusos ao juiz, que intimará o reclamante e, se existentes, os litisconsortes (ativos) para manifestação **no prazo comum de 5 dias**.

Garante-se, portanto, o exercício do contraditório pelo reclamante (excepto) que terá a oportunidade de demonstrar que o ajuizamento da ação foi realizado de acordo com o que preconiza o art. 651 da CLT, não havendo, portanto, incompetência territorial do juízo.

3.2.5. *Produção de prova oral*

Nos termos do art. 800, § 3º, da CLT, "se entender necessária a produção de prova oral, o juízo designará audiência, garantindo o direito de o excipiente e de suas testemunhas serem ouvidos, por carta precatória, no juízo que este houver indicado como competente".

Observa-se pelo dispositivo que caberá ao juízo analisar se há necessidade de produzir prova oral, podendo entender que os elementos dos autos já são suficientes para o julgamento da exceção.

Na hipótese de entender necessária a prova oral, a norma garante ao excipiente que seja ouvido com suas testemunhas, no juízo que indicou como competente, por meio de carta precatória.

O número de testemunhas, nessa hipótese, deverá acompanhar a quantidade permitida no procedimento aplicado à ação trabalhista. No rito ordinário, 3 testemunhas, e no inquérito para apuração de falta grave, 6 testemunhas (CLT, art. 821). Como essa prova testemunhal ficará limitada à análise da competência do juízo, nada obsta que sejam novamente ouvidas na instrução do processo, mantendo-se a mesma quantidade de testemunhas para esse momento.

3.2.6. *Decisão da exceção de incompetência*

O art. 800, § 4º, da CLT declina que após decidida a exceção de incompetência territorial, o processo retoma seu curso, com a designação de audiência, apresentação de defesa e instrução processual perante o juízo competente.

---

27. TEIXEIRA FILHO, Manoel Antônio. *O processo do trabalho e a reforma trabalhista – As alterações introduzidas no processo do trabalho pela Lei n. 13.467/17*. São Paulo: Ltr, 2017. p. 110.

Assim, sendo rejeitada a exceção de incompetência, termina a suspensão do processo, prosseguindo-se normalmente.

Como dito anteriormente, pode ocorrer de o juízo não ter redesignado a audiência após a apresentação da exceção, porque marcada para época distante da notificação. Nesse caso, após a decisão da exceção, a parte deverá ser intimada da decisão, indicando o prosseguimento do processo e a manutenção da audiência.

Por outro lado, acolhendo-se a incompetência, os autos serão encaminhados ao juízo competente, onde prosseguirá o feito.

De qualquer maneira, rejeitando ou acolhendo a exceção, trata-se de decisão interlocutória.

3.2.7. Recorribilidade da decisão proferida na exceção

Conforme mencionado, a decisão que acolhe ou rejeita a exceção de incompetência territorial constitui decisão interlocutória, que, em regra, não é recorrível na Justiça do Trabalho.

Excetuam-se, contudo, os casos em que a decisão que acolhe a incompetência territorial remete os autos para TRT distinto daquele a que se vincula o juízo excepcionado (Súmula nº 214, "c", do TST[28]), como se verifica no exemplo:

> Pedro ajuíza reclamação trabalhista em São Paulo-SP, sendo apresentada pela reclamada exceção de incompetência, sob o fundamento de que o reclamante teria trabalhado e sido contratado em Porto Velho – RO. O juiz reconhece a incompetência e encaminha os autos à Vara do Trabalho de Porto Velho, ou seja, os autos saem de uma vara do TRT da 2ª Região e são encaminhados para uma Vara do Trabalho vinculada ao TRT da 14ª Região. Nesse caso, será cabível recurso ordinário para o TRT da 2ª Região.

28. **Súmula 214 do TST**. Decisão interlocutória. Irrecorribilidade. Na Justiça do Trabalho, nos termos do art. 893, § 1º, da CLT, as decisões interlocutórias não ensejam recurso imediato, salvo nas hipóteses de decisão: (...) c) que acolhe exceção de incompetência territorial, com a remessa dos autos para Tribunal Regional distinto daquele a que se vincula o juízo excepcionado, consoante o disposto no art. 799, § 2º, da CLT.

3.2.8. *Fluxograma*

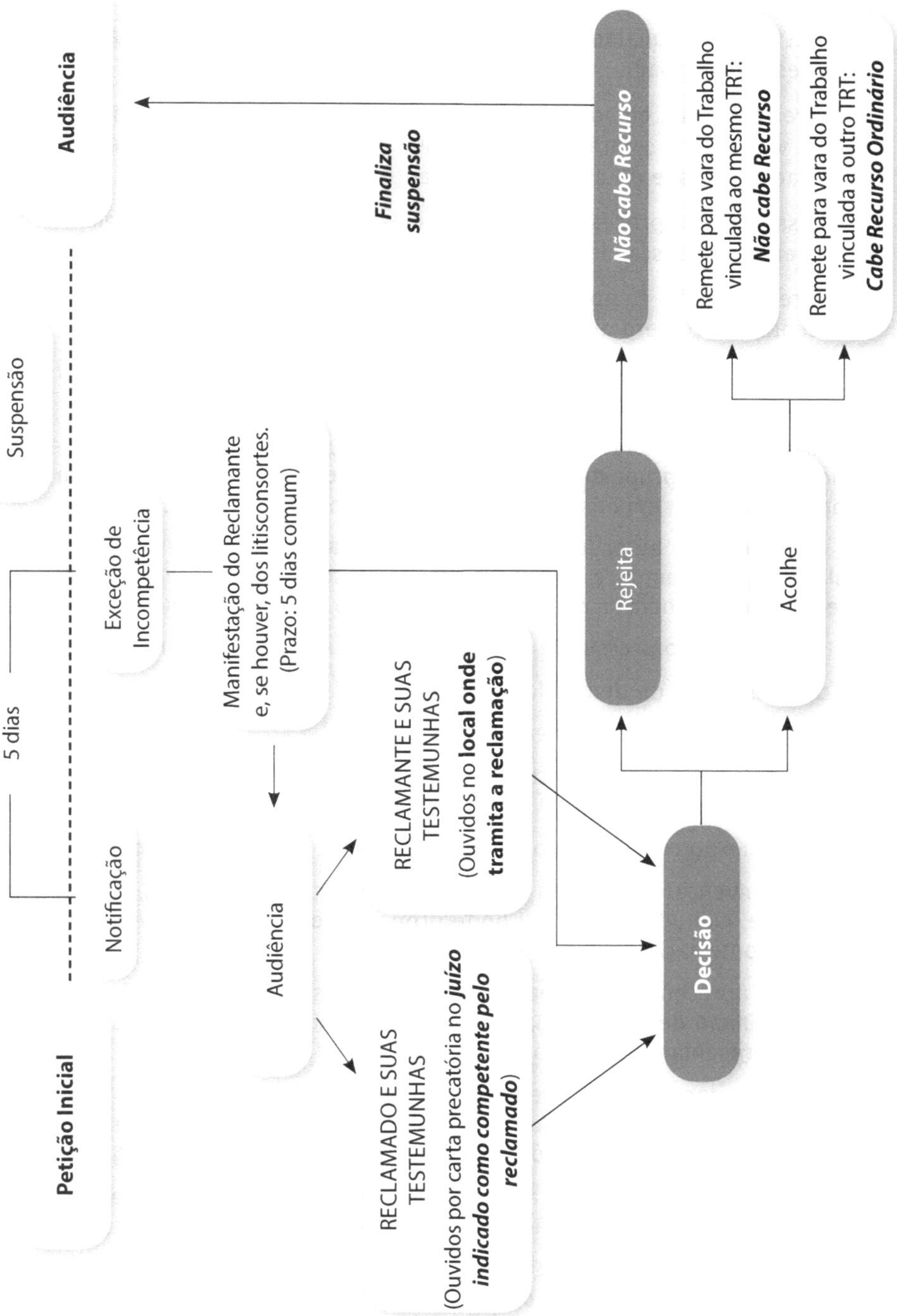

4. RECONVENÇÃO

A CLT é omissa quanto à reconvenção. Assim, diante de sua compatibilidade com o processo do trabalho, aplica-se subsidiariamente o CPC.

A **reconvenção**, embora seja uma modalidade de resposta do réu, não é defesa e, sim, verdadeiro contra-ataque, vez que **no mesmo processo** o reclamado (réu) ajuíza ação em face do autor. Tem, portanto, natureza de ação.

Nesse caso, o processo será único, mas terá uma demanda originária e outra reconvencional. Busca, assim, a aplicação do princípio da economia processual.

A reconvenção é, porém, mera faculdade do réu (reclamado), vez que, não apresentando, poderá alegar suas matérias em ação autônoma.

O autor da reconvenção é denominado réu-reconvinte, enquanto o réu leva a nomenclatura de autor-reconvindo.

Atente-se para o fato de que o art. 343, § 3º, do CPC/2015, admite que a reconvenção pode ser proposta contra o autor e **terceiro**. Além disso, também pode ser proposta pelo réu em litisconsórcio com terceiro (CPC/2015, art. 343, § 4º).

Ademais, se o autor for substituto processual, o reconvinte deverá afirmar ser titular de direito em face do substituído, e a reconvenção deverá ser proposta em face do autor, também na qualidade de substituto processual (CPC/2015, art. 343, § 5º).

Seu cabimento pressupõe a existência dos seguintes requisitos:

1) existência de demanda originária;

2) identidade procedimental;

3) que o juiz da causa originária seja absolutamente competente para julgar a reconvenção;

4) conexão com a ação originária ou com os fundamentos de defesa.

A reconvenção é alegada na própria contestação (CPC/2015, art. 343, *caput*). Ressalta-se, contudo, que o réu pode propor reconvenção independentemente de oferecer contestação (art. 343, § 6º).

Após a apresentação da reconvenção, o juiz designará nova audiência, respeitado o prazo mínimo de 5 dias (CLT, art. 841), oportunidade em que o autor-reconvindo poderá apresentar sua defesa.

Por se tratar de ação, a reconvenção tem existência distinta da ação principal, de modo que a desistência ou causa extintiva que impeça o exame do seu mérito não impede o prosseguimento da reconvenção (CPC/2015, art. 343, § 2º).

Destacamos que é cabível a reconvenção na ação monitória, vedando-se apenas o oferecimento de reconvenção à reconvenção nessa ação (CPC/2015, art. 702, § 6º).

Por fim, vale ressaltar que o art. 791-A, § 5º, da CLT estabelece que na reconvenção também são cabíveis os honorários sucumbenciais.

5. QUESTÕES DISSERTATIVAS E ESTUDOS DE CASO

Questão 1

Quais as diferenças entre compensação e dedução?

Resposta sugerida pelo autor

A compensação ocorre quando duas pessoas forem ao mesmo tempo credora e devedora uma da outra, sendo matéria de defesa, o que significa que depende da alegação do reclamado, sob pena de operar a preclusão, ou seja, não poder arguí-la em outra oportunidade. No processo do trabalho, a compensação deve ser alegada na contestação, ficando limitada a dívidas de natureza trabalhista (CLT, art. 767; Súmulas 18 e 48 do TST).

A dedução, por sua vez, é o abatimento das verbas que já foram pagas durante a relação de trabalho sob o mesmo título. Trata-se de matéria de ordem pública, embasada no princípio do não enriquecimento sem causa, razão pela qual pode ser arguida em qualquer tempo e, principalmente, manifestada *ex officio*.

Desse modo, enquanto a compensação não pode ser conhecida de ofício, dependendo de alegação do réu na contestação, a dedução pode ser conhecida de ofício e, por ser matéria de ordem pública, pode ser alegada e conhecida em qualquer tempo.

Questão 2

Sendo a ação ajuizada em juízo territorialmente incompetente, qual a forma de sua alegação e o procedimento a ser adotado?

Resposta sugerida pelo autor

A incompetência territorial é modalidade de competência relativa, devendo ser alegada por meio de exceção de incompetência.

A Lei nº 13.467/17 (Reforma Trabalhista) alterou a disciplina referente à exceção de incompetência territorial prevista no art. 800 da CLT. A partir da vigência da lei, ela deve ser apresentada no prazo de 5 dias a contar da notificação, antes da audiência e em peça que sinalize a existência da exceção (peça apartada da contestação), sob pena de preclusão.

Além disso, protocolada a petição, é suspenso o processo, inclusive com a não realização da audiência de julgamento, prevista no art. 843 da CLT (800, § 1º). Os autos são imediatamente conclusos ao juiz que deverá intimar o reclamante e os litisconsortes, se existentes, para manifestação no prazo comum de 5 dias (800, § 2º).

O art. 800, § 3º, da CLT permite que seja produzida prova oral, sendo designada audiência garantindo o direito de o excipiente e de suas testemunhas serem ouvidos, por carta precatória, no juízo que este houver indicado como competente.

Após decidida a exceção, o processo retomará seu curso, com a designação de audiência, a apresentação de defesa e a instrução processual perante o juízo competente (800, § 4º).

Estudo de caso 1

Joaquim, ex-empregado da empresa "WWX" Ltda., durante o contrato de trabalho, comprou de seu empregador um automóvel, tendo sido este parcelado em 20 prestações. Após 6 meses, foi dispensado imotivadamente. Em razão de não ter recebido as verbas referentes ao adicional noturno, Joaquim ajuizou reclamatória trabalhista em face da empresa. Apesar de o contrato de compra e venda ter sido firmado em ambiente externo ao local de trabalho, em contestação, o reclamante requereu que fosse realizada a compensação das verbas devidas com as parcelas ainda não pagas pelo empregado referentes ao automóvel vendido.

Diante dessa situação, responda:

A) A compensação poderia ter sido alegada pela empresa na contestação?

B) O juiz deverá deferir o pedido de compensação realizado?

Resposta sugerida pelo autor

A)

A compensação ocorre quando duas pessoas forem ao mesmo tempo credora e devedora uma da outra, dependendo da alegação do reclamado, sob pena de operar a preclusão, ou seja, não poder argui-la em outra oportunidade.

O artigo 767 da CLT impõe que a compensação e a retenção só podem ser arguidas como matérias de defesa, uma vez que são fatos modificativos, enquadrando-se como defesa de mérito indireta. No mesmo sentido, declina a Súmula nº 48 do TST que "a compensação só poderá ser arguida com a contestação".

Portanto, adequado o momento em que foi alegada a compensação.

B)

De acordo com a súmula nº 18 do TST, a compensação, na Justiça do Trabalho, é restrita às dívidas de natureza trabalhista.

Dessa forma, o pedido de compensação realizado pela empresa na contestação não deverá ser acolhido, pois referente às verbas trabalhistas devidas (adicional noturno) e o pagamento relacionado às parcelas restantes devidas pelo empregado pela compra do automóvel, não sendo esta dívida de natureza trabalhista.

6. SÚMULAS E ORIENTAÇÕES JURISPRUDENCIAIS DO TST

▸ RESPOSTA DO RÉU
Súmula nº 48 do TST. Compensação A compensação só poderá ser arguida com a contestação.
Súmula nº 18 do TST. Compensação A compensação, na Justiça do Trabalho, está restrita a dívidas de natureza trabalhista.
Súmula nº 69 do TST. Rescisão do contrato A partir da Lei nº 10.272, de 05.09.2001, havendo rescisão do contrato de trabalho e sendo revel e confesso quanto à matéria de fato, deve ser o empregador condenado ao pagamento das verbas rescisórias, não quitadas na primeira audiência, com acréscimo de 50% (cinquenta por cento).
Súmula nº 122 do TST. Revelia. Atestado médico A reclamada, ausente à audiência em que deveria apresentar defesa, é revel, ainda que presente seu advogado munido de procuração, podendo ser ilidida a revelia mediante a apresentação de atestado médico, que deverá declarar, expressamente, a impossibilidade de locomoção do empregador ou do seu preposto no dia da audiência.

OJ nº 245 da SDI - I do TST. Revelia. Atraso. Audiência Inexiste previsão legal tolerando atraso no horário de comparecimento da parte na audiência.
OJ nº 152 da SDI - I do TST. Revelia. Pessoa jurídica de direito público. Aplicável. (art. 844 da CLT) Pessoa jurídica de direito público sujeita-se à revelia prevista no artigo 844 da CLT.
Súmula nº 398 do TST. Ação rescisória. Ausência de defesa. Inaplicáveis os efeitos da revelia. Na ação rescisória, o que se ataca é a decisão, ato oficial do Estado, acobertado pelo manto da coisa julgada. Assim, e considerando que a coisa julgada envolve questão de ordem pública, a revelia não produz confissão na ação rescisória.

QUESTÕES
CAPÍTULOS X E XI

1. QUESTÕES COM GABARITO COMENTADO

01. (FCC- 2022 – TRT 14 -Analista Judiciário – Área Judiciária) Na audiência inicial, compareceu o reclamante Marcelo e o Preposto da Metalúrgica Setembro S/A, onde o autor trabalhava, ambos acompanhados por seus respectivos advogados. Não houve conciliação entre as partes, tendo o Juiz do Trabalho recebido a defesa e dado vista ao reclamante para manifestação. Designada audiência de instrução, saindo cientes as partes que seriam tomados seus depoimentos pessoais e a oitiva de suas testemunhas, Marcelo, injustificadamente, não compareceu, tendo sido aplicada pelo Juiz a pena de confissão quanto à matéria de fato. O advogado de Marcelo, presente, consignou seus "protestos" no tocante à aplicação da confissão quanto à matéria de fato. Nos termos da CLT e jurisprudência pacificada do TST, o

Alternativas

a) Juiz agiu corretamente, pois nesse caso não é cabível a determinação do arquivamento da reclamação.

b) Juiz deveria ter determinado o arquivamento da reclamação, possibilitando a Marcelo o ajuizamento de nova ação.

c) Juiz não poderia ter aplicado a pena de confissão quanto à matéria de fato a Marcelo, uma vez que tal cominação se refere somente ao réu, quando revel.

d) advogado de Marcelo deveria ingressar com Agravo de Instrumento contra a decisão do Juiz e não apenas consignar seus "protestos".

e) advogado de Marcelo deveria impetrar Mandado de Segurança contra o ato do Juiz, por ser autoridade coatora.

COMENTÁRIOS

GABARITO LETRA "A": Súmula nº 74, I, do TST, "Aplica-se a confissão à parte que, expressamente intimada com aquela cominação, não comparecer à audiência em prosseguimento, na qual deveria depor". **Atenção:** A ação seria arquivada se a ausência do reclamante ocorresse na AUDIÊNCIA INAUGURAL. Caso a ausência nesta audiência fosse do reclamado, configuraria a revelia.

02. (FCC-2022- TRT 5-Analista Judiciário – Área Judiciária – A fábrica de chocolates Socacau recebeu reclamação trabalhista ajuizada por Sócrates, a qual foi distribuída no Foro de Salvador, local onde reside o autor. Tendo em vista que a ré pretende o deslocamento do foro para Feira de Santana, com base na Consolidação das Leis do Trabalho deverá arguir a exceção de incompetência territorial,

a) em audiência, juntamente com a defesa, como preliminar, sinalizando a existência desta exceção.

b) no prazo de dez dias a contar da notificação, antes da audiência e em peça que sinalize a existência desta exceção.

c) no prazo de até cinco dias que antecede a audiência e em peça que sinalize a existência desta exceção.

d) em audiência, em peça apartada da defesa, que sinalize a existência desta exceção.

e) no prazo de cinco dias a contar da notificação, antes da audiência e em peça que sinalize a existência desta exceção.

COMENTÁRIOS

Gabarito letra "E": Conforme dispõe o art. 800 (CLT): *Apresentada exceção de incompetência **territorial no prazo de cinco dias a contar da notificação, antes da audiência e em peça que sinalize a existência desta exceção**, seguir-se-á o procedimento estabelecido neste artigo.*

03. (FCC - TRT11/2017 - Analista Judiciário - Área Judiciária - Adaptada) Gilmeri ajuizou reclamação trabalhista em face de sua ex-empregadora, a empresa Lago Rosa Ltda. Na audiência em que deveria apresentar defesa, o preposto da empresa não compareceu, uma vez que agendou o dia correto, mas o mês incorreto em sua agenda eletrônica. Porém, o advogado da empresa compareceu munido de procuração com firma reconhecida em cartório. Neste caso,

a) será obrigatoriamente concedido prazo de cinco dias para que a empresa justifique a ausência, antes da aplicação das penalidades inerentes à revelia.
b) a audiência deverá ser remarcada, não cabendo a aplicação das penalidades inerentes à revelia.
c) serão aceitos a contestação e os documentos eventualmente apresentados pelo advogado.
d) será obrigatoriamente concedido prazo de quarenta e oito horas para que a empresa justifique a ausência, antes da aplicação das penalidades inerentes à revelia.
e) o advogado, em razão da procuração com firma reconhecida em cartório, será constituído preposto pelo magistrado e deverá prestar depoimento pessoal.

COMENTÁRIOS

Alternativa "c" – Correta: O reclamado deverá comparecer pessoalmente na audiência ou ser representado por seu preposto. No entanto, o § 5º do artigo 844, acrescido pela Lei nº 13.467/17, estabelece que: "ainda que ausente o reclamado, presente o advogado na audiência, serão aceitos a contestação e os documentos eventualmente apresentados".

04. (FCC - Analista Judiciário: Área Judiciária - TRT15/2018) Evandro ajuizou reclamação trabalhista em face da sua empregadora, empresa Hora Certa Entregas Ltda., e da tomadora dos serviços, empresa Crepom Distribuidora de Produtos de Papelaria Ltda. Na audiência una designada comparecem o reclamante e a empresa Crepom, segunda reclamada, que, representada por preposto que não é seu empregado, apresenta defesa. Nesse caso,

a) a audiência será redesignada para outra data, tendo em vista a ausência da primeira reclamada, que foi a empregadora do reclamante e é quem pode trazer as provas aos autos.
b) será decretada a revelia da primeira reclamada, que será considerada confessa quanto à matéria de fato.
c) será decretada a revelia de ambas as reclamadas, que serão consideradas confessas quanto à matéria de fato, a primeira em razão do não comparecimento e a segunda por estar representada por preposto não empregado.
d) a primeira reclamada será considerada revel, e a segunda, embora não seja revel, será considerada confessa quanto à matéria de fato em razão de estar representada por preposto não empregado.
e) a primeira reclamada, embora revel, não será considerada confessa quanto à matéria de fato tendo em vista que a segunda reclamada contestou a ação e, em relação à segunda reclamada, o fato de o preposto não ser empregado não gerará revelia nem confissão.

COMENTÁRIOS

Alternativa correta: letra "e". Quanto à primeira reclamada, de acordo com o art. 844, § 4º, I, da CLT (que reproduziu o art. 345, I, do

CPC/15), havendo pluralidade de reclamados e algum deles contestar a ação, não haverá a produção dos efeitos da revelia. No tocante à segunda reclamada, a Lei nº 13.467/17 acrescentou o § 3º ao art. 843 da CLT, passando a estabelecer expressamente que não há necessidade de que o preposto seja empregado da parte reclamada.

05. TRT 14ª Região/2016 – Analista Judiciário – Área Judiciária) O Princípio da oralidade é de suma importância no processo do trabalho, daí por que as audiências são o ponto forte do procedimento de uma reclamatória trabalhista em primeiro grau de jurisdição. Sobre audiências é correto afirmar:

a) O não comparecimento do reclamante em Audiência Inicial ou Una importa em revelia, além da confissão quanto à matéria fática.
b) Serão públicas como regra e realizadas em dias úteis previamente fixados, entre oito e dezoito horas, não podendo ultrapassar cinco horas seguidas, salvo quando houver matéria urgente.
c) Caso o juiz não houver comparecido em até dez minutos após a hora marcada para a audiência, os presentes poderão retirar-se, devendo o ocorrido constar do livro de registro das audiências.
d) O não comparecimento do reclamado em Audiência Inicial ou Una importará em remarcação da mesma por uma única vez, para garantir a ampla defesa e o contraditório, arcando a parte ausente com multa fixada pelo juiz.
e) Terminada a apresentação da defesa do reclamado em audiência o juiz deverá suspender a sessão e marcar nova audiência para que o reclamante possa apresentar sua réplica e indicar as provas que pretende produzir, sob pena de nulidade processual.

COMENTÁRIOS

Alternativa correta: B.

No processo do trabalho, a audiência tem grande relevância, uma vez que a maioria dos atos ocorrem nela, como é o caso das conciliações, apresentação de defesa, colheita de depoimentos pessoais etc. As audiências serão públicas e, em regra, realizadas na sede do juízo. Nos termos do art. 813 da CLT: "As audiências dos órgãos da Justiça do Trabalho serão públicas e realizar-se-ão na sede do Juízo ou Tribunal em dias úteis previamente fixados, entre 8 (oito) e 18 (dezoito) horas, não podendo ultrapassar 5 (cinco) horas seguidas, salvo quando houver matéria urgente".

06. (FCC – Analista Judiciário – Área Judiciária – TRT 23/2016) Conforme legislação própria quanto às audiências no Processo Judiciário Trabalhista,

a) o juiz manterá a ordem nas audiências, mas não poderá mandar retirar do recinto os assistentes que a perturbarem em razão do caráter de publicidade que reveste esse ato processual, devendo no caso, adiar a sessão.
b) é facultado ao empregador fazer-se substituir pelo gerente, ou qualquer outro preposto que tenha conhecimento do fato, mas cujas declarações, nesse caso, não obrigarão o proponente.
c) serão públicas e realizadas nos dias úteis das seis às vinte horas.
d) se, até quinze minutos após a hora marcada, o juiz não houver comparecido, os presentes poderão retirar-se, devendo o ocorrido constar de registro próprio.
e) não poderão ultrapassar três horas seguidas, ainda que houver matéria urgente.

COMENTÁRIOS

Alternativa correta: Letra D.

Nos termos do art. 815, parágrafo primeiro, da CLT, se, até 15 (quinze) minutos após a hora marcada, o juiz ou presidente não houver comparecido, os presentes poderão retirar-se, devendo o ocorrido constar do livro de registro das audiências.

07. (FCC – Analista Judiciário – Área Judiciária – TRT 23/2016) O trabalhador Hércules convidou uma testemunha para depor em audiência UNA designada na reclamação trabalhista movida em face da empresa Vênus de Millus S/A. No saguão do fórum, após o pregão das partes, o reclamante resolveu não ingressar na sala de audiências da Vara do Trabalho porque a sua testemunha não compareceu e a reclamada tinha trazido três testemunhas. O representante da reclamada, ao verificar que Hércules se evadiu do local, também não ingressou na sala de audiências. Nesse caso, o Juiz

a) não deverá arquivar nem aplicar a revelia visto que ausentes ambas as partes, julgando o processo no estado em que se encontra.
b) deverá redesignar a audiência intimando ambas as partes para comparecimento, sob pena de condução coercitiva e pagamento de multa.
c) deverá marcar nova audiência para que o trabalhador possa trazer suas testemunhas em razão do devido processo legal.
d) deverá aplicar a revelia e consequente pena de confissão à reclamada ausente.
e) deverá arquivar a ação diante da ausência injustificada do reclamante.

COMENTÁRIOS

Alternativa correta: E.

O reclamante deve comparecer pessoalmente em audiência, exceto nas hipóteses descritas no art. 843 da CLT. Assim, a ausência do reclamante, na audiência inaugural, provocará o arquivamento da reclamação trabalhista, conforme estabelece o art. 844 da CLT. Do mesmo modo, quando ambas as partes não comparecem, a reclamação será arquivada.

08. (FCC - Analista Judiciário: Área Judiciária - TRT2/2018) Na audiência UNA da reclamação trabalhista movida por Ana Maria em face da empresa de laticínios Via Láctea Ltda., o preposto chegou 20 minutos atrasado, alegando que o pneu de seu carro havia furado a caminho do Fórum. A audiência não tinha se encerrado, sendo que a advogada da Reclamada tinha comparecido no horário, apresentado Defesa com documentos, mas não havia proposta para acordo, sendo que o juiz estava marcando perícia para apuração de insalubridade no ambiente de trabalho. Neste momento, a advogada da Reclamada requereu que não fossem aplicados os efeitos da revelia e confissão, tendo em vista que o preposto esteve presente à audiência antes de seu término. Diante dos fatos narrados e, de acordo com a lei e a orientação jurisprudencial do Tribunal Superior do Trabalho, é correto afirmar que

a) não existe previsão legal tolerando atraso no horário de comparecimento da parte na audiência, sendo aplicados os efeitos da revelia e confissão à Reclamada, entretanto, presente a advogada, serão aceitos a contestação e os documentos apresentados.
b) assiste razão à Reclamada, tendo em vista que o preposto esteve presente à audiência antes de seu término, razão pela qual não serão aplicados os efeitos da revelia e confissão à empresa.
c) apesar de não existir previsão legal tolerando atrasos no horário de comparecimento da parte na audiência, tendo o preposto comparecido e apresentado justificativa para o seu atraso, deverá o juiz afastar os efeitos da revelia e confissão à Reclamada.
d) assiste razão à Reclamada, mas não porque o preposto chegou atrasado antes do término da audiência, mas, sim, porque a advogada esteve presente pontualmente.
e) não existe previsão legal tolerando atraso no horário de comparecimento da parte na audiência, sendo aplicados os efeitos da revelia e confissão à Reclamada, ainda, que presente a advogada, não serão aceitos a contestação e os documentos apresentados.

COMENTÁRIOS

Alternativa correta: letra "a".

"Inexiste previsão legal tolerando atraso no horário de comparecimento da parte na audiência" (OJ nº 245 da SDI-I do TST). Após a

Reforma Trabalhista, o art. 844, § 5º, da CLT passou a declinar que "ainda que ausente o reclamado, presente o advogado na audiência, serão aceitos a contestação e os documentos eventualmente apresentados".

09. **(FCC – TRT24/2017 – Analista Judiciário – Área Judiciária)** A empresa Mutilados Produtos Hospitalares foi acionada em reclamação trabalhista movida por seu ex-empregado Thor. Em audiência inaugural, não havendo possibilidade de acordo, o Juiz recebeu a defesa da reclamada e adiou a audiência para instrução em razão da ausência de uma testemunha convidada pelo reclamante. Na audiência de instrução em prosseguimento, compareceram apenas o reclamante com seu advogado e o advogado da reclamada, visto que o seu cliente se esqueceu da audiência e não enviou preposto. Nessa situação,

a) aplica-se a confissão à parte que, expressamente intimada com aquela cominação, não comparecer à audiência em prosseguimento, na qual deveria depor.
b) deve ser designada outra audiência porque o adiamento da primeira audiência decorreu de interesse do reclamante, em observância aos princípios do contraditório e da ampla defesa.
c) o não comparecimento do reclamado importa revelia, além de confissão quanto à matéria de fato, devendo ser marcado o julmento.
d) não se aplica a confissão à parte que não comparecer à audiência em prosseguimento, na qual deveria depor, caso seu advogado compareça e, tendo conhecimento dos fatos, atue como preposto da empresa, cujas declarações obrigarão o proponente.
e) se o juiz entender que não é necessário o interrogatório da reclamada não será aplicada a confissão ficta requerida pela parte contrária, ainda que a reclamada tenha sido expressamente intimada com aquela cominação.

COMENTÁRIOS

Alternativa "a" – Correta: A Súmula nº 74, I do TST, estabelece que: "aplica-se a confissão à parte que, expressamente intimada com aquela cominação, não comparecer à audiência em prosseguimento, na qual deveria depor".

10. **(FCC – TRT24/2017 – Oficial de Justiça Avaliador – Área Judiciária)** A empresa Universal Temperos ME foi notificada em reclamação trabalhista para comparecer em Juízo e, facultativamente, apresentar defesa. No dia designado para a audiência, os dois sócios da empresa estavam impossibilitados de comparecer, um por motivo de doença e o outro por viagem. Assim, indicaram preposto para comparecer em audiência. Conforme a legislação, o preposto

a) sempre deve ser empregado da empresa reclamada.
b) não precisa ser empregado, basta ter conhecimento dos fatos, cujas declarações obrigarão o preponente.
c) precisa ser empregado da reclamada quando se tratar de ação movida contra micro empresário.
d) não precisa ser empregado do reclamado apenas quando se tratar de ação movida contra empresas de economia mista.
e) independente do tipo de empresa precisa ser empregado do reclamado apenas nas ações que tramitam pelo rito ordinário.

COMENTÁRIOS

Alternativa "b" – Correta: O empregador poderá ser representado na audiência por gerente ou preposto, que tenha conhecimento do fato, e cujas declarações obrigarão o proponente. Ademais, de acordo com o novo § 3º do art. 843 da CLT, o preposto não precisa ser empregado da parte reclamada.

11. **(FCC – Analista Judiciário – Área Judiciária – TRT 23/2016)** A legislação trabalhista prevê algumas modalidades de defesa da reclamada nas reclamações trabalhistas, dentre as quais se incluem

as exceções, sendo certo quanto a estas que,

a) se o recusante houver praticado algum ato pelo qual haja consentido na pessoa do juiz, não poderá alegar exceção de suspeição, salvo sobrevindo novo motivo.

b) o Juiz é obrigado a dar-se por suspeito, e pode ser recusado, em razão de parentesco apenas por consanguinidade até o quarto grau civil.

c) a exceção de suspeição será admitida ainda que o recusante propositadamente tenha procurado o motivo de que ela se originou, ante ao conflito que se estabelecerá entre o juiz e a parte.

d) apresentada exceção de suspeição, o juiz designará audiência dentro de 05 dias para instrução e julgamento da exceção.

e) apresentada exceção de incompetência, abrir-se à vista dos autos ao exceto, por 48 horas, que poderão ser prorrogados por igual prazo pelo juiz em caso de complexidade da matéria, devendo a decisão ser proferida na primeira audiência que se seguir.

COMENTÁRIOS

Alternativa correta: Letra A.

Segundo art. 801, parágrafo único da CLT: "se o recusante houver praticado algum ato pelo qual haja consentido na pessoa do juiz, não mais poderá alegar exceção de suspeição, salvo sobrevindo novo motivo. A suspeição não será também admitida, se do processo constar que o recusante deixou de alegá-la anteriormente, quando já a conhecia, ou que, depois de conhecida, aceitou o juiz recusado ou, finalmente, se procurou de propósito o motivo de que ela se originou".

12. **(FCC – Analista Judiciário – Oficial de Justiça Avaliador – TRT 23/2016)** No início da audiência designada em reclamatória trabalhista, por não ter convidado nenhuma testemunha e prevendo o seu insucesso, o autor Hércules provocou um incidente tumultuário ameaçando o Juiz auxiliar da Vara de Lucas do Rio Verde e declarando, em público, que era inimigo pessoal do magistrado. Em razão do ocorrido, o patrono do autor apresentou no ato exceção de suspeição do referido Juiz, postulando o adiamento da audiência, para que não fosse configurada nulidade processual. Nessa situação, conforme disposição legal, o magistrado deve

a) rejeitar a exceção, visto que a exceção de suspeição e a nulidade não serão pronunciadas quando o recusante da suspeição tenha procurado de propósito o motivo de que ela se originou e a nulidade for arguida por quem lhe der causa.

b) acolher a exceção e se declarar suspeito apenas para o julgamento, prosseguindo a audiência, colhendo o depoimento das partes e a oitiva das testemunhas presentes da reclamada e remetendo o julgamento para o Juiz titular da Vara.

c) adiar a audiência acolhendo a suspeição, mesmo que o recusante da suspeição tenha procurado de propósito o motivo de que ela se originou e a alegada nulidade tenha sido arguida por quem lhe deu causa.

d) prosseguir a audiência por não haver previsão legal tanto para a alegada exceção de suspeição do Juiz, bem como quanto à arguição por quem deu causa da nulidade.

e) adiar a audiência para que haja instrução da suspeição designando nova audiência em 05 dias para que o Juiz Titular da Vara aprecie a admissibilidade da exceção e, após, remeta ao Tribunal para julgá-la.

COMENTÁRIOS

Alternativa correta: Letra A.

A nulidade não será pronunciada quando arguida por quem lhe tiver dado causa (art. 796, "a", CLT). Ademais, segundo art. 801, § único da CLT a nulidade não será admitida se o recusante procurou de propósito o motivo de que ela se originou.

13. **(FCC – TRT24/2017 – Analista Judiciário – Área Judiciária. Adaptada)** Adonis ingressou com reclamação trabalhista no Município de Campo Grande, sendo distribuída para a 2ª Vara do Trabalho. Apresentada exceção de incompetência em razão do lugar, foi acolhida com a remessa dos autos a uma das Varas do Trabalho de Cuiabá. Em relação à referida decisão,

a) caberá agravo de instrumento.
b) não caberá recurso, por se tratar de decisão interlocutória.
c) caberá mandado de segurança.
d) caberá reclamação correcional.
e) caberá recurso ordinário.

COMENTÁRIOS

Alternativa "e" – Correta: Embora como regra não se admita recurso do acolhimento da exceção de incompetência, a questão trata da exceção prevista na Súmula nº 214, "c", do TST: "Na Justiça do Trabalho, nos termos do art. 893, § 1º, da CLT, as decisões interlocutórias não ensejam recurso imediato, salvo nas hipóteses de decisão: (..) **c) que acolhe exceção de incompetência territorial, com a remessa dos autos para Tribunal Regional distinto daquele a que se vincula o juízo excepcionado, consoante o disposto no art. 799, § 2º, da CLT**".

14. **(FCC/2018 – TRT 6ª Região – Oficial de Justiça Avaliador)** A exceção de incompetência territorial deverá ser apresentada pelo reclamado em Processo do Trabalho

a) no prazo de 5 dias antes da audiência, mas sempre em peça apartada à defesa.
b) juntamente com a defesa, em audiência, podendo inclusive ser feita de forma verbal, em respeito ao princípio da oralidade.
c) no prazo de 10 dias a contar da notificação, em peça autônoma onde se fundamente a existência da exceção.
d) juntamente com a defesa, em audiência, devendo ser sempre escrita e em peça apartada.
e) no prazo de 5 dias a contar da notificação, antes da audiência e em peça que sinalize a existência da exceção.

COMENTÁRIOS

Alternativa "e" – Correta: Trata-se de questão acerca da exceção de incompetência territorial (relativa). Importante destacar que, como a incompetência relativa representa interesse das partes, ela não pode ser alegada ***ex officio***, ou seja, depende de provação das partes.

o art. 800, *caput*, da CLT, alterado pela Lei nº 13.467/17 (Reforma Trabalhista) declina expressamente que a alegação da incompetência territorial deverá ocorrer "no prazo de cinco dias a contar da notificação, antes da audiência e em peça que sinalize a existência desta exceção", ou seja, em peça apartada, denominada exceção de incompetência.

2. QUESTÕES DE CONCURSO

01. **(FCC- 2022- TRT 13 -Analista Judiciário - Oficial de Justiça Avaliador Federal)** Eduarda ajuizou reclamação trabalhista contra o seu empregador, que foi distribuída para a 5ª Vara do Trabalho de Itaporanga/PB. A juíza titular designou audiência telepresencial. No dia e hora marcados, Eduarda compareceu com seu advogado, a empresa restou ausente, mas o advogado da reclamada estava presente, informando que no dia anterior havia protocolizado pelo Processo Judicial Eletrônico (PJe) sua defesa com documentos. O advogado de Eduarda requereu a aplicação da revelia e confissão, bem como a exclusão imediata da defesa e documentos apresentados. Considerando a situação e os termos da CLT, assinale a afirmativa correta.

a) Deverão ser aceitos a contestação e os documentos apresentados.
b) Por se tratar de audiência telepresencial, não poderá haver qualquer punição.
c) Defesa e documentos juntados deverão obrigatoriamente ser excluídos.

d) O juiz deverá analisar o caso concreto e decidir se a defesa e documentos devem ou não permanecer nos autos.
e) Os documentos poderão permanecer nos autos, mas a defesa deve ser excluída.

02. (FCC- 2022 – TRT 4 – Judiciário – Área Administrativa) Thor, residente em Porto Alegre-RS, prestou serviços de vendedor para a empresa Churrasco do Bom, cuja sede é no município de Alegrete-RS. A prestação de serviços de Thor se deu no município de Caxias do Sul-RS. Ajuizada ação trabalhista por Thor em face de seu ex-empregador em Porto Alegre-RS, distribuída em abril de 2021, foro de sua residência, a empresa pretende apresentar exceção de incompetência. Para tanto, de acordo com a Consolidação das Leis do Trabalho, deverá fazê-lo

a) conjuntamente com a contestação, como matéria de preliminar.
b) no prazo de 5 dias contados da sua citação.
c) em até 5 dias antes da data da audiência.
d) no prazo de defesa, em peça apartada à contestação.
e) em até 10 dias após a sua citação.

03. FCC – Analista Judiciário: Área Judiciária – TRT15/2018) A arguição de incompetência territorial no processo do trabalho se dará por meio da apresentação de exceção de incompetência, que tem regras definidas em lei, entre as quais,

a) apresentada a exceção, os autos serão imediatamente conclusos ao juiz, que intimará o reclamante e, se existentes, os litisconsortes, para manifestação no prazo comum de 5 dias.
b) entendendo necessária produção de prova oral, o juízo ouvirá as testemunhas do excipiente na própria audiência, julgando a exceção em seguida.
c) sua apresentação será feita no prazo de 10 dias a contar da notificação, antes da audiência e em peça que sinalize a existência desta exceção.
d) sua apresentação deve ocorrer juntamente com a contestação, em peça apartada, devendo ser analisada e decidida pelo juiz de plano, em audiência.
e) protocolada a petição, o processo será interrompido e não se realizará a audiência até que se decida a exceção.

04. (AOCP – Analista Judiciário – Área Judiciária – TRT 1/2018) No que tange à exceção de incompetência territorial, no âmbito do processo trabalhista, assinale a alternativa correta.

a) A Exceção de Incompetência territorial deverá ser apresentada como preliminar de contestação. Ao exceto será concedido prazo de 24 horas para manifestação respectiva, devendo a decisão ser proferida na primeira audiência ou sessão que se seguir.
b) A exceção de incompetência territorial deverá ser apresentada em peça apartada que sinalize explicitamente a existência da exceção, antes da audiência no prazo de 5 dias, contados do recebimento da notificação pela reclamada. Protocolada a petição de exceção, ao exceto será concedido prazo de 24 horas para manifestação respectiva, devendo a decisão ser proferida na primeira audiência ou sessão que se seguir.
c) A Exceção de Incompetência territorial deverá ser apresentada como preliminar de contestação. Ao exceto será concedido prazo de 24 horas para manifestação respectiva, devendo a decisão ser proferida no prazo de 5 dias.
d) A exceção de incompetência territorial deverá ser apresentada em peça apartada que sinalize explicitamente a existência da exceção, antes da audiência, no prazo de 5 dias, contados do recebimento da notificação pela

reclamada. Protocolada a petição de exceção, o processo será suspenso. O juiz intimará o exceto para manifestação no prazo de 5 dias. Da decisão que decidir a exceção de incompetência, caberá recurso ordinário no prazo de 8 dias.

e) A exceção de incompetência territorial deverá ser apresentada em peça apartada que sinalize explicitamente a existência da exceção, antes da audiência, no prazo de 5 dias, contados do recebimento da notificação pela reclamada. Protocolada a petição de exceção, o processo será suspenso até que se decida o incidente.

3. GABARITO

Questão	Resposta	Fundamentação
01	A	Art. 844,§5º
02	B	Art. 800 CLT
03	A	Art. 800 da CLT.
04	E	Art. 800 da CLT.

▶ QUESTÕES DE CONCURSOS

CAPÍTULO XII
PROVAS

1. INTRODUÇÃO

Em razão da importância da prova, ela já foi chamada por Carnelutti de "coração do processo". Isso porque ela tem o condão de convencer o julgador a respeito dos fatos alegados pelas partes, ou seja, demonstrar a certeza dos fatos aduzidos em juízo.

A prova tem como **objeto**, portanto, a comprovação dos **fatos controvertidos, pertinentes e relevantes** ao esclarecimento do processo. Não se busca, pois, a comprovação do direito, uma vez que este o juiz conhece (*iura novit curia*).

Excepcionalmente, no entanto, admite-se a prova do direito, como ocorre nas hipóteses de comprovação dos direitos municipal, estadual, estrangeiro ou consuetudinário, **quando exigido pelo juiz** (CPC/2015, art. 376). Nesses casos, poderá o juiz solicitar a comprovação de seu teor e de sua vigência.

> ▶ **ATENÇÃO:**
> A comprovação do direito, nesses casos, não é automática, dependendo de solicitação do juiz.

No processo do trabalho, a doutrina também exige a comprovação do direito quando decorrente de normas coletivas (convenção coletiva e acordo coletivo), regulamento de empresa e sentenças normativas. Isso significa que, havendo postulação com base em norma coletiva, regulamento de empresa ou sentença normativa, caso não sejam apresentados nos autos, haverá improcedência dos pedidos embasados em tais normas, extinguindo-os com resolução de mérito.

É importante observar que, nos termos do art. 374 do CPC/2015, alguns fatos **não** dependem de provas, a saber:

1) **fatos notórios**: de conhecimento público e não apenas das partes.

2) **fatos confessados**: alegados por uma parte e admitidos pela parte contrária.

3) **fatos incontroversos**: alegados por uma parte e não negados pela parte contrária.

4) **em cujo favor milita presunção legal de existência ou de veracidade**. A presunção pode ser:

   - **absoluta** (*juris et de juris*): quando **não** admite prova em sentido contrário;
   - **relativa** (*juris tantum*): quando admite a produção de prova em contrário.

Por fim, os destinatários da prova são as partes[1] e o juiz, o qual, por meio do seu convencimento motivado, deverá analisá-las. Isso quer dizer que o magistrado terá de verificar o conjunto probatório produzido nos autos, motivando quais foram capazes de comprovar os fatos alegados (CF/88, art. 93, IX).

> ▶ OBSERVAÇÃO:
>
> Os juízos e tribunais terão ampla liberdade na direção do processo e velarão pelo andamento rápido das causas, **podendo determinar qualquer diligência necessária ao esclarecimento delas** (CLT, art. 765).

2. PRINCÍPIOS DA PROVA

2.1. Contraditório e ampla defesa

A Constituição Federal de 1988 estabelece no art. 5º, LV, o direito à observância do princípio do contraditório e da ampla defesa nos processos judiciais e administrativos.

O princípio do contraditório pode ser analisado sob dois enfoques:

a) **contraditório formal:** consiste no binômio informação + possibilidade de reação. Preocupa-se em dar ciência às partes do ocorrido nos autos, permitindo sua manifestação.

b) **contraditório substancial (dinâmico):** amplia o conceito do contraditório, tornando-se um trinômio: informação + possibilidade de reação + poder de influenciar o julgador. Com efeito, não basta a mera permissão de que as partes se manifestem, sendo necessária que essa permissão ocorra antes da decisão judicial, a fim de que possam influenciar o convencimento do julgador, impedindo ainda o proferimento de decisões-surpresa. Trata-se do denominado contraditório efetivo.

A ideia de contraditório substancial veio contemplada no CPC/2015, aplicável subsidiariamente ao processo do trabalho, como se pode observar em seu artigo 7º:

> Art. 7º É assegurada às partes paridade de tratamento em relação ao exercício de direitos e faculdades processuais, aos meios de defesa, aos ônus, aos deveres e à aplicação de sanções processuais, competindo ao juiz zelar pelo efetivo contraditório (Grifo Nosso).

Isso significa que às partes é conferido o direito de ter informação das provas colhidas nos autos, sendo-lhes oportunizada a possibilidade de contraditá-la, para que possam influir no convencimento do juiz.

Portanto, tem as partes o direito de produzir as provas, participar de sua produção e de manifestarem sobre a prova produzida.

---

1. A doutrina atual tem admitido que além do juiz as partes também são destinatárias da prova.

Ademais, o CPC/2015 impede que o juiz profira suas decisões sem que antes possibilite a participação das partes, vedando, pois, a prolação de decisões-surpresa, como se verifica pelos artigos 9º e 10 (TST-IN nº 39/2016, art. 4º), aplicáveis subsidiariamente ao processo do trabalho, *in verbis*:

> Art. 9º. Não se proferirá decisão contra uma das partes sem que ela seja previamente ouvida.
>
> Parágrafo único. O disposto no caput não se aplica:
>
> I – à tutela provisória de urgência;
>
> II – às hipóteses de tutela da evidência previstas no art. 311, incisos II e III;
>
> III – à decisão prevista no art. 701.
>
> Art. 10. O juiz não pode decidir, em grau algum de jurisdição, com base em fundamento a respeito do qual não se tenha dado às partes oportunidade de se manifestar, ainda que se trate de matéria sobre a qual deva decidir de ofício.

Observa-se pelos supracitados dispositivos que, apesar de mantida a possibilidade de o juiz reconhecer de ofício determinadas matérias, antes de reconhecê-las deverá dar à parte a oportunidade de se manifestar, com o objetivo de influenciar o julgador sobre o tema. Percebe-se, assim, que o princípio do contraditório não representa apenas uma garantia às partes, mas serve também como limitador dos poderes do juiz.

De acordo com entendimento de Humberto Theodoro Junior, "o contraditório moderno constitui uma verdadeira garantia de não surpresa que impõe ao juiz o dever de provocar o debate acerca de todas as questões, inclusive as de conhecimento oficioso, impedindo que, em 'solitária onipotência', aplique normas ou embase a decisão sobre fatos completamente estranhos à dialética defensiva de uma ou de ambas as partes"[2].

Destaca-se que, para o C. TST, decisão-surpresa corresponde à decisão "que, no julgamento final do mérito da causa, em qualquer grau de jurisdição, aplicar fundamento jurídico ou embasar-se em fato não submetido à audiência prévia de uma ou de ambas as partes" (TST-IN nº 39/2016, art. 4º, § 1º).

Por outro lado, o C. TST **não** considera decisão-surpresa "a que, à luz do ordenamento jurídico nacional e dos princípios que informam o Direito Processual do Trabalho, as partes tinham obrigação de prever, concernente às condições da ação, aos pressupostos de admissibilidade de recurso e aos pressupostos processuais, salvo disposição legal expressa em contrário" (TST-IN nº 39/2016, art. 4º, § 2º).

---

2. THEODORO JR, Humberto. *Processo justo e contraditório dinâmico*. Revista de Estudos Constitucionais, Hermenêutica e Teoria do Direito jan-jun 2010, p. 69.

Por fim, é importante registrar que, a doutrina distinguia os conceitos do contraditório e da ampla defesa, entendendo aquele como o contraditório formal e a ampla defesa como a possibilidade de a parte se valer de todos os meios legais e moralmente legítimos para demonstrar suas alegações. Todavia, a ampliação do conceito e da aplicação do princípio do contraditório substancial fez com que a doutrina passasse a integrar a ampla defesa no conceito de contraditório.

2.2. Necessidade

O princípio da necessidade da prova declina que não basta a simples alegação do fato, devendo as partes comprovar em juízo suas alegações.

Dessa necessidade de demonstrar nos autos suas alegações, surge o **princípio da escrituração ou escritura**, o qual exige a materialização dos fatos relevantes nos autos, sob pena de serem ignorados no momento do julgamento. Em razão disso, a doutrina clássica impõe que o juiz somente pode tomar ciência daquilo que está nos autos, incidindo assim a máxima *quod nonest in actis non est in mundo* (o que não está nos autos não está no mundo).

Contudo, há de se observar que referido brocardo, de certo modo, começa a ser relativizado com a chegada do mundo virtual, em que a rede mundial de computadores aumenta em escalas consideráveis o fato público e notório, permitindo assim o amplo acesso às informações existentes fora dos autos, seja pelas partes, seja especialmente pelo magistrado.

Nesse contexto, a doutrina passa a utilizar-se do **princípio da conexão**, segundo o qual os mundos virtual e real se conectam, permitindo que o juiz se utilize de conhecimentos e informações que não constam expressamente dos autos, mormente quando se trata de processo judicial eletrônico, desde que observados os princípios do contraditório e da ampla defesa.

2.3. Oralidade

O princípio da oralidade consiste no predomínio da palavra falada, simplificando o procedimento, além de contemplar a celeridade e a efetividade da prestação jurisdicional.

Embora referido princípio não seja próprio do processo do trabalho, ele tem maior incidência nessa seara, em razão de suas características, em que dá prevalência a atos orais, tais como: reclamação verbal (CLT, art. 840), defesa oral (CLT, art. 847), razões finais orais (CLT, art. 850) etc. Ademais, como regra, os atos praticados no processo do trabalho ocorrem na audiência, exigindo ainda a presença das próprias partes (CLT, art. 843).

É interessante observar que o princípio da oralidade se caracteriza pela conjunção dos seguintes princípios:

a) a identidade física do juiz, de modo que este dirija o processo desde o seu início até o julgamento;

b) a concentração, isto é, que em uma ou em poucas audiências próximas se realize a produção das provas;

c) a irrecorribilidade imediata das decisões interlocutórias, evitando a cisão do processo ou a sua interrupção contínua, mediante recursos, que devolvem ao Tribunal o julgamento da decisão impugnada.

No que tange ao princípio da identidade física do juiz é importante destacar que, antigamente, o TST não aplicava esse princípio na seara trabalhista, criando a Súmula nº 136, em razão da existência, na época, dos juízes classistas. Posteriormente, o C. TST cancelou referida súmula, ante as diretrizes do art. 132 do CPC/73.[3]

Com o CPC/2015, o posicionamento do TST deverá ser novamente alterado, uma vez que o novel código não reproduziu o teor do art. 132 do CPC/73, o qual disciplinava o princípio da identidade física do juiz. Com essa alteração, acreditamos que nas provas objetivas deverá ser adotada a tese de que referido princípio não é mais aplicado na seara processual, tanto civil, como trabalhista.

2.4. Imediação

Entende-se por princípio da imediação (ou imediatidade) "a necessidade de que a realização dos atos instrutórios deve se dar perante a pessoa do Juiz, que assim poderá formar melhor seu convencimento, utilizando-se, também, de impressões obtidas das circunstâncias nas quais as provas se realizam"[4].

Para tanto é conferido ao juiz a direção do processo, podendo "determinar qualquer diligência necessária ao esclarecimento" da causa (CLT, art. 765), além de indeferir, em decisão fundamentada, "as diligências inúteis ou meramente protelatórias" (CPC/2015, art. 370, parágrafo único).

2.5. Aquisição processual da prova ou comunhão da prova

O princípio da aquisição processual da prova estabelece que, sendo produzida a prova, ela se incorpora ao processo, sendo irrelevante quem a produziu. Isso significa que a prova sai da esfera de quem a produziu, tornando-se pertencente ao conjunto probatório, podendo favorecê-lo ou prejudicá-lo (CPC/2015, art. 371).

---

3. Mesmo depois do cancelamento da Súmula, em decisão da 3ª Turma do TST, o Min. Maurício Godinho Delgado continuou não aplicando o referido princípio no processo do trabalho, por força dos princípios da simplicidade, a celeridade e a efetividade da prestação jurisdicional. TST-Ag-AIRR-322-81.2011.5.06.0021. Terceira Turma. Rel. Min. Mauricio Godinho Delgado. DEJT 31.1.2014.
4. Souto Maior, Jorge Luiz *apud* Schiavi, Mauro. *Provas no processo do trabalho*. 3. ed. rev. e ampl. São Paulo: Ltr, 2013. p. 42.

Busca-se a "*homogeneidade da eficácia probatória*, pois deve ser atribuído um só valor à prova que, como tal, repercutirá na esfera do seu produtor e todos os outros sujeitos do processo: ou bem a prova demonstra a veracidade da alegação de fato, ou bem demonstra sua inveracidade, afinal não há meia-verdade; (...)"[5] (grifos no original).

Há de se atentar para o fato de que o princípio da aquisição processual da prova não se confunde com o ônus objetivo. Aquele norteia o juiz num cenário de suficiência probatória, enquanto o ônus objetivo será utilizado quando há insuficiência probatória.

Portanto, havendo provas nos autos sobre determinado fato, desnecessário se valer do ônus objetivo, aplicando-se ao caso o princípio da aquisição processual da prova.

3. CLASSIFICAÇÃO

A doutrina classifica o instituto da prova da seguinte forma:

a) quanto ao fato;

b) quanto ao sujeito;

c) quanto ao objeto; e

d) quanto à preparação.

No que se refere ao fato, as provas podem ser:

1) diretas quando dizem respeito ao fato probante (ex., testemunha viu o fato alegado); ou

2) indireta quando, em decorrência dos fatos provados, há indícios de veracidade dos fatos alegados.

Quanto ao sujeito, as provas se subdividem em pessoais e reais.

1) as pessoais são afirmações conscientes feitas por uma pessoa;

2) as reais são atestações inconscientes realizadas por uma coisa (ex., uma declaração contida em um documento).[6]

No que tange ao objeto, as provas podem ser testemunhais, documentais e materiais.

1) as testemunhas derivam de afirmações orais;

2) a documental é a afirmação escrita ou gravada;

---

5. DIDIER Jr., Fredie; BRAGA, Paula Sarno; OLIVEIRA, Rafael. *Curso de direito processual civil: Teoria da prova, direito probatório, teoria do procedente, decisão judicial, coisa julgada e antecipação dos efeitos da tutela*. 8. ed. Salvador: Juspodivm, 2013. v. 2. p. 28.

6. CÂMARA, Alexandre Freitas. *Lições de direito processual civil*. 18. ed. Rio de Janeiro: Lumen Juris, 2008. v. 1, p. 375.

3) as materiais consistem em qualquer outra materialidade que sirva de prova (perícias, inspeções etc.).[7]

No que concerne à preparação, a prova pode ser casual ou pré-constituída.

1) a prova casual é aquela produzida no processo;

2) a pré-constituída é a preparada preventivamente, ou seja, antes da propositura da demanda.

4. ÔNUS DA PROVA

Como já estudado, havendo prova no processo, não há falar em ônus da prova, pois, com base no princípio da comunhão da prova, esta pertence ao processo e não às partes, sendo indiferente quem as produziu. Assim, mesmo que a parte não tenha o ônus de provar um fato, se o fizer, a prova passa a pertencer ao processo, não importando quem a trouxe para os autos. Nesse sentido, o art. 371 do CPC:

> **Art. 371.** O juiz apreciará a prova constante dos autos, independentemente do sujeito que a tiver promovido, e indicará na decisão as razões da formação de seu convencimento.

Pode acontecer, no entanto, de não existirem provas no processo ou, se existentes, serem insuficientes para o julgamento da causa. Nesse caso, não pode o juiz deixar de proferir o julgamento, ou seja, declarar o *non liquet*, é vedado pelo nosso ordenamento.

Ganha relevância, nesse momento, o ônus da prova que pressupõe, portanto, a **insuficiência e/ou inexistência de provas** nos autos.

Ademais, existindo fatos notórios, confessados e incontroversos, não há necessidade de provas, podendo o julgador solucionar a lide sem adentrar o ônus da prova. O mesmo ocorre com os fatos em cujo favor milita presunção legal de existência ou de veracidade, os quais independem de prova.

É evidente que, nas hipóteses de fatos notórios e que possuem presunção de veracidade, a parte que não terá proveito poderá alegar outros fatos que afastem a notoriedade e a presunção relativa de veracidade, mas, nesse caso, atrai para si o ônus da prova.

Desse modo, não havendo provas nos autos, fatos notórios, confessados, incontroversos ou em cujo favor milita presunção legal de existência ou de veracidade, passa-se a ter importância o estudo do ônus da prova.

Difere-se, na doutrina, o ônus subjetivo do objetivo.

---

7. CÂMARA, Alexandre Freitas. *Lições de direito processual civil*. 18. ed. Rio de Janeiro: Lumen Juris, 2008. v. 1, p. 376.

► ÔNUS SUBJETIVO	Busca indagar quem tem o ônus de provar
► ÔNUS OBJETIVO	É regra de julgamento

O ônus subjetivo tem mais relevância psicológica do que jurídica[8]. Isso porque, como visto, havendo provas nos autos, pouco importa quem as produziu.

Por outro lado, no momento do julgamento (ônus objetivo), não havendo provas suficientes sobre os fatos controvertidos, o juiz analisará de quem era o ônus de prová-lo, sofrendo a parte que tinha tal ônus as consequências desfavoráveis da ausência da prova.

Há de se salientar que se trata de ônus e não obrigação. Noutras palavras, a parte não está obrigada a produzir a prova, mas não a fazendo e não havendo provas nos autos, estará em desvantagem processual.

4.1. Distribuição do ônus da prova (Teorias estática, dinâmica e convencional)

4.1.1. Teoria Estática do ônus da prova

A **teoria estática** do ônus da prova distribui previamente o ônus de cada uma das partes. Tal distribuição tem como foco o princípio do interesse, uma vez que impõe o ônus àquele que se beneficiará com o reconhecimento do fato a ser provado.

O art. 818 da CLT, a partir da Lei nº 13.467/2017, adotou a mesma disciplina constante no art. 373 do CPC/2015, de modo que incumbe ao reclamante provar os fatos constitutivos e ao reclamado, os fatos extintivos, modificativos e impeditivos do direito do reclamante.

► PARTE	► ÔNUS DA PROVA
Reclamante (autor)	Fatos constitutivos
Reclamado (réu)	Fatos extintivos, modificativos e impeditivos

O **fato constitutivo** é aquele que dá origem à relação jurídica deduzida em juízo (ex., fatos que demonstram os requisitos da relação de emprego - pessoalidade, pessoa física, onerosidade, subordinação e não eventualidade).

Se o réu defender-se apenas negando os fatos constitutivos deduzidos pelo autor, sobre ele não haverá nenhum ônus, cabendo ao autor provar o alegado. Pode ocorrer, no entanto, de o réu (reclamado) alegar **fatos novos**, com a finalidade de modificar o direito do autor, extinguir ou impedir que ele nasça,[9] atraindo para si o ônus de provar os fatos que alegou. Noutras palavras, os fatos novos são os fatos extintivos, impeditivos e modificativos e, como foram trazidos pelo réu, a ele incumbe o ônus da prova.

---

8. CÂMARA, Alexandre Freitas. *Lições de direito processual civil*. 18. ed. Rio de Janeiro: Lumen Juris, 2008. v. 1. p. 380.
9. DIDIER Jr., Fredie; BRAGA, Paula Sarno e OLIVEIRA, Rafael. *Curso de direito processual civil: Teoria da prova, direito probatório, teoria do procedente, decisão judicial, coisa julgada e antecipação dos efeitos da tutela*. 5. ed. Bahia: Juspodivm, 2010. v. 2, p. 80.

Fato extintivo é aquele que põe fim à relação jurídica deduzida em juízo (ex., pagamento total, prescrição, decadência).

O **fato impeditivo**, por sua vez, consiste na alegação de fato que impede a formação válida da relação jurídica deduzida em juízo.

> ✦ **Exemplo:** *na equiparação salarial, a diferença de tempo de serviço para o mesmo empregador superior a 4 anos e a diferença de tempo na função superior a 2 anos impede a equiparação; na extinção do contrato, a alegação de justa causa é fato impeditivo ao recebimento das verbas rescisórias.*

Já o **fato modificativo** visa a alterar a relação deduzida, como se dá no pagamento parcial.

4.1.2. Teoria dinâmica do *ônus* da prova

A **teoria dinâmica do** ônus **da prova** consiste na possibilidade de o julgador, no caso concreto, atribuir o ônus da prova àquele que tem melhores condições de produzi-la. Nessa hipótese, em vez de se definir de forma fixa o ônus da prova e incidir o princípio do interesse (teoria estática), sua definição é feita no caso concreto (flexível), aplicando-se o princípio da **aptidão para a prova.**

Impõe-se, portanto, por decisão judicial, o ônus da prova a quem tem melhores condições de produzi-la. Em outros termos: prova quem pode.[10]

Percebe-se que, nesse caso, não preocupa se o fato é constitutivo, modificativo, impeditivo ou extintivo, mas tão somente quem tem a melhor aptidão para provar o fato.

Nesse contexto, o art. 818, § 1º, da CLT, nos mesmos moldes do preconizado pelo art. 373, § 1º, do CPC/2015, estabelece que o juiz poderá atribuir o ônus da prova de modo diverso, **desde que o faça por decisão fundamentada,** nas seguintes hipóteses:

1) nos casos previstos em lei;[11] ou
2) diante de peculiaridades da causa, relacionadas:
   - 2.1) à impossibilidade ou excessiva dificuldade de cumprir o encargo de acordo com a teoria estática do ônus da prova; ou
   - 2.2) à maior facilidade de obtenção da prova do fato contrário.

---

10. DIDIER Jr., Fredie; BRAGA, Paula Sarno e OLIVEIRA, Rafael. *Curso de direito processual civil: Teoria da prova, direito probatório, teoria do procedente, decisão judicial, coisa julgada e antecipação dos efeitos da tutela*. 8. ed. Bahia: Juspodivm, 2013. v. 2, p. 102.
11. Por exemplo, art. 6º, VIII, do CDC, aplicável subsidiariamente ao processo do trabalho, que admite a distribuição diversa quando for: 1) verossímil a alegação; ou 2) se tratar de hipossuficiente.

Busca-se com essa teoria conceder às partes paridade de armas no processo, o que nada mais significa do que a aplicação do princípio da igualdade. Ademais, afasta-se da ideia individualista e patrimonialista do processo, consolidando uma visão solidarista do ônus da prova,[12] impondo que as partes colaborem na produção da prova para que o juiz alcance a verdade (princípio da cooperação).

No processo do trabalho, essa teoria tem campo fértil, como ocorre, por exemplo, no acidente de trabalho, demandas sobre meio ambiente do trabalho, horas extras para empresas com mais de 20 empregados, vale-transporte etc.

É importante observar que a teoria dinâmica do ônus da prova apresenta diferenças em relação à inversão do ônus da prova, prevista no art. 6º, VIII, do CDC. Isso porque, a inversão do ônus da prova decorre de critérios objetivos (verossimilhança da alegação ou hipossuficiência técnica ou econômica). Já a teoria dinâmica exige critérios mais subjetivos e pode ocorrer a qualquer uma das partes em quaisquer tipos de demandas.[13]

4.1.2.1. *Momento de aplicação da teoria dinâmica do ônus da prova*

Com a finalidade de não gerar dúvidas acerca do momento em que o juiz distribuirá de forma diversa o ônus da prova, o legislador trabalhista expressamente declinou no § 2º do art. 818 da CLT que a decisão fundamentada deve ser proferida **antes da fase instrutória**, a fim de possibilitar à parte contrária que se desincumba de seu ônus.

Como regra, o juiz distribuirá de forma diversa o ônus da prova na própria audiência. Nesse caso, pode ocorrer de a parte que ficou incumbida de fazer a prova prosseguir na instrução, apresentando suas provas. Caso pretenda redesignar a audiência deverá fazer requerimento, como expressamente impõe o dispositivo.

Quero dizer, a redesignação da audiência não é automática, dependendo de requerimento.

Ademais, a parte poderá se valer de todos os meios de prova para se desincumbir de seus ônus, viabilizando inclusive a juntada de prova documental em prazo a ser estabelecido pelo juiz.

4.1.2.2. *Fundamentação da decisão*

A decisão que distribui ônus da prova de modo diverso, tem natureza de decisão interlocutória, descrevendo o art. 818, § 1º, da CLT que ela seja fundamentada.

---

12. DIDIER Jr., Fredie; BRAGA, Paula Sarno e OLIVEIRA, Rafael. *Curso de direito processual civil: Teoria da prova, direito probatório, teoria do procedente, decisão judicial, coisa julgada e antecipação dos efeitos da tutela*. 8. ed. Bahia: Juspodivm, 2013. v. 2, p. 105.
13. RODRIGUES, Daniel Colnago; MONTEIRO NETO, João Pereira. Reflexões sobre a distribuição dinâmica do ônus probatório. In: DIDIER JR., Fredie (coord. geral); MACÊDO, Lucas Buril de; PEIXOTO, Ravi; FREIRE, Alexandre. *Provas*. 2. ed. Salvador: Juspodivm, 2016. p. 521.

A fundamentação da decisão objetiva expressar as razões pelas quais o magistrado decidiu dessa ou daquela forma. Trata-se de elemento de extrema importância, inclusive para o contraditório, de modo que a própria Constituição Federal o contemplou no art. 93, IX.[14]

Diante dessa relevância, o CPC/2015 impõe fundamentação exaustiva no art. 489, § 1º, **para qualquer decisão judicial, seja ela interlocutória, sentença ou acórdão**. Aludido dispositivo é aplicável ao processo do processo do trabalho, como prevê o C. TST na IN nº 39/2016, art. 3º, IX.

O art. 818, § 1º, da CLT, portanto, ao exigir a fundamentação na decisão interlocutória que distribui o ônus da prova de forma diversa do *caput* do art. 818, reforça o dever previsto pelo art. 93, IX, da CF/88 devendo contar com a aplicação supletiva do art. 489, § 1º, do CPC.

4.1.2.3. Prova impossível ou excessivamente difícil

A decisão que distribui o ônus da prova de modo diverso não pode gerar situação em que a desincumbência do encargo pela parte seja impossível ou excessivamente difícil, como impõe o art. 818, § 3º, da CLT.

Trata-se de vedação à imposição de produção de prova diabólica (*probatio diabólica*) pela parte diversa.

Pode acontecer de a prova ser diabólica para ambas as partes. Nesse caso, a doutrina entende que o juiz deverá atribuir o ônus probatório em **desfavor** da parte que tiver assumido o risco da indicação do fato que não pode ser esclarecido ou ainda por meio de regras da experiência: "prova-se aquele fato que não ocorre corriqueiramente; sobre a ocorrência que é ordinária não recairia, excepcionalmente, a carga probatória".[15]

4.1.3. Distribuição convencional do ônus da prova

Além das hipóteses anteriores, o ônus da prova pode ser distribuído de forma diversa por vontade das partes, as quais podem estabelecê-lo antes ou durante o processo. Trata-se da chamada distribuição convencional do ônus da prova, vedada apenas quando:

a) recair sobre direito indisponível da parte;

b) ou tornar excessivamente difícil a uma parte o exercício do direito (CPC/2015, art. 373, §§ 3º e 4º).

---

14. **Art. 93, IX** todos os julgamentos dos órgãos do Poder Judiciário serão públicos, e fundamentadas todas as decisões, sob pena de nulidade, podendo a lei limitar a presença, em determinados atos, às próprias partes e a seus advogados, ou somente a estes, em casos nos quais a preservação do direito à intimidade do interessado no sigilo não prejudique o interesse público à informação; (...).

15. PEIXOTO, Ravi; MACÊDO, Lucas Buril de. Ônus da prova e sua dinamização. 2. ed. Salvador: Editora Juspodivm, 2016. p. 178.

Embora o processo civil admita referida distribuição convencional, o C. TST já entendia que ela era inaplicável ao processo do trabalho (IN nº 39/2016, art. 2º, VII), o que foi reforçado pela Lei nº 13.467/17, pois não reproduziu o art. 373, §§ 3º e 4º, do CPC/2015 ao alterar o art. 818 da CLT. Trata-se, portanto, de silêncio eloquente do legislador, impedindo a aplicação da distribuição convencional do ônus da prova na seara laboral.

4.2. Casos específicos na jurisprudência do TST

Antes de finalizar esse item, cumpre trazer alguns casos específicos descritos na jurisprudência consolidada do TST, que são questionados com frequência nas provas dos concursos[16].

4.2.1. *Equiparação salarial*

Na equiparação salarial incumbe ao reclamante provar os fatos constitutivos de seu direito, enquanto o reclamado tem o ônus de provar o fato impeditivo, extintivo ou modificativo do direito do autor. Nesse sentido, a Súmula nº 6, VIII, do TST:

> VIII – É do empregador o ônus da prova do fato impeditivo, modificativo ou extintivo da equiparação salarial.

Embora a doutrina não seja unânime acerca do que vem a ser os fatos constitutivos, impeditivos, modificativos e extintivos, majoritariamente, podemos esquematizá-las da seguinte forma:

► FATO CONSTITUTIVO	identidade de função
► FATOS IMPEDITIVOS	1) diferença de produtividade e perfeição técnica (ausência de trabalho de igual valor); 2) diferença de tempo de serviço na função superior a 2 anos; 3) diferença de tempo de serviço para o empregador superior a 4 anos; 4) estabelecimentos empresariais distintos; 5) quadro organizado em carreira ou adotar plano de cargos e salários em norma interna da empresa ou negociação coletiva; 6) trabalhador readaptado em nova função, nos termos do § 4º do art. 461 da CLT; 7) diferença salarial decorrente de decisão judicial fincada em vantagem pessoal, tese superada pela jurisprudência da Corte Superior ou na hipótese de equiparação salarial em cadeia.

16. Para maior aprofundamento sobre as súmulas e OJs do TST, indicamos nosso livro MIESSA, Élisson; CORREIA, Henrique. *Súmulas e orientações jurisprudenciais do TST comentadas e organizadas por assunto*. 8. ed. Salvador: Juspodivm, 2018.

▶ FATOS EXTINTIVOS	1) pagamento das diferenças salariais pleiteadas; 2) o reclamante receber valor maior que o paradigma; 3) prescrição.
▶ FATOS MODIFICATIVOS	pagamento parcial das diferenças salariais

A mesma sistemática o TST adotou para a promoção por antiguidade declinando na Tese 67 que "por se tratar de fato impeditivo, é do empregador o ônus de demonstrar que o empregado descumpre requisito necessário à concessão de promoção por antiguidade".

4.2.2. *Recebimento da notificação*

Conforme se depreende da Súmula nº 16 do TST "presume-se recebida a notificação 48 (quarenta e oito) horas depois de sua postagem. O seu não recebimento ou a entrega após o decurso desse prazo constitui ônus de prova do destinatário."

Desse modo, é ônus do destinatário demonstrar o não recebimento ou entrega após o decurso do prazo de 48 horas.

Tal demonstração tem como objetivo preservar o prazo de 5 dias entre o recebimento da notificação e a data da audiência, descrito no art. 841 da CLT. Quero dizer, a presunção de recebimento significa que, depois de 48 horas de sua postagem, inicia-se a contagem do referido prazo de 5 dias, o qual, por ser interpretado como prazo para formalização da defesa, segue a mesma sistemática de contagem dos demais prazos processuais, ou seja, inicia-se em dia útil, observando-se as diretrizes das Súmulas 1 e 262 do TST.

4.2.3. *Vínculo de emprego e término do contrato de trabalho*

A formação do vínculo de emprego depende da demonstração dos seguintes requisitos: pessoalidade, pessoa física, onerosidade, subordinação e não eventualidade. Caso o empregado ajuíze reclamação trabalhista postulando o reconhecimento do vínculo, e o empregador, simplesmente, negue a prestação dos serviços, a comprovação de tais requisitos é incumbência do reclamante, vez que se trata de fato constitutivo de seu direito.

Pode ocorrer, no entanto, de o empregador admitir a prestação dos serviços, não como empregado, mas, por exemplo, como trabalhador autônomo. Aqui, o reclamado aduz fato que impede a formação da relação de emprego (fato impeditivo), sendo, portanto, seu o ônus de provar.

Ademais, se o empregador negar a prestação do serviço, mas, ao contestar o pedido das verbas rescisórias, negar também o despedimento, ou seja, alegar que a relação foi extinta a pedido do autor (reclamante) ou por motivo de justa causa, entende o C. TST que o empregador atraiu para si o ônus da prova, como se verifica pela Súmula nº 212 do TST:

> **Súmula nº 212 do TST.** Despedimento. Ônus da prova
>
> O ônus de provar o término do contrato de trabalho, quando negados a prestação de serviço e o despedimento, é do empregador, pois o princípio da continuidade da relação de emprego constitui presunção favorável ao empregado.

Isso ocorre porque, quando o empregador nega o despedimento, a presunção de que houve o despedimento milita a favor do empregado, em razão o princípio da continuidade existente no direito do trabalho. Assim, caso o empregador tente afastar tal presunção, atrai para si o ônus da prova. Ademais, ao negar o despedimento, o que o empregador na realidade está fazendo é alegar fato impeditivo ao direito de o reclamante receber as verbas rescisórias, tendo, portanto, o ônus de prová-lo.

Portanto, havendo reclamação trabalhista em que se postula o reconhecimento do vínculo o ônus da prova pode ser esquematizado da seguinte forma:

► FATO ALEGADO PELO RECLAMADO (EMPREGADOR)	► ÔNUS DA PROVA
Nega a prestação de serviço	Reclamante
Admite a prestação de serviço, não como empregado	Reclamada
Negada a prestação de serviços + negado o despedimento	Reclamada

4.2.4. *Horas extraordinárias*

As horas extras, como o próprio nome já indica, decorrem de fato extraordinário. Desse modo, é regra básica que o ordinário se presume, enquanto o extraordinário se prova. Assim, caso o reclamante alegue a realização de horas extras, por ser fato extraordinário e constitutivo de seu direito, incumbe-lhe o ônus da prova.

Ocorre que, em duas situações, incidirá a teoria dinâmica do ônus da prova, de modo que o juiz poderá distribuir de forma diversa o ônus da prova, isto é, o ônus deixará de ser do reclamante e passará para a empresa reclamada. São eles:

1) empresa com **mais** de 20 trabalhadores;

2) cartões de ponto invariáveis, também chamados de cartões britânicos.

No primeiro caso, é sabido que as empresas com **mais** de 20 trabalhadores têm a obrigação de manter a anotação de entrada e saída de seus empregados, em registro manual, mecânico ou eletrônico, conforme art. 74, § 2º, da CLT[17]. Nessa

17. O entendimento do TST quanto à apuração do número de empregados para a obrigatoriedade ou não dos cartões de ponto é da totalidade de empregados da empresa e não em cada estabelecimento ou filial isoladamente. Ag-AIRR-1352-41.2015.5.23.0021, 4ª Turma, Relator Ministro Guilherme Augusto Caputo

hipótese, como o empregador tem maior aptidão para a prova, ou seja, é ele quem possui maiores condições de demonstrar os controles, pois lida com a fiscalização de entrada e saída dos trabalhadores, fica sob sua incumbência demonstrar o registro da jornada do trabalhador.

Assim, não apresentando os controles de jornada, sem que haja justificativa, gera a presunção de veracidade da jornada alegada na inicial. Trata-se, porém, de presunção relativa, o que significa que pode o empregador afastá-la.

Aliás, não gerarão presunção relativa de veracidade os fatos que "não parecem verossímeis segundo o que ordinariamente acontece ou fora do padrão médio da sociedade, e os fatos impossíveis ou pouco prováveis",[18] tal como prevê o art. 844, § 4º, IV, da CLT. Seria, por exemplo, o fato de o empregado ter trabalhado durante quatro anos, vinte horas por dia, sem um único intervalo. Nesse caso, entende-se que, mesmo diante da ausência dos cartões, não haverá presunção de veracidade nas declarações do empregado.

No segundo caso (jornada britânica), pode o empregador apresentar os cartões de ponto, mas as anotações são invariáveis, isto é, demonstra que o empregado entrava e saia sempre no mesmo horário.

Nesse caso, há o chamado "horário britânico", que consiste na ausência de variação no horário da entrada e saída dos trabalhadores, levando à conclusão de que os cartões são forjados/fabricados, pois é praticamente impossível um trabalhador, por exemplo, chegar exatamente às 8h e sair pontualmente às 17h durante anos em que permaneceu na empresa. Nessa hipótese, o TST entende que tais cartões são inválidos como meio de prova, de modo que prevalecerá a jornada da inicial, se não for afastada por prova em contrário.

Atenta-se para o fato de que, mesmo existindo previsão de veracidade da jornada em instrumento normativo (convenção coletiva ou acordo coletivo), tal presunção poderá ser afastada por prova em contrário.

No sentido do texto, estabelece a Súmula nº 338 do TST:

> **Súmula nº 338 do TST.** Jornada de trabalho. Registro. Ônus da prova
>
> I - É ônus do empregador que conta com mais de 10 (dez)[19] empregados o registro da jornada de trabalho na forma do art. 74, § 2º, da

---

Bastos, DEJT 18/12/2020; RR - 11200-60.2017.5.03.0111, Orgão Judicante: 4ª Turma, Relator: Alexandre Luiz Ramos, Julgamento: 12/08/2020, Publicação: 21/08/2020; TST-E-ED-RR-107300-43.2005.5.04.0702, Ac. SBDI-1, Relator Ministro Augusto César Leite de Carvalho, DEJT 4.6.2010; RR - 83500-59.2008.5.02.0015, Relator Desembargador Convocado Alexandre Teixeira de Freitas Bastos Cunha, 1ª Turma, Data de Publicação: DEJT 06/11/2015; RR - 758-08.2015.5.22.0101, Relatora: Dora Maria da Costa. Data do julgamento 9/08/2017, 8ª Turma: Data da publicação: DEJT 14/08/2017.

18. Schiavi, Mauro. Provas no processo do trabalho. 3. ed. rev. e ampl. São Paulo: Ltr, 2013. p. 17.
19. A partir da nova redação do art. 74, § 2º, da CLT pela Lei nº 13.874/19, a Súmula nº 338 do TST deverá ter sua redação alterada, passando a prever o ônus da prova do empregador quando tiver mais de 20 empregados.

> CLT. A não-apresentação injustificada dos controles de frequência gera presunção relativa de veracidade da jornada de trabalho, a qual pode ser elidida por prova em contrário.
>
> II - A presunção de veracidade da jornada de trabalho, ainda que prevista em instrumento normativo, pode ser elidida por prova em contrário.
>
> III - Os cartões de ponto que demonstram horários de entrada e saída uniformes são inválidos como meio de prova, invertendo-se o ônus da prova, relativo às horas extras, que passa a ser do empregador, prevalecendo a jornada da inicial se dele não se desincumbir.

Em resumo, podemos sistematizar o entendimento da seguinte forma:

Empresa com menos de 20 empregados	reclamante deve provar sua jornada
Empresa com mais de 20 empregados	reclamada deve apresentar os cartões de ponto, sob pena de prevalecer a descrita na inicial
Empresa que apresenta cartões de ponto invariáveis	os cartões são inválidos, devendo a reclamada provar a jornada do reclamante, sob pena de prevalecer a descrita na inicial
Empresa que apresenta cartões de ponto válidos	reclamante pode provar que os controles não são verdadeiros

É importante observar, por fim, que, na hipótese de a empresa alegar fato impeditivo, modificativo ou extintivo do direito do reclamante, atrai para si o ônus da prova.

✦ *Seria o caso, por exemplo, de a empresa alegar o pagamento das horas extras (extintivo), trabalho externo, cargo de direção (fatos impeditivos) etc., de modo que nesses casos o ônus de provar tais fatos é do empregador.*

▶ **ATENÇÃO:**

A decisão que defere horas extras com base em prova oral ou documental não ficará limitada ao tempo por ela abrangido, desde que o julgador fique convencido de que o procedimento questionado superou aquele período. (OJ nº 233 da SDI-I do TST)

4.2.4.1. *Empregado doméstico e motorista profissional*

A LC nº 150/2015 passou a prever, em seu art. 12, que "é obrigatório o registro do horário de trabalho do empregado doméstico por qualquer meio manual, mecânico ou eletrônico, desde que idôneo".

Nesse contexto, o TST, em sede de incidente de Recursos de Revista repetitivos, firmou a Tese 122 fixando que:

> A ausência de apresentação dos registros de jornada pelo empregador doméstico gera presunção relativa de veracidade da jornada de trabalho alegada na petição inicial, que pode ser elidida por prova em contrário.

Assim, caso o empregador não apresente o controle de ponto em âmbito judicial, haverá a presunção da jornada alegada em inicial, aplicando-se o entendimento sumulado pelo TST (Súmula 338, I, parte final, TST), ressalvando-se, todavia, a possibilidade de tal presunção relativa ser elidida por prova em contrário.

Ademais, o entendimento deverá ser estendido aos motoristas profissionais, em decorrência do art. 2º, V, "b", da Lei nº 13.103/15, que estabelece como direito dos motoristas empregados "ter jornada de trabalho controlada e registrada de maneira fidedigna mediante anotação em diário de bordo, papeleta ou ficha de trabalho externo, ou sistema e meios eletrônicos instalados nos veículos, a critério do empregador".

4.2.4.2. *Cartões de ponto sem assinatura*

Discutia-se a validade dos cartões de ponto não assinados pelo empregado.

O C. TST para finalizar com a celeuma, em sede de Recurso de Revista Repetitivo, fixou a Tese 136 a qual estabelece que:

> A ausência de assinatura do empregado não afasta, por si só, a validade dos controles de horário.

4.2.4.3. *Trabalho externo*

O trabalho externo pode ser incompatível com a fixação do horário de trabalho, afastando a limitação da jornada de trabalho, nos termos do art. 62, I, da CLT.

Ocorre que a prestação de serviços fora das dependências do empregador, por si só, não enquadra o empregado na hipótese do art. 62, I, da CLT, sendo imperiosa a comprovação de impossibilidade de controle (direto ou indireto) da jornada de trabalho realizada externamente. Exige-se, pois, dois requisitos para a incidência do art. 62, I, do CLT, a saber:

- trabalho externo; +
- incompatibilidade de controle.

Desse modo, por se tratar de fato impeditivo ao recebimento das horas extras, é ônus do empregador comprovar que se trata de trabalhador externo, especialmente com o registro na CTPS (CLT, art. 62, I).

Além disso, o C. TST entende que também é do empregador "o ônus de comprovar a impossibilidade de controle da jornada de trabalho externo, por se tratar de fato impeditivo do direito do trabalhador" (TST-IRRR, Tese nº 73).

4.2.5. Dispensa discriminatória de portador de doença grave

O empregador tem o direito potestativo de dispensar seus empregados sem justa causa, excepcionando-se os detentores de estabilidade ou garantia de emprego. O portador do vírus HIV ou de doença grave não possui garantia de emprego descrita em lei.[20]

No entanto, o C. TST entende que a dispensa de tais empregados presume-se discriminatória. Desse modo, aplica a teoria dinâmica do ônus da prova, porque é mais fácil o empregador demonstrar a inexistência de discriminação (p. ex., possui outros empregados contratados que têm doença grave) do que o empregado demonstrar que foi discriminado. É o que se verifica pelo teor da Súmula nº 443 do TST[21]:

> **Súmula nº 443 do TST.** Dispensa discriminatória. Presunção. Empregado portador de doença grave. Estigma ou preconceito. Direito à reintegração.
>
> Presume-se discriminatória a despedida de empregado portador do vírus HIV ou de outra doença grave que suscite estigma ou preconceito. Inválido o ato, o empregado tem direito à reintegração no emprego.

Disso resulta que passa a ser do empregador o ônus de comprovar que a dispensa não foi discriminatória passa a ser do empregador.

4.2.6. Vale-transporte

A Lei nº 7.418/85 instituiu o vale-transporte no ordenamento jurídico, conforme declina o art. 1º:

> **Art. 1º** Fica instituído o vale-transporte, que o empregador, pessoa física ou jurídica, antecipará ao empregado para utilização efetiva em despesas de deslocamento residência-trabalho e vice-versa, através do sistema de transporte coletivo público, urbano ou intermunicipal e/ou interestadual com características semelhantes aos urbanos, geridos diretamente ou mediante concessão ou permissão de linhas regulares e com tarifas fixadas pela autoridade competente, excluídos os serviços seletivos e os especiais.

A partir do dispositivo é possível observar que para que seja concedido o benefício, impõe-se que o trabalhador necessite de transporte coletivo para se deslocar entre a residência e o trabalho e vice-versa. Além disso, o empregado, para exercer o direito de receber o vale-transporte, informará ao empregador, por escrito ou por meio eletrônico, o seu endereço residencial e os serviços e os meios de transporte mais adequados ao seu deslocamento residência-trabalho e vice-versa (art. 112,

---

20. O C. TST considera que o câncer pode ser considerado como doença grave, atraindo a aplicação da Súmula nº 443 (TST-E-ED-RR-68-29.2014.5.09.0245, SBDI-I, rel. Min.Márcio Eurico Vitral Amaro, red. p/ acórdão Min. Cláudio Mascarenhas Brandão, 4.4.2019 – Informativo nº 194).
21. Está pendente de julgamento no STF a ADPF nº 648 acerca da constitucionalidade da Súmula nº 443 do TST.

Decreto 10.8554/21). Trata-se, pois, de fato constitutivo, porque cria o direito ao recebimento desse benefício.

Contudo, sendo presumível que o empregado necessita de transporte coletivo para se deslocar entre sua residência e o trabalho e vice-versa, desnecessária a comprovação do fato constitutivo.

Mesmo que não se admita a existência de referida presunção, não se pode negar que o empregador, por documentar todos os dados do empregado desde o momento da contratação e durante toda a relação de trabalho, tem melhor aptidão para demonstrar se o trabalhador preenche os requisitos para o recebimento do vale-transporte, de modo que se transfere tal ônus ao empregador, ante a **teoria dinâmica do ônus da prova.**

Pode acontecer ainda de se buscar demonstrar que o empregador proporcionou, por meios próprios ou contratados em veículos adequados ao transporte coletivo, o deslocamento, residência-trabalho e vice-versa, de seus trabalhadores (Dec. nº 10.854/21, art. 109), bem como que o trabalhador não tem necessidade de transporte coletivo para esse deslocamento, porque, p. ex, sua residência é próxima do local de trabalho. Da mesma forma, pode-se pretender a demonstração de que o empregado não tem interesse de fazer uso de tal benefício.

Todos esses fatos são impeditivos, pois obstam a criação do direito ao recebimento do vale-transporte. Portanto, sendo fatos impeditivos devem ser comprovados pelo reclamado, nos termos do art. 818 da CLT c/c art. 373, II, do CPC/2015.

Dessa forma, será ônus do empregador a comprovação de que o empregado não possuía interesse no recebimento do vale-transporte ou que não cumpria todos os requisitos para a obtenção do benefício. Nesse sentido, a Súmula nº 460 do TST, *in verbis:*

> **Súmula 460. Vale-transporte. Ônus da prova.**
>
> É do empregador o ônus de comprovar que o empregado não satisfaz os requisitos indispensáveis para a concessão do vale-transporte ou não pretenda fazer uso do benefício.

4.2.7. *Diferenças no recolhimento do FGTS*

O C. TST entende que, independentemente de especificação pelo empregado do período da alegada falta ou diferença de recolhimento do FGTS, ou seja, **mesmo quando este alegar de forma genérica a falta ou a diferença de recolhimento do FGTS**, será ônus da prova do **empregador (reclamado)** a regularidade dos depósitos do FGTS, como descreve a Súmula nº 461 do TST:

> **Súmula nº 461 do TST.** FGTS. Diferenças. Recolhimento. Ônus da prova.
>
> É do empregador o ônus da prova em relação à regularidade dos depósitos do FGTS, pois o pagamento é fato extintivo do direito do autor (art. 373, II, do CPC de 2015).

Isso decorre do dever de documentação que o empregador possui na manutenção dos comprovantes de depósitos referentes ao FGTS de seus empregados, já que o depósito da parcela do FGTS na conta vinculada do empregado constitui sua obrigação legal.

Ademais, a alegação de ausência de irregularidades nada mais é do que a arguição de pagamento que representa fato extintivo do direito do reclamante, impondo ao reclamado demonstrá-lo, por força do art. 818, II, da CLT.

Por fim, é importante destacar que, ainda que a reclamada seja condenada ao pagamento das diferenças do FGTS, é admitida a dedução, entendida como o abatimento das verbas que já foram pagas durante a relação de trabalho sob o mesmo título. Trata-se de matéria de ordem pública embasada no princípio do não enriquecimento sem causa, razão pela qual pode ser arguida em qualquer tempo e, principalmente, manifestada *ex officio*.

4.2.8. Terceirização na Administração Pública

A Administração Pública, por vezes, promove a terceirização dos serviços, contratando empresa prestadora de serviços, por meio de licitação. Nesses casos, passa a ser responsável subsidiariamente pelas verbas trabalhistas quando tenha agido com culpa, ou seja, por não fiscalizar o cumprimento das obrigações trabalhistas da empresa prestadora (STF, ADC 16/DF; RE nº 760.931, com repercussão geral – tema 246).

Diante da da responsabilidade subsidiária da Administração Pública, gerou-se a indagação de quem era o ônus de provar sua culpa *in vigilando*.

Em outras palavras, a quem incumbe o ônus da prova quanto à fiscalização efetiva ou não do contrato de prestação de serviços firmado com entidades da Administração Pública após licitação: é do empregado o encargo de comprovar a ausência sistemática de fiscalização, ou cabe à Administração demonstrar a vigilância adequada do cumprimento das obrigações trabalhistas pela empresa prestadora dos serviços?

O **E. STF, a fim de dirimir a questão,** reconheceu a existência de repercussão geral do RE 1.298.647 (tema 1.118), definindo que o **ônus de provar a ausência de fiscalização da Administração Pública é do autor da reclamação trabalhista,** fixando a seguinte tese de observância obrigatória:

> 1. Não há responsabilidade subsidiária da Administração Pública por encargos trabalhistas gerados pelo inadimplemento de empresa prestadora de serviços contratada, se amparada exclusivamente na premissa da inversão do ônus da prova, remanescendo imprescindível a comprovação, pela parte autora, da efetiva existência de comportamento negligente ou nexo de causalidade entre o dano por ela invocado e a conduta comissiva ou omissiva do poder público.
>
> 2. Haverá comportamento negligente quando a Administração Pública permanecer inerte após o recebimento de notificação formal de que a empresa contratada está descumprindo suas obrigações trabalhistas, enviada pelo trabalhador, sindicato, Ministério do Trabalho, Ministério Público, Defensoria Pública ou outro meio idôneo.

> 3. Constitui responsabilidade da Administração Pública garantir as condições de segurança, higiene e salubridade dos trabalhadores, quando o trabalho for realizado em suas dependências ou local previamente convencionado em contrato, nos termos do art. 5º-A, § 3º, da Lei nº 6.019/1974.
>
> 4. Nos contratos de terceirização, a Administração Pública deverá: (i) exigir da contratada a comprovação de capital social integralizado compatível com o número de empregados, na forma do art. 4º-B da Lei nº 6.019/1974; e (ii) adotar medidas para assegurar o cumprimento das obrigações trabalhistas pela contratada, na forma do art. 121, § 3º, da Lei nº 14.133/2021, tais como condicionar o pagamento à comprovação de quitação das obrigações trabalhistas do mês anterior[22].

Por fim é importante ressaltar que as entidades paraestatais integrantes do "Sistema S" não fazem parte da administração pública direta ou indireta, sendo entidades de direito privado, razão pela qual, configurada a terceirização de mão de obra, respondem subsidiariamente pelas obrigações trabalhistas da prestadora, sem necessidade de constatação de culpa na fiscalização do contrato de prestação de serviços (TST, Tema 189 IRRR).

5. PROVA EMPRESTADA

A produção probatória é realizada, como regra, dentro do próprio processo a ser julgado, de modo que o juiz se utiliza dela para formar seu convencimento.

Pode ocorrer, no entanto, de admitir-se a utilização de uma prova produzida em outro processo, com base no princípio da economia processual, sendo denominada de prova emprestada. Nessa hipótese, "a prova é transportada do primeiro para o segundo processo sob a forma documental"[23]. Nesse contexto, o art. 372 do CPC/2015, aplicável ao processo do trabalho, declina que:

> Art. 372. O juiz poderá admitir a utilização de prova produzida em outro processo, atribuindo-lhe o valor que considerar adequado, observado o contraditório.

A utilização da prova emprestada pressupõe os seguintes requisitos:

a) tenha sido validamente realizada no processo originário;

b) ter relevância com o segundo processo;

c) a parte contra a qual se faz a prova, deve ter participado do contraditório no processo originário.

---

22. STF-RE 1.298.647/SP. Tribunal Pleno. Rel. Min. Nunes Marques. Julgamento 13.02.2025.
23. WAMBIER, Luiz Rodrigues; TALAMINI, Eduardo. *Curso avançado de processo civil: teoria geral do processo e processo de conhecimento.* 11. ed. São Paulo: Editora Revista dos Tribunais, 2010. p. 481-482.

Percebe-se, nesse caso, que o contraditório não é propriamente "bilateral", uma vez que a parte que não participou do contraditório no primeiro processo pode utilizá-la contra a parte que já participou de sua formação.

> Exemplo: na reclamação originária, entre Paulo e a empresa Z, foi colhida prova testemunhal. Na segunda reclamação, entre Carlos e a empresa Z, Carlos poderá utilizar a prova testemunhal como prova emprestada, vez que a empresa já participou do contraditório.

Com efeito, o limite para a utilização da prova emprestada é o princípio do contraditório (CPC/2015, art. 372).

Pode acontecer, ainda, de ambas as partes não terem participado da formação da prova emprestada. Nessa hipótese, a prova emprestada poderá ser admitida, desde que o contraditório seja implementado no processo em que a prova emprestada for utilizada[24].

Ademais, em alguns casos excepcionais a prova produzida anteriormente não poderá mais ser produzida em outro processo, como é o caso, por exemplo, do fechamento da empresa. Nesse caso, mesmo que as partes não tenham participado do contraditório no processo originário, o juiz, valorando os direitos envolvidos, poderá utilizar a prova emprestada[25], permitindo o contraditório diferido, ou seja, no processo em que se utilizará a prova emprestada.

É válido destacar que, na utilização de prova testemunhal emprestada, pensamos que a prova emprestada adquirirá a natureza de prova documental, não havendo nenhum prejuízo na quantidade de testemunhas que podem ser ouvidas no processo.

> Exemplo: No rito ordinário, o reclamante requer a utilização de depoimentos de duas testemunhais colhidos em outro processo. Nesse caso, ele poderá ouvir as três testemunhas indicadas na fase instrutória, mesmo com a utilização da prova testemunhal emprestada, pois esta adquire a natureza de prova documental[26].

Atente-se para o fato de que a prova emprestada poderá ser requerida por ambas as partes, por uma delas, ou até mesmo pelo juiz *ex officio* (CLT, art. 765). Além disso, o juiz poderá dar o valor que entender adequado à prova emprestada (CPC/2015,

---

24. DIDIER Jr., Fredie; BRAGA, Paula Sarno; OLIVEIRA, Rafael. *Curso de direito processual civil: Teoria da prova, direito probatório, teoria do procedente, decisão judicial, coisa julgada e antecipação dos efeitos da tutela*. 7. ed. Salvador: Juspodivm, 2013. v. 2. p. 54.
25. NEVES, Daniel Amorim Assumpção. *Manual de direito processual civil*. 5. ed. Rio de Janeiro: Forense; São Paulo: Método, 2013. p. 431.
26. Para a parcela doutrinária que adota a tese de que a prova emprestada conserva a mesma natureza jurídica com que foi produzida no processo anterior, a prova testemunhal emprestada continua a ser considerada como prova testemunhal, restando, no exemplo, a possibilidade da oitiva de apenas uma testemunha. Dessa forma, para essa vertente, a utilização da prova testemunhal emprestada deve ser descontada do total de testemunhas permitidas em cada rito. Nesse sentido, entendendo que a prova emprestada conserva a mesma natureza jurídica com que foi produzida no processo anterior (originário) Mauro Schiavi. *In*: *Provas no processo do trabalho*. 3. ed. rev. e ampl. São Paulo: Ltr, 2013. p. 66.

art. 372), podendo inclusive julgar de forma diversa do processo originário, sempre, evidentemente, motivando sua decisão, de forma a evitar a discricionariedade.

Por fim, o TST, em sede de Incidente de Recurso de Revista Repetitivo, firmou a tese 140 a qual determina que:

> A utilização de prova pericial emprestada para comprovar insalubridade ou periculosidade é válida, independentemente da concordância da parte contrária, desde que esteja presente a identidade fática entre o processo de origem e o processo em que a prova é utilizada, e seja observado o contraditório na produção da prova original e nos autos em que ela é trasladada, não configurando nulidade processual o indeferimento de nova perícia quando observados esses requisitos.

6. ALTERAÇÃO DA ORDEM DE PRODUÇÃO DOS MEIOS DE PROVA

O art. 775, § 2º, da CLT, acrescentado pela Lei nº 13.467/2017, faz duas autorizações aos magistrados:

1) poderá dilatar os prazos processuais; e

2) poderá alterar a ordem de produção dos meios de prova.

Ambos os casos têm como objetivo a adequação às necessidades do conflito de modo a conferir maior efetividade à tutela do direito.

O referido dispositivo segue a mesma sistemática prevista no art. 139, VI, do CPC/15, o qual declina entre os poderes, deveres e responsabilidade do juiz:

> **Art. 139.** O juiz dirigirá o processo conforme as disposições deste Código, incumbindo-lhe: (...)
>
> VI – dilatar os prazos processuais e alterar a ordem de produção dos meios de prova, adequando-os às necessidades do conflito de modo a conferir maior efetividade à tutela do direito; (...).

Registra-se que o art. 139, VI, do CPC/15 já era aplicado subsidiariamente ao processo do trabalho (TST-IN nº 39/2016, art. 3º, III).

Quanto à alteração da ordem de produção dos meios de prova, trata-se de dispositivo que exalta o poder do magistrado na condução do processo, viabilizando a adequada instrução do feito, o que já era autorizado pelo art. 765 da CLT. Assim, permite-se ao juiz, como condutor do processo, que altere a ordem da instrução probatória, adequando-a ao conflito em julgamento, de modo a possibilitar maior efetividade na tutela jurisdicional.

Interessante notar que o art. 456 do CPC/15, que versa sobre a ordem da colheita dos depoimentos das testemunhas, admite sua inversão desde que haja concordância das partes, como se verifica pelo seu teor a seguir transcrito:

> **Art. 456.** O juiz inquirirá as testemunhas separada e sucessivamente, primeiro as do autor e depois as do réu, e providenciará para que uma não ouça o depoimento das outras.
>
> Parágrafo único. O juiz poderá alterar a ordem estabelecida no *caput* se as partes concordarem.

Vê-se que o referido dispositivo mantém os poderes de o juiz alterar a ordem da oitiva, mas restringe sua atuação à concordância das partes.

Pensamos porém que, sendo o ônus da prova do reclamado, como ocorre, por exemplo, na alegação de justa causa, é plenamente possível a oitiva inicialmente das testemunhas da reclamada, de modo a efetivar a tutela jurisdicional.

De qualquer modo, incumbe ao magistrado fundamentar a decisão que alterar a ordem da produção de provas, observando o contraditório e obstando decisões surpresa.

7. MEIOS DE PROVA

O ordenamento admite todos os meios de prova, desde que legal e/ou moralmente legítimos (CPC/2015, art. 369). De qualquer modo, estabeleceu alguns meios de prova típicos (legais), os quais passamos a estudar.

7.1. Interrogatório e depoimento pessoal

O interrogatório, o depoimento pessoal e a colheita dos depoimentos das testemunhas têm como objetivo preservar o **princípio da imediação** (ou imediatidade), o qual impõe a aproximação do julgador com as partes e testemunhas na colheita das provas.

Nos domínios do processo civil, há diferença expressa entre o depoimento e o interrogatório.

O depoimento pessoal corresponde ao meio de prova utilizado à obtenção do interrogatório das partes do processo (autor e réu), podendo ser requerido pela parte contrária ou pelo próprio juiz (CPC/2015, art. 385). Desse modo, o depoimento pessoal serve para a obtenção da confissão da parte e para o esclarecimento dos fatos discutidos na causa[27]. Isso porque, se a parte pessoalmente intimada para prestar depoimento pessoal e advertida da pena de confesso, não comparecer ou, comparecendo, se recusar a depor, o juiz lhe aplicará a pena de confissão (CPC/2015, art. 385, § 1º).

O interrogatório, por sua vez, é ordenado de ofício, com base no art. 370 do CPC/2015 e pode ser realizado a qualquer momento, conforme se depreende do art. 139, VIII, do CPC/2015, não produzindo a pena de confissão, tendo apenas o

27. THEODORO JÚNIOR, Humberto. *Curso de Direito Processual Civil*. 56. ed. Rio de Janeiro. Forense, 2015. p. 927.

objetivo de possibilitar que a parte colabore com o juízo respondendo ao que lhe for interrogado (CPC/2015, arts. 378 e 379, I).

Portanto, é possível extrair as seguintes diferenças entre os institutos:

▸ INTERROGATÓRIO	▸ DEPOIMENTO PESSOAL
Determinado de ofício	De ofício ou por requerimento da parte contrária
Colhido em qualquer estado do processo (qualquer tempo)	Colhido na audiência de instrução e julgamento
Busca esclarecimentos dos fatos da causa	Busca esclarecimentos dos fatos e, principalmente, a confissão
O não comparecimento ou recusa não provoca a confissão ficta	O não comparecimento ou recusa provoca a confissão ficta

No processo do trabalho, a CLT não diferenciou esses institutos, estabelecendo, de modo indiscriminado, o interrogatório, como declina o art. 848 da CLT:

> Art. 848 - Terminada a defesa, seguir-se-á a instrução do processo, podendo o presidente, *ex officio* ou a requerimento de qualquer juiz temporário, interrogar os litigantes.
>
> § 1º - Findo o interrogatório, poderá qualquer dos litigantes retirar-se, prosseguindo a instrução com o seu representante.
>
> § 2º - Serão, a seguir, ouvidas as testemunhas, os peritos e os técnicos, se houver.

Desse modo, parte da doutrina entende que, na seara laboral, não há o depoimento pessoal, mas tão somente o interrogatório. Para outros, aos quais nos filiamos, deve ser aplicado subsidiariamente o processo civil, diferenciando-se os institutos. O TST admitiu o depoimento pessoal, vez que aplicou a confissão àquele que, intimado, não compareceu para depor, como descreve a Súmula nº 74 do TST:

> **Súmula nº 74 do TST.** Confissão
>
> I - Aplica-se a confissão à parte que, expressamente intimada com aquela cominação, não comparecer à audiência em prosseguimento, na qual deveria depor.
>
> II - A prova pré-constituída nos autos pode ser levada em conta para confronto com a confissão ficta (arts. 442 e 443, do CPC de 2015 - art. 400, I, do CPC de 1973), não implicando cerceamento de defesa o indeferimento de provas posteriores.
>
> III - A vedação à produção de prova posterior pela parte confessa somente a ela se aplica, não afetando o exercício, pelo magistrado, do poder/dever de conduzir o processo.

A confissão indicada na referida súmula é a confissão *ficta*, vez que gera a presunção de veracidade dos fatos alegados pela parte contrária.

Também haverá confissão *ficta* quando a parte comparecer, mas se recusar a depor (CPC/2015, art. 385, § 1º). Da mesma forma, quando o reclamado não comparecer à audiência inaugural, ensejará a revelia e a confissão *ficta* (CLT, art. 844).

A propósito, ocorrida a confissão, a parte não tem o direito de produzir novas provas em sentido contrário, por estar preclusa sua oportunidade. Nesse contexto, o TST, em sede de Recursos de Revista Repetitivos, firmou a Tese 135, a qual estabelece que:

> O indeferimento da prova testemunhal fundamentado na presunção de veracidade decorrente de confissão ficta por desconhecimento dos fatos controvertidos pela parte ou seu preposto, em depoimento pessoal, não configura cerceamento de defesa.

Contudo, já existindo provas nos autos (pré-constituídas), o juiz, com fundamento em seu convencimento motivado, poderá considerá-las para afastar a confissão, vez que esta gera mera **presunção relativa** de veracidade dos fatos. Exemplo:

> ✦ *João ajuíza reclamação trabalhista alegando que trabalha todos os dias das 7h às 22h, sem intervalo intrajornada. A empresa, na audiência inicial, apresenta contestação aduzindo que a jornada do obreiro era das 8h às 18h, com duas horas de intervalo intrajornada, de segunda a sexta-feira. Para comprovar suas alegações a empresa apresenta os cartões de ponto variáveis. Designada audiência de instrução, o representante da reclamada não se faz presente, ocorrendo a confissão ficta. Nesse caso, a confissão poderá ser afastada pelos cartões de ponto já apresentados nos autos.*

Consigna-se, porém, que, mesmo havendo tal confissão, o juiz poderá, a seu critério, prosseguir na instrução processual, pois a vedação de realização de novas provas é dirigida à parte confessa e não ao juiz.

A **confissão poderá ser aplicada ao reclamado e ao reclamante**, como descreve a Súmula nº 9 do TST.

> **Súmula nº 9 do TST**. Ausência do reclamante
>
> A ausência do reclamante, quando adiada a instrução após contestada a ação em audiência, não importa arquivamento do processo.

Melhor explicando: tratando-se de audiência una a ausência do reclamante provoca o arquivamento da reclamação trabalhista, enquanto o não comparecimento do reclamado gerará a revelia e a confissão *ficta* (CLT, art. 844). No entanto, sendo fracionada a audiência em inicial e de instrução (prosseguimento), o reclamante deve ser intimado na audiência anterior de que deve comparecer na audiência em prosseguimento, de modo que o seu não comparecimento na audiência de instrução irá provocar a confissão e não o arquivamento da reclamação. Isso ocorre porque já tendo sido apresentada a contestação, o reclamado tem o direito de ver julgado o mérito do processo, desde que preenchidos os pressupostos processuais e as condições da ação, não ocorrendo o arquivamento da reclamação, como acontece na ausência do reclamante na audiência inaugural (CLT, art. 844).

Atente-se para o fato de que é vedado, a quem ainda não depôs, assistir ao interrogatório da outra parte (CPC/2015, art. 385, § 2º).

Caso as partes não saibam falar a língua nacional, isso será feito por meio de intérprete nomeado pelo juiz. O mesmo procedimento ocorrerá quando se tratar de surdo-mudo, ou de mudo que não saiba escrever. Em ambos os casos, as despesas correrão por conta da parte sucumbente, salvo se beneficiária de justiça gratuita (CLT, art. 819, § 2º).

A parte responderá pessoalmente sobre os fatos articulados, não podendo servir-se de escritos previamente preparados. Entretanto, o juiz lhe permitirá a consulta a notas breves, desde que objetivem completar esclarecimentos (CPC/2015, art. 387).

É importante observar que as partes e os prepostos não podem mentir em juízo, alterando a verdade dos fatos, sob pena de incidência da multa por litigância de má-fé (CPC/2015, art. 80, II).

A parte não é obrigada a depor de fatos: 1) criminosos ou torpes, que lhe forem imputados; 2) a cujo respeito, por estado ou profissão, deva guardar sigilo; 3) acerca dos quais não possa responder sem desonra própria, de seu cônjuge, de seu companheiro ou de parente em grau sucessível; 4) que coloquem em perigo a vida do depoente ou do cônjuge, companheiro ou de parentes em grau sucessível (CPC/2015, art. 388).

► **ATENÇÃO:**

As horas em que o empregado faltar ao serviço para comparecimento necessário, como parte, à Justiça do Trabalho não serão descontadas de seu salário (Súmula nº 155 do TST). No mesmo sentido dispõe o art. 473, VIII, da CLT.

7.1.1. Confissão

A confissão ocorre quando a parte expressamente admite, de forma voluntária, a verdade de um fato, contrário ao seu interesse e favorável ao adversário, conforme declina o art. 389 do CPC/2015, aplicável ao processo do trabalho.

Para sua caracterização, ela exige três elementos[28]:

a) reconhecimento de um fato alegado pela parte contrária;

b) voluntariedade da parte que reconhece o fato;

c) prejuízo ao confitente decorrente de seu ato.

---

28. NEVES, Daniel Amorim Assumpção. *Manual de direito processual civil*. 5. ed. Rio de Janeiro: Forense; São Paulo: Método, 2013. p. 443.

Parte da doutrina reconhece a confissão como um meio de prova[29]. No entanto, a outra parte da doutrina, com a qual pensamos estar a razão, declina que a confissão não é verdadeiramente um meio de prova, mas o resultado de outros meios de prova[30].

Assim, a confissão é o resultado do depoimento pessoal ou da prova documental, como ocorre quando a ela é declarada em cartas, e-mail, anotações etc.

A confissão pode ser:

- **extrajudicial**, na hipótese de ser feita fora do Judiciário; ou
- **judicial**, quando ocorrida em juízo. A confissão judicial se subdivide em:

  b.1) espontânea, quando há reconhecimento do fato sem nenhuma interferência;

  b.2) provocada, quando decorre do depoimento pessoal.

A confissão pode ser ainda:

1) **real:** quando efetivamente realizada pelo confitente, oralmente ou por escrito, como declinado no art. 389 do CPC/2015; ou

2) ***ficta*** que é uma mera ficção jurídica, decorrente da revelia (CLT, art. 844), do não comparecimento ao depoimento pessoal (CPC/2015, art. 385, § 1º) ou da recusa de depor (CPC/2015, art. 385, § 1º). Nesse caso, o confitente não declara expressamente um fato contrário ao seu interesse e favorável ao adversário. No entanto, o legislador cria uma ficção de que tal fato ocorreu[31].

Ademais, admite-se a confissão:

- **simples** quando a confissão restringe-se à declaração de ciência do fato contrário ao confitente;
- **qualificada** quando, embora haja a confissão, o confitente nega os efeitos jurídicos pretendidos pela parte contrária. Ex: empregado dispensado por justa causa com fundamento em embriaguez habitual (CLT, art. 482, f). Ele reconhece o fato (embriaguez), mas nega os efeitos jurídicos, pois se trata de doença que não pode ser tipifica como justa causa; e
- **complexa** na hipótese do confitente trazer fatos novos para o processo[32].

---

29. THEODORO JÚNIOR, Humberto. *Curso de Direito Processual Civil: Teoria geral do direito processual civil e processo de conhecimento.* 54. ed. Rio de Janeiro: Forense, 2013. v. 1. p. 475.
30. DINAMARCO, Cândido Rangel. *Instituições de direito processual civil.* 6. ed. São Paulo: Malheiros Editores, 2009, v. 3. p. 99.
31. DIDIER Jr., Fredie; BRAGA, Paula Sarno; OLIVEIRA, Rafael. *Curso de direito processual civil: Teoria da prova, direito probatório, teoria do procedente, decisão judicial, coisa julgada e antecipação dos efeitos da tutela.* 8. ed. Salvador: Juspodivm, 2013. v. 2. p. 134.
32. DIDIER Jr., Fredie; BRAGA, Paula Sarno; OLIVEIRA, Rafael. *Curso de direito processual civil: Teoria da prova, direito probatório, teoria do procedente, decisão judicial, coisa julgada e antecipação dos efeitos da tutela.* 8. ed. Salvador: Juspodivm, 2013. v. 2. p. 134.

A confissão decorre de manifestação da própria parte, assim como de seu representante com poderes especiais. Desse modo, o **empregador**, quando representado pelo preposto, será obrigado pelas declarações do preposto (CLT, art. 843, § 1º).

É importante verificar, porém, que o art. 843, § 2º, da CLT admite que o **empregado** possa ser representado por outro empregado da mesma profissão ou pelo sindicato na audiência, nos casos de doença ou qualquer outro motivo ponderoso. Nesse caso, o empregado ou o sindicato, que comparecem na audiência, tem apenas a função de impedir o arquivamento do processo, de modo que não poderão confessar[33].

A confissão é ato pessoal, prejudicando apenas quem a realizou ou está representando. Com efeito, na hipótese de litisconsórcio, não prejudica os litisconsortes (CPC/2015, art. 391).

Há de se registrar que a não vale como confissão a admissão, em juízo, de fatos relativos a direitos indisponíveis (CPC/2015, art. 392). Aliás, a confissão será ineficaz se feita por quem não for capaz de dispor do direito a que se referem os fatos confessados (CPC/2015, art. 392, § 1º). Além disso, a confissão feita por um representante somente é eficaz nos limites em que este pode vincular o representado (CPC/2015, art. 392, § 2º).

A confissão é indivisível, ou seja, não pode a parte que a quiser invocar como prova aceitá-la na parte que a beneficiar e rejeitá-la no que lhe for desfavorável (CPC/2015, art. 395).

Por derradeiro, a confissão é irrevogável, exceto quando decorrer de erro de fato ou coação. Nessas hipóteses, poderá ser anulada por meio da ação anulatória (CPC/2015, art. 393). É importante observar que é a legitimidade para ajuizar essa ação é exclusiva do confitente. Contudo, proposta a demanda e falecido o confitente, os herdeiros e sucessores passam a ter legitimidade superveniente para o polo ativo, por meio de sucessão processual (CPC/2015, art. 393, parágrafo único).

7.2. Prova testemunhal

7.2.1. *Generalidades*

A prova testemunhal é muito utilizada na seara trabalhista. Ela consiste no depoimento prestado por um terceiro sobre a veracidade ou não dos fatos deduzidos em juízo, servindo ainda para prestar certos esclarecimentos sobre tais fatos.

O depoimento da testemunha é uma obrigação (*munus* público), vez que tem o dever de colaborar com o Estado na busca da verdade. Desse modo, as testemunhas não poderão sofrer nenhum desconto pelas faltas ao serviço, ocasionadas pelo seu comparecimento para depor, quando devidamente arroladas ou convocadas (CLT, art. 822).

---

33. Em sentido contrário admitindo a confissão. SCHIAVI, Mauro. *Manual de direito processual do trabalho*. 6. ed. São Paulo: LTr, 2013. p. 520-521.

A propósito, se a testemunha for funcionário civil ou militar, e tiver de depor em hora de serviço, será requisitada ao chefe da repartição para comparecer à audiência marcada (CLT, art. 823).

Sobre determinados fatos o depoimento da testemunha não é obrigatório, sendo eles:

a) aqueles que acarretem à testemunha grave dano, bem como ao seu cônjuge ou companheiro e aos seus parentes consanguíneos ou afins, em linha reta ou colateral, até o terceiro grau;

b) a cujo respeito, por estado ou profissão, deva guardar sigilo (CPC/2015, art. 448).

7.2.2. *Quem pode testemunhar?*

Podem depor como testemunhas todas as pessoas, exceto as incapazes, impedidas ou suspeitas (CPC/2015, art. 447).

Desse modo, tendo a testemunha conhecimento dos fatos, estando no pleno exercício de sua capacidade e não sendo impedida ou suspeita, prestará o compromisso de dizer a verdade do que souber ou lhe for perguntado, sujeitando-se, em caso de falsidade, ao crime de falso testemunho.

A CLT contemplou apenas três hipóteses em que não será prestado compromisso:

a) for parente até o terceiro grau civil;

b) amigo íntimo[34]; ou

c) inimigo de qualquer das partes.

Nesse sentido, o art. 829 da CLT:

> Art. 829. A testemunha que for parente até o terceiro grau civil, amigo íntimo ou inimigo de qualquer das partes, não prestará compromisso, e seu depoimento valerá como simples informação.

Entretanto, a doutrina é pacífica no sentido de que o CPC é aplicado de forma supletiva ao processo do trabalho, pois definiu de forma detalhada os casos de incapacidade, impedimento e suspeição, como se verifica a seguir.

- **são incapazes de depor (CPC/2015, art. 447, § 1º):**

  I – o interdito por enfermidade ou deficiência mental;

34. Cabe destacar que o C. TST tem entendido que o simples estabelecimento de vínculos em mídias sociais (Whatsapp, Facebook) não se revelam, por si só, suficientes para a configuração da amizade íntima a que aludem os arts. 477, § 3º, I, do CPC e 829 da CLT. (TST-RR-24-44.2015.5.06.0023, 1ª Turma, rel. Min. Hugo Carlos Scheuermann, julgado em 12/5/2021 – Informativo nº 237).

> II – o que, acometido por enfermidade ou retardamento mental, ao tempo em que ocorreram os fatos, não podia discerni-los, ou, ao tempo em que deve depor, não está habilitado a transmitir as percepções;
>
> III – o que tiver menos de 16 (dezesseis) anos;
>
> IV – o cego e o surdo, quando a ciência do fato depender dos sentidos que lhes faltam.

- **são impedidos de depor (CPC/2015, art. 447, § 2º):**

> I – o cônjuge, o companheiro, o ascendente e o descendente em qualquer grau e o colateral, até o terceiro grau, de alguma das partes, por consanguinidade ou afinidade, salvo se o exigir o interesse público ou, tratando-se de causa relativa ao estado da pessoa, não se puder obter de outro modo a prova que o juiz repute necessária ao julgamento do mérito;
>
> II – o que é parte na causa;
>
> III – o que intervém em nome de uma parte, como o tutor, o representante legal da pessoa jurídica, o juiz, o advogado e outros que assistam ou tenham assistido as partes.

- **são suspeitos de depor (CPC/2015, art. 447, § 3º):**

> I – o inimigo da parte ou o seu amigo íntimo[35];
>
> II – o que tiver interesse no litígio.

Destaca-se que o TST, em sede de Incidente de Recurso de Revista Repetitivo, firmou a tese 72 que estabelece que:

a existência de ação contra o mesmo empregador, ainda que possua idêntica pretensão, não torna suspeita a testemunha, salvo quando o julgador se convencer da sua parcialidade mediante o exame da prova constante dos autos.

O C. TST já havia consolidado seu entendimento na Súmula nº 357 no sentido de que "não torna suspeita a testemunha o simples fato de estar litigando ou de ter litigado contra o mesmo empregador".

Portanto, a tese 72 vem reafirmar e completar o entendimento da Corte Trabalhista descrita na Súmula nº 357.

De qualquer maneira, se for estritamente necessário, o juiz poderá ouvir as pessoas menores de 16 anos, impedidas e suspeitas como simples informantes,

35. Cabe destacar que o C. TST tem entendido que o simples estabelecimento de vínculos em mídias sociais (Whatsapp, Facebook) não se revelam, por si só, suficientes para a configuração da amizade íntima a que aludem os arts. 477, § 3º, I, do CPC e 829 da CLT. (TST-RR-24-44.2015.5.06.0023, 1ª Turma, rel. Min. Hugo Carlos Scheuermann, julgado em 12/5/2021 – Informativo nº 237).

atribuindo-lhes o valor que entender merecido. Nesse caso, o depoente não prestará o compromisso (CPC/2015, art. 447, §§ 4º e 5º).

Consigna-se que toda testemunha, antes de prestar o compromisso legal, será qualificada, indicando o nome, nacionalidade, profissão, idade, residência, e, quando empregada, o tempo de serviço prestado ao empregador (CLT, art. 828).

Assim, caso a parte contrária pretenda alegar a incapacidade, impedimento ou suspeição da testemunha, fará por meio da **contradita**, que deverá ser arguida **após a qualificação da testemunha e antes de seu compromisso**. Se a testemunha negar os fatos que lhe são imputados, a parte poderá provar a contradita com documentos ou com testemunhas, até três, apresentadas no ato e inquiridas em separado. Sendo provados ou confessados os fatos, o juiz dispensará a testemunha, ou lhe tomará o depoimento como informante (CPC/2015, art. 457).

7.2.3. Número máximo de testemunhas

O processo do trabalho define o número de testemunhas **por partes** e não por fatos. Além disso, a quantidade é delimitada de acordo como o procedimento, como se verifica pelo quadro a seguir:

► PROCEDIMENTO	► NÚMERO DE TESTEMUNHAS
Ordinário	3
Sumaríssimo	2
Inquérito para apuração de falta grave	6

Cabe mencionar que o limite especificado anteriormente é dirigido às partes, podendo juiz, na condução do processo, determinar a intimação de testemunhas referidas nos depoimentos das partes ou das testemunhas, desde que necessárias ao esclarecimento dos fatos e do convencimento do juiz (CPC/2015, art. 461, I). Nessa hipótese, dá-se o nome de testemunha do juízo.

Ademais, no caso de litisconsórcio, a doutrina tem entendido da seguinte forma:

a) litisconsórcio ativo (vários reclamantes): mantém-se o mesmo número de testemunhas;

b) litisconsórcio passivo (vários reclamados): cada litisconsorte terá direito ao número máximo de testemunhas (por exemplo, 3 testemunhas para cada litisconsorte, no rito ordinário). Isso ocorre porque, nesse caso, a inclusão de vários reclamados foi opção do reclamante e não dos reclamados.

7.2.4. Comparecimento das testemunhas em audiência

As testemunhas deverão comparecer à audiência independentemente de notificação ou intimação (CLT, art. 825).

Pode acontecer de as testemunhas não comparecerem na audiência.

Nesse caso, elas serão intimadas *ex officio* ou a requerimento da parte, ficando sujeitas a condução coercitiva, além da aplicação de multa, caso, sem motivo justificado, não atendam à intimação (CLT, art. 825, parágrafo único).

Atenta-se, porém, para o fato de que, no procedimento sumaríssimo, não basta o não comparecimento da testemunha para que seja intimada. É necessário ainda que a parte **comprove** que a testemunha foi devidamente convidada[36] e não compareceu. Nesse sentido, o art. 852-H, § 3º, da CLT:

> § 3º. Só será deferida intimação de testemunha que, comprovadamente convidada, deixar de comparecer. Não comparecendo a testemunha intimada, o juiz poderá determinar sua imediata condução coercitiva.

Portanto, no rito sumaríssimo, a testemunha será intimada quando presentes dois requisitos: não comparecimento + comprovação do convite.

Assim, pelo contexto legal, na seara trabalhista as testemunhas irão a juízo independentemente de intimação, não havendo necessidade de prévia apresentação do rol de testemunhas, como ocorre no processo civil (CPC, art. 357, § 4º).

Ocorre, no entanto, que alguns tribunais começaram a se valer da sistemática do CPC, exigindo o rol de testemunhas, com o objetivo de diminuir os adiamentos das audiências. Noutras palavras, como a CLT viabiliza que a parte compareça na audiência e somente nesse momento indique que a testemunha não se faz presente, esta deverá ser intimada para comparecimento em nova audiência.

Desse modo, alguns juízes passaram a impor que a parte apresente o rol de testemunhas, em prazo designado pelo juízo, para que possam ser intimadas pela secretaria ou pelo próprio advogado (CPC, art. 455). Se resolver levar a testemunha em audiência independentemente da apresentação do rol, presume-se, "caso a testemunha não compareça, que a parte desistiu de sua inquirição" (CPC, art. 455, § 2º).

O C. TST chancelou tal prática e fixou a Tese nº 64 de incidente de recurso de revista repetitivo, estabelecendo que:

> Não configura cerceio de defesa o ato de indeferir o adiamento da audiência una ou de instrução quando a parte, intimada previamente,

36. Exemplo: enviou uma carta com AR convidando-a como testemunha. A comprovação do convite, nesse caso, faz-se por meio da apresentação do AR.

não apresenta o rol de testemunhas, tampouco, diante da previsão de comparecimento espontâneo (art. 825, ***caput***, da CLT), justifica a ausência.

Assim, para a Corte Trabalhista mantém-se o direito de a parte levar as testemunhas na audiência independentemente de intimação (CLT, art. 825), mas havendo determinação para a apresentação do rol de testemunhas, caso não o apresente e a testemunha não compareça na audiência, poderá ser indeferido o adiamento da audiência sem que caracterize cerceamento de defesa.

7.2.5. Procedimento

A testemunha, inicialmente, será qualificada, indicando o nome, nacionalidade, profissão, idade, residência, e, quando empregada, o tempo de serviço prestado ao empregador (CLT, art. 828). Após sua qualificação, poderá ser contraditada, conforme anunciamos anteriormente.

Não sendo contraditada ou sendo esta rejeitada, a testemunha será inquirida pelo juiz, podendo ser reinquiridas, por seu intermédio, a requerimento das partes, seus representantes ou advogados (CLT, art. 820).

► ATENÇÃO:

Por haver regra própria na CLT, não se aplica ao Processo do Trabalho a norma do art. 459 do CPC/2015 no que permite a inquirição direta das testemunhas pela parte (TST-IN nº 39/2016, art. 11).

Quando reinquiridas pelas partes, as perguntas tendentes a esclarecer ou completar o depoimento serão feitas na seguinte ordem: primeiro à parte que a arrolou e depois à parte contrária.

O referido dispositivo trata da ordem das perguntas. Por sua vez, o art. 456 do CPC/2015 estabelece a **ordem da oitiva** das testemunhas: primeiro as do autor e depois as do réu, permitindo alterá-la com concordância das partes. No processo do trabalho, independentemente de concordância da parte contrária, a doutrina permite a inversão dessa ordem, quando o ônus da prova é do reclamado. Além disso, o art. 775, § 2º, da CLT autoriza que o juiz altere a ordem de produção dos meios de prova, adequando-os às necessidades do conflito de modo a conferir maior efetividade à tutela do direito, não exigindo, pois, concordância da parte contrária.

• Seria o caso, por exemplo, da alegação de dispensa por justa causa, cabendo, inicialmente, ao empregador demonstrá-la, para depois passar à oitiva das testemunhas do reclamante.

As partes devem tratar as testemunhas com urbanidade, não lhes fazendo perguntas ou considerações impertinentes, capciosas ou vexatórias.

A propósito, pode o juiz indeferir as perguntas impertinentes, irrelevantes, capciosas ou vexatórias, de modo que as perguntas indeferidas serão, obrigatoriamente, transcritas no termo, se a parte o requerer (CPC/2015, art. 459, § 3º). O juiz providenciará para que o depoimento de uma testemunha não seja ouvido pelas demais que tenham de depor no processo (CLT, art. 824).

Ademais, havendo divergência sobre fato determinado, que possa influir na decisão da causa, poderá o juiz ordenar a acareação de duas ou mais testemunhas ou de alguma delas com a parte (CPC/2015, art. 461, II). Nesse caso, elas serão colocadas frente a frente, confrontando-se as versões alegadas, de modo que uma delas possa se retratar.

É interessante observar algumas peculiaridades no registro dos depoimentos na ata de audiência a depender do rito processual adotado, conforme se verifica no quadro a seguir:

▸ ORDINÁRIO	▸ SUMARÍSSIMO	▸ SUMÁRIO
Os depoimentos serão resumidos pelo juiz e reduzidos a termo	Na ata de audiência serão registrados resumidamente os atos essenciais, as afirmações fundamentais das partes e as informações úteis à solução da causa trazidas pela prova testemunhal	Será dispensável o resumo dos depoimentos, devendo constar da ata a conclusão do juiz quanto à matéria de fato

Caso as testemunhas não saibam falar a língua nacional, isso será feito por meio de intérprete nomeado pelo juiz. O mesmo procedimento ocorrerá quando se tratar de surdo-mudo, ou de mudo que não saiba escrever. Em ambos os casos, as despesas correrão por conta da parte sucumbente, salvo se beneficiária de justiça gratuita (CLT, art. 819).

O art. 454 do CPC/2015, aplicável supletivamente ao processo do trabalho, elenca diversas autoridades que serão inquiridas em sua residência ou onde exercem suas funções. São elas: o presidente e o vice-presidente da República; os ministros de Estado; os ministros do Supremo Tribunal Federal, os conselheiros do Conselho Nacional de Justiça, os ministros do Superior Tribunal de Justiça, do Superior Tribunal Militar, do Tribunal Superior Eleitoral, do Tribunal Superior do Trabalho e do Tribunal de Contas da União; o procurador-geral da República e os conselheiros do Conselho Nacional do Ministério Público; o advogado-geral da União, o procurador-geral do Estado, o procurador-geral do Município, o defensor público-geral federal e o defensor público-geral do Estado; os senadores e deputados federais; os governadores dos Estados e do Distrito Federal; o prefeito; os deputados estaduais e distritais; os desembargadores dos Tribunais de Justiça, dos Tribunais Regionais Federais, dos Tribunais Regionais do Trabalho e dos Tribunais Regionais Eleitorais e os conselheiros dos Tribunais de Contas dos Estados e do Distrito Federal; o procurador-geral de justiça; o embaixador de país que, por lei ou tratado, concede idêntica prerrogativa ao agente diplomático do Brasil.

Nesses casos, o juiz solicitará à autoridade que designe dia, hora e local a fim de ser inquirida, remetendo-lhe cópia da petição inicial ou da defesa oferecida pela parte, que arrolou como testemunha.

Cumpre salientar, por fim, que os membros do Ministério Público da União também gozam da prerrogativa processual de serem ouvidos como testemunha em dia, hora e local previamente ajustados com o magistrado ou a autoridade competente (art. 18, II, "g", da LC nº 75/93).

7.2.6. Multa aplicada à testemunha

É sabido que a testemunha presta o compromisso legal de dizer a verdade (CLT, art. 828, *caput*). Desse modo, nos casos em que fizer afirmação falsa, ou negar ou calar a verdade, ela poderá ser responsabilizada criminalmente, pelo crime de falso testemunho, nos termos do art. 342 do CP.

Na esfera criminal o fato deixa de ser punível se, antes da sentença no processo em que ocorreu o ilícito, o agente se retrata ou declara a verdade (CP, art. 342, § 2º).

Diante da dificuldade de comprovar criminalmente o falso testemunho, bem como a possibilidade de retratação, o compromisso legal de dizer a verdade, na prática, acaba tendo pouco efeito.

Nesse contexto, o art. 793-D da CLT, acrescentado pela Lei nº 13.467/17 (Reforma Trabalhista), passa a prever a possibilidade de aplicação direta da multa à testemunha, como se verifica *in verbis*:

> **Art. 793-D.** Aplica-se a multa prevista no art. 793-C desta Consolidação à testemunha que intencionalmente alterar a verdade dos fatos ou omitir fatos essenciais ao julgamento da causa.
>
> Parágrafo único. A execução da multa prevista neste artigo dar-se-á nos mesmos autos.[37]

Portanto, autoriza a imposição de multa superior a 1% e inferior a 10% do valor corrigido da causa diretamente à testemunha que **intencionalmente**:

- alterar a verdade dos fatos; ou
- omitir fatos essenciais ao julgamento da causa.

Atente-se, porém, que não se trata propriamente de litigância de má-fé dirigida à testemunha, vez que tal litigância somente decorre de atos praticados pelo reclamante, reclamado ou interveniente (CLT, art. 793-A). Tanto é assim que o art. 793-D da CLT declara que se **aplica a mesma multa da litigância**, quando a testemunha praticar os

37. Para análise detida deste dispositivo, vide MIESSA, Élisson; CORREIA, Henrique. *Manual da Reforma Trabalhista: Lei 13.467/17: o que mudou? Comentários artigo por artigo*. Salvador: Editora Juspodivm, 2018. p. 805-812.

atos descritos no referido artigo (alterar a verdade dos fatos ou omitir fatos essenciais ao julgamento da causa), e não nos demais casos elencados no art. 793-B.

Aliás, no processo civil, a exposição dos fatos em juízo conforme a verdade constitui dever de todos aqueles que de qualquer forma participem do processo, incluindo-se, assim, as testemunhas (CPC/2015, art. 77, I), não havendo penalização pecuniária no caso de descumprimento, salvo se partes ou intervenientes. No entanto, no processo do trabalho, torna-se possível a penalização das testemunhas, nas hipóteses específicas do art. 793-D da CLT.

► **ATENÇÃO:**

Impõe-se que a testemunha, dolosamente, tenha o intuito de alterar a verdade ou omitir os fatos essenciais ao julgamento da causa. O elemento intencional disposto na norma institui que o magistrado, na dúvida, não deve aplicar a multa.

7.3. Prova documental

A prova documental é um meio de prova abrangendo não somente os escritos, como também gravações magnéticas, fotografias, desenhos, gravações sonoras, reproduções digitalizadas etc. Tem, portanto, um contexto amplo.

A CLT versou sobre a prova documental em apenas quatro artigos (777, 780, 787 e 830), de modo que são aplicáveis, supletivamente, os dispositivos do CPC.

O documento utilizado como prova deve ser apresentado no original ou autenticado.

No entanto, o art. 830 da CLT permite que o advogado apresente cópia simples, declarando a autenticidade do documento, sob sua responsabilidade pessoal. Nessa hipótese, apenas se impugnada sua autenticidade é que será necessária a apresentação do documento original ou autenticado. Nesse sentido, o art. 830 da CLT:

> Art. 830. O documento em cópia oferecido para prova poderá ser declarado autêntico pelo próprio advogado, sob sua responsabilidade pessoal.
>
> Parágrafo único. Impugnada a autenticidade da cópia, a parte que a produziu será intimada para apresentar cópias devidamente autenticadas ou o original, cabendo ao serventuário competente proceder à conferência e certificar a conformidade entre esses documentos.

Por sua vez, as **pessoas jurídicas de direito público** são dispensadas da exigência de autenticar os documentos fotocopiados apresentados em juízos, ante a fé pública inerente a esses órgãos (MP 1.360/96 convertida no art. 24 da Lei 10.522/02). Nesse sentido, a OJ nº 134 da SDI-I do TST:

> **Orientação Jurisprudencial nº 134 da SDI – I do TST.** Autenticação. Pessoa jurídica de direito público. Dispensada. Medida provisória nº 1.360, de 12.03.96

> São válidos os documentos apresentados, por pessoa jurídica de direito público, em fotocópia não autenticada, posteriormente à edição da Medida Provisória nº 1.360/96 e suas reedições.

Tratando-se de **documento comum às partes**, como é o caso dos instrumentos normativos (acordo coletivo, convenção coletiva e sentença normativa), as cópias não autenticadas possuem valor probante, desde que não haja impugnação ao seu conteúdo (OJ nº 36 da SDI-I do TST).

É importante observar que, no **processo eletrônico**, os documentos digitalizados apresentados com a petição, com garantia de origem e signatário, são considerados originais para todos os efeitos. De qualquer modo, os documentos digitalizados deverão ser preservados pelo seu detentor até o final do prazo para interposição de ação rescisória (CPC/2015, art. 425, § 1º).

Ademais, os documentos cuja digitalização seja tecnicamente inviável em razão do grande volume ou por motivo de ilegibilidade deverão ser apresentados ao cartório ou secretaria no prazo de 10 dias contados do envio de petição eletrônica comunicando o fato, os quais serão devolvidos à parte após o trânsito em julgado (art. 11, § 5º, da Lei nº 11.419/06).

No que tange ao **momento para apresentação da prova documental**, a doutrina diverge sobre o tema:

- **1ª tese**: pode ser apresentada até o encerramento da instrução processual, respeitando-se o contraditório.
- **2ª tese**: o reclamante deve apresentar com a inicial e o reclamado, na audiência, junto com a contestação, sob pena de preclusão.

A segunda corrente, à qual nos filiamos, decorre da interpretação sistemática (conjugada) dos arts. 434, *caput*, do CPC/2015 e 787 da CLT:

> **CPC/2015, art. 434.** Incumbe à parte instruir a petição inicial ou a contestação com os documentos destinados a provar suas alegações. (...)
>
> CLT, art. 787 – A reclamação escrita deverá ser formulada em 2 (duas) vias e desde logo acompanhada dos documentos em que se fundar.

Não obstante, após esses prazos, poderão as partes juntar documentos novos, desde que destinados a fazer prova de fatos ocorridos depois dos articulados, ou para contrapô-los aos que foram produzidos nos autos (CPC/2015, art. 435).

> ► **ATENÇÃO:**
>
> A juntada de documentos **na fase recursal** só se justifica quando provado o justo impedimento para sua oportuna apresentação ou se referir a fato posterior à sentença (Súmula nº 8 do TST).

Cabe consignar, porém, que, no rito sumaríssimo, todas as provas serão produzidas na audiência de instrução e julgamento, nos termos do art. 852-H e seu § 1º da CLT:

> Art. 852-H. Todas as provas serão produzidas na audiência de instrução e julgamento, ainda que não requeridas previamente.
>
> § 1º Sobre os documentos apresentados por uma das partes manifestar-se-á imediatamente a parte contrária, sem interrupção da audiência, salvo absoluta impossibilidade, a critério do juiz.

Cumpre registrar, ainda, que para alguns atos, na seara trabalhista, a prova documental é imprescindível para sua demonstração como, por exemplo:

- *pagamento dos salários (CLT, art. 464);*
- *banco de horas (CLT, art. 59, § 5º);*
- *concessão ou pagamento das férias (CLT, arts. 135 e 145, parágrafo único).*

Por fim, salienta-se que, quanto às anotações da CTPS, o C. TST entende que as anotações apostas pelo empregador na carteira profissional do empregado não geram presunção *juris et de jure (presunção absoluta)*, mas apenas *juris tantum (presunção relativa)* (Súmula nº 12 do TST).

7.3.1. Falsidade de documento

A falsidade consiste em:

> 1) formar documento não verdadeiro;
>
> 2) alterar documento verdadeiro (CPC/2015, art. 427, parágrafo único).

Cessará a fé do documento público ou particular após a declaração judicial da falsidade. De qualquer modo, quanto ao documento particular cessará sua fé quando:

> I – for impugnada sua autenticidade e enquanto não se comprovar sua veracidade;
>
> II – assinado em branco, for impugnado seu conteúdo, por preenchimento abusivo (CPC/2015, art. 428).

O ônus de provar a falsidade é distribuído da seguinte forma:

▶ FALSIDADE	▶ ÔNUS DA PROVA
falsidade de documento ou de preenchimento abusivo	parte que a arguir
impugnação da autenticidade	parte que produziu o documento

A falsidade deve ser suscitada na contestação, manifestação sobre a contestação (réplica) ou no prazo de 15 dias, contado a partir da intimação da juntada do documento aos autos (CPC/2015, art. 430). Uma vez arguida, a falsidade será resolvida como questão incidental, salvo se a parte requerer que o juiz a decida como questão principal.

A declaração sobre a falsidade do documento, quando suscitada como questão principal, constará da parte dispositiva da sentença e sobre ela incidirá também a autoridade da coisa julgada (CPC/2015, art. 433).

7.4. Prova pericial

A prova pericial será utilizada quando a prova do fato depender de conhecimento técnico ou científico. Ela consiste em exame, vistoria ou avaliação (CPC/2015, art. 464).

O juiz designará um perito, considerado auxiliar da justiça (CPC/2015, art. 156). É permitido, porém, a indicação de assistentes pelas partes, no prazo de 15 dias da nomeação do perito (CPC/2015, art. 465). No mesmo prazo, deverá apresentar seus quesitos, que são os questionamentos a serem respondidos pelo perito.

Os peritos serão escolhidos entre profissionais legalmente habilitados, devidamente inscritos em cadastro mantido pelo tribunal ao qual o juiz está vinculado. Para formação de referido cadastro, os tribunais devem realizar consulta pública, por meio de divulgação na rede mundial de computadores ou em jornais de grande circulação, além de consulta direta a universidades, a conselhos de classe, ao Ministério Público, à Defensoria Pública e à Ordem dos Advogados do Brasil, para a indicação de profissionais ou de órgãos técnicos interessados (CPC/2015, art. 156, §§ 1º e 2º).

Para a manutenção do cadastro, os tribunais devem realizar avaliações e reavaliações periódicas, considerando a formação profissional, a atualização do conhecimento e a experiência dos peritos interessados (CPC/2015, art. 156, § 3º).

Na localidade onde não houver inscrito no cadastro disponibilizado pelo tribunal, a nomeação do perito é de livre escolha pelo juiz e deverá recair sobre profissional ou órgão técnico ou científico comprovadamente detentor do conhecimento necessário à realização da perícia (CPC/2015, art. 156, § 5º).

Consigne-se que o art. 3º da Lei nº 5.584/70 revogou tacitamente o art. 826 da CLT, passando a estabelecer:

> Art. 3º. Os exames periciais serão realizados por perito único designado pelo Juiz, que fixará o prazo para entrega do laudo.
>
> Parágrafo único. Permitir-se-á a cada parte a indicação de um assistente, cujo laudo terá que ser apresentado no mesmo prazo assinado para o perito, sob pena de ser desentranhado dos autos.

No entanto, pode o juiz indeferir a perícia quando:

> I – a prova do fato não depender do conhecimento especial de técnico;
>
> II – for desnecessária em vista de outras provas produzidas;
>
> III – a verificação for impraticável (CPC/2015, art. 464, § 1º).

Ademais, no **rito sumaríssimo**, somente quando a prova do fato o exigir, ou for legalmente imposta, será deferida prova técnica, incumbindo ao juiz, desde logo, fixar o prazo, o objeto da perícia e nomear perito (CLT, art. 852-H, § 4º). O laudo pericial deverá conter:

> I – a exposição do objeto da perícia;
>
> II – a análise técnica ou científica realizada pelo perito;
>
> III – a indicação do método utilizado, esclarecendo-o e demonstrando ser predominantemente aceito pelos especialistas da área do conhecimento da qual se originou;
>
> IV – resposta conclusiva a todos os quesitos apresentados pelo juiz, pelas partes e pelo órgão do Ministério Público (CPC/2015, art. 473).

O perito deve apresentar sua fundamentação em linguagem simples e com coerência lógica, indicando como alcançou suas conclusões, sendo vedado ao perito ultrapassar os limites de sua designação, bem assim emitir opiniões pessoais que excedam o exame técnico ou científico do objeto da perícia (CPC/2015, art. 473, §§ 1º e 2º).

A realização da prova pericial pode decorrer de requerimento das partes ou ser determinada de ofício.

Contudo, tratando-se de **pedido de adicional de periculosidade e insalubridade, a realização da perícia é obrigatória**, mesmo que o reclamado seja revel e confesso quanto à matéria de fato[38], como disciplina o art. 195, § 2º, da CLT:

> § 2º – Arguida em juízo insalubridade ou periculosidade, seja por empregado, seja por Sindicato em favor de grupo de associado, o juiz designará perito habilitado na forma deste artigo, e, onde não houver, requisitará perícia ao órgão competente do Ministério do Trabalho.

Nesse caso, a caracterização e classificação da insalubridade ou periculosidade podem ser feitas, indiferentemente, por perito médico ou engenheiro, bastando que, para a elaboração do laudo, seja o profissional devidamente qualificado (OJ nº 165 da SDI-I do TST).

Entretanto, não sendo possível a realização da perícia da insalubridade ou da periculosidade, como em caso de fechamento da empresa, poderá o julgador utilizar-se de outros meios de prova (OJ nº 278 da SDI-I do TST).

▶ **ATENÇÃO:**

Entende o TST que o pagamento de adicional de periculosidade efetuado por mera liberalidade da empresa, ainda que de forma proporcional ao tempo de exposição ao risco ou em percentual inferior ao máximo legalmente previsto, dispensa a realização da prova técnica exigida pelo art. 195 da CLT, pois torna incontroversa a existência do trabalho em condições perigosas (Súmula nº 453 do TST).

38. Cabe destacar que há julgados que dispensam a prova pericial quando houver outros meios de prova nos autos que demonstrem a periculosidade ou a insalubridade. Nesse sentido: TST – AIRR nº 1704-70.2012.5.01.0003, 7ª Turma do TST, Rel. Douglas Alencar Rodrigues. j. 15.02.2017, Publ. 24.02.2017.

Apresentada a perícia, as partes serão intimadas para manifestação sobre o laudo. No rito sumaríssimo, a manifestação deverá ser no **prazo comum** de 5 dias. No rito ordinário, as partes deverão manifestar no prazo comum de 15 dias (CPC/2015, art. 477, § 1º).

Ademais, o juiz poderá arguir os peritos compromissados ou os técnicos, objetivando esclarecimentos sobre o laudo (CLT, art. 827).

Cabe consignar que o juiz não está adstrito ao laudo pericial, devendo indicar na sentença os motivos que o levaram a considerar ou a deixar de considerar as conclusões do laudo, levando em conta o método utilizado pelo perito (CPC/2015, 479). A propósito, verificando-se agente insalubre diverso do apontado na inicial, não fica prejudicado o pedido de adicional de insalubridade (Súmula nº 293 do TST).

Ademais, o juiz poderá determinar, de ofício ou a requerimento da parte, a realização de nova perícia, quando a matéria não lhe parecer suficientemente esclarecida (CPC/2015, art. 480, *caput*). A segunda perícia tem por objeto os mesmos fatos sobre os quais recaiu a primeira e destina-se a corrigir eventual omissão ou inexatidão dos resultados a que esta conduziu (CPC/2015, art. 480, § 1º). A segunda perícia não substitui a primeira, cabendo ao juiz apreciar livremente o valor de uma e outra (CPC/2015, art. 480, § 3º).

▶ **ATENÇÃO:**

Em regra, a prova pericial ocorre na fase de conhecimento. É admitida também sua realização na fase de liquidação, na hipótese de liquidação por arbitramento.

É interessante observar que, uma vez condenada a empresa ao pagamento do adicional de insalubridade ou periculosidade, o pagamento será continuativo quando a relação de emprego estiver em vigor. Desse modo, pode acontecer de, por medidas posteriores, minimizar ou cessar o agente insalubre ou periculoso. Nesse caso, para afastar ou atenuar a condenação é necessário o ajuizamento de ação revisional (CPC/2015, art. 505, I). Da mesma forma, se as condições insalubridade piorarem (p. ex., de grau médio para grau máximo) também será admitida a ação revisional.

Por fim, cabe verificar a quem incumbe o pagamento dos honorários periciais.

Tais honorários estão regulamentados no art. 790-B da CLT, alterado pela Lei 13.467/17, o qual vaticina que:

> Art. 790-B. A responsabilidade pelo pagamento dos honorários periciais é da parte sucumbente na pretensão objeto da perícia, ainda que beneficiária da justiça gratuita.
>
> § 1º Ao fixar o valor dos honorários periciais, o juízo deverá respeitar o limite máximo estabelecido pelo Conselho Superior da Justiça do Trabalho.
>
> § 2º O juízo poderá deferir parcelamento dos honorários periciais.
>
> § 3º O juízo não poderá exigir adiantamento de valores para realização de perícias.

> § 4º Somente no caso em que o beneficiário da justiça gratuita não tenha obtido em juízo créditos capazes de suportar a despesa referida no caput, ainda que em outro processo, a União responderá pelo encargo. **(vide comentários a seguir)**

Vê-se pelo referido dispositivo as seguintes regras sobre os honorários periciais:

1 – A responsabilidade pelo seu pagamento é da parte sucumbente na pretensão objeto da perícia (CLT, art. 790-B), ou seja, aquele que perdeu o objeto da perícia.

> ✦ **Exemplo:** *reclamante postula pagamento de adicional de insalubridade, ficando constatado que o local não é insalubre. Nesse caso, o reclamante é responsável pelo pagamento da perícia, mesmo que tenha, por exemplo, outros pedidos no processo em relação aos quais ele seja vencedor.*

Atente-se que a sucumbência é definida pela decisão judicial e não pela conclusão da perícia. Noutras palavras, ainda que a perícia, por exemplo, conclua pela existência da insalubridade, mas na sentença o julgador, convencido por outros elementos dos autos, julgue improcedente o pedido, o reclamante será o sucumbente.

2 – para fixar os honorários periciais o juiz deve observar o limite máximo estabelecido pelo CSJT.

3 – é possível parcelar o pagamento dos honorários periciais.

4 – o juízo não pode exigir o adiantamento dos honorários periciais.

No mesmo sentido, já dispunha a Orientação Jurisprudencial nº 98 da SDI-II, *in verbis*:

> **OJ nº 98 da SDI – II do TST**. Mandado de segurança. Cabível para atacar exigência de depósito prévio de honorários periciais.
>
> É ilegal a exigência de depósito prévio para custeio dos honorários periciais, dada a incompatibilidade com o processo do trabalho, sendo cabível o mandado de segurança visando à realização da perícia, independentemente do depósito.

Quanto ao **beneficiário da justiça gratuita** o *caput* do art. 790-B e o § 4º autorizavam que ele seria condenado ao pagamento dos honorários periciais quando tivesse obtido em juízo, ainda que em outro processo, créditos capazes de suportar a despesa.

No entanto, na ADI 5766[39], o **STF declarou inconstitucional** a expressão "desde que não tenha obtido em juízo, ainda que em outro processo, créditos capazes de suportar a despesa", descrita no § 4º do art. 791-A da CLT, impossibilitando a condenação imediata do beneficiário da justiça gratuita ao pagamento dos honorários advocatícios e periciais pelo simples fato (critério objetivo) de receber créditos no processo ou em outro para suportar tais despesas.

39. STF-ADI nº 5766, Relator: Ministro Roberto Barroso, Redator para o acórdão: Ministro Alexandre de Moraes, Órgão Julgador: Tribunal Pleno, Julgamento em 20/10/2021, Publicação em 03/05/2022.

Portanto, a União será responsável pelo pagamento dos honorários de perito quando a parte sucumbente no objeto da perícia for beneficiária da assistência judiciária gratuita, observado o disposto na Resolução nº 247/2019 do Conselho Superior da Justiça do Trabalho – CSJT (TST, Tese nº 188 IRRR).

Por fim, é interessante consignar que, na realização da perícia, a parte pode nomear um **assistente de perito** de sua confiança. Os custos desse assistente, porém, por ser mera faculdade, é de responsabilidade da parte que o contratou (Súmula nº 341 do TST).

Em resumo:

▶ TIPO DE HONORÁRIO	▶ QUEM DEVE PAGAR
Honorários periciais	Parte sucumbente no objeto da perícia
Honorários de assistente de perito	Parte que contratou o assistente

7.5. Inspeção judicial

A CLT é omissa quanto à inspeção judicial. Por ser compatível com o processo do trabalho, o CPC/2015 é aplicável de forma subsidiária.

Haverá inspeção judicial quando o juiz, de ofício ou a requerimento da parte, deslocar-se até o local onde se encontre a pessoa ou coisa, desde que:

> I – julgue necessário para a melhor verificação ou interpretação dos fatos que deva observar;
>
> II – a coisa não possa ser apresentada em juízo, sem consideráveis despesas ou graves dificuldades;
>
> III – determine a reconstituição dos fatos (CPC/2015, art. 483).

A inspeção pode ser realizada em qualquer fase do processo, desde que necessária à solução da causa, podendo recair sobre pessoas ou coisa (CPC/2015, art. 481).

As partes têm sempre direito a assistir à inspeção, prestando esclarecimentos e fazendo observações que reputem de interesse para a causa (CPC/2015, art. 483, parágrafo único).

Ao realizar a inspeção direta, o juiz poderá ser assistido de um ou mais peritos (CPC/2015, art. 482).

Concluída a diligência, o juiz mandará lavrar auto circunstanciado, mencionando nele tudo quanto for útil ao julgamento da causa. O auto poderá ser instruído com desenho, gráfico ou fotografia (CPC/2015, art. 484).

8. PROVAS E A LEI GERAL DE PROTEÇÃO DE DADOS (LGPD)

A Lei nº 13.709/18 instituiu a Lei Geral de Proteção de Dados (LGPD), dispondo sobre o tratamento de dados pessoais, inclusive nos meios digitais, por pessoa natural ou por pessoa jurídica de direito público ou privado, com o objetivo de proteger os direitos fundamentais[40] de liberdade e de privacidade e o livre desenvolvimento da personalidade da pessoa natural. Trata-se, pois, de norma que busca proteger a pessoa natural.

O tratamento de dados é toda operação realizada com dados pessoais, como as que se referem a coleta, produção, recepção, classificação, utilização, acesso, reprodução, transmissão, distribuição, processamento, arquivamento, armazenamento, eliminação, avaliação ou controle da informação, modificação, comunicação, transferência, difusão ou extração (Lei nº 13.709/18, art. 5º, X).

Referida legislação trará inúmeras discussões acerca da aplicação da LGPD nas relações trabalhistas, desde a fase pré-contratual (na seleção dos candidatos, por exemplo), até após o término do contrato de trabalho (com o armazenamento das informações de antigos empregados).

A preservação da privacidade e da autodeterminação informativa dos cidadãos traz impactos também na divulgação dos dados e informações das pessoas físicas que integrem os processos judiciais ou que neles sejam mencionadas.

Nesse contexto, podem surgir discussões relativas à possibilidade de juntada de provas que tenham informações pessoais de empregados pelas empresas nas reclamações trabalhistas. Assim, o empregador, em um processo trabalhista, estaria vedado de juntar uma prova que trouxesse dados pessoais de seu ex-empregado?

O art. 7º, VI, da LGPD prevê que o tratamento de dados pessoais, consistentes nas informações relacionadas à pessoa natural identificada ou identificável, poderá ocorrer, sem o consentimento do titular, para o exercício regular de direitos em processo judicial, administrativo ou arbitral.

Ainda que se tratem de dados sensíveis, consistentes nas informações sobre origem racial ou étnica, convicção religiosa, opinião política, filiação a sindicato ou a organização de caráter religioso, filosófico ou político, dado referente à saúde ou à vida sexual, dado genético ou biométrico, quando vinculado a uma pessoa natural (Lei nº 13.709/18, art. 5º, II), é possível sua utilização sem o consentimento, quando for indispensável para o exercício regular de direitos, inclusive em contrato e em processo judicial, administrativo e arbitral (Lei nº 13.709/18, art. 11, II, "d").

40. A proteção de dados foi incluída no rol de direitos fundamentais através da EC 115/22. Dentre suas alterações, a EC 115/22 incluiu o inciso LXXIX no art. 5º da Constituição Federal, dispondo que "é assegurado, nos termos da lei, o direito à proteção dos dados pessoais, inclusive nos meios digitais."

Desse modo, a utilização de provas nos processos judiciais trabalhistas que contenham dados pessoais (sensíveis ou não) sobre o empregado encontra respalda na LGPD, já que se trata do exercício do direito ao contraditório e à ampla defesa.

Cabe mencionar que toda pessoa natural tem assegurada a titularidade de seus dados pessoais e garantidos os direitos fundamentais de liberdade, de intimidade e de privacidade, inclusive podendo se opor ao tratamento realizado nos casos em que não é necessário o consentimento (Lei nº 13.709/18, arts. 17 e 18, § 2º). Assim, se o empregado entender que houve a utilização indevida de suas informações pessoais, poderá pleitear que esses dados sejam excluídos do processo ou que sejam mantidos em sigilo.

Quanto ao ônus da prova, cumpre destacar que, nos pedidos de ações de reparação pelos danos patrimoniais, morais, individuais ou coletivos, em violação à legislação de proteção de dados pessoais, é possível que o juiz inverta o ônus a favor do titular dos dados quando, a seu juízo, for verossímil a alegação, houver hipossuficiência para fins de produção de prova ou quando a produção de prova pelo titular resultar-lhe excessivamente onerosa (Lei nº 13.709/18, art. 42, § 2º).

9. ENCERRAMENTO DA INSTRUÇÃO

Finalizada a produção de provas, encerra-se a instrução processual, oportunidade em que as partes poderão aduzir razões finais, em prazo não excedente de **10 minutos para cada parte** (CLT, art. 850).

Com efeito, a apresentação das razões finais é direito das partes, sendo apresentada em audiência oralmente. Por vezes, admite-se sua apresentação escrita, por meio de memoriais.

Em seguida, o juiz renovará a proposta de conciliação.

A proposta de conciliação é obrigatória, sob pena de nulidade. Trata-se da segunda proposta de conciliação, vez que a primeira ocorrerá na abertura da audiência inaugural antes da apresentação da defesa.

Não havendo conciliação, será proferida a decisão.

10. QUESTÕES DISSERTATIVAS E ESTUDOS DE CASO

Questão 1

Por convenção das partes, o ônus da prova pode ser distribuído de forma diversa do que estabelecido em lei?

Resposta sugerida pelo autor

No processo civil, o ônus da prova pode ser distribuído de forma diversa por vontade das partes, que podem estabelecê-lo antes ou durante o processo, denominando-se distribuição convencional do ônus da prova. Essa convenção apenas é vedada quando recair sobre direito indisponível da parte ou tornar excessivamente difícil a uma parte o exercício do direito (CPC/2015, artigo 373, §§ 3º e 4º).

Contudo, essa distribuição convencional do ônus da prova é inaplicável ao processo do trabalho (TST-IN nº 39/2016, artigo 2º, VII), uma vez que, os direitos discutidos na seara trabalhista são indisponíveis, impossibilitando que as partes estabeleçam o ônus da prova convencionalmente.

Questão 2

Explique a teoria da distribuição dinâmica da prova e se ela se aplica ao processo do trabalho.

Resposta sugerida pelo autor

A teoria dinâmica do ônus da prova consiste na possibilidade de o julgador, no caso concreto, atribuir o ônus da prova àquele que tem melhores condições de produzi-la. Nessa hipótese, ao invés de se definir de forma fixa o ônus da prova e incidir o princípio do interesse (teoria estática), sua definição é feita no caso concreto (flexível), aplicando-se o princípio da aptidão para a prova.

O art. 818, § 1º, da CLT, nos mesmos moldes do preconizado pelo art. 373, § 1º, do CPC/2015, estabelece que o juiz poderá atribuir o ônus da prova de modo diverso, **desde que o faça por decisão fundamentada**, nos casos previstos em lei ou diante de peculiaridades da causa, relacionadas à impossibilidade ou excessiva dificuldade de cumprir o encargo de acordo com a teoria estática do ônus da prova; ou à maior facilidade de obtenção da prova do fato contrário.

O legislador trabalhista expressamente declinou no § 2º do art. 818 da CLT que a decisão fundamentada deve ser proferida **antes da fase instrutória**, a fim de possibilitar à parte contrária que se desincumba de seu ônus. Além disso, descreve o art. 818, § 3º que essa decisão não poderá gerar situação em que a desincumbência do encargo pela parte seja impossível ou excessivamente difícil.

Questão 3

Explique a prova emprestada e se ela é aplicável ao processo do trabalho.

Resposta sugerida pelo autor

A prova emprestada consiste na utilização de uma prova produzida em outro processo, com base no princípio da economia processual (CPC/2015, artigo 372), sendo plenamente aplicável à seara trabalhista. A utilização da prova produzida em outro processo pressupõe alguns requisitos.

O primeiro exige que a prova tenha sido validamente realizada no processo originário. O segundo impõe que ela possua relevância com o segundo processo, enquanto o terceiro requisito corresponde à exigência de que a parte contra a qual se faz a prova, tenha participado do contraditório no processo originário.

Observa-se que o limite para a utilização da prova emprestada é o princípio do contraditório (CPC/2015, artigo 372).

Por fim, é válido destacar que a prova emprestada poderá ser requerida por ambas as partes, por uma delas, ou até mesmo pelo juiz *ex officio* (CLT, artigo 765). Além disso, o juiz poderá dar o valor que entender adequado à prova emprestada (CPC/2015, artigo 372), podendo inclusive julgar de forma diversa do processo originário, sempre, evidentemente, motivando sua decisão, de forma a evitar a discricionariedade.

Questão 4

Nos casos em que a testemunha fizer afirmação falsa, negar ou calar a verdade é possível alguma forma de responsabilização na Justiça do Trabalho?

Resposta sugerida pelo autor

É sabido que a testemunha presta o compromisso legal de dizer a verdade (CLT, art. 828, *caput*). Desse modo, nos casos em que fizer afirmação falsa, negar ou calar a verdade, ela poderá ser responsabilizada criminalmente, pelo crime de falso testemunho, nos termos do art. 342 do CP. Na esfera criminal o fato deixa de ser punível se, antes da sentença no processo em que ocorreu o ilícito, o agente se retrata ou declara a verdade (CP, art. 342, § 2º).

Ademais, o art. 793-D da CLT, acrescentado pela Lei nº 13.467/17 (Reforma Trabalhista), passou a prever a possibilidade de aplicação direta da multa à testemunha ao autorizar a imposição de multa superior a 1% e inferior a 10% do valor corrigido da causa diretamente à testemunha que **intencionalmente** alterar a verdade dos fatos; ou omitir fatos essenciais ao julgamento da causa.

Estudo de caso 1

Patrick, estrangeiro, executivo com salário elevado, não beneficiário de gratuidade de justiça, ajuizou ação em face de sua empregadora, Mineração Ltda. Arrolou como testemunha seu colega de trabalho, também estrangeiro, Paul. Contudo, a testemunha não fala português, apenas se comunicando no idioma alemão. Com base no caso apresentado, responda aos itens a seguir.

A) Qual deverá ser o procedimento legal para colher o depoimento da testemunha que não fala o idioma nacional?

B) Em havendo despesa processual com o depoimento da testemunha, a quem caberá o pagamento?

Resposta sugerida pelo autor

A) O procedimento legal a ser adotado caso as testemunhas não saibam falar a língua nacional, como no caso em tela, será a realização do depoimento por meio de intérprete nomeado pelo juiz, nos termos do artigo 819 da CLT.

B) Havendo despesa processual com o depoimento da testemunha, as despesas correrão por conta da parte sucumbente, salvo se beneficiária de justiça gratuita (CLT, art. 819, § 2º).

Estudo de caso 2

Alex ingressou com reclamação trabalhista em face da empresa multinacional "W", postulando o pagamento de horas extraordinárias, com a alegação de que trabalhava de segunda a sexta-feira das 08:00h às 19:00h. Em razão de possuir mais de vinte empregados, a empresa juntou os cartões de ponto que demonstravam horários de entrada e saída uniformes, ou seja, que o empregado trabalhava de segunda a sexta-feira das 08:00h às 17:00h, sem qualquer variação de minutos. Encerrou-se a instrução processual, sem outras provas. Diante do caso exposto, qual argumento deverá prevalecer: o do empregado ou do empregador?

Resposta sugerida pelo autor

As horas extras, como o próprio nome já indica, decorrem de fato extraordinário. Desse modo, é regra básica que o ordinário se presume, enquanto o extraordinário se prova. Assim, caso o reclamante alegue a realização de horas extras, por ser fato extraordinário e constitutivo de seu direito, incumbe-lhe o ônus da prova. Essa regra, contudo, não se aplica às empresas com mais de vinte empregados, como o caso exposto, uma vez que estas possuem a obrigação de manter a anotação de entrada e saída de seus empregados, em registro manual, mecânico ou eletrônico, conforme artigo 74, § 2º, da CLT. Nessa hipótese, como o empregador tem maior aptidão para a prova, ou seja, é ele quem possui maiores condições de demonstrar os controles, pois lida com a fiscalização de entrada e saída dos trabalhadores, fica sob sua incumbência demonstrar o registro da jornada do trabalhador.

No caso apresentado, apesar de o empregador ter juntado os cartões de ponto, as anotações de horário mostraram-se invariáveis (08:00h às 17:00h), isto é, demonstravam que o empregado saía e entrava sempre no mesmo horário. Nessa hipótese, o TST entende que tais cartões são inválidos como meio de prova, de modo que prevalecerá a jornada da inicial, se não for afastada por prova em contrário (Súmula nº 338 do TST).

Assim, como não foram apresentadas outras provas, a reclamada não desincumbiu de seu ônus, devendo prevalecer a jornada descrita pelo reclamante na inicial.

11. TESES VINCULANTES DO TST

▶ PROVAS
Tese nº 64 firmada em Incidente de Recursos de Revista Repetitivos Não configura cerceio de defesa o ato de indeferir o adiamento da audiência una ou de instrução quando a parte, intimada previamente, não apresenta o rol de testemunhas, tampouco, diante da previsão de comparecimento espontâneo (art. 825, caput, da CLT), justifica a ausência.
Tese nº 67 firmada em Incidente de Recursos de Revista Repetitivos Por se tratar de fato impeditivo, é do empregador o ônus de demonstrar que o empregado descumpre requisito necessário à concessão de promoção por antiguidade.
Tese nº 72 firmada em Incidente de Recursos de Revista Repetitivos A existência de ação contra o mesmo empregador, ainda que possua idêntica pretensão, não torna suspeita a testemunha, salvo quando o julgador se convencer da sua parcialidade mediante o exame da prova constante dos autos.
Tese nº 73 firmada em Incidente de Recursos de Revista Repetitivos É do empregador o ônus de comprovar a impossibilidade de controle da jornada de trabalho externo, por se tratar de fato impeditivo do direito do trabalhador.
Tese nº 120 firmada em Incidente de Recursos de Revista Repetitivos É indevida a multa do art. 467 da CLT no caso de reconhecimento em juízo de vínculo de emprego, quando impugnada em defesa a natureza da relação jurídica.
Tese nº 122 firmada em Incidente de Recursos de Revista Repetitivos A ausência de apresentação dos registros de jornada pelo empregador doméstico gera presunção relativa de veracidade da jornada de trabalho alegada na petição inicial, que pode ser elidida por prova em contrário.
Tese nº 135 firmada em Incidente de Recursos de Revista Repetitivos O indeferimento da prova testemunhal fundamentado na presunção de veracidade decorrente de confissão ficta por desconhecimento dos fatos controvertidos pela parte ou seu preposto, em depoimento pessoal, não configura cerceamento de defesa.
Tese nº 136 firmada em Incidente de Recursos de Revista Repetitivos A ausência de assinatura do empregado não afasta, por si só, a validade dos controles de horário.
Tese nº 140 firmada em Incidente de Recursos de Revista Repetitivos A utilização de prova pericial emprestada para comprovar insalubridade ou periculosidade é válida, independentemente da concordância da parte contrária, desde que esteja presente a identidade fática entre o processo de origem e o processo em que a prova é utilizada, e seja observado o contraditório na produção da prova original e nos autos em que ela é trasladada, não configurando nulidade processual o indeferimento de nova perícia quando observados esses requisitos.
Tese nº 182 firmada em Incidente de Recursos de Revista Repetitivos Incabível a condenação em honorários advocatícios previstos no art. 791-A, "caput", da CLT, na medida cautelar de produção antecipada de provas (art. 381 do CPC), não se configurando pretensão resistida a recusa da parte reclamada em atender à notificação extrajudicial.
Tese nº 188 firmada em Incidente de Recursos de Revista Repetitivos A União é responsável pelo pagamento dos honorários de perito quando a parte sucumbente no objeto da perícia for beneficiária da assistência judiciária gratuita, observado o disposto na Resolução nº 247/2019 do Conselho Superior da Justiça do Trabalho – CSJT.

Tese nº 189 firmada em Incidente de Recursos de Revista Repetitivos
As entidades paraestatais integrantes do "Sistema S" não fazem parte da administração pública direta ou indireta, sendo entidades de direito privado, razão pela qual, configurada a terceirização de mão de obra, respondem subsidiariamente pelas obrigações trabalhistas da prestadora, sem necessidade de constatação de culpa na fiscalização do contrato de prestação de serviços.

12. TESES VINCULANTES DO STF

▶ ÔNUS DA PROVA

Tema nº 1.118 STF com repercussão geral (RE 1.298.647)
1. Não há responsabilidade subsidiária da Administração Pública por encargos trabalhistas gerados pelo inadimplemento de empresa prestadora de serviços contratada, se amparada exclusivamente na premissa da inversão do ônus da prova, remanescendo imprescindível a comprovação, pela parte autora, da efetiva existência de comportamento negligente ou nexo de causalidade entre o dano por ela invocado e a conduta comissiva ou omissiva do poder público.
2. Haverá comportamento negligente quando a Administração Pública permanecer inerte após o recebimento de notificação formal de que a empresa contratada está descumprindo suas obrigações trabalhistas, enviada pelo trabalhador, sindicato, Ministério do Trabalho, Ministério Público, Defensoria Pública ou outro meio idôneo.
3. Constitui responsabilidade da Administração Pública garantir as condições de segurança, higiene e salubridade dos trabalhadores, quando o trabalho for realizado em suas dependências ou local previamente convencionado em contrato, nos termos do art. 5º-A, § 3º, da Lei nº 6.019/1974.
4. Nos contratos de terceirização, a Administração Pública deverá: (i) exigir da contratada a comprovação de capital social integralizado compatível com o número de empregados, na forma do art. 4º-B da Lei nº 6.019/1974; e (ii) adotar medidas para assegurar o cumprimento das obrigações trabalhistas pela contratada, na forma do art. 121, § 3º, da Lei nº 14.133/2021, tais como condicionar o pagamento à comprovação de quitação das obrigações trabalhistas do mês anterior.

13. SÚMULAS E ORIENTAÇÕES JURISPRUDENCIAIS DO TST

▶ PROVAS

Súmula nº 212 do TST. Despedimento. Ônus da prova
O ônus de provar o término do contrato de trabalho, quando negados a prestação de serviço e o despedimento, é do empregador, pois o princípio da continuidade da relação de emprego constitui presunção favorável ao empregado.

Súmula nº 338 do TST. Jornada de trabalho. Registro. Ônus da prova
I – É ônus do empregador que conta com mais de 10 (dez) empregados o registro da jornada de trabalho na forma do art. 74, § 2º, da CLT. A não-apresentação injustificada dos controles de frequência gera presunção relativa de veracidade da jornada de trabalho, a qual pode ser elidida por prova em contrário.
II – A presunção de veracidade da jornada de trabalho, ainda que prevista em instrumento normativo, pode ser elidida por prova em contrário.

III – Os cartões de ponto que demonstram horários de entrada e saída uniformes são inválidos como meio de prova, invertendo-se o ônus da prova, relativo às horas extras, que passa a ser do empregador, prevalecendo a jornada da inicial se dele não se desincumbir.
Súmula nº 460 do TST. Vale-transporte. Ônus da prova. É do empregador o ônus de comprovar que o empregado não satisfaz os requisitos indispensáveis para a concessão do vale-transporte ou não pretenda fazer uso do benefício.
Súmula nº 461 do TST. FGTS. Diferenças. Recolhimento. Ônus da prova. É do empregador o ônus da prova em relação à regularidade dos depósitos do FGTS, pois o pagamento é fato extintivo do direito do autor (art. 373, II, do CPC de 2015).
Súmula nº 443 do TST. Dispensa discriminatória. Presunção. Empregado portador de doença grave. Estigma ou preconceito. Direito à reintegração. Presume-se discriminatória a despedida de empregado portador do vírus HIV ou de outra doença grave que suscite estigma ou preconceito. Inválido o ato, o empregado tem direito à reintegração no emprego.
Súmula nº 74 do TST. Confissão I – Aplica-se a confissão à parte que, expressamente intimada com aquela cominação, não comparecer à audiência em prosseguimento, na qual deveria depor. II – A prova pré-constituída nos autos pode ser levada em conta para confronto com a confissão ficta (arts. 442 e 443, do CPC de 2015 – art. 400, I, do CPC de 1973), não implicando cerceamento de defesa o indeferimento de provas posteriores. III – A vedação à produção de prova posterior pela parte confessa somente a ela se aplica, não afetando o exercício, pelo magistrado, do poder/dever de conduzir o processo.
Orientação Jurisprudencial nº 36 da SDI – I do TST. Instrumento normativo. Cópia não autenticada. Documento comum às partes. Validade O instrumento normativo em cópia não autenticada possui valor probante, desde que não haja impugnação ao seu conteúdo, eis que se trata de documento comum às partes.
Orientação Jurisprudencial nº 134 da SDI – I do TST. Autenticação. Pessoa jurídica de direito público. Dispensada. Medida provisória nº 1.360, de 12.03.96 São válidos os documentos apresentados, por pessoa jurídica de direito público, em fotocópia não autenticada, posteriormente à edição da Medida Provisória nº 1.360/96 e suas reedições.
Súmula nº 12 do TST. Carteira Profissional As anotações apostas pelo empregador na carteira profissional do empregado não geram presunção "juris et de jure", mas apenas "juris tantum".
Súmula nº 8 do TST. Juntada de documento A juntada de documentos na fase recursal só se justifica quando provado o justo impedimento para sua oportuna apresentação ou se referir a fato posterior à sentença.
Súmula nº 357 do TST. Testemunha. Ação contra a mesma reclamada. Suspeição Não torna suspeita a testemunha o simples fato de estar litigando ou de ter litigado contra o mesmo empregador.
Orientação Jurisprudencial nº 233 da SDI – I do TST. Horas extras. Comprovação de parte do período alegado A decisão que defere horas extras com base em prova oral ou documental não ficará limitada ao tempo por ela abrangido, desde que o julgador fique convencido de que o procedimento questionado superou aquele período.

Orientação Jurisprudencial nº 165 da SDI – I do TST. Perícia. Engenheiro ou médico. Adicional de insalubridade e periculosidade. Válido. Art. 195 da CLT O art. 195 da CLT não faz qualquer distinção entre o médico e o engenheiro para efeito de caracterização e classificação da insalubridade e periculosidade, bastando para a elaboração do laudo seja o profissional devidamente qualificado.
Orientação Jurisprudencial nº 278 da SDI – I do TST. Adicional de insalubridade. Perícia. Local de trabalho desativado A realização da perícia é obrigatória para verificação de insalubridade. Quando não for possível sua realização como em caso de fechamento da empresa, poderá o julgador utilizar-se de outros meios de prova.
Súmula nº 453 do TST. Adicional de periculosidade. Pagamento espontâneo. Caracterização de fato incontroverso. Desnecessária a perícia de que trata o art. 195 da CLT O pagamento de adicional de periculosidade efetuado por mera liberalidade da empresa, ainda que de forma proporcional ao tempo de exposição ao risco ou em percentual inferior ao máximo legalmente previsto, dispensa a realização da prova técnica exigida pelo art. 195 da CLT, pois torna incontroversa a existência do trabalho em condições perigosas.
Súmula nº 293 do TST. Adicional de insalubridade. Causa de pedir. Agente nocivo diverso do apontado na inicial A verificação mediante perícia de prestação de serviços em condições nocivas, considerado agente insalubre diverso do apontado na inicial, não prejudica o pedido de adicional de insalubridade.

CAPÍTULO XIII
SENTENÇA E COISA JULGADA

1. PRONUNCIAMENTOS JUDICIAIS

1.1. Sentença

O processo tem como objetivo resolver conflito de interesse concedendo a quem de direito o bem da vida discutido em juízo. Tem como destino, portanto, uma decisão, denominada sentença, que irá solucionar o referido conflito.

No processo do trabalho, a CLT não dispõe de um conceito de sentença, aplicando-se subsidiariamente o CPC, por força do art. 769 da CLT.

Nesse sentido, o legislador, conceituando-a, declinou que "ressalvadas as disposições expressas dos procedimentos especiais, sentença é o pronunciamento por meio do qual o juiz, com fundamento nos arts. 485 e 487, põe fim à fase cognitiva do procedimento comum, bem como extingue a execução" (CPC/2015, art. 203, § 1º).

Diante do supramencionado dispositivo legal, vê-se que o CPC/2015 conjugou o conteúdo da decisão (extinção com ou sem resolução do mérito), com o momento em que é proferida (põe fim à fase cognitiva ou extingue a execução).

Assim, a sentença corresponde ao pronunciamento judicial que, com fundamento nas hipóteses de extinção do processo sem resolução de mérito (sentença terminativa) ou com resolução de mérito (sentença definitiva), respectivamente descritos nos arts. 485 ou 487, ambos do CPC/2015, põe fim à fase cognitiva do procedimento comum ou extingue a execução. Vejamos, pois, o que dispõem referidos artigos:

> Art. 485. O juiz não resolverá o mérito quando: I – indeferir a petição inicial; II – o processo ficar parado durante mais de 1 (um) ano por negligência das partes; III – por não promover os atos e as diligências que lhe incumbir, o autor abandonar a causa por mais de 30 (trinta) dias; IV – verificar a ausência de pressupostos de constituição e de desenvolvimento válido e regular do processo; V – reconhecer a existência de perempção, de litispendência ou de coisa julgada; VI – verificar ausência de legitimidade ou de interesse processual; VII – acolher a alegação de existência de convenção de arbitragem ou

> quando o juízo arbitral reconhecer sua competência; VIII - homologar a desistência da ação; IX - em caso de morte da parte, a ação for considerada intransmissível por disposição legal; e X - nos demais casos prescritos neste Código. (...)
>
> Art. 487. Haverá resolução de mérito quando o juiz: I - acolher ou rejeitar o pedido formulado na ação ou na reconvenção; II - decidir, de ofício ou a requerimento, sobre a ocorrência de decadência ou prescrição; III - homologar: a) o reconhecimento da procedência do pedido formulado na ação ou na reconvenção; b) a transação; c) a renúncia à pretensão formulada na ação ou na reconvenção.

Portanto, as sentenças terminativas (sem resolução de mérito) analisam apenas a relação jurídica **processual**, enquanto as sentenças definitivas (com resolução do mérito) examinam a relação jurídica **material**.

Atente-se para o fato de que, no caso de extinção do processo sem resolução do mérito, como regra, não se obsta a propositura de nova ação. Contudo, sendo a extinção em razão de litispendência, indeferimento da petição inicial, ausência de pressupostos processuais, legitimidade ou interesse de agir e existência de convenção de arbitragem, a propositura da nova ação depende da correção do vício que levou à extinção do processo sem resolução do mérito, vedando-se a simples repropositura da ação (art. 486, §1°).

Antes de aprofundarmos na sentença judicial, cabe apresentarmos as definições dos demais pronunciamentos judiciais, a saber: decisão interlocutória, despacho e acórdão.

1.2. Decisão Interlocutória

O CPC/2015 conceitua a decisão interlocutória de forma residual, determinando que será decisão interlocutória o pronunciamento judicial de natureza decisória que não se enquadre no conceito de sentença (CPC/2015, art. 203, § 2º).

Registre-se que a decisão interlocutória pode compreender uma decisão de mérito, como é o caso, por exemplo, da decisão que extingue o processo com resolução do mérito sem pôr fim à fase cognitiva (julgamento antecipado parcial do mérito).

Cabe ressaltar que no processo trabalhista vige o princípio da irrecorribilidade imediata das decisões interlocutórias, conforme se depreende do art. 893, § 1º:

> Art. 893, § 1º - Os incidentes do processo são resolvidos pelo próprio Juízo ou Tribunal, admitindo-se a apreciação do merecimento das decisões interlocutórias somente em recursos da decisão definitiva.

Dessa forma, como regra, tais decisões não serão recorríveis imediatamente, mas tão somente no momento da impugnação da sentença (que resolve ou não o mérito e põe fim à fase cognitiva ou à execução).

1.3. Despacho

O conceito de despacho é definido por exclusão. Noutros termos, a decisão que não é sentença ou decisão interlocutória será um despacho.

Portanto, nos termos do art. 203, § 3º, do CPC/2015 "são despachos todos os demais pronunciamentos do juiz praticados no processo, de ofício ou a requerimento da parte".

Considerando que o despacho não tem conteúdo decisório, ele é irrecorrível (CPC/2015, art. 1.001).

Cabe destacarmos que "os atos meramente ordinatórios, como a juntada e a vista obrigatória, independem de despacho, devendo ser praticados de ofício pelo servidor e revistos pelo juiz quando necessário" (CPC/2015, art. 203, § 4º).

1.4. Acórdão

O acórdão corresponde ao "julgamento colegiado proferido pelos tribunais" (CPC/2015, art. 204).

Na denominação do acórdão apenas se verifica o local e o órgão (colegiado) em que foi proferida a decisão, não se preocupando com seu conteúdo. Desse modo, sendo decisão proferida pelo tribunal, será acórdão.

Isso significa que, quanto ao conteúdo, o acórdão poderá ter natureza de sentença ou de decisão interlocutória.

A decisão proferida monocraticamente pelo relator, é denominada, simplesmente, de decisão monocrática.

Assim como a sentença, o acórdão deverá ter relatório, fundamentação e dispositivo. Além destes requisitos, deverá conter a ementa, a qual deverá ser publicada no órgão oficial em 10 dias (TST-RI, art. 168; CPC/15, art. 943, §§ 1º e 2º).

> ▶ **ATENÇÃO**
>
> De acordo com o C. TST, não se aplica o disposto no art. 944 do CPC/2015, consistente na possibilidade de que se "não publicado o acórdão no prazo de 30 (trinta) dias, contado da data da sessão de julgamento, as notas taquigráficas o substituirão, para todos os fins legais, independentemente de revisão" (IN nº 39/2016, art. 2º, X).

2. REQUISITOS DA SENTENÇA

A sentença, como um ato jurídico complexo, deve observar alguns **requisitos,** conforme dispõe o art. 832, *caput*, da CLT.

> Art. 832 – Da decisão deverão constar o nome das partes, o resumo do pedido e da defesa, a apreciação das provas, os fundamentos da decisão e a respectiva conclusão.

Conforme se verifica pelo aludido artigo, conjugado com o art. 489 do CPC/2015, aplicável supletivamente ao processo do trabalho (TST-IN nº 39/2016, art. 3º, IX), a sentença deve ter os seguintes requisitos:

1) **Relatório:** consiste na parte histórica do processo. Tem por objetivo registrar os acontecimentos importantes do processo.

> ▶ **ATENÇÃO:**
>
> No procedimento sumaríssimo, dispensa-se o relatório na elaboração da sentença (CLT, art. 852-I).

2) **Fundamentação:** é a exposição do raciocínio ou das razões de decidir do magistrado, analisando as questões de fato e direito, tendo como fundamento o art. 93, inciso IX, da CF, o qual exige a motivação das decisões judiciais.

3) **Dispositivo:** chamado de conclusão pela CLT, é o principal requisito da sentença, pois é por meio dele que o magistrado resolve as questões que lhe foram submetidas, ou seja, proclama o resultado acerca das questões litigiosas. Assim, por exemplo, o juiz pode, na parte dispositiva da sentença, acolher o pedido do autor (reclamante) e condenar a empresa a pagar as horas extras devidas.

Cabe registrar que os parágrafos do art. 832 da CLT impõem mais alguns requisitos complementares à sentença, de modo que ela deve:

a) determinar o prazo e as condições para o seu cumprimento, quando a decisão concluir pela procedência do pedido;

b) sempre mencionar as custas que devem ser pagas pela parte vencida;

c) sempre indicar a natureza jurídica das parcelas constantes da condenação ou do acordo homologado, inclusive o limite de responsabilidade de cada parte pelo recolhimento da contribuição previdenciária, se for o caso, na hipótese de decisões cognitivas (condenatórias) ou homologatórias. Nesse caso, nos termos da CLT, a parcela referente às verbas de natureza remuneratória não poderá ter como base de cálculo valor inferior: I – ao salário-mínimo, para as competências que integram o vínculo empregatício reconhecido na decisão cognitiva ou homologatória; ou II – à diferença entre a remuneração reconhecida como devida na decisão cognitiva ou homologatória e a efetivamente paga pelo empregador, cujo valor total referente a cada competência não será inferior ao salário-mínimo. (CLT, art. 832, § 3-A). Aliás, caso haja piso salarial da categoria definido por acordo ou convenção coletiva de trabalho, o seu valor deverá ser utilizado como base de cálculo nas hipóteses descritas anteriormente (CLT, art. 832, § 3º-B).

Ademais, existindo na decisão evidentes erros ou enganos de escrita, de datilografia ou de cálculo, o art. 833 da CLT descreve que eles poderão ser corrigidos, *ex officio*, ou a requerimento dos interessados ou pelo Ministério Público do Trabalho, antes da execução.

Por fim, atente-se para o fato de que **a decisão judicial deve ser interpretada a partir da conjugação de todos os seus elementos e em conformidade com o princípio da boa-fé (CPC/2015, art. 489, § 3º).**

2.1. Fundamentação

Conforme mencionado anteriormente, da conjugação dos artigos 832 da CLT e 489 do CPC/2015, um dos requisitos da sentença compreende a sua fundamentação. Os arts. 832 e 852-I da CLT não traçam os requisitos da fundamentação, razão pela qual, aplica-se supletivamente ao processo trabalhista (TST- IN nº 39/2016 art. 3º, IX) o disposto no art. 489, do CPC/2015[1]:

> § 1º Não se considera fundamentada qualquer decisão judicial, seja ela interlocutória, sentença ou acórdão, que:
>
> I - se limitar à indicação, à reprodução ou à paráfrase de ato normativo, sem explicar sua relação com a causa ou a questão decidida;
>
> II - empregar conceitos jurídicos indeterminados, sem explicar o motivo concreto de sua incidência no caso;
>
> III - invocar motivos que se prestariam a justificar qualquer outra decisão;
>
> IV - não enfrentar todos os argumentos deduzidos no processo capazes de, em tese, infirmar a conclusão adotada pelo julgador;
>
> V - se limitar a invocar precedente ou enunciado de súmula, sem identificar seus fundamentos determinantes nem demonstrar que o caso sob julgamento se ajusta àqueles fundamentos;
>
> VI - deixar de seguir enunciado de súmula, jurisprudência ou precedente invocado pela parte, sem demonstrar a existência de distinção no caso em julgamento ou a superação do entendimento.
>
> § 2º No caso de colisão entre normas, o juiz deve justificar o objeto e os critérios gerais da ponderação efetuada, enunciando as razões que autorizam a interferência na norma afastada e as premissas fáticas que fundamentam a conclusão.

Nesse sentido, o CPC/2015, com o objetivo de dar ênfase a esse requisito, porque decorre inclusive de comando constitucional (art. 93, IX, da CF/88), descreveu, sob ângulo negativo, o que não pode ser considerado como decisão fundamentada. Queremos dizer, o CPC/2015 não estabelece como deve ser a fundamentação da decisão, pois se trata de função jurisdicional, mas delimita o que não pode ser tratado como decisão fundamentada, a fim de que as partes tenham conhecimento das razões que levaram o juiz a decidir desta ou daquela forma, possibilitando o contraditório em âmbito recursal, e permitindo que o Tribunal ad quem possa compreender os motivos da decisão.

---

1. Boa parte da doutrina entende ser inaplicável esse dispositivo no processo do trabalho, ante a simplicidade existente nesse ramo processual, bem como porque entende que os arts. 832 e 852-I da CLT tratam integralmente da matéria.

Ademais, o art. 489, § 1º, do CPC/2015 é de extrema importância no sistema dos precedentes judiciais obrigatórios introduzidos pelo CPC/2015. É que no contexto do CPC de 1973 a decisão sempre foi pensada inter partes, não produzindo reflexos para o futuro, sendo incapaz, como regra, de beneficiar ou prejudicar terceiros.

Já na ideologia dos precedentes, a decisão, reconhecida como precedente, produz efeitos prospectivos atingindo casos semelhantes. Além disso, para que um precedente não seja aplicado em determinado caso futuro, é necessário que a decisão posterior fundamente demonstrando que ele se distingue do caso concreto ou que o precedente está ultrapassado. Verifica-se, portanto, que a fundamentação ganha ambiente de destaque na decisão judicial com o CPC/2015, seja para produzir efeitos no futuro, seja para afastar a incidência dos precedentes em casos concretos.

Desse modo, o art. 489, § 1º, do CPC/2015 declina que não se considera fundamentada qualquer decisão judicial, seja interlocutória, sentença ou acórdão, nas seguintes hipóteses:

I – limitar-se à indicação, à reprodução ou à paráfrase de ato normativo, sem explicar sua relação com a causa ou a questão decidida.

Nesse caso, o juiz não pode simplesmente indicar o disposto legal aplicado ao caso ou apenas transcrevê-lo. Para que a decisão seja considerada fundamentada, o juiz deverá expor "a interpretação que fez dos fatos, das provas, da tese jurídica e da norma jurídica que lhe servem de fundamento – e, principalmente, expor a relação que entende existir entre os fatos e a norma"[2]. Exemplificamos:

> Determinada sentença julga procedente o pedido de equiparação salarial, limitando-se a dizer que há trabalho em idêntica função, de igual valor, para o mesmo empregador e na mesma localidade. O que fez o magistrado nesse caso é apenas reproduzir o art. 461 da CLT, tratando-se, pois, de decisão não fundamentada. Nessa hipótese, deverá explicitar qual a função exercida, porque considerou o trabalho de igual valor, além de identificar o empregador e a localidade, como forma de fazer correlação entre os fatos alegados e a norma a ser aplicada.

II – empregar conceitos jurídicos indeterminados, sem explicar o motivo de sua incidência do caso.

Assim como no inciso I, o presente inciso declina que o juiz deve explicar as causas que o fizeram aplicar o conceito jurídico indeterminado ao caso concreto. Exemplificamos:

> Decisão declina que o empregador agiu com abuso de direito, sem especificar quais os fatos e argumentos que levaram o magistrado a essa conclusão.

---

2. DIDIER JR., Fredie; BRAGA, Paula Sarno; OLIVEIRA, Rafael Alexandrino. *Curso de Direito Processual Civil: Teoria da Prova, Direito Probatório, Decisão, Precedente, Coisa Julgada e Tutela Provisória*. 10. ed. Salvador: Editora Juspodivm, 2015, vol. 2. p. 329.

O mesmo raciocínio deverá ser utilizado nas cláusulas gerais[3] como, por exemplo, o juiz se limitar a dizer que o empregado cometeu incontinência de conduta incidindo a justa causa descrita no art. 482, "b", da CLT, sem explicar as razões fáticas e jurídicas pelas quais considerou a conduta do empregado para tal fim.

III – invocar motivos que se prestariam a justificar qualquer outra decisão

O inciso III, do § 1º, do art. 489, do CPC/2015 tem como objetivo evitar que as decisões não considerem os elementos do caso concreto. Noutras palavras, é a decisão genérica (padrão) que serve, indistintamente, para diversas ocasiões. Exemplificamos:

> Decisão que, ao analisar a tutela antecipada, se limita a indicar: "defiro a tutela antecipada porque preenchidos os pressupostos do art. 300 do CPC/2015". Essa decisão não é considerada como fundamentada, devendo o juiz em cada caso concreto explicar, p. e, quais os fatos, documentos e/ou fundamentos que indicam a evidência da probabilidade do direito e o perigo de dano ou o risco ao resultado útil do processo.

IV – não enfrentar todos os argumentos deduzidos no processo capazes de, em tese, infirmar a conclusão adotada pelo julgador

O juiz, ao fundamentar sua decisão, deve analisar todos os argumentos trazidos pela parte capazes de tirar a força de sua conclusão. Nesse sentido, ao acolher o pedido do autor, o juiz não precisa analisar todos os fundamentos do próprio autor, mas precisa analisar todos os fundamentos da defesa, ou seja, aqueles que poderiam alterar sua decisão, assim como nos casos contrários[4]. Para Mauro Schiavi, "o Juiz do Trabalho deve enfrentar os argumentos jurídicos invocados capazes de influir na decisão e que por si só possam direcionar outro resultado da demanda[5]".

Nesse contexto, descreve o C. TST que "não ofende o art. 489, § 1º, inciso IV do CPC a decisão que deixar de apreciar questões cujo exame haja ficado prejudicado em razão da análise anterior de questão subordinante" (TST-IN nº 39/2016, art. 15, III). A nosso juízo, esse entendimento deve ser analisado sob três aspectos: fundamentos independentes, subordinados ou cumulativos.

- **fundamentos independentes:** quando existirem diversos fundamentos, mas basta um para se chegar à conclusão pretendida. Nesse caso, incumbe ao juiz enfrentar cada um dos fundamentos apresentados.

  ✦ *Exemplo: empresa alega que não há equiparação salarial porque existe quadro de carreira e porque os empregados trabalhavam em estabelecimentos*

3. No conceito legal indeterminado o julgador preenche o conceito e seus efeitos. Já na cláusula geral o julgador preenche o conceito, mas os efeitos já estão previamente descritos na norma.
4. Nesse sentido: DIDIER JR., Fredie; BRAGA, Paula Sarno; OLIVEIRA, Rafael Alexandrino. *Curso de Direito Processual Civil: Teoria da Prova, Direito Probatório, Decisão, Precedente, Coisa Julgada e Tutela Provisória*. 10. ed. Salvador: Editora Juspodivm, 2015, vol. 2. p. 336.
5. SCHIAVI, Mauro. *Manual de Direito Processual do Trabalho*. 10. ed. De acordo com Novo CPC. São Paulo: LTr, 2015. p. 798.

empresariais diversos. Nessa hipótese, o juiz deverá refutar ambos fundamentos para reconhecer a equiparação salarial.

- **fundamentos subordinados:** ocorre quando o afastamento do principal já é suficiente para atacar a tese pretendida, não havendo necessidade de analisar os fundamentos subsidiários (secundários).

  ✦ *Exemplo: empregado postula reintegração no emprego porque é integrante da CIPA (1º fundamento), sendo dispensado de forma arbitrária (2º fundamento). Reconhecendo o juiz que o trabalhador não é integrante da CIPA, desnecessária a análise da dispensa arbitrária.*

- **fundamentos cumulativos:** são aqueles que devem ser somados para se chegar à conclusão defendida. Nesse caso, se o juiz refutar apenas um dos fundamentos já será suficiente para afastar a tese pretendida pela parte, não havendo necessidade de atacar todos os demais fundamentos.

  ✦ *Exemplo: empregado postula reconhecimento do vínculo, sendo negada a prestação do serviço pela empresa. Nessa hipótese, ainda que a inicial tenha apresentado todos os requisitos da relação de emprego (pessoalidade, pessoa física, subordinação, não eventualidade e onerosidade), basta que o juiz afaste um dos requisitos para sepultar a tese pretendida pelo autor.*

Por fim, destaca-se que o art. 15, IV, da Instrução Normativa nº 39/2016 dispõe que o art. 489, § 1º, IV, do CPC/2015 não obriga o juiz ou o Tribunal a enfrentar os fundamentos jurídicos invocados pela parte, quando já tenham sido examinados na formação dos precedentes obrigatórios ou nos fundamentos determinantes de enunciado de súmula.[6]

✦ *Exemplo: sociedade de economia mista pretende discutir que, por força do art. 37, XIII da CF/88, a equiparação salarial a ela não se aplica. Como tais argumentos já foram afastados e sedimentados com a criação da Súmula nº 455 do TST, não há necessidade de serem enfrentados pelo juiz.*

V – limitar-se a invocar precedente ou enunciado de súmula, sem identificar seus fundamentos determinantes nem demonstrar que o caso sob julgamento se ajusta àqueles fundamentos.

O Novo CPC passou a preconizar a teoria dos precedentes judiciais no direito brasileiro, ao determinar que, obrigatoriamente, os juízes deverão observar as decisões, súmulas e orientações dispostas no art. 927 do CPC/2015, o qual é aplicável subsidiariamente ao processo do trabalho (TST-IN, art. 3, XXIII).

---

6. ED-RR nº 126-04.2010.5.15.0084, 6º Turma do TST, Rel. Augusto César Leite de Carvalho. j. 11.10.2017, Publ. 20.10.2017.

Ao interpretar o referido artigo, o C. TST, no art. 15 da Instrução Normativa 39/2016, adotou o conceito técnico de precedente, entendido como decisão judicial. Desse modo, descreveu que, no processo do trabalho, os juízes estão obrigados a observar os seguintes precedentes:

> a) acórdão proferido pelo Supremo Tribunal Federal ou pelo Tribunal Superior do Trabalho em julgamento de recursos repetitivos (CLT, art. 896-B; CPC, art. 1046, § 4º);
>
> b) entendimento firmado em incidente de resolução de demandas repetitivas ou de assunção de competência;
>
> c) decisão do Supremo Tribunal Federal em controle concentrado de constitucionalidade;
>
> d) tese jurídica prevalecente em Tribunal Regional do Trabalho e não conflitante com súmula ou orientação jurisprudencial do Tribunal Superior do Trabalho (CLT, art. 896, § 6º);
>
> e) decisão do plenário, do órgão especial ou de seção especializada competente para uniformizar a jurisprudência do tribunal a que o juiz estiver vinculado ou do Tribunal Superior do Trabalho.

Além dos precedentes anteriores, os juízes também estão obrigados a observar:

- súmulas do Supremo Tribunal Federal;
- orientação jurisprudencial do Tribunal Superior do Trabalho;
- súmula do TST e;
- súmula de Tribunal Regional do Trabalho não conflitante com súmula ou orientação jurisprudencial do TST.

▸ ATENÇÃO:

Os precedentes, as súmulas e orientações para serem obrigatórias devem conter explícita referência aos fundamentos determinantes da decisão (*ratio decidendi*).

Percebe-se que os precedentes, súmulas e orientações passam a ser considerados como fonte de direito, de modo que não pode o juiz simplesmente julgar procedente um pedido com base em determinada orientação, mas sim analisar o caso concreto e correlacionar os fatos com os fundamentos determinantes da orientação, seguindo a mesma ideologia do item I, analisado anteriormente. Exemplo:

> Decisão julga procedente o pedido de adicional de transferência, por se tratar de transferência provisória, valendo-se da OJ nº 113 da SDI I do TST. Para que a decisão seja fundamentada o juiz deverá identificar no caso concreto os fatos e fundamentos que demonstram a provisoriedade da transferência, não bastando a simples invocação da orientação jurisprudencial.

Dessa forma, caso a decisão se limite a aplicar algum dos precedentes elencados acima, sem que explique as razões de sua incidência ao caso concreto, não será considerada como fundamentada.

Destaca-se que, como visto, a decisão que aplica a tese jurídica firmada em precedente, não precisa enfrentar os fundamentos já analisados na decisão paradigma, sendo suficiente, para fins de atendimento das exigências constantes no art. 489, § 1º, do CPC, a correlação fática e jurídica entre o caso concreto e aquele apreciado no incidente de solução concentrada (TST-IN nº 39/2016, art. 15, V).

VI – Deixar de seguir enunciado de súmula, jurisprudência ou precedente invocado pela parte, sem demonstrar a existência de distinção no caso em julgamento ou a superação do entendimento.

Seguindo a mesma linha do item anterior, se a decisão não pode se limitar a aplicar determinado precedente, súmula ou orientação, também não poderá deixar de seguir enunciado de súmula, jurisprudência ou precedente invocado pela parte, sem que demonstre que há distinção com o caso em julgamento. Exemplo:

> Decisão se limita em não aplicar a Súmula 178 do TST, que reconhece o direito à jornada reduzida das telefonistas de mesa de empresa que não explora o serviço de telefonia, incidindo analogicamente o art. 227 da CLT. Nesse caso, o juiz até pode deixar de aplicar a súmula, desde que demonstre que o caso concreto é distinto dos fundamentos determinantes da Súmula como, por exemplo, demonstre que a telefonista não trabalhava de forma contínuo, mas ajudava em outros serviços, como portaria, recepção etc. Noutras palavras, não pode o juiz simplesmente deixar de aplicar a súmula, por ter entendimento pessoal diferente.

Consigna-se que, da mesma forma que na hipótese do inciso V, o C. TST entende que no caso do inciso VI, do art. 489, § 1º, do CPC/2015, é ônus da parte demonstrar a existência de distinção no caso em julgamento ou superação do entendimento, sempre que invocar precedente ou enunciado de súmula (TST-IN nº 39/2016, art. 15, VI).

> ▸ **ATENÇÃO**
>
> Referido dispositivo não é apenas dirigido às sentenças, mas também às decisões interlocutórias e aos acórdãos.

3. CLASSIFICAÇÃO

A classificação da sentença não encontra pacificação na doutrina, existindo duas correntes a respeito: a trinária e a quinária.

A **doutrina clássica** (trinária), classificando a sentença pelo conteúdo do ato emanado pelo juiz, entende que existem três tipologias de sentenças, quais sejam: meramente declaratória, constitutiva e condenatória, seguindo-se as lições de Liebman.

Por outro lado, a **doutrina moderna** (quinária) admite existirem cinco tipologias de sentenças, ou seja, além das três já enumeradas pela doutrina clássica, existem ainda as sentenças executivas *lato sensu* e as sentenças mandamentais. Essa corrente doutrinária tem como idealizador Pontes de Miranda.

Conquanto haja divergência entre as teses anteriores, aparentemente elas podem ser compatibilizadas, vez que a doutrina clássica classifica a sentença quanto ao seu conteúdo, enquanto a doutrina moderna tem como base os efeitos da sentença. Tanto é assim que a própria doutrina trinária reconhece a existência das sentenças executiva *lato sensu* e mandamental, mas como subespécies da sentença condenatória.

Portanto, observa-se que ambas as correntes reconhecem a existência das sentenças executiva *lato sensu* e mandamental, seja como subespécie da sentença condenatória ou como própria espécie de sentença.

A propósito, com a criação da fase de cumprimento, por meio da Lei nº 11.232/05, a teoria quinária perdeu sua força.

Para fins didáticos, porém, passamos a demonstrar o significado de cada uma delas.

a) **sentença meramente declaratória:** é aquela que declara a existência, inexistência ou o modo de ser de uma determinada relação jurídica ou a autenticidade ou falsidade de um documento, conforme disposição do art. 19 do CPC/2015.

Consigna-se que todas as sentenças possuem inicialmente um cunho declaratório, sendo, posteriormente, complementadas com outros efeitos (constitutivo, condenatório etc.). A propósito, a sentença de improcedência dos pedidos sempre será meramente declaratória.

b) **sentença constitutiva**: é aquela que cria, modifica ou extingue determinada relação jurídica.

c) **sentença condenatória:** é a que objetiva a tutela prestada por meio do pagamento de quantia certa, especialmente pelo equivalente monetário ao valor da lesão, estando ligada a uma única forma de execução direta – a execução por expropriação.

d) **sentença executiva *lato sensu*:** busca a tutela específica do direito, sendo realizada por meios de execução direta. Está fundada, especialmente, no art. 536 do CPC/2015.

e) **sentença mandamental:** é aquele em que o réu (reclamado) é forçado a cumprir a ordem judicial, ou seja, há coerção do réu a cumprir determinada ordem, por meio de técnicas de execução indireta (por exemplo, *astreintes*), tendo como fundamento o art. 537 do CPC/2015.

4. PRINCÍPIO DA CONGRUÊNCIA

O princípio da congruência, também chamado de princípio da correlação e adstrição, significa que o juiz somente poderá emitir provimento jurisdicional sobre o que foi pleiteado, ou seja, a decisão deve se limitar ao que foi proposto.

Desse modo, o magistrado não pode proferir sentença além, fora ou aquém do pedido ou da causa de pedir (arts. 141 e 492 do CPC/2015), caracterizando-se, assim, julgamento:

a) ***extra petita***: quando a decisão julgar fora dos limites postulados, impedindo que o julgador "invente" causa de pedir ou pedido não pleiteado. O mesmo vício ocorrerá quando julgar sujeitos que não participaram do processo.

   ✦ *Exemplo: empregado ingressa com a reclamação trabalhista pleiteando férias, décimo terceiro e horas extras. Durante a instrução do processo, fica comprovado que o empregador também não pagava adicional noturno. Nesse caso, o juiz não poderá deferir o pagamento desse adicional, pois está restrito aos três pedidos formulados na inicial, sob pena de proferir julgamento extra petita.*

b) ***ultra petita***: quando houver julgamento além do pedido. Tal vício está ligado à quantidade indicada pelo autor, ou seja, o juiz analisa a tutela jurisdicional pretendida, mas concede quantidade maior do que a postulada.

   ✦ *Exemplo: empregado ingressa com a reclamação trabalhista pleiteando indenização por danos materiais no valor de R$ 5.000, 00. Durante a instrução do processo, fica comprovado que o dano foi no montante de R$ 7.000, 00. Nesse caso, o juiz fica limitado ao valor de R$ 5.000, 00, sob pena de proferir julgamento ultrapetita.*

c) ***citra petita***: na hipótese da decisão julgar aquém do pedido, ou seja, deixar de julgar algum pedido.

   ✦ *Exemplo: empregado ingressa com a reclamação trabalhista pleiteando férias, décimo terceiro e horas extras. Se o juiz julgar apenas as férias, deixando de julgar o décimo terceiro e as horas extras, proferirá julgamento citra petita.*

Simplificando, podemos resumir da seguinte forma:

decisão *extra petita*	juiz inventa
decisão *ultra petita*	juiz exagera
decisão *citra petita*	juiz se esquece

A sentença com julgamento *citra petita* pode ser impugnada por meio dos embargos de declaração, vez que há omissão na decisão (CLT, art. 897-A). Já as sentenças com julgamento ultra ou extra petita se submetem ao recurso ordinário, bem como ao recurso de revista, neste último caso por violação aos arts. 141 e 492 do CPC/2015. Do mesmo modo, após o trânsito em julgado, elas podem ser impugnadas pela via da ação rescisória, por violação dos arts. 141 e 492 do CPC/2015, inclusive a sentença *citra petita*, como estabelece o TST na OJ nº 41 da SDI-I:

> **Orientação Jurisprudencial nº 41 da SDI - II do TST.** Ação rescisória. Sentença "citra petita". Cabimento
>
> Revelando-se a sentença "citra petita", o vício processual vulnera os arts. 141 e 492 do CPC de 2015 (arts. 128 e 460 do CPC de 1973),

tornando-a passível de desconstituição, ainda que não interpostos embargos de declaração.

Cabe consignar, no entanto, que o princípio da congruência sofre exceções por meio dos pedidos implícitos, chamados no processo do trabalho de princípio da extrapetição, o qual "permite que o juiz, nos casos expressamente previstos em lei, condene o réu em pedidos não contidos na petição inicial, ou seja, autoriza o julgador a conceder mais do que o pleiteado, ou mesmo vantagem diversa da que foi requerida".[7]

Assim, o juiz poderá agir de ofício **somente nos casos expressos em lei**.

Nesse contexto, não viola o referido princípio a decisão que:

a) deferir salário quando o pedido for de reintegração, dados os termos do art. 496 da CLT (Súmula nº 396, II, do TST)[8];

b) incluir os juros de mora e a correção monetária na liquidação, ainda que omisso o pedido inicial ou a condenação (Súmula nº 211 do TST)[9];

c) conceder adicional de horas extras de, no mínimo, 50% quando houver pedido de pagamento das horas extraordinárias, mas não houver pedido expresso do pagamento do adicional;

d) deferir o adicional de 1/3 de férias, quando houver apenas pedido do pagamento das férias, sem previsão expressa ao adicional constitucional;

e) determinar a anotação da CTPS – Carteira de Trabalho e Previdência Social – quando houver pedido de reconhecimento de vínculo, sem que haja pedido expresso da anotação da carteira do empregado.

É interessante observar que, nas obrigações de fazer e não fazer, o art. 497 do CPC/2015 admite a concessão de tutela diversa da pedida, desde que produza um resultado prático equivalente ao do adimplemento da obrigação.

Esclarece-se que parte da doutrina[10] entende que a decisão ***infra petita*** não fere o princípio da congruência. Isso ocorre porque nessa hipótese o magistrado verifica completamente os pedidos, mas acolhe apenas parcialmente alguns. Todavia, a doutrina **majoritária**, a ser adotada nas provas objetivas, utiliza a expressão *infra petita* como sinônima de decisão *citra petita*[11].

---

7. SARAIVA, Renato. *Curso de direito processual do trabalho*. 3. ed. São Paulo: Método, 2006. p. 50-51.
8. Súmula 396, II, do TST: "II – Não há nulidade por julgamento *extra petita* da decisão que deferir salário quando o pedido for de reintegração, dados os termos do art. 496 da CLT".
9. **Súmula nº 211 do TST.** Juros de mora e correção monetária. Independência do pedido inicial e do título executivo judicial. Os juros de mora e a correção monetária incluem-se na liquidação, ainda que omisso o pedido inicial ou a condenação.
10. DINAMARCO, 2003 *apud* DIDIER JR., Fredie; BRAGA, Paula Sarno; OLIVEIRA, Rafael Alexandria de. *Curso de Direito Processual Civil*, vol. 2: teoria da prova, direito probatório, decisão, precedente, coisa julgada e tutela provisória. 10. ed. Salvador: Editora Juspodivm. p. 368, nota 148.
11. Nesse sentido: SCHIAVI, Mauro. *Manual de Direito Processual do Trabalho*. 9. ed. São Paulo: LTr, 2015. p. 801.

Por fim, é importante destacar que, embora o juiz somente possa emitir provimento jurisdicional sobre o que foi pleiteado, "se, depois da propositura da ação, algum fato constitutivo, modificativo ou extintivo do direito influir no julgamento do mérito, caberá ao juiz tomá-lo em consideração, de ofício ou a requerimento da parte, no momento de proferir a decisão". Nesse caso, sendo constatado "de ofício o fato novo, o juiz ouvirá as partes sobre ele antes de decidir" (CPC/2015, art. 493). No mesmo sentido, a Súmula nº 394 do TST, *in verbis*:

> **Súmula nº 394 do TST.** Art. 493 do CPC de 2015. Art. 462 do CPC de 1973. Fato superveniente.
>
> O art. 493 do CPC de 2015 (art. 462 do CPC de 1973), que admite a invocação de fato constitutivo, modificativo ou extintivo do direito, superveniente à propositura da ação, é aplicável de ofício aos processos em curso em qualquer instância trabalhista. Cumpre ao juiz ou tribunal ouvir as partes sobre o fato novo antes de decidir.

5. PUBLICAÇÃO E INTIMAÇÃO

A CLT, em seu art. 852, prevê que a sentença será proferida na própria audiência, oportunidade em que as partes ou seus representantes já saem intimados. Na hipótese de revelia, deverá ser realizada a notificação, nos termos do art. 841, § 1º, da CLT.

Cabe frisar que, designada audiência de julgamento, incumbe à parte comparecer para tomar conhecimento da decisão, sob pena de ser considerada intimada da sentença, no dia da audiência, mesmo diante de sua ausência, conforme declina a Súmula nº 197 do TST:

> **Súmula nº 197 do TST.** Prazo
>
> O prazo para recurso da parte que, intimada, não comparecer à audiência em prosseguimento para a prolação da sentença conta-se de sua publicação.

A ata de julgamento, devidamente assinada pelo juiz, deverá ser juntada ao processo no prazo improrrogável de 48 horas, contado da audiência. Não sendo juntada a sentença nesse prazo, deverá intimar a parte, posteriormente, da sentença, iniciando seu prazo recursal somente depois da intimação. É o que estabelece a Súmula nº 30 do TST:

> **Súmula nº 30 do TST.** Intimação da sentença
>
> Quando não juntada a ata ao processo em 48 horas, contadas da audiência de julgamento (art. 851, § 2º, da CLT), o prazo para recurso será contado da data em que a parte receber a intimação da sentença.

Por fim, embora não previsto na CLT, pode ocorrer de o juiz não designar audiência de julgamento, proferindo a decisão em gabinete e, posteriormente, juntando-a aos autos. Nesse caso, as partes ou seus representantes deverão ser intimados da decisão.

6. JUÍZO DE RETRATAÇÃO

O CPC/2015 inova ao permitir que, interposto recurso, juiz pode se retratar, no prazo de 5 dias, em qualquer dos casos de extinção sem resolução do mérito (art. 485, § 7º).

Havendo omissão na CLT e compatibilidade com o processo trabalhista, pensamos que tal dispositivo é aplicável ao processo do trabalho, dando maior celeridade ao procedimento, além de priorizar a decisão de mérito. No mesmo sentido, estabelece o art. 3º, VIII, da TST-IN nº 39/2016, *in verbis*:

> Art. 3º Sem prejuízo de outros, aplicam-se ao Processo do Trabalho, em face de omissão e compatibilidade, os preceitos do Código de Processo Civil que regulam os seguintes temas:
>
> (...)
>
> VIII – art. 485, § 7º (juízo de retratação no recurso ordinário) (...)

7. JULGAMENTO ANTECIPADO

Como regra, o processo depende da fase instrutória para que possa ser proferida a decisão de mérito. No entanto, em alguns casos dispensa-se a fase instrutória já permitindo o julgamento do mérito, seja integralmente, seja de forma parcial.

7.1. Julgamento Antecipado Total

Nos termos do art. 355 do CPC/2015, aplicável ao processo do trabalho, o juiz julgará antecipadamente o pedido, proferindo sentença com resolução de mérito, quando:

> I – não houver necessidade de produção de outras provas;
>
> II – o réu for revel, ocorrendo o efeito material da revelia, isto é, presumir-se verdadeiras as alegações de fato formulados pelo autor.

Nesse caso, como não há necessidade de prosseguimento do processo, o juiz, proferirá sentença desde logo.

7.2. Julgamento Parcial do Mérito

Pode acontecer de existir cumulação de pedidos em um determinado processo, verificando-se a possibilidade de julgar alguns deles ou até mesmo parcela deles antecipadamente.

Desse modo, o julgamento antecipado **parcial** do mérito corresponde ao julgamento antecipado dos pedidos ou parcela dos pedidos que já estiverem em condições de imediato julgamento ou forem incontroversos, possibilitando inclusive formação de coisa julgada material. Nesses casos, haverá o prosseguimento do julgamento apenas para os demais pedidos.

> Reclamante formula pedido relacionado ao pagamento das verbas rescisórias, multa do art. 467 da CLT e de indenização por danos morais. Na audiência, o reclamado apresenta contestação, impugnando apenas a indenização por danos morais, nada versando sobre as verbas rescisórias. Não havendo o pagamento pelo reclamado na primeira audiência das verbas incontroversas, o juiz poderá julgar de forma antecipada o pedido de pagamento das verbas rescisórias cumuladas com a multa do art. 467 da CLT e dar prosseguimento ao processo quanto o pedido de indenização por danos morais.

Tal decisão poderá reconhecer a existência de obrigação líquida ou ilíquida (CPC/2015, art. 356, § 1º).

Ademais, a parte poderá liquidar ou executar, desde logo, a obrigação reconhecida na decisão que julgar parcialmente o mérito, independentemente de caução, ainda que haja recurso da decisão (CPC/2015, art. 356, § 2º). Se houver trânsito em julgado da decisão, a execução será definitiva (CPC/2015, art. 356, § 3º). A liquidação e o cumprimento da decisão que julgar parcialmente o mérito poderão ser processados em autos suplementares, a requerimento da parte ou a critério do juiz (CPC/2015, art. 356, § 4º).

O julgamento parcial do mérito deve ser aplicado ao processo do trabalho (TST-IN nº 39/2016, art. 5º), uma vez que há omissão na CLT e compatibilidade com a seara processual trabalhista.

A compatibilidade é observada no fato de que o julgamento parcial está fincado no princípio da duração razoável do processo e da efetividade da tutela jurisdicional, que são base do processo laboral.

Nesse contexto, o C. TST, no art. 5º, da Instrução Normativa nº 39/2016, autoriza sua incidência no processo do trabalho:

> **Art. 5º.** Aplicam-se ao Processo do Trabalho as normas do art. 356, §§ 1º a 4º, do CPC que regem o julgamento antecipado parcial do mérito, cabendo recurso ordinário de imediato da sentença.

Percebe-se pelo teor do referido dispositivo que o TST definiu que a decisão proferida no julgamento antecipada parcial de mérito tem natureza de sentença. Não concordamos com o posicionamento do TST, uma vez que referida decisão, embora julgue o mérito, não coloca fim à fase de conhecimento ou à execução, tendo, portanto, natureza de decisão interlocutória, nos termos do art. 203, § 2º, do CPC/2015.

Todavia, mesmo possuindo natureza de decisão interlocutória, ela poderá ser recorrível de imediato por meio de recurso ordinário.

Isso porque, não se pode esquecer que a CLT é idealizada nos Códigos de Processo Civil de 1939 e 1973, em que a decisão interlocutória não tinha o condão de ser definitiva. Queremos dizer, apenas a sentença era vista como terminativa ou definitiva do feito, de modo que somente ela poderia ser impugnável. Com o advento do CPC/15, a decisão interlocutória pode ser utilizada para julgar definitivamente o feito. Assim, por ser definitiva, pensamos que essa decisão deverá ser recorrível imediatamente por meio de recurso ordinário, passando a ser mais uma exceção a ser incluída na Súmula nº 214 do TST.

De qualquer maneira, mesmo possuindo natureza de decisão interlocutória, ela deverá cumprir os requisitos do art. 832 da CLT, especialmente indicando o valor da condenação e das custas para fins recursais[12].

Consigne-se que preenchidos os requisitos do art. 356 do CPC, o juiz decidirá de forma antecipada, independente de existir pedido nesse sentido.

Embora o C. TST autorizasse a sua aplicação no processo do trabalho, na prática, o PJe não viabilizava essa funcionalidade. Nesse contexto, foi expedido o CSJT e CGJT definindo o procedimento a ser adotado.

Desse modo, interposto o recurso ordinário da decisão que julga parcialmente o mérito, há de se observar os pressupostos recursais, inclusive quanto às regras relativas às custas processuais e ao depósito recursal.

O recurso e as contrarrazões serão recebidos nos autos principais. Da mesma forma, se o recurso ordinário tiver seu seguimento negado, será possível a interposição de agravo de instrumento nos autos do processo principal.

Interposto recurso, a parte poderá promover a execução provisória em autos suplementares.

Não havendo recurso da decisão parcial de mérito, a execução será definitiva e poderá ser promovida em autos suplementares (art. 11 do Ato Conjunto).

8. EFEITOS ANEXOS DA SENTENÇA

A sentença é um fato da vida que, pelo simples fato de existir, provoca efeitos indiretos e automáticos[13]. Noutras palavras, os efeitos existirão independentemente de pedido das partes ou do conteúdo da decisão. É o que se denominada de efeitos anexos da sentença.

8.1. Hipoteca Judiciária

A hipoteca judicial é um dos principiais efeitos anexos da sentença condenatória, além de ser uma forma de dar efetividade à tutela jurisdicional.

12. Aparentemente o C. TST deu-lhe natureza de sentença por este motivo.
13. DIDIER JR., Fredie; OLIVEIRA, Rafael Alexandria de; BRAGA, Paula Sarno. *Curso de Direito Processual Civil, vol. 2: teoria da prova, direito probatório, decisão, precedente, coisa julgada e tutela provisória*. 11. ed. Salvador: Editora Juspodivm, 2016. p. 435.

Ela está prevista no art. 167, I, 2, da Lei nº 6.015/1973 (Lei de Registros Públicos) e no art. 495 do CPC/2015, aplicável ao processo do trabalho (TST-IN nº 39/2016, art. 17).

A hipoteca representa um direito real de garantia sobre coisa alheia e permite que um bem pertencente ao devedor possa assegurar o cumprimento de obrigação pecuniária.

Após constituída, implicará, para o credor hipotecário, o direito de preferência, quanto ao pagamento, em relação a outros credores, observada a prioridade no registro.

Portanto, tem como objetivo possibilitar que se persiga os bens hipotecados independentemente de onde estejam localizados e de quem os possua. A propósito, previne eventual fraude à execução, pois a hipoteca provoca a presunção absoluta de má-fé do adquirente.

A hipoteca judiciária está ligada a uma obrigação pecuniária, podendo decorrer de **decisão** que:

- condene o réu ao pagamento de prestação consistente em dinheiro; ou
- determine a conversão de prestação de fazer, de não fazer ou de dar coisa em prestação pecuniária (CPC/2015, art. 495, *caput*).

Ademais, a decisão também produz a hipoteca judiciária:

> I – embora a condenação seja genérica;
>
> II – ainda que o credor possa promover o cumprimento provisório da sentença ou esteja pendente arresto sobre bem do devedor;
>
> III – mesmo que impugnada por recurso dotado de efeito suspensivo (CPC/2015, art. 495, § 1º).

A hipoteca judiciária poderá ser realizada mediante a apresentação de cópia da sentença perante o cartório de registro imobiliário, independentemente de ordem judicial, de declaração expressa do juiz ou de demonstração de urgência. Assim, a inscrição da hipoteca judiciária poderá ser realizada pela própria parte interessada, bastando a apresentação de cópia da decisão no cartório de registro de imóveis.

No prazo de até 15 dias da data de realização da hipoteca, a parte deve informá-la ao juízo da causa, que determinará a intimação da outra parte para que tome ciência do ato (CPC/2015, art. 495, § 3º).

Atente-se para o fato de que, sendo a hipoteca judiciária um direito real de garantia, ela produz o:

- **direito de sequela:** corresponde à aderência do direito real à coisa, possibilitando que o titular do direito real possa perseguir o bem independentemente de este estar com terceiros e de onde esteja localizado. Exemplificando: Empregado A registra sentença condenatória proferida em face da empresa

B, hipotecando o imóvel Y. Caso a empresa B venha a alienar o aludido bem em favor de C, antes de realizar o pagamento da decisão judicial, esta alienação será ineficaz em relação ao empregado A, possibilitando a execução do bem.

- **direito de preferência:** confere àquele que tem garantia real preferência no pagamento em relação aos outros credores.

Caso a decisão que impôs o pagamento de quantia seja reformada ou invalidada, a parte responderá, independentemente de culpa, pelos danos que a outra parte tiver sofrido em razão da constituição da garantia, devendo o valor da indenização ser liquidado e executado nos próprios autos (CPC/2015, art. 495, § 5º).

Por fim, cumpre consignar que a eficácia da hipoteca judiciária é limitada, pois atinge, como regra, apenas os bens imóveis[14]. Assim, faz-se necessária a utilização de outros instrumentos para que se garanta de forma mais ampla a eficiência das decisões judiciais, o que pode ocorrer com o protesto e a inclusão do nome do executado em cadastro de inadimplentes.

9. COISA JULGADA

Não havendo mais recurso a ser interposto da decisão ou, havendo, a parte deixe ultrapassar o prazo alusivo para sua interposição, tem-se o trânsito em julgado da decisão, também chamada de coisa julgada.

A coisa julgada é dividida pela doutrina em:

1) **formal**: quando gera a imutabilidade da decisão para dentro do processo. Nessa hipótese, poder-se-á ajuizar novo processo para discutir o objeto do processo anterior. É o que ocorre nas sentenças terminativas (sem resolução de mérito).

2) **material**: torna imutável o conteúdo da sentença (ou acórdão) no processo em que foi prolatada e em eventuais processos futuros. É o que ocorre nas sentenças definitivas (com resolução do mérito), que impedem nova discussão do objeto do processo anterior.

Cabe registrar que, como regra, a coisa julgada material atinge a **questão principal** expressamente decidida.

No entanto, atente-se para o fato de que o CPC/2015 passou a permitir que a **questão prejudicial,** decidida expressa e incidentemente no processo, forme coisa julgada material, se preenchidos os seguintes requisitos:

14. Excepcionalmente, bens móveis podem ser hipotecados, como é o caso, por exemplo, de aeronaves, navios etc.

I) dessa resolução depender o julgamento do mérito;

II) a seu respeito tiver havido contraditório prévio e efetivo, não se aplicando no caso de revelia;

III) o juízo tiver competência em razão da matéria e da pessoa para resolvê-la como questão principal (CPC/2015, art. 503, § 1º).

> ► **ATENÇÃO:**
>
> Não haverá coisa julgada da resolução de questão prejudicial se no processo houver restrições probatórias ou limitações à cognição que impeçam o aprofundamento da análise da questão prejudicial (art. 503, § 2º).

De qualquer modo, não fazem coisa julgada:

a) os motivos, ainda que importantes para determinar o alcance da parte dispositiva da sentença;

b) a verdade dos fatos, estabelecida como fundamento da sentença (CPC/2015, art. 504).

Ademais, nenhum juiz decidirá novamente as questões já decididas relativas à mesma lide, salvo:

> I - se, tratando-se de relação jurídica de trato continuado, sobreveio modificação no estado de fato ou de direito, caso em que poderá a parte pedir a revisão do que foi estatuído na sentença;
>
> II - nos demais casos prescritos em lei (CPC/2015, art. 505).

Por fim, cumpre consignar que a sentença faz coisa julgada às partes entre as quais é dada, não prejudicando terceiros (CPC/2015, art. 506).

10. QUESTÕES DISSERTATIVAS E ESTUDOS DE CASO

Questão 1

Quais as situações que permitem o julgamento parcial do mérito e qual o recurso cabível da decisão no processo do trabalho?

Resposta sugerida pelo autor

O julgamento antecipado parcial do mérito corresponde ao julgamento antecipado dos pedidos ou parcela dos pedidos que já estiverem em condições de imediato julgamento ou forem incontroversos, como descreve o art. 356 do CPC/2015. É admitido, portanto, nos casos em que não há necessidade de produção de outras provas, bem como nas situações em que o réu é revel e presumem-se verdadeiras as alegações de fato formuladas pelo autor.

Havendo julgamento antecipado, haverá inclusive formação de coisa julgada material, quanto ao pedido ou parcela dele julgado, prosseguindo-se o processo apenas para os demais pedidos.

O julgamento parcial do mérito é aplicável ao processo do trabalho, em razão de omissão na CLT e compatibilidade com a seara processual trabalhista (TST-IN nº 39/2016, artigo 5º).

Como a decisão que julga parcialmente o mérito viabiliza a formação da coisa julgada material, ela é recorrível, o que no processo do trabalho se faz por meio de recurso ordinário.

Estudo de caso 1

Maria ajuíza reclamação trabalhista postulando a equiparação salarial com outro empregado e o pagamento de adicional noturno e de intervalo intrajornada. O juízo, ao proferir a sentença, apenas julgou o pedido relacionado à equiparação salarial, fundamentando-a da seguinte forma:

"Presentes os pressupostos do artigo 461 da CLT, quais sejam: idêntica a função, trabalho de igual valor, mesmo estabelecimento empresarial, devida é a equiparação salarial".

A sentença proferida pelo juiz viola algum princípio e/ou regra processual?

Resposta sugerida pelo autor

A sentença é um ato complexo é possui dentre seus requisitos a fundamentação, a qual está embasada nos arts. 832 da CLT, 93, IX, da CF e 489 do CPC/2015, este último aplicável de forma supletiva ao processo trabalhista (TST-IN nº 39/2016, artigo 3º, IX).

No caso em questão, a referida sentença viola os aludidos dispositivos, por contrariar o dever de fundamentação das decisões judiciais.

Isso porque, nos termos do artigo 489, § 1º, do CPC/2015, não se considera fundamentada a decisão judicial que se limita à indicação, à reprodução ou à paráfrase de ato normativo, sem explicar sua relação com a causa ou questão decidida. Desse modo, o juiz não poderia ter apenas indicado a presença dos requisitos do artigo 461 da CLT, mas também explicitado a função exercida pela reclamante, as razões de considerar o trabalho realizado como de igual valor, a identificação do empregador e do estabelecimento comercial. Além de a decisão ser considerada não fundamentada, ela viola o princípio da inafastabilidade da jurisdição, vez que sendo o judiciário provocado tem o dever de prestar a jurisdição, não podendo deixar de analisar pedidos formulados. Ademais, contraria o princípio da congruência, o qual exige que o juiz somente poderá emitir provimento jurisdicional sobre o que foi pleiteado, ou seja, a decisão deve se limitar ao que foi proposto (arts. 141 e 492 do CPC/2015).

Dessa forma, o juiz não pode deixar de julgar determinado pedido, como fez com o pedido de pagamento do adicional noturno e do intervalo intrajornada, configurando-se como decisão *citra petita*, a qual é recorrível por meio dos embargos de declaração (CLT, artigo 897-A).

CAPÍTULO XIV
Tutela Provisória

1. TUTELA PROVISÓRIA

É sabido que, para se chegar à tutela definitiva (final), o processo passa por uma sequência coordenada de atos, a fim de preservar o devido processo legal, o contraditório e a ampla defesa.

Esse caminhar, por vezes, é longo e demorado, colocando em risco o resultado útil do processo e a própria efetividade do direito material. Em razão disso, surge a tutela provisória de urgência.

Ademais, pode acontecer de ser evidente o direito postulado, de modo que não seria justo e adequado que o tempo do processo fosse suportado pelo autor, razão pela qual se concede imediatamente a tutela pretendida para que o tempo do processo fique a cargo do réu.

Portanto, a tutela provisória busca distribuir entre as partes do processo o ônus do tempo do processo, não o deixando sempre sobre o encargo do autor.

A tutela provisória corresponde à tutela jurisdicional não definitiva, fundada em cognição sumária, podendo ser fundamentada em urgência ou evidência[1] (CPC/2015, art. 294).

Ela é marcada por três características principais:

a) **sumariedade da cognição:** a decisão da tutela provisória é baseada em um juízo de probabilidade. Assim, não se faz um exame detalhado e completo do processo, que será realizado apenas na concessão da tutela definitiva. Em resumo, a tutela definitiva pressupõe cognição exauriente (juízo de certeza), já a tutela provisória finca-se na cognição sumária (juízo de probabilidade);

b) **precariedade:** a tutela provisória conserva sua eficácia ao longo do processo podendo, contudo, ser revogada ou modificada a qualquer tempo (CPC/2015, art. 296);

---

1. CÂMARA, Alexandre Freitas. *O novo processo civil brasileiro.* São Paulo: Atlas, 2015. p. 157.

c) **não se sujeita à coisa julgada:** por ser baseada em uma cognição sumária e precária, a tutela provisória não é capaz de se tornar indiscutível pela coisa julgada[2].

Para a efetivação da tutela provisória, o juiz poderá determinar as medidas que considerar adequadas, aplicando-se, no que for compatível, as regras referentes ao cumprimento provisório da sentença (CPC/2015, art. 297).

Ao conceder, negar, modificar ou revogar a tutela provisória, o juiz deve motivar o seu convencimento de modo claro e preciso (CPC/2015, art. 298).

Cumpre salientar que a CLT apenas estabeleceu a possibilidade da concessão de liminar para tornar sem efeito a transferência ou reintegrar o dirigente sindical, no art. 659, incisos IX e X. Trata-se de nítida tutela antecipada, vez que tem natureza satisfativa. Contudo, como a CLT não declinou os requisitos para sua concessão, assim como seu cabimento para os demais casos, aplicam-se subsidiariamente os arts. 294 a 311, do CPC/2015, nos termos do art. 3º, VI, da IN nº 39/2016.

1.1. Distinção: tutela de urgência e tutela de evidência

A tutela provisória pode fundamentar-se em:

- urgência; ou
- evidência (CPC/2015, art. 294).

A **tutela de urgência** corresponde à tutela jurisdicional concedida quando há elementos que evidenciam a probabilidade do direito e o perigo de dano ou o risco ao resultado útil do processo (CPC/2015, art. 300), podendo ser:

- antecipada (satisfativa); ou
- cautelar.

A **tutela de evidência**, por sua vez, não está relacionada ao requisito da urgência, correspondendo a uma "técnica de aceleração do resultado do processo, criada para casos em que se afigura *evidente* (isto é, dotada de probabilidade máxima) a existência do direito material"[3] (grifo no original). A tutela de evidência é sempre satisfativa e é concedida quando ficar caracterizada alguma das hipóteses previstas no art. 311 do CPC/2015.

O requerimento da tutela provisória de urgência pode ocorrer de forma antecedente ou incidental ao processo, enquanto a tutela provisória de evidência deverá

---

2. DIDIER JR., Fredie BRAGA, Paula Sarno; OLIVEIRA, Rafael Alexandria de. *Curso de direito processual civil, vol. 2: teoria da prova, direito probatório, decisão, precedente, coisa julgada e tutela provisória*. 10. ed. Salvador: Editora Juspodivm. p. 568.
3. CÂMARA, Alexandre Freitas. *O novo processo civil brasileiro*. São Paulo: Atlas, 2015. p. 169.

sempre ser requerida de forma incidental ao processo (CPC/2015, art. 294, parágrafo único). A tutela provisória será incidental, se requerida dentro do processo principal, ou seja, dentro do processo em que já se requereu a tutela definitiva. Já a tutela provisória antecedente ocorre quando seu requerimento é realizado em momento anterior ao pedido da tutela definitiva.

A tutela provisória será requerida ao juízo da causa e, quando antecedente, ao juízo competente para conhecer do pedido principal (CPC/2015, art. 299). Já quando a ação for de competência originária de tribunal e nos recursos, a tutela provisória será requerida ao órgão jurisdicional competente para apreciar o mérito, salvo disposição em contrário (CPC/2015, art. 299, parágrafo único).

▶ TUTELA PROVISÓRIA

	Tutela de urgência (antecipada e cautelar)	**Tutela de evidência**
Urgência	Está relacionada à urgência	Não está relacionada à urgência
Requisitos para concessão	1) probabilidade do direito; e 2) perigo de dano ou risco ao resultado útil do processo (CPC/2015, art. 300)	1) ficar caracterizado o abuso do direito de defesa ou o manifesto propósito protelatório da parte; 2) as alegações de fato puderem ser comprovadas apenas documentalmente e houver tese firmada em julgamento de casos repetitivos ou em súmula vinculante; 3) se tratar de pedido reipersecutório fundado em prova documental adequada do contrato de depósito, caso em que será decretada a ordem de entrega do objeto custodiado, sob cominação de multa; 4) a petição inicial for instruída com prova documental suficiente dos fatos constitutivos do direito do autor, a que o réu não oponha prova capaz de gerar dúvida razoável (CPC/2015, art. 311).
Momento de requerimento	incidental ou antecedente	Incidental

2. TUTELAS DE URGÊNCIA

A tutela provisória de urgência se subdivide em:

- **tutela antecipada**: também chamada de tutela provisória satisfativa, consiste na antecipação dos efeitos da tutela definitiva pretendida pelo autor, concedendo-lhe imediatamente o bem da vida pleiteado. Noutras palavras, com base em um juízo de probabilidade, já lhe é concedido o bem da vida, ainda que de forma provisória. Tem, portanto, natureza satisfativa. Exemplo:

  ✦ *Empregado ajuíza reclamação trabalhista postulando reintegração no emprego, vez que é dirigente sindical. Nesse caso, é admitido que, com base em juízo de verossimilhança, a própria reintegração seja concedida antes do trânsito em julgado da decisão, por meio da tutela antecipada, ou seja, o empregado retornará ao emprego antes da tutela definitiva, já se beneficiando do próprio objeto do processo.*

- **tutela cautelar**: quando se busca a conservação do direito afirmado para que, no fim do processo, seja útil a tutela jurisdicional. Tem como objetivo, pois, garantir o resultado útil da tutela jurisdicional definitiva, afastando os efeitos maléficos do tempo. Possui, portanto, natureza instrumental. Exemplo:

  ✦ *Empregado ajuíza reclamação trabalhista em face da empresa X postulando equiparação salarial, horas extras e indenização por danos morais. No início do processo, chega ao seu conhecimento que a empresa está vendendo todos os seus bens. Desse modo, o empregado poderá, por meio da tutelar cautelar, pleitear o bloqueio de determinados bens da empresa, para que no fim da sua reclamação, sagrando-se vencedor, possa receber o que lhe é devido.*

Em razão da clareza e facilidade do exemplo citado na obra do doutrinador Fredie Didier Jr., objetivando diferenciar tais tutelas, passamos a transcrevê-lo:

> ✦ *Uma imagem talvez ajude: se duas pessoas brigam por um pedaço de carne, e uma delas pede ao magistrado que o ponha na geladeira, para que o vencedor possa usufruir do alimento ao final do processo, é requerer uma providência cautelar (assegura para efetivar no futuro); se o pedido for para a extração de um 'bife', para propiciar alimentação imediata, estar-se-á diante de uma tutela antecipada atributiva (grifos no original)*[4]

É importante destacar que o CPC/2015 exclui a ideia do processo cautelar como processo autônomo, devendo as medidas cautelares ser requeridas no bojo do mesmo processo, sem a necessidade de instauração de uma nova relação processual[5].

4. DIDIER Jr., Fredie; BRAGA, Paula Sarno; OLIVEIRA, Rafael. *Curso de direito processual civil: Teoria da prova, direito probatório, teoria do procedente, decisão judicial, coisa julgada e antecipação dos efeitos da tutela*. 7. ed. Bahia: *Juspodivm*, 2012. v. 2. p. 471.
5. FLEXA, Alexandre; MACEDO, Daniel; BASTOS, Fabrício.*Novo Código de Processo Civil - temas inéditos, mudanças e supressões*. SALVADOR: Editora Juspodivm, p. 222.

Desse modo, o CPC/2015 não prevê medidas cautelares específicas, atribuindo ao juiz o poder geral de deferir medidas cautelares para a asseguração do direito, podendo ser efetivada mediante arresto, sequestro, arrolamento de bens, registro de protesto contra alienação de bem e qualquer outra medida idônea para asseguração do direito (CPC/2015, art. 301).

Embora referidas tutelas sejam diferentes, ambas estão ligadas ao tempo do processo, de modo que são consideradas, como visto, como espécies do gênero, tutela provisória de urgência.

Aliás, o CPC/2015 iguala os requisitos para sua concessão, exigindo que para ambas as tutelas (cautelar e antecipada) a demonstração da probabilidade do direito (*fumus boni iuris*) e do perigo de dano ou de risco ao resultado útil do processo (*periculum in mora*). Nesse sentido o Enunciado 143 do Fórum Permanente de Processuais Civis:

> **Enunciado nº 143 do FPPC:** A redação do art. 300, caput, superou a distinção entre os requisitos da concessão para a tutela cautelar e para a tutela satisfativa de urgência, erigindo a probabilidade e o perigo na demora a requisitos comuns para a prestação de ambas as tutelas de forma antecipada.

Nesse contexto, o CPC/2015 admite a fungibilidade entre tais tutelas, dispondo no art. 305, parágrafo único, que, caso o juiz entenda que o requerimento de tutela de urgência cautelar em caráter antecedente possua natureza satisfativa, o juiz poderá deferi-la conforme o rito da tutela antecipada antecedente (art. 303). Trata-se da chamada fungibilidade progressiva[6].

A recíproca também é admitida pela doutrina, isto é, se o autor requerer tutela antecipada (satisfativa), quando é o caso de tutela cautelar, estando presentes os requisitos para sua concessão, poderá o juiz deferir a tutela cautelar (fungibilidade regressiva). Trata-se da chamada fungibilidade de mão dupla.

Por fim, salientamos que, em ambas as espécies de tutelas de urgência, o requerente responderá pelo prejuízo que a efetivação da tutela de urgência causar à parte adversa, se:

> I – a sentença lhe for desfavorável;
>
> II – obtida liminarmente a tutela em caráter antecedente, não fornecer os meios necessários para a citação do requerido no prazo de 5 (cinco) dias[7];

6. DIDIER JR., Fredie; OLIVEIRA, Rafael Alexandria de; BRAGA, Paula Sarno. *Curso de Direito Processual Civil, vol. 2: teoria da prova, direito probatório, decisão, precedente, coisa julgada e tutela provisória*. 10. ed. Salvador: Editora Juspodivm, 2015. p. 616.
7. Referido dispositivo não se aplica ao processo trabalhista, uma vez que, nessa seara, a citação ocorre de ofício pela secretaria da vara (CLT, art. 841).

III - ocorrer a cessação da eficácia da medida em qualquer hipótese legal;

IV - o juiz acolher a alegação de decadência ou prescrição da pretensão do autor (CPC/2015, art. 302).

2.1. Requisitos para concessão

De acordo com o art. 300 do CPC/2015, a concessão das duas modalidades de tutela de urgência - cautelar e antecipada - exige a demonstração de dois requisitos cumulativos:

probabilidade do direito (*fumus boni iuris*)	+	demonstração do perigo de dano (*periculum in mora*) **OU** de risco ao resultado útil do processo (*periculum in mora*)

A probabilidade do direito é relacionada à presença de elementos que evidenciem a probabilidade de ocorrência do narrado pelo autor. "O que importa é que, de uma forma geral, o juiz se convença suficientemente de que são prováveis as chances de vitória da parte e apresente claramente as razões da formação do seu convencimento"[8].

No tocante ao perigo de dano ou risco ao resultado útil do processo, é preciso analisar se o dano alegado pela parte é concreto, atual e grave, tendo a aptidão de prejudicar ou impedir a fruição do direito[9].

Na tutela antecipada, existe ainda um **requisito negativo**: a irreversibilidade dos efeitos da decisão.

Noutras palavras, o art. 300, § 3º, do CPC/2015 faz a ressalva de que "a tutela de urgência de natureza antecipada não será concedida quando houver perigo de irreversibilidade dos efeitos da decisão". Trata-se, pois, de requisito negativo para a concessão de tutela de urgência satisfativa.

Esse requisito negativo não se aplica na tutela de urgência cautelar, uma vez que esta apenas tem o condão de conservar uma situação, não tendo, portanto, natureza satisfativa.

---

8. DIDIER JR., Fredie; BRAGA, Paula Sarno; OLIVEIRA, Rafael Alexandria. *Curso de direito processual civil: teoria da prova, direito probatório, decisão, precedente, coisa julgada e tutela provisória*, vol. 2. 11. ed. Salvador: Ed. Juspodivm, 2016. p. 609.
9. DIDIER JR., Fredie; BRAGA, Paula Sarno; OLIVEIRA, Rafael Alexandria. *Curso de direito processual civil: teoria da prova, direito probatório, decisão, precedente, coisa julgada e tutela provisória*, vol. 2. 11. ed. Salvador: Ed. Juspodivm, 2016. p. 610.

Ademais, parte da doutrina entende que o perigo de irreversibilidade dos efeitos da decisão deve ser interpretado de forma razoável nos casos em que houver conflito de interesses, ou seja, quando houver irreversibilidade para ambas as partes, devendo o juiz verificar qual decisão (deferimento ou indeferimento) causará o menor prejuízo às partes[10].

> É preciso analisar, nessas situações de urgência, quem possui o *melhor direito* - e numa cognição sumária, como já enfatizado -, porque o autor que tem um bom direito e necessita de antecipação de seus efeitos não pode ser penalizado por um risco menor, por vezes insignificante, de prejuízo ao réu. O risco a ser levado em conta, portanto, é o *efetivo risco* de o juiz, posteriormente, decidir em *sentido contrário* quanto à existência do direito material. De modo que, quanto menor esse risco, maior a justeza da decisão pela concessão da tutela, e vice-versa[11]

Desse modo, nos casos em que, mesmo sendo irreversível a tutela provisória satisfativa, o seu indeferimento causar um dano muito grande à parte, ela deverá ser concedida. "Se o seu deferimento é fadado à produção de efeitos irreversíveis desfavoráveis ao requerido, o seu indeferimento também implica consequências irreversíveis em desfavor do requerente" (irreversibilidade decorrente da não concessão da medida)[12]. Essa hipótese é também denominada pela doutrina como "irreversibilidade recíproca"[13].

Na concessão da tutela de urgência, o juiz também pode exigir que haja a prestação de uma caução real ou fidejussória, protegendo a parte contrária dos danos que ela possa sofrer, com exceção nos casos em que o requerente seja economicamente hipossuficiente, não podendo oferecê-la (CPC/2015, art. 300, § 1º). A caução deverá ser requerida, principalmente, nos casos em que houver conflito de interesses na concessão da tutela de urgência, em razão da irreversibilidade tanto ao reclamante como ao reclamado. No processo do trabalho, grande parte dos reclamantes é economicamente hipossuficiente, razão pela qual em muitos casos não se exigirá referida caução.

A tutela de urgência pode ser concedida liminarmente ou após justificação prévia (CPC/2015, art. 300, § 2º).

---

10. **Enunciado nº 419 do Fórum Permanente de Processualistas Civis:** Não é absoluta a regra que proíbe tutela provisória com efeitos irreversíveis.
11. SILVA, José Antônio Ribeiro de Oliveira. Comentários ao artigo 300 do CPC/2015. In: SILVA, José Antônio Ribeiro de Oliveira (coord.) *Comentários ao Novo CPC e sua aplicação ao processo do trabalho, volume 1: parte geral: arts. 1º ao 317: atualizado conforme a Lei n. 13.256/2016*. São Paulo: LTr, 2016. p. 297.
12. DIDIER JR., Fredie; BRAGA, Paula Sarno; OLIVEIRA, Rafael Alexandria. *Curso de direito processual civil: teoria da prova, direito probatório, decisão, precedente, coisa julgada e tutela provisória*, vol. 2. 11. ed. Salvador: Ed. Juspodivm, 2016. p. 613.
13. NEVES, Daniel Amorim Assumpção. *Manual de direito processual civil - volume único*. 8. ed. Salvador: Ed. Juspodivm, 2016. p. 432.

2.2. Formas de requerimento

A tutela provisória de urgência poderá ser concedida de forma incidental ou antecedente.

Será incidental, se requerida dentro do processo principal, ou seja, dentro do processo em que já se requereu a tutela definitiva. Nesses casos, o requerimento não tem maiores formalidades, sendo requeridas na petição inicial ou mediante simples petição.

A tutela provisória antecedente ocorre quando seu requerimento é realizado em momento anterior ao pedido da tutela definitiva, com o objetivo de adiantar os seus efeitos: "primeiro, pede-se a tutela provisória; só depois, pede-se a tutela definitiva"[14]. Nessa hipótese, submete-se a normas específicas, já que formuladas em momento anterior àquela em que se deduz a tutela definitiva.

Apesar de o CPC/2015 ter reunido sob o mesmo título as tutelas de urgência cautelares e antecipadas, ele prevê procedimentos distintos quando requeridas em caráter antecedente, como passamos a analisar.

2.2.1. Tutela antecipada requerida em caráter antecedente

Tratando-se de **tutela antecipada antecedente** o procedimento é o seguinte.

Quando a urgência for contemporânea à propositura da ação, a petição inicial pode limitar-se a requerer o pedido da tutela antecipada, indicando o pedido de tutela final, expondo o direito que se busca realizar e o perigo de dano ou do resultado útil do processo (*fumus boni iuris* e *periculum in mora*) (CPC/2015, art. 303, *caput*).

Essa indicação tem como objetivo diferenciar a petição mal formulada daquela que, em decorrência da urgência, teve que ser incompleta. Noutras palavras, a parte tem consciência de que sua petição é incompleta, mas isso só ocorreu em razão da extrema urgência.

Portanto, percebe-se que o CPC/2015 permite a petição inicial simplificada, devido às situações que, por urgência, não possibilitam à parte tempo razoável para a elaboração da petição inicial com todos os requisitos à demanda principal.

Concedida a tutela antecipada o autor deverá aditar a inicial, no prazo de 15 dias ou outro maior que o juiz fixar, com a complementação de sua argumentação, a juntada de novos documentos e a confirmação do pedido de tutela final (art. 303, § 1º, I). Aditada a inicial, prossegue-se no procedimento celetista notificando-se o réu para comparecimento em audiência.

Não aditada a inicial, o processo será extinto sem resolução do mérito (CPC/2015, art. 303, § 2º).

---

14. DIDIER JR., Fredie; OLIVEIRA, Rafal Alexandria de; BRAGA, Paula SARNO. *Curso de Direito Processual Civil, vol. 2: teoria da prova, direito probatório, decisão, precedente, coisa julgada e tutela provisória*. 10. ed. Salvador: Editora Juspodivm, 2015. p. 570 -571.

Por fim, nas situações em que o juiz entender que não há elementos para a concessão da tutela antecipada, a emenda deverá ser realizada em até 5 dias, sob pena de o processo ser extinto sem resolução do mérito (CPC/2015, art. 303, § 6º).

2.2.1.1. *Estabilização da tutela antecipada*

De acordo com o art. 304 do CPC/2015, a tutela antecipada requerida em caráter antecedente "torna-se estável se da decisão que a conceder não for interposto o respectivo recurso". Desse modo, caso o autor tenha requerido a tutela antecipada em momento anterior ao pedido principal e não tendo o réu interposto recurso contra a decisão, a decisão se tornará estável, devendo o processo ser extinto (CPC/2015, art. 304, § 1º).

A doutrina não é pacífica sobre o alcance da expressão recurso.

Para uns, basta a impugnação da decisão, seja em grau recursal, seja por exemplo com a apresentação da contestação. Aderindo esse posicionamento, não haverá maiores problemas na sua procedimentalização na seara trabalhista.

Para outras, deverá ser interposto o agravo de instrumento. Nesse caso, no processo do trabalho, em razão do princípio da irrecorribilidade imediata das decisões interlocutórias, não será exigido que o réu apresente recurso da decisão para evitar a estabilização da tutela antecipada. Todavia, como já pacificado, da decisão que concede a tutela provisória, pode o réu impetrar mandado de segurança, devendo este instrumento ser considerado como a conduta do réu que se insurge contra a decisão, para fins no disposto no art. 304 do CPC/2015[15].

Essa estabilização não significa que a decisão fará coisa julgada, como expressamente declina o art. 304, § 6º, do CPC/2015, mesmo porque, baseada em cognição sumária e não exauriente. Todavia, seus efeitos somente poderão ser afastados por uma decisão judicial que os reveja, reforme ou invalide, proferida em demanda proposta por alguma das partes em face da outra (CPC/2015, art. 304, §§ 2º, 3º e 6º).

O efeito direto da não formação de coisa julgada consiste na impossibilidade de ajuizamento de ação rescisória como mecanismo de impugnação da decisão de estabilização da tutela antecipada.

O prazo decadencial de desconstituição da tutela antecipada estável é de 2 anos, sendo contado da ciência da decisão que extinguiu o processo, nos termos do § 1º (CPC/2015, art. 304, § 5º).

> ► **ATENÇÃO:**
> A estabilização apenas é verificada na tutela antecipada requerida em caráter antecedente, não se aplicando à tutela cautelar.

15. CALVET, Otavio Amaral. As tutelas de urgência e da evidência e suas repercussões no Processo do Trabalho. In: LEITE, Carlos Henrique Bezerra. *Novo CPC: repercussões no processo do trabalho*. São Paulo: Saraiva, 2015. p. 173-196.

2.2.2. *Tutela cautelar requerida em caráter antecedente*

O procedimento da tutela de urgência cautelar requerida em caráter antecedente é disciplinado nos arts. 305 a 310 do CPC/2015.

Assim, a petição inicial que requerer a **tutela cautelar** de modo antecedente deverá indicar "a lide e seu fundamento, a exposição sumária do direito que se objetiva assegurar e o perigo de dano ou o risco ao resultado útil do processo" (CPC/2015, art. 305).

Ao receber a inicial, o juiz poderá deferi-la liminarmente ou após justificação prévia (CPC/2015, art. 300, § 2º). Após, o juiz mandará citar o réu para que, no prazo de 5 dias, conteste o pedido e indique as provas que pretende produzir (CPC/2015, art. 306)[16].

Não havendo contestação, os fatos alegados pelo autor presumir-se-ão aceitos pelo réu como ocorridos, caso em que o juiz decidirá dentro de 5 dias. Contestado o pedido, será observado o procedimento comum (CPC/2015, art. 307).

No caso de deferimento da tutela cautelar, o pedido principal deverá ser formulado pelo autor no prazo de 30 dias, nos mesmos autos do pedido da tutela cautelar (CPC/2015, art. 308, *caput*). Após o aditamento da petição inicial, as partes serão intimadas para a audiência de conciliação e julgamento que, no processo trabalhista, é una, devendo ser apresentada a contestação.

O art. 309 do CPC/2015 dispõe que, cessa a eficácia a tutela concedida em caráter antecedente, se:

> I – o autor não deduzir o pedido principal no prazo legal;
>
> II – não for efetivada dentro de 30 (trinta) dias;
>
> III – o juiz julgar improcedente o pedido principal formulado pelo autor ou extinguir o processo sem resolução de mérito.
>
> Parágrafo único. Se por qualquer motivo cessar a eficácia da tutela cautelar, é vedado à parte renovar o pedido, salvo sob novo fundamento.

Por fim, destaca-se que o indeferimento da tutela cautelar não obsta a que a parte formule o pedido principal, nem influi no julgamento desse, salvo se o motivo do indeferimento for o reconhecimento de decadência ou de prescrição.

3. TUTELA DE EVIDÊNCIA

Como visto, enquanto as tutelas antecipada e cautelar estão embasadas na urgência, na tutela de evidência defere-se a tutela por ser manifesto o direito postulado, não sendo justo e adequado que o tempo do processo seja suportado pelo autor.

---

16. Por força da IN 27/05 do TST aplicamos o rito do CPC nesse caso.

Desse modo, os requisitos para sua concessão são diferentes dos da tutela de urgência.

3.1. Requisitos para a concessão da tutela de evidência

A tutela provisória de evidência não exige que haja a demonstração de perigo, bastando que, além do *fumus boni iuris* (probabilidade do direito) esteja configurada alguma das seguintes situações:

> I - ficar caracterizado o abuso do direito de defesa ou o manifesto propósito protelatório da parte;
>
> II - as alegações de fato puderem ser comprovadas apenas documentalmente e houver tese firmada em julgamento de casos repetitivos ou em súmula vinculante;
>
> III - se tratar de pedido reipersecutório fundado em prova documental adequada do contrato de depósito, caso em que será decretada a ordem de entrega do objeto custodiado, sob cominação de multa;
>
> IV - a petição inicial for instruída com prova documental suficiente dos fatos constitutivos do direito do autor, a que o réu não oponha prova capaz de gerar dúvida razoável (CPC/2015, art. 311).

Nos casos dos incisos II e III do art. 311 do CPC/2015, a tutela provisória de urgência poderá ser concedida sem que haja o prévio contraditório, ou seja, liminarmente (CPC/2015, art. 311, parágrafo único). No processo do trabalho, apenas não será aplicável o inciso III que não possui incidência prática.

> ▶ **ATENÇÃO:**
> **A tutela de evidência será sempre requerida de forma incidental, mediante simples petição (CPC/2015, art. 294, parágrafo único).**

4. MOMENTO DE CONCESSÃO E MEIOS DE IMPUGNAÇÃO

As tutelas provisórias de urgência incidentais podem ser requeridas e concedidas a qualquer tempo. Já a tutela provisória de evidência, nos casos dos incisos I e IV, pode ser deferida após o contraditório prévio.

De qualquer modo, elas podem ser concedidas antes ou na sentença.

Com efeito, sendo concedidas **antes da sentença**, não há recurso cabível, em razão do princípio da irrecorribilidade das decisões interlocutórias que permeia o processo do trabalho (CLT, art. 893, § 1º).

Ocorre, no entanto, que a concessão ou o indeferimento da tutela provisória pode, em tese, ferir direito líquido e certo, razão pela qual, não havendo outro meio de impugnação, o C. TST admite a impetração de mandado de segurança na hipótese. É o que estabelece o item II da Súmula nº 414 do TST, a seguir transcrita:

> II – No caso de a tutela provisória haver sido concedida ou indeferida antes da sentença, cabe mandado de segurança, em face da inexistência de recurso próprio.

Nesse caso, a superveniência da sentença, nos autos originários, faz perder o objeto do mandado de segurança que impugnava a concessão da tutela antecipada (ou liminar), nos termos do item III da referida súmula.

Por outro lado, sendo a tutela antecipada (ou tutela provisória) concedida **na sentença**, o meio de impugnação é o recurso ordinário. Nesse caso, entende o C. TST que é possível obter o efeito suspensivo do recurso, por meio de simples petição dirigida ao tribunal, conforme dispõe o item I da Súmula 414 do TST:

> I – A tutela provisória concedida na sentença não comporta impugnação pela via do mandado de segurança, por ser impugnável mediante recurso ordinário. É admissível a obtenção de efeito suspensivo ao recurso ordinário mediante requerimento dirigido ao tribunal, ao relator ou ao presidente ou ao vice-presidente do tribunal recorrido, por aplicação subsidiária ao processo do trabalho do artigo 1.029, § 5º, do CPC de 2015.

Embora referida súmula faça referência apenas ao art. 1.029, § 5º, do CPC/2015, pensamos que, nos recursos de natureza ordinária, será aplicável subsidiariamente ao processo do trabalho o art. 995, parágrafo único, e os §§ 3º e 4º do art. 1.012 todos do CPC/2015[17]. Já no caso de interposição de recursos de natureza extraordinária, há aplicação do art. 1.029, § 5º, do CPC/2015[18].

Cumpre salientar que, nos tribunais, compete ao relator decidir sobre o pedido de tutela provisória (CPC/2015, art. 299, parágrafo único; art. 932, II), entendendo o C. TST que ele deverá submeter sua decisão ao colegiado respectivo, independentemente de pauta, na sessão imediatamente subsequente (OJ nº 68 da SDI-II do TST[19]). A decisão do relator poderá ser impugnada por meio do agravo regimental.

---

17. **Art. 995. Parágrafo único.** A eficácia da decisão recorrida poderá ser suspensa por decisão do relator, se da imediata produção de seus efeitos houver risco de dano grave, de difícil ou impossível reparação, e ficar demonstrada a probabilidade de provimento do recurso.
Art. 1.012. § 3º O pedido de concessão de efeito suspensivo nas hipóteses do § 1º poderá ser formulado por requerimento dirigido ao: I – tribunal, no período compreendido entre a interposição da apelação e sua distribuição, ficando o relator designado para seu exame prevento para julgá-la; II – relator, se já distribuída a apelação. § 4º Nas hipóteses do § 1º, a eficácia da sentença poderá ser suspensa pelo relator se o apelante demonstrar a probabilidade de provimento do recurso ou se, sendo relevante a fundamentação, houver risco de dano grave ou de difícil reparação.
18. **Art. 1.029. § 5º** O pedido de concessão de efeito suspensivo a recurso extraordinário ou a recurso especial poderá ser formulado por requerimento dirigido: I – ao tribunal superior respectivo, no período compreendido entre a publicação da decisão de admissão do recurso e sua distribuição, ficando o relator designado para seu exame prevento para julgá-lo; II – ao relator, se já distribuído o recurso; III – ao presidente ou ao vice-presidente do tribunal recorrido, no período compreendido entre a interposição do recurso e a publicação da decisão de admissão do recurso, assim como no caso de o recurso ter sido sobrestado, nos termos do art. 1.037.
19. Para aprofundar os estudos dessa orientação. MIESSA, Élisson; CORREIA, Henrique. *Súmulas e orientações jurisprudenciais do TST comentadas e organizadas por assunto*. 6. ed. Salvador: Juspodivm, 2016.

Em resumo, podemos esquematizar da seguinte forma:

▸ MOMENTO DE CONCESSÃO DA TUTELA ANTECIPADA	▸ MEIO DE IMPUGNAÇÃO
Antes da sentença	Mandado de segurança
Na sentença	Recurso ordinário, podendo obter efeito suspensivo por meio de simples petição dirigida ao Tribunal
No tribunal pelo relator	Agravo regimental

5. QUESTÕES DISSERTATIVAS

Questão 1

Quais as diferenças entre tutela de urgência e tutela de evidência?

Resposta sugerida pelo autor

De acordo com o artigo 294 do CPC/2015, a tutela provisória pode ser fundamentada em urgência ou evidência.

A tutela de urgência corresponde à tutela jurisdicional concedida quando há elementos que evidenciam a probabilidade do direito e o perigo de dano ou o risco ao resultado útil do processo (CPC/2015, artigo 300), podendo ser: antecipada (satisfativa); ou cautelar.

A tutela de evidência, por sua vez, não está relacionada ao requisito da urgência, mas sim à evidência de existência do direito material. A tutela de evidência é sempre satisfativa e é concedida quando ficar caracterizada alguma das hipóteses previstas no artigo 311 do CPC/2015.

Elas diferem também quando ao momento de requerimento, pois a tutela provisória de urgência pode ocorrer de forma antecedente ou incidental ao processo, enquanto a tutela provisória de evidência deverá sempre ser requerida de forma incidental ao processo (CPC/2015, artigo 294, parágrafo único).

Questão 2

Da decisão que concede a tutela de urgência antecipada é cabível qual recurso?

Resposta sugerida pelo autor

A tutela antecipada pode ser requerida e concedida a qualquer tempo.

Caso seja concedida antes da sentença, ela decorre de decisão interlocutória, de modo que não cabe recurso, em razão do princípio da irrecorribilidade das decisões interlocutórias que permeia o processo do trabalho (CLT, artigo 893, § 1º).

Ocorre, no entanto, que a concessão de tutela provisória pode, em tese, ferir direito líquido e certo, razão pela qual, não havendo outro meio de impugnação, o C. TST admite a impetração de mandado de segurança na hipótese. É o que estabelece o item II da Súmula nº 414 do TST.

Por outro lado, sendo a tutela antecipada concedida na sentença, o meio de impugnação é o próprio recurso ordinário. Nesse caso, é possível obter o efeito suspensivo do recurso, por meio de requerimento dirigido ao tribunal, ao relator ou ao presidente ou ao vice-presidente do tribunal recorrido, conforme dispõe o item I da Súmula 414 do TST.

CAPÍTULO XV

PROCEDIMENTO SUMARÍSSIMO E PROCEDIMENTO SUMÁRIO

1. PROCEDIMENTO SUMARÍSSIMO

Com o objetivo de agilizar a prestação jurisdicional, entregando-a de forma mais célere e efetiva, a Lei nº 9.957/00 instituiu o rito sumaríssimo no processo do trabalho, incluindo os arts. 852-A a 852-I na CLT. De acordo com tais dispositivos é possível extrair as seguintes diretrizes desse procedimento.

1.1. Incidência

O procedimento sumaríssimo é aplicável às causas que não excedam **40 vezes o salário-mínimo vigente na data do ajuizamento da reclamação.**

Atente-se para o fato de que o rito processual é norma de ordem pública, não cabendo à parte escolher se irá se submeter ou não a determinado rito, de modo que não excedendo a 40 vezes o salário-mínimo, obrigatoriamente, adotará o rito sumaríssimo[1].

É interessante observar que, no processo do trabalho, o valor da causa é o único critério considerado para o enquadramento nesse rito, independentemente da complexidade da matéria.

Tal procedimento aplica-se **apenas aos dissídios individuais**, ou seja, não se aplica ao dissídio coletivo. Além disso, também não tem aplicação nas ações civis públicas e ações civis coletivas (substituto processual).

Por outro lado, tratando-se de reclamação plúrima, o procedimento é aplicável quando seu valor não exceder 40 salários-mínimos.

> ▶ **ATENÇÃO:**
> **Estão excluídas do procedimento sumaríssimo as demandas em que é parte a Administração Pública direta, autárquica e fundacional.**

1. Rito sumaríssimo e procedimento sumaríssimo são utilizados como expressões sinônimas pela doutrina.

1.2. Petição inicial e prazo para apreciação

Ajuizada a reclamação trabalhista submetida ao rito sumaríssimo, sua apreciação deverá ocorrer no prazo máximo de 15 dias, podendo constar de pauta especial (CLT, art. 852-B, III).

A petição inicial desse rito possui duas características importantes:

1. **o pedido deverá ser certo ou determinado, devendo indicar ainda o valor correspondente** (CLT, art. 852- B, I). Exemplo: requer o pagamento do 13º salário, no valor de R$ 2.000, 00.
2. **o autor deve indicar o correto endereço do reclamado, sendo vedada a citação por edital** (CLT, art. 852-B, II). Atente-se para o fato de que essa restrição atinge apenas a fase de conhecimento, aplicando-se na fase de execução o art. 880, § 3º, da CLT que permite a citação por edital.

O STF entendeu que a vedação da citação por edital é legítima e objetiva conferir celeridade e efetividade ao procedimento sumaríssimo na Justiça do Trabalho.[2]

Na hipótese de não se preencher os requisitos anteriores, ou seja, não ser o pedido certo ou determinado, não indicar o valor do pedido ou não indicar o endereço correto do reclamado, a reclamação será arquivada (extinta sem resolução do mérito), condenando-se o reclamante ao pagamento de custas sobre o valor da causa (CLT, art. 852-B, § 1º).

1.3. Audiência

As demandas submetidas ao rito sumaríssimo serão instruídas e julgadas em audiência única (CLT, art. 852-C).

O juiz dirigirá o processo com liberdade para determinar as provas a serem produzidas, considerado o ônus probatório de cada litigante, podendo limitar ou excluir as que considerar excessivas, impertinentes ou protelatórias, bem como para apreciá-las e dar especial valor às regras de experiência comum ou técnica (CLT, art. 852-D).

Aberta a audiência, o juiz esclarecerá as vantagens da conciliação, podendo se utilizar de meios adequados de persuasão para a solução conciliatória do litígio, **em qualquer fase da audiência** (CLT, art. 852-E).

Todos os incidentes e exceções que possam interferir no prosseguimento da audiência serão decididos de plano. As demais questões serão decididas na sentença (CLT, art. 852-G).

Todas as provas serão produzidas na audiência de instrução e julgamento, ainda que não requeridas previamente (CLT, art. 852-H).

2. Esse entendimento foi proferido no julgamento das ADIs 2139/DF; 2160/DF e 2237/DF em 01.08.2018.

Sobre os documentos apresentados por uma das partes, manifestar-se-á imediatamente a parte contrária, sem interrupção da audiência, salvo absoluta impossibilidade, a critério do juiz (CLT, art. 852-H, § 1º).

É importante atentar para o fato de que, na hipótese de prova testemunhal, é permitida até o máximo de duas para cada parte (CLT, art. 852-H, § 2º), e não 3 testemunhas como no rito ordinário.

Ademais, a testemunha deve comparecer independentemente de intimação, de modo que não comparecendo, poderá ser intimada, desde que comprovado o convite (CLT, art. 852-H, § 3º)[3], sob pena de condução coercitiva.

► **ATENÇÃO:**

Somente será deferida a intimação da testemunha, nesse rito, ser for comprovado o convite.

Quanto à prova pericial (técnica), apenas será deferida quando a prova do fato o exigir, ou for legalmente imposta, incumbindo ao juiz, desde logo, fixar o prazo, o objeto da perícia e nomear perito (CLT, art. 852-H, § 4º).

Nesse caso, as partes serão intimadas a manifestarem-se sobre o laudo, no prazo **comum** de 5 dias (CLT, art. 852-H, § 6º).

Interrompida a audiência, o seu prosseguimento e a solução do processo dar-se-ão no prazo máximo de 30 dias, salvo motivo relevante justificado nos autos pelo juiz da causa (CLT, art. 852-H, § 7º).

Na ata de audiência serão registrados resumidamente os atos essenciais, as afirmações fundamentais das partes e as informações úteis à solução da causa trazidas pela prova testemunhal (CLT, art. 852-F).

1.4. Sentença

A sentença mencionará os elementos de convicção do juízo, com resumo dos fatos relevantes ocorridos em audiência, **dispensado o relatório** (CLT, art. 852-I, *caput*).

O juízo adotará em cada caso a decisão que reputar mais justa e equânime, atendendo aos fins sociais da lei e às exigências do bem comum. (CLT, art. 852-I, § 1º).

---

3. Exemplo: enviou uma carta com AR convidando-a como testemunha. A comprovação do convite, nesse caso, faz-se por meio da apresentação do AR. O convite também poderá ser comprovado por meio de mensagens realizadas pelo aplicativo *whatsapp*, o que tem sido adotado pela jurisprudência majoritária. Nesse sentido: ROPS nº 0000207-17.2016.5.17.0009, 3ª Turma do TRT da 17ª Região/ES, Rel. Jailson Pereira da Silva. DEJT 27.07.2017 e RO nº 0024151-95.2015.5.24.0071, 1ª Turma do TRT da 24ª Região/MS, Rel. André Luis Moraes de Oliveira. DEJT 02.05.2018.

As partes serão intimadas da sentença na própria audiência em que prolatada (CLT, art. 852-I, § 3º).

1.5. Recursos

O processo submetido ao procedimento sumaríssimo está sujeito aos recursos existentes na seara trabalhista, tendo, porém, algumas peculiaridades e restrições, como se verifica a seguir.

1.5.1. *Recurso ordinário*

Nas reclamações sujeitas ao procedimento sumaríssimo, o recurso ordinário é cabível, no prazo de 8 dias, das decisões definitivas ou terminativas das Varas e Juízos e das decisões definitivas ou terminativas dos Tribunais Regionais, em processos de sua competência originária, desde que dissídios individuais. Tem incidência, portanto, nos mesmos casos que o rito ordinário, exceto na hipótese de dissídio coletivo, que não se submete a esse procedimento.

Contudo, o processamento do recurso ordinário é diferenciado, tendo as seguintes diretrizes:

1) será imediatamente distribuído, uma vez recebido no Tribunal, devendo o relator liberá-lo no prazo máximo de dez dias, e a Secretaria do Tribunal ou Turma colocá-lo imediatamente em pauta para julgamento, sem revisor;
2) terá parecer oral do representante do Ministério Público presente à sessão de julgamento, se este entender necessário o parecer, com registro na certidão;
3) terá acórdão consistente unicamente na certidão de julgamento, com a indicação suficiente do processo e parte dispositiva, e das razões de decidir do voto prevalente. Se a sentença for confirmada pelos próprios fundamentos, a certidão de julgamento, registrando tal circunstância, servirá de acórdão (CLT, art. 895, § 1º).

Os Tribunais Regionais, divididos em Turmas, poderão designar Turma para o julgamento dos recursos ordinários interpostos das sentenças prolatadas nas demandas sujeitas ao procedimento sumaríssimo (CLT, art. 895, § 2º).

1.5.2. *Recurso de revista*

Nas causas sujeitas ao procedimento sumaríssimo, somente será admitido recurso de revista por contrariedade à súmula de jurisprudência uniforme do Tribunal Superior do Trabalho ou à Súmula vinculante do STF e violação direta da Constituição da República (CLT, art. 896, § 9º).

O art. 297, parágrafo único, do Regimento Interno do TST, estabelece que "as teses jurídicas aprovadas em incidentes de recursos repetitivos, de assunção de competência e de resolução de demandas repetitivas têm sua natureza equiparada à súmula do Colendo TST para o exame do conhecimento do recurso de revista". Como há correlação com as súmulas do TST, as teses desses incidentes poderão ser invocadas inclusive nas ações submetidas ao rito sumaríssimo.

▶ **ATENÇÃO:**

Nesse rito processual, não cabe recurso de revista por violação à Orientação Jurisprudencial (Súmula nº 442 do TST).

1.5.3. *Embargos para a SDI (embargos de divergência)*

Em causas sujeitas ao procedimento sumaríssimo, admitem-se os embargos de divergência, descritos no art. 894, II, da CLT, quando demonstrado que a divergência jurisprudencial entre Turmas do TST está fundada em interpretações diversas acerca da aplicação de mesmo dispositivo constitucional ou de matéria sumulada (Súmula nº 433 do TST).

2. PROCEDIMENTO SUMÁRIO

O procedimento sumário, também chamado de dissídio de alçada, é previsto no art. 2º da Lei nº 5.584/70, que estabelece:

> Art. 2º Nos dissídios individuais, proposta a conciliação, e não havendo acordo, o Presidente, da Junta ou o Juiz, antes de passar à instrução da causa, fixar-lhe-á o valor para a determinação da alçada, se este for indeterminado no pedido.
>
> § 1º Em audiência, ao aduzir razões finais, poderá qualquer das partes, impugnar o valor fixado e, se o Juiz o mantiver, pedir revisão da decisão, no prazo de 48 (quarenta e oito) horas, ao Presidente do Tribunal Regional.
>
> § 2º O pedido de revisão, que não terá efeito suspensivo deverá ser instruído com a petição inicial e a Ata da Audiência, em cópia autenticada pela Secretaria da Junta, e será julgado em 48 (quarenta e oito) horas, a partir do seu recebimento pelo Presidente do Tribunal Regional.
>
> § 3º Quando o valor fixado para a causa, na forma deste artigo, não exceder de 2 (duas) vezes o salário-mínimo vigente na sede do Juízo, será dispensável o resumo dos depoimentos, devendo constar da Ata a conclusão da Junta quanto à matéria de fato.
>
> § 4º – Salvo se versarem sobre matéria constitucional, nenhum recurso caberá das sentenças proferidas nos dissídios da alçada a que se refere o parágrafo anterior, considerado, para esse fim, o valor do salário-mínimo à data do ajuizamento da ação.

Ele tem cabimento, portanto, nas causas que não excedam **2 salários-mínimos** vigente na data do ajuizamento da reclamação.

Parte da doutrina entende que referido rito foi absorvido pelo rito sumaríssimo. No entanto, a tese majoritária é no sentido de manutenção do rito Sumário, uma vez que a Lei nº 9.957/00 não revogou a Lei nº 5.584/70, mantendo-se, no processo do trabalho, três ritos processuais: ordinário, Sumário e sumaríssimo.

No procedimento Sumário é admitida a definição do valor da causa de ofício pelo juiz.

Assim, sendo fixado o valor da causa até 2 salários-mínimos, confere-se à parte o direito de impugná-lo em audiência, ao aduzir suas razões finais.

Caso o juiz mantenha o valor, poderá ser interposto, no prazo de 48 horas, o pedido de revisão. Esse pedido é direcionado ao Presidente do Tribunal Regional, devendo ser instruído com a petição inicial e a ata da audiência. Tal pedido, não tendo efeito suspensivo, deve ser julgado no prazo de 48 horas.

Acolhido o pedido de revisão e alterando-se o valor da causa para valor superior a 2 salários-mínimos, modifica-se o rito processual, seguindo o rito correspondente ao valor novo definido, ou seja, até 40 salários-mínimos para o rito sumaríssimo e, para o rito ordinário, valores superiores.

Não sendo acolhido o pedido de revisão, continua-se no rito Sumário.

Nesse rito, será dispensável o resumo dos depoimentos, devendo constar da ata a conclusão do juízo quanto à matéria de fato.

Ademais, esse procedimento é muito restritivo quanto ao cabimento de recursos, uma vez que somente admite recurso que se versar sobre matéria constitucional. Desse modo, o TST tem admitido nesse caso recurso ordinário quando a discussão envolver matéria de natureza constitucional.[4]

▸ ATENÇÃO:

Não se aplica a alçada em ação rescisória e em mandado de segurança (Súmula nº 365 do TST).

3. PROCEDIMENTO ORDINÁRIO

Como se verifica nos tópicos anteriores, os procedimentos sumário e sumaríssimo possuem peculiaridades, com a finalidade de tornar a prestação jurisdicional mais célere e efetiva. Contudo, caso a demanda não se enquadre em tais procedimentos, seguirá o procedimento ordinário, que é o procedimento comum, incidindo todas as diretrizes estudadas nessa obra, tais como, as relacionadas à petição inicial, audiência, resposta do réu, provas etc.

---

4. Nesse sentido: TST-RR1343-83.2017.5.10.0017, 4ª Turma, rel. Min. Guilherme Augusto Caputo Bastos, julgado em 10/11/2020 (Informativo 229); TST-RR-267-73.2012.5.09.0325, 1ª Turma , Relator Ministro Hugo Carlos Scheuermann, DEJT 17/08/2018; TST-AIRR-10046-45.2015.5.15.0110, 3ª Turma , Relator Ministro Alberto Luiz Bresciani de Fontan Pereira, DEJT 24/03/2017; RR-161500-95.2010.5.21.0008, 7ª Turma , Relator Ministro Luiz Philippe Vieira de Mello Filho, DEJT 05/05/2014.

4. QUESTÕES DISSERTATIVAS E ESTUDOS DE CASO

Questão 1

Na Justiça do Trabalho como são produzidas as provas no rito sumaríssimo?

Resposta sugerida pelo autor

No procedimento sumaríssimo todas as provas são produzidas na audiência de instrução e julgamento, ainda que não requeridas previamente (CLT, art. 852-H).

Com relação aos documentos apresentados por uma das partes, a parte contrária deve se manifestar imediatamente, sem interrupção da audiência, salvo absoluta impossibilidade, a critério do juiz (CLT, art. 852-H, § 1º).

No que tange à prova testemunhal, é permitida até o máximo de duas testemunhas para cada parte (CLT, art. 852-H, § 2º), Além disso, a testemunha deve comparecer independentemente de intimação, de modo que não comparecendo, poderá ser intimada, desde que comprovado o convite (CLT, art. 852-H, § 3º), sob pena de condução coercitiva.

Quanto à prova pericial (técnica), apenas será deferida quando a prova do fato o exigir, ou for legalmente imposta, incumbindo ao juiz, desde logo, fixar o prazo, o objeto da perícia e nomear perito (CLT, art. 852-H, § 4º).

Nesse caso, as partes serão intimadas a manifestarem-se sobre o laudo, no prazo comum de 5 dias (CLT, art. 852-H, § 6º).

Estudo de caso 1

(FCC - Analista Judiciário - Área Judiciária - TRT 18/2008) Joana ajuizou reclamação trabalhista em face da empresa Beta pelo Rito Sumaríssimo. Joana compareceu à audiência com sua advogada e suas quatro testemunhas, apesar de não ter requerido previamente o depoimento testemunhal. Representando a empresa Beta, compareceu apenas um advogado, munido de procuração e contestação escrita, estando acompanhado de três testemunhas.

Neste caso, exponha, sintética e fundamentadamente, a respeito de qual será o desdobramento da audiência para Joana e para a empresa Beta.

Resposta sugerida pelo autor

No procedimento sumaríssimo, as provas são produzidas na audiência de instrução e julgamento, ainda que não requeridas previamente (CLT, artigo 852-H). Desse modo, não haverá nenhum prejuízo à Joana, em razão desta não ter requerido previamente o depoimento testemunhal. Todavia, são permitidas até o máximo de duas testemunhas para cada parte (CLT, artigo 852-H, § 2º), devendo Joana selecionar apenas as duas testemunhas que desejar a participação na audiência, caso haja necessidade de suas oitivas.

No tocante à empresa Beta, serão aceitos a contestação e os documentos apresentados pelo seu advogado (CLT, art. 844, § 5º), mas haverá confissão, vez que não compareceu o representante da empresa para depor.

5. SÚMULAS E ORIENTAÇÕES JURISPRUDENCIAIS DO TST

▶ PROCEDIMENTO SUMARÍSSIMO E PROCEDIMENTO SUMÁRIO
Orientação Jurisprudencial nº 260 da SDI – I do TST. Agravo de instrumento. Recurso de revista. Procedimento sumaríssimo. Lei nº 9.957/00. Processos em curso I – É inaplicável o rito sumaríssimo aos processos iniciados antes da vigência da Lei nº 9.957/00. II – No caso de o despacho denegatório de recurso de revista invocar, em processo iniciado antes da Lei nº 9.957/00, o § 6º do art. 896 da CLT (rito sumaríssimo), como óbice ao trânsito do apelo calcado em divergência jurisprudencial ou violação de dispositivo infraconstitucional, o Tribunal superará o obstáculo, apreciando o recurso sob esses fundamentos.
Súmula nº 442 do TST. Procedimento sumaríssimo. Recurso de revista fundamentado em contrariedade a orientação jurisprudencial. Inadmissibilidade. Art. 896, § 6º, da CLT, acrescentado pela lei nº 9.957, de 12.01.2000 Nas causas sujeitas ao procedimento sumaríssimo, a admissibilidade de recurso de revista está limitada à demonstração de violação direta a dispositivo da Constituição Federal ou contrariedade a Súmula do Tribunal Superior do Trabalho, não se admitindo o recurso por contrariedade a Orientação Jurisprudencial deste Tribunal (Livro II, Título II, Capítulo III, do RITST), ante a ausência de previsão no art. 896, § 6º, da CLT.
Súmula nº 458 do TST. Embargos. Procedimento sumaríssimo. Conhecimento. Recurso interposto após vigência da Lei nº 11.496, de 22.06.2007, que conferiu nova redação ao art. 894, II, da CLT Em causas sujeitas ao procedimento sumaríssimo, em que pese a limitação imposta no art. 896, § 6º, da CLT à interposição de recurso de revista, admite-se os embargos interpostos na vigência da Lei nº 11.496, de 22.06.2007, que conferiu nova redação ao art. 894 da CLT, quando demonstrada a divergência jurisprudencial entre Turmas do TST, fundada em interpretações diversas acerca da aplicação de mesmo dispositivo constitucional ou de matéria sumulada.
Súmula nº 71 do TST. Alçada A alçada é fixada pelo valor dado à causa na data de seu ajuizamento, desde que não impugnado, sendo inalterável no curso do processo.
Súmula nº 356 do TST. Alçada recursal. Vinculação ao salário-mínimo O art. 2º, § 4º, da Lei nº 5.584, de 26.06.1970, foi recepcionado pela CF/1988, sendo lícita a fixação do valor da alçada com base no salário-mínimo.
Súmula nº 365 do TST. Alçada. Ação rescisória e mandado de segurança Não se aplica a alçada em ação rescisória e em mandado de segurança.

QUESTÕES

CAPÍTULOS XII A XV

1. QUESTÕES COM GABARITO COMENTADO

01. (FCC-2022-TRT 14 - Analista Judiciário - Área Judiciária) Hélio está estudando sobre o procedimento sumaríssimo no processo do trabalho e se deparou com as seguintes afirmativas:

I. Tal procedimento será adotado nos dissídios individuais cujo valor não exceda a quarenta vezes o salário mínimo vigente na data de seu ajuizamento, não podendo ser utilizado nas ações em que é parte a Administração pública direta, autárquica e fundacional.

II. Todos os meios de citação previstos poderão ser utilizados, inclusive citação por edital, incumbindo ao autor a correta indicação do nome e endereço do reclamado.

III. Somente é cabível o recurso de revista nas causas que adotarem tal procedimento por contrariedade à súmula de jurisprudência uniforme do Tribunal Superior do Trabalho ou à súmula vinculante do STF e por violação direta da Constituição Federal.

De acordo com a CLT, está correto o que se afirma APENAS em

a) I e II.
b) I e III.
c) II e III.
d) II.
e) I.

COMENTÁRIOS

Gabarito letra "B".

Item I- "correto": *Art. 852-A. Os dissídios individuais cujo valor* ***não exceda a quarenta vezes*** *o salário mínimo vigente na data do ajuizamento da reclamação ficam submetidos ao procedimento sumaríssimo. Parágrafo único. Estão excluídas do procedimento sumaríssimo as demandas em que é parte a Administração Pública direta, autárquica e fundacional.*

Item II- "incorreto": *Art. 852-B: II –* ***não se fará citação por edital,*** *incumbindo ao autor a correta indicação do nome e endereço do reclamado;*

Item III: "Correto": Art. 896 § 9º -"*Nas causas sujeitas ao procedimento sumaríssimo, somente será admitido recurso de revista por contrariedade a súmula de jurisprudência uniforme do Tribunal Superior do Trabalho ou a súmula vinculante do Supremo Tribunal Federal e por violação direta da constituição federal.*"

02. (FUMARC- 2022- TRT 3- Analista Judiciário - Área Judiciária) Sobre o procedimento sumaríssimo, é INCORRETO afirmar:

a) As testemunhas, até o máximo de duas para cada parte, comparecerão à audiência de instrução e julgamento independentemente de intimação.
b) Interrompida a audiência, o seu prosseguimento e a solução do processo dar-se-ão no prazo máximo de trinta dias, salvo motivo relevante justificado nos autos pelo juiz da causa.
c) O juiz dirigirá o processo com liberdade para determinar as provas a serem produzidas, considerado o ônus probatório de cada litigante, podendo limitar ou excluir as que considerar excessivas, impertinentes ou protelatórias, bem como para apreciá-las e dar especial valor às regras de experiência comum ou técnica.
d) Só será deferida intimação de testemunha que, comprovadamente convidada,

deixar de comparecer. Não comparecendo a testemunha intimada, o juiz poderá determinar sua imediata condução coercitiva.

e) Todas as provas serão produzidas na audiência de instrução e julgamento, desde que requeridas previamente.

COMENTÁRIOS

Gabarito letra "e": O rito sumaríssimo está previsto nos artigos 852-A a 852-H da CLT. Dentre as alternativas, a única que não corresponde à letra da lei consta no art. 852-H, o qual indica que *"Todas as provas serão produzidas na audiência de instrução e julgamento, AINDA QUE NÃO requeridas previamente"*

03. (TRT20/2016 - FCC - Analista Judiciário - OJA) Quanto aos procedimentos ordinário e sumaríssimo previstos na Consolidação das Leis do Trabalho

a) no sumaríssimo cada parte poderá ouvir até duas testemunhas.
b) no ordinário as testemunhas devem ser arroladas em 5 dias, sob pena de preclusão.
c) apenas no ordinário é possível a prova pericial, com adiamento da audiência para a sua realização.
d) no ordinário cada parte poderá ouvir até cinco testemunhas.
e) no sumaríssimo as testemunhas devem ser arroladas em 48 horas, sob pena de preclusão.

COMENTÁRIOS

Alternativa "a" – Correta: Segundo o art. 852-H, § 2º da CLT, as testemunhas, até o máximo de duas para cada parte, comparecerão à audiência de instrução e julgamento independentemente de intimação.

04. (TRT20/2016 - FCC - Analista Judiciário - Área Judiciária) Zeus ajuizou reclamação trabalhista em face de seu empregador que tramita pelo rito sumaríssimo, convidando verbalmente as suas testemunhas. Ocorre que, na audiência designada, as testemunhas não compareceram e não houve nenhuma comprovação sobre o convite feito às mesmas. No caso,

a) as testemunhas deverão ser intimadas em razão do princípio da busca da verdade real, impondo-se o adiamento da audiência.
b) a audiência prosseguirá porque somente será deferida intimação de testemunha que, comprovadamente convidada, deixar de comparecer.
c) a audiência será adiada para outra data e as testemunhas deverão comparecer espontaneamente, sob pena de pagamento de multa, além da preclusão da prova.
d) no rito sumaríssimo não cabe condução coercitiva de testemunhas ou adiamento de audiência por tal motivo, mas para garantir a paridade de tratamento, deverá o juiz encerrar a instrução processual sem ouvir testemunhas da reclamada.
e) as testemunhas deverão ser conduzidas coercitivamente uma vez que não se pode tolerar o descumprimento do dever cívico de colaboração com a Justiça.

COMENTÁRIOS

Alternativa "b" – Correta: No procedimento sumaríssimo, não basta o não comparecimento da testemunha para que seja intimada. É necessário ainda que a parte comprove que a testemunha foi devidamente convidada e não compareceu (art. 852-H, § 3º, CLT), de modo que, não comprovado o convite, a audiência prosseguirá normalmente.

05. (FCC - Analista Judiciário - Área Judiciária - TRT 23/2016) Conforme normas contidas na Consolidação das Leis do Trabalho, sobre as testemunhas, nas ações que tramitam pelos procedimentos sumaríssimo e ordinário, a quantidade máxima por parte e a forma comum de comparecimento na audiência, são, respectivamente:

a) duas e três; ambas independentemente de intimação.

b) duas e três; independentemente de intimação e intimadas.
c) duas e cinco; independentemente de intimação e intimadas.
d) três e quatro; ambas independentemente de intimação.
e) três e seis; intimadas e independentemente de intimação.

COMENTÁRIOS

Alternativa correta: A.

O processo do trabalho define o número de testemunhas por partes e não por fatos. Além disso, a quantidade é delimitada de acordo com o procedimento, até o máximo de duas testemunhas no rito sumaríssimo (art. 852-H, § 2º, CLT), e, três no ordinário (art. 821, CLT). Ademais, as testemunhas comparecerão à audiência independentemente de notificação ou intimação (art. 825, CLT).

06. (TRT 14ª Região/2016 - Analista Judiciário - Área Judiciária) A Consolidação das Leis do Trabalho prevê algumas regras que diferenciam os tipos procedimentais das ações que tramitam na Justiça do Trabalho, notadamente quanto ao número de testemunhas que cada parte pode indicar para oitiva em audiência. Assim, para os ritos sumaríssimo, ordinário e inquérito judicial para apuração de falta grave, o número de testemunhas será, respectivamente,

a) três - quatro - cinco.
b) duas - três - três.
c) três - cinco - seis.
d) duas - cinco - cinco.
e) duas - três - seis.

COMENTÁRIOS

Alternativa correta: E.

A quantidade de testemunhas, no processo do trabalho, é delimitada de acordo com o procedimento, ou seja, até o máximo de duas testemunhas no rito sumaríssimo (art. 852-H, § 2º, CLT), três no ordinário (art. 821, CLT), e, seis no inquérito para apuração de falta grave (art. 821, CLT).

07. (FCC - TRT11/2017 - Oficial de Justiça Avaliador) Considere as seguintes hipóteses:

I. Na reclamação trabalhista Z o valor da causa é R$ 15.000,00 e as partes são Carolina e o Município S.
II. Na reclamação trabalhista Q o valor da causa é R$ 30.000,00 e as partes são Felícia e a empresa privada W.
III. Na reclamação trabalhista S o valor da causa é R$ 32.000,00 e as partes são Ana Clara e fundação pública Q.
IV. Na reclamação trabalhista W o valor da causa é R$ 35.000,00 e as partes são Marcela e autarquia municipal L.

De acordo com a Consolidação das Leis do Trabalho, NÃO estão submetidas ao procedimento sumaríssimo APENAS

a) as reclamações trabalhistas III e IV.
b) a reclamação trabalhista I.
c) a reclamação trabalhista II.
d) as reclamações trabalhistas II e III.
e) as reclamações trabalhistas I, III e IV.

COMENTÁRIOS

O procedimento sumaríssimo é aplicável às causas que não exceda 40 vezes o salário-mínimo vigente na data do ajuizamento da reclamação. Quando aplicada a prova, o salário-mínimo vigente era R$ 937,00, portanto, o teto seria R$ 37.480,00.

Alternativa "e" – Correta:

Item I – incorreto: Embora o valor seja abaixo do estabelecido no rito sumaríssimo, o art. 852-A, parágrafo único, dispõe: "Estão excluídas do procedimento sumaríssimo as demandas em que é parte a Administração Pública direta, autárquica e fundacional". Assim, pelo fato de o Município S fazer parte da demanda, não há possibilidade de se aplicar o rito sumaríssimo.

Item II- correto: A situação apresentada permite aplicação do rito sumaríssimo, pois o valor e as partes estão adequados ao procedimento questionado.

Item III – incorreto: A Fundação Pública não se submete ao rito sumaríssimo (art. 852-A, § único da CLT).

Item IV – incorreto: Conforme mencionado, a Autarquia Municipal está excluída no procedimento sumaríssimo (art. 852-A, § único da CLT).

08. (FCC - Analista Judiciário - Oficial de Justiça Avaliador - TRT 23/2016) Conforme normas contidas na Consolidação das Leis do Trabalho quanto à sentença, coisa julgada e liquidação,

a) no caso de conciliação, o termo que for lavrado valerá como decisão irrecorrível para partes e terceiros, visto que reproduz a livre vontade dos litigantes, com a chancela do Estado-Juiz.
b) as partes serão intimadas da sentença proferida em reclamação trabalhista que tramita pelo rito sumaríssimo na própria audiência em que prolatada, como regra.
c) não há previsão para liquidação da sentença trabalhista por arbitramento, mas apenas por cálculos ou por artigos.
d) na liquidação da sentença, excepcionalmente, poder-se-á discutir matéria pertinente à causa principal, inovando a sentença liquidanda, quando houve omissão no julgado em relação a um dos pedidos principais.
e) elaborada a conta e tornada líquida, o juiz deverá abrir prazo comum de, no máximo, 5 dias para que as partes se manifestem, não havendo preclusão, pois a matéria relativa aos itens e valores poderá ser rediscutida em sede de embargos à execução.

COMENTÁRIOS

Alternativa correta: Letra B.

No procedimento sumaríssimo, a sentença mencionará os elementos de convicção do juízo, com resumo dos fatos relevantes ocorridos em audiência, dispensado o relatório. Além disso, as partes serão intimadas da sentença na própria audiência em que prolatada (art. 852-I, § 3º, CLT).

09. (FCC - Analista Judiciário - Oficial de Justiça Avaliador - TRT 23/2016) Segundo as normas processuais trabalhistas sobre o procedimento sumaríssimo,

a) todas as provas serão produzidas na audiência de instrução e julgamento, desde que requeridas previamente, no prazo de 48 horas que antecede a sessão.
b) tanto a citação por hora certa como a por edital deverão conter a correta indicação do nome e endereço do reclamado.
c) os dissídios individuais e coletivos que não excedam sessenta vezes o salário mínimo vigente na data do fato gerador do pedido ficam submetidos ao procedimento sumaríssimo.
d) as testemunhas, até o máximo de duas para cada parte, comparecerão à audiência de instrução e julgamento independentemente de intimação.
e) se uma das partes apresentar documentos em audiência a parte contrária terá o prazo sumário de 24 horas para se manifestar, devendo, necessariamente, ser adiada a audiência para o prazo máximo de 5 dias.

COMENTÁRIOS

Alternativa correta: Letra D.

No rito sumaríssimo será o máximo de duas testemunhas e comparecerão à audiência de instrução e julgamento independentemente de intimação (art. 852-H, § 2º, CLT).

10. (TRT 14ª Região/2016 - Analista Judiciário - OJA) Os dissídios individuais na Justiça do Trabalho podem seguir o rito procedimental sumaríssimo conforme normas previstas em lei. Sobre esse procedimento é INCORRETO afirmar:

a) Estão excluídas do procedimento sumaríssimo as demandas em que é parte a Administração pública direta, autárquica e fundacional.
b) Cada parte poderá indicar até, no máximo, três testemunhas mediante rol apresentado 5 dias antes da audiência.
c) Serão decididos, de plano, todos os incidentes e exceções que possam interferir no prosseguimento da audiência e

do processo; as demais questões serão decididas na sentença.

d) O pedido deve ser certo ou determinado e indicará o valor correspondente, sob pena de arquivamento da reclamação e condenação ao pagamento de custas sobre o valor da causa.

e) O recurso ordinário terá parecer oral do representante do Ministério Público presente à sessão de julgamento, se este entender necessário o seu parecer, com registro na certidão.

COMENTÁRIOS

Alternativa correta: Letra B.

No rito sumaríssimo, as testemunhas, até o máximo de duas para cada parte, comparecerão à audiência de instrução e julgamento independentemente de intimação (art. 852-H, § 2º, CLT).

11. (FCC – TRT24/2017 – Oficial de Justiça Avaliador – Área Judiciária) No final da audiência em que foram ouvidas duas testemunhas de cada parte em uma reclamatória trabalhista com pedido de indenização por danos morais, o magistrado resolveu convocar uma pessoa referida em todos os depoimentos para ser ouvida como testemunha do Juízo. Ocorre que a pessoa referida, de nome Ceres, ocupa a função de técnica administrativa do Tribunal Eleitoral e terá que depor em hora de serviço. No caso, segundo norma contida na Consolidação das Leis do Trabalho, Ceres

a) será requisitada ao chefe da repartição para comparecer à audiência marcada.

b) prestará seu depoimento por escrito, respondendo aos quesitos formulados pelo Juiz, para posterior juntada aos autos.

c) comparecerá espontaneamente à audiência designada e justificará a ausência no serviço mediante atestado.

d) somente está obrigada a comparecer se for conduzida por Oficial de Justiça à audiência designada.

e) será ouvida na sua própria repartição, através de Carta de Ordem, respondendo aos quesitos formulados pelo Juiz.

COMENTÁRIOS

Alternativa "a" – Correta: Segundo o art. 823 da CLT, "se a testemunha for funcionário civil ou militar, e tiver de depor em hora de serviço, será requisitada ao chefe da repartição para comparecer à audiência marcada".

12. (FCC/2018 – TRT 6ª Região – Oficial de Justiça Avaliador) Não se considera fundamentada a sentença, de acordo com o Código de Processo Civil, dentre outros motivos, aquela que se limitar a invocar precedente ou enunciado de súmula, sem identificar seus fundamentos determinantes nem demonstrar que o caso sob julgamento se ajusta àqueles fundamentos, e que deixar de seguir enunciado de súmula, jurisprudência ou precedente invocado pela parte, sem demonstrar a existência de distinção no caso em julgamento ou a superação do entendimento. De acordo com Instrução Normativa do TST que se aplica à hipótese, considera-se precedente para os efeitos supra transcritos, com exceção de

a) acórdão proferido pelo Supremo Tribunal Federal ou pelo Tribunal Superior do Trabalho em julgamento de recursos repetitivos.

b) entendimento firmado em incidente de resolução de demandas repetitivas ou de assunção de competência.

c) decisão do Tribunal Superior do Trabalho em controle difuso de constitucionalidade.

d) tese jurídica prevalecente em Tribunal Regional do Trabalho e não conflitante com súmula ou orientação jurisprudencial do Tribunal Superior do Trabalho.

e) decisão do plenário, do órgão especial ou de seção especializada competente para uniformizar a jurisprudência do tribunal a que o juiz estiver vinculado ou do Tribunal Superior do Trabalho.

COMENTÁRIOS:

Alternativa correta: letra "c". De acordo com o C. TST, por força dos arts. 332 e 927 do CPC, adaptados ao Processo do Trabalho, para efeito dos incisos V e VI do § 1º do art. 489 considera-se "precedente" apenas:

a) acórdão proferido pelo Supremo Tribunal Federal ou pelo Tribunal Superior do Trabalho em julgamento de recursos repetitivos (CLT, art. 896-B; CPC, art. 1046, § 4º);

b) entendimento firmado em incidente de resolução de demandas repetitivas ou de assunção de competência;

c) decisão do Supremo Tribunal Federal em controle concentrado de constitucionalidade;

d) tese jurídica prevalecente em Tribunal Regional do Trabalho e não conflitante com súmula ou orientação jurisprudencial do Tribunal Superior do Trabalho (CLT, art. 896, § 6º);

e) decisão do plenário, do órgão especial ou de seção especializada competente para uniformizar a jurisprudência do tribunal a que o juiz estiver vinculado ou do Tribunal Superior do Trabalho.

Das alternativas apresentadas na questão, apenas não consta no dispositivo previsão quanto à decisão do TST em controle difuso de constitucionalidade.

13. **(FCC – TRT24/2017 – Oficial de Justiça Avaliador – Área Judiciária)** O trabalhador Ulisses ingressou com dissídio individual em face da empresa Delta Produtos e Games Digitais, reivindicando o pagamento de horas extraordinárias e a comissão de um mês que não foi paga, atribuindo à causa o valor de 10 salários mínimos. A legislação processual trabalhista autoriza que o reclamante possa convidar, como testemunhas, até

a) 2 no total.
b) 3 no total.
c) 2 para cada pedido.
d) 3 para cada pedido.
e) 5 no total.

COMENTÁRIOS

Alternativa "a" – Correta: O processo do trabalho define o número de testemunhas partes e não por fatos. Além disso, a quantidade é delimitada de acordo com o procedimento. De acordo com a valor da reclamação trabalhista, percebe-se que está sujeita ao rito sumaríssimo (até 40 salários mínimos). Nesse contexto, o art. 852-H, § 2º dispõe: "as testemunhas, até o máximo de duas para cada parte, comparecerão a audiência de instrução e julgamento independentemente de intimação".

14. **(FCC/2018 – TRT 6ª Região – Analista – Área Judiciária)** Sobre o procedimento sumaríssimo adotado no processo do trabalho,

a) todas as provas serão produzidas em audiência, desde que requeridas previamente.
b) as mudanças de endereço ocorridas no curso do processo deverão ser comunicadas ao juiz pelas partes e advogados no prazo máximo de 15 dias após ocorrerem, sob pena de serem reputadas eficazes as intimações enviadas ao local anteriormente indicado, na ausência de comunicação.
c) pode ser adotado nas demandas em que são partes autarquia e fundação pública.
d) em razão da celeridade imprimida pelo legislador, sobre os documentos apresentados por uma parte, a outra se manifestará no prazo improrrogável de 24 horas, podendo tal prazo ser dilatado se o juiz entender necessário.
e) a admissibilidade de recurso de revista está limitada à demonstração de violação direta a dispositivo da Constituição Federal ou contrariedade a Súmula do TST, não se admitindo o recurso por contrariedade a Orientação Jurisprudencial do TST, ante a ausência de previsão legal.

COMENTÁRIOS

Alternativa "e" – correta: Nas causas sujeitas ao procedimento sumaríssimo, a admissibilidade de recurso de revista está limitada à demonstração de violação direta a dispositivo da Constituição Federal ou contrariedade a Súmula do Tribunal Superior do Trabalho, não se admitindo o recurso por contrariedade a

Orientação Jurisprudencial deste Tribunal (Livro II, Título II, Capítulo III, do RITST), ante a ausência de previsão no art. 896, § 6º, da CLT (Súmula nº 442 do TST).

2. QUESTÕES DE CONCURSOS

01. (FCC – 2022- TRT 14 – Técnico Judiciário – Área Administrativa) Lídia prestou serviços como empregada doméstica, e foi dispensada sem justa causa, tendo direito a receber o valor de R$ 10.000,00 a título de verbas rescisórias, as quais não foram pagas. Seu marido Heitor, empregado celetista da Prefeitura Municipal de sua cidade, também foi dispensado e tem a intenção de ingressar com uma reclamação trabalhista para pleitear diferenças de horas extras e de 13o salários, que supõe totalizar R$ 20.000,00. Por fim, a vizinha deles, Rafaela, era secretária da Empresa de Vigilância Virtual Ltda., que encerrou suas atividades, deixando de pagar seus empregados e encontra-se em local incerto e não sabido, deixando-a credora do valor de R$ 25.000,00. De acordo com a CLT, poderão optar pelo procedimento sumaríssimo na interposição de reclamação trabalhista

a) Lídia, Heitor e Rafaela.
b) Lídia, apenas.
c) Heitor e Rafaela, apenas.
d) Rafaela, apenas.
e) Lídia e Heitor, apenas.

02. (FUMARC – TRT-3 – 2022 – Analista Judiciário – Oficial de Justiça Avaliador Federal) Em relação às provas, nos termos da legislação vigente, é INCORRETO afirmar:

a) A testemunha que for parente até o terceiro grau civil, amigo íntimo ou inimigo de qualquer das partes, não prestará compromisso, e seu depoimento valerá como simples informação.
b) As partes e testemunhas serão inquiridas pelo juiz, podendo ser reinquiridas, por seu intermédio, a requerimento das partes, seus representantes ou advogados.
c) Em sede de razões finais, antes da sentença, diante de peculiaridades da causa relacionadas à impossibilidade ou à excessiva dificuldade de cumprir o encargo probatório ou à maior facilidade de obtenção da prova do fato contrário, a parte poderá requerer ao juízo a redistribuição do ônus da prova de modo diverso ao que foi realizado. Caso deferido, o magistrado deverá dar à parte a oportunidade de se desincumbir do ônus que lhe foi atribuído com redesignação de nova audiência.
d) O depoimento das partes e testemunhas que não souberem falar a língua nacional será feito por meio de intérprete nomeado pelo juiz. As despesas decorrentes desses depoimentos correrão por conta da parte sucumbente, salvo se beneficiária de justiça gratuita.
e) Se a testemunha for funcionário civil ou militar e tiver de depor em hora de serviço, será requisitada ao chefe da repartição para comparecer à audiência marcada.

03. (FCC – TST/2017 – Analista Judiciário) Segundo a jurisprudência sumulada do Tribunal Superior do Trabalho – TST, contra a decisão que defere a tutela provisória é cabível

a) Mandado de segurança, desde que a decisão concessiva da tutela tenha se dado antes da sentença, por não haver recurso próprio, sendo atacável por recurso ordinário a concessão de tutela provisória proferida em sentença.
b) Recurso ordinário, na hipótese de a tutela ter sido concedida antes da sentença ou na própria sentença, sendo que na primeira hipótese a interposição do recurso suspende o curso do processo.
c) Mandado de segurança, ainda que a tutela tenha sido deferida na sentença, para o fim de conceder efeito suspensivo à decisão.
d) Recurso ordinário se a tutela tiver sido concedida na sentença, cabendo

mandado de segurança apenas para obter a suspensão dos efeitos imediatos da tutela provisória.

e) Mandado de segurança, desde que a decisão concessiva da tutela tenha se dado antes da sentença, por não haver recurso próprio, sendo que o *mandamus* não perde o objeto com a superveniência da sentença nos autos originários.

04. **(FCC – Analista Judiciário: Área Judiciária – TRT15/2018)** Considerando a exigência legal de fundamentação das decisões judiciais, de acordo com as previsões da Instrução Normativa no 39/2016 do TST, consideram-se "precedentes", para fins de fundamentação das decisões no processo do trabalho,

a) as teses jurídicas prevalecentes no TST, fixadas a partir de decisões oriundas de recursos de pelo menos metade dos TRTs.

b) as decisões do STF em ações diretas de constitucionalidade.

c) os entendimentos firmados em incidentes de resolução de demandas repetitivas, mas não os adotados em incidentes de assunção de competência.

d) as decisões do plenário, do Órgão Especial ou de seção especializada competente para uniformizar a jurisprudência do tribunal a que o juiz estiver vinculado ou do TST.

e) as teses jurídicas prevalecentes em TRTs, desde que não conflitantes com entendimentos pacificados pelo TST através das Súmulas, não se considerando, porém, para esse fim os entendimentos adotados nas Orientações Jurisprudenciais.

3. GABARITO

Questão	Resposta	Fundamentação
01	A	Art. 852-A. Art. 852-B- II
02	C	Art. 818. § 1º
03	A	Súmula nº 414 do TST.
04	D	Art. 15 da IN nº 39/2016.

▸ QUESTÕES DE CONCURSOS

CAPÍTULO XVI

RECURSOS TRABALHISTAS

1. TEORIA GERAL DOS RECURSOS

1.1. Meios de impugnação

A impugnação dos provimentos judiciais não se restringe ao recurso. Ao lado dele, existem outros mecanismos concedidos pelo ordenamento jurídico para atacar as decisões proferidas pelos órgãos jurisdicionais. Nesse contexto, as impugnações dos provimentos jurisdicionais compreendem:

a) **as ações autônomas de impugnação**: buscam impugnar a decisão judicial criando uma nova relação processual.

   ✦ *Exemplo: ação rescisória, mandado de segurança, ação anulatória, habeas corpus etc.*

b) **os sucedâneos recursais:** são todos os meios de impugnação que não se incluem no conceito de recurso ou de ação autônoma de impugnação. Trata-se, portanto, de conceito residual. Nele inserem-se:

   1) *as providências corretivas: destinadas a corrigirem erros materiais existentes na decisão.*

   ✦ *Exemplo: erros de grafia (CLT, arts. 833 e 897-A).*

   2) **as providências ordenadoras do procedimento**: têm como objetivo corrigir atos de procedimento praticados pelos magistrados, que o tumultuam ou atentam contra a ordem processual.

   ✦ *Exemplo: correição parcial.*

   3) a remessa necessária, o pedido de reconsideração, dentre outros.

c) **os recursos**, que passamos a estudar.

1.2. Conceito de recurso

A doutrina não é uniforme sobre o conceito de recursos. Adotaremos o conceito de José Carlos Barbosa Moreira para quem recurso é:

> "o remédio voluntário idôneo a ensejar, dentro do mesmo processo, a reforma, a invalidação, o esclarecimento ou a integração de decisão judicial que se impugna".[1]

Com base nesse conceito, é possível extrair as seguintes características dos recursos:

1) **remédio voluntário**: o recurso é manifestação do poder de ação, o que significa que depende da manifestação da parte sucumbente, do terceiro interessado ou do Ministério Público, em decorrência da inércia do poder judiciário.

É por isso que a remessa de ofício (reexame necessário) não é um recurso, pois esta ocorre automaticamente, sem necessitar, portanto, de provocação da Fazenda Pública.

2) **dentro da mesma relação processual:** o recurso tem a ideia de retorno, voltar a analisar a decisão judicial dentro da mesma relação processual. Retarda, por isso, o trânsito em julgado da decisão, prolongando o estado de litispendência.

É interessante observar que o retorno é na mesma relação processual e não, necessariamente, nos mesmos autos, vez que o agravo de instrumento, por exemplo, pode ocorrer em autos separados, mas nem por isso deixa de ser um recurso, pois se mantém na mesma relação processual.

Essa característica do recurso o difere das ações autônomas de impugnação, que constituem uma nova relação processual.

3) Enseja:

   3.1) **a reforma da decisão impugnada**: reformar a decisão impugnada significa modificar o julgado, ou seja, proferir decisão diferente da pronunciada pelo órgão *a quo*. Está ligado ao *error in judicando*, isto é, erro de julgamento, sendo, portanto, vício de conteúdo.

   3.2) **a invalidação (anulação) da decisão impugnada**: busca impugnar a decisão judicial que contém vício processual (formal). Nesse caso, visa ao *error in procedendo* (erro de procedimento), objetivando não a reforma da decisão, mas sua retirada do mundo jurídico e que, no seu lugar, uma nova decisão seja proferida.

   3.3) **o esclarecimento da decisão impugnada**: tem como finalidade afastar a decisão obscura e/ou contradição da decisão. É alcançado por meio dos embargos de declaração.

---

1. MOREIRA, José Carlos Barbosa. *Comentários ao Código de Processo Civil*. 15. ed. Rio de Janeiro: Forense, 2010. vol. 5, p. 233.

3.4) a **integração da decisão impugnada**: objetiva completar a prestação jurisdicional, suprimindo suas lacunas, o que ocorre, por exemplo, por meio dos embargos de declaração.

1.3. Classificação

Os recursos são classificados quanto ao objeto imediato, fundamentação, extensão da matéria impugnada e independência.

1.3.1. Quanto ao objeto imediato do recurso

A presente classificação está fundada no direito que se busca tutelar. Desse modo, o recurso pode ser dividido em ordinário e extraordinário.

a) **Recurso de natureza ordinária**: visa à **tutela do direito subjetivo** (interesse particular da parte), de modo que permite a **rediscussão ampla da matéria,** seja de direito ou de fato.

Tais recursos podem estar fundamentados no mero inconformismo com a decisão judicial (injustiça da decisão), citando-se como exemplo, na seara trabalhista, os recursos: ordinário, agravo de petição, embargos de declaração, agravo interno e/ou regimental, pedido de revisão e agravo de instrumento.

b) **Recurso de natureza extraordinária**: funda-se na **tutela do direito objetivo** (a lei), buscando sua exata aplicação. Por visar à exata aplicação do direito, tais recursos **impedem a verificação fática**, inclusive o reexame de provas, ficando restritos à análise de direito (Súmula nº 126 do TST)[2]. É o que ocorre, no processo do trabalho, com os recursos de revista e embargos para a SDI.

1.3.2. Quanto à fundamentação

No que tange à fundamentação, o recurso pode ser de:

a) **Fundamentação livre**: aquela que **não** se liga a determinado defeito ou vício da decisão, ou seja, a lei não exige que o recurso aponte, especificamente, determinado vício, havendo necessidade apenas de que a parte não se conforme com a decisão impugnada.

   É o que ocorre, por exemplo, no recurso ordinário.

b) **Fundamentação vinculada**: aquela em que a lei exige que o recorrente indique algum vício específico da decisão impugnada. Noutras palavras, não se pode alegar qualquer matéria, mas apenas aquelas expressamente descritas na lei.

---

2. **Súmula nº 126 do TST.** Recurso. Cabimento. Incabível o recurso de revista ou de embargos (arts. 896 e 894, "b", da CLT) para reexame de fatos e provas.

✦ *Exemplo: embargos de declaração em que a parte deverá, obrigatoriamente, demonstrar a presença de omissão, contradição ou obscuridade na decisão impugnada; recurso de revista, no qual se deve demonstrar a violação da lei federal ou Constituição Federal ou a divergência jurisprudencial.*

1.3.3. Quanto à extensão da matéria impugnada

Quanto à extensão, o recurso poderá ser total ou parcial.

a) **Recurso total**: quando o recurso abrange toda a parcela em que a parte recorrente foi sucumbente. Isso quer dizer que a abrangência total está ligada à parte sucumbente (em que foi vencido) e não, necessariamente, ao conteúdo total da decisão impugnada[3].

✦ *Exemplo: reclamante postula horas extras, décimo terceiro salário e férias + 1/3, sendo julgado procedente apenas o pedido de férias + 1/3. Nesse caso, se o reclamante apresentar recurso sobre as horas extras e o décimo terceiro salário, seu recurso será total, pois impugnou todos os objetos em que foi sucumbente.*

b) **Recurso parcial**: quando impugna somente parte do objeto em que foi sucumbente na decisão.

✦ *No exemplo anterior, o recurso seria parcial se o reclamante impugnasse apenas as horas extras, deixando transitar em julgado a improcedência do pedido referente ao décimo terceiro salário.*

1.3.4. Quanto à independência

No que se refere à independência, o recurso poderá ser independente (principal) ou subordinado (adesivo).

a) **Recurso independente (principal)**: é aquele que tem vida própria, condicionando-se exclusivamente aos seus pressupostos de admissibilidade para que seja alcançado o mérito do recurso.

b) **Recurso subordinado (adesivo):** como o próprio nome já indica, é o recurso que se subordina a outro recurso, dependendo da admissibilidade desse último para que seja conhecido.

O recurso adesivo vem disciplinado no art. 997, §§ 1º e 2º, do CPC/2015, aplicável subsidiariamente ao processo do trabalho, estabelecendo:

> § 1º Sendo vencidos autor e réu, ao recurso interposto por qualquer deles poderá aderir o outro.

---

3. NEVES, Daniel Amorim Assumpção. *Manual de direito processual civil*. 2. ed. Rio de Janeiro: Forense; São Paulo: Método, 2010. p. 534.

> § 2º O recurso adesivo fica subordinado ao recurso independente, sendo-lhe aplicáveis as mesmas regras deste quanto aos requisitos de admissibilidade e julgamento no tribunal, salvo disposição legal diversa, observado, ainda, o seguinte:
>
> I – será dirigido ao órgão perante o qual o recurso independente fora interposto, no prazo de que a parte dispõe para responder;
>
> II – será admissível na apelação, no recurso extraordinário e no recurso especial;
>
> III – não será conhecido, se houver desistência do recurso principal ou se for ele considerado inadmissível.

Com efeito, havendo interposição do recurso principal, o recorrido será intimado para contrarrazoá-lo, podendo nessa oportunidade apresentar as contrarrazões e o recurso adesivo. O inciso I, do § 2º, do referido artigo declina que o recurso adesivo "será dirigido ao órgão perante o qual o recurso independente fora interposto, no prazo de que a parte dispõe para responder". Isso não significa que as contrarrazões e o recurso adesivo devam ser interpostos em um único momento, admitindo a doutrina que sejam interpostos em momentos distintos, desde que dentro do prazo de 8 dias[4], que é o prazo para o recurso principal no processo do trabalho. A propósito, pode a parte até mesmo deixar de apresentar as contrarrazões e se limitar a interpor o recurso adesivo.

Portanto, o recurso adesivo, quando interposto, deve ser apresentado no prazo das contrarrazões.

Atente-se para o fato de que a Fazenda Pública, o Ministério Público e a Defensoria Pública têm prazo dobrado para manifestarem-se nos autos (CPC/2015, arts. 180, 183 e 186), o que inclui as contrarrazões e a interposição do recurso. Desse modo, tais entes poderão interpor o recurso adesivo no prazo de 16 dias.

No processo do trabalho, o cabimento do recurso adesivo vem declinado na Súmula nº 283 do TST:

> **Súmula nº 283 do TST.** Recurso adesivo. Pertinência no processo do trabalho. Correlação de matérias
>
> O recurso adesivo é compatível com o processo do trabalho e cabe, no prazo de 8 (oito) dias, nas hipóteses de interposição de recurso ordinário, de agravo de petição, de revista e de embargos, sendo desnecessário que a matéria nele veiculada esteja relacionada com a do recurso interposto pela parte contrária.

Na realidade, o recurso adesivo não é uma modalidade de recurso, mas forma diferenciada de interposição do recurso. Nesse caso, a parte interporá, por exemplo,

4. Salvo para a Fazenda Pública, Ministério Público do Trabalho e Defensoria Pública que o prazo será de 16 dias.

o recurso ordinário de modo diferenciado, ou seja, no prazo para apresentação de suas contrarrazões.

É cabível, portanto, nos seguintes recursos trabalhistas:

1) Recurso ordinário;

2) Agravo de petição;

3) Recurso de revista;

4) Embargos no TST.

Ademais, também será admitido o recurso adesivo do recurso extraordinário (CPC, art. 997, § 2º, II). Por outro lado, **não se admitirá** o recurso adesivo de:

1) Agravo de instrumento[5];

2) Agravo interno; e

3) Embargos de declaração.

Embora a parte tenha o benefício de apresentar seu recurso em momento diferenciado, ele fica subordinado à admissibilidade do recurso principal para que possa ser conhecido. Desse modo, se o recurso principal (independente) foi interposto, por exemplo, fora do prazo recursal, ele não será admitido, de modo que a análise do recurso subordinado ficará prejudicada.

Contudo, não é em qualquer hipótese que se admite o recurso subordinado (adesivo). Para que ele seja interposto, faz-se necessária a presença cumulativa dos seguintes requisitos:

1) **sucumbência recíproca**: ambas as partes sejam vencedoras e vencidas no objeto da decisão impugnada, ou seja, houve procedência parcial dos pedidos. Nesse ponto, é importante observar que, nos termos da parte final da Súmula 283 do TST, a sucumbência recíproca deve ser analisada considerando todos os pedidos da inicial, mesmo que cumulados em uma única ação. Desse modo, sendo a parte vencida em determinado objeto do processo, nascerá seu interesse recursal, podendo apresentar o recurso adesivo.

   ✦ *Exemplo: Sentença julga procedente o pedido de férias e parcialmente procedente o pedido de horas extras, sob o fundamento de que, embora devidas as horas extras, algumas já foram compensadas. O reclamado não recorre. O reclamante, por sua vez, interpõe recurso ordinário para impugnar o pedido de horas extras, argumentando que não ficou provada a compensação de jornada. Nesse caso, o reclamado poderá apresentar recurso adesivo para impugnar as*

5. Ag-AIRR-1481-90.2014.5.05.0018, 1ª Turma, Relator Ministro Walmir Oliveira da Costa, DEJT 23/11/2020.

horas extras que foi condenado, além de poder impugnar o pedido de férias, que não tem correlação com o objeto do recurso do reclamante.

2) **interposição de recurso principal por apenas uma das partes;**

3) **aceitação tácita da decisão:** deve ser evidente a ausência de vontade da parte em recorrer de forma principal. Isso significa que o recurso adesivo não pode ser interposto por quem apresentou o recurso principal intempestivamente ou com o pretexto de complementar o recurso principal;

4) **observar todos os requisitos de admissibilidade do recurso principal:** como o recurso adesivo é forma diferenciada de interposição, ele deve observar todos os pressupostos recursais do recurso principal, isto é, os pressupostos do recurso que poderia ter sido interposto de forma principal e não os pressupostos do recurso principal da parte contrária que foi interposto. Assim, se o recurso que poderia ser interposto exigia o depósito recursal, este será exigido no adesivo; da mesma forma, se o recurso principal impunha o prequestionamento, no adesivo também deverá estar presente.

✦ *Exemplo: Em reclamação trabalhista foi postulado o pagamento de indenização por danos morais, férias e horas extras, sendo julgado parcialmente procedente para condenar a reclamada ao pagamento de R$ 10.000,00 a título de indenização por danos morais. A reclamada não interpôs recurso ordinário principal. O reclamante, por sua vez, apresenta recurso ordinário para impugnar a improcedência dos pedidos de férias e horas extras. Nesse caso, o recurso ordinário do reclamante não exige o pagamento de depósito recursal e custas. No entanto, caso a reclamada interponha o recurso ordinário adesivo deverá recolher as custas processuais e o depósito recursal, porque se tivesse entrado com o recurso principal deveria fazê-lo. Portanto, os pressupostos do recurso adesivo seguem o recurso principal que poderia ter sido interposto pela própria parte e não os pressupostos do recurso principal interposto pela parte contrária.*

1.3.5. Resumo das classificações

1) Quanto ao objeto imediato do recurso	Recurso de natureza ordinária Recurso de natureza extraordinária
2) Quanto à fundamentação	Fundamentação livre Fundamentação vinculada
3) Quanto à extensão da matéria impugnada	Recurso total Recurso parcial
4) Quanto à independência	Recurso independente (principal) Recurso subordinado (adesivo)

1.4. Princípios recursais

1.4.1. *Princípio do duplo grau de jurisdição*

O princípio do duplo grau de jurisdição consiste na possibilidade de reexame da decisão, buscando outra opinião sobre a decisão da causa.

Há divergência na doutrina acerca de tal princípio ser garantia constitucional ou infraconstitucional.

Essa divergência existe porque a Constituição Federal de 1988 estabeleceu como direito fundamental dos litigantes "o contraditório e ampla defesa, com os meios e recursos a ela inerentes" (art. 5º, LV).

Da análise desse dispositivo, alguns julgados e doutrinadores passaram a entender que a Constituição Federal previa o direito ao duplo grau de jurisdição, de modo que a norma infraconstitucional não poderia restringi-lo, como é o caso do rito Sumário (art. 2º, § 4º, da Lei nº 5.584/70).

Por outro lado, a tese majoritária, a qual nos filiamos e que deve ser adotada nas provas objetivas dos concursos, é no sentido de que a Constituição Federal **não** reconheceu o duplo grau de jurisdição como garantia ou princípio constitucional, colocando-o como regra de organização judiciária.

Isso ocorre porque o dispositivo constitucional supramencionado utilizou-se da expressão "recursos" não em sentido técnico, mas como garantia dos princípios do contraditório e da ampla defesa, que podem ser exercidos em uma única instância. Não se confunde, portanto, com o princípio do duplo grau de jurisdição, que é disciplinado pela legislação ordinária, podendo inclusive ser afastado ou mitigado em casos específicos, como, por exemplo, no art. 1.013, § 3º, do CPC/2015.[6]

1.4.2. *Princípio da taxatividade (tipicidade)*

O princípio da taxatividade, também chamado de tipicidade, impõe que somente serão considerados recursos aqueles descritos na legislação federal. "Somente a lei federal pode criar, extinguir ou modificar recursos, uma vez que é da União a competência privativa para legislar sobre a matéria processual (CF, 22, I)".[7]

A lei federal, portanto, prevê, de forma exaustiva (*numerus clausus*), os recursos cabíveis.

1.4.3. *Princípio da unirrecorribilidade (singularidade)*

O princípio da unirrecorribilidade (singularidade) significa que cada decisão somente admite uma espécie recursal. Há um recurso para cada caso. Veda-se, pois, a interposição simultânea de mais de uma espécie de recurso da mesma decisão.

---

6. Art. 1.013, § 3º Se o processo estiver em condições de imediato julgamento, o tribunal deve decidir desde logo o mérito quando: I – reformar sentença fundada no art. 485; II – decretar a nulidade da sentença por não ser ela congruente com os limites do pedido ou da causa de pedir; III – constatar a omissão no exame de um dos pedidos, hipótese em que poderá julgá-lo; IV – decretar a nulidade de sentença por falta de fundamentação.
7. BEBBER, Júlio César. *Recursos no processo do trabalho*. 2. ed. São Paulo: LTr, 2009. p. 207.

Exceções:

- No processo civil, admite-se a interposição simultânea de recurso especial e recurso extraordinário, quando a decisão tiver, respectivamente, violação legal e constitucional, nos termos do art. 1.031 do CPC/2015.
- No processo do trabalho, admite-se a interposição simultânea de embargos para a SDI (divergência) e recurso extraordinário ao STF, da decisão proferida na Turma do TST. Admite-se ainda a interposição simultânea do agravo de instrumento e do agravo interno da decisão denegatória de admissibilidade do recurso de revista proferida pelo Presidente ou Vice-Presidente do TRT (TST-IN nº 40, art. 1º-A, § 1º).

1.4.4. *Princípio da consumação*

O princípio da consumação declina que, uma vez interposto o recurso, ele não poderá ser repetido ou alterado. Trata-se da preclusão consumativa, de modo que, interposto o recurso, o ato está consumado, não se admitindo, novamente, a realização deste ato processual (recurso)[8].

Atente-se, porém, para o fato de que, havendo interposição de embargos de declaração por apenas uma das partes, quando a outra já interpôs, por exemplo, o recurso ordinário, ocorrendo modificação da decisão judicial, deve ser concedido à parte que já tinha interposto o recurso ordinário a possibilidade de complementá-lo, no prazo de 8 dias[9], limitado ao objeto modificado na decisão (CPC/2015, art. 1.024, § 4º).

1.4.5. *Princípio da fungibilidade (conversibilidade)*

Fungível é aquilo que pode ser substituído por outro da mesma espécie, qualidade e quantidade[10]. O princípio da fungibilidade é, portanto, a possibilidade de se admitir um recurso pelo outro.

Trata-se de uma verdadeira exceção ao pressuposto de admissibilidade recursal, qual seja, de cabimento do recurso, razão pela qual deve ser admitido em casos excepcionais. Assim, para sua aplicação, são exigidos os seguintes requisitos:

1) dúvida objetiva;
2) inexistência de erro grosseiro;

8. Parte da doutrina faz uma diferença entre os princípios da complementariedade e da consumação. O primeiro estaria ligado à complementação de um recurso já interposto, enquanto o segundo proíbe que, já interposto o recurso, ele seja substituído por outro, ainda que dentro do prazo recursal. NEVES, Daniel Amorim Assumpção. *Manual de direito processual civil*. Volume único. 8ª edição. Salvador: Editora Juspodivm, 2016. p. 1500.
9. E não 15 dias como descrito no CPC, em razão da padronização dos prazos dos recursos trabalhistas em 8 dias.
10. Art. 85 do CC/02.

3) observância do prazo do recurso correto (teoria do prazo menor).

O **primeiro requisito** ocorre quando há dúvida fundada acerca de qual recurso é cabível para o ato a ser impugnado, de modo que a dúvida subjetiva de quem vai interpor o recurso (em regra, do patrono da parte) é incapaz de preencher esse requisito. Assim, três fatores podem dar ensejo a essa dúvida objetiva:

a) a lei confunde a natureza da decisão;

b) doutrina e jurisprudência divergem a respeito do recurso cabível;

c) o juiz profere uma espécie de decisão no lugar de outra.[11]

O **segundo requisito**, erro grosseiro, consiste na interposição de um recurso manifestamente ilegal, ou seja, aquele que interpôs o recurso não possui nenhuma dúvida sobre o recurso interposto, faltando-lhe, contudo, conhecimento jurídico. Ocorre, portanto, quando a lei expressamente estabelece a forma de impugnação da decisão, mas o recorrente não observa o comando legal. Assim, havendo erro grosseiro não há que se falar em aplicação do princípio da fungibilidade.

Por fim, o **terceiro requisito** impõe que o recurso seja interposto no prazo do recurso correto, a fim de que aquele que interpôs o recurso não se beneficie de um prazo maior do que o admitido. De um modo geral, o recorrente deverá se valer do prazo menor (teoria do prazo menor) para ajuizar seu recurso, sob pena de ser caracterizada sua má-fé, e não se admitir a incidência da fungibilidade. Embora esse requisito seja criticado por parte da doutrina, pois presume a má-fé e impõe que a parte interponha o recurso observando o prazo de outro recurso que ela não admite como correto, ele perde utilidade prática no processo do trabalho, que os prazos recursais são unificados em 8 dias, bem como no processo civil, em que os prazos foram unificados em 15 dias. Sua relevância fica restrita aos embargos de declaração, que possuem o prazo de 5 dias.

A respeito do princípio da fungibilidade é importante ter conhecimento do entendimento consolidado do C. TST, como se verifica a seguir:

> **Súmula nº 421 do TST.** Embargos de declaração. Cabimento. Decisão monocrática do relator calcada no art. 932 do CPC de 2015. Art. 557 do CPC de 1973.
>
> I – Cabem embargos de declaração da decisão monocrática do relator prevista no art. 932 do CPC de 2015 (art. 557 do CPC de 1973), se a parte pretende tão somente juízo integrativo retificador da decisão e, não, modificação do julgado.
>
> II – Se a parte postular a revisão no mérito da decisão monocrática, cumpre ao relator converter os embargos de declaração em agravo, em face dos princípios da fungibilidade e celeridade processual, submetendo-o ao pronunciamento do Colegiado, após a intimação do recorrente

11. NERY JR, Nelson *apud* NEVES, Daniel Amorim Assumpção. *Manual de direito processual civil.* 2. ed. Rio de Janeiro: Forense; São Paulo: Método, 2010. p. 560.

para, no prazo de 5 (cinco) dias, complementar as razões recursais, de modo a ajustá-las às exigências do art. 1.021, § 1º, do CPC de 2015.

OJ nº 69 da SDI – II do TST. Fungibilidade recursal. Indeferimento liminar de ação rescisória ou mandado de segurança. Recurso para o TST. Recebimento como agravo regimental e devolução dos autos ao TRT

Recurso ordinário interposto contra despacho monocrático indeferitório da petição inicial de ação rescisória ou de mandado de segurança pode, pelo princípio de fungibilidade recursal, ser recebido como agravo regimental. Hipótese de não conhecimento do recurso pelo TST e devolução dos autos ao TRT, para que aprecie o apelo como agravo regimental.

OJ nº 412 da SDI-I do TST. Agravo interno ou agravo regimental. Interposição em face de decisão colegiada. Não cabimento. Erro grosseiro. Inaplicabilidade do princípio da fungibilidade recursal.

É incabível agravo interno (art. 1.021 do CPC de 2015, art. 557, § 1º, do CPC de 1973) ou agravo regimental (art. 235 do RITST) contra decisão proferida por Órgão colegiado. Tais recursos destinam-se, exclusivamente, a impugnar decisão monocrática nas hipóteses expressamente previstas. Inaplicável, no caso, o princípio da fungibilidade ante a configuração de erro grosseiro.

OJ nº 152 da SDI – II do TST. Ação rescisória e mandado de segurança. Recurso de revista de acórdão regional que julga ação rescisória ou mandado de segurança. Princípio da fungibilidade. Inaplicabilidade. Erro grosseiro na interposição do recurso.

A interposição de recurso de revista de decisão definitiva de Tribunal Regional do Trabalho em ação rescisória ou em mandado de segurança, com fundamento em violação legal e divergência jurisprudencial e remissão expressa ao art. 896 da CLT, configura erro grosseiro, insuscetível de autorizar o seu recebimento como recurso ordinário, em face do disposto no art. 895, "b", da CLT.

No processo civil, a aplicação do princípio da fungibilidade é prevista expressamente em duas situações. O art. 1.024, § 3º, do CPC/15 prevê o recebimento de embargos de declaração contra decisão monocrática em tribunal como agravo interno. Nesse caso, exige-se a intimação prévia do recorrente para que, no prazo de 5 dias complemente suas razões recursais, como descreve o C. TST na Súmula nº 421, III. Além disso, os arts. 1.032 e 1.033 do CPC/15 preveem a fungibilidade entre o recurso especial e o recurso extraordinário. Nesses casos, o recorrente também deverá ter o direito de reformular suas razões recursais.

1.4.6. *Princípio da dialeticidade*

O princípio da dialeticidade declina que o recorrente deve motivar suas razões recursais.

Nesse contexto, estabelece o art. 1.010 do CPC/2015 o que segue:

Art. 1.010. A apelação, interposta por petição dirigida ao juízo de primeiro grau, conterá:

> I – os nomes e a qualificação das partes;
>
> **II – a exposição do fato e do direito;**
>
> **III – as razões do pedido de reforma ou de decretação de nulidade;**
>
> IV – o pedido de nova decisão. (grifo nosso)

Analisando o referido dispositivo, é possível extrair que o legislador trouxe para a fase recursal a mesma sistemática da petição inicial, pois, *mutatis mutandis*, exigiu que o recurso contenha as partes, a causa de pedir (fundamentos de fato e de direito) e o pedido.

Especificamente quanto aos incisos II e III, o ordenamento impôs que o recorrente apresente os fundamentos de fato e de direito que demonstram sua insurgência contra a decisão impugnada, descrevendo os motivos que a decisão deverá ser anulada (*error in procedendo*) ou reformada (*error in iudicando*). Isso ocorre porque "sem explicar os motivos da impugnação, o Tribunal não tem sobre o que decidir e a parte contrária não terá de que se defender. Por isso é que todo pedido, seja inicial seja recursal, é sempre apreciado, discutido e solucionado a partir da causa de pedir (isto é, de sua motivação)"[12].

Trata-se do denominado **princípio da dialeticidade** capaz de garantir à parte contrária a possibilidade de defender-se dos motivos apresentados pelo recorrente, podendo, assim, oferecer suas contrarrazões. Além disso, legitima-se tal exigência, especialmente quanto ao pedido, pois o princípio da devolutividade, em sua extensão, declina que o Tribunal somente pode se manifestar acerca do que lhe foi apresentado, ou seja, a respeito do objeto impugnado, segundo a regra do *tantum devolutum quantum appelatum*.

Com efeito, a fundamentação e o pedido recursal permitem ao recorrido a elaboração das contrarrazões e limitam a atuação do Tribunal *ad quem*, o que, a nosso juízo, deve incidir em todos os recursos trabalhistas.

Ocorre, no entanto, que, no processo do trabalho, o art. 899 da CLT estabelece que os recursos podem ser interpostos por meio de simples petição, o que levou parte da doutrina e da jurisprudência a afastar as exigências do art. 1.010 do CPC/2015 na seara trabalhista, isto é, no processo do trabalho não haveria necessidade de fundamentação para recorrer.

O C. TST sedimentou o tema na Súmula nº 422, diferenciando os recursos interpostos no TST daqueles de competência dos TRTs, como se verifica a seguir:

> **Súmula nº 422 do TST.** Recurso. Fundamento ausente ou deficiente. Não conhecimento
>
> I – Não se conhece de recurso para o Tribunal Superior do Trabalho se as razões do recorrente não impugnam os fundamentos da decisão recorrida, nos termos em que proferida.

---

12. THEODORO JÚNIOR, Humberto. *Curso de direito processual civil: Teoria geral do direto processual civil e processo de conhecimento*. 46. ed. Rio de Janeiro: Forense, 2007. p. 637.

> II – O entendimento referido no item anterior não se aplica em relação à motivação secundária e impertinente, consubstanciada em despacho de admissibilidade de recurso ou em decisão monocrática.
>
> III – Inaplicável a exigência do item I relativamente ao recurso ordinário da competência de Tribunal Regional do Trabalho, exceto em caso de recurso cuja motivação é inteiramente dissociada dos fundamentos da sentença.

1.4.7. Princípio da voluntariedade

O princípio da voluntariedade decorre do princípio dispositivo, o qual impõe a provocação da parte para que o Judiciário possa se manifestar. Isso ocorre porque o recurso é manifestação do poder de ação, dependendo, portanto, de provocação.

Disso resulta que o reexame necessário não é recurso, pois independe de manifestação, ocorrendo automaticamente. Trata-se, pois, de condição de eficácia da sentença.

1.4.8. Princípio da proibição da reformatio in pejus

O princípio da proibição da *reformatio in pejus* impede que seja piorada a situação do recorrente no julgamento do recurso.

Ele não atinge, porém, as matérias de ordem pública que podem ser conhecidas de ofício pelo Tribunal, ainda que em prejuízo do recorrente.

Por outro lado, embora não seja recurso, aplica-se tal princípio ao reexame necessário, como se depreende da Súmula nº 45 do STJ[13].

1.4.9. Princípio da irrecorribilidade imediata das decisões interlocutórias

Os atos do juiz podem ser classificados em: sentenças, decisões interlocutórias e despachos.

Decisão interlocutória consiste em todo pronunciamento judicial de natureza decisória que não se enquadre no conceito de sentença (CPC/2015, art. 203, § 2º).

Trata-se, pois, de conceito residual, pressupondo inicialmente ter conhecimento do conceito de sentença, a qual é definida pelo CPC/2015 como "o pronunciamento por meio do qual o juiz, com fundamento nos arts. 485 e 487, põe fim à fase cognitiva do procedimento comum, bem como extingue a execução" (art. 203, § 1º, CPC/2015).

Portanto, quando a decisão não cumular os dois requisitos para ser enquadrada como sentença (pronunciamento com ou sem resolução do mérito + põe fim à fase cognitiva ou extingue a execução) será decisão interlocutória.

---

13. **Súmula nº 45 do STJ**: "Reexame Necessário – Agravar Condenação – Fazenda Pública. No reexame necessário, é defeso, ao Tribunal, agravar a condenação imposta à Fazenda Pública".

Com o intuito de alcançar, de forma mais célere e efetiva, a resolução da pretensão colocada em juízo, a CLT, em seu art. 893, § 1º, estabeleceu que as decisões interlocutórias são irrecorríveis de imediato[14].

O princípio em comento, no entanto, não significa que as decisões interlocutórias jamais poderão ser impugnadas ou analisadas por outro julgador, mas tão somente que essa verificação ou impugnação será diferida, ou seja, será levantada na ocasião do recurso da decisão que resolve ou não o mérito.

Conquanto o art. 893, § 1º, da CLT não faça nenhuma ressalva, é importante observar que o Tribunal Superior do Trabalho, por meio da Súmula nº 214, criou três exceções que admitem o recurso imediato das decisões interlocutórias:

a) **de Tribunal Regional do Trabalho contrária à Súmula ou à Orientação Jurisprudencial do Tribunal Superior do Trabalho;**

> ✦ *Exemplo: A sentença de 1º grau reconhece que a alteração do regime celetista para o estatutário extingue o contrato de trabalho, invocando a prescrição bienal, em consonância com o entendimento da Súmula nº 382 do TST. Em grau recursal, o Tribunal Regional do Trabalho anula a decisão a quo entendendo que tal alteração não extingue o contrato de trabalho, não havendo, por consequência, a aplicação da prescrição bienal, determinando, assim, o retorno dos autos ao juízo de origem para julgar o mérito. A decisão interlocutória do TRT está, portanto, contrariando o entendimento da Súmula nº 382 do TST. Dessa forma, se o processo retornasse ao juízo de origem, este poderia julgar o mérito, que seria novamente recorrido ao TRT e, em seguida, chegaria ao TST, por meio do recurso de revista, com fundamento na violação de Súmula do TST (art. 896, "a", da CLT). Com efeito, nesse caso, a irrecorribilidade das decisões interlocutórias cede espaço para sua recorribilidade, permitindo-se o recurso de revista de imediato, a fim de privilegiar a celeridade processual.*

b) **suscetível de impugnação mediante recurso para o mesmo Tribunal;**

> ✦ *Exemplo: decisão monocrática do relator não concedendo tutela antecipada. Dessa decisão, cabe agravo interno para a Turma do mesmo Tribunal.*

c) **que acolhe exceção de incompetência territorial, com a remessa dos autos para Tribunal Regional distinto daquele a que se vincula o juízo excepcionado, consoante o disposto no art. 799, § 2º, da CLT.**

> ✦ *Exemplo: Pedro ajuíza reclamação trabalhista em São Paulo-SP, sendo apresentação exceção de incompetência pela reclamada, sob o fundamento de que o reclamante teria trabalhado e sido contratado em Porto Velho-RO. O juiz reconhece a incompetência e encaminha os autos à Vara do Trabalho de*

---

14. O C. TST reafirmou a aplicação da irrecorribilidade imediata das decisões interlocutórias no processo trabalhista no art. 1º, § 1º, da IN nº 39/2016, ao declinar que referido princípio deverá ser observado na aplicação supletiva e/ou subsidiária do CPC/2015 à seara trabalhista.

Porto Velho, ou seja, os autos saem de uma vara do TRT da 2ª Região e são encaminhados para uma Vara do Trabalho vinculada ao TRT da 14ª Região.

É interessante observar, ainda, que na hipótese de declaração de incompetência em razão da matéria, com o encaminhamento dos autos a outra Justiça (Federal ou Estadual), é cabível o recurso de imediato. Isso ocorre porque, embora se trate de decisão interlocutória, no caso o processo termina na Justiça do Trabalho, motivo pelo qual o art. 799, § 2º da CLT admite a interposição de recurso.

1.4.10. *Princípio da primazia da decisão de mérito*

O princípio da primazia da decisão de mérito é consagrado em diversos dispositivos do CPC/2015, dentre os quais se destaca o art. 4º:

> Art. 4º As partes têm o direito de obter em prazo razoável a solução integral do mérito, incluída a atividade satisfativa (Grifo nosso).

Referido princípio determina que o órgão julgador deverá sempre ter como objetivo a decisão de mérito, não se contentando com decisões meramente processuais que extinguem o processo sem resolução do mérito.

Com a finalidade de concretizar aludido princípio, o CPC/2015 em diversas ocasiões o exalta, impondo que o julgador deverá promover o saneamento dos vícios processuais (art. 139, IX), permitir que a parte corrija o vício, antes da extinção do processo sem resolução de mérito (art. 317), resolver do mérito quando a decisão for favorável à parte a quem aproveitaria eventual pronunciamento sem resolução de mérito (art. 488), possibilitar o saneamento do vício ou de complementação da documentação exigida antes de considerar o recurso inadmissível (art. 932, parágrafo único), dentre outros momentos nos quais se valoriza a decisão de mérito em detrimento de vícios processuais.

Tal princípio tem campo fértil de aplicação no âmbito recursal, afastando a chamada jurisprudência defensiva dos tribunais. Noutras palavras, é sabido que, na fase recursal, o juízo de mérito só é alcançado se ultrapassado o juízo de admissibilidade, quando se verifica a presença dos pressupostos recursais. Contudo, embora não se possa admitir recursos sem a presença dos pressupostos processuais, sob pena de gerar insegurança jurídica (p. ex: recurso fora do prazo; recurso por qualquer sujeito, mesmo sem estar presente a legitimidade recursal etc.), o fim natural e pretendido pela sociedade é o julgamento do recurso.

Nesse contexto, sendo sanável o vício, o referido princípio, impõe que se permita o saneamento ou complementação (CPC/2015, arts. 932, parágrafo único[15], 938,

15. CPC/2015, art. 932. Parágrafo único. Antes de considerar inadmissível o recurso, o relator concederá o prazo de 5 (cinco) dias ao recorrente para que seja sanado vício ou complementada a documentação exigível.

§ 1º[16] e 1.007, § 2º[17], dentre outros) ou até mesmo a sua desconsideração passando imediatamente ao julgamento do mérito do recurso (CLT, art. 896, § 11[18]).

Essa nova ideologia, inserida na teoria geral do processo, impõe uma releitura dos vícios processuais, mormente quando ligados aos pressupostos recursais.

Portanto, pensamos que o princípio da primazia da decisão de mérito previsto no CPC/2015 deverá ser aplicado no processo do trabalho ante compatibilidade com outros princípios essenciais à seara trabalhista, dentre os quais se destacam a duração razoável do processo, simplicidade e efetividade, uma vez que "não há decisão mais frustrante para o jurisdicionado que buscar a tutela de sua pretensão, e também, para a parte que resiste à pretensão do autor, receber como resposta jurisdicional uma decisão sem apreciação do mérito quando for possível ao juiz apreciá-lo"[19].

1.5. Juízo de admissibilidade e juízo de mérito

Para que os recursos possam ter seu caminhar natural, inicialmente são submetidos a uma análise preliminar, denominada juízo de admissibilidade, a fim de verificar a presença dos pressupostos recursais, também denominados de pressupostos de admissibilidade recursal, a saber: cabimento, legitimidade para recorrer, interesse recursal, tempestividade, regularidade formal, depósito recursal, preparo e inexistência de fato extintivo ou impeditivo do poder de recorrer.

Busca-se, nesse momento, verificar matéria de ordem pública ligada às preliminares do recurso.

Consigna-se, de plano, que as preliminares recursais não se confundem com as preliminares do processo, pois aquelas se identificam com os pressupostos recursais. Com efeito, pode uma matéria ser preliminar antes da fase recursal, passando nesta oportunidade a ser matéria de mérito. Seria, por exemplo, o caso de alegação de ausência de legitimidade passiva que na instância inferior foi alegada como preliminar. Sendo rejeitada na sentença, o recorrente levanta novamente tal matéria, mas, nessa ocasião, ela passa a ser mérito do próprio recurso.

---

16. CPC/2015, art. 938. § 1º Constatada a ocorrência de vício sanável, inclusive aquele que possa ser conhecido de ofício, o relator determinará a realização ou a renovação do ato processual, no próprio tribunal ou em primeiro grau de jurisdição, intimadas as partes.
17. CPC/2015, art. 1.007. § 2º A insuficiência no valor do preparo, inclusive porte de remessa e de retorno, implicará deserção se o recorrente, intimado na pessoa de seu advogado, não vier a supri-lo no prazo de 5 (cinco) dias.
18. CLT, art. 896 § 11. Quando o recurso tempestivo contiver defeito formal que não se repute grave, o Tribunal Superior do Trabalho poderá desconsiderar o vício ou mandar saná-lo, julgando o mérito.
19. SCHIAVI, Mauro. Os pressupostos processuais e as condições da ação no Novo CPC e suas repercussões no Processo do Trabalho. In: LEITE, Carlos Henrique Bezerra (Org.). *Novo CPC: repercussões no Processo do Trabalho*. São Paulo: Saraiva, 2015. p. 90.

O ordenamento adotou dois juízos de admissibilidade: o juízo *a quo* e o juízo *ad quem*.

- **juízo de admissibilidade *a quo***: é realizado pelo juízo de origem, ou seja, aquele que teve sua decisão impugnada. Nesse caso, a análise será feita no momento da interposição do recurso ou após a interposição das contrarrazões. Porém, trata-se de juízo preliminar e superficial.
- **juízo de admissibilidade *ad quem***: é aquele feito pelo órgão recursal. A análise pode ocorrer em diversos momentos, desde que antes do ingresso no exame de mérito. Desse modo, não haverá preclusão até esse momento, pois os pressupostos recursais são matérias de ordem pública, podendo ser analisados inclusive *ex officio*. Atente-se para o fato de que o juízo *ad quem* tem caráter definitivo.

✦ *Exemplo considerando o recurso de revista*

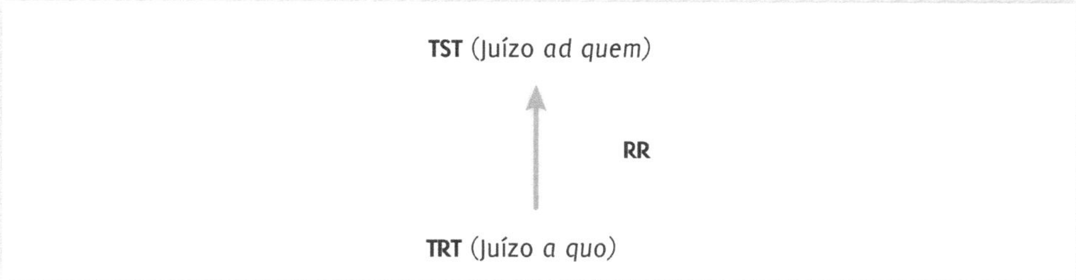

O juízo de admissibilidade poderá ser positivo ou negativo.

- **positivo**: quando presentes os pressupostos recursais;
- **negativo**: quando ausente qualquer um dos pressupostos recursais.

Assim, não estando presentes os pressupostos recursais, o juízo *a quo* não processará o recurso (não dá seguimento), cabendo, na hipótese, agravo de instrumento. Por outro lado, estando presentes tais pressupostos, será dado seguimento ao recurso, intimando-se a parte contrária para a apresentação das contrarrazões.

Pode ocorrer ainda de o juízo a quo declinar que apenas em relação a alguns capítulos o recurso preenche os pressupostos recursais, como, por exemplo, entende que o recorrente teria interesse recursal apenas no que se refere ao capítulo relacionado à equiparação salarial e não quanto ao capítulo das horas extras. Tem-se aqui o chamado juízo de admissibilidade parcial.

Nesse caso, constitui ônus da parte impugnar, mediante agravo de instrumento, o capítulo denegatório da decisão, sob pena de preclusão, inclusive a preclusão máxima que é a formação da coisa julgada (TST-RI, art. 254; TST-IN nº 40/2016, art. 1º, *caput*).

Seja na hipótese de juízo de admissibilidade positivo, seja quando o juízo de admissibilidade é parcial (quanto à parte admitida), os autos serão encaminhados ao Tribunal *ad quem* que fará um novo juízo de admissibilidade. É interessante observar que o juízo *a quo*, por ser superficial, não gera nenhuma vinculação ou preclusão para o Tribunal ad quem, incumbido de decidir, em caráter definitivo, a admissibilidade ou não do recurso. Desse modo, pode acontecer, por exemplo, do juízo a quo indicar que estavam presentes os pressupostos recursais, mas o juízo ad quem não conhecer do recurso porque não se encontra preenchido o pressuposto do depósito recursal.

Com efeito, verificando o juízo *ad quem* a ausência dos pressupostos recursais, o Tribunal *ad quem* não conhecerá do recurso. Estando presentes, conhece do recurso, passando à análise de mérito do recurso, chamado de juízo de mérito.

No juízo de mérito, o Tribunal *ad quem* dará provimento ao recurso, quando acolhe os fundamentos do recurso, ou não dará provimento, quando não os acolher.

Portanto, podemos esquematizar da seguinte forma o juízo de admissibilidade e o juízo de mérito:

Juízo *a quo*	– negativo: não processa o recurso (ou não dá seguimento ao recurso) – positivo: processa o recurso (ou dá seguimento ao recurso) – parcial: processa parte do recurso (ou dá seguimento parcial ao recurso)
Juízo *ad quem*	– negativo: não conhece o recurso (ou não admite o recurso) – positivo: conhece o recurso (ou admite o recurso)
Juízo de mérito	– dá provimento: acolhe fundamentos – não dá provimento: não acolhe fundamentos

Antes de finalizar esse tópico é necessário fazer uma observação sobre o juízo de admissibilidade com o advento do CPC/2015.

O novel código extinguiu o duplo juízo de admissibilidade para os recursos de natureza ordinária, mantendo-o apenas para os recursos extraordinário e especial.

Desse modo, na apelação, o juízo de admissibilidade é realizado apenas pelo tribunal competente e não mais pelo juízo de origem (*a quo*), conforme se observa do art. 1.010, § 3º. Assim, conforme estabelece o enunciado nº 99 do Fórum Permanente de Processualistas Civis, "o órgão *a quo* não fará juízo de admissibilidade da apelação". Nesse mesmo sentido, o art. 1.028, § 3º do CPC/2015 dispõe que o recurso ordinário é remetido ao STF ou STJ independentemente de juízo de admissibilidade.

Contudo, no processo do trabalho, o advento do CPC/2015 não produzirá impactos acerca do duplo juízo de admissibilidade, ante a existência de normas expressas na legislação trabalhista sobre o tema.

Com efeito, haverá duplo juízo de admissibilidade nos recursos trabalhistas (juízo *a quo* e juízo *ad quem*), não produzindo nenhum efeito o art. 1.010, § 3º, do

CPC/2015. Nesse sentido, estabeleceu o C. TST no art. 2º, XI, da Instrução Normativa nº 39/2016, *in verbis:*

> Art. 2º Sem prejuízo de outros, não se aplicam ao Processo do Trabalho, em razão de inexistência de omissão ou por incompatibilidade, os seguintes preceitos do Código de Processo Civil:
>
> (...)
>
> XI – art. 1010, § 3º (desnecessidade de o juízo a quo exercer controle de admissibilidade na apelação)

1.5.1. Juízo de admissibilidade parcial no recurso de revista

É sabido que, frequentemente, há cumulação objetiva (pedidos) nas reclamações trabalhistas, admitindo assim a cumulação de ações dentro de uma mesma relação processual. Essa cumulação provoca, como regra, decisões com diversos capítulos, ou seja, embora a decisão seja una, ela é fragmentada em capítulos.

Portanto, formalmente a sentença é única, mas substancialmente ela comporta divisões[20].

Isso possibilita a interposição de recurso parcial, bem como a formação de coisa julgada dos capítulos não impugnados (CPC/2015, art. 966, § 3º). Noutras palavras, admite-se que o recorrente delimite os capítulos que pretende impugnar. Trata-se, pois, do efeito devolutivo na extensão.

Pode ocorrer ainda de termos um recurso contemplando todos os capítulos (total) ou de diversos capítulos, mas o juízo de admissibilidade *a quo* decline que em relação a alguns capítulos não estão presentes os pressupostos recursais, dando processamento em parte do recurso. Tem-se aqui o chamado **juízo de admissibilidade parcial**.

Nessa hipótese, antigamente, o TST indicava que o recurso seria processado normalmente e o tribunal *ad quem* poderia analisá-lo de forma integral, inclusive a parte que não havia sido processada no juízo *a quo*, já que não estava vinculado a este. Esse entendimento vinha contemplado na Súmula nº 285 do TST, atualmente, cancelada.

Contudo, nos dias atuais, o C. TST passou a descrever na Instrução Normativa nº 40 que constitui ônus da parte impugnar, mediante agravo de instrumento, o capítulo denegatório da decisão, sob pena de preclusão (TST-RI, art. 254, *caput*; TST-IN nº 40/2016, art. 1º, *caput*). Noutras palavras, para que o capítulo não processado possa chegar ao Tribunal *ad quem* é necessária a interposição do agravo de instrumento. Assim não agindo haverá trânsito em julgado da parte não impugnada[21]. Exemplo:

---

20. BEBBER, Júlio César. *Recursos no processo do trabalho*. 4. ed. São Paulo: LTr, 2014. p. 473.
21. DIDIER Jr., Fredie; CUNHA, Leonardo José Carneiro da. *Curso de direito processual civil: Meios de impugnação às decisões judiciais e processo nos tribunais*. 13. ed. Bahia: Juspodivm, 2016. v. 3, p. 329-332.

> Recurso de revista alegando que, no que se refere ao capítulo que julgou a equiparação salarial, houve violação do art. 461 da CLT e contrariedade à Súmula nº 6 do TST e, quanto ao capítulo das horas extras, há violação da Constituição Federal, sem especificar os dispositivos violados. O presidente ou vice-presidente do TRT ao proferir o juízo de admissibilidade *a quo* o admite apenas quanto à equiparação salarial. Nesse caso, incumbe à empresa interpor agravo de instrumento para destrancar o capítulo não processado (horas extras).

1.5.1.1. *Omissão no juízo de admissibilidade parcial*

Pode acontecer de, interposto o recurso de diversos capítulos, o juízo *a quo* ser omisso quanto à análise de admissibilidade de algum capítulo recorrido.

> Exemplo: no mesmo exemplo anterior, em que o recurso de revista impugna a equiparação salarial e as horas extras, o presidente do TRT, na decisão de admissibilidade, indica que será processado o recurso de revista quanto à equiparação salarial, porque preenchidos os pressupostos recursais, nada versando sobre o capítulo das horas extras.

Nesse caso, é ônus da parte interpor embargos de declaração para o órgão prolator da decisão embargada suprir a omissão quanto ao capítulo horas extras (CPC/2015, art. 1024, § 2º), sob pena de preclusão (TST-RI, art. 254, § 1º e TST-IN nº 40/2016, art. 1º, § 1º).

Interpostos os embargos, o presidente do TRT poderá:

- suprir a omissão; ou
- não suprir a omissão, por entender que sua decisão está completa.

No primeiro caso, suprindo a omissão, o presidente do tribunal poderá entender que estão presentes os pressupostos recursais e dar processamento integral ao recurso de revista.

Por outro lado, pode ocorrer de o presidente do tribunal (juízo *a quo*) entender que não estão presentes os pressupostos recursais quanto àquele capítulo, mantendo o processamento parcial do recurso de revista. No exemplo anterior, poderia o presidente do TRT declinar que não houve indicação precisa dos artigos violados no capítulo das horas extras, mantendo o processamento do recurso de revista apenas quanto ao capítulo da equiparação salarial. Nesse caso, para que o capítulo trancado (não processado - horas extras) possa chegar ao TST é necessária a interposição de agravo de instrumento.

No segundo caso, ou seja, quando interpostos os embargos de declaração e o presidente do TRT não supre a omissão, o tema é ainda mais complexo.

Nessa hipótese, a decisão é considerada nula, por negativa da prestação jurisdicional (CF/88, art. 93, inciso IX e § 1º do art. 489 do CPC/15; TST-RI, art. 254, § 2º e IN nº 40/2016 do TST, art. 1º, § 2º).

Sem prejuízo de ser nula, a decisão do presidente do TRT que se recusa a emitir juízo de admissibilidade sobre qualquer tema equivale à decisão denegatória. Assim, é ônus da parte, após a intimação da decisão dos embargos de declaração, impugná-la mediante agravo de instrumento (CLT, art. 896, § 12), sob pena de preclusão (TST-RI, art. 254, § 3º e TST-IN nº 40/2016, art. 1º, § 3º).

Chegando o agravo de instrumento no TST, a Corte trabalhista entende que é faculdade do relator, por decisão irrecorrível, determinar a restituição do agravo de instrumento ao presidente do TRT de origem para que complemente o juízo de admissibilidade (TST-RI, art. 255, I, e TST-IN nº 40/2016, art. 1º, § 4º). Nesse caso, ficará sobrestado o julgamento do recurso de revista parcial até decisão do presidente do TRT (no exemplo anterior ficará sobrestada a parte da equiparação salarial).

1.5.1.2. *Juízo de admissibilidade parcial quando o tema está pacificado em recurso de revista repetitivo, IRDR e assunção de competência*

A Instrução Normativa nº 40 do TST, alterada pela Resolução nº 224/2024, passou a estabelecer no art. 1º-A, *caput*, o seguinte:

> Art. 1º-A Cabe agravo interno da decisão que negar seguimento ao recurso de revista interposto contra acórdão que esteja em conformidade com entendimento do Tribunal Superior do Trabalho, exarado nos regimes de julgamento de recursos repetitivos, de resolução de demandas repetitivas e de assunção de competência, de acordo com os arts. 988, § 5°, 1.030, § 2°, e 1.021 do CPC, aplicáveis ao processo do trabalho, conforme art. 896-B da CLT.

Assim, da decisão do Presidente ou Vice-Presidente do TRT caberá **agravo interno** quando o recurso de revista tiver seu seguimento denegado, sob o fundamento de que o acórdão recorrido está em consonância com entendimento do TST exarado em:

1) Recurso de revista repetitivo;
2) Incidente de resolução de demandas repetitivas; e
3) Incidente de assunção de competência.

Trata-se de sistemática implementada pelo art. 1.030 do CPC/2015, embasada no sistema de precedentes obrigatórios.

Nesse caso, interposto o agravo interno, o Presidente ou o Vice-Presidente poderá se retratar e dar seguimento ao recurso de revista ou, não sendo o caso de retratação, encaminhá-lo para o plenário ou o órgão especial do próprio TRT.

Sendo o agravo interno provido, dar-se-á seguimento ao recurso de revista quanto ao capítulo objeto da insurgência.

Caso o agravo interno seja desprovido, nenhum recurso caberá dessa decisão regional (TST-IN nº 40/2016, art. 1º-A, § 3º), salvo os embargos de declaração. Embora não caiba recurso, como houve o esgotamento da instância ordinária, será admitido **no prazo dos embargos de declaração**[22] a reclamação para o TST, desde que preenchidos seus requisitos, do objeto discutido no agravo interno.

Por outro lado, caberá **agravo de instrumento** quando a denegação do seguimento do recurso de revista não envolver entendimentos sedimentados pelo TST em regime de recurso de revista repetitivo, IRDR e assunção de competência (CPC/15, art. 1.030, V e § 1º; TST-IN 40/2016, art. 1º-A).

Pode acontecer, ainda, de o recurso de revista impugnar capítulo que tenha tema já pacificado no TST em precedente obrigatório e outro capítulo que não esteja fincado em precedente obrigatório.

Nesse caso, sendo denegado o seguimento integral do recurso de revista, a parte deverá apresentar, simultaneamente, o agravo interno do capítulo relacionado ao entendimento firmado pelo TST no recurso de revista repetitivo, IRDR e assunção de competência, e o agravo de instrumento dos demais capítulos (TST-IN nº 40/2016, art. 1º-A, § 1º).

Nessa hipótese, o processamento do agravo de instrumento ocorrerá após o julgamento do agravo interno pelo órgão colegiado competente (TST-IN nº 40/2016, art. 1º-A, § 2º).

1.5.2. *Poderes do relator*

As decisões proferidas pelos tribunais são denominadas de acórdãos, seja de natureza interlocutória, seja de sentença. Isso ocorre porque, tradicionalmente, tais decisões são proferidas por um órgão colegiado (por exemplo, Turma), de modo que acórdão representa "a vontade de todos ou da maioria dos membros da corte".[23]

No entanto, com base nos princípios da economia e celeridade processual e com a finalidade de desburocratizar as decisões dos tribunais, o legislador passou a atribuir poderes ao relator para julgar monocraticamente os recursos, como se observa nos arts. 894, § 3º, 896, 14, ambos da CLT, *in verbis*:

> Art. 894, § 3º. O Ministro Relator denegará seguimento aos embargos:
>
> I – se a decisão recorrida estiver em consonância com súmula da jurisprudência do Tribunal Superior do Trabalho ou do Supremo Tribunal Federal, ou com iterativa, notória e atual jurisprudência do Tribunal Superior do Trabalho, cumprindo-lhe indicá-la;
>
> II – nas hipóteses de intempestividade, deserção, irregularidade de representação ou de ausência de qualquer outro pressuposto extrínseco de admissibilidade.

22. É que dentro do prazo dos embargos de declaração ainda não ocorreu o trânsito em julgado.
23. BEBBER, Júlio César. *Recursos no processo do trabalho*. 2. ed. São Paulo: LTr, 2009. p. 58.

> Art. 896, § 14. O relator do recurso de revista poderá denegar-lhe seguimento, em decisão monocrática, nas hipóteses de intempestividade, deserção, irregularidade de representação ou de ausência de qualquer outro pressuposto extrínseco ou intrínseco de admissibilidade.

Ademais, o art. 932 do CPC/2015, que trata dos poderes do relator, é aplicável subsidiariamente ao processo do trabalho, como se verifica pela Súmula nº 435 do TST.

> **Súmula nº 435 do TST.** Decisão monocrática. Relator. Art. 932 do CPC de 2015. Art. 557 do CPC de 1973. Aplicação subsidiária ao processo do trabalho
>
> Aplica-se subsidiariamente ao processo do trabalho o art. 932 do CPC de 2015 (art. 557 do CPC de 1973).

Nesse contexto, pode o relator, monocraticamente, proferir juízo de admissibilidade ou juízo de mérito, nos seguintes casos:

1) Juízo de admissibilidade negativo quando o recurso for:

   a) inadmissível;

   b) prejudicado (fato superveniente que prejudica o recurso[24]); ou

   c) não tenha impugnado especificadamente os fundamentos da decisão recorrida, observada a Súmula 422 do TST.

2) Juízo de mérito para:

   2.1) **negar-lhe provimento** quando o **recurso** for:

   - contrário à súmula do STF, do STJ (incluímos do TST) ou do próprio tribunal;
   - contrário a acórdão proferido pelo STF ou pelo STJ (incluímos do TST) em julgamento de recursos repetitivos; e
   - contrário ao entendimento firmado em incidente de resolução de demandas repetitivas ou de assunção de competência.

   2.2) **dar-lhe provimento** quando a **decisão recorrida**:

   - estiver em confronto com súmula do STF, do STJ (incluímos do TST) ou do próprio tribunal;
   - for contrário a acórdão proferido pelo STF ou pelo STJ (incluímos do TST) em julgamento de recursos repetitivos; e
   - for contrário ao entendimento firmado em incidente de resolução de demandas repetitivas ou de assunção de competência.

O relator também deverá dirigir e ordenar o processo no tribunal, inclusive em relação à produção de provas e à homologação de acordo entre as partes; apreciar o pedido de tutela provisória nos recursos e nos processos de competência originária

---

24. Na realidade também é um recurso inadmissível, mas por fato superveniente.

do tribunal; decidir o incidente de desconsideração da personalidade jurídica, quando este for instaurado originariamente perante o tribunal; determinar a intimação do Ministério Público, quando for o caso; além de outras atribuições estabelecidas no regimento interno do tribunal (CPC/2015, art. 932).

A propósito, o relator, antes de considerar inadmissível o recurso, concederá o prazo de 5 dias ao recorrente para que seja sanado vício ou complementada a documentação exigível (CPC/15, art. 932, parágrafo único; TST-IN nº 39/2016, art. 10). Além disso, se o relator constatar a ocorrência de fato superveniente à decisão recorrida ou a existência de questão apreciável de ofício ainda não examinada que devam ser considerados no julgamento do recurso, intimará as partes para que se manifestem no prazo de 5 dias (CPC/15, art. 933, *caput*).

Vê-se por esse dispositivo que o relator poderá, no julgamento da causa, considerar fatos supervenientes ou matérias reconhecíveis de ofício, mas antes de reconhecê-los deve dar oportunidade para que a parte possa se manifestar, resguardando a ideia do contraditório substancial.

Ressalta-se que, para manter a substância do tribunal (órgão colegiado), a decisão do relator, como regra, sempre estará sujeita ao recurso de agravo interno ou regimental, previsão que passa a ser expressa no art. 894, § 4º, da CLT, quanto aos embargos no TST, e 896-A, § 2º, CLT no que se refere à transcendência do recurso de revista. Para os demais casos, aplica-se o art. 1.021 do CPC/15, mesmo na hipótese do art. 896, § 14, da CLT.

Por fim, cumpre destacar que o relator estará prevento para eventual recurso subsequente interposto no mesmo processo ou em processo conexo (CPC/15, art. 930, parágrafo único).

1.6. Pressupostos recursais

1.6.1. Introdução

Conforme já analisado anteriormente, para que se possa adentrar no mérito do recurso, primeiro, há de se verificar os pressupostos recursais, também chamados de pressupostos de admissibilidade recursal.

A doutrina diverge quanto à classificação desses pressupostos.

Para uma parte da doutrina, tais pressupostos são classificados em objetivos e subjetivos.

a) **objetivos:** quando consideram o próprio recurso.

São pressupostos objetivos: a recorribilidade do ato, a previsão legal do recurso, a adequação, a inexistência de fato extintivo ou impeditivo de recorrer, a tempestividade, a regularidade formal, a regularidade de representação e o preparo[25].

25. GARCIA, Gustavo Filipe Barbosa. *Curso de direito processual do trabalho*. 2ª ed. Rev e atual. Rio de Janeiro: Forense, 2013. p. 540.

b) **subjetivos:** quando ligados à pessoa do recorrente.

São considerados pressupostos subjetivos: a legitimidade, a capacidade e o interesse[26].

A outra parcela da doutrina, majoritária, classifica os pressupostos recursais em intrínsecos e extrínsecos. Contudo, diverge sobre o que vem a ser pressupostos intrínsecos e extrínsecos.

A tese majoritária entende que os pressupostos intrínsecos são aqueles ligados à própria existência do poder de recorrer, enquanto os pressupostos extrínsecos dizem respeito ao modo de exercer tal poder[27]. Aliás, a própria CLT, quando trata de pressupostos recursais, utiliza a expressão pressupostos intrínsecos e extrínsecos, como se verifica pelos arts. 896-A, § 6º e 897-A da CLT.

Os pressupostos intrínsecos são:

a) cabimento;

b) legitimidade;

c) interesse em recorrer; e

d) inexistência de fato impeditivo ou extintivo do poder de recorrer.

Já os pressupostos extrínsecos são:

a) tempestividade;

b) representação;

c) preparo (custas e depósito recursal);

d) regularidade formal.

Por fim, existem aqueles que entendem que os pressupostos intrínsecos estão relacionados à decisão recorrida, enquanto os pressupostos extrínsecos dizem respeito a fatos externos à decisão e, em regra, posteriores. Nesse caso, o que muda é apenas a inexistência de fato impeditivo ou extintivo do poder de recorrer, que é incluído entre os pressupostos extrínsecos.

1.6.2. *Cabimento*

O primeiro pressuposto recursal a ser analisado no momento da interposição de um recurso é o **cabimento**. Para que se verifique a presença desse pressuposto, há necessidade de se conjugarem dois requisitos, sucessivamente:

a) **recorribilidade**: o ato impugnável é recorrível;

b) **adequação**: o recurso interposto é adequado à modalidade de decisão que se busca impugnar.

---

26. GARCIA, Gustavo Filipe Barbosa. *Curso de direito processual do trabalho*. 2ª ed. Rev e atual. Rio de Janeiro: Forense, 2013. p. 540.
27. Para as provas objetivas é melhor adotar essa corrente.

No primeiro caso, é interessante observar que os despachos são irrecorríveis, e as decisões interlocutórias são irrecorríveis de imediato, exceto nas hipóteses da Súmula nº 214 do TST. Já a sentença é recorrível.

Quanto à adequação, não basta, simplesmente, interpor o recurso, mas é necessário que ele seja adequado ao caso. Seria o caso, por exemplo, da interposição de recurso ordinário da sentença. Consigna-se que, em casos excepcionais, a adequação será afastada em decorrência da aplicação do princípio da fungibilidade, como já estudado nesse capítulo.

1.6.3. Legitimidade para recorrer

Nos termos do art. 996 do CPC/2015, aplicável subsidiariamente ao processo do trabalho, têm legitimidade para recorrer:

a) as partes;

b) o terceiro prejudicado; e

c) o Ministério Público.

O terceiro, para ter legitimidade, deverá demonstrar a possibilidade de a decisão sobre a relação jurídica submetida à apreciação judicial atingir direito de que se afirme titular ou que possa discutir em juízo como substituto processual (CPC/2015, art. 996, parágrafo único).

Por sua vez, o **Ministério Público** tem legitimidade para recorrer como parte ou como fiscal da ordem jurídica (art. 83, VI, da LC nº 75/93 e art. 996, caput, do CPC/2015). O C. TST, porém, estabelece:

> **OJ nº 237 da SDI-I do TST.** Ministério Público do Trabalho. Legitimidade para recorrer. Sociedade de economia mista. Empresa pública
>
> I – O Ministério Público do Trabalho não tem legitimidade para recorrer na defesa de interesse patrimonial privado, ainda que de empresas públicas e sociedades de economia mista.
>
> II – Há legitimidade do Ministério Público do Trabalho para recorrer de decisão que declara a existência de vínculo empregatício com sociedade de economia mista ou empresa pública, após a Constituição Federal de 1988, sem a prévia aprovação em concurso público, pois é matéria de ordem pública.

A propósito, no que tange às **autarquias e fundações públicas**, o TST declina que "os Estados e os Municípios não têm legitimidade para recorrer em nome das autarquias e das fundações públicas". Além disso, os procuradores estaduais e municipais podem representar as respectivas autarquias e fundações públicas em juízo somente se designados pela lei da respectiva unidade da federação (art. 75,

IV, do CPC de 2015) ou se investidos de instrumento de mandato válido" (OJ nº 318 da SDI – I do TST).

1.6.4. Interesse em recorrer

Haverá interesse recursal quando:

a) a parte for vencida;

b) o terceiro for prejudicado com a decisão.

Busca-se, nesse caso, que o recurso seja útil e adequado para melhorar a situação fática do recorrente. Noutras palavras, para que se tenha interesse recursal o recorrente deve possibilitar uma decisão mais vantajosa sob o aspecto prático.

1.6.5. Inexistência de fato impeditivo ou extintivo do poder de recorrer

Para que seja interposto o recurso, não podem estar presentes fatos extintivos (aceitação e renúncia) ou impeditivos (desistência) do direito de recorrer.

1.6.5.1. Aceitação da decisão

A aceitação da decisão é fato extintivo ao direito de recorrer, podendo ser expressa ou tácita.

- **expressa**: quando declara formalmente a aceitação da decisão.
- **tácita**: quando praticar, sem nenhuma reserva, ato incompatível com a vontade de recorrer (CPC/2015, art. 1.000, parágrafo único). Trata-se da clássica preclusão lógica.

  ✦ *Exemplo: pagamento da condenação dentro do prazo recursal.*

A aceitação é possível entre a intimação da decisão impugnável e anterior à interposição do recurso.

1.6.5.2. Renúncia

A parte recorrente pode renunciar ao direito de recorrer, independentemente da aceitação da outra parte (CPC/2015, art. 999). Trata-se também de fato extintivo ao direito de recorrer.

A renúncia, assim como a aceitação, pode ocorrer entre a intimação da decisão impugnável e antes da interposição do recurso.

Ela pode ser expressa ou tácita.

- **expressa**: quando, por exemplo, a decisão é proferida na audiência, e a parte formalmente renuncia ao direito de recorrer.
- **tácita**: quando deixar de recorrer dentro do prazo recursal.

A renúncia pode ser total ou parcial.

- **total**: quando a renúncia atinge todo o objeto que poderia ser impugnado no recurso.
- **parcial**: quando estiver relacionada à parte do objeto impugnável.

A renúncia é irrevogável e produz efeitos imediatos, não dependendo de homologação judicial. Com efeito, após ocorrida, não poderá o recorrente desistir da renúncia[28].

1.6.5.3. *Desistência*

O recorrente poderá desistir do recurso, consistente na manifestação de vontade de não ver julgado o seu recurso[29]. Trata-se de fato impeditivo ao direito de recorrer.

Nos termos do art. 998 do CPC/2015, a desistência pode ocorrer, a qualquer tempo, sem a anuência do recorrido ou dos litisconsortes.

Conquanto o artigo supracitado indique que a desistência pode ser realizada a qualquer tempo, seu termo inicial é a interposição do recurso, pois somente se desiste do que já existe.

Quanto ao termo final, a jurisprudência tem permitido a desistência até o momento anterior ao início do julgamento, ou seja, até a prolação do voto.[30]

A desistência pode ser total ou parcial, desde que, nessa última hipótese, o objeto seja divisível.

A decisão que reconhece a desistência tem natureza declaratória[31], produzindo, portanto, efeito *ex tunc*. Dessa maneira, o recurso interposto será considerado como inexistente.

> **▸ ATENÇÃO:**
> A desistência do recurso não impede a análise de questão cuja repercussão geral já tenha sido reconhecida e daquela objeto de julgamento de recursos extraordinários ou especiais repetitivos (CPC/2015, art. 998, parágrafo único). No processo do trabalho, essa restrição é aplicável aos recursos de revista repetitivos.

28. JORGE, Flávio Cheim. *Teoria geral dos recursos cíveis*. 7. ed. rev., atual. e ampl. São Paulo: Editora Revista dos Tribunais, 2015. p. 156.
29. BEBBER, Júlio César. *Recursos no processo do trabalho*. 2. ed. São Paulo: LTr, 2009. p. 156.
30. TST-RR 0078500-36.2002.5.02.0291. Primeira Turma. Rel. Min. Walmir Oliveira da Costa. DEJT 5.9.2014.
31. MOREIRA, José Carlos Barbosa. *Comentários ao código de processo civil*. 15. ed. Rio de Janeiro: Forense, 2010. v. 5, p. 335.

1.6.6. Tempestividade[32]

Todos os recursos possuem um prazo determinado para sua interposição. Expirado o prazo, sem que seja interposto o recurso, tem-se a **preclusão temporal**, ou seja, a parte não poderá interpô-lo após o vencimento de seu prazo.

Os prazos recursais são peremptórios, não podendo ser alterados pela vontade das partes.

No processo do trabalho, existe uniformidade nos prazos recursais, devendo ser interpostos, como regra, **no prazo de 8 dias** (Lei nº 5.584/70, art. 6º), salvo a Fazenda Pública, Ministério Público do Trabalho e Defensoria Pública que terão o prazo em dobro, ou seja, 16 dias.

Cabe destacar que todos os prazos recursais devem ser contados em dias úteis, nos termos do art. 775 da CLT.

São interpostos no prazo de 8 dias:

1) recurso ordinário (CLT, art. 895);
2) recurso de revista (Lei nº 5.584/70, art. 6º);
3) embargos de divergência (CLT, art. 894, II);
4) embargos infringentes (CLT, art. 894, I);
5) agravo de petição (CLT, art. 897);
6) agravo de instrumento (CLT, art. 897);
7) agravo interno e regimental. (TST-IN nº 39/2016, art. 1º, § 2º).

Excepcionalmente, os recursos, na seara trabalhista, têm outros prazos, como se verifica a seguir:

Embargos de declaração (CLT, art. 897-A)	5 dias
Pedido de revisão (Lei nº 5.584/70, art. 2º, § 1º)	48 horas
Recurso extraordinário (STF) – (CPC/2015, art. 1.003, § 5º)	15 dias

É importante observar ainda que, havendo feriado local ou ausência de expediente forense, de acordo com o art. 1.003, § 6º, do CPC/2015, "o recorrente comprovará a ocorrência de feriado local no ato de interposição do recurso, e, se não o fizer, o tribunal determinará a correção do vício formal, ou poderá desconsiderá-lo caso a informação já conste do processo eletrônico". Nesse sentido, o TST estabelece, na Súmula nº 385:

> **Súmula nº 385 do TST.** Feriado local ou forense. Ausência de expediente. Prazo recursal. Prorrogação. Comprovação. Necessidade.

32. Vide o capítulo de atos processuais (prazos processuais).

> I – Incumbe à parte o ônus de provar, quando da interposição do recurso, a existência de feriado local que autorize a prorrogação do prazo recursal (art. 1.003, § 6º, do CPC de 2015). No caso de o recorrente alegar a existência de feriado local e não o comprovar no momento da interposição do recurso, cumpre ao relator conceder o prazo de 5 (cinco) dias para que seja sanado o vício (art. 932, parágrafo único, do CPC de 2015), sob pena de não conhecimento se da comprovação depender a tempestividade recursal;
>
> II – Na hipótese de feriado forense, incumbirá à autoridade que proferir a decisão de admissibilidade certificar o expediente nos autos;
>
> III – Admite-se a reconsideração da análise da tempestividade do recurso, mediante prova documental superveniente, em agravo de instrumento, agravo interno, agravo regimental, ou embargos de declaração, desde que, em momento anterior, não tenha havido a concessão de prazo para a comprovação da ausência de expediente forense.

De acordo com a Súmula nº 385 do TST, é importante diferenciar a alegação da comprovação do feriado local. Desse modo, o recorrente deve alegar o feriado local, mas sua comprovação poderá ser realizada posteriormente. Isso ocorre porque, ao alegar o feriado, o juízo *ad quem* saberá os motivos pelos quais o recurso foi interposto naquela data. Por outro lado, sendo a comprovação do feriado local um vício sanável, o relator deverá conceder o prazo de 5 dias para o saneamento do vício, ou seja, para comprovar o feriado local, por força do art. 932, parágrafo único, do CPC/2015, aplicável ao processo do trabalho por força do art. 10, da IN nº 39/2016, do TST[33]. Nesse caso, é interessante observar que não se trata de discricionariedade do relator, mas de poder-dever, exigindo a intimação da parte para comprovação do feriado.

1.6.6.1. Intempestividade

O recurso será intempestivo quando interposto depois do decurso do prazo legal.

É interessante destacar que o C. TST, antigamente, considerava que o recurso interposto antes da publicação do acórdão impugnado também era considerado intempestivo, dando-lhe o nome de recurso prematuro ou intempestividade *ante tempus*.

Todavia, com o cancelamento da Súmula nº 434, o C. TST passou a seguir o entendimento do STF, considerando tempestivo o recurso interposto antes do termo inicial do prazo recursal. Atualmente, o CPC/2015 tem regramento específico sobre o tema no art. 218, § 4º, *in verbis*:

> § 4º Será considerado tempestivo o ato praticado antes do termo inicial do prazo.

33. JORGE, Flávio Cheim. *Teoria geral dos recursos cíveis*. 7. ed. rev., atual. e ampl. São Paulo: Editora Revista dos Tribunais, 2015. p. 173.

Trata-se de regra aplicável ao processo do trabalho, de modo que, nos dias atuais, caso o recurso seja interposto antes da publicação do acórdão impugnado, ele será considerado como tempestivo.

1.6.7. *Representação*

No processo do trabalho, admite-se que o empregado e o empregador postulem em juízo pessoalmente, ou seja, **sem** a necessidade de advogado. É o que se denomina de *jus postulandi* das partes (CLT, art. 791 da CLT).

O *jus postulandi* permite, portanto, que as próprias partes interponham seus recursos, exceto quando se tratar de recursos no TST ou STF, bem como recursos na ação rescisória, mandado de segurança e ação cautelar[34] que, obrigatoriamente, dependem de representação por advogado (Súmula nº 425 do TST)[35].

No caso do mandado de segurança, ainda que o recurso seja interposto pela autoridade coatora (art. 14, § 2º, da Lei 12.016/09), o C. TST impõe a representação por advogado, ou seja, obsta o *jus postulandi*[36].

Ademais, exige-se a representação por advogado nos recursos em embargos de terceiros. Aliás, com a vigência da Lei nº 13.467/17 (Reforma Trabalhista), o *jus postulandi* não é aplicado nos processos de jurisdição voluntária para a homologação de acordo extrajudicial, vez que o art. 855-B, *caput*, da CLT, expressamente, exige a presença do advogado.

Salienta-se que, extrapolada a seara trabalhista, não há aplicação do *jus postulandi*. Dessa forma, na interposição do recurso extraordinário, de competência do STF, ou no conflito de competência que o STJ seja competente, a parte depende da presença do advogado.

Contudo, mesmo nas hipóteses em que se pode exercer o *jus postulandi*, a parte poderá nomear advogado para representá-la em juízo, inclusive para interpor recursos. Nesse caso, a representação deve ser regular, ou seja, não pode conter vícios, sob pena de ser proferido juízo negativo de admissibilidade.

A representação regular decorre da existência de mandato nos autos, que pode ser tácito (também *apud acta*[37]) ou expresso.

---

34. Mantivemos ação cautelar apenas para acompanhar o entendimento atual do TST. No entanto, como no CPC/2015 não existe mais processo cautelar autônomo, pensamos que a Súmula 425 do TST deverá ser alterada para excluir de seu texto a ação cautelar.
35. **Súmula nº 425 do TST.** *Jus postulandi* na Justiça do Trabalho. Alcance. O *jus postulandi* das partes, estabelecido no art. 791 da CLT, limita-se às Varas do Trabalho e aos Tribunais Regionais do Trabalho, não alcançando a ação rescisória, a ação cautelar, o mandado de segurança e os recursos de competência do Tribunal Superior do Trabalho.
36. TST-RO-126400-41.2009.5.03.0000, SBDI-II, rel. Min. Alberto Luiz Bresciani de Fontan Pereira, 9.12.2014 (Informativo nº 97).
37. O **mandato tácito** é formado em função do comparecimento do causídico à audiência, representando qualquer das partes e praticando atos processuais, constando seu nome na ata de audiência. A

Isso quer dizer que o mandato tácito confere ao advogado o direito de representar regularmente a parte em juízo, podendo inclusive interpor recursos. Nessa hipótese, basta que apresente a ata de audiência em que o advogado compareceu com a parte em juízo para se demonstrar a regularidade de sua representação. Ademais, se o mandato expresso estiver viciado, a representação poderá ser regularizada por meio do mandato tácito ou *apud acta*. Nesse sentido, a Orientação Jurisprudencial nº 286 da SDI-I do TST:

> **Orientação Jurisprudencial nº 286 da SDI - I do TST**. Agravo de instrumento. Traslado. Mandato tácito. Ata de audiência. Configuração
>
> I - A juntada da ata de audiência, em que consignada a presença do advogado, desde que não estivesse atuando com mandato expresso, torna dispensável a procuração deste, porque demonstrada a existência de mandato tácito.
>
> II - Configurada a existência de mandato tácito fica suprida a irregularidade detectada no mandato expresso.

Portanto, pela referida orientação jurisprudencial, tendo o patrono mandato expresso válido no processo, ele tem a obrigação de juntar cópia autenticada da procuração para formação do agravo de instrumento, sob pena de não conhecimento do recurso. Agora, se o mandato juntado nos autos é inválido, porque não preenche o disposto no art. 654, § 1º, do CC/02, ele não produzirá efeito, razão pela qual poderá o advogado juntar para a formação do instrumento a ata da audiência em que participou como patrono da parte, configurando o mandato tácito, sendo este, portanto, eficaz para formar o instrumento.

É importante atentar, ainda, para o entendimento do TST descrito na Súmula nº 383:

> **Súmula nº 383 do TST**. Recurso. Mandato. Irregularidade de representação. CPC de 2015, arts. 104 e 76, § 2º
>
> I - É inadmissível recurso firmado por advogado sem procuração juntada aos autos até o momento da sua interposição, salvo mandato tácito. Em caráter excepcional (art. 104 do CPC de 2015), admite-se que o advogado, independentemente de intimação, exiba a procuração no prazo de 5 (cinco) dias após a interposição do recurso, prorrogável por igual período mediante despacho do juiz. Caso não a exiba, considera-se ineficaz o ato praticado e não se conhece do recurso.
>
> II - Verificada a irregularidade de representação da parte em fase recursal, em procuração ou substabelecimento já constante dos autos, o relator ou o órgão competente para julgamento do recurso designará prazo de 5 (cinco) dias para que seja sanado o vício. Descumprida a

---

procuração *apud acta* é conferida pelo juiz em audiência, mediante ato formal, solene, devidamente registrado na ata de audiência. (grifo nosso); SARAIVA, Renato. *Curso de direito processual do trabalho*. 3. ed. São Paulo: Método, 2006. p. 204.

> determinação, o relator não conhecerá do recurso, se a providência couber ao recorrente, ou determinará o desentranhamento das contrarrazões, se a providência couber ao recorrido (art. 76, § 2º, do CPC de 2015).

O item I da aludida súmula trata da atuação momentânea do advogado, sem o instrumento de mandato, o que pode ocorrer, por exemplo, quando a parte troca de procurador no momento da interposição do recurso.

Nesse caso, estabelece o art. 104 do CPC/2015, aplicável subsidiariamente ao processo do trabalho, o que segue:

> **Art. 104.** O advogado não será admitido a postular em juízo sem procuração, salvo para evitar preclusão, decadência ou prescrição, ou para praticar ato considerado urgente.
>
> § 1º Nas hipóteses previstas no caput, o advogado deverá, independentemente de caução, exibir a procuração no prazo de 15 (quinze) dias, prorrogável por igual período por despacho do juiz.
>
> § 2º O ato não ratificado será considerado ineficaz relativamente àquele em cujo nome foi praticado, respondendo o advogado pelas despesas e por perdas e danos.

Pela análise do referido artigo é possível extrair que o ordenamento permite que o patrono possa atuar **sem o instrumento de mandato** para:

1) evitar preclusão;

2) evitar decadência;

3) evitar prescrição;

4) praticar atos urgentes.

O CPC/2015, ao permitir a atuação para evitar preclusão, ampliou consideravelmente a possibilidade de o advogado atuar sem procuração. Isso porque é sabido que a preclusão consiste na perda da faculdade de praticar um ato processual, como regra, por não ter exercido seu direito oportunamente, o que inclui a interposição de recurso.

De qualquer modo, após a prática de tais atos deverá apresentar, obrigatoriamente, a procuração nos autos. Ao apresentar a procuração, o recurso será ratificado. Por outro lado, a não apresentação torna **ineficazes** os atos praticados. Trata-se assim de **atuação condicional**, ou seja, somente produzirá efeitos se ocorrer a juntada da procuração *a posteriori* nos autos.

Portanto, a regra, é que o procurador deve ter mandato (expresso ou tácito) para atuar no processo. Excepcionalmente, admite-se atuar sem o instrumento do mandato, inclusive para interpor recurso. Nesse caso, o art. 104, § 1º, do CPC/2015 permite sua regularização no prazo de 15 dias, prorrogável judicialmente por mais 15 dias. Embora este prazo seja próprio para esta situação, o qual nos parece que deveria ser aplicado, o C. TST interpretou sistematicamente o art. 104 c/c o art. 932, parágrafo único, ambos no CPC/2015, reduzindo o prazo para 5 dias no caso de fase recursal.

Não concordamos com a redução do prazo. Primeiro, porque se trata de prazo próprio para tal caso. Segundo, porque o art. 932, parágrafo único, do CPC/15 pressupõe ato do relator que intima a parte para regularizar o vício, enquanto o art. 104 do CPC/15 tem como foco a parte que praticou o ato (e não o relator), pois se trata de ato condicionado que independe de intimação.

De qualquer maneira, adotando o entendimento do C. TST, será de 5 dias o prazo para a apresentação da procuração na fase recursal e de 15 dias para as demais fases.

Atente-se para o fato de que o recurso interposto sem procuração é um ato condicional, o que significa que não apresentada a procuração no prazo de 5 dias, prorrogável por mais 5 dias, ele será ineficaz, **não se exigindo que o juiz ou tribunal conceda novo prazo para regularização da representação.**

Pode acontecer, no entanto, de existir mandato nos autos, mas ele possuir algum vício sanável como, por exemplo, a juntada de mandato depois do prazo nele estabelecido (Súmula nº 395, II, do TST), procuração sem nome do outorgante etc.

Nesse caso, entra em enfoque o inciso II da Súmula 383 do TST, anteriormente transcrita.

Na hipótese, o art. 76 do CPC/2015, aplicável ao processo do trabalho, permite sua regularização na instância recursal, devendo o relator designar prazo razoável para o saneamento do vício, como se verifica pelo seu teor a seguir transcrito:

> **Art. 76.** Verificada a incapacidade processual ou a irregularidade da representação da parte, o juiz suspenderá o processo e designará prazo razoável para que seja sanado o vício.
>
> (...)
>
> § 2º Descumprida a determinação em fase recursal perante tribunal de justiça, tribunal regional federal ou tribunal superior, o relator:
>
> I - não conhecerá do recurso, se a providência couber ao recorrente;
>
> II - determinará o desentranhamento das contrarrazões, se a providência couber ao recorrido.

É importante consignar que a **atuação sem procuração difere daquela que existe procuração nos autos, mas a representação é irregular**.

A primeira é tratada no item I da Súmula nº 383 do TST e o prazo para apresentação da procuração escoa automaticamente, ou seja, sem a necessidade de intimação, como vimos anteriormente.

Já na hipótese de procuração ou substabelecimento já constantes dos autos, mas com vício de representação, aplica-se o item II da Súmula nº 383 do TST, impondo a intimação pelo relator para que o vício seja sanado, invocando-se assim o art. 76, § 2º, do CPC/2015.

Em suma, existindo regra própria **para os atos sem procuração não se aplica o art. 76 do CPC/2015**, mas tão somente o disposto no art. 104 (para o C. TST cumulado com o art. 932, parágrafo único, na fase recursal), não havendo necessidade de intimação para a juntada da procuração.

Por fim, cabe fazer uma observação quanto à atuação do estagiário.

De acordo com o art. 3º, § 2º, da Lei nº 8.906/94 "o estagiário de advocacia, regularmente inscrito, pode praticar os atos previstos no art. 1º, na forma do regimento geral, em conjunto com advogado e sob responsabilidade deste".

Desse modo, o estagiário pode receber procuração e substabelecimento atuando, enquanto for estagiário, somente em conjunto com o advogado, pois lhe falta a capacidade de exercício para atuar sozinho no processo. No entanto, uma vez habilitado como advogado, adquire a capacidade de exercício, não havendo necessidade de se conferir nova procuração ou substabelecimento, pois já tinha tais poderes, conforme declina a OJ nº 319 da SDI-I do TST:

> **Orientação Jurisprudencial nº 319 da SDI - I do TST.** Representação regular. Estagiário. Habilitação posterior
>
> Válidos são os atos praticados por estagiário se, entre o substabelecimento e a interposição do recurso, sobreveio a habilitação, do então estagiário, para atuar como advogado.

Com efeito, o estagiário pode receber poderes de representação, mas a lei não lhe confere a capacidade de exercício. Assim, habilitando-se como advogado, passa a ter "capacidade plena", podendo, a partir de então, atuar sozinho no processo, inclusive para interpor recurso.

1.6.8. *Preparo*

O preparo é um pressuposto recursal extrínseco, que engloba:

- as custas; e
- o depósito recursal.

A ausência do preparo, ou seja, do pagamento das custas e do recolhimento do depósito recursal gera a deserção do recursal. Portanto, quando se diz que o recurso é deserto, está-se referindo a esses pressupostos recursais.

> ▶ **ATENÇÃO:**
>
> **Não ocorre deserção de recurso da massa falida por falta de pagamento de custas ou de depósito do valor da condenação. Esse privilégio, todavia, não se aplica à empresa em liquidação extrajudicial (Súmula nº 86 do TST).**

1.6.8.1. Custas processuais

As custas processuais dizem respeito ao custo financeiro do processo, que são devidos ao Estado em razão da realização de sua atividade (exercício da jurisdição). Trata-se de taxa[38], ou seja, é obrigação legal e compulsória exigida em decorrência da utilização de um serviço público específico e divisível, prestado ao contribuinte (CF, art. 145, II; CTN, arts. 77 e 79).

No processo do trabalho, na fase de conhecimento, as custas incidirão à base de 2%, observado o mínimo de R$ 10, 64 e o máximo de 4x o limite máximo dos benefícios do Regime Geral de Previdência Social (CLT, art. 789), como já estudado no capítulo de atos processuais (despesas processuais), para o qual remetemos o leitor.

De qualquer modo, iremos analisar, nesse momento, as custas na fase recursal.

O pagamento das custas processuais é realizado pelo vencido (sucumbente)[39], o qual deverá pagá-las após o trânsito em julgado.

No entanto, na **hipótese de interposição de recurso,** o pagamento das custas passa a ser considerado um **pressuposto recursal extrínseco,** de modo que a ausência de pagamento pelo vencido torna seu recurso deserto.

Portanto, nesse caso, o pagamento e a comprovação do recolhimento das custas devem ocorrer dentro do prazo recursal (CLT, art. 789, § 1º). Essa é a regra.

Contudo, sendo **omissa** a decisão quanto ao valor da condenação e, consequentemente, das custas processuais, a parte deverá ser intimada posteriormente para pagá-las, somente começando a fluir seu prazo para pagamento da data da intimação do cálculo das custas, conforme dispõe a Súmula nº 53 do TST:

> **Súmula nº 53 do TST.** Custas
>
> O prazo para pagamento das custas, no caso de recurso, é contado da intimação do cálculo[40].

Por outro lado, não havendo intimação da conta, poderá recorrer sem realizar o pagamento das custas processuais, conforme consubstanciado na Súmula nº 25, III do TST:

> III - Não caracteriza deserção a hipótese em que, acrescido o valor da condenação, não houve fixação ou cálculo do valor devido a título de custas e tampouco intimação da parte para o preparo do recurso, devendo ser as custas pagas ao final.

---

38. STF-RE 116208-2/MG, Rel. Min. Moreira Alves, DJU 8.6.1990.
39. Sempre que houver acordo, se de outra forma não for convencionado, o pagamento das custas caberá em partes iguais aos litigantes (art. 789, § 3º, da CLT).
40. O E.TST não admite a aplicação dessa Súmula nas hipóteses de extinção do processo sem resolução do mérito, improcedência dos pedidos, ação declaratória e ação constitutiva. É que nessas hipóteses o valor das custas leva em conta o valor da causa, por força do art. 789, II e III, da CLT, o que significa que seu montante decorre da própria lei, não dependendo da decisão judicial para sua delimitação.

É interessante observar, ainda, que pode ocorrer a inversão do ônus da sucumbência na instância recursal, isto é, a parte que era vencedora na primeira instância torna-se vencida na segunda instância. Nessa hipótese, estabelece o TST que:

1) a parte vencedora na primeira instância, se vencida na segunda, está obrigada, independentemente de intimação, a pagar as custas fixadas na sentença originária, das quais ficara isenta a parte então vencida (Súmula nº 25, item I, do TST);

2) no caso de inversão do ônus da sucumbência em segundo grau, sem acréscimo ou atualização do valor das custas e se estas já foram devidamente recolhidas, descabe um novo pagamento pela parte vencida, ao recorrer. Deverá no fim do processo, se sucumbente, ressarcir a quantia (Súmula nº 25, item II, do TST).

O primeiro caso diz respeito à inversão do ônus da sucumbência quando o inicialmente vencido **é isento do pagamento** das custas processuais no recurso.

> ✦ *Exemplo: Carla ajuíza reclamação trabalhista em face da empresa Y postulando o pagamento de adicional noturno e do 13º salário. Seus pedidos são julgados improcedentes, mas há concessão dos benefícios da justiça gratuita, fixando o valor das custas em R$ 300, 00, considerando que o valor da causa era de R$ 15.000, 00. Carla recorre ao TRT e não recolhe as custas porque está isenta de seu pagamento, ante os benefícios da justiça gratuita. O TRT reforma a sentença e condena a empresa ao pagamento de adicional noturno e do 13º salário, deixando de fixar o valor da condenação. Caso a empresa Y tenha interesse de recorrer ao TST, deverá pagar as custas declinadas na sentença, independentemente de intimação, porque já é de seu conhecimento o valor das custas declinado na sentença.*

Já no segundo caso, há inversão da sucumbência, mas aqui o vencido pagou as custas processuais no momento da interposição de seu recurso.

> ✦ *Exemplo: João ajuíza reclamação trabalhista em face da empresa Z postulando o reconhecimento do vínculo e o pagamento das verbas rescisórias. A sentença julga procedentes os pedidos da inicial, dando valor à condenação de R$ 10.000, 00, ficando as custas no montante de R$ 200, 00. A empresa Z recorre e efetua o pagamento das custas declinadas na sentença. O TRT dá provimento ao recurso ordinário e reforma integralmente a sentença, por entender que João era trabalhador autônomo. João recorre de revista ao TST, o qual conhece do recurso, mas nega-lhe provimento. Nessa hipótese, como não houve majoração da sentença, João, mesmo não sendo beneficiário da justiça gratuita, não deverá pagar as custas recursais para interpor o recurso de revista. No entanto, com o trânsito em julgado, deverá reembolsar a empresa Z do pagamento das custas realizado no recurso ordinário, isto é, no valor de R$ 200, 00.*

Atente-se ainda para o fato de que o reembolso das custas à parte vencedora faz-se necessário mesmo na hipótese em que a parte vencida for a União, os Estados, o Distrito Federal, os Municípios e respectivas autarquias e fundações públicas federais, estaduais ou municipais que não explorem atividade econômica (CLT, art. 790-A e Súmula 25, IV, do TST). Queremos dizer, a isenção do pagamento das custas por tais entidades, não a exime de reembolsar o que já foi pago, ocasionalmente, pela outra parte, antes da inversão da sucumbência. Exemplificamos:

> Caso 1: Pedro ajuíza reclamação trabalhista em face do Município X, postulando o pagamento de indenização por danos morais em decorrência de revistas íntimas praticadas pelo seu superior, sendo julgado improcedente seu pedido e indeferido o benefício da justiça gratuita. O valor da causa foi de R$ 10.000,00, sendo as custas calculadas sobre ela, alcançando o montante de R$ 200,00. Inconformado com a decisão, Pedro interpõe recurso ordinário, recolhendo as custas processuais. O TRT dá provimento ao seu recurso, condenando o município ao pagamento da indenização por danos morais no valor de R$ 10.000,00. Transitada em julgada a decisão, o município, embora isento do pagamento das custas, deverá reembolsar Pedro das custas processuais já pagas.
>
> Caso 2: Suponhamos que no caso anterior, o juiz tenha entendido que o valor do pedido era indeterminado e por isso arbitra que as causas devam ser pagas sobre o montante de R$ 20.000,00, alcançando o montante de R$ 400,00. Inconformado com a decisão, Pedro interpõe recurso ordinário, recolhendo as custas processuais. O TRT dá provimento ao seu recurso, condenando o município ao pagamento da indenização por danos morais no valor de R$ 30.000,00, rearbitrando o valor das custas em R$ 600,00. Transitada em julgada a decisão, o município ficará isento do pagamento da majoração das custas (R$ 200,00), mas deverá reembolsar Pedro das custas processuais já pagas (R$ 400,00).

Pode acontecer de o recorrente interpor recurso e não realizar o recolhimento ou recolher de forma insuficiente as custas processuais. Vejamos as duas hipóteses:

1) **recolhimento insuficiente das custas processuais ou do depósito recursal:** somente haverá deserção do recurso se, concedido o prazo de 5 dias previsto no § 2º do art. 1.007 do CPC de 2015, o recorrente não complementar e comprovar o valor devido (OJ nº 140 da SDI-I do TST). Exemplo: o valor das custas processuais era de R$ 300,00, mas o recolhimento foi de R$ 200,00. Nesse caso, o recorrente será intimado para recolher o montante remanescente de R$ 100,00.

2) **não recolhimento:** na ausência integral de recolhimento, o art. 1.007, § 4º, do CPC determina que, antes de ser considerado deserto o recurso, o recorrente será intimado para **recolher em dobro** as custas processuais. Nesse caso, após intimado, se o recorrente fizer o recolhimento insuficiente das custas processuais, é vedada nova oportunidade para complementação (CPC, art. 1.007, § 5º), sendo o recurso considerado deserto. Exemplo: o valor das custas processuais era de R$ 300,00. O recorrente apresenta o Recurso ordinário e não realiza o recolhimento das custas processuais. O relator, antes de considerar deserto o recurso, deverá intimá-lo para realizar o pagamento de R$ 600,00. Caso o recorrente realize o pagamento apenas de R$ 300,00, não

será dada nova oportunidade para recolher o montante faltante (R$ 300,00), sendo considerado deserto seu recurso.

No entanto, o **TST entende que não é possível a regularização na hipótese de não recolhimento integral das custas processuais**, obstando, inclusive, o recolhimento em dobro, conforme posicionamento da SDI-I[41] e da SDI-II[42], ante o fundamento de que nesse caso o ato é inexistente, devendo incidir o art. 789, § 1º, da CLT que impõe o pagamento dentro do prazo alusivo ao recurso.

Portanto, para o C. TST apenas será possível regularizar o pagamento das custas processuais se o recolhimento ocorrer de forma insuficiente, de modo que, não havendo recolhimento integral, o recurso será considerado deserto.

Aliás, o equívoco no preenchimento da guia de custas não implica na aplicação da pena de deserção, cabendo ao relator, na hipótese de dúvida quanto ao recolhimento, intimar o recorrente para sanar o vício no prazo de 5 dias (TST-IN nº 39/2016, art. 1.007, § 7º).

Também não haverá deserção caso a parte apenas junte o comprovante bancário do pagamento das custas processuais, com identificação do convênio STN-GRU Judicial e observados o valor arbitrado e o prazo do recurso. Isso porque, segundo a tese nº 157 firmada pelo TST em IRRR, tal documento é suficiente para a comprovação do preparo, ainda que desacompanhado da correspondente Guia de Recolhimento da União (GRU) judicial.

Por outro lado, a juntada apenas do comprovante de agendamento bancário não é suficiente para demonstrar o recolhimento das custas processuais e do depósito recursal, não cabendo a concessão de prazo a parte para regularização, como prevê a tese nº 158 IRRR do TST.

Aliás, também ocorrerá deserção caso haja divergência entre os códigos de barras do comprovante de pagamento das custas processuais e da respectiva GRU, não sendo o caso de concessão de prazo para regularização (TST, Tese 162 IRRR).

Por fim, cabe destacar que a **multa imposta como sanção por litigância de má-fé não é pressuposto extrínseco para interposição dos recursos de natureza trabalhista** (OJ nº 409 da SDI-I do TST).

▶ OBSERVAÇÃO 1:

Não ocorre deserção de recurso da massa falida por falta de pagamento de custas ou de depósito do valor da condenação. Esse privilégio, todavia, não se aplica à empresa em liquidação extrajudicial (Súmula nº 86 do TST).

---

41. E-ED-ARR-2876-24.2015.5.10.0801, Subseção I Especializada em Dissídios Individuais, Relator Ministro CLAUDIO MASCARENHAS BRANDAO, DEJT 13/12/2019.
42. AIRO-6277-63.2018.5.15.0000, Subseção II Especializada em Dissídios Individuais, Relatora Ministra MARIA HELENA MALLMANN, DEJT 22/11/2019 e AIRO-6486-32.2018.5.15.0000, Subseção II Especializada em Dissídios Individuais, Relatora Ministra DELAIDE MIRANDA ARANTES, DEJT 20/09/2019.

▶ **OBSERVAÇÃO 2:**

Na fase de execução, havendo interposição de recurso, o pagamento das custas **não** é considerado um pressuposto recursal, vez que, nesse caso, o pagamento deverá ser realizado no fim do processo (CLT, art. 789-A, *caput*).

1.6.8.2. *Depósito recursal*

1.6.8.2.1. Generalidades

O depósito recursal consiste em pressuposto recursal extrínseco destinado a garantir o sucesso de futura execução. Não tem, portanto, natureza de taxa, mas sim de garantia de execução.

É disciplinado no art. 899, §§ 1º a 11, da CLT, bem como no art. 40 da Lei nº 8.177/91, sendo regulamentado pela Instrução Normativa nº 3 do TST.

Como dito, a natureza jurídica do depósito recursal é de garantir futura execução, não tendo natureza de taxa. Em decorrência de sua natureza, o C. TST estabeleceu que ele é obrigatório **tão somente nas condenações em pecúnia**, sob o fundamento de que exigir tal depósito nas demais condenações seria garantir execução futura inexistente. Nesse sentido, declina a Súmula nº 161 do TST:

> **Súmula nº 161 do TST.** Depósito. Condenação a pagamento em pecúnia
>
> Se não há condenação a pagamento em pecúnia, descabe o depósito de que tratam os §§ 1º e 2º do art. 899 da CLT.

É interessante destacar que parte da doutrina entende que o depósito deverá ser exigido nas obrigações de fazer e não fazer, em razão das *astreintes* e porque elas podem ser convalidadas em perdas e danos. No entanto, o TST não admite tal tese, pois, mesmo que as obrigações de fazer e não fazer possam ser revertidas em perdas e danos, referida conversão é supletiva, ou seja, a condenação primária é a obrigação de fazer e não fazer, ficando a condenação pecuniária em segundo plano. Dessa forma, o TST entendeu que obrigar a realização do depósito recursal nessa hipótese seria garantir execução condicional, ou seja, condicionada ao não cumprimento da obrigação específica, o que não pode ser admitido.

Da mesma forma, o C. TST não exige o depósito recursal nos casos de improcedência dos pedidos com condenação ao pagamento das custas processuais e dos honorários advocatícios, sob o argumento de que são créditos acessórios ao valor principal, não sendo incluídos na condenação para efeito de garantia do juízo.[43] Aliás, a decisão de improcedência tem natureza declaratória.

Assim, **não** é exigível o depósito recursal nas sentenças meramente declaratórias, constitutivas e condenatórias que não sejam em pecúnia.

Por fim, cumpre destacar que será obrigatório o depósito recursal nos casos de relação de trabalho *lato sensu* (TST-IN nº 27/2005, art. 2º).

---

43. TST- E-RR-10900- 1.2007.5.15.0113, SBDI-I, rel. Min. Cláudio Mascarenhas Brandão, 3.9.2015 (Informativo nº 116).

1.6.8.2.2. Prazo para recolhimento e comprovação

O depósito recursal deve ser recolhido e comprovado no prazo alusivo ao recurso, de modo que a interposição antecipada do recurso não prejudica a dilação legal (Súmula nº 245 do TST). Assim, se, por exemplo, a parte recorre no 2º dia, poderá comprovar o depósito recursal até o 8º dia.

Agora, caso apresente o comprovante no 9º dia, seu recurso será considerado deserto, podendo o juízo *a quo* denegar seguimento ao recurso ou o juízo *ad quem* não conhecê-lo[44].

> **▶ ATENÇÃO:**
>
> O estabelecido no parágrafo anterior não se aplica na hipótese de depósito recursal em agravo de instrumento, uma vez que há regra própria descrita no art. 899, § 7º, da CLT, determinando seu recolhimento no ato da interposição do recurso (IN nº 3 do TST, item VIII).

1.6.8.2.3. Depósito em conta vinculada ao juízo

Por força do art. 899 § 4º, o depósito recursal deverá ser realizado em conta vinculada ao juízo, por meio de Guia de Depósito Judicial.

Assim, seja para as ações ligadas à relação de emprego, seja para as demais ações, atualmente, o depósito será realizado da mesma forma, qual seja: depósito judicial em conta vinculada ao juízo, sendo recolhido por meio de Guia de Depósito Judicial.

Aliás, a Corte trabalhista alterou o art. 103, *caput*, da Consolidação dos Provimentos da Corregedoria-Geral da Justiça do Trabalho estabelecendo que:

> Art. 103. O depósito judicial para pagamentos, garantia de execução, encargos processuais, levantamento de valores e depósitos recursais seguirão as diretrizes estabelecidas na Instrução Normativa n.º 36 do Tribunal Superior do Trabalho, ou outra que venha a substituí-la.

Observa-se que o recolhimento do depósito recursal passa a ser regulado pela IN nº 36 do TST. Dessa forma, deverá ser efetivado pelo interessado diretamente na instituição financeira depositária (Banco do Brasil S.A. e Caixa Econômica Federal), utilizando-se obrigatoriamente dos modelos padronizados de guia constantes na referida instrução normativa (TST-IN nº 36/12, art. 2º).

No mais, de acordo com a tese nº 158 firmada em IRRR pelo TST a juntada, pela parte, do mero comprovante de agendamento bancário de pagamento não é suficiente para demonstrar o recolhimento das custas processuais e do depósito recursal, não cabendo a concessão de prazo a parte para regularização. Ou seja, nesse caso haverá a deserção do recurso.

---

44. Nesse sentido: TST-E-ED-RR-56200-94.2006.5.17.0009, SBDI-I, rel. Min. Hugo Carlos Scheuermann, 12.3.2015 (Informativo nº 101).

1.6.8.2.4. Correção monetária

De acordo com o art. 899, § 4º, da CLT, alterado pela Lei nº 13.467/2017, o legislador deixa claro que o valor do depósito recursal deve ser corrigido monetariamente pelos mesmos **índices da caderneta de poupança**, buscando afastar discussões existentes sobre qual o índice a ser aplicado no caso.

No entanto, o E. STF, nas ADCs 58 e 59 e ADIs 5.867 e 6.021, reconheceu a inconstitucionalidade da expressão "com os mesmos índices de poupança" contida no referido parágrafo 4º, vez que tal índice não era capaz de recompor o valor no tempo, passando a adotar a taxa SELIC, como índice de correção para o depósito recursal, até sobreviesse solução legislativa.

Ocorre que a Taxa Selic engloba juros e correção monetária. Desse modo, com a finalidade de afastar a incidência de um único índice para os juros e a correção monetária, a Lei nº 14.905/2024 alterou os arts. 389[45] e 406[46] do CC, disciplinando no primeiro o IPCA como índice de correção monetária e no art. 406 os juros pela taxa legal.

Esse dispositivo, portanto, é a solução legislativa aguardada pela E. STF, separando os juros da correção monetária, de modo que o depósito recursal deverá ser atualizado monetariamente pelo IPCA[47] e não pela Taxa Selic.

1.6.8.2.5. Substituição do depósito em dinheiro por fiança bancária ou seguro garantia judicial

Como regra, o depósito recursal será realizado em dinheiro.

No entanto, o art. 899, § 11, da CLT, acrescentado pela Lei nº 13.467/17 (Reforma Trabalhista),[48] permitiu que o depósito recursal seja substituído pela fiança bancária ou seguro-garantia judicial.

---

45. Art. 389. Não cumprida a obrigação, responde o devedor por perdas e danos, mais juros, atualização monetária e honorários de advogado. Parágrafo único. Na hipótese de o índice de atualização monetária não ter sido convencionado ou não estar previsto em lei específica, será aplicada a variação do Índice Nacional de Preços ao Consumidor Amplo (IPCA), apurado e divulgado pela Fundação Instituto Brasileiro de Geografia e Estatística (IBGE), ou do índice que vier a substituí-lo.
46. Art. 406. Quando não forem convencionados, ou quando o forem sem taxa estipulada, ou quando provierem de determinação da lei, os juros serão fixados de acordo com a taxa legal. § 1º A taxa legal corresponderá à taxa referencial do Sistema Especial de Liquidação e de Custódia (Selic), deduzido o índice de atualização monetária de que trata o parágrafo único do art. 389 deste Código. § 2º A metodologia de cálculo da taxa legal e sua forma de aplicação serão definidas pelo Conselho Monetário Nacional e divulgadas pelo Banco Central do Brasil. § 3º Caso a taxa legal apresente resultado negativo, este será considerado igual a 0 (zero) para efeito de cálculo dos juros no período de referência.
47. O art. 389 do CC impôs a aplicação do IPCA como índice de correção monetária e não mais o IPCA-E, como determinado pelo E.STF. Embora esses índices sejam semelhantes, a principal diferença entre eles, é que o IPCA é apurado mês a mês, enquanto o IPCA-E é o mesmo índice acumulado trimestralmente.
48. Como o dispositivo foi introduzido pela Lei nº 13.467/17 (Reforma Trabalhista), ele deverá ser aplicado aos recursos interpostos contra as decisões proferidas a partir de 11.11.2017, data da entrada em vigor da Lei nº 13.467/17 (TST-IN nº 41/2018, art. 20).

A **fiança bancária** consiste em um contrato em que o banco garante o cumprimento da obrigação de seu cliente (ex., devedor trabalhista).

Tendo em vista que a instituição financeira que firma referido contrato garante o cumprimento da obrigação,a instituição deve ser autorizada pelo Branco Central, de modo que será ineficaz a apresentação de carta de fiança, em substituição ao depósito recursal, emitida por instituição financeira não autorizada pelo Banco Central do Brasil, conforme prevê a Tese 187 firmada em IRRR pelo TST.

Já o **seguro garantia judicial** corresponde ao contrato de seguro firmado entre o devedor e uma seguradora com a finalidade de que esta última garanta o pagamento de depósitos judiciais em dinheiro e/ou a penhora de bens que possam ser imputadas ao executado na pendência de execução judicial.

Havendo depósito recursal por meio de fiança bancária ou seguro garantia judicial, deverá ser apresentado nos autos a apólice, a qual será analisa pelo juízo. Nesse contexto, o Conselho Superior da Justiça do Trabalho, o TST e a Corregedoria da Justiça do Trabalho, no Ato Conjunto nº 1, de 16 de outubro de 2019, impõe que a apólice está condicionada aos seguintes requisitos:

> I - (...)
>
> II - no seguro garantia para substituição de depósito recursal, o valor segurado inicial deverá ser igual ao montante da condenação, acrescido de, no mínimo 30%, observados os limites estabelecidos pela Lei 8.177 e pela Instrução Normativa 3 do TST;
>
> III - previsão de atualização da indenização pelos índices legais aplicáveis aos débitos trabalhistas;
>
> IV - manutenção da vigência do seguro, mesmo quando o tomador não houver pago o prêmio nas datas convencionadas, com base no art. 11, §1º, da Circular 477 da SUSEP e em renúncia aos termos do art. 763 do Código Civil e do art. 12 do Decreto-Lei 73, de 21 de novembro de 1966;
>
> V - referência ao número do processo judicial;
>
> VI - o valor do prêmio;
>
> VII - vigência da apólice de, no mínimo, 3 (três) anos;
>
> VIII - estabelecimento das situações caracterizadoras da ocorrência de sinistro nos termos do art. 9º deste Ato Conjunto;
>
> IX - endereço atualizado da seguradora;
>
> X - cláusula de renovação automática.

Conforme prevê o inc. II do art. 3º do Ato Conjunto n º 1/2019, o valor do seguro garantia deve corresponder ao valor da condenação acrescido de 30%. Segundo entendimento vinculante do TST, firmado na Tese nº 173 em IRRR, a substituição do depósito recursal por seguro-garantia, nos termos do art. 899, § 11, da CLT, sem a inclusão do acréscimo de 30% exigido pelo art. 3º, II, do Ato Conjunto TST/CSJT/CGJT nº 1/2019, impõe a intimação do recorrente para complementação da garantia, sob pena de deserção, conforme dispõe o art. 1.007, § 2º, do CPC/2015.

Atente-se ainda para o fato de que o contrato de seguro não poderá conter cláusula de desobrigação decorrente de atos de responsabilidade exclusiva do devedor trabalhista, da seguradora ou de ambos, nem cláusula que permita sua rescisão, ainda que de forma bilateral (Ato Conjunto, art. 3º, § 1º.).

Sendo utilizado o seguro garantia judicial para substituição do depósito recursal, o recorrente deverá complementá-lo em caso de recursos sucessivos, quando não atingido o montante da condenação, ou em casos de sua majoração. Essa complementação poderá ser realizada em espécie ou mediante seguro garantia (Ato Conjunto, art. 3º, §§ 2º e 3º).

É importante destacar, ainda, que a utilização da mesma apólice para garantia de mais de um processo judicial ou o uso de apólices falsas ou adulteradas implicará, além do não processamento ou conhecimento do recurso, a imposição de multa pela prática de litigância de má-fé ao reclamado ou ao executado (art. 793-B, incs. II, III e V, da CLT), sem prejuízo da correspondente representação criminal para apuração da possível prática de delito (Ato Conjunto, art. 6º, parágrafo único).

Enfim, realizando o depósito recursal por meio de seguro garantia judicial, a seguradora passa a ter obrigação de realizar o pagamento:

a) com o trânsito em julgado de decisão ou em razão de determinação judicial, após o julgamento dos recursos garantidos;

b) com o não cumprimento da obrigação de, até 60 (sessenta) dias antes do fim da vigência da apólice, comprovar a renovação do seguro garantia ou apresentar nova garantia suficiente e idônea. A comprovação da renovação da apólice constitui incumbência do recorrente ou do executado, sendo desnecessária a sua intimação para a correspondente regularização (Ato Conjunto, art. 10).

Nessas hipóteses, o magistrado que estiver na direção do processo determinará à seguradora o pagamento do valor do depósito recursal, devidamente atualizado, no prazo 15 (quinze) dias, sob pena de contra ela prosseguir a execução nos próprios autos, sem prejuízo de eventuais sanções administrativas ou penais pelo descumprimento da ordem judicial.

1.6.8.2.6. Valor do depósito recursal

O depósito recursal possui um teto, que pode ser legal ou o valor da condenação.

- **teto legal**: somente é invocado se o valor da condenação for superior ao valor estabelecido anualmente por ato do presidente do TST (TST-IN nº 3/93; Lei nº 8.177/91, art. 40). Nesse caso, a cada recurso interposto exige-se o depósito recursal, até que se alcance o valor da condenação. Atualmente, o teto legal do depósito recursal está estabelecido nos seguintes valores:

1) recurso ordinário: R$ 13.813,83;

2) recurso de revista e embargos de divergência: R$ 27.627,66;

3) recurso em ação rescisória R$ 27.627,66.[49]

Por outro lado, será levado em conta o **valor da condenação** quando esta for inferior ao teto legal, de modo que o depósito recursal será no valor da condenação, não se considerando o valor do teto legal. Nesse caso, a interposição de recursos posteriores não está submetida ao depósito recursal, uma vez que futura execução já está totalmente garantida.

Para facilitar a compreensão, exemplificaremos:

- **Exemplo 1 (IN 3º do TST, II, alínea b)**: Empresa X é condenada ao pagamento de horas extras, definindo a sentença como valor da condenação o importe de R$ 4.000,00. A empresa interpõe recurso ordinário devendo efetuar o recolhimento do depósito recursal até o limite da condenação, ou seja, R$ 4.000,00. Caso seu recurso não seja provido no TRT e pretenda recorrer de revista ao TST, não deverá efetuar novo depósito recursal para esse último recurso.

  No entanto, suponhamos que o empregado também apresentou recurso ordinário, porque a sentença foi parcialmente procedente, requerendo reforma da sentença para condenar a empresa ao pagamento de indenização por dano moral no valor de R$ 6.000,00. O TRT não deu provimento ao recurso da empresa, mas proveu o recurso do reclamante, majorando a condenação em R$ 6.000,00, ou seja, o valor total da condenação passou de R$ 4.000,00 para R$ 10.000,00. Nessa hipótese, se a empresa for interpor recurso de revista deverá recolher R$ 6.000,00 a título de depósito recursal, isto é, a diferença decorrente da majoração da condenação no acórdão.

- **Exemplo 2 (IN 3º do TST, II, alínea c):** Empresa X é condenada ao pagamento de horas extras e adicional de periculosidade, tendo como valor da condenação o importe de R$ 15.000,00. A empresa interpõe recurso ordinário, devendo efetuar o recolhimento do depósito recursal no montante de *R$ 13.813,83* (teto legal do depósito recursal). Caso seu recurso não seja provido no TRT e pretenda recorrer de revista ao TST, deverá efetuar novo depósito recursal para esse último recurso, agora no valor de *R$ 1.186,17* (teto da condenação), pois ambos os depósitos alcançaram o valor total da condenação, ou seja, totalizaram R$ 15.000,00.

- **Exemplo 3 (IN 3º do TST, II, alínea c):** Empresa X é condenada ao pagamento de horas extras e adicional de periculosidade, tendo como valor da condenação o importe de R$ 50.000,00. A empresa interpõe recurso ordinário, devendo

49. Esses valores têm vigência, por um ano, a contar de 1º.08.2025. O teto legal é anualmente revisto com base no INPC, sendo publicado no Diário Eletrônico da Justiça do Trabalho por ato do presidente do Tribunal Superior do Trabalho, podendo ser verificado na Instrução Normativa nº 3/1993 do TST.

efetuar o recolhimento do depósito recursal no montante de *R$ 13.813,83* (teto legal do depósito recursal). Caso seu recurso não seja provido no TRT e pretenda recorrer de revista ao TST, deverá efetuar novo depósito recursal para esse último recurso, agora no valor de *R$ 27.627,66* (teto legal), pois ambos os depósitos não alcançaram o valor total da condenação, ou seja, totalizaram *R$ 41.441,49*.

✦ **Exemplo 4 (IN 3º do TST, II, alínea d)**: Empresa X é condenada ao pagamento de horas extras e adicional de periculosidade, tendo como valor da condenação o importe de R$ 20.000,00. A empresa interpõe recurso ordinário devendo efetuar o recolhimento do depósito recursal no montante de R$ 13.813,83 (teto legal do depósito recursal). Seu recurso foi parcialmente provido no TRT, afastando-se da condenação o adicional de periculosidade, diminuindo-se o valor da condenação para R$ 4.000,00. Caso a empresa pretenda recorrer de revista ao TST para eliminar da condenação ao pagamento das horas extras, não haverá necessidade de efetuar novo recolhimento do depósito recursal, uma vez que já existe depósito no valor da condenação e ainda terá liberado a seu favor o valor de R$ 9.813,83, ou seja, o valor excedente decorrente da redução da condenação. Por outro lado, havendo majoração da condenação, deverá reforçar o depósito recursal, como analisado na exceção do exemplo 1.

Dessa forma, exige-se o depósito recursal em cada recurso que deverá ser interposto, até que se alcance o teto da condenação. Alcançado o valor total da condenação, não será exigido o depósito recursal nos recursos posteriores, exceto se o valor da condenação vier a ser ampliado. Isso ocorre porque não se pode garantir um valor superior ao da condenação, já que teremos excesso de garantia, o que não é admitido. Nesse sentido, a Súmula nº 128 do TST:

> **Súmula nº 128 do TST.** Depósito Recursal
>
> I - É ônus da parte recorrente efetuar o depósito legal, integralmente, em relação a cada novo recurso interposto, sob pena de deserção. Atingido o valor da condenação, nenhum depósito mais é exigido para qualquer recurso.
>
> II - Garantido o juízo, na fase executória, a exigência de depósito para recorrer de qualquer decisão viola os incisos II e LV do art. 5º da CF/1988. Havendo, porém, elevação do valor do débito, exige-se a complementação da garantia do juízo.
>
> III - Havendo condenação solidária de duas ou mais empresas, o depósito recursal efetuado por uma delas aproveita as demais, quando a empresa que efetuou o depósito não pleiteia sua exclusão da lide.

Percebem-se, pela súmula supracitada, mais duas regras:

1) Não se exige o depósito recursal no agravo de petição, exceto se houver majoração do débito depois da garantia do juízo. No caso da exceção (majoração), o depósito recursal é no valor total da majoração.

✦ **Exemplo:** *o juiz homologa os cálculos de liquidação no valor de R$ 10.000,00. Iniciada a execução e feita a citação, são penhorados bens do executado até R$ 10.000,00. O exequente apresenta impugnação à execução (CLT, art. 884, § 3º) questionando o valor homologado, sendo julgada procedente e ampliando a condenação para R$ 28.000,00. Nesse caso, se o executado pretender recorrer (agravo de petição), ele deverá depositar o valor de R$ 18.000,00.*

2) Na **condenação solidária**, o depósito recursal de uma empresa beneficia as demais, exceto se pleitear sua exclusão da lide. No caso de responsabilidade **subsidiária**, o C. TST fixou a Tese nº 146 declinando que "o depósito recursal efetuado pelo devedor principal, desde que não tenha requerido sua exclusão da lide, aproveita ao responsável subsidiário".

▶ **OBSERVAÇÃO 1:**

O valor do teto legal do depósito recursal do recurso de revista e dos embargos para a SDI é o dobro do valor do depósito do recurso ordinário.

▶ **OBSERVAÇÃO 2:**

Na hipótese de agravo de instrumento, o depósito recursal corresponderá a 50% do valor do depósito do recurso ao qual se pretende destrancar (CLT, art. 899, § 7º, da CLT). Atenta-se para o fato de que, quando o agravo de instrumento tiver a finalidade de destrancar recurso de revista que se insurge contra decisão que contraria a jurisprudência uniforme do Tribunal Superior do Trabalho, consubstanciada nas suas súmulas ou em orientação jurisprudencial, não haverá obrigatoriedade de se efetuar o depósito recursal, conforme dispõe o art. 899, § 8º, da CLT e a IN nº 3 do TST (II, "i").

1.6.8.2.7. Redução do valor do depósito recursal pela metade

O art. 899, § 9º, da CLT, acrescentado pela Lei nº 13.467/2017, prevê reclamados específicos para os quais o depósito recursal terá o seu valor reduzido pela metade. São eles:

- entidades sem fins lucrativos,
- empregadores domésticos,
- microempreendedores individuais,
- microempresas e
- empresas de pequeno porte.

Tais entidades pagarão, portanto, 50% do depósito recursal, seja quando se tratar do teto da condenação, seja na hipótese de teto legal. Na realidade, primeiro deverá ser analisado qual o valor do depósito recursal e depois aplicar 50% sobre ele.

Nos exemplos indicados no tópico anterior, teremos o depósito recursal para as referidas entidades da seguinte forma:

✦ **Exemplo 1**: *Entidades sem fins lucrativos é condenada ao pagamento de horas extras, definindo a sentença como valor da condenação o importe de R$ 4.000,00. A entidade interpõe recurso ordinário devendo efetuar o recolhimento do depósito recursal correspondente a 50% do limite da condenação, ou seja, R$ 2.000,00. Caso seu recurso não seja provido no TRT, mantendo-se a condenação de R$ 4.000,00, se pretender recorrer de revista ao TST, deverá efetuar novo depósito recursal para esse último recurso, no valor de R$ 1.000,00 (50% de R$ 2.000,00 faltantes).*

✦ **Exemplo 2:** *Microempresa é condenada ao pagamento de horas extras e adicional de periculosidade, tendo como valor da condenação o importe de R$ 15.000,00. A empresa interpõe recurso ordinário, devendo efetuar o recolhimento do depósito recursal no montante de R$ 6.906,92 (50% do teto legal do depósito recursal). Caso seu recurso não seja provido no TRT e pretenda recorrer de revista ao TST, deverá efetuar novo depósito recursal para esse último recurso, agora no valor de R$ 4.046,54 (50% do que falta para atingir o teto da condenação: [R$ 15.000,00 – R$ 6.906,92 = R$ 8.093,08 x 50%]).*

✦ **Exemplo 3:** *Empresa de pequeno porte é condenada ao pagamento de horas extras e adicional de periculosidade, tendo como valor da condenação o importe de R$ 50.000,00. A empresa interpõe recurso ordinário, devendo efetuar o recolhimento do depósito recursal no montante de R$ 6.906,92 (50% do teto legal do depósito recursal). Caso seu recurso não seja provido no TRT e pretenda recorrer de revista ao TST, deverá efetuar novo depósito recursal para esse último recurso, agora no valor de R$ 13.813,83 (50% do teto legal), pois ambos os depósitos não alcançaram o valor total da condenação, ou seja, totalizaram R$ 20.720,75.*

Percebe-se pela nova sistemática que, como o depósito recursal sempre será reduzido pela metade, para essas entidades nunca teremos garantia integral do juízo.

1.6.8.2.8. Recursos que exigem o depósito recursal

Quanto aos recursos que exigem o depósito recursal, podemos esquematizá-los da seguinte forma:

▸ EXIGEM DEPÓSITO RECURSAL	▸ NÃO EXIGEM DEPÓSITO RECURSAL
Recurso ordinário	Pedido de revisão
Recurso de revista	Embargos de declaração
Agravo de petição, quando não estiver garantido o juízo	Agravo de petição, se já estiver garantido o juízo*
Agravo de instrumento	Agravo regimental e/ou interno
Embargos para a SDI (divergência)	Embargos infringentes no TST (CLT, art. 894, I)**

▶ EXIGEM DEPÓSITO RECURSAL	▶ NÃO EXIGEM DEPÓSITO RECURSAL
	Recurso extraordinário***
	Recurso ordinário em dissídio coletivo (TST-IN nº 3, V)

* Da decisão proferida no incidente de desconsideração da personalidade jurídica na fase de execução, é desnecessário o depósito recursal para a interposição do agravo de petição.

** Como esse recurso está ligado ao dissídio coletivo, ele busca impugnar sentença normativa que tem natureza constitutiva-dispositiva. Portanto, não temos decisão condenatória em pecúnia, sendo descabido, assim, o depósito recursal.

*** Tema 679 do STF: Surge incompatível com a Constituição Federal exigência de depósito prévio como condição de admissibilidade do recurso extraordinário, no que não recepcionada a previsão constante do § 1º do artigo 899 da Consolidação das Leis do Trabalho, sendo inconstitucional a contida na cabeça do artigo 40 da Lei nº 8.177 e, por arrastamento, no inciso II da Instrução Normativa nº 3/1993 do Tribunal Superior do Trabalho" (STF. Plenário, Sessão Virtual de 15.5.2020 a 21.5.2020).

No que se refere ao recurso adesivo, ele deverá observar as mesmas regras do recurso principal.

No caso de recurso ordinário na ação rescisória, o depósito recursal só é exigível quando for julgado procedente o pedido e imposta condenação em pecúnia (Súmula nº 99 do TST). Na ação rescisória, exige-se um único depósito, dispensado novo depósito para os recursos subsequentes, salvo o depósito do agravo de instrumento, previsto no art. 899, §§ 7º e 8º, da CLT (TST-IN nº 3, III).

1.6.8.2.9. Diferença no recolhimento do depósito recursal

O recolhimento do depósito recursal constitui pressuposto de admissibilidade recursal, de modo que sua falta gera a deserção, ou seja, o recurso não é processado ou conhecido. Pode ocorrer de algumas vezes a parte recorrente efetuar o pagamento inferior ao devido a título de depósito recursal.

Nesse caso, o C. TST alterou seu entendimento em decorrência do CPC/2015, e atualmente admite a complementação dos valores, como se verifica pela OJ nº 140 da SDI-I do TST:

> **Orientação Jurisprudencial nº 140 da SDI - I do TST.** Depósito recursal e custas processuais. Recolhimento insuficiente. Deserção. - Res. 217/2017 - DEJT divulgado em 20, 24 e 25.04.2017
>
> Em caso de recolhimento insuficiente das custas processuais ou do depósito recursal, somente haverá deserção do recurso se, concedido o prazo de 5 (cinco) dias previsto no § 2º do art. 1.007 do CPC de 2015, o recorrente não complementar e comprovar o valor devido.

Caso, portanto, o recolhimento do depósito recursal seja efetuado em valor inferior ao devido, por corresponder a uma irregularidade formal, deverá ser oportunizada à parte a possibilidade de complementar o valor. Trata-se de entendimento em consonância com o princípio da primazia da decisão de mérito. Apenas se o valor não for complementado ou se o recolhimento não for comprovado haverá deserção do recurso.

Consigne-se que o C. TST somente autoriza a complementação do depósito se o valor recolhido for insuficiente. Na hipótese de **ausência integral** de depósito recursal, a Corte trabalhista **não permite o pagamento** em momento posterior, entendendo que o recurso é deserto[50].

1.6.8.2.10. Isenção do depósito recursal

O art. 899, § 10, da CLT, introduzido pela Lei nº 13.467/17, passa a prever que são isentos do depósito recursal:

1. os beneficiários da justiça gratuita;
2. as entidades filantrópicas; e
3. as empresas em recuperação judicial.

Embora referido dispositivo tenha feito referência apenas para a três hipóteses anteriores, também são isentos do recolhimento do depósito recursal:

4. os entes de direito público externo (TST-IN nº 3, X);
5. a União, os Estados, o Distrito Federal, os municípios, as autarquias e as fundações de direito público que não explorem atividade econômica (TST-IN nº 3, X);
6. o Ministério Público do Trabalho;
7. a massa falida (TST-IN nº 3, X; Súmula 86 do TST); e
8. a herança jacente (TST-IN nº 3, X).

Atente-se para o fato de que a isenção não alcança as empresas em liquidação, pois nesse caso não há indisponibilidade imediata dos bens da entidade financeira, razão pela qual deverá realizar o pagamento do depósito recursal, como disposto na Súmula nº 86 do TST[51].

1.6.9. Regularidade formal

A regularidade formal consiste na necessidade de que o recurso interposto atenda a determinados requisitos formais.

Existem aspectos formais exigidos a todos os recursos, como é o caso da motivação e da assinatura do recurso.

---

50. E-ED-ARR-2876-24.2015.5.10.0801, Subseção I Especializada em Dissídios Individuais, Relator Ministro CLAUDIO MASCARENHAS BRANDAO, DEJT 13/12/2019.

51. **Súmula nº 86 do TST.** Deserção. Massa falida. Empresa em liquidação extrajudicial.
Não ocorre deserção de recurso da massa falida por falta de pagamento de custas ou de depósito do valor da condenação. Esse privilégio, todavia, não se aplica à empresa em liquidação extrajudicial.

Quanto à motivação o art. 899 da CLT estabelece que os recursos trabalhistas serão interpostos por meio de simples petição.

Isso, porém, não afasta a necessidade de fundamentação das razões recursais, a fim de que a parte contrária possa se defender e para que o Tribunal tenha conhecimento do objeto impugnado, observando, assim, o princípio da dialeticidade[52]. Além disso, legitima-se tal exigência, especialmente quanto ao pedido, pois o princípio da devolutividade, em sua extensão, declina que o Tribunal somente pode se manifestar acerca do que lhe foi apresentado, ou seja, a respeito do objeto impugnado, segundo a regra do *tantum devolutum quantum appelatum*.

A Corte trabalhista, ao menos quanto aos recursos interpostos no TST, impõe expressamente a fundamentação do recurso (Súmula nº 422 do TST[53]).

No que se refere à assinatura, para o C. TST, é válido o recurso assinado, ao menos, na petição de apresentação ou nas razões recursais. Não havendo nenhuma assinatura, deve ser concedido prazo para regularização (5 dias). Apenas na hipótese de descumprida a determinação, o recurso será reputado inadmissível. (OJ nº 120 da SDI-I do TST).

Não se pode deixar de dizer que, com a introdução do processo judicial eletrônico, perde relevância a orientação jurisprudencial nº 120 da SDI-I do TST, vez que a protocolização do recurso pressupõe a assinatura digital, sendo considerado o subscritor do recurso aquele que o assinou digitalmente. Pode acontecer de constar o nome de um advogado na petição de interposição e no recurso, mas o recurso for assinado digitalmente por outro advogado. Nesse caso, o TST já decidiu que o efetivo subscritor do recurso é aquele cuja chave de assinatura foi registrada, responsabilizando-se pela petição entregue, sendo regular a representação desde que o subscritor esteja devidamente constituído nos autos. Isso ocorre em atenção ao **princípio da existência concreta**, segundo o qual, nas relações virtuais, predomina aquilo que verdadeiramente ocorre e não aquilo que é estipulado (Informativo nº 5 do TST[54]).

1.7. Juntada de documentos

Na fase recursal, restringe-se a possibilidade de apresentação de documentos, vez que se trata de fase que irá proferir o reexame dos fatos e fundamentos

52. Vide o tópico princípio da dialeticidade dentro dos princípios recursais.
53. **Súmula nº 422 do TST.** Recurso. Fundamento ausente ou deficiente. Não conhecimento. I – Não se conhece de recurso para o Tribunal Superior do Trabalho se as razões do recorrente não impugnam os fundamentos da decisão recorrida, nos termos em que proferida. II – O entendimento referido no item anterior não se aplica em relação à motivação secundária e impertinente, consubstanciada em despacho de admissibilidade de recurso ou em decisão monocrática. III – Inaplicável a exigência do item I relativamente ao recurso ordinário da competência de Tribunal Regional do Trabalho, exceto em caso de recurso cuja motivação é inteiramente dissociada dos fundamentos da sentença.
54. TST-E-RR-236600-63.2009.5.15.0071. SBDI-I, Rel. Min. Aloysio Corrêa da Veiga. 12.4.2012.

deduzidos em juízo, não sendo momento para nova instrução do processo. Contudo, duas hipóteses excepcionam tal restrição:

a) quando demonstrado o justo impedimento de apresentação no momento oportuno, utilizando-se analogicamente o art. 1.014 do CPC/2015 (TST-IN nº 39/2016, art. 3º, XXVIII);

b) para comprovar fato posterior à sentença, aplicando-se analogicamente o art. 493 do CPC/2015.

Nesse sentido, a Súmula nº 8 do TST:

> **Súmula nº 8 do TST.** Juntada de documento
>
> A juntada de documentos na fase recursal só se justifica quando provado o justo impedimento para sua oportuna apresentação ou se referir a fato posterior à sentença.

1.8. Efeitos recursais

1.8.1. Efeito obstativo

O efeito obstativo consiste no impedimento do trânsito em julgado da decisão. Assim, sendo interposto o recurso, o trânsito em julgado fica postergado.

No entanto, para o TST, tal efeito não existirá na hipótese de recurso intempestivo ou manifestamente incabível, exceto se houver dúvida razoável (Súmula nº 100, III, do TST[55]).

1.8.2. Efeito devolutivo

O efeito devolutivo é a transferência ao juízo *ad quem* do conhecimento das matérias julgadas no juízo *a quo*, ou seja, busca-se nova manifestação do Poder Judiciário sobre a matéria decidida. Por esse raciocínio, é possível concluir que **todos os recursos são dotados do efeito devolutivo**, vez que essa transferência é inerente aos recursos[56].

No processo do trabalho, o art. 899, *caput*, da CLT apenas descreve que **os recursos têm efeito meramente devolutivo**, impondo a incidência supletiva do art. 1.013 do CPC/2015 para complementar a matéria (TST-IN nº 39/2016, art. 3º, XXVIII).

---

55. III - Salvo se houver dúvida razoável, a interposição de recurso intempestivo ou a interposição de recurso incabível não protrai o termo inicial do prazo decadencial.

56. No sentido do texto: JORGE, Flávio Cheim. *Teoria geral dos recursos cíveis*. 4. ed. rev., atual. e ampl. São Paulo: Editora Revista dos Tribunais, 2009. p. 283. BEBBER, Júlio César. *Recursos no processo do trabalho*. 2. ed. São Paulo: LTr, 2009. p. 176. Em sentido contrário, entendendo que o efeito devolutivo somente tem aplicação quando há transferência para outro órgão, o que afasta sua aplicação nos embargos de declaração: MOREIRA, José Carlos Barbosa. *Comentários ao código de processo civil*. 15. ed. Rio de Janeiro: Forense, 2010. v. 5, p. 260-261.

Nesse contexto, o efeito devolutivo deve ser analisado sob dois enfoques: da extensão (dimensão horizontal) e da profundidade (dimensão vertical).

- **extensão do efeito devolutivo**

A **extensão do efeito devolutivo**, também chamada de dimensão horizontal, é a delimitação do objeto dentro da qual o recorrente pretende que o juízo ad quem se pronuncie. Trata-se de regra derivada do princípio dispositivo, vez que o recurso também é manifestação do poder de ação, o que significa que o recorrente poderá escolher contra quais objetos irá se insurgir. Tem-se aqui a aplicação do *caput* do art. 1.013 do CPC/2015, que consagra a máxima romana *tantum devolutum quantum appelatum*. Dessa forma, a insurgência do recorrente poderá ser de todos os capítulos da sentença em que foi sucumbente ou de apenas parte deles. Exemplifique-se:

> ✦ *A empresa é condenada ao pagamento de horas extras, vale-transporte e indenização pelo dano moral. Caso ela interponha recurso ordinário, poderá insurgir-se contra todos os capítulos da sentença (horas extras, vale-transporte e indenização pelo dano moral) sendo, portanto, de extensão total. Por outro lado, poderá recorrer tão somente do capítulo referente ao vale-transporte, de modo que os demais capítulos (horas extras e indenização pelo dano moral) serão acobertados pela coisa julgada. Tem-se, nesse último caso, a extensão limitada.*

Assim, o efeito devolutivo, em sua extensão, nada mais é do que a quantidade de matéria impugnada, decorrendo sempre da própria vontade do recorrente.

É imprescindível que a análise da extensão do recurso seja feita inicialmente, passando-se somente em seguida para a análise de sua profundidade. Tanto é assim que o art. 1.013, § 1º, do CPC/2015 e o item I da Súmula nº 393 do TST fazem menção expressa de que a profundidade ficará limitada ao capítulo impugnado.

- **profundidade do efeito devolutivo**

A **profundidade do efeito devolutivo**, também chamada de dimensão vertical, é aquela que devolve **automaticamente** ao juízo *ad quem* todas as alegações, fundamentos e questões dentro da quantidade impugnada (extensão), independentemente de manifestação. Trata-se da faceta do efeito devolutivo que decorre da própria lei.

O que se busca com a profundidade do efeito devolutivo é colocar em idêntica situação o juízo *a quo* e juízo *ad quem* no momento do julgamento, de modo que este poderá analisar todas as alegações, fundamentações, questões e provas que estavam ao alcance do juízo *a quo*, ou seja, permite-se que o órgão julgador possa se utilizar "de todo o material deduzido em juízo, mesmo que a decisão recorrida e o recurso não façam qualquer referência ao mesmo" [57].

O efeito devolutivo, em sua profundidade, especificamente ao recurso ordinário, vem disciplinado nos § § 1º e 2º, do art. 1.013 do CPC/2015, aplicáveis ao processo do trabalho (TST-IN nº 39/2016, art. 3º, XXVIII), *in verbis*:

---

57. JORGE, Flávio Cheim. *Teoria geral dos recursos cíveis*. 7. ed. rev., atual. e ampl. São Paulo: Editora Revista dos Tribunais, 2015. p. 368.

> § 1º Serão, porém, objeto de apreciação e julgamento pelo tribunal todas as questões suscitadas e discutidas no processo, ainda que não tenham sido solucionadas, desde que relativas ao capítulo impugnado.
>
> § 2º Quando o pedido ou a defesa tiver mais de um fundamento e o juiz acolher apenas um deles, a apelação devolverá ao tribunal o conhecimento dos demais.

Verifica-se pelo § 1º que o órgão julgador poderá se utilizar de todas as questões suscitadas e discutidas do processo, mesmo que a sentença tenha se omitido quanto a algumas delas, desde que relativas ao capítulo impugnado. Exemplificamos para elucidar o referido parágrafo.

> ✦ *A empresa foi condenada ao pagamento do adicional de insalubridade. Na sentença, o juiz afastou a conclusão da perícia e, com base no laudo do assistente técnico do reclamante, decidiu pela existência da insalubridade. Caso a empresa apresente recurso ordinário, o tribunal poderá verificar todo o conjunto probatório (perícia, laudos dos assistentes técnicos, depoimentos, documentos etc.), concluindo pelo provimento ou não do recurso. Assim, o tribunal poderá admitir a insalubridade não pelo laudo do assistente técnico, mas por documento apresentado pela própria empresa (por exemplo, PGR). Verifica-se que, mesmo que o juiz a quo não tivesse citado o PGR, o juízo ad quem não ficaria limitado às provas que convenceram o juízo a quo, podendo reexaminar todo o conjunto probatório, mesmo que a sentença não tivesse feito referência a algum deles.*

Com base nesse dispositivo, vislumbra-se que a mera possibilidade de exame das questões pelo juízo *a quo* permite que o tribunal (juízo *ad quem*) possa enfrentá-las no julgamento. É imprescindível, pois, que o juízo *a quo* tenha tido a oportunidade de analisar as questões. Isso quer dizer que, no caso de revelia, não poderá o revel levantar questões novas, suscitadas apenas no recurso ordinário, uma vez que o juízo *a quo* não pode fazer nenhuma apreciação sobre elas.

Já o § 2º permite que o juízo *ad quem* possa analisar os diversos fundamentos levantados na inicial e na contestação para determinado pedido. Tal efeito, portanto, pode beneficiar ambas as partes. Exemplo:

> ✦ *Reclamante postula a reintegração no emprego com o fundamento de que era representante da CIPA ou porque sofreu acidente de trabalho. Caso o juiz reconheça a garantia de emprego com base na representação da CIPA, nada mencionando sobre a garantia pelo acidente do trabalho da reclamante, na hipótese de recurso ordinário pela empresa, poderá o tribunal negar a garantia de emprego pela representação da CIPA, mas admiti-la com base no acidente de trabalho, mesmo que a reclamante não levante esse fundamento nas contrarrazões de recurso.*

Percebe-se, no exemplo, que, analisada a extensão do recurso (pedido de reintegração), o tribunal estará apto, por força de lei, a analisar todos os fundamentos da inicial, ou seja, está em idêntica situação em que o juiz de 1º grau estava na ocasião do julgamento.

No sentido do texto, a Súmula nº 393, I, do TST:

> **Súmula nº 393 do TST.** Recurso ordinário. Efeito devolutivo em profundidade. Art. 1.013, § 1º, do CPC de 2015. Art. 515, § 1º, do CPC de 1973
>
> I – O efeito devolutivo em profundidade do recurso ordinário, que se extrai do § 1º do art. 1.013 do CPC de 2015 (art. 515, § 1º, do CPC de 1973), transfere ao Tribunal a apreciação dos fundamentos da inicial ou da defesa, não examinados pela sentença, ainda que não renovados em contrarrazões, desde que relativos ao capítulo impugnado.
>
> (...)

1.8.3. *Efeito suspensivo*

O efeito suspensivo impede a produção de efeitos da decisão, enquanto não for julgado o recurso. No caso de decisão condenatória, impede, por exemplo, a execução provisória da decisão recorrida.

O efeito suspensivo pode decorrer de dois critérios:

a) legal (*ope legis*): quando a própria lei concede tal efeito ao recurso;

b) judicial (*ope judicis*): quando incumbe ao juiz concedê-lo no caso concreto, observado os requisitos legais.

No processo do trabalho, **o efeito suspensivo não decorre da lei,** já que os recursos trabalhistas **têm efeito meramente devolutivo** (CLT, art. 899, *caput*), ou seja, a decisão judicial produz efeitos com a interposição do recurso.

Porém, é possível que **judicialmente** seja concedido o efeito suspensivo ao recurso, o que é previsto em um único caso declinado na Lei nº 7.701/88, qual seja:

> O recurso ordinário de sentença normativa (dissídio coletivo), quando o presidente do TST confere efeito suspensivo, na medida e extensão conferidas em seu despacho (Lei nº 7.701/88, art. 7º, § 6º e art. 14 da Lei nº 10.192/01).

Portanto, a Lei nº 7.701/88 prevê uma hipótese de concessão de efeito suspensivo judicial. Queremos dizer, embora esteja na lei, ela não confere o efeito automático, dependendo de manifestação do presidente do TST para sua efetivação.

Conquanto referida lei preveja apenas uma hipótese para a concessão do efeito suspensivo, é interessante observar que, em situações excepcionais, devidamente comprovadas, o C. TST na Súmula nº 414, I, entende que, além do caso supramencionado, poderão ser suspensos os efeitos da sentença por meio de requerimento dirigido ao tribunal, ao relator ou ao presidente ou ao vice-presidente do tribunal recorrido, por aplicação subsidiária ao processo do trabalho do artigo 1.029, § 5º, do CPC de 2015.

Embora referida súmula faça referência apenas ao art. 1.029, § 5º, do CPC/2015, pensamos que, nos recursos de natureza ordinária, será aplicável subsidiariamente ao processo do trabalho o art. 995, parágrafo único, e os §§ 3º e 4º do art. 1.012 todos do CPC/2015[58]. Já no caso de interposição de recursos de natureza extraordinária, há aplicação do art. 1.029, § 5º, do CPC/2015[59].

1.8.4. Efeito translativo

O efeito translativo é entendido como a possibilidade de o Tribunal (juízo *ad quem*) **julgar matérias de ordem pública**, que, por serem conhecidas de ofício, independem de manifestação da parte.

1.8.5. Efeito regressivo

O efeito regressivo é a possibilidade de o juízo se retratar da decisão, nos casos previstos em lei.

É o que ocorre, por exemplo, no agravo de instrumento e no recurso ordinário, quando interposto contra decisão que:

- indefere a petição inicial (CPC/2015, art. 331);
- julga improcedente liminarmente o pedido (CPC/2015, art. 332, § 3º);
- extingue o processo sem resolução do mérito (CPC/2015, art. 485, § 7º).

1.8.6. Efeito expansivo

O efeito expansivo consiste na possibilidade de a decisão do recurso atingir matérias não impugnadas e/ou sujeitos que não recorreram, ou seja, o julgamento do recurso pode produzir decisão mais abrangente do que o reexame da matéria impugnada[60]. É classificado em efeito expansivo objetivo (interno e externo) e efeito expansivo subjetivo.

- **Efeito expansivo objetivo**: ocorre quando o julgamento do recurso atinge matérias não impugnadas, podendo ser interno ou externo. Será:

---

58. **Art. 995. Parágrafo único.** A eficácia da decisão recorrida poderá ser suspensa por decisão do relator, se da imediata produção de seus efeitos houver risco de dano grave, de difícil ou impossível reparação, e ficar demonstrada a probabilidade de provimento do recurso.
Art. 1.012. § 3º O pedido de concessão de efeito suspensivo nas hipóteses do § 1º poderá ser formulado por requerimento dirigido ao: I – tribunal, no período compreendido entre a interposição da apelação e sua distribuição, ficando o relator designado para seu exame prevento para julgá-la; II – relator, se já distribuída a apelação. § 4º Nas hipóteses do § 1º, a eficácia da sentença poderá ser suspensa pelo relator se o apelante demonstrar a probabilidade de provimento do recurso ou se, sendo relevante a fundamentação, houver risco de dano grave ou de difícil reparação.
59. **Art. 1.029. § 5º** O pedido de concessão de efeito suspensivo a recurso extraordinário ou a recurso especial poderá ser formulado por requerimento dirigido: I – ao tribunal superior respectivo, no período compreendido entre a publicação da decisão de admissão do recurso e sua distribuição, ficando o relator designado para seu exame prevento para julgá-lo; II – ao relator, se já distribuído o recurso; III – ao presidente ou ao vice-presidente do tribunal recorrido, no período compreendido entre a interposição do recurso e a publicação da decisão de admissão do recurso, assim como no caso de o recurso ter sido sobrestado, nos termos do art. 1.037.
60. NERY JR., Nelson. *Teoria Geral dos Recursos*. 7. Ed. São Paulo: Editora Revista dos Tribunais, 2014. p. 456.

a) **interno**: quando atinge capítulos não impugnados no recurso da decisão recorrida, mas interdependentes (não autônomo) dos capítulos impugnados.

✦ *Exemplo: Sentença julga procedente pedido de equiparação salarial e horas extras. Em grau de recurso ordinário, a empresa alega litispendência, o que é acolhido pelo Tribunal, dando provimento ao recurso. Nesse caso, todos os demais capítulos da decisão são atingidos, ou seja, a equiparação salarial e as horas extras.*

b) **externo**: quando atinge outros atos praticados no processo que são externos e posteriores à decisão impugnada.

✦ *Exemplo: Sentença julga procedente pedido de equiparação salarial e horas extras, sendo iniciada a execução provisória. Em grau de recurso ordinário, o tribunal lhe dá provimento para afastar a condenação. Nesse caso, será atingida a execução provisória que fica sem efeito, nos termos do art. 520, II, do CPC/2015.*

- **Efeito expansivo subjetivo**: quando o julgamento do recurso abrange sujeitos que não recorreram.

✦ *Exemplo: no caso de litisconsórcio unitário, o recurso de um beneficiará mesmo aqueles que não recorreram (CPC/2015, art. 1.005[61]).*

1.8.7. Efeito substitutivo

O efeito substitutivo do recurso estabelece que a decisão proferida no recurso (juízo *ad quem*) substituirá a decisão recorrida (juízo *a quo*), conforme disciplina o art. 1.008 do CPC/2015, *in verbis*:

> Art. 1.008. O julgamento proferido pelo tribunal substituirá a decisão impugnada no que tiver sido objeto de recurso.

Esse efeito ocorre quando o **recurso for conhecido e, no mérito**:

a) não for provido; ou

b) for provido para reformar a decisão.

Portanto, pressupõe decisão meritória, ou seja, pronunciamento de mérito do recurso.

Na hipótese de provimento do recurso para anular a decisão impugnada (*error in procedendo*), há efeito rescindente e não efeito substitutivo[62].

---

61. Art. 1.005. O recurso interposto por um dos litisconsortes a todos aproveita, salvo se distintos ou opostos os seus interesses.
62. DIDIER Jr., Fredie; CUNHA, Leonardo José Carneiro da. *Curso de direito processual civil: Meios de impugnação às decisões judiciais e processo nos tribunais*. 8. ed. Bahia: Juspodivm, 2010. v. 3, p. 373.

1.9. Remessa Necessária

É necessária a interposição do recurso ordinário, para que as decisões proferidas pela Vara do Trabalho ou pelos Tribunais Regionais (em processo de competência originária) sejam alteradas pelo juízo *ad quem* (CLT, art. 895).

No entanto, sendo **pessoa jurídica de direito público que não explore atividade econômica**, o ordenamento prevê a remessa necessária, consistente na obrigatoriedade de que as decisões, total ou parcialmente desfavoráveis a tais entes, sejam submetidas ao duplo grau de jurisdição, ainda que não haja provocação do ente público.

Noutras palavras, havendo decisão desfavorável à pessoa jurídica de direito público que não explore atividade econômica, esta poderá interpor recurso voluntário. No entanto, caso não interponha recurso ou interponha e ele não seja admitido, haverá obrigatoriamente a análise da decisão no segundo grau, devendo o juízo encaminhar os autos ao tribunal *ad quem* ou, não encaminhando-o, haverá avocação dos autos pelo presidente do tribunal, conforme previsto no art. 496, § 1º, do CPC/15[63].

A remessa necessária, no processo do trabalho, vem descrita no art. 1º, V, do Decreto-Lei nº 779/69, sendo aplicado aos seguintes entes:

- União;
- Estados;
- Distrito Federal;
- Municípios; e
- autarquias ou fundações de direito público federais, estaduais ou municipais que não explorem atividade econômica.

Conquanto seja previsto no referido Decreto-Lei, sua regulamentação nesse dispositivo é incompleta, impondo a aplicação supletiva do art. 496 e parágrafos do CPC/2015 (TST-IN nº 39/2016, art. 3º, X).

Ela também é chamada de reexame necessário, recurso obrigatório ou recurso *ex officio*. Embora utilizadas essas expressões, a remessa necessária não tem natureza de recurso, porque não tem voluntariedade. Trata-se, na verdade, de **condição de eficácia da sentença,** impedindo o trânsito em julgado da decisão e sua produção de efeito até que seja realizado o duplo grau de jurisdição (Súmula nº 423 do STF[64]).

Aliás, não produzindo efeitos, a decisão é incapaz de formar coisa julgada enquanto não submetida à remessa necessária, impedindo inclusive o ajuizamento da ação rescisória, conforme declina a OJ nº 21 da SDI-II do TST:

---

63. § 1º Nos casos previstos neste artigo, não interposta a apelação no prazo legal, o juiz ordenará a remessa dos autos ao tribunal, e, se não o fizer, o presidente do respectivo tribunal avocá-los-á.
64. Súmula nº 423 do STF: "Não transita em julgado a sentença por haver omitido o recurso '*ex officio*', que se considera interposto 'ex lege'".

> **Orientação Jurisprudencial nº 21 da SDI – II do TST.** Ação rescisória. Duplo grau de jurisdição. Trânsito em julgado. Inobservância. Decreto-Lei nº 779/69, art. 1º, V. Incabível.
>
> É incabível ação rescisória para a desconstituição de sentença não transitada em julgado porque ainda não submetida ao necessário duplo grau de jurisdição, na forma do Decreto-Lei nº 779/69. Determina-se que se oficie ao Presidente do TRT para que proceda à avocatória do processo principal para o reexame da sentença rescindenda.

Portanto, as decisões total ou parcialmente desfavoráveis a tais entes públicos estão, obrigatoriamente, sujeitas ao duplo grau de jurisdição, sob pena de não produzirem efeitos práticos.

Entretanto, a remessa necessária é dispensada, nos seguintes casos:

a) quando a condenação não ultrapassar o valor correspondente a:

> I – 1.000 salários mínimos para a União e as respectivas autarquias e fundações de direito público;
>
> II – 500 salários mínimos para os Estados, o Distrito Federal, as respectivas autarquias e fundações de direito público e os Municípios que constituam capitais dos Estados;
>
> III – 100 salários mínimos para todos os demais Municípios e respectivas autarquias e fundações de direito público (Súmula nº 303, I, do TST e CPC/2015, art. 496, § 3º).

b) quando a decisão estiver fundada em:

> I – súmula ou orientação jurisprudencial do Tribunal Superior do Trabalho;
>
> II – acórdão proferido pelo Supremo Tribunal Federal ou pelo Tribunal Superior do Trabalho em julgamento de recursos repetitivos;
>
> III – entendimento firmado em incidente de resolução de demandas repetitivas ou de assunção de competência;
>
> IV – entendimento coincidente com orientação vinculante firmada no âmbito administrativo do próprio ente público, consolidada em manifestação, parecer ou súmula administrativa (Súmula nº 303, II, do TST e CPC/2015, art. 496, § 4º)[65]

Cabe observar que a remessa necessária também é aplicável na ação rescisória e no mandado de segurança, como preveem os itens III e IV da Súmula nº 303 do TST:

> **Súmula nº 303 do TST.**
>
> (...)

65. Além dos casos descritos na Súmula nº 303 do TST, de acordo com a OJ nº 8 do Tribunal Pleno do TST, "em sede de precatório, por se tratar de decisão de natureza administrativa, não se aplica o disposto no art. 1º, V, do Decreto-Lei nº 779, de 21.08.1969, em que se determina a remessa necessária em caso de decisão judicial desfavorável a ente público".

> III – Em ação rescisória, a decisão proferida pelo Tribunal Regional do Trabalho está sujeita ao duplo grau de jurisdição obrigatório quando desfavorável ao ente público, exceto nas hipóteses dos incisos anteriores.
>
> IV – Em mandado de segurança, somente cabe reexame necessário se, na relação processual, figurar pessoa jurídica de direito público como parte prejudicada pela concessão da ordem. Tal situação não ocorre na hipótese de figurar no feito como impetrante e terceiro interessado pessoa de direito privado, ressalvada a hipótese de matéria administrativa.

Por fim, consigna-se que a remessa necessária não impede a interposição voluntária do recurso ordinário pelo ente público. Porém, optando por não interpor o recurso, será realizado o reexame. Nesse caso, será "incabível recurso de revista de ente público que não interpôs recurso ordinário voluntário da decisão de primeira instância, ressalvada a hipótese de ter sido agravada, na segunda instância, a condenação imposta" (OJ nº 334 da SDI-I do TST).

▶ ATENÇÃO:

Conquanto o reexame necessário não seja recurso, aplica-lhe a proibição da *reformatio in pejus* (Súmula 45 do STJ*), bem como a possibilidade de ser julgado pelo relator (Súmula nº 253 do STJ**).

*. *Súmula 45 do STJ: **"Reexame Necessário – Agravar Condenação – Fazenda Pública.** No reexame necessário, é defeso, ao Tribunal, agravar a condenação imposta à Fazenda Pública".*

**. *Súmula 253 do STJ: "Recurso Manifestamente Inadmissível, Improcedente, Prejudicado ou em Confronto com Súmula ou com Jurisprudência Dominante – Reexame Necessário. O art. 557 do CPC, que autoriza o relator a decidir o recurso, alcança o reexame necessário".*

2. RECURSOS EM ESPÉCIE

2.1. Embargos de declaração

2.1.1. *Introdução*

O Poder Judiciário é pautado no princípio da inércia, segundo o qual somente pode se manifestar quando provocado. Por outro lado, uma vez provocado, tem o dever de prestar a tutela jurisdicional, proferindo decisão, seja de mérito ou não, clara, coerente e que preveja todos os objetos postulados no processo.

Pode ocorrer, entretanto, de a decisão ser omissa, obscura ou contraditória, o que dá ensejo ao cabimento dos embargos de declaração, que consistem em uma modalidade de recurso destinada a sanar tais vícios.

Tem, portanto, natureza de recurso, enquadrando-se dentre os recursos de fundamentação vinculada.

Os embargos de declaração são regidos pelo art. 897-A da CLT e, supletivamente, pelos arts. 1.022 a 1.025 e §§ 2º ao 4º, do art. 1.026 do CPC/2015, excetuada a garantia de prazo em dobro para os litisconsortes, prevista no art. 1.023, § 1º (TST-IN nº 39/2016, art. 9º).

2.1.2. *Competência*

Nos embargos de declaração, a competência para julgamento é do próprio juízo que prolatou a decisão embargada. É diferente, portanto, dos demais recursos em que os autos são encaminhados para outro juízo, em regra, de grau superior.

Desse modo, a competência é do mesmo órgão jurisdicional que proferiu a decisão embargada e não necessariamente do mesmo magistrado que prolatou a decisão.

Atenta-se para o fato de que alguns tribunais regionais estabelecem em seus regimentos internos que o julgamento dos embargos de declaração está vinculado ao juiz que proferiu a decisão.

2.1.3. *Prazo para interposição*

Os embargos de declaração fogem à regra dos prazos recursais do processo trabalhista, tendo o **prazo de 5 dias úteis** para interposição. A Fazenda Pública, o Ministério Público do Trabalho e a Defensoria Pública têm o prazo em dobro, ou seja, 10 dias.

Ademais, sua interposição não produz efeito suspensivo, mas gera o efeito de interromper os prazos dos recursos posteriores.

> ✦ **Exemplo**: *A empresa é intimada da sentença no dia 20.02, tendo o prazo de 8 dias para interpor o recurso ordinário. No entanto, interpõe embargos de declaração, dentro dos 5 dias, alegando omissão na sentença. Nesse caso, a interposição dos embargos interrompe o prazo para o recurso ordinário, que contará, integralmente novamente, depois da intimação da decisão proferida nos embargos de declaração.*

No entanto, esse efeito não ocorrerá quando se tratar de embargos de declaração:

1) intempestivos;

2) com irregularidade na representação da parte; ou

3) ausente de assinatura (CLT, art. 897-A, § 3º).

É importante destacar que, nesses casos, não será produzido tal efeito para todos os sujeitos do processo, de maneira que o embargado também será atingido. Isso significa que o embargado deverá fazer a análise dos embargos interpostos pela parte contrária para verificar que não está incluído nos três casos indicados anteriormente. Desse modo, por cautela, é recomendável que o embargado interponha o recurso adequado sem contar com a interrupção do prazo recursal, possibilitando sua complementação posterior, caso os embargos sejam conhecidos e providos.

2.1.4. *Hipóteses de cabimento*

O art. 897-A da CLT estabelece:

> Art. 897-A. Caberão embargos de declaração da sentença ou acórdão, no prazo de cinco dias, devendo seu julgamento ocorrer na primeira audiência ou sessão subsequente a sua apresentação, registrado na

> certidão, admitido efeito modificativo da decisão nos casos de omissão e contradição no julgado e manifesto equívoco no exame dos pressupostos extrínsecos do recurso.
>
> § 1º Os erros materiais poderão ser corrigidos de ofício ou a requerimento de qualquer das partes.
>
> § 2º Eventual efeito modificativo dos embargos de declaração somente poderá ocorrer em virtude da correção de vício na decisão embargada e desde que ouvida a parte contrária, no prazo de 5 (cinco) dias.
>
> § 3º Os embargos de declaração interrompem o prazo para interposição de outros recursos, por qualquer das partes, salvo quando intempestivos, irregular a representação da parte ou ausente a sua assinatura.

Pela análise do artigo anterior, conjugado com o art. 1.022 do CPC/2015, aplicável supletivamente ao pro-cesso do trabalho (TST-IN nº 39/2016, art. 9º), são cabíveis os embargos de declaração para suprir os seguintes vícios:

1) **Omissão**: ponto ou questão (ponto controvertido) sobre o qual devia pronunciar o juiz de ofício ou a requerimento (CPC/2015, art. 1.022, *caput*).

   ✦ *Exemplo: Reclamante ajuíza ação postulando o pagamento de horas extras e intervalo intrajornada, sendo julgados procedentes seus pedidos, mas o juiz nada se manifesta acerca do intervalo intrajornada.*

Ademais, de acordo com o art. 1.022, parágrafo único, do CPC/2015, também aplicável ao processo do trabalho (TST-IN nº 39/2016, art. 9º), considera-se omissa a decisão que:

- deixar de se manifestar sobre tese firmada em julgamento de casos repetitivos aplicável ao caso sob julgamento;
- deixar de manifestar sobre incidente de assunção de competência aplicável ao caso sob julgamento;
- se limitar à indicação, à reprodução ou à paráfrase de ato normativo, sem explicar sua relação com a causa ou a questão decidida;
- empregar conceitos jurídicos indeterminados, sem explicar o motivo concreto de sua incidência no caso;
- invocar motivos que se prestariam a justificar qualquer outra decisão;
- não enfrentar todos os argumentos deduzidos no processo capazes de, em tese, infirmar a conclusão adotada pelo julgador;
- se limitar a invocar precedente ou enunciado de súmula, sem identificar seus fundamentos determinantes nem demonstrar que o caso sob julgamento se ajusta àqueles fundamentos;
- deixar de seguir enunciado de súmula, jurisprudência ou precedente invocado pela parte, sem demonstrar a existência de distinção no caso em julgamento ou a superação do entendimento.

2) **Contradição**: quando houver incoerência interna na decisão.

A contradição poderá ocorrer na fundamentação, no dispositivo, entre a fundamentação e o dispositivo, bem como entre a ementa e o corpo do acórdão.

Portanto, impõe-se que a incongruência seja dentro da decisão.

✦ *Exemplo: O juiz, na fundamentação, entende que o reclamante não fazia horas extraordinárias, mas no dispositivo condena a empresa a pagá-las.*

Desse modo, não há falar em contradição quando a parte, por exemplo, interpõe embargos alegando que a decisão contraria as provas nos autos. Nesse caso, o que se busca é a reforma da decisão e não o afastamento de contradição que, repete-se, obrigatoriamente deverá ser dentro da própria decisão.

3) **Obscuridade**: quando a decisão não for clara. Embora esse vício não esteja presente no art. 897-A da CLT, é majoritariamente aceita a sua incidência no processo do trabalho.

4) **Manifesto equívoco no exame dos pressupostos extrínsecos do recurso.**

O manifesto equívoco no exame dos pressupostos extrínsecos do recurso não é um vício elencado no art. 1.022 do CPC/2015, tendo previsão apenas no processo do trabalho, por força do art. 897-A da CLT.

Destaca-se que, nesse caso, serão cabíveis os embargos de declaração quando houver dois requisitos cumulativos:

a) possuir manifesto equívoco e;

b) tratar-se de **pressupostos extrínsecos** (tempestividade, representação, preparo, depósito recursal e regularidade formal[66]).

Com o advento do CPC/2015 admitindo expressamente o cabimento dos embargos de qualquer decisão judicial, o C. TST passou a entender que cabe os embargos de declaração com base nesse vício da decisão do juízo *a quo*, bem como do juízo *ad quem*.

Por fim, cumpre consignar que, no processo do trabalho, a correção de tais erros não dependem da interposição de embargos de declaração, podendo ocorrer de ofício ou a requerimento de qualquer das partes, por simples petição, como prevê o art. 897-A, § 1º, da CLT. Nada impede, porém, de a parte se utilizar dos embargos de declaração para a correção de tais erros.

2.1.5. *Pronunciamentos recorríveis*

O art. 897-A da CLT estabelece que os embargos de declaração são cabíveis para impugnar sentença e acórdão. Por sua vez, o art. 1.022, *caput*, do CPC/2015 admite seu cabimento para atacar qualquer decisão judicial.

Vê-se que o CPC/2015 permitiu seu cabimento para atacar qualquer decisão judicial, acompanhando o entendimento majoritário da doutrina. Assim agiu, porque

66. Parte da doutrina também inclui a inexistência de fato impeditivo ou extintivo do poder de recorrer.

não se pode admitir que decisões judiciais sejam incompreensíveis ou omissas, sob pena de denegação da atividade jurisdicional.

Atento a esse posicionamento, o C. TST consignou, no art. 9º da Instrução Normativa nº 39 do TST, que é aplicável ao processo do trabalho o art. 1.022 do CPC/2015.

Portanto, cabem embargos de declaração contra qualquer decisão judicial, ou seja, de decisão interlocutória, sentença, acórdão ou decisão monocrática (CPC/2015, art. 1.022, *caput*)[67].

2.1.6. Embargos de declaração com efeito modificativo

Os embargos de declaração **não** têm a função de anular ou reformar a decisão impugnada, sendo destinados a esclarecer ou integrar o julgado. Percebeu-se, no entanto, que a decisão dos embargos de declaração, por vezes, podia alterar substancialmente o julgado.

> ✦ *Exemplo: reclamante ajuíza ação postulando o pagamento de equiparação salarial e horas extras, sendo julgados procedentes seus pedidos, mas o juiz nada se manifesta acerca das horas extras. Ao interpor os embargos de declaração para que o juiz se manifeste sobre as horas extras, sendo providos os embargos, é evidente que haverá alteração do julgado.*

Assim, surgiram os **embargos de declaração com efeito modificativo ou infringente**, que atualmente são admitidos expressamente no art. 897-A da CLT e nos arts. 1.023, § 2º, e 1.024, § 4º, ambos do CPC/2015, aplicáveis supletivamente ao processo do trabalho (TST-IN nº 39/2016, art. 9º). No mesmo sentido, já previa a Súmula nº 278 do TST, *in verbis*:

> **Súmula nº 278 do TST.** Embargos de declaração. Omissão no julgado
>
> A natureza da omissão suprida pelo julgamento de embargos declaratórios pode ocasionar efeito modificativo no julgado.

Na hipótese de eventual efeito modificativo, é obrigatória a intimação da parte contrária (embargada) para se manifestar no prazo de 5 dias, como impõe o art. 897-A, § 2º, da CLT.

No mesmo caminho, descreve a OJ nº 142 da SDI-I do TST, *in verbis*

> **Orientação Jurisprudencial nº 142 da SDI – I do TST.** Embargos de declaração. Efeito modificativo. Vista prévia à parte contrária
>
> É passível de nulidade decisão que acolhe embargos de declaração com efeito modificativo sem que seja concedida oportunidade de manifestação prévia à parte contrária.

Atente-se, porém, para o fato de que o contraditório somente é obrigatório se o efeito modificativo for **potencialmente** previsto, de modo que, havendo rejeição

67. Caso a questão coloque nos termos da CLT, o candidato deve adotar a literalidade do art. 897-A da CLT, entendendo ser cabível apenas de sentença e acórdão.

liminar dos embargos, improcedência ou na hipótese de obscuridade, será desnecessária a concessão de vista à parte contrária.

Destaca-se ainda que, havendo interposição de embargos de declaração por apenas uma das partes e interposição pela outra parte, por exemplo, de recurso ordinário, ocorrendo modificação da decisão judicial, deve ser concedida à parte que já tinha interposto o recurso ordinário a possibilidade de complementá-lo, limitado ao objeto modificado na decisão.

> ✦ *Exemplo: reclamante postula o pagamento de horas extras e adicional de transferência. A sentença julga procedente o pedido de horas extras, nada versando sobre o adicional de transferência. No prazo de 5 dias, o reclamante interpõe embargos de declaração por omissão. A empresa, não tendo conhecimento da interposição dos embargos, apresenta recurso ordinário impugnando a condenação ao pagamento das horas extras. Em seguida, o juiz dá provimento aos embargos de declaração, afastando a omissão, e condenando a empresa ao pagamento do adicional de transferência. Nesse caso, o recurso ordinário da empresa mantém-se intacto quanto às horas extras, mas lhe será concedido o prazo para complementá-lo, limitado ao adicional de transferência. Noutras palavras, na complementação, apenas poderá levantar temas relacionados ao adicional, havendo preclusão consumativa quanto às horas extras.*

Nesse sentido, estabelece o art. 1.024, § 4º, do CPC/2015, *in verbis*:

> § 4º Caso o acolhimento dos embargos de declaração implique modificação da decisão embargada, o embargado que já tiver interposto outro recurso contra a decisão originária tem o direito de complementar ou alterar suas razões, nos exatos limites da modificação, no prazo de 15 (quinze) dias, contado da intimação da decisão dos embargos de declaração.

Desse modo, caso seja necessária a complementação ou alteração das razões recursais, no processo do trabalho, o embargado terá o prazo de 8 dias[68] para fazê-la, sempre limitado ao objeto modificado na decisão.

Agora, quando os embargos de declaração forem rejeitados ou não alterarem a conclusão do julgamento anterior, o recurso interposto pela outra parte antes da publicação do julgamento dos embargos de declaração será processado e julgado independentemente de ratificação (art. 1.024, § 5º, do CPC/2015).

2.1.7. Embargos de declaração contra decisão monocrática do relator

O cabimento dos embargos de declaração da decisão monocrática do relator, proferida com base no art. 932 do CPC/2015, passa pela análise do conteúdo da decisão e do recurso, conforme se verifica a seguir:

68. Prazo adaptado ao processo do trabalho, por força do art. 6º da Lei nº 5.584/70.

- sendo interpostos os embargos de declaração apenas com o fim integrativo, eles serão admitidos e julgados pelo relator;
- tendo os embargos de declaração efeito modificativo, o recorrente será intimado para complementar o recurso, sendo recebido como agravo a ser julgado pelo colegiado.

Nesse sentido, a Súmula nº 421 do TST:

> **Súmula nº 421 do TST.** Embargos de declaração. Cabimento. Decisão monocrática do relator calcada no art. 932 do CPC de 2015. Art. 557 do CPC de 1973.
>
> I - Cabem embargos de declaração da decisão monocrática do relator prevista no art. 932 do CPC de 2015 (art. 557 do CPC de 1973), se a parte pretende tão somente juízo integrativo retificador da decisão e, não, modificação do julgado.
>
> II - Se a parte postular a revisão no mérito da decisão monocrática, cumpre ao relator converter os embargos de declaração em agravo, em face dos princípios da fungibilidade e celeridade processual, submetendo-o ao pronunciamento do Colegiado, após a intimação do recorrente para, no prazo de 5 (cinco) dias, complementar as razões recursais, de modo a ajustá-las às exigências do art. 1.021, § 1º, do CPC de 2015.

O mesmo caminho seguiu o CPC/2015 no art. 1.024, § § 2º e 3º, *in verbis*:

> § 2º Quando os embargos de declaração forem opostos contra decisão de relator ou outra decisão unipessoal proferida em tribunal, o órgão prolator da decisão embargada decidi-los-á monocraticamente.
>
> § 3º O órgão julgador conhecerá dos embargos de declaração como agravo interno se entender ser este o recurso cabível, desde que determine previamente a intimação do recorrente para, no prazo de 5 (cinco) dias, complementar as razões recursais, de modo a ajustá-las às exigências do art. 1.021, § 1º.

Na hipótese de modificação, atente-se para o fato de que é obrigatório que a parte recorrente seja intimada para complementar seu recurso, no prazo de 5 dias, antes de o tribunal julgar os embargos de declaração como agravo.

Isso ocorre porque os embargos de declaração têm fundamentação vinculada, não ocorrendo o mesmo com o agravo interno que é de fundamentação livre, o que significa que o recorrente poderá trazer outros fundamentos que não seriam admitidos nos embargos.

É por isso que o novel código, bem como o item II da Súmula nº 421 do TST exigem a intimação prévia do recorrente para, no prazo de 5 dias, complementar as razões recursais, de modo a ajustá-la às exigências do art. 1.021, § 1º, do CPC.

2.1.8. Embargos de declaração protelatórios

Os embargos de declaração têm o efeito de interromper o prazo para interposição de outros recursos. Além disso, são isentos de preparo, ou seja, o embargante não precisa efetuar o recolhimento das custas processuais e do depósito recursal. Dessa forma, para que eles não sejam utilizados apenas para a interrupção do prazo recursal, o ordenamento prevê sanção processual ao recorrente que se utilizar dos embargos com objetivo protelatório, revertendo a penalidade em favor do embargado.

Desse modo, o art. 1.026, §§ 2º a 4º, do CPC/2015, aplicável ao processo trabalhista (TST-IN nº 39/2016, art. 9º), prevê uma gradação da sanção:

- **1º embargos de declaração protelatórios:** multa não excedente a 2% sobre o valor atualizado da causa;
- **2º embargos de declaração protelatórios, ou seja, reiteração dos embargos protelatórios:** elevação da multa a até 10% sobre o valor atualizado da causa;
- **3º embargos de declaração protelatórios:** não serão admitidos.

Atente-se para o fato de que, na hipótese de reiteração, o pagamento da multa passa a ser considerado um pressuposto recursal, ficando a interposição de qualquer outro recurso condicionada ao depósito do valor respectivo.

Exemplificamos:

> ✦ *Proferida a sentença de 1º grau, a empresa interpõe embargos de declaração alegando omissão no julgado. Ao decidir os embargos, o juiz nega a omissão levantada, entendendo que os embargos são protelatórios, aplicando-lhe a multa de 1% sobre o valor da causa. Se a empresa interpuser recurso ordinário dessa decisão, não deverá pagar a multa nesse momento, ou seja, ela não é pressuposto para a interposição do recurso ordinário. Agora, se da decisão dos embargos à empresa interpõe novamente embargos de declaração insistindo na omissão, o juiz poderá elevar a multa para 10%. Nesse caso, se a empresa for interpor o recurso ordinário, deverá recolher a multa estabelecida na sentença, sob pena de não processamento ou conhecimento do recurso ordinário.*

▶ **ATENÇÃO:**

A multa não será considerada pressuposto recursal quando se tratar da Fazenda Pública e do beneficiário da justiça gratuita, os quais deverão pagá-la no final do processo (CPC/2015, art. 1026, § 3º).

2.1.9. Embargos de declaração com efeitos prequestionatórios

Como os embargos de declaração têm, dentre seus objetivos, o de suprir omissão da decisão impugnada completando a prestação jurisdicional, ele passa a ter relevante papel no prequestionamento. Isso porque o prequestionamento impõe que haja decisão prévia acerca da matéria para que os tribunais superiores possam se manifestar sobre o objeto recorrido.

Com isso, não havendo manifestação expressa no acórdão a respeito da matéria de que se pretende recorrer, deve a parte interpor embargos de declaração para suprir tal omissão, com a finalidade de preencher o requisito do prequestionamento, conforme dispõe a Súmula nº 184 do TST:

> **Súmula nº 184 do TST.** Embargos declaratórios. Omissão em recurso de revista. Preclusão
>
> Ocorre preclusão se não forem opostos embargos declaratórios para suprir omissão apontada em recurso de revista ou de embargos.

Nesse caso, por se tratar de mecanismo que visa a preencher pressuposto específico dos recursos de natureza extraordinária, ou seja, tem a função de prequestionar a matéria, eles não são considerados como protelatórios (Súmula nº 98 STJ[69]).

Destaca-se que, mesmo nas situações em que tribunal negar a existência de omissão e não se manifestar sobre a matéria pretendida pelo embargante, o TST entende que estará preenchido o pressuposto recursal do prequestionamento, desde que a matéria já tenha sido veiculada no recurso principal (Súmula nº 297, III, do TST). Trata-se do chamado prequestionamento implícito (ficto), previsto expressamente no art. 1.025 do CPC/2015, *in verbis:*

> **Art. 1.025.** Consideram-se incluídos no acórdão os elementos que o embargante suscitou, para fins de pré-questionamento, ainda que os embargos de declaração sejam inadmitidos ou rejeitados, caso o tribunal superior considere existentes erro, omissão, contradição ou obscuridade.

2.2. Recurso ordinário

2.2.1. *Introdução*

O recurso ordinário é o meio pelo qual se pode rediscutir, amplamente, a matéria decidida na 1ª instância[70], seja de direito, seja de fato.

Ele vem previsto no art. 895 da CLT, devendo ser interposto **no prazo de 8 dias úteis,** tendo o mesmo prazo para as contrarrazões. A Fazenda Pública, o Ministério Público do Trabalho e a Defensoria Pública tem o prazo em dobro, ou seja, 16 dias (CPC/2015, arts. 180, 183 e 186), inclusive para as contrarrazões.

Trata-se de recurso que tem efeito meramente devolutivo. No entanto, para que possa obter o efeito suspensivo, o recorrente poderá requerê-lo ao tribunal

69. STJ Súmula nº 98. Embargos de Declaração – Propósito de Prequestionamento – Caráter Protelatório. Embargos de declaração manifestados com notório propósito de prequestionamento não têm caráter protelatório.

70. A primeira instância é o juízo que iniciou a demanda ou onde foi proposta a ação. A segunda, por sua vez, é aquela à qual se recorre quando se pretende modificar a decisão.

ou relator por meio de simples petição (CPC/2015, art. 1.012, § § 3º e 4º e Súmula nº 414, I, do TST[71]).

2.2.2. *Hipóteses de cabimento*

O recurso ordinário é cabível:

I - das decisões definitivas ou terminativas das Varas do Trabalho;

II - das decisões definitivas ou terminativas dos Tribunais Regionais, em processos de sua competência originária, quer nos dissídios individuais, quer nos dissídios coletivos (CLT, art. 895).

Em regra, o recurso ordinário tem cabimento das decisões definitivas (com resolução do mérito) ou terminativas (sem resolução do mérito) das Varas do Trabalho.

No entanto, ele também será cabível das decisões de competência originária dos TRTs, como é o caso, por exemplo, do dissídio coletivo, do mandado de segurança e da ação rescisória. Nesse caso, sendo recurso ordinário de dissídio coletivo, a competência para julgamento é do TST por meio da SDC. Por outro lado, no caso de mandado de segurança, ação rescisória e demais ações individuais de competência originária do TRT, o julgamento do recurso ordinário é de competência da SDI-II do TST.

O que precisa ficar claro é que o recurso ordinário caberá das decisões tomadas em primeira instância, seja pela Vara do Trabalho ou pelo Tribunal Regional.

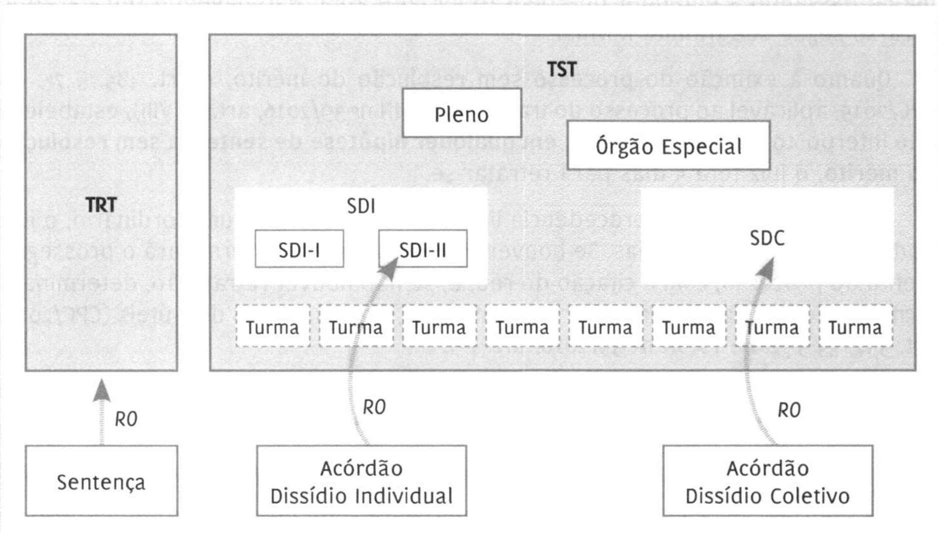

71. Vide o tópico de efeito suspensivo para aprofundamento no tema.

Por fim, importante acrescentar que havendo sentença líquida, ou seja, aquela que já possui, em sua fundamentação, os cálculos, caso a parte pretenda discutir os valores e os critérios da liquidação deverá fazer em sede de Recurso Ordinário. Nesse sentindo encontra-se a Tese nº 131 do TST, firmada em sede de Incidente de Recursos de Revista Repetitivos, com a seguinte redação: "Proferida sentença líquida, impugnações quanto aos critérios de liquidação ou aos valores expressamente fixados deverão ser deduzidas no recurso ordinário interposto à decisão, sob pena de preclusão."

2.2.3. *Juízo de retratação*

Como regra, após proferida a decisão, o juiz não poderá alterá-la, salvo se interpostos os embargos de declaração.

No entanto, em três hipóteses será possível o juiz retratar-se. São elas:

1) indeferimento da petição inicial;

2) extinção do processo sem resolução mérito;

3) improcedência liminar.

O indeferimento liminar da petição inicial é pronunciado por sentença, provocando a extinção do processo sem resolução do mérito. Tratando-se de sentença, o recurso cabível, no âmbito trabalhista, é o recurso ordinário, a ser interposto no prazo de 8 dias. Nessa hipótese, é facultado o juízo de retração, no prazo de 5 dias (CPC/2015, art. 331), ou seja, o próprio juízo que prolatou a decisão poderá reformá-la, passando a entender que petição inicial é apta. Não havendo retratação, o recurso segue seu trâmite normal.

Quanto à extinção do processo sem resolução do mérito, o art. 485, § 7º, do CPC/2015, aplicável ao processo do trabalho (TST-IN nº 39/2016, art. 3º, VIII), estabelece que interposto recurso ordinário, **em qualquer hipótese de sentença sem resolução do mérito**, o juiz terá 5 dias para retratar-se.

No que se refere à improcedência liminar, interposto o recurso ordinário, o juiz poderá retratar-se em 5 dias. Se houver retratação, o juiz determinará o prosseguimento do processo, com a citação do réu, e, se não houver retratação, determinará a citação do réu para apresentar contrarrazões, no prazo de 8 dias úteis (CPC/2015, art. 332, §§ 3º e 4º; TST-IN nº 39/2016, art. 7º).

2.2.4. *Julgamento do mérito diretamente pelo tribunal*

O recurso ordinário pode almejar a reformar ou anular a decisão impugnada.

Na reforma, invoca-se erro de julgamento, buscando que seja proferida decisão de mérito que substitua a anterior. Já na anulação, visa-se ao erro de procedimento. Nesse último caso, sendo provido o recurso, a decisão impugnada será anulada, e, em regra, se postula o retorno dos autos ao juízo de origem para uma nova decisão.

Pretende-se, com essa sistemática, não suprir instâncias, preservando assim o duplo grau de jurisdição.

No entanto, o art. 1.013, § 3º, do CPC/2015, aplicável subsidiariamente ao processo do trabalho, alterou sistematicamente a ideologia de supressão de instância, ao estabelecer:

> § 3º Se o processo estiver em condições de imediato julgamento, o tribunal deve decidir desde logo o mérito quando:
>
> I – reformar sentença fundada no art. 485;
>
> II – decretar a nulidade da sentença por não ser ela congruente com os limites do pedido ou da causa de pedir;
>
> III – constatar a omissão no exame de um dos pedidos, hipótese em que poderá julgá-lo;
>
> IV – decretar a nulidade de sentença por falta de fundamentação.

O referido parágrafo, com base nos princípios da economia, celeridade processual, duração razoável do processo e primazia da decisão de mérito, passou a permitir que, quando o processo estiver em condições de imediato julgamento e se enquadrar em alguma das hipóteses mencionadas, o tribunal possa entrar diretamente na análise do mérito da causa, não necessitando retornar ao juízo de origem. É o que se denomina de teoria da causa madura.

Isso ocorre, por exemplo, quando o reclamante ajuíza reclamação trabalhista postulando o pagamento das férias vencidas acrescidas do terço constitucional. Na sentença, o juiz entende que o reclamante é carecedor da ação por faltar-lhe interesse de agir. Caso o reclamante apresente recurso ordinário, estando o processo pronto para julgamento, o § 3º do art. 1.013 do CPC/2015 permite que o tribunal afaste a carência da ação e julgue imediatamente o mérito da causa, ou seja, o pedido de pagamento das férias vencidas acrescidas do terço constitucional.

Nesse sentido, descreve o item II da Súmula nº 393 do TST:

> **Súmula nº 393 do TST.** Recurso Ordinário. Efeito devolutivo em profundidade: Art. 1.013, § 1º, do CPC de 2015. Art. 515, § 1º, do CPC de 1973.
>
> (...).
>
> II – Se o processo estiver em condições, o tribunal, ao julgar o recurso ordinário, deverá decidir desde logo o mérito da causa, nos termos do § 3º do art. 1.013 do CPC de 2015, inclusive quando constatar a omissão da sentença no exame de um dos pedidos.

Ademais, o Tribunal poderá julgar o mérito quando reformar sentença que reconheça a decadência ou a prescrição, examinando as demais questões, sem que haja necessidade de determinar o retorno do processo ao juízo de primeiro grau (art. 1.013, § 4º; TST-IN nº 39/2016, art. 3º, XXVIII).

2.2.5. Recurso ordinário no rito sumaríssimo

No rito sumaríssimo, o recurso ordinário é cabível nas mesmas hipóteses e no mesmo prazo do rito ordinário. Difere, porém, quanto ao processamento do recurso que, nos termos do art. 895, § 1º, da CLT, terá as seguintes peculiaridades:

1) recebido no tribunal, o recurso ordinário será imediatamente distribuído;
2) o relator deve liberá-lo no prazo máximo de dez dias, e a Secretaria do Tribunal ou Turma colocá-lo imediatamente em pauta para julgamento;
3) não terá revisor;
4) terá parecer oral do representante do Ministério Público presente à sessão de julgamento, se este entender necessário o parecer, com registro na certidão;
5) terá acórdão consistente unicamente na certidão de julgamento, com a indicação suficiente do processo e parte dispositiva, e das razões de decidir do voto prevalente;
6) se a sentença for confirmada pelos próprios fundamentos, a certidão de julgamento, registrando tal circunstância, servirá de acórdão.

Ademais, nos tribunais regionais, divididos em Turmas, poderão designar Turma para o julgamento dos recursos ordinários interpostos das sentenças prolatadas nas demandas sujeitas ao procedimento sumaríssimo (CLT, art. 895, § 2º).

2.3. Agravo de petição

Diferentemente do processo civil, em que o recurso de apelação é utilizado tanto na fase de conhecimento como na executiva, o processo do trabalho fraciona, na instância ordinária, os recursos a depender da fase em que foi proferida a decisão. Assim, tratando-se de decisão prolatada na fase de conhecimento, o recurso cabível será o ordinário, enquanto, na fase executiva, o recurso será o agravo de petição.

Com efeito, o agravo de petição é o recurso **destinado a impugnar as decisões proferidas na execução trabalhista** (CLT, art. 897, "a").

A doutrina não é pacífica no que se refere ao alcance do referido artigo, ou seja, quais decisões na execução se submetem ao agravo de petição. Não existe dúvida de que os despachos são irrecorríveis, enquanto as sentenças proferidas na execução se submetem ao agravo de petição. A celeuma fica por conta das decisões interlocutórias, existindo três correntes acerca do tema:

- **1ª corrente:** o art. 893, § 1º, da CLT, que veda a recorribilidade imediata das decisões interlocutórias, é aplicável na fase executiva, restringindo o cabimento do agravo de petição[72];

72. MARTINS, Sérgio Pinto. *Direito processual do trabalho: doutrina e prática forense; modelos de petições, recursos, sentenças e outros*. 33. ed. São Paulo: Atlas, 2012, p. 454-455.

- **2ª corrente:** o princípio da irrecorribilidade imediata das decisões interlocutórias não se aplica na fase de execução, possibilitando a impugnação imediata de todas as decisões, pois o art. 897, "a", da CLT não fez nenhuma restrição[73];
- **3ª corrente:** admite a impugnação imediata quando a decisão impuser um obstáculo intransponível para a execução ou for capaz de, concretamente, produzir prejuízo grave e imediato a direito tido por incontestável[74]. De nossa parte pensamos que a terceira corrente está com a razão.

O agravo de petição deve ser interposto no prazo de 8 dias úteis, tendo o mesmo prazo para as contrarrazões. A Fazenda Pública, o Ministério Público do Trabalho e a Defensoria Pública têm o prazo em dobro, ou seja, 16 dias (CPC/2015, arts. 180, 183 e 186), inclusive para as contrarrazões.

A competência para julgá-lo depende da competência originária para o processamento da execução. Desse modo, a competência para julgamento será da seguinte forma:

► COMPETÊNCIA PARA JULGAMENTO	► DECISÃO IMPUGNADA
TRT (Turmas do TRT)	decisões proferidas pela Vara do Trabalho na fase de execução;
TRT (Tribunal Pleno, Órgão Especial ou Sessão Especializada do TRT, conforme dispuser o regimento interno)	decisões proferidas pelo Presidente do TRT na fase de execução dos processos de competência originária do TRT (CLT, art. 897, § 3º)*
(*) Interessante notar que quanto à ação rescisória o art. 836, parágrafo único, da CLT dispõe que "a execução da decisão proferida em ação rescisória far-se-á nos próprios autos da ação que lhe deu origem, e será instruída com o acórdão da rescisória e a respectiva certidão de trânsito em julgado", o que acaba de certo modo esvaziando a possibilidade de existir execução no TRT decorrente de ações originárias. No âmbito do Tribunal Superior do Trabalho, seu atual regimento interno estabelece que a decisão do Presidente do TST se submeterá ao agravo interno (RI, art. 265).	

É importante observar que, nesse recurso, **exige-se a delimitação das matérias e valores impugnados**, a teor do § 1º, do art. 897 da CLT, que estabelece:

> § 1º. O agravo de petição só será recebido quando o agravante delimitar, justificadamente, as matérias e os valores impugnados, permitida a execução imediata da parte remanescente até o final, nos próprios autos ou por carta de sentença.

A delimitação imposta no aludido artigo tem como finalidade tornar definitiva a parte incontroversa, ou seja, a parte não impugnada no agravo de petição poderá ser executada de forma definitiva.

73. CARRION, Valentin *apud* MOURA, Marcelo. *Consolidação das leis do trabalho para concursos*. 3. ed. Salvador: Juspodivm, 2013, p. 1173.
74. BEBBER, Júlio César. *Recursos no processo do trabalho*. 4. ed. São Paulo: LTr, 2014. p. 310.

Delimitação da matéria consiste na indicação precisa da matéria que irá impugnar, por exemplo, horas extras, adicional de periculosidade, férias etc.

Já a **delimitação de valores** exige a indicação do valor que entende devido, fundamentando, detalhadamente, por que o valor que entende indevido não está correto. Exemplificamos:

> ✦ *Empresa X interpõe agravo de petição de decisão proferida em embargos à execução, alegando excesso de execução quanto às horas extras, pois o valor devido não seria R$ 70.000, 00 como homologado, mas apenas R$ 40.000, 00, já que os cálculos não consideraram as deduções. Nesse caso, tem-se por incontroverso o valor de R$ 40.000, 00, que irá prosseguir até o fim da execução.*

Desse modo, não havendo indicação de determinada matéria ou valores no agravo de petição, a execução prosseguirá de forma definitiva quanto a eles, não podendo se falar em violação de direito líquido e certo do executado (Súmula nº 416 do TST[75]) o prosseguimento da execução quanto aos tópicos e valores não especificados no agravo, podendo inclusive ser liberado o dinheiro ao exequente.

Há de se registrar que a delimitação da matéria não se faz necessária, quando o recurso for exclusivamente de direito, ou seja, não houver discussão de valores, como é o caso, por exemplo, do agravo de petição que discute a impenhorabilidade de bem de família. Aliás, somente o executado tem a obrigação de delimitar os valores impugnados, não se aplicando tal exigência ao exequente, pela própria razão da delimitação, qual seja: permitir a execução imediata da parte incontroversa.[76] Nesse sentido, a Súmula nº 17 do TRT da 6ª Região:

> **Súmula nº 17 do TRT da 6ª Região– Agravo de Petição – Incidência do artigo 897, § 1º, da CLT.**
>
> A exigência da delimitação justificada dos valores impugnados (artigo 897, § 1º, da CLT) dirige-se apenas ao executado, não se aplicando ao exequente, por ter como objetivo viabilizar a execução imediata da parte remanescente.

---

75. **Súmula nº 416 do TST.** Mandado de segurança. Execução. Lei nº 8.432/1992. Art. 897, § 1º, da CLT. Cabimento. Devendo o agravo de petição delimitar justificadamente a matéria e os valores objeto de discordância, não fere direito líquido e certo o prosseguimento da execução quanto aos tópicos e valores não especificados no agravo.
76. (...) A delimitação dos valores impugnados a que alude o art. 897, § 1º, da CLT é pressuposto de admissibilidade do agravo de petição e visa a execução imediata da parte incontroversa, razão pela qual somente é exigível do executado. O exequente, via de regra, pretende obter um acréscimo ao valor já apurado, de modo que o descumprimento da referida norma não acarreta qualquer prejuízo ao prosseguimento da execução. (...). (TST – E-RR-143500-80.2004.5.01.0342, SBDI-I, rel. Min. Hugo Carlos Scheuermann, 8.2.2018 – Informativo nº 171).

Esquematizamos o agravo de petição para melhor compreensão:

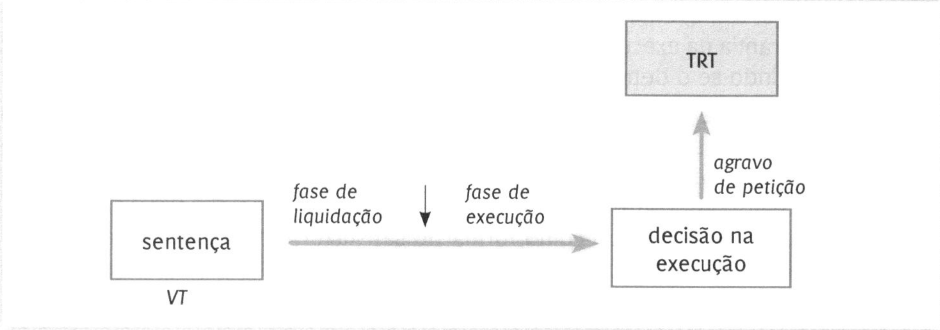

▸ **OBSERVAÇÃO:**

Quando o agravo de petição versar apenas sobre as contribuições sociais, o juiz da execução determinará a extração de cópias das peças necessárias, que serão autuadas em apartado e remetidas à instância superior para apreciação, após contraminuta (CLT, art. 897, § 8º).

2.3.1. *Agravo de petição no incidente de desconsideração da personalidade jurídica*

O art. 855-A da CLT impõe a aplicação ao processo do trabalho do incidente de desconsideração da personalidade jurídica previsto nos arts. 133 a 137 do CPC/2015.

Ademais, o § 1º, do art. 855-A da CLT, admite que a decisão interlocutória que acolher ou rejeitar o incidente está sujeita aos seguintes recursos:

Na fase de cognição	não cabe recurso de imediato
Na fase de execução	cabe agravo de petição, independentemente de garantia do juízo
Quando proferida pelo Relator, em incidente instaurado originariamente no tribunal	cabe agravo interno

Portanto, na fase de execução, permite-se o cabimento imediato do agravo de petição, vez que pode produzir prejuízo iminente ao agravante.

Ponto digno de nota diz respeito à não exigência de depósito recursal no referido agravo de petição.

Como já visto nesta obra, o depósito recursal tem como finalidade a garantia de futura execução. Na fase de conhecimento, o depósito possui um teto máximo, que pode ser legal ou o valor da condenação, nesse último caso quando inferior ao teto legal.

Na fase de execução, por sua vez, não existe teto legal, de modo que deverá ser no valor integral da execução ou da majoração.

Desse modo, como, em regra, o agravo de petição é posterior à penhora, que tem natureza de garantia da execução, ele somente será exigido se houver elevação do valor do débito, exigindo-se o depósito no valor total da majoração (Súmula 128, II, do TST).

Diante dessa sistemática do depósito recursal no agravo de petição, a interposição desse recurso da decisão proferida no incidente de desconsideração da personalidade jurídica independe de garantia do juízo, como previsto no art. 855-A, § 1º, II, da CLT. Isso porque exigir o depósito recursal no caso equivaleria a uma espécie de "penhora antecipada" dos bens do sócio como forma de satisfazer o pressuposto recursal do preparo, já que, como mencionado, o depósito na hipótese deveria ser integral, pois como regra não haverá penhora nem mesmo parcial.

2.4. Recurso de revista

2.4.1. *Introdução*

Conforme já estudamos, os recursos podem ser classificados em: **ordinários e extraordinários**. O que os diferencia é o direito que buscam tutelar.

Os **recursos ordinários** visam à **tutela do direito subjetivo**, de modo que permitem a **rediscussão ampla da matéria**, seja de direito, seja de fato. Tais recursos podem estar fundamentados no mero inconformismo com a decisão judicial (injustiça da decisão), citando-se como exemplo, na seara trabalhista, os recursos: ordinário, agravo de petição, embargos de declaração, agravo interno, revisão e agravo de instrumento.

Por outro lado, os recursos de **natureza extraordinária** fundam-se na **tutela do direito objetivo**, buscando sua exata aplicação. Por visar à exata aplicação do direito, tais recursos **impedem a verificação fática**, inclusive o reexame de provas, ficando restritos à análise de direito (Súmula nº 126 do TST). Podemos citar como exemplo de recursos de natureza extraordinária, no processo do trabalho, os recursos de revista e embargos para a SDI.

Além disso, a doutrina divide os recursos, levando em conta a sua fundamentação, podendo ser de fundamentação livre ou vinculada.

Os **recursos de fundamentação livre** são aqueles que **não** se ligam a determinados defeitos ou vícios das decisões, ou seja, a lei não exige que, no recurso, aponte-se especificamente determinado vício, havendo necessidade apenas de que a parte não se conforme com a decisão impugnada. É o que ocorre, por exemplo, no recurso ordinário.

Já os **recursos de fundamentação vinculada** são aqueles em que a **lei exige** que o recorrente indique algum vício específico na decisão impugnada, como ocorre com o recurso de revista que está vinculado à demonstração de divergência ou de violação literal de dispositivo de lei federal ou afronta direta e literal à Constituição Federal.

O recurso de revista é, portanto, um recurso de natureza extraordinária e com fundamentação vinculada, sendo disciplinado no art. 896 da CLT.

> ▸ **ATENÇÃO:**
>
> **Tendo o recurso de revista natureza extraordinária, ele é incabível para o reexame de fatos e provas (Súmula nº 126 do TST).**

2.4.2. Prazo

O recurso de revista observa a regra geral dos recursos trabalhistas, devendo ser interposto no prazo de 8 dias úteis, tendo o mesmo prazo para as contrarrazões. A Fazenda Pública, o Ministério Público do Trabalho e a Defensoria Pública têm o prazo em dobro, ou seja, 16 dias (CPC/2015, arts. 180, 183 e 186), inclusive para as contrarrazões.

2.4.3. Competência para julgamento

A competência para julgar o recurso de revista é das **Turmas do TST**.

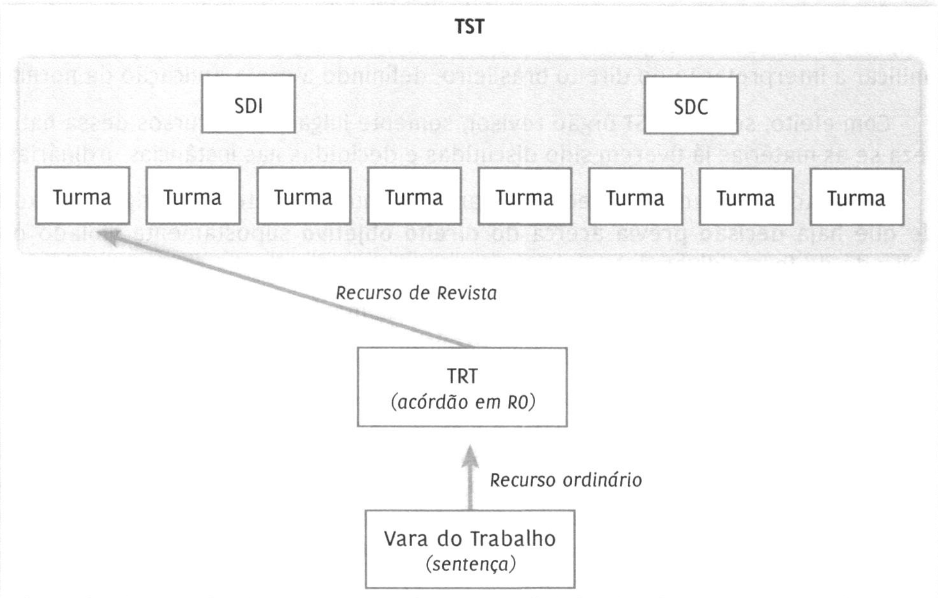

2.4.4. Pressupostos específicos de admissibilidade

O recurso de revista deve preencher todos os pressupostos genéricos direcionados aos demais recursos como, por exemplo, cabimento, tempestividade, representação, preparo etc., ressaltando-se que, nesse recurso, não é aplicável o *jus postulandi*, por força da Súmula nº 425 do TST.

Deve conter ainda os pressupostos específicos de admissibilidade, a saber:

1) o prequestionamento; e

2) a transcendência.

Além disso, ele somente será cabível quando invocar a divergência jurisprudencial ou a violação da lei federal ou da Constituição Federal.

▸ **ATENÇÃO:**

O art. 896, § 14 da CLT, acrescentado pela Lei nº 13.467/17 (Reforma Trabalhista) prevê que o relator do recurso de revista poderá denegar-lhe seguimento, em decisão monocrática, nas hipóteses de intempestividade, deserção, irregularidade de representação ou de ausência de qualquer outro pressuposto extrínseco ou intrínseco de admissibilidade.

2.4.4.1. *Prequestionamento*

Os recursos de natureza extraordinária são julgados pelos Tribunais Superiores (STF, TST e STJ), que são órgãos revisores da instância ordinária, pois têm a missão de unificar a interpretação do direito brasileiro, definindo a exata aplicação da norma.

Com efeito, sendo o TST órgão revisor, somente julgará os recursos dessa natureza se as matérias já tiverem sido discutidas e decididas nas instâncias ordinárias.

Surge aqui o chamado prequestionamento, que consiste na obrigatoriedade de que haja **decisão prévia** acerca do **direito objetivo** supostamente violado ou aplicado de forma divergente.

Noutras palavras, "diz-se prequestionada a matéria ou questão quando na decisão impugnada haja sido adotada, explicitamente, tese a respeito" (Súmula nº 297, I, do TST).

Por tese explícita deve-se entender a **tese jurídica** apreciada e decidida pelo tribunal *a quo*, independentemente de ter constado, no acórdão impugnado, referência ao dispositivo legal. O que se impõe, portanto, é **juízo de valor** proferido expressamente pelo tribunal *a quo*. Isso quer dizer que a matéria estará prequestionada se, por exemplo, o acórdão impugnado explanar que não há violação ao princípio do contraditório, sem que haja necessidade de especificar o art. 5º, LV, da CF/88 (OJ nº 118 da SDI-I do TST).

Portanto, somente haverá prequestionamento se houver tese jurídica expressamente adotada na fundamentação do acórdão.

É importante destacar que, com o CPC/2015, a tese jurídica poderá estar declarada inclusive no voto vencido, como se depreende do art. 941, § 3º, *in verbis*:

> § 3º O voto vencido será necessariamente declarado e considerado parte integrante do acórdão para todos os fins legais, inclusive de pré-questionamento.

Ademais, atenta-se para o fato de que, no momento da interposição do recurso de revista, o recorrente deverá indicar o trecho da decisão recorrida que consubstancia o prequestionamento da controvérsia objeto do recurso de revista, ou seja, o recorrente deverá destacar no seu recurso o trecho da decisão que diz respeito à sua insurgência (CLT, art. 896, § 1º-A), sob pena de não conhecimento.

Desse modo, não haverá tese jurídica e, portanto, presquestionamento, se a decisão do TRT simplesmente adota os fundamentos da decisão de primeiro grau (OJ nº 151 da SDI-I do TST), vez que falta juízo de valor sobre a matéria.

Pode ocorrer de a parte invocar a matéria no seu recurso principal (por exemplo, recurso ordinário), mas o tribunal não se manifestar sobre ela. Nesse caso, incumbe-lhe opor embargos declaratórios objetivando o pronunciamento sobre o tema, sob pena de preclusão (Súmula nº 297, II, do TST).

Sendo opostos os embargos de declaração, caso o tribunal, ainda assim, não se pronuncie sobre o tema, será considerada prequestionada a matéria (Súmula nº 297, III, do TST). Tem-se aqui o chamado prequestionamento *ficto*.

O CPC/2015 adota a tese do TST, reconhecendo o prequestionamento *ficto*, conforme se observa em seu artigo 1.025 (TST-IN nº 39/2016, art. 9º, parágrafo único), *in verbis*:

> **Art. 1.025.** Consideram-se incluídos no acórdão os elementos que o embargante suscitou, para fins de pré-questionamento, ainda que os embargos de declaração sejam inadmitidos ou rejeitados, caso o tribunal superior considere existentes erro, omissão, contradição ou obscuridade.

► ATENÇÃO:

Para o C. TST, é necessário o prequestionamento ainda que se trate de matéria de ordem pública como, por exemplo, a incompetência absoluta (OJ nº 62 da SDI-I do TST).

De qualquer maneira, é de extrema importância atentar para o fato de que o prequestionamento ficto tem incidência para o C. TST **apenas na hipótese de questão jurídica**, mantendo a rigidez do prequestionamento no tocante à matéria de fato,[77] já que esta deve ser esgotada na instância ordinária.

Desse modo, se o Tribunal Regional for provocado a se manifestar sobre determinado **fato**, por meio de embargos de declaração, e negar a existência de omissão, não haverá prequestionamento *ficto*, admitindo-se o recurso de revista por negativa

77. PEREIRA, João Batista Brito. Os embargos no TST na vigência da Lei 11.496/2007 - art. 894, inc. II, da CLT. Revista do Tribunal Superior do Trabalho. Brasília, vol. 74, nº 2, abr./jun. 2008. p. 29.

de prestação jurisdicional, ou seja, por violação do art. 832 da CLT, do art. 489 do CPC/2015 e do art. 93, IX, da CF/88 (Súmula nº 459 do TST).

O art. 896, § 1º-A, inciso IV, da CLT, acrescentado pela Lei nº 13.467/2017, trata exatamente dessa hipótese, ou seja, da omissão de pronunciamento do Tribunal referente à matéria de fato ou de prova. De acordo com o dispositivo, no caso de suscitar preliminar de nulidade de julgado por negativa de prestação jurisdicional, o recorrente deverá transcrever na peça recursal o **trecho dos embargos declaratórios** em que foi pedido o pronunciamento do tribunal sobre questão veiculada no recurso ordinário e o **trecho da decisão regional** que rejeitou os embargos quanto ao pedido, para cotejo e verificação, de plano, da ocorrência da omissão.

Em resumo, havendo embargos de declaração para suprir omissão do TRT e caso este não se pronuncie expressamente acerca da matéria impugnada, as consequências serão as seguintes:

> a) tratando-se de **matéria de direito (questão jurídica)**, estará preenchido o prequestionamento *ficto* e o TST poderá examinar a matéria;
>
> b) tratando-se de **matéria de fato ou prova**, haverá a possibilidade de conhecimento da nulidade da prestação jurisdicional pelo TST, determinando-se o retorno dos autos ao TRT para manifestação acerca de tais matérias.

Consigne, ainda, que entende o TST que, nascendo a violação na própria decisão recorrida (por exemplo, julgamento *extra petita* no TRT), não será exigível o prequestionamento (OJ nº 119 da SDI-I do TST).

Na seara trabalhista, o prequestiomento é exigido nos recursos de revista, embargos para a SDI (divergência) e extraordinário para o STF.

2.4.4.2. *Transcendência*

O recurso de revista será analisado se oferecer transcendência com relação aos reflexos gerais de natureza econômica, política, social ou jurídica (CLT, art. 896-A).

Isso significa que a causa não pode produzir reflexos apenas para as partes, mas ultrapassar (transcender) aquela relação processual[78].

Aproxima-se da repercussão geral exigida no recurso extraordinário para o STF (CPC/2015, art. 1.035, § 1º[79]), **sendo um pressuposto intrínseco do recurso de revista. É o último pressuposto a ser verificado pelo C. TST.**

---

78. Portanto, o significado de transcendência no recurso de revista é diferente daquele estudada nas nulidades, que diz respeito ao prejuízo.

79. Art. 1.035. O Supremo Tribunal Federal, em decisão irrecorrível, não conhecerá do recurso extraordinário quando a questão constitucional nele versada não tiver repercussão geral, nos termos deste artigo.
§ 1º Para efeito de repercussão geral, será considerada a existência ou não de questões relevantes do ponto de vista econômico, político, social ou jurídico que ultrapassem os interesses subjetivos do processo.
(...)

De acordo com o art. 896-A, § 1º, da CLT, são indicadores de transcendência:

> I – econômica, o elevado valor da causa;
>
> II – política, o desrespeito da instância recorrida à jurisprudência sumulada do Tribunal Superior do Trabalho ou do Supremo Tribunal Federal;
>
> III – social, a postulação, por reclamante-recorrente, de direito social constitucionalmente assegurado;
>
> IV – jurídica, a existência de questão nova em torno da interpretação da legislação trabalhista.

A análise da existência ou não da transcendência é **exclusiva do TST**, vedando sua verificação pelo presidente do TRT (CLT, art. 896-A, § 6º).

Nesse contexto, o art. 896-A, § 2º, da CLT declina que o relator do recurso de revista, monocraticamente, poderá denegar seguimento ao recurso que não demonstrar transcendência, cabendo agravo da decisão ao colegiado. O prazo do agravo é de 8 dias úteis (TST-IN nº 39, art. 1º, § 2º).

Interposto o agravo da decisão monocrática que denegou seguimento ao recurso de revista por ausência de transcendência, no julgamento do agravo o recorrente poderá realizar sustentação oral sobre a questão da transcendência durante 5 minutos em sessão[80] (CLT, art. 896-A, § 1º, § 3º).

Nesta sustentação apenas poderá ser levantada a questão da transcendência, não sendo possível a alegação de outras matérias referentes aos demais pressupostos recursais ou mesmo em relação ao mérito.

Destaque-se que o C. TST no art. 247, § 3º, do seu Regimento Interno declina que a sustentação oral será cabível "quando a classe processual originária do recurso comporte a concessão da palavra em sessão", buscando compatibilizar com o art. 7º, § 2º-B, da Lei nº 8.906/94. Noutras palavras, quando o agravo decorrer de decisão monocrática que denega seguimento ao recurso de revista caberá a sustentação oral. Por outro lado, quando se tratar de transcendência não reconhecida no julgamento monocrático do agravo de instrumento, não será viabilizada a sustentação oral, já que no agravo de instrumento não cabe sustentação oral.

Mantido o voto do relator quanto à não transcendência do recurso, será lavrado acórdão com fundamentação sucinta, que constituirá **decisão irrecorrível no âmbito do tribunal** (CLT, art. 896-A, § 4º).

Impede, portanto, a interposição dos embargos de divergência para a SDI.

Esse dispositivo, porém, não obsta a interposição dos embargos de declaração, vez que todas as decisões, inclusive a em análise, estão sujeitas aos embargos. Do

---

80. O Enunciado nº 122 da 2ª Jornada de direito material e processual do trabalho fixou o entendimento no sentido de que o prazo exíguo de 5 minutos é inconstitucional, por violação ao devido processo legal.

mesmo modo, caberá recurso extraordinário para o STF, desde que presentes seus pressupostos.

Por fim, o art. 896-A, § 5º, da CLT declina que é irrecorrível a decisão monocrática do relator que, em agravo de instrumento em recurso de revista, considerar ausente a transcendência da matéria. No entanto, em novembro de 2020, o Pleno do Tribunal Superior do Trabalho **declarou a inconstitucionalidade do artigo 896-A, § 5º**, da CLT (ArgInc-1000845-52.2016.5.02.0461), autorizando assim o agravo interno dessa decisão.

2.4.5. *Hipóteses de cabimento*

O recurso de revista serve para impugnar acórdão dos TRTs proferidos em grau de recurso ordinário. Isso significa que o recurso de revista somente caberá depois do julgamento do recurso ordinário, impondo dessa forma que a demanda tenha se iniciado na Vara do Trabalho.

É por isso que não cabe, como regra[81], recurso de revista de ação de competência originária dos tribunais (exemplo: ação rescisória, dissídio coletivo etc.). Da mesma forma, para o C. TST, não cabe recurso de revista de decisão proferida em agravo de instrumento (Súmula nº 218 do TST)[82].

> ▸ **ATENÇÃO:**
>
> Repetindo, o recurso de revista **não** tem incidência nos dissídios coletivos que são de competência originária dos TRTs, tendo aplicação **somente nos dissídios individuais***.
>
> *. A expressão "dissídios individuais", utilizada no texto, tem como intuito apenas diferenciá-los dos dissídios coletivos, o que significa que, nas ações coletivas, como, por exemplo, a ação civil pública, tem plena aplicação o recurso de revista.

O recurso de revista será cabível quando demonstrada a:

1) divergência jurisprudencial; ou

2) violação literal de disposição de lei federal ou afronta direta e literal à Constituição Federal.

2.4.5.1. *Divergência jurisprudencial*

Divergência jurisprudencial é entendida como a existência de **decisões conflitantes**, ou seja, quando analisado um dispositivo legal, embasado em fatos idênticos ou semelhantes[83], cada tribunal interpreta o dispositivo de modo diverso.

---

81. Disse como regra, porque do agravo de petição de ação de competência originária do TRT caberá recurso de revista.
82. **Súmula nº 218 do TST**. Recurso de revista. Acórdão proferido em agravo de instrumento. É incabível recurso de revista interposto de acórdão regional prolatado em agravo de instrumento.
83. CLT, art. 896, § 8º.

✦ *Exemplo: suponhamos que um determinado TRT entenda que o aviso-prévio proporcional é aplicável ao empregador. Por sua vez, outro tribunal entende que ele é aplicável apenas ao empregado, não tendo incidência para o empregador. Nesse caso, percebe-se que, sobre os mesmos fatos e aplicando a mesma lei (Lei nº 12.506/11), cada tribunal a interpreta de uma forma diversa.*

Não é qualquer conflito de decisões (divergência) que autoriza o cabimento do recurso de revista.

A divergência jurisprudencial a legitimar o recurso de revista, nos termos das alíneas "a" e "b" do art. 896 da CLT, ocorre quando:

- os Tribunais Regionais do Trabalho derem ao mesmo dispositivo de lei federal interpretação diversa da que lhe houver dado outro Tribunal Regional do Trabalho, no seu Pleno ou Turma, ou a Seção de Dissídios Individuais do Tribunal Superior do Trabalho, ou contrariarem súmula de jurisprudência uniforme dessa Corte ou súmula vinculante do Supremo Tribunal Federal;
- os Tribunais Regionais do Trabalho derem ao mesmo dispositivo de **lei estadual, convenção coletiva de trabalho, acordo coletivo, sentença normativa ou regulamento empresarial de observância obrigatória em área territorial que exceda a jurisdição do tribunal regional** prolator da decisão recorrida, interpretação divergente, na forma da alínea "a".

Nesse ponto, é necessário frisar que a divergência deve ser **entre tribunais regionais diferentes**, não servindo a divergência existente entre Turmas de um mesmo TRT (OJ nº 111 da SDI-I do TST). Isso ocorre porque o TST tem a função de unificar a jurisprudência nacional em sede de matéria trabalhista, afastando a dissidência entre os Tribunais Regionais.

Já a divergência dentro do mesmo tribunal é resolvida, internamente, por meio do incidente de uniformização e não diretamente pelo recurso de revista.

Por outro lado, será cabível o recurso de revista quando contrariar decisões da SDI (I ou II), assim como as súmulas e as orientações jurisprudenciais e precedentes normativos.[84] Nesse sentido, a OJ nº 219 da SDI – I do TST:

---

84. ***Conhecimento do recurso de revista por contrariedade a precedente normativo do TST. Possibilidade.*** É possível o conhecimento de recuso de revista por contrariedade a precedente normativo do TST, pois, embora o art. 896, "a", da CLT, com redação dada pela Lei nº 13.015/2014, refira-se a "súmula de jurisprudência uniforme", pode-se afirmar que jurisprudência uniformizada é gênero, do qual súmulas, orientações jurisprudenciais e precedentes normativos são espécies. Ademais, se a Orientação Jurisprudencial nº 219 da SBDI-I admite invocar orientação jurisprudencial do TST para conhecimento de recurso de revista ou de embargos, independentemente da origem do verbete (SBDI-I, SBDI-II, Tribunal Pleno/Órgão Especial ou SDC), não se justifica inadmitir o recurso por contrariedade a precedente normativo, simplesmente pelo fato de consolidar entendimento jurisprudencial firmado no âmbito dos dissídios coletivos. (...) (TST-E-RR-2294-39.2012.5.02.0029, SBDI-I, rel. Min. Aloysio Corrêa da Veiga, 6.9.2018 – Informativo nº 183).

> **OJ nº 219 da SDI – I do TST.** Recurso de Revista ou de Embargos fundamentado em Orientação Jurisprudencial do TST
>
> É válida, para efeito de conhecimento do recurso de revista ou de embargos, a invocação de Orientação Jurisprudencial do Tribunal Superior do Trabalho, desde que, das razões recursais, conste o seu número ou conteúdo.

Aliás, o art. 297 do Regimento Interno do TST estabelece que "as teses jurídicas aprovadas em incidentes de recursos repetitivos, de assunção de competência e de resolução de demandas repetitivas têm sua natureza equiparada à súmula do Colendo TST para o exame do conhecimento do recurso de revista".

Assim, as teses firmadas nos incidentes referidos poderão ser invocadas no Recurso de Revista, uma vez que também possuem função uniformizadora da jurisprudência do tribunal.

Ademais, pode ocorrer de uma empresa estar sediada em mais de um regional, de modo que uma norma estadual[85], convenção coletiva, acordo coletivo, sentença normativa e regulamento de empresa sejam interpretados de forma divergente pelos tribunais regionais. É só pensarmos, por exemplo, no regulamento de empresa de algum banco nacional que pode ser interpretado de modo diferente pelos diversos tribunais regionais do País. Assim, para manter a interpretação nacional, admite-se o cabimento do recurso de revista com base na alínea "b" do art. 896 da CLT.

Agora precisa ficar claro: **somente tem cabimento o recurso de revista no caso da alínea "b", se a norma extrapolar o âmbito de, pelo menos, um tribunal regional** (OJ nº 147 da SDI-I do TST).

Portanto, o recurso de revista terá cabimento quando houver divergência de interpretação das seguintes normas:

1) lei federal;
2) lei estadual;
3) convenção coletiva de trabalho;
4) acordo coletivo;
5) sentença normativa; ou
6) regulamento empresarial.

(itens 2 a 6) *quando extrapolar o âmbito de pelo menos um TRT*

É importante destacar que, com o advento da Lei 13.015/14, o art. 896-C da CLT permite que a SDI, por maioria simples de seus membros, desloque a competência para o Tribunal Pleno julgar os recursos de revista repetitivo, o que significa que, a partir da referida lei, as **decisões do Tribunal Pleno do TST** nos recursos de revista repetitivo servirão para legitimar o cabimento do recurso de revista quando o acórdão regional contrariar o entendimento proferido pelo Tribunal Pleno.

85. Aplicável apenas ao estado de São Paulo, que possui dois TRTs (TRT2 e TRT 15).

▶ **ATENÇÃO:**

Decisão de Turma do TST não serve para legitimar o cabimento do recurso de revista.

Assim, podemos esquematizar o recurso de revista, **com base na divergência jurisprudencial**, da seguinte forma:

▶ DECISÃO RECORRIDA		▶ DECISÃO DIVERGENTE
Decisão do TRT		Decisão de outro TRT (Pleno ou turma)
Decisão do TRT		Decisão da SDI
Decisão do TRT		Súmulas e Orientações Jurisprudenciais do TST
Decisão do TRT	X	Súmula vinculante do STF
Decisão do TRT		Precedentes Normativos[86]
Decisão do TRT		Decisão do Pleno nos recursos de revista repetitivos
Decisão do TRT		Teses jurídicas aprovadas em incidentes de recursos repetitivos, de assunção de competência e de resolução de demandas repetitivas

A divergência apta a ensejar o recurso de revista deve ser atual, não se considerando como tal a ultrapassada por súmula, ou superada por iterativa e notória jurisprudência do Tribunal Superior do Trabalho (CLT, art. 896, § 7º).

Quanto à comprovação da divergência jurisprudencial, ela vem disposta no § 8º do art. 896 da CLT, bem como na Súmula nº 337 do TST, *in verbis*:

> **Súmula nº 337 do TST**. Comprovação de divergência jurisprudencial. Recursos de revista e de embargos
>
> I - Para comprovação da divergência justificadora do recurso, é necessário que o recorrente:
>
> a) Junte certidão ou cópia autenticada do acórdão paradigma ou cite a fonte oficial ou o repositório autorizado em que foi publicado; e
>
> b) Transcreva, nas razões recursais, as ementas e/ou trechos dos acórdãos trazidos à configuração do dissídio, demonstrando o conflito de teses que justifique o conhecimento do recurso, ainda que os acórdãos já se encontrem nos autos ou venham a ser juntados com o recurso;

86. Nas provas objetivas, como regra, será cobrado apenas o texto legal, de modo que não constará a divergência com precedentes normativos ou decisão do pleno no julgamento do recurso de revista repetitivo. Assim, se a questão não indicar tais divergências o candidato poderá considerar a questão correta.

> II – A concessão de registro de publicação como repositório autorizado de jurisprudência do TST torna válidas todas as suas edições anteriores;
>
> III – A mera indicação da data de publicação, em fonte oficial, de aresto paradigma é inválida para comprovação de divergência jurisprudencial, nos termos do item I, "a", desta súmula, quando a parte pretende demonstrar o conflito de teses mediante a transcrição de trechos que integram a fundamentação do acórdão divergente, uma vez que só se publicam o dispositivo e a ementa dos acórdãos;
>
> IV – É válida para a comprovação da divergência jurisprudencial justificadora do recurso a indicação de aresto extraído de repositório oficial na internet, desde que o recorrente: a) transcreva o trecho divergente; b) aponte o sítio de onde foi extraído; e c) decline o número do processo, o órgão prolator do acórdão e a data da respectiva publicação no Diário Eletrônico da Justiça do Trabalho.
>
> V – A existência do código de autenticidade na cópia, em formato *pdf*, do inteiro teor do aresto paradigma, juntada aos autos, torna-a equivalente ao documento original e também supre a ausência de indicação da fonte oficial de publicação.

Por fim, consigne-se que, se a decisão recorrida resolver determinado item do pedido por diversos fundamentos, a jurisprudência transcrita deve abranger a todos (Súmula nº 23 do TST).

2.4.5.1.1. Incidente de uniformização trabalhista

Os Tribunais são fragmentados em seções especializadas, turmas, câmaras etc., com a finalidade de agilizar a prestação jurisdicional. Contudo, essa fragmentação pode levar a entendimentos conflitantes, ganhando relevância o incidente de uniformização consistente em mecanismo de resolução das divergências jurisprudenciais existentes dentro do Tribunal (*interna corporis*).

Nesse contexto, estabelecia o art. 896, § 3º, da CLT, que:

> § 3º Os Tribunais Regionais do Trabalho procederão, obrigatoriamente, à uniformização de sua jurisprudência e aplicarão, nas causas da competência da Justiça do Trabalho, no que couber, o incidente de uniformização de jurisprudência previsto nos termos do Capítulo I do Título IX do Livro I da Lei nº 5.869, de 11 de janeiro de 1973 (Código de Processo Civil).

Poderia ocorrer, no entanto, de o Tribunal Regional não realizar espontaneamente tal uniformização. Nesse caso, ganhavam relevância os §§ 4º e 5º do art. 896 da CLT, inseridos pela Lei nº 13.015/14. Melhor explicando:

Antes da Lei nº 13.015/14, o incidente de uniformização já era aplicável ao processo do trabalho, de modo que o art. 896, § 3º, da CLT contemplava a obrigatoriedade de os Tribunais Regionais uniformizarem seu entendimento, mas como não existia um controle superior, a uniformização passava a ser "faculdade" dos tribunais. Contudo, após o advento da referida lei, criou-se um mecanismo de imposição da uniformização, além de dar origem a um incidente de uniformização diferenciado, que denominávamos de incidente de uniformização trabalhista.[87]

Assim, estabelecia o art. 896, §§ 4º e 5º, da CLT:

> § 4º Ao constatar, de ofício ou mediante provocação de qualquer das partes ou do Ministério Público do Trabalho, a existência de decisões atuais e conflitantes no âmbito do mesmo Tribunal Regional do Trabalho sobre o tema objeto de recurso de revista, o Tribunal Superior do Trabalho determinará o retorno dos autos à Corte de origem, a fim de que proceda à uniformização da jurisprudência.
>
> § 5º A providência a que se refere o § 4º deverá ser determinada pelo Presidente do Tribunal Regional do Trabalho, ao emitir juízo de admissibilidade sobre o recurso de revista, ou pelo Ministro Relator, mediante decisões irrecorríveis.

Como se vê, caso o TRT não fizesse a uniformização, espontaneamente, o TST, de ofício ou a requerimento da parte ou do Ministério Público do Trabalho, poderia determinar o retorno dos autos à origem para que se procedesse à uniformização, quando existissem decisões atuais e conflitantes no âmbito do mesmo Tribunal Regional do Trabalho sobre o tema objeto de recurso de revista (CLT, art. 896, § 4º). Criou-se, assim, um mecanismo de controle pelo C. TST, impondo a efetivação do § 3º do art. 896 da CLT.

No retorno dos autos ao Tribunal regional, a sedimentação do entendimento poderia ocorrer de duas formas: 1) súmulas: quando o entendimento fosse tomado pela maioria absoluta dos membros que integram o tribunal; 2) tese jurídica prevalente: quando o entendimento decorrer da maioria simples.

Após a sedimentação, o § 6º do art. 896 declinava que:

> § 6º Após o julgamento do incidente a que se refere o § 3º, unicamente a súmula regional ou a tese jurídica prevalecente no Tribunal Regional do Trabalho e não conflitante com súmula ou orientação jurisprudencial do Tribunal Superior do Trabalho servirá como paradigma para viabilizar o conhecimento do recurso de revista, por divergência.

O referido dispositivo buscava restringir o cabimento do recurso de revista, obstando a utilização de acórdãos regionais para demonstrar a divergência, quando o tema já estivesse pacificado em súmula regional ou tese jurídica prevalente.

87. MIESSA, Élisson. *Manual dos Recursos trabalhistas: teoria e prática*. 2. ed. Salvador: Editora Juspodivm, 2016. p. 337.

Era, pois, um pressuposto de admissibilidade do recurso de revista[88].

Embora essa sistemática tivesse sido criada em 2014 pela Lei 13.015/14, o legislador, depois de 3 anos, simplesmente revogou os §§ 3º a 6º do art. 896 da CLT, eliminando esse mecanismo de controle exercido pelo TST, bem como o referido pressuposto para o cabimento do recurso de revista.

Conquanto a Lei nº 13.467/17 tenha revogado o incidente de uniformização de jurisprudência trabalhista, evidentemente, não afastou o dever de os tribunais uniformizarem sua jurisprudência, incidindo, subsidiariamente ao processo do trabalho, o art. 926 do CPC/2015, o qual incumbiu os tribunais de uniformizarem "sua jurisprudência e mantê-la estável, íntegra e coerente", como advertiu o TST no art. 18, caput, da IN nº 41/2018.[89]

O mecanismo para implementar a uniformização **deverá estar contemplado no regimento interno do tribunal**, o que vem previsto no art. 926, § 1º, do CPC/2015, de modo que o incidente de uniformização de jurisprudência deverá observar especialmente as diretrizes do art. 926, § 2º[90], e do art. 927, § 1º a 5º[91], ambos do CPC/2015.

---

88. Após a análise da tempestividade do recurso de revista, passava-se à análise do pressuposto em questão.

89. Art. 18. O dever de os Tribunais Regionais do Trabalho uniformizarem a sua jurisprudência faz incidir, subsidiariamente ao processo do trabalho, o art. 926 do CPC, por meio do qual os Tribunais deverão manter sua jurisprudência íntegra, estável e coerente. § 1º Os incidentes de uniformização de jurisprudência suscitados ou iniciados antes da vigência da Lei nº 13.467/2017, no âmbito dos Tribunais Regionais do Trabalho ou por iniciativa de decisão do Tribunal Superior do Trabalho, deverão observar e serão concluídos sob a égide da legislação vigente ao tempo da interposição do recurso, segundo o disposto nos respectivos Regimentos Internos. § 2º Aos recursos de revista e de agravo de instrumento no âmbito do Tribunal Superior do Trabalho, conclusos aos relatores e ainda não julgados até a edição da Lei nº 13.467/17, não se aplicam as disposições contidas nos §§ 3º a 6º do artigo 896 da Consolidação das Leis do Trabalho. § 3º As teses jurídicas prevalecentes e os enunciados de Súmulas decorrentes do julgamento dos incidentes de uniformização de jurisprudência suscitados ou iniciados anteriormente à edição da Lei nº 13.467/2017, no âmbito dos Tribunais Regionais do Trabalho, conservam sua natureza vinculante à luz dos arts. 926, §§ 1º e 2º, e 927, III e V, do CPC.

90. Art. 926. § 2º Ao editar enunciados de súmula, os tribunais devem ater-se às circunstâncias fáticas dos precedentes que motivaram sua criação.

91. Art. 927. § 1º Os juízes e os tribunais observarão o disposto no art. 10 e no art. 489, § 1º, quando decidirem com fundamento neste artigo. § 2º A alteração de tese jurídica adotada em enunciado de súmula ou em julgamento de casos repetitivos poderá ser precedida de audiências públicas e da participação de pessoas, órgãos ou entidades que possam contribuir para a rediscussão da tese. § 3º Na hipótese de alteração de jurisprudência dominante do Supremo Tribunal Federal e dos tribunais superiores ou daquela oriunda de julgamento de casos repetitivos, pode haver modulação dos efeitos da alteração no interesse social e no da segurança jurídica. § 4º A modificação de enunciado de súmula, de jurisprudência pacificada ou de tese adotada em julgamento de casos repetitivos observará a necessidade de fundamentação adequada e específica, considerando os princípios da segurança jurídica, da proteção da confiança e da isonomia. § 5º Os tribunais darão publicidade a seus precedentes, organizando-os por questão jurídica decidida e divulgando-os, preferencialmente, na rede mundial de computadores.

2.4.5.2. *Violação literal de disposição de lei federal ou afronta direta e literal à Constituição Federal*

Além da divergência jurisprudencial, o recurso de revista será cabível quando a decisão do tribunal regional for proferida em violação literal à disposição de **lei federal** ou afrontar direta e literalmente a **Constituição Federal**.

É interessante notar que, no processo do trabalho, o recurso de revista poderá abranger legislação infraconstitucional e norma constitucional. Difere, portanto, do processo civil em que o recurso é bifurcado, vez que as violações à legislação infraconstitucional são remetidas ao STJ, por meio do recurso especial, enquanto as afrontas à Constituição Federal são encaminhadas ao STF, por meio do recurso extraordinário.

Na seara laboral, porém, primeiro se exaure toda a jurisdição trabalhista e, somente após, caso persista a violação à Constituição Federal, será admitido o recurso extraordinário ao STF.

Nessa hipótese o recorrente deverá indicar expressamente o dispositivo de lei ou da Constituição tido como violado (Súmula nº 221 do TST). Não se exige, porém, que a parte utilize as expressões "contrariar", "ferir", "violar", etc. (OJ nº 257 da SDI-I do TST).

É importante destacar que, tratando de violação de norma constitucional, o recorrente deverá demonstrar a afronta direta ao comando legal, **vedando-se a ofensa indireta ou reflexa da norma constitucional.**

A ofensa indireta ou reflexa ocorre quando o recorrente tiver que invocar uma norma infraconstitucional para chegar à norma constitucional. Nesse caso, não será admitido o recurso de revista, bem como o extraordinário (Súmula nº 636 do STF)[92].

> ✦ **Exemplo:** *A empresa X não foi devidamente notificada para a audiência, sendo decretada sua revelia. Após esgotar a instância ordinária, a empresa pretende interpor recurso de revista com fundamento em violação ao art. 5º, LV, da CF/88 (princípio do contraditório). Contudo, para demonstrar a violação ao dispositivo constitucional, inicialmente deverá invocar o descumprimento do art. 841 da CLT. Nessa hipótese, a violação à Constituição é meramente reflexa, não sendo admitido o recurso de revista por violação à Constituição, mas, sim, por violação à lei federal.*

Portanto, caso ocorra a violação reflexa da norma constitucional, o recorrente deverá invocar o dispositivo infraconstitucional tido por violado para que seu recurso seja cabível, sendo insuficiente (ou desnecessária) a indicação do dispositivo constitucional.

---

92. Súmula nº 636 do STF: "Não cabe recurso extraordinário por contrariedade ao princípio constitucional da legalidade, quando a sua verificação pressuponha rever a interpretação dada a normas infraconstitucionais pela decisão recorrida".

> ▶ **ATENÇÃO**
>
> Na hipótese de o recurso de revista ter mais de um fundamento, sendo admitido por um fundamento, devolve-se ao Tribunal Superior do Trabalho o conhecimento dos demais fundamentos para a solução apenas do capítulo impugnado (CPC/2015, art. 1.034; TST-IN 39/2016, art. 12).

2.4.6. *Rito sumaríssimo*

Nas causas sujeitas ao rito sumaríssimo, somente será admitido o recurso de revista por:

1) contrariedade à súmula do TST; e
2) contrariedade à súmula vinculante do STF; e
3) violação direta da Constituição da República (CLT, art. 896, § 9º).
4) contrariedade a teses jurídicas aprovadas em incidentes de recursos repetitivos, de assunção de competência e de resolução de demandas repetitivas (Regimento interno do TST, art. 297, parágrafo único).[93]

Desse modo, **não caberá** recurso de revista no rito sumaríssimo quando:

a) violar lei federal;
b) houver divergência jurisprudencial;
c) contrariar orientação jurisprudencial do TST (Súmula 442 do TST).

2.4.7. *Fase de execução*

Na fase de execução, o cabimento do recurso de revista é ainda mais restrito, sendo admitido apenas quando houver ofensa direta e literal de norma da Constituição Federal (CLT, art. 896, § 2º). No mesmo sentido, a Súmula nº 266 do TST:

> **Súmula nº 266 do TST.** Recurso de revista. Admissibilidade. Execução de sentença
>
> A admissibilidade do recurso de revista interposto de acórdão proferido em agravo de petição, na liquidação de sentença ou em processo incidente na execução, inclusive os embargos de terceiro, depende de demonstração inequívoca de violência direta à Constituição Federal.

Essa é a regra. Porém, é importante observar que a Lei nº 13.015/14 ampliou o cabimento do recurso de revista na fase de execução em duas hipóteses: 1) execução fiscal; 2) controvérsias da fase de execução que envolvam a Certidão Negativa de Débitos Trabalhistas (CNDT). Nesses dois casos, o recurso de revista será cabível:

---

93. O C. TST prevê no art. 297, parágrafo único do Regimento interno, que as teses jurídicas aprovadas em incidentes de recursos repetitivos, de assunção de competência e de resolução de demandas repetitivas têm sua natureza equiparada à súmula do colendo TST para o exame do conhecimento do recurso de revista.

a) por violação a lei federal;

b) divergência jurisprudencial;

c) por ofensa à Constituição Federal (CLT, art. 896, § 10).

2.4.8. *Quadro resumido das hipóteses de cabimento do recurso de revista*

Com a finalidade de facilitar a memorização das hipóteses de cabimento do recurso de revista nos diferentes ritos processuais, é possível sintetizar da seguinte forma:

▶ RITO ORDINÁRIO	▶ RITO SUMARÍSSIMO	▶ FASE DE EXECUÇÃO*
Afrontar a Constituição Federal	Afrontar a Constituição Federal	Afrontar a Constituição Federal
Contrariar súmula do TST	Contrariar súmula do TST	
Contrariar súmula vinculante do STF	Contrariar súmula vinculante do STF	
Teses em IRRR, IAC e IRDR	Teses em IRRR, IAC e IRDR	
Violar lei federal		
Contrariar Orientação Jurisprudencial Divergência jurisprudencial		

* Apenas nas hipóteses de execução fiscal e controvérsias da fase de execução que envolvam a Certidão Negativa de Débitos Trabalhistas (CNDT), o recurso de revista será cabível quando: violar a lei federal, por divergência jurisprudencial e por ofensa à Constituição Federal (CLT, art. 896, § 10).

2.4.9. *Recurso de revista de causas repetitivas*

2.4.9.1. *Introdução*

A Lei nº 13.015/14, ao incluir na CLT os arts. 896-B e 896-C, inseriu no processo do trabalho a figura do recurso de revista de causas repetitivas (seriadas), também denominado de julgamento por amostragem, acompanhando o que já existia no recurso extraordinário e no recurso especial (CPC/2015, art. 1.036).

É um julgamento por amostragem, já que o C. TST, diante de diversos recursos de revista repetidos, escolhe alguns e forma uma tese jurídica a ser aplicada aos demais processos idênticos ou semelhantes, em trâmite ou que serão ajuizados no futuro com o mesmo objeto.

O C. TST também admite esse julgamento por amostragem quando existirem diversos embargos de divergência repetidos (TST – IN nº 38, art. 2º).

Os julgamentos de casos repetitivos podem ter como objeto questão de direito material ou processual (CPC/2015, art. 928, parágrafo único).

2.4.9.2. Requisitos

O art. 896-C, *caput*, da CLT, estabelece que a questão poderá ser afetada à Seção Especializada em Dissídios Individuais ou ao Tribunal Pleno, na hipótese de multiplicidade de recursos de revista fundados em idêntica questão de direito e considerando a relevância da matéria ou a existência de entendimentos divergentes entre os ministros da SDI ou das Turmas do TST.

Portanto, para que as causas sejam consideradas repetitivas a legitimarem o julgamento como recurso de revista repetitivo, é necessário o preenchimento de dois requisitos:

1) multiplicidade de recursos;
2) fundamento em idêntica questão de direito.

2.4.9.3. Processamento

O processamento do recurso de revista repetitivo vem disciplinado no art. 896-C da CLT, nos arts. 280 a 297 do Regimento Interno do TST e na Instrução Normativa nº 38 do TST, de 10 de novembro de 2015, tendo as seguintes diretrizes.

2.4.9.3.1. Competência

O recurso de revista é julgado pelas Turmas do TST.

No entanto, tratando-se de julgamento de causas repetitivas, diante da relevância da decisão, a competência é da Seção de Dissídios Individuais ou do Tribunal Pleno, como dispõe o art. 896, *caput*, da CLT. Noutras palavras, haverá deslocamento da competência das Turmas do TST para a SDI-I ou para o Tribunal Pleno.

Por força do referido dispositivo, como regra, o julgamento deveria ser de competência da SDI-I, podendo ser atribuído ao Tribunal Pleno, por decisão da maioria simples da própria seção, mediante requerimento de um dos ministros que compõem a Seção Especializada.

Ocorre, contudo, que no Regimento Interno do TST, contrariando o art. 896-C, *caput*, da CLT, retirou-se a competência da SDI para analisar o incidente de recurso de revista repetitivo, ficando tal competência exclusivamente a cargo do Tribunal Pleno (TST-RI, art. 75, VIII[94] e 281, *caput*[95]).

---

94. Art. 75. Compete ao Tribunal Pleno: (...) VIII – julgar os incidentes de assunção de competência e os incidentes de recursos repetitivos, afetados ao órgão; (...).

95. Art. 281. Havendo multiplicidade de recursos de revista ou de embargos para a Subseção I da Seção Especializada em Dissídios Individuais fundados em idêntica questão de direito, a questão poderá ser afetada ao Tribunal Pleno, por decisão da maioria simples dos membros do órgão fracionário

2.4.9.3.2. Proposta de afetação

Como já estudado, o recurso de revista é de competência da Turma do TST.

Desse modo, ao chegar na referida Turma, o relator do recurso de revista, verificando a existência de causas repetidas, comunicará ao presidente da Turma, o qual submeterá ao presidente do TST, proposta para afetação de um ou mais recursos representativos da controvérsia para julgamento pelo Tribunal Pleno (CLT, art. 896-C, § 1º; TST-IN nº 38, art. 2º, § 2º; TST-RI, art. 281, § 2º).

Da mesma forma, um dos Ministros da SDI-I poderá propor a referida afetação ao presidente do TST, inclusive quando se tratar de embargos de divergência repetitivos (TST – IN nº 38, art. 2º, § 1º; TST-RI, art. 281, § 1º).

Acolhida a proposta, o recurso repetitivo será distribuído a um dos ministros – membros do Tribunal Pleno e a um ministro revisor (CLT, art. 896-C, § 6º).

O presidente do TST ao afetar o processo para julgamento sob o rito dos recursos repetitivos deverá expedir comunicação aos demais presidentes de Turma, que poderão afetar outros processos sobre a questão para julgamento conjunto, a fim de conferir ao órgão julgador visão global da questão (CLT, art. 896-C, § 2º c/c TST – IN nº 38, art. 3º e TST-RI, art. 282).

> ▶ **ATENÇÃO:**
> **Não será admitida sustentação oral versando, de forma específica, sobre a proposta de afetação (TST-IN nº 38, art. 2º, § 4º; TST-RI, art. 281, § 4º).**

2.4.9.3.3. Suspensão de outros recursos

Considerando que a decisão a ser proferida no julgamento das causas repetitivas atingirá outros processos, o relator poderá determinar a suspensão dos recursos de revista ou de embargos que tenham como objeto controvérsia idêntica à do recurso afetado como repetitivo (CLT, art. 896-C, § 5º).

Por sua vez, o presidente do Tribunal Superior do Trabalho oficiará, por meio de carta de ordem, os presidentes dos Tribunais Regionais do Trabalho para que suspendam os recursos interpostos em casos idênticos aos afetados como recursos repetitivos, até o pronunciamento definitivo do Tribunal Superior do Trabalho (CLT, art. 896-C, § 3º).

---

do Tribunal, mediante requerimento de um dos Ministros que o compõe, considerando a relevância da matéria ou a existência de entendimentos divergentes entre os Ministros da Subseção ou das Turmas do Tribunal.

Ademais, haverá suspensão dos recursos ordinários pendentes de julgamento no TRT, conforme prevê o art. 6º da Instrução Normativa nº 38 do TST[96]. A propósito, o TST admitiu, de forma excepcional, a suspensão dos processos em primeiro grau de jurisdição (TST-IN nº 38 do TST, art. 14, III; TST-RI, art. 293, III).

Em resumo, admite a suspensão dos recursos de revista e embargos de divergência no TST; dos recursos de revista no TRT e ainda não encaminhados ao TST; dos recursos ordinários a serem julgados no TRT e; excepcionalmente, dos processos em primeiro grau.

Na hipótese dos recursos de revistas que ainda serão encaminhados ao TST, incumbe ao relator determinar ao presidente ou vice-presidente do tribunal de origem o encaminhamento ao TST de até dois recursos representativos da controvérsia, ficando suspensos os demais recursos de revista até o pronunciamento definitivo do Tribunal Superior do Trabalho (CLT, art. 896-C, § 4º; IN nº 38 do TST, art. 5º, III; TST-RI, art. 284, III).

Se, após receber os recursos de revista encaminhados, não se proceder à sua afetação, o relator, no Tribunal Superior do Trabalho, comunicará o fato ao presidente ou vice-presidente que os houver enviado, para que seja revogada a decisão de suspensão (Instrução Normativa nº 38 do TST, art. 8º; TST-RI, art. 287).

É importante destacar que, quando os recursos requisitados do Tribunal Regional do Trabalho contiverem outras questões além daquela que é objeto da afetação, caberá ao órgão jurisdicional competente para julgar o incidente decidir a questão afetada e depois o processo deverá ser distribuído na forma regimental, para julgamento das demais matérias pela Turma (TST-RI, art. 292, parágrafo único).

A propósito, no caso de suspensão do processo, as partes deverão ser intimadas da decisão de suspensão de seu processo, a ser proferida pelo respectivo relator (TST – IN nº 38, art. 9º, *caput*; TST-RI, art. 288, *caput*).

Os recursos afetados deverão ser julgados no prazo de um ano e terão preferência sobre os demais feitos. Ultrapassado referido prazo, será permitida outra proposta de afetação (TST – IN nº 38, art. 11; TST-RI, art. 290; CPC/15, art. 1.037, §§ 4º e 6º).

2.4.9.3.4. Colheita de informações e parecer do Ministério Público do Trabalho

O relator do recurso repetitivo poderá solicitar, aos Tribunais Regionais do Trabalho, informações a respeito da controvérsia, a serem prestadas no prazo de 15 dias (CLT, art. 896-C, § 7º; TST-IN nº 38, art. 5º, III; TST-RI, art. 284, III).

---

96. Art. 6º. O Presidente do Tribunal superior do Trabalho oficiará os Presidentes dos Tribunais Regionais do Trabalho, com cópia da decisão de afetação, para que suspendam os recursos de revista interpostos em casos idênticos aos afetados como recursos repetitivos e ainda não encaminhados a este Tribunal, bem como os recursos ordinários interpostos contra as sentenças proferidas em casos idênticos aos afetados como recursos repetitivos, até o pronunciamento definitivo do Tribunal Superior do Trabalho.

Embora se trate de faculdade do relator, é importante a coleta de informações nos tribunais para que a Corte Trabalhista aumente os elementos de convicção sobre o tema[97].

Ademais, para instruir o procedimento, pode o relator fixar data para, em audiência pública, ouvir depoimentos de pessoas com experiência e conhecimento na matéria, sempre que entender necessário o esclarecimento de questões ou circunstâncias de fato subjacentes à controvérsia objeto do incidente de recursos repetitivos (TST-IN nº 38, art. 10; TST-RI, art. 289, *caput*).

Pode ainda admitir manifestação de pessoa, órgão ou entidade com interesse na controvérsia, inclusive como assistente simples (CLT, art. 896-C, § 8º; TST-IN nº 38, art. 5º, IV; TST-RI, arts. 284, IV e 289, § 1º).

Trata-se da possibilidade de atuação do *amicus curiae*, tendo em vista a repercussão do julgamento e especialmente porque ele atingirá os recursos sobrestados, ou seja, a decisão ultrapassará (transcenderá) as partes do processo-paradigma. Desse modo, "sindicatos, associações, órgãos públicos e até pessoas físicas ou jurídicas privadas poderão habilitar-se como *amicus curiae*, desde que demonstrem algum interesse no julgamento"[98].

▶ **ATENÇÃO**

O C. TST admitiu a aplicação art. 138 e parágrafos do CPC/2015 que trata sobre o *amicus curae*[67].

Ante a repercussão do julgado, que atingirá uma coletividade, após o recebimento das informações, terá vista o Ministério Público pelo prazo de 15 dias (CLT, art. 896-C, § 9º; TST-IN nº 38, art. 5º, VI).[99]

Transcorrido o prazo para o Ministério Público e remetida cópia do relatório aos demais ministros, o processo será incluído em pauta na Seção Especializada

97. NEVES, Daniel Amorim Assumpção. *Manual de direito processual civil*. 5. ed. Rio de Janeiro: Forense; São Paulo: Método, 2013. p. 773.
98. Theodoro Júnior, Humberto. *Curso de direito Processual Civil*. Teoria geral do direito processual civil e processo de conhecimento. Vol. I. Rio de Janeiro: Forense, 2013. p. 721.
99. Art. 138. O juiz ou o relator, considerando a relevância da matéria, a especificidade do tema objeto da demanda ou a repercussão social da controvérsia, poderá, por decisão irrecorrível, de ofício ou a requerimento das partes ou de quem pretenda manifestar-se, solicitar ou admitir a participação de pessoa natural ou jurídica, órgão ou entidade especializada, com representatividade adequada, no prazo de 15 (quinze) dias de sua intimação.
§ 1º A intervenção de que trata o caput não implica alteração de competência nem autoriza a interposição de recursos, ressalvadas a oposição de embargos de declaração e a hipótese do § 3º.
§ 2º Caberá ao juiz ou ao relator, na decisão que solicitar ou admitir a intervenção, definir os poderes do *amicus curiae*.
§ 3º O *amicus curiae* pode recorrer da decisão que julgar o incidente de resolução de demandas repetitivas.

ou no Tribunal Pleno, devendo ser julgado com preferência sobre os demais feitos (CLT, art. 896-C, § 10).

2.4.9.3.5. Julgamento

O acórdão proferido no julgamento do recurso de revista repetitivo abrangerá a análise dos fundamentos relevantes da tese jurídica discutida, sendo vedado decidir questão não delimitada na decisão de afetação (CPC/15, art. 1.038, § 3º c/c art. 12 da TST – IN nº 38; TST-RI, art. 291).

Decidido o recurso representativo da controvérsia (recurso de revista-paradigma), os órgãos jurisdicionais respectivos declararão prejudicados os demais recursos versando sobre idêntica controvérsia ou os decidirão, aplicando a tese firmada (TST-IN nº 38, art. 13, *caput*; TST-RI, art. 292).

Julgado o recurso representativo da controvérsia, os processos porventura suspensos em primeiro e segundo graus de jurisdição retomarão o curso para julgamento e aplicação da tese firmada pelo Tribunal Superior do Trabalho (TST-IN nº 38, art. 14, III; TST-RI, art. 293, III; CPC/15, art. 1.040, III).

Já os recursos sobrestados na origem:

1) terão seguimento denegado pelo presidente ou vice-presidente do TRT na hipótese de o acórdão recorrido coincidir com a orientação do Tribunal Superior do Trabalho; ou

2) serão novamente examinados pelo tribunal de origem na hipótese de o acórdão recorrido divergir da orientação do Tribunal Superior do Trabalho a respeito da matéria (CLT, art. 896-C, § 10).

Nesse último caso, embora o texto legal decline que o reexame será realizado pelo tribunal de origem, na realidade, o que ocorrerá é o retorno dos autos ao órgão prolator do acórdão recorrido, sendo este o órgão competente para reanalisar a decisão (TST – IN nº 38, art. 14, II; TST-RI, art. 293, II; CPC/15, art. 1.040, II).

Nas palavras do doutrinador Daniel Assumpção Neves, quando analisa o recurso extraordinário por amostragem, "trata-se de interessante hipótese de retratação de decisão já publicada, condicionada ao resultado de julgamento em recurso que não faz parte da demanda, em previsão inédita no ordenamento processual"[100].

Considerando que a decisão-paradigma proferida pelo Tribunal Pleno tem eficácia obrigatória (CPC/15, art. 927, III; TST – IN nº 39, art. 15, I, "a"), o órgão de origem deverá adequar sua decisão à proferida na decisão-paradigma.

No entanto, pode ocorrer de o órgão que proferiu o acórdão recorrido pretender manter sua decisão, desde que demonstre, fundamentadamente, a existência de

100. NEVES, Daniel Amorim Assumpção. *Manual de direito processual civil*. 5. ed. Rio de Janeiro: Forense; São Paulo: Método, 2013. p. 754.

distinção (*distinguishing*), por se tratar de caso particularizado por hipótese fática distinta ou questão jurídica não examinada, a impor solução jurídica diversa (TST – IN nº 38, art. 15; TST-RI, art. 294).

Assim, mantida a decisão divergente, far-se-á novo exame de admissibilidade do recurso de revista pelo presidente ou vice-presidente do TRT e, sendo positivo, encaminhá-lo-á ao TST.

Por outro lado, caso o órgão prolator da decisão altere seu julgamento para se adaptar ao entendimento descrito no acórdão-paradigma, o recurso de revista ficará prejudicado. Nesse caso, pensamos que a parte contrária passa a ter interesse de interpor recurso de revista da nova decisão, embora, provavelmente, falte o pressuposto intrínseco da violação legal ou constitucional, pois o TST já terá assentado a interpretação sobre a questão de direito.

De qualquer modo, ocorrendo a alteração do julgamento e havendo outras questões **não decididas** na origem, elas devem ser julgadas na origem, pois o enfrentamento se tornou necessário em decorrência da alteração (TST – IN nº 38, art. 15, § 2º; TST-RI, art. 294, § 2º).

> ✦ **Exemplificamos:** *recurso repetitivo versando sobre a legitimidade de uma entidade. O tribunal de origem entende que a entidade não tem legitimidade, não adentrando no mérito da causa. No entanto, no julgamento do recurso repetitivo ficou consignado a legitimidade da entidade. Desse modo, ao retornar à origem, o órgão julgador modifica seu entendimento, de modo que deverá julgar o mérito da causa.*

Porém, pode acontecer de ser interposto recurso de revista sobre diversas questões, **todas já decididas** pelo órgão de origem, mas a controvérsia do recurso repetitivo contemplar apenas parte do recurso de revista. Nesse caso, o recurso de revista ficará sobrestado, porque primeiro se julgará a questão submetida ao recurso repetitivo. Desse modo, julgando-se o recurso repetitivo de forma diferente ao que havia sido decidido na origem, poderá o órgão julgador alterar sua decisão. Na hipótese de alteração, caberá ao presidente ou vice-presidente do tribunal regional, independentemente de ratificação do recurso, proceder a novo juízo de admissibilidade, retomando o processo o seu curso normal (TST – IN nº 38, art. 15, § 3º; TST-RI, art. 294, § 3º).

É importante ressaltar que a decisão firmada em recurso repetitivo não será aplicada aos casos em que se demonstrar que a situação de fato ou de direito é distinta das presentes no processo julgado sob o rito dos recursos repetitivos (CLT, art. 896-C, § 16).

Contudo, pode ocorrer de o presidente do TRT negar seguimento ao recurso de revista, com o pretexto de que a decisão-paradigma do TST já adotou tese igual ao do acórdão recorrido, embora não ocorra tal identidade. Nesse caso, o recurso cabível é o agravo interno, nos termos do art. 1.030, § 2º, do CPC/2015 (TST-IN nº 40, art. 1º-A).

Por fim, o § 17 do art. 896-C da CLT dispõe que "caberá revisão da decisão firmada em julgamento de recursos repetitivos quando se alterar a situação econômica, social ou jurídica, caso em que será respeitada a segurança jurídica das relações firmadas sob a égide da decisão anterior, podendo o Tribunal Superior do Trabalho modular os efeitos da decisão que a tenha alterado".

2.4.9.3.6. Efeito do julgamento para os processos futuros

Antes do advento do CPC/2015, o julgamento de causas repetitivas tinha o condão de atingir os processos em curso, sobrestando-os até que a decisão do acórdão-paradigma.

Com a chegada do novel código, o acórdão-paradigma torna-se um precedente de observância obrigatória para o próprio tribunal e para as instâncias inferiores (CPC/2015, art. 927, III), sistemática que também será adotada no processo do trabalho, ante a compatibilidade com o sistema laboral (TST-IN nº 39, art. 15, I, a).

Desse modo, nos processos ainda não julgados (já em trâmite ou ajuizados posteriormente) incumbe ao julgador aplicar a tese firmada no precedente, salvo se demonstrado o *distinguishing*, a superveniência de texto legislativo que altere a base do precedente ou a superação antecipada.

Não aplicando a tese, seu julgamento será proferido com *error in judicando* ou *error in procedendo*, a depender do caso, permitindo sua impugnação pela via recursal. Ademais, depois de esgotadas as vias ordinárias, caberá sua insurgência por meio da reclamação, como disposto no art. 988, § 5º, II, do CPC/2015.

2.4.9.3.7. Desistência da ação em curso no primeiro grau

Diante do efeito obrigatório do precedente firmado no julgamento do recurso de revista repetitivo, a parte poderá desistir da ação em curso no primeiro grau de jurisdição, antes de proferida a sentença, se a questão nela discutida for idêntica à resolvida pelo recurso representativo da controvérsia (TST-IN nº 38, art. 16, *caput*; TST-RI, art. 295, *caput*).

Essa desistência independe de consentimento do reclamado, ainda que apresentada contestação, mas se a desistência ocorrer antes de oferecida a defesa, a parte, se for o caso, ficará dispensada do pagamento de custas e de honorários de advogado (TST-IN nº 38, art. 16, §§ 1º e 2º; TST-RI, art. 295, §§ 1º e 2º).

Sistematizando, a desistência nesse caso:

a) pode ocorrer antes de proferida a sentença;

b) independe de consentimento do reclamado, mesmo se já apresentada a contestação;

c) dispensará do pagamento das custas e honorários, se for o caso, quando ocorrer antes da contestação.

2.4.9.4. *Questão constitucional no julgamento dos recursos repetitivos*

É sabido que na Justiça do Trabalho não existe a bifurcação implementada na Justiça comum, em que as matérias infraconstitucionais são dirigidas ao STJ, enquanto as matérias constitucionais são de incumbência do STF.

Nessa seara, primeiro se exaure a jurisdição trabalhista para somente em seguida alcançar o STF. Nesse contexto, a Corte Trabalhista pode julgar matérias infraconstitucionais, assim como matérias constitucionais.

Desse modo, caso a questão afetada e julgada sob o rito dos recursos repetitivos também contenha questão constitucional, a decisão proferida pelo Tribunal Pleno não obstará o conhecimento de eventuais recursos extraordinários sobre a questão constitucional (CLT, art. 896-C, § 13; TST-RI, art. 297).

Aos recursos extraordinários interpostos perante o Tribunal Superior do Trabalho será aplicado o procedimento previsto no art. 1.036 do CPC/2015, cabendo ao presidente do Tribunal Superior do Trabalho selecionar dois[101] ou mais recursos representativos da controvérsia e encaminhá-los ao Supremo Tribunal Federal, sobrestando os demais até o pronunciamento definitivo da Corte, na forma do art. 1.037 do CPC/2015 (CLT, art. 896-C, § 14; CPC/2015, art. 1.036, § 1º).

Nesse caso, o presidente do Tribunal Superior do Trabalho poderá oficiar os Tribunais Regionais do Trabalho e os presidentes das Turmas e da Seção Especializada do Tribunal para que suspendam os processos idênticos aos selecionados como recursos representativos da controvérsia e encaminhados ao Supremo Tribunal Federal, até o seu pronunciamento definitivo (CLT, art. 896-C, § 15).

Pensamos que, da mesma forma que nos recursos de revistas repetitivos, haverá nesta hipótese suspensão dos recursos de revista, embargos para a SDI e, ainda, dos recursos ordinários pendentes de julgamento, como anunciado anteriormente, nos termos do art. 1.037.

2.5. Embargos no TST

2.5.1. *Introdução*

O recurso de embargos no TST não se confunde com os embargos de declaração. Estes têm cabimento em qualquer grau de jurisdição, quando a decisão for omissa, obscura, contraditória ou, ainda, para afastar manifesto equívoco no

101. CPC/2015, art. 1.036, § 1º.

exame dos pressupostos extrínsecos do recurso (CLT, art. 897-A). Por outro lado, os embargos no TST têm aplicação restrita no Tribunal Superior do Trabalho, sendo duas modalidades:

1) embargos infringentes;

2) embargos de divergência (embargos à SDI).

2.5.2. *Embargos infringentes*

A decisão no dissídio coletivo, interposto no TRT, desafia o recurso ordinário a ser julgado pelo TST.

No entanto, quando a extensão territorial do conflito coletivo ultrapassar mais de um TRT, o dissídio coletivo será de competência originária do TST, por meio da SDC (Seção de dissídios coletivos), ou seja, será ajuizado diretamente no TST.

Nesse caso, como a decisão é proferida em primeira instância pelo TST, não havia no ordenamento nenhum recurso para impugnar aludida decisão. Surgiram, então, os embargos infringentes como uma espécie de duplo grau interno, sendo cabíveis, entretanto, somente quando a decisão da SDC não for unânime. Com efeito, os embargos infringentes são restritos à cláusula em que há divergência, e, se esta for parcial, ao objeto da divergência.

Portanto, os embargos infringentes pressupõem os seguintes requisitos **cumulativos**:

1) dissídio coletivo;

2) competência originária do TST;

3) decisão não unânime.

Verifica-se, assim, que os embargos infringentes são dirigidos aos dissídios coletivos, tendo **natureza ordinária**, embora sejam julgados no TST.

Eles devem ser interpostos no prazo de 8 dias, sendo cabíveis, nos termos do art. 894, I, da CLT:

> I - de decisão não unânime de julgamento que:
>
> a) conciliar, julgar ou homologar conciliação em dissídios coletivos que excedam a competência territorial dos Tribunais Regionais do Trabalho e estender ou rever as sentenças normativas do Tribunal Superior do Trabalho, nos casos previstos em lei.

A Fazenda Pública, o Ministério Público do Trabalho e a Defensoria Pública possuem o prazo em dobro, ou seja, 16 dias (CPC/2015, arts. 180, 183 e 186), inclusive para as contrarrazões.

Atenta-se, por fim, para o fato de que **não** caberão tais embargos se a decisão impugnada estiver em consonância com precedente jurisprudencial do Tribunal Superior do Trabalho ou da súmula de sua jurisprudência predominante (Lei nº 7.701/88, art. 2º, II, "c").

2.5.3. Embargos de divergência (embargos à SDI)

2.5.3.1. Introdução

O Tribunal Superior do Trabalho tem a função de unificar a jurisprudência trabalhista.

Desse modo, havendo divergência entre tribunais regionais diferentes, é cabível o recurso de revista com o objetivo de unificar o entendimento em âmbito nacional.

Ocorre, no entanto, que o recurso de revista é julgado pelas Turmas do TST, sendo, atualmente, 8 Turmas. Considerando que há mais de uma Turma, é possível existirem decisões conflitantes entre elas.

Surgem, assim, os embargos de divergência, com a finalidade de acabar com essa divergência **interna** do TST (CLT, art. 894, II e Lei nº 7.701/88, art. 3º, III, "b").

Trata-se de recurso de natureza extraordinária e vinculada. Por ter natureza extraordinária, veda-se o reexame de fatos e provas (Súmula nº 126 do TST).

Consigna-se que, por haver disciplina própria na CLT, não se aplicam os artigos 1.043 e 1.044 do CPC/2015 ao processo trabalhista (IN nº 39/2016, art. 2º, XII).

2.5.3.2. Prazo

Os embargos de divergência seguem a regra geral dos recursos trabalhistas, devendo ser interpostos no prazo de 8 dias úteis, tendo o mesmo prazo para as contrarrazões (CLT, art. 894). A Fazenda Pública, o Ministério Público do Trabalho e a Defensoria Pública possuem o prazo em dobro, ou seja, 16 dias (CPC/2015, arts. 180, 183 e 186), inclusive para as contrarrazões.

2.5.3.3. Competência para julgamento

A competência para julgar os embargos de divergência é da Subseção de Dissídios Individuais I do TST (SDI-I).

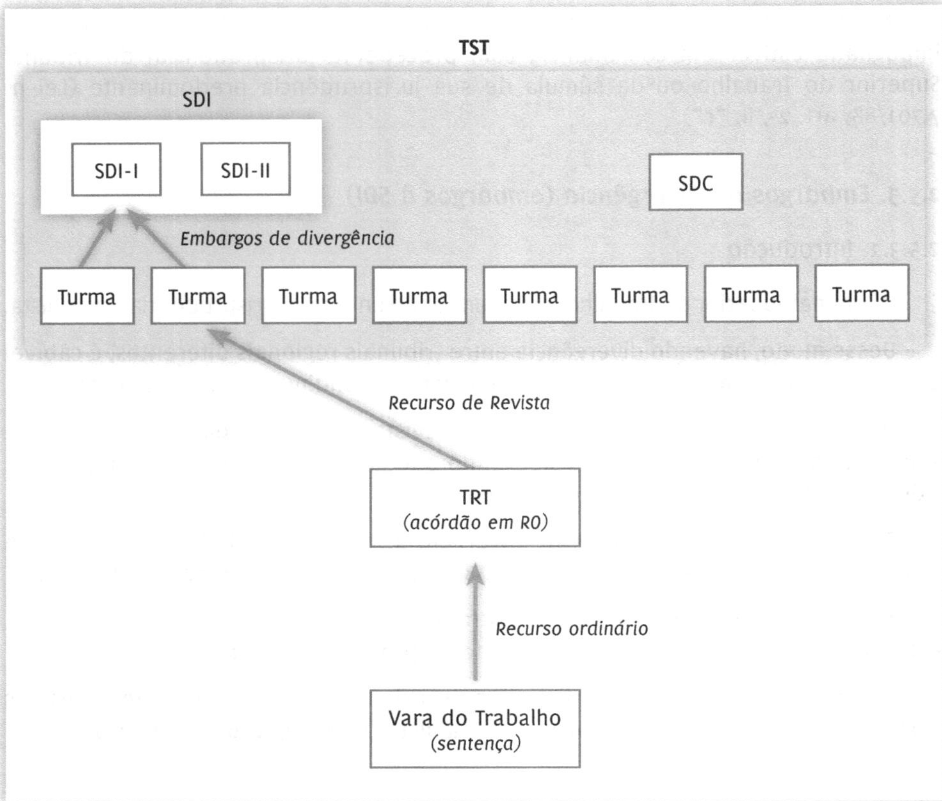

2.5.3.4. *Prequestionamento*

Tratando de recurso de natureza extraordinária, os embargos de divergência também se submetem ao prequestionamento, possuindo as mesmas diretrizes já estudadas no recurso de revista.

2.5.3.5. *Hipóteses de cabimento*

Os embargos de divergência vêm disciplinados no art. 894, II, da CLT, sendo cabíveis:

> II – das decisões das Turmas que divergirem entre si ou das decisões proferidas pela Seção de Dissídios Individuais, ou contrárias a súmula ou orientação jurisprudencial do Tribunal Superior do Trabalho ou súmula vinculante do Supremo Tribunal Federal.

Portanto, podemos esquematizar as hipóteses de cabimento dos embargos de divergência da seguinte forma:

▸ DECISÃO RECORRIDA		▸ DECISÃO DIVERGENTE
Turma do TST		Outra Turma do TST
Turma do TST	x	SDI
Turma do TST		Súmula e OJ do TST
Turma do TST		Súmula vinculante do STF

Pelo referido quadro, fica claro que, para ensejar esse recurso, obrigatoriamente, a decisão deve ser colegiada (da Turma do TST), razão pela qual não será cabível quando decorrente de decisão monocrática (OJ nº 378 da SDI-I do TST)[102].

Cabe destacar que a Lei nº 13.015/14 incluiu a contrariedade à Súmula vinculante do STF como hipótese de divergência a legitimar o cabimento dos embargos para a SDI-I. Contudo, admite-se "a divergência com quaisquer súmulas do STF, mesmo que não possuam efeito vinculante, e decisões proferidas em recursos extraordinários aos quais se atribui o efeito de repercussão geral, diante da elevada força persuasiva que possuem os posicionamentos da Suprema Corte, em matéria constitucional"[103].

Aliás, o art. 258, parágrafo único, do Regimento Interno do TST, prevê também o cabimento dos embargos de divergência das decisões de suas Turmas proferidas em agravos internos e agravos de instrumento que contrariarem precedentes obrigatórios firmados em julgamento de incidentes de assunção de competência, de demandas repetitivas ou de recursos repetitivos, do Tribunal Superior do Trabalho, ou de repercussão geral do Supremo Tribunal Federal.

2.5.3.6. Embargos de divergência de decisão proferida em agravo

Como regra, a decisão da Turma, proferida no julgamento de agravo, não é recorrível por meio dos embargos de divergência. No entanto, o TST prevê algumas exceções, como se percebe pela Súmula nº 353 do TST:

> **Súmula nº 353 do TST.** Embargos. Agravo. Cabimento
>
> Não cabem embargos para a Seção de Dissídios Individuais de decisão de Turma proferida em agravo, salvo:

---

102. **Orientação Jurisprudencial nº 378 da SDI – I do TST.** Embargos. Interposição contra decisão monocrática. Não cabimento.
Não encontra amparo no art. 894 da CLT, quer na redação anterior quer na redação posterior à Lei n.º 11.496, de 22.06.2007, recurso de embargos interposto à decisão monocrática exarada nos moldes do art. 932 do CPC de 2015 (art. 557 do CPC de 1973), pois o comando legal restringe seu cabimento à pretensão de reforma de decisão colegiada proferida por Turma do Tribunal Superior do Trabalho.

103. BRANDÃO, Cláudio. *Reforma do sistema recursal: comentários à Lei n. 13.015/2.014*. São Paulo: LTr, 2015. p. 36. No mesmo sentido, admitindo a divergência com súmula do STF não vinculante. MOURA, Marcelo. *Consolidação das leis do trabalho para concursos*. 6. ed. Bahia: Juspodivm, 2016. p. 1117.

> a) da decisão que não conhece de agravo de instrumento ou de agravo pela ausência de pressupostos extrínsecos;
>
> b) da decisão que nega provimento a agravo contra decisão monocrática do Relator, em que se proclamou a ausência de pressupostos extrínsecos de agravo de instrumento;
>
> c) para revisão dos pressupostos extrínsecos de admissibilidade do recurso de revista, cuja ausência haja sido declarada originariamente pela Turma no julgamento do agravo;
>
> d) para impugnar o conhecimento de agravo de instrumento;
>
> e) para impugnar a imposição de multas previstas nos arts. 1.021, § 4º, do CPC de 2015 ou 1.026, § 2º, do CPC de 2015 (art. 538, parágrafo único, do CPC de 1973, ou art. 557, § 2º, do CPC de 1973).
>
> f) contra decisão de Turma proferida em agravo em recurso de revista, nos termos do art. 894, II, da CLT.

▶ **ATENÇÃO:**

Quando o agravo de instrumento for conhecido e não provido não caberão embargos de divergência.

2.5.3.7. *Embargos de divergência no rito sumaríssimo*

Nas causas sujeitas ao rito sumaríssimo, admitem-se os embargos quando demonstrada que a divergência jurisprudencial entre Turmas do TST é fundada em interpretações diversas acerca da aplicação de mesmo dispositivo constitucional ou de matéria sumulada (Súmula nº 458 do TST).

Isso ocorre porque, sendo os embargos de divergência um recurso de natureza extraordinária, ele está submetido ao prequestionamento. Com efeito, como era cabível o recurso de revista, exclusivamente, nas hipóteses de violação da Constituição Federal ou contrariedade à súmula do TST, apenas tais temas poderiam ter decisão prévia, ou seja, serem prequestionados, o que significa que somente caberiam os embargos para a SDI no rito sumaríssimo, quando se tratasse de decisão contrária à súmula do TST ou divergência jurisprudencial na aplicação da Constituição Federal.

Contudo, com o advento da Lei nº 13.015/14, surge mais uma hipótese de cabimento dos embargos de divergência no rito sumaríssimo: quando contrariar súmula vinculante do STF. É que o § 9º do art. 896 da CLT passou a permitir o cabimento do recurso de revista nessa hipótese, de modo que poderá existir o prequestionamento acerca dessa matéria para se alcançar a SDI-I.

Com efeito, atualmente, cabem embargos de divergência, no rito sumaríssimo, quando houver:

1) divergência na interpretação na Constituição Federal;
2) confronto com súmula do TST; ou
3) confronto com súmula vinculante do STF.

2.5.3.8. *Embargos de divergência na fase executiva*

Na fase de execução, os embargos de divergência ficam condicionados à demonstração de divergência jurisprudencial entre Turmas ou destas e a Seção Especializada em Dissídios Individuais do Tribunal Superior do Trabalho em relação à interpretação de dispositivo constitucional (Súmula nº 433 do TST), seguindo o mesmo raciocínio do rito sumaríssimo analisado no tópico anterior.

Contudo, atenta-se para o fato de que, por força do art. 896, § 10, da CLT, decorrente da Lei nº 13.015/14, nas execuções fiscais e nas controvérsias da fase de execução que envolvam a Certidão Negativa de Débitos Trabalhistas (CNDT) caberá o recurso de revista por violação a lei federal, por divergência jurisprudencial e por ofensa à Constituição Federal, o que significa que nesses casos também caberão os embargos para a SDI I, ou seja, nas duas hipóteses não há nenhuma restrição para o cabimento dos embargos de divergência.

2.5.3.9. *Antigo recurso de embargos de nulidade*

Antes da alteração realizada pela Lei nº 11.496/2007, o TST também tinha competência para julgar os **embargos de nulidade** que eram cabíveis quando a decisão da Turma do TST violasse literalmente preceito de lei federal ou da Constituição da República. Entretanto, com o advento de referida lei, foram **extintos do ordenamento** os embargos de nulidade.

2.6. Agravo de instrumento

2.6.1. *Cabimento*

Conforme já estudamos, interposto o recurso, ele será submetido a dois juízos de admissibilidade: o juízo de admissibilidade *a quo* e o juízo de admissibilidade *ad quem*.

O juízo de admissibilidade *a quo* é realizado pelo juízo de origem, ou seja, aquele que teve sua decisão impugnada. Nesse primeiro momento, o magistrado pode verificar a presença dos pressupostos recursais – juízo de admissibilidade positivo – processando o recurso, possibilitando assim que a parte recorrida apresente suas contrarrazões sendo, em seguida, remetido ao Tribunal *ad quem*. Do juízo de admissibilidade positivo não cabe recurso, podendo o recorrido argumentar nas suas contrarrazões a ausência dos pressupostos recursais.

Por outro lado, não estando presentes os pressupostos recursais, o juízo de admissibilidade será negativo, de modo que será denegado processamento (seguimento) ao recurso, trancando assim a via recursal. Nessa hipótese, admite-se o recurso de agravo de instrumento a fim de destrancar o recurso, conforme disciplina o art. 897, "b", da CLT.

Portanto, o agravo de instrumento é uma modalidade recursal restrita no processo do trabalho, vez que é destinado tão somente a destrancar o recurso não processado no juízo *a quo*. Noutras palavras, é o recurso que visa a impugnar decisão negativa do **primeiro** juízo de admissibilidade do recurso.

> ✦ *Exemplo: Acórdão do TRT condena a empresa Z a pagar horas extras ao reclamante. Não se conformando com a decisão, interpõe recurso de revista, alegando violação do art. 62, I, da CLT. Contudo, no primeiro juízo de admissibilidade, que é feito pelo presidente ou vice-presidente do TRT, é denegado o processamento do recurso, sob o argumento de que não houve o pagamento correto das custas processuais. Nesse caso, para que o recurso de revista possa chegar ao TST, a empresa poderá interpor o agravo de instrumento.*

Esquematizamos para melhor compreensão:

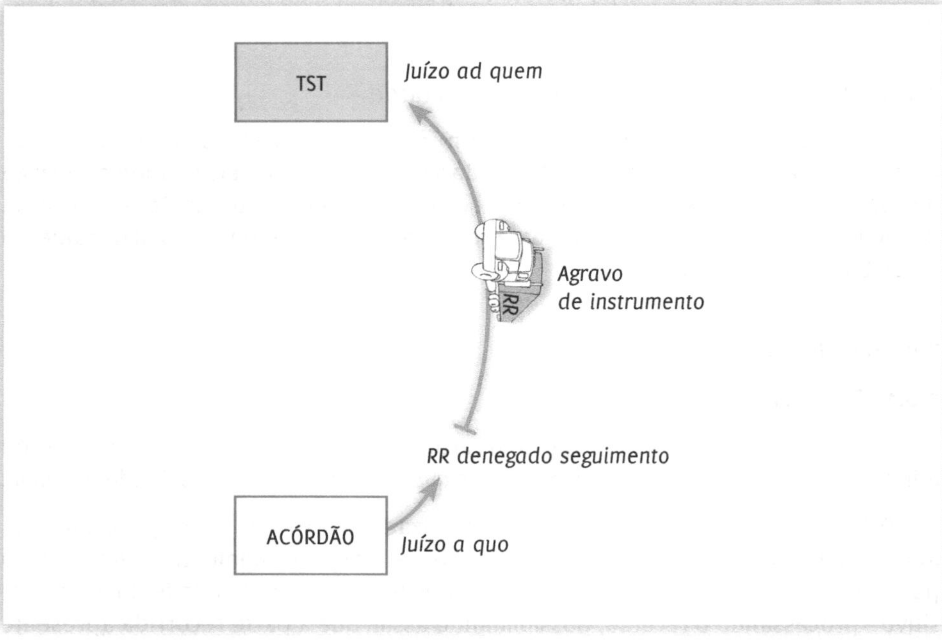

Antes de finalizar esse tópico é necessário fazer uma observação sobre o juízo de admissibilidade com o advento do CPC/2015.

O novel código extinguiu o duplo juízo de admissibilidade, mantendo-o apenas para os recursos extraordinário e especial.

Desse modo, na apelação, o juízo de admissibilidade é realizado apenas pelo tribunal competente e não mais pelo juízo de origem (*a quo*), conforme se observa do art. 1.010, § 3º.

No processo do trabalho, o C. TST entendeu que o art. 1.010, § 3º, do CPC/2015 não é aplicável (IN nº 39/2016, art. 2º, XI). Desse modo, conserva-se o duplo juízo de admissibilidade em todos os recursos na seara trabalhista, mantendo-se intacto o agravo de instrumento.

Portanto, o agravo de instrumento é adequado para destrancar o:

- recurso ordinário;
- recurso de revista;
- agravo de petição;
- recurso adesivo; e
- próprio agravo de instrumento.

Entretanto, na hipótese de denegação de seguimento dos embargos no TST (infringentes e de divergência), o recurso cabível é o agravo interno e não o agravo de instrumento, nos termos dos arts. 2º, II, "d" e 3º, III, "c", da Lei nº 7.701/88 e no art. 235, X, do Regimento Interno do TST. A utilização do agravo de instrumento, nesse caso, é considerada erro grosseiro por contrariar o texto legal, não autorizando a aplicação do princípio da fungibilidade[104].

► **ATENÇÃO:**

O agravo de instrumento interposto contra despacho que não receber agravo de petição não suspende a execução da sentença (CLT, art. 897, § 2º).

Atenta-se para o fato de que pode ocorrer de o juízo *a quo* declinar que apenas em parte do recurso o recorrente preenche os pressupostos recursais como, por exemplo, entende que o recorrente teria interesse recursal apenas quanto a um pedido.

Nessa hipótese, o C. TST a descreve na Instrução Normativa nº 40 que constitui ônus da parte impugnar, mediante agravo de instrumento, o capítulo denegatório da decisão, sob pena de preclusão (TST-IN nº 40/2016, art. 1º, *caput*). Noutras palavras, para que o capítulo não processado possa chegar ao Tribunal ad quem é necessária a interposição do agravo de instrumento. Assim não agindo haverá trânsito em julgado da parte não impugnada[105].

---

104. TST-Ag-E-ED-RR-160200-34.2004.5.15.0022, Subseção I Especializada em Dissídios Individuais, Relator Ministro Alexandre Luiz Ramos, DEJT 29/01/2021.
105. DIDIER Jr., Fredie; CUNHA, Leonardo José Carneiro da. *Curso de direito processual civil: Meios de impugnação às decisões judiciais e processo nos tribunais*. 13. ed. Bahia: Juspodivm, 2016. v. 3, p. 329-332.

✦ *Exemplo: recurso de revista alegando que, no que se refere ao capítulo que julgou a equiparação salarial, houve violação do art. 461 da CLT e contrariedade à Súmula nº 6 do TST e, quanto ao capítulo das horas extras, há violação da Constituição Federal, sem especificar os dispositivos violados. O presidente ou vice-presidente do TRT ao proferir o juízo de admissibilidade a quo o admite apenas quanto à equiparação salarial. Nesse caso, incumbe à empresa interpor agravo de instrumento para destrancar o capítulo não processado (horas extras).*

No caso de **denegação de seguimento do recurso de revista**, há que se fazer algumas observações.

É que a Instrução Normativa nº 40 do TST, alterada pela Resolução nº 224/2024, passou a estabelecer no art. 1º-A, *caput*, que da decisão do Presidente ou Vice-Presidente do TRT caberá **agravo interno** quando o recurso de revista tiver seu seguimento denegado, porque o acórdão recorrido está em consonância com entendimento do TST exarado em:

1) Recurso de revista repetitivo;
2) Incidente de resolução de demandas repetitivas; e
3) Incidente de assunção de competência.

Por outro lado, caberá **agravo de instrumento** quando a denegação do seguimento do recurso de revista não envolver entendimentos sedimentados pelo TST em regime de recurso de revista repetitivo, IRDR e assunção de competência (CPC/15, art. 1.030, V e § 1º; TST-IN 40/2016, art. 1º-A).

Pode acontecer, ainda, de o recurso de revista impugnar capítulo que tenha tema já pacificado no TST em precedente obrigatório e outro capítulo que não esteja fincado em precedente obrigatório.

Nesse caso, sendo denegado o seguimento integral do recurso de revista, a parte deverá apresentar, simultaneamente, o agravo interno do capítulo relacionado ao entendimento firmado pelo TST no recurso de revista repetitivo, IRDR e assunção de competência, e o agravo de instrumento dos demais capítulos (TST-IN nº 40/2016, art. 1º-A, § 1º).

2.6.2. *Prazo*

O agravo de instrumento deve ser interposto no prazo de 8 dias úteis (CLT, art. 897, *caput*), tendo o mesmo prazo para as contrarrazões. A Fazenda Pública, o Ministério Público e a Defensoria Pública têm o prazo em dobro, ou seja, 16 dias (CPC/2015, arts. 180, 183 e 186).

Para aprofundamento da IN 40 do TST (juízo de admissibilidade parcial no recurso de revista), vide o capítulo destinado ao juízo de admissibilidade.

▶ **OBSERVAÇÃO:**

Nas contrarrazões, o agravado deverá oferecer resposta ao agravo e ao recurso principal, instruindo-a com as peças que considerar necessárias ao julgamento de ambos os recursos (CLT, art. 897, § 6º).

2.6.3. *Competência*

A competência para julgar o agravo de instrumento é do órgão que seria competente para conhecer o recurso cuja interposição foi denegada (CLT, art. 897, § 4º). Exemplo: o agravo de instrumento para destrancar RO de sentença é de competência do TRT.

Desse modo, o agravo deve ser interposto perante o juízo a quo (que denegou seguimento ao recurso), que encaminhará o agravo ao tribunal (juízo ad quem) para julgamento.

2.6.4. *Pressupostos recursais*

O agravo de instrumento deve preencher os pressupostos intrínsecos e extrínsecos dos demais recursos, exceto o recolhimento das custas processuais, que não é exigido nesse recurso.

Quanto ao **depósito recursal**, o candidato deve ficar atento para o fato de que, na hipótese de agravo de instrumento, ele é correspondente a 50% do valor do depósito do recurso que se pretende destrancar, devendo ser recolhido no ato da interposição do agravo (CLT, art. 899, § 7º).

▶ **OBSERVAÇÃO:**

Quando o agravo de instrumento tiver a finalidade de destrancar recurso de revista que se insurge contra decisão que contraria a jurisprudência uniforme do Tribunal Superior do Trabalho, consubstanciada nas suas súmulas ou em orientação jurisprudencial, **não haverá obrigatoriedade** de se efetuar o depósito recursal (CLT, art. 899, § 8º).

Há de se destacar que o TST, no seu Regimento Interno, estabeleceu no art. 253:

> **Art. 253.** A dispensa de depósito recursal a que se refere o § 8º do artigo 899 da CLT não será aplicável aos casos em que o agravo de instrumento se refira a uma parcela de condenação, pelo menos, que não seja objeto de arguição de contrariedade a súmula ou a orientação jurisprudencial do Tribunal Superior do Trabalho.

Com efeito, somente haverá dispensa do depósito recursal se o recurso de revista trancado tiver, integralmente, como objeto a contrariedade de súmula ou de orientação jurisprudencial.

Por fim, consigne-se que o agravo de instrumento possui um pressuposto especial: a formação do instrumento.

2.6.4.1. *Formação do instrumento*

A formação do instrumento, também denominado de translado, consiste na extração de cópias autênticas das principais peças do processo (CLT, art. 897, § 5º). Algumas peças são obrigatórias e outras facultativas.

- **peças obrigatórias**: decisão agravada, certidão da respectiva intimação, procurações outorgadas aos advogados do agravante e do agravado, petição inicial, contestação, decisão originária, depósito recursal referente ao recurso que se pretende destrancar, comprovação do recolhimento das custas e do depósito recursal[106] do agravo de instrumento (CLT, art. 897, § 5º, I).
- **peças facultativas**: outras peças que o agravante reputar úteis ao deslinde da matéria de mérito controvertida (CLT, art. 897, § 5º, II).

Porém, salienta-se que, para a formação do agravo de instrumento, não é necessária a juntada de comprovantes de recolhimento de custas e de depósito recursal relativamente ao recurso ordinário, desde que não seja objeto de controvérsia, no recurso de revista, a validade daqueles recolhimentos (OJ nº 217 da SDI-I do TST), como se observa no exemplo a seguir:

> ✦ *A empresa X interpõe recurso ordinário por não se conformar com a sentença que a condenou ao pagamento do adicional de insalubridade com base na remuneração. O TRT manteve a decisão de 1º grau. A empresa interpõe recurso de revista em que é denegado seu processamento pelo TRT, com fundamento na intempestividade, tendo que interpor agravo de instrumento ao TST para destrancar o recurso de revista. Nesse caso, a empresa não precisará apresentar, no agravo de instrumento, as guias de recolhimento das custas e do depósito recursal do recurso ordinário inicialmente proposto.*

A formação do instrumento se justifica, uma vez que, sendo conhecido e provido o agravo de instrumento, o tribunal *ad quem* passará imediatamente ao julgamento do recurso trancado. Exemplifica-se:

> ✦ *Interposto recurso de revista, o presidente ou vice-presidente do TRT denega seguimento ao recurso. O recorrente interpõe agravo de instrumento para destrancar o recurso de revista e levar ao conhecimento do TST seus fundamentos recursais. Na hipótese de o TST conhecer e prover o agravo de instrumento, ele passará imediatamente a julgar o recurso de revista. Com*

106. Nos termos da OJ nº 217 da SDI-I do TST: "para a formação do agravo de instrumento, não é necessária a juntada de comprovantes de recolhimento de custas e de depósito recursal relativamente ao recurso ordinário, desde que não seja objeto de controvérsia no recurso de revista a validade daqueles recolhimentos".

> *efeito, como julgará o recurso de revista, necessária a presença das principais peças do processo*

Ademais, caso o óbice apontado pelo juízo *a quo* para trancamento do recurso seja afastado pelo tribunal *ad quem*, este prosseguirá no exame dos demais pressupostos extrínsecos e intrínsecos do recurso trancado, mesmo que não apreciados pelo juízo *a quo* (OJ nº 282 da SDI-I do TST). Novamente, exemplificamos:

> ✦ *A empresa X interpõe recurso de revista insurgindo-se contra o provimento do pedido A pelo TRT. No juízo de admissibilidade, o TRT entende que o recurso de revista é intempestivo, denegando-lhe seguimento. A empresa interpõe agravo de instrumento, reconhecendo o TST que o recurso é tempestivo. Nessa hipótese, o recurso de revista não retornará ao TRT para verificação dos demais pressupostos recursais (ex., depósito recursal, interesse recursal etc.), devendo o próprio TST analisá-los.*

É interessante observar que é válido o traslado de peças essenciais efetuado pelo agravado, pois a regular formação do agravo incumbe às partes e não somente ao agravante (OJ nº 283 da SDI-I do TST).

Destaca-se que com o advento do processo eletrônico, realidade em todos os tribunais trabalhistas, a formação do instrumento deixa de ser pressuposto essencial para o agravo de instrumento, exceto quanto ao agravo de instrumento em mandado de segurança, na forma do art. 7º, § 1º, da Lei nº 12.016/09. Isso ocorre porque, com a interposição do agravo de instrumento no processo eletrônico, o tribunal *ad quem* terá acesso integral aos autos (CSJT – Res. nº 185/2017, art. 26; CPC/2015, art. 1.017, § 5º).

2.6.5. *Juízo de retratação*

O agravo de instrumento admite o juízo de retratação, o que significa que, uma vez interposto, poderá o juízo *a quo*, competente para o recebimento do agravo, retratar-se, ou seja, modificar seu entendimento e dar seguimento ao recurso trancado.

2.7. Agravo interno e regimental

O tribunal tem como natureza o colegiado, de modo que todas as decisões deveriam ser proferidas por um órgão colegiado. Tanto é assim que a decisão do tribunal, seja interlocutória, seja sentença, será considerada acórdão, pois as decisões "são sempre precedidas da expressão *acordam*, representando, assim, a vontade de todos ou da maioria dos membros da corte"[107].

No entanto, com base nos princípios da economia e celeridade processual, o legislador passou a atribuir poderes ao relator para julgar monocraticamente os

107. BEBBER, Júlio César. *Recursos no processo do trabalho*. 2. ed. São Paulo: LTr, 2009. p. 58.

recursos, como se observa, por exemplo, nos arts. 894, § 3º e 896, § 14, ambos da CLT e no art. 932 do CPC/15.

Assim, para manter a substância do tribunal (órgão colegiado) e a competência do colegiado, a decisão monocrática do relator está sujeita ao **agravo interno e/ou regimental**, a fim de levar essa decisão ao conhecimento do órgão colegiado (por exemplo, Turma).

Consigna-se que a doutrina não é uniforme quanto à distinção do agravo interno (inominado) e do agravo regimental, sendo predominante o entendimento de que aquele é o previsto nos arts. 894, § 3º, da CLT e 1.021 do CPC/2015, aplicável supletivamente ao processo do trabalho (TST-IN nº 39/2016, art. 3º, XXIX), enquanto o agravo regimental está previsto no próprio regimento interno do tribunal.

De qualquer modo, ambos decorrem de decisão monocrática, que busca levar ao conhecimento do colegiado a decisão proferida pelo relator, seja por meio de competência recursal ou competência originária do tribunal.

Assim, é incabível agravo interno (art. 1.021 do CPC/2015) ou agravo regimental[108] contra decisão proferida por **órgão colegiado**, sendo inclusive inaplicável, no caso, o princípio da fungibilidade ante a configuração de erro grosseiro (OJ nº 412 da SDI-I do TST).

► **ATENÇÃO:**

O agravo regimental é previsto nos regimentos internos dos tribunais, mas, excepcionalmente, há indicação de seu cabimento na própria lei, como se percebe, por exemplo, pelo art. 709, § 1º, da CLT e arts. 2º, II, "d" e 3º, III, da Lei nº 7.701/88.

O prazo do agravo interno e do agravo regimental é de 8 dias úteis. É o que dispõe o art. 1º, § 2º, da Instrução Normativa nº 39/2016:

> **Art. 1º**, § 2º O prazo para interpor e contra-arrazoar todos os recursos trabalhistas, inclusive agravo interno e agravo regimental, é de oito dias (art. 6º da Lei nº 5.584/70 e art. 893 da CLT), exceto embargos de declaração (CLT, art. 897-A).

Considerando que ambos têm natureza recursal, todos os prazos diferenciados a ele se aplicam, ou seja, o Ministério Público, a Fazenda Pública e a Defensoria Pública terão prazo em dobro.

Interposto o agravo interno, o recorrente deverá impugnar especificamente os fundamentos da decisão agravada (CPC/2015, art. 1.021, § 1º). Essa previsão se justifica para que o agravante não efetue mera repetição dos fundamentos da pretensão

108. A redação atual do Regimento Interno do TST não faz referência ao agravo regimental, tratando apenas do agravo interno, uma vez que o art. 1.021 do CPC/15 generalizou seu cabimento para todas as decisões proferidas pelo relator. De qualquer modo, nada obsta que os TRTs disponham sobre o agravo regimental em seus regimentos internos.

julgada monocraticamente. Assim, "ainda que não seja viável a absoluta mudança de razões em sede de agravo interno, o essencial é que tais razões passem a ser especificamente voltadas à impugnação da decisão monocrática"[109].

O agravo será dirigido ao relator, que intimará o agravado para manifestar-se sobre o recurso no prazo de 8 dias, ao final do qual, não havendo retratação, o relator levá-lo-á a julgamento pelo órgão colegiado, com inclusão em pauta (CPC/2015, art. 1.021, § 2º).

É vedado ao relator limitar-se à reprodução dos fundamentos da decisão agravada para julgar improcedente o agravo interno (CPC/2015, art. 1.021, § 3º).

Cumpre registrar que, com o advento da Lei 14.365/22 que alterou o art. 7º, § 2º-B, da Lei 8906/94, é admitida a **sustentação oral no agravo interno** interposto contra a decisão monocrática de relator que julgar o mérito ou não conhecer dos seguintes recursos ou ações:

1) recurso ordinário;
2) agravo de petição;
3) recurso de revista:
4) embargos de divergência;
5) recurso extraordinário;
6) ação rescisória, mandado de segurança, reclamação, habeas corpus e outras ações de competência originária.

2.7.1. *Decisão que denega seguimento ao recurso de revista*

A Instrução Normativa nº 40 do TST, alterada pela Resolução nº 224/2024, passou a estabelecer no art. 1º-A, *caput*, o seguinte:

> Art. 1º-A Cabe agravo interno da decisão que negar seguimento ao recurso de revista interposto contra acórdão que esteja em conformidade com entendimento do Tribunal Superior do Trabalho, exarado nos regimes de julgamento de recursos repetitivos, de resolução de demandas repetitivas e de assunção de competência, de acordo com os arts. 988, § 5°, 1.030, § 2°, e 1.021 do CPC, aplicáveis ao processo do trabalho, conforme art. 896-B da CLT.

Assim, da decisão do Presidente ou Vice-Presidente do TRT caberá **agravo interno** quando o recurso de revista tiver seu seguimento denegado, porque o acórdão recorrido está em consonância com entendimento do TST exarado em:

---

109. NEVES, Daniel Amorim Assumpção. *Manual de direito processual civil* – volume único. 8. ed. Salvador: Editora Juspodivm, 2016. p. 1581.

1) Recurso de revista repetitivo;

2) Incidente de resolução de demandas repetitivas; e

3) Incidente de assunção de competência.

Nesse caso, interposto o agravo interno, o Presidente ou o Vice-Presidente poderá se retratar e dar seguimento ao recurso de revista ou, não sendo o caso de retratação, encaminhá-lo para o plenário ou o órgão especial do próprio TRT.

Sendo o agravo interno provido, dar-se-á seguimento ao recurso de revista quanto ao capítulo objeto da insurgência.

Caso o agravo interno seja desprovido, nenhum recurso caberá dessa decisão regional (TST-IN nº 40/2016, art. 1º-A, § 3º), salvo os embargos de declaração. Embora não caiba recurso, como houve o esgotamento da instância ordinária, será admitido no prazo dos embargos de declaração[110] a reclamação para o TST, desde que preenchidos seus requisitos, do objeto discutido no agravo interno.

Por outro lado, caberá agravo de instrumento quando a denegação do seguimento do recurso de revista não envolver entendimentos sedimentados pelo TST em regime de recurso de revista repetitivo, IRDR e assunção de competência (CPC/15, art. 1.030, V e § 1º; TST-IN 40/2016, art. 1º-A).

Pode acontecer, ainda, de o recurso de revista impugnar capítulo que tenha tema já pacificado no TST em precedente obrigatório e outro capítulo que não esteja fincado em precedente obrigatório.

Nesse caso, sendo denegado o seguimento integral do recurso de revista, a parte deverá apresentar, simultaneamente, o agravo interno do capítulo relacionado ao entendimento firmado pelo TST no recurso de revista repetitivo, IRDR e assunção de competência, e o agravo de instrumento dos demais capítulos (TST-IN nº 40/2016, art. 1º-A, § 1º).

Nessa hipótese, o processamento do agravo de instrumento ocorrerá após o julgamento do agravo interno pelo órgão colegiado competente (TST-IN nº 40/2016, art. 1º-A, § 2º).

2.7.2. *Multa no agravo interno*

O agravo interno tem como finalidade manter a substância do tribunal (órgão colegiado) e a competência do órgão colegiado. No entanto, o agravo interno não pode ser utilizado de forma abusiva, ou seja, com o simples objetivo de procrastinar o andamento do processo, sob pena de ferir o próprio princípio da celeridade processual. Com base nisso, o legislador criou mecanismo sancionatório para aqueles que utilizarem de forma abusiva o agravo, estabelecendo, no art. 1.021, § 4º,

110. É que dentro do prazo dos embargos de declaração ainda não ocorreu o trânsito em julgado.

do CPC/2015, o qual é aplicável subsidiariamente ao processo do trabalho (TST-IN 39/2016, art. 3º, XXIX), que:

> 4º Quando o agravo interno for declarado manifestamente inadmissível ou improcedente em votação unânime, o órgão colegiado, em decisão fundamentada, condenará o agravante a pagar ao agravado multa fixada entre um e cinco por cento do valor atualizado da causa.

Vê-se pelo referido dispositivo que a multa impõe a conjugação de dois requisitos:

1) declarado manifestamente inadmissível ou improcedente;

2) votação unânime.

Aplicada a multa, declina o art. 1.021, § 5º, do CPC/2015, o que segue:

> § 5º A interposição de qualquer outro recurso está condicionada ao depósito prévio do valor da multa prevista no § 4º, à exceção da Fazenda Pública e do beneficiário de gratuidade da justiça, que farão o pagamento ao final.

Portanto, o recolhimento da referida multa foi contemplado como pressuposto recursal, vez que qualquer outro recurso posterior à aplicação da multa fica condicionado ao seu pagamento.

A imposição da multa supramencionada tem aplicação para qualquer das partes, inclusive ao reclamante.

Contudo, o CPC/2015, expressamente, descreve que a Fazenda Pública e o beneficiário da justiça gratuita não pagam a referida multa como pressuposto processual, devendo pagá-la no final do processo. Nesse sentido, a OJ nº 389 da SDI-I do TST:

> **OJ nº 389 da SDI - I do TST.** Multa prevista no art. 1.021, §§ 4º e 5º, do CPC de 2015. Art. 557, § 2º, do CPC de 1973. Recolhimento. Pressuposto recursal. Beneficiário da Justiça Gratuita e Fazenda Pública. Pagamento ao final.
>
> Constitui ônus da parte recorrente, sob pena de deserção, depositar previamente a multa aplicada com fundamento nos §§ 4º e 5º, do art. 1.021, do CPC de 2015 (§ 2º do art. 557 do CPC de 1973), à exceção da Fazenda Pública e do beneficiário de justiça gratuita, que farão o pagamento ao final.

Por questão de coerência o mesmo raciocínio deve ser aplicado ao Ministério Público do Trabalho[111].

É preciso deixar claro: não há isenção de pagamento, mas apenas se afasta a necessidade de pagamento como pressuposto recursal, exigindo seu recolhimento no final do processo, seja pelo beneficiário da justiça gratuita, seja pela Fazenda Pública.

---

111. NEVES, Daniel Amorim Assumpção. *Manual de Direito Processual Civil - volume único*. 8. ed. Salvador: Editora Juspodivm, 2016. p. 1585.

É importante destacar que a competência para aplicar a multa é do órgão colegiado, e não do relator[112].

Por fim, consigna-se que essa multa é exclusiva do agravo interno. Por ser norma sancionatória deve ser interpretada restritivamente, não incidindo no agravo regimental.

2.8. Recurso extraordinário

O recurso extraordinário julgado pelo Supremo Tribunal Federal é cabível no processo do trabalho, somente depois de esgotados os recursos na seara trabalhista.

Suas hipóteses de cabimento vêm descritas no art. 102, III, da CF, sendo admitido nas decisões proferidas em única ou última instância que:

> a) contrariar dispositivo da Constituição Federal;
>
> b) declarar a inconstitucionalidade de tratado ou lei federal;
>
> c) julgar válida lei ou ato de governo local contestado em face da Constituição.
>
> d) julgar válida lei local contestada em face de lei federal.

Ele deve ser interposto no prazo de 15 dias, tendo o mesmo prazo para as contrarrazões.

Estabelece o art. 893, § 2º, da CLT:

> § 2º – A interposição de recurso para o Supremo Tribunal Federal não prejudicará a execução do julgado.

No entanto, o C. TST, interpretando referido dispositivo, dispôs que não há direito líquido e certo à execução definitiva na pendência de recurso extraordinário, ou de agravo de instrumento visando a destrancá-lo (OJ nº 56 da SDI-II do TST). Isso não impede, porém, que na execução provisória sejam invocados os arts. 520, IV e 521, do CPC/2015, admitindo o levantamento de depósito em dinheiro ou atos que importem em alienação da propriedade.

Consigna-se que, no recurso extraordinário, são exigidos os pressupostos recursais dos demais recursos trabalhistas, **com exceção do depósito recursal**[113]. Além disso, é obrigatório o prequestionamento da matéria, bem como a demonstração da repercussão geral.

No que tange à repercussão geral, o § 2º do art. 102 da CF/88 estabelece:

---

112. LEITE, Carlos Henrique Bezerra. *Curso de direito processual do trabalho*. 9. ed. São Paulo: LTr, 2012. p. 880.
113. Tema 679 do STF: "Surge incompatível com a Constituição Federal exigência de depósito prévio como condição de admissibilidade do recurso extraordinário, no que não recepcionada a previsão constante do § 1º do artigo 899 da Consolidação das Leis do Trabalho, sendo inconstitucional a contida na cabeça do artigo 40 da Lei nº 8.177 e, por arrastamento, no inciso II da Instrução Normativa nº 3/1993 do Tribunal Superior do Trabalho".

> No recurso extraordinário o recorrente deverá demonstrar a repercussão geral das questões constitucionais discutidas no caso, nos termos da lei, a fim de que o Tribunal examine a admissão do recurso, somente podendo recusá-lo pela manifestação de dois terços de seus membros.

Impôs-se, portanto, o afastamento da Corte Suprema do julgamento de demandas de menor significância.

Haverá repercussão geral quando a questão constitucional se mostrar relevante "do ponto de vista econômico, político, social ou jurídico que ultrapassem os interesses subjetivos do processo" (CPC/2015, art. 1.035, § 1º).

Exige-se, pois, a conjugação da relevância e da transcendência. Relevância quando ligado a aspecto econômico, político, social ou jurídico. E a transcendência quando impõe que a decisão ultrapasse (transcenda) os interesses dos sujeitos da causa.

Assim, incumbe ao recorrente demonstrar a existência da repercussão geral no recurso extraordinário. Se não houver no recurso o levantamento da repercussão geral, falta-lhe um pressuposto recursal ligado à regularidade formal, de modo que o próprio vice-presidente do C. TST poderá não admiti-lo. Agora, existindo alegação da repercussão geral, a efetiva apreciação da sua existência é de competência exclusiva do Supremo Tribunal Federal (CPC/2015, art. 1.035, § 2º)[114]. Ademais, o E. STF somente analisará esse pressuposto depois de se verificar a presença de todos os demais pressupostos, noutras palavras, é sempre o último pressuposto a ser analisado (STF-RI, art. 323, *caput*).

Embora a repercussão geral decorra de conceito legal indeterminado, cumpre destacar que haverá presunção legal absoluta de existência de repercussão geral sempre que o recurso extraordinário:

a) impugnar acórdão que contrarie súmula ou jurisprudência dominante do Supremo Tribunal Federal (CPC/2015, art. 1.035, § 3º, I);

b) impugnar acórdão que tenha reconhecido a inconstitucionalidade de tratado ou de lei federal, nos termos do art. 97 da CF/88 (CPC/2015, art. 1.035, § 3º, II);

c) impugnar acórdão proferido em incidente de resolução de demandas repetitivas (CPC/2015, art. 987, § 1º).

O relator poderá admitir, na análise da repercussão geral, a manifestação de terceiros, subscrita por procurador habilitado, nos termos do Regimento Interno do Supremo Tribunal Federal (CPC/2015, art. 1.035, § 4º). Trata-se de intervenção no processo pelo *amicus curiae*.

114. DIDIER JR., Fredie; CUNHA, Leonardo Carneiro da. *Curso de direito processual civil: meios de impugnação às decisões judiciais e Processo nos Tribunais*, vol. 3. 13. ed. Salvador: Editora Juspodivm, 2016. p. 364.

Reconhecida a repercussão geral, o relator no Supremo Tribunal Federal determinará a suspensão do processamento de todos os processos pendentes, individuais ou coletivos, que versem sobre a questão e tramitem no território nacional (CPC/2015, art. 1.035, § 5º).

O recurso que tiver a repercussão geral reconhecida deverá ser julgado no prazo de 1 (um) ano e terá preferência sobre os demais feitos, ressalvados os que envolvam réu preso e os pedidos de *habeas corpus* (CPC/2015, art. 1.035, § 9º).

Por outro lado, sendo negada a existência da repercussão geral, o presidente ou o vice-presidente do tribunal de origem negará seguimento aos recursos extraordinários sobrestados na origem que versem sobre matéria idêntica (CPC/2015, art. 1.035, § 8º).

A decisão que negar a existência de repercussão geral é irrecorrível (CPC/2015, art. 1.035, *caput*). A irrecorribilidade não impede, porém, a interposição dos embargos de declaração.

2.8.1. Recurso extraordinário repetitivo

Pode acontecer de existir multiplicidade de recursos extraordinários com fundamento em idêntica questão de direito. Nesse caso, o julgamento será realizada por amostragem, nos termos dos arts. 1.036 a 1.041 do CPC/2015.

Desse modo, caberá ao presidente ou vice-presidente do TST selecionar dois ou mais recursos representativos da controvérsia e encaminhá-los ao Supremo Tribunal Federal, suspendendo todos os processos pendentes, individuais e coletivos (CPC/2015, art. 1.036, § 1º; CLT, art. 896-C, § 14).

Caso o TST não tenha verificado a multiplicidade, mas, chegando ao Supremo Tribunal Federal múltiplos recursos com fundamento em idêntica controvérsia, o relator poderá selecionar dois ou mais representativos da questão para julgamento da questão de direito (CPC/2015, art. 1.036, § 5º).

> ► **ATENÇÃO:**
> Somente podem ser selecionados recursos admissíveis que contenham abrangente argumentação e discussão a respeito da questão a ser decidida (CPC/2015, art. 1.036, § 6º).

Selecionados os recursos, o relator, no Supremo Tribunal Federal, constatando a multiplicidade de recursos e que versam sobre idêntica questão de direito, proferirá decisão de afetação, na qual:

> I – identificará com precisão a questão a ser submetida a julgamento;
>
> II – determinará a suspensão do processamento de todos os processos pendentes, individuais ou coletivos, que versem sobre a questão e tramitem no território nacional (CPC/2015, art. 1.037).

Se, após receber os recursos selecionados pelo presidente ou pelo vice-presidente de do Tribunal Superior do Trabalho, não se proceder à afetação, o relator, no tribunal superior, comunicará o fato ao presidente ou ao vice-presidente que os houver enviado, para que seja revogada a decisão de suspensão (CPC/2015, art. 1.037, § 1º).

Havendo mais de uma afetação, será prevento o relator que primeiro tiver proferido a decisão que identificar com precisão a questão a ser submetida a julgamento (CPC/2015, art. 1.037, § 3º).

Os recursos afetados deverão ser julgados no prazo de 1 ano e terão preferência sobre os demais feitos, ressalvados os que envolvam réu preso e os pedidos de *habeas corpus* (CPC/2015, art. 1.037, § 4º).

As partes deverão ser intimadas da decisão de suspensão de seu processo, a ser proferida pelo respectivo juiz ou relator quando informado da decisão de afetação (CPC/2015, art. 1.037, § 8º).

Demonstrando distinção entre a questão a ser decidida no processo e aquela a ser julgada no extraordinário afetado, a parte poderá requerer o prosseguimento do seu processo (CPC/2015, art. 1.037, § 9º).

O requerimento será dirigido:

> I – ao juiz, se o processo sobrestado estiver em primeiro grau;
>
> II – ao relator, se o processo sobrestado estiver no tribunal de origem;
>
> III – ao relator do acórdão recorrido, se for sobrestado recurso extraordinário no tribunal de origem;
>
> IV – ao relator, no Supremo Tribunal Federal, de recurso extraordinário cujo processamento houver sido sobrestado (CPC/2015, art. 1.037, § 10).

A outra parte deverá ser ouvida sobre o requerimento anterior, no prazo de 5 dias (CPC/2015, art. 1.037, § 11).

Reconhecida a distinção no caso:

> I – dos item I, II e IV indicando anteriormente, o próprio juiz ou relator dará prosseguimento ao processo;
>
> II – do item III, o relator comunicará a decisão ao presidente ou ao vice-presidente que houver determinado o sobrestamento, para que o recurso extraordinário seja encaminhado ao respectivo tribunal superior, na forma do art. 1.030, parágrafo único (CPC/2015, art. 1.037, § 12).

No processo do trabalho, da decisão que resolver o requerimento de distinção, caberá agravo interno, se a decisão for do relator (CPC/2015, art. 1.037, § 13, II).

Após o julgamento, publicado o acórdão paradigma poderão ocorrer as seguintes situações:

> I – o presidente ou o vice-presidente do Tribunal Superior do Trabalho negará seguimento aos recursos extraordinários sobrestados na origem, se o acórdão recorrido coincidir com a orientação do tribunal superior;
>
> II – o órgão que proferiu o acórdão recorrido, na origem, reexaminará o processo de competência originária, a remessa necessária ou o recurso anteriormente julgado, se o acórdão recorrido contrariar a orientação do tribunal superior;

Nesse caso, mantido o acórdão divergente pelo tribunal de origem, o recurso extraordinário será remetido ao Supremo Tribunal Federal, na forma do art. 1.036, § 1º, do CPC/2015.

Realizado o juízo de retratação, com alteração do acórdão divergente, o tribunal de origem, se for o caso, decidirá as demais questões ainda não decididas cujo enfrentamento se tornou necessário em decorrência da alteração (CPC/2015, art. 1.041, § 1º).

Quando o recurso versar sobre outras questões, caberá ao presidente do Tribunal Superior do Trabalho, depois do reexame pelo órgão de origem e independentemente de ratificação do recurso, sendo positivo o juízo de admissibilidade, determinar a remessa do recurso ao Supremo Tribunal Federal para julgamento das demais questões (CPC/2015, art. 1.041, § 2º).

A parte poderá desistir da ação em curso no primeiro grau de jurisdição, antes de proferida a sentença, se a questão nela discutida for idêntica à resolvida pelo recurso representativo da controvérsia (CPC/2015, art. 1.040, § 1º).

Se a desistência ocorrer antes de oferecida contestação, a parte ficará isenta do pagamento de custas e de honorários de sucumbência (CPC/2015, art. 1.040, § 2º). Essa desistência independe de consentimento do réu, ainda que apresentada contestação (CPC/2015, art. 1.040, § 3º).

► **ATENÇÃO:**

As decisões proferidas nos dissídios de alçada (rito Sumário) não estão sujeitas a recurso, salvo se versarem sobre matéria constitucional (art. 2º, § 4º, da Lei nº 5.584/70), admitindo-se assim o recurso extraordinário*.

*. *Embora essa seja a posição uniforme da doutrina, o STF não tem admitido o recurso extraordinário nessa hipótese (Ag.Reg. no Recurso extraordinário 553.683. Rel. Min. Dias Toffoli. DJe 9.3.2012; RE no 638.224/SP- AgR, Segunda Turma, Relator o Ministro Celso de Mello, DJe de 21/6/11; ARE no 648.279/DF-ED, Primeira Turma, Relatora a Ministra Cármen Lúcia, DJe de 19/9/11).*

3. INCIDENTE DE RESOLUÇÃO DE DEMANDAS REPETITIVAS

3.1. Microssistema de julgamentos de causas repetitivas

O ordenamento brasileiro, embasado nos conflitos de massa e com o objetivo de garantir maior segurança jurídica e isonomia aos jurisdicionados, criou um microssistema de julgamento de casos repetitivos, buscando impedir que casos semelhantes possuam decisões distintas e contraditórias.

Esse microssistema é subdividido em dois microssistemas:

a) **microssistema de formação concentrada de precedentes obrigatórios:** institui um procedimento para que determinadas decisões sejam de observância obrigatória em outros processos, impondo aos tribunais a criação de bancos de dados sobre tais decisões, participação de interessados e *amicus curiae*, intervenção do Ministério Público, fundamentação reforçada, cabimento da reclamação em alguns casos e possibilidade de revisão da tese jurídica;

b) **microssistema de gestão e julgamento de casos repetitivos:** produz um procedimento de sobrestamento dos processos em que a questão a ser decidida se repete, aplicando-se a tese jurídica definida aos processos pendentes.

Esses microssistemas são compostos pelas normas do CPC e as inseridas na CLT a respeito do julgamento do recurso de revista repetitivo (art. 896-B e art. 896-C)[115]. Isso significa que essas normas se inter-relacionam, compatibilizam-se e são complementares.

No processo do trabalho, estão inseridos nesses dois microssistemas o incidente de resolução de demandas repetitivas, recursos de revista repetitivo e o recurso extraordinário repetitivo. Já a assunção de competência engloba apenas o microssistema de formação de precedente obrigatório.

Enfim, o incidente de resolução de demandas repetitivas (IRDR) tem como finalidade a produção de "eficácia pacificadora de múltiplos litígios, mediante o estabelecimento de tese aplicável a todas as causas em que se debata a mesma questão de direito"[116].

Portanto, busca atacar duas mazelas do processo na atualidade: a multiplicidade de recursos e a tratamento desigual de jurisdicionados[117].

Ele vem disciplinado nos arts. 976 a 987 do CPC/2015, os quais são aplicáveis ao processo do trabalho (TST-IN nº 39/2016, art. 8º).

---

115. DIDIER Jr., Fredie; CUNHA, Leonardo José Carneiro da. *Curso de direito processual civil: Meios de impugnação às decisões judiciais e processo nos tribunais.* 13. ed. Bahia: Juspodivm, 2016. v. 3, p. 590-591. A ideia de microssistemas é extraída de referido curso.

116. THEODORO JR., Humberto. *Incidente de Resolução de demandas repetitivas.* In: THEODORO JR., Humberto; OLIVEIRA, Fernanda Alvim Ribeiro de; REZENDE, Ester Camila Gomes Norato (coord.). Primeiras Lições sobre o Novo Direito Processual Civil Brasileiro (de acordo com o Novo Código de Processo Civil, Lei 13.105, de 16 de março de 2015). Rio de Janeiro: Forense, 2015. p. 734-755.

117. MELLO FILHO, Luiz Philippe Vieira de; MELLO NETO, Luiz Philippe Vieira de. A Lei 13.015/2014 e o incidente de resolução de demandas repetitivas: uma visão. In: MIESSA, Élisson (org.). *O Novo Código Civil e seus reflexos no processo do trabalho.* 2. ed. Salvador: Editora Juspodivm, 2016. p. 1189.

3.2. Natureza Jurídica

O incidente de resolução de demandas repetitivas tem natureza de incidente autônomo. Trata-se, pois, de incidente processual.

3.3. Cabimento e requisitos

Para sua instauração, o art. 976 do CPC/2015 exige, **simultaneamente**, os seguintes requisitos:

> I – efetiva repetição de processos que contenham controvérsia sobre a mesma questão unicamente de direito;
>
> II – risco de ofensa à isonomia e à segurança jurídica

Salienta-se que, ao exigir que os processos tratem da mesma questão jurídica, o dispositivo refere-se às situações nas quais os fatos já se tornaram incontroversos, restando-se apenas a resolução das questões jurídicas[118].

Admite-se que haja mais de uma questão de direito envolvida no processo, podendo compreender questões de direito material e de direito processual (CPC/2015, art. 928, parágrafo único; TST-IN nº 39/2016, art. 3º, XXIII), não se permitindo apenas que haja discussão de matéria fática.

Pela análise do art. 976 do CPC/2015, observa-se a função repressiva do incidente de resolução de demandas repetitivas, uma vez que o novel código exige que haja efetivamente a repetição de processos. Desse modo, o IRDR não exerce uma função preventiva, ou seja, de evitar a instauração de processos com a mesma controvérsia, mas sim de solucionar as controvérsias já existentes.

► **ATENÇÃO:**

A efetiva repetição de processos abarca não apenas as demandas individuais, mas também as ações coletivas capazes de colocar em risco a isonomia e a segurança jurídica dos jurisdicionados (CPC/2015, arts. 982, I, e 985, I).

Existe ainda um **requisito negativo**: quando a matéria já tiver sido afetada pelo tribunal Superior. Noutras palavras, o incidente é incabível quando um dos tribunais superiores, no âmbito de sua respectiva competência, já tiver afetado recurso para definição de tese sobre questão de direito material ou processual repetitiva (CPC/2015, art. 976, § 4º). É o que poderá ocorrer quando o C. TST já tiver afetada a matéria para julgamento em recurso de revista repetitivo.

118. MEIRELES, Edilton. *Do incidente de resolução de demandas repetitivas no Processo Civil Brasileiro e suas repercussões no Processo do Trabalho*. In: LEITE, Carlos Henrique Bezerra (org.). Novo CPC: repercussões no processo do trabalho. São Paulo: Saraiva, 2015. p. 197-236.

Cumpre consignar que a inadmissão do incidente de resolução de demandas repetitivas por ausência de qualquer de seus pressupostos de admissibilidade não impede que, uma vez satisfeito o requisito, seja o incidente novamente suscitado (CPC/2015, art. 975, § 3º).

3.4. Competência

Diferentemente dos recursos repetitivos (extraordinário, especial e de revista) que são, invariavelmente, instaurados nas Cortes Superiores, o incidente de demandas repetitivas pode ser instaurado em qualquer tribunal.

Pretende, pois, trazer para os Tribunais Regionais o microssistema de julgamento de casos repetitivos, que já existia nas Cortes Superiores.

Embora os recursos repetitivos cumpram a mesma missão do IRDR nos tribunais superiores, admite-se o IRDR em tais tribunais quando se tratar de causas de competência originária e recursal ordinária, como é o caso, por exemplo, de existirem reiterados conflitos de competência, reclamações ou recurso ordinário de decisão de competência originária dos TRTs (TST-RI, art. 305, *caput*).

Em regra, porém, o IRDR será instaurado nos Tribunais Regionais.

A competência interna para seu julgamento deverá constar no regimento interno de cada tribunal, conforme declina o art. 978 do CPC/15. Quanto à competência para julgar a admissibilidade do IRDR, o art. 34 da Recomendação nº 134/22 do CNJ dispõe:

> Art. 34. Recomenda-se aos tribunais que se atenham, no juízo de admissibilidade do Incidente de Resolução de Demandas Repetitivas, somente aos requisitos legalmente estabelecidos no art. 976 do CPC/2015, levando em consideração a análise da conveniência quanto à quantidade de processos e ao risco à isonomia.
>
> Parágrafo único. A competência para julgar a admissibilidade do Incidente de Resolução de Demandas Repetitivas cabe ao órgão colegiado regimentalmente indicado para o respectivo julgamento, a quem também compete emitir o juízo de admissibilidade logo em seguida à distribuição, conforme previsão dos arts. 976 e 981 do Código de Processo Civil. (incluído pela Recomendação n. 143, de 25 de agosto de 2023)

No TST, o incidente será submetido ao Tribunal Pleno, órgão competente para apreciar sua admissibilidade e julgá-lo, sendo distribuído por prevenção ao Ministro relator do processo de competência originária do Tribunal do qual se originou (TST-RI, art. 305, §§ 1º-A e 2º).

3.5. Legitimidade

O pedido de instauração do incidente, nos termos do art. 977 do CPC/2015, pode ser formulado:

I – pelo juiz ou relator, por ofício;

II – pelas partes, por petição;

III – pelo Ministério Público ou pela Defensoria Pública, por petição (CPC/2015, art. 977).

Destaca-se que em todos os casos, o ofício do juiz ou relator ou a petição das partes, do Ministério Público ou da Defensoria Pública deverão estar instruídos com os documentos necessários à demonstração do preenchimento dos requisitos para a instauração do incidente (CPC/2015, art. 977, parágrafo único).

► **ATENÇÃO:**

Se não for o requerente, o Ministério Público intervirá obrigatoriamente no incidente e deverá assumir sua titularidade em caso de desistência ou de abandono (CPC/2015, art. 976, § 2º).

3.5.1. *Desistência ou abandono*

Uma vez instaurado o incidente, a desistência ou o abandono do processo não impedirá o seu exame de mérito do incidente (CPC/2015, art. 976, § 1º). Observa-se, portanto, que o interesse coletivo prevalece sobre o interesse individual, do mesmo modo que se observa nos recursos repetitivos[119].

Havendo desistência ou abandono, caberá ao Ministério Público assumir a titularidade do incidente, nos termos do art. 976, § 2º, do CPC/2015.

No entanto, a desistência ou o abandono afasta a aplicação da tese firmada no incidente ao caso piloto, ou seja, ao caso que deu origem ao incidente. Isso somente não ocorrerá quando o caso piloto for uma ação coletiva, vez que o Ministério Público ou outro legitimado coletivo também assumirão a titularidade do caso concreto, por força do art. 5º, § 3º, da Lei n. 7.347/85[120].

3.6. Procedimento

O incidente de resolução de demandas repetitivas é julgado pelo órgão indicado pelo regimento interno dentre aqueles responsáveis pela uniformização de jurisprudência do tribunal (CPC/2015, art. 978, *caput*), sendo competente para julgar o incidente e fixar a tese jurídica, além de julgar o recurso, remessa necessária ou o processo de competência originária de onde se originou o incidente (CPC/2015, art. 978, parágrafo único).

---

119. THEODORO JR., Humberto. *Incidente de resolução de demandas repetitivas*. In: THEODORO JR., Humberto; OLIVEIRA, Fernanda Alvim Ribeiro de; REZENDE, Ester Camila Gomes Norato (coord.). *Primeiras lições sobre o novo direito processual civil brasileiro*. Rio de Janeiro: Forense, 2015. p. 734-750.

120. DIDIER Jr., Fredie; ZANETI Jr., Hermes. *Curso de direito processual civil: processo coletivo*. 10. ed. – Salvador: Ed. Juspodivm, 2016. p. 93-94.

O incidente terá duas fases:

1) admissibilidade; e

2) construção da tese jurídica.

Após a distribuição do incidente, que **não** está submetido ao pagamento de custas, o órgão colegiado competente realizará o juízo de admissibilidade (1ª fase), analisando a presença dos requisitos constantes no art. 976 do CPC/2015 (art. 981).

Destaca-se que o juízo de admissibilidade não pode ser realizado monocraticamente pelo relator, em razão de o art. 981 do CPC/2015 disciplinar, de forma expressa, que ele deverá ser realizado pelo colegiado.

Caso seja admitido[121], o relator:

1) Irá suspender os processos pendentes, individuais ou coletivos;

> ▶ **IMPORTANTE:**
>
> **Embora o incidente seja instaurado em regra no Tribunal Regional do Trabalho, a suspensão poderá ser estendida a todos os processos em curso no território nacional que versem sobre a mesma questão discutida, desde que algum dos legitimados (juiz ou relator, partes ou Ministério Público ou Defensoria Pública, art. 977 do CPC/2015) requeira tal medida ao Tribunal Superior do Trabalho (CPC/2015, art. 982, § 3º).**

2) Poderá requisitar informações a órgãos em cujo juízo tramita processo no qual se discute o objeto do incidente, que as prestarão no prazo de 15 (quinze) dias; e

3) Intimará o Ministério Público para, querendo, manifestar-se no prazo de 15 (quinze) dias (CPC/2015, art. 982).

Passa-se, assim, à fase da construção da tese, oportunidade em que o relator ouvirá as partes e os interessados (inclusive pessoas, órgãos e entidades com interesse na controvérsia) que, no prazo de 15 dias, poderão requerer a juntada de documentos e outras diligências necessárias para a elucidação da questão de direito controvertida.

---

121. O C. TST vem entendendo que não cabe recurso ordinário contra decisão de TRT que não admite Incidente de Resolução de Demanda Repetitiva – IRDR:
Incidente de Resolução de Demanda Repetitiva. Não conhecimento pelo TRT. Recurso ordinário. Não cabimento. Art. 987 do CPC de 2015.
Não cabe recurso ordinário contra decisão de TRT que não admite Incidente de Resolução de Demanda Repetitiva – IRDR. Embora o IRDR seja compatível com o processo do trabalho, nos termos da IN 39 do TST, o art. 987 do CPC de 2015 admite a interposição de recurso de natureza extraordinária apenas quando houver o julgamento do mérito do incidente. Sob esse entendimento, o Órgão Especial, por unanimidade, não conheceu do recurso ordinário. (TST-RO-21242-23.2016.5.04.0000, Órgão Especial, rel. Min. Maria Helena Mallmann, 6.8.2018 – Informativo nº 181).

Em seguida, haverá manifestação do Ministério Público no mesmo prazo (CPC/2015, art. 983). O relator poderá ainda designar data para audiência pública, a fim de que sejam ouvidas pessoas com experiência e conhecimento na matéria (CPC/2015, art. 983, § 1º).

Após concluídas as diligências, o relator deverá designar data para o julgamento do incidente (CPC/2015, art. 983, § 2º).

Cabe destacar que o julgamento do incidente deverá ocorrer no prazo de 1 ano, tendo preferência sobre os demais feitos, com ressalva dos que evolvam réu preso e os pedidos de *habeas corpus*. Superado o prazo de um ano, cessa a suspensão dos processos, exceto se houver decisão fundamentada do relator em sentido contrário (CPC/2015, art. 980).

No julgamento do incidente, será observada a seguinte ordem:

> I – o relator fará a exposição do objeto do incidente;
>
> II – poderão sustentar suas razões, sucessivamente:
>
> a) o autor e o réu do processo originário e o Ministério Público, pelo prazo de 30 (trinta) minutos;
>
> b) os demais interessados, no prazo de 30 (trinta) minutos, divididos entre todos, sendo exigida inscrição com 2 (dois) dias de antecedência (CPC/2015, art. 984)

O conteúdo do acórdão deverá abranger a análise de todos os fundamentos suscitados concernentes à tese jurídica discutida, sejam favoráveis ou contrários (CPC/2015, art. 984, § 2º; TST-RI, art. 168, parágrafo único).

Após o julgamento do incidente, a tese jurídica definida será aplicada a todos os processos individuais ou coletivos que versem sobre idêntica questão de direito e que tramitem na área de jurisdição do respectivo tribunal, bem como aos casos futuros que versem sobre idêntica questão de direito e que venham a tramitar no território de competência do tribunal (CPC/2015, art. 985).

Aliás, ao criar um precedente obrigatório, impõe-se sua observância pelos juízos e tribunais, permitindo:

- o julgamento de improcedência liminar (CPC/2015, art. 332, III; TST-IN nº 39/2016, art. 7º);
- a dispensa do reexame necessário (CPC/2015, art. 496, § 4º, III; Súmula 303, II, c, do TST);
- o julgamento monocrático pelo relator (CPC/2015, art. 932, IV, c, V, c; art. 955, parágrafo único, II; TST-IN 39/2016, art. 10 e Súmula nº 435 do TST); e
- o julgamento de plano do conflito de competência (CPC/2015, art. 955, parágrafo único, II).

3.7. Meios de impugnação do julgamento do IRDR

O julgamento do incidente de resolução de demandas repetitivas está sujeito às seguintes impugnações:

a) **embargos de declaração** (CPC/2015, art. 1.022; TST-IN nº 39/2016, art. 10, *caput*).

b) **recurso de revista:** do julgamento do mérito do incidente de resolução de demandas repetitivas, em processos de competência recursal ordinária do Tribunal Regional do Trabalho (ou seja, que derivar do recurso ordinário ou do agravo de petição), caberá recurso de revista (TST-IN nº 41-A/2024, art. 1º, caput e § 1º).

Possuem legitimidade ativa para a interposição do recurso os legitimados previstos no art. 977 do CPC/2015, com exceção do juiz ou do relator, já que não pode haver recurso de ofício. Dessa forma, poderão interpor o recurso de revista as partes, o Ministério Público, a Defensoria Pública e o *amicus curiae*, conforme previsão do art. 138, § 3º, do CPC/2015. Admite-se ainda a legitimidade recursal das partes dos processos individuais e coletivos que foram suspensos, uma vez que estes são também afetados pela formação do precedente obrigatório no IRDR[122].

O recurso poderá ter efeito suspensivo, a critério do relator, presumindo-se a transcendência da questão de direito eventualmente discutida (TST-IN nº 41-A/2024, art. 1º, § 2º).

Compete às Turmas do Tribunal Superior do Trabalho, antes da proclamação do resultado do julgamento de recursos relacionados ao IRDR, e desde que atendidos os requisitos de admissibilidade, determinar a afetação do caso ao colegiado competente. Essa decisão deverá ser formalizada em acórdão, que incluirá os fundamentos do entendimento do colegiado (TST-IN nº 41-A/2024, art. 2º).

Aliás, o C. TST estabelece que esse recurso de revista deverá ser submetido ao rito do incidente de recursos repetitivos (TST-RI, art. 281, § 7º).

Assim, após a afetação do recurso, caso a aplicação da tese jurídica ultrapasse os limites da competência territorial do Tribunal Regional do Trabalho de origem, a Presidência do C. TST deverá comunicar aos Presidentes dos Tribunais Regionais do Trabalho para que suspendam os recursos interpostos em casos semelhantes, até que o Tribunal Superior do Trabalho se pronuncie de forma definitiva (TST-IN nº 41-A/2024, art. 3º).

Apreciado o recurso de revista afetado ao colegiado competente, a tese jurídica adotada será aplicada no território nacional a todos os processos que versem

122. NEVES, Daniel Amorim Assumpção. *Manual de Direito Processual Civil – volume único*. 8. ed. Salvador: Editora Juspodivm, 2016. p. 1420 e DIDIER Jr., Fredie; CUNHA, Leonardo José Carneiro da. *Curso de direito processual civil: Meios de impugnação às decisões judiciais e processo nos tribunais*. 13. ed. Bahia: Juspodivm, 2016. v. 3, p. 640.

sobre idêntica questão de direito (CPC/15, art. 987, § 2º, TST-IN nº 41-A/2024, art. 4º; TST-RI, art. 281, § 8º).

c) **recurso extraordinário:** quando admitido o IRDR de competência do TST e também da decisão do C. TST do recurso de revista especificado no item anterior.

d) **ação rescisória:** o IRDR segue, em regra, o procedimento-piloto de modo que, simultaneamente, julga o caso concreto e fixa a tese jurídica aplicável aos demais processos suspensos. A parcela da decisão que julgar a causa afetada será passível de desconstituição por ação rescisória, uma vez que resolve o caso concreto e forma a coisa julgada material. Todavia, a parcela da decisão que fixa a tese jurídica aplicável é passível de revisão a qualquer tempo, desde que presentes os requisitos do art. 986 do CPC/2015, razão pela qual não forma coisa julgada e, consequentemente, não é suscetível de impugnação mediante ação rescisória.

▶ ATENÇÃO:

A tese jurídica firmada no incidente cria um precedente de observância obrigatório, de modo que não sendo observada será cabível a **reclamação** (CPC/2015, art. 985, § 1º e 988, IV).*

(*) **Enunciado nº 349 do Fórum Permanente de Processualistas Civis.** Cabe reclamação para o tribunal que julgou o incidente de resolução de demandas repetitivas caso afrontada a autoridade dessa decisão.

4. INCIDENTE DE ASSUNÇÃO DE COMPETÊNCIA

4.1. Introdução

O CPC/73 previa a assunção de competência no art. 555, § 1º, permitindo que o relator deslocasse a competência para órgão colegiado maior indicado no regimento interno, quando houvesse relevante questão de direito, com a finalidade de prevenir ou compor divergência entre as câmaras ou turmas do tribunal.

O CPC/2015 exaltado pelo dever de os tribunais uniformizarem sua jurisprudência, mantendo-a estável, íntegra e coerente (art. 926), conservou a assunção de competência, ampliando-a como se verifica pelo art. 947 do CPC/2015, *in verbis:*

> Art. 947. É admissível a assunção de competência quando o julgamento de recurso, de remessa necessária ou de processo de competência originária envolver relevante questão de direito, com grande repercussão social, sem repetição em múltiplos processos.
>
> § 1º Ocorrendo a hipótese de assunção de competência, o relator proporá, de ofício ou a requerimento da parte, do Ministério Público ou da Defensoria Pública, que seja o recurso, a remessa necessária ou o processo de competência originária julgado pelo órgão colegiado que o regimento indicar.

> § 2º O órgão colegiado julgará o recurso, a remessa necessária ou o processo de competência originária se reconhecer interesse público na assunção de competência.
>
> § 3º O acórdão proferido em assunção de competência vinculará todos os juízes e órgãos fracionários, exceto se houver revisão de tese.
>
> § 4º Aplica-se o disposto neste artigo quando ocorrer relevante questão de direito a respeito da qual seja conveniente a prevenção ou a composição de divergência entre câmaras ou turmas do tribunal.

Trata-se, pois, de incidente processual inserido no microssistema de formação de precedentes obrigatórios que é aplicável de forma supletiva (TST) e subsidiária ao processo do trabalho (TST-IN nº 39/2016, art. 3º, XXV).

4.2. Cabimento

O incidente de assunção de competência é admitido "quando o julgamento de recurso, de remessa necessária ou de processo de competência originária envolver relevante questão de direito, com grande repercussão social, sem repetição em múltiplos processos" (CPC/2015, art. 947, *caput*).

A propósito, nos termos do art. 947, § 4º, do CPC/2015 o incidente de assunção também poderá ser instaurado quando ocorrer relevante questão de direito a respeito da qual seja conveniente a **prevenção** ou a composição de divergência entre câmaras ou turmas do tribunal.

Em resumo, o incidente de assunção de competência pode ter duas finalidades:

1) submeter relevante questão de direito, com grande repercussão social, a uma análise feita por órgão colegiado de maior amplitude;
2) compor ou prevenir divergência entre órgãos fracionários do tribunal a respeito de relevante questão de direito[123].

Ele é admitido em qualquer causa que trâmite no tribunal, desde que seja instaurado antes de julgada a causa ou o recurso[124]. Além disso, pressupõe-se que a causa já esteja sujeita à apreciação do tribunal[125].

4.3. Competência

O incidente de assunção de competência pode ser instaurado em qualquer tribunal, inclusive tribunais superiores, como é o caso do TST que tem previsão expressa no art. 896, § 13, da CLT e no art. 298 do Regimento Interno do TST.

---

123. MARINONI, Luiz Guilherme; ARENHART, Sérgio Cruz; MITIDIERO, Daniel. *Novo Curso de Processo Civil: tutela dos direitos mediante procedimento comum*. Volume II. São Paulo: Editora Revista dos Tribunais, 2015. p. 566.
124. DIDIER Jr., Fredie; CUNHA, Leonardo José Carneiro da. *Curso de direito processual civil: Meios de impugnação às decisões judiciais e processo nos tribunais*. 13. ed. Bahia: Juspodivm, 2016. v. 3, p. 656.
125. MARINONI, Luiz Guilherme; ARENHART, Sérgio Cruz; MITIDIERO, Daniel. *Novo Curso de Processo Civil: tutela dos direitos mediante procedimento comum*, São Paulo: Editora Revista dos Tribunais, 2015. v.2, p. 567.

O julgamento do incidente será por meio de órgão colegiado maior, estabelecido no regimento interno do tribunal, que deverá adotar as diretrizes do art. 978 do CPC/2015, isto, é indicar aqueles responsáveis pela uniformização de jurisprudência do tribunal[126].

4.4. Legitimidade

O incidente de assunção de competência pode ser suscitado:

1) pelo relator, de ofício. Nada obsta que a suscitação decorra do próprio órgão colegiado a que pertence o relator[127]; ou
2) a requerimento da parte, do Ministério Público ou da Defensoria Pública (CPC/15, art. 947, § 1º).

4.5. Objetivos

O incidente de assunção de competência tem três finalidades específicas[128]:

1) provocar o julgamento do caso relevante por órgão colegiado de maior composição;
2) prevenir ou compor divergência **interna** no tribunal[129];
3) formar precedente obrigatório.

Assim, desloca-se, dentro do próprio tribunal, a competência do órgão originariamente competente para julgar o recurso, a remessa necessária ou o processo de competência originária para um órgão colegiado, de maior amplitude, definido no regimento interno, com o objetivo de fixar orientação do Tribunal sobre determinada questão de direito, evitando futuras divergências internas de interpretação (CPC/2015, art. 947, § 2º).

4.6. Requisitos

O incidente de assunção de competência possui requisito positivo e negativo.

- **requisito positivo: relevante questão de direito com grande repercussão social** – a questão deve ser de direito, seja de direito material, seja de direito processual. Não é admitido, pois, para discutir questões de fato, até porque a criação da tese jurídica se faz sobre questão de direito. Além disso, não

126. Enunciado nº 202 do FPPC: "O órgão a que se refere o § 1º do art. 947 deve atender aos mesmos requisitos previstos pelo art. 978".
127. No C. TST, permite-se que o incidente seja suscitado por iniciativa de algum dos membros da SDI-I e após a aprovação da maioria de seus integrantes (RI, art. 298, *caput*).
128. DIDIER Jr., Fredie; CUNHA, Leonardo José Carneiro da. *Curso de direito processual civil: Meios de impugnação às decisões judiciais e processo nos tribunais*. 13. ed. Bahia: Juspodivm, 2016. v. 3a, p. 657.
129. A divergência entre tribunais é confiada ao recurso de revista.

basta ser questão relevante é necessário que seja de grande repercussão social. Relevante e grande repercussão social são conceitos legais indeterminados que devem ser preenchidos em cada caso concreto.

- **requisito negativo: a questão não pode ser reproduzida em múltiplos processos.** Caso haja repetição, deverá ser instaurado o incidente de resolução de demandas repetitivas.

4.7. Procedimento

Estando em trâmite um recurso, reexame necessário ou processo de competência originária do tribunal, o relator incumbente de julgá-lo poderá propor, de ofício ou a requerimento da parte, do Ministério Público ou da Defensoria Pública, o deslocamento do julgamento para órgão colegiado de maior amplitude definido no regimento interno, quando entender que se trata de relevante questão de direito, com grande repercussão social, sem repetição em múltiplos processos.

Observa-se que a proposta de deslocamento primeiro é realizada pelo órgão, originariamente, competente para julgar o recurso, o reexame necessário ou o processo de competência originária (Turma, Câmara ou Seção).

Feito esse juízo de admissibilidade e entendendo que o caso possui os requisitos para o deslocamento da competência, irá encaminhá-lo ao órgão previsto no regimento interno para o julgamento do incidente. Essa decisão, no processo do trabalho, é irrecorrível[130] (CLT, art. 893, § 1º).

Ao ser distribuído o incidente no novo órgão colegiado, será feito novo juízo de admissibilidade, oportunidade em que irá verificar a presença dos requisitos para seu cabimento, especialmente analisando se existe interesse público na assunção de competência (CPC/2015, art. 947, § 2º).

Caso não verifique a presença de alguns dos requisitos, os autos retornam ao órgão fracionário (originário) para julgamento do recurso, reexame necessário ou processo de competência originária do tribunal.

Por outro lado, verificada a presença dos requisitos, o novo colegiado assume a competência para julgar o recurso, reexame necessário ou processo de competência originária do tribunal, saindo, portanto, da esfera de atribuição do órgão fracionário (originário).

Nesse caso, após julgado o incidente, o acórdão proferido em assunção de competência vinculará todos os juízes e órgãos fracionários sujeitos à competência do tribunal, exceto se houver revisão de tese[131] (CPC/2015, art. 947, § 3º).

---

130. LEITE, Carlos Henrique Bezerra. *Assunção de Competência no Novo CPC e seus reflexos no processo do trabalho*. In: MIESSA, Élisson. *O Novo Código de Processo Civil e seus reflexos no processo do trabalho*. 2. ed. Salvador: Editora Juspodivm, 2016. P. 1129-1136.

131. A revisão da tese, ocorrerá nos mesmos moldes da superação dos precedentes (*overruling* e *overriding*).

Aliás, ao criar um precedente obrigatório, impõe-se sua observância pelos juízos e tribunais, permitindo:

- o julgamento de improcedência liminar (CPC/2015, art. 332, III; TST-IN nº 39/2016, art. 7º);
- a dispensa do reexame necessário (CPC/2015, art. 496, § 4º, III; Súmula 303, II, c, do TST);
- o julgamento monocrático pelo relator (CPC/2015, art. 932, IV, c, V, c; art. 955, parágrafo único, II; TST-IN 39/2016, art. 10 e Súmula nº 435 do TST); e
- julgar de plano o conflito de competência (CPC/2015, art. 955, parágrafo único, II).

4.8. Meios de impugnação do julgamento do incidente de assunção de competência

A decisão proferida no julgamento do incidente de assunção de competência é um acórdão que pode ser impugnado pelos seguintes meios:

a) **embargos de declaração** (CPC/2015, art. 1.022; TST-IN nº 39/2016, art. 10, *caput*).

b) **recurso ordinário:** do julgamento de processos de competência originária do TRT.

c) **recurso de revista:** do julgamento do mérito do incidente de assunção de competência, em processos de competência recursal ordinária do Tribunal Regional do Trabalho (ou seja, que derivar do recurso ordinário ou do agravo de petição), caberá recurso de revista (TST-IN nº 41-A/2024, art. 1º, caput e § 1º).

d) **recurso extraordinário:** quando admitido o incidente de competência no TST e também da decisão do C. TST do recurso de revista especificado no item anterior.

> ▸ **ATENÇÃO:**
>
> A tese jurídica firmada no incidente cria um precedente de aplicação obrigatória, de modo que, não sendo observada, será cabível a **reclamação** (CPC/2015, art. 988, IV).

4.9. Diferenças entre o IRDR e o incidente de assunção de competência

O incidente de assunção de competência e o incidente de resolução de demandas repetitivas (IRDR) possuem o objetivo de uniformizar a jurisprudência, evitando decisões contraditórias e, consequentemente, garantindo maior segurança jurídica aos jurisdicionados. Estão inseridos, pois, no microssistema de formação concentrada de precedentes obrigatórios.

No entanto, são institutos diferentes.

Enquanto o IRDR impõe a existência de demandas repetitivas, o incidente de assunção obsta a existência de repetição pretérita de processos. Queremos dizer, não havendo repetição, caberá o incidente de assunção. Por outro lado, sendo caso de repetição, será cabível o IRDR.

Portanto, o incidente de assunção de competência possui caráter preventivo, pois é observado quando ainda não há a instauração de diversos processos sobre a mesma questão de direito[132].

Diante dessa diferença, não se aplica ao incidente de assunção de competência o microssistema de gestão e julgamento de casos repetitivos, o que é aplicado ao incidente de resolução de demandas repetitivas.

Não podemos negar que, ao se permitir o incidente de assunção para compor divergência interna no tribunal (CPC/2015, art. 947, § 4º), o ordenamento está permitindo sua incidência em questão de direito já repetidas, o que poderá provocar um "claro espaço de sobreposição"[133] entre os dois incidentes. Como forma de compatibilizar essa sobreposição a doutrina destaca que:

> o incidente de assunção de competência deve ser evitado para situações em que a efetiva repetição da questão de direito seja *frequente, massiva*, no sentido de se repetir constantemente no cotidiano do tribunal. Havendo essa repetição frequente, é caso de usar-se do outro instrumento, o incidente de resolução de demandas repetitivas[134].

Outra diferença que alguns doutrinadores indicam é que o IRDR pode ser instaurado nos tribunais regionais, enquanto o incidente de assunção de competência poderá ser instaurado nos tribunais regionais e nos tribunais superiores. No entanto, como já estudado nessa obra, a nosso juízo o IRDR também pode ser instaurado nos tribunais superiores, não sendo, portanto, diferença entre os incidentes.

4.10. Assunção de competência no TST

A Lei nº 13.015/14 incluiu no § 13 do art. 896 da CLT, o qual vaticina:

> § 13. Dada a relevância da matéria, por iniciativa de um dos membros da Seção Especializada em Dissídios Individuais do Tribunal Superior do Trabalho, aprovada pela maioria dos integrantes da Seção, o julgamento a que se refere o § 3º poderá ser afeto ao Tribunal Pleno.

---

132. OLIVEIRA, Fernanda Alvim Ribeiro de. *Do incidente de assunção de competência* In: THEODORO JR., Humberto; OLIVEIRA, Fernanda Alvim Ribeiro de; REZENDE, Ester Camila Gomes Norato (coord.). Primeiras Lições sobre o Novo Direito Processual Civil Brasileiro (de acordo com o Novo Código de Processo Civil, Lei 13.105, de 16 de março de 2015). Rio de Janeiro: Forense, 2015. P. 694-696.

133. MARINONI, Luiz Guilherme; ARENHART, Sérgio Cruz; MITIDIERO, Daniel. *Novo Curso de Processo Civil: tutela dos direitos mediante procedimento comum*, São Paulo: Editora Revista dos Tribunais, 2015. v.2, p. 568.

134. MARINONI, Luiz Guilherme; ARENHART, Sérgio Cruz; MITIDIERO, Daniel. *Novo Curso de Processo Civil: tutela dos direitos mediante procedimento comum*, São Paulo: Editora Revista dos Tribunais, 2015. v.2, p. 568.

Trata-se de típico caso de deslocamento de competência para órgão colegiado maior dada a relevância da matéria, sendo, pois, um incidente de assunção de competência.

Importante destacar que, embora o art. 896 da CLT verse sobre o recurso de revista, o § 13 está relacionado aos embargos de divergência, vez que o deslocamento da competência é da SDI para o Tribunal Pleno. Verificando essa impropriedade do aludido dispositivo, bem como a referência equivocada ao § 3º do art. 896 (atualmente revogado), o Ministro Cláudio Brandão esclarece:

> Esse dispositivo não contava do texto original e foi inserido pela Emenda n. 3, de autoria da Deputada Sandra Rosado, subscritora de várias outras, quando o projeto tramitava na Comissão de Constituição e Justiça e Cidadania da Câmara dos Deputados, o que pode justificar o fato de se encontrar desvinculado do tema tratado no dispositivo a que faz referência.
>
> Explica-se. O § 3º do art. 896 prevê a obrigatoriedade de os Tribunais Regionais do Trabalho procederem à uniformização de sua jurisprudência por meio do incidente específico previsto no Capítulo I do Titulo IX do Livro I do CPC e o parágrafo em foco prevê que esse julgamento (á que se refere o § 3º') poderá ser afeto ao Tribunal Pleno, em virtude de decisão da SbDI-1.
>
> Não faz sentido. Primeiro, porque a SbDI-1 não julga recursos de revista; segundo, porque o § 3º trata de matéria afeta aos TRTs e o § 13, ao TST. É dispositivo autônomo, por conseguinte[135].

Com efeito, ao analisar os embargos de divergência, dada a relevância da matéria, poderá a SDI-I deslocar o julgamento para o Tribunal Pleno, oportunidade em que irá fixar a tese jurídica e também julgará os embargos.

Aparentemente, o § 13 do art. 896 difere em alguns aspectos do incidente de assunção do art. 947 do CPC/2015.

Primeiro, quanto à legitimidade que o § 13º confere iniciativa apenas aos ministros membros da SDI-I, enquanto o art. 947 do CPC/2015 admite a instauração por iniciativa do relator (ou do colegiado que pertence), das partes, do Ministério Público e da Defensoria Pública.

Segundo, porque o § 13º impõe como requisito apenas a relevância da matéria.

No entanto, as diferenças são apenas aparentes, vez que o § 13 do art. 896 se insere no microssistema de formação concentrada de precedentes judiciais, impondo o inter-relacionamento entre as normas da CLT, que tratam do recurso de revista repetitivo, e as do CPC que versam sobre a assunção de competência, IRDR e julgamento de casos repetitivos.

---

135. BRANDÃO, Cláudio. *Reforma do sistema recursal: comentários à Lei n. 13.015/2.014*. 2. ed. São Paulo: LTr, 2016. p. 92.

Além disso, o Regimento Interno do TST declina expressamente que, aplicam-se ao incidente de assunção de competência, no que couber, as regras referentes ao incidente de julgamento de recursos repetitivos constantes no Regimento Interno e nos arts. 896-B e 896-C da CLT (TST-RI, art. 298, § 1º).

Assim, diante do inter-relacionamento das referidas normas, pensamos que além da identidade de requisitos para instauração do incidente de assunção no TST, será possível seu requerimento pelas partes, pelo Ministério Público e pela Defensoria Pública. Ademais, o incidente poderá ser ampliado, não ficando limitado aos processos em julgamento na SDI-I (embargos de divergência), como declina o art. 298 do Regimento Interno do TST:

> Art. 298. Poderá a Seção Especializada ou o Órgão Especial, por iniciativa de um de seus membros e após a aprovação da maioria de seus integrantes, afetar ao Tribunal Pleno o julgamento de processo que envolver relevante questão de direito:
>
> I – com grande repercussão social, sem repetição em múltiplos processos; ou
>
> II – a respeito da qual seja conveniente a prevenção ou a composição de divergência entre as Turmas ou os demais órgãos fracionários do Tribunal Superior do Trabalho.
>
> § 1º Nas mesmas situações previstas no *caput*, uma das Turmas do Tribunal Superior do Trabalho, por iniciativa de um de seus membros e após a aprovação da maioria de seus integrantes, poderá afetar o julgamento ao Tribunal Pleno.

Portanto, além da SDI, poderá ser suscitado pelo Órgão Especial e "a partir das turmas do TST".[136]

5. RECLAMAÇÃO

5.1. Introdução

A reclamação é disciplinada na Constituição Federal de 1988 para a preservação da competência do STJ, STF e TST e para a preservação da autoridade de suas decisões (arts. 102, I, "l", 105, I, "f" e 111-A, § 3º da CF/88), bem como para anular o ato administrativo ou cassar a decisão judicial que contrariar súmula vinculante aplicável ao caso (art. 103-A, § 3º).

De qualquer modo, o CPC/2015 passou a disciplinar o instituto, em seus artigos 988 a 993, ampliando seu cabimento, além de admiti-lo em qualquer tribunal, de modo que, não existindo regulamentação específica do instituto nas normas celetistas

136. BRANDÃO, Cláudio. *Reforma do sistema recursal: comentários à Lei n. 13.015/2.014*. 2. ed. São Paulo: LTr, 2016. p. 97-98.

e havendo compatibilidade com o processo do trabalho, os dispositivos do CPC são aplicáveis subsidiariamente ao processo laboral (TST-IN nº 39/2016, art. 3º, XXVII).

Ademais, diante da redação do art. 111-A, § 3º, da CF/88 e da previsão pelo CPC/15, o atual Regimento Interno do TST disciplina a Reclamação nos arts. 210 a 217.

5.2. Natureza Jurídica

Para a doutrina majoritária, a reclamação tem natureza de ação, pois estão presentes todos os elementos da ação:

> Na reclamação, há exercício de pretensão à tutela jurídica do Estado, que se faz por meio de uma ação ou demanda judicial, cujos elementos estão presentes: há, na reclamação, partes, causa de pedir e pedido. Há, na reclamação, procedimento predefinido com observância do contraditório, não podendo o tribunal proceder de ofício. A reclamação depende de provocação da parte ou do Ministério Público, formando relação processual autônoma. É possível, na reclamação, haver concessão de tutela provisória, cabendo recurso da decisão que a defere ou indefere. O acórdão que julga a reclamação produz coisa julgada. A reclamação deve ser proposta por advogado constituído pela parte, podendo ser proposta pelo Ministério Público que detém capacidade postulatória[137].

Trata-se, a nosso juízo, de ação autônoma de impugnação. Não sendo recurso, não se submete, evidentemente, aos pressupostos recursais.

5.3. Cabimento

O art. 988 do CPC/2015 estabelece que caberá reclamação para as seguintes hipóteses:

> I – preservar a competência do tribunal;
>
> II – garantir a autoridade das decisões do tribunal;
>
> III – garantir a observância de enunciado de súmula vinculante e de decisão do Supremo Tribunal Federal em controle concentrado de constitucionalidade;
>
> IV – garantir a observância de acórdão proferido em julgamento de incidente de resolução de demandas repetitivas ou de incidente de assunção de competência.

Ademais, é admitida quando houver inobservância de acórdão em recurso extraordinário de repercussão geral reconhecida, acórdão em recurso extraordinário repetitivo ou em recurso de revista repetitivo, desde que tenha esgotamento as instâncias ordinárias (CPC/2015, art. 988, § 5º, II).

---

137. DIDIER JR., Fredie; CUNHA, Leonardo Carneiro da. *Curso de direito processual civil: Meios de impugnação às decisões judiciais e processo nos tribunais*. 13. ed. Bahia: Juspodivm, 2016. v. 3, p. 536.

Trata-se, pois, o art. 988 do CPC/2015 de rol exaustivo, não podendo ser ampliado[138].

Por outro lado **não será admitida** a reclamação quando:

1) proposta após o trânsito em julgado da decisão reclamada;

2) proposta para garantir a observância de acórdão de recurso extraordinário com repercussão geral reconhecida ou de acórdão proferido em julgamento de recursos extraordinário ou especial (incluímos de revista) repetitivos, quando não esgotadas as instâncias ordinárias (CPC/2015, art. 988, § 5º).

5.4. Legitimidade

Têm legitimidade para propor a reclamação:

1) a parte interessada; e

2) o Ministério Público (CPC/2015, art. 988, *caput*). A participação do Ministério Público é obrigatória na reclamação, como autor ou como fiscal da ordem jurídica, sendo justificada pela preservação do interesse público nas hipóteses de cabimento da reclamação (CPC/2015, art. 991)[139].

5.5. Procedimento

A reclamação tem o procedimento muito semelhante ao mandado de segurança[140].

Será proposta no tribunal que teve a competência usurpada ou que proferiu a decisão que está sendo descumprida, sendo dirigida ao presidente do tribunal. Assim que recebida, a reclamação será autuada e distribuída ao relator do processo principal, sempre que possível[141] (art. 988, § 3º).

A petição inicial deve observar os requisitos do art. 319 do CPC/2015[142], bem como indicar uma das hipóteses do art. 988 do CPC/2015. Ela deve ser instruída com prova documental pré-constituída, inclusive da decisão atacada, não se admitindo dilação probatória (art. 988, § 2º, do CPC/2015).

---

138. DIDIER JR., Fredie; CUNHA, Leonardo Carneiro da. *Curso de direito processual civil: Meios de impugnação às decisões judiciais e processo nos tribunais*. 13. ed. Bahia: Juspodivm, 2016. v. 3, p. 565.

139. NEVES, Daniel Amorim Assumpção. *Manual de direito processual civil – Volume único*. 8. ed. Salvador: Editora Juspodivm, 2016. p. 1441.

140. BRANDÃO, Cláudio. *Reforma do sistema recursal: comentários à Lei n. 13.015/2.014*. 2. ed. São Paulo: LTr, 2016. p. 394.

141. Como ainda não existe processo no tribunal quando estiver diante de usurpação de competência, a previsão de distribuição ao relator do processo principal não se aplica no caso de reclamação ajuizada para preservar a competência do tribunal. É por isso que o dispositivo que o art. 988, § 3º, fala em sempre que possível. O regimento interno do tribunal também poderá criar outra regra de prevenção.

142. Não do art. 840 da CLT, já que se trata de ação de rito especial.

Ao despachar a reclamação, o relator deverá requisitar informações da autoridade a quem for imputada a prática do ato impugnado, que as prestará no prazo de dez dias (art. 989, I, do CPC/2015).

Caso seja necessário, deverá ordenar a suspensão do processo ou do ato impugnado para evitar dano irreparável (art. 989, II, do CPC/2015). Trata-se de típica tutela provisória (CPC/2015, art. 311).

Ato contínuo, o relator determinará a citação do beneficiário da decisão impugnada, que terá o prazo de quinze dias para a apresentação da contestação (art. 989, III, do CPC/2015).

Registra-se que qualquer interessado poderá impugnar o pedido do reclamante (art. 990 do CPC/2015).

O Ministério Público, quando não tiver formulado a reclamação, terá vista do processo por 5 dias, após o decurso do prazo para informações e para o oferecimento da contestação pelo beneficiário do ato impugnado (art. 991 do CPC/2015).

Caso a reclamação seja julgada procedente, o tribunal cassará a decisão exorbitante de seu julgado ou determinará medida adequada à solução da controvérsia (art. 992 do CPC/2015). No caso de usurpação de competência, o tribunal avocará o processo ou ordenará seu encaminhamento ao tribunal.

O presidente do tribunal determinará o imediato cumprimento da decisão, lavrando-se o acórdão posteriormente (CPC/2015, art. 993).

5.6. Recursos da decisão da reclamação

Como a reclamação é ajuizada, originariamente, no tribunal, são cabíveis os seguintes recursos:

a) **embargos de declaração** (CPC/2015, art. 1.022; TST-IN nº 39/2016, art. 10, *caput*).

b) **agravo interno:** quando decorrente de decisão monocrática do relator (CPC/2015, art. 1.021).

c) **recurso ordinário:** do julgamento de reclamação de competência originária do TRT.

d) **recurso extraordinário**: do julgamento de reclamação de competência no TST e também da decisão do C. TST do recurso de ordinário especificado no item anterior.

6. RECLAMAÇÃO CORREICIONAL

A reclamação correicional, também chamada de correição[143] parcial, não tem natureza recursal.

143. Correição significa corrigir, emendar.

Trata-se de procedimento administrativo, destinado a corrigir atos praticados ou omitidos pelo juiz, por abuso ou erro, capazes de tumultuar o andamento do processo. Tem como finalidade, portanto, manter a boa ordem processual, estando ligado ao âmbito da administração do processo[144] e não à atividade judicante, o que afasta sua natureza recursal[145].

Como regra, a correição está prevista nos regimentos internos dos tribunais. No processo do trabalho, além dos referidos regimentos a preverem, a Lei nº 14.824/2024 declina seu cabimento no art. 11, II, *in verbis:*

> Art. 11. Compete ao Corregedor-Geral da Justiça do Trabalho:
>
> [...]
>
> II - decidir correições parciais contra atos atentatórios à boa ordem processual praticados pelos Tribunais Regionais do Trabalho ou pelos seus membros, quando inexistir recurso processual específico. (...)

O prazo para interposição da correição é definido pelo regimento interno dos tribunais, variando, normalmente, de 5 ou 8 dias.

A competência para o julgamento da correição parcial é definida da seguinte forma:

► ATO IMPUGNADO	► COMPETÊNCIA
Vara do Trabalho	Corregedor-Regional do TRT
Tribunal Regional do Trabalho	Corregedor-Geral da Justiça do Trabalho

A interposição da correição parcial exige a presença cumulativa dos seguintes requisitos[146]:

1) existência de ato que contenha erro ou abuso, capaz de tumultuar a marcha do processo;
2) dano ou possibilidade de dano irreparável, para a parte;
3) inexistência de recurso para sanar o *error in procedendo.*

É possível, portanto, que até mesmo um despacho que tumultue o processo, gerando danos, possa se submeter à correição, vez que não é suscetível de recurso.

Atenta-se para o fato de que havendo recurso, ainda que diferido, não caberá a correição parcial.

144. BEBBER, Júlio César. *Recursos no processo do trabalho*. 4. ed. São Paulo: LTr, 2014. p. 459.
145. Admitindo a natureza recursal *sui generis* da correição: TEIXEIRA FILHO, Manoel Antônio. *Sistema dos recursos trabalhistas*. 12. ed. São Paulo: LTr, 2014. p. 448.
146. THEODORO JÚNIOR, Humberto. *Curso de direito Processual Civil. Teoria geral do direito processual civil e processo de conhecimento*. Vol. I. Rio de Janeiro: Forense, 2013. p. 608.

7. QUESTÕES DISSERTATIVAS E ESTUDOS DE CASO

Questão 1

É possível o juiz retratar-se no momento da interposição do recurso ordinário? Em caso positivo, em quais hipóteses?

Resposta sugerida pelo autor

Em regra, após proferida a decisão, o juiz não poderá alterá-la, salvo se interpostos os embargos de declaração. No entanto, em três hipóteses é possível o juiz retratar-se. São elas: 1) indeferimento da petição inicial; 2) extinção do processo sem resolução mérito e 3) improcedência liminar.

O indeferimento liminar da petição inicial é pronunciado por sentença, provocando a extinção do processo sem resolução do mérito. Tratando-se de sentença, o recurso cabível, no âmbito trabalhista, é o recurso ordinário, a ser interposto no prazo de 8 dias. Nessa hipótese, é facultado o juízo de retração, no prazo de 5 dias (CPC/2015, artigo 331), ou seja, o próprio juízo que prolatou a decisão poderá reformá-la, passando a entender que petição inicial é apta. Não havendo retratação, o recurso segue seu trâmite normal.

Quanto à extinção do processo sem resolução do mérito, o artigo 485, § 7º, do CPC/2015, aplicável ao processo do trabalho (TST-IN nº 39/2016, artigo 3º, VIII), estabelece que interposto recurso ordinário, em qualquer hipótese de sentença sem resolução do mérito, o juiz terá 5 dias para retratar-se.

No que se refere à improcedência liminar, interposto o recurso ordinário, o juiz poderá retratar-se em 5 dias. Se houver retratação, o juiz determinará o prosseguimento do processo, com a citação do réu, e, se não houver retratação, determinará a citação do réu para apresentar contrarrazões, no prazo de 8 dias (CPC/2015, artigo 332, §§ 3º e 4º; TST-IN nº 39/2016, artigo 7º).

Questão 2

No que consiste o duplo juízo de admissibilidade recursal? Com o advento do CPC/2015 ele foi extinto no processo do trabalho?

Resposta sugerida pelo autor

O ordenamento adotou dois juízos de admissibilidade do recurso interposto: o juízo a quo e o juízo *ad quem*. O primeiro é realizado pelo juízo de origem, ou seja, aquele que teve sua decisão impugnada. Nesse caso, a análise será feita no momento da interposição do recurso ou após a interposição das contrarrazões. Porém, trata-se de juízo preliminar e superficial.

O juízo *ad quem* é aquele feito pelo órgão recursal, isto é, para o juízo em que será encaminhado o recurso. Nessa hipótese, a análise pode ocorrer em diversos momentos, desde que antes do ingresso no exame de mérito. Desse modo, não haverá preclusão até esse momento, pois os pressupostos recursais são matérias de ordem pública, podendo ser analisados inclusive ex officio. Ressalta-se que o juízo *ad quem* tem caráter definitivo.

O CPC/2015 extinguiu o duplo juízo de admissibilidade, mantendo-o apenas para os recursos extraordinário e especial. Com efeito, na apelação, o juízo de admissibilidade é realizado apenas pelo tribunal competente e não mais pelo juízo de origem (*a quo*), conforme se observa do artigo 1.010, § 3º.

Contudo, no processo do trabalho, o artigo 1.010, § 3º, do CPC/2015 não será aplicado, uma vez que a seara trabalhista possui regra própria para todos os recursos, impondo o duplo juízo de admissibilidade (IN nº 39/2016, artigo 2º, XI). Portanto, o duplo juízo de admissibilidade fica mantido em todos os recursos trabalhistas.

Questão 3

Qual a diferença entre extensão e profundidade do efeito devolutivo do recurso ordinário? Quanto à extensão e profundidade do recurso ordinário, que espécie de questões podem ser reexaminadas pelo Tribunal?

Resposta sugerida pelo autor

O efeito devolutivo é a transferência ao juízo *ad quem* do conhecimento das matérias julgadas no juízo *a quo*, ou seja, busca-se nova manifestação do Poder Judiciário sobre a matéria decidida. A partir dessa definição, é possível concluir que todos os recursos são dotados do efeito devolutivo, vez que essa transferência é inerente aos recursos.

No processo do trabalho, o artigo 899, *caput*, da CLT apenas descreve que os recursos têm efeito meramente devolutivo, impondo a incidência supletiva do artigo 1.013 do CPC/2015 para complementar a matéria (TST-IN nº 39/2016, artigo 3º, XXVIII).

O efeito devolutivo deve ser analisado sob dois enfoques: da extensão (dimensão horizontal) e da profundidade (dimensão vertical).

A extensão do efeito devolutivo é a quantidade de matéria impugnada, decorrendo sempre da própria vontade do recorrente. Trata-se de regra derivada do princípio dispositivo, vez que o recurso também é manifestação do poder de ação, o que significa que o recorrente poderá escolher contra quais objetos irá se insurgir. Tem-se aqui a aplicação do caput do artigo 1.013 do CPC/2015, que consagra a máxima romana *tantum devolutum quantum appelatum*. Dessa forma, a insurgência do recorrente poderá ser de todos os capítulos da sentença em que foi sucumbente ou de apenas parte deles.

Assim, o efeito devolutivo, em sua extensão, nada mais é do que a quantidade de matéria impugnada, decorrendo sempre da própria vontade do recorrente. Tanto é assim que o artigo 1.013, § 1º, do CPC/2015 faz menção expressa de que a profundidade ficará limitada ao capítulo impugnado.

Após a análise da extensão do recurso, deve-se realizar a análise de sua profundidade.

A profundidade do efeito devolutivo é aquela que devolve automaticamente ao juízo *ad quem* todas as alegações, fundamentos e questões dentro da quantidade impugnada (extensão), independentemente de manifestação.

O que se busca com a profundidade do efeito devolutivo é colocar em idêntica situação o juízo a quo e juízo *ad quem* no momento do julgamento, de modo que este poderá analisar todas as alegações, fundamentações, questões e provas que estavam ao alcance do juízo *a quo*.

O efeito devolutivo, em sua profundidade, especificamente ao recurso ordinário, vem disciplinado nos § § 1º e 2º, do artigo 1.013 do CPC/2015, aplicáveis ao processo do trabalho (TST-IN nº 39/2016, artigo 3º, XXVIII).

Assim, analisada a extensão do recurso, o tribunal estará apto, por força de lei, a analisar todas as alegações, fundamentações, questões e provas, ou seja, está em idêntica situação em que o juiz da instância originária na ocasião do julgamento, conforme dispõe a Súmula nº 393, I, do TST.

Questão 4

No tocante à transcendência, responda:

A) Quais são os critérios indicadores da transcendência?

B) Se o Relator considerar que o recurso de revista não tem transcendência, caberá recurso?

C) O Presidente do TRT poderá analisar se o recurso de revista atende ao pressuposto da transcendência?

Resposta sugerida pelo autor

A) O art. 896-A, § 1º, da CLT, inserido pela Lei nº 13.467/17 (Reforma Trabalhista) estabelece como indicadores de transcendência os critérios econômicos, políticos, sociais e jurídicos. O critério econômico é relacionado ao elevado valor da causa. Por sua vez, o critério político está ligado ao desrespeito da instância recorrida à jurisprudência sumulada do TST ou do STF. O critério social consiste na postulação, por reclamante-recorrente, de direito social constitucionalmente assegurado. Por fim, o indicador jurídico compreende a existência de questão nova em torno da interpretação da legislação trabalhista.

B) O art. 896-A, § 2º, da CLT declina que o relator do recurso de revista, monocraticamente, poderá denegar seguimento ao recurso que não demonstrar transcendência, cabendo agravo interno no prazo de 8 dias da decisão ao colegiado.

C) A análise da existência ou não da transcendência é exclusiva do TST, vedando sua verificação pelo presidente do TRT (CLT, art. 896-A, § 6º).

Estudo de caso 1

Proferida sentença de procedência do pedido de reintegração, o reclamado opõe embargos de declaração, que são reconhecidos como protelatórios. O reclamado opõe novos embargos de declaração que são novamente considerados protelatórios. Será possível que o reclamado oponha novos embargos de declaração? Quais as penalidades aplicadas aos embargos de declaração protelatórios?

Resposta sugerida pelo autor

Os embargos de declaração têm o efeito de interromper o prazo para interposição de outros recursos. Dessa forma, para que eles não sejam utilizados apenas para a interrupção do prazo recursal, o ordenamento prevê sanção processual ao recorrente que se utilizar dos embargos com objetivo protelatório, revertendo a penalidade em favor do embargado.

Desse modo, o artigo 1.026, §§ 2º a 4º, do CPC/2015, aplicável ao processo trabalhista (TST-IN nº 39/2016, artigo 9º), prevê uma gradação da sanção: nos primeiros embargos de declaração protelatórios, a multa não será excedente a 2% sobre o valor atualizado da causa. Nos segundos embargos de declaração protelatórios (reiteração) opostos da mesma decisão judicial, a multa é elevada a até 10% sobre o valor atualizado da causa e a interposição de qualquer recurso ficará condicionada ao depósito prévio do valor da multa, à exceção da Fazenda Pública e do beneficiário de gratuidade da justiça, que a recolherão ao final. Os terceiros embargos de declaração protelatórios não serão admitidos.

Dessa forma, não será possível que o reclamante oponha novos embargos de declaração, uma vez que os dois anteriores foram considerados como protelatórios.

Além disso, como houve reiteração dos embargos protelatórios, a multa aplicada pelo juiz poderá ser elevada até 10% do valor da causa, condicionando a interposição dos recursos posteriores ao seu pagamento.

8. TESES VINCULANTES DO TST

PRESSUPOSTOS RECURSAIS
Tese nº 146 firmada em Incidente de Recursos de Revista Repetitivos. O depósito recursal efetuado pelo devedor principal, desde que não tenha requerido sua exclusão da lide, aproveita ao responsável subsidiário.
Tese nº 157 firmada em Incidente de Recursos de Revista Repetitivos A juntada do comprovante bancário do pagamento das custas processuais, com identificação do convênio STN-GRU Judicial e observados o valor arbitrado e o prazo do recurso, é suficiente para comprovação do preparo, ainda que desacompanhado da correspondente Guia de Recolhimento da União (GRU) judicial.
Tese nº 158 firmada em Incidente de Recursos de Revista Repetitivos O comprovante de agendamento bancário não é suficiente para demonstrar o recolhimento das custas processuais e do depósito recursal e não cabe a concessão de prazo para regularização.
Tese nº 162 firmada em Incidente de Recursos de Revista Repetitivos A divergência entre os códigos de barras do comprovante de pagamento das custas processuais e da respectiva Guia de Recolhimento da União (GRU) induz à deserção do recurso, por ausência de comprovação do preparo, não sendo o caso de concessão de prazo para regularização.
Tese nº 173 firmada em Incidente de Recursos de Revista Repetitivos A substituição do depósito recursal por seguro-garantia, nos termos do art. 899, § 11, da CLT, sem a inclusão do acréscimo de 30% exigido pelo art. 3º, II, do Ato Conjunto TST/CSJT/CGJT nº 1/2019, impõe a intimação do recorrente para complementação da garantia, sob pena de deserção, conforme dispõe o art. 1.007, § 2º, do CPC/2015.
Tese nº 187 firmada em Incidente de Recursos de Revista Repetitivos É ineficaz a apresentação de carta de fiança, em substituição ao depósito recursal, emitida por instituição não autorizada pelo Banco Central do Brasil.

9. SÚMULAS E ORIENTAÇÕES JURISPRUDENCIAIS DO TST

▶ RECURSO
TEORIA GERAL DOS RECURSOS
Princípios Recursais
Súmula nº 421 do TST. Embargos de declaração. Cabimento. Decisão Monocrática do relator calcada no art. 932 do CPC de 2015. Art. 557 do CPC de 1973. I – Cabem embargos de declaração da decisão monocrática do relator prevista no art. 932 do CPC de 2015 (art. 557 do CPC de 1973), se a parte pretende tão somente juízo integrativo retificador da decisão e, não, modificação do julgado. II – Se a parte postular a revisão no mérito da decisão monocrática, cumpre ao relator converter os embargos de declaração em agravo, em face dos princípios da fungibilidade e celeridade processual, submetendo-o ao pronunciamento do Colegiado, após a intimação do recorrente para, no prazo de 5 (cinco) dias, complementar as razões recursais, de modo a ajustá-las às exigências do art. 1.021, § 1º, do CPC de 2015.

Orientação Jurisprudencial nº 69 da SDI – II do TST. Fungibilidade recursal. Indeferimento liminar de ação rescisória ou mandado de segurança. Recurso para o TST. Recebimento como agravo regimental e devolução dos autos ao TRT Recurso ordinário interposto contra despacho monocrático indeferitório da petição inicial de ação rescisória ou de mandado de segurança pode, pelo princípio de fungibilidade recursal, ser recebido como agravo regimental. Hipótese de não conhecimento do recurso pelo TST e devolução dos autos ao TRT, para que aprecie o apelo como agravo regimental.
Orientação Jurisprudencial nº 412 da SDI – I do TST. Agravo interno ou agravo regimental. Interposição em face de decisão colegiada. Não cabimento. Erro grosseiro. Inaplicabilidade do princípio da fungibilidade recursal. É incabível agravo interno (art. 1.021 do CPC de 2015, art. 557, § 1º, do CPC de 1973) ou agravo regimental (art. 235 do RITST) contra decisão proferida por Órgão colegiado. Tais recursos destinam-se, exclusivamente, a impugnar decisão monocrática nas hipóteses expressamente previstas. Inaplicável, no caso, o princípio da fungibilidade ante a configuração de erro grosseiro.
Orientação Jurisprudencial nº 152 da SDI – II do TST. Ação rescisória e mandado de segurança. Recurso de revista de acórdão regional que julga ação rescisória ou mandado de segurança. Princípio da fungibilidade. Inaplicabilidade. Erro grosseiro na interposição do recurso A interposição de recurso de revista de decisão definitiva de Tribunal Regional do Trabalho em ação rescisória ou em mandado de segurança, com fundamento em violação legal e divergência jurisprudencial e remissão expressa ao art. 896 da CLT, configura erro grosseiro, insuscetível de autorizar o seu recebimento como recurso ordinário, em face do disposto no art. 895, "b", da CLT.
Súmula nº 214 do TST. Decisão interlocutória. Irrecorribilidade Na Justiça do Trabalho, nos termos do art. 893, § 1º, da CLT, as decisões interlocutórias não ensejam recurso imediato, salvo nas hipóteses de decisão: a) de Tribunal Regional do Trabalho contrária à Súmula ou Orientação Jurisprudencial do Tribunal Superior do Trabalho; b) suscetível de impugnação mediante recurso para o mesmo Tribunal; c) que acolhe exceção de incompetência territorial, com a remessa dos autos para Tribunal Regional distinto daquele a que se vincula o juízo excepcionado, consoante o disposto no art. 799, § 2º, da CLT.
Juízo de admissibilidade
Orientação Jurisprudencial nº 282 da SDI – I do TST. Agravo de instrumento. Juízo de admissibilidade "ad quem" No julgamento de Agravo de Instrumento, ao afastar o óbice apontado pelo TRT para o processamento do recurso de revista, pode o juízo "ad quem" prosseguir no exame dos demais pressupostos extrínsecos e intrínsecos do recurso de revista, mesmo que não apreciados pelo TRT.
Súmula nº 422 do TST. Recurso. Fundamento ausente ou deficiente. Não conhecimento. I – Não se conhece de recurso para o TST se as razões do recorrente não impugnam os fundamentos da decisão recorrida, nos termos em que proferida. II – O entendimento referido no item anterior não se aplica em relação à motivação secundária e impertinente, consubstanciada em despacho de admissibilidade de recurso ou em decisão monocrática. III – Inaplicável a exigência do item I relativamente ao recurso ordinário da competência de Tribunal Regional do Trabalho, exceto em caso de recurso cuja motivação é inteiramente dissociada dos fundamentos da sentença.

PRESSUPOSTOS RECURSAIS
Legitimidade e interesse para recorrer
OJ nº 237 da SDI-I do TST. Ministério Público do Trabalho. Legitimidade para recorrer. Sociedade de economia mista. Empresa pública I – O Ministério Público do Trabalho não tem legitimidade para recorrer na defesa de interesse patrimonial privado, ainda que de empresas públicas e sociedades de economia mista. II – Há legitimidade do Ministério Público do Trabalho para recorrer de decisão que declara a existência de vínculo empregatício com sociedade de economia mista ou empresa pública, após a Constituição Federal de 1988, sem a prévia aprovação em concurso público, pois é matéria de ordem pública.
OJ nº 318 da SBDI-I do TST. Autarquia. Fundação Pública. Legitimidade para recorrer. Representação processual. I – Os Estados e os Municípios não têm legitimidade para recorrer em nome das autarquias e das fundações públicas. II – Os procuradores estaduais e municipais podem representar as respectivas autarquias e fundações públicas em juízo somente se designados pela lei da respectiva unidade da federação (art. 75, IV, do CPC de 2015) ou se investidos de instrumento de mandato válido.
Tempestividade
Súmula nº 385 do TST. Feriado local ou forense. Ausência de expediente. Prazo recursal. Prorrogação. Comprovação. Necessidade. I – Incumbe **à** parte o **ônus** de provar, quando da interposição do recurso, a existência de feriado local que autorize a prorrogação do prazo recursal (art. 1.003, **§** 6º, do CPC de 2015). No caso de o recorrente alegar a existência de feriado local e não o comprovar no momento da interposição do recurso, cumpre ao relator conceder o prazo de 5 (cinco) dias para que seja sanado o vício (art. 932, parágrafo **único,** do CPC de 2015), sob pena de não conhecimento se da comprovação depender a tempestividade recursal; II – Na hipótese de feriado forense, incumbirá **à** autoridade que proferir a decisão de admissibilidade certificar o expediente nos autos; III – Admite-se a reconsideração da análise da tempestividade do recurso, mediante prova documental superveniente, em agravo de instrumento, agravo interno, agravo regimental, ou embargos de declaração, desde que, em momento anterior, não tenha havido a concessão de prazo para a comprovação da ausência de expediente forense.
Súmula nº 197 do TST. Prazo O prazo para recurso da parte que, intimada, não comparecer à audiência em prosseguimento para a prolação da sentença conta-se de sua publicação.
Súmula nº 30 do TST. Intimação da sentença Quando não juntada a ata ao processo em 48 horas, contadas da audiência de julgamento (art. 851, § 2º, da CLT), o prazo para recurso será contado da data em que a parte receber a intimação da sentença.
Orientação Jurisprudencial nº 192 da SDI – I do TST. Embargos declaratórios. Prazo em dobro. Pessoa jurídica de direito público. Decreto-Lei nº 779/69. É em dobro o prazo para a interposição de embargos declaratórios por pessoa jurídica de direito público.

Súmula nº 201 do TST. Recurso ordinário em mandado de segurança Da decisão de Tribunal Regional do Trabalho em mandado de segurança cabe recurso ordinário, no prazo de 8 (oito) dias, para o Tribunal Superior do Trabalho, e igual dilação para o recorrido e interessados apresentarem razões de contrariedade.
Representação
Orientação Jurisprudencial nº 286 da SDI – I do TST. Agravo de instrumento. Traslado. Mandato tácito. Ata de audiência. Configuração I – A juntada da ata de audiência, em que consignada a presença do advogado, desde que não estivesse atuando com mandato expresso, torna dispensável a procuração deste, porque demonstrada a existência de mandato tácito. II – Configurada a existência de mandato tácito fica suprida a irregularidade detectada no mandato expresso.
Orientação Jurisprudencial nº 374 da SDI – I do TST. Agravo de instrumento. Representação processual. Regularidade. Procuração ou substabelecimento com cláusula limitativa de poderes ao âmbito do tribunal regional do trabalho É regular a representação processual do subscritor do agravo de instrumento ou do recurso de revista que detém mandato com poderes de representação limitados ao âmbito do Tribunal Regional do Trabalho, pois, embora a apreciação desse recurso seja realizada pelo Tribunal Superior do Trabalho, a sua interposição é ato praticado perante o Tribunal Regional do Trabalho, circunstância que legitima a atuação do advogado no feito.
Orientação Jurisprudencial nº 75 da SDI – I do TST. Substabelecimento sem o reconhecimento de firma do substabelecente. Inválido (anterior à Lei nº 8.952/1994) Não produz efeitos jurídicos recurso subscrito por advogado com poderes conferidos em substabelecimento em que não consta o reconhecimento de firma do outorgante. Entendimento aplicável antes do advento da Lei nº 8.952/1994.
Súmula nº 383 do TST. Recurso. Mandato. Irregularidade de representação. CPC de 2015, arts. 104 e 76, § 2º I – É inadmissível recurso firmado por advogado sem procuração juntada aos autos até o momento da sua interposição, salvo mandato tácito. Em caráter excepcional (art. 104 do CPC de 2015), admite-se que o advogado, independentemente de intimação, exiba a procuração no prazo de 5 (cinco) dias após a interposição do recurso, prorrogável por igual período mediante despacho do juiz. Caso não a exiba, considera-se ineficaz o ato praticado e não se conhece do recurso. II – Verificada a irregularidade de representação da parte em fase recursal, em procuração ou substabelecimento já constante dos autos, o relator ou o órgão competente para julgamento do recurso designará prazo de 5 (cinco) dias para que seja sanado o vício. Descumprida a determinação, o relator não conhecerá do recurso, se a providência couber ao recorrente, ou determinará o desentranhamento das contrarrazões, se a providência couber ao recorrido (art. 76, § 2º, do CPC de 2015).
Orientação Jurisprudencial nº 120 da SDI – I do TST. Recurso. Assinatura da petição ou das razões recursais. Art. 932, parágrafo único, do CPC de 2015. I – Verificada a total ausência de assinatura no recurso, o juiz ou o relator concederá prazo de 5 (cinco) dias para que seja sanado o vício. Descumprida a determinação, o recurso será reputado inadmissível (art. 932, parágrafo único, do CPC de 2015). II – É válido o recurso assinado, ao menos, na petição de apresentação ou nas razões recursais.

Custas processuais
Súmula nº 25 do TST. CUSTAS PROCESSUAIS. INVERSÃO DO ÔNUS DA SUCUMBÊNCIA. I – A parte vencedora na primeira instância, se vencida na segunda, está obrigada, independentemente de intimação, a pagar as custas fixadas na sentença originária, das quais ficara isenta a parte então vencida; II – No caso de inversão do ônus da sucumbência em segundo grau, sem acréscimo ou atualização do valor das custas e se estas já foram devidamente recolhidas, descabe um novo pagamento pela parte vencida, ao recorrer. Deverá ao final se sucumbente, reembolsar a quantia; III – Não caracteriza deserção a hipótese em que, acrescido o valor da condenação, não houve fixação ou cálculo do valor devido a título de custas e tampouco intimação da parte para o preparo do recurso, devendo ser as custas pagas ao final; IV – O reembolso das custas à parte vencedora faz-se necessário mesmo na hipótese em que a parte vencida for pessoa isenta do seu pagamento, nos termos do artigo 790-A, parágrafo único, da CLT.
Súmula nº 53 do TST. Custas O prazo para pagamento das custas, no caso de recurso, é contado da intimação do cálculo.
OJ nº 140 da SDI-I do TST. Depósito recursal e custas Processuais. Recolhimento insuficiente. Deserção. Em caso de recolhimento insuficiente das custas processuais ou do depósito recursal, somente haverá deserção do recurso se, concedido o prazo de 5 (cinco) dias previsto no § 2º do art. 1.007 do CPC de 2015, o recorrente não complementar e comprovar o valor devido.
Súmula nº 36 do TST. Custas Nas ações plúrimas, as custas incidem sobre o respectivo valor global.
Súmula nº 170 do TST. Sociedade de economia mista. Custas Os privilégios e isenções no foro da Justiça do Trabalho não abrangem as sociedades de economia mista, ainda que gozassem desses benefícios anteriormente ao Decreto-Lei nº 779, de 21.08.1969.
Orientação Jurisprudencial nº 13 da SDI – I do TST. APPA. Decreto-Lei nº 779/69. Depósito recursal e custas. Não isenção A Administração dos Portos de Paranaguá e Antonina – APPA, vinculada à Administração Pública indireta, não é isenta do recolhimento do depósito recursal e do pagamento das custas processuais por não ser beneficiária dos privilégios previstos no Decreto-Lei n.º 779, de 21.08.1969, ante o fato de explorar atividade econômica com fins lucrativos, o que descaracteriza sua natureza jurídica, igualando-a às empresas privadas.
Súmula nº 86 do TST. Deserção. Massa falida. Empresa em liquidação extrajudicial Não ocorre deserção de recurso da massa falida por falta de pagamento de custas ou de depósito do valor da condenação. Esse privilégio, todavia, não se aplica à empresa em liquidação extrajudicial.
Orientação Jurisprudencial nº 158 da SDI – I do TST. Custas. Comprovação de recolhimento. DARF eletrônico. Validade O denominado "DARF ELETRÔNICO" é válido para comprovar o recolhimento de custas por entidades da administração pública federal, emitido conforme a IN-SRF 162, de 04.11.88.

Orientação Jurisprudencial nº 33 da SDI – I do TST. Deserção. Custas. Carimbo do banco. Validade O carimbo do banco recebedor na guia de comprovação do recolhimento das custas supre a ausência de autenticação mecânica.
Orientação Jurisprudencial nº 217 da SDI – I do TST. Agravo de instrumento. Traslado. Lei nº 9.756/1998. Guias de custas e de depósito recursal Para a formação do agravo de instrumento, não é necessária a juntada de comprovantes de recolhimento de custas e de depósito recursal relativamente ao recurso ordinário, desde que não seja objeto de controvérsia no recurso de revista a validade daqueles recolhimentos.
Orientação Jurisprudencial nº 88 da SDI – II do TST. Mandado de segurança. Valor da causa. Custas processuais. Cabimento Incabível a impetração de mandado de segurança contra ato judicial que, de ofício, arbitrou novo valor à causa, acarretando a majoração das custas processuais, uma vez que cabia à parte, após recolher as custas, calculadas com base no valor dado à causa na inicial, interpor recurso ordinário e, posteriormente, agravo de instrumento no caso de o recurso ser considerado deserto.
Orientação Jurisprudencial nº 148 da SDI – II do TST. Custas. Mandado de segurança. Recurso ordinário. Exigência do pagamento É responsabilidade da parte, para interpor recurso ordinário em mandado de segurança, a comprovação do recolhimento das custas processuais no prazo recursal, sob pena de deserção.
Depósito Recursal
Súmula nº 128 do TST. Depósito Recursal I – É ônus da parte recorrente efetuar o depósito legal, integralmente, em relação a cada novo recurso interposto, sob pena de deserção. Atingido o valor da condenação, nenhum depósito mais é exigido para qualquer recurso. II – Garantido o juízo, na fase executória, a exigência de depósito para recorrer de qualquer decisão viola os incisos II e LV do art. 5º da CF/1988. Havendo, porém, elevação do valor do débito, exige-se a complementação da garantia do juízo. III – Havendo condenação solidária de duas ou mais empresas, o depósito recursal efetuado por uma delas aproveita as demais, quando a empresa que efetuou o depósito não pleiteia sua exclusão da lide.
Súmula nº 161 do TST. Depósito. Condenação a pagamento em pecúnia Se não há condenação a pagamento em pecúnia, descabe o depósito de que tratam os §§ 1º e 2º do art. 899 da CLT.
Súmula nº 245 do TST. Depósito recursal. Prazo O depósito recursal deve ser feito e comprovado no prazo alusivo ao recurso. A interposição antecipada deste não prejudica a dilação legal.
Súmula nº 99 do TST. Ação rescisória. Deserção. Prazo Havendo recurso ordinário em sede de rescisória, o depósito recursal só é exigível quando for julgado procedente o pedido e imposta condenação em pecúnia, devendo este ser efetuado no prazo recursal, no limite e nos termos da legislação vigente, sob pena de deserção.

Súmula nº 217 do TST. Depósito recursal. Credenciamento bancário. Prova dispensável
O credenciamento dos bancos para o fim de recebimento do depósito recursal é fato notório, independendo da prova.

Orientação Jurisprudencial nº 264 da SDI – I do TST. Depósito recursal. PIS/PASEP. Ausência de indicação na guia de depósito recursal. Validade
Não é essencial para a validade da comprovação do depósito recursal a indicação do número do PIS/PASEP na guia respectiva.

Depósito de multas impostas pelo Juízo

Orientação Jurisprudencial nº 409 da SDI – I do TST. Multa por litigância de má-fé. Recolhimento. Pressuposto recursal. Inexigibilidade.
O recolhimento do valor da multa imposta como sanção por litigância de má-fé (art. 81 do CPC de 2015 – art. 18 do CPC de 1973) não é pressuposto objetivo para interposição dos recursos de natureza trabalhista.

Orientação Jurisprudencial nº 389 da SDI – I do TST. Multa prevista no art. 1.021, §§ 4º e 5º, do CPC, art. 557, § 2º, do CPC de 1973. Recolhimento. Pressuposto Recursal. Beneficiário da justiça gratuita e Fazenda Pública. Pagamento ao final.
Constitui ônus da parte recorrente, sob pena de deserção, depositar previamente a multa aplicada com fundamentos nos §§ 4º e 5º, do art. 1.021, do CPC de 2015 (§ 2º do art. 557 do CPC de 1973), à exceção da Fazenda Pública e do beneficiário de justiça gratuita, que farão o pagamento ao final.

Documentos

Súmula nº 8 do TST. Juntada de documento
A juntada de documentos na fase recursal só se justifica quando provado o justo impedimento para sua oportuna apresentação ou se referir a fato posterior à sentença.

Efeitos dos recursos

Súmula nº 393 do TST. Recurso ordinário. Efeito devolutivo em profundidade. Art. 1.013, § 1º, do CPC de 2015. Art. 515, § 1º, do CPC de 1973
I – O efeito devolutivo em profundidade do recurso ordinário, que se extrai do § 1º do art. 1.013 do CPC de 2015 (art. 515, § 1º, do CPC de 1973), transfere ao Tribunal a apreciação dos fundamentos da inicial ou da defesa, não examinados pela sentença, ainda que não renovados em contrarrazões, desde que relativos ao capítulo impugnado.
II – Se o processo estiver em condições, o tribunal, ao julgar o recurso ordinário, deverá decidir desde logo o mérito da causa, nos termos do § 3º do art. 1.013 do CPC de 2015, inclusive quando constatar a omissão da sentença no exame de um dos pedidos.

Súmula nº 279 do TST. Recurso contra sentença normativa. Efeito suspensivo. Cassação
A cassação de efeito suspensivo concedido a recurso interposto de sentença normativa retroage à data do despacho que o deferiu.

Reexame necessário

Súmula nº 303 do TST. Fazenda Pública. Reexame necessário.
I – Em dissídio individual, está sujeita ao reexame necessário, mesmo na vigência da Constituição Federal de 1988, decisão contrária à Fazenda Pública, salvo quando a condenação não ultrapassar o valor correspondente a: a) 1.000 (mil) salários mínimos para a União e as respectivas autarquias e fundações de direito público; b) 500 (quinhentos) salários mínimos para os Estados, o Distrito Federal, as respectivas autarquias e fundações de direito público e os Municípios que constituam capitais dos Estados; c) 100 (cem) salários mínimos para todos os demais Municípios e respectivas autarquias e fundações de direito público.

II – Também não se sujeita ao duplo grau de jurisdição a decisão fundada em:
a) súmula ou orientação jurisprudencial do Tribunal Superior do Trabalho;
b) acórdão proferido pelo Supremo Tribunal Federal ou pelo Tribunal Superior do Trabalho em julgamento de recursos repetitivos;
c) entendimento firmado em incidente de resolução de demandas repetitivas ou de assunção de competência;
d) entendimento coincidente com orientação vinculante firmada no âmbito administrativo do próprio ente público, consolidada em manifestação, parecer ou súmula administrativa.
III – Em ação rescisória, a decisão proferida pelo Tribunal Regional do Trabalho está sujeita ao duplo grau de jurisdição obrigatório quando desfavorável ao ente público, exceto nas hipóteses dos incisos anteriores.
IV – Em mandado de segurança, somente cabe reexame necessário se, na relação processual, figurar pessoa jurídica de direito público como parte prejudicada pela concessão da ordem. Tal situação não ocorre na hipótese de figurar no feito como impetrante e terceiro interessado pessoa de direito privado, ressalvada a hipótese de matéria administrativa.

Orientação Jurisprudencial nº 334 da SDI – I do TST. Remessa *"ex officio"*. Recurso de revista. Inexistência de recurso ordinário voluntário de ente público. Incabível
Incabível recurso de revista de ente público que não interpôs recurso ordinário voluntário da decisão de primeira instância, ressalvada a hipótese de ter sido agravada, na segunda instância, a condenação imposta.

Orientação Jurisprudencial nº 21 da SDI – II do TST. Ação rescisória. Duplo grau de jurisdição. Trânsito em julgado. Inobservância. Decreto-Lei nº 779/69, art. 1º, V. Incabível
É incabível ação rescisória para a desconstituição de sentença não transitada em julgado porque ainda não submetida ao necessário duplo grau de jurisdição, na forma do Decreto-Lei nº 779/69. Determina-se que se oficie ao Presidente do TRT para que proceda à avocatória do processo principal para o reexame da sentença rescindenda.

RECURSOS EM ESPÉCIE

Embargos de declaração

Súmula nº 278 do TST. Embargos de declaração. Omissão no julgado
A natureza da omissão suprida pelo julgamento de embargos declaratórios pode ocasionar efeito modificativo no julgado.

Orientação Jurisprudencial nº 142 da SDI- I do TST. Embargos de declaração. Efeito modificativo. Vista prévia à parte contrária
É passível de nulidade decisão que acolhe embargos de declaração com efeito modificativo sem que seja concedida oportunidade de manifestação prévia à parte contrária.

Súmula nº 184 do TST. Embargos declaratórios. Omissão em recurso de revista. Preclusão
Ocorre preclusão se não forem opostos embargos declaratórios para suprir omissão apontada em recurso de revista ou de embargos.

Súmula nº 421 do TST. Embargos de Declaração. Cabimento. Decisão Monocrática do Relator calcada no art. 932 do CPC de 2015. Art. 557 do CPC de 1973.
I – Cabem embargos da declaração de decisão monocrática do relator prevista no art. 932 do CPC de 2015 (art. 557 do CPC de 1973), se a parte pretende tão somente juízo integrativo retificador da decisão e, não, modificação do julgado.

II – Se a parte postular a revisão no mérito da decisão monocrática, cumpre ao relator converter os embargos de declaração em agravo, em face dos princípios da fungibilidade e celeridade processual, submetendo-o ao pronunciamento do Colegiado, após a intimação do recorrente para, no prazo de 5 (cinco) dias, complementar as razões recursais, de modo a ajustá-la às exigências do art. 1.021, § 1º, do CPC de 2015.

Orientação Jurisprudencial nº 192 da SDI – I do TST. Embargos declaratórios. Prazo em dobro. Pessoa jurídica de direito público. Decreto-Lei nº 779/69.
É em dobro o prazo para a interposição de embargos declaratórios por pessoa jurídica de direito público.

Recurso ordinário

Súmula nº 201 do TST. Recurso ordinário em mandado de segurança
Da decisão de Tribunal Regional do Trabalho em mandado de segurança cabe recurso ordinário, no prazo de 8 (oito) dias, para o Tribunal Superior do Trabalho, e igual dilação para o recorrido e interessados apresentarem razões de contrariedade.

Súmula nº 158 do TST. Ação rescisória
Da decisão de Tribunal Regional do Trabalho, em ação rescisória, é cabível recurso ordinário para o Tribunal Superior do Trabalho, em face da organização judiciária trabalhista.

Agravo de petição

Súmula nº 416 do TST. Mandado de segurança. Execução. Lei nº 8.432/1992. Art. 897, § 1º, da CLT. Cabimento
Devendo o agravo de petição delimitar justificadamente a matéria e os valores objeto de discordância, não fere direito líquido e certo o prosseguimento da execução quanto aos tópicos e valores não especificados no agravo.

Súmula nº 266 do TST. Recurso de revista. Admissibilidade. Execução de sentença
A admissibilidade do recurso de revista interposto de acórdão proferido em agravo de petição, na liquidação de sentença ou em processo incidente na execução, inclusive os embargos de terceiro, depende de demonstração inequívoca de violência direta à Constituição Federal.

RECURSO DE REVISTA

Prequestionamento

Súmula nº 297 do TST. Prequestionamento. Oportunidade. Configuração
I. Diz-se prequestionada a matéria ou questão quando na decisão impugnada haja sido adotada, explicitamente, tese a respeito.
II. Incumbe à parte interessada, desde que a matéria haja sido invocada no recurso principal, opor embargos declaratórios objetivando o pronunciamento sobre o tema, sob pena de preclusão.
III. Considera-se prequestionada a questão jurídica invocada no recurso principal sobre a qual se omite o Tribunal de pronunciar tese, não obstante opostos embargos de declaração.

Súmula nº 184 do TST. Embargos declaratórios. Omissão em recurso de revista. Preclusão
Ocorre preclusão se não forem opostos embargos declaratórios para suprir omissão apontada em recurso de revista ou de embargos.

Orientação Jurisprudencial nº 118 da SDI – I do TST. Prequestionamento. Tese explícita. Inteligência da Súmula nº 297
Havendo tese explícita sobre a matéria, na decisão recorrida, desnecessário contenha nela referência expressa do dispositivo legal para ter-se como prequestionado este.

Orientação Jurisprudencial nº 256 da SDI – I do TST. Prequestionamento. Configuração. Tese explícita. Súmula nº 297

Para fins do requisito do prequestionamento de que trata a Súmula nº 297, há necessidade de que haja, no acórdão, de maneira clara, elementos que levem à conclusão de que o Regional adotou uma tese contrária à lei ou à súmula.

Orientação Jurisprudencial nº 62 da SDI – I do TST. Prequestionamento. Pressuposto de admissibilidade em apelo de natureza extraordinária. Necessidade, ainda que se trate de incompetência absoluta

É necessário o prequestionamento como pressuposto de admissibilidade em recurso de natureza extraordinária, ainda que se trate de incompetência absoluta.

Orientação Jurisprudencial nº 119 da SDI – I do TST. Prequestionamento inexigível. Violação nascida na própria decisão recorrida. Súmula nº 297. Inaplicável

É inexigível o prequestionamento quando a violação indicada houver nascido na própria decisão recorrida. Inaplicável a Súmula n.º 297 do TST.

Orientação Jurisprudencial nº 151 da SDI – I do TST. Prequestionamento. Decisão regional que adota a sentença. Ausência de prequestionamento

Decisão regional que simplesmente adota os fundamentos da decisão de primeiro grau não preenche a exigência do prequestionamento, tal como previsto na Súmula nº 297.

Princípio da fungibilidade

Orientação Jurisprudencial nº 152 da SDI – II do TST. Ação rescisória e mandado de segurança. Recurso de revista de acórdão regional que julga ação rescisória ou mandado de segurança. Princípio da fungibilidade. Inaplicabilidade. Erro grosseiro na interposição do recurso

A interposição de recurso de revista de decisão definitiva de Tribunal Regional do Trabalho em ação rescisória ou em mandado de segurança, com fundamento em violação legal e divergência jurisprudencial e remissão expressa ao art. 896 da CLT, configura erro grosseiro, insuscetível de autorizar o seu recebimento como recurso ordinário, em face do disposto no art. 895, "b", da CLT.

Cabimento

Súmula nº 126 do TST. Recurso. Cabimento

Incabível o recurso de revista ou de embargos (arts. 896 e 894, "b", da CLT) para reexame de fatos e provas.

Orientação Jurisprudencial nº 334 da SDI – I do TST. Remessa "*ex officio*". Recurso de revista. Inexistência de recurso ordinário voluntário de ente público. Incabível

Incabível recurso de revista de ente público que não interpôs recurso ordinário voluntário da decisão de primeira instância, ressalvada a hipótese de ter sido agravada, na segunda instância, a condenação imposta.

Súmula nº 218 do TST. Recurso de revista. Acórdão proferido em agravo de instrumento

É incabível recurso de revista interposto de acórdão regional prolatado em agravo de instrumento.

Súmula nº 266 do TST. Recurso de revista. Admissibilidade. Execução de sentença

A admissibilidade do recurso de revista interposto de acórdão proferido em agravo de petição, na liquidação de sentença ou em processo incidente na execução, inclusive os embargos de terceiro, depende de demonstração inequívoca de violência direta à Constituição Federal.

Divergência Jurisprudencial
Súmula nº 296 do TST. Recurso. Divergência jurisprudencial. Especificidade I – A divergência jurisprudencial ensejadora da admissibilidade, do prosseguimento e do conhecimento do recurso há de ser específica, revelando a existência de teses diversas na interpretação de um mesmo dispositivo legal, embora idênticos os fatos que as ensejaram. II – Não ofende o art. 896 da CLT decisão de Turma que, examinando premissas concretas de especificidade da divergência colacionada no apelo revisional, conclui pelo conhecimento ou desconhecimento do recurso.
Súmula nº 23 do TST. Recurso Não se conhece de recurso de revista ou de embargos, se a decisão recorrida resolver determinado item do pedido por diversos fundamentos e a jurisprudência transcrita não abranger a todos.
Súmula nº 337 do TST. Comprovação de divergência jurisprudencial. Recursos de revista e de embargos I – Para comprovação da divergência justificadora do recurso, é necessário que o recorrente: a) Junte certidão ou cópia autenticada do acórdão paradigma ou cite a fonte oficial ou o repositório autorizado em que foi publicado; e b) Transcreva, nas razões recursais, as ementas e/ou trechos dos acórdãos trazidos à configuração do dissídio, demonstrando o conflito de teses que justifique o conhecimento do recurso, ainda que os acórdãos já se encontrem nos autos ou venham a ser juntados com o recurso; II – A concessão de registro de publicação como repositório autorizado de jurisprudência do TST torna válidas todas as suas edições anteriores; III – A mera indicação da data de publicação, em fonte oficial, de aresto paradigma é inválida para comprovação de divergência jurisprudencial, nos termos do item I, "a", desta súmula, quando a parte pretende demonstrar o conflito de teses mediante a transcrição de trechos que integram a fundamentação do acórdão divergente, uma vez que só se publicam o dispositivo e a ementa dos acórdãos; IV – É válida para a comprovação da divergência jurisprudencial justificadora do recurso a indicação de aresto extraído de repositório oficial na internet, desde que o recorrente: a) transcreva o trecho divergente; b) aponte o sítio de onde foi extraído; e c) decline o número do processo, o órgão prolator do acórdão e a data da respectiva publicação no Diário Eletrônico da Justiça do Trabalho. V – A existência do código de autenticidade na cópia, em formato *pdf*, do inteiro teor do aresto paradigma, juntada aos autos, torna-a equivalente ao documento original e também supre a ausência de indicação da fonte oficial de publicação.
Súmula nº 333 do TST. Recursos de revista. Conhecimento Não ensejam recurso de revista decisões superadas por iterativa, notória e atual jurisprudência do Tribunal Superior do Trabalho.
Orientação Jurisprudencial nº 219 da SDI – I do TST. Recurso de Revista ou de Embargos fundamentado em Orientação Jurisprudencial do TST É válida, para efeito de conhecimento do recurso de revista ou de embargos, a invocação de Orientação Jurisprudencial do Tribunal Superior do Trabalho, desde que, das razões recursais, conste o seu número ou conteúdo.
Súmula nº 312 do TST. Constitucionalidade. Alínea "b" do art. 896 da CLT É constitucional a alínea "b" do art. 896 da CLT, com a redação dada pela Lei nº 7.701, de 21.12.1988.

Orientação Jurisprudencial nº 147 da SDI – I do TST. Lei estadual, norma coletiva ou norma regulamentar. Conhecimento indevido do recurso de revista por divergência jurisprudencial I – É inadmissível o recurso de revista fundado tão-somente em divergência jurisprudencial, se a parte não comprovar que a lei estadual, a norma coletiva ou o regulamento da empresa extrapolam o âmbito do TRT prolator da decisão recorrida. II – É imprescindível a arguição de afronta ao art. 896 da CLT para o conhecimento de embargos interpostos em face de acórdão de Turma que conhece indevidamente de recurso de revista, por divergência jurisprudencial, quanto a tema regulado por lei estadual, norma coletiva ou norma regulamentar de âmbito restrito ao Regional prolator da decisão.
Orientação Jurisprudencial nº 111 da SDI – I do TST. Recurso de revista. Divergência jurisprudencial. Aresto oriundo do mesmo tribunal regional. Lei nº 9.756/1998. Inservível ao conhecimento Não é servível ao conhecimento de recurso de revista aresto oriundo de mesmo Tribunal Regional do Trabalho, salvo se o recurso houver sido interposto anteriormente à vigência da Lei nº 9.756/1998.
Violação literal de disposição de lei federal ou afronta direta e literal à Constituição Federal
Súmula nº 221 do TST. Recurso de revista. Violação de lei. Indicação de preceito A admissibilidade de recurso de revista por violação tem como pressuposto a indicação expressa do dispositivo de lei ou da Constituição tido como violado.
Orientação Jurisprudencial nº 257 SDI – I do TST. Recurso de revista. Fundamentação. Violação de lei. Vocábulo violação. Desnecessidade A invocação expressa no recurso de revista dos preceitos legais ou constitucionais tidos como violados não significa exigir da parte a utilização das expressões "contrariar", "ferir", "violar", etc.
Súmula nº 459 do TST. Recurso de revista. Nulidade por negativa de prestação jurisdicional. O conhecimento do recurso de revista, quanto à preliminar de nulidade, por negativa de prestação jurisdicional, supõe indicação de violação do art. 832 da CLT, do art. 489 do CPC de 2015 (art. 458 do CPC de 1973) ou do art. 93, IX, da CF/1988.
Recurso de revista no rito sumaríssimo
Orientação Jurisprudencial nº 260 da SDI – I do TST. Agravo de instrumento. Recurso de revista. Procedimento sumaríssimo. Lei nº 9.957/00. Processos em curso I – É inaplicável o rito sumaríssimo aos processos iniciados antes da vigência da Lei nº 9.957/00. II – No caso de o despacho denegatório de recurso de revista invocar, em processo iniciado antes da Lei nº 9.957/00, o § 6º do art. 896 da CLT (rito sumaríssimo), como óbice ao trânsito do apelo calcado em divergência jurisprudencial ou violação de dispositivo infraconstitucional, o Tribunal superará o obstáculo, apreciando o recurso sob esses fundamentos.
Súmula nº 442 do TST. Procedimento sumaríssimo. Recurso de revista fundamentado em contrariedade a orientação jurisprudencial. Inadmissibilidade. Art. 896, § 6º, da CLT, acrescentado pela lei nº 9.957, de 12.01.2000 Nas causas sujeitas ao procedimento sumaríssimo, a admissibilidade de recurso de revista está limitada à demonstração de violação direta a dispositivo da Constituição Federal ou contrariedade a Súmula do Tribunal Superior do Trabalho, não se admitindo o recurso por contrariedade a Orientação Jurisprudencial deste Tribunal (Livro II, Título II, Capítulo III, do RITST), ante a ausência de previsão no art. 896, § 6º, da CLT.

RECURSO DE EMBARGOS À SEÇÃO DE DISSÍDIOS INDIVIDUAIS DO TST
Cabimento
Súmula nº 353 do TST. Embargos. Agravo. Cabimento Não cabem embargos para a Seção de Dissídios Individuais de decisão de Turma proferida em agravo, salvo: a) da decisão que não conhece de agravo de instrumento ou de agravo pela ausência de pressupostos extrínsecos; b) da decisão que nega provimento a agravo contra decisão monocrática do Relator, em que se proclamou a ausência de pressupostos extrínsecos de agravo de instrumento; c) para revisão dos pressupostos extrínsecos de admissibilidade do recurso de revista, cuja ausência haja sido declarada originariamente pela Turma no julgamento do agravo; d) para impugnar o conhecimento de agravo de instrumento; e) para impugnar a imposição de multas previstas nos arts. 1.021, § 4º, do CPC de 2015 ou 1.026, § 2º, do CPC de 2015 (art. 538, parágrafo único, do CPC de 1973, ou no art. 557, § 2º, do CPC de 1973); f) contra decisão de Turma proferida em agravo em recurso de revista, nos termos do art. 894, II, da CLT.
Orientação Jurisprudencial nº 378 da SDI – I do TST. Embargos. Interposição contra decisão monocrática. Não cabimento
Não encontra amparo no art. 894 da CLT, quer na redação anterior quer na redação posterior à Lei n.º 11.496, de 22.06.2007, recurso de embargos interposto à decisão monocrática exarada nos moldes do art. 932 do CPC de 2015 (art. 557 do CPC de 1973), pois o comando legal restringe seu cabimento à pretensão de reforma de decisão colegiada proferida por Turma do Tribunal Superior do Trabalho.
Súmula nº 126 do TST. Recurso. Cabimento Incabível o recurso de revista ou de embargos (arts. 896 e 894, "b", da CLT) para reexame de fatos e provas.
Divergência Jurisprudencial
Súmula nº 296 do TST. Recurso. Divergência jurisprudencial. Especificidade I – A divergência jurisprudencial ensejadora da admissibilidade, do prosseguimento e do conhecimento do recurso há de ser específica, revelando a existência de teses diversas na interpretação de um mesmo dispositivo legal, embora idênticos os fatos que as ensejaram. II – Não ofende o art. 896 da CLT decisão de Turma que, examinando premissas concretas de especificidade da divergência colacionada no apelo revisional, conclui pelo conhecimento ou desconhecimento do recurso.
Súmula nº 23 do TST. Recurso Não se conhece de recurso de revista ou de embargos, se a decisão recorrida resolver determinado item do pedido por diversos fundamentos e a jurisprudência transcrita não abranger a todos.
Súmula nº 337 do TST. Comprovação de divergência jurisprudencial. Recursos de revista e de embargos I – Para comprovação da divergência justificadora do recurso, é necessário que o recorrente: a) Junte certidão ou cópia autenticada do acórdão paradigma ou cite a fonte oficial ou o repositório autorizado em que foi publicado; e

b) Transcreva, nas razões recursais, as ementas e/ou trechos dos acórdãos trazidos à configuração do dissídio, demonstrando o conflito de teses que justifique o conhecimento do recurso, ainda que os acórdãos já se encontrem nos autos ou venham a ser juntados com o recurso;
II – A concessão de registro de publicação como repositório autorizado de jurisprudência do TST torna válidas todas as suas edições anteriores;
III – A mera indicação da data de publicação, em fonte oficial, de aresto paradigma é inválida para comprovação de divergência jurisprudencial, nos termos do item I, "a", desta súmula, quando a parte pretende demonstrar o conflito de teses mediante a transcrição de trechos que integram a fundamentação do acórdão divergente, uma vez que só se publicam o dispositivo e a ementa dos acórdãos;
IV – É válida para a comprovação da divergência jurisprudencial justificadora do recurso a indicação de aresto extraído de repositório oficial na internet, desde que o recorrente: a) transcreva o trecho divergente; b) aponte o sítio de onde foi extraído; e c) decline o número do processo, o órgão prolator do acórdão e a data da respectiva publicação no Diário Eletrônico da Justiça do Trabalho.
V – A existência do código de autenticidade na cópia, em formato *pdf*, do inteiro teor do aresto paradigma, juntada aos autos, torna-a equivalente ao documento original e também supre a ausência de indicação da fonte oficial de publicação.

Orientação Jurisprudencial nº 219 da SDI – I do TST. Recurso de Revista ou de Embargos fundamentado em Orientação Jurisprudencial do TST
É válida, para efeito de conhecimento do recurso de revista ou de embargos, a invocação de Orientação Jurisprudencial do Tribunal Superior do Trabalho, desde que, das razões recursais, conste o seu número ou conteúdo.

Orientação Jurisprudencial nº 336 da SDI – I do TST. Embargos interpostos anteriormente à vigência da Lei n.º 11.496/2007. Recurso não conhecido com base em orientação jurisprudencial. Desnecessário o exame das violações de lei e da constituição federal alegadas no recurso de revista
Estando a decisão recorrida em conformidade com orientação jurisprudencial, desnecessário o exame das divergências e das violações de lei e da Constituição alegadas em embargos interpostos antes da vigência da Lei n.º 11.496/2007, salvo nas hipóteses em que a orientação jurisprudencial não fizer qualquer citação do dispositivo constitucional.

Orientação Jurisprudencial nº 147 da SDI – I do TST. Lei estadual, norma coletiva ou norma regulamentar. Conhecimento indevido do recurso de revista por divergência jurisprudencial
I – É inadmissível o recurso de revista fundado tão-somente em divergência jurisprudencial, se a parte não comprovar que a lei estadual, a norma coletiva ou o regulamento da empresa extrapolam o âmbito do TRT prolator da decisão recorrida.
II – É imprescindível a arguição de afronta ao art. 896 da CLT para o conhecimento de embargos interpostos em face de acórdão de Turma que conhece indevidamente de recurso de revista, por divergência jurisprudencial, quanto a tema regulado por lei estadual, norma coletiva ou norma regulamentar de âmbito restrito ao Regional prolator da decisão.

Orientação Jurisprudencial nº 95 da SDI – I do TST. Embargos para SDI. Divergência oriunda da mesma Turma do TST. Inservível
Em 19.05.1997, a SDI – Plena, por maioria, decidiu que acórdãos oriundos da mesma Turma, embora divergentes, não fundamentam divergência jurisprudencial de que trata a alínea "b", do artigo 894 da Consolidação das Leis do Trabalho para embargos à Seção Especializada em Dissídios Individuais, Subseção I.

Embargos para a SDI no rito sumaríssimo

Súmula nº 458 do TST. Embargos. Procedimento sumaríssimo. Conhecimento. Recurso interposto após vigência da Lei nº 11.496, de 22.06.2007, que conferiu nova redação ao art. 894, II, da CLT

Em causas sujeitas ao procedimento sumaríssimo, em que pese a limitação imposta no art. 896, § 6º, da CLT à interposição de recurso de revista, admite-se os embargos interpostos na vigência da Lei nº 11.496, de 22.06.2007, que conferiu nova redação ao art. 894 da CLT, quando demonstrada a divergência jurisprudencial entre Turmas do TST, fundada em interpretações diversas acerca da aplicação de mesmo dispositivo constitucional ou de matéria sumulada.

Embargos para a SDI na fase executiva

Súmula nº 433 do TST. Embargos. Admissibilidade. Processo em fase de execução. Acórdão de Turma publicado na vigência da Lei nº 11.496, de 26.06.2007. Divergência de interpretação de dispositivo constitucional

A admissibilidade do recurso de embargos contra acórdão de Turma em recurso de revista em fase de execução, publicado na vigência da Lei nº 11.496, de 26.06.2007, condiciona-se à demonstração de divergência jurisprudencial entre Turmas ou destas e a Seção Especializada em Dissídios Individuais do Tribunal Superior do Trabalho em relação à interpretação de dispositivo constitucional.

Agravo de instrumento

Orientação Jurisprudencial nº 374 da SDI – I do TST. Agravo de instrumento. Representação processual. Regularidade. Procuração ou substabelecimento com cláusula limitativa de poderes ao âmbito do tribunal regional do trabalho

É regular a representação processual do subscritor do agravo de instrumento ou do recurso de revista que detém mandato com poderes de representação limitados ao âmbito do Tribunal Regional do Trabalho, pois, embora a apreciação desse recurso seja realizada pelo Tribunal Superior do Trabalho, a sua interposição é ato praticado perante o Tribunal Regional do Trabalho, circunstância que legitima a atuação do advogado no feito.

Orientação Jurisprudencial nº 283 da SDI – I do TST. Agravo de instrumento. Peças essenciais. Traslado realizado pelo agravado. Validade

É válido o traslado de peças essenciais efetuado pelo agravado, pois a regular formação do agravo incumbe às partes e não somente ao agravante.

Orientação Jurisprudencial nº 286 da SDI – I do TST. Agravo de instrumento. Traslado. Mandato tácito. Ata de audiência. Configuração

I – A juntada da ata de audiência, em que consignada a presença do advogado, desde que não estivesse atuando com mandato expresso, torna dispensável a procuração deste, porque demonstrada a existência de mandato tácito.

II – Configurada a existência de mandato tácito fica suprida a irregularidade detectada no mandato expresso.

Orientação Jurisprudencial nº 91 da SDI – II do TST. Mandado de segurança. Autenticação de cópias pelas secretarias dos tribunais regionais do trabalho. Requerimento indeferido. Art. 789, § 9º, da CLT

Não sendo a parte beneficiária da assistência judiciária gratuita, inexiste direito líquido e certo à autenticação, pelas Secretarias dos Tribunais, de peças extraídas do processo principal, para formação do agravo de instrumento.

Orientação Jurisprudencial nº 217 da SDI – I do TST. Agravo de instrumento. Traslado. Lei nº 9.756/1998. Guias de custas e de depósito recursal Para a formação do agravo de instrumento, não é necessária a juntada de comprovantes de recolhimento de custas e de depósito recursal relativamente ao recurso ordinário, desde que não seja objeto de controvérsia no recurso de revista a validade daqueles recolhimentos.
Orientação Jurisprudencial nº 282 da SDI – I do TST. Agravo de instrumento. Juízo de admissibilidade "ad quem" No julgamento de Agravo de Instrumento, ao afastar o óbice apontado pelo TRT para o processamento do recurso de revista, pode o juízo "ad quem" prosseguir no exame dos demais pressupostos extrínsecos e intrínsecos do recurso de revista, mesmo que não apreciados pelo TRT.
Agravo interno e regimental
Súmula nº 421 do TST. Embargos de declaração. Cabimento. Decisão monocrática do relator calcada no art. 932 do CPC de 2015. Art. 557 do CPC de 1973. I – Cabem embargos de declaração da decisão monocrática do relator prevista no art. 932 do CPC de 2015 (art. 557 do CPC de 1973), se a parte pretende tão somente juízo integrativo retificador da decisão e, não, modificação do julgado. II – Se a parte postular a revisão no mérito da decisão monocrática, cumpre ao relator converter os embargos de declaração em agravo, em face dos princípios da fungibilidade e celeridade processual, submetendo-o ao pronunciamento do Colegiado, após a intimação do recorrente para, no prazo de 5 (cinco) dias, complementar as razões recursais, de modo a ajustá-las às exigências do art. 1.021, § 1º, do CPC de 2015.
Orientação Jurisprudencial nº 69 da SDI – II do TST. Fungibilidade recursal. Indeferimento liminar de ação rescisória ou mandado de segurança. Recurso para o TST. Recebimento como agravo regimental e devolução dos autos ao TRT Recurso ordinário interposto contra despacho monocrático indeferitório da petição inicial de ação rescisória ou de mandado de segurança pode, pelo princípio de fungibilidade recursal, ser recebido como agravo regimental. Hipótese de não conhecimento do recurso pelo TST e devolução dos autos ao TRT, para que aprecie o apelo como agravo regimental.
Orientação jurisprudencial nº 412 da SDI – I do TST. Agravo interno ou agravo regimental. Interposição em face de decisão colegiada. Não cabimento. Erro grosseiro. Inaplicabilidade do princípio da fungibilidade recursal. É incabível agravo interno (art. 1.021 do CPC de 2015, art. 557, § 1º, do CPC de 1973) ou agravo regimental (art. 235 do RITST) contra decisão proferida por Órgão colegiado. Tais recursos destinam-se, exclusivamente, a impugnar decisão monocrática nas hipóteses expressamente previstas. Inaplicável, no caso, o princípio da fungibilidade ante a configuração de erro grosseiro.
Súmula nº 435 do TST. Decisão monocrática. Relator. Art. 932 do CPC de 2015, Art. 557 do CPC de 1973. Aplicação subsidiária ao processo do trabalho. Aplica-se subsidiariamente ao processo do trabalho o art. 932 do CPC de 2015 (art. 557 do CPC de 1973).
Orientação Jurisprudencial nº 132 da SDI – I do TST. Agravo regimental. Peças essenciais nos autos principais Inexistindo lei que exija a tramitação do agravo regimental em autos apartados, tampouco previsão no Regimento Interno do Regional, não pode o agravante ver-se apenado por não haver colacionado cópia de peças dos autos principais, quando o agravo regimental deveria fazer parte dele.

Recurso Adesivo
Súmula nº 283 do TST. Recurso adesivo. Pertinência no processo do trabalho. Correlação de matérias O recurso adesivo é compatível com o processo do trabalho e cabe, no prazo de 8 (oito) dias, nas hipóteses de interposição de recurso ordinário, de agravo de petição, de revista e de embargos, sendo desnecessário que a matéria nele veiculada esteja relacionada com a do recurso interposto pela parte contrária.

QUESTÕES
CAPÍTULO XVI

1. QUESTÕES COM GABARITO COMENTADO

01. (FCC- 2022-TRT 14 - Analista Judiciário - Área Judiciária) A Reclamada Confecções Beija Flor Ltda. foi sucumbente em parte dos pedidos requeridos por seu ex-gerente Augusto em sua reclamação trabalhista. No prazo legal, Augusto interpôs recurso ordinário pleiteando a reforma da sentença que indeferiu seu pedido de danos morais. A Reclamada deixou de interpor recurso ordinário no prazo legal, mas, no prazo em que deveria apresentar suas contrarrazões ao recurso ordinário interposto por Augusto, apresentou recurso adesivo pretendendo a reforma da decisão de 10 grau no tocante às diferenças de comissões sobre as vendas, parte em que Augusto ganhou a ação. Diante do exposto, e tendo em vista a legislação vigente e o entendimento sumulado do TST, o recurso adesivo

a) não é cabível no processo do trabalho, não havendo previsão de seu manejo no rol dos recursos elencados na CLT.
b) é compatível com o processo do trabalho, mas deve o recorrente observar os requisitos para sua interposição, como o recolhimento das custas processuais e o valor do depósito recursal, como qualquer outro recurso principal.
c) somente será considerado se a matéria nele veiculada estiver necessariamente relacionada com a do recurso ordinário anteriormente interposto por Augusto.
d) é cabível no processo do trabalho somente nas hipóteses de recurso ordinário e de recurso de revista, não sendo conhecido em agravo de petição, embargos ao TST e recurso extraordinário.
e) não será julgado, caso o recurso ordinário de Augusto, apesar de conhecido, tenha seu mérito sido julgado improcedente, pois a sua principal característica é a aderência ao recurso principal.

COMENTÁRIOS:

Gabarito letra "B": O recurso adesivo é compatível com o processo do trabalho, cabendo no prazo de 8 dias nas hipóteses de interposição de recurso ordinário, de agravo de petição, de revista e de embargos, sendo desnecessário que a matéria nele veiculada esteja relacionada com a do recurso interposto pela parte contrária. (Súmula 283 do TST)

02. (FUMARC - 2022- TRT-3 -Analista Judiciário - Área Judiciária) Sobre o recurso de revista, é CORRETO afirmar:

a) Cabe Recurso de Revista para Turma do Tribunal Superior do Trabalho das decisões proferidas em grau de recurso ordinário, em dissídio individual ou coletivo, pelos Tribunais Regionais do Trabalho, quando derem ao mesmo dispositivo de lei federal interpretação diversa da que lhe houver dado outra Turma do mesmo Tribunal Regional, ou contrariarem súmula de jurisprudência uniforme do TST, ou súmula vinculante do Supremo Tribunal Federal.
b) Da decisão denegatória caberá agravo de instrumento, no prazo de 15 (quinze) dias.

c) Nas causas sujeitas ao procedimento sumaríssimo, somente será admitido recurso de revista por contrariedade a súmula de jurisprudência uniforme do Tribunal Superior do Trabalho ou do Tribunal Regional do Trabalho recorrido, súmula vinculante do Supremo Tribunal Federal e por violação direta da Constituição Federal.

d) No primeiro juízo de admissibilidade do recurso de revista, o presidente do Tribunal Regional do Trabalho examinará se a causa oferece transcendência com relação aos reflexos gerais de natureza econômica, política, social ou jurídica.

e) O relator do recurso de revista poderá denegar-lhe seguimento, em decisão monocrática, nas hipóteses de intempestividade, deserção, irregularidade de representação ou de ausência de qualquer outro pressuposto extrínseco ou intrínseco de admissibilidade.

COMENTÁRIOS:

Gabarito letra "E": O erro da alternativa "**A**" está em dois pontos previstos no artigo 896 da CLT. Primeiro, ao indicar o cabimento de Recurso de Revista das decisões proferidas em grau de recurso ordinário em dissídio **coletivo**, pelos Tribunais Regionais do Trabalho. Segundo, por indicar a possibilidade de Recurso de Revista quando o acórdão contrariar decisão do **mesmo** Tribunal Regional, sendo necessário que a decisão contrarie acórdão de Tribunal diverso. Quanto à alternativa "**B**", o prazo será de 8 dias (art. 896, § 12, da CLT). Na alternativa "**C**" não cabe Recurso de Revista no rito sumaríssimo por contrariedade à Súmula Regional (art.896, §9º). Quanto à alternativa "**D**", o exame da transcendência é realizado apenas pelo TST (art. 896-A , caput). Por fim, a alternativa "**E**" corresponde à literalidade do art. 896,§14.

03. **(FCC – Analista Judiciário – Área Judiciária – TRT 23/2016)** A empresa Olimpo S/A foi condenada em dissídio individual trabalhista em primeira instância, recorreu e seu recurso não foi provido, ficando mantida a sentença. Resolveu recorrer novamente alegando que a decisão do Regional deu ao mesmo dispositivo de lei federal interpretação diversa da que lhe houver dado outro Tribunal Regional em seu Pleno. No caso, caberá recurso

a) de agravo de petição, no prazo de 5 dias.
b) de embargos ao TST, no prazo de 10 dias.
c) de apelação, no prazo de 15 dias.
d) de revista, no prazo de 8 dias.
e) ordinário, no prazo de 8 dias.

COMENTÁRIOS

Alternativa correta: D.

O recurso de revista serve para analisar acórdão dos TRTs em grau de recurso ordinário. Isso significa que o recurso de revista caberá depois do julgamento do recurso ordinário, impondo dessa forma que a demanda tenha se iniciado na Vara do Trabalho.

Segundo o art. 896, "a", CLT, caberá recurso de revista quando "derem ao mesmo dispositivo de lei federal interpretação diversa da que lhe houver dado outro Tribunal Regional do Trabalho, no seu Pleno ou Turma, ou a Seção de Dissídios Individuais do Tribunal Superior do Trabalho, ou contrariarem súmula de jurisprudência uniforme dessa Corte ou súmula vinculante do Supremo Tribunal Federal".

04. **(FCC – TRT11/2017 – Analista Judiciário – Área Judiciária)** As empresas A e B foram condenadas solidariamente na reclamação trabalhista Z pretendendo ambas as empresas interpor Recurso Ordinário. A empresa A interpôs Recurso Ordinário no quinto dia do prazo recursal e depositou o valor do depósito recursal de forma integral. Neste caso, o depósito recursal

a) efetuado pela empresa A não aproveita a empresa B, em nenhuma hipótese, uma vez que o depósito recursal possui caráter personalíssimo.
b) efetuado pela empresa A aproveita a empresa B, exceto se aquela pleiteia sua exclusão da lide.
c) efetuado pela empresa A aproveita a empresa B, exceto se as empresas possuírem procuradores distintos.

d) é devido na proporção de 50% para cada empresa, sendo que o depósito integral da empresa A, não exime a empresa B de efetuar o depósito da sua parte, podendo a empresa A requerer o levantamento da parte que depositou a maior.
e) é devido na proporção de 50% para cada empresa, sendo que o depósito integral da empresa A, exime a empresa B de efetuar o depósito da sua parte.

COMENTÁRIOS

Alternativa "b" – Correta: Havendo condenação solidária de duas ou mais empresas, o depósito recursal efetuado por uma delas aproveita as demais, quando a empresa que efetuou o depósito não pleiteia sua exclusão da lide (Súmula nº 128, III do TST).

05. **(FCC - TRT24/2017 - Oficial de Justiça Avaliador - Área Judiciária)** O reclamante Zeus ajuizou reclamação trabalhista formulando os pedidos de adicional de insalubridade e indenização por danos materiais. A sentença lhe foi favorável apenas em relação ao pedido de indenização por danos materiais, razão pela qual resolveu recorrer, devendo assim interpor

a) recurso ordinário no prazo de 5 dias.
b) agravo de instrumento no prazo de 8 dias.
c) agravo de petição no prazo de 10 dias.
d) recurso ordinário no prazo de 8 dias.
e) apelação da sentença no prazo de 15 dias.

COMENTÁRIOS

Alternativa "d" – Correta: Segundo o art. 895, I da CLT, "cabe recurso ordinário para a instância superior das decisões definitivas ou terminativas das Varas e Juízos, no prazo de 8 (oito) dias".

06. **(FCC - Analista Judiciário: Área Judiciária - TRT15/2018)** De acordo com a Instrução Normativa no 40/2016, do TST, que dispõe sobre o cabimento de agravo de instrumento em caso de admissibilidade parcial de recurso de revista no Tribunal Regional do Trabalho,

a) admitido apenas parcialmente o recurso de revista, constitui ônus da parte impugnar, mediante agravo de instrumento, a integralidade da decisão denegatória, sob pena de preclusão.
b) se houver omissão no juízo de admissibilidade do recurso de revista quanto a um ou mais temas, é ônus da parte, para fins de prequestionamento necessário, interpor embargos de declaração para o órgão prolator da decisão embargada supri-la, sob pena de preclusão.
c) incorre em nulidade a decisão regional que se abstiver de exercer controle de admissibilidade sobre qualquer tema objeto de recurso de revista, não obstante interpostos embargos de declaração, por cerceamento de defesa.
d) faculta-se ao Ministro Relator, por decisão irrecorrível, determinar a restituição do agravo de instrumento ao Presidente do TRT de origem para que complemente o juízo de admissibilidade, desde que interpostos embargos de declaração.
e) a recusa do Presidente do TRT a emitir juízo de admissibilidade sobre qualquer tema do recurso de revista é atacável pela via do mandado de segurança.

COMENTÁRIOS

Alternativa correta: letra "d".

Chegando o agravo de instrumento no TST, a Corte trabalhista entende que é faculdade do relator, por decisão irrecorrível, determinar a restituição do agravo de instrumento ao presidente do TRT de origem para que complemente o juízo de admissibilidade (TST-RI, art. 255, I, e TST-IN nº 40/2016, art. 1º, § 4º). Nesse caso, ficará sobrestado o julgamento do recurso de revista parcial até decisão do presidente do TRT.

07. **(FCC - Analista Judiciário: Área Judiciária - TRT2/2018)** No tocante ao Recurso de Revista, considere:

I. O Tribunal Superior do Trabalho examinará previamente se a causa oferece transcendência com relação aos reflexos gerais de natureza econômica, política, social ou jurídica.

II. São indicadores de transcendência econômica somente o elevado valor da causa e o proveito econômico advindo ao reclamante.

III. Poderá o relator, monocraticamente, denegar seguimento ao recurso de revista que não demonstrar transcendência, cabendo agravo desta decisão para o colegiado. Está correto o que se afirma APENAS em

a) II e III.

b) I e II.

c) I e III.

d) I.

e) II.

COMENTÁRIOS

Alternativa correta: letra "c".

I – O recurso de revista será analisado se oferecer transcendência com relação aos reflexos gerais de natureza econômica, política, social ou jurídica (CLT, art. 896-A).

II – De acordo com o art. 896-A, § 1º, da CLT, são indicadores de transcendência econômica, o elevado valor da causa.

III – O art. 896-A, § 2º, da CLT declina que o relator do recurso de revista, monocraticamente, poderá denegar seguimento ao recurso que não demonstrar transcendência, cabendo agravo da decisão ao colegiado. O prazo do agravo é de 8 dias úteis (TST-IN nº 39, art. 1º, § 2º).

08. (FCC – TRT11/2017 – Oficial de Justiça Avaliador) No tocante ao Recurso de Revista, considere:

I. Cabe Recurso de Revista para Turma do Tribunal Superior do Trabalho das decisões proferidas em grau de recurso ordinário, em dissídio individual, pelos Tribunais Regionais do Trabalho, quando contrariarem súmula vinculante do Supremo Tribunal Federal.

II. Cabe Recurso de Revista para Turma do Tribunal Superior do Trabalho das decisões proferidas em grau de recurso ordinário, em dissídio individual, pelos Tribunais Regionais do Trabalho, quando proferidas com violação literal de disposição de lei federal.

III. O Recurso de Revista, dotado de efeito devolutivo e suspensivo será interposto perante o Presidente do Tribunal Regional do Trabalho, que, por decisão fundamentada, poderá recebê-lo ou denegá-lo.

IV. Sob pena de não conhecimento, é ônus da parte indicar o trecho da decisão recorrida que consubstancia o prequestionamento da controvérsia objeto do Recurso de Revista.

De acordo com a Consolidação das Leis do Trabalho, está correto o que se afirma APENAS em

a) II, III e IV.

b) I e III.

c) I, II e IV.

d) III e IV.

e) I e II.

COMENTÁRIOS

Alternativa "c" – Correta:

Item I – correto: Cabe Recurso de Revista para Turma do Tribunal Superior do Trabalho das decisões proferidas em grau de recurso ordinário, em dissídio individual, pelos Tribunais Regionais do Trabalho, quando súmula vinculante do Supremo Tribunal Federal (art. 896, "a", parte final, CLT).

Item II – correto: Cabe Recurso de Revista para Turma do Tribunal Superior do Trabalho das decisões proferidas em grau de recurso ordinário, em dissídio individual, pelos Tribunais Regionais do Trabalho, quando proferidas com violação literal de disposição de lei federal ou afronta direta e literal à Constituição Federal (art. 896, "c", da CLT).

Item III – incorreto: O recurso de revista, dotado de efeito apenas devolutivo, será interposto perante o Presidente do Tribunal Regional do Trabalho, que, por decisão fundamentada, poderá recebê-lo ou denegá-lo (art. 896, § 1º, da CLT).

Item IV – correto: Sob pena de não conhecimento, é ônus da parte indicar o trecho da decisão recorrida que consubstancia o prequestionamento da controvérsia objeto do recurso de revista (art. 896, § 1º-A, I da CLT).

09. (FCC – Analista Judiciário: Área Judiciária – TRT15/2018) Considerando as disposições previstas pela CLT sobre o incidente de julgamento dos recursos de revista repetitivos,

a) a decisão firmada em julgamento de recursos repetitivos poderá ser revista quando se alterar a situação econômica, social, jurídica ou política, caso em que será respeitada a segurança jurídica das relações firmadas sob a égide da decisão anterior, bem como a coisa julgada.
b) nos casos em que se demonstrar que a situação de fato ou de direito é distinta daquelas presentes no processo julgado sob o rito dos recursos repetitivos, a decisão firmada em recurso repetitivo não será aplicada.
c) o Presidente do TST oficiará os Presidentes dos TRTs para que suspendam os recursos interpostos em casos semelhantes aos afetados como recursos repetitivos, até o pronunciamento final e definitivo do STF.
d) a competência para julgar o incidente de julgamento de recursos de revista repetitivos originado de questão afetada pelo Presidente do TST é do Tribunal Pleno.
e) após a publicação do acórdão do TST que julgar o incidente de recursos de revista repetitivos, os recursos de revista sobrestados na origem cujos acórdãos recorridos coincidirem com a orientação a respeito no TST serão extintos sem julgamento do mérito.

COMENTÁRIOS

Alternativa correta: letra "b".

A decisão firmada em recurso repetitivo não será aplicada aos casos em que se demonstrar que a situação de fato ou de direito é distinta das presentes no processo julgado sob o rito dos recursos repetitivos (CLT, art. 896-C, § 16).

10. (FCC – Analista Judiciário: Área Judiciária – TRT2/2018) No tocante ao Incidente de Recursos de Revista e Embargos Repetitivos e, de acordo com a IN 38 do TST, considere:

I. O Presidente da Subseção de Dissídios Individuais I que afetar processo para julgamento sob o rito dos recursos repetitivos deverá expedir comunicação aos demais Presidentes de Turma, que poderão afetar outros processos sobre a questão para julgamento conjunto, a fim de conferir ao órgão julgador visão global da questão.
II. Para instruir o procedimento, pode o relator fixar data para audiência pública, quando ouvirá depoimentos de pessoas com experiência e conhecimento da matéria, admitindo, até a inclusão do processo em pauta, a manifestação, como amici curiae, de pessoas, órgãos ou entidades com interesse na controvérsia.
III. Os recursos afetados deverão ser julgados no prazo de dois anos e terão preferência sobre os demais feitos.

Está correto o que se afirma APENAS em

a) II.
b) I e III.
c) II e III.
d) I.
e) I e II.

COMENTÁRIOS

Alternativa correta: letra "e"

I – O presidente da Seção Especializada (SDI-I) ao afetar o processo para julgamento sob o rito dos recursos repetitivos deverá expedir comunicação aos demais presidentes de Turma, que poderão afetar outros processos sobre a questão para julgamento conjunto, a fim de conferir ao órgão julgador visão global da questão (CLT, art. 896-C, § 2º c/c TST – IN nº 38, art. 3º e TST-RI, art. 282).

II – Para instruir o procedimento, pode o relator fixar data para, em audiência pública, ouvir depoimentos de pessoas com experiência e conhecimento na matéria, sempre que entender necessário o esclarecimento de questões ou circunstâncias de fato subjacentes à controvérsia objeto do incidente de recursos repetitivos (TST-IN nº 38, art. 10; TST-RI, art. 289, *caput*).

III – Os recursos afetados deverão ser julgados no prazo de 1 ano e terão preferência sobre os demais feitos, ressalvados os que envolvam réu preso e os pedidos de habeas corpus (CPC/2015, art. 1.037, § 4º).

11. (FCC - TRT11/2017 - Analista Judiciário - Área Judiciária) Em face da decisão X proferida pelo Tribunal Regional do Trabalho da 11ª Região, em execução de sentença nos autos da reclamação trabalhista movida por Maria contra a empresa Z Ltda., cujo pedido seria o reconhecimento de vínculo de emprego

a) caberá Embargos de Declaração no prazo de oito dias.
b) caberá Recurso de Revista, no prazo de oito dias, em qualquer hipótese.
c) não caberá Recurso de Revista, salvo na hipótese de ofensa direta e literal de norma da Constituição Federal.
d) não caberá Recurso de Revista, com exceção somente da hipótese de ofensa a súmula de jurisprudência uniforme do Tribunal Superior do Trabalho.
e) não caberá Recurso de Revista, exceto na hipótese de ofensa a súmula vinculante do Supremo Tribunal Federal.

COMENTÁRIOS

Alternativa "c" – Correta: Na fase de execução, o cabimento do recurso de revista é restrito, sendo admitido apenas quando houver ofensa direta e literal de norma da Constituição Federal (art. 896, § 2º, CLT). No mesmo sentido a Súmula nº 266 do TST: "A admissibilidade do recurso de revista interposto de acórdão proferido em agravo de petição, na liquidação de sentença ou em processo incidente na execução, inclusive os embargos de terceiro, depende de demonstração inequívoca de violência direta à Constituição Federal".

12. (TRT20/2016 - FCC - Analista Judiciário - Área Judiciária) Em matéria recursal no Processo Judiciário do Trabalho, conforme normas da Consolidação das Leis do Trabalho,

a) a interposição de recurso para o Supremo Tribunal Federal de decisão da Justiça do Trabalho que contrarie a Constituição Federal prejudicará a execução do julgado, que deverá ficar suspensa.
b) no Tribunal Superior do Trabalho cabem embargos, no prazo de cinco dias de decisão unânime de julgamento que homologar conciliação em dissídios coletivos que excedam a competência territorial dos Tribunais Regionais do Trabalho.
c) o Ministro Relator denegará seguimento aos embargos no Tribunal Superior do Trabalho nas hipóteses de intempestividade e deserção, não cabendo recurso de tal decisão.
d) o agravo de instrumento interposto contra o despacho que não receber agravo de petição suspenderá a execução da sentença até o seu julgamento final, diante do princípio da segurança jurídica.
e) quando o recurso de revista tempestivo contiver defeito formal que não se repute grave, o Tribunal Superior do Trabalho poderá desconsiderar o vício ou mandar saná-lo, julgando o mérito.

COMENTÁRIOS

Alternativa "e" – Correta: Quando o recurso tempestivo contiver defeito formal que não se repute grave, o Tribunal Superior do Trabalho poderá desconsiderar o vício ou mandar saná-lo, julgando o mérito. (art. 896, § 11 da CLT).

13. (FCC - TST/2017 - Analista Judiciário) A respeito dos recursos em espécie no Processo do Trabalho, conforme legislação em vigor,

a) das decisões proferidas pelos Tribunais Regionais do Trabalho ou por suas Turmas, em execução de sentença, inclusive em processo incidente de embargos de terceiro, não caberá Recurso de Revista, salvo na hipótese de ofensa direta e literal de lei federal e da Constituição Federal.
b) o recurso adesivo é compatível com o processo do trabalho e cabe, no prazo de 8 dias, apenas nas hipóteses de interposição de recurso ordinário, de

revista e de embargos, sendo desnecessário que a matéria nele veiculada esteja relacionada com a do recurso interposto pela parte contrária.

c) cabem embargos no TST da decisão, ainda que unânime, que conciliar, julgar ou homologar conciliação em dissídios coletivos que excedam a competência territorial dos Tribunais Regionais do Trabalho e estender ou rever as sentenças normativas do TST.

d) nas causas sujeitas ao procedimento sumaríssimo, somente será admitido recurso de revista por contrariedade a súmula de jurisprudência uniforme do TST e por violação direta da Constituição Federal.

e) cabe recurso de revista por violação a lei federal, por divergência jurisprudencial e por ofensa à Constituição Federal nas execuções fiscais e nas controvérsias da fase de execução que envolvam a Certidão Negativa de Débitos Trabalhistas (CNDT).

COMENTÁRIOS

Alternativa correta: e

A Lei nº 13.015/14 ampliou o cabimento do recurso de revista na fase de execução em duas hipóteses: 1) execução fiscal; 2) controvérsias da fase de execução que envolvam a Certidão de Débitos Trabalhistas (CNDT). Nesses dois casos, a recurso de revista será cabível: por violação a lei federal; divergência jurisprudencial e por ofensa à Constituição Federal (art. 896, § 10, CLT).

14. (FCC – TRT11/2017 – Oficial de Justiça Avaliador) Considere:

I. Em face de decisão que não conhece de agravo de instrumento ou de agravo pela ausência de pressupostos extrínsecos.

II. Em face de decisão que nega provimento a agravo contra decisão monocrática do Relator, em que se proclamou a ausência de pressupostos extrínsecos de agravo de instrumento.

III. Para revisão dos pressupostos extrínsecos de admissibilidade do recurso de revista, cuja ausência haja sido declarada originariamente pela Turma no julgamento do agravo.

IV. Para impugnar o conhecimento de agravo de instrumento.

Conforme entendimento Sumulado do TST, não cabem embargos para a Seção de Dissídios Individuais de decisão de Turma proferida em agravo, salvo, dentre outras, nas hipóteses indicadas em

a) II e IV, apenas.
b) I, III e IV, apenas.
c) I, II e III, apenas.
d) I, II, III e IV.
e) I e III, apenas.

COMENTÁRIOS

Alternativa "d" – Correta: Como regra, a decisão da Turma, proferida no julgamento de agravo, não é recorrível por meio de embargos de divergência. No entanto, o TST prevê algumas exceções, como se verifica na Súmula nº 353 do TST:

"Não cabem embargos para a Seção de Dissídios Individuais de decisão de Turma proferida em agravo, salvo:

a) da decisão que não conhece de agravo de instrumento ou de agravo pela ausência de pressupostos extrínsecos;

b) da decisão que nega provimento a agravo contra decisão monocrática do Relator, em que se proclamou a ausência de pressupostos extrínsecos de agravo de instrumento;

c) para revisão dos pressupostos extrínsecos de admissibilidade do recurso de revista, cuja ausência haja sido declarada originariamente pela Turma no julgamento do agravo;

d) para impugnar o conhecimento de agravo de instrumento;

e) para impugnar a imposição de multas previstas nos arts. 1.021, § 4º, do CPC de 2015 ou 1.026, § 2º, do CPC de 2015 (art. 538, parágrafo único, do CPC de 1973, ou art. 557, § 2º, do CPC de 1973)".

f) contra decisão de Turma proferida em agravo em recurso de revista, nos termos do art. 894, II, da CLT.

Analisando a questão, todos os itens estão corretos:

Item I – correto: Súmula nº 353, I do TST.

Item II – correto: Súmula nº 353, II do TST.

Item III – correto: Súmula nº 353, III do TST.

Item IV – correto: Súmula nº 353, IV do TST.

15. **(FCC/2018 - TRT 6ª Região - Analista - Área Judiciária)** Em relação ao cabimento de agravo de instrumento em caso de admissibilidade parcial de recurso de revista no Tribunal Regional do Trabalho,

a) admitido apenas parcialmente o recurso de revista, constitui ônus da parte impugnar, mediante agravo de instrumento, o capítulo denegatório da decisão, sob pena de preclusão.
b) não cabem embargos de declaração parcial do despacho denegatório do recurso de revista, sendo necessário que a omissão seja total, abrangendo todos os temas objeto do recurso de revista.
c) não é nula a decisão regional que se abstiver de exercer controle de admissibilidade sobre qualquer tema objeto de recurso de revista, não obstante interpostos embargos de declaração, desde que tenha apreciado pelo menos um dos temas.
d) a recusa do Presidente do Tribunal Regional do Trabalho em emitir juízo de admissibilidade sobre qualquer tema somente pode ser impugnada quando da interposição do recurso, não cabendo embargos de declaração.
e) faculta-se ao Ministro Relator, por decisão recorrível mediante agravo interno, determinar a restituição do agravo de instrumento ao Presidente do Tribunal Regional do Trabalho de origem para que complemente o juízo de admissibilidade, desde que interpostos embargos de declaração.

COMENTÁRIOS:

Alternativa correta: letra "a". Pode ocorrer de termos um recurso contemplando todos os capítulos (total) ou apenas parte dos capítulos, mas o juízo de admissibilidade *a quo* decline que em relação a alguns capítulos não estão presentes os pressupostos recursais, dando processamento em parte do recurso. Tem-se aqui o chamado juízo de admissibilidade parcial. O TST, na IN nº 40/2016, passou a descrever que constitui ônus da parte que impugnar, mediante agravo de instrumento, o capítulo denegatório da decisão, sob pena de preclusão (TST-IN nº 40/2016, art. 1º, *caput*).

16. **(TRT20/2016 - FCC - Analista Judiciário - OJA)** Icaro ajuizou reclamação trabalhista em face da sua empregadora Asas do Horizonte Produtora. A sentença não lhe foi favorável em todos os seus pedidos, sendo julgada improcedente. Inconformado, recorreu da sentença, mas seu recurso foi denegado por deserção e intempestividade. Neste caso, cabe a Icaro

a) agravo de petição no prazo de 15 dias.
b) agravo de instrumento no prazo de 5 dias.
c) recurso de revista no prazo de 15 dias.
d) recurso ordinário no prazo de 08 dias.
e) agravo de instrumento no prazo de 08 dias.

COMENTÁRIOS

Alternativa "e" – Correta: O agravo de instrumento é uma modalidade recursal restrita no processo do trabalho, vez que é destinado tão somente a destrancar o recurso não processado no juízo *a quo*. Noutras palavras, é o recurso que visa impugnar a decisão negativa do primeiro juízo de admissibilidade do recurso, como o apresentado na questão. Segundo o artigo 897, "b", da CLT, caberá agravo de instrumento dos despachos que denegarem a interposição de recursos, no prazo de 8 (oito) dias.

17. **(TRT 14ª Região/2016 - Analista Judiciário - OJA)** Dentre as modalidades recursais previstas na legislação trabalhista encontramos o agravo de instrumento que é cabível em

a) 8 dias, das decisões das Turmas do Tribunal Superior do Trabalho que divergirem entre si ou forme contrárias a súmula vinculante do Supremo Tribunal Federal.

b) 5 dias, das decisões interlocutórias na fase de conhecimento e nos casos de omissão e contradição do julgado, atribuindo-lhe efeitos modificativos.

c) 8 dias, dos despachos que denegarem interposição de recursos.

d) 8 dias, das decisões terminativas do Juiz na fase de execução da sentença que tenha transitado em julgado, desde que delimitada as matérias e valores impugnados.

e) 15 dias, das decisões definitivas ou terminativas das Varas do Trabalho nos dissídios individuais do rito sumaríssimo.

COMENTÁRIOS

Alternativa correta: Letra C.

O agravo de instrumento é uma modalidade recursal restrita no processo do trabalho, vez que é destinado tão somente a destrancar o recurso não processado no juízo a quo. Noutras palavras, é o recurso que visa impugnar decisão negativa do primeiro juízo de admissibilidade do recurso.

Nesse contexto, o art. 897, "b" da CLT dispõe que, cabe agravo, no prazo de 8 (oito) dias de instrumento, dos despachos que denegarem a interposição de recursos.

2. QUESTÕES DE CONCURSO

01. (FUMARC – 2022- TRT 3 – Analista Judiciário – Área Judiciária) Sobre os depósitos recursais, é INCORRETO afirmar:

a) O depósito recursal poderá ser substituído por fiança bancária ou seguro garantia judicial.

b) O depósito recursal será feito em conta vinculada ao juízo.

c) O valor do depósito recursal será reduzido pela metade para entidades sem fins lucrativos, empregadores domésticos, microempreendedores individuais, entidades filantrópicas e as empresas em recuperação judicial.

d) Os beneficiários da justiça gratuita são isentos do depósito recursal.

e) Quando o agravo de instrumento tem a finalidade de destrancar recurso de revista que se insurge contra decisão que contraria a jurisprudência uniforme do Tribunal Superior do Trabalho, consubstanciada nas suas súmulas ou em orientação jurisprudencial, não haverá obrigatoriedade de se efetuar o depósito recursal.

02. (FCC- 2022- TRT-5- Analista Judiciário – Área Judiciária) Roveno está executando uma sentença que lhe foi favorável na Justiça do Trabalho, em face da sua ex-empregadora, a empresa de Transporte Carga Rápida. Não encontrando bens da empresa para fazer frente à execução, o autor instaura Incidente de Desconsideração da Personalidade Jurídica, o qual é julgado procedente. A empresa, cientificada da decisão, poderá interpor

a) agravo de instrumento, mediante garantia do Juízo, prosseguindo a execução normalmente.

b) agravo de petição, mediante garantia do juízo, prosseguindo a execução normalmente.

c) recurso ordinário, independente de garantia do Juízo, havendo a suspensão da execução após a instauração do incidente.

d) agravo de petição, independente de garantia do juízo, havendo a suspensão da execução após a instauração do incidente.

e) recurso ordinário, mediante garantia do Juízo, havendo a suspensão da execução após a instauração do incidente.

3. GABARITO

Questão	Resposta	Fundamentação
01	C	Art. 899, §9º
02	D	Art. 855-A, II

▶ QUESTÕES DE CONCURSOS

CAPÍTULO XVII

LIQUIDAÇÃO DE SENTENÇA

1. INTRODUÇÃO

As sentenças condenatórias, quando não cumpridas voluntariamente, dependem de outra fase, denominada execução, para a entrega do bem da vida a quem de direito.

Para que a execução seja iniciada, faz-se necessária a presença de um título líquido, certo e exigível.

Nesse contexto, sendo a **sentença líquida**, ou seja, a sentença já possui, em sua fundamentação, os cálculos, será iniciada a execução diretamente, não passando pela fase de liquidação. A Recomendação nº 4/2018 da Corregedoria-Geral da Justiça do Trabalho orienta que, sempre que possível, os juízes do trabalho deverão proferir sentenças condenatórias líquidas, "fixando os valores relativos a cada um dos pedidos acolhidos, indicando o termo inicial e os critérios para correção monetária e juros de mora, além de determinar o prazo e as condições para o seu cumprimento (Art. 832, §1º, da CLT)".

Nesse caso, caso a parte não concorde com os valores descritos na sentença a impugnação deverá ser realizada mediante Recurso Ordinário. Nesse sentindo encontra-se a Tese 131 do TST, firmada em sede de Incidente de Recursos de Revista Repetitivos, com a seguinte redação:

> Proferida sentença líquida, impugnações quanto aos critérios de liquidação ou aos valores expressamente fixados deverão ser deduzidas no recurso ordinário interposto à decisão, sob pena de preclusão.

Pode ocorrer, no entanto, de a sentença judicial **não ser líquida**. Nesse caso, há necessidade de liquidação da sentença, que busca complementá-la e prepará-la para a execução. Tem, portanto, a finalidade de apurar o montante devido (*quantum debeatur*), sendo admitida apenas nas obrigações de pagar quantia certa, conforme declina o art. 509 do CPC/2015.

A liquidação poderá ser requerida pelo credor ou pelo devedor, nos termos do art. 509 do CPC/2015.

No processo do trabalho, algumas modalidades de liquidação também podem ser realizadas de ofício (arbitramento e cálculos). Isso porque, como a liquidação trabalhista não se enquadra na fase de execução, ela não será atingida pelo art. 878 da CLT, alterado pela Lei nº 13.467/17 (Reforma Trabalhista). Assim, a liquidação por cálculos ou arbitramento independe de requerimento, incidindo diretamente o art. 879 da CLT, que no seu *caput* é enfático: "ordenar-se-á" a liquidação. De qualquer maneira, sendo o caso de liquidação por artigos (procedimento comum) há necessidade de requerimento da parte, vez que exige a alegação e prova de fato novo.

Cabe destacar que pode acontecer de uma só sentença conter parcelas líquidas e ilíquidas da condenação. Nesses casos, o credor poderá promover simultaneamente a execução da parcela líquida e, em autos apartados, a liquidação da parcela ilíquida (CPC/2015, art. 509, § 1º).

É importante, porém, observar que na liquidação não se poderá modificar ou inovar a sentença liquidanda nem discutir matéria pertinente à causa principal (CLT, art. 879, § 1º).

No processo do trabalho, a liquidação vem estampada no art. 879 da CLT, sendo aplicável o CPC naquilo que for compatível.

2. MODIFICAÇÃO, INOVAÇÃO E DISCUSSÃO QUANTO À PARTE PRINCIPAL

De acordo com o art. 879, § 1º, da CLT, na liquidação não se poderá modificar ou inovar a sentença liquidanda nem discutir matéria pertinente à causa principal. Isso significa que a liquidação deverá respeitar a coisa julgada formada na sentença liquidanda, considerada pelo dispositivo, como sentença principal, não podendo esta ser novamente discutida.

Mesmo que se trate de execução provisória (CPC/2015, art. 512) e, consequentemente, não tenha havido a formação da coisa julgada material, considerando-se a finalidade da liquidação, deve-se observar o disposto no art. 879, § 1º, da CLT.

Assim, apenas se permite que aquilo que foi discutido e assegurado na sentença seja quantificado/liquidado: "à liquidação está, pois, reservada a incumbência de traduzir, mediante elementos certos e determinados, o preceito condenatório que dá conteúdo ao título executivo judicial".

3. MODALIDADES DE LIQUIDAÇÃO

A liquidação de sentença pode ser realizada de 3 formas:

1) **liquidação por cálculos**: quando depende apenas de cálculos aritméticos;

2) **liquidação por arbitramento**: quando há necessidade de nomeação de perito;

3) **liquidação por artigos:** quando se busca provar fato novo na liquidação.

É possível que determinada sentença seja liquidada por mais de uma modalidade de liquidação, sendo denominada liquidação mista.

Além disso, mesmo que a sentença estabeleça que a liquidação seja realizada de determinada forma, é possível o juiz se valer de outra modalidade, sem que ocorra violação à coisa julgada. Nesse sentido, a Súmula nº 344 do STJ:

> **Súmula nº 344 do STJ.** Liquidação diversa da sentença – Ofensa à coisa julgada
>
> A liquidação por forma diversa da estabelecida na sentença não ofende a coisa julgada.

3.1. Liquidação por cálculos

A liquidação por cálculos é a que busca alcançar o montante devido, exigindo apenas a realização de cálculos aritméticos, por exemplo, o pagamento de férias, acrescidas de 1/3, 13º salário, saldo de salário etc. Nesse caso, os elementos necessários para a definição do montante devido encontram-se nos próprios autos.

3.1.1. Procedimento

As partes deverão ser previamente intimadas para a apresentação do cálculo de liquidação, inclusive da contribuição previdenciária incidente (CLT, art. 879, § 1º-B).

Elaborada a conta, o juiz viabilizará o contraditório prévio na liquidação, intimando as partes para manifestação devidamente fundamentada, no prazo comum de 8 dias, com a indicação dos itens e valores que são objeto da discordância, sob pena de preclusão. Em seguida, o juiz homologará a conta de liquidação. A impugnação da decisão de homologação se fará no momento dos embargos à execução (pelo executado) ou da impugnação à decisão de liquidação (pelo exequente).

Apresentados os cálculos

↓

Intima a parte contrária para manifestação, no prazo de 8 dias, sob pena de preclusão

↓

Juiz homologa

Os cálculos apresentados devem incluir as contribuições previdenciárias incidentes (CLT, art. 879, § 1º-b).

Ademais, após a elaboração da conta pela parte ou pelos órgãos auxiliares da Justiça do Trabalho (contador), o juiz **procederá** à intimação da União para manifestação, no prazo de 10 dias, sob pena de preclusão (CLT, art. 879, § 3º).

O Ministro de Estado da Fazenda poderá, mediante ato fundamentado, dispensar a manifestação da União quando o valor total das verbas que integram o salário-de-contribuição, na forma do art. 28 da Lei nº 8.212, de 24 de julho de 1991, ocasionar perda de escala decorrente da atuação do órgão jurídico (CLT, art. 879, § 5º).

Há de se observar ainda que, tratando-se de cálculos de liquidação complexos, o juiz poderá nomear perito para a elaboração e fixará, depois da conclusão do trabalho, o valor dos respectivos honorários com observância, dentre outros, dos critérios de razoabilidade e proporcionalidade (CLT, art. 879, § 6º). Nesse caso, embora haja nomeação de perito, este apenas tem o condão de elaborar e elucidar os cálculos, não se transformando, assim, em liquidação por arbitramento.

3.2. Liquidação por arbitramento

A liquidação será por arbitramento quando houver necessidade de conhecimentos técnicos, ou seja, quando for nomeado perito. Essa modalidade de liquidação será realizada quando:

1) determinada pela sentença;

2) as partes convencionarem expressamente;

3) o exigir a natureza do objeto da liquidação (CPC/2015, art. 509, I).

Ela poderá ser utilizada, por exemplo, para definir o valor do salário *in natura* (habitação, alimentação etc.). Esclarecendo: sentença judicial determina que a habitação fornecida pela empresa deve integrar o salário do empregado para todos os efeitos (CLT, art. 458), determinando que o valor da habitação seja apurado em liquidação por arbitramento. Nesse caso, no momento da liquidação, é nomeado perito para apurar o valor da habitação, ou seja, o valor do aluguel para um imóvel equivalente ao que o empregado morava.

No processo do trabalho, a liquidação por arbitramento, assim como a liquidação por cálculos, independe de requerimento, podendo ser iniciada de ofício. Como a liquidação trabalhista não se enquadra na fase de execução, não será atingida pelo art. 878 da CLT, alterado pela Lei nº 13.467/17 (Reforma Trabalhista). Assim, a liquidação por cálculos ou arbitramento independe de requerimento, incidindo diretamente o art. 879 da CLT, que no seu *caput* é enfático: "ordenar-se-á" a liquidação. De qualquer maneira, sendo o caso de liquidação por artigos (procedimento comum) há necessidade de requerimento da parte, vez que exige a alegação e prova de fato novo.

Assim, iniciada a liquidação por arbitramento, o juiz "intimará as partes para a apresentação de pareceres ou documentos elucidativos, no prazo que fixar, e, caso não possa decidir de plano, nomeará perito, observando-se, no que couber, o procedimento da prova pericial" (CPC/2015, art. 510).

3.3. Liquidação por artigos

Conforme destacamos anteriormente, o CPC/2015 denomina a presente modalidade de liquidação como liquidação por procedimento comum. Optamos pela manutenção da terminologia da liquidação por artigos, devido à disposição expressa da CLT (art. 879) e à sua adoção pelos editais dos concursos, facilitando assim o estudo do candidato.

A liquidação por artigos ocorrerá quando houver necessidade de alegar e provar fato novo para determinar o valor da condenação (CPC/2015, art. 509, II).

Fato novo "é o reconhecido na sentença de forma genérica, mas que necessita ser detalhado na fase de liquidação"[1].

Essa modalidade de liquidação é excepcional, podendo citar, como exemplo, a ação civil coletiva, como se verifica a seguir:

> ✦ *Ação civil coletiva ajuizada por sindicato da categoria com o pedido de condenação do empregador ao pagamento de adicional de insalubridade aos trabalhadores que laboram no setor X da empresa, porque tais empregados estão expostos a agentes insalubres. A sentença julga procedente o pedido e reconhece a existência de insalubridade em grau médio, condenando, genericamente, o empregador ao pagamento de adicional de 20% sobre o salário-mínimo a título de adicional de insalubridade aos empregados do setor X. Em seguida, inicia-se a liquidação coletiva realizada pelo sindicato. Na liquidação, o sindicato deverá comprovar os trabalhadores que laboram o setor X (João, Pedro, Paulo etc.).*

Como nessa modalidade de liquidação exige-se a prova de fato novo, o juiz determinará a intimação do requerido, na pessoa de seu advogado ou da sociedade de advogados a que estiver vinculado, para, querendo, apresentar contestação. Após, deverá ser observado, no que couber, o procedimento comum (CPC/2015, art. 511).

Ademais, a doutrina entende que ela não pode ser iniciada de ofício pelo juiz, dependendo, assim, de provocação da parte.

---

1. SCHIAVI, Mauro. *Coleção preparatória para concursos jurídicos: Processo do Trabalho*. São Paulo: Saraiva, 2012. v. 16, p. 309.

4. JUROS E CORREÇÃO MONETÁRIA

Inicialmente, é importante diferenciar juros moratórios de correção (atualização) monetária.

- **juros moratórios** constituem indenização a ser paga pelo atraso no cumprimento da obrigação, sendo, pois, uma forma de composição das perdas e danos.
- **correção monetária** tem como foco recompor o valor do capital devassado pela inflação. Trata-se, portanto, de assegurar o integral valor da moeda no tempo. Para fazer essa recomposição do valor no tempo, utiliza-se um índice oficial.

Os juros e a correção monetária devem ser incluídos na liquidação, ainda que omisso o pedido inicial ou a condenação (Súmula nº 211 do TST).

No âmbito trabalhista, o art. 39 da Lei 8.177/91 dispõe que a atualização monetária será por meio da Taxa TR e, no seu parágrafo 1º, juros de 1% ao mês, a contar do ajuizamento da ação (CLT, art. 883).

Ocorre, no entanto, que o C. TST, com fundamento nas decisões proferidas pelo STF nas ADIs nº 4.357, 4.372, 4.400 e 4.425 e na Ação Cautelar n° 3.764 MC/DF, entendeu que a utilização da TR como índice de correção monetária dos débitos trabalhistas era inconstitucional, pois não refletia a variação da taxa inflacionária[2], sedimentando o entendimento de que os débitos trabalhistas seriam corrigidos desde o vencimento da obrigação pelo IPCA-E, acrescidos de juros de 1% ao mês a partir do ajuizamento da ação (CLT, art. 883).

Apesar de toda discussão relacionada à constitucionalidade do art. 39 da Lei 8.177/91, a Lei nº 13.467/17 (Reforma Trabalhista) simplesmente trouxe para o bojo da CLT que a "atualização dos créditos decorrentes de condenação judicial seria feita pela Taxa Referencial (TR)" (art. 879, § 7º), provocando o E. STF a se manifestar sobre sua (in)constitucionalidade nas ADCs 58 e 59, bem como nas ADIs 5867 e 6021[3], o qual decidiu que:

- **na fase pré-judicial incidirá o IPCA-E;**
- **na fase judicial aplicará a taxa Selic.**

Entende-se por **fase pré-judicial** o intervalo entre o vencimento da obrigação e o ajuizamento da ação. Nesse interstício incidirá a atualização monetária pelo IPCA-E.

Ademais, o C. TST tem decidido que nessa fase, além da correção pelo IPCA-E, incidirão juros pela taxa TR, deixando de interpretar a expressão "juros de mora

---

2. TST-ED-ArgInc-479- 60.2011.5.04.0231, Tribunal Pleno, rel. Min. Cláudio Mascarenhas Brandão, 20.3.2017 (Informativo nº 155).
3. ADC 58, Relator(a): Gilmar Mendes, Tribunal Pleno, julgado em 18/12/2020, Processo Eletrônico DJe-063, Divulg 06/04/2021, Public 07/04/2021.

equivalentes à TRD" (art. 39, *caput*, da Lei nº 8.177/91) como correção monetária, como fazia antigamente, para considerá-la como juros.

Desse modo, considerando que o IPCA-E é índice de atualização que não engloba os juros, estabelece que na fase pré-judicial haverá incidência do IPCA-E acumulado com a TR para fins de cálculo de juros.[4]

Quanto à **fase judicial**, inicialmente, o STF entendeu que seria após a citação do réu, mas no julgamento dos embargos de declaração da ADC 58, adequou seu entendimento à sistemática trabalhista, descrevendo que será após o ajuizamento da reclamação[5].

Nessa fase E. STF impôs a incidência da Taxa Selic, entendendo que ela engloba os juros e a correção monetária. Por esse entendimento vinculante, não há falar em atualização para em seguida incidir os juros na fase judicial, já que haverá aplicação tão somente da taxa Selic que é composta dos juros e da correção monetária. Noutras palavras, indiretamente o STF afastou os juros de 1% ao mês descritos no art. 39, § 1º, da Lei 8.177/91.

Em suma, a partir da decisão do STF os juros e a correção monetária dos débitos trabalhistas ficaram da seguinte forma:

Fase pré-judicial	fase judicial	
Vencimento da obrigação	ajuizamento da reclamação	pagamento
IPCA-E + juros pela taxa TR	Taxa Selic	

4. Neste sentido: STF-Rcl 47929 Relator(a): Min. DIAS TOFFOLI Julgamento: 29/06/2021 Publicação: 01/07/2022; TST-Ag-E-Ag-AIRR-24283-94.2017.5.24.0003, SBDI-I, rel. Min. Aloysio Silva Corrêa da Veiga, julgado em 30/6/2022; TST-Ag-RR-20050-12.2014.5.04.0522, 3ª Turma, Relator Ministro Mauricio Godinho Delgado, DEJT 02/12/2022; TST-RR 2565800-08.2009.5.09.0028; Primeira Turma; Rel. Min. Hugo Carlos Scheuermann; DEJT 06/05/2022; Pág. 659; TST-Ag-RR-238-84.2017.5.10.0821, 5ª Turma, Relator Ministro Douglas Alencar Rodrigues, DEJT 06/05/2022; TST-RR 0000708-09.2015.5.20.0013; Sexta Turma; Relª Min. Kátia Magalhães Arruda; DEJT 06/05/2022; Pág. 4743.
5. STF-ED-ADC 58. Rel. Gilmar Mendes, Plenário, DJE 09.12.2021.

É interessante observar que o pagamento dos salários até o 5º dia útil do mês subsequente ao vencido não está sujeito à correção monetária, por força do art. 459 da CLT. No entanto, se essa data-limite for ultrapassada, incidirá o índice da correção monetária do mês subsequente ao da prestação dos serviços, a partir do dia 1º (Súmula nº 381 do TST).

Ademais, os créditos referentes ao FGTS, decorrentes de condenação judicial, serão corrigidos pelos mesmos índices aplicáveis aos débitos trabalhistas (OJ nº 302 da SDI-I do TST).

Já a atualização do crédito devido à Previdência Social observará os critérios estabelecidos na legislação previdenciária (CLT, art. 879, § 4º)[6].

> ▸ ATENÇÃO:
> A correção monetária **não** incide sobre o débito do trabalhador reclamante (Súmula nº 187 do TST).

Por fim, cabe fazer observação quanto às empresas em liquidação extrajudicial ou sob intervenção do Banco Central.

Tais empresas estão sujeitas a correção monetária desde o respectivo vencimento até seu efetivo pagamento, sem interrupção ou suspensão, não incidindo, entretanto, sobre tais débitos, juros de mora (Súmula nº 304 do TST).

Contudo, havendo sucessão nessa hipótese, é devida a incidência de juros de mora em relação aos débitos trabalhistas de empresa em liquidação extrajudicial sucedida nos moldes dos arts. 10 e 448 da CLT. O sucessor responderá pela obrigação do sucedido, não se beneficiando de nenhum privilégio a este destinado (OJ nº 408 da SDI-I do TST).

4.1. Modulação de efeitos

O E. STF modulou os efeitos da decisão proferida nas ADCs 58 e 59, bem como nas ADIs 5867 e 6021, estabelecendo que:

(i) são reputados válidos e não ensejarão qualquer rediscussão (na ação em curso ou em nova demanda, incluindo ação rescisória) todos os pagamentos realizados utilizando a TR (IPCA-E ou qualquer outro índice), no tempo e modo oportunos (de forma extrajudicial ou judicial, inclusive depósitos judiciais) e os juros de mora de 1% ao mês, assim como devem ser mantidas e executadas as sentenças transitadas em julgado que expressamente adotaram, na sua fundamentação ou no dispositivo, a TR (ou o IPCA-E) e os juros de mora de 1% ao mês;

6. Pela interpretação do art. 35 da Lei nº 8.212/91, o qual faz remissão ao art. 61 da Lei nº 9.430/96, entende-se que os créditos devidos à Previdência devem ser atualizados pela taxa SELIC.

(ii) os processos em curso que estejam sobrestados na fase de conhecimento (independentemente de estarem com ou sem sentença, inclusive na fase recursal) devem ter aplicação, de forma retroativa, da taxa Selic (juros e correção monetária), sob pena de alegação futura de inexigibilidade de título judicial fundado em interpretação contrária ao posicionamento do STF (art. 525, §§ 12 e 14, ou art. 535, §§ 5º e 7º, do CPC); e

(iii) igualmente, ao acórdão formalizado pelo Supremo sobre a questão dever-se-á aplicar eficácia erga omnes e efeito vinculante, no sentido de atingir aqueles feitos já transitados em julgado desde que sem qualquer manifestação expressa quanto aos índices de correção monetária e taxa de juros (omissão expressa ou simples consideração de seguir os critérios legais), vencidos os Ministros Alexandre de Moraes e Marco Aurélio, que não modulavam os efeitos da decisão.[7]

4.2. Juros e correção monetária depois da Lei nº 14.905/2024

Como se verifica pelas decisões proferidas pelo STF, a Taxa Selic, englobando juros e correção monetária, seria aplicada até que sobreviesse solução legislação.

Com a finalidade de afastar a incidência de um único índice para os juros e a correção monetária, a Lei nº 14.905/2024 alterou os arts. 389[8] e 406[9] do CC, disciplinando no primeiro a correção monetária e no segundo os juros. Definiu, assim, no art. 389, parágrafo único, que a correção monetária utilizará o IPCA e no art. 406 os juros pela taxa legal.

A taxa legal corresponderá à Taxa Selic subtraindo o IPCA (CC, art. 406, § 1º).

> ✦ *Exemplo: Se a Taxa Selic está em 11,25% e o IPCA equivale a 6%, a taxa legal de juros será de 5,25% e a correção monetária de 6%.*

Pode acontecer de, em algum momento, a taxa Selic ter um porcentual inferior ao do IPCA. Nesse caso, o § 3º do art. 406 estabelece que a taxa legal de juros será

7. STF, ADC 58, Relator(a): Gilmar Mendes, Tribunal Pleno, julgado em 18/12/2020, Processo Eletrônico DJe-063, Divulg 06/04/2021, Public 07/04/2021.
8. Art. 389. Não cumprida a obrigação, responde o devedor por perdas e danos, mais juros, atualização monetária e honorários de advogado. Parágrafo único. Na hipótese de o índice de atualização monetária não ter sido convencionado ou não estar previsto em lei específica, será aplicada a variação do Índice Nacional de Preços ao Consumidor Amplo (IPCA), apurado e divulgado pela Fundação Instituto Brasileiro de Geografia e Estatística (IBGE), ou do índice que vier a substituí-lo.
9. Art. 406. Quando não forem convencionados, ou quando o forem sem taxa estipulada, ou quando provierem de determinação da lei, os juros serão fixados de acordo com a taxa legal. § 1º A taxa legal corresponderá à taxa referencial do Sistema Especial de Liquidação e de Custódia (Selic), deduzido o índice de atualização monetária de que trata o parágrafo único do art. 389 deste Código. § 2º A metodologia de cálculo da taxa legal e sua forma de aplicação serão definidas pelo Conselho Monetário Nacional e divulgadas pelo Banco Central do Brasil. § 3º Caso a taxa legal apresente resultado negativo, este será considerado igual a 0 (zero) para efeito de cálculo dos juros no período de referência.

igual a zero, não podendo ter resultado negativo. No exemplo anterior, imagine que a Taxa Selic estivesse em 2% e o IPCA em 6%. O resultado não seria -4%, mas haveria a incidência da atualização monetária de 6% e não incidiriam juros que seria igual a 0.

Esse dispositivo, portanto, ao separar os juros da correção monetária permite que o entendimento da Súmula nº 200 do TST continue sendo aplicado. Noutras palavras, permite que **primeiro haja incidência da atualização monetária pelo IPCA**[10] **e depois incidam os juros pela taxa legal.**

Diante dessa nova legislação e compatibilizando com o entendimento do E. STF, a SDI-I do TST[11] decidiu que os juros e a correção monetária serão da seguinte forma:

a) fase pré-judicial: IPCA acrescido de juros pela taxa TR (art. 39, *caput*, da Lei 8.177, de 1991);

b) fase judicial:

1) Até 29/08/2024 será aplicada a Taxa Selic, englobando juros e correção monetária;

2) A partir de 30/08/2024, data da entrada em vigor da Lei nº 14.905/2024, no cálculo da atualização monetária será utilizado o IPCA e os juros de mora corresponderão ao resultado da subtração SELIC – IPCA (art. 406, parágrafo único, do Código Civil), com a observância do § 3º do artigo 406.

Fase	Período	Correção Monetária	Juros de Mora	Fundamento
Pré-judicial (até o ajuizamento da ação)		IPCA	TR	Art. 39, caput, da Lei nº 8.177/1991
Judicial (a partir do ajuizamento da ação)	Até 29/08/2024	Taxa Selic (engloba juros + correção)	Taxa Selic (engloba juros + correção)	ADIs 4357/4425
Judicial	A partir de 30/08/2024	IPCA	Taxa Selic menos IPCA	Arts. 389 e 406, do Código Civil, com redação da Lei nº 14.905/2024

10. O art. 389 do CC impôs a aplicação do IPCA como índice de correção monetária e não mais o IPCA-E, como determinado pelo E.STF. Embora esses índices sejam semelhantes, a principal diferença entre eles, é que o IPCA é apurado mês a mês, enquanto o IPCA-E é o mesmo índice acumulado trimestralmente.
11. TST-E-ED-RR-713-03.2010.5.04.0029, SDI-I, Rel. Min. Alexandre de Souza Agra Belmonte, DEJT 25/10/24.

4.3. Condenação em face da Fazenda Pública

Quando a **Fazenda Pública**[12] é condenada em ações decorrentes de seus servidores ou empregados públicos, a incidência dos juros não segue as diretrizes aplicadas aos particulares, tendo outros parâmetros.

Para o C. TST, conforme Orientação Jurisprudencial nº 7 do Tribunal Pleno do TST, os **juros** incidem da seguinte forma:

a) 1% (um por cento) ao mês, até agosto de 2001, nos termos do § 1º do art. 39 da Lei n.º 8.177, de 01.03.1991;

b) 0,5% (meio por cento) ao mês, de setembro de 2001 a junho de 2009, conforme determina o art. 1º-F da Lei nº 9.494, de 10.09.1997, introduzido pela Medida Provisória nº 2.180-35, de 24.08.2001;

c) A partir de 30 de junho de 2009, atualizam-se os débitos trabalhistas da Fazenda Pública, mediante a incidência dos índices oficiais de remuneração básica e juros aplicados à caderneta de poupança, por força do art. 5º da Lei n.º 11.960, de 29.06.2009.

No que se refere à **correção monetária**, o E. STF reconheceu que a taxa TR era inconstitucional por não recompor o valor no tempo, definindo que deveria ser aplicado o Índice de Preços ao Consumidor Amplo Especial (IPCA-E) para a recomposição do valor no tempo (ADI nº 4.357).

Desse modo, incidiam juros pelos índices de remuneração da caderneta de poupança, acrescidos da atualização monetária pelo IPCA-E.

Ocorre que, com o advento da Emenda Constitucional 113/2021, esta passa a estabelecer que "nas discussões e nas condenações que envolvam a Fazenda Pública, independentemente de sua natureza e para fins de atualização monetária, de remuneração do capital e de compensação da mora, inclusive do precatório, haverá a incidência, uma única vez, até o efetivo pagamento, do índice da taxa referencial do Sistema Especial de Liquidação e de Custódia (Selic), acumulado mensalmente".

Isso significa que a OJ 7 terá uma nova alínea, de modo que, a partir de dezembro de 2021, os débitos da Fazenda Pública serão atualizados com juros e correção monetária pela Taxa Selic.

De qualquer maneira, o TST entende que tal prerrogativa na aplicação de juros diferenciados não se aplica quando a **Fazenda Pública é condenada subsidiariamente,** como dispõe a OJ nº 382 da SDI-I do TST:

12. Aplica-se à Empresa de Correios e Telégrafos (ECT) a mesma disciplina aplicada à Fazenda Pública quanto aos juros de mora (TST-E-RR-2900-58.2009.5.08.0012, SBDI-I, rel. Min. Brito Pereira, 23.11.2017 – Informativo nº 169).

> **Orientação Jurisprudencial nº 382 da SDI-I do TST.** Juros de mora. Art. 1º-F da Lei nº 9.494, de 10.09.1997. Inaplicabilidade à Fazenda Pública quando condenada subsidiariamente
>
> A Fazenda Pública, quando condenada subsidiariamente pelas obrigações trabalhistas devidas pela empregadora principal, não se beneficia da limitação dos juros, prevista no art. 1º-F da Lei nº 9.494, de 10.09.1997.

5. IMPUGNAÇÃO DA DECISÃO DE LIQUIDAÇÃO

Estabelece o art. 884, § 3º, da CLT:

> § 3º - Somente nos embargos à penhora poderá o executado impugnar a sentença de liquidação, cabendo ao exequente igual direito e no mesmo prazo.

Pela análise desse dispositivo é possível constatar que a decisão de liquidação **não é recorrível de imediato** (TST, Tese nº 174 IRRR), devendo ser impugnada, depois de garantido o juízo, da seguinte forma:

- **pelo executado**: utilizando-se os embargos à execução, no prazo de 5 dias, constados da intimação da penhora.
- **pelo exequente**: por meio da impugnação da decisão de liquidação, no mesmo prazo de 5 dias.

É interessante observar que, como o juiz deverá possibilitar a oportunidade de impugnação na fase de liquidação (CLT, art. 879, § 2º), caso não haja manifestação naquele momento, estará preclusa a possibilidade de impugnação posterior, ou seja, não poderá invocar as matérias nos embargos à execução ou na impugnação da decisão de homologação[13].

Por outro lado, apresentada a impugnação naquela ocasião e sendo proferida decisão de homologação, esta decisão poderá ser questionada por meio dos embargos (pelo executado) ou pela impugnação (pelo exequente). Da decisão dos embargos à execução e também da que decide a impugnação do exequente caberá agravo de petição.

13. A jurisprudência tem admitido a possibilidade de manifestação posterior em casos excepcionais, a fim de preservar a coisa julgada, admitindo a invocação de matérias de ordem pública e erros materiais.

Esquematizamos para melhor compreensão:

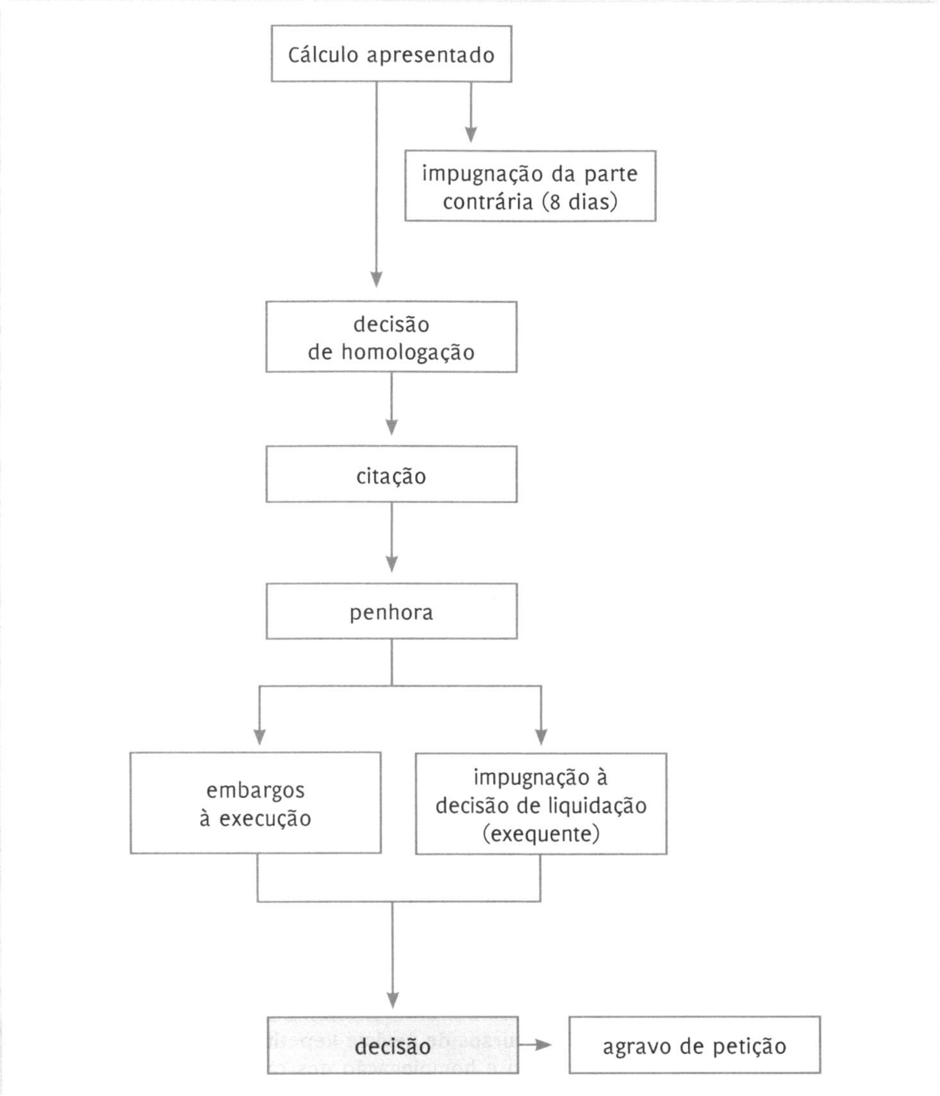

Atente-se, por fim, para o fato de que o TST entende que pode ser impugnada, por meio de ação rescisória, a decisão homologatória de cálculos quando enfrentar as questões envolvidas na elaboração da conta de liquidação, quer solvendo a controvérsia das partes, quer explicitando, de ofício, os motivos pelos quais acolheu os cálculos oferecidos por uma das partes ou pelo setor de cálculos, e não contestados pela outra (Súmula nº 399, II, do TST).

6. QUESTÕES DISSERTATIVAS E ESTUDOS DE CASO

Questão 1

Quais são as modalidades de liquidação de sentença no processo do trabalho?

Resposta sugerida pelo autor

A liquidação de sentença é necessária quando a sentença judicial não é líquida, devendo, portanto, ser complementada e preparada para a execução. Tem, pois, a finalidade de apurar o montante devido (*quantum debeatur*), sendo admitida apenas nas obrigações de pagar quantia certa, conforme declina o artigo 509 do CPC/2015.

É importante observar que, na liquidação, não se poderá modificar, ou inovar, a sentença liquidanda nem discutir matéria pertinente à causa principal (CLT, artigo 879, § 1º).

A liquidação de sentença pode ser realizada de três formas: liquidação por cálculos, arbitramento e artigos, nos termos do art. 879, caput, da CLT. A primeira ocorre quando apenas forem necessários cálculos aritméticos. A liquidação por arbitramento é aplicada quando houver necessidade de nomeação de perito. Por sua vez, a liquidação por artigos (denominada pelo artigo 509, II, do CPC/2015 como liquidação por procedimento comum) ocorre quando se busca provar fato novo na liquidação.

Como regra, a liquidação utiliza-se apenas de uma dessas modalidades, mas é possível que determinada sentença seja liquidada por mais de uma modalidade de liquidação, sendo denominada de liquidação mista.

Estudo de caso 1

Em determinada reclamação trabalhista, na fase de liquidação, após a apresentação dos cálculos, o juiz já os homologa e determina a citação do executado para pagamento ou nomeação de bens à penhora, nos termos do artigo 880 da CLT. O executado alega a nulidade da homologação dos cálculos apresentados, em razão de o juiz não o ter intimado para manifestação prévia aos cálculos apresentados. A alegação de nulidade deverá ser acolhida pelo juiz?

Resposta sugerida pelo autor

O artigo 879, § 2º, da CLT descreve que o juiz deverá abrir às partes o prazo comum de 8 dias. Desse modo, a alegação do executado de nulidade da homologação dos cálculos apresentados, em razão de o juiz não o ter intimado para manifestação prévia dos cálculos apresentados deverá ser acolhida pelo juiz.

7. TESES VINCULANTES DO TST

Tese nº 174 firmada em Incidente de Recursos de Revista Repetitivos
A decisão de julgamento da impugnação e homologação dos cálculos de liquidação tem natureza interlocutória, sendo irrecorrível de imediato (art. 893, § 1º, da CLT).

8. SÚMULAS E ORIENTAÇÕES JURISPRUDENCIAIS DO TST

▸ LIQUIDAÇÃO DE SENTENÇA
Juros
Súmula nº 200 do TST. Juros de mora. Incidência Os juros de mora incidem sobre a importância da condenação já corrigida monetariamente.
Súmula nº 211 do TST. Juros de mora e correção monetária. Independência do pedido inicial e do título executivo judicial Os juros de mora e a correção monetária incluem-se na liquidação, ainda que omisso o pedido inicial ou a condenação.
Orientação Jurisprudencial nº 382 da SDI-I do TST. Juros de mora. Art. 1º-F da Lei nº 9.494, de 10.09.1997. Inaplicabilidade à Fazenda Pública quando condenada subsidiariamente A Fazenda Pública, quando condenada subsidiariamente pelas obrigações trabalhistas devidas pela empregadora principal, não se beneficia da limitação dos juros, prevista no art. 1º-F da Lei n.º 9.494, de 10.09.1997.
Orientação Jurisprudencial nº 408 da SDI-I do TST. Juros de mora. Empresa em liquidação extrajudicial. Sucessão trabalhista É devida a incidência de juros de mora em relação aos débitos trabalhistas de empresa em liquidação extrajudicial sucedida nos moldes dos arts. 10 e 448 da CLT. O sucessor responde pela obrigação do sucedido, não se beneficiando de qualquer privilégio a este destinado.
Orientação Jurisprudencial nº 400 da SDI-I do TST. Imposto de renda. Base de cálculo. Juros de mora. Não integração. Art. 404 do Código Civil Brasileiro Os juros de mora decorrentes do inadimplemento de obrigação de pagamento em dinheiro não integram a base de cálculo do imposto de renda, independentemente da natureza jurídica da obrigação inadimplida, ante o cunho indenizatório conferido pelo art. 404 do Código Civil de 2002 aos juros de mora.
Correção Monetária
Súmula nº 187 do TST. Correção monetária. Incidência A correção monetária não incide sobre o débito do trabalhador reclamante.
Orientação Jurisprudencial nº 300 da SDI-I do TST. Execução trabalhista. Correção monetária. Juros. Lei nº 8.177/91, art. 39, e Lei nº 10.192/01, art. 15 Não viola norma constitucional (art. 5°, II e XXXVI) a determinação de aplicação da TRD, como fator de correção monetária dos débitos trabalhistas, cumulada com juros de mora, previstos no artigo 39 da Lei nº 8.177/91 e convalidado pelo artigo 15 da Lei nº 10.192/01.
Súmula nº 381 do TST. Correção monetária. Salário. Art. 459 da CLT O pagamento dos salários até o 5º dia útil do mês subsequente ao vencido não está sujeito à correção monetária. Se essa data limite for ultrapassada, incidirá o índice da correção monetária do mês subsequente ao da prestação dos serviços, a partir do dia 1º.
Orientação Jurisprudencial nº 302 da SDI-I do TST. FGTS. Índice de correção. Débitos trabalhistas Os créditos referentes ao FGTS, decorrentes de condenação judicial, serão corrigidos pelos mesmos índices aplicáveis aos débitos trabalhistas.

▶ LIQUIDAÇÃO DE SENTENÇA

Orientação Jurisprudencial nº 28 da SDI-I do TST. Correção monetária sobre as diferenças salariais. Universidades federais. Devida. Lei nº 7.596/1987 Incide correção monetária sobre as diferenças salariais dos servidores das universidades federais, decorrentes da aplicação retroativa dos efeitos financeiros assegurados pela Lei nº 7.596/1987, pois a correção monetária tem como escopo único minimizar a desvalorização da moeda em decorrência da corrosão inflacionária.
Súmula nº 304 do TST. Correção monetária. Empresas em liquidação. Art. 46 do ADCT/CF Os débitos trabalhistas das entidades submetidas aos regimes de intervenção ou liquidação extrajudicial estão sujeitos a correção monetária desde o respectivo vencimento até seu efetivo pagamento, sem interrupção ou suspensão, não incidindo, entretanto, sobre tais débitos, juros de mora.
Orientação Jurisprudencial nº 198 da SDI-I do TST. Honorários periciais. Atualização monetária Diferentemente da correção aplicada aos débitos trabalhistas, que têm caráter alimentar, a atualização monetária dos honorários periciais é fixada pelo art. 1º da Lei nº 6.899/81, aplicável a débitos resultantes de decisões judiciais.

CAPÍTULO XVIII
EXECUÇÃO TRABALHISTA

1. INTRODUÇÃO

A fase de conhecimento objetiva uma sentença que tenha natureza declaratória, constitutiva ou condenatória[1].

A sentença meramente declaratória é aquela que declara a existência, inexistência ou o modo de ser de uma determinada relação jurídica ou a autenticidade ou falsidade de um documento, conforme disposição do art. 19 do CPC/2015. Já a sentença constitutiva busca a criação, modificação ou extinção de determinada relação jurídica.

Essas duas modalidades de sentença bastam, por si só, para atender à prestação jurisdicional, de modo que não dependem de uma fase adicional para se ter o bem da vida buscado. São, portanto, sentenças satisfativas.

Quando se trata de sentença condenatória, caso o réu não a cumpra espontaneamente, há necessidade de uma fase posterior para que haja a efetivação do direito material. Tem-se aqui a fase de execução.

Portanto, a execução somente tem aplicação nas sentenças condenatórias.

A execução trabalhista é regida pela CLT e outras leis esparsas (por exemplo, a Lei 5.584/70). Quando houver omissão na norma celetista, estabelece o art. 889 da CLT:

> Art. 889 – Aos trâmites e incidentes do processo da execução são aplicáveis, naquilo em que não contravierem ao presente Título, os preceitos que regem o processo dos executivos fiscais para a cobrança judicial da dívida ativa da Fazenda Pública Federal.

Percebe-se pelo referido artigo que, na fase de execução, antes de se aplicar o processo comum, primeiramente deve-se invocar a Lei de Execuções Fiscais (Lei nº 6.830/80), sendo, portanto, diferente da fase de conhecimento que impõe, inicialmente, a incidência do CPC, como esquematizado a seguir:

---

1. Adotamos a teoria trinária, no sentido de que a sentença executiva *lato sensu* e a sentença mandamental são subespécies da sentença condenatória.

▶ ORDEM	▶ FASE DE CONHECIMENTO	▶ FASE DE EXECUÇÃO
1º (fonte principal)	CLT e leis esparsas	CLT e leis esparsas
2º (fonte subsidiária)	CPC (processo comum)	Lei de Execuções Fiscais
3º (fonte subsidiária)		CPC (processo comum)

Essa ordem, porém, não será observada quando a própria norma celetista impuser qual a norma a ser aplicada como ocorre, por exemplo, na ordem preferencial de bens à penhora, que deve incidir diretamente o art. 835 do CPC/2015[2], segundo previsão expressa no art. 882 da CLT (TST-IN nº 39/2016, art. 3º, XVI).

2. TÍTULO EXECUTIVO

Não há execução sem título. A execução pressupõe a existência de título que contenha obrigação certa, líquida e exigível (CPC/2015, arts. 783 e 786).

Os títulos executivos poderão ser judiciais ou extrajudiciais.

2.1. Títulos judiciais

Os títulos judiciais são aqueles produzidos pelo Judiciário. No processo do trabalho são títulos **judiciais**:

1) as decisões passadas em julgado (CLT, art. 876);
2) as decisões das quais não tenha havido recurso com efeito suspensivo (CLT, art. 876);
3) os acordos, quando não cumpridos (CLT, art. 876);
4) os créditos previdenciários decorrentes das sentenças condenatórias trabalhistas e dos acordos homologados (CLT, art. 876, parágrafo único);
5) os acordos extrajudiciais homologados judicialmente (CLT, arts. 855-B a 855-E);
6) sentença arbitral (CLT, art. 507-A; Lei nº 9.307/96, art. 31; CPC/2015, art. 515, VII)[3].

2.2. Títulos extrajudiciais

Os títulos extrajudiciais, como o próprio nome já indica, são os formados fora do Judiciário. De posse do título executivo, o credor não necessita ajuizar um processo de conhecimento, adentrando diretamente na fase de execução.

Na seara trabalhista, são títulos **extrajudiciais**:

1) os termos de ajuste de conduta firmados perante o Ministério Público do Trabalho (CLT, art. 876);

2. Correspondente do art. 655 do CPC/73.
3. Como regra, a questão exigirá o conhecimento apenas das 4 primeiras hipóteses que estão no art. 876 da CLT.

2) os termos de conciliação firmados perante as Comissões de Conciliação Prévia (CLT, art. 876);

3) a certidão da dívida ativa da União referente às penalidades administrativas impostas ao empregador pelos órgãos de fiscalização do trabalho (CF/88, art. 114, VII);

4) o cheque e a nota promissória emitidos em reconhecimento de dívida inequivocamente de natureza trabalhista (TST-IN nº 39/2016, art. 13)[4].

É interessante destacar que, na vigência do CPC/73, a doutrina entendia que, uma vez de posse do título extrajudicial, faltava interesse de agir para o ajuizamento de processo de conhecimento. Contudo, o art. 785 do CPC/2015 passou a declinar que "a existência de título executivo extrajudicial não impede a parte de optar pelo processo de conhecimento, a fim de obter título executivo judicial". Dessa forma, o referido artigo, aplicável subsidiariamente ao processo do trabalho, considera como faculdade do credor o ajuizamento direto da execução, o que é aplicável ao processo do trabalho.

3. EXECUÇÃO PROVISÓRIA E DEFINITIVA

A execução pode ser definitiva ou provisória.

A **execução definitiva** é a que decorre de sentença transitada em julgado, podendo ir até a satisfação integral do exequente.

Por outro lado, a **execução provisória** é aquela embasada em título provisório, ou seja, passível de modificação. Nesse contexto, é suscetível de modificação a sentença (ou acórdão) submetida a **recurso sem efeito suspensivo**. Melhor explicando: a sentença ou o acórdão, em regra, estão sujeitos a recurso. Conforme estudamos, esse recurso poderá ter efeito meramente devolutivo, como é a regra no processo do trabalho, ou também ter efeito suspensivo. Tendo efeito suspensivo, fica impedida a realização de atos executivos, uma vez que a decisão tem seus efeitos suspensos. Por outro lado, tendo efeito meramente devolutivo, é possível o início dos atos executivos, quando se tratar de decisão condenatória. No entanto, como essa decisão poderá ser modificada pelo Tribunal *ad quem*, a execução é denominada provisória.

É possível que o recurso questione apenas alguns capítulos da sentença, transitando em julgado os demais. Nesse caso, autoriza-se a execução definitiva da parte não impugnada e a execução provisória da parte recorrida.

---

4. Atente-se para o fato de que a questão poderá questionar os títulos executivos descritos na CLT. Nesse caso, o candidato deverá considerar apenas os 2 títulos extrajudiciais citados na CLT.

Salienta-se que a execução será provisória, ainda que esteja pendente recurso extraordinário ou pendente agravo de instrumento destinado a destrancá-lo (OJ nº 56 da SDI-II do TST)[5].

O art. 899 da CLT permite a **execução provisória até a penhora**.

Na doutrina, a interpretação desse dispositivo é divergente:

- tese majoritária: até a penhora significa que a execução provisória irá até a garantia do juízo, com a apreciação de todos os incidentes da penhora, como, por exemplo, os embargos à execução e o eventual agravo de petição.
- tese minoritária: até a penhora permite que apenas seja feita a constrição (penhora) do bem.

É interessante observar que a doutrina mais abalizada tem admitido a aplicação do art. 520 do CPC/2015 na seara trabalhista, de modo que a execução provisória poderá prosseguir até o levantamento do dinheiro ou atos de alienação de propriedade, desde que, nesses casos, haja caução suficiente e idônea prestada pelo exequente, arbitrada de plano pelo juiz e prestada nos próprios autos (inciso IV).[6] A propósito, em determinados casos, não haverá nem mesmo a necessidade de caução, como prevê o art. 521 do CPC/2015:

> I – o crédito for de natureza alimentar, independentemente de sua origem;
>
> II – o credor demonstrar situação de necessidade;
>
> III – pender o agravo do art. 1.042;
>
> IV – a sentença a ser provisoriamente cumprida estiver em consonância com súmula da jurisprudência do Supremo Tribunal Federal ou do Superior Tribunal de Justiça ou em conformidade com acórdão proferido no julgamento de casos repetitivos.

Portanto, nessas hipóteses, plenamente compatíveis com o processo do trabalho, permite-se inclusive a liberação de dinheiro na execução provisória, não se limitando assim à penhora[7]. Destaca-se que "a exigência de caução será mantida quando da dispensa possa resultar manifesto risco de grave dano de difícil ou incerta reparação" (CPC/2015, art. 521, parágrafo único).

---

5. **Orientação Jurisprudencial nº 56 da SDI-II do TST.** Mandado de segurança. Execução. Pendência de recurso extraordinário. Não há direito líquido e certo à execução definitiva na pendência de recurso extraordinário, ou de agravo de instrumento visando a destrancá-lo.
6. Não admitindo a aplicação do art. 520 do CPC/2015 (CPC/73, art. 475-O) no processo do trabalho: TST-RO-7284-66.2013.5.15.0000, SBDI-II, rel. Min. Douglas Alencar Rodrigues, 14.4.2015 (Informativo execução nº 14). Interessante notar que na Instrução Normativa nº 39 do TST, nas considerações iniciais, o TST preferiu não se manifestar sobre o assunto, pois o tema se encontra *sub judice*.
7. Para a prova objetiva é melhor que o candidato se atenha ao previsto no art, 899 da CLT, no sentido de que a execução provisória vai até a penhora.

A **execução provisória depende de iniciativa do exequente**, não podendo ser iniciada de ofício. Isso acontece porque ela corre por conta e responsabilidade do exequente, que se obriga, se a sentença for reformada, a reparar os danos que o executado tenha sofrido (CPC/2015, art. 520, I). Trata-se de responsabilidade objetiva.

Ao requerer a execução provisória, nos termos do art. 522 do CPC/2015, não sendo eletrônico os autos, o exequente instruirá a petição com cópias, podendo o advogado declarar a autenticidade, sob sua responsabilidade pessoal, das seguintes peças do processo:

> I – decisão exequenda;
>
> II – certidão de interposição do recurso não dotado de efeito suspensivo;
>
> III – procurações outorgadas pelas partes;
>
> IV – decisão de habilitação, se for o caso;
>
> V – facultativamente, outras peças processuais consideradas necessárias para demonstrar a existência do crédito.

A execução provisória terá como instrumento, portanto, a carta de sentença, formada pelo requerimento do exequente e pelas peças do processo indicadas anteriormente.

Ademais, a execução provisória ficará sem efeito, sobrevindo decisão que modifique ou anule a sentença objeto da execução, restituindo-se as partes ao estado anterior e liquidados eventuais prejuízos nos mesmos autos (CPC/2015, art. 520, II). Entretanto, se a sentença que embasa a execução provisória for modificada ou anulada apenas em parte, somente nesta ficará sem efeito a execução (CPC/2015, art. 520, III).

Consigna-se ainda que execução provisória, no que couber, seguirá o mesmo procedimento da execução definitiva, inclusive quanto à aplicação do artigo 835 do CPC/2015 (ordem preferencial de penhora).

Por fim, consignamos que a execução provisória é admitida na obrigação de fazer, não fazer ou de dar (CPC/2015, art. 520, § 5º).

EXECUÇÃO PROVISÓRIA

1) sentença (ou acórdão) submetida a recurso sem efeito suspensivo;
2) seguirá até a penhora, nos termos do art. 899 da CLT;
3) depende de iniciativa do exequente;
4) responsabilidade objetiva do exequente pelos danos causados ao executado;
5) ficará sem efeito, sobrevindo acórdão que modifique ou anule a sentença, objeto da execução;
6) se a modificação ou anulação for apenas em parte, somente nessa parte ficará sem efeito a execução;
7) tem o mesmo procedimento da execução definitiva, no que couber.

4. COMPETÊNCIA

A competência para a fase de execução é de natureza absoluta (funcional), não podendo, portanto, ser alterada por vontade das partes. A competência é definida da seguinte forma:

1) **títulos judiciais**: é competente para a execução das decisões o juiz ou presidente do tribunal que tiver conciliado ou julgado originariamente o dissídio (CLT, art. 877);

2) **títulos extrajudiciais**: é competente o juiz que teria competência para o processo de conhecimento relativo à matéria (CLT, art. 877-A).

Ressalta-se que o TST entende que o parágrafo único do art. 516 do CPC/2015, que permite ao exequente optar pelo cumprimento da sentença pelo juízo do atual domicílio do executado, pelo juízo do local onde se encontrem os bens sujeitos à execução ou pelo juízo do local onde deva ser executada a obrigação de fazer ou de não fazer, **não é aplicável ao processo do trabalho**, ante a existência de previsão expressa no art. 877 da CLT sobre a competência na execução trabalhista[8].

5. LEGITIMIDADE

5.1. Legitimidade ativa

A legitimidade ativa é daquele que pode promover a execução.

Nos termos do art. 878 da CLT, tem legitimidade para propor a execução trabalhista:

a) as partes;

b) o próprio juiz ou presidente do tribunal **apenas nos casos em que as partes não estiverem representadas por advogado**;

c) o próprio juiz ou presidente do tribunal, de ofício, quanto às contribuições sociais devidas em decorrência das sentenças condenatórias ou acordos homologados pela Justiça do Trabalho (CLT, art. 876).

É válido destacar ainda que, com o advento da Emenda Constitucional nº 45/04, a União também passou a ter legitimidade ativa para a execução de título extrajudicial decorrente da cobrança das penalidades administrativas impostas aos empregadores pelos órgãos de fiscalização (CF/88, art. 114, VII).

Ademais, admite-se a legitimidade ativa do devedor, vez que o art. 878-A da CLT faculta-lhe o pagamento imediato da parte que entender devida à Previdência

---

8. TST-CC-3533- 59.2011.5.00.0000, SBDI-II, rel. Min. Alberto Luiz Bresciani de Fontan Pereira, 6.3.2012 (Informativo nº 1 do TST).

Social, sem prejuízo da cobrança de eventuais diferenças encontradas na execução *ex officio*.[9]

5.2. Legitimidade passiva

A CLT não prevê a legitimidade passiva na execução trabalhista, razão pela qual deverá ser invocado o art. 4º da Lei 6.830/80, que confere legitimidade ao:

> I - devedor;
>
> II - fiador;
>
> III - espólio;
>
> IV - massa falida;
>
> V - responsável, nos termos da lei, por dívidas, tributárias ou não, de pessoas físicas ou pessoas jurídicas de direito privado; e
>
> VI - aos sucessores a qualquer título.

No mesmo sentido, descreve o art. 779 do CPC/2015:

> Art. 779. A execução pode ser promovida contra:
>
> I - o devedor, reconhecido como tal no título executivo;
>
> II - o espólio, os herdeiros ou os sucessores do devedor;
>
> III - o novo devedor que assumiu, com o consentimento do credor, a obrigação resultante do título executivo;
>
> IV - o fiador do débito constante em título extrajudicial;
>
> V - o responsável titular do bem vinculado por garantia real ao pagamento do débito;
>
> VI - o responsável tributário, assim definido em lei.

6. RESPONSABILIDADE PATRIMONIAL

Inicialmente, consigna-se que o vínculo obrigacional é subdividido em dois elementos distintos:

- a dívida: vínculo pessoal; e
- a responsabilidade: vínculo patrimonial.

Desse modo, embora a dívida seja pessoal, quem responde por ela é o patrimônio. Em outros termos, no direito brasileiro, a execução não atinge a pessoa do

---

9. LEITE, Carlos Henrique Bezerra. *Curso de direito processual do trabalho*. 9. ed. São Paulo: LTr, 2011. p. 1027.

devedor, mas seu patrimônio. Apenas na hipótese de prestação alimentícia é que a execução pode ser direcionada à pessoa do devedor, privando-lhe a liberdade (CF/88, art. 5º, LXVII)[10].

Portanto, é o patrimônio que responde pela execução, destacando que as regras de responsabilidade patrimonial previstas nos arts. 789 a 796 do CPC/2015 são aplicáveis ao processo do trabalho, nos termos do art. 3º, XIII, da IN nº 39/2016, do TST.

A responsabilidade patrimonial, em regra, é do devedor (CPC/2015, art. 789; TST-IN nº 39/2016, art. 3º, XIII), ou seja, daquele que contraiu a dívida e consta do título executivo, de modo que seu patrimônio será o primeiro a ser atingido pela execução. Trata-se da chamada **responsabilidade patrimonial primária**. Noutras palavras, a responsabilidade primária é do devedor.

Há de se ressaltar que o devedor responderá, para o cumprimento de suas obrigações, com todos os seus bens presentes e futuros, salvo as restrições estabelecidas em lei (CPC/2015, art. 789).

Pode ocorrer, no entanto, de outros sujeitos ficarem responsáveis pelo pagamento da dívida, sem que sejam devedores. Surge aqui a **responsabilidade secundária**. Nesse contexto, prevê o art. 790 do CPC/2015, aplicável ao processo do trabalho (TST-IN nº 39, art. 3º, XIII), *in verbis*:

> Art. 790. São sujeitos à execução os bens:
>
> I – do sucessor a título singular, tratando-se de execução fundada em direito real ou obrigação reipersecutória;
>
> II – do sócio, nos termos da lei;
>
> III – do devedor, ainda que em poder de terceiros;
>
> IV – do cônjuge ou companheiro, nos casos em que seus bens próprios ou de sua meação respondem pela dívida;
>
> V – alienados ou gravados com ônus real em fraude à execução;
>
> VI – cuja alienação ou gravação com ônus real tenha sido anulada em razão do reconhecimento, em ação autônoma, de fraude contra credores;
>
> VII – do responsável, nos casos de desconsideração da personalidade jurídica.

Portanto, a responsabilidade secundária é a que acontece quando o responsável pelo pagamento é o sucessor trabalhista (art 448-A da CLT), o tomador de serviços na terceirização lícita (Súmula nº 331, IV, do TST), o sócio etc.

Nesse contexto, confira-se a jurisprudência do TST a seguir transcrita.

---

10. O STF, por meio da Súmula vinculante nº 25, declinou que "é ilícita a prisão civil de depositário infiel, qualquer que seja a modalidade do depósito".

Orientação Jurisprudencial nº 261 da SDI-I do TST. Bancos. Sucessão trabalhista

As obrigações trabalhistas, inclusive as contraídas à época em que os empregados trabalhavam para o banco sucedido, são de responsabilidade do sucessor, uma vez que a este foram transferidos os ativos, as agências, os direitos e deveres contratuais, caracterizando típica sucessão trabalhista.

Orientação Jurisprudencial nº 411 da SDI-I do TST. Sucessão trabalhista. Aquisição de empresa pertencente a grupo econômico. Responsabilidade solidária do sucessor por débitos trabalhistas de empresa não adquirida. Inexistência.

O sucessor não responde solidariamente por débitos trabalhistas de empresa não adquirida, integrante do mesmo grupo econômico da empresa sucedida, quando, à época, a empresa devedora direta era solvente ou idônea economicamente, ressalvada a hipótese de má-fé ou fraude na sucessão.

Orientação Jurisprudencial nº 225 da SDI-I do TST. Contrato de concessão de serviço público. Responsabilidade trabalhista

Celebrado contrato de concessão de serviço público em que uma empresa (primeira concessionária) outorga a outra (segunda concessionária), o todo ou em parte, mediante arrendamento, ou qualquer outra forma contratual, a título transitório, bens de sua propriedade:

I - em caso de rescisão do contrato de trabalho após a entrada em vigor da concessão, a segunda concessionária, na condição de sucessora, responde pelos direitos decorrentes do contrato de trabalho, sem prejuízo da responsabilidade subsidiária da primeira concessionária pelos débitos trabalhistas contraídos até a concessão;

II - no tocante ao contrato de trabalho extinto antes da vigência da concessão, a responsabilidade pelos direitos dos trabalhadores será exclusivamente da antecessora.

Orientação Jurisprudencial nº 92 da SDI-I do TST. Desmembramento de municípios. Responsabilidade trabalhista

Em caso de criação de novo município, por desmembramento, cada uma das novas entidades responsabiliza-se pelos direitos trabalhistas do empregado no período em que figurarem como real empregador.

Orientação Jurisprudencial nº 185 da SDI-I do TST. Contrato de trabalho com a associação de pais e mestres - APM. Inexistência de responsabilidade solidária ou subsidiária do estado

O Estado-Membro não é responsável subsidiária ou solidariamente com a Associação de Pais e Mestres pelos encargos trabalhistas dos empregados contratados por esta última, que deverão ser suportados integral e exclusivamente pelo real empregador.

Orientação Jurisprudencial nº 191 da SDI-I do TST. Contrato de empreitada. Dono da obra de construção civil. Responsabilidade

Diante da inexistência de previsão legal específica, o contrato de empreitada de construção civil entre o dono da obra e o empreiteiro não enseja responsabilidade solidária ou subsidiária nas obrigações trabalhistas contraídas pelo empreiteiro, salvo sendo o dono da obra uma empresa construtora ou incorporadora.

RECURSO DE REVISTA REPETITIVO

A SBDI-I definiu as seguintes teses jurídicas para o Tema Repetitivo nº 0006 – RESPONSABILIDADE SUBSIDIÁRIA. DONA DA OBRA. APLICAÇÃO DA OJ 191 DA SBDII LIMITADA À PESSOA FÍSICA OU MICRO E PEQUENAS EMPRESAS: I) A exclusão de responsabilidade solidária ou subsidiária por obrigação trabalhista a que se refere a Orientação Jurisprudencial n.º 191 da SBDI-I do TST não se restringe à pessoa física ou micro e pequenas empresas, compreende igualmente empresas de médio e grande porte e entes públicos (decidido por unanimidade); II) A excepcional responsabilidade por obrigações trabalhistas prevista na parte final da Orientação Jurisprudencial n.º 191 da SBDI-I do TST, por aplicação analógica do art. 455 da CLT, alcança os casos em que o dono da obra de construção civil é construtor ou incorporador e, portanto, desenvolve a mesma atividade econômica do empreiteiro (decidido por unanimidade); III) Não é compatível com a diretriz sufragada na Orientação Jurisprudencial n.º 191 da SBDI-I do TST jurisprudência de Tribunal Regional do Trabalho que amplia a responsabilidade trabalhista do dono da obra, excepcionando apenas a pessoa física ou micro e pequenas empresas, na forma da lei, que não exerçam atividade econômica vinculada ao objeto contratado (decidido por unanimidade); IV) Exceto ente público da Administração Direta e Indireta, se houver inadimplemento das obrigações trabalhistas contraídas por empreiteiro que contratar, sem idoneidade econômico-financeira, o dono da obra responderá subsidiariamente por tais obrigações, em face de aplicação analógica do art. 455 da CLT e culpa in eligendo (decidido por maioria, vencido o Ministro Márcio Eurico Vitral Amaro); V) O entendimento contido na tese jurídica nº 4 aplica-se exclusivamente aos contratos de empreitada celebrados após 11 de maio de 2017, data do presente julgamento – ED-IRR – 190-53.2015.5.03.0090 – 9/8/2018. TST-IRR-190-53.2015.5.03.0090, SBDI-I, rel. Min. João Oreste Dalazen, 11.5.2017 (Informativo nº 159)

6.1. Responsabilidade do sucessor

O art. 448-A da CLT, inserido pela Lei nº 13.467/17 (Reforma trabalhista), estabelece que havendo sucessão empresarial ou de empregadores a responsabilidade pelo pagamento das obrigações trabalhistas é do sucessor, ou seja, daquele que adquiriu o empreendimento, inclusive sobre as obrigações contraídas à época em que os empregados trabalhavam para a empresa sucedida.

No entanto, a empresa sucedida responderá solidariamente com a sucessora quando ficar comprovada fraude na transferência (CLT, art. 448-A, parágrafo único).

6.2. Responsabilidade decorrente da terceirização

É sabido que, na terceirização lícita, a responsabilidade principal (primária) é do prestador de serviços, ficando a cargo do tomador a responsabilidade subsidiária (secundária). Nesse sentido, declina o art. 5º, § 5º, da Lei nº 6.019/74, acrescentado pela Lei nº 13.429/2017:

> § 5º A empresa contratante é subsidiariamente responsável pelas obrigações trabalhistas referentes ao período em que ocorrer a prestação de serviços, e o recolhimento das contribuições previdenciárias observará o disposto no art. 31 da Lei nº 8.212, de 24 de julho de 1991.

No mesmo caminho, trilhava a Súmula nº 331 do TST a seguir transcrita:

> **Súmula nº 331 do TST**
>
> (...)
>
> IV – O inadimplemento das obrigações trabalhistas, por parte do empregador, implica a responsabilidade subsidiária do tomador dos serviços, quanto àquelas obrigações, desde que hajam participado da relação processual e constem também do título executivo judicial (art. 71 da Lei nº 8.666, de 21.06.1993). (...)
>
> VI – A responsabilidade subsidiária do tomador de serviços abrange todas as verbas decorrentes da condenação referentes ao período da prestação laboral.

Embora os referidos itens da Súmula 331 do TST tenham sido considerados inconstitucionais pelo STF no RE nº 958.252 (tema 725), a Corte incluiu na tese fixada que ficava mantida a responsabilidade subsidiária da empresa tomadora de serviços. Da mesma forma, no julgamento da ADPF nº 324 o STF fixou a tese de que "na terceirização, compete à contratante: i) verificar a idoneidade e a capacidade econômica da terceirizada; e ii) responder subsidiariamente pelo descumprimento das normas trabalhistas, bem como por obrigações previdenciárias, na forma do art. 31 da Lei 8.212/1993".

Assim, mantida a responsabilidade subsidiária da empresa tomadora dos serviços (contratante) na terceirização.

Não obstante, na hipótese de **responsável subsidiário decorrente da terceirização**, o C. TST entende que o tomador de serviços deve, **obrigatoriamente**, participar da relação processual e constar do título executivo, para que seus bens possam ser atingidos na execução, não podendo o responsável subsidiário ser incluído apenas na fase de execução, como já dizia a Súmula nº 331, IV, do TST.

No mesmo caminho, declina o art. 513, § 5º, do CPC/2015:

> § 5º O cumprimento da sentença não poderá ser promovido em face do fiador, do coobrigado ou do corresponsável que não tiver participado da fase de conhecimento[11].

---

11. O C. TST não tem aplicado o art. 513, § 5º, do CPC/15 às empresas pertencentes ao mesmo grupo econômico, ou seja, quando se tratar de responsabilidade solidária (RO nº 1014-52.2017.5.09.0000, SBDI-2 do TST, Rel. Douglas Alencar Rodrigues. j. 12.12.2017, Publ. 19.12.2017).

A propósito, o TST entende que não é admitido o ajuizamento de ação autônoma posterior para a responsabilização subsidiária do tomador de serviços. Noutras palavras, o tomador dos serviços somente será condenado subsidiariamente se estiver presente na ação de conhecimento em que o prestador dos serviços foi condenado. Nesse sentido, decisão inserida no informativo nº 1 do TST:

> Responsabilidade subsidiária. Ajuizamento de ação autônoma apenas contra o tomador de serviços. Impossibilidade. Existência de sentença condenatória definitiva prolatada em ação em que figurou como parte somente o prestador de serviços.
>
> Não é possível o ajuizamento de ação autônoma pleiteando a responsabilidade subsidiária do tomador de serviços quando há sentença condenatória definitiva prolatada em ação anteriormente proposta pelo mesmo reclamante, em que figurou como parte apenas o prestador de serviços. Tal procedimento afrontaria a coisa julgada produzida na primeira ação e o direito à ampla defesa e ao contraditório, resguardado ao tomador de serviços. Assim, reiterando a jurisprudência da Corte, a SBDI-I, por unanimidade, conheceu dos embargos por divergência jurisprudencial e, no mérito, por maioria, negou-lhes provimento. Vencidos os Ministros Augusto César Leite de Carvalho, José Roberto Freire Pimenta e Delaíde Miranda Arantes. TST-E-RR-9100-62.2006.5.09.0011, SBDI-I, rel. Min. Horácio Raymundo de Senna Pires, 8.3.2012[12].

Em suma, o C. TST não autoriza:

- a inclusão do responsável subsidiário na fase de execução;
- o ajuizamento de ação autônoma em face do responsável subsidiário para reconhecer sua responsabilidade.

Esse entendimento do C. TST decorre do fato de que se o responsável subsidiário for incluído apenas na fase de execução, não poderá discutir a dívida trabalhista, mas apenas sua própria responsabilidade, uma vez que, com a condenação, já terá formado coisa julgada. Assim, para que possa discutir tanto a sua responsabilidade como os próprios débitos trabalhistas, como por exemplo, o pagamento das verbas pleiteadas, a inexistência de horas extras etc., deverá participar do contraditório na fase de conhecimento e integrar o título executivo[13].

Portanto, para o TST, o tomador dos serviços somente será atingido se participar da relação processual e constar do título executivo.

É válido destacar, ainda, que havia divergências na doutrina e na jurisprudência quanto ao momento em que os bens do devedor subsidiário poderiam ser atingidos

12. No mesmo sentido, TST-RO-100200- 60.2010.5.03.0000, SBDI-II, rel. Min. Pedro Paulo Manus. 27.3.2012. (informativo nº 4 do TST).
13. Em sentido contrário, entendendo que a defesa do responsável subsidiário se limita à responsabilidade, de modo que é possível sua inclusão apenas na fase executiva: BEBBER, Júlio César. *Processo do Trabalho: temas atuais*. São Paulo: LTr, 2003. p. 181.

na execução trabalhista. Nesse contexto, o C. TST, em sede de recurso de revista repetitivo, **fixou a Tese 133** no seguinte sentido:

> A constatação do inadimplemento do devedor principal autoriza o redirecionamento da execução para o subsidiário independentemente do exaurimento da execução contra o obrigado principal e seus sócios, salvo na hipótese de indicação de bens do devedor principal que efetiva e comprovadamente bastem para satisfazer integralmente a execução.

Portanto, não há necessidade de que todos os meios de execução sejam esgotados. O fato de o devedor principal ser notificado para pagar a dívida e caso não faça o pagamento, já é suficiente para configurar sua mora, permitindo o prosseguimento da execução em face do devedor subsidiário[14], vez que o responsável subsidiário, quando atingido, poderá invocar o benefício de ordem, indicando os bens do devedor principal, como declina o art. 795, § 2º, do CPC/2015.

Ademais, o TST entende que "a prestação de serviços terceirizados a uma pluralidade de tomadores não afasta a responsabilidade subsidiária, bastando a constatação de que se beneficiaram dos serviços prestados" (IRRR, Tese 81).

6.3. Responsabilidade do sócio

6.3.1. Desconsideração da personalidade jurídica

É sabido que a pessoa jurídica não se confunde com a figura de seus sócios. No entanto, como estudamos anteriormente, o sócio tem responsabilidade secundária, ou seja, seu patrimônio poderá ser atingindo para arcar com o pagamento de dívida da pessoa jurídica. Surge aqui a desconsideração da personalidade jurídica.

Nesse caso, levanta-se o "véu" da pessoa jurídica para adentrar no patrimônio do sócio, sem que com isso se retire a personalidade jurídica da sociedade. É por isso que se fala em desconsideração da personalidade jurídica e não em despersonalização.

Existem duas teorias sobre os requisitos exigidos para a desconsideração da personalidade jurídica:

1) **teoria objetiva (teoria menor)**: para que o sócio seja atingido, basta a constatação de que a pessoa jurídica não possui bens suficientes para o pagamento da dívida (CDC, art. 28, § 5º).
2) **teoria subjetiva (teoria maior)**: o sócio responderá quando preenchidos dois pressupostos: a) os bens da pessoa jurídica sejam insuficientes para o pagamento da dívida; b) haja comprovação de fraude ou de abuso de direito, caracterizado pelo desvio de finalidade ou pela confusão patrimonial (CC/02, art. 50[15]).

---

14. SCHIAVI, Mauro. *Execução no processo do trabalho*. 7. ed. São Paulo: LTr, 2015. p. 199.
15. Destaca-se que a lei nº 13.874/19 (Lei da Liberdade Econômica) alterou os pressupostos do dispositivo, definindo os conceitos de "confusão patrimonial" e de "desvio de finalidade".

Na seara trabalhista, prevalece o entendimento de que se aplica a teoria objetiva/menor, incidindo o art. 28, § 5º, do Código de Defesa do Consumidor. Isso se justifica porque o CDC e a CLT são normas protetivas que buscam resguardar o direito do hipossuficiente, sendo, pois, compatíveis. Ademais, impõe-se a aplicação dessa teoria, ante a dificuldade de demonstração de fraude e do abuso de direito dos sócios, bem como pelo caráter alimentar das verbas postuladas em juízo[16].

O CPC/2015 passou a disciplinar o incidente de desconsideração da personalidade jurídica em seu capítulo referente à intervenção de terceiros, estabelecendo um procedimento para que seja realizada, como se verifica pelos arts. 133 a 137, transcritos a seguir:

> **Art. 133.** O incidente de desconsideração da personalidade jurídica será instaurado a pedido da parte ou do Ministério Público, quando lhe couber intervir no processo.
>
> § 1º O pedido de desconsideração da personalidade jurídica observará os pressupostos previstos em lei.
>
> § 2º Aplica-se o disposto neste Capítulo à hipótese de desconsideração inversa da personalidade jurídica.
>
> **Art. 134.** O incidente de desconsideração é cabível em todas as fases do processo de conhecimento, no cumprimento de sentença e na execução fundada em título executivo extrajudicial.
>
> § 1º A instauração do incidente será imediatamente comunicada ao distribuidor para as anotações devidas.
>
> § 2º Dispensa-se a instauração do incidente se a desconsideração da personalidade jurídica for requerida na petição inicial, hipótese em que será citado o sócio ou a pessoa jurídica.
>
> § 3º A instauração do incidente suspenderá o processo, salvo na hipótese do § 2º.
>
> § 4º O requerimento deve demonstrar o preenchimento dos pressupostos legais específicos para desconsideração da personalidade jurídica.
>
> **Art. 135.** Instaurado o incidente, o sócio ou a pessoa jurídica será citado para manifestar-se e requerer as provas cabíveis no prazo de 15 (quinze) dias.
>
> **Art. 136.** Concluída a instrução, se necessária, o incidente será resolvido por decisão interlocutória.
>
> Parágrafo único. Se a decisão for proferida pelo relator, cabe agravo interno.

---

16. SCHIAVI, Mauro. *Manual de direito processual do trabalho.* 10. ed. de acordo com Novo CPC. São Paulo: LTr, 2016. p. 1078; PINHO, Humberto Dalla Bernardina de; FONSECA, Marina Silva. *O incidente de desconsideração da personalidade jurídica do Novo Código de Processo Civil.* In: DIDIER JR., Fredie (coord. geral). *Novo CPC doutrina selecionada*, v. 1: parte geral. Salvador: Juspodivm, 2016. p. 1156.

> **Art. 137.** Acolhido o pedido de desconsideração, a alienação ou a oneração de bens, havida em fraude de execução, será ineficaz em relação ao requerente.

Com o advento da Lei nº 13.467/17, o incidente de desconsideração da personalidade jurídica vem tratado expressamente no art. 855-A da CLT, *in verbis*:

> **Art. 855-A.** Aplica-se ao processo do trabalho o incidente de desconsideração da personalidade jurídica previsto nos arts. 133 a 137 da Lei no 13.105, de 16 de março de 2015 - Código de Processo Civil.
>
> § 1º Da decisão interlocutória que acolher ou rejeitar o incidente:
>
> I - na fase de cognição, não cabe recurso de imediato, na forma do § 1º do art. 893 desta Consolidação;
>
> II - na fase de execução, cabe agravo de petição, independentemente de garantia do juízo;
>
> III - cabe agravo interno se proferida pelo relator em incidente instaurado originariamente no tribunal.
>
> § 2º A instauração do incidente suspenderá o processo, sem prejuízo de concessão da tutela de urgência de natureza cautelar de que trata o art. 301 da Lei no 13.105, de 16 de março de 2015 (Código de Processo Civil).

Depois de instaurado o incidente, deverá ser imediatamente comunicada ao distribuidor para as anotações devidas (art. 134, *caput* e § 1º).

O art. 855-A, § 2º da CLT determina a **suspensão do processo**, sem prejuízo de concessão da **tutela de urgência de natureza cautelar** de que trata o art. 301 do CPC. Noutras palavras, instaurado o incidente ou até mesmo antes de instaurá-lo, o juiz, valendo-se de seu poder geral de cautela, poderá, em sede cautelar antes mesmo da citação, determinar, por exemplo, o arresto de seus bens, evitando sua transferência e garantindo resultado útil do processo.

► **ATENÇÃO:**

Nos casos em que a desconsideração jurídica for requerida na petição inicial, não há a necessidade de instauração de incidente autônomo, devendo o sócio ou a sociedade apresentar a defesa na contestação.

O art. 135 do CPC/2015 consagra o princípio do contraditório e dispõe que, "após instaurado o incidente, o sócio ou a pessoa jurídica será citado para manifestar-se e requerer as provas cabíveis no prazo de 15 dias".

Caso seja acolhido o pedido de desconsideração, a alienação ou a oneração de bens, havida em fraude de execução, será considerada como ineficaz em relação ao requerente.

A propósito, o sócio tem o direito de invocar o benefício de ordem, ou seja, que primeiro sejam executados os bens da sociedade, mas, nessa hipótese, deve nomear bens à penhora da pessoa jurídica que estejam situados na mesma comarca, além de estarem livres e desembargados (CPC/2015, art. 795, §§ 1º e 2º; TST-IN nº 39/2016, art. 3º, XIII).

Acolhendo ou rejeitando o incidente de desconsideração passa a ter relevância se a decisão é impugnável imediatamente.

Nesse contexto, o § 1º do art. 855-A da CLT declinou o que segue:

▶ FASE PROCESSUAL	▶ RECURSO CABÍVEL
Fase de cognição	Não cabe recurso de imediato
Fase de execução	Cabe agravo de petição, independentemente de garantia do juízo
Quando proferida pelo Relator, em incidente instaurado originariamente no tribunal	Cabe agravo interno

Por fim, destacamos que o art. 133, § 2º, do CPC/2015, acolhendo o entendimento doutrinário, admite expressamente a **teoria inversa da desconsideração da personalidade jurídica**, consistente na possibilidade de responsabilizar o patrimônio da pessoa jurídica por dívidas contraídas pelos sócios ou diretores, quando estes agirem de forma abusiva ou ilícita. Noutras palavras, o sócio é o devedor, mas quem tem patrimônio é a sociedade. Essa figura é facilmente identificada na hipótese de empregador doméstico. Contudo, alguns julgados têm utilizado essa modalidade de desconsideração quando, inicialmente, se desconsidera a personalidade jurídica alcançando o sócio que não possui bens, buscando-se, em seguida, bens em outras empresas que o sócio tem participação societária. Exemplo:

> ✦ *Empresa A é condenada não tendo patrimônio para realizar o pagamento da condenação trabalhista. Desconsidera-se a personalidade jurídica da empresa A, incluindo no polo da execução o sócio B, o qual não possui patrimônio. Em seguida, verifica que o sócio B também é sócio da empresa C, desconsiderando a personalidade do sócio B para atingir a empresa C.*

6.3.2. Responsabilidade do sócio retirante (ex-sócio)

A Lei nº 13.467/17 (Reforma Trabalhista) acrescentou o art. 10-A à CLT, prevendo que a responsabilidade subsidiária do ex-sócio é restrita às obrigações trabalhistas da sociedade referentes ao período em que figurou como sócio, nas ações ajuizadas até dois anos depois de averbada a modificação societária, como se verifica a seguir:

> **Art. 10-A.** O sócio retirante responde subsidiariamente pelas obrigações trabalhistas da sociedade relativas ao período em que figurou como sócio, somente em ações ajuizadas até dois anos depois de averbada a modificação do contrato, observada a seguinte ordem de preferência:
>
> I – a empresa devedora;

> II – os sócios atuais; e
>
> III – os sócios retirantes.
>
> Parágrafo único. O sócio retirante responderá solidariamente com os demais quando ficar comprovada fraude na alteração societária decorrente da modificação do contrato.

Pelo referido dispositivo, é possível identificar os requisitos para que o patrimônio do sócio retirante (ex-sócio) possa ser atingido, quais sejam:

1) benefício de ordem;
2) prazo decadencial de 2 anos entre o ajuizamento da reclamação e a data da averbação da saída do sócio perante a Junta Comercial;
3) obrigações restritas ao período em que figurou como sócio; e
4) responsabilidade solidária no caso de fraude.

Vê-se, contudo, que o dispositivo traz uma ordem de responsabilidade que deve ser observada para que se possa exigir o cumprimento da obrigação dos sócios retirantes. Assim, antes de exigir dos sócios retirantes o pagamento das verbas trabalhistas, é necessário cobrar, inicialmente, os valores da empresa devedora. Caso não sejam encontrados bens suficientes para a satisfação do crédito, é possível a cobrança dos atuais sócios da empresa e, por fim, dos sócios retirantes, desde que, para esse ***último,*** a ação seja ajuizada em até 2 anos depois de averbada a modificação do contrato.

O sócio retirante poderá ser incluído na própria fase de execução, por meio do incidente de desconsideração da personalidade jurídica, não precisando, portanto, constar do polo passivo da reclamação trabalhista desde a fase de conhecimento[17].

Atente-se para o fato de que, havendo **fraude na alteração societária** decorrente da modificação do contrato, a responsabilidade do **sócio retirante será solidária**, não havendo que se falar na ordem prevista no *caput* do art. 10-A da CLT para que o ex-sócio seja responsabilizado.

6.3.3. Responsabilidade da empresa integrante do Grupo Econômico

O grupo econômico ocorre quando duas ou mais empresas estão ligadas entre si, seja por subordinação, seja por coordenação (grupo horizontal) (CLT, art. 2º,

17. Nesse sentido: TST; AIRR 0172100-87.2005.5.15.0148; Terceira Turma; Rel. Min. Alexandre de Souza Agra; DEJT 18/10/2013; Pág. 1299 e AP nº 00001603320115020301 (20160392637), 13ª Turma do TRT da 2ª Região/SP, Rel. Cíntia Táffari. maioria, DOe 20.06.2016; AP nº 00792-1994-331-04-00-2, 4ª Turma do TRT da 4ª Região/RS, Rel. Hugo Carlos Scheuermann. j. 12.03.2009, unânime.

§ 2º)[18]. Para a caracterização do grupo econômico não basta a mera identidade dos sócios, sendo necessárias a demonstração do interesse integrado, a efetiva comunhão de interesses e a atuação conjunta das empresas dele integrantes (CLT, art. 2º, § 3º).

Reconhecido o grupo econômico, haverá a responsabilidade solidária entre as empresas. Noutras palavras, se alguma delas não realizar a quitação dos débitos trabalhistas, as demais empresas são responsáveis integralmente pela dívida.[19]

Diante da responsabilidade solidária no grupo econômico, o C. TST não aplicou o art. 513, § 5º, do CPC/15 às empresas pertencentes ao mesmo grupo econômico, de modo que não se exigiu que ela fosse incluída na fase de conhecimento.[20] Assim, ainda que determinada empresa não esteja incluída no título executivo judicial, poderá ser executada se caracterizada a existência de grupo econômico. Isso se justifica porque o responsável solidário não é terceiro em relação à dívida, sofrendo os efeitos da sentença e da coisa julgada[21]. Esse entendimento levou inclusive ao cancelamento da Súmula nº 205 do TST que exigia a participação das empresas do grupo econômico na fase de conhecimento.

No entanto, **no âmbito do STF o tema não está pacificado**, sendo reconhecida a existência da repercussão geral (Tema 1232) para analisar a possibilidade de inclusão da empresa do grupo econômico na fase de execução[22]. Aliás, o Relator Ministro Dias Toffoli determinou a suspensão de todas as execuções que versem sobre a inclusão de empresa do grupo econômico na fase de execução.[23]

7. FRAUDE CONTRA CREDORES E FRAUDE À EXECUÇÃO

Ao devedor é concedido o direito de contratar e alienar seus bens livremente, desde que as alienações não causem prejuízos a terceiros pela falta de outros bens hábeis a garantir a satisfação do credor, ou seja, provoque sua insolvência. Desse modo, com o objetivo de aumentar a proteção do credor e tornar eficaz o seu direito, o ordenamento prevê duas modalidades de fraude: a fraude contra credores e a fraude à execução.

---

18. § 2º Sempre que uma ou mais empresas, tendo, embora, cada uma delas, personalidade jurídica própria, estiverem sob a direção, controle ou administração de outra, ou ainda quando, mesmo guardando cada uma sua autonomia, integrem grupo econômico, serão responsáveis solidariamente pelas obrigações decorrentes da relação de emprego.
19 CORREIA, Henrique. **Direito do Trabalho**. Coleção Concursos Públicos. 5. ed. Salvador: Juspodivm, 2019.
20. RO nº 1014-52.2017.5.09.0000, SBDI-2 do TST, Rel. Douglas Alencar Rodrigues. j. 12.12.2017, Publ. 19.12.2017.
21. BEBBER, Júlio Cesar. *Processo do trabalho temas atuais*. São Paulo: Ltr, 2003. p. 183.
22. STF, RE 1.387.795 MG (Tema 1232), Relator Luiz Fux. DJe de 13/09/2022.
23. STF, RE 1.387.795 MG (Tema 1232), Relator Dias Toffoli. DJe de 26/05/2023.

7.1. Fraude contra credores

A fraude contra credores é um defeito do negócio jurídico, regulamento nos arts. 158 a 165 do CC/02. Trata-se, pois, de instituto de direito material.

A sua caracterização pressupõe a existência cumulativa de três requisitos:

1) **anterioridade do crédito**: o que significa que no momento da alienação dos bens o crédito já deve existir;

2) **insolvência do devedor decorrente da fraude** (*eventus damni*): a alienação do bem faz com que o devedor se torne insolvente ou, se já insolvente, agrave esta situação ainda mais. Noutras palavras, com a alienação o patrimônio do devedor deixa de ser suficiente para arcar com suas dívidas, provocando danos aos credores. Portanto, esse requisito visa a um elemento objetivo, qual seja, o dano;

3) **intenção fraudulenta** (*consilium fraudis*): tem como foco um elemento subjetivo, que é a fraude. Ocorre quando o devedor e o adquirente, potencialmente, têm ciência de que a alienação provocará a insolvência do devedor. Sendo transmissão gratuita a fraude é presumida (CC/02, art. 158). Já na transmissão onerosa haverá fraude quando a insolvência for notória, ou houver motivo para ser conhecida do adquirente (CC/02, art. 159).

A existência da fraude contra credores deve ser reconhecida em ação autônoma, chamada ação pauliana, de competência da justiça comum. Desse modo, ela não pode ser declarada nos próprios autos, sendo ônus do autor (credor quirografário) demonstrar a existência dos requisitos elencados anteriormente.

Reconhecida a fraude contra credores a doutrina majoritária entende que o ato será anulado, ou seja, o ato é desfeito, retornando o bem ao patrimônio do devedor.

7.2. Fraude à execução

Enquanto a fraude contra credores busca tutelar interesses privados dos credores, a fraude à execução é vício mais grave, tendo como objetivo não apenas preservar interesses dos credores, mas também a autoridade do Estado, já que pressupõe a existência de uma ação em andamento. Portanto, a fraude à execução é instituto de direito processual, já que pressupõe ação pendente.

Como a CLT não versa sobre a fraude à execução, aplicamos subsidiariamente o art. 792 do CPC/2015 (TST-IN nº 39/2016, art. 3º, XIII).

Desse modo, a fraude à execução consiste na alienação ou oneração de bens:

1) quando sobre eles pender ação fundada em direito real ou com pretensão reipersecutória, desde que a pendência do processo tenha sido averbada no respectivo registro público, se houver;

2) quando tiver sido averbada, no registro do bem, a pendência do processo de execução (art. 828 do CPC/2015);

3) quando tiver sido averbado, no registro do bem, hipoteca judiciária ou outro ato de constrição judicial originário do processo em que foi arguida a fraude;

4) quando, ao tempo da alienação ou da oneração, tramitava contra o devedor ação capaz de reduzi-lo à insolvência;

5) nos demais casos previstos em lei (CPC/2015, art. 792).

A doutrina, amplamente majoritária, declina que o item 1 não se aplica ao processo do trabalho, uma vez que a Justiça Especializada não tem competência para julgar causas fundadas em direito real. De qualquer modo, o CPC/2015 incluiu nesse item a ação reipersecutória que, embora de difícil incidência, poderá ser aplicada na seara trabalhista, como nos casos de direito de retenção.

Por sua vez, os itens 2 e 3 mostram-se aplicáveis ao processo trabalhista. Os dois itens incidem nos **bens sujeitos a registro**.

Nesses dois casos, a averbação, por si só, é elemento eficaz para provocar a fraude à execução. Queremos dizer, a averbação tem como objetivo dar ciência a terceiros da existência da dívida, de modo que a alienação de bem que possui averbação, p. ex. da pendência de execução, é considerada em fraude à execução, independentemente da presença de outro requisito.

Atente-se para o fato de que o item 2 é direcionado à execução de título extrajudicial[24], devendo observar o procedimento previsto no art. 828 do CPC/2015. Assim, o exequente poderá obter certidão de que a execução foi admitida pelo juiz, com identificação das partes e do valor da causa, para fins de averbação no registro de imóveis, de veículos ou de outros bens sujeitos a penhora, arresto ou indisponibilidade. Além disso, deverá comunicar ao juízo, no prazo de 10 dias de sua concretização, as averbações efetivadas (CPC/2015, art. 828, *caput* e § 1º).

Formalizada penhora sobre bens suficientes para cobrir o valor da dívida, o exequente providenciará, no prazo de 10 dias, o cancelamento das averbações relativas àqueles não penhorados. O juiz determinará o cancelamento das averbações, de ofício ou a requerimento, caso o exequente não o faça no prazo (CPC/2015, art. 828, §§ 2º e 3º).

O exequente que promover averbação manifestamente indevida ou não cancelar as averbações relativas aos bens não penhorados indenizará a parte contrária, processando-se o incidente em autos apartados (CPC/2015, art. 828, § 5º).

Com efeito, somente após efetuada a averbação presumir-se-á em fraude à execução a alienação ou a oneração de bens (CPC/2015, art. 828, § 4º).

---

24. CÂMARA, Alexandre Freitas. O novo processo civil brasileiro. São Paulo: Atlas, 2015. p. 342.

Pode acontecer de a averbação não ocorrer, seja porque não promovida pelo credor, seja porque não era possível (bens não sujeitos a registro). Nesses casos, entra em relevo a hipótese do item 4, também aplicável ao processo do trabalho, que exige cumulativamente dois requisitos:

a) **Ação pendente em face do devedor**: no processo do trabalho, basta o ajuizamento da ação[25] para ser caracterizada a lide pendente. A pendência pode decorrer do processo de conhecimento ou execução. Se não existe ação pendente não se cogita da fraude à execução, podendo ser verifica a fraude contra credores se presentes seus requisitos.

b) **O executado se tornar insolvente em decorrência da alienação ou oneração do bem**. Haverá insolvência quando o patrimônio do devedor for inferior ao valor de suas dívidas.

A fraude à execução pode ser reconhecida *ex officio*, sendo declarada incidentalmente nos próprios autos da execução.

Antes de declarar a fraude à execução, o juiz deverá intimar o terceiro adquirente, que, se quiser, poderá opor embargos de terceiro, no prazo de 15 dias (CPC/2015, art. 792, § 4º).

Nas hipóteses de bens **não** sujeitos a registro, o terceiro adquirente pode defender-se provando que adotou as cautelas necessárias à aquisição do bem, mediante a exibição das certidões pertinentes, obtidas no domicílio do vendedor e no local onde se encontra o bem (CPC/2015, art. 792, § 2º). Nesse caso, é ônus do adquirente provar a sua boa-fé.

Caracterizada a fraude à execução, o ato praticado é **ineficaz**, ou seja, ele não produzirá nenhum efeito em relação ao credor, que poderá requerer e penhorar o bem. (CPC/2015, art. 792, § 1º).

Por fim, cumpre destacar o **termo inicial da fraude** à **execução nos casos de desconsideração da personalidade jurídica**, vez que, aparentemente, os arts. 137 e 792, § 3º do CPC/2015 são contraditórios.

É que o art. 137 do CPC/2015 dispõe que "a alienação ou a oneração de bens, havida em fraude de execução, será ineficaz em relação ao requerente". Esse dispositivo apenas trata do acolhimento da fraude à execução no incidente de desconsideração. Não versa, portanto, sobre o termo inicial da fraude.

Por sua vez, o art. 792, § 3º, do CPC/2015 disciplina o termo inicial da fraude à execução, estabelecendo que "nos casos de desconsideração da personalidade jurídica, a fraude à execução verifica-se a partir da citação da parte cuja personalidade

25. O processo civil e parte da doutrina no processo do trabalho entendem que somente haverá lide pendente após a citação.

se pretende desconsiderar". A interpretação literal deste dispositivo, leva-nos à conclusão de que o termo inicial deve ser considerado em relação ao executado originário, pois é dele que se pretendeu desconsiderar a personalidade. Contudo, uma interpretação lógica, impõe-nos interpretar que haverá fraude à execução para as alienações ou onerações de bens ocorridas depois da citação do sócio no incidente ou da sociedade no caso de desconsideração inversa.

> ► ATENÇÃO:
> A fraude à execução é considerada ato atentatório à dignidade da Justiça (CPC/2015, art. 774, I).

7.2.1. *Bens sujeitos a registro*

Para a caracterização da fraude à execução, a doutrina sempre defendeu ser irrelevante se o terceiro adquiriu o bem de boa-fé.

No entanto, o CPC/2015 passa a possibilitar que, se tratando de bens **não** sujeitos a registro, o adquirente, sob seu ônus, poderá demonstrar que agiu de boa-fé, afastando a fraude à execução (CPC/2015, art. 792, § 2º).

No que tange aos **bens imóveis**, a doutrina e a jurisprudência, na época do CPC/73, admitiam que, sendo a aquisição de boa-fé, a fraude não poderia ser reconhecida. Desse modo, se o comprador tomasse todas as precauções do homem médio, tais como verificasse a certidão de registro do imóvel, retirasse certidões nos distribuidores cíveis, criminais e trabalhistas e nada constasse, não poderia ser penalizado, de modo que não seria declarada a fraude à execução. Nessa hipótese, incumbia ao adquirente provar que tinha agido de boa-fé.

Aparentemente, o CPC/2015 mudou essa regra, especialmente quanto ao ônus da prova.

Para os **bens sujeitos a registro**, o que incluiu evidentemente os bens imóveis, a alienação é considerada em fraude à execução se existir averbação, ou seja, gera presunção absoluta. Não existindo averbação, presume-se de boa-fé a aquisição, passando a ser **ônus do exequente** a demonstração da má-fé, incumbindo-lhe demonstrar que o adquirente tinha conhecimento da existência da ação pendente.

Em resumo, de acordo com o CPC/2015, temos a seguinte regra:

► BENS NÃO SUJEITOS A REGISTRO	Ônus do adquirente provar sua boa-fé
► BENS SUJEITOS A REGISTRO	1) Com averbação: presunção absoluta de fraude à execução 2) Sem averbação: ônus do credor de provar a má-fé do adquirente

7.3. Principais diferenças

▶ FRAUDE CONTRA CREDORES	▶ FRAUDE À EXECUÇÃO
Não tem ação pendente	Ação pendente
Depende de ação autônoma (ação pauliana)	Declarada incidentalmente
Ato anulável	Ato ineficaz

8. EXECUÇÃO POR QUANTIA CERTA

8.1. Introdução

A execução por quantia certa tem por objeto expropriar bens do devedor, a fim de satisfazer o direito do credor. Nesse caso, sendo o patrimônio do devedor superior à quantidade de dívidas contraídas, chamamos de devedor solvente.

Assim, quantificada a dívida, inicia-se a execução, que passa pelas seguintes fases:

1) citação para pagamento (CLT, arts. 880 e 881);

2) constrição de bens: oportunidade em se realiza a penhora de bens, tantos quanto bastem para o pagamento do exequente (CLT, arts. 882 e 883);

3) defesa do executado: que ocorre por meio dos embargos de execução, sabendo-se que o exequente, no mesmo prazo, poderá apresentar impugnação à decisão de liquidação (CLT, arts. 884 a 886);

4) expropriação de bens: momento em que os bens penhorados são alienados (vendidos) para o pagamento da execução (CLT, art. 888).

8.2. Citação

Requerida a execução, o juiz mandará expedir o mandado de citação, a fim de que cumpra a decisão ou o acordo no prazo, pelo modo e sob as cominações estabelecidas ou, quando se tratar de pagamento em dinheiro, inclusive de contribuições sociais devidas à União, para que o faça em 48 horas ou garanta a execução, sob pena de penhora (CLT, art. 880, *caput*).

Nessa fase, a **citação é feita por oficial de justiça** (CLT, art. 880, § 2º). Além disso, nesse momento, a citação é **ato pessoal**, ou seja, deve ser feita na pessoa do executado ou por quem tenha poderes expressos para representá-lo.

Difere-se, portanto, da fase de conhecimento, em que a citação, em regra, é via postal, sendo ato impessoal.

O mandado de citação deverá conter a decisão exequenda ou o termo de acordo não cumprido (CLT, art. 880, § 1º).

É possível, ainda, a citação por edital, desde que preencha, cumulativamente, dois requisitos:

a) o executado seja procurado 2 vezes no espaço de 48 horas;

b) o executado não seja encontrado.

Na citação feita por edital, este será publicado no jornal oficial ou, na falta deste, afixado na sede da vara ou juízo, durante 5 dias (CLT, art. 880, § 3º).

Realizada a citação, no prazo de 48 horas, o executado poderá adotar as seguintes alternativas:

1) **pagar a dívida**;

2) **garantir a execução**, mediante o depósito do valor da dívida, atualizada e acrescida das despesas processuais, ou apresentação de seguro-garantia judicial (CLT, art. 882);

3) **nomear bens à penhora**, observada a ordem do art. 835 do CPC/2015 (CLT, art. 882);

4) **manter-se inerte**, caso em que será realizada a penhora pelo juízo.

8.3. Medidas executivas indiretas para cumprimento voluntário da sentença condenatória

Conforme verificado no tópico anterior, o procedimento após a citação do executado na execução de quantia certa é permitir que o executado pague a dívida, garanta a execução, nomeie bens à penhora ou o próprio judiciário localiza bens do devedor para penhorá-los.

No entanto, como forma de dar efetividade à tutela jurisdicional e concretizar o resultado do processo, existem diversos mecanismos de **pressão indireta do executado** para que ele cumpra **voluntariamente** a sentença condenatória.

É o que acontece no art. 883-A da CLT, que contempla três medidas de execução indireta, como se verifica pelo seu teor:

> **Art. 883-A.** A decisão judicial transitada em julgado somente poderá ser levada a protesto, gerar inscrição do nome do executado em órgãos de proteção ao crédito ou no Banco Nacional de Devedores Trabalhistas (BNDT), nos termos da lei, depois de transcorrido o prazo de quarenta e cinco dias a contar da citação do executado, se não houver garantia do juízo.

A primeira é o **protesto** da decisão judicial que tem como objetivo a ampliação da publicidade das decisões judiciais transitadas em julgado.

A segunda a **inscrição do nome do executado em cadastros de inadimplentes** que, da mesma forma que o mecanismo anterior, restringe de forma considerável a atuação comercial do devedor, constituindo-se como medida de garantia à efetividade da execução.

A terceira, o **Banco Nacional de Devedores Trabalhistas** constitui-se em importante mecanismo para a identificação daqueles que forem inadimplentes na Justiça do Trabalho, acarretando consequências na participação de licitações e transações imobiliárias.

De qualquer maneira, pela análise literal do aludido dispositivo, para se valer de tais mecanismos de efetivação da tutela jurisdicional são necessários os seguintes requisitos:

- trânsito em julgado da decisão;
- ultrapassar o prazo de 45 dias a contar da citação do executado;[26]
- não ocorrer a garantia do juízo.

Além desses três mecanismos, tem-se ainda a **hipoteca judicial**, estudada no capítulo de sentença, que é outro mecanismo de efetivação da tutela jurisdicional, pois permite o direito de sequela e de preferência aos credores trabalhistas prevenindo eventuais fraudes à execução.

Ademais, a multa prevista no art. 523, § 1º, do CPC/2015 também é um mecanismo de pressão psicológica, pois dispõe que, não ocorrendo o pagamento no prazo de 15 dias da condenação de quantia certa ou já fixada em liquidação, o débito deverá ser acrescido de multa de 10% e, também, de honorários de advogado de 10%.

No entanto, infelizmente, o C. TST decidiu que o **art. 523, § 1º, do CPC/2015 é incompatível com o direito processual do trabalho.** A decisão foi proferida em julgamento de incidente de recurso de revista repetitivo, sendo, portanto, de observância obrigatória (CPC/2015, art. 927, III; TST-IN nº 39/2016, art. 15, I, a).

RECURSO DE REVISTA REPETITIVO

O Tribunal Pleno, por maioria, definiu a seguinte tese jurídica para o Tema Repetitivo nº 0004 – MULTA DO ART. 523, § 1º, DO CPC DE 2015 (ART. 475-J DO CPC DE 1973). COMPATIBILIDADE COM O PROCESSO DO TRABALHO: a multa coercitiva do art. 523, § 1º, do CPC de 2015 (art. 475-J do CPC de 1973) não é compatível com as normas vigentes da CLT por que se rege o processo de trabalho, ao qual não se aplica.

Vencidos os Ministros Mauricio Godinho Delgado, relator, Kátia Magalhães Arruda, revisora, Augusto César Leite de Carvalho, José Roberto Freire Pimenta, Delaíde Miranda Arantes, Hugo Carlos Scheuermann, Cláudio Mascarenhas Brandão, Douglas Alencar Rodrigues, Maria Helena Mallmann, Lelio Bentes Corrêa e Luiz Philippe Vieira de Mello Filho. TST-IRR-1786-24.2015.5.04.0000, Tribunal Pleno, rel. Min. Mauricio Godinho Delgado, red. p/ acórdão Min. João Oreste Dalazen, 21.8.2017 (Informativo nº 162).

---

26. Como o art. 883-A da CLT foi incluído pela Lei nº 13.467/17, o C. TST estabeleceu que o prazo de 45 dias a contar da citação do executado para a realização de medidas de execução indireta apenas se aplica às execuções iniciadas a partir de 11.11.2017 (data de vigência da Lei nº 13.467/17) (TST-IN nº41/2018, art. 15).

Além desses casos típicos, o art. 139, IV, do CPC, aplicável ao processo do trabalho (TST-IN 39/16, art. 3º, III), autoriza, de forma genérica, medidas **atípicas** a serem definidas no caso concreto, ou seja, em cada processo o juiz irá verificar qual a melhor forma de coagir o devedor a cumprir voluntariamente a obrigação.

Nesse contexto, o referido dispositivo contempla que o juiz poderá determinar "todas as medidas indutivas, coercitivas, mandamentais ou sub-rogatórias necessárias para assegurar o cumprimento de ordem judicial, inclusive nas ações que tenham por objeto prestação pecuniária".

Com base nesse artigo, algumas decisões judiciais determinam a retenção do passaporte e suspensão da Carteira Nacional de Habilitação (CNH) do executado como forma de pressionar o cumprimento da determinação judicial, dentre outras medidas.

O E. STF na ADI 5941[27] reconheceu a constitucionalidade do art. 139, IV, do CPC/15, desde que a medida não avance sobre direitos fundamentais do executado e observe os princípios da proporcionalidade e razoabilidade.

A nosso juízo, por se tratar de medidas indiretas, seu objetivo, como já visto, é pressionar psicologicamente o devedor ao cumprimento da obrigação, de modo que são cabíveis tais medidas, **desde que observados os seguintes requisitos**:

1) já tenham sido tomadas todas as medidas típicas para satisfação da obrigação e estas forem infrutíferas, ou seja, haja o exaurimento das medidas patrimoniais;
2) o quadro fático do devedor, demonstrado pelo credor, é incompatível com a sua incapacidade financeira (ex. indícios de ostentação);
3) a medida atípica requerida não atinja meios de sobrevivência do devedor (ex. apreensão da CNH de um taxista ou motorista de aplicativo);
4) a medida seja adequada e proporcional para o caso concreto;
5) haja contraditório prévio e decisão devidamente fundamentada[28].

8.3.1. Certidão Negativa de Débitos Trabalhistas

A Lei nº 12.440/11 instituiu a certidão negativa de débitos trabalhistas (CNDT), incluindo o art. 642-A na CLT. Tem como objetivo minimizar a violação de direitos trabalhistas, bem como dar efetividade e celeridade na execução trabalhista.

Nesse contexto, referida lei impôs que somente poderá se habilitar nas licitações aquele que tiver regularidade trabalhista (Lei nº 8666/93, art. 27, IV e Lei 14.133/21, art. 62).

27. STF- ADI 5941. Relator Ministro Edson Fachin. Plenário, 09.02.2023.
28. STJ – RHC 97.876/SP, Rel. Min. Luis Felipe Salomão, 4ª Turma, julgado 5.6. 2018, DJe 9.8.2018.

Desse modo, para se habilitar no processo licitatório, deverá apresentar documentação relativa à regularidade trabalhista, a qual será feita por meio de prova de inexistência de débitos inadimplidos perante a Justiça do Trabalho, mediante a apresentação de certidão negativa (Lei nº 8666/93, art. 29, V e Lei 14.133/21, art. 68).

A certidão negativa de débitos trabalhistas (CNDT) é expedida gratuita e eletronicamente pela Justiça do Trabalho (CLT, art. 642-A, *caput*).

A certidão negativa de débitos trabalhistas (CNDT) é expedida gratuita e eletronicamente pela Justiça do Trabalho (CLT, art. 642-A, *caput*). Sua expedição é regulamentada pelo Ato CGJT nº 1/2022.

A respeito do tema, o STF, no julgamento das ADIs 4716 e 4742, fixou a seguinte tese:

> 1. É constitucional a recusa de emissão de Certidão Negativa de Débitos Trabalhistas (CNDT) nas hipóteses determinadas no art. 642-A, § 1º, da Consolidação das Leis do Trabalho (CLT), com a redação conferida pela Lei nº 12.440/11; e 2. É constitucional a exigência de apresentação de CNDT nos processos licitatórios como requisito de comprovação de regularidade trabalhista.

O interessado não obterá a certidão quando em seu nome constar:

1) o inadimplemento de obrigações estabelecidas em sentença condenatória transitada em julgado proferida pela Justiça do Trabalho ou em acordos judiciais trabalhistas, inclusive no concernente aos recolhimentos previdenciários, a honorários, a custas, a emolumentos ou a recolhimentos determinados em lei; ou

2) o inadimplemento de obrigações decorrentes de execução de acordos firmados perante o Ministério Público do Trabalho ou Comissão de Conciliação Prévia (CLT, art. 642-A, § 1º).

Verificada a existência de débitos garantidos por penhora suficiente ou com exigibilidade suspensa, será expedida certidão positiva de débitos trabalhistas em nome do interessado com os mesmos efeitos da CNDT (CLT, art. 642-A, § 2º).

A CNDT certificará todos os estabelecimentos, agências e filiais da empresa (CLT, art. 642-A, § 3º).

O prazo de validade da CNDT é de 180 dias, contado da data de sua emissão (CLT, art. 642-A, § 4º).

Por fim, é importante destacar que das discussões envolvendo a CNDT, embora ocorram na fase de execução, será cabível recurso de revista por violação à CF, à lei federal ou por divergência jurisprudencial (CLT, art. 896, § 10).

8.3.2. Protesto

O artigo 1º da Lei nº 9.492/97 define o protesto como "o ato formal e solene pelo qual se prova a inadimplência e o descumprimento de obrigação originada em títulos e outros documentos de dívida".

A principal função de protestar a decisão judicial é ampliar a publicidade da decisão judicial.

Embora a publicidade, em regra, esteja presente nos atos judiciais, no protesto pode atingir outras dimensões. O tabelião pode, por exemplo, enviar a relação atualizada de títulos e documentos de dívida protestados para inscrição no cadastro dos órgãos de restrição ao crédito. Desse modo, pela exposição social gerada ao devedor, bem como pela restrição de diversos tipos de crédito, o protesto tem como objetivo o estímulo ao pagamento, protegendo, dessa forma, os direitos dos credores.

Com o advento da Lei 13.467/17, acrescentou-se o art. 883-A à CLT dispondo que a **decisão judicial transitada em julgado** somente poderá ser levada a protesto depois de transcorrido o prazo de 45 dias a contar da citação do executado.

Como, contudo, o procedimento não foi disciplinado de forma completa pela CLT, acreditamos que as regras do art. 517 CPC/2015 devem ser aplicáveis ao processo do trabalho, nos casos em que houver compatibilidade com essa seara.

Desse modo, para efetivar o protesto, o credor deverá apresentar certidão de teor da decisão (§1º do art. 517 do CPC/2015), contendo qualificação das partes, número do processo, valor da dívida e a data do decurso do prazo de 45 dias (§2º do art. 514 do CPC/2015, c/c o art. 883-A da CLT).

Ademais, caso tenha sido proposta ação rescisória pelo executado, este poderá requerer a anotação da propositura da ação à margem do título protestado, nos termos do §3º do art. 517 do CPC/2015.

No caso de satisfação integral da obrigação, o próprio executado deverá requerer o cancelamento do protesto ao juiz e, caso seja deferido, este deverá encaminhar ofício ao cartório no prazo de três dias (§ 4º do art. 517 do CPC/2015). Atente-se, nesse particular, que, como a CLT não prevê detalhadamente o protesto, o aludido § 4º deverá incidir supletivamente as regras do CPC, de modo que, mesmo depois da garantia do juízo, o protesto poderá ser realizado, somente devendo ser cancelado após a satisfação integral do débito.

8.3.3. Inclusão do nome do executado em cadastro de inadimplentes (SERASAJUD)

Além da possibilidade do protesto da sentença transitada em julgado, o art. 883-A da CLT permite outra medida executiva indireta, qual seja, a inclusão do nome do executado em cadastros de inadimplentes.

No entanto, não estabelece seu procedimento, de modo que deve ser aplicado o CPC naquilo que se compatibiliza com a seara laboral.

Nesse sentido, o art. 782, §§ 3º a 5º, do CPC/2015 possibilita que, a requerimento da parte, o juiz possa, diretamente, determinar a **inclusão do nome do executado em cadastros de inadimplentes, desde que se trate de execução definitiva de título judicial**. Impõe, portanto, o trânsito em julgado da sentença judicial.

A inclusão do nome do executado em cadastro de inadimplentes pode ocorrer quando o executado for o reclamado ou quando for o reclamante, nos casos que não seja beneficiário da justiça gratuita e fique responsável pelo pagamento de honorários periciais (CLT, art. 790-B) ou de honorários advocatícios sucumbenciais (CLT, art. 791-A).

Caso seja efetuado o pagamento, garantida ou extinta a execução, a inscrição no referido cadastro de inadimplentes será cancelada imediatamente (CPC/2015, art. 782, § 4º).

Cumpre destacar que a maioria dos tribunais trabalhistas possui convênio com o SERASA (Serasa Experian), por meio do SerasaJud, o qual permite que a inscrição do nome do executado seja realizada através de ofícios eletrônicos, reduzindo-se o tempo e os custos.

8.4. Nomeação de bens

Optando o executado por nomear bens à penhora, deverá observar a ordem preferencial do art. 835 do CPC/2015 (CLT, art. 882; TST-IN nº 39/2016, art. 3º, XVI), a seguir disposta:

> I - dinheiro, em espécie ou em depósito ou aplicação em instituição financeira;
>
> II - títulos da dívida pública da União, dos Estados e do Distrito Federal com cotação em mercado;
>
> III - títulos e valores mobiliários com cotação em mercado;
>
> IV - veículos de via terrestre;
>
> V - bens imóveis;
>
> VI - bens móveis em geral;
>
> VII - semoventes;
>
> VIII - navios e aeronaves;
>
> IX - ações e quotas de sociedades simples e empresárias;
>
> X - percentual do faturamento de empresa devedora;
>
> XI - pedras e metais preciosos;
>
> XII - direitos aquisitivos derivados de promessa de compra e venda e de alienação fiduciária em garantia;
>
> XIII - outros direitos.

Ressalta-se que é prioritária a penhora em dinheiro, podendo o juiz, nas demais hipóteses, alterar a ordem prevista anteriormente de acordo com as circunstâncias do caso concreto (CPC/2015, art. 835, § 1º; TST-IN nº 39/2016, art. 3º, XVI). Noutras palavras, o juiz pode alterar a ordem dos bens penhoráveis, no caso concreto, exceto quanto ao dinheiro que sempre será o primeiro na ordem de penhora.

É interessante observar que, na ordem preferencial da penhora, o legislador indicou expressamente o art. 835 do CPC/2015, não se aplicando assim a regra de incidência subsidiária da Lei de Executivos Fiscais, como ocorre nos demais casos da execução. Noutras palavras, nesse caso, não se aplica o art. 889 da CLT que impõe a aplicação da Lei de Execução Fiscal (Lei nº 6.830/80), incidindo direta e subsidiariamente o CPC. No mesmo caminho, declina o art. 3º, XVI, da IN nº 39/2016 do TST:

> Art. 3º Sem prejuízo de outros, aplicam-se ao Processo do Trabalho, em face de omissão e compatibilidade, os preceitos do Código de Processo Civil que regulam os seguintes temas:
>
> (...)
>
> XVI – art. 835, incisos e §§ 1º e 2º (ordem preferencial de penhora);

8.5. Penhora

Caso o executado não pague a dívida ou garanta a execução, será realizada a penhora de seus bens, tantos quantos bastem ao pagamento da importância da condenação, acrescida de custas e juros de mora (CLT, art. 883).

A penhora é ato de império do Estado que introduz no patrimônio do devedor, vinculando determinados bens que serão destinados a satisfazer o crédito do exequente.

É interessante observar que a penhora produz alguns **efeitos**:

a) **individualiza determinados bens do devedor**, ficando sujeitos à atividade executiva;

b) **garante o juízo**: significa que, sendo os bens penhorados suficientes para o pagamento do crédito do exequente e das despesas processuais, o futuro da execução estará garantido;

c) **gera direito de preferência ao credor**: havendo mais de uma penhora sobre o bem, o credor que, primeiramente, obteve a penhora tem preferência quanto aos demais;

d) **retira do devedor (executado) a posse direta do bem**: exceto quando fica como depositário do bem (CPC/2015, art. 840, § 2º)[29];

e) **torna ineficaz os atos de alienação e oneração dos bens penhorados**: o executado, após a penhora, poderá até alienar os bens, mas ela não produzirá efeitos para a execução, ou seja, é como se não tivesse sido realizada.

A penhora será efetuada onde quer que se encontrem os bens, ainda que sob a posse, detenção ou guarda de terceiros (CPC/2015, art. 845).

---

29. Nesse caso, altera-se o título da posse: antes como proprietário, agora como depositário.

No entanto, não se levará a efeito a penhora, quando evidente que o produto da execução dos bens encontrados será totalmente absorvido pelo pagamento das custas da execução (CPC/2015, art. 836). Trata-se do denominado princípio da utilidade para o credor. Quando não encontrar quaisquer bens penhoráveis, independentemente de determinação judicial expressa, o oficial descreverá na certidão os que guarnecem a residência ou o estabelecimento do executado, quando este for pessoa jurídica (CPC/2015, art. 836, § 1º; TST-IN nº 39/2016, art. 3º, XVII). Após elaborada a lista com os referidos bens, o executado ou seu representante legal será nomeado depositário provisório de tais bens até ulterior determinação do juiz (CPC/2015, art. 836, § 2º; TST-IN nº 39/2016, art. 3º, XVII).

A penhora será considerada feita mediante a apreensão e o depósito dos bens, lavrando-se um só auto se as diligências forem concluídas no mesmo dia. Havendo mais de uma penhora, lavrar-se-á autos individuais (CPC/2015, art. 839).

O auto de penhora conterá, nos termos do art. 838 do CPC/2015:

> I – a indicação do dia, do mês, do ano e do lugar em que foi feita;
>
> II – os nomes do exequente e do executado;
>
> III – a descrição dos bens penhorados, com as suas características;
>
> IV – a nomeação do depositário dos bens.

Consigna-se que não se terá a segunda penhora, salvo se:

> I – a primeira for anulada;
>
> II – executados os bens, o produto da alienação não bastar para o pagamento do exequente;
>
> III – o exequente desistir da primeira penhora, por serem litigiosos os bens ou por estarem submetidos a constrição judicial (CPC/2015, art. 851).

Como a CLT trata apenas da citação para pagamento, garantir a execução ou nomear bens à penhora (art. 883), não versando sobre a intimação da penhora, a nosso juízo, deve incidir, subsidiariamente, o art. 841 do CPC/2015 (TST-IN nº 39/2016, art. 3º, XVIII[30]) que assim vaticina:

> Art. 841. Formalizada a penhora por qualquer dos meios legais, dela será imediatamente intimado o executado.
>
> § 1º A intimação da penhora será feita ao advogado do executado ou à sociedade de advogados a que este pertença.
>
> § 2º Se não houver constituído advogado nos autos, o executado será intimado pessoalmente, de preferência por via postal.

---

30. **Art. 3º** Sem prejuízo de outros, aplicam-se ao Processo do Trabalho, em face de omissão e compatibilidade, os preceitos do Código de Processo Civil que regulam os seguintes temas: (...) XVIII – art. 841, §§ 1º e 2º (intimação da penhora).

> § 3º O disposto no § 1º não se aplica nos casos em que a penhora se tiver realizado na presença do executado, que se reputa intimado.
>
> § 4º Considera-se realizada a intimação a que se refere o § 2º quando o executado houver mudado de endereço sem prévia comunicação ao juízo, observado o disposto no parágrafo único do art. 274.

A intimação da penhora, dentre outras utilidades, tem como finalidade facilitar a identificação do prazo de início para a interposição dos embargos à execução.

A propósito, o executado pode, no prazo de 10 (dez) dias, contados da intimação da penhora, requerer a substituição do bem penhorado, desde que comprove que lhe será menos onerosa e não trará prejuízo ao exequente (CPC/2015, art. 847). Ademais, é admitida a redução ou a ampliação da penhora, bem como sua transferência para outros bens, se, no curso do processo, o valor de mercado dos bens penhorados sofrer alteração significativa (CPC/2015, art. 850).

Cumpre destacar que, na Justiça do Trabalho, o oficial de justiça, além das funções inerentes ao seu cargo, acumula a função de avaliador, sendo denominado, por isso, de oficial de justiça avaliador (CLT, art. 721). Portanto, é o **oficial de justiça que tem a incumbência de delimitar o valor do bem penhorado,** não sendo mais aplicado o art. 887 da CLT.

Por fim, após a avaliação, poderá mandar o juiz, a requerimento do interessado e ouvida a parte contrária:

> I – reduzir a penhora aos bens suficientes ou transferi-la para outros, se o valor dos bens penhorados for consideravelmente superior ao crédito do exequente e dos acessórios;
>
> II – ampliar a penhora ou transferi-la para outros bens mais valiosos, se o valor dos bens penhorados for inferior ao crédito do exequente (CPC/2015, art. 874).

► **ATENÇÃO:**

Quando o exequente puder promover a execução por vários meios, o juiz deverá determinar que se faça pelo modo menos gravoso para o executado. Quando o executado fizer tal alegação, deverá indicar outros meios mais eficazes e menos onerosos, sob pena de manutenção dos atos executivos já determinados (CPC/2015, art. 805; TST-IN nº 39/2016, art. 3º, XIV).

8.5.1. Depositário

O depósito do bem é elemento constitutivo essencial ao ato executivo, de modo que a penhora só se tornará efetiva com a **apreensão e o depósito** dos bens (CPC/2015, art. 839). Isso ocorre porque a penhora busca subtrair o bem corpóreo da posse do executado, entregando-o a um depositário.

O depositário tem a função pública de guardar e conservar os bens submetidos à sua custódia.

O TST entende que a investidura no **encargo de depositário depende da aceitação do nomeado**, que deve assinar termo de compromisso no auto de penhora (OJ nº 89 da SDI-II do TST). Não se admite, portanto, a aceitação tácita[31].

Ressalta-se que, atualmente, é incabível a prisão civil do depositário infiel, por força da Súmula Vinculante nº 25 do STF, que estabelece o seguinte:

> É ilícita a prisão civil de depositário infiel, qualquer que seja a modalidade do depósito.

Os bens penhorados, nos termos do art. 840 do CPC/2015, serão preferencialmente depositados:

> I – as quantias em dinheiro, os papéis de crédito e as pedras e os metais preciosos, no Banco do Brasil, na Caixa Econômica Federal ou em banco do qual o Estado ou o Distrito Federal possua mais da metade do capital social integralizado, ou, na falta desses estabelecimentos, em qualquer instituição de crédito designada pelo juiz;
>
> II – os móveis, os semoventes, os imóveis urbanos e os direitos aquisitivos sobre imóveis urbanos, em poder do depositário judicial;
>
> III – os imóveis rurais, os direitos aquisitivos sobre imóveis rurais, as máquinas, os utensílios e os instrumentos necessários ou úteis à atividade agrícola, mediante caução idônea, em poder do executado.

Nos casos do item II, se não houver depositário judicial, os bens ficarão em poder do exequente (CPC/2015, art. 840, § 1º).

Caso haja anuência do exequente ou nos casos de difícil remoção, os bens poderão ser depositados em poder do executado (CPC/2015, art. 840, § 2º).

Desse modo, havendo discordância do credor, em execução definitiva, não tem o executado direito líquido e certo a que os valores penhorados em dinheiro fiquem depositados no próprio banco executado (devedor), ainda que atenda aos requisitos do art. 840, I, do CPC/2015 (Súmula nº 417, II, do TST).

Por fim, é importante destacar que o CPC/2015, no art. 836, criou a figura do depositário provisório quando os bens do executado forem suficientes apenas para pagamento das custas da execução. Nesse caso, o oficial elaborará lista dos bens que guarnecem a residência ou o estabelecimento do executado, nomeando o executado ou seu representante legal como depositário provisório até ulterior determinação do juiz. Essa conduta é interessante porque busca evitar a ocultação

---

31. O STJ, por sua vez, admite a aceitação tácita, pois exige a recusa expressa, como declina a Súmula nº 319, *in verbis*: "o encargo de depositário de bens penhorados pode ser expressamente recusado".

de bens que posteriormente possam úteis para o processo somados a outros bens que venham a ser encontrados.

8.5.2. Penhora em dinheiro

Conforme já estudamos, a penhora busca individualizar determinados bens do devedor para no fim satisfazer o crédito do exequente, que ocorrerá com o pagamento do débito. É por isso que o bem penhorado deve obedecer a uma ordem de preferência que priorize sua liquidez, uma vez que, quanto mais liquidez possuir o bem, mais ágil e eficaz será a execução.

Nesse contexto, o art. 835, I, do CPC/2015 consagra o "dinheiro, em espécie ou em depósito ou aplicação em instituição financeira" como o primeiro item na ordem de preferência do bem a ser penhorado, pois é o bem que possui maior liquidez. Aliás, o art. 835, § 1º, do CPC/2015, aplicável ao processo do trabalho (TST-IN nº 39/2016, art. 3º, XVI), declara expressamente que é prioritária a penhora em dinheiro.

É por isso que o ato judicial que determina penhora em dinheiro para garantir crédito exequendo não fere direito líquido e certo do executado, uma vez que é prioritária e obedece à gradação prevista no art. 835 do CPC/2015 (Súmula nº 417, I, do TST).

8.5.2.1. *Bloqueio de contas bancárias (penhora* on-line)

Com o objetivo de exaltar a preferência da penhora em dinheiro e efetivar a tutela jurisdicional, o TST realizou convênio com o Banco Central (SISBAJUD), no sentido de possibilitar aos magistrados o encaminhamento às instituições financeiras e demais instituições autorizadas a funcionar pelo BACEN ofícios eletrônicos contendo solicitações de informações sobre a existência de contas correntes e aplicações financeiras, permitindo, em seguida, o bloqueio e transferência dos depósitos existentes. Trata-se da chamada "penhora on-line", que se enquadra na penhora em dinheiro.

O Código de Processo Civil, com o objetivo de regulamentar referido bloqueio "on-line", descreveu no *caput* do art. 854 do CPC/2015 o que segue:

> **Art. 854.** Para possibilitar a penhora de dinheiro em depósito ou em aplicação financeira, o juiz, **a requerimento do exequente**, sem dar ciência prévia do ato ao executado, determinará às instituições financeiras, por meio de sistema eletrônico gerido pela autoridade supervisora do sistema financeiro nacional, que torne indisponíveis ativos financeiros existentes em nome do executado, limitando-se a indisponibilidade ao valor indicado na execução. (grifo nosso)

Ante a omissão da CLT e compatibilidade com o processo do trabalho, o art. 854 do CPC/2015 é aplicável na seara trabalhista (TST-IN nº 39/2016, art. 3º, XIX).

Era pacífico, no entanto, que, no processo do trabalho, a realização do bloqueio "on-line" poderia ser feita *ex officio*, valendo-se especialmente do art. 878 da CLT.

Com a alteração do referido dispositivo pela Lei nº 13.467/17 parte da doutrina e da jurisprudência impedirá a utilização do bloqueio on-line de ofício pelo juiz, tendo em vista que o juiz apenas pode instaurar a execução de ofício nos casos em que as partes não estiverem representadas por advogado.

O bloqueio "on-line", porém, é mero procedimento para a formalização da penhora em dinheiro, estando inserido na atuação oficiosa do juízo, não dependendo, portanto, de requerimento. No mesmo caminho, o Enunciado nº 114 da 2ª Jornada de direito material e processual do trabalho:

> **Enunciado nº 114** – Execução. Impulso oficial. Pesquisa e constrição de bens. Possibilidade
>
> O impulso oficial da execução está autorizado pelo art. 765 da CLT e permite ao juiz a utilização dos mecanismos de pesquisa e de constrição de bens, inclusive por meio do sistema BACENJUD, sendo esse mero procedimento para formalização da penhora em dinheiro.

De qualquer maneira, é importante destacar que o CPC/2015 criou um procedimento específico para discutir esse bloqueio, o qual será em momento anterior à penhora.

Desse modo, o juiz oficiará a instituição financeira e no prazo de 24 horas a contar da resposta do ofício, o juiz determinará o cancelamento de eventual indisponibilidade excessiva, o que deverá ser cumprido pela instituição financeira em igual prazo (CPC/2015, art. 854, § 1º).

Após tornados indisponíveis seus ativos financeiros, o executado será intimado na pessoa de seu advogado ou, não o tendo, pessoalmente (CPC/2015, art. 854, § 2º).

No prazo de 5 dias, o executado terá que comprovar que:

- *1) as quantias indisponíveis são impenhoráveis; ou*
- *2) ainda remanesce indisponibilidade excessiva de ativos financeiros (CPC/2015, art. 854, § 3º).*

Caso quaisquer das supramencionadas alegações sejam acolhidas, o juiz deverá determinar o cancelamento de eventual indisponibilidade irregular ou excessiva, a ser cumprido pela instituição financeira em 24 horas (CPC/2015, art. 854, § 4º). A instituição financeira também contará com o prazo de 24 horas para cancelar a indisponibilidade dos ativos financeiros caso seja realizado o pagamento da dívida por outro meio (CPC/2015, art. 854, § 6º).

Nas hipóteses em que as alegações do executado forem rejeitadas ou não apresentadas, a indisponibilidade será convertida em penhora sem necessidade de lavratura de termo, devendo o juiz da execução determinar à instituição financeira depositária que, no prazo de 24 horas, transfira o montante indisponível para conta vinculada ao juízo da execução (CPC/2015, art. 854, § 5º). Percebe-se por esse dispositivo que a "penhora on-line" é um mero bloqueio on-line, posteriormente, convertida em penhora.

Atente-se para o fato de que, nas hipóteses em que a instituição financeira não respeitar os referidos prazos ou tornar indisponível ativos financeiros em valor superior ao indicado na execução ou pelo juiz, ela será responsável pelos prejuízos causados ao executado (CPC/2015, art. 854, § 8º).

Por fim, frisa-se que a carta de fiança bancária e o seguro garantia judicial equivalem a dinheiro para efeito da gradação e da substituição dos bens penhoráveis, estabelecida no art. 835 do CPC/2015, desde que em valor não inferior ao do débito em execução, acrescido de 30% (OJ nº 59 da SDI-II do TST). Nesse mesmo sentido, estabelecem os arts. 9º e 15 da Lei nº 6.830/80, bem como o art. 835, § 2º, do CPC/2015.

8.5.2.2. Seguro-garantia judicial e fiança bancária

O art. 835, § 2º, do CPC/2015 declina que se equiparam a dinheiro para efeitos da gradação e da substituição dos bens penhoráveis a **fiança bancária e o seguro-garantia judicial**, desde que em valor não inferior ao do débito em execução, acrescido de 30%. Esse dispositivo é aplicável ao processo do trabalho, como dispõe o C. TST na OJ nº 59 da SDI-II, *in verbis:*

> **Orientação jurisprudencial nº 59 da SDI-II do TST.** Mandado de segurança. Penhora. Carta de fiança bancária. Seguro Garantia Judicial.
>
> A carta de fiança bancária e o seguro garantia judicial, desde que em valor não inferior ao do débito em execução, acrescido de trinta por cento, equivalem a dinheiro para efeito da gradação dos bens penhoráveis, estabelecida no art. 835 do CPC de 2015 (art. 655 do CPC de 1973).

Com o advento da Lei nº 13.467/17, o art. 882 da CLT passou a prever expressamente a possibilidade de seja apresentado o seguro garantia judicial como forma de garantia da execução.

No entanto, o dispositivo deixa dois questionamentos:

1. Há necessidade de que o seguro-garantia judicial seja acrescido de 30% do valor do débito?
2. A fiança bancária continua sendo admitida no processo do trabalho?

Quanto ao primeiro questionamento, é possível observar que o art. 882 da CLT aparentemente é contraditório, vez que, ao mesmo tempo que admite o seguro-garantia judicial sem prever a necessidade do acréscimo de 30%, autoriza a aplicação do art. 835 do CPC/2015, o qual impõe o referido acréscimo em seu § 2º.

Para que possamos afastar referida contradição, a nosso juízo, o art. 882 da CLT deve ser interpretado em conjunto com o art. 835, § 2º, do CPC, exigindo-se que o seguro-garantia judicial seja acrescido de 30%.

Aliás, não há que se falar, nesse particular, em aplicação dos arts. 9º e 15 da Lei 6.830/80 que não exigem esse acréscimo, vez que, por expressa previsão do art. 882 da CLT, nesse caso incide diretamente o art. 835 do CPC/2015.

Entendemos, portanto, que o seguro-garantia judicial deverá ser em valor não inferior ao débito, acrescido de 30%, mantendo o entendimento do C. TST na OJ nº 59 da SDI-II. No mesmo sentido, determinou o CSJT e o TST no art. 3º, I, do Ato Conjunto n. 1.

No tocante à fiança bancária, apesar de não ter sido mencionada expressamente no texto do art. 882 da CLT, como se impõe a aplicação do art. 835 do CPC/2015, pensamos que sua utilização deverá ser mantida, desde que acrescida de 30%.

Cumpre consignar que, penhorado outro bem, poderá o executado postular sua substituição por fiança bancária ou seguro-garantia, desde que faça o requerimento no prazo de 10 dias contados da intimação da penhora (CPC/2015, art. 847).

Assim, o requerimento do executado poderá ser indeferido quando formulado fora do prazo legal. Do mesmo modo, poderá ser indeferido quando a garantia não for suficiente ao previsto na legislação, ou seja, o valor for inferior ao principal acrescido de 30%.

8.5.3. Penhora de semoventes e de animais de estimação

O art. 835, VII, do CPC/2015 prevê a possibilidade da penhora de bens semoventes, consistentes naqueles que possuem movimento próprio e são passíveis de posse e propriedade, como é o caso dos animais.

Diante da previsão legal, entende-se que os animais com destinação puramente econômica, ou seja, aqueles que são, por exemplo, objeto de exploração pecuária podem ser penhorados, ressaltando que o art. 865 do CPC/15 considera que a penhora de semoventes apenas ocorrerá se não houver outro meio eficaz para a efetivação do crédito. Tem, assim, caráter subsidiário.

Contudo, questiona-se: é possível a penhora de animais de estimação, ainda que sejam de elevado valor?[32]

Para uns, não havendo ressalva na legislação e por se tratar de semoventes, poderão ser penhorados.

Para outros, com os quais pensamos estar a razão, os animais de estimação não podem ser penhorados, visto que, se os bens móveis e as plantações que guarnecem a casa do executado não podem ser penhorados[33], com maior razão o animal

---

32. O Projeto de Lei nº 53/19 exclui expressamente os animais domésticos da definição de semoventes, impossibilitando, portanto, a sua penhora. Disponível em: https://www.camara.leg.br/proposicoesWeb/fichadetramitacao?idProposicao=2190488.
Acesso em: 28 fev. 2020.

33. Art. 1º, parágrafo único, da Lei nº 8.009/90: A impenhorabilidade compreende o imóvel sobre o qual se assentam a construção, as plantações, as benfeitorias de qualquer natureza e todos os equipamentos, inclusive os de uso profissional, ou móveis que guarnecem a casa, desde que quitados.

de estimação que tem vínculo afetivo com o executado, sob pena de violação da dignidade do executado.

Ademais, a retirada do animal doméstico do ambiente e convívio aos quais está adaptado poderia ser interpretado como prática de maus-tratos aos animais, conduta tipificada no art. 32 da Lei nº 9.605/98.[34]

Cabe ressaltar que a jurisprudência dos tribunais superiores, em especial do STJ, tem avançado com a finalidade de acompanhar a evolução das leis de proteção ao meio ambiente, inclusive do comando constitucional de proteção à fauna (art. 225, VII).[35] Especificamente quanto aos animais domésticos, o STJ já entendeu que merecem tratamento diferenciado, pois possuem relações afetivas com seus donos, razão pela qual, podem, por exemplo, ser objeto de regulamentação judicial nos casos de direito de visita.[36]

Desse modo, devido à afetividade envolvida na criação de animais de estimação, acreditamos que devem ser equiparados aos bens de família sendo, portanto, impenhoráveis[37].

8.5.4. Penhora sobre parte da renda de estabelecimento comercial

O art. 835 do CPC/2015 admite, em seu inciso X, a penhora de "percentual do faturamento de empresa devedora".

No mesmo sentido, prevê a OJ nº 93 da SDI-II do TST:

> **Orientação Jurisprudencial nº 93 da SDI-II do TST.** Penhora sobre parte da renda de estabelecimento comercial. Possibilidade.
>
> Nos termos do art. 866 do CPC de 2015, é admissível a penhora sobre a renda mensal ou faturamento de empresa, limitada a percentual, que não comprometa o desenvolvimento regular de suas atividades, desde que não haja outros bens penhoráveis ou, havendo outros bens, eles sejam de difícil alienação ou insuficientes para satisfazer o crédito executado.

Referida OJ está em consonância com o art. 866 do CPC/2015, o qual dispõe:

---

34. Art. 32. Praticar ato de abuso, maus-tratos, ferir ou mutilar animais silvestres, domésticos ou domesticados, nativos ou exóticos: Pena – detenção, de três meses a um ano, e multa.

35. Entendeu assim, por exemplo, que os animais silvestres mantidos fora de seu *habitat* natural por um longo período, não devem ser retirados de seus donos (STJ-AgInt no AREsp 668.359/RS, Rel. Ministro NAPOLEÃO NUNES MAIA FILHO, PRIMEIRA TURMA, julgado em 28/11/2017, DJe 05/12/2017).

36. Nesse sentido: STJ-REsp 1713167/SP, Rel. Ministro LUIS FELIPE SALOMÃO, QUARTA TURMA, julgado em 19/06/2018, DJe 09/10/2018.

37. No mesmo caminho: PINHEIRO, Iuri. *À luz do Novo CPC, seria possível a penhora de um Chow Chow de estimação, imerso em uma família há vários anos?* Disponível em: http://www.trabalhoemdebate.com.br/artigo/detalhe/e-admissivel-a-penhora-de-um-chow-chow-de-estimacao-pelo-ncpc. Acesso em: 26.08.2020.

> **Art. 866.** Se o executado não tiver outros bens penhoráveis ou se, tendo-os, esses forem de difícil alienação ou insuficientes para saldar o crédito executado, o juiz poderá ordenar a penhora de percentual de faturamento de empresa.

A partir do entendimento do C. TST e do dispositivo do CPC/2015, observa-se que a penhora sobre parte da renda de estabelecimento comercial apenas é **permitida de forma residual** (subsidiária), ou seja, quando:

> a) o executado não tiver outros bens penhoráveis ou;
>
> b) tendo outros bens, eles forem de difícil alienação ou insuficientes para saldar o valor do crédito executado.

A subsidiariedade da penhora sobre percentual de faturamento de empresa é também notada na ordem de penhora prevista no artigo 835 do CPC/2015, vez que é a décima na ordem de preferência[38].

Na fixação do percentual, o art. 866, § 1º, do CPC/2015, determina que o juiz propicie a satisfação do crédito exequendo em tempo razoável, mas não poderá tornar inviável o exercício da atividade empresarial.

Aliás, ao se permitir a penhora sobre determinado percentual, criou-se um conceito legal indeterminado, ou seja, incumbe ao juiz preencher, em cada caso concreto, qual o percentual adequado, devendo sempre se pautar pelo princípio da razoabilidade.

Cabe destacar que nessa modalidade de penhora, o juiz deverá nomear administrador-depositário, o qual submeterá à aprovação judicial a forma de sua atuação e prestará contas mensalmente, entregando em juízo as quantias recebidas, com os respectivos balancetes mensais, a fim de serem imputadas no pagamento da dívida (CPC/2015, art. 866, § 2º).

8.5.5. Penhora de direitos aquisitivos derivados de alienação fiduciária em garantia

Na alienação fiduciária, o credor (fiduciário) transfere ao devedor (fiduciante) a posse direta e o depósito do bem, tendo o credor a propriedade resolúvel e a posse indireta da coisa. Noutras palavras, o devedor não é proprietário do bem, enquanto não realizar o pagamento integral da dívida. Isso quer dizer que, enquanto perdurar a dívida, a propriedade é do credor. Exemplo:

> Empresa X aliena fiduciariamente perante o Banco Y um caminhão para o transporte de seus produtos. Enquanto não realizar o pagamento integral da dívida, o veículo é de propriedade do banco, embora o devedor esteja na posse direta do veículo. Somente após realizado o

---

38. NEVES, Daniel Amorim Assumpção. *Novo Código de Processo Civil – Lei 13.015/2015*. Rio de Janeiro: Forense, São Paulo: MÉTODO, 2015, p. 432.

pagamento, extingue-se a alienação fiduciária, e a propriedade passa para o devedor (empresa X).

Assim, considerando que neste caso o veículo não é de propriedade da empresa, os bens com alienação fiduciária não podem ser penhorados.

Contudo, o art. 835, XII, do CPC permite a penhora dos direitos aquisitivos derivados de alienação fiduciária em garantia.

Nesses casos, portanto, não há a penhora da propriedade plena do bem, vez que esta ainda não foi adquirida pelo executado, mas apenas a constrição sobre os direitos que o executado tem relativas a essas espécies de contratos[39].

Isso ocorre porque o devedor fiduciante, ao quitar gradativamente as parcelas do financiamento, vai integrando ao seu patrimônio os valores pagos. Desse modo, possui expectativa de direito à futura reversão do bem alienado, em caso de pagamento da totalidade da dívida. Por outro lado, caso não pague a dívida, tem direito ao saldo apurado na venda do bem pelo credor fiduciário (CC/02, art. 1.364[40]).

Cabe destacar que não há a necessidade de concordância da penhora pelo credor fiduciário, por exemplo, a instituição financeira, tendo em vista que ele não sofre nenhum prejuízo decorrente da constrição.[41]

Ademais, essa penhora é autorizada quando o valor das parcelas já pagas tenham atingido expressão econômica capaz de satisfazer o crédito do devedor trabalhista e a reposição do saldo devedor à instituição financeira, tornando-se o provimento efetivo[42]. Desse modo, se o valor do débito perante a instituição financeira é maior do que o saldo ser repassado para devedor-fiduciário (devedor trabalhista) ou, ainda, se o valor a ser recebido na venda pelo devedor-fiduciário for insuficiente para satisfazer a execução, a penhora não deve ser realizada.

8.5.6. Penhora anterior à sucessão pela administração pública direta

Sendo o devedor pessoa jurídica de direito público, a interferência do Estado-juiz não ocorrerá por meio da penhora, mas, sim, por meio da expedição de precatório, conforme estabelecido no art. 100 da CF/88, o qual pode ser elucidado de forma simples como uma "fila de espera" dos credores, aguardando o pagamento do Estado. Nessa hipótese, há requisição por meio do presidente do tribunal, para que o valor da condenação seja incluído no orçamento do ente público.

---

39. DONIZETTI, Elpídio. **Curso de direito processual civil.** 20 ed. São Paulo: Atlas, 2017. p. 1070.
40. CC, art. 1.364. Vencida a dívida, e não paga, fica o credor obrigado a vender, judicial ou extrajudicialmente, a coisa a terceiros, a aplicar o preço no pagamento de seu crédito e das despesas de cobrança, e a entregar o saldo, se houver, ao devedor.
41. STJ _ REsp 1821600/BA, Rel. Ministro HERMAN BENJAMIN, SEGUNDA TURMA, julgado em 13/08/2019, DJe 05/09/2019.
42. TRT 18ª R.; AP 0010645-07.2016.5.18.0161; Segunda Turma; Rel. Des. Eugênio José Cesário Rosa; Julg. 30/06/2020; DJEGO 01/07/2020; Pág. 522.

Diante dessa prerrogativa questiona-se: qual o regime a ser adotado na hipótese de sucessão pela administração pública **direta** quando já existente penhora sobre bens do sucedido? Mantém-se a penhora ou aplica-se o regime de precatório?

O C. TST, de modo acertado, adotou posicionamento no sentido de que, já estando o bem penhorado na época da sucessão, será mantida a penhora, não aplicando, consequentemente, o regime de precatório. Nesse sentido, a OJ nº 343 da SDI-I do TST:

> **Orientação Jurisprudencial nº 343 da SDI-I do TST.** Penhora. Sucessão. Art. 100 da CF/1988. Execução
>
> É válida a penhora em bens de pessoa jurídica de direito privado, realizada anteriormente à sucessão pela União ou por Estado-membro, não podendo a execução prosseguir mediante precatório. A decisão que a mantém não viola o art. 100 da CF/1988.

8.5.7. Bens impenhoráveis

Com a finalidade de preservar a dignidade do executado, o art. 833 do CPC/2015, aplicável ao processo do trabalho (TST-IN nº 39/2016, art. 3º, XV), dispõe que determinados bens são impenhoráveis, sendo eles:

> I – os bens inalienáveis e os declarados, por ato voluntário, não sujeitos à execução;
>
> II – os móveis, os pertences e as utilidades domésticas que guarnecem a residência do executado, salvo os de elevado valor ou os que ultrapassem as necessidades comuns correspondentes a um médio padrão de vida;
>
> III – os vestuários, bem como os pertences de uso pessoal do executado, salvo se de elevado valor;
>
> IV – os vencimentos, os subsídios, os soldos, os salários, as remunerações, os proventos de aposentadoria, as pensões, os pecúlios e os montepios, bem como as quantias recebidas por liberalidade de terceiro e destinadas ao sustento do devedor e de sua família, os ganhos de trabalhador autônomo e os honorários de profissional liberal, ressalvado o § 2º;[43]
>
> V – os livros, as máquinas, as ferramentas, os utensílios, os instrumentos ou outros bens móveis necessários ou úteis ao exercício da profissão do executado;
>
> VI – o seguro de vida;

---

43. O C. TST tem entendido que a impenhorabilidade dos salários, descrita no art. 833, IV, do CPC/2015 se estende aos valores relativos à restituição do imposto de renda, por se tratar de descontos a maior do tributo sobre parcelas salariais. (TST, RO 8252-30.2011.5.02.0000, Relator Min. Emmanoel Pereira, Subseção II Especializada em Dissídios Individuais, Data de Julgamento: 18 nov. 2014; Data da publicação: 28 nov. 2014).

> VII – os materiais necessários para obras em andamento, salvo se essas forem penhoradas;
>
> VIII – a pequena propriedade rural, assim definida em lei, desde que trabalhada pela família;
>
> IX – os recursos públicos recebidos por instituições privadas para aplicação compulsória em educação, saúde ou assistência social;
>
> X – a quantia depositada em caderneta de poupança, até o limite de 40 (quarenta) salários-mínimos[44];
>
> XI – os recursos públicos do fundo partidário recebidos por partido político, nos termos da lei;
>
> XII – os créditos oriundos de alienação de unidades imobiliárias, sob regime de incorporação imobiliária, vinculados à execução da obra.
>
> (...)
>
> 2º O disposto nos incisos IV e X do caput não se aplica à hipótese de penhora para pagamento de prestação alimentícia, **independentemente de sua origem**, bem como às importâncias excedentes a 50 (cinquenta) salários-mínimos mensais, devendo a constrição observar o disposto no art. 528, § 8º, e no art. 529, § 3º.
>
> § 3º Incluem-se na impenhorabilidade prevista no inciso V do caput os equipamentos, os implementos e as máquinas agrícolas pertencentes a pessoa física ou a empresa individual produtora rural, exceto quando tais bens tenham sido objeto de financiamento e estejam vinculados em garantia a negócio jurídico ou quando respondam por dívida de natureza alimentar, trabalhista ou previdenciária. (Grifo nosso)

► **ATENÇÃO:**

Podem ser penhorados, à falta de outros bens, os frutos e rendimentos dos bens inalienáveis (CPC/2015, art. 834).

8.5.8. Impenhorabilidade da remuneração do executado

Como visto, o art. 833, IV, do CPC impede a penhora dos vencimentos, dos subsídios, dos soldos, dos salários, das remunerações, dos proventos de aposentadoria, das pensões, dos pecúlios e dos montepios, bem como das quantias recebidas por

44. A nosso juízo tal dispositivo não se adapta aos princípios do processo do trabalho, que prezam pela efetividade da prestação jurisdicional, bem como pela própria proteção dos créditos do trabalhador que tem natureza alimentar. Aliás, o próprio § 2º do art. 833 afasta sua incidência nos créditos de natureza alimentar, como é o caso dos créditos trabalhistas. Ademais, mesmo que se admita a incidência desse dispositivo no processo do trabalho, ele deve passar pela análise concreta de constitucionalidade, verificando em cada caso a sua aplicabilidade ou não. Trata-se, pois, de ponderar os interesses em colisão. De qualquer modo, a jurisprudência afasta sua aplicação quando a conta poupança é vinculada a uma conta corrente.

liberalidade de terceiro e destinadas ao sustento do devedor e de sua família, dos ganhos de trabalhador autônomo e dos honorários de profissional liberal. Noutras palavras, obsta todas as formas de recebimento do executado destinadas a prover executado destinada a prover o seu sustento ou da sua família.

No entanto, essa impenhorabilidade é relativa, vez que o § 2º do art. 833 do CPC autoriza a penhora desses recebimentos observando duas regras:

1) se o devedor receber mais de 50 salários-mínimos mensais, será permitida a penhora do que exceder a esse montante, sendo indiferente se a dívida é ou não de natureza alimentar;

2) se a verba for de natureza alimentar, independentemente de sua origem, é possível a penhora da retribuição pecuniária do devedor.

Como na época do CPC/73, o art. 649, § 2º, correspondente ao art. 833, § 2º, do CPC/2015, não indicava a expressão **independente da origem da prestação alimentícia**, o C. TST entendia que tal exceção tinha como foco tão somente a prestação alimentícia decorrente da ação de alimentos (pensão alimentícia), não englobando os créditos trabalhistas, de modo que o salário não poderia ser penhorado, em nenhuma hipótese, para pagamento de créditos decorrentes da Justiça do Trabalho. Nesse sentido, a OJ nº 153 da SDI-II do TST:

> **Orientação Jurisprudencial nº 153 da SDI-II do TST.** Mandado de segurança. Execução. Ordem de penhora sobre valores existentes em conta salário. Art. 649, IV, do CPC de 1973. Ilegalidade.
>
> Ofende direito líquido e certo decisão que determina o bloqueio de numerário existente em conta salário, para satisfação de crédito trabalhista, ainda que seja limitado a determinado percentual dos valores recebidos ou a valor revertido para fundo de aplicação ou poupança, visto que o art. 649, IV, do CPC de 1973 contém norma imperativa que não admite interpretação ampliativa, sendo a exceção prevista no art. 649, § 2º, do CPC de 1973 espécie e não gênero de crédito de natureza alimentícia, não englobando o crédito trabalhista.

Vê-se, porém, que a aludida orientação jurisprudencial, alterada em 2017 pela Resolução 220, limitou **esse entendimento** às **penhoras realizadas com base no CPC/73**, permitindo após o CPC de 2015 a penhora do salário do executado para pagamento de prestação alimentícia, **independentemente de sua origem.**

Com efeito, o art. 833, § 2º, do CPC/2015, ao usar a expressão independentemente de sua origem, impõe que a expressão prestação alimentícia seja interpretada em consonância com o art. 100, § 1º, da CF/88 o qual estabelece que "os débitos de natureza alimentícia compreendem aqueles decorrentes de salários, vencimentos, proventos, pensões e suas complementações, benefícios previdenciários e indenizações por morte ou por invalidez, fundadas em responsabilidade civil, em virtude de sentença judicial transitada em julgado". Isso decorre do próprio art. 1º do CPC/2015 que declina que suas normas devam ser interpretadas "conforme os valores e as normas fundamentais estabelecidas na Constituição da República Federativa do Brasil".

Portanto, chega-se à conclusão de que tanto o salário do executado como os créditos do obreiro possuem natureza alimentar. Disso resulta que ambos os créditos são destinados a garantir a subsistência de quem os recebe e de seus familiares[45].

Noutras palavras, a impenhorabilidade de certos bens estabelecida na ordem jurídica é regra que restringe o direito fundamental à tutela executiva (e também à tutela efetiva). Tal restrição se justifica como forma de preservar a dignidade do executado e de seus familiares, conferindo-lhe um patrimônio mínimo e verbas que possam garantir sua sobrevivência, como é o caso do salário. Por outro lado, o exequente também possui a mesma garantia de sobrevivência digna, além da tutela executiva e da efetividade da prestação jurisdicional.

Nessa ordem de ideias, parece-nos latente a colisão de direitos fundamentais.

Essa colisão, inicialmente, deve ser solucionada pelo legislador e, na falta de norma, em cada caso concreto pelo judiciário, aplicando-se o princípio da proporcionalidade.

Nesse contexto, o § 2º, do art. 833, faz referência expressa ao art. 529, § 3º, do CPC/2015, o qual vaticina que:

> § 3º Sem prejuízo do pagamento dos alimentos vincendos, o débito objeto de execução pode ser descontado dos rendimentos ou rendas do executado, de forma parcelada, nos termos do *caput* deste artigo, **contanto que, somado à parcela devida, não ultrapasse cinquenta por cento de seus ganhos líquidos**. (grifo nosso)

Desse modo, o legislador, vislumbrando a colisão dos direitos fundamentais, impõe uma solução, qual seja: veda que a penhora do salário do devedor possa exceder a 50% do montante líquido recebido.

Portanto, passa a ser penhorável o salário do devedor até 50% do montante líquido mensal que receber. Nesse sentido, o C. TST, em sede de recurso de revista repetitivo, **fixou a Tese nº 75** com o seguinte teor:

> Na vigência do Código de Processo Civil de 2015, é válida a penhora dos rendimentos (CPC, art. 833, inciso IV) para satisfação de crédito trabalhista, desde que observado o limite máximo de 50% dos rendimentos líquidos e garantido o recebimento de, pelo menos, um salário mínimo legal pelo devedor.

Como o ordenamento impõe um montante máximo, nada obsta que o julgador delimite outra porcentagem, desde que não ultrapasse o limite de 50% dos ganhos líquidos. Nesse sentido, a Súmula nº 47 do TRT da 5ª Região:

---

45. "Há que se perceber, entretanto, que a execução de créditos trabalhistas envolve, na sua maioria, prestações de natureza alimentar, ainda que em sentido amplo. Nesse caso, entra em jogo, também a dignidade da pessoa humana do credor e de sua família, a exigir um equilíbrio dos limites políticos à penhora de bens do executado". BEBBER, Júlio César. *Processo do trabalho: adaptação à contemporaneidade*. São Paulo: LTr, 2011. p. 227.

> **Súmula nº 47 do TRT da 5ª Região** – Incidente de uniformização de jurisprudência. Penhora de Salários e outros proventos. Interpretação do art. 833-IV e § 2º c/c art. 529, § 3º, do CPC/2015. Possibilidade. Penhora limitada a 20% dos ganhos líquidos mensais do devedor.
>
> Com fundamento no art. 833, IV e § 2º, art. 529, § 3º, ambos do CPC/2015, é possível a penhora de "vencimentos", "subsídios", "soldos", "salários", "remunerações", "proventos de aposentadoria", "pensões", "pecúlios", "montepios", "bem como as quantias recebidas por liberalidade de terceiro e destinadas ao sustento do devedor e de sua família, os ganhos de trabalhador autônomo e os honorários de profissional liberal", para pagamento de débitos trabalhistas de natureza alimentar, desde que não ultrapasse 20% dos ganhos líquidos mensais do executado.

No mais, conforme tese vinculante nº 156 de IRRR do TST, a fim de buscar informações sobre rendimentos penhoráveis do executado, é lícita a expedição de ofícios a órgãos e autoridades competentes, bem como a consulta a bancos de dados e sistemas eletrônicos de informação oficiais, devendo sempre, ser observados, para a constrição, os parâmetros e limites indicados na tese vinculante do IRR Tema n° 75.

8.5.8.1. Impenhorabilidade do bem de família

A Lei nº 8009/90 previu que o devedor não pode ser privado de seu bem de família, ou seja, o imóvel residencial próprio do casal, ou da entidade familiar, é impenhorável e não responderá por qualquer tipo de dívida civil, comercial, fiscal, previdenciária, trabalhista ou de outra natureza, contraída pelos cônjuges ou pelos pais ou filhos que sejam seus proprietários e nele residam, salvo nas hipóteses previstas na lei em comento (art. 1º).

A impenhorabilidade abrange o solo, a construção, as plantações, as benfeitorias de qualquer natureza e todos os equipamentos, inclusive os de uso profissional, ou móveis que guarnecem a casa, desde que quitados (art. 1º, parágrafo único).

No caso de **imóvel locado**, a impenhorabilidade aplica-se aos bens móveis quitados que guarneçam a residência e que sejam de propriedade do locatário (art. 2º, parágrafo único).

Situação diversa ocorre caso a família seja proprietária de um único bem imóvel, mas decida locar esse bem a terceiro. Nessa situação, o reconhecimento da impenhorabilidade depende da comprovação de que a renda obtida com a locação é utilizada para a subsistência ou custeio de outra moradia do executado ou de sua família (Tese nº 185 IRRR do TST).

Quando a residência familiar constituir-se em **imóvel rural**, a impenhorabilidade restringir-se-á à sede de moradia, com os respectivos bens móveis, e, nos casos do art. 5º, inciso XXVI[46], da Constituição, à área limitada como pequena propriedade rural (art. 4º, § 2º).

---

46. CF/88, art. 5º, XXVI: "a pequena propriedade rural, assim definida em lei, desde que trabalhada pela família, não será objeto de penhora para pagamento de débitos decorrentes de sua atividade

> ▶ **IMPORTANTE:**
>
> O conceito de impenhorabilidade de bem de família abrange também o imóvel pertencente a pessoas solteiras, separadas e viúvas (Súmula nº 364 do STJ).

Para efeitos de impenhorabilidade de que trata essa lei, considera-se residência **um único imóvel** utilizado pelo casal ou pela entidade familiar para moradia permanente. Na hipótese de o casal, ou entidade familiar, ser possuidor de vários imóveis utilizados como residência, a impenhorabilidade **recairá sobre o de menor valor**, salvo se outro tiver sido registrado, para esse fim, no Registro de Imóveis e na forma do Código Civil (art. 5º).

A impenhorabilidade descrita nessa lei não alcança os veículos de transporte, obras de arte e adornos suntuosos (art. 2º).

Cabe salientar, ainda, que a impenhorabilidade do bem de família não pode ser arguida nas seguintes hipóteses:

1) pelo titular do crédito decorrente do financiamento destinado à construção ou à aquisição do imóvel, no limite dos créditos e acréscimos constituídos em função do respectivo contrato;

2) pelo credor de pensão alimentícia, resguardados os direitos, sobre o bem, do seu coproprietário que, com o devedor, integre união estável ou conjugal, observadas as hipóteses em que ambos responderão pela dívida;

3) para cobrança de impostos, predial ou territorial, taxas e contribuições devidas em função do imóvel familiar;

4) para execução de hipoteca sobre o imóvel oferecido como garantia real pelo casal ou pela entidade familiar;

5) por ter sido adquirido com produto de crime ou para execução de sentença penal condenatória a ressarcimento, indenização ou perdimento de bens;

6) por obrigação decorrente de fiança concedida em contrato de locação (art. 3º).

Cabe destacarmos que antes da LC nº 150/15, que dispõe sobre o contrato de trabalho doméstico, a impenhorabilidade do bem de família não poderia ser arguida em razão dos créditos de trabalhadores da própria residência e das respectivas contribuições previdenciárias (art. 3º, I), ou seja, para os créditos dos empregados domésticos o bem de família poderia ser penhorado. Com o advento da referida Lei Complementar, o art. 3º, I, da Lei 8.009/90 foi revogado, de modo que, a partir de agora, o bem de família é impenhorável, inclusive para os créditos de trabalhadores da própria residência e das respectivas contribuições previdenciárias, contemplando

---

produtiva, dispondo a lei sobre os meios de financiar o seu desenvolvimento".

a igualdade de direitos entre os empregados celetistas e o empregado doméstico (LC nº 150/15, art. 46).

Ademais, não se beneficiará do disposto nessa lei aquele que, sabendo-se insolvente, adquire de má-fé imóvel mais valioso para transferir a residência familiar, desfazendo-se ou não da moradia antiga. Nesse caso, poderá o juiz, na respectiva ação do credor, transferir a impenhorabilidade para a moradia familiar anterior, ou anular-lhe a venda, liberando a mais valiosa para execução ou concurso, conforme a hipótese (art. 4º).

8.6. Defesa na execução

8.6.1. Embargos à execução

8.6.1.1. Natureza Jurídica

O CPC/2015, no mesmo sentido que já previa o CPC/73, alterado pela Lei nº 11.232/05, permitiu a impugnação ao cumprimento da sentença, estabelecendo que os embargos à execução são restritos à execução de títulos extrajudiciais (arts. 910 e 914). Nesse contexto, a doutrina trabalhista passou a questionar de forma mais incisiva a natureza jurídica dos embargos no processo trabalhista, existindo, ao menos, duas teses:

- 1ª tese (minoritária): os embargos têm natureza de incidente processual, utilizando-se das mesmas diretrizes do CPC;
- 2ª tese (majoritária): a CLT tem regramento próprio, mantendo-se a natureza de ação autônoma dos embargos à execução.

Portanto, adotando-se a tese majoritária, não se fala em impugnação pelo executado no processo do trabalho, mas em embargos à execução.

Tais embargos são destinados a desconstituir o título executivo, declarar a inexigibilidade da obrigação ou a nulidade da execução.

É importante destacar que parte da doutrina diferencia embargos à execução de embargos à penhora. Estes seriam destinados a levantar as questões relacionadas apenas à penhora, enquanto os embargos à execução são dirigidos às demais matérias. A doutrina majoritária, contudo, sustenta que as discussões relacionadas à penhora devem ser levantadas nos embargos à execução, não havendo a necessidade de uma categoria autônoma de embargos à penhora[47].

8.6.1.2. Prazo

Os embargos à execução devem ser interpostos nos seguintes prazos:

47. SCHIAVI, Mauro. *Manual de direito processual do trabalho*. 9. ed. São Paulo: LTr, 2015. p. 1226.

1) para a Fazenda Pública: 30 dias[48]

2) para os demais executados: 5 dias

O **termo inicial** do prazo é a **data da intimação da penhora** que garantiu o juízo (CLT, art. 884). Nesse contexto, pensamos ser aplicável ao processo do trabalho o disposto no art. 841 do CPC/2015 (TST-IN nº 39/2016, art. 3º, XVIII[49]) que assim vaticina:

> **Art. 841.** Formalizada a penhora por qualquer dos meios legais, dela será imediatamente intimado o executado.
>
> § 1º A intimação da penhora será feita ao advogado do executado ou à sociedade de advogados a que aquele pertença.
>
> § 2º Se não houver constituído advogado nos autos, o executado será intimado pessoalmente, de preferência por via postal.
>
> § 3º O disposto no § 1º não se aplica aos casos de penhora realizada na presença do executado, que se reputa intimado.
>
> § 4º Considera-se realizada a intimação a que se refere o § 2º quando o executado houver mudado de endereço sem prévia comunicação ao juízo, observado o disposto no parágrafo único do art. 274.

De qualquer modo, **somente será possível a interposição dos embargos se a penhora for suficiente para garantir integralmente a execução.**

Cabe destacar que o art. 884, § 6º da CLT, inserido pela Lei nº 13.467/17 (Reforma Trabalhista), declina que "a exigência da garantia ou penhora não se aplica às entidades filantrópicas e/ou àqueles que compõem ou compuseram a diretoria dessas instituições". Criou, portanto, uma **exceção** à necessidade de garantia da execução para que sejam cabíveis os embargos.

---

48. STF-ADC/MC 11. Plenário. Rel. Min Cezar Peluso. Julg. 28.3.2007. DJ 29.6.2007. "EMENTA: FAZENDA PÚBLICA. Prazo processual. Embargos à execução. Prazos previstos no art. 730 do CPC e no art. 884 da CLT. Ampliação pela Medida Provisória nº 2.180-35/2001, que acrescentou o art. 1º-B à Lei federal nº 9.494/97. Limites constitucionais de urgência e relevância não ultrapassados. Dissídio jurisprudencial sobre a norma. Ação direta de constitucionalidade. Liminar deferida. Aplicação do art. 21, *caput*, da Lei nº 9.868/99. Ficam suspensos todos os processos em que se discuta a constitucionalidade do art. 1º-B da Medida Provisória nº 2.180-35." No mesmo sentido decidiu o TST: *Execução. Prazo para interposição de embargos à execução pela Fazenda Pública. Art. 4º da MP 2.180-35/2001. Declaração incidental de inconstitucionalidade. Efeitos suspensos. ADC 11 pendente de julgamento.* O Tribunal Pleno, por unanimidade, decidiu suspender os efeitos da declaração incidental de inconstitucionalidade formal do art. 4º da Medida Provisória n.º 2.180-35/01, pronunciada nos autos do processo TST-RR-7000-66.1992.5.04.0011, julgado em 4.8.2005, até que o Supremo Tribunal Federal se manifeste em definitivo sobre a matéria nos autos da ADC 11. TST-E-RR-110200-18.2003.5.21.0921, Tribunal Pleno, rel. Min. Renato de Lacerda Paiva, 2.9.2013 (Informativo TST nº 57).

49. **Art. 3º** Sem prejuízo de outros, aplicam-se ao Processo do Trabalho, em face de omissão e compatibilidade, os preceitos do Código de Processo Civil que regulam os seguintes temas: (...) XVIII – art. 841, §§ 1º e 2º (intimação da penhora).

Importante ressaltar que o art. 884, § 6º da CLT não exclui da obrigação de garantir a penhora as empresas em recuperação judicial. Portanto, a exigência de garantia integral da dívida na fase de execução (art. 884 da CLT) se aplica às empresas em recuperação judicial, dela dependendo o conhecimento dos embargos do devedor e os recursos subsequentes interpostos na fase de execução (TST, Tese nº 159 IRRR).

Interpostos os embargos, o embargado terá o prazo de 5 dias para apresentar sua impugnação aos embargos à execução.

8.6.1.3. Competência

A competência para o processamento e julgamento dos embargos é do juízo da execução.

Pode ocorrer, no entanto, dos bens do executado não se encontrarem no local da execução, exigindo, assim, que a penhora seja feita por meio de carta precatória. Portanto, nesse caso, o juízo deprecante (onde processa a execução) expedirá a carta precatória para que o juízo deprecado (onde estão os bens do executado) realize a penhora.

Nessa hipótese, a competência seguirá as diretrizes do art. 20 da Lei nº 6.830/80, que impõe a seguinte sistemática:

a) interposição dos embargos: será no juízo deprecado;

b) julgamento dos embargos:

   1) pelo juízo deprecado: quando os embargos tiverem por objeto vícios ou irregularidades de atos do próprio juízo deprecado;

   2) pelo juízo deprecante: nos demais casos.

8.6.1.4. Matérias passíveis de alegação (objeto)

Nos termos do art. 884, § 1º, da CLT, a matéria de defesa que pode ser levantada nos embargos está restrita às seguintes alegações:

1) cumprimento da decisão;

2) cumprimento do acordo;

3) quitação da dívida;

4) prescrição da dívida.

A doutrina, porém, entende que o rol anterior é exemplificativo, podendo ser levantadas as matérias indicadas no art. 525 do CPC/2015[50]. Ademais, na execução de

---

50. O candidato deverá memorizar o rol descrito no art. 884, § 1º, da CLT.

título extrajudicial, a doutrina admite a invocação das matérias descritas no art. 917 do CPC/2015[51]. A propósito, é nessa oportunidade que o executado poderá impugnar a decisão de liquidação, como estabelece o art. 884, § 3º, da CLT:

> § 3º – Somente nos embargos à penhora poderá o executado impugnar a sentença de liquidação, cabendo ao exequente igual direito e no mesmo prazo.

Ademais, é possível alegar nos embargos a inexigibilidade do título judicial fundado em lei ou ato normativo declarados inconstitucionais pelo Supremo Tribunal Federal ou em aplicação ou interpretação tidas por incompatíveis com a Constituição Federal, em controle de constitucionalidade concentrado ou difuso (CLT, art. 884, § 5º[52]; CPC/2015, art. 525, § 12).

Para que se pudesse legitimar a arguição da inexigibilidade da obrigação, o art. 525, § 14, do CPC, dizia que a decisão do STF deveria ser anterior ao trânsito em julgado da decisão exequenda. Por outro lado, se a decisão do STF fosse proferida posterior ao trânsito em julgado da decisão exequenda, caberia ação rescisória, cujo prazo seria contado do trânsito em julgado da decisão proferida pela Suprema corte (CPC/2015, art. 525, § 15). No entanto, interpretando tais dispositivo na AR 2876, o STF fixou a seguinte tese:

> O § 15 do art. 525 e o § 8º do art. 535 do Código de Processo Civil devem ser interpretados conforme à Constituição, com efeitos ex nunc, no seguinte sentido, com a declaração incidental de inconstitucionalidade do § 14 do art. 525 e do § 7º do art. 535:
>
> 1. Em cada caso, o Supremo Tribunal Federal poderá definir os efeitos temporais de seus precedentes vinculantes e sua repercussão sobre a coisa julgada, estabelecendo inclusive a extensão da retroação para fins da ação rescisória ou mesmo o seu não cabimento diante do grave risco de lesão à segurança jurídica ou ao interesse social.
>
> 2. Na ausência de manifestação expressa, os efeitos retroativos de eventual rescisão não excederão cinco anos da data do ajuizamento da ação rescisória, a qual deverá ser proposta no prazo decadencial de dois anos contados do trânsito em julgado da decisão do STF.
>
> 3. O interessado poderá apresentar a arguição de inexigibilidade do título executivo judicial amparado em norma jurídica ou interpretação jurisdicional considerada inconstitucional pelo STF, seja a decisão do STF anterior ou posterior ao trânsito em julgado da decisão exequenda, salvo preclusão (Código de Processo Civil, arts. 525, *caput*, e 535, *caput*).

---

51. SCHIAVI, Mauro. *Manual de direito processual do trabalho*. 5. ed. São Paulo: LTr, 2012. p. 1073.
52. Parte da doutrina entende que esse dispositivo é inconstitucional, porque permite a desconstituição da coisa julgada na fase de execução.

8.6.1.5. Efeito Suspensivo dos embargos

A CLT não prevê se os embargos à execução suspendem ou não o trâmite da execução. Desse modo, a tese majoritária da doutrina, com a qual pensamos estar a razão, aplica subsidiariamente o art. 525, § 6º, do CPC/2015, *in verbis*:

> § 6º A apresentação de impugnação não impede a prática dos atos executivos, inclusive os de expropriação, podendo o juiz, a requerimento do executado e desde que garantido o juízo com penhora, caução ou depósito suficientes, atribuir-lhe efeito suspensivo, se seus fundamentos forem relevantes e se o prosseguimento da execução for manifestamente suscetível de causar ao executado grave dano de difícil ou incerta reparação.

Desse modo, a regra será que os embargos não têm efeito suspensivo, podendo ser concedido tal efeito quando os fundamentos do embargante forem relevantes e o prosseguimento da execução puder, efetivamente, causar-lhe grave dano de difícil ou incerta reparação.

Essa diretriz se aplica inclusive na hipótese de embargos interpostos por entidades filantrópicas e/ou àqueles que compõem ou compuseram a diretoria dessas instituições.

8.6.1.6. Procedimento

Opostos os embargos à execução, o art. 918 do CPC/2015, aplicável subsidiariamente ao processo do trabalho (TST-IN nº 39/2016, art. 3º, XXII), declina que o juiz rejeitará liminarmente os embargos:

1) se forem intempestivos;
2) nos casos de indeferimento da petição inicial;
3) no caso de improcedência liminar do pedido; e
4) quando forem manifestamente protelatórios. Nessa hipótese, o oferecimento dos embargos é considerado como conduta atentatória à dignidade da justiça.

Não sendo o caso de rejeição liminar, o embargado será intimado para impugná-los, no prazo de 5 dias.

Se na defesa tiverem sido arroladas testemunhas, poderá o juiz ou o presidente do tribunal, caso julgue necessários seus depoimentos, marcar audiência para a produção das provas, a qual deverá realizar-se dentro de 5 dias (CLT, art. 884, § 2º). Finda a inquirição das testemunhas em audiência, o escrivão ou secretário fará, dentro de 48 horas, conclusos os autos ao juiz ou presidente, que proferirá sua decisão (CLT, art. 886, *caput*).

Não tendo sido arroladas testemunhas na defesa, o juiz ou presidente, conclusos os autos, proferirá sua decisão, dentro de 5 dias, julgando subsistente ou insubsistente a penhora (CLT, art. 885).

Proferida a decisão, dela serão notificadas as partes interessadas, em registrado postal, com franquia (CLT, art. 886, § 1º). Julgada subsistente a penhora, o juiz, ou presidente, mandará proceder logo à avaliação dos bens penhorados (CLT, art. 886, § 2º).

Da decisão nos embargos à execução, cabe agravo de petição.

8.6.2. Exceção de pré-executividade

A exceção de pré-executividade não está prevista em lei. Trata-se de construção jurisprudencial que permite a defesa do executado sem que haja a necessidade de garantia do juízo (penhora).

A doutrina diverge acerca das matérias que podem ser alegadas na exceção:

- 1ª tese (minoritária): apenas matérias de ordem pública;
- 2ª tese (majoritária):
  - matérias de ordem pública e
  - matérias que não necessitam de dilação probatória

A doutrina diverge, ainda, sobre o prazo para apresentação da exceção de pré-executividade:

- 1ª tese: deve ser oposta antes de ocorrida a constrição patrimonial (penhora), vez que depois da constrição deverá apresentar os embargos[53]
- 2ª tese: pode ser apresentada a qualquer tempo, ainda que depois da constrição patrimonial e do prazo para os embargos à execução, uma vez que tem como objeto a discussão de matérias de ordem pública.[54] A nosso juízo esse entendimento deve prevalecer.

Proferida a decisão na exceção de pré-executividade, o cabimento de recurso dependerá de seu julgamento, conforme se verifica a seguir:

▸ DECISÃO	▸ RECORRIBILIDADE
Rejeita ou acolhe parcialmente a exceção (decisão interlocutória)	**Não cabe recurso de imediato** Nesse caso, as matérias poderão ser levantadas novamente nos embargos à execução, depois de garantido o juízo.
Acolhe a exceção (sentença)	Cabe agravo de petição

53. SCHIAVI, Mauro. *Manual de direito processual do trabalho*. 12. ed. São Paulo: LTr, 2017. p. 1325 e LEITE, Carlos Henrique Bezerra. *Curso de direito processual do trabalho*. 15. ed. São Paulo: Saraiva, 2017. p. 1488.

54. CORDEIRO, Wolney de Macedo. *Execução no processo do trabalho*. 3. ed. Salvador: Juspodivm, 2016. p. 429.

Nesse contexto, o C. TST, em sede de recurso de revista repetitivo, **fixou a Tese nº 144** no seguinte sentido:

> A decisão que rejeita a exceção de pré-executividade, sempre que se revestir de natureza interlocutória, é irrecorrível de imediato, à luz do disposto no art. 893, § 1º, da CLT.

8.6.3. Impugnação à decisão de liquidação

Conforme já estudamos no capítulo de liquidação de sentença, o exequente poderá, no mesmo prazo dos embargos à execução, apresentar impugnação à decisão de liquidação, demonstrando, de forma fundamentada, sua insurgência quanto à decisão.

Serão julgados na mesma sentença os embargos e as impugnações à liquidação apresentadas pelos credores trabalhista e previdenciário (CLT, art. 884, § 4º).

8.6.4. Embargos de terceiros

8.6.4.1. Generalidades

O processo do trabalho não estabelece os embargos de terceiros, razão pela qual se aplica subsidiariamente o CPC (CLT, art. 769 c/c art. 889).

Nesse contexto, dispõe o art. 674 do CPC/2015:

> Art. 674. Quem, não sendo parte no processo, sofrer constrição ou ameaça de constrição sobre bens que possua ou sobre os quais tenha direito incompatível com o ato constritivo, poderá requerer seu desfazimento ou sua inibição por meio de embargos de terceiro.
>
> § 1º Os embargos podem ser de terceiro proprietário, inclusive fiduciário, ou possuidor.
>
> § 2º Considera-se terceiro, para ajuizamento dos embargos:
>
> I - o cônjuge ou companheiro, quando defende a posse de bens próprios ou de sua meação, ressalvado o disposto no art. 843;
>
> II - o adquirente de bens cuja constrição decorreu de decisão que declara a ineficácia da alienação realizada em fraude à execução;
>
> III - quem sofre constrição judicial de seus bens por força de desconsideração da personalidade jurídica, de cujo incidente não fez parte;
>
> IV - o credor com garantia real para obstar expropriação judicial do objeto de direito real de garantia, caso não tenha sido intimado, nos termos legais dos atos expropriatórios respectivos.

Trata-se de ação autônoma de conhecimento destinada a eliminar ou evitar a constrição de bens de terceiro que não participa do processo ou não responde patrimonialmente pela dívida.

> ▶ **IMPORTANTE:**
>
> No que tange aos sócios, o TST entende que, caso tenha ocorrido a desconsideração da personalidade jurídica, o sócio deverá opor embargos à execução, já que foi incluído no polo da execução. Por outro lado, se apenas a empresa estiver sendo executada, o sócio deverá opor embargos de terceiros. No mesmo sentido, passa a declinar o art. 674, § 2º, III, do CPC/2015.

Os embargos de terceiros podem ser opostos na fase de conhecimento (por exemplo, arresto) ou na fase de execução, sendo esse último caso mais comum.

Por se tratar de procedimento especial, não se aplica o *jus postulandi* nos embargos de terceiros, ou seja, a parte deverá ser representada por advogado.

É legitimado passivo dos embargos de terceiro, o sujeito a quem o ato de constrição aproveita, assim como o será seu adversário no processo principal quando for sua a indicação do bem para a constrição judicial (CPC/2015, art. 677, § 4º). Trata-se de litisconsórcio passivo, necessário e unitário[55].

Opostos os embargos de terceiro, o legitimado passivo terá o prazo de 15 dias para apresentação de resposta (CPC/2015, art. 679).

Proferida a decisão dos embargos, o recurso cabível depende da fase em que ele foi oposto, conforme quadro a seguir:

▶ FASE EM QUE FOI OPOSTO	▶ RECURSO CABÍVEL
Conhecimento	Recurso ordinário
Execução	Agravo de petição

Por fim, cumpre salientar que, ajuizados embargos de terceiro para pleitear a desconstituição da penhora, é incabível a interposição de mandado de segurança com a mesma finalidade (OJ nº 54 da SDI-II do TST).

8.6.4.2. Prazo

Nos termos do art. 675 do CPC/2015, os embargos de terceiros podem ser opostos:

Na fase de conhecimento	a qualquer tempo enquanto não transitada em julgado a sentença
Na fase de execução	até 5 dias depois da arrematação, adjudicação ou alienação por iniciativa particular, mas sempre antes da assinatura da respectiva carta

55. NERY Jr., Nelson; NERY, Rosa Maria de Andrade. *Comentários ao Código de processo civil.* São Paulo: RT, 2015. p. 1.498.

► **ATENÇÃO:**

Nos casos em que for alegada a fraude à execução, antes de declará-la, o juiz deverá intimar o terceiro adquirente para, se quiser, opor embargos de terceiro no **prazo de 15 dias** (CPC/15, art. 792, § 4º).

8.6.4.3. Competência

A competência para o processamento e julgamento dos embargos de terceiro é do juízo da execução. Como se trata de ação acessória, ela é distribuída por dependência, sendo julgada pelo juiz que ordenou a apreensão.

No entanto, pode ocorrer de os bens apreendidos não se localizarem no local do juiz que determina a constrição.

Nesse caso, é expedida carta precatória para o juízo da localidade onde se encontram os bens, denominando-se juízo deprecante o que expediu a carta e juízo deprecado o que a recebeu.

Na hipótese de execução por carta precatória, os embargos de terceiros devem ser oferecidos no juízo deprecado, salvo se indicado pelo juízo deprecante o bem constrito ou se já devolvida a carta (Súmula nº 419 do TST).

Define-se, portanto, que a regra é a interposição e o julgamento dos embargos de terceiro no juízo deprecado, admitindo a competência do juízo deprecante em apenas duas hipóteses:

1) se foi ele quem indicou o bem constrito; ou

2) quando a carta precatória já tiver sido devolvida.

A finalidade da norma foi definir a competência pelo juízo responsável pela individualização do bem objeto da constrição.

Desse modo, se o juízo deprecante determina, ainda que por carta precatória, a penhora de determinado bem, os embargos de terceiro devem ser interpostos e julgados no juízo deprecante. Agora, se o juízo deprecante determina a penhora de tantos bens quantos necessários para garantir a execução, ficando a cargo do juízo deprecado a individualização, este será competente para o recebimento e julgamento dos embargos de terceiro.

Essa regra será diferente em uma hipótese: quando a individualização tenha sido feita pelo juízo deprecado, mas a carta já estiver sido devolvida ao juízo deprecante, vez que nesse caso será competente o juízo deprecante. "A razão de ser dessa exceção é óbvia: com a devolução da carta precatória, o juízo deprecado encerrou sua atuação naquele processo em que foi prolatada a decisão de constrição judicial indevida. Não terá, pois, condições de desfazer o ato de constrição, acaso os embargos de terceiro sejam julgados procedentes"[56].

56. ROCHA, Thais Guimarães Braga da. Procedimentos especiais: embargos de terceiro. *In*: Primeiras lições sobre o novo direito processual civil brasileiro (de acordo com o Novo Código de Processo

8.7. Prescrição intercorrente

A prescrição intercorrente é aquela que ocorre no curso do processo.

Antes da Lei nº 13.467/2017, muito se discutia acerca da aplicação da prescrição intercorrente ao processo do trabalho.

O Supremo Tribunal Federal, na época em que julgava matéria infraconstitucional trabalhista, declinou por meio da Súmula nº 327 que:

> **Súmula nº 327 do STF.**
>
> O direito trabalhista admite a prescrição intercorrente (cancelada).

No entanto, com o advento da Emenda Constitucional nº 16/65, que alterou o art. 17 da Constituição Federal de 1946, as decisões do TST tornaram-se irrecorríveis, salvo na hipótese de matéria constitucional, o que afastou a aplicação das súmulas do STF no que tange a matéria trabalhista de âmbito infraconstitucional.

Desse modo, o TST sedimentou entendimento no sentido de não admitir a prescrição intercorrente na seara trabalhista, como se verificava pela Súmula nº 114 do TST, *in verbis*:

> **Súmula nº 114 do TST.** Prescrição intercorrente
>
> É inaplicável na Justiça do Trabalho a prescrição intercorrente.

A Lei nº 13.467/2017 (Reforma Trabalhista) pôs fim à divergência, resultando no cancelamento da supracitada súmula, ao acrescentar à CLT, o art. 11-A, dispondo que:

> **Art. 11-A.** Ocorre a prescrição intercorrente no processo do trabalho no prazo de dois anos.
>
> § 1º A fluência do prazo prescricional intercorrente inicia-se quando o exequente deixa de cumprir determinação judicial no curso da execução.
>
> § 2º A declaração da prescrição intercorrente pode ser requerida ou declarada de ofício em qualquer grau de jurisdição.

Portanto, o referido dispositivo confere as seguintes características para a prescrição intercorrente:

- prazo: 2 anos;
- termo inicial: quando o exequente deixa de cumprir determinação judicial;
- ocorre na fase de execução;
- decorre de requerimento ou pode ser declara de ofício;
- pode ser declarada em qualquer grau de jurisdição.

Civil, Lei 13.105, de 16 de março de 2015). Coord. Humberto Theodoro Júnior, Fernanda Alvim Ribeiro de Oliveira, Ester Camila Gomes Norato Rezende. Rio de Janeiro: Forense, 2015. p. 497.

8.8. Expropriação de bens

Resolvidos os embargos e a impugnação, ou esgotado o prazo sem sua interposição, o procedimento segue para a expropriação dos bens, que consiste no momento em que o Estado retira, coercitivamente, o bem do devedor, entregando-o ao credor ou ao terceiro para a quitação da execução.

Portanto, a expropriação é gênero, estabelecendo a CLT como espécies a arrematação e a adjudicação.

Cumpre salientar que a doutrina tem admitido a aplicação supletiva do CPC ao processo do trabalho, de modo que incluem também como modalidade de expropriação a alienação, por iniciativa particular ou por leilão judicial, e a apropriação de frutos e rendimentos de empresa ou de estabelecimentos e de outros bens (art. 825).

8.8.1. Adjudicação

A adjudicação é modalidade de expropriação em que o exequente, ou o terceiro interessado, incorpora ao seu patrimônio o bem penhorado que será submetido à hasta pública.

Parte da doutrina entende que, na seara trabalhista, apenas o exequente poderá adjudicar, vez que o art. 888, § 3º, da CLT a ele é direcionado.

Para outros, a CLT não é exaustiva sobre a temática, incidindo supletivamente o art. 876, § 5º, do CPC/2015, que indica que são legitimados para a adjudicação:

1) o exequente;
2) os credores concorrentes que hajam penhorado o mesmo bem;
3) o cônjuge, companheiro, descendentes ou ascendentes do executado;
4) o coproprietário de bem indivisível do qual tenha sido penhorada fração ideal;
5) o titular de usufruto, uso, habitação, enfiteuse, direito de superfície, concessão de uso especial para fins de moradia ou concessão de direito real de uso, quando a penhora recair sobre bem gravado com tais direitos reais;
6) o proprietário do terreno submetido ao regime de direito de superfície, enfiteuse, concessão de uso especial para fins de moradia ou concessão de direito real de uso, quando a penhora recair sobre tais direitos reais;
7) o credor pignoratício, hipotecário, anticrético, fiduciário ou com penhora anteriormente averbada, quando a penhora recair sobre bens com tais gravames, caso não seja o credor, de qualquer modo, parte na execução;
8) o promitente comprador, quando a penhora recair sobre bem em relação ao qual haja promessa de compra e venda registrada;
9) o promitente vendedor, quando a penhora recair sobre direito aquisitivo derivado de promessa de compra e venda registrada;
10) a União, o Estado e o Município, no caso de alienação de bem tombado (art. 876, § 5º c/c 889, II a VIII, do CPC/2015).

11) os sócios, no caso de penhora de quota social ou de ação de sociedade anônima fechada realizada em favor de exequente alheio à sociedade (art. 876, § 7º, do CPC).

A adjudicação tem preferência à arrematação (CLT, art. 888, § 1º).

Ela será permitida desde que não seja inferior ao valor da avaliação (CPC/2015, art. 876).

Se o valor do crédito for inferior ao dos bens, o adjudicante depositará de imediato a diferença, ficando esta à disposição do executado. Caso seja superior, a execução prosseguirá pelo saldo remanescente (CPC/2015, art. 876, § 4º).

Havendo mais de um pretendente, proceder-se-á entre eles à licitação. Em igualdade de oferta, terá preferência o cônjuge, o companheiro, o descendente ou o ascendente, nessa ordem (CPC/2015, art. 876, § 6º).

Requerida a adjudicação, o executado será intimado do pedido (CPC/2015, art. 876, § 1º).

É interessante observar que o art. 903, § 2º, do CPC/2015 permite a impugnação da adjudicação mediante simples petição[57] interposta no prazo de 5 dias, a contar da cientificação do devedor quanto ao acolhimento da adjudicação (CPC/2015, art. 877). Após o referido prazo, será expedida a carta de adjudicação ou da ordem de entrega, de modo que, a partir de então, somente por meio de ação anulatória poderá ser discutida a adjudicação (art. 903, § 4º e 966, § 4º do CPC/2015).

Portanto, transcorrido o prazo de 5 dias, contado da última intimação, e decididas eventuais questões, o juiz ordenará a lavratura do auto de adjudicação (CPC/2015, art. 877). A adjudicação considera-se perfeita e acabada com a lavratura e a assinatura do auto pelo juiz, pelo adjudicatário, pelo escrivão ou chefe de secretaria, e, se estiver presente, pelo executado, expedindo-se:

> I – se bem imóvel, a carta de adjudicação e o mandado de imissão na posse;
>
> II – se bem móvel, ordem de entrega ao adjudicatário (art. 877, § 1º).

Caso as tentativas de alienação do bem sejam frustradas, poderá o exequente renovar seu requerimento de adjudicação, possibilitando-se nova avaliação (CPC/2015, art. 878).

8.8.2. *Arrematação*

8.8.2.1. *Introdução*

A arrematação é a alienação pelo Estado do bem penhorado do devedor, realizada em hasta pública.

---

57. NERY Jr., Nelson; NERY, Rosa Maria de Andrade. *Comentários ao Código de Processo Civil*. São Paulo: RT, 2015. p. 903.

O CPC de 2015 deixou de usar a nomenclatura arrematação como ato de expropriação, denominando-a de alienação em leilão judicial eletrônico ou presencial (CPC, art. 879, II). De qualquer modo, mantém-se a mesma essência.

Antigamente, a doutrina entendia que hasta pública era gênero, englobando as seguintes espécies:

a) praça; e

b) leilão.

Assim, a praça era utilizada para a venda de bens imóveis, enquanto o leilão, para bens móveis.

Contudo, o CPC/2015 acabou com essa diferenciação, passando a admitir, seja para imóveis, seja para bens móveis, o leilão judicial eletrônico ou presencial (CPC/2015, art. 879, II), privilegiando o leilão judicial eletrônico (CPC/2015, art. 882, *caput*). Portanto, passa a ser sinônimo de hasta pública o leilão judicial.

A hasta pública é **única**, sendo o bem vendido pelo maior lance. A CLT admite, porém, a realização de outra praça na hipótese de não pagamento do lance ofertado pelo arrematante (CLT, art. 888, § 4º).

8.8.2.2. Legitimidade

A CLT não prevê a legitimidade de quem pode arrematar, motivo pelo qual devemos aplicar o CPC. O art. 890 do CPC/2015 define a legitimidade de forma residual, ou seja, declina quem não pode arrematar. Desse modo, permite oferecer lance **todo aquele que estiver na livre administração de seus bens**, com exceção:

> I – dos tutores, dos curadores, dos testamenteiros, dos administradores ou dos liquidantes, quanto aos bens confiados à sua guarda e à sua responsabilidade;
>
> II – dos mandatários, quanto aos bens de cuja administração ou alienação estejam encarregados;
>
> III – do juiz, do membro do Ministério Público e da Defensoria Pública, do escrivão, do chefe de secretaria e dos demais servidores e auxiliares da justiça, em relação aos bens e direitos objeto de alienação na localidade onde servirem ou a que se estender a sua autoridade;
>
> IV – dos servidores públicos em geral, quanto aos bens ou aos direitos da pessoa jurídica a que servirem ou que estejam sob sua administração direta ou indireta;
>
> V – dos leiloeiros e seus prepostos, quanto aos bens de cuja venda estejam encarregados;
>
> VI – dos advogados de qualquer das partes.

Também não poderá arrematar o arrematante ou o fiador remissos (CPC, art. 897), isto é, aquele que participou do leilão anterior e não pagou o montante no prazo de 24 horas, perdendo o sinal para a execução.

Por outro lado, o § 1º do art. 892 do CPC/2015 admite a arrematação pelo próprio credor. No entanto, no processo do trabalho, há divergência sobre a legitimidade de o exequente (credor) arrematar, existindo duas correntes:

- 1ª tese: o credor **não pode arrematar**, vez a CLT lhe garante prioridade na adjudicação durante a hasta pública. Desse modo, ele não tem interesse processual na arrematação.
- 2ª tese: o credor **pode** arrematar, pois a adjudicação deve observar o valor da avaliação, enquanto a arrematação ocorre pelo maior lance (CLT, art. 888, § 1º), tendo, portanto, interesse processual.

Embora o efeito prático das duas teses aparentemente seja o mesmo, a grande diferença é que a adjudicação na hasta pública o credor não poderá fazer lance, enquanto na arrematação lhe é garantido tal direito, inclusive podendo oferecer lanço quando não há lanço algum. Desse modo, parece-nos mais adequado admitir a arrematação pelo credor, vez que a CLT não o veda, além de estar em consonância com a efetividade da execução.

Assim, se o exequente vier a arrematar os bens e for o único credor, não estará obrigado a exibir o preço. No entanto, se o valor dos bens exceder o seu crédito, depositará, dentro de 3 dias, a diferença, sob pena de ser tornada sem efeito a arrematação e, nesse caso, os bens serão levados a novo leilão à custa do exequente (CPC/2015, art. 892, § 1º).

8.8.2.3. *Publicidade*

A arrematação é uma venda pública. Em decorrência disso, exige-se que dela seja dada publicidade, anunciando a arrematação em edital afixado na sede do juízo ou tribunal e publicando no jornal local, se houver, **com antecedência de 20 dias** (CLT, art. 888, *caput*).

Trata-se de ato formal e indispensável, sob pena de sua nulidade se desatendidas as exigências do art. 888 da CLT.

A CLT não prevê a necessidade de intimação do executado da realização da hasta pública. Desse modo, parte da doutrina tem se inclinado pela aplicação do art. 889, I, do CPC/2015, que impõe a intimação do executado, com pelo menos 5 dias de antecedência, dando-lhe ciência da alienação judicial por intermédio de seu advogado ou, se não tiver procurador constituído nos autos, por meio de mandado, carta registrada, edital ou outro meio idôneo.

8.8.2.4. *Lance*

A arrematação será realizada no dia, hora e lugar anunciados, e os bens serão vendidos pelo maior lance (CLT, art. 888, § 1º).

Por meio do referido dispositivo, verifica-se que a CLT apenas estabelece que a arrematação será efetivada pelo maior lance, nada versando acerca de um lance mínimo, ou seja, se é admitido o preço vil, entendido como a venda do bem por preço irrisório ou muito inferior ao valor da avaliação ou do mercado.

Nesse contexto, a doutrina diverge sobre a aplicação da limitação do preço vil no processo do trabalho, existindo duas correntes a respeito:

- 1ª corrente (minoritária): não é aplicável o preço vil, admitindo-se a alienação por qualquer valor, vez que a CLT não faz nenhuma restrição;
- 2ª corrente (majoritária): é aplicável o preço vil, nos termos do art. 891 do CPC/2015, pois a execução deve ser realizada de forma menos gravosa ao executado, além de preservar sua dignidade. Ademais, a venda a qualquer preço estimula a profissionalização de licitantes, além de eternizar a execução, pois novos bens deverão ser penhorados até a satisfação integral da execução.

Para os adeptos da 2ª corrente, a dúvida persistia em definir se o valor do preço vil decorre de critério objetivo ou subjetivo.

Com o CPC/2015, essa dúvida foi solucionada, uma vez que há previsão expressa definindo o preço vil. Assim, conforme o art. 891, parágrafo único, do CPC/2015, "considera-se vil o preço inferior ao mínimo estipulado pelo juiz e constante do edital, e, não tendo sido fixado preço mínimo, considera-se vil o preço inferior a cinquenta por cento do valor da avaliação".

Observa-se que, primeiramente, é adotado um critério subjetivo na definição do preço vil, de modo que é o juiz que determinará o valor mínimo da alienação, o qual deverá constar do edital. Na hipótese de não ser definido esse valor, será considerado vil o preço inferior a 50% do valor da avaliação.

Portanto, preço vil passa a ser entendido como:

- 1º) valor mínimo definido pelo juiz para alienação;
- 2º) não sendo definido pelo juiz, 50% do valor da avaliação.

Cabe destacar que na hipótese de imóvel de incapaz, a alienação é adiada por no máximo 1 ano quando não alcançar em leilão pelo menos 80% do valor da avaliação (CPC/2015, art. 896).

8.8.2.5. Pagamento

O arrematante deverá garantir o lance com o sinal correspondente a **20%** do seu valor (CLT, art. 888, § 2º).

Se o arrematante, ou seu fiador, não pagar o preço da arrematação dentro de **24 horas**, perderá, em benefício da execução, o sinal de que trata o parágrafo anterior, voltando à praça os bens executados (CLT, art. 888, § 4º). Ele também não poderá participar de novo leilão, caso existente no processo (CPC, art. 897).

> ▶ **ATENÇÃO:**
> Como visto, na hipótese de arrematação pelo exequente e se for o único credor, se o valor dos bens exceder o seu crédito, ele depositará, dentro de 3 dias, a diferença, sob pena de ser tornada sem efeito a arrematação e, neste caso, os bens serão levados a novo leilão à custa do exequente (CPC/2015, art. 892, § 1º).

A propósito, não havendo licitante, e não requerendo o exequente a adjudicação dos bens penhorados, eles poderão ser vendidos por leiloeiro nomeado pelo juiz (CLT, art. 888, § 3º).

A arrematação constará de auto que será lavrado de imediato e poderá abranger bens penhorados em mais de uma execução, nele mencionadas as condições pelas quais foi alienado o bem (CPC/2015, art. 901). Assinado o auto pelo juiz, pelo arrematante e pelo leiloeiro, a arrematação considerar-se-á perfeita, acabada e irretratável, ainda que venham a ser julgados procedentes os embargos do executado ou a ação autônoma destinada a invalidar a arrematação, assegurada a possibilidade de reparação pelos prejuízos sofridos (CPC/2015, 903).

8.8.2.6. Pagamento parcelado

O CPC/2015 prevê duas hipóteses de pagamento parcelado:

1) **pelo terceiro interessado** (arrematante), nos termos do art. 895. Nesse caso, parcela-se o pagamento do bem penhorado adquirido pelo terceiro interessado;

2) **pelo próprio executado**, quando se tratar de execução de título extrajudicial, nos termos do art. 916. Nessa hipótese, parcela-se o pagamento da dívida.

O C. TST, na Instrução Normativa nº 39, admite a aplicação ao processo do trabalho das duas formas de parcelamento (art. 3º, XX e XXI).

8.8.2.6.1. Proposta de pagamento parcelado do bem arrematado pelo interessado

O art. 895 do CPC/2015 admite que o interessado em adquirir o bem penhorado possa fazer proposta de pagamento em prestações. A aplicação desse dispositivo ao processo do trabalho provocou divergência na doutrina.

Para uns[58] referido dispositivo, a princípio, era inaplicável na seara trabalhista em razão de a CLT possuir regra própria no tocante ao pagamento da arrematação (CLT, art. 888, §§ 2º e 4º).

58. TEIXEIRA FILHO, Manoel Antônio. *Comentários ao novo código de processo civil sob a perspectiva do processo do trabalho: Lei n. 13.105, 16 de março de 2015*. São Paulo: LTr, 2015. p. 987.

Outra parcela da doutrina defendia a aplicação do art. 895 do CPC/2015 à seara trabalhista por acreditar que o parcelamento facilitará a alienação do bem, evita a arrematação por preço vil e soluciona mais rapidamente o crédito trabalhista[59].

Como visto, o C. TST seguiu esse último posicionamento e declinou no art. 3º, XX, da IN nº 39/2016 que o pagamento parcelado do lanço, previsto no art. 895 do CPC/2015, **é aplicável ao processo do trabalho**.

Dessa forma, nos termos do art. 895, *caput*, do CPC/2015 o interessado em adquirir o bem penhorado em prestações poderá apresentar, por escrito, até o início do primeiro leilão, proposta de aquisição do bem por valor não inferior ao da avaliação ou, até o início do segundo leilão, proposta de aquisição do bem por valor que não seja considerado vil (CPC/2015, art. 895, *caput*).

Nesse aspecto, é necessário observar que, no processo trabalhista, a hasta pública é única, sendo o bem vendido pelo maior lance. O mesmo caminho trilhou o CPC/2015 ao eliminar a obrigatoriedade de duas hastas públicas, passando a adotar o leilão único, observada a restrição de alienação pelo preço vil. Assim, nos parece que houve um equívoco do legislador ao distinguir duas oportunidades de leilão[60].

Com efeito, no processo do trabalho, acreditamos que haverá incidência apenas do inciso II, do art. 895 do CPC/2015, devendo ser apresentada a proposta até o início da hasta pública em valor não considerado vil.

▶ **ATENÇÃO**

Esta proposta será feita antes da hasta pública, enquanto a arrematação descrita no art. 888 da CLT se dá na própria hasta pública. Tratam-se, pois de institutos diversos, permitindo-se a arrematação antecipada e parcelada.

As propostas deverão conter, em qualquer hipótese:

1) oferta de pagamento de pelo menos 25% do valor do lance à vista e o restante parcelado em até 30 meses;
2) garantia por caução idônea, quando se tratar de móveis, e por hipoteca do próprio bem, quando se tratar de imóveis;
3) o prazo, a modalidade, o indexador de correção monetária e as condições de pagamento do saldo (CPC/2015, art. 895, §§ 1º e 2º).

Caso haja atraso no pagamento de qualquer uma das parcelas, incidirá multa de 10% sobre a soma da parcela inadimplida com as parcelas vincendas (CPC/2015, art. 895, § 4º).

---

59. SCHIAVI, Mauro. *Manual de Direito Processual do Trabalho*. 10. ed. De acordo com Novo CPC. São Paulo: LTr, 2015. p. 1285.
60. Nesse sentido: MEDINA, José Miguel Garcia. *Novo Código de Processo Civil Comentado com remissões e notas comparativas ao CPC/1973*. 3. ed. São Paulo: Editora Revista dos Tribunais, 2015. p. 1191-1192.

Diante do inadimplemento, o exequente, nos autos da execução em que ocorreu a arrematação, poderá:

a) pedir a resolução da arrematação; ou

b) promover, em face do arrematante, a execução do valor devido (CPC/2015, art. 895, § 5º). É importante destacar que, nessa hipótese, haverá sucessão processual, já que a execução passará a ser promovida em face do arrematante.

A apresentação das propostas não suspende o leilão (CPC/2015, art. 895, § 6º).

Além da proposta de pagamento parcelado, é possível a proposta de aquisição antecipada com pagamento à vista. Nesse caso, a proposta do pagamento do lance à vista sempre prevalece sobre as propostas de pagamento parcelado (CPC/2015, art. 895, § 7º).

Ademais, caso haja mais de uma proposta de pagamento parcelado, em diferentes condições, o juiz decidirá de acordo com a mais vantajosa (sempre a de maior valor) e, em iguais condições, o juiz decidirá pela formulada em primeiro lugar (CPC/2015, art. 895, § 8º).

Por fim, destaca-se que, no caso de arrematação a prazo, os pagamentos feitos pelo arrematante pertencerão ao exequente até o limite de seu crédito, e os subsequentes, ao executado (CPC/2015, art. 895, § 9º).

8.8.2.6.2. Requerimento de pagamento parcelado do débito pelo executado

O parcelamento do débito pelo executado previsto no art. 916 e parágrafos, do CPC/2015, aplica-se ao processo do trabalho, por força do art. 3º, XXI, da IN nº 39/2016 do TST.

Essa hipótese de parcelamento deverá ser *formulada no prazo dos embargos à execução*[61], devendo o executado preencher os seguintes pressupostos:

- reconhecer o crédito do exequente;
- comprovar o depósito de 30% do valor em execução, acrescido de custas e honorários;
- requerer que o restante do crédito seja pago em até 6 parcelas mensais, acrescidas de correção monetária e de juros de 1% ao mês (CPC/2015, art. 916).

Apresentada a proposta, o exequente deverá ser intimado para manifestar-se sobre os preenchimentos dos referidos pressupostos, devendo o juiz decidir o requerimento em 5 dias (CPC/2015, art. 916, § 1º).

---

61. A nosso juízo, no processo do trabalho o requerimento poderá ser formulado desde a citação para pagamento, já que na seara laboral a interposição dos embargos pressupõe a garantia do juízo, o que não ocorre no processo civil.

Enquanto o requerimento não for apreciado, o executado terá que depositar as parcelas vincendas, facultado ao exequente seu levantamento (CPC/2015, art. 916, § 2º).

O requerimento, evidentemente, poderá ser:

- **deferido**, caso em que o exequente deverá levantar a quantia depositada, sendo suspensos todos os atos executivos (CPC/2015, art. 916, § 3º). O não pagamento de qualquer das prestações acarretará cumulativamente:

  I – o vencimento das prestações subsequentes e o prosseguimento do processo, com o imediato reinício dos atos executivos;

  II – a imposição ao executado de multa de dez por cento sobre o valor das prestações não pagas (CPC/2015, art. 916, § 5º).

- **ou indeferido**, hipótese que o depósito será convertido em penhora e os atos executivos terão seguimento (CPC/2015, art. 916, § 4º).

Atente-se para o fato de que o requerimento pelo parcelamento exige que o executado reconheça o crédito do exequente. Assim, sendo ou não deferido, importará na renúncia ao direito do executado de opor embargos (CPC/2015, art. 916, § 6º). Trata-se, pois, de preclusão lógica.[62]

> **▸ IMPORTANTE**
> A possibilidade de parcelamento do crédito apenas é aplicada aos títulos extrajudiciais (CPC/2015, art. 916, § 7º)[46].

8.8.2.7. Pagamento a maior ao exequente

Pode acontecer, excepcionalmente, de o exequente receber valores maiores do que teria direito de receber, os quais devem ser devolvidos, diante da vedação ao enriquecimento sem causa (art. 884 do CC). Aliás, os valores devem ser devolvidos mesmo que tenham sido recebidos de boa-fé, ou o levantamento de valores a maior por parte do exequente tenha decorrido de equívoco cometido pelo próprio Juízo de origem. Todavia, a restituição deve ser feita por meio de procedimento próprio, no qual seja garantido o contraditório ao exequente, não podendo ocorrer na própria execução. Nesse sentido, o TST fixou a Tese nº 74 com o seguinte teor:

> A pretensão de devolução de valores pagos a maior ao exequente não pode ser processada nos próprios autos da execução, devendo

62. Contrariando o dispositivo legal, parte da doutrina entende que a regra prevista no art. 916 do CPC/2015 também pode ser aplicada à execução de título judicial, devendo o Juiz do Trabalho analisar o requerimento de parcelamento de acordo com os elementos do caso concreto, em especial a capacidade econômica do devedor. SCHIAVI, Mauro. *Manual de Direito Processual do Trabalho*. 10. ed. de acordo com Novo CPC – São Paulo: LTr, 2016. p. 1265. Para a prova objetiva é melhor não adotar esse entendimento, sendo melhor acompanhar o texto legal.

ser pleiteada em ação própria, sob pena de ofensa aos princípios do devido processo legal, da ampla defesa e do contraditório.

8.8.3. Meios de impugnação da expropriação

A CLT não prevê os meios de impugnação da expropriação, motivo pelo qual são aplicáveis, subsidiariamente, os arts. 877 e 903, § 2º, ambos do CPC/2015.

Nesse contexto, antigamente, falava-se em embargos à adjudicação ou embargos à arrematação, os quais foram abolidos pelo CPC/2015. Atualmente, a impugnação será por simples petição nos autos, podendo-se alegar que a arrematação deverá ser:

> I – invalidada, quando realizada por preço vil ou com outro vício;
>
> II – considerada ineficaz, se não observado o disposto no art. 804 do CPC/2015;
>
> III – resolvida, se não for pago o preço ou se não for prestada a caução (CPC/2015, art. 903, § 1º).

A petição deve ser interposta no prazo de 10 dias após o aperfeiçoamento da arrematação (CPC/2015, art. 903, § 2º). No caso da adjudicação, o prazo será de 5 dias, a contar da cientificação do devedor quanto ao acolhimento da adjudicação (CPC/2015, art. 877).

Sendo ultrapassados tais prazos, será lavrado o auto de adjudicação, expedindo-se a respectiva carta, bem como expedida a carta de arrematação ou, conforme o caso, a ordem de entrega ou mandado de imissão na posse, de modo que a invalidação da arrematação somente poderá ser pleiteada por **ação autônoma**, em cujo processo o arrematante figurará como litisconsórcio necessário (CPC/2015, art. 903, § 4º). Portanto, é incabível ação rescisória para impugnar decisão homologatória de adjudicação ou arrematação (Súmula nº 399, I, do TST; CPC/2015, art. 966, § 4º).

Do mesmo modo, havendo meio de impugnação adequado (simples petição), é incabível o mandado de segurança contra sentença homologatória de adjudicação, conforme dispõe a OJ nº 66 da SDI-II do TST[63].

---

63. Orientação Jurisprudencial nº 66 da SDI-II do TST. Mandado de segurança. Sentença homologatória de adjudicação. Incabível.
I – Sob a égide do CPC de 1973 é incabível o mandado de segurança contra sentença homologatória de adjudicação, uma vez que existe meio próprio para impugnar o ato judicial, consistente nos embargos à adjudicação (CPC de 1973, art. 746).
II – Na vigência do CPC de 2015 também não cabe mandado de segurança, pois o ato judicial pode ser impugnado por simples petição, na forma do artigo 877, caput, do CPC de 2015.

8.9. Esquema da execução contra devedor solvente

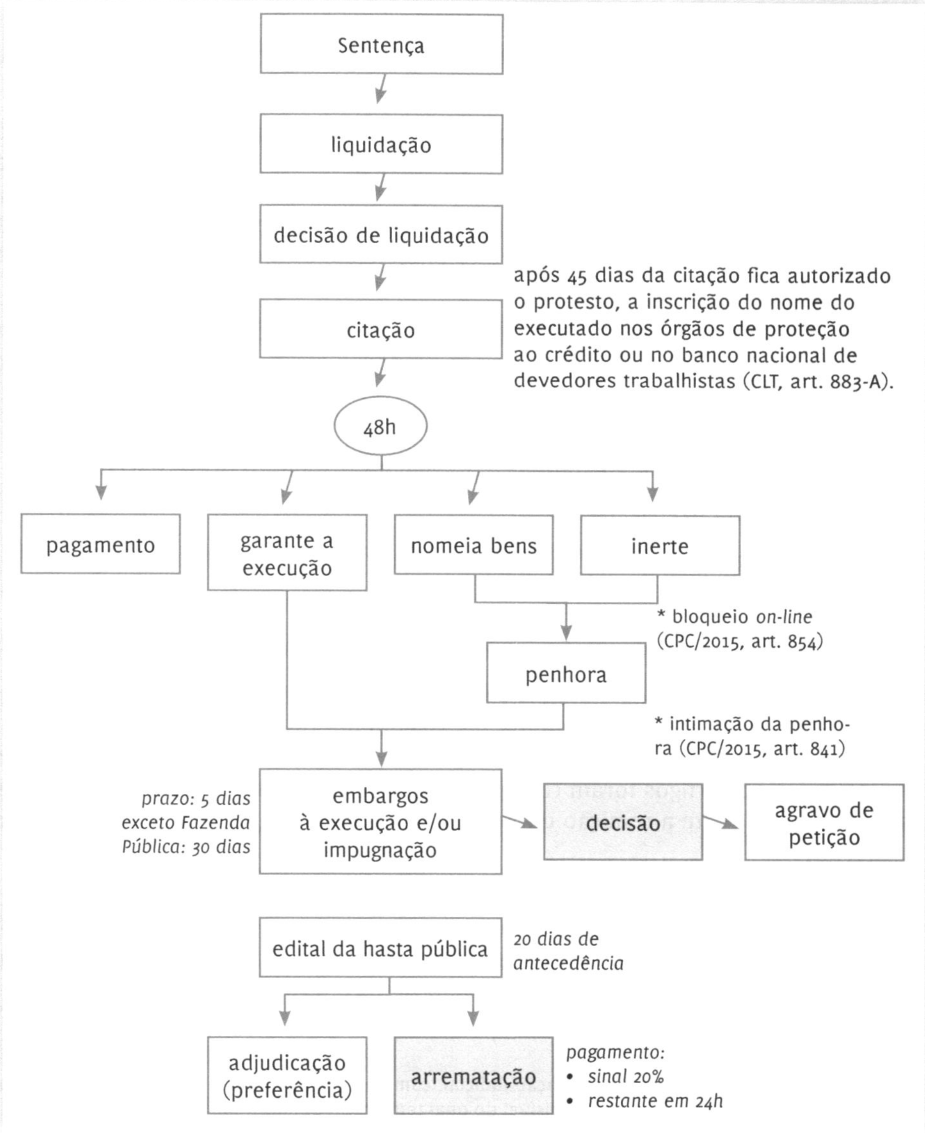

8.10. Remição da execução

A remição da execução é o pagamento da dívida pelo executado. Ela só será deferida se o executado oferecer preço igual ao valor da condenação (art. 13 da

Lei nº 5.584/70). Noutras palavras, a remição pressupõe o pagamento integral da dívida, devidamente atualizada, acrescida de juros, custas e honorários advocatícios (CPC/2015, art. 826).

A remição pode ocorrer a todo tempo, desde que antes de adjudicados ou alienados os bens (CPC/2015, art. 826).

No caso de penhora de bem hipotecado ser adjudicado, o executado poderá remi-lo até a assinatura do auto de adjudicação, oferecendo preço igual ao da avaliação, se não tiver havido licitantes, ou ao do maior lance oferecido (CPC/2015, art. 877, 3º). Sendo caso de arrematação, o executado poderá remi-lo até a assinatura do auto de arrematação, oferecendo preço igual ao do maior lance oferecido (CPC/2015, art. 902).

Já na hipótese de falência ou de insolvência do devedor hipotecário, o direito de remição será deferido à massa ou aos credores em concurso, não podendo o exequente recusar o preço da avaliação do imóvel (CPC/2015, art. 877, § 4º; art. 902, parágrafo único).

Desse modo, a doutrina estabelece a seguinte ordem de preferência:

1º) remição da execução;

2º) adjudicação;

3º) arrematação.

Anota-se que a remição da execução não se confunde com a remição de bens.

Remição de bens era instituto previsto antigamente nos arts 787 a 790 do CPC/73, que permitia ao cônjuge, descendente ou ascendente do executado remir (recuperar) os bens, com o objetivo de preservá-lo no âmbito familiar do executado. No entanto, referidos artigos foram revogados pela Lei nº 11.382/06, de modo que, nos dias atuais, não existe a remição de bens, mantendo-se em vigor apenas a remição da execução.

Sem prejuízo, o art. 876, § 5º, do CPC/2015, passou a permitir que a adjudicação seja realizada, além do exequente, pelos credores concorrentes que tenham penhorado o mesmo bem, pelo cônjuge, pelo companheiro, pelos descendentes ou pelos ascendentes do executado, bem como pelos indicados no art. 889, II a VIII[64].

---

64. Art. 889. Serão cientificados da alienação judicial, com pelo menos 5 (cinco) dias de antecedência: (...) II – o coproprietário de bem indivisível do qual tenha sido penhorada fração ideal; III – o titular de usufruto, uso, habitação, enfiteuse, direito de superfície, concessão de uso especial para fins de moradia ou concessão de direito real de uso, quando a penhora recair sobre bem gravado com tais direitos reais; IV – o proprietário do terreno submetido ao regime de direito de superfície, enfiteuse, concessão de uso especial para fins de moradia ou concessão de direito real de uso, quando a penhora recair sobre tais direitos reais; V – o credor pignoratício, hipotecário, anticrético, fiduciário ou com penhora anteriormente averbada, quando a penhora recair sobre bens com tais gravames, caso não seja o credor, de qualquer modo, parte na execução; VI – o promitente

8.11. Execução de prestações sucessivas

A execução de prestações (parcelas) sucessivas é aquela que pressupõe uma relação continuativa, de trato sucessivo, ou seja, que envolve parcelas futuras[65].

Ela vem prevista nos arts. 890 a 892 da CLT, diferenciando-se entre prestações sucessivas por prazo determinado e as por prazo indeterminado, conforme quadro a seguir:

Prestações sucessivas por tempo determinado	A execução pelo não pagamento de uma prestação compreenderá as que lhe sucederem. ✦ *Exemplo: acordo judicial parcelado não cumprido. O inadimplemento de uma parcela provoca o vencimento antecipado de todas as demais.*
Prestações sucessivas por tempo indeterminado	A execução compreenderá, inicialmente, as prestações devidas até a data do ingresso na execução. ✦ *Exemplo: não pagamento de vale-alimentação no curso do contrato de trabalho.*

9. EXECUÇÃO DE OBRIGAÇÃO DE FAZER E DE NÃO FAZER

9.1. Título judicial

A execução da obrigação de fazer ou não fazer é diferente da obrigação de pagar, uma vez que busca uma tutela específica, isto é, que determinado ato específico seja praticado (fazer) ou não praticado (não fazer) pelo devedor. Ela é disciplinada pelos arts. 497 a 501 do CPC/2015, aplicáveis ao processo do trabalho, nos termos do art. 3º, XI, da TST-IN nº 39/2016.

Assim, de acordo com o art. 497 do CPC/2015, "na ação que tenha por objeto a prestação de fazer ou de não fazer, o juiz, se procedente o pedido, concederá a tutela específica ou determinará providências que assegurem a obtenção de tutela pelo resultado prático equivalente".

É interessante notar que o juiz não fica vinculado, efetivamente, à tutela específica, podendo deter-minar, ainda, providências que assegurem o resultado prático equivalente ao do adimplemento da obrigação específica. Exemplo:

> ✦ *Havendo pedido de fornecimento das guias do seguro-desemprego, a obrigação específica seria a imposição de obrigação de fazer ao empregador consistente no fornecimento do requerimento do seguro-desemprego e da*

---

comprador, quando a penhora recair sobre bem em relação ao qual haja promessa de compra e venda registrada; VII – o promitente vendedor, quando a penhora recair sobre direito aquisitivo derivado de promessa de compra e venda registrada; VIII – a União, o Estado e o Município, no caso de alienação de bem tombado.

65. Schiavi, Mauro. *Coleção preparatória para concursos jurídicos: Processo do Trabalho*. São Paulo: Saraiva, 2012. v. 16, p. 341.

> *comunicação de dispensa devidamente preenchidos, sob pena de multa diária. Por outro lado, o resultado prático equivalente pode ser alcançado com a concessão de alvará judicial para que o empregado possa receber tal benefício.*

Aliás, quando a tutela específica pretendida for destinada a inibir a prática, a reiteração ou a continuação de um ilícito, ou a sua remoção, é irrelevante a demonstração da ocorrência de dano ou da existência de culpa ou dolo. **Tem-se aqui a chamada tutela inibitória** (CPC/2015, art. 497, parágrafo único).

No processo do trabalho, são frequentes tais execuções, como se verifica, por exemplo, nas sentenças condenatórias que preveem:

a) reintegração de emprego com garantia de emprego;

b) anotação de CTPS;

c) fornecimento do requerimento do seguro-desemprego;

d) não transferência de empregado;

e) não alteração das condições de trabalho;

f) não discriminação dos empregados na contratação etc.

Embora frequentes, a CLT não estabelece o regramento dessa execução, devendo, por isso, ser aplicado, subsidiariamente, o CPC.

Desse modo, tratando-se de **título judicial** que contenha obrigações de fazer e não fazer, a execução será processada nos termos dos arts. 536 e 537 do CPC/2015 (TST-IN nº 39/2016, art. 3º, XII).

Nesse contexto, proferida a decisão, o juiz poderá, de ofício ou a requerimento, determinar as medidas necessárias para seu cumprimento, tais como a imposição de multa, busca e apreensão, remoção de pessoas e coisas, desfazimento de obras e impedimento de atividade nociva, se necessário com requisição de força policial (CPC/2015, art. 536, § 1º).

Quando o executado injustificadamente descumprir a ordem judicial, incidirá a pena de litigância de má-fé, sem prejuízo de sua responsabilização por crime de desobediência (CPC/2015, art. 536, § 3º).

No caso de imposição de multa, registra-se que ela independe de requerimento da parte (CPC/2015, art. 537, *caput*). Cria-se, portanto, a possibilidade de fixar pressão psicológica ao executado, por meio das *astreintes*, para que ele cumpra a obrigação.

Essa multa pode ser aplicada na fase de conhecimento, em tutela provisória ou na sentença, ou na fase de execução, desde que seja suficiente e compatível com a obrigação e que se determine prazo razoável para cumprimento do preceito (CPC/2015, art. 537, *caput*).

A decisão que fixar a multa é passível de execução provisória, devendo ser depositada em juízo, permitido o levantamento do valor após o trânsito em julgado da sentença favorável à parte (CPC/2015, art. 537, § 3º).

▶ **ATENÇÃO:**

O valor da multa será devido ao exequente (CPC/2015, art. 537, § 2º).

A multa será devida desde o dia em que se configurar o descumprimento da decisão e incidirá enquanto não for cumprida a decisão que a tiver cominado (CPC/2015, art. 537, § 4º).

A propósito, o juiz poderá, de ofício ou a requerimento, modificar o valor ou a periodicidade da multa vincenda ou exclui-la, caso verifique que:

1) tornou-se insuficiente ou excessiva; ou
2) o obrigado demonstrou cumprimento parcial superveniente da obrigação ou justa causa para o descumprimento. (CPC/2015, art. 537, § 1º).

Por fim, consigna-se que a obrigação de fazer e não fazer poderá ser convertida em perdas e danos, ou seja, transformada em obrigação de pagar quantia certa. Isso somente ocorrerá se o autor o requerer ou se impossível a tutela específica ou a obtenção de tutela pelo resultado prático equivalente (CPC/2015, art. 499, *caput*).

Tratando-se de responsabilidade subsidiária e solidária, ou ainda, no âmbito de contratos cíveis previstos nos arts. 441, 618 e 757 do CC/02, se requerida a conversão da obrigação em perdas e danos, o juiz concederá, primeiramente, a faculdade para o cumprimento da tutela específica (CPC/15 art. 499, parágrafo único).

De qualquer modo, a indenização por perdas e danos dar-se-á sem prejuízo da multa fixada periodicamente para compelir o réu ao cumprimento específico da obrigação (CPC/2015, art. 500).

9.2. Título extrajudicial

Tratando-se de execução de **título extrajudicial** de obrigação de fazer ou não fazer como, por exemplo, a constante de TAC ou de acordo firmado perante a CCP, deverão ser observados os arts. 814 a 823 do CPC/2015.

Desse modo, ao despachar a inicial, o juiz fixará multa por período de atraso no cumprimento da obrigação e a data a partir da qual será devida. Se o valor da multa estiver previsto no título e for excessivo, o juiz poderá reduzi-lo (CPC/2015, art. 814).

Quando o objeto da execução for obrigação de fazer, o executado será citado para satisfazê-la no prazo que o juiz lhe designar, se outro não estiver determinado no título executivo (CPC/2015, art. 815).

Se o executado não satisfizer a obrigação no prazo designado, é lícito ao exequente, nos próprios autos do processo, requerer a satisfação da obrigação à custa do executado ou perdas e danos, hipótese em que se converterá em indenização (CPC/2015, art. 816). O valor das perdas e danos será apurado em liquidação, seguindo-se a execução para cobrança de quantia certa (CPC/2015, art. 816, parágrafo único).

Se a obrigação puder ser satisfeita por terceiro, é lícito ao juiz autorizar, a requerimento do exequente, que aquele a satisfaça à custa do executado. O exequente adiantará as quantias previstas na proposta que, ouvidas as partes, o juiz houver aprovado (CPC/2015, art. 817).

Realizada a prestação, o juiz ouvirá as partes no prazo de 10 dias e, não havendo impugnação, considerará satisfeita a obrigação. Caso haja impugnação, o juiz a decidirá (CPC/2015, art. 818).

Se o terceiro contratado não realizar a prestação no prazo ou se o fizer de modo incompleto ou defeituoso, poderá o exequente requerer ao juiz, no prazo de 15 dias, que o autorize a concluí-la ou a repará-la à custa do contratante. Ouvido o contratante no prazo de 15 dias, o juiz mandará avaliar o custo das despesas necessárias e o condenará a pagá-lo (CPC/2015, art. 819).

Se o exequente quiser executar ou mandar executar, sob sua direção e vigilância, as obras e os trabalhos necessários à realização da prestação, terá preferência, em igualdade de condições de oferta, em relação ao terceiro. O direito de preferência deverá ser exercido no prazo de 5 dias, após aprovada a proposta do terceiro (CPC/2015, art. 820).

Quando se convencionar que o executado a satisfaça pessoalmente a obrigação de fazer, o exequente poderá requerer ao juiz que lhe assine prazo para cumpri-la. Havendo recusa ou mora do executado, sua obrigação pessoal será convertida em perdas e danos, caso em que se observará o procedimento de execução por quantia certa (CPC/2015, art. 821).

Na hipótese de **obrigação de não fazer,** se o executado praticou ato a cuja abstenção estava obrigado por lei ou por contrato, o exequente requererá ao juiz que assine prazo ao executado para desfazê-lo (CPC/2015, art. 822).

Havendo recusa ou mora do executado, o exequente requererá ao juiz que mande desfazer o ato à custa daquele, que responderá por perdas e danos. Não sendo possível desfazer-se o ato, a obrigação resolve-se em perdas e danos, caso em que, após a liquidação, se observará o procedimento de execução por quantia certa (CPC/2015, art. 823).

10. EXECUÇÃO DE CONTRIBUIÇÕES PREVIDENCIÁRIAS

A sentença trabalhista e o acordo trabalhista podem versar sobre:

- verbas indenizatórias; e
- salariais.

As **verbas de natureza indenizatória** (ex., indenização por danos morais, multa do art. 477 da CLT etc.) não se sujeitam à incidência de contribuições sociais. Já as **verbas de natureza salarial** (ex., salário, horas extras etc.) estão submetidas à incidência das contribuições sociais, nos termos art. 28 da Lei nº 8.212/91, pois servem, dentre outros objetivos, para o custeio da previdência social.

Assim, quanto às verbas de natureza salarial a Justiça do Trabalho tem competência para executar de ofício (Cf/88, art. 114, VIII) as contribuições previdenciárias decorrentes das sentenças condenatórias em pecúnia que proferir e aos valores que são objeto dos acordos homologados (CLT, art. 876; Súmula nº 368, I, do TST[66] e Súmula vinculante nº 53 do STF[67]), incluindo também, na sua competência, a execução das contribuições sociais referentes ao seguro de acidente de trabalho (Súmula nº 454 do TST[68]).

Desse modo, as decisões cognitivas ou homologatórias deverão sempre indicar a natureza jurídica das parcelas constantes da condenação ou do acordo homologado (se salariais ou indenizatória), indicando o limite da responsabilidade de cada parte pelo recolhimento da contribuição previdenciária, se for o caso (CLT, art. 832, § 3º).

Cabe destacar que a Lei nº 13.876/19 incluiu os parágrafos 3º-A e 3º-B no art. 832 da CLT declinando que:

> § 3º-A. Para os fins do § 3º deste artigo, salvo na hipótese de o pedido da ação limitar-se expressamente ao reconhecimento de verbas de natureza exclusivamente indenizatória, a parcela referente às verbas de natureza remuneratória não poderá ter como base de cálculo valor inferior:
>
> I - ao salário-mínimo, para as competências que integram o vínculo empregatício reconhecido na decisão cognitiva ou homologatória; ou
>
> II - à diferença entre a remuneração reconhecida como devida na decisão cognitiva ou homologatória e a efetivamente paga pelo empregador, cujo valor total referente a cada competência não será inferior ao salário-mínimo.
>
> § 3º-B Caso haja piso salarial da categoria definido por acordo ou convenção coletiva de trabalho, o seu valor deverá ser utilizado como base de cálculo para os fins do § 3º-A deste artigo.

A interpretação literal desses parágrafos, leva-nos à conclusão de que, havendo pedidos de natureza indenizatória e salarial na inicial, não seria possível firmar

66. **Súmula nº 368 do TST.** Descontos previdenciários. Imposto de renda. Competência. Responsabilidade pelo recolhimento. Forma de cálculo. Fato gerador.I – A Justiça do Trabalho é competente para determinar o recolhimento das contribuições fiscais. A competência da Justiça do Trabalho, quanto à execução das contribuições previdenciárias, limita-se às sentenças condenatórias em pecúnia que proferir e aos valores, objeto de acordo homologado, que integrem o salário de contribuição. (...)
67. **Súmula vinculante nº 53 do STF.** A competência da Justiça do Trabalho prevista no art. 114, VIII, da Constituição Federal alcança a execução de ofício das contribuições previdenciárias relativas ao objeto da condenação constante das sentenças que proferir e acordos por ela homologados.
68. **Súmula nº 454 do TST.** Competência da Justiça do Trabalho. Execução de ofício. Contribuição social referente ao seguro de acidente de trabalho (SAT). Arts. 114, VIII, e 195, I, "A", da Constituição da República. Compete à Justiça do Trabalho a execução, de ofício, da contribuição referente ao Seguro de Acidente de Trabalho (SAT), que tem natureza de contribuição para a seguridade social (arts. 114, VIII, e 195, I, "a", da CF), pois se destina ao financiamento de benefícios relativos à incapacidade do empregado decorrente de infortúnio no trabalho (arts. 11 e 22 da Lei nº 8.212/1991).

acordo sobre verbas exclusivamente indenizatórias, criando-se um patamar mínimo para a base de cálculo das contribuições.

No entanto, esses parágrafos devem ser interpretados à luz do § 3º, do art. 832, da CLT, o qual impõe a discriminação das verbas existentes na condenação ou no acordo. Nada obsta que as partes façam concessões recíprocas e formalizem acordo sobre verbas exclusivamente indenizatórias, como já é reconhecido inclusive pela Súmula nº 67 da AGU.

- **acordo judicial**

No caso de acordo judicial, sendo discriminadas as verbas contempladas no acordo (ex., horas extras e indenização pelo dano moral), as contribuições previdenciárias incidirão sobre as verbas de natureza salarial (no nosso exemplo, sobre as horas extras).

Por outro lado, não havendo discriminação das verbas, a contribuição previdenciária incidirá sobre o valor integral do acordo. Nesse sentido, a OJ nº 368 da SDI-I do TST:

> **Orientação Jurisprudencial nº 368 da SDI-I do TST**. Descontos previdenciários. Acordo homologado em juízo. Inexistência de vínculo empregatício. Parcelas indenizatórias. Ausência de discriminação. Incidência sobre o valor total
>
> É devida a incidência das contribuições para a Previdência Social sobre o valor total do acordo homologado em juízo, independentemente do reconhecimento de vínculo de emprego, desde que não haja discriminação das parcelas sujeitas à incidência da contribuição previdenciária, conforme parágrafo único do art. 43 da Lei nº 8.212, de 24.7.1991, e do art. 195, I, "a", da CF/1988.

Já na hipótese de acordo judicial **sem** reconhecimento do vínculo "é devido o recolhimento da contribuição previdenciária, mediante a alíquota de 20% a cargo do tomador de serviços e de 11% por parte do prestador de serviços, na qualidade de contribuinte individual, sobre o valor total do acordo, respeitado o teto de contribuição" (OJ nº 398 da SDI-I do TST).

Firmado o acordo que contenha parcela indenizatória, a União deverá ser intimada, podendo interpor recurso ordinário quanto aos tributos que lhe forem devidos (CLT, art. 832, § 4º).

A propósito, havendo acordo judicial firmado após o trânsito em julgado da sentença ou após a elaboração dos cálculos de liquidação de sentença, não poderá prejudicar os créditos da União (CLT, art. 832, § 6º). Na hipótese de acordo após o trânsito em julgado, estabelece o TST que "é devida a contribuição previdenciária sobre o valor do acordo celebrado e homologado após o trânsito em julgado de decisão judicial, respeitada a proporcionalidade de valores entre as parcelas de natureza salarial e indenizatória deferidas na decisão condenatória e as parcelas objeto do acordo" (OJ nº 376 da SDI-I do TST).

✦ *Exemplo: Decisão judicial transitada em julgado no valor de R$ 10.000,00, sendo R$ 6.000,00 (60%) de verbas de natureza remuneratória e R$ 4.000,00 (40%) de verba indenizatória. Havendo acordo judicial após o trânsito em julgado no importe de R$ 5.000,00, as partes devem observar a mesma proporção da natureza das parcelas, ou seja, R$ 3.000,00 de verbas remuneratórias (mesmos 60%) e R$ 2.000,00 de verbas indenizatórias (mesmos 40%).*

Consigne-se que ocorrendo o acordo em **execução provisória**, depois da elaboração dos cálculos de liquidação, o C. TST já decidiu que, nesse caso, as contribuições incidirão sobre o valor acordado, não se aplicando a proporcionalidade descrita no parágrafo anterior[69].

- **sentença judicial**

Iniciada a liquidação da sentença, serão abrangidas, nos cálculos, as contribuições previdenciárias devidas (CLT, art. 879, § 1º-A).

Elaborada a conta pela parte ou pelos órgãos auxiliares da Justiça do Trabalho, o juiz procederá à intimação da União para manifestação, no prazo de 10 dias, sob pena de preclusão (CLT, art. 879, § 3º).

Homologados os cálculos, a execução das contribuições previdenciárias seguirá o trâmite da execução trabalhista, previsto na CLT, não havendo inscrição de dívida ativa.

Consigna-se que, embora a decisão condenatória em pecúnia seja obrigada a determinar a natureza das parcelas, pode ocorrer de ela ser omissa. Nesse caso, os descontos devem ser efetuados pelo juízo executório, sem que se alegue ofensa à coisa julgada, pois se trata de matéria de ordem pública. Nesse sentido, a Súmula nº 401 do TST:

> **Súmula nº 401 do TST.** Ação rescisória. Descontos legais. Fase de execução. Sentença exequenda omissa. Inexistência de ofensa à coisa julgada
>
> Os descontos previdenciários e fiscais devem ser efetuados pelo juízo executório, ainda que a sentença exequenda tenha sido omissa sobre a questão, dado o caráter de ordem pública ostentado pela norma que os

69. ***Contribuição previdenciária. Execução provisória. Acordo firmado após a elaboração dos cálculos de liquidação e antes do trânsito em julgado da sentença. Inaplicabilidade da Orientação Jurisprudencial nº 376 da SBDI-I.***
Firmado acordo em sede de execução provisória, após a elaboração dos cálculos em liquidação, mas antes do trânsito em julgado da sentença, as contribuições previdenciárias devem incidir sobre a totalidade do valor acordado, não havendo falar em observância da proporcionalidade entre as parcelas de natureza salarial e aquelas de caráter indenizatório deferidas na decisão condenatória. A aplicabilidade da Orientação Jurisprudencial nº 376 da SBDI-I é restrita às hipóteses de homologação do acordo após o trânsito em julgado da sentença. Com esses fundamentos, a SBDI-I, em sua composição plena, por unanimidade, conheceu do recurso de embargos da União, por divergência jurisprudencial, e, no mérito, por maioria, negou-lhe provimento. Vencido o Ministro João Oreste Dalazen e ressalvado o entendimento do Ministro Brito Pereira. TST-E-RR-264300-36.2002.5.02.0066, SBDI-I, rel. Min. Delaíde Miranda Arantes, 26.9.2013. (Informativo nº 60)

> disciplina. A ofensa à coisa julgada somente poderá ser caracterizada na hipótese de o título exequendo, expressamente, afastar a dedução dos valores a título de imposto de renda e de contribuição previdenciária.

Desse modo, no mandado de citação do executado, para que pague ou garanta a execução, no prazo de 48 horas, sob pena de penhora, deverão ser incluídas as contribuições sociais devidas à União, seguindo-se os demais trâmites da execução de pagar quantia certa de devedor solvente.

> ▶ **ATENÇÃO:**
>
> É facultado ao devedor o pagamento imediato da parte que entender devida à Previdência Social, sem prejuízo da cobrança de eventuais diferenças encontradas na execução *ex officio* (CLT, art. 878-A).

Os recolhimentos das importâncias devidas, referentes às contribuições sociais, serão efetuados nas agências locais da Caixa Econômica Federal ou do Banco do Brasil S.A., por intermédio de documento de arrecadação da Previdência Social, dele se fazendo constar o número do processo (CLT, art. 889-A).

Concedido parcelamento pela Secretaria da Receita Federal do Brasil, o devedor juntará aos autos a comprovação do ajuste, ficando a execução da contribuição social correspondente suspensa até a quitação de todas as parcelas (CLT, art. 889-A, § 1º). As Varas do Trabalho encaminharão mensalmente à Secretaria da Receita Federal do Brasil informações sobre os recolhimentos efetivados nos autos, salvo se outro prazo for estabelecido em regulamento (CLT, art. 889-A, § 2º).

Por fim, cumpre esclarecer que é do **empregador** a responsabilidade pelo recolhimento das contribuições previdenciárias e fiscais, resultante de crédito do empregado oriundo de condenação judicial, devendo ser calculadas, em ambos os casos, mês a mês. Nesse sentido, a Súmula nº 368 do TST:

> **Súmula nº 368 do TST**. Descontos previdenciários. Imposto de renda. Competência. Responsabilidade pelo recolhimento. Forma de cálculo. Fato gerador.
>
> (...)
>
> II – É do empregador a responsabilidade pelo recolhimento das contribuições previdenciárias e fiscais, resultantes de crédito do empregado oriundo de condenação judicial. A culpa do empregador pelo inadimplemento das verbas remuneratórias, contudo, não exime a responsabilidade do empregado pelos pagamentos do imposto de renda devido e da contribuição previdenciária que recaia sobre sua quota-parte.
>
> III – Os descontos previdenciários relativos à contribuição do empregado, no caso de ações trabalhistas, devem ser calculados mês a mês,

> de conformidade com o art. 276, § 4º, do Decreto n º 3.048/1999 que regulamentou a Lei nº 8.212/1991, aplicando-se as alíquotas previstas no art. 198, observado o limite máximo do salário de contribuição.

11. EXECUÇÃO CONTRA A MASSA FALIDA

A decretação de falência ou o deferimento do processamento da recuperação judicial implica, nos termos do art. 6º da Lei nº 11.101/05:

> I – suspensão do curso da prescrição das obrigações do devedor sujeitas ao regime desta Lei;
>
> II – suspensão das execuções ajuizadas contra o devedor, inclusive daquelas dos credores particulares do sócio solidário, relativas a créditos ou obrigações sujeitos à recuperação judicial ou à falência;
>
> III – proibição de qualquer forma de retenção, arresto, penhora, sequestro, busca e apreensão e constrição judicial ou extrajudicial sobre os bens do devedor, oriunda de demandas judiciais ou extrajudiciais cujos créditos ou obrigações sujeitem-se à recuperação judicial ou à falência.

O dispositivo, com redação dada pela Lei nº 14.112/2020, confirmou que a falência gera apenas a suspensão das **execuções.**

Desse modo, havendo condenação de empresa submetida à falência, as ações trabalhistas serão processadas perante a Justiça do Trabalho até a apuração do respectivo crédito, que será inscrito no quadro-geral de credores pelo valor determinado em sentença (Lei nº 11.101/05, art. 6º, § 2º). Noutras palavras, **a Justiça laboral tem competência até a decisão de liquidação**, remetendo-se, posteriormente, a execução ao juízo falimentar para habilitação do crédito.

É interessante atentar para o fato de que, mesmo antes da prolação da sentença de mérito e da decisão de liquidação, o juiz do trabalho, por cautela, poderá solicitar ao juízo falimentar a reserva de numerário que estimar devida para o pagamento dos créditos trabalhistas (Lei nº 11.101/05, art. 6º, § 3º).[70]

Na hipótese de habilitação dos créditos no juízo falimentar, os créditos trabalhistas são considerados privilegiados até o montante de 150 salários-mínimos, não se aplicando esse limite quando decorrentes de acidentes de trabalho.

Consigna-se que os dissídios cuja decisão tiver que ser executada no juízo da falência **têm preferência em todas as fases processuais** (CLT, art. 768).

Por fim, é válido destacar que, nos casos em que a execução é direcionada em face de outras empresas do mesmo grupo econômico da devedora principal

---

70. De acordo com a jurisprudência do STJ, decretada a falência, as execuções contra a falida não podem prosseguir na Justiça do Trabalho, mesmo havendo penhora anterior (CC 130.994/SP, Rel. Ministra NANCY ANDRIGHI, SEGUNDA SEÇÃO, julgado em 13/08/2014, DJe 19/08/2014).

(empresa falida), não se afasta a competência da Justiça do Trabalho, pois eventual constrição não recairá sobre os bens da massa falida, ou seja, da devedora principal, não atraindo, portanto, a competência do juízo universal[71].

12. EXECUÇÃO CONTRA A FAZENDA PÚBLICA

12.1. Introdução

O regime da execução por quantia certa contra a Fazenda Pública é totalmente diferente da execução realizada em face das pessoas físicas e jurídicas de direito privado.

Isso ocorre porque os bens públicos são inalienáveis e, consequentemente, impenhoráveis. Diante disso, a Fazenda Pública não é intimada para pagar ou nomear bens à penhora, mas sim para opor embargos.

Esse regime diferenciado se aplica às pessoas jurídicas de direito público, não tendo incidência, portanto, nas empresas públicas e sociedades de economia mista, por serem pessoas jurídicas de direito privado.

Existem, porém, algumas exceções:

A primeira é a Empresa Brasileira de Correios e Telégrafos (ECT) que, embora seja empresa pública, presta serviço público essencial como entendeu o STF, de modo que é beneficiada pelo regime diferenciado de execução[72]. No mesmo sentido, o item II da OJ 247 da SDI-II do TST:

> II – A validade do ato de despedida do empregado da Empresa Brasileira de Correios e Telégrafos (ECT) está condicionada à motivação, por gozar a empresa do mesmo tratamento destinado à Fazenda Pública em relação à imunidade tributária e à execução por precatório, além das prerrogativas de foro, prazos e custas processuais.

Além disso, tem-se admitido a submissão ao precatório na hipótese de sociedade de economia mista ou empresa pública que seja **prestadora de serviço público em ambiente não concorrencial.** É o caso do Hospital Nossa Senhora da Conceição S.A.[73]

Em resumo, o regime diferenciado é aplicado aos seguintes entes:

---

71. AIRR-1896-90.2014.5.02.0201, Relator Ministro: Antonio José de Barros Levenhagen, Data de Julgamento: 08/02/2017, 5ª Turma, Data de Publicação: DEJT 10/02/2017. Essa matéria, inclusive, foi considerada como de natureza infraconstitucional, sendo afastada a repercussão geral pelo STF (RE 864264 RG, Relator(a): Min. TEORI ZAVASCKI, julgado em 17/03/2016, PROCESSO ELETRÔNICO DJe-067 DIVULG 11-04-2016 PUBLIC 12-04-2016).
72. STF – RE nº 228.484-6. 2ª Turma. Rel. Min. Carlos Veloso, DJ 31.8.2001.
73. TST-E-ED-RR-115400-27.2008.5.04.0008, SBDI-I, rel. Min. Aloysio Corrêa da Veiga, 14.11.2013 (Informativo nº 66); STF-RE 580264 / RS – RIO GRANDE DO SUL. Tribunal Pleno. Redator p/ o acórdão Min. Ayres Brito. Julgamento: 16.12.2010. DJe Divulg 05.10.2011. Public 06.10.2011.

- União;
- estados;
- Distrito Federal;
- municípios;
- autarquias;
- fundações públicas;
- Empresa Brasileira de Correios e Telégrafos (ECT);
- Empresa pública ou sociedade de economia mista que seja prestadora de serviço público **em ambiente não concorrencial.**

► **ATENÇÃO:**

Os débitos dos Conselhos de Fiscalização, em razão de pronunciamento judicial, não se submetem aos regime de precatórios (STF, Tema nº 877 da repercussão geral[59]).

Salienta-se que esse regime diferenciado aplica-se tão somente às execuções por quantia certa, já que as execuções de obrigação de fazer[75], não fazer e entrega de coisa serão processadas da mesma forma que para os demais devedores.

É interessante anotar, ainda, que o regime da execução por quantia certa contra a Fazenda Pública é aplicado, inclusive, quando se estiver diante de título executivo extrajudicial. Nesse sentido, a Súmula nº 279 do STJ:

> **Súmula nº 279 do STJ.** Execução – Título Extrajudicial Contra a Fazenda Pública – Cabimento
>
> É cabível execução por título extrajudicial contra a Fazenda Pública.

Assim, fixado o valor devido, a Fazenda Pública é intimada para opor embargos, no **prazo de 30 dias**[76].

Opostos os embargos, poderão ser alegadas as matérias previstas no art. 535 do CPC/2015.

---

74. Trata-se do RE 938837, julgado pelo Tribunal Pleno em 19.04.2017.
75. Nesse sentido, inclusive, o STF, ao apreciar o tema 45 da Repercussão Geral, fixou a seguinte tese: "a execução provisória de obrigação de fazer em face da Fazenda Pública não atrai o regime constitucional dos precatórios" no RE 573872, julgado pelo Tribunal Pleno em 24.05.2017.
76. STF – ADC-MC 11/DF. Pleno. Rel. Min. Cezar Peluso, DJ 29.6.2007. No mesmo sentido decidiu o TST: *Execução. Prazo para interposição de embargos à execução pela Fazenda Pública. Art. 4º da MP 2.180-35/2001. Declaração incidental de inconstitucionalidade. Efeitos suspensos. ADC 11 pendente de julgamento.*O Tribunal Pleno, por unanimidade, decidiu suspender os efeitos da declaração incidental de inconstitucionalidade formal do art. 4º da Medida Provisória n.º 2.180-35/01, pronunciada nos autos do processo TST-RR-7000-66.1992.5.04.0011, julgado em 4.8.2005, até que o Supremo Tribunal Federal se manifeste em definitivo sobre a matéria nos autos da ADC 11. TST-E-RR-110200-18.2003.5.21.0921, Tribunal Pleno, rel. Min. Renato de Lacerda Paiva, 2.9.2013 (Informativo TST nº 57).

> ▶ **ATENÇÃO:**
>
> Tratando-se de embargos parciais, a parte não questionada pela executada será, desde logo, objeto de cumprimento. (CPC/2015, art. 535, § 4º).

Do julgamento dos embargos, mesmo que desfavoráveis ao ente público, não cabe reexame necessário, sendo cabível o agravo de petição. Isso ocorre porque na linguagem do art. 1º, V, do Decreto-lei 779/69, o cabimento do reexame necessário está dirigido à fase de conhecimento, uma vez que fala em recurso ordinário *ex officio*[77]. Ademais, o art. 496, II, do CPC/2015 permite o reexame apenas quando se trata de embargos à execução decorrente de execução fiscal (quando a Fazenda Pública é credora) e não no caso de execução contra a Fazenda Pública.

Solucionados os embargos, ou não sendo apresentados no prazo legal, o pagamento será realizado de duas formas:

1) precatório; ou

2) requisição de pequeno valor.

> ▶ **IMPORTANTE:**
>
> É válida a penhora em bens de pessoa jurídica de direito privado, realizada anteriormente à sucessão pela União ou por Estado-membro, não podendo a execução prosseguir mediante precatório. A decisão que a mantém não viola o art. 100 da CF/1988 (OJ nº 343 da SDI-I do TST).

12.2. Precatório

Como já anunciado, sendo o devedor pessoa jurídica de direito público, a interferência do Estado-juiz não ocorrerá por meio da penhora, mas, sim, por meio da expedição de precatório, conforme estabelecido no art. 100 da CF/88.

O precatório pode ser visualizado, de forma simples, como uma "fila de espera" dos credores, aguardando o pagamento do Estado.

Trata-se de mecanismo que preserva a igualdade entre os credores da Fazenda Pública, vez que o pagamento deve ser feito na ordem cronológica de apresentação do precatório (CF/88, art. 100, *caput*).

Com efeito, transitada em julgada a decisão, o juiz requisitará o pagamento por intermédio do presidente do tribunal competente (CPC/2015, art. 535, § 3º).

77. LEITE, Carlos Henrique Bezerra. *Curso de direito processual do trabalho*. 9. ed. São Paulo: LTr, 2011. p. 1127-1128.

Melhor explicando, o juízo da execução forma o precatório, encaminhando-o ao presidente do tribunal, onde será autuado e numerado, de acordo com a ordem de chegada.

O presidente do tribunal, no exercício de sua função administrativa, analisa os aspectos formais do precatório, podendo ordenar sua regularização, inclusive corrigir as inexatidões materiais ou de cálculos, seja de ofício ou a requerimento. Tratando-se de requerimento, a OJ nº 2 do Pleno do TST estabelece o que segue:

> **Orientação Jurisprudencial nº 2.** Precatório. Revisão de cálculos. Limites da competência do presidente do TRT.
>
> O pedido de revisão dos cálculos, em fase de precatório, previsto no art. 1º-E da Lei nº 9.494/97, apenas poderá ser acolhido desde que: a) o requerente aponte e especifique claramente quais são as incorreções existentes nos cálculos, discriminando o montante que seria correto, pois do contrário a incorreção torna-se abstrata; b) o defeito nos cálculos esteja ligado à incorreção material ou à utilização de critério em descompasso com a lei ou com o título executivo judicial; e c) o critério legal aplicável ao débito não tenha sido objeto de debate nem na fase de conhecimento, nem na fase de execução.

A decisão do presidente do tribunal, por ter natureza administrativa, não está submetida ao reexame necessário (OJ nº 8 do Pleno do TST). Da mesma forma, não cabe recurso extraordinário contra a decisão proferida no processamento do precatório (Súmula nº 733 do STF).

No entanto, o TST admite a impetração de mandado de segurança contra atos praticados pelos presidentes dos tribunais em precatório (OJ nº 10 do Pleno do TST).

O presidente do tribunal competente que, por ato comissivo ou omissivo, retardar ou tentar frustrar a liquidação regular de precatórios incorrerá em crime de responsabilidade e responderá, também, perante o Conselho Nacional de Justiça (CF/88, art. 100, § 7º).

Assim, encerrados os trâmites administrativos, o presidente do tribunal expedirá o precatório-requisitório ao Poder Executivo, sendo obrigatória a inclusão, no orçamento das entidades de direito público, de verba necessária ao pagamento de seus débitos, oriundos de sentenças transitadas em julgado, constantes de precatórios judiciários (CF/88, art. 100, § 5º).

Atenta-se para o fato de que para os precatórios apresentados até 2 de abril, o pagamento será efetivado até o fim do exercício (ano) seguinte, quando terão seus valores atualizados monetariamente (CF/88, art. 100, § 5º, com redação dada pela EC 114/2021). Já aqueles que forem apresentados depois da referida data serão considerados como apresentados no ano seguinte, para pagamento no exercício posterior. Exemplo:

✦ *O precatório apresentado no dia 5 de março de 2022 será pago até o fim do ano de 2023. Por outro lado, sendo apresentado no dia 5 de abril de 2022, será pago até o fim do ano de 2024.*

12.2.1. Ordem preferencial

Embora o pagamento dos precatórios deva observar a ordem cronológica de apresentação, é assegurado o direito de preferência aos débitos de natureza alimentícia. Isso quer dizer que esses débitos se submetem ao regime do precatório, mas serão pagos com prioridade aos demais (Súmula nº 655 do STF e Súmula nº 144 do STJ). É como se fosse uma espécie de "lista preferencial".

Os débitos de natureza alimentícia compreendem aqueles decorrentes de salários, vencimentos, proventos, pensões e suas complementações, benefícios previdenciários e indenizações por morte ou por invalidez, fundadas em responsabilidade civil, em virtude de sentença judicial transitada em julgado (CF/88, art. 100, § 1º).

Para fins de precatório, a cessão de crédito de natureza alimentícia não implica a alteração de sua natureza, preservando a mesma natureza e sua ordem de preferência após a cessão (Tema 361 de Repercussão Geral – STF)[78].

É interessante observar que dentro da categoria de débitos de natureza alimentícia existe uma preferência no pagamento, qual seja, os débitos de natureza alimentícia cujos titulares, originários ou por sucessão hereditária, tenham 60 anos de idade ou mais ou sejam portadores de doença grave, ou pessoas com deficiência, assim definidos na forma da lei. Esses débitos serão pagos com preferência sobre todos os demais débitos, até o valor equivalente ao triplo do fixado em lei para as requisições de pequeno valor (CF/88, art. 100, § 2°). É como se existisse uma "fila com superpreferência".

Observa-se que o art. 100, § 2º, com redação alterada pela EC nº 94/2016 determina que não apenas os titulares originários do precatório possuem a superpreferência, mas também os titulares por sucessão hereditária. Isso quer dizer que, havendo a morte do credor originário, a prioridade é mantida, ou seja, seus herdeiros também passam a ter a superpreferência[79].

Agora se indaga: em que momento é analisada a idade de 60 anos para que a pessoa passe a ter a superpreferência?

Por força do art. 100, § 2º, da CF/88, a idade era analisada na data da expedição do precatório. Contudo, da data da expedição do precatório e o efetivo pagamento

78. CNJ-Resolução nº 303 de 18/12/2019, art. 42, § 1º.
79. DIDIER JR., Fredie et al. *Curso de Direito Processual Civil – vol. 5: execução*. 7. ed. Salvador: Editora Juspodivm, 2017. p. 684.

poderá passar um longo tempo. Desse modo, o STF, na ADIN 4357, declarou a inconstitucionalidade da expressão "na data de expedição do precatório", constante no § 2º do art. 100 da CF/88. O C. STF entendeu que esta limitação até a data da expedição do precatório viola o princípio da igualdade, de modo que esta preferência deve ser estendida a todos os credores que completem 60 anos de idade enquanto estiver aguardando o pagamento do precatório de natureza alimentícia. Desse modo, a redação do art. 100, § 2º, da CF/88 foi alterada pela Emenda Constitucional nº 94/2016, excluindo-se a expressão "na data da expedição do precatório".

Salienta-se que é admitido o fracionamento para essa finalidade, sendo o restante pago na ordem cronológica de apresentação do precatório (CF/88, art. 100, § 2º). Exemplo:

> ✦ *Suponhamos que o triplo da requisição de pequeno valor para determinado ente público seja 90 salários-mínimos e a condenação foi no valor de 100 salários-mínimos, referente a débitos de natureza alimentícia de titular com mais de 60 anos. Nesse caso, ele poderá receber, preferencialmente, os 90 salários-mínimos, ficando o restante (10 salários-mínimos) na ordem de pagamento dos demais créditos trabalhistas.*

Desse modo, e acompanhando as diretrizes do art. 107-A do ADCT (incluído pela EC 114/21) podemos definir que os precatórios serão pagos na seguinte ordem de preferência, desde que observada a ordem cronológica em cada categoria:

1º) débitos de natureza alimentícia para titular, originário ou por sucessão hereditária, com 60 anos ou mais ou portadores de doença grave ou pessoas com deficiência até 3x o valor da RPV;

2º) demais precatórios de natureza alimentícia até 3x o valor do RPV;

3º) demais débitos de natureza alimentícia;

4º) débitos de outras naturezas (comuns).

12.2.2. *Preterição e não inclusão no orçamento*

Como dito, o precatório deve, obrigatoriamente, ser incluído no orçamento das entidades de direito público, atendendo à ordem cronológica de apresentação para pagamento.

Não sendo observado tal regramento e havendo requerimento do credor, será sequestrada a quantia respectiva (CF/88, art. 100, § 6º), determinando o presidente do tribunal o pagamento imediato, inclusive utilizando-se do SISBAJUD.

O TST, na OJ nº 3 do Tribunal Pleno, declina que o sequestro somente será cabível no caso de preterição, isto é, quando o pagamento for feito fora da ordem cronológica de apresentação. Desse modo, não admite o sequestro na hipótese de não inclusão (alocação) no orçamento. Contudo, com o advento da EC nº 62/09, o art. 100, § 6º da Constituição Federal passou a prever, expressamente, que a não alocação orçamentária do valor necessário a satisfazer o débito também dá ensejo ao sequestro.

Portanto, atualmente, pensamos que o sequestro será deferido em duas hipóteses:

1) quando houver preterimento do direito de precedência do credor;

2) no caso de não alocação orçamentária do valor necessário à satisfação do seu débito.

Desse modo, todas outras hipóteses, como, por exemplo, o não pagamento de precatório, não ensejarão o sequestro, mas, no máximo, a intervenção federal ou estadual, nos termos do art. 34, V, "a", da CF/88.

Salienta-se que o sequestro depende de requerimento do credor.

Ademais, na hipótese de quebra da ordem de preferência, o TST prevê que somente tem legitimidade para tal requerimento o credor que se encontrar em primeiro lugar na lista de ordem cronológica para pagamento (OJ nº 13 do Pleno do TST).

12.3. Requisição de pequeno valor

O regime de precatório, estudado no tópico anterior, não se aplica aos pagamentos de obrigações de pequeno valor, decorrentes de sentença judicial transitada em julgado (CF/88, art. 100, § 3º). Nesse caso, aplica-se a requisição de pequeno valor (RPV).

O significado de pequeno valor leva em conta cada ente público, sendo definido da seguinte forma:

▶ UNIÃO	até 60 salários-mínimos (Lei nº 10.259/01, art. 17, § 1º)
▶ ESTADOS E DISTRITO FEDERAL	até 40 salários-mínimos (ADCT, art. 87, I)
▶ MUNICÍPIOS	até 30 salários-mínimos (ADCT, art. 87, II)

Contudo, admitiu-se que as entidades de direito público, anunciadas no quadro anterior, no prazo de 180 dias, contados da publicação da EC 62/09, fixassem, por meio de leis próprias, valores distintos, segundo as diferentes capacidades econômicas, sendo o mínimo igual ao valor do maior benefício do regime geral de previdência social (CF, art. 100, § 4º e ADCT, art. 97, § 12).

Salienta-se que, tratando-se de reclamações trabalhistas plúrimas (litisconsórcio ativo), a aferição do que vem a ser obrigação de pequeno valor deve ser realizada considerando-se os créditos de cada reclamante e não o valor global da reclamação (OJ nº 9 do Pleno do TST). Esse mesmo entendimento deve ser aplicado na ação coletiva ajuizada por sindicato na condição de substituto processual. De acordo com o C. TST e o E. STF tanto na reclamação plúrima como na ação civil coletiva os titulares do crédito são os trabalhadores individualmente considerados, razão pela qual o enquadramento do débito como obrigação de pequeno valor deve ser realizado levando-se em conta os créditos de cada trabalhador beneficiado[80].

Assim, se o valor do débito ultrapassar os valores indicados anteriormente, o pagamento será feito por meio de precatório.

Nessa hipótese, fica **vedado** o fracionamento, repartição ou quebra do valor da execução, para que uma parte integre a requisição de pequeno valor, e a outra parte seja paga por meio do precatório (CF/88, art. 100, § 8º).

No entanto, é facultada à parte exequente a renúncia ao crédito do valor excedente, para que possa optar pelo pagamento do saldo sem o precatório (ADCT, art. 87, parágrafo único). Exemplo:

> ✦ *O município X foi condenado a pagar 40 salários-mínimos. O exequente não poderá fracionar seu crédito para receber 30 salários-mínimos por meio da RPV e 10 salários-mínimos pelo precatório. Pode, no entanto, renunciar aos 10 salários-mínimos e receber apenas 30 salários-mínimos pela RPV.*

No caso de requisição de pequeno valor, a Fazenda Pública é intimada diretamente pelo juiz, na pessoa de quem o ente público foi citado para o processo, para o pagamento do valor no prazo de 2 meses contado da entrega da requisição, mediante depósito na agência de banco oficial mais próxima da residência do exequente (CPC/2015, art. 535, § 3º, II).

Decorrido o prazo de 2 meses, sem o efetivo depósito, o juiz determinará a ordem de sequestro de numerário suficiente para a satisfação da dívida. Nesse caso, o sequestro independe de requerimento.

80. TST-RO-50-41.2015.5.05.0000, SBDI-II, rel. Min. Douglas Alencar Rodrigues, 19.4.2016 (Informativo nº 133 do TST); TST-ReeNec e RO-118-88.2015.5.05.0000, Tribunal Pleno, rel. Min. Maria de Assis Calsing, 27.6.2016 (Informativo nº 139 do TST).

13. QUESTÕES DISSERTATIVAS E ESTUDOS DE CASO

Questão 1

Quais as diferenças entre a execução provisória e a execução definitiva? No processo do trabalho, a execução provisória tem alguma peculiaridade?

Resposta sugerida pelo autor

A execução pode ser definitiva ou provisória.

A execução definitiva é a que decorre de sentença transitada em julgado, podendo ir até a satisfação integral do exequente.

Por outro lado, a execução provisória é aquela embasada em título provisório, ou seja, passível de modificação por meio de recurso com efeito meramente devolutivo.

No processo do trabalho, o artigo 899 da CLT permite a execução provisória até a penhora. Parte da doutrina (majoritária) interpreta o dispositivo de modo a considerar que até a penhora significa que a execução provisória irá até a garantia do juízo, com a apreciação de todos os incidentes da penhora, como, por exemplo, os embargos à execução e o eventual agravo de petição. Outra parcela (minoritária) entende que até a penhora permite que apenas seja feita a constrição (penhora) do bem.

É interessante observar que a doutrina mais abalizada tem admitido a aplicação do art. 520 do CPC/2015 na seara trabalhista, de modo que a execução provisória poderá prosseguir até o levantamento do dinheiro ou atos de alienação de propriedade, desde que, nesses casos, haja caução suficiente e idônea prestada pelo exequente, arbitrada de plano pelo juiz e prestada nos próprios autos (inciso IV). A propósito, em determinados casos, não haverá nem mesmo a necessidade de caução, como prevê o art. 521 do CPC/2015.

É válido destacar que a execução provisória depende de iniciativa do exequente, não podendo ser iniciada de ofício. Isso acontece porque ela corre por conta e responsabilidade do exequente, que se obriga, se a sentença for reformada, a reparar os danos que o executado haja sofrido (CPC/2015, artigo 520, I).

Questão 2

A prescrição intercorrente é aplicada ao processo do trabalho?

Resposta sugerida pelo autor

Antes da Lei nº 13.467/2017, muito se discutia acerca da aplicação da prescrição intercorrente ao processo do trabalho.

O Supremo Tribunal Federal, na época em que julgava matéria infraconstitucional trabalhista, declinou por meio da Súmula nº 327 que "o direito trabalhista admite a prescrição intercorrente".

O TST, por sua vez, sedimentou entendimento no sentido de não admitir a prescrição intercorrente na seara trabalhista, nos termos da Súmula nº 114.

A Lei nº 13.467/2017 (Reforma Trabalhista) pôs fim à divergência, inclusive resultando na superação da supracitada súmula, ao acrescentar à CLT, o art. 11-A, dispondo que ocorre a prescrição intercorrente no processo do trabalho no prazo de 2 anos. De acordo com o dispositivo, o termo inicial ocorre quando o exequente deixa de cumprir determinação judicial, ocorrendo sempre na fase de execução. Além disso, a prescrição intercorrente decorre de requerimento ou pode ser declarada de ofício, podendo ser declarada em qualquer grau de jurisdição.

Questão 3

No processo do trabalho, é possível a penhora sobre parte da renda de estabelecimento comercial? Se afirmativa a resposta, em quais as hipóteses?

Resposta sugerida pelo autor

O art. 835 do CPC/2015 admite, em seu inciso X, a penhora de "percentual do faturamento de empresa devedora". No mesmo sentido, prevê a OJ n° 93 da SDI-II do TST. Referida OJ está em consonância com o art. 866 do CPC/2015, o qual dispõe que "se o executado não tiver outros bens penhoráveis ou se, tendo-os, esses forem de difícil alienação ou insuficientes para saldar o crédito executado, o juiz poderá ordenar a penhora de percentual de faturamento de empresa".

A partir do entendimento do C. TST e do dispositivo do CPC/2015, observa-se que a penhora sobre parte da renda de estabelecimento comercial apenas é **permitida de forma residual** (subsidiária), ou seja, quando: a) o executado não tiver outros bens penhoráveis ou; b) tendo outros bens, eles forem de difícil alienação ou insuficientes para saldar o valor do crédito executado.

Na fixação do percentual, o art. 866, § 1º, do CPC/2015, determina que o juiz propicie a satisfação do crédito exequendo em tempo razoável, mas não poderá tornar inviável o exercício da atividade empresarial.

Cabe destacar que nessa modalidade de penhora, o juiz deverá nomear administrador-depositário, o qual submeterá à aprovação judicial a forma de sua atuação e prestará contas mensalmente, entregando em juízo as quantias recebidas, com os respectivos balancetes mensais, a fim de serem imputadas no pagamento da dívida (CPC/2015, art. 866, § 2º).

Estudo de caso 1

Maura foi empregada doméstica durante cinco anos na residência da família Pedrosa. Ao ser dispensada, ela ajuizou reclamação trabalhista, a qual foi julgada procedente, tendo o pedido transitado em julgado. Iniciada a execução, não foi encontrado qualquer bem que pudesse satisfazer o débito total ou parcialmente, exceto o imóvel de residência da família Pedrosa. Requerida a penhora do imóvel, o pedido foi deferido pelo juiz, julgando em seguida improcedentes os embargos à execução opostos pela advogada da família Pedrosa.

Diante do caso exposto, a decisão do juiz está em consonância com o ordenamento jurídico? É cabível recurso dessa decisão?

Resposta sugerida pelo autor

A decisão do juiz que deferiu a penhora do imóvel de residência da família Pedrosa não está em consonância com o disposto na Lei nº 8.009/90, em especial no artigo 1º, o qual prevê que o devedor não pode ser privado de seu bem de família, ou seja, o imóvel residencial próprio do casal, ou da entidade familiar, é impenhorável e não responderá por qualquer tipo de dívida civil, comercial, fiscal, previdenciária, trabalhista ou de outra natureza, contraída pelos cônjuges ou pelos pais ou filhos que sejam seus proprietários e nele residam. Trata-se de norma que busca resguardar a dignidade do devedor.

Antes da LC nº 150/15, que dispõe sobre o contrato de trabalho doméstico, a impenhorabilidade do bem de família não poderia ser arguida em razão dos créditos de trabalhadores da própria residência e das respectivas contribuições previdenciárias (art. 3º, I). Com o advento da referida Lei Complementar, o art. 3º, I, da Lei 8.009/90 foi revogado, de modo que, a partir de agora, o bem de família é impenhorável, inclusive para os créditos de trabalhadores da própria residência e das respectivas contribuições previdenciárias, contemplando a igualdade de direitos entre os empregados celetistas e o empregado doméstico (LC nº 150/15, art. 46).

Dessa forma, tratando de decisão proferida na fase de execução, será cabível o agravo de petição (CLT, art. 897, "a") para que a penhora realizada seja anulada e a residência da família Pedrosa seja considerada como impenhorável.

14. TESES VINCULANTES DO TST

Tese 04 do TST. A multa coercitiva do art. 523, § 1º, do CPC de 2015 (art. 475-J do CPC de 1973) não é compatível com as normas vigentes da CLT por que se rege o Processo do Trabalho, ao qual não se aplica.
Tese 131 do TST. Proferida sentença líquida, impugnações quanto aos critérios de liquidação ou aos valores expressamente fixados deverão ser deduzidas no recurso ordinário interposto à decisão, sob pena de preclusão.
Tese 174. A decisão de julgamento da impugnação e homologação dos cálculos de liquidação tem natureza interlocutória, sendo irrecorrível de imediato (art. 893, § 1º, da CLT).
Tese 133 do TST. A constatação do inadimplemento do devedor principal autoriza o redirecionamento da execução para o subsidiário independentemente do exaurimento da execução contra o obrigado principal e seus sócios, salvo na hipótese de indicação de bens do devedor principal que efetiva e comprovadamente bastem para satisfazer integralmente a execução.
Tese 81 do TST. A prestação de serviços terceirizados a uma pluralidade de tomadores não afasta a responsabilidade subsidiária, bastando a constatação de que se beneficiaram dos serviços prestados.
Tese 75 do TST. Na vigência do Código de Processo Civil de 2015, é válida a penhora dos rendimentos (CPC, art. 833, inciso IV) para satisfação de crédito trabalhista, desde que observado o limite máximo de 50% dos rendimentos líquidos e garantido o recebimento de, pelo menos, um salário mínimo legal pelo devedor.
Tese 156. É lícita a expedição de ofícios a órgãos e autoridades competentes, bem como a consulta a bancos de dados e sistemas eletrônicos de informação oficiais, visando à obtenção de informações sobre os rendimentos penhoráveis do executado, devendo ser observados, para a constrição, os parâmetros e limites indicados na tese vinculante do IRR Tema nº 75.
Tese 185. O reconhecimento da impenhorabilidade do único bem imóvel familiar alugado a terceiros, pelo enquadramento como bem de família, depende da comprovação de que a renda obtida com a locação é utilizada para a subsistência ou custeio de outra moradia do executado ou de sua família
Tese 144 do TST. A decisão que rejeita a exceção de pré-executividade, sempre que se revestir de natureza interlocutória, é irrecorrível de imediato, à luz do disposto no art. 893, § 1º, da CLT.
Tese 159. A exigência de garantia integral da dívida na fase de execução (art. 884 da CLT) se aplica às empresas em recuperação judicial, dela dependendo o conhecimento dos embargos do devedor e os recursos subsequentes interpostos na fase de execução.

15. SÚMULAS E ORIENTAÇÕES JURISPRUDENCIAIS DO TST

▶ EXECUÇÃO TRABALHISTA
Penhora
Orientação jurisprudencial nº 343 da SDI-I do TST. Penhora. Sucessão. art. 100 da CF/1988. Execução É válida a penhora em bens de pessoa jurídica de direito privado, realizada anteriormente à sucessão pela União ou por Estado-membro, não podendo a execução prosseguir mediante precatório. A decisão que a mantém não viola o art. 100 da CF/1988.
Súmula nº 417 do TST. Mandado de Segurança. Penhora em dinheiro. I - Não fere direito líquido e certo do impetrante o ato judicial que determina penhora em dinheiro do executado para garantir crédito exequendo, pois é prioritária e obedece à gradação prevista no art. 835 do CPC de 2015 (art. 655 do CPC de 1973). II - Havendo discordância do credor, em execução definitiva, não tem o executado direito líquido e certo a que os valores penhorados em dinheiro fiquem depositados no próprio banco, ainda que atenda aos requisitos do art. 840, I, do CPC de 2015 (art. 666, I, do CPC de 1973).
OJ nº 59 da SDI-II do TST. Mandado de segurança. Penhora. Carta de fiança bancária. Seguro garantia judicial. A carta de fiança bancária e o seguro garantia judicial, desde que em valor não inferior ao do débito em execução, acrescido de trinta por certo, equivalem a dinheiro para efeito da gradação dos bens penhoráveis, estabelecida no art. 835 do CPC de 2015 (art. 655 do CPC de 1973).
Orientação Jurisprudencial nº 153 da SDI-II do TST. Mandado de segurança. Execução. Ordem de penhora sobre valores existentes em conta salário. Art. 649, IV, do CPC de 1973. Ilegalidade. Ofende direito líquido e certo decisão que determina o bloqueio de numerário existente em conta salário, para satisfação de crédito trabalhista, ainda que seja limitado a determinado percentual dos valores recebidos ou a valor revertido para fundo de aplicação ou poupança, visto que o art. 649, IV, do CPC de 1973 contém norma imperativa que não admite interpretação ampliativa, sendo a exceção prevista no art. 649, § 2º, do CPC de 1973 espécie e não gênero de crédito de natureza alimentícia, não englobando o crédito trabalhista.
Orientação Jurisprudencial nº 93 da SDI-II do TST. Penhora sobre parte da renda de estabelecimento comercial. Possibilidade. Nos termos do art. 866 do CPC de 2015, é admissível a penhora sobre a renda mensal ou faturamento de empresa, limitada a percentual, que não comprometa o desenvolvimento regular de suas atividades, desde que não haja outros bens penhoráveis ou, havendo outros bens, eles sejam de difícil alienação ou insuficientes para satisfazer o crédito executado.
Orientação Jurisprudencial nº 226 da SDI-I do TST. Crédito trabalhista. Cédula de crédito rural. Cédula de crédito industrial. Penhorabilidade Diferentemente da cédula de crédito industrial garantida por alienação fiduciária, na cédula rural pignoratícia ou hipotecária o bem permanece sob o domínio do devedor (executado), não constituindo óbice à penhora na esfera trabalhista. (Decreto-Lei nº 167/67, art. 69; CLT, arts. 10 e 30 e Lei nº 6.830/80).

Depositário
Orientação Jurisprudencial nº 143 da SDI-II do TST. "Habeas corpus". Penhora sobre coisa futura e incerta. Prisão. Depositário infiel Não se caracteriza a condição de depositário infiel quando a penhora recair sobre coisa futura e incerta, circunstância que, por si só, inviabiliza a materialização do depósito no momento da constituição do paciente em depositário, autorizando-se a concessão de "habeas corpus" diante da prisão ou ameaça de prisão que sofra.
Orientação Jurisprudencial nº 89 da SDI-II do TST. "Habeas corpus". Depositário. Termo de depósito não assinado pelo paciente. Necessidade de aceitação do encargo. Impossibilidade de prisão civil A investidura no encargo de depositário depende da aceitação do nomeado que deve assinar termo de compromisso no auto de penhora, sem o que, é inadmissível a restrição de seu direito de liberdade.
Embargos de terceiros
Súmula nº 419 do TST. Competência. Embargos de Terceiro. Execução por carta precatória. Juízo deprecado. Na execução por carta precatória, os embargos de terceiro serão oferecidos no juízo deprecado, salvo se indicado pelo juízo deprecante o bem constrito ou se já devolvida a carta (art. 676, parágrafo único, do CPC de 2015).
Orientação Jurisprudencial nº 54 da SDI-II do TST. Mandado de segurança. Embargos de terceiro. Cumulação. Penhora. Incabível Ajuizados embargos de terceiro (art. 674 do CPC de 2015 – art. 1046 do CPC de 1973) para pleitear a desconstituição da penhora, é incabível a interposição de mandado de segurança com a mesma finalidade.
Contribuições previdenciárias e Imposto de Renda
Súmula nº 368 do TST. Descontos previdenciários. Imposto de renda. Competência. Responsabilidade pelo recolhimento. Forma de cálculo. Fato gerador. I – A Justiça do Trabalho é competente para determinar o recolhimento das contribuições fiscais. A competência da Justiça do Trabalho, quanto à execução das contribuições previdenciárias, limita-se às sentenças condenatórias em pecúnia que proferir e aos valores, objeto de acordo homologado, que integrem o salário de contribuição. II – É do empregador a responsabilidade pelo recolhimento das contribuições previdenciárias e fiscais, resultantes de crédito do empregado oriundo de condenação judicial. A culpa do empregador pelo inadimplemento das verbas remuneratórias, contudo, não exime a responsabilidade do empregado pelos pagamentos do imposto de renda devido e da contribuição previdenciária que recaia sobre sua quota-parte. III – Os descontos previdenciários relativos à contribuição do empregado, no caso de ações trabalhistas, devem ser calculados mês a mês, de conformidade com o art. 276, § 4º, do Decreto n º 3.048/1999 que regulamentou a Lei nº 8.212/1991, aplicando-se as alíquotas previstas no art. 198, observado o limite máximo do salário de contribuição. IV – Considera-se fato gerador das contribuições previdenciárias decorrentes de créditos trabalhistas reconhecidos ou homologados em juízo, para os serviços prestados até 4.3.2009, inclusive, o efetivo pagamento das verbas, configurando-se a mora a partir do dia dois do mês seguinte ao da liquidação (art. 276, "caput", do Decreto nº 3.048/1999). Eficácia não retroativa da alteração legislativa promovida pela Medida Provisória nº 449/2008, posteriormente convertida na Lei nº 11.941/2009, que deu nova redação ao art. 43 da Lei nº 8.212/91.

V – Para o labor realizado a partir de 5.3.2009, considera-se fato gerador das contribuições previdenciárias decorrentes de créditos trabalhistas reconhecidos ou homologados em juízo a data da efetiva prestação dos serviços. Sobre as contribuições previdenciárias não recolhidas a partir da prestação dos serviços incidem juros de mora e, uma vez apurados os créditos previdenciários, aplica-se multa a partir do exaurimento do prazo de citação para pagamento, se descumprida a obrigação, observado o limite legal de 20% (art. 61, § 2º, da Lei nº 9.460/96).
VI – O imposto de renda decorrente de crédito do empregado recebido acumuladamente deve ser calculado sobre o montante dos rendimentos pagos, mediante a utilização de tabela progressiva resultante da multiplicação da quantidade de meses a que se refiram os rendimentos pelos valores constantes da tabela progressiva mensal correspondente ao mês do recebimento ou crédito, nos termos do art. 12-A da Lei nº 7.713, de 22/12/1988, com a redação conferida pela Lei nº 13.149/2015, observado o procedimento previsto nas Instruções Normativas da Receita Federal do Brasil.

Súmula nº 454 do TST. Competência da justiça do trabalho. Execução de ofício. Contribuição social referente ao seguro de acidente de trabalho (SAT). Arts. 114, VIII, e 195, I, "a", da Constituição da República
Compete à Justiça do Trabalho a execução, de ofício, da contribuição referente ao Seguro de Acidente de Trabalho (SAT), que tem natureza de contribuição para a seguridade social (arts. 114, VIII, e 195, I, "a", da CF), pois se destina ao financiamento de benefícios relativos à incapacidade do empregado decorrente de infortúnio no trabalho (arts. 11 e 22 da Lei nº 8.212/1991).

Orientação Jurisprudencial nº 368 da SDI-I do TST. Descontos previdenciários. Acordo homologado em juízo. Inexistência de vínculo empregatício. Parcelas indenizatórias. Ausência de discriminação. Incidência sobre o valor total
É devida a incidência das contribuições para a Previdência Social sobre o valor total do acordo homologado em juízo, independentemente do reconhecimento de vínculo de emprego, desde que não haja discriminação das parcelas sujeitas à incidência da contribuição previdenciária, conforme parágrafo único do art. 43 da Lei nº 8.212, de 24.07.1991, e do art. 195, I, "a", da CF/1988.

Orientação Jurisprudencial nº 398 da SDI-I do TST. Contribuição previdenciária. Acordo homologado em juízo sem reconhecimento de vínculo de emprego. Contribuinte individual. Recolhimento da alíquota de 20% a cargo do tomador e 11% a cargo do prestador de serviços
Nos acordos homologados em juízo em que não haja o reconhecimento de vínculo empregatício, é devido o recolhimento da contribuição previdenciária, mediante a alíquota de 20% a cargo do tomador de serviços e de 11% por parte do prestador de serviços, na qualidade de contribuinte individual, sobre o valor total do acordo, respeitado o teto de contribuição. Inteligência do § 4º do art. 30 e do inciso III do art. 22, todos da Lei nº 8.212, de 24.07.1991.

Orientação Jurisprudencial nº 376 da SDI-I do TST. Contribuição previdenciária. Acordo homologado em juízo após o trânsito em julgado da sentença condenatória. Incidência sobre o valor homologado
É devida a contribuição previdenciária sobre o valor do acordo celebrado e homologado após o trânsito em julgado de decisão judicial, respeitada a proporcionalidade de valores entre as parcelas de natureza salarial e indenizatória deferidas na decisão condenatória e as parcelas objeto do acordo.

Súmula nº 401 do TST. Ação rescisória. Descontos legais. Fase de execução. Sentença exequenda omissa. Inexistência de ofensa à coisa julgada Os descontos previdenciários e fiscais devem ser efetuados pelo juízo executório, ainda que a sentença exequenda tenha sido omissa sobre a questão, dado o caráter de ordem pública ostentado pela norma que os disciplina. A ofensa à coisa julgada somente poderá ser caracterizada na hipótese de o título exeqüendo, expressamente, afastar a dedução dos valores a título de imposto de renda e de contribuição previdenciária.
Orientação Jurisprudencial nº 400 da SDI-I do TST. Imposto de renda. Base de cálculo. Juros de mora. Não integração. Art. 404 do Código Civil Brasileiro Os juros de mora decorrentes do inadimplemento de obrigação de pagamento em dinheiro não integram a base de cálculo do imposto de renda, independentemente da natureza jurídica da obrigação inadimplida, ante o cunho indenizatório conferido pelo art. 404 do Código Civil de 2002 aos juros de mora.

QUESTÕES

CAPÍTULOS XVII E XVIII

1. QUESTÕES COM GABARITO COMENTADO

01. (FCC- 2022 – TRT 14- Analista Judiciário – Área Judiciária) Na execução trabalhista em que é executada a Creche Abraça Coração, entidade filantrópica, o Juiz do Trabalho homologou os cálculos de liquidação do exequente no valor de R$ 10.000,00. Após fazer uso do bloqueio on-line de contas, foi penhorado o valor de R$ 1.000,00, tendo interesse a executada em interpor embargos à execução. De acordo com a CLT, a

a) executada poderá interpor os embargos à execução imediatamente, pois a exigência da garantia da execução ou penhora de bens no valor do débito não se aplica às entidades filantrópicas.
b) executada poderá interpor os embargos à execução imediatamente, desde que faça um depósito judicial ou nomeie bens à penhora no valor dos R$ 9.000,00 faltantes para garantia da execução.
c) exequente deve informar ao Juízo meios para prosseguimento da execução e perseguir a constrição dos R$ 9.000,00 faltantes e, somente após ter conseguido, a executada poderá ingressar com os embargos à execução.
d) executada poderá ingressar com os embargos à execução imediatamente em relação à penhora dos R$ 1.000,00. Havendo, porventura, a penhora de novos valores ou bens, deverá ingressar com novos embargos à execução.
e) executada poderá interpor os embargos à execução imediatamente, desde que faça um depósito judicial ou nomeie bens à penhora no valor de R$ 4.000,00, uma vez que as entidades filantrópicas devem garantir a execução na porcentagem de 50% do valor do débito.

COMENTÁRIOS

Gabarito letra "A" – Como regra geral, a apresentação de embargos à execução exige a garantia do juízo. No entanto, a CLT excetua tal obrigação às entidades filantrópicas: *Art. 884 – Garantida a execução ou penhorados os bens, terá o executado 5 (cinco) dias para apresentar embargos, cabendo igual prazo ao exeqüente para impugnação. § 6º. A exigência da garantia ou penhora não se aplica às entidades filantrópicas e/ou àqueles que compõem ou compuseram a diretoria dessas instituições.*

02. (FCC – 20222 – TRT 5 -Analista Judiciário – Área Judiciária) No processo de execução no Processo do Trabalho, após a elaboração da conta de liquidação, é I do juízo abrir às partes prazo II de I I I dias para impugnação fundamentada. Com base no que prevê a Consolidação das Leis do Trabalho, as lacunas I, II e III se preenchem correta e respectivamente com

a) dever – comum – 5
b) faculdade – comum – 10
c) dever – comum – 8
d) dever – sucessivo – 8
e) faculdade – sucessivo – 10

COMENTÁRIOS

Gabarito letra "C": Para responder à questão, o candidato deveria estar atento à literalidade

▸ QUESTÕES DE CONCURSOS

da lei (CLT): Art. 879 -§ 2º Elaborada a conta e tornada líquida, o juízo **deverá** abrir às partes prazo **comum** de **oito** dias para impugnação fundamentada com a indicação dos itens e valores objeto da discordância, sob pena de preclusão.

03. **(FCC - TRT11/2017 - Oficial de Justiça Avaliador)** No tocante à liquidação de sentença, em regra, de acordo com a Consolidação das Leis do Trabalho, é certo que

a) a liquidação não abrangerá o cálculo das contribuições previdenciárias devidas, que deverá ser executada de forma independente em razão da natureza do crédito.
b) elaborada a conta e tornada líquida, o Juiz poderá abrir às partes prazo comum de 10 dias para impugnação fundamentada com a indicação dos itens e valores objeto da discordância, sob pena de preclusão.
c) na liquidação, pode-se modificar a sentença liquidanda bem como discutir matéria pertinente à causa principal.
d) tratando-se de cálculos de liquidação complexos, o juiz deverá nomear perito para a elaboração e fixará, depois da conclusão do trabalho, o valor dos respectivos honorários com observância, entre outros, do teto de três salários mínimos regionais.
e) elaborada a conta pela parte ou pelos órgãos auxiliares da Justiça do Trabalho, o juiz procederá à intimação da União para manifestação, no prazo de dez dias, sob pena de preclusão.

COMENTÁRIOS

Alternativa "e" – Correta: Segundo o §3º do art. 879 da CLT, "elaborada a conta pela parte ou pelos órgãos auxiliares da Justiça do Trabalho, o juiz procederá à intimação da União para manifestação, no prazo de 10 (dez) dias, sob pena de preclusão".

04. **(FCC – Analista Judiciário: Área Judiciária – TRT15/2018)** Em reclamação trabalhista na qual foi proferida sentença ilíquida, o juiz determinou que o reclamante apresentasse os cálculos de liquidação, com indicação da contribuição previdenciária incidente. Após apresentação dos cálculos pelo reclamante, o juiz concedeu prazo de 10 dias para o reclamado apresentar seus cálculos. Diante da divergência entre os valores apresentados pelas partes, o juiz nomeou perito contábil para elaboração da conta de liquidação. Entendendo corretos os cálculos elaborados pelo perito, o juiz homologou os mesmos e determinou a citação do executado para pagamento do crédito em 48 horas, sob pena de execução. Considerando as disposições legais, o juiz

a) agiu corretamente, porque as contas foram elaboradas por perito contábil, não sendo necessário dar vistas às partes, até porque as mesmas já apresentaram seus cálculos.
b) não agiu corretamente, porque deveria obrigatoriamente conferir vista dos cálculos às partes, no prazo sucessivo de 8 dias para impugnação fundamentada com a indicação dos itens e valores objeto da discordância, sob pena de preclusão.
c) agiu corretamente, por ter amplo poder de direção e controle do processo, estando sua decisão amparada por norma cogente, que o autoriza expressamente a agir desse modo.
d) não agiu corretamente, porque deveria obrigatoriamente conferir vista dos cálculos às partes, no prazo comum de 8 dias para impugnação fundamentada com a indicação dos itens e valores objeto da discordância, sob pena de preclusão.
e) agiu corretamente, pois tem a faculdade de conferir vista dos cálculos às partes, no prazo de 8 dias para impugnação fundamentada com a indicação dos itens e valores objeto da discordância, sob pena de preclusão, mas não obrigação de fazê-lo.

COMENTÁRIOS

Alternativa correta: letra "d"

Elaborada a conta, seja pelas partes, seja pelo contador do juízo, o juiz viabilizará o contraditório prévio na liquidação, intimando as partes para manifestação devidamente fundamentada, no prazo comum de 8 dias, com a indicação dos itens e valores que são objeto da discordância, sob pena de preclusão. Em seguida, o juiz homologará a conta de liquidação (art. 879, § 2º, da CLT).

05. (FCC/2018 - TRT 6ª Região - Oficial de Justiça Avaliador) Considere as afirmações abaixo acerca da liquidação e execução de sentença no processo do trabalho, conforme previsão na CLT.

I. A execução no processo do trabalho será sempre promovida por iniciativa das partes em qualquer hipótese, por determinação legal.

II. Elaborada a conta e tornada líquida, o juízo poderá abrir às partes prazo sucessivo de 8 dias para impugnação fundamentada, sob pena de preclusão.

III. A atualização dos créditos decorrentes de condenação judicial será feita pela Taxa Referencial (TR), divulgada pelo Banco Central do Brasil.

IV. Tratando-se de execução de valores superiores a 40 salários mínimos, o juiz deverá nomear perito para a elaboração e fixará, depois da conclusão do trabalho, o valor dos respectivos honorários.

Está correto o que se afirma APENAS em

a) IV.
b) II e IV.
c) I e II.
d) III.
e) I e III.

COMENTÁRIOS:

Alternativa correta: letra "d". A partir da Reforma Trabalhista (Lei nº 13.467/17), foi incluído o §7º do art. 879 da CLT que dispõe: "a atualização dos créditos decorrentes de condenação judicial será feita pela Taxa Referencial (TR), divulgada pelo Banco Central do Brasil, conforme a Lei no 8.177, de 1º de março de 1991". Ressaltamos, contudo, a incidência da taxa TR foi declarada inconstitucional, o que afastará a cobrança desse dispositivo nas próximas provas (ADCs 58 e 59 e ADIs 5.867 e 6.021).

06. (FCC/2018 - TRT 6ª Região - Oficial de Justiça Avaliador) A respeito do procedimento para desconsideração da personalidade jurídica no processo do trabalho,

a) a instauração do incidente sempre será causa de suspensão do processo.
b) da decisão que acolhe o pedido na fase de execução caberá agravo de petição, desde que garantida a execução.
c) não é cabível instauração de incidente quando da execução de título extrajudicial.
d) instaurado o incidente, o sócio ou a pessoa jurídica será citado para manifestar-se e requerer as provas cabíveis no prazo de 15 dias.
e) o requerimento deve demonstrar desde logo o preenchimento dos pressupostos legais específicos eis que incabível instrução probatória na espécie.

COMENTÁRIOS:

Alternativa correta: letra "d". Instaurado o incidente, o sócio ou a pessoa jurídica será citado para manifestar-se e requerer as provas cabíveis no prazo de 15 (quinze) dias. (CPC/15, art. 135).

07. (FCC - Analista Judiciário - Área Judiciária - TRT 23/2016) A Metha Medicamentos S/A, é uma empresa privada e foi condenada em ação trabalhista, com trânsito em julgado. Estando garantida a execução ou penhorados bens do devedor, terá a executada o prazo para embargos de

a) 10 dias.
b) 05 dias.
c) 20 dias.
e) 15 dias.
e) 48 horas.

COMENTÁRIOS

Alternativa correta: Letra B.

Garantida a execução ou penhorados os bens, terá o executado 5 (cinco) dias para apresentar embargos, cabendo igual prazo ao exequente para impugnação (Art. 884 da CLT).

08. (FCC – TRT11/2017 – Oficial de Justiça Avaliador) Camilo está noivo de Isabella e pretendem se casar no ano de 2017. Desde o noivado, Camilo busca adquirir um imóvel para a residência do casal. Fernanda, irmã de Camilo, advogada e militante na Justiça do Trabalho, entrega para seu irmão um edital com leilão para venda de imóveis penhorados em reclamações trabalhistas e explica para Camilo que se ele pretender adquirir um dos imóveis deverá depositar um sinal correspondente a

a) 20% do valor do imóvel e pagar o preço total dentro de 24 horas da arrematação.
b) 30% do valor do imóvel e pagar o preço total dentro de 24 horas da arrematação.
c) 20% do valor do imóvel e pagar o preço total dentro de 48 horas da arrematação.
d) 30% do valor do imóvel e pagar o preço total dentro de 48 horas da arrematação.
e) 15% do valor do imóvel e pagar o preço total dentro de 5 dias da arrematação.

COMENTÁRIOS

Alternativa "a" – Correta: O arrematante deverá garantir o lance com sinal correspondente a 20% do seu valor, e, se o arrematante oi seu viador, não pagar o preço dentro de 24 horas, perderá, em benefício da execução, o sinal de que trata o parágrafo anterior, voltando à praça os bens executados (art. 888, §§ 2º e 4º da CLT).

09. (TRT 14ª Região/2016 – Analista Judiciário – Área Judiciária) A Consolidação das Leis do Trabalho apresenta um capítulo próprio com disposições específicas sobre o tema execução, segundo as quais:

a) As contribuições sociais devidas em decorrência de sentença condenatória não serão executadas ex officio devendo ser instaurado procedimento próprio pelo órgão previdenciário e remessa de carta de execução para a Justiça Federal.
b) Garantida a execução terá o executado o prazo de 10 dias para apresentar embargos, cabendo ao exequente mais 10 dias para impugnação.
c) A matéria de defesa em embargos à execução ficará restrita às alegações de quitação da dívida exequenda, cabendo apenas prova documental e não há previsão de prova oral em audiência.
d) Os termos de ajuste de conduta firmados perante o Ministério Público do Trabalho e os termos de conciliação firmados perante as Comissões de Conciliação Prévia são considerados títulos executivos extrajudiciais que são executados na Justiça do Trabalho.
e) A execução pelo não pagamento de uma prestação não compreenderá as que lhe sucederem, nos casos de execução de prestações sucessivas por tempo determinado.

COMENTÁRIOS

Alternativa correta: D.

Os títulos extrajudiciais, como o próprio nome indica, são os formados fora do Judiciário. De posse do título executivo, o credor não necessita ajuizar um processo de conhecimento, adentrando diretamente na fase de execução.

Na seara trabalhista, são títulos extrajudiciais, nos moldes do art. 876 da, CLT: os termos de ajuste de conduta firmados perante o Ministério Público do Trabalho e os termos de conciliação firmados perante as Comissões de Conciliação Prévia.

Além destes, são títulos extrajudiciais a certidão da dívida ativa da União referente às penalidades administrativas impostas ao empregador pelos órgãos de fiscalização do trabalho (CF/88, art. 114, VII), o cheque e a nota promissória emitidos em reconhecimento de dívida inequivocamente de natureza trabalhista (TST-IN nº 39/2016, art. 13). Estes últimos, contudo, por não estarem previstos na CLT, não foram exigidos na questão.

10. (TRT20/2016 – FCC – Analista Judiciário – OJA) Em se tratando de execução trabalhista, nos termos previstos na Consolidação das Leis do Trabalho,

a) não cabe a execução provisória por carta de sentença, nem a execução de prestações sucessivas por tempo indeterminado.
b) nas prestações sucessivas por tempo determinado, a execução deverá recair sobre cada parcela não cumprida, não compreendendo as que lhe sucederem.
c) caberá execução provisória apenas se fora caucionado o valor de cinquenta por cento da execução.
d) nas prestações sucessivas por tempo determinado, a execução pelo não-pagamento de uma prestação compreenderá as que lhe sucederem.
e) tratando-se de prestações sucessivas por tempo indeterminado, a execução compreenderá todas as prestações devidas até o final do ano de ingresso da execução.

COMENTÁRIOS

Alternativa "d" – Correta: A execução provisória é aquela embasada em título provisório, ou seja, passível de modificação. A execução de prestações sucessivas é a que pressupõe uma relação continuativa, de trato sucessiva, isto é, que envolve parcelas futuras. Nas prestações sucessivas por tempo determinado, a execução pelo não pagamento de uma prestação compreenderá as que lhe sucederem. (art. 891 da CLT).

11. (FCC – TST/2017 – Analista Judiciário) Sobre a aplicação supletiva e subsidiária do Código de Processo Civil ao Processo do Trabalho, de acordo com o que prevê Instrução Normativa do Tribunal Superior do Trabalho acerca da matéria,

a) com relação às hipóteses de improcedência liminar do pedido previstas no Código de Processo Civil, o juiz do trabalho poderá julgar liminarmente improcedente o pedido se verificar, desde logo, a ocorrência de decadência ou de prescrição.
b) aplicam-se ao Processo do Trabalho as normas do Código de Processo Civil que regem o julgamento antecipado parcial do mérito, não cabendo todavia recurso de imediato contra esta decisão, por força do princípio da irrecorribilidade das decisões interlocutórias do Processo do Trabalho.
c) não se aplica ao Processo do Trabalho o incidente de desconsideração da personalidade jurídica regulado no Código de Processo Civil, por força do princípio do impulso oficial do Juiz na fase de execução.
d) aplica-se ao Processo do Trabalho a norma do Código de Processo Civil que permite a inquirição das testemunhas diretamente pela parte, por não ser incompatível com a Consolidação das Leis do Trabalho.
e) o cheque e a nota promissória emitidos em reconhecimento de dívida inequivocamente de natureza trabalhista também são títulos extrajudiciais para efeito de execução perante a Justiça do Trabalho, eis que a norma celetista que cuida da matéria não é exaustiva.

COMENTÁRIOS

Alternativa correta: e.

Segundo o art. 13 da IN nº 39/2016: "Por aplicação supletiva do art. 784, I (art. 15 do CPC), o cheque e a nota promissória emitidos em reconhecimento de dívida inequivocamente de natureza trabalhista também são títulos extrajudiciais para efeito de execução perante a Justiça do Trabalho, na forma do art. 876 e segs. da CLT".

12. (FCC/2018 – TRT 6ª Região – Oficial de Justiça Avaliador) A decisão judicial transitada em julgado somente poderá ser levada a protesto, gerar inscrição do nome do executado em órgãos de proteção ao crédito ou no Banco Nacional de Devedores Trabalhistas (BNDT), nos termos da lei, depois de transcorrido o prazo de

a) quarenta e cinco dias a contar da citação do executado, se não houver garantia do juízo.
b) sessenta dias a contar da citação do executado, se não houver garantia do juízo.
c) quarenta e cinco dias a contar da garantia do juízo.
d) sessenta dias a contar da garantia do juízo.
e) trinta dias a contar da garantia do juízo.

COMENTÁRIOS

Alternativa correta: letra "a". A decisão judicial transitada em julgado somente poderá ser levada a protesto, gerar inscrição do nome do executado em órgãos de proteção ao crédito ou no Banco Nacional de Devedores Trabalhistas (BNDT), nos termos da lei, depois de transcorrido o prazo de **quarenta e cinco dias** a contar da citação do executado, se não houver garantia do juízo (CLT, art. 883-A).

2. QUESTÕES DE CONCURSOS

01. **(FUMARC – 2022 – TRT 3 -Analista Judiciário – Oficial de Justiça Avaliador Federal)** Em relação à liquidação de sentença no processo do trabalho, é CORRETO afirmar:

a) A liquidação deve obedecer aos estritos limites da decisão transitada em julgado, sob pena de afronta ao instituto da coisa julgada e à imutabilidade da decisão.
b) As partes deverão ser previamente intimadas para a apresentação do cálculo de liquidação, cabendo, no mesmo prazo concedido às partes, a intimação da União, para apresentar a contribuição previdenciária incidente.
c) Elaborada a conta e tornada líquida, o juízo poderá abrir às partes prazo comum de oito dias para impugnação fundamentada com a indicação dos itens e valores objeto da discordância, sob pena de preclusão.
d) Sendo ilíquida a sentença exequenda, ordenar-se-á, previamente, a sua liquidação, que poderá ser feita por cálculo, por arbitramento, pelo procedimento comum ou por prova pericial.
e) Tratando-se de cálculos de liquidação complexos, o juiz poderá nomear perito para a elaboração e fixará, de imediato, antes de iniciar o trabalho, às expensas do executado, o valor dos respectivos honorários com observância, entre outros, dos critérios de razoabilidade e proporcionalidade.

02. **(FCC- 2022- TRT 17- Analista Judiciário – Área Judiciária)** Em processo de execução de título executivo extrajudicial perante a Justiça do Trabalho, Ptolomeu, não encontrando patrimônio em nome da pessoa jurídica pretende incluir os sócios da executada Restaurante Prato Feito Ltda. no polo passivo da execução. Nessa situação, com base no que prevê a Consolidação das Leis do Trabalho,

a) A deverá o credor ingressar com reclamação trabalhista própria para incluir os sócios no polo passivo, uma vez que incabível Incidente de Desconsideração da Personalidade Jurídica na hipótese de execução de título executivo extrajudicial, restrito para casos de execução de títulos judiciais.
b) poderá Ptolomeu arguir Incidente de Desconsideração da Personalidade Jurídica, sendo que nessa hipótese, após sua citação, os sócios poderão apresentar manifestação e requerer provas no prazo de 15 dias, e da decisão que acolher o Incidente caberá agravo de petição, no prazo de 8 dias, desde que garantido o Juízo.
c) poderá Ptolomeu arguir Incidente de Desconsideração da Personalidade Jurídica, sendo que nessa hipótese, após sua citação, os sócios poderão apresentar manifestação e requerer provas no prazo de 10 dias, e da decisão que acolher o Incidente caberá recurso ordinário, no prazo de 8 dias, independente de garantia do Juízo.

d) faculta-se a Ptolomeu arguir Incidente de Desconsideração da Personalidade Jurídica, sendo que nessa hipótese, após sua citação, os sócios poderão apresentar manifestação e requerer provas no prazo de 5 dias, e da decisão que acolher o Incidente caberá agravo de petição, no prazo de 8 dias, desde que garantido o Juízo.

e) caberá a Ptolomeu arguir Incidente de Desconsideração da Personalidade Jurídica, sendo que nessa hipótese, após sua citação, os sócios poderão apresentar manifestação e requerer provas no prazo de 15 dias, e da decisão que acolher o Incidente caberá agravo de petição, no prazo de 8 dias, independente de garantia do Juízo.

03. (FCC- 2022- TRT 17 – Analista Judiciário – Área Judiciária) A distribuidora de água mineral Cristalina sofreu a penhora em um bem de sua propriedade, decorrente de uma execução trabalhista que é devedora, em um domingo, no dia 09/01/2022. Considerando o que prevê a Consolidação das Leis do Trabalho, a penhora revelou-se

a) ilegal, uma vez que no período de 20/12/2021 a 20/01/2022 os prazos processuais encontravam-se suspensos, além do que os atos judiciais não podem se realizar em nenhuma hipótese fora dos dias úteis.

b) legal, desde que tenha havido expressa autorização judicial para sua realização em dia não útil, sendo que de 20/12/2021 a 20/01/2022 os prazos processuais encontravam-se suspensos, não podendo se realizar apenas audiências e sessões de julgamento.

c) ilegal, uma vez que no período de 20/12/2021 a 20/01/2022 os prazos processuais encontravam-se interrompidos, além do que os atos judiciais não podem se realizar em nenhuma hipótese fora dos dias úteis.

d) legal, uma vez que no período de 20/12/2021 a 19/01/2022 os prazos processuais encontravam-se suspensos, além do que os atos judiciais não podem se realizar em nenhuma hipótese fora dos dias úteis.

e) legal, ficando a critério do oficial de justiça sua realização em dia não útil, se caso entenda dessa forma para salvaguardar a realização do ato, sendo que de 20/12/2021 a 19/01/2022 os prazos processuais encontravam-se suspensos, não podendo se realizar apenas audiências e sessões de julgamento.

04. (FCC/2018 – TRT 6ª Região – Analista – Área Judiciária) A partir da Lei n° 13.467/2017, o incidente de desconsideração da personalidade jurídica passou a ser expressamente previsto na CLT, sendo correto afirmar que

a) o processo será interrompido com a instauração do incidente.

b) a instauração do incidente é incompatível com tutela de urgência de natureza cautelar, não podendo essa, portanto, ser concedida nessa fase processual.

c) cabe agravo de petição, desde que garantido o juízo, da decisão interlocutória que acolher ou rejeitar o incidente na fase de execução.

d) cabe recurso ordinário da decisão interlocutória que acolher ou rejeitar o incidente na fase de conhecimento.

e) cabe agravo interno da decisão interlocutória que acolher ou rejeitar o incidente, proferida pelo relator em incidente instaurado originariamente no tribunal.

Acerca do processo do trabalho e dos procedimentos trabalhistas, julgue os seguintes itens.

3. GABARITO

Questão	Resposta	Fundamentação
01	A	Art. 879, §1º, da CLT
02	E	Art. 855-A, II da CLT; art. 135, do CPC.
03	B	Art. 770, parágrafo único da CLT.
04	E	Art. 855-A, §1º, III, da CLT.

CAPÍTULO XIX

DISSÍDIO COLETIVO

1. CONCEITO

É sabido que, no direito do trabalho, as fontes formais podem ser elaboradas pelo Estado (fontes formais heterônomas) ou pelos próprios destinatários da norma, sem a participação do Estado (fontes formais autônomas).

Dentre as fontes formais autônomas temos as convenções e os acordos coletivos em que os próprios sujeitos particulares (sindicatos e empresas) criam normas jurídicas para, em regra, ampliar o rol de direitos dos integrantes da categoria ou dos empregados de determinada empresa.

Confere-se, portanto, aos próprios sujeitos da relação, a possibilidade de negociarem e criarem normas jurídicas de observância obrigatória.

Pode acontecer de as partes não chegarem ao consenso sobre a instituição ou a interpretação de tais normas jurídicas, transferindo a um terceiro (heterocomposição) o poder de criá-las e interpretá-las.

Essa transferência pode ocorrer por meio da arbitragem, em que o "julgador" é escolhido pelas próprias partes (CF/88, art. 114, § 1º).

Pode acontecer ainda por meio da interferência estatal (Poder Judiciário), que se faz pelo ajuizamento do dissídio coletivo, entendido como o processo judicial destinado à solução de conflitos coletivos de interesses nas relações de trabalho, buscando criar e modificar normas e condições gerais de trabalho, além de declarar o alcance de uma norma jurídica[1].

Frisa-se que o dissídio coletivo não se confunde com o dissídio individual plúrimo (reclamação plúrima).

No dissídio coletivo temos **interesses abstratos** de um grupo social ou categoria, tendo, como regra, o objetivo de criar e modificar normas e condições gerais de trabalho. Não se está diante, portanto, de normas preexistentes. Já na reclamação

---

1. MELO, Raimundo Simão de. *Processo coletivo do trabalho: dissídio coletivo, ação de cumprimento, ação anulatória*. São Paulo: LTr, 2009. p. 65.

plúrima são **interesses concretos** e individualizados que são submetidos ao Judiciário, aplicando-se as normas já previstas no ordenamento.

2. CLASSIFICAÇÃO

Embora a doutrina apresente divergência na classificação dos dissídios coletivos, adotaremos a utilizada pelo art. 241 do Regimento Interno do TST.

Desse modo, os dissídios coletivos podem ser classificados em:

a) **Dissídio econômico**: institui normas e condições de trabalho.

Esse dissídio pode estar ligado a normas:

- econômicas; ou
- sociais.

As **cláusulas econômicas**, como o próprio nome já indica, são aquelas destinadas à criação de normas com conteúdo econômico, financeiro, como é caso, por exemplo, dos reajustes salariais.

Já as **cláusulas sociais** fixam e regulam as novas condições para as relações de trabalho sem que tenham conteúdo econômico como, por exemplo, aquelas que tratam de intervalos para descanso e refeição, substituições de empregados etc.

b) **Dissídio jurídico**: busca a interpretação de cláusulas de sentenças normativas, de instrumentos de negociação coletiva, acordos e convenções coletivas, de disposições legais particulares de categoria profissional ou econômica e de atos normativos.

Noutras palavras, o dissídio coletivo jurídico visa a interpretar ou declarar o alcance de uma norma jurídica, que pode ser uma lei, uma convenção coletiva, um acordo coletivo, uma sentença normativa ou qualquer ato normativo.

Atente-se, porém, para o fato de que não se presta o dissídio coletivo de natureza jurídica à interpretação de normas de caráter genérico (OJ nº 7 da SDC). Desse modo, quando se pretender a interpretação de uma lei formalmente considerada, o dissídio somente será admitido se a lei for aplicada especificamente a determinada categoria profissional ou econômica como, por exemplo, a lei dos portuários.

c) **Dissídio revisional**: quando destinado a reavaliar normas e condições coletivas de trabalho preexistentes, que se hajam tornado injustas ou ineficazes pela modificação das circunstâncias que as ditaram.

d) **Dissídio de greve**: visa à declaração da abusividade ou não de determinada paralisação do trabalho decorrente de greve.

e) **Dissídio originário**: quando não existentes ou em vigor normas e condições especiais de trabalho.

3. PODER NORMATIVO

Conforme já estudamos, o direito do trabalho admite a instituição de normas jurídicas pelos próprios sujeitos particulares (sindicatos e empresas), o que ocorre por meio das convenções e dos acordos coletivos.

No entanto, caso as partes não cheguem ao consenso sobre a instituição de tais normas jurídicas, permite-se que seja transferido ao Poder Judiciário (Estado) o poder de instituí-las.

Surge, assim, o **poder normativo,** que é uma função **atípica** do Judiciário trabalhista de instituir normas jurídicas.

O estabelecimento de tais normas se dá por meio do **dissídio coletivo econômico, revisional ou originário**.

Portanto, o poder normativo somente tem incidência nessas modalidades de dissídio, não atingindo o dissídio jurídico ou de greve. Isso ocorre porque, no dissídio jurídico, o Poder Judiciário é provocado para interpretar uma norma jurídica trabalhista preexiste, enquanto, no dissídio de greve, ele irá declarar a abusividade ou não da greve, o que significa que em ambos os casos há função típica do Judiciário, qual seja, de julgar.

É interessante observar que, embora ainda vigente no Brasil, o poder normativo teve origem na Carta del Lavoro (Itália), no regime fascista de Mussolini, que, por ser contrário às lutas de classe, criou um mecanismo estatal para controlá-las. No entanto, tal poder já não existe na Itália desde 1945, logo após a Segunda Guerra Mundial.

Desse modo, por ser uma interferência indevida do Estado no desenvolvimento da negociação coletiva, ele é muito criticado, tendo inclusive sido restringido pela Emenda Constitucional nº 45/04, ao incluir o comum acordo, que ainda estudaremos nesse capítulo.

3.1. Limites

O poder normativo não é ilimitado, encontrando limite mínimo e máximo.

3.1.1. Limite mínimo

O Constituinte declinou o **limite mínimo** de atuação do poder normativo, quais sejam:

- as disposições mínimas legais de proteção do trabalho; e
- as convencionadas anteriormente.

Nesse sentido, o art. 114, § 2º, da CF/88:

> § 2º Recusando-se qualquer das partes à negociação coletiva ou à arbitragem, é facultado às mesmas, de comum acordo, ajuizar dissídio

> coletivo de natureza econômica, podendo a Justiça do Trabalho decidir o conflito, **respeitadas as disposições mínimas legais de proteção ao trabalho**, bem como as convencionadas anteriormente. (grifo nosso)

3.1.2. *Limite máximo*

Quanto ao **limite máximo**, a doutrina diverge, existindo três correntes a respeito.

- **Primeira corrente (majoritária)**: admite a criação de normas mais benéficas aos trabalhadores, pautadas pela conveniência e oportunidade (juízo de equidade), observando a capacidade econômica da empresa e a justa retribuição ao capital. Utiliza-se da interpretação do art. 12, § 1º, da Lei nº 12.192/01 que prevê:

> § 1º A decisão que puser fim ao dissídio será fundamentada, sob pena de nulidade, deverá traduzir, em seu conjunto, a **justa composição do conflito de interesse** das partes, e guardar adequação com o interesse da coletividade. (grifo nosso)

Ademais, o art. 766 da CLT estabelece:

> Art. 766 – Nos dissídios sobre estipulação de salários, serão estabelecidas condições que, assegurando justos salários aos trabalhadores, permitam também justa retribuição às empresas interessadas.

- **Segunda corrente**: o poder normativo deve atuar:

a) no vazio da lei;

b) quando não contrarie a lei vigente ou se sobreponha a ela;

c) desde que as condições não estejam vedadas pela Constituição Federal;

d) quando a matéria tratada não esteja reservada à lei pela Constituição Federal.

Esse posicionamento foi o adotado pelo STF no julgamento do RE nº 197.911-9, tendo como relator o Ministro Octavio Gallotti, publicado no DJU, em 7.11.1997. Seria o caso, por exemplo, de se poder criar o benefício da cesta básica. Trata-se, porém, de uma única decisão que, a propósito, não é vinculante.

- **Terceira corrente (tese minoritária)**: entende que o poder normativo somente poderia criar norma quando o dispositivo declinasse um conteúdo mínimo, cabendo ao Judiciário ampliá-lo. Seria o caso de ampliar o adicional de horas extras para 60%, uma vez que a Constituição garante o mínimo de 50% (CF/88, art. 7, XVI).

> § **ATENÇÃO:**
>
> O Tribunal Superior do Trabalho, ao exercer o poder normativo, não pode criar ou homologar condições de trabalho que o Supremo Tribunal Federal julgue iterativamente inconstitucionais (Súmula nº 190 do TST).

4. COMPETÊNCIA

O dissídio coletivo é de **competência material** da Justiça do Trabalho (CF/88, art. 114, §§ 2º e 3º).

A **competência funcional é originária dos tribunais**, sendo definida pela extensão territorial do conflito. Assim, a competência funcional é definida da seguinte forma:

§ EXTENSÃO TERRITORIAL DO CONFLITO	§ COMPETÊNCIA
Restringir-se à jurisdição de um tribunal	**TRT** do local onde ocorreu o conflito (CLT, art. 677)
Extrapolar a jurisdição de um Tribunal Regional	**TST**, por meio da SDC (art. 2º, I, "a", da Lei nº 7.701/88)

§ ATENÇÃO:

Existe uma única exceção: o Estado de São Paulo, que possui dois tribunais (TRT da 2ª e da 15ª Região). Nessa hipótese, se o conflito atingir a jurisdição de ambos os tribunais, o TRT da 2ª Região será o competente para o dissídio coletivo, nos termos do art. 12 da Lei nº 7.520/86.

É importante consignar que, nesse caso, não se trata de conflito de competência, mas sim de competência originária em decorrência da extensão do conflito.

4.1. Dissídio coletivo de greve de servidor público

Inicialmente, entendia-se que a competência da justiça do trabalho para o julgamento do dissídio coletivo de greve dos servidores públicos seguia a mesma interpretação do art. 114, I, da CF/88, ou seja, os celetistas de competência da justiça do trabalho e os estatutários de competência da justiça comum.

No entanto, o STF fixou tese no sentido de que "a justiça comum, federal ou estadual, é competente para julgar a abusividade de greve de **servidores públicos celetistas da Administração pública direta, autarquias e fundações públicas**"[2].

Portanto, sendo pessoa jurídica de direito público, para o E. STF a competência para julgar o dissídio coletivo de greve é da justiça comum, sendo de competência da justiça do trabalho apenas as pessoas jurídicas de direito privado, inclusive as empresas públicas e as sociedades de economia mista.

No caso de dissídio de greve ajuizado na justiça comum, o STF decidiu que "até a devida disciplina legislativa, devem-se definir as situações provisórias de competência constitucional para a apreciação desses dissídios no contexto

2. STF-RE 846854. Tese fixada pelo plenário do STF em 01.8.2017.

nacional, regional, estadual e municipal"[3], aplicando-se analogicamente a Lei nº 7.701/88.

Desse modo, o STJ tem competência nos seguintes casos:

1) movimento de âmbito nacional;

2) movimento que atinja mais de uma região da justiça federal;

3) movimento que compreenda mais de uma unidade da federação (art. 2º, I, "a", da Lei nº 7.701/1988).

Por outro lado, o Tribunal Regional Federal será competente se a controvérsia estiver ligada a servidor público federal e adstrita:

a) a uma única região da justiça federal (aplicação analógica do art. 6º da Lei nº 7.701/1988);

b) ao âmbito local.

Já o Tribunal de Justiça será competente para os servidores públicos estaduais e municipais quando a controvérsia estiver restrita:

a) a uma unidade da federação (aplicação analógica do art. 6º da Lei nº 7.701/1988);

b) ao âmbito local.

5. LEGITIMIDADE

As partes no dissídio coletivo são denominadas suscitante (quem instaura) e suscitado (em face de quem se instaura).

Para instaurar o dissídio tem (têm) legitimidade:

1) **sindicatos**: em regra, o dissídio coletivo é ajuizado pelos sindicatos.

No entanto, quando não houver sindicato representativo da categoria econômica ou profissional, poderá a representação ser instaurada pelas **federações** correspondentes e, na falta destas, pelas **confederações** respectivas, no âmbito de sua representação (CLT, art. 857, parágrafo único).

A comprovação da legitimidade *ad processum* da entidade sindical se faz por seu registro no órgão competente da Secretaria Especial de Previdência e Trabalho do Ministério do Trabalho e Emprego, mesmo após a promulgação da Constituição Federal de 1988 (OJ nº 15 da SDC do TST).

2) **empregadores**: independentemente da intervenção do sindicato patronal, quando frustrada a tentativa de entabular acordo coletivo de trabalho.

3. STF – MI 708/DF, Rel. Min. GILMAR MENDES, DJe 25.10.07.

3) **comissão de trabalhadores**: apenas no caso de greve e desde que não haja sindicato organizado da categoria (Lei nº 7.783/89, art. 4º, § 2º, e art. 5º).

4) **Ministério Público do Trabalho**: em caso de greve em atividade essencial, com possibilidade de lesão do interesse público, o Ministério Público do Trabalho poderá ajuizar dissídio coletivo (CF/88, art. 114, § 3º). Nota-se que o MPT tem legitimidade apenas para o ajuizamento do dissídio de greve como, de certa forma, já previa o art. 856, *caput*, da CLT ao estabelecer sua legitimidade "sempre que ocorrer suspensão do trabalho". Admite-se também sua legitimidade para o dissídio revisional (CLT, art. 874, *caput*).

Frisa-se, porém, que **não** tem (têm) legitimidade:

1) **o presidente do TRT**: embora o art. 856 da CLT preveja a possibilidade de instauração de instância pelo presidente do TRT, a doutrina é pacífica no sentido de que tal legitimidade fere o princípio da inércia da jurisdição, não devendo ser aplicado. Ademais, entende que ele não foi recepcionado pela Constituição Federal ao incluir o comum acordo em seu art. 114, § 2º e que tal instauração seria uma forma de interferência do Estado na organização sindical, o que é vedado pelo art. 8, I, da CF/88.

2) **as centrais sindicais**: embora exerçam papel importante nas relações de trabalho, ainda não fazem parte da organização sindical, faltando-lhe legitimidade para a negociação coletiva e, consequentemente, para o ajuizamento de dissídio coletivo.

6. PRESSUPOSTOS PROCESSUAIS ESPECÍFICOS

6.1. Negociação prévia

Para que o dissídio coletivo seja instaurado, é necessário que as partes, previamente, tenham tentado solucionar o conflito diretamente, de modo que o dissídio somente será admitido, se a autocomposição for frustrada, total e parcialmente. Portanto, devem ser esgotadas as tentativas de negociação coletiva para o ajuizamento do dissídio. Nesse sentido, estabelecem o art. 114, § 2º, da CF e art. 616, § 2º, da CLT:

> **Art. 114**, § 2º. Recusando-se qualquer das partes à negociação coletiva ou à arbitragem, é facultado às mesmas, de comum acordo, ajuizar dissídio coletivo de natureza econômica, podendo a Justiça do Trabalho decidir o conflito, respeitadas as disposições mínimas legais de proteção ao trabalho, bem como as convencionadas anteriormente.

> **Art. 616**, § 2º. No caso de persistir a recusa à negociação coletiva, pelo desatendimento às convocações feitas pelo Departamento Nacional do Trabalho ou órgãos regionais do Ministério de Trabalho e Previdência

> Social, ou se malograr a negociação entabolada, é facultada aos Sindicatos ou empresas interessadas a instauração de dissídio coletivo.

Isso ocorre porque o dissídio coletivo é o último mecanismo de solução do conflito, devendo ser privilegiada a autocomposição.

A propósito, para o C. TST, no dissídio coletivo de greve também é indispensável a comprovação da negociação prévia, sob pena de ser considerada abusiva (OJ nº 11 da SDC do TST).

Frisa-se, por fim, que, no dissídio instaurado pelo MPT, não há exigência de tal requisito, pois se busca tutelar o interesse público.

6.2. Autorização em assembleia

O dissídio coletivo busca tutelar interesses das categorias econômica e profissional e não dos sindicatos. Desse modo, para que estes possam instaurar o dissídio, há necessidade de autorização da categoria, que se faz por meio de assembleia. Nesse sentido, a OJ nº 29 da SDC:

> **Orientação Jurisprudencial nº 29 da SDC do TST**. Edital de convocação e ata da assembleia geral. Requisitos essenciais para instauração de dissídio coletivo
>
> O edital de convocação da categoria e a respectiva ata da AGT constituem peças essenciais à instauração do processo de dissídio coletivo.

Assim, nos termos do art. 859 da CLT, a representação dos sindicatos para instauração da instância fica subordinada à aprovação de assembleia, da qual participem:

2/3 dos associados interessados na solução do dissídio coletivo	em **primeira** convocação
2/3 (dois terços) dos presentes	em **segunda** convocação

Ressalta-se, porém, que, na hipótese de dissídio de greve, o quórum é o determinado no estatuto do sindicato, por força do art. 4º, § 1º, da Lei nº 7.783/89.

A propósito, parte da doutrina entende que o quórum a ser observado, em todos os casos, é o estabelecido no próprio estatuto do sindicato[4].

> § **ATENÇÃO:**
> A ata da assembleia de trabalhadores deve registrar, obrigatoriamente, a pauta reivindicatória, produto da vontade expressa da categoria (OJ nº 8 da SDC).

6.3. Comum acordo

O art. 114, § 2º, da CF/88 exige o comum acordo para o ajuizamento do dissídio coletivo.

---

4. Para a prova de analista deve ser aplicado o quórum do art. 859 da CLT.

A doutrina entende que se trata de exigência constitucional, pois visa a estimular a negociação coletiva, além do que, no dissídio econômico, o Judiciário atua em função atípica de legislar, o que significa que tal pressuposto não viola a inafastabilidade da jurisdição.

O STF analisou a constitucionalidade da exigência do mútuo acordo entre os litigantes para o ajuizamento de dissídio coletivo e entendeu que se trata de norma procedimental, ou seja, uma condição da ação, não barreira para evitar a atuação jurisdicional. Ademais, entendeu que se trata de estímulo ao acordo de vontades entre as partes.[5]

O comum acordo pode ser:

1) **expresso**: quando as partes assinam em conjunto a petição inicial ou, expressamente, concordam com o ajuizamento do dissídio;

2) **tácito**: quando, ajuizado o dissídio, a parte contrária não se opõe na primeira oportunidade em que poderia se manifestar nos autos.

Parte da doutrina entende que tal pressuposto pode ser afastado quando houver recusa injustificada, admitindo-se, nesse caso, o suprimento judicial.

Cumpre salientar que o entendimento majoritário é no sentido de que o comum acordo não se aplica ao dissídio de greve[6] e ao dissídio de natureza jurídica.

6.4. Época própria para ajuizamento

Havendo convenção, acordo ou sentença normativa em vigor, o dissídio coletivo deverá ser instaurado dentro dos **60 dias anteriores** ao respectivo termo final, para que o novo instrumento possa ter vigência no dia imediato a esse termo (CLT, art. 616, § 3º).

Não observando referido prazo, perde a categoria a sua data-base, passando a sentença normativa a ter vigor a partir de sua publicação.

§ OBSERVAÇÃO:

Havendo impossibilidade real de encerramento da negociação coletiva antes do termo final a que se refere o art. 616, § 3º, da CLT, a entidade interessada poderá formular protesto judicial para preservação da data-base da categoria. Sendo deferido o protesto, o dissídio deverá ser ajuizado no prazo máximo de 30 dias, sob pena de perda da eficácia do protesto.

---

5. ADI 3423, Relator(a): GILMAR MENDES, Tribunal Pleno, julgado em 29/05/2020, PROCESSO ELETRÔNICO DJe-151 DIVULG 17-06-2020 PUBLIC 18-06-2020.
6. TST-RO-381- 24.2014.5.17.0000, SDC, rel. Min. Mauricio Godinho Delgado. 14.3.2016 (Informativo nº 130 do TST).

6.5. Fundamentação das cláusulas reivindicadas

É pressuposto indispensável à constituição válida e regular do dissídio coletivo a apresentação em forma clausulada e fundamentada das reivindicações da categoria (OJ nº 32 da SDC).

6.6. Cumprimento do estatuto do sindicato

Além dos pressupostos anteriores, há necessidade de observância dos regramentos estabelecidos no estatuto do sindicato como é o caso, por exemplo, da exigência de publicação do edital de convocação da assembleia em jornal local de grande circulação.

7. PROCEDIMENTO

A petição inicial (denominada representação) do dissídio coletivo será apresentada em tantas vias quantos forem os suscitados e deverá conter:

a) designação e qualificação dos suscitantes e dos suscitados e a natureza do estabelecimento ou do serviço;

b) os motivos do dissídio e as bases da conciliação (CLT, art. 858).

Ademais, deverá observar os pressupostos específicos elencados no tópico anterior.

> § **ATENÇÃO:**
> A petição inicial do dissídio coletivo, obrigatoriamente, **deve ser escrita**, não se admitindo, nessa hipótese, a representação verbal (CLT, art. 856). No entanto, é admitido o *jus postulandi* (CLT, 791, § 2º).

Recebida e protocolada a representação, e estando na devida forma, o presidente do tribunal designará a audiência de conciliação, dentro do prazo de 10 dias, determinando a notificação dos dissidentes, com observância do disposto no art. 841 (CLT, art. 860).

É facultado ao empregador fazer-se representar na audiência pelo gerente, ou por qualquer outro preposto que tenha conhecimento do dissídio, e por cujas declarações será sempre responsável (CLT, art. 861).

Na audiência designada, comparecendo ambas as partes ou seus representantes, o presidente do tribunal as convidará para se pronunciarem sobre as bases da conciliação. Caso não sejam aceitas as bases propostas, o presidente submeterá aos interessados a solução que lhe pareça capaz de resolver o dissídio (CLT, art. 862).

Havendo acordo, o presidente o submeterá à homologação do tribunal na primeira sessão (CLT, art. 863).

Da decisão de homologação não caberá nenhum recurso, salvo por parte do Ministério Público do Trabalho (Lei nº 7.701/88, art. 7º, § 5º).

Não havendo acordo, ou não comparecendo ambas as partes ou uma delas, o presidente submeterá o processo a julgamento, depois de realizadas as diligências que entender necessárias e ouvido o Ministério Público do Trabalho, que emitirá parecer escrito, ou protestará pelo pronunciamento oral, na audiência ou sessão de julgamento (CLT, art. 864 e art. 11 da Lei nº 7.701/88).

É interessante observar que, mesmo não havendo resposta, não se aplicam os efeitos da revelia, ou seja, não haverá a confissão ficta, pois o julgamento, no caso, será feito com base em critérios de conveniência e oportunidade.

Frisa-se que, caso haja, no decorrer do dissídio, ameaça de perturbação da ordem, o presidente requisitará à autoridade competente as providências que se tornarem necessárias (CLT, art. 865).

A propósito, quando o dissídio ocorrer fora da sede do tribunal, poderá o presidente, se julgar conveniente, delegar ao juiz do trabalho local a atribuição de realizar a audiência de conciliação. Nesse caso, não havendo conciliação, a autoridade delegada encaminhará o processo ao tribunal, fazendo exposição circunstanciada dos fatos e indicando a solução que lhe parecer conveniente (CLT, art. 866).

Da decisão do tribunal serão notificadas as partes, ou seus representantes, em registrado postal, com franquia, fazendo-se, igualmente, a sua publicação no jornal oficial, para ciência dos demais interessados (CLT, art. 867).

8. SENTENÇA NORMATIVA

8.1. Conceito e natureza jurídica

A sentença proferida no dissídio coletivo é denominada sentença normativa, podendo criar as seguintes cláusulas:

- **econômicas**: são aquelas destinadas à instituição de normas com conteúdo econômico-financeiro. Exemplo: reajustes salariais;
- **sociais**: fixam e regulam as novas condições para as relações de trabalho sem que tenham conteúdo econômico. Exemplo: aquelas que tratam de intervalos para descanso e refeição, substituições de empregados etc.;
- **sindicais**: preveem relação entre os sindicatos e entre empresas e o sindicato como, por exemplo, a instituição de desconto de contribuição confederativa;
- **obrigacionais**: impõem obrigações entre os sindicatos envolvidos, como as que estabelecem multas pelo descumprimento da sentença normativa.

Na hipótese de dissídio econômico, a natureza da decisão é dispositiva e constitutiva, vez que institui novas condições de trabalho, ou seja, cria normas jurídicas.

Nesse caso, por criar normas abstratas e gerais, a sentença tem aspecto material de lei, diferenciando desta apenas no contexto formal. Diz-se que ela tem corpo de sentença com alma de lei.

Já no dissídio de natureza jurídica e no dissídio de greve, a natureza da sentença é declaratória, vez que interpreta determinada norma ou declara a abusividade ou não da greve.

8.2. Início da vigência

Nos termos do art. 867, parágrafo único, da CLT, a sentença normativa tem vigência:

A partir do dia imediato ao termo final da vigência da CCT ou ACT	Quando ajuizado 60 dias antes da data-base
A partir da data da publicação da sentença	Quando ajuizado depois do prazo do item anterior
A partir do ajuizamento do dissídio	Quando não existir acordo coletivo, convenção coletiva ou sentença normativa em vigor (dissídio originário)

É importante observar que o TST, por meio do **precedente normativo nº 120**, estabelece que "a sentença normativa vigora, desde seu termo inicial até que sentença normativa, convenção coletiva de trabalho ou acordo coletivo de trabalho superveniente produza sua revogação, expressa ou tácita, respeitado, porém, o prazo máximo legal de quatro anos de vigência".

8.3. Prazo de vigência

O prazo máximo de vigência da sentença normativa é de **4 anos** (CLT, art. 868, parágrafo único).

Nada impede, porém, de o tribunal estabelecer prazos menores, o que tem ocorrido na prática, com o objetivo de estimular, nos próximos anos, os sindicatos a iniciar novas tratativas de negociação.

8.4. Extensão

Quando o dissídio coletivo for dirigido a apenas uma parte de trabalhadores, é possível a extensão da decisão, que pode ter como objetivo atingir:

a) todos os empregados de uma empresa; ou

b) todos os empregados da mesma categoria profissional compreendida na jurisdição do tribunal.

No primeiro caso, ou seja, quando figurar como parte apenas uma fração de empregados de uma empresa, poderá o tribunal competente, na própria decisão, estender tais condições de trabalho, se julgar justo e conveniente, aos demais empregados da empresa que forem da mesma profissão dos dissidentes (CLT, art. 868, *caput*).

Na segunda hipótese, a decisão sobre novas condições de trabalho poderá ser estendida:

a) por solicitação de 1 ou mais empregadores, ou de qualquer sindicato destes;

b) por solicitação de 1 ou mais sindicatos de empregados;

c) *ex officio*, pelo Tribunal que houver proferido a decisão;

d) por solicitação do Ministério Público do Trabalho[7] (CLT, art. 869).

Nesse segundo caso (extensão aos empregados da mesma categoria profissional compreendida na jurisdição do tribunal), para que a decisão possa ser estendida, torna-se preciso que concordem com a extensão da decisão:

a) ¾ dos empregadores e ¾ dos empregados; ou

b) os respectivos sindicatos (CLT, art. 870, *caput*).

Apresentado o dissídio, o tribunal competente marcará prazo, não inferior a 30 nem superior a 60 dias, a fim de que se manifestem os interessados (CLT, art. 870, § 1º).

Ouvidos os interessados e o Ministério Público do Trabalho, será o processo submetido ao julgamento do tribunal (CLT, art. 870, § 2º).

Sempre que o tribunal estender a decisão, marcará a data em que a extensão deva entrar em vigor (CLT, art. 871).

Diante da dificuldade do cumprimento dessas diretrizes, na prática, prefere-se o ajuizamento de novo dissídio coletivo com as partes que não participaram do dissídio anterior, buscando-se aplicar as mesmas diretrizes do processo acordado, a fim de manter a equidade e isonomia dos empregados da mesma categoria.

Por fim, cumpre destacar que os arts. 868 a 871 da CLT foram inseridos no sistema na época em que os sindicatos representavam apenas os associados, o que gerava utilidade na extensão da decisão. Nos dias atuais, os sindicatos representam os integrantes da categoria (CF/88, art. 8, III), de modo que a decisão ou o acordo firmado no dissídio coletivo atingirá todos os integrantes da categoria, associados ou não, em razão de seu efeito *erga omnes*. Perde, pois, o interesse prático a aludida extensão[8].

7. Antiga Procuradoria da Justiça do Trabalho.
8. MELO, Raimundo Simão de. *Processo coletivo do trabalho: dissídio coletivo, ação de cumprimento, ação anulatória*. São Paulo: LTr, 2009. p. 155.

9. COISA JULGADA

Há divergência na doutrina acerca da coisa julgada formada no dissídio coletivo, existindo duas correntes a respeito:

- 1ª **corrente**: A sentença normativa faz **somente coisa julgada formal** já que poderá ser revista após 1 ano de sua vigência, além de ter vigência limitada no tempo. Desse modo, como a sentença normativa não é imutável, ela não faz coisa julgada material. Esse é o entendimento adotado na Súmula nº 397 do TST.
- 2ª **corrente**: Ela faz **coisa julgada formal e material.** Primeiro, porque, embora temporária, a sentença normativa é imutável durante sua vigência. Segundo, porque sua modificação, após 1 ano, depende de alteração fática (CLT, art. 873), o que significa que a ação de revisão não viola a sentença normativa porque possui causa de pedir diversa (CPC/2015, art. 505), ou seja, não são ações idênticas. Terceiro, porque o próprio art. 2º, I, "c", da Lei nº 7.701/88 assegura a ação rescisória da sentença normativa, a qual, como se sabe, pressupõe decisão capaz de formar coisa julgada material.

10. RECURSOS

A sentença normativa proferida pelo TRT está sujeita ao recurso ordinário.

Por outro lado, a sentença normativa proferida pelo TST, em competência originária, pode ser impugnada por meio dos embargos infringentes, desde que a decisão não seja unânime.

Em ambos os casos, o recurso deve ser interposto no prazo de 8 dias, sendo de competência da SDC (TST).

Sentença normativa proferida no TRT	Recurso ordinário
Sentença normativa proferida no TST	Embargos infringentes

10.1. Efeito suspensivo

No processo do trabalho, os recursos não são dotados de efeito suspensivo, tendo efeito meramente devolutivo (CLT, art. 899, *caput*).

Contudo, tratando-se de **recurso ordinário de sentença normativa, admite-se a concessão de efeito suspensivo pelo presidente do TST** (Lei nº 7.701/88, art. 7º, § 6º e art. 14 da Lei nº 10.192/01).

É interessante atentar que o § 1º do art. 6º da Lei nº 4.725/65 permitia que o presidente do TST pudesse conceder efeito suspensivo ao recurso em dissídio coletivo. Por sua vez, o art. 9º da Lei nº 7.701/88 limitou a eficácia desse efeito suspensivo a 120 dias. Em seguida, o art. 7º da Lei nº 7.788/89 vedou, em qualquer hipótese, a possibilidade de se conceder efeito suspensivo no recurso em dissídio coletivo. Essa lei, no entanto, foi revogada pelo art. 14 da Lei nº 8.030/90, não represtinando o art. 9º da Lei nº 7.701/88. Por fim, o art. 14 da Lei nº 10.192/01 permitiu a concessão do efeito suspensivo no recurso em dissídio coletivo, na medida e extensão conferida no despacho do presidente do TST. Com efeito, **atualmente, não há limitação temporal do efeito suspensivo** proferido no despacho do presidente do TST.

> § **ATENÇÃO:**
> A cassação de efeito suspensivo concedido a recurso interposto de sentença normativa retroage à data do despacho que o deferiu (Súmula nº 279 do TST).

11. DISSÍDIO REVISIONAL

Decorrido mais de 1 ano da vigência da sentença normativa, caberá revisão das decisões que fixarem condições de trabalho, quando se tiverem modificado as circunstâncias que as ditaram, de modo que tais condições se hajam tornado injustas ou inaplicáveis (CLT, art. 873). Trata-se da denominada cláusula *rebus sic stantibus*.

Assim, para a interposição do dissídio de revisão exigem-se dois requisitos específicos:

Sentença normativa com vigência superior a 1 ano **+** Cláusula *rebus sic stantibus*

A revisão poderá ser promovida por iniciativa do tribunal prolator, do Ministério Público do Trabalho, dos sindicatos ou de empregador(es) interessados no cumprimento da decisão (CLT, art. 874, *caput*).

Quando a revisão for promovida por iniciativa do tribunal prolator ou do Ministério Público do Trabalho, os sindicatos e o(s) empregador(es) interessados serão ouvidos no prazo de 30 dias. Quando promovida por uma das partes interessadas, serão as outras ouvidas também em igual prazo (CLT, art. 874, parágrafo único).

A revisão será julgada pelo tribunal que tiver proferido a decisão, depois de ouvido o Ministério Público do Trabalho (CLT, art. 875).

12. DISSÍDIO COLETIVO NA ADMINISTRAÇÃO PÚBLICA

Cumpre salientar, de plano, que as empresas públicas e as sociedades de economia mista que explorem atividades econômicas estão sujeitas ao regime jurídico próprio das empresas privadas (CF/88, art. 173, § 1º, II), sendo, portanto, pessoas jurídicas de direito privado que devem adotar o regime celetista na contratação de seus empregados. Desse modo, submetem-se, igualmente, ao dissídio coletivo e, consequentemente, à sentença normativa eventualmente prolatada.

Dúvida surge quanto às pessoas jurídicas de direito público (administração direta, autárquica e fundacional), solucionando da seguinte forma:

1) **Quando adotarem o regime estatutário**: não estão sujeitas ao dissídio coletivo e, consequentemente, aos efeitos da sentença normativa.
2) **Quando seguirem o regime celetista**: cabe dissídio coletivo exclusivamente para apreciação de cláusulas de natureza social. Noutras palavras:

- sendo cláusulas econômicas: não cabe o dissídio coletivo;
- tratando-se de cláusulas sociais: cabe o dissídio coletivo.

Nesse sentido, a OJ nº 5 da SDC do TST:

> **Orientação Jurisprudencial nº 5 da SDC do TST**. Dissídio coletivo. Pessoa jurídica de direito público. Possibilidade jurídica. Cláusula de natureza social.
>
> Em face de pessoa jurídica de direito público que mantenha empregados, cabe dissídio coletivo exclusivamente para apreciação de cláusulas de natureza social. Inteligência da Convenção nº 151 da Organização Internacional do Trabalho, ratificada pelo Decreto Legislativo nº 206/2010.

A impossibilidade de apreciação de cláusulas econômicas, nessa hipótese, justifica-se porque a administração pública deve observar o princípio da legalidade, somente podendo conceder aumento aos seus servidores mediante lei específica, observada a iniciativa privativa em cada caso (CF/88, art. 37, X), exigindo ainda prévia dotação orçamentária e autorização específica na lei de diretrizes orçamentárias (CF/88, art. 168, I e II).

13. AÇÃO DE CUMPRIMENTO

13.1. Natureza jurídica

A sentença normativa, proferida nos dissídios coletivos econômico, revisional e originário, tem o condão de instituir normas abstratas, diferenciando-se das leis apenas em seu aspecto formal.

Caso haja descumprimento da sentença normativa, outra ação deverá ser ajuizada, denominada ação de cumprimento, conforme prevê o art. 872 da CLT:

> **Art. 872** – Celebrado o acordo, ou transitada em julgado a decisão, seguir-se-á o seu cumprimento, sob as penas estabelecidas neste Título.
>
> Parágrafo único – Quando os empregadores deixarem de satisfazer o pagamento de salários, na conformidade da decisão proferida, poderão

> os empregados ou seus sindicatos, independentes de outorga de poderes de seus associados, juntando certidão de tal decisão, apresentar reclamação à Junta ou Juízo competente, observado o processo previsto no Capítulo II deste Título, sendo vedado, porém, questionar sobre a matéria de fato e de direito já apreciada na decisão.

Essa ação tem natureza de ação de conhecimento de cunho condenatório, pois a sentença normativa não cria um título judicial, mas, sim, uma norma jurídica abstrata. Noutras palavras, sendo a sentença normativa uma norma abstrata, seu descumprimento iguala-se ao descumprimento da legislação formal. Com efeito, exige-se o ajuizamento de uma ação de conhecimento para condenar o descumpridor da norma a cumpri-la, chamada de ação de cumprimento.

Portanto, não cabe execução da sentença normativa, devendo ser ajuizada a ação de cumprimento, que deverá ser instruída com a certidão da decisão coletiva.

13.2. Cabimento

A ação de cumprimento não visa apenas ao descumprimento de sentença normativa. Ela pode ser utilizada também para se fazer cumprir acordo coletivo e convenção coletiva. Nesse sentido, a Súmula nº 286 do TST:

> **Súmula nº 286 do TST.** Sindicato. Substituição processual. Convenção e acordo coletivos
>
> A legitimidade do sindicato para propor ação de cumprimento estende-se também à observância de acordo ou de convenção coletivos.

§ ATENÇÃO:

O TST entende que falta interesse de agir para a ação individual, singular ou plúrima, quando o direito já foi reconhecido por de decisão normativa, cabendo, no caso, ação de cumprimento (OJ nº 188 da SDI-I do TST).

13.3. Competência

A ação de cumprimento deve ser ajuizada na Vara do Trabalho, observado o disposto no art. 651 da CLT.

13.4. Legitimidade

A ação de cumprimento pode ser ajuizada de forma:

1) **individual**: pelos trabalhadores interessados;

2) **coletiva**: pelo sindicato profissional.

Nesse caso, trata-se de substituição processual, vez que o sindicato arguirá em nome próprio pleiteando direito alheio (trabalhadores).

13.5. Momento do ajuizamento

Embora o art. 872 da CLT estabeleça que a ação de cumprimento será ajuizada depois do trânsito em julgado da sentença normativa, a Lei nº 7.701/88 alterou essa sistemática, admitindo, expressamente, que essa ação poderá ser proposta:

Quando se tratar de julgamento proferido pelo TRT	A partir do 20º dia subsequente ao julgamento, com esteio no acórdão ou certidão de julgamento, exceto se concedido efeito suspensivo (art. 7º, § 6º)
Quando for decisão do TST	A partir da publicação da certidão de julgamento (art. 10)

Portanto, **é dispensável o trânsito em julgado** da sentença normativa para a propositura da ação de cumprimento (Súmula nº 246 do TST).

13.6. Prescrição

Conquanto a ação de cumprimento possa ser ajuizada antes do trânsito em julgado da sentença normativa, a prescrição para o ajuizamento dessa ação somente flui a partir do trânsito em julgado da sentença normativa, nos termos da Súmula nº 350 do TST *in verbis:*

> **Súmula nº 350 do TST.** Prescrição. Termo inicial. Ação de cumprimento. Sentença normativa
>
> O prazo de prescrição com relação à ação de cumprimento de decisão normativa flui apenas da data de seu trânsito em julgado.

13.7. Objeto

Nessa modalidade de ação, veda-se a discussão de matéria fática e de direito já levantada no dissídio coletivo ou nos instrumentos coletivos (CLT, art. 872, parágrafo único). Em outros termos, essa ação não terá o objetivo de discutir novamente a norma jurídica criada, mas, sim, de fazer cumpri-la no caso concreto.

13.8. Coisa julgada

Considerando que ação de cumprimento pode ser ajuizada antes do trânsito em julgado da sentença normativa, a coisa julgada produzida nessa ação é atípica, vez que depende de condição resolutiva, ou seja, produz efeitos enquanto não houver alteração da sentença normativa por meio do recurso. Exemplificamos:

> ✦ *Sentença normativa confere aos trabalhadores um reajuste salarial de 30%, a contar da data-base da categoria. Dessa decisão o sindicato dos empregadores apresenta recurso ordinário com o objetivo de reduzir o reajuste para 5%. Como o recurso foi interposto apenas com efeito devolutivo, o sindicato dos empregados ajuíza ação de cumprimento para que o reajuste de 30% seja efetivado. Na ação de cumprimento é proferida decisão para que os empregadores implementem o reajuste de 30%, a qual transita em julgado antes da*

decisão do recurso ordinário da sentença normativa. Em seguida, há reforma da sentença normativa reduzindo o reajuste para 5%.

Nessa hipótese, mesmo com o trânsito em julgado da decisão da ação de cumprimento, ela não produzirá efeito, pois a norma que a sustenta não existe mais no mundo jurídico, perdendo tal ação a sua base. Nesse sentido, a OJ nº 277 da SDI-I do TST:

> **Orientação Jurisprudencial nº 277 da SDI-I do TST.** Ação de cumprimento fundada em decisão normativa que sofreu posterior reforma, quando já transitada em julgado a sentença condenatória. Coisa julgada. Não-configuração.
>
> A coisa julgada produzida na ação de cumprimento é atípica, pois dependente de condição resolutiva, ou seja, da não-modificação da decisão normativa por eventual recurso. Assim, modificada a sentença normativa pelo TST, com a consequente extinção do processo, sem julgamento do mérito, deve-se extinguir a execução em andamento, uma vez que a norma sobre a qual se apoiava o título exequendo deixou de existir no mundo jurídico.

Por fim, consigne-se que, caso o trabalhador já tenha recebido o decidido na ação de cumprimento, antes da decisão do recurso ordinário da sentença normativa, ele não restituirá os valores recebidos, por se tratar de verba de natureza salarial destinada à própria sobrevivência do obreiro. Nesse sentido, o art. 6, § 3º, da Lei nº 4.725/65 expressamente declina que "o provimento do recurso não importará na restituição dos salários ou vantagens pagos, em execução do julgado".

14. QUESTÕES DISSERTATIVAS E ESTUDOS DE CASO

Questão 1

Qual (is) o (s) recurso (s) cabível (is) da sentença normativa?

Resposta sugerida pelo autor

A sentença normativa é a decisão proferida no dissídio coletivo.

Quando ela é proclamada pelo TRT está sujeita ao recurso ordinário. Por outro lado, a sentença normativa proferida pelo TST, em competência originária, pode ser impugnada por meio dos embargos infringentes, desde que a decisão não seja unânime.

Em ambos os casos, o recurso deve ser interposto no prazo de 8 dias, sendo de competência da SDC (TST).

Cabe ressaltar que, tratando-se de recurso ordinário de sentença normativa, admite-se a concessão de efeito suspensivo pelo presidente do TST (Lei nº 7.701/88, art. 7º, § 6º e art. 14 da Lei nº 10.192/01).

Estudo de caso 1

O sindicato dos empregados nas usinas de açúcar de Linhares (ES) entabulou convenção coletiva contemplando diversos direitos para os trabalhadores, dentre os quais a entrega de uma cesta básica mensal. Porém, logo após, iniciou-se divergência sobre a quantidade e a qualidade dos produtos que deveriam integrar a referida cesta básica, tendo o sindicato dos empregados decidido ajuizar ação na Justiça do Trabalho. Diante desse quadro, responda aos itens a seguir.

A) De acordo com a lei, é necessário, ou não, comum acordo para que seja instaurado dissídio coletivo de natureza jurídica?

B) De acordo com a lei, qual é o prazo máximo de vigência de uma sentença normativa? Apresente fundamento legal que justifique sua resposta.

Resposta sugerida pelo autor

A) O art. 114, § 2º, da CF/88 exige o comum acordo para o ajuizamento do dissídio coletivo.
Contudo, tal exigência é limitada ao dissídio coletivo econômico, não incidindo no dissídio coletivo jurídico, o qual busca a interpretação de cláusulas de sentenças normativas, de instrumentos de negociação coletiva, acordos e convenções coletivas, de disposições legais particulares de categoria profissional ou econômica e de atos normativos.

B) O prazo máximo de vigência da sentença normativa é de 4 anos (CLT, art. 868, parágrafo único).
Nada impede, porém, de o tribunal estabelecer prazos menores, o que tem ocorrido na prática, com o objetivo de estimular, nos próximos anos, os sindicatos a iniciar novas tratativas de negociação.

15. SÚMULAS E ORIENTAÇÕES JURISPRUDENCIAIS DO TST

§ DISSÍDIO COLETIVO
Súmula nº 190 do TST. Poder normativo do TST. Condições de trabalho. Inconstitucionalidade. Decisões contrárias ao STF Ao julgar ou homologar ação coletiva ou acordo nela havido, o Tribunal Superior do Trabalho exerce o poder normativo constitucional, não podendo criar ou homologar condições de trabalho que o Supremo Tribunal Federal julgue iterativamente inconstitucionais.
Súmula nº 279 do TST. Recurso contra sentença normativa. Efeito suspensivo. Cassação A cassação de efeito suspensivo concedido a recurso interposto de sentença normativa retroage à data do despacho que o deferiu.
Orientação Jurisprudencial nº 2 da SDC do TST. Acordo homologado. Extensão a partes não subscreventes. Inviabilidade É inviável aplicar condições constantes de acordo homologado nos autos de dissídio coletivo, extensivamente, às partes que não o subscreveram, exceto se observado o procedimento previsto no art. 868 e seguintes, da CLT.
Orientação Jurisprudencial nº 3 da SDC do TST. Arresto. Apreensão. Depósito. Pretensões insuscetíveis de dedução em sede coletiva São incompatíveis com a natureza e finalidade do dissídio coletivo as pretensões de provimento judicial de arresto, apreensão ou depósito.
Orientação Jurisprudencial nº 5 da SDC do TST. Dissídio coletivo. Pessoa jurídica de direito público. Possibilidade jurídica. Cláusula de natureza social Em face de pessoa jurídica de direito público que mantenha empregados, cabe dissídio coletivo exclusivamente para apreciação de cláusulas de natureza social. Inteligência da Convenção nº 151 da Organização Internacional do Trabalho, ratificada pelo Decreto Legislativo nº 206/2010.
Orientação Jurisprudencial nº 7 da SDC do TST. Dissídio coletivo. Natureza jurídica. Interpretação de norma de caráter genérico. Inviabilidade Não se presta o dissídio coletivo de natureza jurídica à interpretação de normas de caráter genérico, a teor do disposto no art. 313, II, do RITST.

Orientação Jurisprudencial nº 9 da SDC do TST. Enquadramento sindical. Incompetência material da justiça do trabalho
O dissídio coletivo não é meio próprio para o Sindicato vir a obter o reconhecimento de que a categoria que representa é diferenciada, pois esta matéria – enquadramento sindical – envolve a interpretação de norma genérica, notadamente do art. 577 da CLT.

Orientação Jurisprudencial nº 15 da SDC do TST. Sindicato. Legitimidade "ad processum". Imprescindibilidade do registro no ministério do trabalho
A comprovação da legitimidade "ad processum" da entidade sindical se faz por seu registro no órgão competente do Ministério do Trabalho, mesmo após a promulgação da Constituição Federal de 1988.

Orientação Jurisprudencial nº 19 da SDC do TST. Dissídio coletivo contra empresa. Legitimação da entidade sindical. Autorização dos trabalhadores diretamente envolvidos no conflito
A legitimidade da entidade sindical para a instauração da instância contra determinada empresa está condicionada à prévia autorização dos trabalhadores da suscitada diretamente envolvidos no conflito.

Orientação Jurisprudencial nº 22 da SDC do TST. Legitimidade "ad causam" do sindicato. Correspondência entre as atividades exercidas pelos setores profissional e econômico envolvidos no conflito. Necessidade

É necessária a correspondência entre as atividades exercidas pelos setores profissional e econômico, a fim de legitimar os envolvidos no conflito a ser solucionado pela via do dissídio coletivo.

Orientação Jurisprudencial nº 23 da SDC do TST. Legitimidade "ad causam". Sindicato representativo de segmento profissional ou patronal. Impossibilidade
A representação sindical abrange toda a categoria, não comportando separação fundada na maior ou menor dimensão de cada ramo ou empresa.

Orientação Jurisprudencial nº 27 da SDC do TST. Custas. Ausência de intimação. Deserção. Caracterização
A deserção se impõe mesmo não tendo havido intimação, pois incumbe à parte, na defesa do próprio interesse, obter os cálculos necessários para efetivar o preparo.

Orientação Jurisprudencial nº 29 da SDC do TST. Edital de convocação e ata da assembleia geral. Requisitos essenciais para instauração de dissídio coletivo
O edital de convocação da categoria e a respectiva ata da AGT constituem peças essenciais à instauração do processo de dissídio coletivo.

Orientação Jurisprudencial nº 32 da SDC do TST. Reivindicações da categoria. Fundamentação das cláusulas. Necessidade. Aplicação do precedente normativo nº 37 do TST
É pressuposto indispensável à constituição válida e regular da ação coletiva a apresentação em forma clausulada e fundamentada das reivindicações da categoria, conforme orientação do item VI, letra "e", da Instrução Normativa nº 4/93.

Orientação Jurisprudencial nº 34 da SDC do TST. Acordo extrajudicial. Homologação. Justiça do trabalho. Prescindibilidade
É desnecessária a homologação, por Tribunal Trabalhista, do acordo extrajudicialmente celebrado, sendo suficiente, para que surta efeitos, sua formalização perante o Ministério do Trabalho (art. 614 da CLT e art. 7º, inciso XXVI , da Constituição Federal).

Ação de cumprimento

Súmula nº 286 do TST. Sindicato. Substituição processual. Convenção e acordo coletivos
A legitimidade do sindicato para propor ação de cumprimento estende-se também à observância de acordo ou de convenção coletivos.

Orientação Jurisprudencial nº 188 da SDI-I do TST. Decisão normativa que defere direitos. Falta de interesse de agir para ação individual Falta interesse de agir para a ação individual, singular ou plúrima, quando o direito já foi reconhecido através de decisão normativa, cabendo, no caso, ação de cumprimento.
Súmula nº 246 do TST. Ação de cumprimento. Trânsito em julgado da sentença normativa É dispensável o trânsito em julgado da sentença normativa para a propositura da ação de cumprimento.
Súmula nº 350 do TST. Prescrição. Termo inicial. Ação de cumprimento. Sentença normativa O prazo de prescrição com relação à ação de cumprimento de decisão normativa flui apenas da data de seu trânsito em julgado.
Orientação Jurisprudencial nº 277 da SDI-I do TST. Ação de cumprimento fundada em decisão normativa que sofreu posterior reforma, quando já transitada em julgado a sentença condenatória. Coisa julgada. Não-configuração A coisa julgada produzida na ação de cumprimento é atípica, pois dependente de condição resolutiva, ou seja, da não-modificação da decisão normativa por eventual recurso. Assim, modificada a sentença normativa pelo TST, com a consequente extinção do processo, sem julgamento do mérito, deve-se extinguir a execução em andamento, uma vez que a norma sobre a qual se apoiava o título exequendo deixou de existir no mundo jurídico.

QUESTÕES
CAPÍTULO XIX

1. QUESTÕES COM GABARITO COMENTADO

01. (Fundação Carlos Chagas. TRT da 9ª Região/2015. Analista Judiciário - Área Judiciária. Especialidade Execução de Mandados) Os dissídios coletivos possuem regramento próprio, previsto em legislação processual trabalhista, em relação à sua extensão e revisão da sentença normativa. Segundo tais normas, é INCORRETO afirmar:

a) A decisão sobre novas condições de trabalho poderá também ser estendida a todos os empregados da mesma categoria profissional compreendida na jurisdição do Tribunal, por solicitação do Ministério Público do Trabalho.

b) Sempre que o Tribunal estender a decisão em dissídio coletivo, marcará a data em que a extensão deva entrar em vigor.

c) Para que a decisão sobre novas condições de trabalho possa ser estendida torna-se preciso que três quartos dos empregadores e dos empregados, ou os respectivos sindicatos, concordem com a extensão da decisão.

d) Decorridos seis meses de sua vigência, caberá revisão das decisões que fixarem condições de trabalho, quando se tornaram injustas ou inaplicáveis em razão da modificação das circunstâncias que as ditaram.

e) A revisão poderá ser promovida por iniciativa do Tribunal prolator, da Procuradoria da Justiça do Trabalho, das associações sindicais ou de empregador ou empregadores interessados no cumprimento da decisão.

COMENTÁRIOS

Alternativa correta: Letra D.

O dissídio coletivo trata de interesses abstratos de um grupo social ou categoria, tendo, como regra, o objetivo de criar ou modificar condições de trabalho. Quanto ao dissídio revisional, decorrido mais de **um** ano da vigência da sentença normativa, caberá revisão das decisões que fixarem condições de trabalho, quando se tiverem modificado as circunstâncias que as ditaram, de modo que tais condições se hajam tornado injustas ou inaplicáveis (art. 873 da CLT), trata-se da denominada cláusula *rebus sic stantibus*. Portanto, o erro da questão está no prazo de seis meses.

02. (FCC - Analista Judiciário - Área Judiciária - TRT 4/2015) Conforme expresso dispositivo legal, em dissídio coletivo a decisão sobre novas condições de trabalho poderá também ser estendida a todos os empregados da mesma categoria profissional compreendida na jurisdição do Tribunal. Entretanto, NÃO possuiu legitimidade para tal solicitação

a) um ou mais empregadores ou de qualquer sindicato destes.

b) um ou mais sindicatos de empregados.

c) agente da Delegacia Regional do Trabalho.

d) o próprio Tribunal que proferiu a decisão, ex-officio.

e) Ministério Público do Trabalho.

COMENTÁRIOS

Alternativa correta: Letra C.

Atente-se que a questão requer quem NÃO possui legitimidade.

Para instaurar o dissídio tem (têm) legitimidade: 1) sindicatos (art. 857, § único, CLT); 2) empregadores; 3) comissão de trabalhadores (Lei nº 7.783/89); 4) Ministério Público do Trabalho (art. 114, § 3º CF).

Quanto ao Tribunal que proferiu a decisão, *ex officio,* a doutrina é pacífica no sentido de que tal legitimidade fere o princípio da inércia da jurisdição, não devendo ser aplicado. Ademais, entende que ele não foi recepcionado pela Constituição Federal ao incluir o comum acordo em seu art. 114, § 2º, e que tal instauração seria forma de interferência do estado na organização sindical, o que é vedado pelo art. 8º, I, CF. No entanto, a questão é clara ao dizer "conforme expresso dispositivo legal", razão pela qual deve ser considerada correta.

03. **(FCC/2018 - TRT 6ª Região - Analista - Área Judiciária)** A forma jurisdicional de solução dos conflitos coletivos de trabalho se dá por meio do ajuizamento de ação própria perante a Justiça do Trabalho, denominada de dissídio coletivo, sendo que

a) havendo convenção coletiva, acordo coletivo ou sentença normativa em vigor, deverá ser instaurado dentro dos 90 dias anteriores ao respectivo termo final, para que o novo instrumento possa ter vigência no dia imediato a esse termo.
b) estando o conflito limitado à base territorial correspondente à jurisdição de um único TRT, a competência para julgar o dissídio coletivo será deste TRT.
c) a decisão nele proferida faz coisa julgada formal e material.
d) a revisão da decisão que fixar condições de trabalho não pode ser promovida por iniciativa do Tribunal prolator da mesma e nem pela Procuradoria da Justiça do Trabalho, sendo faculdade exclusiva das partes o seu requerimento.
e) é necessário o trânsito em julgado da sentença normativa para a propositura da ação de cumprimento.

COMENTÁRIOS:

Alternativa correta: letra "b". O dissídio coletivo é de competência material da Justiça do Trabalho. A competência funcional é originária dos tribunais, sendo definida pela extensão territorial do conflito. Assim, a competência funcional é definida da seguinte forma:

Extensão territorial do conflito	Competência
Restringir-se à jurisdição de um tribunal	TRT do local onde ocorreu o conflito (CLT, art. 677).
Extrapolar a jurisdição de um Tribunal Regional	TST, por meio da SDC (art. 2º, I, "a", da Lei nº 7.701/88).

No caso, como a alternativa indica que o conflito foi limitado à base territorial correspondente à jurisdição de um único TRT, a competência para julgar o dissídio coletivo será deste TRT.

▶ QUESTÕES DE CONCURSOS

CAPÍTULO XX

PROCEDIMENTOS ESPECIAIS

1. INQUÉRITO PARA APURAÇÃO DE FALTA GRAVE

1.1. Cabimento

Em regra, o empregador tem o direito de dispensar o empregado por justa causa, sem que haja a necessidade de intervenção do Judiciário.

No entanto, alguns empregados, para que possam ser dispensados, dependem da demonstração de falta grave, a ser apurada e declarada pelo Poder Judiciário, por meio do denominado inquérito para apuração de falta grave.

Portanto, o inquérito para apuração de falta grave é uma ação judicial destinada a extinguir o contrato de trabalho de determinados empregados detentores de estabilidade ou garantia de emprego.

A doutrina diverge sobre quais empregados devem ser submetidos ao inquérito, havendo, pelo menos, duas correntes a respeito:

- 1ª corrente: apenas nos casos de:
    - dirigente sindical (CLT, art. 543, § 3º e Súmula nº 379 do TST);
    - estável decenal (CLT, art. 494).
- 2ª corrente: tem aplicação nas seguintes hipóteses:
    - dirigente sindical (CLT, art. 543, § 3º e Súmula nº 379 do TST);
    - estável decenal (CLT, art. 494);
    - diretor de sociedade cooperativa, vez que o art. 55 da Lei nº 5.764/71 lhe concedeu as mesmas garantias do dirigente sindical;
    - membros do Conselho Nacional de Previdência Social, **enquanto representantes dos trabalhadores em atividade, titulares e suplentes**, porque o art. 3º, § 7º, da Lei nº 8.213/91 impõe que eles, até um ano após o término do mandato de representação, somente serão demitidos "por motivo de falta grave, regularmente comprovada através de processo judicial";

Há ainda posicionamento favorável à necessidade de instauração de falta grave nos casos dos empregados membros do Conselho Curador do FGTS[1].

Ademais, parte minoritária da doutrina inclui, na segunda corrente, os representantes dos empregados na Comissão de Conciliação Prévia, fundamentando que o art. 625-B, § 1º, da CLT dispõe que até um ano depois do final do mandato é vedada sua dispensa, salvo se cometerem falta grave, nos temos da lei.

1.2. Prazo para propositura

Verificada a falta grave, o empregador tem a **faculdade** de suspender o empregado de suas funções (CLT, art. 494).

No caso de suspensão, deverá ajuizar o inquérito para apuração de falta grave no **prazo de 30 dias,** contados da data da suspensão (CLT, art. 853).

Trata-se de prazo decadencial, como prevê a Súmula nº 403 do STF:

> **Súmula nº 403 do STF.** Decadência - Prazo para Instauração do Inquérito Judicial - Contagem - Suspensão, por Falta Grave, de Empregado Estável.
>
> É de decadência o prazo de trinta dias para instauração do inquérito judicial, a contar da suspensão, por falta grave, de empregado estável.

Desse modo, não sendo ajuizado o inquérito no referido prazo, não poderá mais ser extinto o contrato de trabalho do emprego por falta grave.

Cumpre ressaltar que a suspensão do empregado é mera faculdade do empregador. Desse modo, na hipótese de não ocorrer a suspensão, a doutrina diverge quanto ao prazo para ajuizamento do inquérito. Entendem alguns que o prazo é prescricional: para uns, de 2 anos, e, para outros, de 5 anos. A outra parte reconhece que o prazo é decadencial de 2 anos. Há, ainda, aqueles que aplicam, também nesse caso, o prazo de 30 dias.

De nossa parte, pensamos que, independentemente do prazo adotado, cabe ao empregador ajuizar o inquérito com a maior brevidade, para que não implique em reconhecimento de perdão tácito.

> ▸ **ATENÇÃO:**
>
> O prazo de decadência do direito do empregador de ajuizar inquérito em face do empregado que incorre em abandono de emprego é contado a partir do momento em que o empregado pretendeu seu retorno ao serviço (Súmula nº 62 do TST).

1. TST; RR 258100-37.1995.5.02.0008; Terceira Turma; Rel. Min. Mauricio Godinho Delgado; DEJT 15/02/2013; Pág. 1202.

1.3. Procedimento

O inquérito para apuração de falta grave será ajuizado na Vara do Trabalho, seguindo o mesmo rito de uma ação ordinária, tendo, porém, duas peculiaridades:

1ª) a petição inicial, obrigatoriamente, deverá ser escrita (CLT, art. 853);

2ª) poderão ser ouvidas 6 testemunhas (CLT, art. 821).

1.4. Efeitos da sentença

A sentença, proferida no inquérito para apuração de falta grave, produz efeitos diferentes, conforme verificamos a seguir:

	Com suspensão do empregado	**Sem suspensão do empregado**
► **IMPROCEDÊNCIA (NÃO EXISTIU FALTA GRAVE)**	Sentença condenatória, determinando a reintegração de empregado	Sentença declaratória, mantendo o vínculo normalmente
► **PROCEDÊNCIA (OCORREU FALTA GRAVE)**	Sentença desconstitutiva, extinguindo o contrato de trabalho na data da prolação da sentença. O período de afastamento será considerado como de suspensão do contrato	Sentença desconstitutiva, extinguindo o contrato de trabalho na data da prolação da sentença

Frisa-se que, reconhecida a inexistência de falta grave praticada pelo empregado, o empregador está obrigado a reintegrá-lo, devendo pagar-lhe os salários a que teria direito no período da suspensão (CLT, art. 495). Percebe-se, pois, que o inquérito tem natureza dúplice.

A propósito, quando a reintegração do empregado estável for desaconselhável, dado o grau de incompatibilidade resultante do dissídio, especialmente quando for o empregador pessoa física, o tribunal do trabalho poderá converter aquela obrigação em indenização dobrada (CLT, art. 495). Nesse caso, o direito aos salários é assegurado até a data da primeira decisão que determinou essa conversão (Súmula nº 28 do TST).

Por fim, o art. 855 da CLT estabelece que, "se tiver havido prévio reconhecimento da estabilidade do empregado, o julgamento do inquérito pela Vara ou Juízo não prejudicará a execução para pagamento dos salários devidos ao empregado, até a data da instauração do mesmo inquérito". Noutras palavras, na hipótese de procedência do inquérito com suspensão do empregado, este tem direito de receber os salários do período entre a data da suspensão e a da instauração do inquérito, que poderão ser executados nos próprios autos do inquérito.

2. AÇÃO CIVIL PÚBLICA

2.1. Introdução

A ação civil pública foi inicialmente prevista, no ordenamento brasileiro, na Lei Complementar nº 40/81 (Lei Orgânica Nacional do Ministério Público), embora de forma tímida, passando a ser efetivamente regulada por meio da Lei nº 7.347/85 (LACP). Posteriormente, com o advento da Constituição Federal de 1988, ela foi elevada a um instrumento processual constitucional de garantia dos direitos metaindividuais.

Cumpre salientar que o título III do Código de Defesa do Consumidor (da defesa do consumidor em juízo) é aplicado em conjunto com a LACP, dando origem ao denominado microssistema processual coletivo.

2.2. Cabimento

Como visto, a Lei nº 7.347/85 disciplina a ação civil pública, estabelecendo, em seu art. 1º, que ela versa sobre a responsabilidade por danos morais e patrimoniais causados:

> I – ao meio ambiente;
>
> II – ao consumidor;
>
> III – a bens e direitos de valor artístico, estético, histórico, turístico e paisagístico;
>
> IV – a qualquer outro interesse difuso ou coletivo;
>
> V – por infração da ordem econômica;
>
> VI – à ordem urbanística;
>
> VII – à honra e à dignidade de grupos raciais, étnicos ou religiosos.
>
> VIII – ao patrimônio público e social.

A Constituição Federal, por sua vez, contemplou-a como instrumento constitucional "para a proteção do patrimônio público e social, do meio ambiente e de outros interesses difusos e coletivos" (art. 129, III). Frisa-se que o STF, interpretando esse dispositivo, incluiu como subespécie de direitos coletivos os direitos individuais homogêneos[2].

No âmbito da Justiça do Trabalho, o art. 83, III, da LC nº 75/93 expressamente reconheceu a promoção da ação civil pública "para a defesa de interesses coletivos, quando desrespeitados os direitos sociais constitucionalmente garantidos".

Por fim, cumpre salientar que o art. 1º, parágrafo único, da Lei nº 7.347/85 vedou o cabimento da "ação civil pública para veicular pretensões que envolvam tributos, contribuições previdenciárias, o Fundo de Garantia do Tempo de Serviço – FGTS ou

---

2. STF – RE 163.231/SP, Rel. Min. Maurício Corrêa, jul. 26.2.97. DJ 29.6.2001.

outros fundos de natureza institucional cujos beneficiários podem ser individualmente determinados".

Interpretando esse dispositivo o STF entendeu seu objetivo é não vulgarizar a ação coletiva para simples movimentações ou saques de interesse individualizado, não impedindo a "atuação do Ministério Público em contextos fático-jurídicos revestidos de interesses sociais qualificados, ainda que sua natureza seja de direitos divisíveis, disponíveis e com titulares determinados ou determináveis, já que, *prima facie*, a legitimidade ministerial, em tais situações, emana diretamente do art. 127 da CARTA MAGNA"[3].

Desse modo, editou a tese de repercussão geral nº 850, declinando que "o Ministério Público tem legitimidade para a propositura de ação civil pública em defesa de direitos sociais relacionados ao FGTS".

2.3. Interesses ou direitos difusos, coletivos e individuais homogêneos

O art. 81, parágrafo único, do CDC, define direitos os difusos, coletivos e individuais homogêneos da seguinte forma:

> I – interesses ou direitos difusos, assim entendidos, para efeitos deste código, os transindividuais, de natureza indivisível, de que sejam titulares pessoas indeterminadas e ligadas por circunstâncias de fato;
>
> II – interesses ou direitos coletivos, assim entendidos, para efeitos deste código, os transindividuais, de natureza indivisível de que seja titular grupo, categoria ou classe de pessoas ligadas entre si ou com a parte contrária por uma relação jurídica base;
>
> III – interesses ou direitos individuais homogêneos, assim entendidos os decorrentes de origem comum.

Para melhor compreensão do tema, explicamos em forma de exemplo:

- **Interesses difusos**: *MPT ajuíza ação civil pública para que determinada empresa pública contrate os trabalhadores somente por meio de concurso público.*

Nesse caso, o MPT tutela o interesse de todas as pessoas que poderão prestar o concurso público. Noutras palavras, o direito é transindividual, por ultrapassar a esfera particular de uma pessoa, sendo um direito de toda a coletividade: o direito de ingressar na administração pública por meio de concurso público.

Indeterminado, porque não se pode delimitar quantos candidatos farão o concurso ou estão sendo prejudicados pela contratação sem concurso público.

3. STF-RE 643978, Relator(a): ALEXANDRE DE MORAES, Tribunal Pleno, julgado em 09/10/2019, PROCESSO ELETRÔNICO REPERCUSSÃO GERAL – MÉRITO DJe-232 DIVULG 24-10-2019 PUBLIC 25-10-2019.

É indivisível, porque a decisão judicial vai atingir, de forma uniforme (igual), a todos os futuros candidatos.

Além disso, a relação entre os candidatos é meramente fática, ou seja, decorre do simples fato de eles irem prestar o mesmo concurso público.

Podemos citar, ainda, como exemplos de direitos e interesses difusos, na seara trabalhista, a greve em atividade essencial, quando não atendidas as necessidades inadiáveis da comunidade; existência de listas sujas na contratação de trabalhadores; exigência de apresentação de certidão negativa de ações trabalhistas para a contratação de trabalhadores em determinada empresa etc.

- **Interesses coletivos**: *MPT ajuíza ação civil pública para impor obrigação de fazer à determinada empresa para que instale equipamento de proteção coletivo na empresa (por exemplo, exaustor, proteção de maquinário etc.).*

Nesse caso, a instalação do exaustor é um único ato que extrapola a esfera privada de um empregado, atingindo a todos os empregados da empresa ou pelo menos de um determinado setor. Atinge, portanto, um grupo. É indivisível, porque beneficia, igualmente, diversos trabalhadores. No entanto, nesse caso, existe uma relação jurídica-base entre os empregados e a empresa: o contrato de trabalho. A doutrina diz que, nessa hipótese, quando ocorre a lesão, a relação jurídica já existia, ou seja, o contrato de trabalho já estava em vigor. Já nos interesses difusos, a relação nasce no momento da lesão ou ameaça de lesão, porque ela decorre exatamente do fato de ter existido a lesão ou ameaça de lesão.

- **Individuais homogêneos**: *Sindicato ajuíza ação civil coletiva requerendo a condenação da empresa ao pagamento do adicional de insalubridade a todos os trabalhadores do setor X.*

Essa hipótese é muito diferente das anteriores. Isso porque aqui o próprio trabalhador poderia entrar com sua reclamação trabalhista postulando o pagamento do adicional de insalubridade. Contudo, como a empresa não paga o adicional para todos os trabalhadores do setor X (origem comum), o ordenamento permite que ele possa ser tutelado em um único processo, dando maior celeridade e efetividade na prestação jurisdicional. Percebe-se, porém, que aqui o direito é individual e divisível (cada trabalhador vai receber um valor), mas o processo é coletivo. Nos interesses difusos e coletivos, o próprio direito é coletivo, assim como o processo.

Diz a doutrina que a pedra de toque para diferenciar os direitos difusos e coletivos dos individuais homogêneos é a pretensão concreta deduzida em juízo (pedido). Naquele caso, os pedidos são de obrigação de fazer e não fazer, podendo ser incluída uma reparação pecuniária. Por outro lado, neste (individual homogêneo), o pedido será de obrigação de pagar, por meio de uma condenação genérica.

É interessante salientar, ainda, que parte da doutrina entende que a nomenclatura correta para ação que tutela direitos individuais homogêneos é de ação civil coletiva, vez que esses direitos foram criado no CDC, que contempla essa ação para a tutela de tais direitos. No entanto, é sabido que a nomenclatura da ação é indiferente para a tutela dos direitos, podendo, portanto, ser utilizado ação civil coletiva ou mesmo ação civil pública para a defesa dos direitos individuais homogêneos.

Assim, podemos esquematizar do seguinte modo a definição desses direitos:

▶ DIFUSOS	▶ COLETIVOS	▶ INDIVIDUAIS HOMOGÊNEOS
Transindividuais	Transindividuais	Individuais
Indivisíveis	Indivisíveis	Divisíveis
Pessoas indeterminadas	Classe, categoria ou grupo	Origem comum
Ligadas por circunstância de fato	1) ligadas entre si ou 2) com a parte contrária por uma relação jurídica-base	Desnecessária ligação

2.4. Competência

A competência funcional da ação civil pública é da Vara do Trabalho.

Quanto à competência territorial, cumpre salientar que ela é de **natureza absoluta**, pois não se trata de mera competência territorial, mas, sim, de competência **funcional-territorial**, porquanto o objetivo da lei é de tutelar interesse público e não meramente particular, como ocorre na competência relativa. Portanto, **tal competência é inderrogável e improrrogável por vontade das partes**.

A competência funcional-territorial vem estampada no art. 2º, da Lei nº 7.347/85 (LACP), que dispõe:

> Art. 2º As ações previstas nesta Lei serão propostas no foro do local onde ocorrer o dano, cujo juízo terá competência funcional para processar e julgar a causa.
>
> Parágrafo único A propositura da ação prevenirá a jurisdição do juízo para todas as ações posteriormente intentadas que possuam a mesma causa de pedir ou o mesmo objeto.

Portanto, a competência é do foro do local onde ocorrer o dano.

No entanto, pode acontecer do dano ultrapassar o foro local, atingindo uma região, um estado ou, até mesmo, o território nacional. Nesse caso, o TST, interpretando de forma sistemática (conjunta) o aludido artigo com o art. 93 do CDC, passou a estabelecer que a competência da ação civil pública na Justiça do Trabalho será da seguinte forma:

> **Orientação Jurisprudencial nº 130 da SDI-II do TST.** Ação civil pública. Competência. Local do dano. Lei nº 7.347/1985, art. 2º. Código de defesa do consumidor, art. 93.
>
> I – A competência para a ação civil pública fixa-se pela extensão do dano.

> II – Em caso de dano de abrangência regional, que atinja cidades sujeitas à jurisdição de mais de uma Vara do Trabalho, a competência será de qualquer das varas das localidades atingidas, ainda que vinculadas a Tribunais Regionais do Trabalho distintos.
>
> III – Em caso de dano de abrangência suprarregional ou nacional, há competência concorrente para a Ação Civil Pública das Varas do Trabalho das sedes dos Tribunais Regionais do Trabalho.
>
> IV – Estará prevento o juízo a que a primeira ação houver sido distribuída.

Vê-se que a extensão do dano pode ser de 4 tipos:

1) **dano local**: ocorrido dentro da circunscrição da Vara do Trabalho;

2) **dano regional**: atinge localidades com Varas do Trabalho diversas dentro de um estado ou TRT e Varas do Trabalho limítrofes, ainda que em estados ou TRTs diferentes;

   ✦ *Exemplo: Imagine uma lesão que tenha ocorrido nas cidades de Juazeiro (BA) e Petrolina (PE), ligadas por uma ponte (aproximadamente 800 metros) que atravessa o rio São Francisco. Nesse caso, embora elas sejam vinculadas a TRTs diferentes (5ª e 6ª Região, respectivamente), não se justifica definir como competente as Varas do Trabalho de Salvador ou Recife, que não possuem nenhuma relação com a lesão, sendo mais adequada a competência de um dos juízos das Varas do Trabalho envolvidas[4], ou seja, Juazeiro ou Petrolina.*

3) **dano suprarregional:** ocorrido dentro de uma mesma região do País

   ✦ *Exemplo: região Sul, Sudeste etc.;*

4) ***dano nacional:*** *atinge mais de uma região do País ou a maioria dos estados.*

Desse modo, podemos esquematizar a competência da ação civil pública, conforme quadro a seguir:

Extensão do dano	**Competência**
Dano local	Vara do Trabalho do local do dano
Dano regional	Qualquer das Varas das localidades atingidas, ainda que vinculadas a Tribunais Regionais do Trabalho distintos
Dano suprarregional ou nacional	Competência concorrente para a ação civil pública das Varas do Trabalho das sedes dos TRTs

4. DIDIER JR. Fredie; ZANETI JR., Hermes. *Curso de direito processual civil: Processo coletivo*. 5. ed. Bahia: Juspodivm, 2010. v. 4, p. 142.

2.5. Legitimidade

Em regra, ao menos no âmbito individual, a legitimidade está ligada ao titular do direito material levado a juízo, denominando-se de **legitimidade ordinária** (CPC/2015, art. 18).

No entanto, admite-se ainda que alguém vá a juízo em nome próprio defender interesse alheio, o que é chamado de **legitimação extraordinária**. Nesse caso, tem-se a substituição processual[5], como ocorre, por exemplo, quando o sindicato busca tutelar direitos individuais homogêneos dos trabalhadores (pagamento de adicional de insalubridade, periculosidade etc.).

Diz a doutrina que a substituição processual só terá cabimento quando o substituto defender, em nome próprio, o direito alheio de pessoas determinadas, razão pela qual, em se tratando de direitos difusos e coletivos, em que os sujeitos são indeterminados, tem-se a **legitimidade anômala (ou autônoma) para a condução do processo**.

Portanto, podemos sintetizar da seguinte forma:

a) Legitimação extraordinária (substituição processual): tutelar direitos individuais homogêneos.

b) Legitimação anômala: tutelar direitos difusos e coletivos.

Nos termos do art. 5º da Lei 7.347/85, têm legitimidade para propor a ação civil pública:

> I – o Ministério Público[6];
>
> II – a Defensoria Pública[7];
>
> III – a União, os Estados, o Distrito Federal e os Municípios;
>
> IV – a autarquia, empresa pública, fundação ou sociedade de economia mista;
>
> V – a associação que, concomitantemente:
>
> a) esteja constituída há pelo menos 1 ano nos termos da lei civil;
>
> b) inclua, entre suas finalidades institucionais, a proteção ao patrimônio público e social, ao meio ambiente, ao consumidor, à ordem econômica,

---

5. Difere da representação, porque nesta o representante age em nome alheio para defesa de direito alheio, enquanto na substituição processual age em nome próprio para tutelar direito de outrem.
6. STF – Tema 471 de Repercussão Geral: "Com fundamento no art. 127 da Constituição Federal, o Ministério Público está legitimado a promover a tutela coletiva de direitos individuais homogêneos, mesmo de natureza disponível, quando a lesão a tais direitos, visualizada em seu conjunto, em forma coletiva e impessoal, transcender a esfera de interesses puramente particulares, passando a comprometer relevantes interesses sociais."
7. O STF, no RE 712472 AgR, reconheceu a legitimidade da Defensoria Pública para a propositura de ação civil pública para a tutela de direitos difusos e coletivos de pessoas necessitadas, mesmo nas hipóteses em que extrapolar essas pessoas, (Relator(a): Min. Dias Toffoli, Primeira Turma, julgado em 18.11.2014, Processo Eletrônico DJe-240 divulg 5.12.2014 public 9.12.2014).

à livre concorrência, aos direitos de grupos raciais, étnicos ou religiosos ou ao patrimônio artístico, estético, histórico, turístico e paisagístico.[8]

O requisito da pré-constituição poderá ser dispensado pelo juiz, quando houver manifesto interesse social evidenciado pela dimensão ou característica do dano, ou pela relevância do bem jurídico a ser protegido (Lei nº 7.347/85, art. 5º, § 4º).

No âmbito trabalhista, no contexto de associação, ganha relevância a legitimidade do sindicato. Embora seja uma modalidade de associação, a doutrina entende que ele não se submete aos requisitos descritos no item V, citado anteriormente. Noutras palavras, o sindicato não tem necessidade de ser constituído há pelo menos 1 ano para ter legitimidade, vez que a Constituição Federal conferiu tratamento diferenciado a essa entidade, autorizando-a expressamente, no art. 8º, a representar a categoria. Além disso, a finalidade institucional do sindicato é presumida, qual seja tutelar os interesses e direitos coletivos e individuais da categoria (CF/1988, art. 8º, III). Desse modo, a Constituição Republicana de 1988, em seu art. 8º, III, conferiu ao sindicato a **legitimidade, de forma ilimitada**[9], **para tutelar os interesses metaindividuais dos integrantes da categoria**, não cabendo ao legislador infraconstitucional restringir a atuação do ente coletivo, sob pena de inconstitucionalidade[10].

O sindicato, portanto, "pode agir na defesa dos direitos dos membros da categoria, sejam ou não sindicalizados, na esfera administrativa e na judicial, trabalhista ou não"[11].

É o que acontece, por exemplo, quando o sindicato da categoria ajuíza ação civil coletiva para que a empresa pague o adicional noturno dos empregados de determinado setor. Percebam que o sindicato, no caso, vai em nome próprio (do sindicato), tutelar direitos de outros (trabalhadores).[12]

Ressalta-se que essa atuação sindical **independe de autorização dos substituídos**. É por isso que **não** é exigida a apresentação de rol de substituídos (trabalhadores) para o ajuizamento da ação civil coletiva.[13]

Por outro lado, no caso das associações, diferentemente dos sindicatos, o STF entende se trata de **ação coletiva por representação** embasada no art. 5º, XXI, da CF/1988. Nesse caso, é necessária autorização expressa para que demandem em juízo (representação processual específica), podendo ocorrer por ato individual

8. Mazzili inclui dentre as associações civis com legitimidade para as ações civis públicas as organizações privadas, sem fins lucrativos, que geram ou produzem bens e serviços, públicos ou privados, como as organizações não governamentais (ONGs), cooperativas, associações e fundações (3º setor). MAZZILI, Hugo Nigro. **A defesa dos interesses difusos em juízo**. 19. ed. São Paulo: Saraiva, 2006. p. 282.
9. STF - RE 214.668-4. Rel. Min. Joaquim Barbosa. DJ. 24.8.2007.
10. Nesse sentido, o TST cancelou a Súmula nº 310 do TST.
11. MOREIRA, José Carlos Barbosa apud NERY Jr., Nelson; NERY, Rosa Maria de Andrade. Comentários ao Código de Processo Civil. São Paulo: RT, 2015. p. 257.
12. Consequentemente também não se exige procuração dos substituídos (TST-RR-203700-32.2005.5.02.0070).
13. Nesse sentido o TST cancelou a Súmula nº 310 do TST.

(procuração) ou mesmo por deliberação em assembleia, não sendo suficiente a mera previsão genérica da defesa dos interesses dos associados no estatuto da associação, nos termos do art. 5º, XXI, da CF/1988[14]. Em suma, não basta a permissão no estatuto, dependendo de autorização individual ou coletiva (em assembleia) para ajuizamento da ação.

O mesmo ocorre com as cooperativas (Lei nº 5.764/1971, art. 88-A) que podem defender os direitos coletivos de seus associados quando a causa de pedir versar sobre atos de interesse direto dos associados que tenham relação com as operações de mercado das cooperativas, desde que isso seja previsto em seu estatuto e haja, de forma expressa, autorização manifestada individualmente pelo associado ou por meio de assembleia geral que delibere sobre a propositura da medida judicial (Lei nº 13.806/2019, art. 88-A).

Cumpre destacar que o Ministério Público, se não intervier no processo como parte, atuará, obrigatoriamente, como fiscal da ordem jurídica (Lei nº 7.347/1985, art. 5º, § 1º).

A propósito, em caso de desistência infundada ou abandono da ação por associação legitimada, o Ministério Público ou outro legitimado assumirá a titularidade ativa (Lei nº 7.347/1985, art. 5º, § 3º).

Ademais, decorridos 60 dias do trânsito em julgado da sentença condenatória, sem que a associação autora lhe promova a execução, deverá fazê-lo o Ministério Público, facultada igual iniciativa aos demais legitimados (LACP, art. 15).

2.6. Litisconsórcio

Litisconsórcio é o fenômeno processual decorrente da existência de duas ou mais pessoas figurando no polo ativo, passivo, ou em ambos os polos da demanda.

No caso da ação civil pública, fica facultado ao Poder Público e a outras associações legitimadas habilitar-se como litisconsortes de qualquer das partes (Lei nº 7.347/85, art. 5º, § 2º).

Ademais, é admitido o litisconsórcio facultativo entre os Ministérios Públicos da União, do Distrito Federal e dos estados na defesa dos interesses e direitos de que cuida a Lei nº 7.347/85 (LACP, art. 5º, § 4º).

2.7. Objeto

O art. 3º da LACP prevê que a ação civil pública "poderá ter por objeto a condenação em dinheiro ou o cumprimento de obrigação de fazer ou não fazer".

---

14. RE 573232, Relator(a): Min. RICARDO LEWANDOWSKI, Relator(a) p/ Acórdão: Min. MARCO AURÉLIO, Tribunal Pleno, julgado em 14/05/2014, REPERCUSSÃO GERAL – MÉRITO DJe-182 DIVULG 18-09-2014 PUBLIC 19-09-2014 EMENT VOL-02743-01 PP-00001.

A propósito, o art. 83 do CDC permite o ajuizamento de "todas as espécies de ações capazes de propiciar sua adequada e efetiva tutela".

Na ação que tenha por objeto o **cumprimento de obrigação de fazer ou não fazer**, o juiz determinará o cumprimento da prestação da atividade devida ou a cessação da atividade nociva, sob pena de execução específica, ou de cominação de multa diária, se esta for suficiente ou compatível, **independentemente de requerimento do autor** (LACP, art. 11). Aliás, o art. 84 do CDC admite que, além da tutela específica, o juiz poderá determinar providências que assegurem o resultado prático equivalente ao do adimplemento.

É possível que seja requerida tutela específica para que a prática de um ato ilícito seja impedida ou para que seja inibida a repetição do ato ou a sua continuação. Trata-se da denominada tutela inibitória prevista no art. 497, parágrafo único, do CPC/15:

> Parágrafo único. Para a concessão da tutela específica destinada a inibir a prática, a reiteração ou a continuação de um ilícito, ou a sua remoção, é irrelevante a demonstração da ocorrência de dano ou da existência de culpa ou dolo.

Conforme se observa da redação do parágrafo único do art. 497 do CPC/15, é irrelevante a demonstração da ocorrência de dano ou da existência de culpa ou dolo para a concessão da tutela. Essa regra se justifica pela natureza preventiva da tutela inibitória, possuindo como objetivo justamente evitar a ocorrência de lesão. Caso a lesão já tenha ocorrido, deverá ser requerida a tutela reparatória que, inclusive, poderá ser cumulada com a inibitória (para que seja inibida a continuação ou a repetição do ato).

A conversão da obrigação (tutela específica) em perdas e danos somente será admissível se por elas optar o autor ou se impossível a tutela específica ou a obtenção do resultado prático correspondente (CDC, art. 84, § 1º). A indenização por perdas e danos se fará sem prejuízo da multa (CDC, art. 84, § 2º).

Ademais, para a tutela específica ou para a obtenção do resultado prático equivalente, poderá o juiz determinar as medidas necessárias, tais como busca e apreensão, remoção de coisas e pessoas, desfazimento de obra, impedimento de atividade nociva, além de requisição de força policial (CDC, art. 84, § 5º).

Na hipótese de **condenação em dinheiro**, este será revertido para um fundo próprio, como dispõe o art. 13 da LACP:

> Art. 13. Havendo condenação em dinheiro, a indenização pelo dano causado reverterá a um fundo gerido por um Conselho Federal ou por Conselhos Estaduais de que participarão necessariamente o Ministério Público e representantes da comunidade, sendo seus recursos destinados à reconstituição dos bens lesados.
>
> § 1º Enquanto o fundo não for regulamentado, o dinheiro ficará depositado em estabelecimento oficial de crédito, em conta com correção monetária.
>
> § 2º Havendo acordo ou condenação com fundamento em dano causado por ato de discriminação étnica nos termos do disposto no art. 1º desta Lei, a prestação em dinheiro reverterá diretamente ao fundo de que

> trata o *caput* e será utilizada para ações de promoção da igualdade étnica, conforme definição do Conselho Nacional de Promoção da Igualdade Racial, na hipótese de extensão nacional, ou dos Conselhos de Promoção de Igualdade Racial estaduais ou locais, nas hipóteses de danos com extensão regional ou local, respectivamente.

No âmbito trabalhista, como ainda não existe um fundo específico, reverte-se a indenização ao Fundo de Amparo do Trabalhador (FAT), porque é o que mais se aproxima dessa seara, vez que é destinado a custear o seguro-desemprego, o pagamento do abono salarial (PIS) e financiar programas de desenvolvimento econômico e social voltados para o interesse dos trabalhadores. Pode ser revertido ainda para o Fundo de Direitos Difusos.

Finalmente, cumpre salientar que, em uma única ação, podem ser cumulados diversos pedidos, inclusive para tutelar interesses e direitos diferentes (difusos, coletivos e individuais homogêneos).

2.8. Tutelas de urgência

Em decorrência da longa duração do processo, o ordenamento criou mecanismos que buscam distribuir o ônus do tempo do processo. Em outros termos, antigamente, apenas o autor arcava com a demora do processo, de modo que o ordenamento passou a instituir mecanismos para o que réu também sofra os riscos do tempo do processo. Têm-se aqui as chamadas tutelas de urgência, como é o caso da tutela cautelar e da tutela antecipada.

Assim como no dissídio individual, a ação civil pública, ainda com maior razão por tutelar direitos metaindividuais, está respaldada por tais tutelas. Nesse sentido, prevê os arts. 4º e 12, *caput*, da LACP:

> Art. 4º Poderá ser ajuizada ação cautelar para os fins desta Lei, objetivando, inclusive, evitar dano ao patrimônio público e social, ao meio ambiente, ao consumidor, à honra e à dignidade de grupos raciais, étnicos ou religiosos, à ordem urbanística ou aos bens e direitos de valor artístico, estético, histórico, turístico e paisagístico.
>
> Art. 12. Poderá o juiz conceder mandado liminar, com ou sem justificação prévia, em decisão sujeita a agravo. (...)

O procedimento das tutelas de urgência na ação civil pública segue a sistemática do Código de Processo Civil. Assim, considerando que processo cautelar autônomo foi excluída do CPC/2015, seu requerimento deverá ocorrer por meio de pedido cautelar antecedente ou incidental. Do mesmo modo, a tutela antecipada (CPC/2015, art. 294, parágrafo único).

Ademais, o art. 84, § 3º, CDC estabelece que "sendo relevante o fundamento da demanda e havendo justificado receio de ineficácia do provimento final, é lícito ao juiz conceder a tutela liminarmente ou após justificação prévia, citado o réu". Nessa hipótese e na sentença, o juiz poderá impor multa diária ao réu, independentemente de pedido do autor, se for suficiente ou compatível com a obrigação, fixando prazo razoável para o cumprimento do preceito.

> ▸ **ATENÇÃO:**
>
> A multa cominada liminarmente só será exigível do réu após o trânsito em julgado da decisão favorável ao autor, mas será devida desde o dia em que se houver configurado o descumprimento (LACP, art. 12, § 2º)*.
>
> * Esse dispositivo é criticado pela doutrina e jurisprudência, porque viola a efetivação da tutela jurisdicional, invocando-se a incidência do art. 537, § 3º, do CPC/2015 que admite a execução provisória da multa, devendo ser depositada em juízo, permitindo seu levantamento após o trânsito em julgado da sentença favorável à parte. Nesse sentido, vem decidindo o C. TST, conforme o seguinte julgado: TST-E-RR-161200 - 53.2004.5.03.0103, Tribunal Pleno, rel. Min. Delaíde Miranda Arantes, 19.4.2016 (Informativo nº 133).

Frisa-se, ainda, que a tutela provisória concedida ou indeferida antes da sentença não é suscetível de recurso, de modo que sua impugnação poderá ser feita por meio de mandado de segurança (Súmula nº 414, II, do TST).

Por fim, o art. 12, § 1º, da LACP permite que, a requerimento de pessoa jurídica de direito público interessada, e para evitar grave lesão à ordem, à saúde, à segurança e à economia pública, o presidente do tribunal a que competir o conhecimento do respectivo recurso suspenda a execução da liminar, em decisão fundamentada, da qual caberá agravo para uma das turmas julgadoras, no prazo de 5 dias a partir da publicação do ato.

2.9. Prescrição

A prescrição é instituto que tem como objetivo dar segurança nas relações jurídicas. Desse modo, se a parte, por inércia ou negligência, não age na tutela de seus interesses durante o prazo estabelecido em lei, ocorrerá a prescrição. Salienta-se que a prescrição está ligada a direito patrimonial.

Portanto, a prescrição pressupõe o não agir da parte interessada e uma condenação pecuniária (patrimonial).

No caso dos direitos difusos e coletivos, é sabido que tais direitos são indivisíveis e indisponíveis, não tendo ainda conteúdo econômico (patrimonial). Ademais, o próprio titular do direito material não pode agir, dependendo para tanto da atuação do legitimado coletivo.

Com efeito, tratando-se de direitos difusos e coletivos, não há prescrição.

Por outro lado, no caso de direitos individuais homogêneos, já estudamos que eles são divisíveis e patrimoniais. Além disso, o próprio titular do direito pode ajuizar individualmente sua ação, não dependendo da atuação do ente coletivo. É o caso, por exemplo, do pedido de adicional de insalubridade que, por decorrer de uma origem comum, pode legitimar a substituição processual pelo sindicato. Nada impede, porém, que o próprio trabalhador ajuíze, individualmente, sua reclamação postulando referido adicional.

Diante disso, quando se buscar a tutela de direitos individuais homogêneos incidirá a prescrição, nos termos do art. 7, XXIX, da CF/88.

▶ **ATENÇÃO:**

A ação movida por sindicato, na qualidade de substituto processual, interrompe a prescrição, ainda que tenha sido considerado parte ilegítima *ad causam* (OJ nº 359 da SDI-I do TST).

Em resumo, podemos simplificar da seguinte forma:

1) **Direitos e interesses difusos e coletivos**: não há prescrição.
2) **Direitos individuais homogêneos**: aplica-se a prescrição trabalhista.

2.10. Litispendência

Haverá litispendência quando se repete ação idêntica que está em curso (CPC/2015, art. 337, § 3º). Diz-se que uma ação é idêntica à outra quando tem as mesmas partes, a mesma causa de pedir e o mesmo pedido (CPC/2015, art. 337, § 2º).

Diante desse conceito indaga-se se existe litispendência entre a ação civil pública e uma ação individual.

A resposta é negativa, como expressamente declara o art. 104 do CDC.

Isso se justifica porque entre a ação individual e a ACP não há identidade de partes (numa é o titular do direito material e, na outra, o legitimado coletivo), além do que os pedidos são diferentes.

Não havendo litispendência, significa que ambas as ações poderão prosseguir normalmente. E, nesse caso, o titular do direito material (autor da ação individual) poderá se beneficiar das duas ações?

O ordenamento, atento a esse fato, determina que os autores das ações individuais somente serão favorecidos pela ação coletiva, se for requerida a suspensão da ação individual no prazo de 30 dias, a contar da ciência nos autos do ajuizamento da ação coletiva (CDC, art. 104).

Desse modo, os autores da ação individual possuem duas opções:

a) Prosseguir com a ação individual.[15]

---

15. Ressaltamos que o STJ já entendeu que é possível a suspensão obrigatória da ação individual: RECURSO REPETITIVO. PROCESSUAL CIVIL. RECURSO ESPECIAL. AÇÃO COLETIVA. MACRO-LIDE. CORREÇÃO DE SALDOS DE CADERNETA DE POUPANÇA. SUSTAÇÃO DE ANDAMENTO DE AÇÕES INDIVIDUAIS. POSSIBILIDADE.

Nesse caso, não será beneficiado pela ação coletiva.

b) Suspender a ação individual.

Nessa hipótese, se os pedidos da ação coletiva forem julgados procedentes, a ação individual será arquivada, e o titular do direito poderá promover a liquidação e execução de seus créditos com base na sentença coletiva.

Por outro lado, sendo julgados improcedentes os pedidos da ação coletiva, o titular do direito não será prejudicado, podendo prosseguir com o andamento da ação individual.

2.11. Instrução

Na fase instrutória da ação civil pública, assim como ocorre no processo individual, são admitidos todos os meios legais e os moralmente legítimos necessários à convicção do juiz (CPC/2015, art. 369). Desse modo, pode ser determinada pelo juízo ou Tribunal qualquer diligência necessária ao esclarecimento dos objetos das ações civis públicas (CLT, art. 765).

É válido observar que as provas obtidas no Inquérito Civil não precisam ser repetidas em juízo. Isso ocorre porque, embora o inquérito civil seja inquisitivo e, portanto, sem contraditório, ele é presidido pelos membros do Ministério Público, que possuem fé pública, o que gera a presunção de validade e legalidade dos atos praticados no inquérito.

Desse modo, não incumbe à parte contrária simplesmente impugnar as provas apresentadas, devendo comprovar que não são verdadeiras, a fim de afastar a presunção que milita sobre elas.

Destaca-se ainda que, os entes coletivos (Ministério Público ou sindicatos), por não serem titulares do direito material pleiteado em juízo, não podem confessar e transigir, ou seja, não podem dispor dos direitos materiais pretendidos[16]. Desse modo, se não podem confessar, consequentemente, seus membros não se submetem ao depoimento pessoal.

Por fim, na ação civil pública, tal como nos dissídios individuais, aplica-se a teoria dinâmica do ônus da prova, quando o reclamado tiver melhor aptidão para a prova, nos termos do art. 818, § 1º, da CLT.

1.- Ajuizada coletiva atinente a macro-lide geradora de processos multitudinários, suspendem-se as ações individuais, no aguardo do julgamento da ação coletiva. 2.-Entendimento que não nega vigência aos art. 51, IV, §1º, 103 e 104 do Código de Defesa do Consumidor 122 e 166 do Código Civil e 2º e 6º do Código de Processo Civil, com os quais se harmoniza, atualizando-lhes a interpretação extraída da potencialidade desses dispositivos legais ante a diretriz legal resultante do disposto no art. 543-C do Código de Processo Civil, com a redação dada pela Lei dos Recursos Repetitivos (Lei n. 11.672, de 8.5.2008). 3.- Recurso Especial improvido. (STJ, Recurso Especial nº 111059/RS. Relator: Min. Sidnei Beneti. Data de Julgamento: 28/10/2009. Data de Publicação: 14/12/2009).

16. MELO, Raimundo Simão. *Ação civil pública na Justiça do Trabalho*. 4. ed. São Paulo: LTr, 2012. p. 240.

2.12. Sentença

A sentença produzida na ação civil pública é diferente a depender do direito a ser tutelado.

Quando se busca tutelar direitos difusos e coletivos, a sentença coletiva assemelha-se à sentença do processo individual, impondo obrigações de fazer, não fazer ou de indenização pelos danos coletivos causados.

Já na hipótese de direitos individuais homogêneos, a sistemática é muito diferente, vez que a sentença profere uma **condenação genérica**, oportunidade em que há definição da:

a) identidade do sujeito passivo da obrigação (ex.: empregador);

b) existência da obrigação do devedor (ex.: o setor X possui agentes insalubres);

c) natureza da prestação devida (ex.: pagamento de adicional de 20% sobre o salário).

Noutras palavras, a condenação genérica define o núcleo da homogeneidade dos direitos afirmados na inicial, não se preocupando, nesse momento, com os titulares do direito. É por isso que não se exige mais o rol de substituídos.

Posteriormente, na fase de liquidação, identifica-se quem é o titular do direito (ex.: João, Pedro, Paulo etc.) e qual o valor da prestação a que faz jus (ex.: João, R$ 600, 00; Pedro, R$ 950, 00; e Paulo, R$ 1.100, 00).

► **ATENÇÃO:**

A cessação da conduta ilícita após a propositura da ação civil pública não impede, por si só, o deferimento da tutela inibitória, que visa prevenir práticas ilícitas futuras. (TST-IRRR, Tese nº 124)

2.13. Coisa julgada

No processo individual, estudamos que a sentença faz coisa julgada para as partes entre as quais é dada, não prejudicando terceiros (CPC/2015, art. 506). Produz efeitos, portanto, entre as partes (*inter partes*). Ademais, haverá formação da coisa julgada quando ocorrer a resolução do mérito, independentemente de qual seja o resultado em cada caso (procedência, improcedência, homologação de acordo etc.) É o que se denominada de coisa julgada *pro et contra*.

No processo coletivo, o regime da coisa julgada é totalmente diferente do processo individual, modificando sua aplicação a depender do direito tutelado e do resultado da demanda, como estabelece o art. 103 do CDC, *in verbis*:

> Art. 103. Nas ações coletivas de que trata este código, a sentença fará coisa julgada:

> I – *erga omnes*, exceto se o pedido for julgado improcedente por insuficiência de provas, hipótese em que qualquer legitimado poderá intentar outra ação, com idêntico fundamento valendo-se de nova prova, na hipótese do inciso I do parágrafo único do art. 81;
>
> II – *ultra partes*, mas limitadamente ao grupo, categoria ou classe, salvo improcedência por insuficiência de provas, nos termos do inciso anterior, quando se tratar da hipótese prevista no inciso II do parágrafo único do art. 81;
>
> III – *erga omnes*, apenas no caso de procedência do pedido, para beneficiar todas as vítimas e seus sucessores, na hipótese do inciso III do parágrafo único do art. 81.
>
> § 1º Os efeitos da coisa julgada previstos nos incisos I e II não prejudicarão interesses e direitos individuais dos integrantes da coletividade, do grupo, categoria ou classe.
>
> § 2º Na hipótese prevista no inciso III, em caso de improcedência do pedido, os interessados que não tiverem intervindo no processo como litisconsortes poderão propor ação de indenização a título individual.
>
> § 3º Os efeitos da coisa julgada de que cuida o art. 16, combinado com o art. 13 da Lei nº 7.347, de 24 de julho de 1985, não prejudicarão as ações de indenização por danos pessoalmente sofridos, propostas individualmente ou na forma prevista neste código, mas, se procedente o pedido, beneficiarão as vítimas e seus sucessores, que poderão proceder à liquidação e à execução, nos termos dos arts. 96 a 99.
>
> § 4º Aplica-se o disposto no parágrafo anterior à sentença penal condenatória.

Passamos a analisar o referido dispositivo.

2.13.1. *Interesses ou direitos difusos e coletivos*

A formação de coisa julgada material na ação civil pública, que tutela interesses e direitos difusos e coletivos, deve ser analisada em três hipóteses distintas:

a) improcedência do pedido por insuficiência de prova;

b) improcedência do pedido por outros motivos;

c) procedência do pedido.

No primeiro caso (improcedência do pedido por insuficiência de prova), **não haverá formação de coisa julgada material**, seja para os legitimados coletivos, seja para a coletividade, o grupo, a categoria ou a classe. Desse modo, existindo prova nova qualquer legitimado poderá intentar nova ação coletiva com idêntico fundamento da ação anterior. Fala-se aqui em coisa julgada *secundum eventum probationis*.

Na segunda hipótese (improcedência do pedido por outros motivos), haverá coisa julgada material para os legitimados coletivos, que não poderão ajuizar nova ação coletiva. No entanto, essa decisão não prejudicará a coletividade, o grupo, a categoria ou a classe, vez que a coisa julgada na ação coletiva somente poderá beneficiar os titulares do direito material. Trata-se da chamada coisa julgada *secundum eventum litis* (de acordo com o resultado da lide).

Já na terceira proposição (procedência do pedido), haverá coisa julgada material para os legitimados coletivos, beneficiando, inclusive, a coletividade, o grupo, a categoria ou a classe. Tem-se aqui, novamente, a coisa julgada *secundum eventum litis*.

Frisa-se que, nesse último caso, há diferença do alcance da coisa julgada a depender do interesse tutelado, como se verifica a seguir:

▶ **INTERESSES E DIREITOS DIFUSOS**	*Erga omnes*
▶ **INTERESSES E DIREITOS COLETIVOS**	*Ultra partes*, mas limitadamente ao grupo, categoria ou classe

Na hipótese de procedência do pedido, os integrantes da coletividade, do grupo, da categoria ou da classe e seus sucessores poderão liquidar e executar a sentença coletiva.

Contudo, é importante salientar que, sendo interesses difusos e coletivos, não há um mero enquadramento no âmbito individual da situação genérica decidida, como ocorre nos direitos individuais homogêneos. Há, na realidade, o transporte do que foi decidido coletivamente para a esfera individual, o que é denominado de transporte *in utilibus* (para beneficiar) da coisa julgada. Exemplificamos para melhor compreensão:

> *O MPT ajuíza ação civil pública em face da empresa X, alegando que o setor Z da empresa está em condições insalubres, em decorrência do calor, devendo para tanto instalar diversos exaustores no setor. Reconhecidas as condições do local, a sentença julga procedente o pedido da ACP, determinando que a empresa instale referidos exautores, transitando em julgado, posteriormente, a decisão. Nesse caso, percebe-se que a decisão coletiva é de obrigação de fazer (instalar exaustores). No entanto, o trabalhador do setor Z, utilizando-se do transporte in utilibus da coisa julgada, poderá proceder à liquidação e execução individual para o recebimento do adicional de insalubridade, já que na decisão ficou reconhecida a condição insalubre do local. Atenta-se para o fato de que não se trata de prova emprestada, mas de decisão transitada em julgado que, simplesmente, será liquidada e executada individualmente, vez que, por beneficiar o integrante do grupo, será transportada para o âmbito individual.*

Frisa-se, ainda, que o art. 16 da LACP[17] prevê que a sentença coletiva ficará restrita aos limites da competência territorial do órgão prolator. No entanto, a doutrina já

17. Art. 16. A sentença civil fará coisa julgada erga omnes, nos limites da competência territorial do órgão prolator, exceto se o pedido for julgado improcedente por insuficiência de provas, hipótese

entendia que esse dispositivo era ineficaz, pois o legislador se esqueceu de revogar o art. 103 do CDC, que estabelece os efeitos da coisa julgada nas ações coletivas. Além disso, confundiu limites subjetivos da coisa julgada com jurisdição e competência[18].

O STF analisou a constitucionalidade do art. 16 da LACP no Recurso Extraordinário nº 1101937. Entendeu o STF que a redação do dispositivo estava na contramão da proteção aos direitos metaindividuais, restringindo os efeitos *erga omnes* da coisa julgada nas demandas coletivas aos limites da competência territorial do órgão prolator. De acordo com a decisão, o dispositivo confundiu os efeitos da decisão com suas qualidades de imutabilidade e indiscutibilidade decorrentes da coisa julgada, violando os princípios da eficiência, igualdade e segurança jurídica sendo, portanto, inconstitucional[19]. O STF fixou a seguinte tese de repercussão geral (Tema 1075):

> I – É inconstitucional a redação do art. 16 da Lei 7.347/1985, alterada pela Lei 9.494/1997, sendo repristinada sua redação original.
>
> II – Em se tratando de ação civil pública de efeitos nacionais ou regionais, a competência deve observar o art. 93, II, da Lei 8.078/1990 (Código de Defesa do Consumidor).
>
> III – Ajuizadas múltiplas ações civis públicas de âmbito nacional ou regional e fixada a competência nos termos do item II, firma-se a prevenção do juízo que primeiro conheceu de uma delas, para o julgamento de todas as demandas conexas.

Portanto, esse entendimento aplica-se às ações coletivas (ação civil pública ou ação coletiva) ajuizadas pelo Ministério Público do Trabalho ou por sindicatos na Justiça do Trabalho.

Cabe, contudo, uma ressalva quanto às **associações civis**: conforme o entendimento firmado pelo STF no Tema 499, as ações coletivas propostas por associações, na defesa de interesses de seus associados, somente produzem efeitos em relação aos filiados que: (i) residam na área de jurisdição do órgão prolator da decisão; (ii) estavam regularmente associados até a data do ajuizamento da ação; (iii) constem da relação nominal de filiados apresentada juntamente com a petição inicial.[20]

---

em que qualquer legitimado poderá intentar outra ação com idêntico fundamento, valendo-se de nova prova.

18. STF-RE 1101937. O Min. Alexandre de Moraes determinou a suspensão nacional de todos os processos em andamento que discutem a abrangência do limite territorial das decisões proferidas em ação civil pública. Cabe destacar, porém, que no Tema 715 (ARE 796473), o STF já havia fixado a tese de que "a questão da limitação territorial da eficácia da decisão proferida em ação coletiva tem natureza infraconstitucional, e a ela se atribuem os efeitos da ausência de repercussão geral, nos termos do precedente fixado no RE n. 584.608, rel. a Ministra Ellen Gracie, DJe 13/03/2009."
19. STF – RE 1101937, Relator(a): ALEXANDRE DE MORAES, Tribunal Pleno, julgado em 08/04/2021, PROCESSO ELETRÔNICO REPERCUSSÃO GERAL – MÉRITO DJe-113 DIVULG 11-06-2021 PUBLIC 14-06-2021.
20. STF-RE 612.043. Tribunal Pleno. Rel. Min. Marco Aurélio. Julgamento em 10.05.2017. DJE 06.10.2017.

2.13.2. *Interesses ou direitos individuais homogêneos*

A coisa julgada material na ação coletiva que tutela direitos individuais homogêneos é um pouco diferente do analisado no tópico anterior.

No caso desses direitos, o estudo é dividido em apenas duas hipóteses:

a) improcedência do pedido;

b) procedência do pedido.

Na primeira hipótese, seja pela insuficiência de prova, seja por outros motivos, haverá formação de coisa julgada material para os entes coletivos, que ficam impedidos de ajuizarem nova demanda com o mesmo fundamento. Portanto, nos direitos individuais homogêneos não se usa a coisa julgada *secundum eventum probationis*.

Entretanto, tal decisão não prejudicará as vítimas e seus sucessores.

> ▶ **ATENÇÃO:**
>
> **Existe, porém, um caso em que, mesmo ocorrendo improcedência do pedido, as vítimas e seus sucessores serão prejudicados. Isso ocorrerá quando o interessado participar do processo como assistente litisconsorcial* (CDC, art. 103, § 2º). Nessa hipótese, independentemente do resultado da demanda, ele será atingido.**
>
> ***. A norma fala em litisconsorte, o que é criticado pela doutrina.**

Na segunda hipótese (procedência do pedido), haverá formação de coisa julgada material para os entes coletivos, beneficiando todas as vítimas e sucessores. Aplica-se aqui a coisa julgada *secundum eventum litis.*

Ademais, a sentença coletiva terá efeitos *erga omnes.*

Assim, havendo procedência dos pedidos, poderão, individualmente, as vítimas e seus sucessores liquidar e executar a sentença coletiva. A propósito, a liquidação e a execução também poderão ser ajuizadas, coletivamente, pelo legitimado coletivo.

É importante dizer, nesse ponto, que, sendo direitos individuais homogêneos, há um mero enquadramento no âmbito individual da decisão coletiva. Noutras palavras, aqui não há necessidade da figura do transporte *in utilibus* da coisa julgada, bastando o enquadramento da decisão coletiva no campo individual. Exemplificamos:

> ✦ *Sindicato ajuíza ação civil coletiva em face da empresa X postulando o pagamento do adicional de insalubridade para os trabalhadores do setor Y. Sendo procedente o pedido, será proferida uma sentença genérica que determinará o pagamento do adicional de insalubridade para os trabalhadores daquele setor.*

Percebe-se que aqui, diferentemente do que ocorre nos direitos difusos e coletivos, o pedido já é de condenação ao pagamento do adicional de insalubridade, bastando que, na liquidação, o trabalhador demonstre que trabalhava no setor Y por determinado período, fazendo jus a certo montante.

2.13.3. Esquema

Em resumo, podemos esquematizar da seguinte forma a coisa julgada coletiva:

▶ INTERESSES OU DIREITOS DIFUSOS	Produz efeitos *erga omnes*	1º) improcedência do pedido por falta de prova: não faz coisa julgada material; 2º) improcedência do pedido por outros motivos: faz coisa julgada material apenas para os legitimados coletivos, não prejudicando a coletividade, o grupo, a categoria ou a classe; 3º) procedência do pedido: faz coisa material, beneficiando, a coletividade, o grupo, a categoria ou a classe
▶ INTERESSES OU DIREITOS COLETIVOS	Produz efeitos *ultra partes*, mas limitadamente ao grupo, categoria ou classe	
▶ INTERESSES OU DIREITOS INDIVIDUAIS HOMOGÊNEOS	Produz efeitos *erga omnes*	1º) improcedência do pedido: faz coisa julgada material para o legitimado coletivo, não prejudicando as vítimas e seus sucessores, exceto se estes tiverem participado do processo como assistente litisconsorcial; 2º) procedência do pedido: faz coisa julgada material, beneficiando as vítimas e seus sucessores

2.14. Despesas processuais e honorários advocatícios

Na ação civil pública não haverá adiantamento de custas, emolumentos, honorários periciais e nenhuma outra despesa, nem condenação da associação autora, salvo comprovada má-fé, em honorários de advogado, custas e despesas processuais (LACP, art. 18).

No caso de litigância de má-fé, a associação autora e os diretores responsáveis pela propositura da ação serão solidariamente condenados em honorários advocatícios e ao décuplo das custas, sem prejuízo da responsabilidade por perdas e danos (LACP, art. 17).

Na hipótese de ação civil pública ajuizada por sindicato, figurando como substituto processual, admite-se a condenação do reclamado (réu) ao pagamento dos honorários advocatícios em razão da mera sucumbência, conforme estabelece o art. 791-A da CLT.

3. AÇÃO RESCISÓRIA

3.1. Introdução

A ação rescisória é ação especial destinada a desconstituir decisões judiciais que tenham gerado, como regra, coisa julgada material. Tem, portanto, natureza jurídica de ação constitutiva negativa.

No processo do trabalho, aludida ação vem disciplinada no art. 836 da CLT, o qual prevê:

> É vedado aos órgãos da Justiça do Trabalho conhecer de questões já decididas, excetuados os casos expressamente previstos neste Título e a ação rescisória, que será admitida na forma do disposto no Capítulo IV do Título IX da Lei no 5.869, de 11 de janeiro de 1973 – Código de Processo Civil, sujeita ao depósito prévio de 20% (vinte por cento) do valor da causa, salvo prova de miserabilidade jurídica do autor.

Considerando que esse dispositivo não estabelece todos os requisitos da ação rescisória, aplicam-se supletivamente ao processo do trabalho os arts. 966 a 975 do CPC/2015, nos termos do art. 3º, XXVI, da TST-IN nº 39/2016, observando a peculiaridade de que, no ramo laboral, o depósito prévio é de 20% (vinte por cento) do valor da causa, permitindo sua isenção quando houver prova de miserabilidade jurídica do autor.

Desse modo, é no CPC que verificamos as principais diretrizes da ação rescisória trabalhistas. É por isso que a temática foi frontalmente atingida pelas mudanças introduzidas pelo CPC/2015, as quais provocarão inclusive alteração em alguns posicionamentos do C. TST, como iremos explanar no decorrer do capítulo[21].

3.2. Competência

A competência para o julgamento da ação rescisória será sempre de um tribunal, ou seja, jamais será ajuizada na vara do trabalho. Trata-se de competência funcional e, portanto, de natureza absoluta.

A definição de qual tribunal irá processar e julgar a ação rescisória é encontrada pela decisão que se busca desconstituir. Como regra, é a decisão de mérito, proferida no processo originário, que vai delimitar a competência da ação rescisória.

---

21. Para um aprofundamento sobre os reflexos do CPC/2015 na jurisprudência consolidada do TST, indicamos nossa obra *Impactos do Novo CPC nas súmulas e orientações jurisprudenciais do TST*. Salvador: Juspodivm, 2016.

Nesse contexto, define-se a competência para a ação rescisória da seguinte forma:

▸ TRIBUNAL REGIONAL DO TRABALHO	▸ TRIBUNAL SUPERIOR DO TRABALHO
a) competência para rescindir seus próprios julgamentos b) competência para rescindir as decisões proferidas pelas varas do trabalho a ele vinculadas	competência para rescindir seus próprios julgamentos

No caso de decisão proferida pelo Tribunal Superior do Trabalho, tratando-se de dissídios individuais, a competência ficará a cargo da SDI-II, seja para as decisões das Turmas, como para as decisões da própria SDI (art. 3º, I, "a", da Lei nº 7.701/88). Por outro lado, sendo dissídio coletivo, a competência será da SDC (art. 2º, I, "c", da Lei nº 7.701/88).

Nos casos em que a ação rescisória tiver como objetivo a desconstituição de uma **decisão de mérito**, o C. TST entende que se deve buscar a decisão de mérito para delimitar a competência da ação rescisória, pois é esta que está sujeita à rescindibilidade. Nesse sentido, a Súmula nº 192 do TST:

> **Súmula nº 192 do TST.** Ação Rescisória. Competência.
>
> I - Se não houver o conhecimento de recurso de revista ou de embargos, a competência para julgar ação que vise a rescindir a decisão de mérito é do Tribunal Regional do Trabalho, ressalvado o disposto no item II.
>
> II - Acórdão rescindendo do Tribunal Superior do Trabalho que não conhece de recurso de embargos ou de revista, analisando arguição de violação de dispositivo de lei material ou decidindo em consonância com súmula de direito material ou com iterativa, notória e atual jurisprudência de direito material da Seção de Dissídios Individuais (Súmula nº 333), examina o mérito da causa, cabendo ação rescisória da competência do Tribunal Superior do Trabalho.
>
> III - Sob a égide do art. 512 do CPC de 1973, é juridicamente impossível o pedido explícito de desconstituição de sentença quando substituída por acórdão do Tribunal Regional ou superveniente sentença homologatória de acordo que puser fim ao litígio.
>
> IV - Na vigência do CPC de 1973, é manifesta a impossibilidade jurídica do pedido de rescisão de julgado proferido em agravo de instrumento que, limitando-se a aferir o eventual desacerto do juízo negativo de admissibilidade do recurso de revista, não substitui o acórdão regional, na forma do art. 512 do CPC.
>
> V - A decisão proferida pela SBDI, em agravo regimental, calcada na Súmula nº 333, substitui acórdão de Turma do TST, porque emite juízo de mérito, comportando, em tese, o corte rescisório.

Ressaltamos que o CPC/2015 possibilita a ataque de decisão sem mérito na ação rescisória, o que significa que, nesse aspecto, o entendimento do TST consolidado na súmula nº 192, IV, somente será aplicado para as decisões transitadas em julgado na vigência do CPC de 1973, como expressamente declara referido item sumular. Melhor explicando.

A sistemática idealizada pelo CPC de 1973 sempre foi de que apenas a decisão de mérito era suscetível de corte rescisório.

Conquanto essa regra tenha sido mantida, o CPC/2015 passou a permitir o ajuizamento da ação rescisória de decisão que, embora **não seja de mérito**, impeça:

> I – nova propositura da demanda; ou
>
> II – admissibilidade do recurso correspondente (art. 966, § 2º).

Em outros termos, a regra continua sendo o ataque à decisão de mérito, mas, com o advento do CPC/2015, é possível indicar decisão destituída de mérito na ação rescisória, nos termos do art. 966, § 2º.

Agora se indaga: qual será o juízo competente para desconstituir tais decisões que não são dotadas de mérito?

Na hipótese do inciso I, deve-se atacar a última decisão que impediu a propositura da nova ação. Assim, se a última decisão é da Vara do Trabalho ou do Tribunal Regional do Trabalho, a competência será do TRT. Por outro lado, sendo a última decisão do Tribunal Superior do Trabalho, a competência será do TST. Exemplificamos:

> João ajuíza reclamação trabalhista em face da empresa Zeca postulando horas extras e reintegração, realizando acordo judicial. Em seguida, resolve ajuizar nova reclamação, pleiteando indenização por danos morais. A nova reclamação é extinta sem resolução do mérito, na Vara do Trabalho, sob o fundamento de que o acordo judicial da plena quitação ao contrato, de modo que a segunda ação viola a coisa julgada (CPC/2015, art. 485, V). O empregado interpõe recurso ordinário, que é conhecido e não provido, mantendo-se a decisão de origem. Transitada em julgada a decisão do TRT, embora não seja de mérito, ela impede que o empregado possa discutir o pleito de indenização em outra ação, permitindo, assim, o ajuizamento da ação rescisória que, no caso, é de competência do TRT.

Já na hipótese do inciso II é competente para a ação rescisória o juízo que proferiu a decisão negativa de admissibilidade do recurso.

Desse modo, se a ação rescisória busca atacar a decisão de inadmissibilidade do recurso de revista proferida no TST ou dos embargos para a SDI, a competência para analisá-la é do C. TST, ainda que a decisão não seja de mérito. Por outro lado, se a inadmissibilidade foi proferida pelo Tribunal Regional do Trabalho a competência será do TRT.

Cumpre registrar que o C. TST entende que, sob à égide do CPC/73, o manifesto equívoco da parte em ajuizar ação rescisória no TST para desconstituir julgado proferido pelo TRT, ou vice-versa, implicava a extinção do processo sem resolução de mérito por inépcia da inicial (OJ nº 70 da SDI-II do TST). Com o CPC/2015, o C. TST delimitou esse entendimento às ações submetidas ao rito do CPC/73.

É que, na vigência do novel código, nos casos de incompetência do tribunal, o autor será intimado para emendar a petição inicial e, em seguida, será permitido ao réu complementar os fundamentos de defesa, remetendo-se, posteriormente, os autos ao tribunal competente (CPC/2015, art. 968, §§ 5º e 6º).

Portanto, o CPC/2015 impõe o encaminhamento dos autos ao juízo competente e não a extinção do processo como ocorria nas ações submetidas à disciplina do CPC/73.

Ademais, o TST permite o ajuizamento de uma única ação rescisória contendo mais de um pedido, em ordem sucessiva, de rescisão da sentença e do acórdão. Assim, sendo inviável a tutela jurisdicional de um deles, o julgador está obrigado a apreciar os demais, sob pena de negativa de prestação jurisdicional (OJ nº 78 da SDI-II do TST).

> ▶ **ATENÇÃO:**
> Na ação rescisória, não estão impedidos os juízes que participaram do julgamento da decisão que se busca desconstituir (Súmula nº 252 do STF).

3.3. Legitimidade

Nos termos do art. 967 do CPC/2015, têm legitimidade ativa para propor a ação rescisória:

> I - quem foi parte no processo ou o seu sucessor a título universal ou singular;
>
> II - o terceiro juridicamente interessado;
>
> III - o Ministério Público:
>
> a) se não foi ouvido no processo em que lhe era obrigatória a intervenção;
>
> b) quando a decisão rescindenda é o efeito de simulação ou de colusão das partes, a fim de fraudar a lei;
>
> c) em outros casos em que se imponha sua atuação;
>
> IV - aquele que não foi ouvido no processo em que lhe era obrigatória a intervenção.

Observa-se pela alínea c do inciso III, anteriormente citado, que o CPC/2015 contemplou a legitimidade do Ministério Público para propor a ação rescisória em todos os casos que imponham sua atuação, ou seja, quando houver interesse público a ser tutelado, tal como previsto na Súmula nº 407 do TST[22].

Atenta-se para o fato de que, existindo litisconsórcio no processo originário, na ação rescisória também existirá a figura do litisconsórcio, que será, quanto à sua obrigatoriedade, da seguinte forma:

a) **No polo ativo: facultativo**, uma vez que a aglutinação de autores se faz por conveniência e não pela necessidade decorrente da natureza do litígio, pois não se pode condicionar o exercício do direito individual de um dos litigantes no processo originário à anuência dos demais para retomar a lide (Súmula nº 406, I, do TST).

b) **No polo passivo: necessário**, porque supõe uma comunidade de direitos ou de obrigações que não admite solução díspar para os litisconsortes, em face da indivisibilidade do objeto (Súmula nº 406, I, do TST).

Cabe registrar uma exceção que consiste na rescisão de capítulos da sentença. Pode ocorrer de a parte pretender rescindir apenas um capítulo da sentença. Nesse caso, entendemos que o litisconsórcio passivo deverá ser formado apenas por aqueles que serão atingidos pela decisão. No mesmo sentido, Daniel Assumpção Neves:

> Visando a ação rescisória somente um capítulo da decisão que não afeta todos os sujeitos processuais (por exemplo, rescisão do capítulo que decidiu a denunciação da lide), não será necessário que todos os sujeitos do processo originário façam parte da ação rescisória.[23]

► **ATENÇÃO:**

O sindicato, substituto processual e autor da reclamação trabalhista, em cujos autos fora proferida a decisão rescindenda, possui legitimidade para figurar como réu na ação rescisória, sendo descabida a exigência de citação de todos os empregados substituídos, porquanto inexistente litisconsórcio passivo necessário (Súmula nº 406, II, do TST).

3.4. Pressuposto da ação rescisória

O ajuizamento da ação rescisória pressupõe a existência de dois pressupostos:

---

22. **Súmula nº 407 do TST.** Ação rescisória. Ministério Público. Legitimidade "ad causam" prevista no art. 967, III, "a", "b" e "c" do CPC de 2015. Art. 487, III, "a" e "b" do CPC de 1973. Hipóteses meramente exemplificativas. A legitimidade "ad causam" do Ministério Público para propor ação rescisória, ainda que não tenha sido parte no processo que deu origem à decisão rescindenda, não está limitada às alíneas "a" e "b" e "c" do inciso III do art.967 do CPC de 2015 (art. 487, III, "a" e "b", do CPC de 1973), uma vez que traduzem hipóteses meramente exemplificativas.

23. NEVES, Daniel Amorim Assumpção. *Manual de direito processual civil*. 2. ed. Rio de Janeiro: Forense; São Paulo: Método, 2010. p. 736.

a) trânsito em julgado; e

b) decisão:

1) de mérito ou;

2) destituída de mérito, desde que impeça nova propositura da demanda ou a admissibilidade do recurso correspondente.

3.4.1. Trânsito em julgado

O art. 966 do CPC/2015 prevê que poderá ser rescindida "a decisão de mérito transitada em julgado". Ademais, mesmo nas hipóteses de decisões rescindíveis destituídas de mérito (CPC/2015, art. 966, § 2º), exige-se que a decisão já tenha transitado em julgado.

Dá-se o trânsito em julgado de uma decisão, quando dela não caiba mais nenhum recurso, ou a parte, conformando-se com a decisão, resolve não lançar mão dos meios colocados à sua disposição para impugná-la. Noutras palavras, esgotados os meios recursais ou ultrapassado o prazo para interposição dos recursos, tem-se o trânsito em julgado, capaz de iniciar o prazo decadencial da ação rescisória.

Percebe-se, pois, que não há necessidade de se esgotar todos os meios recursais para o cabimento da ação rescisória (Súmula nº 514 do STF). No entanto, apenas depois do trânsito em julgado a parte terá interesse processual para ajuizar a ação rescisória, sendo, portanto, indispensável a sua comprovação na petição inicial, nos moldes do art. 320 do CPC/2015.

Repete-se: é indispensável ao processamento da ação rescisória a prova do trânsito em julgado da decisão rescindenda (Súmula nº 299, I, do TST).

Desse modo, verificando o relator da ação rescisória que a parte interessada não juntou à inicial o documento comprobatório, abrirá prazo de 15 dias para que o faça, sob pena de indeferimento (Súmula nº 299, II, do TST).

Ademais, entende o TST que, sendo verificada, **na fase recursal**, a ausência da certidão do trânsito em julgado e/ou da decisão rescindenda, devidamente autenticadas, com exceção de cópias apresentadas por pessoa jurídica de direito público, o relator do recurso ordinário deverá conceder o prazo de 5 dias ao recorrente para que seja complementada a documentação exigível, nos termos do art. 932, parágrafo único, do CPC de 2015 (OJ nº 84 da SDI-II do TST).

Assim, a comprovação do trânsito em julgado da decisão rescindenda é pressuposto processual indispensável ao tempo do ajuizamento da ação rescisória. Em razão disso, entende o TST que eventual trânsito em julgado posterior ao ajuizamento da ação rescisória não reabilita a ação proposta, na medida em que o ordenamento jurídico não contempla a ação rescisória preventiva (Súmula nº 299, III, do TST). Exemplificamos:

✦ *Sentença judicial proferida no dia 20 de março julga improcedentes os pedidos do autor. Em 28 de março, dentro do prazo para interposição do recurso ordinário, ou seja, antes do trânsito em julgado, o autor interpõe ação rescisória alegando que o juiz prolator da decisão era impedido (CPC/2015, art. 966, II). Nessa hipótese, como o início do prazo decadencial para a ação rescisória somente ocorreu no dia 29 de março, o C. TST entende que a ação rescisória deve ser extinta sem resolução do mérito, mesmo que o julgamento da rescisória seja proferido após o dia 29.*

▸ **ATENÇÃO:**

É incabível ação rescisória para a desconstituição de sentença não submetida ao reexame necessário, na forma do Decreto-Lei nº 779/69, porque ainda não transitou em julgado. Nesse caso, determina-se que se oficie ao presidente do TRT para que proceda à avocatória do processo principal para o reexame da sentença rescindenda (OJ nº 21 da SDI-II do TST).

Por fim, cumpre salientar que a ausência ou vício de intimação das partes da decisão judicial impede o início da contagem do prazo recursal. Isso significa que a decisão ainda poderá ser submetida ao meio recursal, não havendo, portanto, formação da coisa julgada e, consequentemente, do trânsito em julgado, faltando, assim, interesse processual para ajuizar a ação rescisória (Súmula nº 299, IV, do TST).

3.4.2. Decisão de mérito ou decisão que, embora não seja de mérito, impeça nova propositura da demanda ou a admissibilidade do recurso correspondente

É sabido que a sentença definitiva (com resolução do mérito) provoca a formação de coisa julgada material, uma vez que produz efeitos para dentro e fora do processo, de modo que, após o trânsito em julgado, não poderá ser alterada em outro processo.

Por outro lado, na sentença terminativa (sem resolução do mérito), gera-se a coisa julgada apenas formal, produzindo, em regra, efeitos somente dentro do processo. Assim, com o trânsito em julgado, a imutabilidade, nesse caso, normalmente fica restrita àquela relação processual, podendo, no entanto, ser modificada com o ajuizamento de outra ação.

Em decorrência disso, o art. 966 do CPC/2015 impõe, como regra, que apenas a decisão de mérito está suscetível à ação rescisória. Noutras palavras, a regra é de que apenas na hipótese de coisa julgada **material** será cabível a ação rescisória, já que a coisa julgada formal, por vezes, possibilita o ajuizamento de outra ação.

No entanto, com o advento do CPC/2015, esse pressuposto foi drasticamente modificado, tendo duas alterações dignas de nota.

A primeira diz respeito à natureza da decisão rescindível. Com o CPC/2015, qualquer provimento jurisdicional de conteúdo decisória poderá ser rescindível, o que significa que é suscetível de corte rescisória:

a) a decisão interlocutória;

b) a sentença;

c) a decisão monocrática do relator; e

d) o acórdão.

> ▶ **ATENÇÃO:**
> A ação rescisória poderá ter por objeto apenas um capítulo da decisão (CPC/2015, art. 966, § 3º).

A segunda está relacionada à possibilidade de ser rescindível decisão destituída de mérito.

Nesse ponto é importante destacar que a ação rescisória sempre foi destinada a atacar decisão de mérito. O CPC/2015 inova ao admitir a ação rescisória de decisão destituída de mérito, em duas hipóteses:

1) impeça a repropositura da demanda;

2) impeça a admissibilidade do recurso correspondente.

Na primeira hipótese, o doutrinador Marinoni declina:

> Basicamente, serve para mostrar que determinadas decisões, posto que não enfrentem o mérito da causa, *impedem definitivamente* a discussão de determinada questão. Isso ocorre basicamente em relação às decisões sobre a legitimidade para a causa, sobre o interesse de agir, sobre a litispendência, sobre a coisa julgada e sobre a perempção. Pode ocorrer justamente de haver interesse em rescindir-se decisão terminativa que violou norma jurídica ao não reconhecer, por exemplo, a existência de interesse processual[24].

Observa-se que nas duas situações em que a rescisão de decisões terminativas é permitida há o impedimento definitivo da discussão de determinada questão[25].

Atente-se para o fato de que, mesmo nessas hipóteses, é necessária a presença de um dos vícios de rescindibilidade elencados no *caput* do art. 966. Quero dizer,

24. MARINONI, Luiz Guilherme; ARENHART, Sérgio Cruz, MITIDIERO, Daniel. *Novo curso de processo civil: tutela dos direitos mediante procedimento comum*, volume II. São Paulo: Editora Revista dos Tribunais, 2015, p. 592.

25. MARINONI, Luiz Guilherme; ARENHART, Sérgio Cruz; MITIDIERO, Daniel. *Novo curso de processo civil tutela dos direitos mediante procedimento comum, volume II*. São Paulo: Editora Revista dos Tribunais, 2015. p. 592.

não basta que a decisão impeça a repropositura de outra ação, sendo obrigatório que se invoque, por exemplo, a violação manifesta de norma jurídica.

De qualquer modo, a regra continua sendo que a ação rescisória deve atacar a decisão de mérito e, apenas nas duas exceções anteriormente citadas, passa-se a admiti-la quando a decisão não for de mérito.

Em decorrência dessa nova disposição o C. TST alterou a OJ nº 150 da SDI-II, limitando sua incidência às decisões transitadas em julgado na égide do CPC/73. Queremos dizer, entende o TST que é incabível a ação rescisória quando a decisão que se busca rescindir reconhece a configuração de coisa julgada, nos termos do art. 267, V, do CPC/73, extinguindo o processo sem resolução de mérito, vez que tem conteúdo meramente processual, sendo incapaz de produzir a coisa julgada material.

> ✦ *Exemplo: Após a extinção de seu contrato, Paulo ajuíza reclamação trabalhista postulando reintegração e horas extras, sendo formalizado acordo judicial. Em seguida, ajuíza nova demanda postulando adicional de periculosidade, a qual é extinta sem resolução de mérito, sob o argumento de que o acordo anterior dá quitação geral ao contrato de trabalho extinto, de modo que a segunda demanda, se prosseguisse, violaria a coisa julgada formada. Transitada em julgada essa decisão, o C. TST não admite ação rescisória para atacá-la.*

Pelo exemplo anterior, percebe-se que a decisão da segunda demanda impede a repropositura de qualquer outra demanda, o que significa que, com o advento do CPC/2015, ela poderá ser atacada, com fundamento no art. 966, § 2º, I. Por essa razão, o C. TST alterou a OJ nº 150 da SDI-II do TST.

Ademais, esse dispositivo também provocou a modificação da Súmula nº 412 do TST, como anunciávamos na edição anterior dessa obra, passando a prever que "sob a égide do CPC/73, pode uma questão processual ser objeto de rescisão desde que consista em pressuposto de validade de uma sentença de mérito". Desse modo, o C. TST delimitou esse entendimento ao CPC/73, uma vez que o CPC/2015 permite, expressamente, o ajuizamento de ação rescisória para atacar decisão **sem mérito**, ou seja, possibilita o enfrentamento da decisão que produz a coisa julgada formal. Portanto, com o CPC/2015, a questão processual, **ainda que não** consista em pressuposto de validade de uma decisão de mérito, será atacável pelo corte rescisório.

De qualquer modo, ficam mantidos outros posicionamentos do TST, tais como:

> – que "a decisão proferida em embargos à execução ou em agravo de petição que apenas declara preclusa a oportunidade de impugnação da sentença de liquidação não é rescindível, em virtude de produzir tão-somente coisa julgada formal" (OJ nº 134 da SDI-II do TST);
>
> – não admite ação rescisória da decisão que homologa os cálculos de liquidação, **exceto** se a decisão enfrentar as questões envolvidas na

elaboração da conta de liquidação, quer solvendo a controvérsia das partes, quer explicitando, de ofício, os motivos pelos quais acolheu os cálculos oferecidos por uma das partes ou pelo setor de cálculos, e não contestados pela outra (Súmula nº 399, II, do TST);

- incabível ação rescisória para impugnar decisão homologatória de adjudicação ou arrematação (Súmula nº 399, I, do TST).

- que, embora não haja atividade cognitiva a decisão que declara extinta a execução, nos termos do art. 924, incisos I a IV c/c art. 925 do CPC de 2015 (art. 794 c/c 795 do CPC de 1973), extingue a relação processual e a obrigacional, sendo passível de corte rescisório. (OJ nº 107 da SDI-II do TST).

3.5. Prazo para ajuizamento

O art. 975 do CPC/2015 estabelece que a ação rescisória poderá ser intentada até **2 anos do trânsito em julgado da última decisão proferida no processo.**

Trata-se de prazo decadencial, uma vez que, ultrapassado o prazo delimitado pela lei, extingue-se o próprio direito à rescisão da decisão viciada.

> ▶ **ATENÇÃO:**
>
> Embora tenha natureza de prazo decadencial, o TST permite que o prazo para ajuizamento de ação rescisória seja prorrogado até o primeiro dia útil, imediatamente subsequente, quando expira em férias forenses, feriados, finais de semana ou em dia em que não houver expediente forense (Súmula nº 100, IX, do TST). No mesmo sentido, o art. 975, § 2º, do CPC/2015.

O prazo de decadência, na ação rescisória, conta-se do dia imediatamente subsequente ao trânsito em julgado da última decisão proferida na causa, seja de mérito ou não (Súmula nº 100, I, do TST).

Atenta-se para o fato de que, diferentemente do que ocorre na delimitação da competência que, em regra, busca-se a última decisão de mérito, no prazo decadencial tem-se como foco a última decisão proferida na causa, seja de mérito **ou não.**

Assim, se o recurso não for admitido, é a partir do trânsito em julgado da decisão que não o admitir que se iniciará o prazo decadencial da ação rescisória. Isso ocorre, inclusive, na hipótese de não conhecimento do recurso por deserção, ou seja, quando não houver recolhimento das custas processuais e do depósito recursal (OJ nº 80 da SDI-II do TST).

> ▶ **IMPORTANTE:**
>
> Tal regra não se aplica ao recurso intempestivo ou recurso incabível, salvo se houver dúvida razoável. Noutras palavras, exceto se houver dúvida razoável, a interposição de recurso intempestivo ou a interposição de recurso incabível não protrai o termo inicial do prazo decadencial (Súmula nº 100, III, do TST).

Na hipótese de **colusão das partes**, o prazo decadencial da ação rescisória somente começa a fluir para o Ministério Público, que não interveio no processo principal, a partir do momento em que tem ciência da fraude (Súmula nº 100, VI, do TST). A propósito, o art. 975, § 3º, do CPC/2015 passa a declinar o que segue:

> § 3º Nas hipóteses de simulação ou de colusão das partes, o prazo começa a contar, para o terceiro prejudicado e para o Ministério Público, que não interveio no processo, a partir do momento em que têm ciência da simulação ou da colusão.

Digna de nota a inovação trazida pelo CPC/2015 quanto ao prazo de ajuizamento da ação rescisória fundada em prova nova, descrevendo no art. 975, § 2º, do CPC/2015 "o termo inicial do prazo será a data de descoberta da prova nova, observado o prazo máximo de 5 (cinco) anos, contado do trânsito em julgado da última decisão proferida no processo".

Ademais, o TST entende que a alegação **de incompetência**, ainda que manifestada no prazo recursal, sem ter sido aviado o recurso próprio, não tem o condão de afastar a consumação da coisa julgada e, assim, postergar o termo inicial do prazo decadencial para a ação rescisória (Súmula nº 100, VIII, do TST).

Aliás, conta-se o prazo decadencial da ação rescisória, após o decurso do prazo legal previsto para a interposição do recurso extraordinário, apenas quando esgotadas todas as vias recursais ordinárias (Súmula nº 100, X, do TST).

Cumpre salientar, ainda, que o juízo rescindente verifica o termo inicial da ação por meio da certidão de trânsito em julgado juntada com a ação rescisória. Contudo, esse juízo não está adstrito à referida certidão, podendo formar sua convicção por meio de outros elementos dos autos quanto à antecipação ou postergação do *dies a quo* do prazo decadencial (Súmula nº 100, IV, do TST).

Por fim, frisa-se que, caso o TST, em sede de recurso ordinário, afaste a decadência, poderá apreciar desde logo a lide, desde que a causa verse sobre questão exclusivamente de direito e esteja em condições de imediato julgamento, não ofendendo, assim, o princípio do duplo grau e jurisdição (Súmula nº 100, VII, do TST).

3.5.1. Recurso parcial

Havendo **recurso parcial** no processo principal, o C. TST entende o trânsito em julgado dá-se em momentos e em tribunais diferentes, contando-se o prazo decadencial para a ação rescisória do trânsito em julgado de cada decisão, salvo se o recurso tratar de preliminar ou prejudicial que possa tornar insubsistente a decisão recorrida, hipótese em que flui a decadência a partir do trânsito em julgado da decisão que julgar o recurso parcial (Súmula nº 100, II, do TST). Portanto, previu a possibilidade de **trânsito em julgado sucessivo** (formação progressiva da coisa julgada)[26], ou seja, interposto o recurso parcial haverá trânsito em julgado das decisões em momentos e tribunais distintos[27].

Contudo, o CPC/2015 declina no § 2º do art. 975 que o prazo para a ação rescisória tem início "do trânsito em julgado da **última decisão** proferida no processo" (grifo nosso).

Diante desta redação, parcela da doutrina entende que o CPC/2015 adotou a tese do STJ definindo, de forma expressa, a rejeição da formação da **coisa julgada progressiva**[28]. Desse modo, de acordo com essa corrente doutrinária, havendo recurso parcial, o prazo para o ajuizamento da ação rescisória só começa a contar após o trânsito em julgado da **última decisão proferida no processo**, ou seja, mesmo para a parcela não recorrida, vedando-se, assim, que ao mesmo tempo exista uma ação em grau recursal e a ação rescisória.

Todavia, acreditamos que o CPC/2015 contempla o entendimento consolidado na presente súmula e possibilita a formação progressiva do trânsito em julgado. Isso porque, o CPC/2015 reconhece, explicitamente, a existência de capítulo da sentença, admitindo inclusive ação rescisória para atacar tão somente "1 (um) capítulo da decisão" (CPC/2015, art. 966, § 3º). Ademais, o STF já havia adotado essa tese, afirmando que tem início o prazo de dois anos da ação rescisória a cada trânsito em julgado dos capítulos autônomos e não impugnados[29]. Assim, ao interpretar a expressão "última decisão proferida no processo" do art. 975 do CPC/2015, deve-se entender como a última decisão que tornou indiscutível determinada questão deduzida em juízo, a fim de preservar os princípios da segurança jurídica, da duração razoável do processo e da igualdade.

3.5.2. Acordo homologado judicialmente

Tratando-se de **acordo homologado judicialmente**, o C. TST entende que apenas por ação rescisória o acordo judicial pode ser rescindido (Súmula nº 259 do TST).

Diante disso, declina que termo conciliatório transita em julgado na data da sua homologação judicial, vez que tem força de decisão irrecorrível, na forma do art. 831 da CLT (Súmula nº 100, V, do TST), iniciando no dia seguinte o prazo decadencial.

No entanto, com o CPC/2015, o acordo homologado judicialmente não poderá mais ser objeto de ação rescisória, mas sim de ação anulatória.

---

26. ROCHA, Andréa Pressas; ALVES NETO, João (org.). *Súmulas do TST comentadas*. Rio de Janeiro: Elsevier, 2011, p. 133.
27. O Supremo Tribunal Federal, recentemente, passou a adotar esse posicionamento. STF-RE 666589/DF. Rel. Min. Marco Aurélio. 25.3.2014.
28. MARINONI, Luiz Guilherme; ARENHART, Sérgio Cruz; MITIDIERO, Daniel. *Novo Curso de Processo Civil: Tutela dos Direitos mediante procedimento comum*, vol. 2. São Paulo: Editora Revista dos Tribunais, 2015, p. 595.
29. STF, 1ª T., RE nº 66.589-DF, rel. Min. Marco Aurélio, j. em 25.03.2014; STF, Tribunal Pleno, AP 470 QO-décima primeira/MG, rel. Min. Joaquim Barbosa, j. 13.11.2013, DJe 19.02.2014.

Isso porque o CPC/2015 não reproduz a redação do art. 485, VIII, do CPC/73 no rol das decisões de mérito que podem ser rescindidas (art. 966), ou seja, a transação não é considerada pelo CPC/2015 como um vício de rescindibilidade.

Ademais, o art. 966, § 4º do CPC/2015 é enfático ao admitir tão somente o ajuizamento da ação anulatória do acordo judicial, afastando o cabimento da ação rescisória.

Com efeito, homologado o acordo judicial haverá trânsito em julgado, mas sua impugnação deverá ser feita por meio de ação anulatória e não ação rescisória[30].

O mesmo entendimento deve ser aplicado à homologação de acordo extrajudicial prevista nos arts. 855-B a 855-E da CLT.

3.6. Hipóteses de cabimento

Tratando-se de ação especial, há necessidade de demonstração de vícios específicos e taxativos, os quais vêm estabelecidos no art. 966 do CPC/2015, que assim vaticina:

> Art. 966. A decisão de mérito, transitada em julgado, pode ser rescindida quando:
>
> I - se verificar que foi proferida por força de prevaricação, concussão ou corrupção do juiz;
>
> II - for proferida por juiz impedido ou por juízo absolutamente incompetente;
>
> III - resultar de dolo ou coação da parte vencedora em detrimento da parte vencida ou, ainda, de simulação ou colusão entre as partes, a fim de fraudar a lei;
>
> IV - ofender a coisa julgada;
>
> V - violar manifestamente norma jurídica;
>
> VI - for fundada em prova cuja falsidade tenha sido apurada em processo criminal ou venha a ser demonstrada na própria ação rescisória;
>
> VII - obtiver o autor, posteriormente ao trânsito em julgado, prova nova cuja existência ignorava ou de que não pôde fazer uso, capaz, por si só, de lhe assegurar pronunciamento favorável;
>
> VIII - for fundada em erro de fato verificável do exame dos autos.
>
> § 1º Há erro de fato quando a decisão rescindenda admitir fato inexistente ou quando considerar inexistente fato efetivamente ocorrido, sendo indispensável, em ambos os casos, que o fato não represente ponto controvertido sobre o qual o juiz deveria ter se pronunciado.

30. Para as provas objetivas, até que o TST cancele a Súmula 259 do TST, adote o entendimento nela consubstanciado, no sentido de que apenas por ação rescisória pode-se desconstituir o acordo judicial.

> § 2º Nas hipóteses previstas nos incisos do caput, será rescindível a decisão transitada em julgado que, embora não seja de mérito, impeça:
>
> I – nova propositura da demanda; ou
>
> II – admissibilidade do recurso correspondente.
>
> § 3º A ação rescisória pode ter por objeto apenas 1 (um) capítulo da decisão.
>
> § 4º Os atos de disposição de direitos, praticados pelas partes ou por outros participantes do processo e homologados pelo juízo, bem como os atos homologatórios praticados no curso da execução, estão sujeitos à anulação, nos termos da lei.
>
> § 5º Cabe ação rescisória, com fundamento no inciso V do caput deste artigo, contra decisão baseada em enunciado de súmula ou acórdão proferido em julgamento de casos repetitivos que não tenha considerado a existência de distinção entre a questão discutiva no processo e o padrão decisório que lhe deu fundamento.
>
> § 6º Quando a ação rescisória fundar-se na hipótese do § 5º deste artigo, caberá ao autor, sob pena de inépcia, demonstrar, fundamentadamente, tratar-se de situação particularizada por hipótese fática distinta ou de questão jurídica não examinada, a impor outra solução jurídica.

É importante salientar que cada uma das hipóteses do art. 966 do CPC/2015 corresponde a uma causa de pedir para fundamentar a rescisão do julgado. Isso quer dizer que cabe às partes narrar os fatos que se enquadram em cada caso do artigo art. 966 do CPC/2015, ou seja, incompetência absoluta, prevaricação etc.

Não se exige, porém, que a parte capitule o inciso do art. 966 do CPC/2015, que fundamenta sua ação rescisória, pois o princípio da *iura novit curia* impõe ao magistrado o conhecimento da norma aplicável ao caso. Nesse contexto, se a parte narra prevaricação, mas indica erroneamente o inciso IV do art. 966 do CPC/2015 (ofensa à coisa julgada), pode o magistrado aplicar o dispositivo correto, qual seja, o inciso I.

Existe, no entanto, **uma especificidade quanto ao princípio da *iura novit curia*** na ação rescisória que está **no inciso V do art. 966 do CPC/2015**, o qual permite a rescisão do julgado que "manifestamente norma jurídica".

Nessa hipótese, se a parte alegar violação do dispositivo "x", deve **obrigatoriamente** apresentá-lo na petição inicial. Isso porque, nesse caso, **o dispositivo tido por violado** é o próprio fato da ação rescisória, isto é, o dispositivo "x" **é a causa de pedir da ação rescisória**, a qual deve ser delimitada pelo autor. Nesse sentido, a Súmula nº 408 do TST:

> **Súmula nº 408 do TST.** Ação rescisória. Petição inicial. Causa de pedir. Ausência de capitulação ou capitulação errônea art. 966 do CPC de 2015. Art. 485 do CPC de 1973. Princípio "iura novit curia"

> Não padece de inépcia a petição inicial de ação rescisória apenas porque omite a subsunção do fundamento de rescindibilidade no art. 966 do CPC de 2015 (art. 485 do CPC de 1973) ou o capitula erroneamente em um de seus incisos. Contanto que não se afaste dos fatos e fundamentos invocados como causa de pedir, ao Tribunal é lícito emprestar-lhes a adequada qualificação jurídica ("iura novit curia"). No entanto, fundando-se a ação rescisória no art. 966, inciso V, do CPC de 2015 (art. 485, inciso V, do CPC de 1973), é indispensável expressa indicação, na petição inicial da ação rescisória, da norma jurídica manifestamente violada (dispositivo legal violado sob o CPC de 1973), por se tratar de causa de pedir da rescisória, não se aplicando, no caso, o princípio "iura novit curia".

3.6.1. Prevaricação, concussão ou corrupção do juiz

É suscetível de ação rescisória a decisão que foi proferida por força de prevaricação, concussão ou corrupção do juiz. Trata-se de crimes dispostos nos arts. 316, 317 e 319 do CP, como se verifica a seguir:

- **Prevaricação**: Retardar ou deixar de praticar, indevidamente, ato de ofício, ou praticá-lo contra disposição expressa de lei, para satisfazer interesse ou sentimento pessoal (CP, art. 319).
- **Concussão**: Exigir, para si ou para outrem, direta ou indiretamente, ainda que fora da função ou antes de assumi-la, mas em razão dela, vantagem indevida (CP, art. 316).
- **Corrupção passiva**: Solicitar ou receber, para si ou para outrem, direta ou indiretamente, ainda que fora da função ou antes de assumi-la, mas em razão dela, vantagem indevida, ou aceitar promessa de tal vantagem (CP, art. 317).

O reconhecimento dos referidos crimes pode ser feito na própria ação rescisória, de forma incidental, não havendo necessidade de ação penal.

Todavia, existindo ação penal, é importante saber os reflexos que produzirá na ação rescisória, podendo ocorrer as seguintes hipóteses:

Sentença penal condenatória	Vincula o juízo da ação rescisória, devendo ser rescindido o julgado
Sentença de absolvição	a) com fundamento na inexistência material do fato: vincula o juízo da ação rescisória, impedindo a rescisão do julgado; b) amparada em outros fundamentos (p. ex., ausência de provas): não vincula o juízo da ação rescisória, podendo rescindir ou não a decisão

Por fim, atenta-se para o fato de que a decisão proferida por órgão colegiado somente será submetida à rescisão por esse vício, caso o voto do julgador que praticou o crime seja vencedor.

3.6.2. Impedimento do juiz ou incompetência absoluta do juízo

Inicialmente, cumpre salientar que não cabe ação rescisória na hipótese de decisão proferida por juiz suspeito. Da mesma forma, não caberá no caso de incompetência relativa.

Com efeito, apenas nas hipóteses de impedimento e de incompetência absoluta (material, funcional ou em razão da pessoa) será cabível a ação rescisória.

No caso de incompetência absoluta, sendo rescindido o julgado, ocorrerá apenas o juízo rescindente, vez que os autos serão encaminhados ao juízo competente para novo julgamento. Nessa hipótese, o TST entende que a arguição da incompetência absoluta prescinde de prequestionamento (OJ nº 124 da SDI-II do TST), ou seja, é dispensável a alegação de incompetência durante o trâmite do processo originário.

3.6.3. Dolo ou coação da parte vencedora em detrimento da parte vencida e simulação ou colusão entre as partes para fraudar a lei

O processo judicial tem dentre seus objetivos a pacificação social entregando o bem da vida a quem de direito. Ele pressupõe, ao menos no processo contencioso, que haja conflito de interesse entres as partes, sob pena de faltar inclusive interesse processual para a movimentação do Poder Judiciário.

Diante disso, caso as partes utilizem o processo judicial para praticar ato simulado ou conseguir fim proibido em lei, o juiz o extinguirá sem resolução do mérito (CPC/2015, art. 142).

Ocorre, no entanto, que por vezes não é possível verificar a colusão das partes antes da decisão judicial, de modo que o magistrado proferirá, de forma equivocada, sentença ou acórdão que transitará em julgado.

Ante a gravidade que esses vícios provocam no processo, o ordenamento permite a desconstituição da decisão transitada em julgada por meio da ação rescisória.

Nesse contexto, o inciso III do art. 966 do CPC/2015 admite os seguintes vícios de rescindibilidade: dolo, coação, simulação e colusão.

O **dolo** ocorre "quando a parte vencedora, seja qual for, faltando ao dever de lealdade e boa-fé (art. 14, nº II[31]), haja impedido ou dificultado a atuação processual do adversário, ou influenciado o juízo do magistrado, em ordem a afastá-lo

31. CPC/2015, arts. 5º e 80.

da verdade".[32] Seria o caso, por exemplo, de o autor vencedor indicar o endereço incorreto do réu, forçando a citação por edital, ou ainda quando o vencedor cria empecilho para a produção de prova pela outra parte.

Vê-se que essa hipótese de rescindibilidade visa a preservar o respeito à lealdade e à probidade no processo. Além disso, percebe-se que é necessário o nexo de causalidade entre o dolo e o pronunciamento judicial, ou seja, a postura de má-fé tem que ser determinante para o resultado do processo.

Disso resulta que o simples fato de a parte vencedora haver silenciado a respeito de fatos contrários a ela não enseja a ação rescisória, porque o procedimento, por si só, não constitui ardil do qual resulte cerceamento de defesa e, em consequência, desvie o juiz de uma sentença não condizente com a verdade (Súmula nº 403, I, do TST).

Ademais, para o C. TST, se a decisão rescindenda é homologatória de acordo, não há parte vencedora ou vencida, razão pela qual não é possível a sua desconstituição calcada no inciso III do art. 966 do CPC/2015 (dolo da parte vencedora em detrimento da vencida), pois constitui fundamento de rescindibilidade que supõe solução jurisdicional para a lide (Súmula nº 403, II, do TST). Cabe destacarmos que o item II da Súmula nº 403 do TST foi elaborada na vigência do CPC/73. Como já anunciado, com o CPC/2015, a destituição do acordo judicial se dará por ação anulatória e não por ação rescisória.

Enquanto o dolo está ligado a um artifício ardiloso, a coação consiste em pressão física ou moral exercida sobre a outra parte, buscando que pratique atos que não lhe interessa. Da mesma forma que o dolo, a coação também é vício de rescindibilidade.

O dolo e a coação diferem da colusão, porque esta decorre de acordo prévio das partes (bilateral) com o objetivo de fraudar a lei ou prejudicar terceiros, enquanto aqueles são unilaterais.

Assim, havendo acordo entre as partes, seja para prejudicar terceiros, seja para fraudar a lei, caberá a ação rescisória com fulcro no art. 966, III, do CPC/2015.

Pode acontecer ainda de uma das partes manifestar sua vontade de forma viciada. Noutras palavras, a vontade declarada não coincide exatamente com a vontade interna do agente, havendo disparidade entre a vontade real e a declarada[33]. Nesse caso, tem-se a denominada **"lide simulada"**, também chamada coloquialmente de "casadinha".

Exemplo: empregado é dispensado e, por expressa exigência de seu ex-empregador, tem que ajuizar reclamação trabalhista como condição para receber suas verbas rescisórias, inclusive com o advogado indicado pela empresa. Na reclamação é proferida decisão, que transita em julgado.

Nessa hipótese, há simulação, admitindo-se o ajuizamento da ação rescisória.

---

32. MOREIRA, José Carlos Barbosa. *Comentários ao código de processo civil*. 15. ed. Rio de Janeiro: Forense, 2010. v. 5, p. 124.
33. BARROS, Flávio Augusto Monteiro de. *Manual de direito civil: Lei de introdução e parte geral*. São Paulo: Método, 2005. v. 1, p. 242-243.

Salienta-se que, diante da gravidade do vício de simulação e de colusão, o art. 967, III, "b", do CPC/2015 expressamente contempla a legitimidade do Ministério Público para o ajuizamento da ação rescisória, sendo o prazo decadencial para o Órgão Ministerial iniciado a partir da ciência da fraude (Súmula nº 100, VI, do TST).

Contudo, na hipótese de acordo judicial decorrente de colusão, o TST dispõe que a declaração de nulidade de decisão homologatória de acordo é sanção suficiente em relação ao procedimento adotado, não havendo que ser aplicada a multa por litigância de má-fé (OJ nº 158 da SDI-II do TST).

Por fim, cumpre salientar que, sendo procedente o pedido da ação rescisória pelo reconhecimento da colusão das partes, o C. TST entende que, no juízo rescindendo, ocorrerá a desconstituição do acordo ou da decisão de mérito transitada em julgado e, no juízo rescisório, o processo simulado ou fraudulento será extinto sem resolução do mérito (OJ nº 94 da SDI-II do TST).

3.6.4. Ofensa à coisa julgada

A coisa julgada impede novo pronunciamento jurisdicional sobre a matéria já definitivamente julgada (submetida à coisa julgada material), como forma de garantir a segurança das relações jurídicas.

Veda-se, portanto, que a matéria, já decidida definitivamente e transitada em julgado, seja novamente julgada em outro processo como questão principal (efeito negativo). Além disso, impede que a matéria retorne ao Judiciário como questão incidental, seja na mesma relação processual, seja em outro processo (efeito positivo).

Embora seja vedado novo pronunciamento, pode acontecer de o magistrado, na nova demanda, proferir outro julgamento, que transitará em julgado e formará a coisa julgada. Pode ocorrer ainda de o julgador prolatar decisão na fase de execução contrária à decisão da fase de conhecimento, que também transitará em julgado formando a coisa julgada. Tem-se aqui uma coisa julgada que viola a outra coisa julgada.

Nesse momento, nasce a possibilidade do ajuizamento da ação rescisória para extirpar do mundo jurídico a segunda coisa julgada.

Para o C. TST, essa hipótese poderá dar ensejo a duas modalidades de vícios de rescindibilidade, dispostos no art. 966 do CPC/2015:

1) ofensa à coisa julgada (inciso IV); e

2) violação manifesta de norma jurídica (inciso V).

Haverá ofensa à coisa julgada, descrita no inciso IV, quando existirem duas **relações processuais distintas.**

Por outro lado, havendo contradição entre decisões transitadas em julgado na **mesma relação processual** (por exemplo, na fase de conhecimento e na fase de execução), o vício de rescindibilidade não será ofensa à coisa julgada, mas sim violação manifesta de norma jurídica, especialmente do art. 5º, XXXVI, da CF/88. Nesse sentido, a OJ nº 157 da SDI-II do TST:

> **Orientação Jurisprudencial nº 157 da SBDI-II do TST**. Ação rescisória. Decisões proferidas em fases distintas de uma mesma ação. Coisa julgada. Não configuração
>
> A ofensa à coisa julgada de que trata o inciso IV do art. 966 do CPC de 2015 (inciso IV do art. 485 do CPC de 1973) refere-se apenas a relações processuais distintas. A invocação de desrespeito à coisa julgada formada no processo de conhecimento, na correspondente fase de execução, somente é possível com base na violação do art. 5º, XXXVI, da Constituição da República.

A propósito, somente se ensejará o ajuizamento da ação rescisória se a violação da coisa julgada for literal, clara, inequívoca, categórica, frontal ou aberrante. Diante disso, o acolhimento da ação rescisória calcada em ofensa à coisa julgada supõe dissonância patente entre as decisões exequenda e rescindenda, o que não se verifica quando se faz necessária a interpretação do título executivo judicial para se concluir pela lesão à coisa julgada (OJ nº 123 da SDI-II do TST).

Ademais, para viabilizar a desconstituição do julgado pela causa de rescindibilidade do inciso IV, do art. 966, do CPC/2015, é necessário que a decisão rescindenda tenha enfrentado as questões ventiladas na ação rescisória, sob pena de inviabilizar o cotejo com o título executivo judicial tido por desrespeitado, de modo a se poder concluir pela ofensa à coisa julgada (OJ nº 101 da SDI-II do TST).

É importante observar, porém, que não há ofensa à coisa julgada quando os descontos previdenciários e fiscais forem efetuados pelo juízo executório, ainda que a sentença exequenda tenha sido omissa sobre a questão, dado o caráter de ordem pública ostentado pela norma que os disciplina. A ofensa à coisa julgada somente poderá ser caracterizada na hipótese de o título exequendo, expressamente, afastar a dedução dos valores a título de Imposto de Renda e de contribuição previdenciária (Súmula nº 401 do TST).

Por fim, entende o TST na Súmula nº 397 que "não procede ação rescisória calcada em ofensa à coisa julgada perpetrada por decisão proferida em ação de cumprimento, em face de a sentença normativa, na qual se louvava, ter sido modificada em grau de recurso, porque em dissídio coletivo somente se consubstancia coisa julgada formal. Assim, os meios processuais aptos a atacarem a execução da cláusula reformada são a exceção de pré-executividade e o mandado de segurança, no caso de descumprimento do art. 514 do CPC de 2015 (art. 572 do CPC de 1973)".

► **ATENÇÃO:**

Para o C. TST, o acordo celebrado (homologado judicialmente) em que o empregado dá plena e ampla quitação, sem qualquer ressalva, alcança não só o objeto da inicial, como também todas as demais parcelas referentes ao extinto contrato de trabalho, violando a coisa julgada, a propositura de nova reclamação trabalhista (OJ nº 132 da SDI-II do TST).

3.6.5. *Violação manifesta de norma jurídica*

O art. 966, V, do CPC/2015 permite o ajuizamento da ação rescisória na hipótese de violação manifesta de norma jurídica, como forma de preservar e respeitar a íntegra do comando legislativo.

Já na época do CPC de 1973, era pacífico na doutrina e na jurisprudência que o conceito de lei deveria ser interpretado de forma ampla, compreendendo "a Constituição, a lei complementar, ordinária, ou delegada, a medida provisória, o decreto legislativo, a resolução (Carta da República, art. 59), o decreto emanado do executivo, o ato normativo baixado por órgão do Poder Judiciário (v.g. regimento interno: Constituição Federal, art. 96, nº I, letra *a*)"[34], sendo irrelevante se a norma era de direito material ou de direito processual. Incluíam-se ainda nesse conceito os princípios[35].

Com a adoção do termo "norma jurídica" pelo CPC/2015, o legislador reconheceu o entendimento doutrinário, além de ampliar ainda mais o cabimento da ação rescisória, permitindo seu ajuizamento não apenas no descumprimento da lei, mas também de outras fontes normativas.

Assim, havendo decisão que viole de forma literal qualquer uma das normas indicadas anteriormente, será cabível a ação rescisória com base no inciso V do art. 966 do CPC/2015.

O C. TST, atento à aludida alteração, modificou a OJ nº 25 da SDI-II, limitando às decisões transitadas em julgado na época do CPC/73. Melhor explicando, o C. TST descreve na referida OJ que, nos pedidos fundados no art. 485, V, do CPC/73, não se enquadra no conceito de lei:

1) a convenção coletiva de trabalho;
2) o acordo coletivo de trabalho;
3) portaria do Poder Executivo;
4) o regulamento de empresa; e
5) a súmula ou a orientação jurisprudencial de tribunal.

Conforme visto, o CPC/2015 ampliou o dispositivo, com a utilização do termo "norma jurídica". Assim, considerando que o novo modelo processual preconizado pelo CPC/2015, aplicado subsidiariamente ao processo do trabalho (TST-IN nº 39/2016, art. 15), valoriza os precedentes judiciais como normas jurídicas, ao interpretar-se o conceito de norma jurídica, devem ser incluídos os precedentes judiciais, o que

34. MOREIRA, José Carlos Barbosa. *Comentários ao código de processo civil*. 15. ed. Rio de Janeiro: Forense, 2010. v. 5, p. 131.
35. YARSHELL, Flávio Luiz. *Ação rescisória: juízos rescindente e rescisório*. São Paulo: Malheiros Editores Ltda, 2005. p. 323-324.

abarca as súmulas e orientações do TST. Nesse sentido, é inclusive o que dispõe o art. 966, § 5º, do CPC/2015, *in verbis:*

> § 5º Cabe ação rescisória, com fundamento no inciso V do *caput* deste artigo, contra decisão baseada em enunciado de súmula ou acórdão proferido em julgamento de casos repetitivos que não tenha considerado a existência de distinção entre a questão discutida no processo e o padrão decisório que lhe deu fundamento.

É por isso, portanto, que o C. TST limitou o entendimento da OJ nº 25 da SDI-II às decisões transitadas em julgado na égide do CPC/73.

Há de se notar que a violação da norma tem que ser literal, frontal, categórica. Desse modo os princípios da legalidade, do devido processo legal, do contraditório e da ampla defesa não servem de fundamento para a desconstituição de decisão judicial transitada em julgado, quando se apresentam sob a forma de pedido genérico e desfundamentado, acompanhando dispositivos legais que tratam especificamente da matéria debatida, estes sim, passíveis de fundamentarem a análise do pleito rescisório (OJ nº 97 da SDI-II do TST). É o que se chama de violação reflexa, a qual impede o ajuizamento da ação rescisória. Exemplo:

A empresa X pretende apresentar defesa oral, o que é indeferido pelo juiz, sendo decretada sua revelia. Depois de transitada em julgada a decisão, a empresa ajuíza ação rescisória com fundamento em violação ao art. 5º, LV, da CF/88 (princípio do contraditório). Contudo, para demonstrar a violação ao dispositivo constitucional, inicialmente deverá invocar o descumprimento do art. 847 da CLT. Nessa hipótese, a violação à Constituição é meramente reflexa, não sendo admitida ação rescisória por violação à Constituição, mas, sim, por violação à lei federal.

Ademais, se a decisão rescindenda possui diversos fundamentos sob determinado pedido, não basta a invocação de que um deles violou determinado dispositivo legal. A parte deve questionar todos os fundamentos, indicando os demais dispositivos que foram violados, a fim de que não subsista a decisão. Nesse sentido, a OJ nº 112 SDI-II do TST:

Orientação Jurisprudencial nº 112 da SDI – II do TST. Ação rescisória. Violação de lei. Decisão rescindenda por duplo fundamento. Impugnação parcial.

Para que a violação da lei dê causa à rescisão de decisão de mérito alicerçada em duplo fundamento, é necessário que o autor da ação rescisória invoque causas de rescindibilidade que, em tese, possam infirmar a motivação dúplice da decisão rescindenda.

É importante salientar que, na ação rescisória com fundamento em violação de norma jurídica, não se admite reexame de fatos e provas do processo que originou a decisão rescindenda (Súmula nº 410 do TST).

Cumpre dizer que, embora sejamos contrários a tal exigência, pois a ação rescisória não tem natureza recursal, o TST impõe o pronunciamento explícito, na decisão rescindenda, da matéria discutida na ação rescisória, conforme dispõe a Súmula nº 298 do TST, a seguir transcrita:

> **Súmula nº 298 do TST.** Ação rescisória. Violação a disposição de lei. Pronunciamento explícito
>
> I - A conclusão acerca da ocorrência de violação literal a disposição de lei pressupõe pronunciamento explícito, na sentença rescindenda, sobre a matéria veiculada.
>
> II - O pronunciamento explícito exigido em ação rescisória diz respeito à matéria e ao enfoque específico da tese debatida na ação, e não, necessariamente, ao dispositivo legal tido por violado. Basta que o conteúdo da norma reputada violada haja sido abordado na decisão rescindenda para que se considere preenchido o pressuposto.
>
> III - Para efeito de ação rescisória, considera-se pronunciada explicitamente a matéria tratada na sentença quando, examinando remessa de ofício, o Tribunal simplesmente a confirma.
>
> IV - A sentença meramente homologatória, que silencia sobre os motivos de convencimento do juiz, não se mostra rescindível, por ausência de pronunciamento explícito.
>
> V - Não é absoluta a exigência de pronunciamento explícito na ação rescisória, ainda que esta tenha por fundamento violação de dispositivo de lei. Assim, prescindível o pronunciamento explícito quando o vício nasce no próprio julgamento, como se dá com a sentença "extra, citra e ultra petita".

Por fim, atenta-se para o fato de que não procede pedido formulado na ação rescisória por violação manifesta de norma jurídica, se a decisão rescindenda estiver baseada em **texto legal infraconstitucional** de interpretação controvertida nos tribunais. O marco divisor quanto a ser, ou não, controvertida, nos tribunais, a interpretação dos dispositivos legais citados na ação rescisória é a data da inclusão, na orientação jurisprudencial do TST, da matéria discutida (Súmula nº 83 do TST).

É importante observar que depois da criação da OJ será admitida a ação rescisória, no caso, não por violação da OJ, mas sim da lei que foi interpretada na orientação jurisprudencial. Exemplo:

> ✦ *Em determinada reclamação trabalhista discute-se a aplicação da garantia pré-eleitoral a empregado de empresa pública. O C. TST pacificou o entendimento dessa matéria em 25.11.96, com a edição da OJ nº 51 da SDI-I, impedindo sua dispensa, por interpretação do art. 15 da Lei n.º 7.773/89, concedendo-lhe, portanto, a garantia de emprego. Desse modo, se a sentença que reconheceu ou não a garantia de emprego pré-eleitoral do empregado é anterior à OJ nº 51 da SDI – I do TST, a decisão não será desconstituída em ação rescisória, porque à época a matéria era controvertida, o que significa que o magistrado apenas seguiu uma das posições contempladas na jurisprudência, proferindo interpretação razoável do texto legal, isto é, adotou*

o posicionamento que melhor interpretava a lei, sob a sua ótica (OJ nº 23 da SDI II do TST). Por outro lado, sendo a decisão posterior à criação da OJ (25.11.96), se ela não deferir a garantia de emprego estará submetida ao corte rescisório, por violação do art. 15 da Lei nº 7.773/89 e não da OJ nº 51 da SDI –I do TST.

Tal entendimento, porém, não se aplica quando se tratar de norma constitucional, vez que em matéria constitucional não há que se cogitar de interpretação razoável.

3.6.6. Prova falsa

A prova falsa a ensejar a ação rescisória poderá ser provada em processo criminal ou na própria ação rescisória. Havendo decisão no processo criminal, utilizamos as mesmas diretrizes estudadas no inciso I (prevaricação, corrupção ou concussão) sobre os reflexos da ação penal na seara cível.

Salienta-se, porém, que somente terá cabimento a rescisória, nessa hipótese, se a prova falsa for o fundamento principal da decisão que se busca rescindir, de modo que, havendo outros fundamentos aptos a manter a decisão, não caberá a ação rescisória.

3.6.7. Obtenção de prova nova

O art. 485, VII, do CPC/73 contemplava como hipótese de cabimento da ação rescisória a utilização de documento novo. Estabelecia o aludido artigo que a sentença de mérito, transitada em julgado, poderia ser rescindida quando:

> VII - depois da sentença, o autor obtiver documento novo, cuja existência ignorava, ou de que não pôde fazer uso, capaz, por si só, de lhe assegurar pronunciamento favorável.

Por sua vez, o art. 966, VII, do CPC/2015 passa a dispor o que segue:

> Art. 966. A decisão de mérito, transitada em julgado, pode ser rescindida quando:
>
> (...)
>
> VII - obtiver o autor, posteriormente ao trânsito em julgado, prova nova cuja existência ignorava ou de que não pôde fazer uso, capaz, por si só, de lhe assegurar pronunciamento favorável.

Percebe-se pelo novel dispositivo que ele mantém a sistemática do CPC anterior, mas provoca duas alterações dignas de nota:

1) substitui a expressão "documento novo" para "prova nova", ampliando o cabimento da ação rescisória para abranger, por exemplo, a prova testemunhal nova.

2) modifica o momento de disponibilidade da prova pela parte. O CPC/73 falava em documento obtivo depois da sentença, enquanto o CPC/2015

se refere à prova obtida depois do trânsito em julgado. Essa alteração se justifica porque entre a sentença e o trânsito em julgado é possível a juntada de prova nova na fase recursal, por força dos arts. 435, 493 e 1014 do CPC/2015, bem como da Súmula nº 8 do TST. Assim, não havendo juntada da prova na fase recursal, por descuido da parte, não poderá utilizá-la na ação rescisória.

Portanto, para que a ação rescisória seja embasada no inciso VII do art. 966 do CPC/2015 é necessária a presença de quatro requisitos:

1) a existência de prova nova, entendida como a cronologicamente velha, já existente ao tempo da decisão rescindenda;

2) a obtenção da prova nova depois do trânsito em julgado;

3) o fato de que o autor da rescisória ignorava a existência da prova nova ou não pôde fazer uso, por vontade alheia a sua, durante o trâmite do processo originário;

4) a referida prova deverá ser capaz de, por si só, modificar a conclusão da decisão que se busca rescindir.

No mesmo sentido, estabelece o TST, na Súmula nº 402:

> **Súmula nº 402 do TST.** Ação Rescisória. Prova nova. Dissídio Coletivo. Sentença Normativa.
>
> I – Sob a vigência do CPC de 2015 (art. 966, inciso VII), para efeito de ação rescisória, considera-se prova nova a cronologicamente velha, já existente ao tempo do trânsito em julgado da decisão rescindenda, mas ignorada pelo interessado ou de impossível utilização, à época, no processo.
>
> II – Não é prova nova apta a viabilizar a desconstituição de julgado:
>
> a) sentença normativa proferida ou transitada em julgado posteriormente à sentença rescindenda;
>
> b) sentença normativa preexistente à sentença rescindenda, mas não exibida no processo principal, em virtude de negligência da parte, quando podia e deveria louvar-se de documento já existente e não ignorado quando emitida a decisão rescindenda.

3.6.8. Erro de fato

O art. 966, VIII, do CPC/2015 admite como causa de rescindibilidade a decisão de mérito transitada em julgado "fundada em erro de fato verificável do exame dos autos".

Para tanto, estabeleceu no § 1º do art. 966:

> § 1º Há erro de fato quando a decisão rescindenda admitir fato inexistente ou quando considerar inexistente fato efetivamente ocorrido,

sendo indispensável, em ambos os casos, que o fato não represente ponto controvertido sobre o qual o juiz deveria ter se pronunciado.

Elenca-se quatro pressupostos para que o erro de fato dê causa à rescindibilidade:

a) **a sentença deve estar embasada no erro de fato**, isto é, sem ele a conclusão da sentença seria em outro sentido;

b) **o erro deve ser verificado mediante simples análise dos autos do processo originário**, sendo vedada a produção de novas provas para demonstrá-lo na ação rescisória;

c) **inexistência de controvérsia sobre o fato**. Nesse caso, haverá incontrovérsia quando: 1º) nenhuma das partes o alegou e o juiz o considerou porque se tratava de matéria a ser analisada *ex officio*; ou 2º) confessado; ou 3º) faltar impugnação específica na contestação;

d) **o fato não represente ponto controvertido sobre o qual o juiz deveria ter se pronunciado**, ou seja, deve ser uma questão não resolvida pelo magistrado ou resolvida implicitamente com erro de percepção do julgador.

O TST disciplina a matéria na OJ nº 136 da SDI-II, a seguir transcrita:

> **Orientação Jurisprudencial nº 136 da SDI – II do TST.** Ação rescisória. Erro de fato. Caracterização
>
> A caracterização do erro de fato como causa de rescindibilidade de decisão judicial transitada em julgado supõe a afirmação categórica e indiscutida de um fato, na decisão rescindenda, que não corresponde à realidade dos autos. O fato afirmado pelo julgador, que pode ensejar ação rescisória calcada no inciso VIII do art. 966 do CPC de 2015 (inciso IX do art. 485 do CPC de 1973), é apenas aquele que se coloca como premissa fática indiscutida de um silogismo argumentativo, não aquele que se apresenta ao final desse mesmo silogismo, como conclusão decorrente das premissas que especificaram as provas oferecidas, para se concluir pela existência do fato. Esta última hipótese é afastada pelo § 1º do art. 966 do CPC de 2015 (§ 2º do art. 485 do CPC de 1973), ao exigir que não tenha havido controvérsia sobre o fato e pronunciamento judicial esmiuçando as provas.

Melhor explicando, o que se deve atacar na ação rescisória são as premissas incontroversas, equivocadamente verificadas por erro de percepção, e não a mera conclusão do julgado. Exemplificamos:

> ✦ *Determinada empresa, durante certo tempo, exigia que o trabalhador laborasse por mais de 5 anos para que fizesse jus à concessão do benefício X. A partir de determinada época, altera seu regulamento interno, e passa a conceder tal benefício a todos os trabalhadores, independentemente do tempo de serviço. Embora o fato tenha ficado incontroverso nos autos, o julgador, sem atentar para a modificação no regulamento interno, julga improcedente o pedido do trabalhador, sob o fundamento de que não preenchia o requisito de 5 anos de serviço na empresa.*

Verifica-se, no exemplo anterior, que o fato é incontroverso. Além disso, percebe-se que a premissa fática foi analisada de forma equivoca pelo magistrado, em decorrência de erro de percepção do regulamento interno da empresa. No caso, não se irá atacar diretamente a conclusão do julgado (improcedência do pedido), mas, sim, a premissa fática analisada de modo equivocado, atingindo a conclusão apenas de forma reflexa.

Por fim, o TST na OJ nº 103 da SDI-II dispõe o seguinte:

> **Orientação Jurisprudencial nº 103 da SDI – II do TST.** Ação rescisória. Contradição entre fundamentação e parte dispositiva do julgado. Cabimento. Erro de fato
>
> É cabível a rescisória para corrigir contradição entre a parte dispositiva do acórdão rescindendo e a sua fundamentação, por erro de fato na retratação do que foi decidido.

3.7. Juízo rescindendo e juízo rescisório

A ação rescisória possui dois momentos bem distintos:

1º) o **juízo rescindendo** (ou rescindente), quando se busca a desconstituição da decisão transitada em julgado;

2º) o **juízo rescisório**, quando haverá novo julgamento sobre a matéria objeto de análise, o qual é feito pelo tribunal na própria ação rescisória.

Assim, primeiro desconstitui-se o julgado para em seguida proferir outro julgamento.

Em alguns casos, porém, tem-se apenas a desconstituição da decisão transitada em julgado (juízo rescindendo), não havendo necessidade de novo julgamento, como ocorre, por exemplo, quando há ação rescisória por incompetência absoluta (CPC/2015, art. 966, II). Nessa hipótese, rescindida a decisão, os autos serão encaminhados ao juízo competente para a prolação da decisão, não sendo proferida pelo tribunal na ação rescisória.

Por fim, atenta-se para o fato de que é requisito da petição inicial a cumulação do pedido de rescisão ao de novo julgamento da causa, se for o caso (CPC/2015, art. 968, I).

3.8. Valor da causa

O valor da causa na ação rescisória vem declinado nos arts. 2º e 3º da Instrução Normativa nº 31 do TST, tendo as seguintes diretrizes:

Visa a desconstituir decisão da fase de conhecimento	1º) no caso de improcedência, ao valor dado à causa do processo originário ou aquele que for fixado pelo juiz 2º) no caso de procedência, total ou parcial, ao respectivo valor arbitrado à condenação
Visa a desconstituir decisão da fase de execução	o valor apurado em liquidação de sentença

Destaca-se que o juiz poderá fixar ou majorar de ofício o valor da causa, quando verificar que não corresponde ao conteúdo patrimonial em discussão ou ao proveito econômico perseguido pelo autor (CPC/2015, art. 292, § 3º).

3.9. Depósito prévio

Com a finalidade de desestimular o ajuizamento descompromissado da ação rescisória, exige-se que o autor da ação realize o depósito prévio de 20% sobre o valor da causa, no processo do trabalho (CLT, art. 836). Interessante destacar que, no processo civil, o importe é de 5% sobre o valor da causa.

Tal depósito será convertido em multa em favor do réu da ação rescisória, caso a ação, **por unanimidade de votos,** seja:

a) declarada inadmissível;

b) julgada improcedente (CPC/2015, art. 968, II).

Estão isentos do depósito prévio:

1º) aquele que provar sua miserabilidade jurídica (CLT, art. 836)*;

2º) a União, os estados, o distrito Federal, os municípios e suas respectivas autarquias e fundações de direito público (CPC/2015, art. 968, § 1º);

3º) o Ministério Público (CPC/2015, art. 968, § 1º);

4º) a Defensoria Pública (CPC/2015, art. 968, § 1º);

5º) o INSS (art. 8º, § 1º, Lei nº 8.620/93 e Súmula nº 175 do STJ);

6º) a massa falida (art. 6, IN nº 31/2007 do TST).

---

*. Para a prova de analista é importante memorizar o art. 836 da CLT, que prevê apenas essa hipótese de isenção.
O C. TST entende que, nos casos de depósito prévio à ação rescisória, por se tratar de valor superior ao exigido pelo próprio CPC, não é necessária a comprovação da miserabilidade jurídica pelo autor, principalmente quando for pessoa física ou micro e pequena empresa (TST-RO-10899-07.2018.5.18.0000, SBDI-II, rel. Min. Maria Helena Mallmann, 19.11.2019 – Informativo nº 213).

Ante a omissão parcial da CLT e compatibilidade com o processo do trabalho, pensamos que o § 2º do art. 968 do CPC/2015 deve ser aplicado supletivamente, de modo que o depósito prévio não será superior a 1.000 salários-mínimos.

3.10. Procedimento

A petição inicial será elaborada com observância dos requisitos essenciais do art. 319 do CPC/2015, devendo o autor realizar o depósito prévio de 20% do valor da causa, além de cumular ao pedido de rescisão, se for o caso, o de novo julgamento da causa (CPC/2015, art. 968). Portanto, sendo procedimento especial, não se aplica os requisitos do art. 840 da CLT.

A petição inicial será indeferida nos casos previstos no art. 330 do CPC/2015 ou quando não efetuado o depósito prévio (CPC/2015, art. 968, § 3º).

Em seguida, o relator mandará citar o réu, assinando-lhe prazo **nunca inferior a 15 dias nem superior a 30 para apresentar resposta** (CPC/2015, art. 970).

Atenta-se para o fato de que, na ação rescisória, o que se ataca é a decisão, ato oficial do Estado, acobertado pelo manto da coisa julgada. Assim, e considerando que a coisa julgada envolve questão de ordem pública, a revelia não produz confissão na ação rescisória. (Súmula nº 398 do TST).

Ademais, a contestação apresentada em ação rescisória obedece à regra relativa à contagem de prazo constante do art. 774 da CLT[36], sendo inaplicável o art. 231 do CPC/2015 (OJ nº 146 da SDI-II do TST).

Se os fatos alegados pelas partes dependerem de prova, o relator delegará a competência ao juiz da vara do trabalho onde deva ser produzida, fixando prazo de 1 a 3 meses para a devolução dos autos (CPC/2015, art. 972).

Concluída a instrução, será aberta vista, sucessivamente, ao autor e ao réu, pelo prazo de 10 dias, para razões finais. Em seguida, os autos subirão ao relator, para procedência do julgamento (CPC/2015, art. 973).

Julgando procedentes os pedidos da ação, o tribunal rescindirá a decisão e proferirá, se for o caso, novo julgamento, determinando a restituição do depósito. Declarando, por unanimidade, inadmissíveis ou improcedentes os pedidos, a importância do depósito reverterá a favor do réu, sem prejuízo do disposto no art. 82, § 2º, do CPC/2015 (CPC/2015, art. 974).

A execução da decisão proferida em ação rescisória far-se-á nos próprios autos da ação que lhe deu origem, e será instruída com o acórdão da rescisória e a respectiva certidão de trânsito em julgado (art. 836, parágrafo único, CLT).

► **ATENÇÃO:**

O ajuizamento da ação rescisória não impede o cumprimento da decisão rescindenda, ressalvada a concessão de tutela provisória (CPC/2015, art. 969). A propósito, é cabível o pedido de tutela provisória formulado na petição inicial de ação rescisória ou na fase recursal, visando a suspender a execução da decisão rescindenda (Súmula nº 405 do TST).

3.11. Honorários advocatícios

O C. TST, antes da Lei nº 13.467/17, autorizava a condenação dos honorários advocatícios pela mera sucumbência na ação rescisória, aplicando a disciplina dos arts. 85, 86, 87 e 90 do CPC/2015, especialmente quanto à porcentagem dos honorários (Súmula 219, IV).

36. CLT, art. 774 – Salvo disposição em contrário, os prazos previstos neste Título contam-se, conforme o caso, a partir da data em que for feita pessoalmente, ou recebida a notificação, daquela em que for publicado o edital no jornal oficial ou no que publicar o expediente da Justiça do Trabalho, ou, ainda, daquela em que for afixado o edital na sede da Junta, Juízo ou Tribunal. (...)

Entretanto, a referida lei inseriu o art. 791-A na CLT, determinando que, no processo do trabalho, os honorários sucumbenciais devem ser fixados entre 5 e 15% sobre o valor que resultar da liquidação da sentença, do proveito econômico obtido ou, não sendo possível mensurá-lo, sobre o valor atualizado da causa.

Desse modo, após o advento da referida lei, esses percentuais devem ser aplicados em todas as ações submetidas à Justiça do Trabalho, inclusive, nas ações rescisórias (TST, IN 27/2005), uma vez que a Lei nº 13.467/2017 não deixou margem à aplicação subsidiária de outro diploma legal, pois regulamentou a matéria por completo. Portanto, a Súmula 219 do TST encontra-se superada.

3.12. Recurso

Da decisão proferida na ação rescisória, são cabíveis embargos de declaração, nos casos previstos no art. 897-A da CLT c/c art. 1.022 do CPC/2015, da decisão proferida pelo TRT ou pelo TST.

Ademais, tratando-se de decisão monocrática do relator é cabível o agravo regimental.

▸ **IMPORTANTE:**

Recurso ordinário interposto contra despacho monocrático indeferitório da petição inicial de ação rescisória ou de mandado de segurança pode, pelo princípio de fungibilidade recursal, ser recebido como agravo regimental. Nesse caso, o recurso não será conhecido pelo TST, sendo devolvido ao TRT, para que aprecie o apelo como agravo regimental (OJ nº 69 da SDI-II do TST).

No caso de decisão da Turma do TRT, caberá recurso ordinário, a ser julgado pela SDI-II (ações individuais) ou pela SDC (dissídios coletivos) do TST (Súmula nº 158 do TST). Portanto, é incabível o recurso de revista, nessa hipótese, sendo erro grosseiro a sua interposição (OJ nº 152 da SDI-II do TST).

A propósito, havendo recurso ordinário em sede de rescisória, o depósito recursal só é exigível quando for julgado procedente o pedido e imposta condenação em pecúnia, devendo este ser efetuado no prazo recursal, no limite e nos termos da legislação vigente, sob pena de deserção (Súmula nº 99 do TST).

Por fim, salienta-se que da decisão da SDI-II ou SDC do TST, seja de competência originária, seja de competência recursal, caberá, eventualmente, recurso extraordinário para o STF.

3.13. Ação rescisória de ação rescisória

É admitido o ajuizamento de ação rescisória para desconstituir julgado proferido em outra ação rescisória. Contudo, nessa hipótese, o vício capaz de ensejar essa ação rescisória deve, obrigatoriamente, nascer na decisão da primeira ação rescisória, ou seja, a segunda ação rescisória deverá discutir as violações praticadas no acórdão da primeira ação rescisória. Nesse sentido, a Súmula nº 400 do TST:

Súmula nº 400 do TST. Ação rescisória de ação rescisória. Violação manifesta de norma jurídica. Indicação da mesma norma jurídica apontada na rescisória primitiva (mesmo dispositivo de lei sob o CPC de 1973).

Em se tratando de rescisória de rescisória, o vício apontado deve nascer na decisão rescindenda, não se admitindo a rediscussão do acerto do julgamento da rescisória anterior. Assim, não procede rescisória calcada no inciso V do art. 966 do CPC de 2015 (art. 485, V, do CPC de 1973) para discussão, por má aplicação da mesma norma jurídica, tida por violada na rescisória anterior, bem como para arguição de questões inerentes à ação rescisória primitiva.

3.14. Súmulas e orientações jurisprudenciais do TST

► AÇÃO RESCISÓRIA
Competência
Súmula nº 192 do TST. Ação Rescisória. Competência. I - Se não houver o conhecimento de recurso de revista ou de embargos, a competência para julgar ação que vise a rescindir a decisão de mérito é do Tribunal Regional do Trabalho, ressalvado o disposto no item II. II - Acórdão rescindendo do Tribunal Superior do Trabalho que não conhece de recurso de embargos ou de revista, analisando arguição de violação de dispositivo de lei material ou decidindo em consonância com súmula de direito material ou com iterativa, notória e atual jurisprudência de direito material da Seção de Dissídios Individuais (Súmula nº 333), examina o mérito da causa, cabendo ação rescisória da competência do Tribunal Superior do Trabalho. III - Sob a égide do art. 512 do CPC de 1973, é juridicamente impossível o pedido explícito de desconstituição de sentença quando substituída por acórdão do Tribunal Regional ou superveniente sentença homologatória de acordo que puser fim ao litígio. IV - Na vigência do CPC de 1973, é manifesta a impossibilidade jurídica do pedido de rescisão de julgado proferido em agravo de instrumento que, limitando-se a aferir o eventual desacerto do juízo negativo de admissibilidade do recurso de revista, não substitui o acórdão regional, na forma do art. 512 do CPC. V - A decisão proferida pela SBDI, em agravo regimental, calcada na Súmula nº 333, substitui acórdão de Turma do TST, porque emite juízo de mérito, comportando, em tese, o corte rescisório.
OJ nº 70 da SBDI-II do TST. Ação rescisória. Regência pelo CPC de 1973. Manifesto e inescusável equívoco no direcionamento. Inépcia da inicial. Extinção do processo. Sob a égide do CPC de 1973, o manifesto equívoco da parte em ajuizar ação rescisória no TST para desconstituir julgado proferido pelo TRT, ou vice-versa, implica a extinção do processo sem julgamento do mérito por inépcia da inicial.
Orientação Jurisprudencial nº 7 da SDI - II do TST. Ação rescisória. Competência. Criação de tribunal regional do trabalho. Na omissão da lei, é fixada pelo art. 678, inc. I, "c", item 2, da CLT A Lei nº 7.872/89 que criou o Tribunal Regional do Trabalho da 17ª Região não fixou a sua competência para apreciar as ações rescisórias de decisões oriundas da 1ª Região, o que decorreu do art. 678, I, "c", item 2, da CLT.

Legitimidade do Ministério Público do Trabalho

Súmula nº 407 do TST. Ação rescisória. Ministério público. Legitimidade "ad causam" prevista no art. 967, III, "a", "b" e "c" do CPC de 2015. Art. 487, III, "a" e "b", do CPC de 1973. Hipóteses meramente exemplificativas.

A legitimidade "ad causam" do Ministério Público para propor ação rescisória, ainda que não tenha sido parte no processo que deu origem à decisão rescindenda, não está limitada às alíneas "a", "b" e "c" do inciso III do art. 967 do CPC de 2015 (art. 487, III, "a" e "b", do CPC de 1973), uma vez que traduzem hipóteses meramente exemplificativas.

Litisconsórcio

Súmula nº 406 do TST. Ação rescisória. Litisconsórcio. Necessário no pólo passivo e facultativo no ativo. Inexistente quanto aos substituídos pelo sindicato

I - O litisconsórcio, na ação rescisória, é necessário em relação ao pólo passivo da demanda, porque supõe uma comunidade de direitos ou de obrigações que não admite solução díspar para os litisconsortes, em face da indivisibilidade do objeto. Já em relação ao pólo ativo, o litisconsórcio é facultativo, uma vez que a aglutinação de autores se faz por conveniência e não pela necessidade decorrente da natureza do litígio, pois não se pode condicionar o exercício do direito individual de um dos litigantes no processo originário à anuência dos demais para retomar a lide.

II - O Sindicato, substituto processual e autor da reclamação trabalhista, em cujos autos fora proferida a decisão rescindenda, possui legitimidade para figurar como réu na ação rescisória, sendo descabida a exigência de citação de todos os empregados substituídos, porquanto inexistente litisconsórcio passivo necessário.

Decadência

Súmula nº 100 do TST. Ação rescisória. Decadência

I - O prazo de decadência, na ação rescisória, conta-se do dia imediatamente subseqüente ao trânsito em julgado da última decisão proferida na causa, seja de mérito ou não.

II - Havendo recurso parcial no processo principal, o trânsito em julgado dá-se em momentos e em tribunais diferentes, contando-se o prazo decadencial para a ação rescisória do trânsito em julgado de cada decisão, salvo se o recurso tratar de preliminar ou prejudicial que possa tornar insubsistente a decisão recorrida, hipótese em que flui a decadência a partir do trânsito em julgado da decisão que julgar o recurso parcial.

III - Salvo se houver dúvida razoável, a interposição de recurso intempestivo ou a interposição de recurso incabível não protrai o termo inicial do prazo decadencial.

IV - O juízo rescindente não está adstrito à certidão de trânsito em julgado juntada com a ação rescisória, podendo formar sua convicção através de outros elementos dos autos quanto à antecipação ou postergação do "dies a quo" do prazo decadencial.

V - O acordo homologado judicialmente tem força de decisão irrecorrível, na forma do art. 831 da CLT. Assim sendo, o termo conciliatório transita em julgado na data da sua homologação judicial.

VI - Na hipótese de colusão das partes, o prazo decadencial da ação rescisória somente começa a fluir para o Ministério Público, que não interveio no processo principal, a partir do momento em que tem ciência da fraude.

VII - Não ofende o princípio do duplo grau de jurisdição a decisão do TST que, após afastar a decadência em sede de recurso ordinário, aprecia desde logo a lide, se a causa versar questão exclusivamente de direito e estiver em condições de imediato julgamento.

VIII - A exceção de incompetência, ainda que oposta no prazo recursal, sem ter sido aviado o recurso próprio, não tem o condão de afastar a consumação da coisa julgada e, assim, postergar o termo inicial do prazo decadencial para a ação rescisória.

IX – Prorroga-se até o primeiro dia útil, imediatamente subseqüente, o prazo decadencial para ajuizamento de ação rescisória quando expira em férias forenses, feriados, finais de semana ou em dia em que não houver expediente forense. Aplicação do art. 775 da CLT.
X – Conta-se o prazo decadencial da ação rescisória, após o decurso do prazo legal previsto para a interposição do recurso extraordinário, apenas quando esgotadas todas as vias recursais ordinárias.

Orientação Jurisprudencial nº 80 da SDI – II do TST. Ação rescisória. Decadência. "dies a quo". Recurso deserto. Súmula nº 100 do TST
O não-conhecimento do recurso por deserção não antecipa o "dies a quo" do prazo decadencial para o ajuizamento da ação rescisória, atraindo, na contagem do prazo, a aplicação da Súmula nº 100 do TST.

Orientação Jurisprudencial nº 12 da SDI – II do TST. Ação rescisória. Decadência. Consumação antes ou depois da edição da medida provisória nº 1.577/97. Ampliação do prazo.
I – A vigência da Medida Provisória nº 1.577/97 e de suas reedições implicou o elastecimento do prazo decadencial para o ajuizamento da ação rescisória a favor dos entes de direito público, autarquias e fundações públicas. Se o biênio decadencial do art. 495 do CPC de 1973 findou após a entrada em vigor da referida medida provisória e até sua suspensão pelo STF em sede liminar de ação direta de inconstitucionalidade (ADIn 1753-2), tem-se como aplicável o prazo decadencial elastecido à rescisória.
II – A regra ampliativa do prazo decadencial para a propositura de ação rescisória em favor de pessoa jurídica de direito público não se aplica se, ao tempo em que sobreveio a Medida Provisória nº 1.577/97, já se exaurira o biênio do art. 495 do CPC de 1973. Preservação do direito adquirido da parte à decadência já consumada sob a égide da lei velha.

Orientação Jurisprudencial nº 18 da SDI – II do TST. Ação rescisória. Decadência. União. Lei Complementar nº 73/93, art. 67. Lei nº 8.682/93, art. 6º
O art. 67 da Lei Complementar nº 73/93 interrompeu todos os prazos, inclusive o de decadência, em favor da União no período compreendido entre 14.02.93 e 14.08.93.

Pressupostos da ação rescisória

Trânsito em julgado

Súmula nº 299 do TST. Ação Rescisória. Decisão Rescindenda. Trânsito em julgado. Comprovação. Efeitos
I – É indispensável ao processamento da ação rescisória a prova do trânsito em julgado da decisão rescindenda.
II – Verificando o relator que a parte interessada não juntou à inicial o documento comprobatório, abrirá prazo de 15 (quinze) dias para que o faça (art. 321 do CPC de 2015), sob pena de indeferimento.
III – A comprovação do trânsito em julgado da decisão rescindenda é pressuposto processual indispensável ao tempo do ajuizamento da ação rescisória. Eventual trânsito em julgado posterior ao ajuizamento da ação rescisória não reabilita a ação proposta, na medida em que o ordenamento jurídico não contempla a ação rescisória preventiva.
IV – O pretenso vício de intimação, posterior à decisão que se pretende rescindir, se efetivamente ocorrido, não permite a formação da coisa julgada material. Assim, a ação rescisória deve ser julgada extinta, sem julgamento do mérito, por carência de ação, por inexistir decisão transitada em julgado a ser rescindida.

Orientação Jurisprudencial nº 84 da SDI – II do TST. Ação rescisória. Ausência da decisão rescindenda e/ou da certidão de seu trânsito em julgado devidamente autenticadas. Concessão de prazo para complementação da documentação. São peças essenciais para o julgamento da ação rescisória a decisão rescindenda e/ou a certidão do seu trânsito em julgado, devidamente autenticadas, à exceção de cópias reprográficas apresentadas por pessoa jurídica de direito público, a teor do art. 24 da Lei nº 10.522/2002, ou declaradas autênticas pelo advogado na forma do artigo 830 da CLT com a redação dada pela Lei nº 11.925/2009. Em fase recursal, verificada a ausência de qualquer delas, cumpre ao Relator do recurso ordinário conceder o prazo de 5 (cinco) dias ao recorrente para que seja complementada a documentação exigível, nos termos do art. 932, parágrafo único, do CPC de 2015.
Orientação Jurisprudencial nº 21 da SDI – II do TST. Ação rescisória. Duplo grau de jurisdição. Trânsito em julgado. Inobservância. Decreto-lei nº 779/69, art. 1º, V. Incabível É incabível ação rescisória para a desconstituição de sentença não transitada em julgado porque ainda não submetida ao necessário duplo grau de jurisdição, na forma do Decreto-Lei nº 779/69. Determina-se que se oficie ao Presidente do TRT para que proceda à avocatória do processo principal para o reexame da sentença rescindenda.
Decisão de mérito
Orientação Jurisprudencial nº 150 da SDI – II do TST. Ação rescisória. Regência pelo CPC de 1973 Decisão rescindenda que extingue o processo sem resolução de mérito por acolhimento da exceção de coisa julgada. Conteúdo meramente processual. Impossibilidade jurídica do pedido Reputa-se juridicamente impossível o pedido de corte rescisório de decisão que, reconhecendo a existência de coisa julgada, nos termos do art. 267, V, do CPC de 1973, extingue o processo sem resolução de mérito, o que, ante o seu conteúdo meramente processual, a torna insuscetível de produzir a coisa julgada material.
Súmula nº 412 do TST. Ação Rescisória. Regência pelo CPC de 1973. Sentença de mérito. Questão processual. Sob a égide do CPC de 1973, pode uma questão processual ser objeto de rescisão desde que consista em pressuposto de validade de uma sentença de mérito.
Orientação Jurisprudencial nº 134 da SDI – II do TST. Ação rescisória. Decisão que declara preclusa a oportunidade de impugnação da sentença de liquidação. Produção de coisa julgada formal. Irrescindibilidade. A decisão proferida em embargos à execução ou em agravo de petição que apenas declara preclusa a oportunidade de impugnação da sentença de liquidação não é rescindível, em virtude de produzir tão-somente coisa julgada formal.
Súmula nº 399 do TST. Ação rescisória. Cabimento. Sentença de mérito. Decisão homologatória de adjudicação, de arrematação e de cálculos I – É incabível ação rescisória para impugnar decisão homologatória de adjudicação ou arrematação. II – A decisão homologatória de cálculos apenas comporta rescisão quando enfrentar as questões envolvidas na elaboração da conta de liquidação, quer solvendo a controvérsia das partes quer explicitando, de ofício, os motivos pelos quais acolheu os cálculos oferecidos por uma das partes ou pelo setor de cálculos, e não contestados pela outra.

Orientação Jurisprudencial nº 107 da SDI – II do TST. Ação rescisória. Decisão rescindenda de mérito. Sentença declaratória de extinção de execução. Satisfação da obrigação Embora não haja atividade cognitiva, a decisão que declara extinta a execução, nos termos do art. 924, incisos I a IV c/c art. 925 do CPC de 2015 (art. 794 c/c 795 do CPC de 1973), extingue a relação processual e a obrigacional, sendo passível de corte rescisório.
Representação processual. Procuração com poderes específicos para o ajuizamento de reclamação trabalhista. Irregularidade verificada na fase recursal
Orientação Jurisprudencial nº 151 da SDI – II do TST. Ação rescisória e Mandado de Segurança. Procuração. Poderes específicos para ajuizamento de reclamação trabalhista. Irregularidade de representação processual. Fase recursal. Vício processual sanável. A procuração outorgada com poderes específicos para ajuizamento de reclamação trabalhista não autoriza a propositura de ação rescisória e mandado de segurança. Constatado, todavia, o defeito de representação processual na fase recursal, cumpre ao relator ou ao tribunal conceder prazo de 5 (cinco) dias para a regularização, nos termos da Súmula nº 383, item II, do TST.
Petição Inicial
Súmula nº 408 do TST. Ação rescisória. Petição inicial. Causa de pedir. Ausência de capitulação ou capitulação errônea no art. 966 do CPC de 2015. Art. 485 do CPC de 1973. Princípio "iura novit curia" Não padece de inépcia a petição inicial de ação rescisória apenas porque omite a subsunção do fundamento de rescindibilidade no art. 966 do CPC de 2015 (art. 485 do CPC de 1973) ou o capitula erroneamente em um de seus incisos. Contanto que não se afaste dos fatos e fundamentos invocados como causa de pedir, ao Tribunal é lícito emprestar-lhes a adequada qualificação jurídica ("iura novit curia"). No entanto, fundando-se a ação rescisória no art. 966, inciso V, do CPC de 2015 (art. 485, inciso V, do CPC de 1973), é indispensável expressa indicação, na petição inicial da ação rescisória, da norma jurídica manifestamente violada (dispositivo legal violado sob o CPC de 1973), por se tratar de causa de pedir da rescisória, não se aplicando, no caso, o princípio "iura novit curia".
Orientação Jurisprudencial nº 78 da SDI – II do TST. Ação rescisória. Cumulação sucessiva de pedidos. Rescisão da sentença e do acórdão. Ação única. Art. 326 do CPC de 2015. Art. 289 do CPC de 1973. É admissível o ajuizamento de uma única ação rescisória contendo mais de um pedido, em ordem sucessiva, de rescisão da sentença e do acórdão. Sendo inviável a tutela jurisdicional de um deles, o julgador está obrigado a apreciar os demais, sob pena de negativa de prestação jurisdicional.
Súmula nº 405 do TST. Ação rescisória. Tutela Provisória. Em face do que dispõe a MP 1.984-22/2000 e o art. 969 do CPC de 2015, é cabível o pedido de tutela provisória formulado na petição inicial de ação rescisória ou na fase recursal, visando a suspender a execução da decisão rescindenda.
Hipóteses de cabimento
Incompetência absoluta
Orientação Jurisprudencial nº 124 da SDI – II do TST. Ação rescisória. Art. 966, inciso II, do CPC de 2015. Art. 485, II, do CPC de 1973. Argüição de incompetência absoluta. Prequestionamento inexigível

Na hipótese em que a ação rescisória tem como causa de rescindibilidade o inciso II do art. 966 do CPC de 2015 (inciso II do art. 485 do CPC de 1973), a argüição de incompetência absoluta prescinde de prequestionamento.

Dolo ou colusão

Súmula nº 403 do TST. Ação rescisória. Dolo da parte vencedora em detrimento da vencida. Art. 485, III, do CPC

I – Não caracteriza dolo processual, previsto no art. 485, III, do CPC, o simples fato de a parte vencedora haver silenciado a respeito de fatos contrários a ela, porque o procedimento, por si só, não constitui ardil do qual resulte cerceamento de defesa e, em consequência, desvie o juiz de uma sentença não-condizente com a verdade.

II – Se a decisão rescindenda é homologatória de acordo, não há parte vencedora ou vencida, razão pela qual não é possível a sua desconstituição calcada no inciso III do art. 485 do CPC (dolo da parte vencedora em detrimento da vencida), pois constitui fundamento de rescindibilidade que supõe solução jurisdicional para a lide.

Orientação Jurisprudencial nº 94 da SDI – II do TST. Ação rescisória. Colusão. Fraude à lei. Reclamatória simulada extinta

A decisão ou acordo judicial subjacente à reclamação trabalhista, cuja tramitação deixa nítida a simulação do litígio para fraudar a lei e prejudicar terceiros, enseja ação rescisória, com lastro em colusão. No juízo rescisório, o processo simulado deve ser extinto.

Orientação Jurisprudencial nº 158 da SDI – II do TST. Ação rescisória. Declaração de nulidade de decisão homologatória de acordo em razão de colusão (art. 485, III, do CPC). Multa por litigância de má-fé. Impossibilidade

A declaração de nulidade de decisão homologatória de acordo, em razão da colusão entre as partes (art. 485, III, do CPC), é sanção suficiente em relação ao procedimento adotado, não havendo que ser aplicada a multa por litigância de má-fé.

Coisa julgada

Orientação Jurisprudencial nº 157 da SDI – II do TST. Ação rescisória. Decisões proferidas em fases distintas de uma mesma ação. Coisa julgada. Não configuração

A ofensa à coisa julgada de que trata o inciso IV do art. 966 do CPC de 2015 (inciso IV do art. 485 do CPC de 1973) refere-se apenas a relações processuais distintas. A invocação de desrespeito à coisa julgada formada no processo de conhecimento, na correspondente fase de execução, somente é possível com base na violação do art. 5º, XXXVI, da Constituição da República.

Orientação Jurisprudencial nº 101 da SDI – II do TST. Ação rescisória. Inciso IV do art. 966 do CPC de 2015.Art. 485, IV, do CPC de 1973. Ofensa a coisa julgada. Necessidade de fixação de tese na decisão rescindenda

Para viabilizar a desconstituição do julgado pela causa de rescindibilidade do inciso IV do art. 966 do CPC de 2015 (inciso IV, do art. 485, do CPC de 1973), é necessário que a decisão rescindenda tenha enfrentado as questões ventiladas na ação rescisória, sob pena de inviabilizar o cotejo com o título executivo judicial tido por desrespeitado, de modo a se poder concluir pela ofensa à coisa julgada.

Orientação Jurisprudencial nº 132 da SDI – II. Ação rescisória. Acordo homologado. Alcance. Ofensa à coisa julgada

Acordo celebrado – homologado judicialmente – em que o empregado dá plena e ampla quitação, sem qualquer ressalva, alcança não só o objeto da inicial, como também todas as demais parcelas referentes ao extinto contrato de trabalho, violando a coisa julgada, a propositura de nova reclamação trabalhista.

Súmula nº 397 do TST. Ação rescisória. Art. 966, IV, do CPC de 2015. Art. 485, IV, do CPC de 1973. Ação de cumprimento. Ofensa à coisa julgada emanada de sentença normativa modificada em grau de recurso. Inviabilidade. Cabimento de mandado de segurança Não procede ação rescisória calcada em ofensa à coisa julgada perpetrada por decisão proferida em ação de cumprimento, em face de a sentença normativa, na qual se louvava, ter sido modificada em grau de recurso, porque em dissídio coletivo somente se consubstancia coisa julgada formal. Assim, os meios processuais aptos a atacarem a execução da cláusula reformada são a exceção de pré-executividade e o mandado de segurança, no caso de descumprimento do art. 514 do CPC 2015 (art. 572 do CPC de 1973).
Orientação Jurisprudencial nº 123 da SDI – II do TST. Ação rescisória. Interpretação do sentido e alcance do título executivo. Inexistência de ofensa à coisa julgada O acolhimento da ação rescisória calcada em ofensa à coisa julgada supõe dissonância patente entre as decisões exequenda e rescindenda, o que não se verifica quando se faz necessária a interpretação do título executivo judicial para se concluir pela lesão à coisa julgada.
Súmula nº 401 do TST. Ação rescisória. Descontos legais. Fase de execução. Sentença exequenda omissa. Inexistência de ofensa à coisa julgada Os descontos previdenciários e fiscais devem ser efetuados pelo juízo executório, ainda que a sentença exequenda tenha sido omissa sobre a questão, dado o caráter de ordem pública ostentado pela norma que os disciplina. A ofensa à coisa julgada somente poderá ser caracterizada na hipótese de o título exeqüendo, expressamente, afastar a dedução dos valores a título de Imposto de Renda e de contribuição previdenciária.
Orientação Jurisprudencial nº 35 da SDI – II do TST. Ação rescisória. Planos econômicos. Coisa julgada. Limitação à data-base na fase de execução Não ofende a coisa julgada a limitação à data-base da categoria, na fase executória, da condenação ao pagamento de diferenças salariais decorrentes de planos econômicos, quando a decisão exequenda silenciar sobre a limitação, uma vez que a limitação decorre de norma cogente. Apenas quando a sentença exequenda houver expressamente afastado a limitação à data-base é que poderá ocorrer ofensa à coisa julgada.
Violação manifesta de norma jurídica
Alcance da regra
Orientação Jurisprudencial nº 25 da SDI – II do TST. Ação Rescisória. Regência pelo CPC de 1973. Expressão "Lei" do art. 485, V, do CPC de 1973. Não Inclusão do ACT, CCT, Portaria, Regulamento, Súmula e Orientação Jurisprudencial de Tribunal. Não procede pedido de rescisão fundado no art. 485, V, do CPC de 1973 quando se aponta contrariedade à norma de convenção coletiva de trabalho, acordo coletivo de trabalho, portaria do Poder Executivo, regulamento de empresa e súmula ou orientação jurisprudencial de tribunal.
Súmula nº 409 do TST. Ação rescisória. Prazo prescricional. Total ou parcial. Violação do art. 7º, XXIX, da CF/1988. Matéria infraconstitucional Não procede ação rescisória calcada em violação do art. 7º, XXIX, da CF/1988 quando a questão envolve discussão sobre a espécie de prazo prescricional aplicável aos créditos trabalhistas, se total ou parcial, porque a matéria tem índole infraconstitucional, construída, na Justiça do Trabalho, no plano jurisprudencial.

Orientação Jurisprudencial nº 97 da SDI – II do TST. Ação rescisória. Violação do art. 5º, II, LIV e LV, da Constituição Federal. Princípios da legalidade, do devido processo legal, do contraditório e da ampla defesa

Os princípios da legalidade, do devido processo legal, do contraditório e da ampla defesa não servem de fundamento para a desconstituição de decisão judicial transitada em julgado, quando se apresentam sob a forma de pedido genérico e desfundamentado, acompanhando dispositivos legais que tratam especificamente da matéria debatida, estes sim, passíveis de fundamentarem a análise do pleito rescisório.

Decisão de mérito alicerçada em duplo fundamento

Orientação Jurisprudencial nº 112 da SDI – II do TST. Ação rescisória. Violação de lei. Decisão rescindenda por duplo fundamento. Impugnação parcial

Para que a violação da lei dê causa à rescisão de decisão de mérito alicerçada em duplo fundamento, é necessário que o Autor da ação rescisória invoque causas de rescindibilidade que, em tese, possam infirmar a motivação dúplice da decisão rescindenda.

Reexame de fatos e prova

Súmula nº 410 do TST. Ação rescisória. Reexame de fatos e provas. Inviabilidade

A ação rescisória calcada em violação de lei não admite reexame de fatos e provas do processo que originou a decisão rescindenda.

Prequestionamento

Súmula nº 298 do TST. Ação rescisória. Violação a disposição de lei. Pronunciamento explícito

I – A conclusão acerca da ocorrência de violação literal a disposição de lei pressupõe pronunciamento explícito, na sentença rescindenda, sobre a matéria veiculada.

II – O pronunciamento explícito exigido em ação rescisória diz respeito à matéria e ao enfoque específico da tese debatida na ação, e não, necessariamente, ao dispositivo legal tido por violado. Basta que o conteúdo da norma reputada violada haja sido abordado na decisão rescindenda para que se considere preenchido o pressuposto.

III – Para efeito de ação rescisória, considera-se pronunciada explicitamente a matéria tratada na sentença quando, examinando remessa de ofício, o Tribunal simplesmente a confirma.

IV – A sentença meramente homologatória, que silencia sobre os motivos de convencimento do juiz, não se mostra rescindível, por ausência de pronunciamento explícito.

V – Não é absoluta a exigência de pronunciamento explícito na ação rescisória, ainda que esta tenha por fundamento violação de dispositivo de lei. Assim, prescindível o pronunciamento explícito quando o vício nasce no próprio julgamento, como se dá com a sentença "extra, citra e ultra petita".

Orientação Jurisprudencial nº 135 da SDI – II do TST. Ação rescisória. Violação do art. 37, "caput", da CF/1988. Necessidade de prequestionamento

A ação rescisória calcada em violação do artigo 37, "caput", da Constituição Federal, por desrespeito ao princípio da legalidade administrativa exige que ao menos o princípio constitucional tenha sido prequestionado na decisão.

Matéria controvertida nos Tribunais

Súmula nº 83 do TST. Ação rescisória. Matéria controvertida

I – Não procede pedido formulado na ação rescisória por violação literal de lei se a decisão rescindenda estiver baseada em texto legal infraconstitucional de interpretação controvertida nos Tribunais.

II – O marco divisor quanto a ser, ou não, controvertida, nos Tribunais, a interpretação dos dispositivos legais citados na ação rescisória é a data da inclusão, na Orientação Jurisprudencial do TST, da matéria discutida.

Orientação Jurisprudencial nº 6 da SDI – II do TST. Ação rescisória. Cipeiro suplente. Estabilidade. ADCT da CF/88, art. 10, II, "a". Súmula nº 83 do TST
Rescinde-se o julgado que nega estabilidade a membro suplente de CIPA, representante de empregado, por ofensa ao art. 10, II, "a", do ADCT da CF/88, ainda que se cuide de decisão anterior à Súmula nº 339 do TST. Incidência da Súmula nº 83 do TST.

Orientação Jurisprudencial nº 8 da SDI – II do TST. Ação rescisória. Complementação de aposentadoria. Banespa. Súmula nº 83 do TST
Não se rescinde julgado que acolheu pedido de complementação de aposentadoria integral em favor de empregado do BANESPA, antes da Súmula nº 313 do TST, em virtude da notória controvérsia jurisprudencial então reinante. Incidência da Súmula nº 83 do TST.

Orientação Jurisprudencial nº 9 da SDI – II do TST. Ação Rescisória. CONAB. Aviso DIREH 2/84. Súmula nº 83 do TST. Aplicável
Não se rescinde julgado que reconheceu garantia de emprego com base no Aviso DIREH 02/84 da CONAB, antes da Súmula nº 355 do TST, em virtude da notória controvérsia jurisprudencial então reinante. Incidência da Súmula nº 83 do TST.

OJ nº 34 da SDI-II do TST. Ação rescisória. Planos econômicos.
I – O acolhimento de pedido em ação rescisória de plano econômico, fundada no art. 485, inciso V, do CPC de 1973 pressupõe, necessariamente, expressa invocação na petição inicial de afronta ao art. 5º, inciso XXXVI, da Constituição Federal de 1988. A indicação de ofensa literal a preceito de lei ordinária atrai a incidência da Súmula nº 83 do TST e Súmula nº 343 do STF.
II – Se a decisão rescindenda é posterior à Súmula nº 315 do TST (Res. 07, DJ 22.09.93), inaplicável a Súmula nº 83 do TST.

Orientação Jurisprudencial nº 11 da SDI – II do TST. Ação rescisória. Correção monetária. Lei nº 7.596/87. Universidades federais. Implantação tardia do plano de classificação de cargos. Violação de lei. Súmula nº 83 do TST. Aplicável

Não se rescinde julgado que acolhe pedido de correção monetária decorrente da implantação tardia do Plano de Classificação de Cargos de Universidade Federal previsto na Lei nº 7.596/87, à época em que era controvertida tal matéria na jurisprudência. Incidência da Súmula nº 83 do TST.

Orientação Jurisprudencial nº 19 da SDI – II do TST. Ação rescisória. Desligamento incentivado. Imposto de Renda. Abono pecuniário. Violação de lei. Súmula nº 83 do TST. Aplicável
Havendo notória controvérsia jurisprudencial acerca da incidência de Imposto de Renda sobre parcela paga pelo empregador ("abono pecuniário") a título de "desligamento incentivado", improcede pedido de rescisão do julgado. Incidência da Súmula nº 83 do TST.

Orientação Jurisprudencial nº 39 da SDI – II do TST. Ação rescisória. Reajustes bimestrais e quadrimestrais. Lei nº 8.222/91. Súmula nº 83 do TST. Aplicável
Havendo controvérsia jurisprudencial à época, não se rescinde decisão que aprecia a possibilidade de cumulação das antecipações bimestrais e reajustes quadrimestrais de salário previstos na Lei nº 8.222/91. Incidência da Súmula nº 83 do TST.

Orientação Jurisprudencial nº 30 da SDI – II do TST. Ação rescisória. Multa. Art. 920 do Código Civil de 1916 (art. 412 do código civil de 2002)
Não se acolhe, por violação do art. 920 do Código Civil de 1916 (art. 412 do Código Civil de 2002), pedido de rescisão de julgado que:
a) em processo de conhecimento, impôs condenação ao pagamento de multa, quando a decisão rescindenda for anterior à Orientação Jurisprudencial nº 54 da Subseção I Especializada em Dissídios Individuais do TST (30.05.94), incidindo o óbice da Súmula nº 83 do TST;
b) em execução, rejeita-se limitação da condenação ao pagamento de multa, por inexistência de violação literal.

Orientação Jurisprudencial nº 23 da SDI – II do TST. Ação rescisória. Estabilidade. Período pré-eleitoral. Violação de lei. Súmula nº 83 do TST. Aplicável Não procede pedido de rescisão de sentença de mérito que assegura ou nega estabilidade pré-eleitoral, quando a decisão rescindenda for anterior à Orientação Jurisprudencial nº 51, da Seção de Dissídios Individuais do TST (25.11.96). Incidência da Súmula nº 83 do TST.
Orientação Jurisprudencial nº 5 da SDI – II do TST. Ação rescisória. Banco do brasil. AP e ADI. Horas extras. Súmula nº 83 do TST. Aplicável Não se acolhe pedido de rescisão de julgado que deferiu a empregado do Banco do Brasil S.A. horas extras após a sexta, não obstante o pagamento dos adicionais AP e ADI, ou AFR quando a decisão rescindenda for anterior à Orientação Jurisprudencial nº 17, da Seção de Dissídios Individuais do TST (07.11.94). Incidência das Súmulas nºs 83 do TST e 343 do STF.
Casos específicos de violação manifesta de norma jurídica
Orientação Jurisprudencial nº 2 da SDI – II do TST. Ação rescisória. Adicional de insalubridade. Base de cálculo. Salário mínimo. Cabível Viola o art. 192 da CLT decisão que acolhe pedido de adicional de insalubridade com base na remuneração do empregado.
Orientação Jurisprudencial nº 4 da SDI – II do TST. Ação rescisória. Banco do Brasil. Adicional de Caráter Pessoal. ACP Procede, por ofensa ao art. 5º, inciso XXXVI, da CF/1988, o pedido de rescisão de julgado que acolheu Adicional de Caráter Pessoal em favor de empregado do Banco do Brasil S.A.
Orientação Jurisprudencial nº 10 da SDI – II do TST. Ação rescisória. Contrato nulo. Administração pública. Efeitos. Art. 37, II E § 2º, da CF/1988 Somente por ofensa ao art. 37, II e § 2º, da CF/1988, procede o pedido de rescisão de julgado para considerar nula a contratação, sem concurso público, de servidor, após a CF/1988.
Orientação jurisprudencial nº 128 da SDI – II do TST. Ação rescisória. Concurso público anulado posteriormente. Aplicação da Súmula nº 363 do TST O certame público posteriormente anulado equivale à contratação realizada sem a observância da exigência contida no art. 37, II, da Constituição Federal de 1988. Assim sendo, aplicam-se à hipótese os efeitos previstos na Súmula nº 363 do TST.
Orientação Jurisprudencial nº 38 da SDI – II do TST. Ação rescisória. Professor-adjunto. Ingresso no cargo de professor-titular. Exigência de concurso público (Lei nº 7.596/87, Decreto nº 94.664/87 e art. 206, V, CF/1988) A assunção do professor-adjunto ao cargo de professor titular de universidade pública, sem prévia aprovação em concurso público, viola o art. 206, inciso V, da Constituição Federal. Procedência do pedido de rescisão do julgado.
Orientação Jurisprudencial nº 26 da SDI – II do TST. Ação rescisória. Gratificação de nível superior. Suframa A extensão da gratificação instituída pela SUFRAMA aos servidores celetistas exercentes de atividade de nível superior não ofende as disposições contidas nos arts. 37, XIII e 39, § 1º, da CF/1988.

Orientação Jurisprudencial nº 24 da SDI – II do TST. Ação rescisória. Estabilidade provisória. Reintegração em período posterior. Direito limitado aos salários e consectários do período da estabilidade Rescinde-se o julgado que reconhece estabilidade provisória e determina a reintegração de empregado, quando já exaurido o respectivo período de estabilidade. Em juízo rescisório, restringe-se a condenação quanto aos salários e consectários até o termo final da estabilidade.
Orientação Jurisprudencial nº 71 da SDI – II do TST. Ação rescisória. Salário profissional. Fixação. Múltiplo de salário mínimo. Art. 7º, IV, da CF/88 A estipulação do salário profissional em múltiplos do salário mínimo não afronta o art. 7º, inciso IV, da Constituição Federal de 1988, só incorrendo em vulneração do referido preceito constitucional a fixação de correção automática do salário pelo reajuste do salário mínimo.
Orientação Jurisprudencial nº 41 da SDI – II do TST. Ação rescisória. Sentença "citra petita". Cabimento Revelando-se a sentença "citra petita", o vício processual vulnera os arts. 141 e 492 do CPC de 2015 (arts. 128 e 460 do CPC de 1973), tornando-a passível de desconstituição, ainda que não opostos embargos de declaração.
Prova nova (Documento novo)
Súmula nº 402 do TST. Ação Rescisória. Prova nova. Dissídio Coletivo. Sentença Normativa. I – Sob a vigência do CPC de 2015 (art. 966, inciso VII), para efeito de ação rescisória, considera-se prova nova a cronologicamente velha, já existente ao tempo do trânsito em julgado da decisão rescindenda, mas ignorada pelo interessado ou de impossível utilização, à época, no processo. II – Não é prova nova apta a viabilizar a desconstituição de julgado: a) sentença normativa proferida ou transitada em julgado posteriormente à sentença rescindenda; b) sentença normativa preexistente à sentença rescindenda, mas não exibida no processo principal, em virtude de negligência da parte, quando podia e deveria louvar-se de documento já existente e não ignorado quando emitida a decisão rescindenda
***Ação rescisória para invalidar transação* (sem correspondência no CPC/2015)**
Súmula nº 259 do TST. Termo de conciliação. Ação rescisória Só por ação rescisória é impugnável o termo de conciliação previsto no parágrafo único do art. 831 da CLT.
Orientação Jurisprudencial nº 154 da SDI – II do TST. Ação rescisória. Acordo prévio ao ajuizamento da reclamação. Quitação geral. Lide simulada. Possibilidade de rescisão da sentença homologatória de acordo apenas se verificada a existência de vício de consentimento A sentença homologatória de acordo prévio ao ajuizamento de reclamação trabalhista, no qual foi conferida quitação geral do extinto contrato, sujeita-se ao corte rescisório tão somente se verificada a existência de fraude ou vício de consentimento.
Ação rescisória fundada em erro de fato
Orientação Jurisprudencial nº 136 da SDI – II do TST. Ação rescisória. Erro de fato. Caracterização A caracterização do erro de fato como causa de rescindibilidade de decisão judicial transitada em julgado supõe a afirmação categórica e indiscutida de um fato, na decisão rescindenda, que não corresponde à realidade dos autos. O fato afirmado pelo julgador, que pode ensejar ação rescisória calcada no inciso VIII do art. 966 do CPC de 2015 (inciso IX do art. 485 do CPC de 1973), é apenas aquele que se coloca como premissa fática indiscutida de

um silogismo argumentativo, não aquele que se apresenta ao final desse mesmo silogismo, como conclusão decorrente das premissas que especificaram as provas oferecidas, para se concluir pela existência do fato. Esta última hipótese é afastada pelo § 1º do art. 966 do CPC de 2015 (§ 2º do art. 485 do CPC de 1973), ao exigir que não tenha havido controvérsia sobre o fato e pronunciamento judicial esmiuçando as provas.
Orientação Jurisprudencial nº 103 da SDI – II do TST. Ação rescisória. Contradição entre fundamentação e parte dispositiva do julgado. Cabimento. Erro de fato É cabível a rescisória para corrigir contradição entre a parte dispositiva do acórdão rescindendo e a sua fundamentação, por erro de fato na retratação do que foi decidido.
Resposta do réu
Súmula nº 398 do TST. Ação rescisória. Ausência de defesa. Inaplicáveis os efeitos da revelia. Na ação rescisória, o que se ataca é a decisão, ato oficial do Estado, acobertado pelo manto da coisa julgada. Assim, e considerando que a coisa julgada envolve questão de ordem pública, a revelia não produz confissão na ação rescisória.
Orientação Jurisprudencial nº 146 da SDI – II. Ação rescisória. Início do prazo para apresentação da contestação. Art. 774 da CLT A contestação apresentada em ação rescisória obedece à regra relativa à contagem de prazo constante do art. 774 da CLT, sendo inaplicável o art. 231 do CPC de 2015 (art. 241 do CPC de 1973).
Recursos
Orientação Jurisprudencial nº 69 da SDI – II do TST. Fungibilidade recursal. Indeferimento liminar de ação rescisória ou mandado de segurança. Recurso para o TST. Recebimento como agravo regimental e devolução dos autos ao TRT Recurso ordinário interposto contra despacho monocrático indeferitório da petição inicial de ação rescisória ou de mandado de segurança pode, pelo princípio de fungibilidade recursal, ser recebido como agravo regimental. Hipótese de não conhecimento do recurso pelo TST e devolução dos autos ao TRT, para que aprecie o apelo como agravo regimental.
Orientação Jurisprudencial nº 152 da SDI – II do TST. Ação rescisória e mandado de segurança. Recurso de revista de acórdão regional que julga ação rescisória ou mandado de segurança. Princípio da fungibilidade. Inaplicabilidade. Erro grosseiro na interposição do recurso A interposição de recurso de revista de decisão definitiva de Tribunal Regional do Trabalho em ação rescisória ou em mandado de segurança, com fundamento em violação legal e divergência jurisprudencial e remissão expressa ao art. 896 da CLT, configura erro grosseiro, insuscetível de autorizar o seu recebimento como recurso ordinário, em face do disposto no art. 895, "b", da CLT.
Súmula nº 158 do TST. Ação rescisória Da decisão de Tribunal Regional do Trabalho, em ação rescisória, é cabível recurso ordinário para o Tribunal Superior do Trabalho, em face da organização judiciária trabalhista.
Súmula nº 99 do TST. Ação rescisória. Deserção. Prazo Havendo recurso ordinário em sede de rescisória, o depósito recursal só é exigível quando for julgado procedente o pedido e imposta condenação em pecúnia, devendo este ser efetuado no prazo recursal, no limite e nos termos da legislação vigente, sob pena de deserção.
Súmula nº 411 do TST. Ação rescisória. Sentença de mérito. Decisão de Tribunal Regional do Trabalho em agravo regimental confirmando decisão monocrática do relator que, aplicando a Súmula nº 83 do TST, indeferiu a petição inicial da ação rescisória. Cabimento

Se a decisão recorrida, em agravo regimental, aprecia a matéria na fundamentação, sob o enfoque das Súmulas nºs 83 do TST e 343 do STF, constitui sentença de mérito, ainda que haja resultado no indeferimento da petição inicial e na extinção do processo sem julgamento do mérito. Sujeita-se, assim, à reforma pelo TST, a decisão do Tribunal que, invocando controvérsia na interpretação da lei, indefere a petição inicial de ação rescisória.
Ação cautelar para suspender execução da decisão rescindenda
Orientação Jurisprudencial nº 131 da SDI – II do TST. Ação rescisória. Ação cautelar para suspender execução da decisão rescindenda. Pendência de trânsito em julgado da ação rescisória principal. Efeitos A ação cautelar não perde o objeto enquanto ainda estiver pendente o trânsito em julgado da ação rescisória principal, devendo o pedido cautelar ser julgado procedente, mantendo-se os efeitos da liminar eventualmente deferida, no caso de procedência do pedido rescisório ou, por outro lado, improcedente, se o pedido da ação rescisória principal tiver sido julgado improcedente.
Ação rescisória de ação rescisória
Súmula nº 400 do TST. Ação rescisória de Ação rescisória. Violação manifesta de norma jurídica. Indicação da mesma norma jurídica apontada na rescisória primitiva (mesmo dispositivo de lei sob o CPC de 1973) Em se tratando de rescisória de rescisória, o vício apontado deve nascer na decisão rescindenda, não se admitindo a rediscussão do acerto do julgamento da rescisória anterior. Assim, não procede rescisória calcada no inciso V do art. 966 do CPC de 2015 (art. 485, V, do CPC de 1973) para discussão, por má aplicação da mesma norma jurídica, tida por violada na rescisória anterior, bem como para arguição de questões inerentes à ação rescisória primitiva.

4. MANDADO DE SEGURANÇA

4.1. Conceito

A Constituição Federal de 1988 contemplou como direito fundamental o mandado de segurança, o qual será concedido "para proteger direito líquido e certo, não amparado por *habeas corpus* ou *habeas data*, quando o responsável pela ilegalidade ou abuso de poder for autoridade pública ou agente de pessoa jurídica no exercício de atribuições do Poder Público" (CF/88, art. 5º, LXIX).

Atualmente, sua regulamentação faz-se por meio da Lei nº 12.016/09, a qual estabelece no seu art. 1º:

> Art. 1º Conceder-se-á mandado de segurança para proteger direito líquido e certo, não amparado por *habeas corpus* ou *habeas data*, sempre que, ilegalmente ou com abuso de poder, qualquer pessoa física ou jurídica sofrer violação ou houver justo receio de sofrê-la por parte de autoridade, seja de que categoria for e sejam quais forem as funções que exerça.

É, portanto, uma ação constitucional, de natureza cível.

Cumpre salientar que, frequentemente, são utilizadas as expressões *writ* ou *mandamus* para se referir ao mandado de segurança.

4.2. Legitimidade

4.2.1. Legitimidade ativa

A legitimidade ativa no mandado de segurança é de qualquer pessoa física ou jurídica (Lei nº 12.016/09, art. 1º).

A propósito, quando o direito ameaçado ou violado couber a várias pessoas, qualquer delas poderá requerer o mandado de segurança (Lei nº 12.016/09, art. 1º, § 3º). Além disso, é admitido o litisconsórcio ativo, na hipótese.

É importante observar que o art. 10, § 2º[37], da referida lei, admite o litisconsórcio ativo ulterior (quando surge no decorrer da demanda) **apenas** até o despacho da petição inicial, como forma de preservar o juiz natural.

Atenta-se para o fato de que o art. 3º admite a substituição processual, ou seja, que alguém em nome próprio tutele direito de outrem. Nesse caso, "o titular de direito líquido e certo decorrente de direito, em condições idênticas, de terceiro poderá impetrar mandado de segurança a favor do direito originário, se o seu titular não o fizer, no prazo de 30 (trinta) dias, quando notificado judicialmente" (art. 3º). Exemplificamos:

> O primeiro colocado de um concurso público é notificado judicialmente para ingressar com o MS, no prazo de 30 dias, mas não o faz. Nesse caso, surge para o segundo colocado o direito de ingressar com MS em favor do primeiro colocado, pois uma vez nomeado, permitirá a nomeação do segundo colocado.

4.2.2. Legitimidade passiva

A legitimidade passiva, no mandado de segurança, não encontra pacificação na doutrina e na jurisprudência, existindo três correntes a respeito:

- 1ª corrente: Pessoa jurídica a qual pertença a autoridade coatora, pois será ela quem arcará com os efeitos patrimoniais. Nessa hipótese, a autoridade coatora apenas é convocada para prestar informações. Nesse sentido, tem entendido o STF e o STJ.
- 2ª corrente: Autoridade coatora, devendo apenas indicar a pessoa jurídica a que pertence.
- 3ª corrente (minoritária): Litisconsórcio passivo entre autoridade coatora e pessoa jurídica.

Considera-se **autoridade coatora** aquela que tenha praticado o ato impugnado ou da qual emane a ordem para a sua prática (Lei nº 12.016/09, art. 6º, § 3º). Aliás, a autoridade será considerada federal se as consequências de ordem patrimonial

37. Art. 10, § 2º: "O ingresso de litisconsorte ativo não será admitido após o despacho da petição inicial".

do ato contra o qual se requer o mandado houverem de ser suportadas pela União ou entidade por ela controlada (art. 2º).

Equiparam-se às autoridades os representantes ou órgãos de partidos políticos e os administradores de entidades autárquicas, bem como os dirigentes de pessoas jurídicas ou as pessoas naturais no exercício de atribuições do poder público, somente no que disser respeito a essas atribuições (Lei nº 12.016/09, art. 1º, § 1º).

A propósito, praticado o ato por autoridade, no exercício de competência delegada, contra ela cabe o mandado de segurança (Súmula nº 510 do STF).

Por fim, não será considerado ato de autoridade e, consequentemente, não caberá mandado de segurança contra os atos de gestão comercial praticados pelos administradores de empresas públicas, de sociedade de economia mista e de concessionárias de serviço público (art. 1º, § 2º).

4.3. Competência

A Justiça do Trabalho tem **competência material** para julgar o mandado de segurança quando o ato questionado envolver matéria sujeita à sua jurisdição (CF/88, art. 114, IV).

Quanto à **competência funcional**, cumpre, inicialmente, salientar que, antigamente, na Justiça do Trabalho, apenas os tribunais tinham competência para analisá-lo. Entretanto, com o advento da Emenda Constitucional nº 45/04, as varas do trabalho passaram a ter competência para apreciá-lo. Desse modo, atualmente, a competência funcional para o mandado de segurança é definida pela autoridade coatora envolvida, como se verifica no quadro a seguir:

► COMPETÊNCIA	► AUTORIDADE COATORA
TST	Atos dos Ministros do TST
TRT	Atos dos juízes da Vara do Trabalho* ou do TRT (desembargadores) e seus servidores**
Vara do Trabalho	Atos de autoridades que não façam parte do Judiciário trabalhista (ex.: superintendente regional do trabalho)
* Ou juiz de direito investido de jurisdição trabalhista. ** Orientação Jurisprudencial nº 4 do Tribunal Pleno. Mandado de segurança. Decisão de TRT. Incompetência originária do Tribunal Superior do Trabalho Ao Tribunal Superior do Trabalho não compete apreciar, originariamente, mandado de segurança impetrado em face de decisão de TRT.	

A **competência territorial** é da sede funcional da autoridade apontada como coatora. É interessante observar que, embora seja territorial, essa competência tem natureza absoluta.

4.4. Modalidades

O mandado de segurança pode ser:

- repressivo: será impetrado quando já tiver ocorrido a violação do direito do impetrante;
- preventivo: impetrado quando houver justo receio de sofrer violação por parte da autoridade coatora, ou seja, antes de ocorrer a lesão. Nesse caso, atenta-se para o fato de que o mandado de segurança não se presta à obtenção de uma sentença genérica, aplicável a eventos futuros, cuja ocorrência é incerta (OJ nº 144 da SDI-II do TST).

4.5. Cabimento

O art. 5º da Lei nº 12.016/09 estabelece que não será concedido o mandado de segurança quando se tratar:

> I – de ato do qual caiba recurso administrativo com efeito suspensivo, independentemente de caução;
>
> II – de decisão judicial da qual caiba recurso com efeito suspensivo;
>
> III – de decisão judicial transitada em julgado.

Ademais, o STF já esclarecia que não cabia mandado de segurança contra ato judicial passível de recurso ou correição (Súmula nº 267 do STF). Além disso, prevê que não caberá o mandado de segurança contra a lei em tese (Súmula nº 266 do STF).

A propósito, a jurisprudência do TST contempla que **não** caberá mandado de segurança:

> a) de decisão judicial transitada em julgado (Súmula nº 33 do TST);
>
> b) quando esgotadas as vias recursais existentes (OJ nº 99 da SDI-II do TST);
>
> c) contra decisão judicial passível de reforma mediante recurso próprio, ainda que com efeito diferido (OJ nº 92 da SDI-II do TST);
>
> d) contra ato judicial que, de ofício, arbitrou novo valor à causa, acarretando a majoração das custas processuais (OJ nº 88 da SDI-II do TST);
>
> e) da tutela provisória concedida na sentença, por ser impugnável mediante recurso ordinário. É admissível a obtenção de efeito suspensivo ao recurso ordinário mediante requerimento dirigido ao tribunal, ao relator ou ao presidente ou ao vice-presidente do tribunal recorrido, por aplicação subsidiária ao processo do trabalho do artigo 1.029, § 5º, do CPC de 2015. (Súmula nº 414, I, do TST);

► **ATENÇÃO:**

No caso de a tutela provisória haver sido concedida ou indeferida antes da sentença, cabe mandado de segurança, em face da inexistência de recurso próprio (Súmula nº 414, II, do TST).

f) para impugnar despacho que acolheu ou indeferiu liminar em outro mandado de segurança (OJ nº 140 da SDI-II do TST);

g) quando ajuizados embargos de terceiro (art. 674 do CPC/2015) para pleitear a desconstituição da penhora, e o mandado de segurança tiver a mesma finalidade (OJ nº 54 da SDI-II do TST);

h) contra sentença homologatória de adjudicação, uma vez que existe meio próprio para impugnar o ato judicial, consistente nos embargos à adjudicação sob a égide do CPC/73 e por simples petição na vigência do CPC/2015 (CPC/2015, art. 877, *caput*) (OJ nº 66 da SDI-II do TST).

Por outro lado, será cabível o mandado de segurança do deferimento de reintegração no emprego em ação cautelar (OJ nº 63 da SDI-II do TST).

4.6. Ato ilegal ou abuso de poder

O ato de autoridade a ensejar o mandado de segurança deve ser ilegal ou realizado com abuso de poder, entendido como: "a) excesso de poder (vício de competência); ou b) desvio de poder (vício de finalidade) na realização do ato capaz de ameaçar ou lesar direito subjetivo do impetrante"[38].

4.7. Direito líquido e certo

É requisito essencial do mandado de segurança a presença do direito líquido e certo. Ele será analisado em dois momentos.

No primeiro, direito líquido e certo significa aquele que não tem necessidade de dilação probatória, ou seja, exige que os fatos sejam comprovados, de plano, por documentação inequívoca apresentada desde o ajuizamento da ação.

É por isso que o TST veda a possibilidade de complementação da documentação, como prevê a Súmula nº 415, a seguir transcrita:

> **Súmula nº 415 do TST.** Mandado de segurança. Petição inicial. Art. 321 do CPC de 2015. Art. 284 do CPC de 1973. Aplicabilidade
>
> Exigindo o mandado de segurança prova documental pré-constituída, inaplicável o art. 321 do CPC de 2015 (art. 284 do CPC de 1973) quando verificada, na petição inicial do "mandamus", a ausência de documento indispensável ou de sua autenticação.

Existe, porém, uma exceção sobre a necessidade de prova pré-constituída, como se verifica pelo art. 6º, § 1º, da Lei nº 12.016/09, *in verbis:*

No caso em que o documento necessário à prova do alegado se ache em repartição ou estabelecimento público ou em poder de autoridade que se recuse a

---

38. FUX, Luiz. *Mandado de segurança*. 1. ed. Rio de Janeiro: Forense, 2010. p. 48.

fornecê-lo por certidão ou de terceiro, o juiz ordenará, preliminarmente, por ofício, a exibição desse documento em original ou em cópia autêntica e marcará, para o cumprimento da ordem, o prazo de 10 (dez) dias. O escrivão extrairá cópias do documento para juntá-las à segunda via da petição.

É importante observar que, embora seja necessária a comprovação imediata do direito líquido e certo, é possível que haja controvérsia quanto à **questão de direito** (Súmula nº 625 do STF) e não questão de fato.

No segundo momento, passa-se a analisar se o ato de autoridade violou direito líquido e certo do impetrante, estando, de certa forma, vinculado à própria ilegalidade ou abusividade do ato praticado.

Na verificação desse segundo momento, o TST entende que **não** fere direito líquido e certo do impetrante:

1º) a concessão de tutela antecipada para reintegração de empregado protegido por estabilidade provisória decorrente de lei ou norma coletiva (OJ nº 64 da SDI-II);

2º) a determinação de liminar de reintegração no emprego de dirigente sindical, em face da previsão do inciso X do art. 659 da CLT (OJ nº 65 da SDI-II);

> **▶ OBSERVAÇÃO:**
>
> Nesse caso, o TST faz uma ressalva: a hipótese de suspensão do dirigente sindical para apuração de falta grave, como permitido pelo art. 494 da CLT e estabelecido na Súmula nº 379 do TST. Nesse caso, entende que o empregador terá direito líquido e certo a suspender o empregado (OJ nº 137 da SDI-II do TST).

3º) concessão de tutela antecipada para determinar a reintegração do empregado até a decisão final do processo, quando demonstrada a razoabilidade do direito subjetivo material, como nos casos de anistiado pela Lei nº 8.878/1994, aposentado, integrante de comissão de fábrica, dirigente sindical, portador de doença profissional, portador de vírus HIV ou detentor de estabilidade provisória prevista em norma coletiva (OJ nº 142 da SDI-II do TST);

4º) a concessão de liminar obstativa de transferência de empregado, em face da previsão do inciso IX do art. 659 da CLT (OJ nº 67 da SDI-II do TST);

5º) o ato judicial que determina penhora em dinheiro do executado para garantir crédito exequendo, pois é prioritária e obedece à gradação prevista no art. 835 do CPC de 2015 (Súmula nº 417, I, do TST);

6º) havendo discordância do credor, em execução definitiva, que os valores penhorados em dinheiro fiquem depositados no próprio banco, ainda que atenda aos requisitos do art. 840, I, do CPC de 2015 (Súmula nº 417, II, do TST);

7º) a penhora de carta de fiança bancária e do seguro garantia judicial, vez que estes equivalem a dinheiro para efeito da gradação dos bens penhoráveis, estabelecida no art. 835 do CPC/2015 (OJ nº 59 da SDI-II do TST);

8º) a penhora sobre a renda mensal ou faturamento de empresa, limitada a determinado percentual, desde que não comprometa o desenvolvimento regular de suas atividades, desde que não haja outros bens penhoráveis ou, havendo outros bens, eles sejam de difícil alienação ou insuficientes para satisfazer o crédito executado (OJ nº 93 da SDI-II do TST);

9º) o prosseguimento da execução quanto aos tópicos e valores não especificados no agravo (Súmula nº 416 do TST);

10º) a homologação de acordo por constituir faculdade do juiz (Súmula nº 418 do TST).

Por outro lado, o TST entende que **fere** direito líquido e certo:

1º) decisão que determina o bloqueio de numerário existente em conta salário, para satisfação de crédito trabalhista, ainda que seja limitado a determinado percentual dos valores recebidos ou a valor revertido para fundo de aplicação ou poupança, visto que o art. 649, IV, do CPC de 1973 contém norma imperativa que não admite interpretação ampliativa, sendo a exceção prevista no art. 649, § 2º, do CPC de 1973 espécie e não gênero de crédito de natureza alimentícia, não englobando o crédito trabalhista (OJ nº 153 da SDI-II do TST[39]);

2º) ato que determina ao INSS o reconhecimento e/ou averbação de tempo de serviço (OJ nº 57 da SDI-II do TST);

3º) a exigência de depósito prévio para custeio dos honorários periciais (OJ nº 98 da SDI-II do TST).

Ademais, nos termos da OJ nº 56 da SDI-II do TST, "não há direito líquido e certo à execução definitiva na pendência de recurso extraordinário, ou de agravo de instrumento visando a destrancá-lo".

4.8. Prazo para impetração

O prazo para impetração do mandado de segurança é de **120 dias** (Lei, nº 12.016/09, art. 23).

Trata-se de prazo decadencial, contado da ciência, pelo interessado, do ato impugnado, ou seja, o termo inicial é da ciência da lesão ou do ato capaz de produzir lesão ao direito do impetrante.

Por se tratar de prazo decadencial, em regra, não há que se falar em suspensão ou interrupção, razão pela qual o **pedido de reconsideração** não interrompe o prazo para o mandado de segurança (Súmula nº 430 do STF).

39. Entendimento firmado na época do CPC/73, conforme expressamente previsto na orientação jurisprudencial, que não deverá prevalecer com o CPC/2015. Vide maiores comentários no capítulo de execução, bens impenhoráveis.

A propósito, na contagem do prazo decadencial para ajuizamento de mandado de segurança, o efetivo ato coator é o primeiro em que se firmou a tese hostilizada e não aquele que a ratificou (OJ nº 127 da SDI-II do TST).

Ademais, o pedido de mandado de segurança poderá ser renovado dentro do prazo decadencial, se a decisão denegatória não lhe houver apreciado o mérito (Lei. 12.016/09, art. 6º, § 6º).

Salienta-se que, quanto aos **atos omissivos**, é pacífico na doutrina que a inércia da autoridade competente não deflagra o início de contagem do prazo decadencial[40], exceto se houver prazo legal para a prática do ato, iniciando o prazo decadencial do mandado de segurança, nesse último caso, do decurso do termo final do prazo legal para a prática do ato[41].

Em resumo, sendo um ato comissivo, o prazo decadencial terá início com a prática do ato, não sendo interrompido pelo pedido de reconsideração. Tratando-se de ato omissivo, não se iniciará a contagem do prazo decadencial quando não houver prazo legal para a prática do ato. Por outro lado, existindo prazo legal para que seja praticado o ato, o prazo decadencial de 120 dias começará a correr no dia em que terminar aquele prazo fixado na lei.

4.9. Petição inicial

A petição inicial deverá preencher os requisitos do art. 319 do CPC/2015, sendo apresentada em 2 vias com os documentos que instruírem a primeira reproduzidos na segunda e indicará, além da autoridade coatora, a pessoa jurídica que esta integra, à qual se acha vinculada ou da qual exerce atribuições (Lei. 12.016/09, art. 6º). Portanto, sendo procedimento especial, não se aplica o art. 840 da CLT.

As alegações devem ser comprovadas, de plano, por documentação inequívoca apresentada com a inicial.

No caso em que o documento necessário à prova do alegado se ache em repartição ou estabelecimento público ou em poder de autoridade que se recuse a fornecê-lo por certidão ou de terceiro, o juiz ordenará, preliminarmente, por ofício, a exibição desse documento em original ou em cópia autêntica e marcará, para o cumprimento da ordem, o prazo de 10 (dez) dias. O escrivão extrairá cópias do documento para juntá-las à segunda via da petição (Lei. 12.016/09, art. 6º, § 1º).

A inicial será desde logo indeferida, por decisão motivada, quando:

1) não for o caso de mandado de segurança;
2) faltar-lhe algum dos requisitos legais;
3) decorrido o prazo legal para a impetração (Lei. 12.016/09, art. 10).

---

40. KLIPPEL, Rodrigo; NEFFA JUNIOR, José Antônio. *Comentários à lei de mandado de segurança (Lei nº 12.016/09) artigo por artigo, doutrina e jurisprudência*. Rio de Janeiro: Lumen Juris, 2010. p. 365.
41. FUX, Luiz. *Mandado de segurança*. 1. ed. Rio de Janeiro: Forense, 2010. p. 67.

É interessante observar que o TST não admite a emenda da petição inicial, como se verifica pelo teor da Súmula 415 do TST:

> **Súmula nº 415 do TST.** Mandado de segurança. Petição inicial. Art. 321 do CPC de 2015. Art. 284 do CPC de 1973. Aplicabilidade
>
> Exigindo o mandado de segurança prova documental pré-constituída, inaplicável se torna o art. 321 do CPC de 2015 (art. 284 do CPC de 1973) quando verificada, na petição inicial do "mandamus", a ausência de documento indispensável ou de sua autenticação.

Em caso de urgência, é permitido, observados os requisitos legais, impetrar mandado de segurança por telegrama, radiograma, fax ou outro meio eletrônico de autenticidade comprovada (Lei. 12.016/09, art. 4º, *caput*).

4.10. Despacho da petição inicial

Nos termos do art. 7º, da Lei nº 12.016/09, ao despachar a inicial, o juiz ordenará:

> I – que se notifique o coator do conteúdo da petição inicial, enviando-lhe a segunda via apresentada com as cópias dos documentos, a fim de que, **no prazo de 10 dias**, preste as informações;
>
> II – que se dê ciência do feito ao órgão de representação judicial da pessoa jurídica interessada, enviando-lhe cópia da inicial sem documentos, para que, querendo, ingresse no feito;
>
> III – que se suspenda o ato que deu motivo ao pedido, quando houver fundamento relevante e do ato impugnado puder resultar a ineficácia da medida, caso seja finalmente deferida, sendo facultado exigir do impetrante caução, fiança ou depósito, com o objetivo de assegurar o ressarcimento à pessoa jurídica.

Atente-se para o fato de que o ingresso de litisconsorte ativo não será admitido após o despacho da petição inicial. (art. 10)

4.11. Informações da autoridade coatora

Como visto, a autoridade coatora será notificada para prestar informações no prazo de 10 dias.

Sua notificação é feita pessoalmente, por meio de ofício, com aviso de recebimento. Em caso de urgência, a notificação poderá ser feita por telegrama, radiograma ou outro meio que assegure a autenticidade do documento e a imediata ciência pela autoridade (art. 4º, § 1º).

As informações são facultativas. Desse modo, a ausência de apresentação não provoca revelia e seus efeitos.

4.12. Parecer do Ministério Público

Finalizado o prazo para se prestar as informações pela autoridade coatora, o juiz ouvirá o representante do Ministério Público, que opinará, dentro do prazo improrrogável de 10 dias. Com ou sem o parecer do Ministério Público, os autos serão conclusos ao juiz, para a decisão, a qual deverá ser necessariamente proferida em 30 dias (Lei. 12.016/09, art. 12).

4.13. *Jus postulandi*

A impetração de mandado de segurança depende da presença de advogado, de modo que não se aplica o *jus postulandi* nessa ação, nos termos da Súmula nº 425 do TST.

4.14. Honorários advocatícios

No mandado de segurança, **não** cabe condenação de honorários advocatícios. Entretanto, é admitida a aplicação de sanções no caso de litigância de má-fé, nos termos do art. 25 da Lei nº 12.016/09.

4.15. Recurso

Da decisão, denegando ou concedendo o mandado, cabe recurso.

Atenta-se para o fato de que a autoridade coatora tem o direito de recorrer (Lei nº 12.016/09, art. 14, § 2º).

Caberão os seguintes recursos:

a) recurso ordinário para o TRT da sentença proferida na vara do trabalho;

b) recurso ordinário para o TST do acórdão proferido pelo TRT (Súmula nº 201 do TST);

> ▸ **IMPORTANTE:**
>
> **Na hipótese, não cabe recurso de revista. Se este for interposto, será considerado erro grosseiro (OJ nº 152 da SDI-II do TST).**

c) agravo regimental para a Turma ou Seção do tribunal da decisão proferida monocraticamente pelo relator;

> ▸ **ATENÇÃO:**
>
> **Recurso ordinário interposto contra despacho monocrático indeferitório da petição inicial de mandado de segurança pode, pelo princípio de fungibilidade recursal, ser recebido como agravo regimental. Nesse caso, o recurso não será conhecido pelo TST, sendo devolvido ao TRT, para que aprecie o apelo como agravo regimental (OJ nº 69 da SDI-II do TST).**

d) recurso ordinário para o STF quando a ordem for denegada em acórdão de competência originária do TST (CF/88, art. 102, I, "a");

e) recurso extraordinário para o STF quando for acórdão de competência originária do TST que concede a segurança (Lei nº 12.016/09, art. 18).

4.16. Reexame necessário

Concedida a segurança, a sentença (ou acórdão) estará sujeita, obrigatoriamente, ao duplo grau de jurisdição (art. 14, § 1º). É interessante observar que o C. TST estabelece que "em mandado de segurança, somente cabe remessa *ex officio* se, na relação processual, figurar pessoa jurídica de direito público como parte prejudicada pela concessão da ordem. Tal situação não ocorre na hipótese de figurar no feito como impetrante e terceiro interessado pessoa de direito privado, ressalvada a hipótese de matéria administrativa" (Súmula nº 303, III).

4.17. Mandado de segurança coletivo

A Constituição Federal contemplou ainda o mandado de segurança coletivo (art. 5º, LXIX), o qual está disciplinado na Lei nº 12.016/2009.

Tem legitimidade ativa para impetrar o mandado de segurança coletivo:

a) partido político com representação no Congresso Nacional, na defesa de seus interesses legítimos relativos a seus integrantes ou à finalidade partidária (art. 21);

b) organização sindical, entidade de classe ou associação legalmente constituída e em funcionamento há pelo menos 1 ano, em defesa de direitos líquidos e certos da totalidade, ou de parte, dos seus membros ou associados, na forma dos seus estatutos e desde que pertinentes às suas finalidades, dispensada, para tanto, autorização especial (art. 21).

Nesse caso, o tempo mínimo de um ano de constituição e funcionamento é exigido unicamente das associações[42], não se aplicando ainda aos sindicatos. A propósito, a impetração do mandado de segurança coletivo por entidade de classe em favor dos associados independe da autorização destes (Súmula STF nº 629).

É importante salientar que a doutrina e a jurisprudência majoritária têm admitido a legitimidade do Ministério Público para a impetração do mandado de segurança coletivo.

Nos termos do art. 21, parágrafo único, da Lei nº 12.016/09, os direitos protegidos pelo mandado de segurança coletivo podem ser:

> I - coletivos, assim entendidos, os transindividuais, de natureza indivisível, de que seja titular grupo ou categoria de pessoas ligadas entre si ou com a parte contrária por uma relação jurídica básica;
>
> II - individuais homogêneos, assim entendidos, os decorrentes de origem comum e da atividade ou situação específica da totalidade ou de parte dos associados ou membros do impetrante.

---

42. STF-RE-198919/DF, 1ª T., Rel. Min. Ilmar Galvão, DJU 24.9.1999, p. 43.

A sentença fará coisa julgada limitadamente aos membros do grupo ou categoria substituídos pelo impetrante (art. 22).

O mandado de segurança coletivo não induz litispendência para as ações individuais, mas os efeitos da coisa julgada não beneficiarão o impetrante a título individual, se não requerer a desistência de seu mandado de segurança no prazo de 30 dias a contar da ciência comprovada da impetração da segurança coletiva (art. 22, § 1º).

Por fim, a liminar só poderá ser concedida após a audiência do representante judicial da pessoa jurídica de direito público, que deverá se pronunciar no prazo de 72 horas (art. 22, § 2º).

4.18. Súmulas e orientações jurisprudenciais do TST

▸ MANDADO DE SEGURANÇA
Súmula nº 415 do TST. Mandado de segurança. Petição inicial. Art. 321 do CPC de 2015. Art. 284 do CPC de 1973. Aplicabilidade Exigindo o mandado de segurança prova documental pré-constituída, inaplicável se torna o art. 321 do CPC de 2015 (art. 284 do CPC de 1973) quando verificada, na petição inicial do "mandamus", a ausência de documento indispensável ou de sua autenticação.
Cabimento
Súmula nº 33 do TST. Mandado de segurança. Decisão judicial transitada em julgado Não cabe mandado de segurança de decisão judicial transitada em julgado.
Orientação Jurisprudencial nº 99 da SDI – II do TST. Mandado de segurança. Esgotamento de todas as vias processuais disponíveis. Trânsito em julgado formal. Descabimento Esgotadas as vias recursais existentes, não cabe mandado de segurança.
Orientação Jurisprudencial nº 92 da SDI – II do TST. Mandado de segurança. Existência de recurso próprio Não cabe mandado de segurança contra decisão judicial passível de reforma mediante recurso próprio, ainda que com efeito diferido.
Orientação Jurisprudencial nº 88 da SDI – II do TST. Mandado de segurança. Valor da causa. Custas processuais. Cabimento Incabível a impetração de mandado de segurança contra ato judicial que, de ofício, arbitrou novo valor à causa, acarretando a majoração das custas processuais, uma vez que cabia à parte, após recolher as custas, calculadas com base no valor dado à causa na inicial, interpor recurso ordinário e, posteriormente, agravo de instrumento no caso de o recurso ser considerado deserto.
Súmula nº 414 do TST. Mandado de Segurança. Tutela Provisória concedida antes ou na sentença. I – A tutela provisória concedida na sentença não comporta impugnação pela via do mandado de segurança, por ser impugnável mediante recurso ordinário. É admissível a obtenção de efeito suspensivo ao recurso ordinário mediante requerimento dirigido ao tribunal, ao relator ou ao presidente ou ao vice-presidente do tribunal recorrido, por aplicação subsidiária ao processo do trabalho do artigo 1.029, § 5º, do CPC de 2015.

II - No caso de a tutela provisória haver sido concedida ou indeferida antes da sentença, cabe mandado de segurança, em face da inexistência de recurso próprio. III - A superveniência da sentença, nos autos originários, faz perder o objeto do mandado de segurança que impugnava a concessão ou o indeferimento da tutela provisória.
Súmula nº 418 do TST. Mandado de Segurança visando à homologação de acordo. A homologação de acordo constitui faculdade do juiz, inexistindo direito líquido e certo tutelável pela via do mandado de segurança.
Orientação Jurisprudencial nº 63 da SDI - II do TST. Mandado de segurança. Reintegração. Ação cautelar Comporta a impetração de mandado de segurança o deferimento de reintegração no emprego em ação cautelar.
Orientação Jurisprudencial nº 64 da SDI - II do TST. Mandado de segurança. Reintegração liminarmente concedida Não fere direito líquido e certo a concessão de tutela antecipada para reintegração de empregado protegido por estabilidade provisória decorrente de lei ou norma coletiva.
Orientação Jurisprudencial nº 65 da SDI - II do TST. Mandado de segurança. Reintegração liminarmente concedida. Dirigente sindical Ressalvada a hipótese do art. 494 da CLT, não fere direito líquido e certo a determinação liminar de reintegração no emprego de dirigente sindical, em face da previsão do inciso X do art. 659 da CLT.
Orientação Jurisprudencial nº 137 da SDI - II do TST. Mandado de segurança. Dirigente sindical. Art. 494 da CLT. Aplicável Constitui direito líquido e certo do empregador a suspensão do empregado, ainda que detentor de estabilidade sindical, até a decisão final do inquérito em que se apure a falta grave a ele imputada, na forma do art. 494, "caput" e parágrafo único, da CLT.
Orientação Jurisprudencial nº 142 da SDI - II do TST. Mandado de segurança. Reintegração liminarmente concedida Inexiste direito líquido e certo a ser oposto contra ato de Juiz que, antecipando a tutela jurisdicional, determina a reintegração do empregado até a decisão final do processo, quando demonstrada a razoabilidade do direito subjetivo material, como nos casos de anistiado pela Lei nº 8.878/1994, aposentado, integrante de comissão de fábrica, dirigente sindical, portador de doença profissional, portador de vírus HIV ou detentor de estabilidade provisória prevista em norma coletiva.
Orientação Jurisprudencial nº 67 da SDI - II do TST. Mandado de segurança. Transferência. Art. 659, IX, da CLT Não fere direito líquido e certo a concessão de liminar obstativa de transferência de empregado, em face da previsão do inciso IX do art. 659 da CLT.
Orientação Jurisprudencial nº 140 da SDI - II do TST. Mandado de segurança contra liminar, concedida ou denegada em outra segurança. Incabível. (art. 8º da Lei nº 1.533/51) Não cabe mandado de segurança para impugnar despacho que acolheu ou indeferiu liminar em outro mandado de segurança.

Orientação Jurisprudencial nº 53 da SDI – II do TST. Mandado de segurança. Cooperativa em liquidação extrajudicial. Lei nº 5.764/71, art. 76. Inaplicável. Não suspende a execução A liquidação extrajudicial de sociedade cooperativa não suspende a execução dos créditos trabalhistas existentes contra ela.
Súmula nº 417 do TST. Mandado de Segurança. Penhora em dinheiro. I – Não fere direito líquido e certo do impetrante o ato judicial que determina penhora em dinheiro do executado para garantir crédito exequendo, pois é prioritária e obedece à gradação prevista no art. 835 do CPC de 2015 (art. 655 do CPC de 1973). II – Havendo discordância do credor, em execução definitiva, não tem o executado direito líquido e certo a que os valores penhorados em dinheiro fiquem depositados no próprio banco, ainda que atenda aos requisitos do art. 840, I, do CPC de 2015 (art. 666, I, do CPC de 1973).
Orientação Jurisprudencial nº 153 da SDI – II do TST. Mandado de segurança. Execução. Ordem de penhora sobre valores existentes em conta salário. Art. 649, IV, do CPC de 1973. Ilegalidade. Ofende direito líquido e certo decisão que determina o bloqueio de numerário existente em conta salário, para satisfação de crédito trabalhista, ainda que seja limitado a determinado percentual dos valores recebidos ou a valor revertido para fundo de aplicação ou poupança, visto que o art. 649, IV, do CPC de 1973 contém norma imperativa que não admite interpretação ampliativa, sendo a exceção prevista no art. 649, § 2º, do CPC de 1973 espécie e não gênero de crédito de natureza alimentícia, não englobando o crédito trabalhista.
Orientação Jurisprudencial nº 59 da SDI – II do TST. Mandado de segurança. Penhora. Carta de fiança bancária. Seguro garantia judicial. A carta de fiança bancária e o seguro garantia judicial, desde que em valor não inferior ao do débito em execução, acrescido de trinta por certo, equivalem a dinheiro para efeito da gradação dos bens penhoráveis, estabelecida no art. 835 do CPC de 2015 (art. 655 do CPC de 1973).
Orientação Jurisprudencial nº 93 da SDI – II do TST. Penhora sobre parte da renda de estabelecimento comercial. Possibilidade. Nos termos do art. 866 do CPC de 2015, é admissível a penhora sobre a renda mensal ou faturamento de empresa, limitada a percentual, que não comprometa o desenvolvimento regular de suas atividades, desde que não haja outros bens penhoráveis ou, havendo outros bens, eles sejam de difícil alienação ou insuficientes para satisfazer o crédito executado.
Orientação Jurisprudencial nº 54 da SDI – II do TST. Mandado de segurança. Embargos de terceiro. Cumulação. Penhora. Incabível Ajuizados embargos de terceiro (art. 674 do CPC de 2015 – art. 1046 do CPC de 1973) para pleitear a desconstituição da penhora, é incabível a interposição de mandado de segurança com a mesma finalidade.
Orientação Jurisprudencial nº 66 da SDI – II do TST. Mandado de Segurança. Sentença homologatória de adjudicação. Incabível. I – Sob a égide do CPC de 1973 é incabível o mandado de segurança contra sentença homologatória de adjudicação, uma vez que existe meio próprio para impugnar o ato judicial, consistente nos embargos à adjudicação (CPC de 1973, art. 746). II – Na vigência do CPC de 2015 também não cabe mandado de segurança, pois o ato judicial pode ser impugnado por simples petição, na forma do artigo 877, *caput*, do CPC de 2015.

Súmula nº 416 do TST. Mandado de segurança. Execução. Lei nº 8.432/1992. Art. 897, § 1º, da CLT. Cabimento Devendo o agravo de petição delimitar justificadamente a matéria e os valores objeto de discordância, não fere direito líquido e certo o prosseguimento da execução quanto aos tópicos e valores não especificados no agravo.
Orientação Jurisprudencial nº 56 da SDI – II do TST. Mandado de segurança. Execução. Pendência de recurso extraordinário Não há direito líquido e certo à execução definitiva na pendência de recurso extraordinário, ou de agravo de instrumento visando a destrancá-lo.
Orientação Jurisprudencial nº 57 da SDI – II do TST. Mandado de segurança. INSS. Tempo de serviço. Averbação e/ou reconhecimento Conceder-se-á mandado de segurança para impugnar ato que determina ao INSS o reconhecimento e/ou averbação de tempo de serviço.
Orientação Jurisprudencial nº 91 da SDI – II do TST. Mandado de segurança. Autenticação de cópias pelas secretarias dos tribunais regionais do trabalho. Requerimento indeferido. Art. 789, § 9º, da CLT Não sendo a parte beneficiária da assistência judiciária gratuita, inexiste direito líquido e certo à autenticação, pelas Secretarias dos Tribunais, de peças extraídas do processo principal, para formação do agravo de instrumento.
Orientação Jurisprudencial nº 98 da SDI – II. Mandado de segurança. Cabível para atacar exigência de depósito prévio de honorários periciais É ilegal a exigência de depósito prévio para custeio dos honorários periciais, dada a incompatibilidade com o processo do trabalho, sendo cabível o mandado de segurança visando à realização da perícia, independentemente do depósito.
Orientação Jurisprudencial nº 144 da SDI – II do TST. Mandado de segurança. Proibição de prática de atos futuros. Sentença genérica. Evento futuro. Incabível O mandado de segurança não se presta à obtenção de uma sentença genérica, aplicável a eventos futuros, cuja ocorrência é incerta.
Contagem do prazo para impetração do mandado de segurança
Orientação Jurisprudencial nº 127 da SDI – II do TST. Mandado de segurança. Decadência. Contagem. Efetivo ato coator Na contagem do prazo decadencial para ajuizamento de mandado de segurança, o efetivo ato coator é o primeiro em que se firmou a tese hostilizada e não aquele que a ratificou.
Recursos
Orientação Jurisprudencial nº 69 da SDI – II do TST. Fungibilidade recursal. Indeferimento liminar de ação rescisória ou mandado de segurança. Recurso para o TST. Recebimento como agravo regimental e devolução dos autos ao TRT Recurso ordinário interposto contra despacho monocrático indeferitório da petição inicial de ação rescisória ou de mandado de segurança pode, pelo princípio de fungibilidade recursal, ser recebido como agravo regimental. Hipótese de não conhecimento do recurso pelo TST e devolução dos autos ao TRT, para que aprecie o apelo como agravo regimental.
Orientação Jurisprudencial nº 152 da SDI – II do TST. Ação rescisória e mandado de segurança. Recurso de revista de acórdão regional que julga ação rescisória ou mandado de segurança. Princípio da fungibilidade. Inaplicabilidade. Erro grosseiro na interposição do recurso

A interposição de recurso de revista de decisão definitiva de Tribunal Regional do Trabalho em ação rescisória ou em mandado de segurança, com fundamento em violação legal e divergência jurisprudencial e remissão expressa ao art. 896 da CLT, configura erro grosseiro, insuscetível de autorizar o seu recebimento como recurso ordinário, em face do disposto no art. 895, "b", da CLT.
Súmula nº 201 do TST. Recurso ordinário em mandado de segurança Da decisão de Tribunal Regional do Trabalho em mandado de segurança cabe recurso ordinário, no prazo de 8 (oito) dias, para o Tribunal Superior do Trabalho, e igual dilação para o recorrido e interessados apresentarem razões de contrariedade.
Orientação Jurisprudencial nº 100 da SDI – II do TST. Recurso ordinário para o TST. Decisão de TRT proferida em agravo regimental contra liminar em ação cautelar ou em mandado de segurança. Incabível Não cabe recurso ordinário para o TST de decisão proferida pelo Tribunal Regional do Trabalho em agravo regimental interposto contra despacho que concede ou não liminar em ação cautelar ou em mandado de segurança, uma vez que o processo ainda pende de decisão definitiva do Tribunal "a quo".
Orientação Jurisprudencial nº 148 da SDI – II do TST. Custas. Mandado de segurança. Recurso ordinário. Exigência do pagamento É responsabilidade da parte, para interpor recurso ordinário em mandado de segurança, a comprovação do recolhimento das custas processuais no prazo recursal, sob pena de deserção.
Orientação Jurisprudencial nº 151 da SDI – II do TST. Ação rescisória e Mandado de Segurança. Procuração. Poderes específicos para ajuizamento de reclamação trabalhista. Irregularidade de representação processual. Fase recursal. Vício processual sanável. A procuração outorgada com poderes específicos para ajuizamento de reclamação trabalhista não autoriza a propositura de ação rescisória e mandado de segurança. Constatado, todavia, o defeito de representação processual na fase recursal, cumpre ao relator ou ao tribunal conceder prazo de 5 (cinco) dias para a regularização, nos termos da Súmula nº 383, item II, do TST.

5. CONSIGNAÇÃO EM PAGAMENTO

5.1. Cabimento

Ao devedor é conferido o direito de quitar sua obrigação. Desse modo, quando o pagamento não puder ser efetuado em razão de resistência do credor ou por obstáculo alheio à vontade do devedor, o ordenamento admite a consignação em pagamento para que sejam evitadas as consequências prejudiciais da mora. Trata-se, portanto, de forma de extinção da obrigação.

A CLT não prevê a ação de consignação em pagamento, razão pela qual aplicamos as diretrizes dos arts. 539 e seguintes do CPC, por força do art. 769 da CLT.

A consignação em pagamento pode ser: extrajudicial e judicial.

A consignação extrajudicial (depósito bancário), majoritariamente, não tem sido admitida na seara trabalhista, vez que a legislação trabalhista exige formalidades especiais para a quitação das verbas trabalhistas, impossibilitando a consignação extrajudicial.

Quanto à consignação em pagamento judicial, trata-se de ação de rito especial, sendo cabível nas hipóteses do art. 335 do CC, a saber:

> 1) se o credor não puder, ou, sem justa causa, recusar receber o pagamento, ou dar quitação na devida forma;
>
> 2) se o credor não for, nem mandar receber a coisa no lugar, tempo e condição devidos;
>
> 3) se o credor for incapaz de receber, for desconhecido, declarado ausente, ou residir em lugar incerto ou de acesso perigoso ou difícil;
>
> 4) se ocorrer dúvida sobre quem deva legitimamente receber o objeto do pagamento;
>
> 5) se pender litígio sobre o objeto do pagamento.

5.2. Objeto

A ação de consignação em pagamento tem como objeto o depósito de quantia (dinheiro) ou coisa devida. Não tem como finalidade obrigações de fazer ou não fazer, ante a incompatibilidade lógica de consigná-las.

5.3. Competência

O art. 540 do CPC/2015 prevê que o juízo competente é o do lugar do pagamento.

No processo do trabalho, a doutrina majoritária entende que se aplica o art. 651 da CLT, que impõe, com regra, o juízo do local da prestação dos serviços como competente.

Trata-se de competência territorial e, portanto, relativa.

5.4. Legitimidade

As partes na ação de consignação são denominadas de consignante (autor) e consignado (réu).

Tem legitimidade ativa (autor) para propor a ação de consignação:

a) o devedor;

b) os terceiros (p. ex., sucessores, sócio etc.).

Noutras palavras, tem legitimidade ativa qualquer um que possa realizar o pagamento.

Por outro lado, a legitimidade passiva é do credor. Quando o credor for desconhecido, será feita a citação por edital.

5.5. Procedimento

A consignação em pagamento judicial tem seu procedimento regulado pelos arts. 542 e seguintes do Código de Processo Civil/2015, a qual indica que o consignante deve **requerer** o depósito em 5 dias a contar do deferimento. No entanto, entendeu o Pleno do TST[43] que:

> (...) O prazo de cinco dias para depósito previsto no artigo 542, inciso I, do CPC/2015, no processo do trabalho, deve ser compatibilizado com o artigo 477, § 6º, da CLT, de modo que tanto o ajuizamento da ação em consignação quanto o depósito judicial devem ser feitos em dez dias após a notificação da extinção do contrato de trabalho. Entendimento contrário significaria dilatar o prazo de direito material trabalhista por norma de direito processual comum, o que configuraria incompatibilidade na integração da lacuna normativa e, consequentemente, inobservância ao artigo 769 da CLT.

Não havendo depósito, o processo será extinto sem resolução do mérito, vez que falta ato essencial para o prosseguimento regular do processo (CPC/2015, art. 542, parágrafo único). É interessante consignar, porém, que tem sido admitido, no processo do trabalho, o depósito do valor devido ou da coisa na audiência, realizando-o apenas se houver recusa no seu recebimento.

► **ATENÇÃO:**

Tratando-se de prestações sucessivas, uma vez consignada uma delas, pode o devedor continuar a depositar, no mesmo processo e sem mais formalidades, as que se forem vencendo, desde que os depósitos sejam efetuados até 5 dias, contados da data do vencimento (CPC/2015, art. 541).

Em seguida, será realizada a citação do réu para comparecer em audiência.

Sendo revel ou comparecendo na audiência para receber o depósito e dar quitação, o juiz julgará procedente o pedido da ação de consignação, declarando extinta a obrigação, além de condenar o réu nas custas e honorários advocatícios.

Contudo, comparecendo na audiência e oferendo contestação, poderá alegar que:

1) não houve recusa ou mora em receber a quantia ou coisa devida;
2) foi justa a recusa;
3) o depósito não se efetuou no prazo ou no lugar do pagamento;
4) o depósito não é integral. Nesse caso, a alegação será admissível se o réu indicar o montante que entende devido (CPC/2015, art. 544).

Quando, na contestação, o réu alegar que o depósito não é integral, é lícito ao autor completá-lo, dentro de 10 dias (CPC/2015, art. 545, *caput*).

Alegada a insuficiência do depósito, poderá o réu levantar, desde logo, a quantia ou a coisa depositada, com a consequente liberação parcial do autor, continuando quanto à parcela controvertida (CPC/2015, art. 545, § 1º).

---

43. TST- E-RR-376-14.2015.5.07.0010, Tribunal Pleno, Redator Ministro José Roberto Freire Pimenta, DEJT 30/11/2023.

É interessante atentar para o fato de que a sentença, na ação de consignação, tem natureza dúplice. Desse modo, sendo concluída pela insuficiência do depósito, a sentença determinará, sempre que possível, o montante devido, e, nesse caso, valerá como título executivo, facultado ao credor promover-lhe a execução nos mesmos autos, após liquidação, se necessária (CPC/2015, art. 545, § 2º).

Ademais, o art. 546 do CPC declina que julgado procedente o pedido, o juiz declarará extinta a obrigação. Essa eficácia liberatória é incompatível com a principiologia do processo do trabalho, de modo que a sentença dará **quitação aos títulos e valores depositados** e não na obrigação.[44]

6. AÇÃO MONITÓRIA

6.1. Conceito

A ação monitória constitui-se como "uma ação de rito especial destinada a propiciar a quem tem prova escrita de uma dívida sem força de título executivo extrajudicial, a possibilidade de ingressar com um procedimento mais simplificado, a fim de que o devedor cumpra a obrigação ou transformar a prova escrita em título executivo judicial"[45].

Trata-se, pois, de um procedimento especial simplificado, previsto nos artigos 700 a 702 do CPC/2015.

Assim, podemos sintetizar da seguinte forma:

1) havendo título executivo, admite-se o processo de execução;

2) não tendo o título executivo, mas de posse de prova escrita sem eficácia de título executivo, permite-se o ajuizamento da ação monitória;

3) não tendo o título executivo, nem mesmo prova escrita sem eficácia de título executivo, deverá ajuizar ação de conhecimento.

De qualquer modo, é importante destacar que a ação monitória é faculdade do autor, podendo optar pelo ajuizamento da ação de conhecimento.

6.2. Aplicação ao processo do trabalho

A doutrina majoritária admite a aplicação da ação monitória na Justiça do Trabalho, desde que o documento escrito, sem eficácia de título executivo extrajudicial seja oriundo da relação de trabalho ou relacionado com algum dos incisos do art. 114 da Constituição Federal, uma vez que há omissão da legislação trabalhista e compatibilidade com os princípios que regem esta seara.

---

44. No mesmo sentido, BERNARDES, Felipe. *Manual de processo do trabalho*. Salvador: Juspodivm, 2018. p. 778.
45. SCHIAVI, Mauro. *Manual de direito processual do trabalho*. 11. ed. de acordo com Novo CPC. São Paulo: LTr, 2016. p. 1479.

Desse modo, a Justiça do Trabalho será competente para o julgamento da ação monitória quando a ação de conhecimento por ela substituída também for de competência dessa justiça especializada.

A compatibilidade é visualizada na facilitação ao acesso à Justiça do trabalhador pela ação monitória, uma vez que esta simplifica a execução da prova escrita da dívida sem eficácia de título executivo judicial ou extrajudicial[46].

A ação monitória pode ser utilizada tanto pelo empregado como pelo empregador, uma vez que não há nenhuma restrição legal.

6.3. Procedimento

De acordo com o art. 700 do CPC/2015, a ação monitória pode ser proposta por aquele que afirmar, com base em prova escrita sem eficácia de título executivo, ter o direito de exigir do devedor capaz:

> I – o pagamento de quantia em dinheiro;
>
> II – a entrega de coisa fungível ou infungível ou de bem móvel ou imóvel;
>
> III – o adimplemento de obrigação de fazer ou de não fazer.

A prova escrita pré-constituída deverá convencer o juiz da verossimilhança da obrigação, não sendo necessária, portanto, a certeza da obrigação, uma vez que não se trata de título executivo judicial nem extrajudicial[47].

Além disso, o art. 700, § 1º, do CPC/2015 permite que a prova escrita possa consistir em prova oral documentada, produzida antecipadamente, nos termos do art. 381 do CPC/2015, ou seja, quando houver fundado receio de que venha a tornar-se impossível ou muito difícil a verificação de certos fatos na pendência da ação; a prova a ser produzida for suscetível de viabilizar a autocomposição ou outro meio adequado de solução de conflito e o prévio conhecimento dos fatos possa justificar ou evitar o ajuizamento de ação.

Para que a ação monitória seja ajuizada, é preciso que a prova documental apresentada pelo autor seja idônea. Havendo dúvida quanto à sua idoneidade, o juiz intimará o autor para, querendo, emendar a petição inicial, adaptando-a ao procedimento ordinário ou sumaríssimo (CPC/2015, art. 700, § 5º).

Na petição inicial, o autor deverá explicitar, conforme o caso, a importância devida, instruindo-a com a memória de cálculo; o valor atual da coisa reclamada e o conteúdo patrimonial em discussão ou o proveito econômico perseguido, os quais

46. SCHIAVI, Mauro. *Manual de direito processual do trabalho*. 11. ed. de acordo com Novo CPC. São Paulo: LTr, 2016. p. 1485.
47. SCHIAVI, Mauro. *Manual de direito processual do trabalho*. 11. ed. de acordo com Novo CPC. São Paulo: LTr, 2016. p. 1480.

corresponderão ao valor da causa (CPC/2015, art. 700, §§ 2º e 3º). Não estando presentes esses requisitos, a petição inicial da ação monitória será indeferida (CPC/2015, art. 700, § 4º). Do indeferimento da inicial, é cabível recurso ordinário (CLT, art. 895)[48].

Sendo evidente o direito do autor, o juiz deferirá a expedição de mandado de pagamento, de entrega de coisa ou para execução de obrigação de fazer ou de não fazer, concedendo ao réu prazo de 15 dias[49] para o cumprimento e o pagamento de honorários advocatícios de cinco por cento do valor atribuído à causa.

Dessa decisão interlocutória, não será cabível recurso. No entanto, o réu poderá no prazo para cumprimento apresentar embargos à ação monitória, podendo alegar quaisquer matérias passíveis de alegação como defesa (CPC/2015, art. 702, § 1º). O autor terá o mesmo prazo (15 dias) para responder aos embargos[50]. Ressalta-se que os embargos suspendem a eficácia da decisão do mandado expedido (CPC/2015, art. 702, § 4º).

Observa-se, portanto, que os embargos à ação monitória possuem natureza de defesa, razão pela qual, não se exige a garantia do juízo para sua oposição (CPC/2015, art. 702). É válido destacar que no processo do trabalho, os embargos deverão ser apresentados em audiência previamente designada, permitindo-se a apresentação da defesa e a produção de provas[51]. Da decisão que rejeitar ou acolher os embargos será cabível recurso ordinário.

Se o réu alegar nos embargos que o autor pleiteia quantia superior à devida, deverá declarar imediatamente o valor que entende correto e apresentar demonstrativo discriminado e atualizado da dívida (CPC/2015, art. 702, § 2º). Se este for seu único fundamento e o réu não declarar o valor correto ou não apresentar o demonstrativo, seus embargos serão liminarmente rejeitados. Não sendo o único fundamento, os embargos serão processados, mas o juiz deixará de examinar a alegação de excesso (CPC/2015, art. 702, §§ 2º e 3º).

Se os embargos à ação monitória forem parciais, a critério do juiz, poderão ser autuados em apartado, constituindo-se de pleno direito o título executivo judicial em relação à parcela incontroversa (CPC/2015, art. 702, § 7º).

O CPC/2015 prevê, expressamente, que na ação monitória admite-se a reconvenção, vedando-se apenas o oferecimento de reconvenção à reconvenção (CPC/2015, art. 702, § 5º).

---

48. ALMEIDA, Cleber Lúcio de. *Direito processual do trabalho*. 6. ed. São Paulo: LTr, 2016. p. 971.
49. Parte da doutrina trabalhista entende que o prazo de 15 dias previsto no art. 701 do CPC/2015 deve ser adaptado ao art. 841 da CLT, o qual prevê prazo de 5 dias (LEITE, Carlos Henrique Bezerra. Curso de direito processual do trabalho. 14. ed. de acordo com o novo CPC. São Paulo: Saraiva, 2016. p. 1742).
50. Adaptando o prazo para oposição e para a resposta aos embargos para 5 dias, por força do art. 884 da CLT: LEITE, Carlos Henrique Bezerra. *Curso de direito processual do trabalho*. 14. ed. de acordo com o novo CPC. São Paulo: Saraiva, 2016. p. 1743.
51. SCHIAVI, Mauro. *Manual de direito processual do trabalho*. 11. ed. de acordo com Novo CPC. São Paulo: LTr, 2016. p. 1488.

Se o mandado for cumprido espontaneamente pelo réu, o processo será extinto com resolução de mérito. Por sua vez, sendo improcedentes os embargos ou não havendo sua apresentação em audiência (revelia), a prova escrita será transformada em título executivo judicial, o qual, após o trânsito em julgado da decisão, seguirá o procedimento aplicável à execução trabalhista, isto é, depois de formado o título executivo, o devedor deverá ser citado, conforme determina o art. 880 da CLT para pagar o débito, entregar a coisa, cumprir a obrigação ou garantir a execução no prazo de 48 horas, seguindo os demais trâmites da execução trabalhista.

Cabe ressaltar que da decisão que constituir a prova documental apresentada em título executivo judicial, será cabível a ação rescisória se presente algum dos vícios do art. 966 do CPC/2015 (CPC/2015, art. 701, § 3º).

Na hipótese de a ação monitória ser ajuizada indevidamente e de má-fé, o autor será condenado pelo juiz ao pagamento, em favor do réu, de multa de até 10% sobre o valor da causa (CPC/2015, art. 702, § 10).

Do mesmo modo, o réu que de má-fé opuser embargos à ação monitória, será condenado ao pagamento de multa de até 10% sobre o valor atribuído à causa, em favor do autor (CPC/2015, art. 702, § 11).

> ▶ **ATENÇÃO:**
> É admitida a ação monitória ajuizada em face da Fazenda pública (CPC/2015, art. 700, § 6º, do CPC/2015).

7. QUESTÕES DISSERTATIVAS E ESTUDOS DE CASO

Questão 1

Quais as principais diferenças no procedimento do inquérito para apuração de falta grave do procedimento ordinário?

Resposta sugerida pelo autor

O inquérito para apuração de falta grave é uma ação judicial destinada a extinguir o contrato de trabalho de determinados empregados detentores de estabilidade ou garantia de emprego.

Existem duas principais diferenças no procedimento aplicado ao inquérito para apuração de fata grave do verificado no procedimento ordinário.

A primeira corresponde à necessidade de a petição inicial no inquérito para apuração de falta grave ser escrita (CLT, art. 853), enquanto no procedimento ordinário ela pode ser escrita ou verbal.

A segunda diferença consiste no fato de no inquérito para apuração de falta grave poderem ser ouvidas até seis testemunhas, enquanto no procedimento comum, o limite de testemunhas permitido é de três (CLT, art. 821).

Questão 2

Quais são as modalidades do mandado de segurança individual e qual o prazo para sua impetração?

Resposta sugerida pelo autor

O mandado de segurança, nos termos do art. 5º, LXIX, da CF, será concedido "para proteger direito líquido e certo, não amparado por habeas corpus ou habeas data, quando o responsável pela ilegalidade ou abuso de poder for autoridade pública ou agente de pessoa jurídica no exercício de atribuições do Poder Público".

Ele pode ser repressivo ou preventivo. O primeiro (repressivo) será impetrado quando já tiver ocorrido a violação do direito do impetrante. Por sua vez, o mandado de segurança repressivo será impetrado quando houver justo receio de sofrer violação por parte da autoridade coatora, ou seja, antes de ocorrer a lesão. Nesse caso, registra-se que o mandado de segurança não se presta à obtenção de uma sentença genérica, aplicável a eventos futuros, cuja ocorrência é incerta (OJ nº 144 da SDI-II do TST).

O prazo para impetração do mandado de segurança é de 120 dias (Lei, nº 12.016/09, art. 23). Trata-se de prazo decadencial, contado da ciência, pelo interessado, do ato impugnado, ou seja, o termo inicial é da ciência da lesão ou do ato capaz de produzir lesão ao direito do impetrante.

Sendo um ato comissivo, o prazo decadencial terá início com a prática do ato, não sendo interrompido pelo pedido de reconsideração. Tratando-se de ato omissivo, não se iniciará a contagem do prazo decadencial quando não houver prazo legal para a prática do ato. Por outro lado, existindo prazo legal para que seja praticado o ato, o prazo decadencial de 120 dias começará a correr no dia em que terminar aquele prazo fixado na lei.

Caso prático 1

Tício, gerente de operações da empresa Metalúrgica Comercial, foi eleito dirigente sindical do Sindicato dos Metalúrgicos. Seis meses depois, juntamente com Mévio, empregado representante da CIPA (Comissão Interna para Prevenção de Acidentes) da empresa por parte dos empregados, arquitetaram um plano para descobrir determinado segredo industrial do seu empregador e repassá-lo ao concorrente mediante pagamento de numerário considerável. Contudo, o plano foi descoberto antes da venda, e a empresa, agora, pretende dispensar ambos por falta grave. Qual procedimento deverá ser realizado pela empresa?

Resposta sugerida pelo autor

Em regra, o empregador tem o direito potestativo de dispensar o empregado por justa causa, sem que haja a necessidade de intervenção do judiciário.

Contudo, alguns empregados, para que possam ser dispensados, dependem da demonstração de falta grave, a ser apurada e declarada pelo Poder Judiciário, por meio do denominado inquérito para apuração de falta grave.

É o que acontece com o dirigente sindical, por força do art. 543, § 3º, da CLT e da Súmula nº 379 do TST. Portanto, como Tício é dirigente sindical, para que possa ser dispensado, deverá ser submetido ao inquérito para apuração de falta grave.

No tocante à Mévio, apesar de possuir garantia de emprego por ser representante da CIPA, pode ser dispensado por justa causa sem que haja a necessidade de ajuizamento de ação judicial (Inquérito para apuração de falta grave). Fica vedado, porém, a despedida arbitrária do representante da CIPA, entendendo-se como tal a que não se fundar em motivo disciplinar, técnico, econômico ou financeiro (CLT, art. 165).

Caso prático 2

(FCC – Analista Judiciário – Área Judiciária – TRT 15/2013) Kátia ajuizou reclamação trabalhista em face de sua ex-empregadora a empresa "B" requerendo o reconhecimento do dano moral configurado no fato de seu superior hierárquico a ter constrangido, durante três meses, a revista íntima, tendo a reclamante que se despir para o mesmo. A reclamação trabalhista foi julgada improcedente por falta de provas e Katia interpôs Recurso Ordinário. O Tribunal Regional do Trabalho competente conheceu do recurso, mas lhe negou provimento. O acórdão proferido em sede de Recurso Ordinário transitou em julgado no dia 30 de maio de 2012. Em novembro de 2013, Simone, ex-colega de trabalho, entregou para Kátia, várias fotografias das revistas íntimas que eram realizadas, fotos estas que não teve, na época, coragem de revelar com medo de perder o emprego.

Neste caso responda, fundamentadamente qual a medida judicial que Kátia poderá ajuizar, indicando a natureza jurídica, os pressupostos e requisitos para a propositura, bem como o respectivo embasamento legal.

Resposta sugerida pelo autor

No caso em análise, Kátia poderá ajuizar ação rescisória, a qual é destinada desconstituir decisões judiciais que tenham gerado, como regra, coisa julgada material. Tem, portanto, natureza jurídica de ação constitutiva negativa.

No processo do trabalho, aludida ação vem disciplinada no art. 836 da CLT. Considerando que esse dispositivo não estabelece todos os requisitos da ação rescisória, aplicam-se supletivamente ao processo do trabalho os arts. 966 a 975 do CPC/2015, nos termos do art. 3º, XXVI, da TST-IN nº 39/2016.

A competência para o julgamento da ação rescisória será do Tribunal Regional do Trabalho, pois este tem competência para rescindir seus próprios julgamentos (como no caso em análise) e para rescindir as decisões proferidas pelas varas do trabalho a ele vinculadas.

Observa-se que no caso em questão estão presentes os dois requisitos necessários ao ajuizamento da ação rescisória, quais sejam: trânsito em julgado (Súmula nº 299, I) e decisão de mérito. O trânsito em julgado do acórdão proferido em sede de Recurso Ordinário ocorreu em 30 de maio de 2012 e tendo o TRT confirmado a sentença que julgou o pedido improcedente por ausência de provas é, pois, decisão de mérito.

Referida ação rescisória deverá ser ajuizada até dois anos do trânsito em julgado da última decisão proferida no processo, ou seja, até 30 de maio de 2014. Trata-se de prazo decadencial, uma vez que, ultrapassado o prazo delimitado pela lei, extingue-se o próprio direito à rescisão da decisão viciada. O prazo de decadência, na ação rescisória, conta-se do dia imediatamente subsequente ao trânsito em julgado da última decisão proferida na causa, seja de mérito ou não (Súmula nº 100, I, do TST).

A ação rescisória será fundamentada no artigo 966, VII, do Novo Código de Processo Civil, ou seja, na obtenção por Kátia de prova nova, posterior ao trânsito em julgado, cuja existência ignorava ou de que não pôde fazer uso, capaz, por si só, de lhe assegurar pronunciamento favorável (Súmula nº 402 do TST). Isso porque, apesar de as fotos apresentadas por Simone já existirem à época da decisão rescindenda, Kátia não tinha conhecimento de sua existência, devido ao medo de Simone de apresentá-las e perder o emprego.

Para o ajuizamento da ação rescisória é necessário que Kátia realize o depósito prévio de 20% sobre o valor da causa, exceto se provada sua miserabilidade jurídica (CLT, art. 836).

QUESTÕES

CAPÍTULO XX

1. QUESTÕES COM GABARITO COMENTADO

01. (FCC- 2022- TRT 8 - Analista Judiciário - Oficial de Justiça Avaliador Federal) A respeito do cabimento do mandado de segurança no processo do trabalho, assinale a opção correta.

a) É cabível a impetração de mandado de segurança contra ato judicial que, de ofício, determinou a alteração do valor da causa, ensejando a majoração das custas processuais.
b) É cabível mandado de segurança contra a decisão que rejeita a homologação do acordo pactuado, solicitada pelas partes.
c) Tutela provisória concedida na sentença pode ser impugnada por mandado de segurança, já que não há recurso próprio para tal impugnação.
d) É cabível mandado de segurança contra a decisão, em execução trabalhista, que determinar a penhora em dinheiro do executado para garantir o crédito do exequente.
e) Não há direito líquido e certo à execução definitiva na pendência de recurso extraordinário, ou de agravo de instrumento visando a destrancá-lo.

COMENTÁRIOS:

Gabarito letra "E": A questão aborda o conhecimento sobre as súmulas e OJs que tratam sobre o cabimento do mandado de segurança no processo do trabalho. As alternativas "a" a "d" indicam situação em que é incabível o mandado de segurança, constando, respectivamente, na OJ 88 da SDI-II, Súmula 418 do TST, Súmula 414 do TST e Súmula 417 do TST. A alternativa "E" diz respeito à OJ 56 da SDI-II a saber: *Não há direito líquido e certo à execução definitiva na pendência de recurso extraordinário, ou de agravo de instrumento visando a destrancá-lo.*

02. (FCC- 2022- TRT 4 - Analista Judiciário - Área Judiciária) Aristóteles é detentor de estabilidade provisória no emprego, em virtude de ser dirigente sindical, laborando na Metalúrgica Ferro a Toda Prova Ltda.. Sua empregadora pretende rescindir o seu contrato de trabalho por justa causa, entendendo que Aristóteles cometeu falta grave que torna impossível a manutenção do vínculo empregatício. Nessa hipótese, de acordo com o que prevê a Consolidação das Leis do Trabalho, deverá

a) comunicar o sindicato da categoria do qual o empregado é dirigente, e propor o competente inquérito para apuração de falta grave, após prazo máximo de 90 dias do afastamento do empregado, para concluir sindicância interna, podendo ouvir em audiência a ser designada até 6 testemunhas.
b) comunicar o sindicato da categoria do qual o empregado é dirigente, e propor o competente inquérito para apuração de falta grave, após prazo máximo de 60 dias do afastamento do empregado, podendo ouvir em audiência a ser designada até 3 testemunhas.
c) propor o competente inquérito para apuração de falta grave, após prazo máximo de 30 dias do afastamento do empregado, podendo ouvir em

audiência a ser designada até 6 testemunhas, independente de comunicação ao sindicato.

d) comunicar o sindicato da categoria do qual o empregado é dirigente, e propor o competente inquérito para apuração de falta grave, após prazo máximo de 15 dias do afastamento do empregado, podendo ouvir em audiência a ser designada até 3 testemunhas.

e) propor o competente inquérito para apuração de falta grave, após prazo máximo de 60 dias do afastamento do empregado, podendo ouvir em audiência a ser designada até 6 testemunhas, independente de comunicação ao sindicato.

COMENTÁRIOS:

Gabarito letra "**C**". Por gozar de estabilidade, a rescisão do dirigente sindical demanda a instauração do inquérito para apuração de falta grave contra empregado garantido com estabilidade, tendo o empregador o prazo decadencial de 30 (trinta) dias, contados da data da suspensão do empregado para o ajuizamento (art. 853, CLT). Neste procedimento é permitido o total de 6 testemunhas (art. 821, CLT).

03. **(FCC - Analista Judiciário - Área Judiciária - TRT 23/2016)** Há certos procedimentos especiais inseridos no texto consolidado e determinadas ações previstas na legislação processual comum que são utilizadas na Justiça do Trabalho e

a) o empregado está autorizado a ajuizar ação rescisória na Justiça do Trabalho, sem a necessidade de contratação de advogado, utilizando-se do *jus postulandi*, em razão do princípio da hipossuficiência.

b) a ação rescisória será admitida na Justiça do trabalho, observada a forma do Código de Processo Civil, sujeita ao depósito prévio de dez por cento do valor da causa, salvo prova de miserabilidade jurídica do autor e no prazo de três anos contados do trânsito em julgado da decisão rescindenda.

c) conforme nova legislação que regula o mandado de segurança, o prazo para impetração é de cento e oitenta dias, contados da data em que o interessado tenha conhecimento do ato arbitrário.

d) cada parte pode indicar para audiência em inquérito judicial para apuração de falta grave a quantidade máxima de cinco testemunhas.

e) para a instauração do inquérito para apuração de falta grave contra empregado dirigente sindical garantido com estabilidade, o empregador apresentará reclamação por escrito à Vara do Trabalho, dentro de trinta dias, contados da data da suspensão do empregado.

COMENTÁRIOS

Alternativa correta: E.

Em regra, o empregador tem o direito de dispensar o empregado por justa causa, sem que haja a necessidade de intervenção do Judiciário. No entanto, para que possa ser rescindido o contrato do dirigente sindical há necessidade de demonstração de falta grave a ser apurada e declarada pelo Poder Judiciário, por meio do denominado inquérito para apuração de falta grave, nos termos do art. 543, §3º, da CLT e da Súmula nº 379 do TST.

Assim, segundo o art. 853 da CLT, para a instauração do inquérito para apuração de falta grave contra empregado garantido com estabilidade, o empregador apresentará reclamação por escrito Vara do Trabalho, dentro de 30 (trinta) dias, contados da data da suspensão do empregado.

04. **(AOCP - Analista Judiciário - Área Judiciária - TRT 1/2018)** Fernando, funcionário da montadora de veículos WMW S/A, é dirigente sindical e incorreu em falta grave. A empregadora, prontamente, suspendeu o empregado, deixando de pagar-lhe salários a partir daí. Pretende a empregadora demitir Fernando. Em relação ao regramento aplicável à espécie para dispensa do empregado,

assinale a alternativa correta.

a) A empresa WMW S/A deverá proceder à instauração de inquérito para apuração da falta para dispensa do empregado perante a Justiça do Trabalho, apresentando reclamação escrita perante a Vara do Trabalho ou Juízo de Direito no prazo prescricional de 2 anos.
b) A empresa WMW S/A deverá proceder à instauração de inquérito para apuração da falta para dispensa do empregado perante a Justiça do Trabalho, apresentando reclamação escrita perante a Vara do Trabalho ou Juízo de Direito dentro de 30 dias contados da data da suspensão do empregado, podendo ouvir, para provar os fatos alegados, até 6 testemunhas.
c) Ainda que reconhecida a estabilidade do empregado, se provado o cometimento da falta grave e julgado procedente o inquérito, este não terá direito ao pagamento dos salários não pagos até a data de instalação do inquérito.
d) A empresa WMW S/A deverá proceder à instauração de inquérito para apuração da falta para dispensa do empregado perante a Justiça do Trabalho, apresentando reclamação escrita perante a Vara do Trabalho ou Juízo de Direito dentro de 15 dias contados da data da suspensão do empregado, podendo ouvir, para provar os fatos alegados, até 6 testemunhas.
e) A empresa deverá apresentar reclamação escrita perante a Vara do Trabalho ou Juízo de Direito dentro de 30 dias contados da data da suspensão do empregado, podendo ouvir, para provar os fatos alegados, até 3 testemunhas.

COMENTÁRIOS

Alternativa correta: letra "b"

Em regra, o empregador tem o direito de dispensar o empregado por justa causa, sem que haja a necessidade de intervenção do Judiciário.

No entanto, alguns empregados, para que possam ser dispensados, dependem da demonstração de falta grave, a ser apurada e declarada pelo Poder Judiciário, por meio do denominado inquérito para apuração de falta grave. É o caso do dirigente sindical, como apresentado na questão.

Verificada a falta grave, o empregador tem a faculdade de suspender o empregado de suas funções (CLT, art. 494). No caso de suspensão, deverá ajuizar o inquérito para apuração de falta grave no prazo de 30 dias, contados da data da suspensão (CLT, art. 853). O inquérito para apuração de falta grave será ajuizado na Vara do Trabalho, seguindo o mesmo rito de uma ação ordinária, tendo, porém, duas peculiaridades: 1) a petição inicial, obrigatoriamente, deverá ser escrita (CLT, art. 853); 2) poderão ser ouvidas 6 testemunhas (CLT, art. 821).

05. (FCC - TRT24/2017 - Analista Judiciário - Área Judiciária) A empresa Gregos e Troianos Ltda. possui nos seus quadros um empregado que exerce o cargo de dirigente sindical no sindicato que representa a categoria profissional dos empregados. Referido empregado foi surpreendido embriagado no ambiente de trabalho e a empresa o suspendeu, pretendendo dispensar o mesmo por justa causa. Nessa hipótese, a empresa deverá

a) comunicar o sindicato da categoria no prazo de 5 dias para o mesmo instaurar inquérito para apuração dos fatos.
b) marcar a homologação da rescisão do empregado perante o Ministério do Trabalho, o qual deverá notificar o sindicato da categoria para tomar ciência da rescisão contratual de seu dirigente.
c) propor inquérito para apuração de falta grave perante a Vara do Trabalho competente, no prazo de 30 dias da suspensão do empregado.
d) ajuizar inquérito civil perante o Ministério Público do Trabalho para apuração dos fatos, para que a dispensa possa ter legitimidade.
e) ajuizar inquérito para apuração de falta grave perante o Tribunal Regional do Trabalho no prazo de 60 dias da suspensão do empregado.

COMENTÁRIOS

Nota do autor: Alternativa "c" – Correta: Verificada a falta grave, o empregador tem a faculdade de suspender o empregado de suas funções (art. 494, CLT). No caso de suspensão, como o apresentado na questão, o empregador deverá ajuizar o inquérito para apuração de falta grave no prazo de 30 dias, contados da data da suspensão (art. 853 da CLT).

06. (FCC - TRT11/2017 - Analista Judiciário - Área Judiciária) No tocante à Ação Rescisória, considere:

I. Havendo recurso ordinário em sede de rescisória, o depósito recursal só é exigível quando for julgado procedente o pedido e imposta condenação em pecúnia, devendo este ser efetuado no prazo recursal, no limite e nos termos da legislação vigente, sob pena de deserção.

II. Não procede pedido formulado na ação rescisória por violação literal de lei se a decisão rescindenda estiver baseada em texto legal infraconstitucional de interpretação controvertida nos Tribunais.

III. O marco divisor quanto a ser, ou não, controvertida, nos Tribunais, a interpretação dos dispositivos legais citados na ação rescisória é a data da inclusão, na Orientação Jurisprudencial do TST, da matéria discutida.

IV. É absoluta a exigência de pronunciamento explícito na ação rescisória, ainda que esta tenha por fundamento violação de dispositivo de lei. Assim, não é prescindível o pronunciamento explícito quando o vício nasce no próprio julgamento, como se dá com a sentença "extra, cita e ultra petita".

De acordo com o entendimento Sumulado do TST, está correto o que se afirma APENAS em

a) II e III.
b) I, II e IV.
c) I, III e IV.
d) I e II.
e) I, II e III.

COMENTÁRIOS

Alternativa "e" – Correta:

Item I – correto: Segundo dispõe a Súmula nº 99 do TST: "Havendo recurso ordinário em sede de rescisória, o depósito recursal só é exigível quando for julgado procedente o pedido e imposta condenação em pecúnia, devendo este ser efetuado no prazo recursal, no limite e nos termos da legislação vigente, sob pena de deserção".

Item II – correto: A Súmula nº 83, I do TST dispõe que: "Não procede pedido formulado na ação rescisória por violação literal de lei se a decisão rescindenda estiver baseada em texto legal infraconstitucional de interpretação controvertida nos Tribunais".

Item III – correto: A alternativa transcreve o inciso II da Súmula nº 83 do TST – "o marco divisor quanto a ser, ou não, controvertida, nos Tribunais, a interpretação dos dispositivos legais citados na ação rescisória é a data da inclusão, na Orientação Jurisprudencial do TST, da matéria discutida".

Item IV – incorreto: Não é absoluta a exigência de pronunciamento explícito na ação rescisória, ainda que esta tenha por fundamento violação de dispositivo de lei. Assim, prescindível o pronunciamento explícito quando o vício nasce no próprio julgamento, como se dá com a sentença "extra, citra e ultra petita (Súmula nº 298, V do TST).

07. (FCC - TRT24/2017 - Oficial de Justiça Avaliador - Área Judiciária) Alguns procedimentos e ações especiais são amplamente aplicados na Justiça do Trabalho. Sobre a ação rescisória e o mandado de segurança no processo do trabalho à luz das súmulas do Tribunal Superior do Trabalho:

a) A ação rescisória tem como um de seus fundamentos a violação literal de disposição de lei, razão pela qual não é necessário que haja a expressa indicação, na petição inicial da ação rescisória, do dispositivo legal violado.
b) Na hipótese de colusão das partes, o prazo decadencial da ação rescisória somente começa a fluir para o Ministério Público, que não interveio no processo principal, a partir do momento em que tem ciência da fraude.

QUESTÕES DE CONCURSOS

c) A sentença normativa proferida ou transitada em julgado posteriormente à sentença rescindenda é considerado documento novo apto a viabilizar a desconstituição de julgado em ação rescisória.
d) O prosseguimento da execução quanto aos tópicos e valores não especificados no agravo de petição fere direito líquido e certo passível de ajuizamento de mandado de segurança, uma vez que o agravo de petição deve delimitar justificadamente a matéria e os valores objeto de discordância.
e) O jus postulandi conferido às partes pela Consolidação das Leis do Trabalho limita-se às Varas do Trabalho e aos Tribunais Regionais do Trabalho, alcançando inclusive a ação rescisória e o mandado de segurança.

COMENTÁRIOS

Alternativa "b" – Correta: A Súmula nº 100, VI, do TST prescreve: "na hipótese de colusão das partes, o prazo decadencial da ação rescisória somente começa a fluir para o Ministério Público, que não interveio no processo principal, a partir do momento em que tem ciência da fraude".

08. **(FCC – Analista Judiciário: Área Judiciária – TRT15/2018)** O TST adota diversos entendimentos pacificados sobre a ação rescisória no processo do trabalho, entre os quais,

a) é cabível pedido formulado em ação rescisória por violação literal de lei, ainda que a decisão rescindenda esteja baseada em texto legal infraconstitucional de interpretação controvertida nos Tribunais.
b) havendo recurso parcial no processo principal, o trânsito em julgado dá-se em momentos e em tribunais diferentes, contando-se o prazo decadencial para a ação rescisória do trânsito em julgado de cada decisão, salvo se o recurso tratar de preliminar ou prejudicial que possa tornar insubsistente a decisão recorrida, hipótese em que flui a decadência a partir do trânsito em julgado da decisão que julgar o recurso parcial.
c) o prazo de decadência, na ação rescisória, tem início e é contado do dia em que se verifica trânsito em julgado da última decisão proferida na causa, seja de mérito ou não.
d) para efeito de ação rescisória, não se considera pronunciada explicitamente a matéria tratada na sentença quando, examinando remessa de ofício, o Tribunal simplesmente a confirma.
e) a não apresentação de contestação na ação rescisória produz revelia, com o consequente efeito de confissão.

COMENTÁRIOS

Alternativa correta: letra "b".

Havendo recurso parcial no processo principal, o C. TST entende que o trânsito em julgado dá-se em momentos e em tribunais diferentes, contando-se o prazo decadencial para a ação rescisória do trânsito em julgado de cada decisão, salvo se o recurso tratar de preliminar ou prejudicial que possa tornar insubsistente a decisão recorrida, hipótese em que flui a decadência a partir do trânsito em julgado da decisão que julgar o recurso parcial (Súmula nº 100, II, do TST).

09. **(FCC – TST/2017 – Analista Judiciário)** Considerando a jurisprudência sumulada do Tribunal Superior do Trabalho a respeito da ação rescisória no Processo do Trabalho,

a) procede ação rescisória calcada em violação do art. 7º, XXIX, da CF/88 quando a questão envolve discussão sobre a espécie de prazo prescricional aplicável aos créditos trabalhistas, se total ou parcial.
b) para efeito de ação rescisória, pode se considerar prova nova a sentença normativa preexistente à sentença rescindenda, mas não exibida no processo principal, mesmo em virtude de negligência da parte, por força do princípio da verdade real.

c) caracteriza dolo processual, para efeitos de ação rescisória, o silêncio da parte vencedora a respeito de fatos contrários a ela, constituindo ardil que resulta em cerceamento de defesa e, em consequência, desvia o juiz de uma sentença não condizente com a verdade.

d) o sindicato, substituto processual e autor da reclamação trabalhista, em cujos autos fora proferida a decisão rescindenda, possui legitimidade para figurar como réu na ação rescisória, sendo descabida a exigência de citação de todos os empregados substituídos, porquanto inexistente litisconsórcio passivo necessário.

e) não padece de inépcia a petição inicial de ação rescisória que omite ou capitula erroneamente a causa da rescindibilidade da decisão rescindenda, mesmo diante da ausência de indicação expressa da norma jurídica manifestamente violada, aplicando-se, no caso, o princípio iura novit curia, ou seja, o juiz deve conhecer o Direito.

COMENTÁRIOS

Alternativa correta: d

A alternativa transcreve a Súmula nº 406, II do TST: "o Sindicato, substituto processual e autor da reclamação trabalhista, em cujos autos fora proferida a decisão rescindenda, possui legitimidade para figurar como réu na ação rescisória, sendo descabida a exigência de citação de todos os empregados substituídos, porquanto inexistente litisconsórcio passivo necessário".

10. (TRT20/2016- FCC – Analista Judiciário – OJA. Adaptada) Sobre os procedimentos especiais de ação rescisória e mandado de segurança, segundo entendimento sumulado do Tribunal Superior do Trabalho,

a) no caso da tutela provisória ser concedida ou indeferida antes da sentença, não cabe a impetração do mandado de segurança, em face da existência de recurso próprio.

b) não fere direito líquido e certo do impetrante o ato judicial que determina penhora em dinheiro do executado para garantir crédito exequendo, pois é prioritária e obedece à gradação prevista no Código de Processo Civil.

c) fere direito líquido e certo que pode ser atacado por mandado de segurança o prosseguimento da execução quanto aos tópicos e valores não especificados no agravo de petição.

d) a ação rescisória calcada em violação de lei também admite reexame de fatos e provas do processo que originou a decisão rescindenda.

e) é documento novo apto a viabilizar a desconstituição de julgado a sentença normativa proferida ou transitada em julgado posteriormente à sentença rescindenda.

COMENTÁRIOS

Alternativa "b" – Correta: O TST entende que não fere direito líquido e certo do impetrante o ato judicial que determina penhora em dinheiro do executado para garantir crédito do exequendo, uma vez que é prioritária e obedece à gradação prevista no art. 835 no CPC/2015 (Súmula nº 417, I, do TST).

CAPÍTULO XXI

INFORMATIZAÇÃO DO PROCESSO JUDICIAL

1. INTRODUÇÃO

Em decorrência dos avanços tecnológicos e da informática houve necessidade de transportá-los para o processo, dando origem à informatização do processo judicial.

No processo do trabalho, sua regulamentação vem disposta na Lei nº 11.419/06, na Instrução Normativa nº 30/2007 do TST e na Resolução nº 185/2017 do CSJT. As duas primeiras versam sobre a prática de atos eletrônicos isolados (p. ex., petições, recursos etc.) e do processo eletrônico, enquanto a última contempla, exclusivamente, o processo eletrônico.

Cabe consignar que, em razão da Resolução nº 185 do CNJ, que buscou uniformizar o processo judicial eletrônico no âmbito do Poder Judiciário, houve necessidade de alterar a antiga Resolução nº 94/2012 do CSJT, sendo revogada pela Resolução nº 136/2014 do CSJT, a qual também foi revogada pela Resolução nº 185/2017 do CSJT, atualmente em vigor.

É interessante notar que quando a Instrução Normativa nº 30/2007 do TST for incompatível com a Resolução nº 185/2017 do CSJT, deverá prevalecer o disposto na resolução do CSJT, embora não se fale em revogação, porque decorrem de órgãos distintos.

Desse modo, passa-se a admitir o uso de meio eletrônico na tramitação de processos judiciais, comunicação de atos e transmissão de peças processuais (Lei nº 11.419/06, art. 1º).

Para melhor compreensão do processo judicial eletrônico, faz-se necessário conhecer o sentido de algumas expressões, conforme prevê o art. 2º da Lei nº 11.419/06, art. 2º da Resolução nº 185/2017 do CSJT e o art. 3º da Resolução nº 185/2013 do CNJ:

- **assinatura eletrônica**: compreende as seguintes formas de identificação inequívoca do signatário:
  a) **assinatura digital:** baseada em certificado digital emitido por Autoridade Certificadora credenciada, na forma de lei específica;
  b) **mediante cadastro** de usuário no Poder Judiciário, conforme disciplinado pelos órgãos respectivos.

- **autos do processo eletrônico ou autos digitais:** conjunto de metadados e documentos eletrônicos correspondentes a todos os atos, termos e informações do processo.
- **digitalização:** processo de reprodução ou conversão de fato ou coisa, produzidos ou representados originalmente em meio não digital, para o formato digital.
- **documento digitalizado:** reprodução digital de documento originalmente físico.
- **documento digital:** documento originalmente produzido em meio digital.
- **meio eletrônico**: qualquer forma de armazenamento ou tráfego de documentos e arquivos digitais.
- **transmissão eletrônica**: toda forma de comunicação à distância com a utilização de redes de comunicação, preferencialmente a rede mundial de computadores.
- **usuários internos**: magistrados e servidores da Justiça do Trabalho, bem como outros a que se reconhecer acesso às funcionalidades internas do Sistema, tais como estagiários e prestadores de serviço.
- **usuários externos**: partes, estagiários e membros da Advocacia e do Ministério Público, defensores públicos, peritos, leiloeiros, as sociedades de advogados, os terceiros intervenientes e outros auxiliares da justiça.
- **sistema satélite:** é o sistema periférico ao PJe, que com ele tenha relação e/ou integração negocial, funcional ou técnica e que tenha sido homologado e distribuído pelo Conselho Superior da Justiça do Trabalho (CSJT) para funcionamento conjunto.
- **arquivo eletrônico que utilize linguagem padronizada de marcação genérica:** corresponde a todo arquivo que, independentemente do sufixo que designe seu formato ou função que desempenhe no computador, seja capaz de descrever diversos tipos de dados, gerando metadados.

Os atos processuais terão sua produção, registro, visualização, tramitação, controle e publicação exclusivamente em meio eletrônico e serão assinados digitalmente, contendo elementos que permitam identificar o usuário responsável pela sua prática (art. 3º da Res. nº 185/2017 do CSJT).

A cópia de documento extraída dos autos digitais deverá conter elementos que permitam verificar a sua autenticidade no endereço referente à consulta pública do PJe, cujo acesso também será disponibilizado nos sítios do Conselho Superior da Justiça do Trabalho (CSJT) e dos Tribunais Regionais do Trabalho (TRTs) na Rede Mundial de Computadores (art. 3º, § 1º, da Res. 185/2017 do CSJT).

Os usuários são responsáveis pela exatidão das informações prestadas, quando de seu credenciamento, assim como pela guarda, sigilo e utilização da assinatura digital, não sendo oponível, em qualquer hipótese, alegação de uso indevido, nos termos da Medida Provisória nº 2.200-2, de 24 de agosto de 2001 (art. 3º, § 2º, da Res. 185/2017 do CSJT).

2. SISTEMA DE PETICIONAMENTO ELETRÔNICO

O sistema de peticionamento eletrônico versa sobre a prática de atos processuais, por meio eletrônico, pelas partes, advogados e peritos, o qual será feito, na Justiça do Trabalho, por meio do sistema integrado de protocolização e fluxo de documentos eletrônicos (e-DOc).

É importante salientar que o **sistema e-Doc tem aplicação nos locais que ainda não implementaram o processo judicial eletrônico (PJe)**.

Com efeito, a partir da implantação do PJe em unidade judiciária, fica vedada a utilização do e-DOC ou qualquer outro sistema de peticionamento eletrônico para o envio de petições relativas aos processos que tramitam no PJe. O descumprimento da tal determinação implicará no descarte dos documentos recebidos, que não constarão de nenhum registro e não produzirão qualquer efeito legal (CSJT – Res. nº 185/2017, art. 51).

O e-DOC é um serviço de uso facultativo, disponibilizado no Portal – JT, na Internet (IN-TST nº 30/2007, art. 5º, § 1º).

O sistema do e-DOC deverá buscar identificar, dentro do possível, os casos de ocorrência de prevenção, litispendência e coisa julgada (IN-TST nº 30/2007, art. 5º, § 3º).

A parte desassistida de advogado que desejar utilizar o sistema do e-DOC deverá se cadastrar, antes, nos termos da Instrução Normativa (IN-TST nº 30/2007, art. 5º, § 4º).

As petições, acompanhadas ou não de anexos, apenas serão aceitas em formato PDF (Portable Document Format), no tamanho máximo, por operação, de 5 Megabytes. Não se admitirá o fracionamento de petição, tampouco dos documentos que a acompanham, para fins de transmissão (IN-TST nº 30/2007, art. 6º).

Atenta-se para o fato de que, no processo eletrônico, o tamanho máximo é de 10 megabytes (ato conjunto TST.CSJT.GP.SG.SETIC nº 48/2021).

O envio da petição por intermédio do e – DOC dispensa a apresentação posterior dos originais ou de fotocópias autenticadas, inclusive aqueles destinados à comprovação de pressupostos de admissibilidade do recurso (IN-TST nº 30/2007, art. 7º).

Nos termos do art. 11 da IN nº 30/2007 do TST, são de exclusiva responsabilidade dos usuários:

> 1) o sigilo da assinatura digital, não sendo oponível, em qualquer hipótese, alegação de seu uso indevido;
>
> 2) a equivalência entre os dados informados para o envio (número do processo e unidade judiciária) e os constantes da petição remetida;

3) as condições das linhas de comunicação e acesso ao seu provedor da internet;

4) a edição da petição e anexos em conformidade com as restrições impostas pelo serviço, no que se refere à formatação e tamanho do arquivo enviado;

5) o acompanhamento da divulgação dos períodos em que o serviço não estiver disponível em decorrência de manutenção no sítio do tribunal.

A não obtenção, pelo usuário, de acesso ao sistema, além de eventuais defeitos de transmissão ou recepção de dados, não serve de escusa para o descumprimento dos prazos legais.

Os tribunais deverão informar, nos respectivos sítios, os períodos em que, eventualmente, o sistema esteve indisponível.

Consideram-se realizados os atos processuais por meio eletrônico no dia e hora do seu recebimento pelo sistema do e-DOC (IN-TST nº 30/2007, art. 12).

Quando a petição eletrônica for enviada para atender prazo processual, serão consideradas tempestivas as transmitidas até as 24 horas do seu último dia, na realidade, 23 horas e 59 minutos (Lei nº 11.419/06, art. 3º, parágrafo único e IN-TST nº 30/2007, art. 12, § 1º).

Incumbe ao usuário observar como referência o horário oficial de Brasília, atentando para os fusos horários existentes no país. (IN-TST nº 30/2007, art. 12, § 2º).

Não serão considerados, para efeito de tempestividade, o horário da conexão do usuário à internet, o horário do acesso ao sítio do tribunal, tampouco os horários consignados nos equipamentos do remetente e da unidade destinatária, mas o de recebimento no órgão da Justiça do Trabalho (IN-TST nº 30/2007, art. 12, § 3º).

O uso inadequado do e-DOC, que venha a causar prejuízo às partes ou à atividade jurisdicional, importa bloqueio do cadastramento do usuário, a ser determinado pela autoridade judiciária competente (IN-TST nº 30/2007, art. 13).

3. PROCESSO JUDICIAL ELETRÔNICO

3.1. Introdução

O art. 8º da Lei nº 11.419/06 permitiu que os órgãos do Poder Judiciário desenvolvessem sistemas eletrônicos de processamento de ações judiciais por meio de autos total ou parcialmente digitais, utilizando, preferencialmente, a rede mundial de computadores e acesso por meio de redes internas e externas.

No âmbito da Justiça do Trabalho, o processo judicial eletrônico foi, inicialmente, regulamentado pela IN nº 30/2007 do TST e pelas Resoluções nº 94/2012 e 136/2014 do CSJT, sendo atualmente regulamentado pela Resolução nº 185/2017 do CSJT.

Desse modo, a tramitação do processo judicial no âmbito da Justiça do Trabalho, a prática de atos processuais e sua representação por meio eletrônico serão realizadas, exclusivamente, por intermédio do sistema processo judicial eletrônico da Justiça do Trabalho (PJe[1]), regulamentado pela Resolução nº 185/2017 do CSJT.

A implantação desse sistema eletrônico (PJe) poderá ocorrer:

> I – a partir da fase de conhecimento, com a superação dos atuais sistemas de gestão das informações processuais mantidos pelo TRT; e
>
> II – a partir das fases de liquidação ou execução, após o trânsito em julgado do título e para os processos de classes executivas. (CSJT -Res. 185/2017, art. 50)

Ressalta-se que, as Varas do Trabalho criadas por lei e os postos avançados deverão ser instalados com a concomitante implantação do PJe (CSJT-Res. nº 185/2017, art. 62).

Ademais, o Juiz da causa resolverá todas as questões relativas à utilização do PJe em cada caso concreto não previsto na Resolução nº 185/2017e demais atos normativos referentes à matéria, ouvido previamente o Comitê Gestor Regional do PJe (CGRPJe), exceto nos casos de urgência (CSJT-Res. nº 185/2017, art. 63).

O CSJT no art. 11 da Resolução nº 185/2017 declina que os manuais do PJe para todos os usuários, informações gerais das versões e informações de sistemas satélites do PJe serão divulgadas e atualizadas constantemente, inclusive para pessoas com deficiência, em sítio específico.

Diante da importância do tema e considerando que o processo judicial eletrônico já é realidade em todos os tribunais trabalhistas, passamos a analisá-lo pontualmente.

3.2. Assinatura digital

O envio de petições, de recursos e a prática de atos processuais em geral por meio eletrônico serão admitidos mediante uso de assinatura eletrônica, sendo obrigatório o credenciamento prévio no Poder Judiciário, conforme disciplinado pelos órgãos respectivos (Lei nº 11.419/06, art. 2º).

Serão admitidas assinaturas digitais de pessoas físicas e de pessoas jurídicas, realizadas no sistema PJe ou a este destinadas, com a utilização de certificado digital A1 e A3, na forma da normatização do ICP-Brasil e nos termos da Resolução nº 185 do CNJ (Res. nº 185 do CNJ, art. 4º, § 3º).

O envio de petições, de recursos e a prática de atos processuais em geral por meio eletrônico são admitidos mediante o uso de assinatura eletrônica, sendo obrigatório o credenciamento prévio no Poder Judiciário, conforme disciplinado pelos órgãos respectivos (Lei nº 11.419/06, art. 2º).

---

1. Art. 66. Fica vedada a identificação do processo judicial eletrônico (PJe) como sistema de propriedade da Justiça do Trabalho, bem como o uso da sigla "PJe-JT" (CSJT – Res. nº 185/2017).

É possível o acesso ao sistema por meio de utilização de usuário (login) e senha, na forma prevista no art. 7º da Resolução nº 185, de 18 de dezembro de 2013, do Conselho Nacional de Justiça, o qual estabelece:

> **Art. 7º.** O credenciamento dar-se-á pela simples identificação do usuário por meio de seu certificado digital e remessa do formulário eletrônico disponibilizado no portal de acesso ao PJe, devidamente preenchido e assinado digitalmente.
>
> § 1º. O cadastramento para uso exclusivamente através de usuário (login) e senha deverá ser realizado presencialmente, nos termos do art. 2º, § 1º, da Lei nº 11.419, de 19 de dezembro de 2006.
>
> § 2º. Alterações de dados cadastrais poderão ser feitas pelos usuários, a qualquer momento, na seção respectiva do portal de acesso ao PJe, exceto as informações cadastrais obtidas de bancos de dados credenciados, como Receita Federal, Justiça Eleitoral e OAB, que deverão ser atualizadas diretamente nas respectivas fontes.

Partes ou terceiros interessados desassistidos de advogados poderão apresentar peças processuais e documentos em papel, segundo as regras ordinárias, nos locais competentes para recebê-los, que serão inseridos nos autos eletrônicos pela unidade judiciária, em arquivo eletrônico que utilize linguagem padronizada de marcação genérica (CSJT-Res. nº 185/2017, art. 4º).

É importante observar que os órgãos do Poder Judiciário deverão manter equipamentos de digitalização e de acesso à rede mundial de computadores à disposição dos interessados para distribuição de peças processuais (Lei nº 11.419/06, art. 10, § 3º).

Os órgãos do Poder Judiciário poderão realizar convênio com a Ordem dos Advogados do Brasil (OAB) ou outras associações representativas de advogados, bem como com órgãos públicos, para compartilhar responsabilidades na disponibilização de tais espaços, equipamentos e auxílio técnico presencial (CNJ – Res. nº 185/2013, art. 18, § 2º).

A Resolução nº 185/2017 estabelece que o CSJT promoverá as adequações do PJe aos termos da Resolução, inclusive quanto aos aspectos de acessibilidade, em 24 meses, contados da publicação (24.03.2017). Além disso, sem prejuízo desse prazo, o CSJT deverá promover as adequações do PJe aos termos:

> I – da Resolução nº 91/2009 do CNJ que institui o Modelo de Requisitos para Sistemas Informatizados de Gestão de Processos e Documentos do Poder Judiciário (Moreq-Jus); e
>
> II – da Resolução nº 230/2016 do CNJ que orienta a adequação das atividades dos órgãos do Poder Judiciário e de seus serviços auxiliares às determinações exaradas pela Convenção Internacional sobre os Direitos das Pessoas com Deficiência e seu Protocolo Facultativo e pela Lei Brasileira de Inclusão da Pessoa com Deficiência (CSJT – Res. nº 185/2017, art. 65).

3.3. Usuários

Os usuários terão acesso às funcionalidades do PJe, de acordo com o perfil que lhes for atribuído no sistema (CSJT-Res. nº 185/2017, art. 7º).

Os usuários internos são os magistrados e servidores da Justiça do Trabalho, bem como outros a que se reconhecer acesso às funcionalidades internas do Sistema, tais como estagiários e prestadores de serviço. (CSJT-Res. nº 185/2017, art. 2º, IV).

Por outro lado, os usuários externos são as partes, estagiários e membros da Advocacia e do Ministério Público, defensores públicos, peritos, leiloeiros, as sociedades de advogados, os terceiros intervenientes e outros auxiliares da justiça (CSJT-Res. nº 185/2017, art. 2º, III).

A uniformização dos perfis de usuários será definida em ato do presidente do CSJT, observada a natureza de sua atuação na relação jurídico-processual e a padronização da estrutura organizacional e de pessoal dos órgãos da Justiça do Trabalho de primeiro e segundo graus prevista na Resolução CSJT 296/2021 (CSJT – Res. nº 185/2017, art. 7º, § 1º). É facultado aos Tribunais Regionais do Trabalho a atribuição de perfil aos usuários de forma diversa da estabelecida pelo § 1º deste artigo, quando definida em ato do Presidente do TRT respectivo, desde que ouvidos o Comitê Gestor Regional (CGRPje) e a Secretaria de Tecnologia da Informação e Comunicação do CSJT(CSJT – Res. nº 185/2017, art. 7º, § 2º).

Apenas por ato do presidente do CSJT, ouvido o Comitê Gestor Nacional do PJe instalado na Justiça do Trabalho (CGNPJe), serão:

> I – criadas, excluídas ou alteradas as permissões dos perfis de usuários do PJe;
>
> II – excluídos os perfis de usuários já existentes no PJe; e
>
> III – criados novos perfis de usuários do PJe (CSJT – Res. nº 185/2017, art. 8º).

Caberá ao magistrado gestor da Unidade Judiciária definir os perfis dos servidores usuários nela lotados.

Aos estagiários apenas poderá ser atribuído o perfil "estagiário", vedando-se qualquer outra definição.

É vedada ainda a definição de perfil de diretor, assessor ou chefe de gabinete aos usuários que não ocupam a referida função, salvo quanto a seus substitutos imediatos, excetuando-se quando os Tribunais atribuírem perfil diverso aos usuários, nos termos do art. 7º, § 2º da Res. nº 185/2017 (CSJT – Res. nº 185/2017, art. 9º, *caput* e §§ 1º e 2º).

Nas localidades em que houver central de mandados o perfil de oficial de justiça deverá ser definido para os usuários que executam as atividades nas respectivas centrais (CSJT – Res. nº 185/2017, art. 9º, § 3º).

O credenciamento de advogados no sistema dar-se-á pela identificação do usuário por meio de seu certificado digital e remessa do formulário eletrônico disponibilizado no portal de acesso ao PJe, devidamente preenchido e assinado digitalmente (CSJT-Res. nº 185/2017, art. 5º).

O credenciamento implica a aceitação:

> I - de remessa ao usuário, pelo CSJT de pesquisas relacionadas ao uso do PJe;
>
> II - de remessa ao usuário, pelo PJe de informações referentes aos processos;
>
> III - das normas estabelecidas nesta Resolução;
>
> IV - das demais normas que vierem a regulamentar o uso do PJe no âmbito da Justiça do Trabalho; e
>
> V - da responsabilidade do credenciado pelo uso indevido da assinatura eletrônica (CSJT - Res. nº 185/2017, art. 5º, § 3º).

Atente-se para o fato de que o credenciamento de advogados não dispensa:

> I - a habilitação de todo advogado e sociedade de advogados nos autos eletrônicos em que atuarem; e
>
> II - a juntada de procuração para postular em Juízo, na forma do art. 104 do CPC (CSJT-Res. nº 185/2017, art. 5º, § 4º).

As alterações de dados cadastrais poderão ser feitas pelos próprios usuários, a qualquer momento, utilizando a funcionalidade específica do PJe para este fim, salvo as informações cadastrais obtidas de bancos de dados credenciados, como Receita Federal, Justiça Eleitoral e OAB, que deverão ser atualizadas diretamente nas respectivas fontes (CSJT-Res. nº 185/2017, art. 5º, § 2º).O credenciamento da sociedade de advogados se dá pela remessa do formulário eletrônico disponibilizado no portal de acesso ao PJe, devidamente preenchido e assinado digitalmente, dispensando-se a identificação do usuário por meio de seu certificado digital (CSJT - Res. nº185/2017, art. 5º, § 1º).

É válido destacar que é **vedada às sociedades de advogados a prática eletrônica de atos processuais,** sendo considerada usuária externa apenas para recebimento de intimações, na forma dos arts. 106, I e 272, § 2º, do CPC[2] (CSJT - Res. nº 185/2017, art. 17, § 3º).

2. Art. 106. Quando postular em causa própria, incumbe ao advogado:
I - declarar, na petição inicial ou na contestação, o endereço, seu número de inscrição na Ordem dos Advogados do Brasil e o nome da sociedade de advogados da qual participa, para o recebimento de intimações; (...)
Art. 272, § 2º Sob pena de nulidade, é indispensável que da publicação constem os nomes das partes e de seus advogados, com o respectivo número de inscrição na Ordem dos Advogados do Brasil, ou, se assim requerido, da sociedade de advogados.

A habilitação nos autos eletrônicos para representação das partes, tanto no polo ativo como no polo passivo, efetivar-se-á mediante requerimento específico de habilitação pelo advogado e habilitando-se apenas aquele que peticionar, em qualquer grau de jurisdição (CSJT – Res. nº 185/2017, art. 5º, § 5º).

Poderão ser habilitados os advogados e sociedades de advogados que requeiram, desde que haja pedido e constem da procuração ou substabelecimento, na forma do art. 105 do CPC (CSJT – Res. nº 185/2017, art. 5º, § 6º).

É atribuição do magistrado determinar, por despacho ou delegação de ato ordinatório, a alteração da autuação para inativação de advogado indevidamente habilitado, ou que deixou de representar quaisquer das partes (CSJT – Res. nº 185/2017, art. 5º, § 7º).

O peticionamento de habilitação nos autos deve ser utilizado apenas para o cadastramento específico do advogado ou da sociedade de advogados no processo, ficando disponível para juntada, como anexos, somente os tipos de documentos de "representação judicial" e de "identificação das partes" (CSJT – Res. nº 185/2017, art. 5º, § 8º).

O peticionamento avulso deve ser utilizado somente por advogados que não tenham poderes nos autos para representar qualquer das partes, na forma do art. 107, inciso I, do CPC (CSJT – Res. nº 185/2017, art. 5º, § 9º).

O advogado que fizer o requerimento para que as intimações sejam dirigidas a este ou à sociedade de advogados a que estiver vinculado, deverá requerer a habilitação automática nos autos, peticionando com o respectivo certificado digital (CSJT – Res. nº 185/2017, art. 5º, § 10).

3.3.1. Responsabilidade do usuário

Os usuários são responsáveis pela exatidão das informações prestadas, quando de seu credenciamento, assim como pela guarda, sigilo e utilização da assinatura digital, não sendo oponível, em qualquer hipótese, alegação de uso indevido, nos termos da Medida Provisória nº 2.200-2, de 24 de agosto de 2001 (CSJT – Res. nº 185/2017, art. 3º, § 2º).

Além disso, o art. 9º, § 2º, da Res. nº 185/2013 do CNJ declina como responsabilidade do usuário:

> I – o acesso ao seu provedor de internet e a configuração do computador utilizado nas transmissões eletrônicas;
>
> II – o acompanhamento do regular recebimento das petições e documentos transmitidos eletronicamente;
>
> III – a aquisição, por si ou pela instituição ao qual está vinculado, do certificado digital, padrão ICP-Brasil, emitido por Autoridade Certificadora credenciada, e respectivo dispositivo criptográfico portável.

3.3.2. Uso inadequado do sistema

O uso inadequado do sistema que cause redução significativa de sua disponibilidade poderá ensejar o bloqueio total, preventivo e temporário, do usuário (CNJ – Res. nº 185/2013, art. 29).

Considera-se uso inadequado do sistema as atividades que evidenciem ataque ou uso desproporcional dos ativos computacionais (CNJ – Res. nº 185/2013, art. 29, § 1º).

No caso de uso inadequado, deverá ser procedido o imediato contato com o usuário boqueado para identificação da causa do problema e reativação no sistema e, em caso de advogado, a comunicação à respectiva Seccional da Ordem dos Advogados do Brasil (CNJ – Res. nº 185/2013, art. 29, § 2º).

3.4. Disponibilidade e indisponibilidade do sistema

O PJe estará disponível 24 horas por dia, ininterruptamente, ressalvados os períodos de manutenção do sistema (CNJRes. nº 185/2013, art. 8º).

Considera-se indisponibilidade do sistema PJe a falta de oferta ao público externo, diretamente ou por meio de *WebService*, de qualquer um dos seguintes serviços:

> I – consulta aos autos digitais;
>
> II – transmissão eletrônica de atos processuais;
>
> III – acesso a citações, intimações ou notificações eletrônicas (CNJ Res. nº 185/2017, art. 9º).

Ademais, haverá indisponibilidade nos períodos de manutenção do sistema. As manutenções programadas do sistema serão sempre informadas com antecedência e realizadas, **preferencialmente, entre 0h de sábado e 22h de domingo, ou entre 0h e 6h dos demais dias da semana** (CNJ – Res. nº 185/2013, art. 8º, parágrafo único).

A indisponibilidade previamente programada será ostensivamente comunicada ao público externo com, pelo menos, 5 dias de antecedência (CNJ – Res. nº 185/2013, art. 12).

> ▸ ATENÇÃO:
>
> Não caracterizam indisponibilidade as falhas de transmissão de dados entre as estações de trabalho do público externo e a rede de comunicação pública, assim como a impossibilidade técnica que decorra de falhas nos equipamentos ou programas dos usuários. (CNJ – Res. nº 185/2013, art. 9º, § 1º).
>
> A propósito, a não obtenção de acesso ao PJe, e eventual defeito de transmissão ou recepção de dados não imputáveis à indisponibilidade ou impossibilidade técnica do sistema, não servirão de escusa para o descumprimento de prazo processual, salvo deliberação expressa da autoridade judiciária competente. (CNJ – Res. nº 185/2013, art. 26, § 6º).

A indisponibilidade definida anteriormente será aferida por sistema de auditoria fornecido pelo Conselho Nacional de Justiça ou por órgão a quem este atribuir tal responsabilidade (CNJ – Res. nº 185/2013, art. 10 e CSJT – Res. nº 185/2017, art. 10). Quanto às interrupções deverá haver:

> I – registro em relatório de indisponibilidade do funcionamento;
>
> II – divulgação ao público, no sítio do Tribunal respectivo, na rede mundial de computadores;
>
> (CSJT – Res. nº 185/2017, art. 10).

O relatório de que trata o parágrafo anterior deverá conter, pelo menos, as seguintes informações:

> I – data, hora e minuto de início da indisponibilidade;
>
> II – data, hora e minuto de término da indisponibilidade;
>
> III – serviços que ficaram indisponíveis; e
>
> IV – assinatura digital do responsável pela unidade de tecnologia da informação do TRT, ou a quem este delegar, com efeito de certidão, devendo estar acessível, preferencialmente, em tempo real, ou, no máximo, até as 12h do dia seguinte ao da indisponibilidade (CSJT – Res. nº 185/2017, art. 10, § 1º)

Os Tribunais Regionais do Trabalho manterão o controle dos registros no PJe acerca de feriados, da ausência de expediente forense, da prática de atos e da suspensão de prazos prevista nos arts. 214 e 220 do CPC/2015 (CSJT – Res. nº 185/2017, art. 10, § 2º).

Os **prazos que vencerem no dia da ocorrência de indisponibilidade** serão prorrogados para o dia útil seguinte à retomada de funcionamento, quando:

> I – a indisponibilidade for superior a 60 minutos, ininterruptos ou não, se ocorrida entre 6h e 23h; ou
>
> II – ocorrer indisponibilidade entre 23h e 24h00 (CNJ – Res. nº 185/2013, art. 11).

A propósito, os **prazos fixados em hora ou minuto** serão prorrogados até às 24 horas do dia útil seguinte quando:

> I – ocorrer indisponibilidade superior a 60 minutos, ininterruptos ou não, nas últimas 24 horas do prazo; ou
>
> II – ocorrer indisponibilidade nos 60 minutos anteriores ao término (CNJ – Res. nº 185/2013, art. 11, § 2º).

Em todos os casos, a prorrogação dos prazos ocorrerá de forma automática pelo sistema PJe (CNJ – Res. nº 185/2013, art. 11, § 3º).

> ▶ **IMPORTANTE:**
>
> As indisponibilidades ocorridas entre 00h00min e 06h00min dos dias de expediente forense e as ocorridas em feriados e finais de semana, a qualquer hora, não provocam a prorrogação dos prazos processuais (CNJ – Res. nº 185/2013, art. 11, § 1º).

3.5. Recebimento de arquivos

O art. 12 da Resolução nº 185/17 do CSJT declina que ato do Presidente do CSJT definirá o tamanho máximo dos arquivos e extensões suportadas pelo PJe. O tamanho máximo admitido é de 10 megabytes (ato conjunto TST.CSJT.GP.SG.SETIC n° 48/2021).

O PJe deve dispor de funcionalidade que permita o uso exclusivo de documento digital que utilize linguagem padronizada de marcação genérica, garantindo-se, de todo modo, a faculdade do peticionamento inicial e incidental mediante juntada de arquivo eletrônico portable document format (.pdf) padrão ISO-19005 (PDF/A), sempre com a identificação do tipo de petição a que se refere, a indicação do Juízo a que é dirigida, nomes e prenomes das partes e número do processo (CSJT - Res. nº 185/2017, art. 12, § 1º).

O Agrupamento de documentos em um mesmo arquivo eletrônico portable document format (.pdf) sempre deverá corresponder a documentos de mesmo tipo, com classificação disponível no PJe (CSJT - Res. nº 185/2017, art. 12, § 3º).

Os usuários externos poderão juntar quantos arquivos se fizerem necessários à ampla e integral atividade probatória (CSJT - Res. nº 185/2017, art. 13).

A propósito, os órgãos do Poder Judiciário que utilizarem o Processo Judicial Eletrônico - PJe manterão instalados equipamentos à disposição das partes, advogados e interessados para consulta ao conteúdo dos autos digitais, digitalização e envio de peças processuais e documentos em meio eletrônico (CNJ - Res. nº 185/2013, art. 18).

> ▶ **IMPORTANTE 1:**
>
> As partes ou terceiros interessados desassistidos de advogado poderão apresentar peças processuais e documentos em papel, segundo as regras ordinárias, nos locais competentes para recebê-los, que serão inseridos nos autos eletrônicos pela unidade judiciária, em arquivo eletrônico que utilize linguagem padronizada de marcação genérica (CSJT - Res. nº 185/2017, art. 4º).

> ▶ **IMPORTANTE 2:**
>
> Os órgãos do Poder Judiciário devem providenciar auxílio técnico presencial às pessoas com deficiência ou que comprovem idade igual ou superior a 60 anos (CNJ - Res. nº 185/2013, art. 18, § 1º).

O PJe deve dispor de funcionalidade que permita identificar o usuário que promover exclusão, inclusão e alteração de dados, arquivos baixados, bem como o momento de sua ocorrência. (CSJT-Res. nº 185/2017, art. 34,).

As petições e os documentos enviados sem observância às normas estabelecidas pelo CSJT poderão ser excluídos por expressa determinação do magistrado, com o registro respectivo, assinalando-se, se for o caso, novo prazo para a adequada apresentação da petição, e em se tratando de petição inicial, será observada a regra prevista no art. 321 e parágrafo único do CPC. (CSJT - Res. nº 185/2017, art. 15, *caput*).

Na exclusão da petição incidental dever-se-á tornar indisponível todo o documento a ela anexado (CSJT – Res. nº 185/2017, art. 15, § 1º).

Sendo a exclusão referente à petição cujo tipo gere movimento estatístico, deverá ser precedida de pronunciamento do magistrado, com o registro do movimento correspondente à solução dada ao incidente ou recurso (CSJT – Res. nº 185/2017, art. 15, § 2º).

3.6. Documentos

Os documentos produzidos eletronicamente, os extratos digitais e os documentos digitalizados e juntados aos autos pelos órgãos da Justiça do Trabalho e seus auxiliares, pelos membros do Ministério Público do Trabalho, pelas procuradorias e por advogados **têm a mesma força probante dos originais**, ressalvada a alegação motivada e fundamentada de adulteração antes ou durante o processo de digitalização (Lei nº 11.419/06, art. 11, § 1º e CNJ – Res. nº 185/2013, art. 14).

Incumbirá àquele que produzir o documento digital ou digitalizado e realizar a sua juntada aos autos zelar pela qualidade deste, especialmente quanto à sua legibilidade (CNJ – Res. nº 185/2013, art. 14, § 1º).

A **arguição de falsidade** do documento original será processada eletronicamente na forma da lei processual em vigor (CNJ – Res. nº 185/2013, art. 14, § 3º).

> ▶ **ATENÇÃO:**
>
> Os documentos cuja digitalização se mostre tecnicamente inviável em razão do grande volume, tamanho/formato ou por motivo de ilegibilidade deverão ser apresentados em secretaria no prazo de 10 dias contados do envio de petição eletrônica comunicando o fato. Após o trânsito em julgado, os referidos documentos serão devolvidos, incumbindo-se à parte preservá-los, até o fim do prazo para propositura de ação rescisória, quando admitida (Lei nº 11.419/06, art. 11, § 5º e CNJ-Res. nº 185/2013, art. 14, § 4º).

O usuário deve assegurar que os arquivos eletrônicos que envia ao PJe estejam livres de artefatos maliciosos, podendo o Sistema, caso constatada a presença desses artefatos, rejeitá-los de plano, informando ao usuário as razões da rejeição, com efeito de certidão (CNJ – Res. nº 185/2013, art. 14, § 5º).

Excetuando-se os documentos referidos anteriormente neste tópico, todos os demais documentos apresentados deverão ser retirados pelos interessados, no prazo de 45 dias. Findo o prazo, a unidade judiciária correspondente poderá inutilizar os documentos mantidos sob sua guarda em meio impresso (CNJ – Res. nº 185/2013, art. 15).

Os documentos que forem juntados eletronicamente em autos digitais e reputados manifestamente impertinentes pelo Juízo poderão ter, observado o contraditório, sua visualização tornada indisponível por expressa determinação judicial (CNJ – Res. nº 185/2013, art. 16).

Os documentos digitalizados e anexados às petições eletrônicas serão classificados e organizados de forma a facilitar o exame dos autos eletrônicos. (CNJ - Res. nº 185/2013, art. 17).

Todos os documentos inseridos no PJe que não forem assinados ou protocolados no prazo de 60 (sessenta) dias a partir de sua criação, serão excluídos do Sistema (CSJT - Res. nº 185/2017, art. 35).

Os arquivos juntados aos autos devem utilizar descrição que identifique, resumidamente, os documentos neles contidos e, se for o caso, os períodos a que se referem, e, individualmente considerados, devem trazer os documentos da mesma espécie, ordenados cronologicamente. (CSJT-Res. nº 185/2017, art. 13, § 1º).

Por fim, quando a forma de apresentação dos documentos puder ensejar prejuízo ao exercício do contraditório e da ampla defesa, deverá o juiz determinar nova apresentação e a exclusão dos anteriormente juntados (CNJ-Res. nº 185/2013, art. 17, parágrafo único).

3.6.1. *Prazo de preservação dos originais dos documentos digitalizados*

No tocante ao documento "genuinamente" eletrônico, especialmente quando produzido com assinatura digital, não há que se falar em preservação pelo detentor dos originais, tendo eficácia probatória quanto à origem do documento e também quanto ao seu conteúdo.

Por outro lado, o documento físico digitalizado possui presunção *juris tantum* de veracidade (tem força probante do original), podendo, porém, ser alegada de forma motivada a adulteração antes ou durante o processo de digitalização. É por isso que nesse caso, impõe-se que os originais dos **documentos digitalizados** sejam preservados pelo seu detentor até o trânsito em julgado da sentença ou, quando admitida, até o final do prazo para interposição de ação rescisória (Lei nº 11.419/06, art. 11, § 3º; CNJ - Res. nº 185/2013, art. 14, § 2º).

Os documentos cuja digitalização seja tecnicamente inviável devido ao grande volume ou por motivo de ilegibilidade deverão ser apresentados ao cartório ou secretaria ou encaminhados por meio de protocolo integrado judicial nacional no prazo de 10 dias contado do envio de petição eletrônica comunicando o fato, os quais serão devolvidos à parte após o trânsito em julgado (Lei nº 11.419/06, art. 11, § 5º).

3.7. Consulta

A consulta ao inteiro teor dos documentos juntados ao PJe- JT somente estará disponível pela rede mundial de computadores, para as respectivas partes processuais, para advogados, independentemente de procuração nos autos, para membros do Ministério Público e para magistrados, sem prejuízo da possibilidade de visualização nas secretarias dos órgãos julgadores, à exceção daqueles que tramitarem em segredo de justiça. (Lei 11.419/2006, art. 11, § 6º e CNJ - Res. nº 185/2013, art. 27).

Os sistemas de informações pertinentes a processos eletrônicos devem possibilitar que advogados, procuradores e membros do Ministério Público cadastrados, mas não vinculados a processo previamente identificado, acessem automaticamente todos os atos e documentos processuais armazenados em meio eletrônico, desde que demonstrado interesse para fins apenas de registro, salvo nos casos de processos em segredo de justiça (Lei nº 11.419/2006, art. 11, § 7º).

A automatização de consultas ao sistema deve ser feita mediante utilização do modelo nacional de interoperabilidade, previsto na Resolução Conjunta CNJ/CNMP nº 3, de 16 de abril de 2013 (CNJ - Res. nº 185/2013, art. 29, § 3º).

Cabe mencionar que o advogado tem direito a examinar, em cartório de fórum e secretaria de tribunal, **mesmo sem procuração**, autos de qualquer processo, independentemente da fase de tramitação, assegurados a obtenção de cópias e o registro de anotações, salvo na hipótese de segredo de justiça, nas quais apenas o advogado constituído terá acesso aos autos (CPC/15, art. 107, I). Essa mesma disposição se aplica aos processos eletrônicos, nos termos do art. 107, § 5º, do CPC/15.

3.7.1. Segredo de justiça e do sigilo

O autor poderá atribuir segredo de justiça ao processo no momento da propositura da ação, cabendo ao magistrado, após a distribuição, decidir sobre a manutenção ou exclusão dessa situação, nos termos do art. 189 do CPC e art. 770, caput, da CLT. Com exceção da petição inicial, as partes poderão atribuir sigilo às petições e documentos, nos termos do parágrafo único do art. 773 do CPC (CSJT - Res. nº 185/2017, art. 22, §§ 2º e 3º). Com exceção da defesa, da reconvenção e dos documentos que as acompanham, o magistrado poderá determinar a exclusão de petições e documentos indevidamente protocolados sob sigilo, observado o art. 15 da resolução do CSJT.[3] (CSJT - Res. nº 185/2017, art. 22, § 4º).

O réu poderá atribuir sigilo à contestação e à reconvenção, bem como aos documentos que as acompanham, devendo o magistrado retirar o sigilo caso frustrada a tentativa conciliatória (CSJT - Res. nº 185/2017, art. 22, § 5º).

Em toda e qualquer petição poderá ser requerido sigilo desta ou de documento ou arquivo a ela vinculado (CNJ - Res. nº 185/2013, art. 28, § 1º).

3. Art. 15. As petições e os documentos enviados sem observância às normas desta Resolução poderão ser excluídos por expressa determinação do magistrado, com o registro respectivo, assinalando-se, se for o caso, novo prazo para a adequada apresentação da petição, e em se tratando de petição inicial, será observada a regra prevista no art. 321 e parágrafo único do CPC.
§ 1º Na exclusão de petição incidental dever-se-á tornar indisponível todo o documento a ela anexado.
§ 2º Sendo a exclusão de que trata este artigo referente à petição cujo tipo gere movimento estatístico, deverá ser precedida de pronunciamento do magistrado, com o registro do movimento correspondente à solução dada ao incidente ou recurso.

Requerido o segredo de justiça ou sigilo de documento ou o arquivo, este permanecerá sigiloso até que o magistrado da causa decida em sentido contrário, de ofício ou a requerimento da parte contrária (CNJ – Res. nº 185/2013, art. 28, § 2º).

Por fim, atente-se para o fato de que, nos casos em que o rito processual autorize a apresentação de resposta em audiência, faculta-se a sua juntada antecipada aos autos eletrônicos, juntamente com os documentos, hipótese em que permanecerão ocultos para a parte contrária, a critério do advogado peticionante, até a audiência (CNJ – Res. nº 185/2013, art. 28, § 4º).

3.8. Atos processuais

3.8.1. Intimação, citação ou notificação

No processo eletrônico, todas as citações, intimações e notificações, inclusive destinadas à União, Estados, Distrito Federal, Municípios e suas respectivas autarquias e fundações de direito público serão feitas por meio eletrônico, sem prejuízo da publicação no Diário Eletrônico da Justiça do Trabalho (DEJT) nas hipóteses previstas em lei. (Lei nº 11.419/06, art. 9º, *caput*, e CSJT-Res. nº 185/2017, art. 17).

As citações, intimações e notificações destinadas à União, Estados, Distrito Federal, Municípios e suas respectivas autarquias e fundações de direito público serão realizadas perante os órgãos responsáveis por sua representação processual (CSJT – Res. nº 185, art. 17, § 2º).

No expediente de notificação inicial ou de citação constará indicação da forma de acesso ao inteiro teor da petição inicial no endereço referente à consulta pública do PJe, cujo acesso também será disponibilizado nos sítios dos TRTs e do CSJT na rede mundial de computadores (CSJT – Res. nº 185/2017, art. 18). As notificações iniciais e intimações poderão ser assinadas digitalmente pelo próprio sistema (CSJT – Res. nº 185/2017, art. 18, parágrafo único).

> ▸ **IMPORTANTE:**
>
> As citações, intimações, notificações e remessas **que viabilizem o acesso à íntegra do processo correspondente serão consideradas vista pessoal** do interessado para todos os efeitos legais (Lei nº 11.419/06, art. 9º, § 1º, e CNJ – Res. nº 185/2013, art. 19, § 1º). É o que acontece, p. ex. com a intimação do Ministério Público do Trabalho que deve ser pessoal e nos autos (LC nº 75/93, art. 18, II, *h*). Desse modo, viabilizando acesso integral do processo, a intimação eletrônica será considerada vista pessoal.

Quando, por motivo técnico, for inviável o uso do meio eletrônico para a realização de citação, intimação ou notificação, ou ainda nas hipóteses de urgência/determinação expressa do magistrado, esses atos processuais poderão ser praticados segundo as regras ordinárias, digitalizando-se e destruindo-se posteriormente o documento físico (CNJ-Res. nº 185/2013, art. 19, § 2º).

Os avisos de recebimento (ARs) devidamente assinados pelo recebedor das comunicações feitas pelos Correios deverão ser digitalizados e os respectivos arquivos juntados aos autos eletrônicos (CNJ - Res. nº 185/2013, art. 24).

Cumpre consignar que a comprovação da entrega de expedientes por oficiais de justiça será feita por certidão circunstanciada acerca do cumprimento da diligência (CNJ - Res. nº 185/2013, art. 23). Haverá opção de digitalizar a contrafé subscrita pelos destinatários e juntá-la aos autos, ou realizar a guarda desta em meio físico, até o trânsito em julgado da sentença ou transcurso do prazo para ação rescisória, quando cabível (CNJ - Res. nº 185/2013, art. 23, parágrafo único).

3.8.2. Prazos processuais

A postulação encaminhada será considerada tempestiva quando enviada, integralmente, até às 24 horas do dia em que se encerra o prazo processual, considerado o **horário do Município sede do órgão judiciário ao qual é dirigida a petição** (CNJ - Res. nº 185/2013, art. 26, § 1º; CPC/2015, art. 213, parágrafo único[4]).

O sistema fornecerá ao usuário externo recibo eletrônico da prática do ato processual, disponível permanentemente para guarda do peticionante, contendo:

> I - data e horário da prática do ato;
>
> II - a identificação do processo;
>
> III - o nome do remetente ou do usuário que assinou eletronicamente o documento; e
>
> IV - o assunto, o órgão destinatário da petição e as particularidades de cada arquivo eletrônico, conforme informados pelo remetente, se houver (CNJ - Res. nº 185/2013, art. 26, § 3º).

Para fins de tempestividade, não serão considerados o horário inicial de conexão do usuário à internet, o horário de acesso do usuário ao sítio eletrônico do tribunal ou ao PJe, tampouco os horários registrados pelos equipamentos do remetente (CNJ - Res. nº 185/2013, art. 26, § 5º).

A não obtenção de acesso ao PJe e eventual defeito de transmissão ou recepção de dados não imputáveis à indisponibilidade ou impossibilidade técnica do sistema não servirão de escusa para o descumprimento de prazo processual, salvo deliberação expressa da autoridade judiciária competente (CNJ - Res. nº 185/2013, art. 26, § 6º).

Os Tribunais Regionais do Trabalho manterão o controle dos registros no PJe acerca de feriados, da ausência de expediente forense, da prática de atos e da suspensão de prazos prevista nos arts. 214 e 220 do CPC (CSJT - Res. nº 185/2017, art. 10, § 2º).

---

4. CPC/2015, art. 213, parágrafo único. O horário vigente no juízo perante o qual o ato deve ser praticado será considerado para fins de atendimento do prazo.

3.8.2.1. Data da intimação e contagem dos prazos processuais

Será considerada realizada a intimação no dia em que o intimando efetivar a consulta eletrônica ao teor da intimação, certificando-se, nos autos, a sua realização (Lei nº 11.419/06, art. 5º, § 1º). Nos casos em que a consulta se dê em dia não útil, a intimação será considerada como realizada no primeiro dia útil seguinte (art. 5º, § 2º).

Atenta-se para o fato de que referida consulta deverá ser feita em até 10 dias corridos contados da data do envio da intimação, sob pena de considerar-se a **intimação automaticamente realizada** na data do término desse prazo (art. 5º, § 3º).

Em resumo, efetivada a consulta dentro dos 10 dias corridos, será considerado intimado na data da consulta. Por outro lado, se não realizar a consulta, também será considerado intimado, mas depois de ultrapassado os 10 dias corridos.

Para efeito da contagem do prazo de 10 dias corridos será considerado:

> I – o dia inicial da contagem é o dia seguinte ao da disponibilização do ato de comunicação no sistema, independentemente de esse dia ser, ou não, de expediente no órgão comunicante;
>
> II – o dia da consumação da intimação ou comunicação é o décimo dia a partir do dia inicial, caso seja de expediente judiciário, ou o primeiro dia útil seguinte, conforme previsto no art. 5º, § 2º, da Lei n. 11.419, de 19 de dezembro de 2006 (CNJ – Res. nº 185/2013, art. 21).

► **IMPORTANTE:**

Na contagem do prazo de 10 dias corridos, havendo intercorrência de feriado, interrupção de expediente ou suspensão de prazo entre o dia inicial e final do prazo para conclusão da comunicação, isso não terá nenhum efeito sobre sua contagem, excetuada a hipótese do item II (CNJ – Res. nº 185/2013, art. 21, parágrafo único).

3.8.2.2. Suspensão

Durante o recesso judiciário e o período de suspensão de prazo processual, previstos no art. 775-A da CLT, serão mantidas as disponibilizações no DEJT, observados os termos do art. 4º, §§ 3º e 4º, da Lei nº 11.419/06 e a regulamentação do CNJ sobre expediente forense no período natalino e suspensão dos prazos processuais (CSJT – Res. nº 185/2017, art. 28).

A suspensão dos prazos processuais não impedirá o encaminhamento de petições e a movimentação de processos eletrônicos, podendo a apreciação dos pedidos decorrentes desses prazos ocorrer, a critério do juiz, após o término do prazo de suspensão, ressalvados os casos de urgência (CNJ – Res. nº 185/2013, art. 26, § 2º).

3.8.3. Juntada de petições

A distribuição de ação, inclusive incidental, será unicamente por meio eletrônico, mesmo na hipótese de cautelares, tutelas de urgência e embargos de terceiros, quando ajuizados em processos que tramitam em meio físico (CSJT – Res. nº 185/2013, art. 21).

As petições, manifestações e documentos serão juntados automaticamente, independentemente de ato de servidor da justiça, na forma do art. 228, § 2º, do CPC[5].

A distribuição da ação e a juntada da resposta, dos recursos e das petições em geral, todos em formato digital, nos autos de processo eletrônico, serão feitas diretamente por aquele que tenha capacidade postulatória, sem necessidade da intervenção da secretaria judicial, situação em que a autuação ocorrerá de forma automática, mediante recibo eletrônico de protocolo, disponível permanentemente para guarda do peticionante (CNJ-Res. nº 185/2013, art. 22).

Será de integral responsabilidade do remetente a equivalência entre os dados informados para o envio e os constantes da petição remetida (CNJ – Res. nº 185/2013, art. 26, § 4º).

3.8.3.1. Petição inicial

A petição inicial conterá, além dos requisitos do art. 840, § 1º, da CLT, a indicação do CPF ou CNPJ das partes, na forma do art. 15, *caput*, da Lei nº 11.419/2006[6] (CSJT-Res. nº 185/2017, art. 19, § 1º).

É de responsabilidade exclusiva do autor cadastrar corretamente todos os assuntos abordados na petição inicial, bem como indicar a correta e precisa atividade econômica do réu exercida pelo autor (CSJT-Res. nº 185/2017, art. 19, § 2º).

No lançamento de dados do processo pelo usuário externo, além dos dados mencionados no parágrafo anterior, sempre que possível serão fornecidos:

> I – o CEI (Cadastro Específico do INSS contendo número da matrícula do empregador pessoa física);
>
> II – o Número de Identificação do Trabalhador (NIT) perante o INSS;
>
> III – o PIS ou PASEP;
>
> IV – o número da CTPS do empregado;
>
> V – o CNAE (Classificação Nacional de Atividades Econômicas – código do ramo de atividade) do empregador;
>
> VI – profissão;
>
> VII – nacionalidade;
>
> VIII – estado civil, existência de união estável e filiação;
>
> IX – e-mail(correio eletrônico) (CSJT – Res. nº 185/2017, art. 19, § 3º).

---

5. Art. 228, § 2º Nos processos em autos eletrônicos, a juntada de petições ou de manifestações em geral ocorrerá de forma automática, independentemente de ato de serventuário da justiça.
6. Art. 15. Salvo impossibilidade que comprometa o acesso à justiça, a parte deverá informar, ao distribuir a petição inicial de qualquer ação judicial, o número no cadastro de pessoas físicas ou jurídicas, conforme o caso, perante a Secretaria da Receita Federal.

O PJe fornecerá, na distribuição da ação, o número atribuído ao processo, o órgão julgador para o qual foi distribuída e, se for o caso, o local, a data e o horário de realização da audiência, da qual estará a parte autora imediatamente intimada. (CSJT-Res. nº 185/2017, art. 19, § 4º).

> ▸ **ATENÇÃO:**
> A distribuição de ação, inclusive incidental, será unicamente por meio eletrônico, **mesmo** na hipótese de cautelares, tutelas de urgência e embargos de terceiros, quando ajuizados em processos que tramitam em meio físico. (CSJT - Res. nº 185/2017, art. 21)

A funcionalidade do PJe que indica a ocorrência de possível **prevenção** somente deve distribuir o processo ao Juízo presumidamente prevento, cabendo ao magistrado a análise do feito, com o pronunciamento em que reconheça a regularidade da distribuição, ou recuse a prevenção (CSJT – Res. nº 185/2017, art. 20).

O PJe deve dispor de funcionalidade que indique a existência de possível **litispendência e coisa julgada**, sem prejuízo de livre distribuição ou distribuição por prevenção (CSJT – Res. nº 185/2017, art. 20, § 1º).

No caso dos **recursos**, será observada a distribuição por prevenção ao relator para eventual recurso subsequente, interposto no mesmo processo ou em processo conexo, na forma do art. 930, parágrafo único, do CPC[7], observada a compensação (CSJT – Res. nº 185/2017, art. 20, § 3º).

3.8.3.2. Resposta do réu

A partir da Lei nº 13.467/17 (Reforma Trabalhista), o art. 847 da CLT passou a prever, de forma expressa, a possibilidade de apresentação de defesa escrita por meio do sistema de processo judicial eletrônico (CLT, art. 847, parágrafo único).

A contestação ou a reconvenção e seus respectivos documentos deverão ser protocolados no PJe **até a realização da proposta de conciliação infrutífera**, com a utilização de equipamento próprio, sendo automaticamente juntados, facultada a apresentação de defesa oral, na forma do art. 847 da CLT (CSJT – Res. nº 185/2017, art. 22).

No expediente de notificação inicial ou de citação constará recomendação para que a contestação ou a reconvenção e os documentos que as acompanham sejam protocolados no PJe com pelo menos 48h de antecedência da audiência (CSJT – Res. nº 185/2017, art. 22, § 1º).

Com exceção da petição inicial, as partes poderão atribuir sigilo às petições e documentos, nos termos do parágrafo único do art. 773 do CPC (CSJT – Res. nº 185/2017, art. 22, § 3º).

---

7. Art. 930. Far-se-á a distribuição de acordo com o regimento interno do tribunal, observando-se a alternatividade, o sorteio eletrônico e a publicidade.
Parágrafo único. O primeiro recurso protocolado no tribunal tornará prevento o relator para eventual recurso subsequente interposto no mesmo processo ou em processo conexo.

Com exceção da defesa, da reconvenção e dos documentos que os acompanham, o magistrado poderá determinar a exclusão de petições e documentos indevidamente protocolados sob sigilo, podendo, ainda, assinalar, se for o caso, novo prazo para a adequada apresentação da petição (CSJT – Res. nº 185/2017, art. 22, § 4º).

O réu poderá atribuir sigilo à contestação e à reconvenção, bem como aos documentos que as acompanham, devendo o magistrado retirar o sigilo caso frustrada a tentativa conciliatória. (CSJT – Res. nº 185/2017, art. 22, § 5º).

▸ **ATENÇÃO:**

Fica facultada a apresentação de defesa oral na forma do art. 847 da CLT (CSJT-Res. nº 185/2017, art. 22).

3.8.4. Audiência

As audiências serão sempre reduzidas a termo e o arquivo eletrônico que utilize linguagem padronizada de marcação genérica daí decorrente será, ao final da audiência:

> I – imediatamente assinado pelo magistrado, impossibilitando a alteração de sua forma e conteúdo; ou
>
> II – facultativamente enviado ao PJe, imediatamente após o término da audiência, também impossibilitando a alteração de sua forma e conteúdo e deflagrando o procedimento dos parágrafos 1.º e 2.º deste artigo.(CSJT – Res. 185/2017, art. 23).

Após o envio do arquivo eletrônico que utilize linguagem padronizada de marcação genérica referido no *caput* para o PJe, a secretaria, imediatamente após o término da audiência, realizará o lançamento dos movimentos processuais, encaminhando-o para assinatura digital pelo magistrado (CSJT – Res. nº 185/2017, art. 23, § 1º).

O magistrado assinará eletronicamente o arquivo eletrônico que utilize linguagem padronizada de marcação genérica até o **primeiro dia útil subsequente** ao término da sessão (CSJT – Res. nº 185/2017, art. 23, § 2º).

▸ **ATENÇÃO:**

Na hipótese de celebração de acordo e impossibilidade de assinatura imediata do arquivo eletrônico que utilize linguagem padronizada de marcação genérica, havendo requerimento da parte, a ata deverá ser impressa, assinada manualmente pelas partes e magistrado e, então, digitalizada e inserida no PJe (CSJT – Res. nº 185/2017, art. 23, § 3º).

As atas de sessões deverão ser lavradas pela secretaria e aprovadas pelo presidente do respectivo órgão colegiado, com envio para publicação (CSJT-Res. nº 185/2017, art. 27).

3.8.5. Carta precatória

As cartas precatórias, rogatórias, de ordem e, de um modo geral, todas as comunicações oficiais que transitem entre órgãos do Poder Judiciário, bem como entre os deste e os dos demais Poderes, serão feitas preferencialmente por meio eletrônico (Lei nº 11.419/06, art. 7º).

O PJe deve dispor de comunicação entre bases de dados dos TRTs, fazendo-se a expedição das cartas precatórias e de ordem também em meio eletrônico e, quando da devolução ao Juízo deprecante, será encaminhada certidão constando o seu cumprimento, com a materialização apenas de peças essenciais à compreensão dos atos realizados (CSJT – Res. nº 185/2017, art. 60).

Havendo na localidade mais de uma Vara do Trabalho com a mesma competência territorial, as cartas precatórias e de ordem recebidas serão distribuídas aleatoriamente pelo Sistema (CSJT – Res. nº 185/2017, art. 60, § 1º).

O acompanhamento da carta precatória deverá ser realizado por meio da consulta pública com login e senha no PJe, registrando-se nos autos principais o procedimento e o andamento atualizado da carta precatória, ficando vedada a emissão de comunicação para este fim (CSJT – Res. nº 185/2017, art. 60, § 2º).

3.8.6. Autos suplementares no segundo grau

Fica dispensada a formação de autos suplementares em casos de exceção de impedimento ou suspeição, agravos de instrumento, agravos regimentais e agravo previsto no art. 1.021 do CPC, exceto quanto:

> I – ao agravo de instrumento em mandado de segurança, na forma do art. 7º, § 1º, da Lei nº 12.016/09; e
>
> II – ao pedido de revisão do valor da causa, na forma do art. 2º, § 2º, da Lei nº 5.584/70 (CSJT – Res. nº 185/2017, art. 26).

3.9. Administração do sistema

A administração do PJe instalado na Justiça do Trabalho caberá à Presidência do CSJT, em nível nacional, e à Presidência dos Tribunais Regionais do Trabalho em cada TRT.

O Comitê Gestor Nacional e os Comitês Gestores Regionais do PJe, compostos por usuários internos e externos, atuarão como instância de governança para apoiar a administração do sistema.

A Vice-Presidência do CSJT e a Corregedoria-Geral da Justiça do Trabalho serão consultadas quanto à evolução do sistema em matérias relacionadas às suas respectivas competências. (CSJT-Res. nº 185/2017, art. 38).

3.9.1. Comitê Gestor Nacional do PJe (CGNPJe) instalado na Justiça do Trabalho

> I – garantia da adequação do PJe aos requisitos legais e às necessidades da Justiça do Trabalho, até mesmo no que diz respeito ao desempenho, à escalabilidade e à otimização da infraestrutura tecnológica do Sistema;

> II – fomento e promoção da colaboração entre órgãos e entidades, com vistas ao compartilhamento de esforços e recursos voltados ao desenvolvimento e à evolução do PJe, bem como à integração de outros Sistemas ao PJe; e
>
> III – padronização do PJe nos órgãos da Justiça do Trabalho (CSJT – Res. nº 185/2017, art. 39).

O CGNPJe poderá propor normas regulamentadoras do PJe ao Presidente do CSJT.

Ademais, o CGNPJe desempenhará, de forma cumulativa, as atribuições descritas na Portaria CNJ nº 252, de 18 de novembro de 2020, que dispõe sobre o Modelo de Governança e Gestão da Plataforma Digital do Poder Judiciário – PDPJ-Br.

Descreve o art. 40 da Resolução nº 185/2017 do CSJT, que o comitê gestor nacional do PJe da Justiça do Trabalho é composto pelos seguintes membros:

> I – um magistrado indicado pelo presidente do CSJT, que exercerá a Coordenação Nacional Executiva do PJe (CNEPJe);
>
> II – um presidente ou corregedor de TRT, indicado pelo Colégio de Presidentes e Corregedores de Tribunais Regionais do Trabalho (COLEPRECOR);
>
> III – um secretário ou diretor de tecnologia da informação de TRT, designado pelo presidente do CSJT;
>
> IV – um servidor da Coordenadoria de Gestão Documental do CSJT, designado pelo presidente do CSJT;
>
> V – secretário de tecnologia da informação e comunicação do CSJT;
>
> VI – secretário de tecnologia da informação do TST;
>
> VII – um advogado, indicado pelo presidente do Conselho Federal da Ordem dos Advogados do Brasil (OAB);
>
> VIII– um advogado público, indicado pela Advocacia Geral da União (AGU); e
>
> IX – um membro do Ministério Público do Trabalho (MPT), indicado pelo procurador-geral do trabalho.
>
> X – um representante da Presidência do Tribunal Superior do Trabalho.
>
> XI – um representante da Corregedoria-Geral da Justiça do Trabalho.
>
> XII – secretário-geral do Conselho Superior da Justiça do Trabalho.
>
> XIII – juiz auxiliar da Presidência do CSJT, que o coordenará.

3.9.1.1. Coordenação Nacional Executiva do PJe (CNEPJe)

A CNEPJe exercerá as seguintes atribuições::

> I – planejar e coordenar ações decorrentes das deliberações da administração do PJe;
>
> II – propor ações de capacitação para os usuários do PJe;
>
> III – propor os mecanismos de monitoramento, especificação, desenvolvimento e manutenção do sistema para a administração do PJe;

IV- propor os planos de implantação de novas versões do sistema;

V - coordenar as atividades do Grupo Nacional de Negócio;

VI - acompanhar o cumprimento das diretrizes utilizadas para especificação, desenvolvimento, testes, homologação, implantação e integridade de operação do PJe;

VII - propor projetos para o portfólio do PJe e opinar sobre sua priorização;

VIII - monitorar o escopo funcional do PJe no que concerne às particularidades da Justiça do Trabalho;

IX - analisar propostas de melhoria e correção de defeitos no PJe, observado o disposto na Portaria de Governança CNJ nº 26/2015;

X - avaliar tecnicamente os requisitos do PJe, conciliando as necessidades dos usuários internos e externos;

XI - propor ações de desenvolvimento, manutenção e tratamento de incidentes do PJe;

XII - homologar funcionalidades e versões do PJe, podendo delegar tal atribuição ao Grupo Nacional de Negócio;

XIII - analisar, para subsidiar as instâncias de governança no CSJT, os cronogramas dos TRTs para implantação do PJe em unidades judiciárias; e

XIV - propor ações de comunicação social vinculadas às atividades do PJe (Art. 41 da Res. Nº 185/2017).

A Secretaria-Geral do CSJT definirá os procedimentos para o suporte administrativo e técnico às atividades desenvolvidas pela CNEPJe. (CSJT - Res. nº 185/2017, art. 42).

As Comissões, os Comitês e os Grupos relacionados às atividades do PJe na Justiça do Trabalho terão suas atribuições e composição definidas por ato do Presidente do CSJT A relação das atribuições constará dos atos de que trata o caput deste artigo de forma complementar às resoluções do CSJT (CSJT - Res. nº 185/2017, art. 43).

As atividades da CNEPJe contam com apoio administrativo e técnico da Secretaria-Geral e da Secretaria de Tecnologia da Informação e Comunicação do CSJT (CSJT - Res. nº 185/2017, art. 42).

A Comissão Permanente de Acessibilidade e Inclusão, o Grupo de Parametrização, o Grupo de Requisitos do 1º grau, o Grupo de Requisitos do 2º grau e o Grupo Nacional de Negócio, todos vinculados à CNEPJe, terão as suas atribuições e composição definidas por ato do presidente do CSJT (CSJT - Res. nº 185/2017, art. 43).

3.9.2. Comitês Gestores Regionais (CGRPJe)

Conforme dispõe o art. 44 da Resolução nº 185/2017 do CSJT, compete a tais comitês desempenhar as seguintes atribuições:

I – propor as estratégias locais que envolvam a estrutura, a implementação e o funcionamento do PJe, de acordo com as diretrizes fixadas pelo CGNPJe;

II – avaliar a necessidade de manutenção corretiva e evolutiva do PJe e encaminhar as sugestões de alteração ao CGNPJe;

III – opinar sobre a organização da estrutura de atendimento às demandas dos usuários internos e externos do PJe;

IV – propor ações de controle e monitoramento, no que diz respeito à integridade das informações, da segurança e da adequação da infraestrutura mínima recomendada;

V – monitorar a integridade do PJe, no que diz respeito à taxonomia e às classes processuais, propondo ações corretivas, se necessário;

VI – propor ao CGNPJe ações para aprimoramento do PJe, informando a disponibilidade para assumir a condução dos correspondentes projetos de desenvolvimento, quando possível;

VII – propor e avaliar ações locais de comunicação social vinculadas às atividades do PJe;

VIII – apresentar proposta de plano de ação regional para a implantação do Sistema e migração dos sistemas legados para o PJe;

IX – acompanhar a execução do plano de ação regional, após a aprovação do presidente do TRT, verificando se as atividades desenvolvidas estão adequadas e em consonância com o planejamento traçado;

X – monitorar e avaliar periodicamente os resultados do plano de ação regional, com vistas a melhorar a sua qualidade, eficiência e eficácia, aprimorando a execução e corrigindo eventuais falhas;

XI – zelar pela conformidade da infraestrutura que suporta o PJe no TRT com a política de padronização e atualização da infraestrutura tecnológica instituída pelo CSJT;

XII – avaliar o risco da atribuição de perfil aos usuários do PJe de forma diversa à prevista no art. 7º, § 1º, desta Resolução, alertando o presidente do TRT respectivo acerca do impacto potencial no desempenho do Sistema;

XIII – garantir o alinhamento entre os roteiros de atendimento de 1º nível dos usuários no TRT aos definidos pela Coordenação Nacional Executiva e Coordenação Técnica do PJe;

XIV – encaminhar semestralmente à CNEPJe, no formato e meio indicados pelo CSJT, relação contendo o nome dos servidores de atendimento e suporte, bem como as estatísticas do trabalho executado no período;

XV – avaliar o risco da atribuição de perfil aos usuários do PJe de forma diversa à prevista no art. 7º, § 1º, desta Resolução, alertando o presidente do TRT respectivo acerca do impacto potencial no desempenho do Sistema; e

XVI – coibir a implantação de sistemas ou módulos que mantenham integração com o PJe, sem prévia anuência e autorização do CSJT, na forma do Acordo de Cooperação Técnica ACT CNJ/CSJT nº 10/2016 e da Portaria de Governança CNJ nº 26/2015.

Nos termos do art. 45 da Resolução nº 185/2017 do CSJT, cada comitê gestor regional será composto, **pelo menos,** por:

> 1 - um desembargador, que o presidirá;
>
> 2 - um magistrado titular de Vara do Trabalho;
>
> 3 - um magistrado auxiliar de Vara do Trabalho;
>
> 4 - um servidor da área judiciária, lotado no 2º grau;
>
> 5 - um servidor diretor de secretaria de Vara do Trabalho;
>
> 6 - um servidor oficial de justiça;
>
> 7 - um servidor calculista;
>
> 8 - o secretário ou diretor de tecnologia da informação do TRT;
>
> 9 - um advogado indicado pela OAB, da secção respectiva, ou pelo Conselho Federal em caso de jurisdição regional em mais de um Estado;
>
> 10 - um advogado público, indicado pelo Procurador-Geral do Estado em que sediado o TRT; e
>
> 11 - um membro do MPT, indicado pela Procuradoria Regional do Trabalho (PRT).

Os membros dos Comitês Gestores Regionais serão designados por ato do Presidente do Tribunal Regional do Trabalho (CSJT - Res. nº 185/2017, art. 45, § 1º). O presidente do Comitê Gestor Regional designará dentre os magistrados dos itens 2 e 3, aquele que exercerá a Coordenação Executiva Regional (CERPJe) (CSJT - Res. nº 185/2017, art. 45, § 2º).

O Comitê Regional poderá delegar atribuições constantes nos incisos I, II, IV, X e XI do art. 44 da Resolução à CERPJe, a qual agirá sempre ad referendum do CGRPJe, a este prestando contas de suas ações, mensalmente, nas reuniões do CGRPJe (CSJT - Res. nº 185/2017, art. 45, § 3º).

O Presidente do CGRPJe encaminhará à CNEPJe o calendário anual de reuniões ordinárias e, ao final de cada mês, a cópia da ata de reunião (CSJT - Res. nº 185/2017, art. 45, § 4º).

Os Presidentes dos Regionais divulgarão e manterão atualizadas no sítio do TRT as atas das reuniões e a relação dos integrantes do CGRPJe, da equipe de sustentação e da equipe de desenvolvimento remoto, referenciando os atos que definiram ou alternaram as suas composições (CSJT - Res. nº 185/2017, art. 45, § 5º).

3.9.3. Administrador do sistema

Compete ao Presidente do Tribunal Regional do Trabalho designar servidores que exercerão a função de Administrador do PJe, no 1º e no 2º graus de jurisdição, observado o mínimo de:

> I - dois servidores da tecnologia da informação para, com o apoio da área de infraestrutura, exercer as atividades relacionadas à

> configuração de novas versões disponibilizadas pelo CSJT, atualização de fluxos, parametrização, testes preliminares e correções no PJe;
>
> II – dois servidores da área judiciária, para o módulo de 2.º grau, com experiência de atuação em áreas como a presidência, vice-presidência, corregedoria, vice-corregedoria, gabinete e secretaria de órgão colegiado;
>
> III – dois servidores da área judiciária, para o módulo de 1.º grau, com experiência de atuação em áreas como secretaria de Vara e gabinete de magistrado (CSJT – Res. nº 185/2017, art. 46). (CSJT-Res. nº 136/2014, art. 45).

A critério do Presidente do Tribunal Regional do Trabalho, observado o impacto no desempenho do Sistema, poderá ser ampliado o número de administradores do PJe, além dos quantitativos indicados nos itens anteriores (CSJT-Res. nº 185/2017, art. 46, § 1º).

> ▶ **ATENÇÃO:**
>
> **Além dos servidores indicados pelo Presidente do Tribunal, também deverão exercer a função de Administrador do PJe os magistrados integrantes do Comitê Regional do PJE (CSJT – Res. nº 185/2017, art. 46, § 2º).**

O perfil de administrador do PJe poderá ter acesso a todas as funcionalidades destinadas aos diretores, assessores e chefes de gabinete em todas as unidades e órgãos de 1º e 2º graus a que estiverem vinculados (CSJT – Res. nº 185/2017, art. 46, § 3º).

3.9.4. Equipe de teste

Os Tribunais Regionais do Trabalho deverão constituir equipe específica de testes, composta pelo CGRPJe, além de servidores da área judiciária e magistrados de 1º e 2º graus, inclusive pessoas com deficiência para, com apoio do setor de tecnologia da informação, realizar todas as aferições e experimentos necessários à verificação do pleno funcionamento das novas versões do Sistema disponibilizadas pelo CSJT. (CSJT-Res. nº 185/2017, art. 31).

Cumpre consignar que a migração para as novas versões do PJe somente deverá ocorrer após a realização e homologação das aferições em ambiente idêntico ao de produção, incluindo testes de acessibilidade, carga, rajada, desempenho e infraestrutura nos respectivos TRTs, bem como o envio dos resultados à Coordenação Técnica do PJe no CSJT (CSJT-Res. nº 185/2017, art. 31, parágrafo único).

Os TRTs manterão equipe de tecnologia da informação exclusivamente dedicada ao atendimento de demandas do PJe. A equipe possuir competência técnica ao menos em análise de infraestrutura, desenvolvimento, suporte e dados, sendo composta de modo a se adequar ao porte do TRT, observadas a Resolução CSJT nº 296/2021 e a Resolução do CNJ que institui a Estratégia Nacional de Tecnologia da Informação e Comunicação do Poder Judiciário (ENTIC-JUD) (CSJT – Res. nº 185/2017, art. 32). Em casos excepcionais poderá o magistrado ou administrador do Sistema, mediante determinação expressa e fundamentada nos autos, adicionar, excluir ou alterar os movimentos e seus complementos registrados no PJe, devendo, em qualquer caso o Sistema registrar as modificações com movimentos próprios (CSJT – Res. nº 185/2017, art. 33).

> ▶ ATENÇÃO:
>
> Os processos arquivados definitivamente poderão ser migrados das bases de dados do PJe e salvos em base desconectada do acesso imediato às informações do Sistema, podendo retornar ao acervo original mediante requerimento ou determinação de magistrado (CSJT – Res. nº 185/2017, art. 36).

4. QUESTÕES DISSERTATIVAS E ESTUDOS DE CASO

Questão 1

No processo judicial eletrônico (PJe-JT), quando é considerada realizada a intimação da parte?

Resposta sugerida pelo autor

No processo judicial eletrônico, será considerada realizada a intimação no dia em que o intimando efetivar a consulta eletrônica ao teor da intimação, certificando-se, nos autos, a sua realização (Lei nº 11.419/06, art. 5º, § 1º). Nos casos em que a consulta se dê em dia não útil, a intimação será considerada como realizada no primeiro dia útil seguinte (art. 5º, § 2º).

É importante destacar que referida consulta deverá ser feita em até 10 dias corridos contados da data do envio da intimação, sob pena de considerar-se a intimação automaticamente realizada na data do término desse prazo (art. 5º, § 3º). Em resumo, efetivada a consulta dentro dos 10 dias corridos, será considerado intimado na data da consulta. Por outro lado, se não realizar a consulta, também será considerado intimado, mas depois de ultrapassado os 10 dias corridos.

Estudo de caso 1

Joaquim ajuizou reclamação trabalhista em face da "empresa WZY", postulando o recebimento de adicional de periculosidade. A sentença, proferida na própria audiência, julgou o pedido improcedente, contrariando o laudo pericial produzido. O advogado de Joaquim apenas lembrou da interposição do recurso ordinário às 23:40h do último dia do prazo recursal. Contudo, ao entrar no sistema do PJE-JT, observou que o sistema se encontrava indisponível, tendo assim permanecido até as 02:00h do dia seguinte. Diante dessa situação responda se o recurso ordinário, caso seja interposto no dia seguinte ao do vencimento do prazo, será considerado intempestivo?

Resposta sugerida pelo autor

O PJe estará disponível 24 horas por dia, ininterruptamente, ressalvados os períodos de manutenção do sistema (CNJRes. nº 185/2013, art. 8º).

Quando ocorrer a indisponibilidade do sistema superior a 60 minutos, ininterruptos ou não, entre as 6h e 23 h ou quando a indisponibilidade for entre 23h e 24h00, os prazos que vencerem no dia da ocorrência de indisponibilidade serão prorrogados para o dia útil seguinte à retomada de funcionamento (CNJ - Res. nº 185/2013, art. 11).Dessa forma, o advogado de Joaquim poderá interpor o recurso ordinário no dia útil seguinte à retomada de funcionamento do sistema sem que seu recurso seja considerado intempestivo.

QUESTÃO

CAPÍTULO XXI

1. QUESTÃO COM GABARITO COMENTADO

01. (FCC – Técnico Judiciário – Área Administrativa – TRT 2/2014) No tocante ao processo eletrônico, instituído pela Lei no 11.419/2006, é correto afirmar:

a) Quando o ato processual tiver que ser praticado em determinado prazo, por meio de petição eletrônica, serão considerados tempestivos os efetivados até às 22 horas do último dia.

b) Considera-se como data da publicação o primeiro dia útil seguinte ao da disponibilização da informação no Diário da Justiça eletrônico, quando terão início os prazos processuais.

c) Somente os atos processuais do processo eletrônico devidamente autorizados pelos Presidentes dos Tribunais é que poderão ser assinados eletronicamente na forma estabelecida na referida lei.

d) Todos os atos processuais do processo eletrônico serão assinados eletronicamente na forma estabelecida na referida lei.

e) No processo eletrônico, todas as citações, intimações e notificações, exceto as da Fazenda Pública, serão feitas por meio eletrônico, na forma da referida lei.

COMENTÁRIOS

Alternativa correta: D. O envio de petições, de recursos e a prática de atos processuais em geral por meio eletrônico serão admitidos mediante uso de assinatura eletrônica, na forma do art. 1º da Lei nº 11.419/06, sendo obrigatório o credenciamento prévio no Poder Judiciário, conforme disciplinado pelos órgãos respectivos (art. 2º da Lei 11.419/06).

BIBLIOGRAFIA

ALMEIDA, Cleber Lúcio de. *Direito processual do trabalho*. 4. ed., rev., atual. e ampl. Belo Horizonte: Del Rey, 2012.

ALVIM, J. E. Carreira. *Comentários ao Novo Código de Processo Civil: Lei n 13.105/15:* v. 1. Curitiba: Juruá, 2015.

______. *Comentários ao novo Código de Processo Civil: Lei 13.105/15:* v. 2. Art. 82 ao 148. Curitiba: Juruá, 2015.

ARAÚJO, José Henrique Mouta. *Mandado de segurança*. 3. ed. Salvador: Juspodivm, 2012.

ASSIS, Araken de. *Processo Civil Brasileiro, v. I: parte geral: fundamentos e distribuição de conflitos*. São Paulo: Editora Revista dos Tribunais, 2015.

______. *Processo Civil Brasileiro, v. II: parte geral: institutos fundamentais: tomo I*. São Paulo: Editora Revista dos Tribunais, 2015.

______. *Processo Civil Brasileiro, v. II: parte geral: institutos fundamentais: tomo II*. São Paulo: Editora Revista dos Tribunais, 2015.

______. *Processo Civil Brasileiro, v. III: parte especial: procedimento comum (da demanda à coisa julgada)*. São Paulo: Editora Revista dos Tribunais, 2015.

BEBBER, Júlio César. *Processo do trabalho: adaptação à contemporaneidade*. São Paulo: LTr, 2011.

______. *Recursos no processo do trabalho*. 2. ed. São Paulo: LTr, 2009.

BRANDÃO, Cláudio. *Reforma do sistema recursal: comentários à Lei n. 13.015/2.014*. São Paulo: LTr, 2015.

BUENO, Cássio Scarpinella. *Conferência: Os princípios no (s) projeto (s) de novo CPC. In: CFC – Simpósio O Novo CPC e os impactos no Processo do Trabalho. Disponível em*: http: //www.enamat.gov.br/wp-content/uploads/2014/09/Degrava%C3%A7%C3%A3o-do-Simp%C3%B3sio_CPC.pdf. Acesso em: 15 de mar. 2015.

______. *Novo Código de Processo Civil anotado*. São Paulo: Saraiva, 2015.

CAIRO JR., José. *Curso de direito processual do trabalho*. 5. ed. Salvador: Juspodivm, 2012.

CÂMARA, Alexandre Freitas. *Lições de direito processual civil*. 18. ed. Rio de Janeiro: Lumen Juris, 2008. v. 1.

______. *O novo processo civil brasileiro*. São Paulo: Atlas, 2015.

CARVALHO FILHO, Renato Sabino. *Processo do trabalho. Coleção sinopses para concursos*. Salvador: Juspodivm, 2012.

CASSAR, Vólia Bomfim; BORGES, Leonardo Dias. Comentários à reforma trabalhista. Rio de Janeiro: Forense; São Paulo: Método, 2017.

CASSAR, Vólia Bonfim. *Direito do Trabalho*. 4.ed. rev. e ampl. Niterói: Impetus, 2010.

CASTELO, Jorge Pinheiro. *Dos prazos processuais no novo CPC, inclusive sua contagem contínua em dias úteis – da aplicação subsidiária e supletiva ao processo do trabalho – comentários iniciais*. In: Revista eletrônica: O Novo CPC e o processo do trabalho. Tribunal Regional do Trabalho da 9ª Região. V. 4. Nº 44. Setembro de 2015. p. 194-203.

CHAVES, Luciano Athayde (org.). *Curso de processo do trabalho*. São Paulo: LTr, 2009.

CORDEIRO, Wolney de Macedo. *Execução no Processo do Trabalho*. Salvador: Editora Juspodivm, 2015.

DIDIER JR., Fredie. *Curso de Direito processual civil, v. 1: Introdução ao direito processual civil e processo de conhecimento*. 15. ed. Salvador: Editora Juspodivm, 2013.

______. *Curso de Direito processual civil, v. 1: introdução ao direito processual civil, parte geral e processo de conhecimento*. 17. ed. Salvador: Editora Juspodivm, 2015.

DIDIER JR., Fredie; BRAGA, Paula Sarno; OLIVEIRA, Rafael. *Curso de direito processual civil: Teoria da prova, direito probatório, teoria do procedente, decisão judicial, coisa julgada e antecipação dos efeitos da tutela*. 7. ed. Salvador: Juspodivm, 2012. v. 2.

______. *Curso de direito processual civil: Teoria da prova, direito probatório, teoria do procedente, decisão judicial, coisa julgada e antecipação dos efeitos da tutela*. 8. ed. Bahia: Juspodivm, 2013. v. 2.

______. *Curso de Direito Processual Civil: teoria da prova, direito probatório, decisão, precedente, coisa julgada e tutela provisória*. 10. ed. Salvador: Juspodivm, 2015. v. 2.

DIDIER JR. Fredie; ZANETI JR., Hermes. *Curso de direito processual civil: Processo coletivo*. 5. ed. Bahia: Juspodivm, 2010. v. 4

DONIZETTI, Elpídio; CERQUEIRA, Marcelo Malheiros. *Curso de processo coletivo*. São Paulo: Atlas, 2010.

FLEXA, Alexandre; MACEDO, Daniel; BASTOS, Fabrício. *Novo Código de Processo Civil – temas inéditos, mudanças e supressões*. SALVADOR: Editora Juspodivm.

FUX, Luiz. *Mandado de segurança*. 1. ed. Rio de Janeiro: Forense, 2010.

GARCIA, Gustavo Filipe Barbosa. *Curso de direito processual do trabalho*. Rio de Janeiro: Forense, 2012.

______. *Curso de direito processual do trabalho*. 2ª ed. Rev e atual. Rio de Janeiro: Forense, 2013.

______. *Curso de direito processual do trabalho*. 4ª ed. rev., atual. e ampl. Rio de Janeiro: Forense, 2015.

JORGE, Flávio Cheim. *Teoria geral dos recursos cíveis*. 4. ed. rev., atual. e ampl. São Paulo: Editora Revista dos Tribunais, 2009.

______. *Teoria geral dos recursos cíveis*. 7. ed. rev., atual. e ampl. São Paulo: Editora Revista dos Tribunais, 2015.

KLIPPEL, Rodrigo; NEFFA JUNIOR, José Antônio. *Comentários à lei de mandado de segurança (Lei nº 12.016/09) artigo por artigo, doutrina e jurisprudência*. Rio de Janeiro: Lumen Juris, 2010.

LEITE, Carlos Henrique Bezerra. *Curso de direito processual do trabalho*. 9. ed. São Paulo: LTr, 2011.

______. *Curso de direito processual do trabalho*. 12. ed. São Paulo: LTr, 2014.

LEITE, Carlos Henrique Bezerra (Org.). *Novo CPC: repercussões no Processo do Trabalho*. São Paulo: Saraiva, 2015.

LIMA, Leonardo Tibo Barbosa. *Lições de Direito Processual do Trabalho: teoria e prática*. São Paulo: LTr, 2015.

MACÊDO, Lucas Buril de. *Precedentes judiciais e o direito processual civil*. Salvador: Juspodivm, 2015.

MANCUSO, Rodolfo de Camargo. *Divergência jurisprudencial e súmula vinculante*. 3. ed. rev., atual. e ampl. São Paulo: Editora Revista dos Tribunais, 2007.

MARCACINI, Augusto Tavares Rosa. *Assistência jurídica, assistência judiciária e justiça gratuita*. Rio de Janeiro: Forense, 1996.

MARINONI, Luiz Guilherme; ARENHART, Sérgio Cruz; MITIDIERO, Daniel. *Novo Curso de Processo Civil: tutela dos direitos mediante procedimento comum. V. II*. São Paulo: Editora Revista dos Tribunais, 2015.

MARQUES, Cláudia Lima. *Diálogo entre o Código de Defesa do Consumidor e o Novo Código Civil: do "Diálogo das fontes" no combate às cláusulas abusivas*. Revista de Direito do Consumidor n. 45. São Paulo, p. 71-99, jan.-mar. 2003.

MARTINS, Sérgio Pinto. *Comentários à CLT*. 13. ed. São Paulo: Atlas, 2009.

______. *Comentários à CLT*. 17. ed. São Paulo: Atlas, 2013.

______. *Direito processual do trabalho: doutrina e prática forense; modelos de petições, recursos, sentenças e outros*. 33. ed. São Paulo: Atlas, 2012.

MAZZILI, Hugo Nigro. *A defesa dos Interesses Difusos em Juízo: meio ambiente, consumidor, patrimônio cultural, patrimônio público e outros interesses*. 19. ed. São Paulo: Saraiva, 2006.

MEDINA, José Miguel Garcia. *Novo Código de Processo Civil Comentado: com remissões e notas comparativas ao CPC/1973*. São Paulo: Editora Revista dos Tribunais, 2015.

MELO, Raimundo Simão de. *Direito ambiental do trabalho e a saúde do trabalhador: responsabilidades legais, dano material, dano moral, dano estético, perda de uma chance*. 2. ed. São Paulo: LTr, 2006.

______. *Processo coletivo do trabalho: dissídio coletivo, ação de cumprimento, ação anulatória*. São Paulo: LTr, 2009.

______. *Ação civil pública na justiça do trabalho*. São Paulo: LTr, 2012.

MIESSA, Élisson. *Impactos do Novo CPC nas súmulas e orientações jurisprudenciais do TST*. Curso de Direito Processual do Trabalho. 8. ed. Salvador: Juspodivm, 2021. Salvador: Juspodivm, 2016.

______. *Processo do trabalho*. Coleção Concursos Públicos. 5. ed. Salvador: Juspodivm, 2018.

______. *Manual dos Recursos Trabalhistas*. 3. ed. Salvador: Juspodivm, 2018.

MIESSA, Élisson (org.). *O Novo Código de Processo Civil e seus reflexos no Processo do Trabalho*. Salvador: Juspodivm, 2015.

______. *O Novo Código de Processo Civil e seus reflexos no Processo do Trabalho*. Salvador: Juspodivm, 2016. 2. ed.

MIESSA, Élisson; CORREIA, Henrique. *Súmulas e orientações jurisprudenciais do TST comentadas e organizadas por assunto*. 7. ed. Salvador: Juspodivm, 2016.

______. *Informativos do TST anotados e organizados por assunto*. Salvador: Juspodivm, 2014.

______. *Manual da Reforma Trabalhista – Lei nº 13.467/2017*: o que mudou? Salvador: Juspodivm, 2018.

MIESSA, Élisson; CORREIA, Henrique (org.). *A reforma trabalhista e seus impactos*. Salvador: Juspodivm, 2018.

______. *Estudos aprofundados MPT – Ministério Público do Trabalho*. 1. ed. Salvador: Juspodivm, 2012.

______. *Estudos aprofundados MPT – Ministério Público do Trabalho*. 2. ed. Salvador: Juspodivm, 2013.

______. *Estudos aprofundados Magistratura do Trabalho*. Salvador: Juspodivm, 2013.

______. *Estudos aprofundados Magistratura do Trabalho*. v.2. Salvador: Juspodivm, 2014.

______. *Temas atuais de Direito e Processo do Trabalho*. Salvador: Juspodivm, 2014.

MIESSA, Élisson; CORREIA, Henrique; MIZIARA, Raphael; LENZA, Breno. *CLT comparada com a Reforma Trabalhista*. 2. ed. Salvador: JuPodivm, 2018.

MIZIARA, Raphael. *A tutela da confiança e a prescrição intercorrente na execução trabalhista*. In: MIESSA, Élisson (coord.). O Novo Código de Processo Civil e seus reflexos no processo do trabalho. 2. ed. Salvador: Editora Juspodivm, 2016.

MOREIRA, José Carlos Barbosa. *Comentários ao Código de Processo Civil*. 15. ed. Rio de Janeiro: Forense, 2010. v. 5.

MOURA, Marcelo. *Consolidação das leis do trabalho para concursos*. Salvador: Juspodivm, 2011.

NERY JR., Nelson; NERY, Rosa Maria de Andrade. *Código de processo civil comentado e legislação extravagante*. 11. ed. São Paulo: RT, 2010.

______. *Comentários ao Código de Processo Civil*. São Paulo: Editora Revista dos Tribunais, 2015.

NERY JR, Nelson. *Teoria Geral dos Recursos*. 7. Ed. São Paulo: Editora Revista dos Tribunais, 2014.

NEVES, Daniel Amorim Assumpção. *Manual de direito processual civil*. 2. ed. Rio de Janeiro: Forense; São Paulo: Método, 2010.

______. *Manual de direito processual civil*. 5. ed. Rio de Janeiro: Forense; São Paulo: Método, 2013.

______. *Manual de direito processual civil*. 7. ed. Rio de Janeiro: Forense; São Paulo: Método, 2015.

______. *Novo Código de Processo Civil – Lei 13.105/15*. Rio de Janeiro: Forense; São Paulo: Método, 2015.

OLIVEIRA, Rafael Alexandria de. Benefício da justiça gratuita. *In*: WAMBIER, Teresa Arruda Alvim *et al*. *Breves comentários ao novo código de processo civil*. 2. ed. São Paulo: Editora Revista dos Tribunais, 2016.

PEIXOTO, Ravi. *Superação do precedente e segurança jurídica*. Salvador: Juspodivm, 2015.

PEREIRA, Leone. *Manual de processo do trabalho*. São Paulo: Saraiva, 2011.

SANTOS, Élisson Miessa dos; CORREIA, Henrique. *Súmulas e orientações jurisprudenciais do TST comentadas e organizadas por assunto*. 2. ed. Salvador: Juspodivm, 2012.

RODRIGUES, Deusmar José (coord.). *Lei da Reforma Trabalhista comentada artigo por artigo*. Leme (SP): JH Mizuno, 2017.

SANTOS, Élisson Miessa. A multa do artigo 475-J do CPC e sua aplicação no processo do trabalho. *Suplemento Trabalhista. LTr*, ano 42. n. 103/06. p. 435-440.

SARAIVA, Renato; MANFREDINI, Aryanna. *Curso de Direito Processual do Trabalho*. 12. ed. Salvador: Editora Juspodivm, 2015.

SARAIVA, Renato. *Processo do Trabalho*. 5. ed. Rio do Janeiro: Forense; São Paulo: Método, 2009.

______. *Curso de direito processual do trabalho*. 3. ed. São Paulo: Método, 2006.

______. *Curso de direito processual do trabalho*. 8. ed. São Paulo: Método, 2011.

SCHIAVI, Mauro. *A reforma trabalhista e o processo do trabalho*. São Paulo: LTr, 2017.

______. *Manual de direito processual do trabalho*. 2. ed. São Paulo: LTr, 2009.

______. *Manual de direito processual do trabalho*. 5. ed. São Paulo: LTr, 2012.

______. *Manual de direito processual do trabalho*. 6. ed. São Paulo: LTr, 2013.

______. *Manual de Direito processual do trabalho*. 9. ed. São Paulo: LTr, 2015.

______. *Coleção preparatória para concursos jurídicos: Processo do Trabalho*. São Paulo: Saraiva, 2012. v. 16.

SILVA, Bruno Freire e. *O Novo CPC e o Processo do Trabalho I: parte geral*. São Paulo: LTr, 2015.

SILVA, Homero Batista Mateus da. *CLT comentada*. 14. ed. São Paulo: Editora Revista dos Tribunais, 2016.

______. *Comentários à reforma trabalhista*. São Paulo: Editora Revista dos Tribunais, 2017.

______. *Curso de direito do trabalho aplicado: justiça do trabalho*. Rio de Janeiro: Elsevier, 2010. v. 8.

______. *Curso de direito do trabalho aplicado*: processo do trabalho. São Paulo: Editora Revista dos Tribunais, 2015. v. 9.

______. *Curso de Direito do Trabalho Aplicado: V. 10 - Execução trabalhista*. 2. ed. São Paulo: Editora Revista dos Tribunais, 2015.

SILVA, José Antônio Ribeiro de Oliveira. *Questões relevantes do procedimento sumaríssimo: 100 perguntas e respostas*. São Paulo: LTr, 2000.

SOUZA JUNIOR, Antônio Umberto de [et al.]. *Reforma trabalhista: análise crítica da Lei 13.467/2017*. São Paulo: Rideel, 2017.

STRECK, Lenio Luiz *et al. A cooperação processual do novo CPC é incompatível com a Constituição*. 23 dez. 2014. Disponível em: ‹http: //www.conjur.com.br/2014-dez-23/cooperacao-processual-cpc-incompativel-constituicao›.

THEODORO JÚNIOR. Humberto. *Curso de Direito Processual Civil*, v. 1. 56. ed. Rio de Janeiro: Forense, 2015.

______. *Processo justo e contraditório dinâmico*. Revista de Estudos Constitucionais, Hermenêutica e Teoria do Direito jan.-jun. 2010.

THEODORO JR., Humberto; OLIVEIRA, Fernanda Alvim Ribeiro de; REZENDE, Ester Camila Gomes Norato (coord.). *Primeiras Lições sobre o Novo Direito Processual Civil Brasileiro (de acordo com o Novo Código de Processo Civil, Lei 13.105, de 16 de março de 2015)*. Rio de Janeiro: Forense, 2015.

WAMBIER, Luiz Rodrigues; TALAMINI, Eduardo. *Curso avançado de processo civil: teoria geral do processo e processo de conhecimento*. 11. ed. São Paulo: Editora Revista dos Tribunais, 2010.

YARSHELL, Flávio Luiz. *Ação rescisória: juízos rescindente e rescisório*. São Paulo: Malheiros Editores Ltda., 2005.

EDITORA JusPODIVM
www.editorajuspodivm.com.br

COLOR system

JUS4592